U0572190

中國文物研究所
新疆維吾爾自治區博物館
武漢大學歷史系 編
唐長孺 主編

吐魯番出土文書

〔肆〕

文物出版社

目次

阿斯塔那五〇九號墓文書……二五一

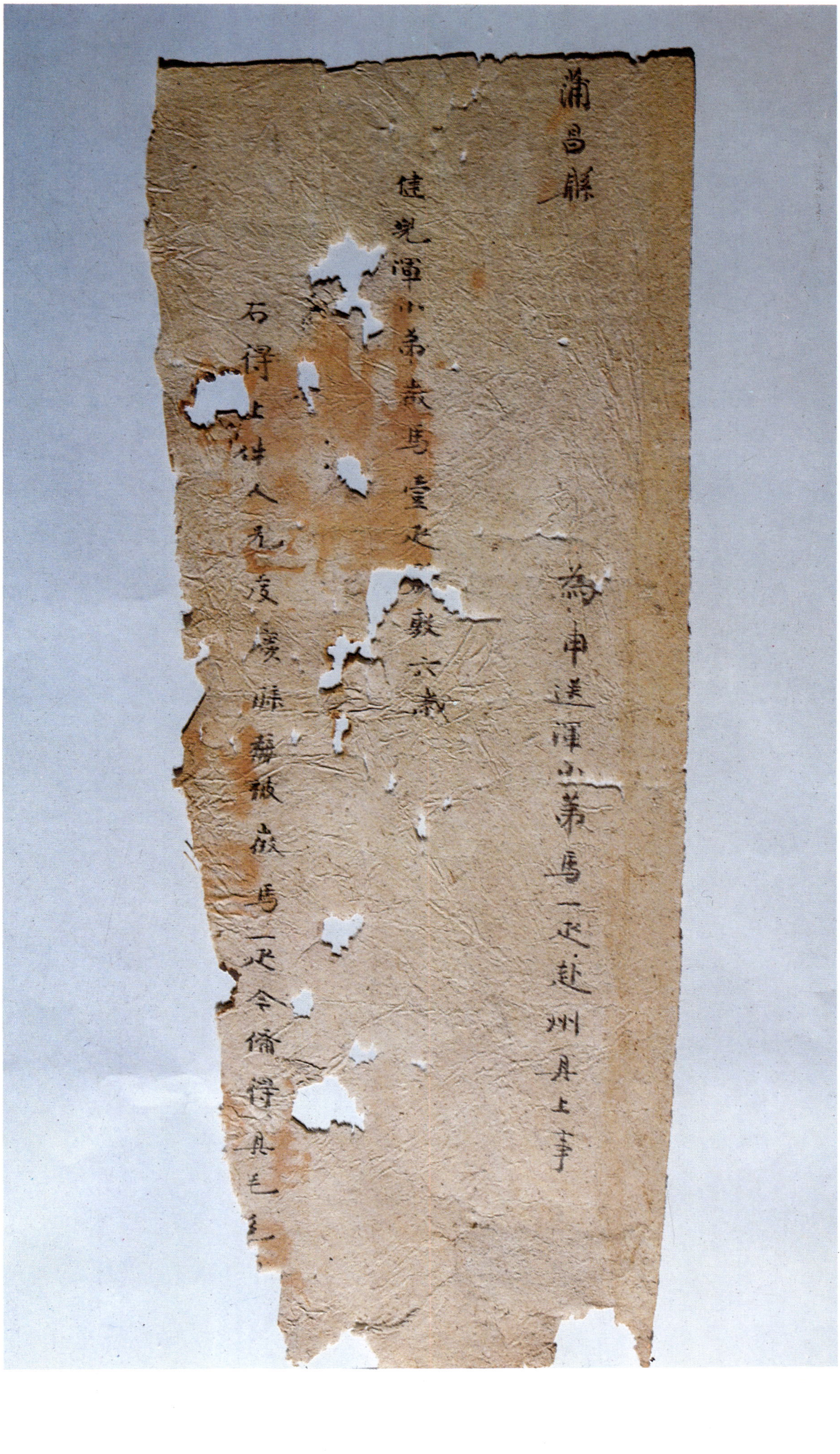

唐西州蒲昌縣牒爲申送健兒渾小弟馬赴州事

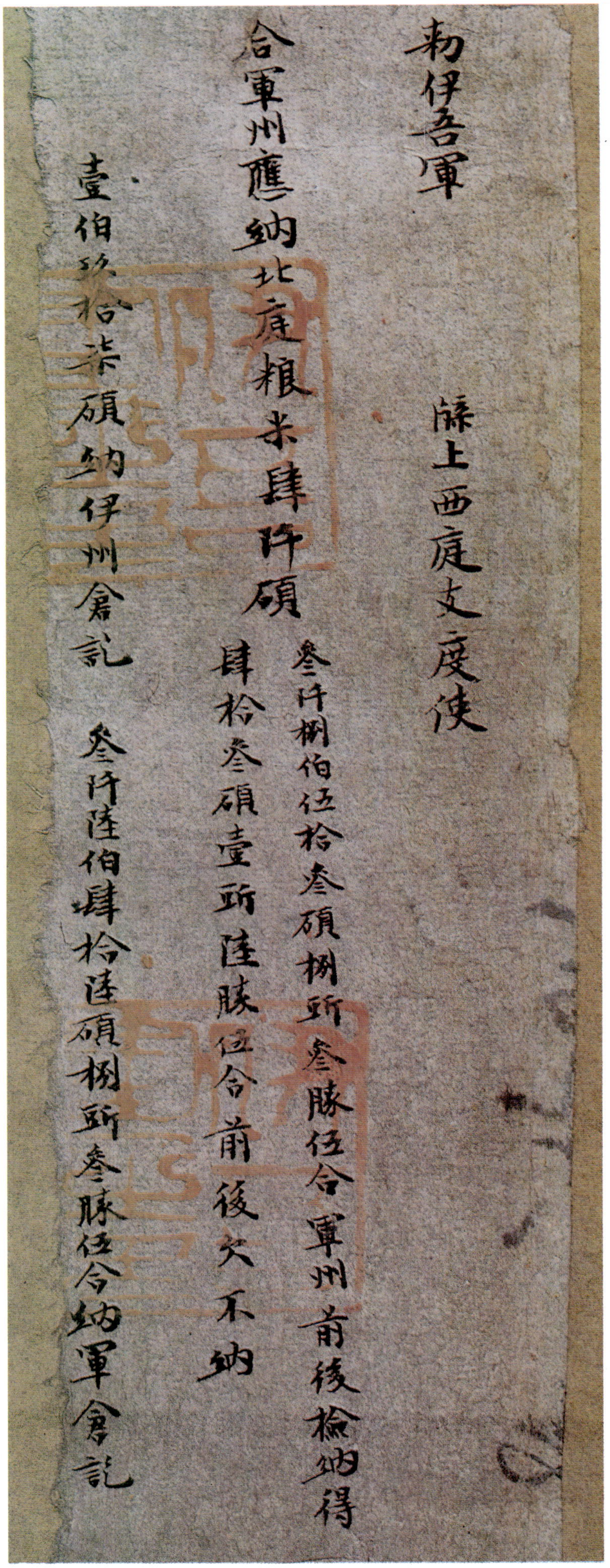
敕伊吾軍
牒上西庭支度使
合軍州應納北庭粮米肆阡碩
叁阡捌伯伍拾叁碩捌㪷叁勝伍合軍州前後檢納得
肆拾叁碩壹㪷陸勝伍合前後欠不納
壹伯玖拾柒碩納伊州倉訖
叁阡陸伯肆拾陸碩捌㪷叁勝伍合納軍倉訖

唐伊吾軍上西庭支度使牒爲申報應納北庭糧米事

阿斯塔那一一九號墓文書

本墓無墓誌及隨葬衣物疏。所出文書僅一件，亦無紀年。據文書内容推測，當爲唐開元以前文書。今列於開元墓葬前。

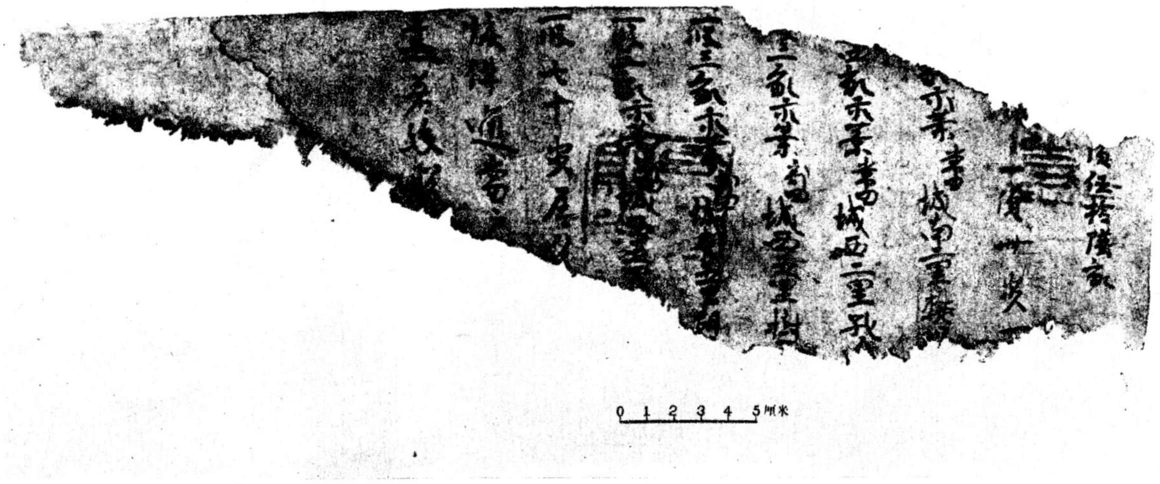

一　唐西州高昌縣手實　69TAM119:3

一　唐西州高昌縣手實

本件缺紀年，所記段畝數均爲小寫，當在開元前。縣印兩處，中一方尚可辨識，爲「高昌縣之印」。

（前缺）
[　　][頃]伍拾陸畝
一頃卌步　一[　　]
□□□[畝]永業　常田　城南二里　樊[渠][　　]
□□四畝永業　常田　城西二里　孔□[　　]
□[段]三畝永業　部田　城西五里　樹[　　]
一段三畝永業　部田　城東五里　胡[　　]
一段三畝永業　部田　城西五里[　　]
一段七十步居住[　　]
牒件通當戶[　　]
盡，若後脫[　　]
（後缺）

哈拉和卓一〇二號墓文書

本墓無墓誌及隨葬衣物疏。所出文書僅一件，亦無紀年。據文書内容推測，當爲唐貞觀以後、開元以前文書。今列於開元墓葬前。

一　唐西州殘户籍

本件紀年已缺，該墓所出文書只此一件。文中「一段一畝」數字小寫，當在開元前，田種「永業」，當在貞觀後，又不用武周新字，亦不在武周時。據此，當在載初以前或長安以後，今從後，排在武周後、開元前。又據第二段家内人口不記丁、中等名色，與一般户籍不同。

（一）

1 [户]□
2 [妻]□
3 男[令]□
4 妻張□
5 男天海□
6 男令注□
7 妻張年□
8 女資歡[年]□
9 女英姜[年]□
10 女盲是年[捌]□
11 女擅疊年拾□

一　唐西州殘户籍(一)　75TKM102:20,19

12　應受田貳傾(頃)[壹]［　　］
13　一段四[一]永業常田　城南［　　］
14　一段一畝永業常田　城[　]［　　］
15　一段二畝永業部田　城西［　　］
16　一段二畝永業部田　城東［　　］
17　一段二畝永業部田　城［　　］
18　一段一畝永業部田　城西［　　］
19　一段一畝永業部田　城西六[里]［　　］

注釋

〔一〕「四」下當脫「畝」字。

一　唐西州殘户籍（二）　75TKM102:25

（二）

1　［　　］[拾]伍歲
2　男弘達年拾捌歲
3　[男]［　　］

阿斯塔那二三二號墓文書

本墓無墓誌及隨葬衣物疏。所出文書亦無紀年。據文書内容推測，當爲唐開元以前文書。今列於開元墓葬前。

一　唐西州交河縣籍　73TAM232:3(a)

一　唐西州交河縣籍

本件紀年殘缺，然段畝數皆爲小寫，當作於唐玄宗開元以前。又本件上蓋「交河縣之印」。

1 「　　」　卅畝七十步已受

2 應受田壹頃貳拾壹畝　「七十步居住園宅」

3 「　　」　一頃一百七十步未受」

4 一段二畝永業常田「　」城東二里　東趙住」　西至道

南至道　北王住

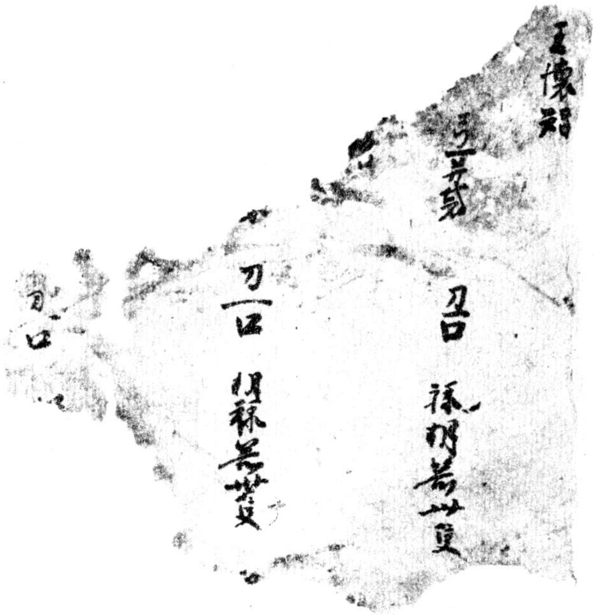

三　唐某府衛士王懷智等軍器簿

73TAM232:8

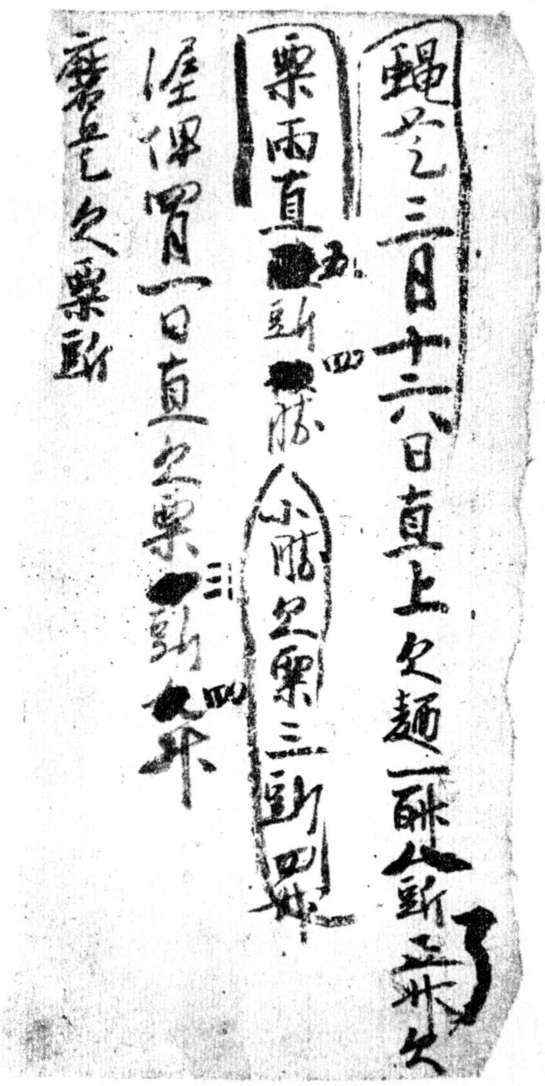

二　唐蠅芝等直上欠麵粟帳

73TAM232:3(b)

四　文書殘片

73TAM232:16

二　唐蠅芝等直上欠麵粟帳

本件無紀年，正面爲唐開元以前交河縣籍，據《唐六典》等記，州縣籍留五比，本件既是利用廢棄籍文面，則最晚亦當在開元、天寶間。

1　蠅芝三月十六日直上欠麵一斛八㪷五升欠 了

2　粟兩直五(陸)㪷(玖)四勝。小勝欠粟三㪷四升

3　涅陴四月一日直欠粟三㪷(九)四升。

4　唐芝欠粟㪷

三　唐某府衛士王懷智等軍器簿

1　王懷智

2　弓一并袋　刀一口　胡祿箭卅隻

3　[　　]

4　[　　][袋]　刀一口　胡祿箭卅隻　[　　]

5　[　　]

6　[　　]　刀一口　[　　]

阿斯塔那八三號墓文書

本墓無墓誌及隨葬衣物疏。屍身紙鞋上拆出三至一五號文書，其中有紀年者，爲唐先天二年（公元七一三年）。

一　唐先天二年（公元七一三年）張則等車牛文書

（一）

1 □兩迴　張則下□乘，乘別兩迴（下殘）

2 □素下　氾貓下一乘一迴　氾素下兩乘□□

3 杜定下一乘

（二）

1 □壹乘

2 右前件人車牛合取廿土，其人不□

3 望請處分。

4 先天二年八月七□

一　唐先天二年(公元七一三年)張則等車牛文書(一)　67TAM83:15,4

一　唐先天二年(公元七一三年)張則等車牛文書(二)　67TAM83:3

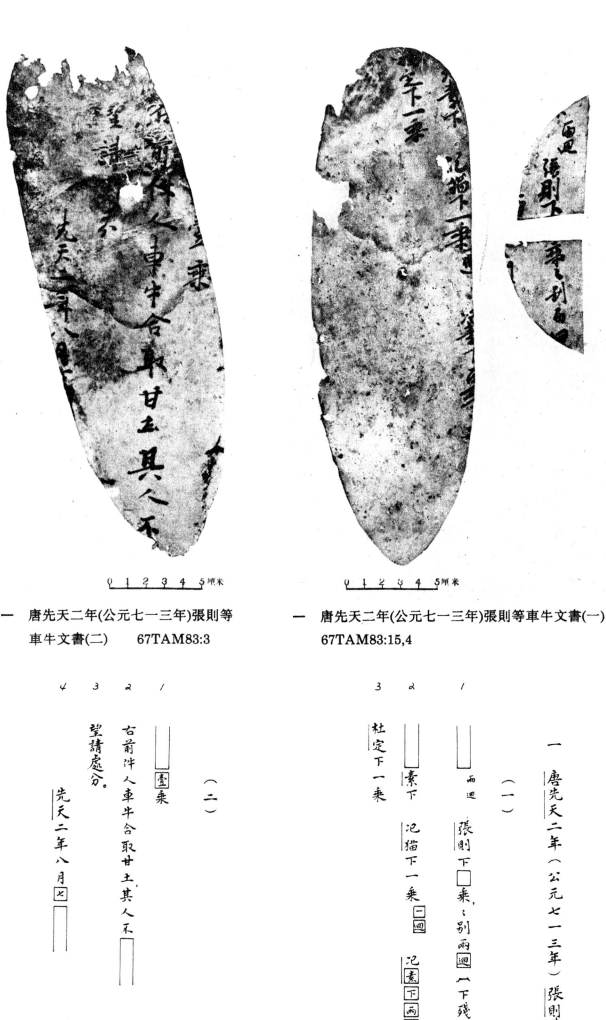

二　唐先天二年(公元七一三年)隊副王奉瓊牒爲當隊兵見在及不到人事(一)　67TAM83:5

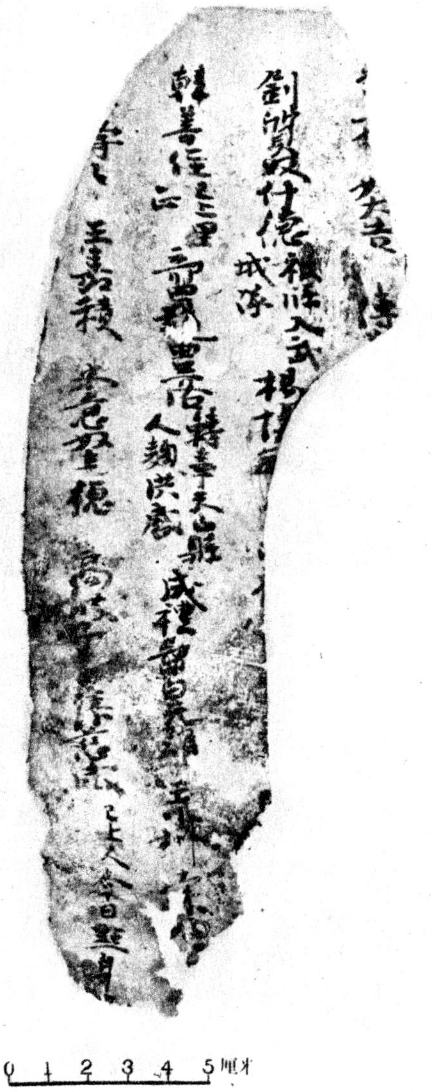

二　唐先天二年(公元七一三年)隊副王奉瓊牒爲當隊兵見在及不到人事(二)　67TAM83:6

二　唐先天二年（公元七一三年）隊副王奉瓊牒爲當隊兵見在及不到人事

（一）

1 ［　］［人］　曹［破］延　［　］
2 ［　］人　雜　破　除
3 ［　］［蘇］玄感　張叹郍　杜禿塠　張和感　王
且部曲阿［　］
4 ［　］［奴］［典］［倉］　奴磨□　姚孝順戰隊已上插入　李官
寺［　］

（二）

1 □□□　［奴］大吉　傅［　］
2 劉賀奴　什德被牒入武城隊　楊十□每□　［　］
3 韓善住已上里正　部曲［趙］豊洛轉事天山縣人麴洪感　成禮部曲
白无難　王小妹（叔）　索［僧］□　（下殘）
4 □［壽］ミ　王嘉積　史意奴毛德　高波子　張慈感已
上人今日點身□（下殘）

二　唐先天二年（公元七一三年）隊副王奉瓊牒爲當隊兵見在及不到人事（三）

67TAM83:7

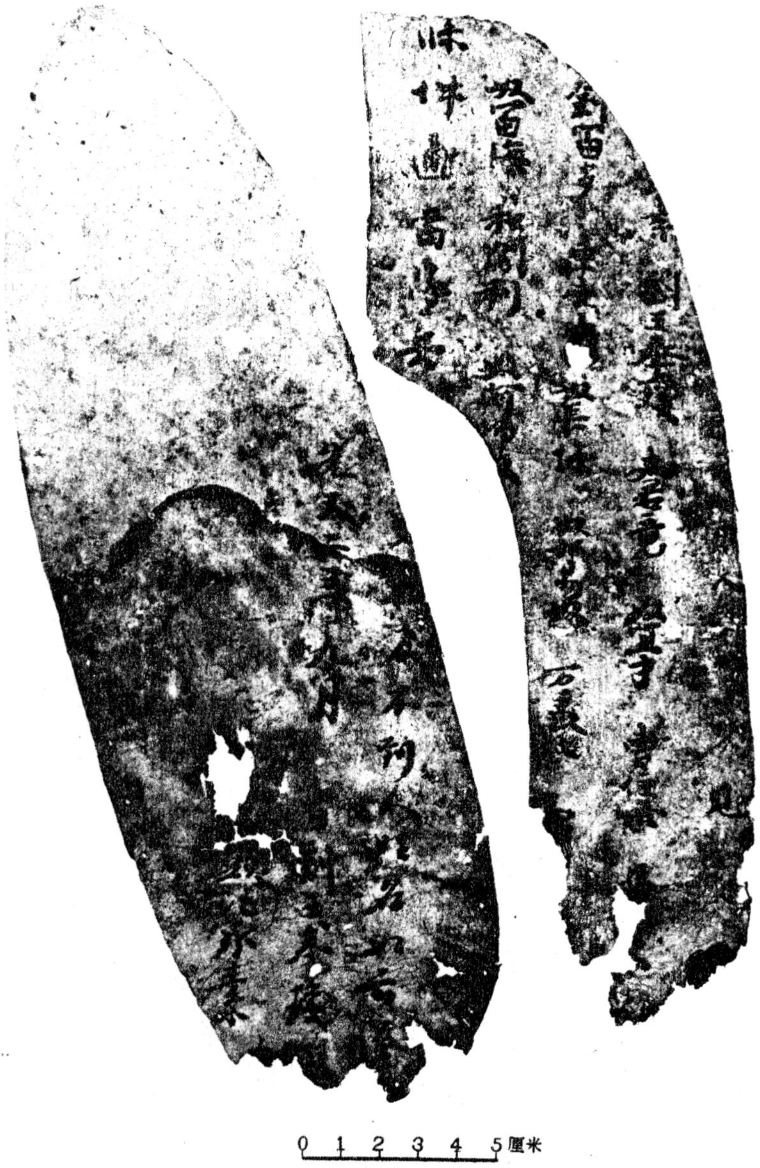

（三）

[　　　　]　人　見

□

□□□承素　副王奉瓊　史君竟　奴宜才　曹住洛

馬□□　部曲[　]

劉富多　車尭子　奴長保　奴孫易奴　万尭〻部

曲[　]

奴富海　和闍利　奴阿師奴　〔下殘〕

牒件通當隊兵[　]見在及不

到人姓名如前謹牒。

先天二年九月　日

副王奉瓊　牒

隊頭氾承素

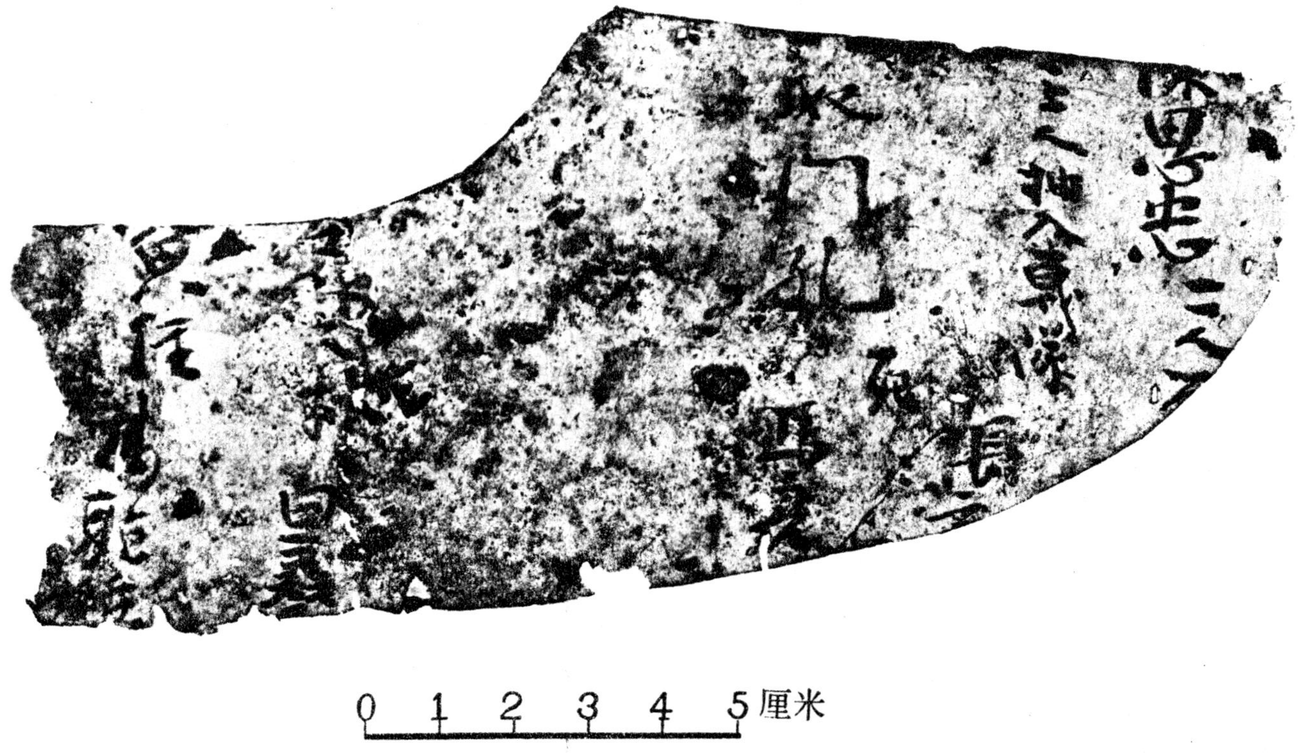

三　唐通當隊兵死亡、抽調、見在牒(一)　67TAM83:13

三　唐通當隊兵死亡、抽調、見在牒

本件墨點多處，內容、形式與上件類同。第（二）段隊頭氾貓子見本墓一《唐先天二年張則等車牛文書》，本件當與上二件同為先天二年文書。又第（二）段甯和才亦見阿斯塔那三五號墓所出《武周載初元年高昌縣手實》。其時甯只十四歲。

（一）

1 [　　] [陳]思忠、二人[死][　　]
2 [　　] [已]上人抽入戎隊　張[吉][　　]
3 [　　] 奴门孔　死　馬亮[　　]
4 [　　] □、完桂　白義、□[　　]
5 [　　] □[寅]、住　楊驗、住[　　]

三　唐通當隊兵死亡、抽調、見在牒(二)
67TAM83:9/1

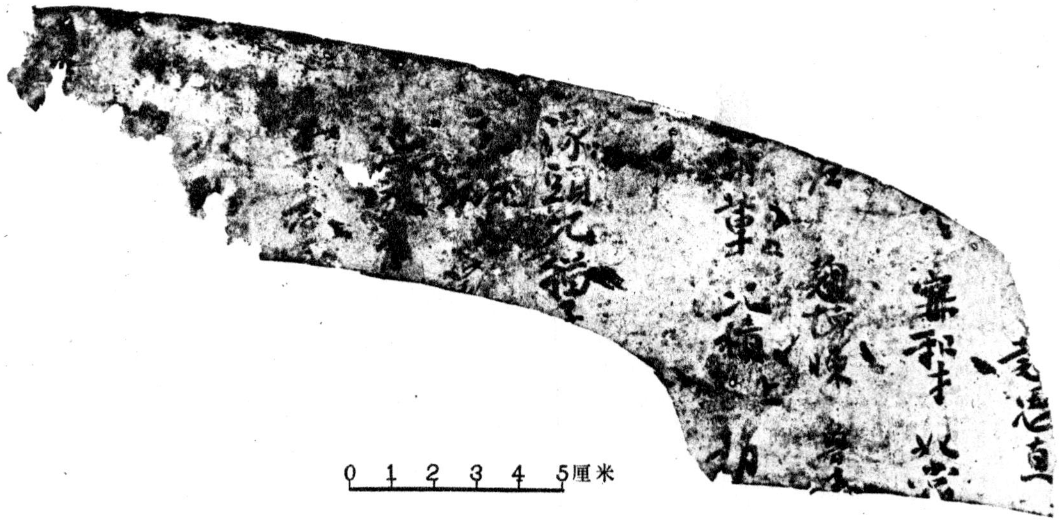

三　唐通當隊兵死亡、抽調、見在牒(三)
67TAM83:9/2

（二）

1 [　　]趙思直
2 [　　]甯和才、　奴當[　　]
3 [　　]麴懷暕、魯才[　　]
4 [　　]胡輩上、氾積上、郭[　　]
5 [　　]人[　　]
6 隊頭氾猫子、[　　]
7 王神□、[　　]
8 氾閔孝、[　　]
9 李君□、[　　]
10 奴[　　]

（三）

1 [　　]匡相、々木匠[　　]
行
2 [　　]馮氾、師[　　]
3 [　　]李□護□、歡[　　]
4 [　　]安、[　　]
5 [　　]匡保、□[　　]
6 [　　]奴秃、代肯、[　　]
7 [　　]謹□、
8 [　　]年二月　日[　　]

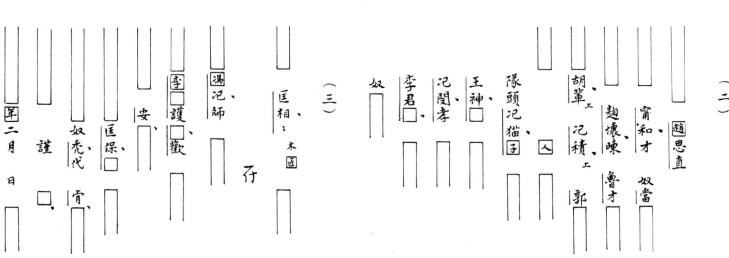

0 1 2 3 4 5厘米

五　唐張師師等名籍
67TAM83:10

0 1 2 3 4 5厘米

四　唐知白人安浮昒盆等名籍　67TAM83:11

四　唐知白人安浮昒盆等名籍

本件紀年已缺，奴典倉又見本墓二《唐先天二年隊副王奉瓊牒》，又下件名籍中張師〻、圍富亦見此件，疑皆同時。另本件第三行有黑筆勾勒。

1 □十二日，知白人安浮昒盆　康□
2 □□通　毛大忠　張師〻　獨孤阿北　趙圍□〔下
殘〕
3 □　趙圍富　目知谷　奴典倉
〔下殘〕
4 □　□□　趙圍富　張師〻
〔下殘〕
5 □十三日，知白□
6 竹留師　二十四日，知白人康鈚子　□
7 二十五日知白人史君　張仁歡　典倉　左尾□
〔下殘〕

五　唐張師師等名籍

1 張師〻　左尾住　奴七祿　陰師子　圍富　奴子
奴尾奴
2 曹破遮　康浮昒延　安世鄎　氾行同　張仁静

七　唐白買奴等殘名籍
67TAM83:14/1

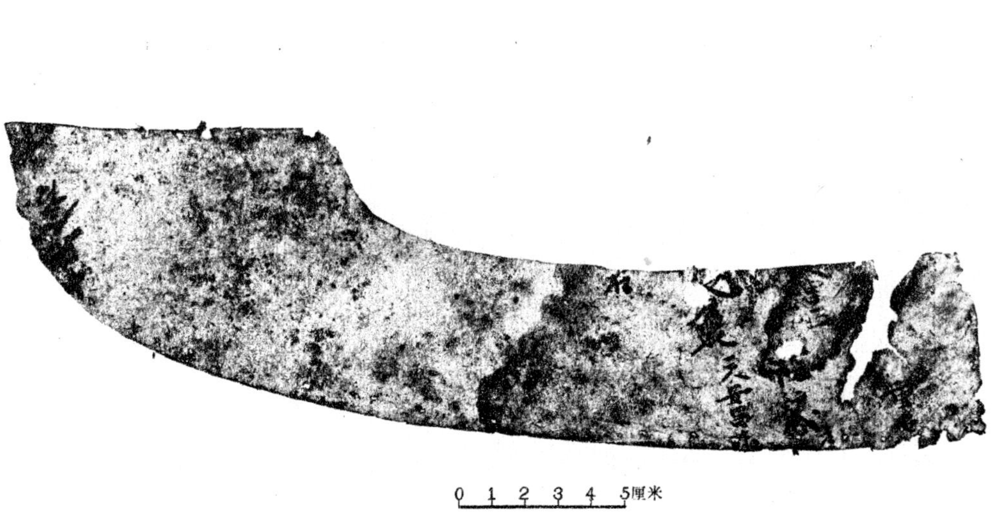

六　唐陰行感等殘名籍　　67TAM83:12/1

六　唐陰行感等殘名籍

本件第三行「奴尾奴」見於上件《唐張師師等名籍》，五行側書「奴典倉」同見於本墓二《唐先天二年隊副王奉瓊牒》，本件當與上二件同時。

1 □令狐□〻重名□
2 □只里正陰行感老□
3 □奴尾奴二人安昌未□
4 □在
5 □回　奴典倉

七　唐白買奴等殘名籍

1 □白買奴□□尉遲仁□
2 □趙住君礼仁

〔下殘〕

八　唐獨孤酉豐等官兵破除殘文書　67TAM83:8

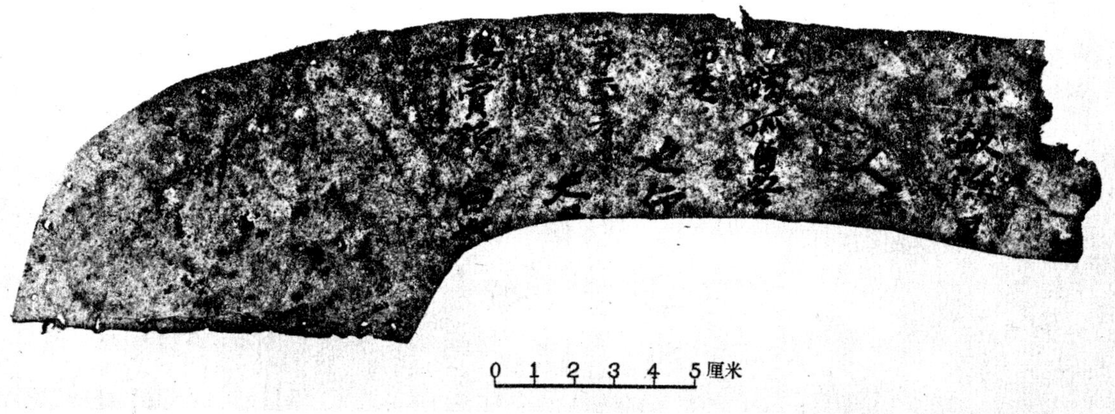

九　唐殘文書　67TAM83:12/2

一〇　文書殘片　67TAM83:14/2

八　唐獨孤酉豐等官兵破除殘文書

本件五行之「史君」，亦見本墓四《唐知白人安浮呴盆等名籍》，本件在破除之列，應在其後。

1 ［　］[官]兵破除、見［　］
2 ［　］人［　］
3 ［　］獨孤酉豐［　］
4 ［　］市丞　史行［　］
5 ［　］年六十老　史[君]［　］
6 ［　］馮賣德　白奴［　］

九　唐殘文書

1 ［　］來忽［　］
2 ［　］請處［　］
3 ［　］日品子［　］
4 ［　］[問]　比［　］
5 ［　］舉［　］

阿斯塔那三六號墓文書

本墓出唐開元二年（公元七一四年）成達墓誌一方。所出文書有紀年者，爲神龍元年（公元七〇五年）。其餘文書亦皆屬唐代。

一　唐給料錢歷　64TAM36:7(a)

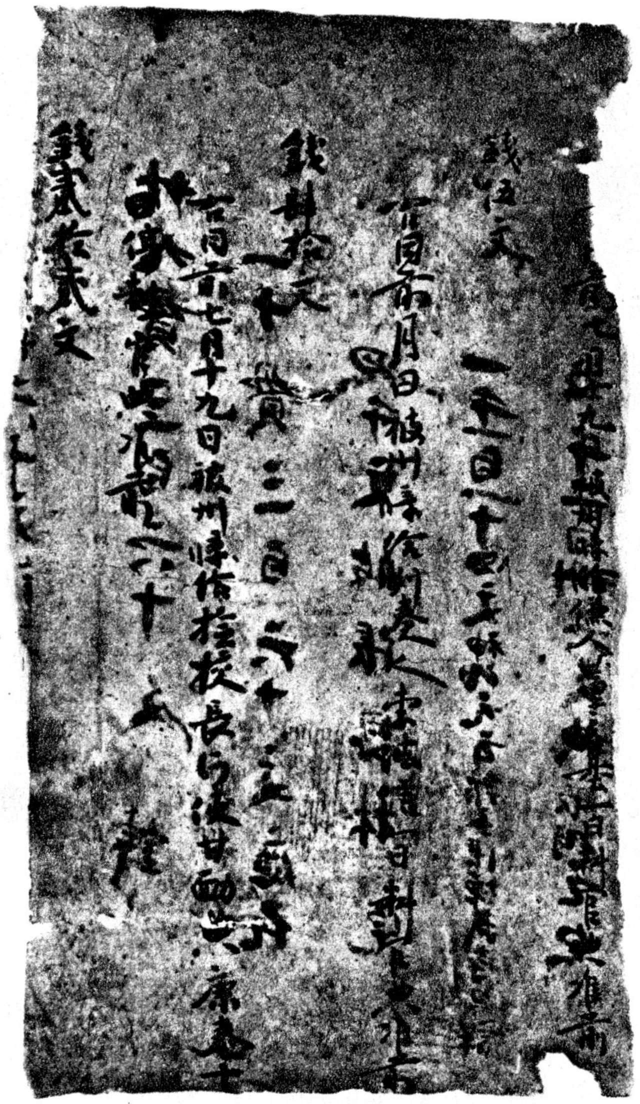

0 1 2 3 4 5厘米

一　唐給料錢歷

本件紀年已缺。背面文書内見有「神龍元年」事，本件當在其前。

1 右同前七月十九日被州牒，給傔人董玄基一日料，官典
准前。
2 錢伍文
3 右同前月日被州牒，給別奏人索法信一日料，官典准前。
4 錢肆拾文
5 右同前七月十九日被州牒，給檢校長行使甘融典康泰
6 十　日停料，官典准前。
7 錢貳拾貳文

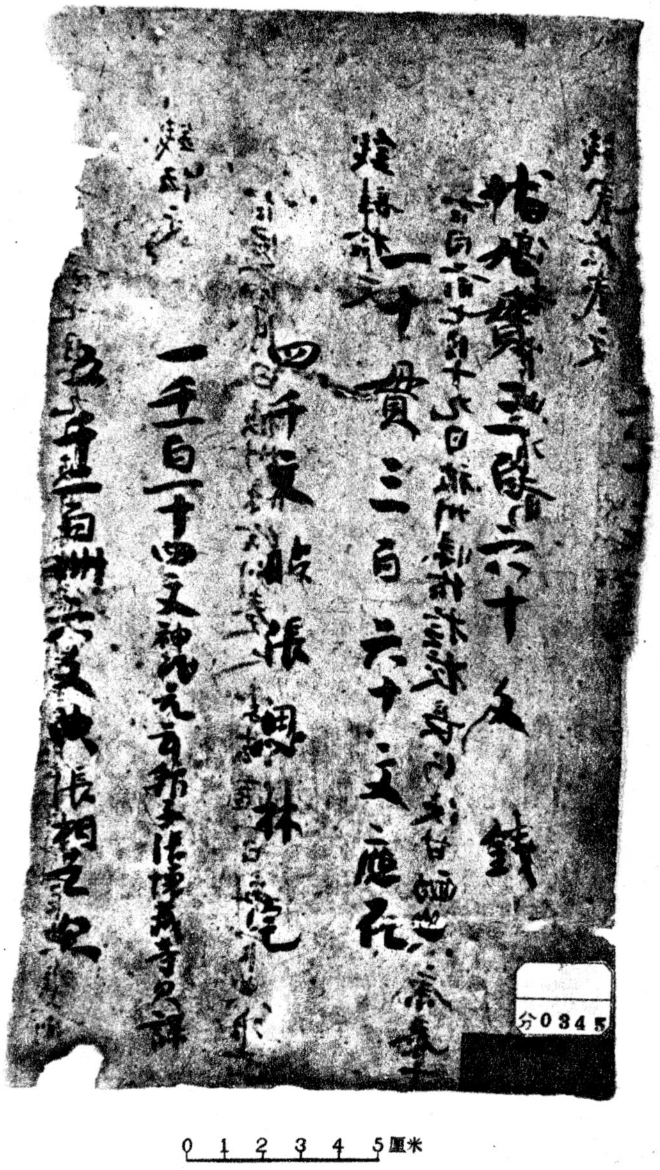

二　唐殘錢帳　64TAM36:7(b)

二　唐殘錢帳

本件紀年已缺，内見記神龍元年事，年代應在其後不久。又二行「廿」字右上側有一朱點。

[一][　　][六][十][文][錢][一][　　]

廿九貫三百六十文錢。

一十貫三百六十文應在。

四千文帖張思林宅。

一千一百一十四文，神龍元年館子張懷藏等欠課。

五千二百卌六文，典張相古欠。

三　唐高昌縣史成忠帖爲催送田參軍地子并䴸事

64TAM36:9

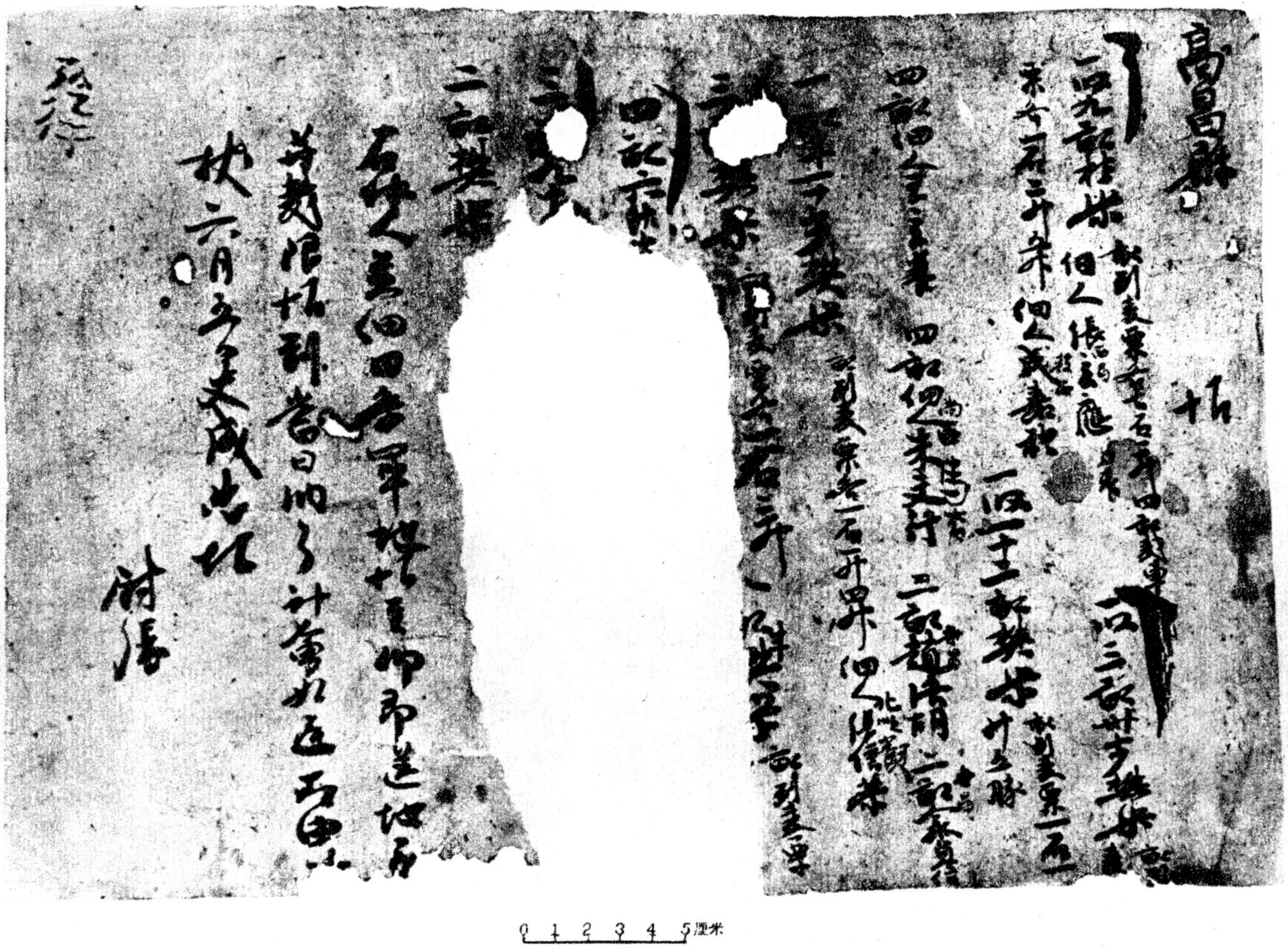

本件有墨筆勾勒五處。

高昌縣
一段九畝杜渠　畝別麥、粟各七石二斗四，畝䴸車[一]　一段三畝卅步樊渠　畝別麥、
粟各一石二斗五升。佃人張玄應（西昌）馮香　佃人成嘉禮（激正）。　一段二十二畝樊渠　畝別麥、粟一石一斗五斛（升）。
四畝佃人王玄藝　四畝佃人朱文行。（尚西馬忩（？））　二畝趙洛胡（樂昌）　二畝令狐貞信。（樂昌）
一畝半一十步樊渠　畝別麥、粟各一石一斗四升。佃人張信恭。（北順觀）
三畝樊渠□　畝別麥、粟各一石三斗　（？）八畝半樊渠□　畝別麥、粟
四畝六十步□
三畝九十□
二畝樊渠□
右件人並佃田參軍地。帖至，仰即送地子
并䴸，限帖到當日納了。計會如遲，所由當
杖。六月五日史成忠帖。
尉張
驗行

注釋

〔一〕「車」上當有脫文。

阿斯塔那一〇八號墓文書

本墓無墓誌及隨葬衣物疏。所出文書有紀年者，最早爲唐神龍三年（公元七〇七年），最晚爲開元三年（公元七一五年）。

一　唐神龍三年（公元七〇七年）張甲爽入利錢抄　68TAM108:21

二　唐開元三年(公元七一五年)西州營典李道上隴西縣牒爲通當營請馬料姓名事　68TAM108:19(a)之一

一　唐神龍三年（公元七〇七年）張甲爽入利錢抄

1 張甲爽入利錢壹伯貳拾文，神
2 龍三年十月四日牌洛相抄。

二　唐開元三年（公元七一五年）西州營典李道上隴西縣牒爲通當營請馬料姓名事

本件前部殘缺，據後二件，知是西州營牒。騎縫背面均有押字。

1 馬總弍伯肆拾弍頭疋。
2 李昇
3 張成
4
5
6
7 范榮
8
9

二　唐開元三年(公元七一五年)西州營典李道上隴西縣牒爲通當營請馬料姓名事　　68TAM108:19(a)之二

……　……　王太

……　……　……

……　……　還

……　……　……

……　……　……奴

……　……　……

……　……　……

……　……　賈欽

……　……　……

火長劉玄陵　火内人　高伏性

火長仇小隱　火内人　何頂

火長郭守一　火内人　謝意

第五隊火長王元貞　火内人　李瓚

火長王元惠　火内人　郭胡〻

火長張脩己　火内人　氾果

火長張万年　火内人　王同

火長李玄明　火内人　李道

第六隊火長周神力　火内人　王榮

火長馬嘉賓　火内人　時毛郎

火長張神果　火内人　房儀

火長師神意　火内人　段結

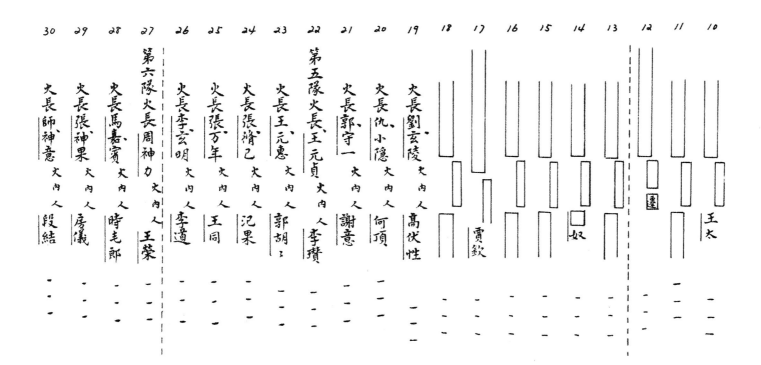

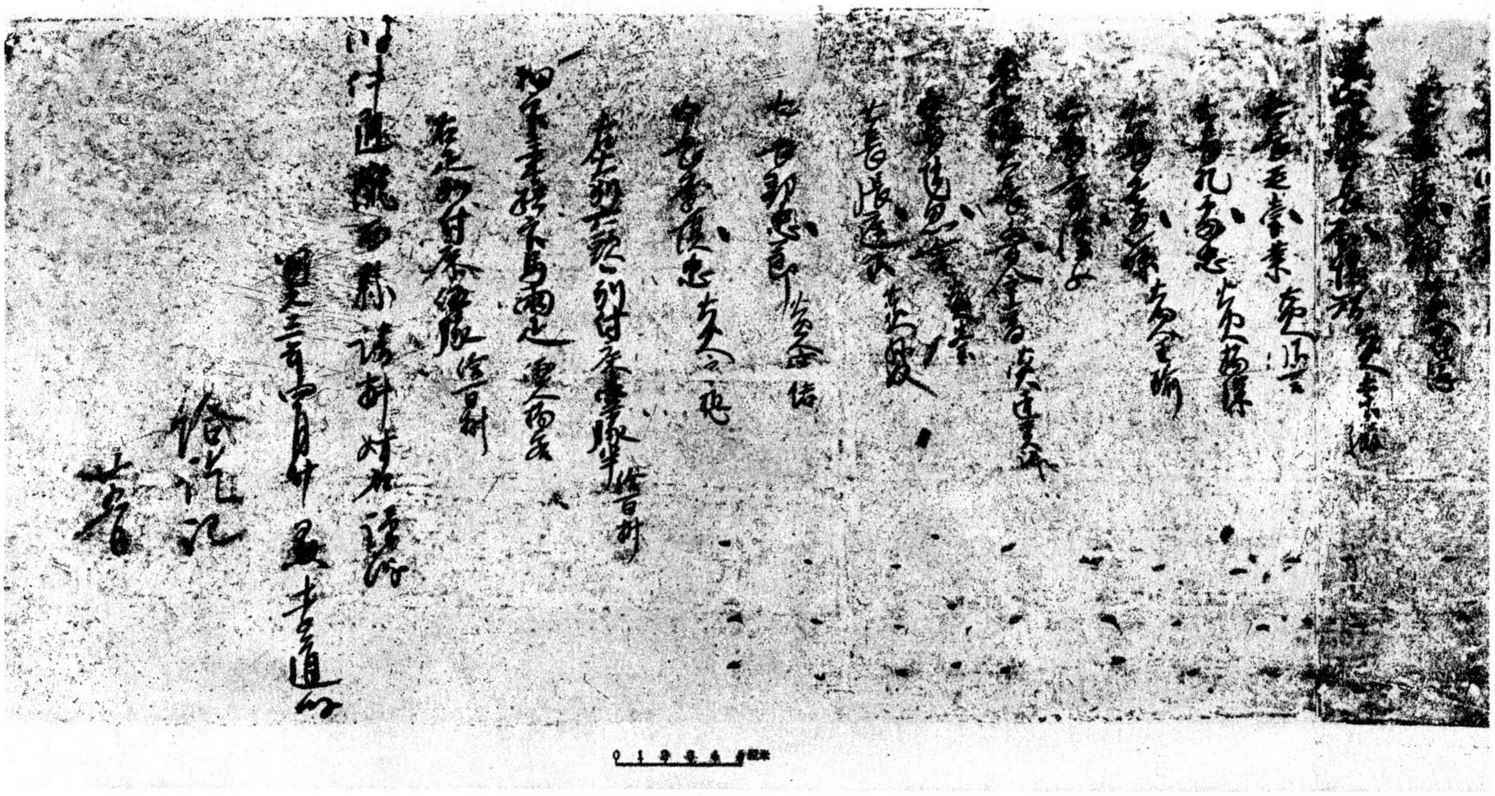

二　唐開元三年(公元七一五年)西州營典李道上隴西縣牒爲通當營請馬料姓名事　　68TAM108:19(a)之三

31 火長馬、大郎 火內人 符憲 - - -
32 第七隊火長、劉懷智 火內人 上官瀻 - - -
33 火長毛、崇業 火內人 張言 - - -
34 火長孔、處忠 火內人 楊琛 - - -
35 火長李、思𣊘 火內人 王瑜 - - -
36 火長聾、漢子
37 第八隊火長魯、令嵩 火內人 達奚識 - - -
38 火長趙、思言 火內人 史玉
39 火長張庭玉 火內人 孫奴
40 火長鄧、忠節 火內人 □結 - - -
41 火長李慎忠 火內人 □愆 - - -
42 右火別六頭，〻別付床壹勝半。給一日料。
43 押官乘騎官馬兩疋。傔人楊客。
44 右疋別付床伍勝。給一日料。
45 牒件通隴西縣請料姓名謹牒。
46 開元三年四月廿日典李道牒
47 給訖記
48 廿五日

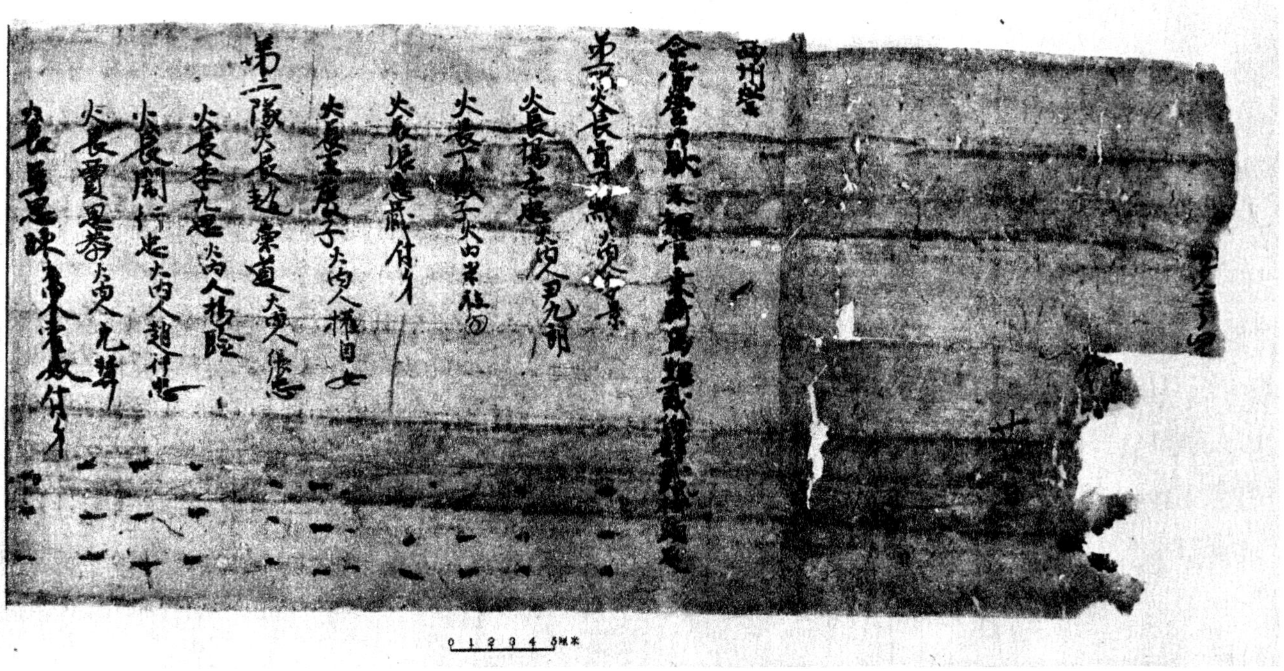

三　唐開元三年(公元七一五年)西州營牒爲通當營請馬料姓名事一　68TAM108:20(a)之一

三　唐開元三年（公元七一五年）西州營牒爲通當營請馬料姓名事一

開元三年四[月]　（下殘）
[給][訖]□
廿七日
- - - - - - - - - - - - - - - - 〔一〕
西州營
合當營六䭾及押官乘騎馬總貳佰肆貳√拾頭疋。
第一[隊]火長骨万歲　火內人　[李]景
火長楊孝忠　火內人　尹九朗　———
火長丁㒨子　火內　米祀勿　———
火長張惠藏　付身　———
火長王慶子　火內人　權自女　———
第二隊火長趙崇道　火內人　張忠　———
火長李九思　火內人　楊驗　———
火長闞行忠　火內人　趙行忠　———
火長賈思恭　火內人　元　騂　———
火長馬思暕　~~火內人霍奴~~　付身　———
- - - - - - - - - - - - - - - - 〔二〕

注　釋

〔一〕〔二〕粘接縫處背部押一「秀」字。

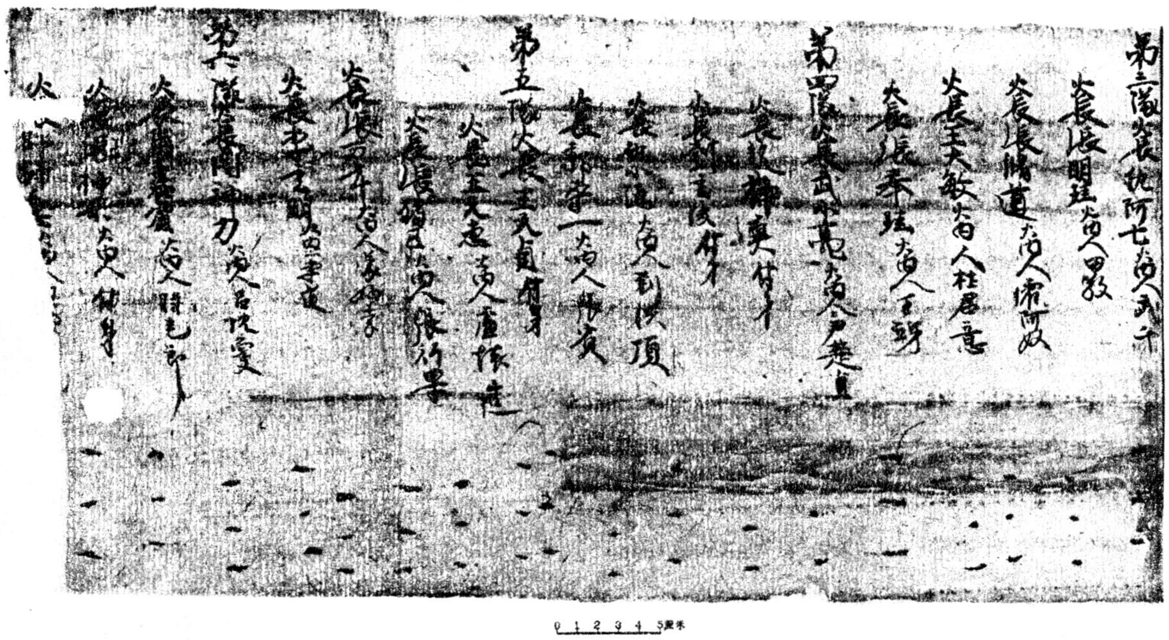

三　唐開元三年(公元七一五年)西州營牒爲通當營請馬料姓名事一　　68TAM108:20(a)之二

16 第三隊火長仇阿七　火内人　武千

17 火長張明珪　火内人　田敬

18 火長張脩道　火内人　霍阿奴

19 火長王大敏　火内人　杜君意

20 火長張奉珪　火内人　王璿

21 第四隊火長武小亮　火内人　尹楚貞

22 火長趙神奕　付身

23 火長劉玄陵　付身

24 火長仇小隱　火内人　劉洪頂

25 火長郭守一　火内人　張賓

26 第五隊火長王元貞　付身

27 火長王元惠　火内人　盧懷遺

28 火長張脩乙　火内人　張行果 [一]

29 火長張万年　火内人　衆妙索

30 火長李玄明　火内人　李道

31 第六隊火長周神力　火内人　呂𦦨毚

32 火長馬嘉賓　火内人　時毛郎

33 火長張神果　火内人付身

34 火[長]師神[憲]　[火][内][人]□□

注釋

[一] 粘接縫處背部押一「芳」字。

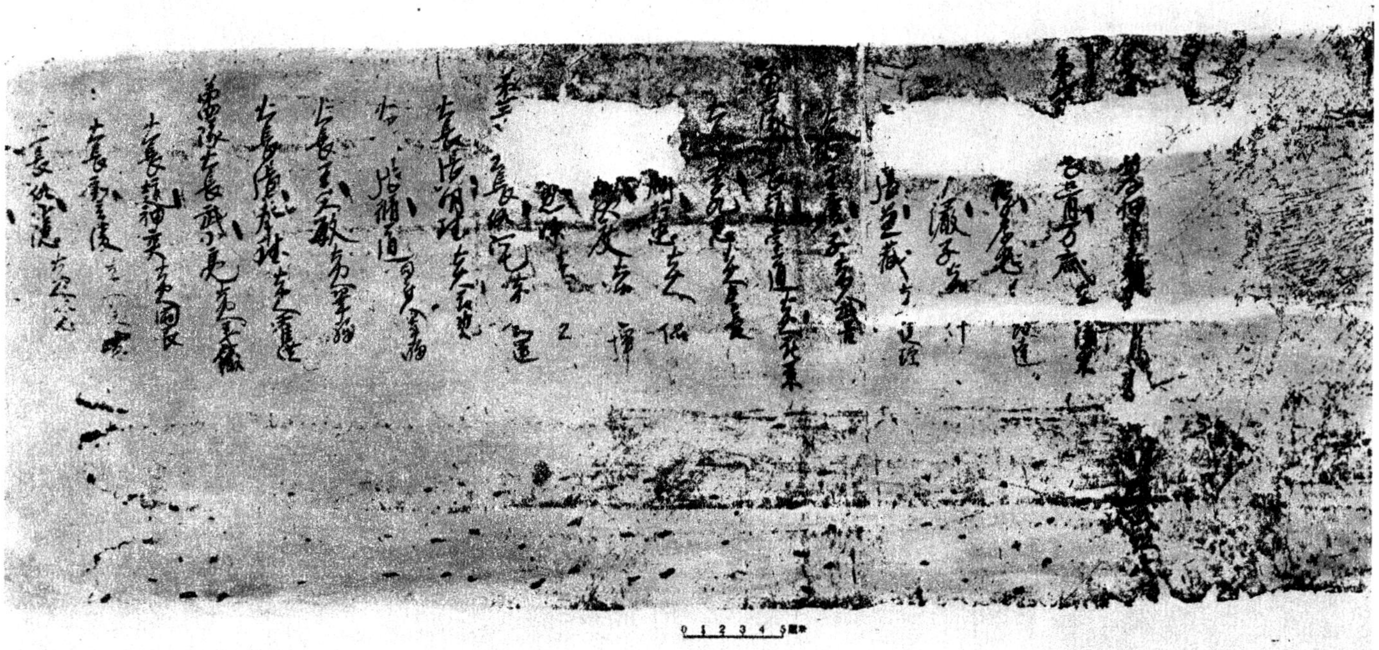

四　唐開元三年(公元七一五年)西州營牒爲通當營請馬料姓名事二　68TAM108:18(a)之一

四　唐開元三年（公元七一五年）西州營牒爲通當營請馬料姓名事二

本件紀年缺，然據前後二件，知亦在開元三年。

1 西州營
2 合當營□馱及押官乘馬總□佰肆拾弍頭疋。
3 第一隊□長、骨万歲　火內人　陳成
4 □□楊孝忠、□□□　氾達
5 □□丁𡢿子、火□□　□什
6 火長張惠藏、火□□　侯瑶
7 火長王慶子、火內人　武善
8 第二隊火長、趙崇道　火內人　范榮
9 火長李九思　火內人　秦愛
10 □□闞行忠、火內人　□伵
11 □□□伏度　火內□　□惲
12 □□□思暕　火內□　□□
13 第三□火長仇阿七　火內□　□運
14 火長張明瑳、火內人　范愁
15 火長張脩道、同府人　鞏福
16 火長王大敏、火內人　鞏福
17 火長張奉瑳、火內人　霍洪
18 第四隊火長武小亮、火內人　姜𡢿
19 火長趙神爽、火內人　龍長

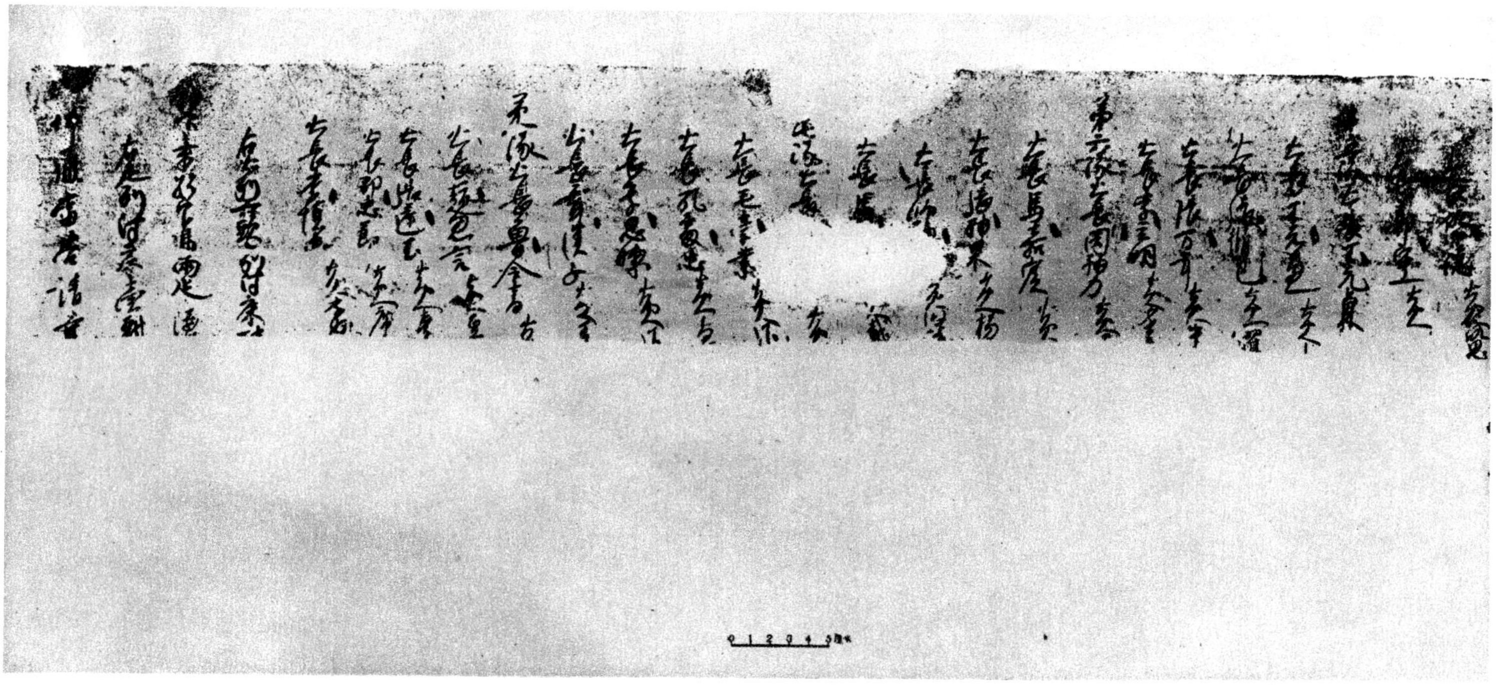

四　唐開元三年(公元七一五年)西州營牒爲通當營請馬料姓名事二　　68TAM108:18(a)之二

火長劉、玄陵　火内人　裴□　- - -
火長仇、小隱　火内人　仇思　- - -
火長郭、守一　火内人　[　]　□□□
第五隊火長王元貞　[　]　□□□
火長王、元惠　火内人　[　]　□□□
火長張、脩己　火内人　翟[　]　□□□
火長張、万年　火内人　牛[　]　□□□
火長李玄、明　火内人　李[　]　□□□
第六隊火長、周神力　火内人　[　]　□□□
火長馬、嘉賓　火内人　[　]　□□□
火長張、神果　火内人　楊[　]　□□□
火長師□、□　□内人　[　]　□□□
火長馬□□　□□人　[　]　□□□
□七隊火長□□□　火内　□　[　]　□□□
火長毛、崇業　火内人　[　]　□□□
火長孔、處忠　火内人　高[　]　□□□
火長李、思睞　火内人　[　]　□□□
火長齎（齊）、漢子　火内人　王[　]　□□□
第八隊火長魯、令嵩　火内　[　]　□□□
火長趙、思言　火内人　[　]　□□□
火長張、庭玉　火内人　秦[　]　□□□
火長鄯、忠節　火内人　席[　]　□□□

42 火長李慎忠　火内人　李奴

43 右大別六頭，三別付康 □

44 押官乘騎官馬兩疋，㒹 □

45 右疋別付康壹斛 □

46 牒件通當營請 □

□□□

阿斯塔那一八八號墓文書

本墓爲合葬墓，出有唐開元三年張公夫人麴娘墓誌一方。男女屍入葬先後不明。所出七一至八二號文書，拆自長方形絹邊紙板；八四至一〇〇號文書，拆自男屍紙靴。文書有紀年者，爲唐神龍二年（公元七〇六年）、三年（公元七〇七年）。在葦席上清理出五六至六五號文書，其中有紀年者，爲唐開元三年（公元七一五年）、四年（公元七一六年）。

一　唐神龍二年（公元七〇六年）殘牒

本件署有「閏正月」，又本墓文書有紀年者爲神龍二年（公元七〇六年）至開元四年（公元七一六年）。在此期間及其前後有「閏正月」者，據《二十史朔閏表》只有神龍二年（公元七〇六年）。背面騎縫有「叫」字押署。

1 □有事至，謹牒。

2 閏正月　日府 □

3 〔上殘〕[illegible][illegible]　九 □

一　唐神龍二年(公元七〇六年)殘牒

72TAM188:93(a)

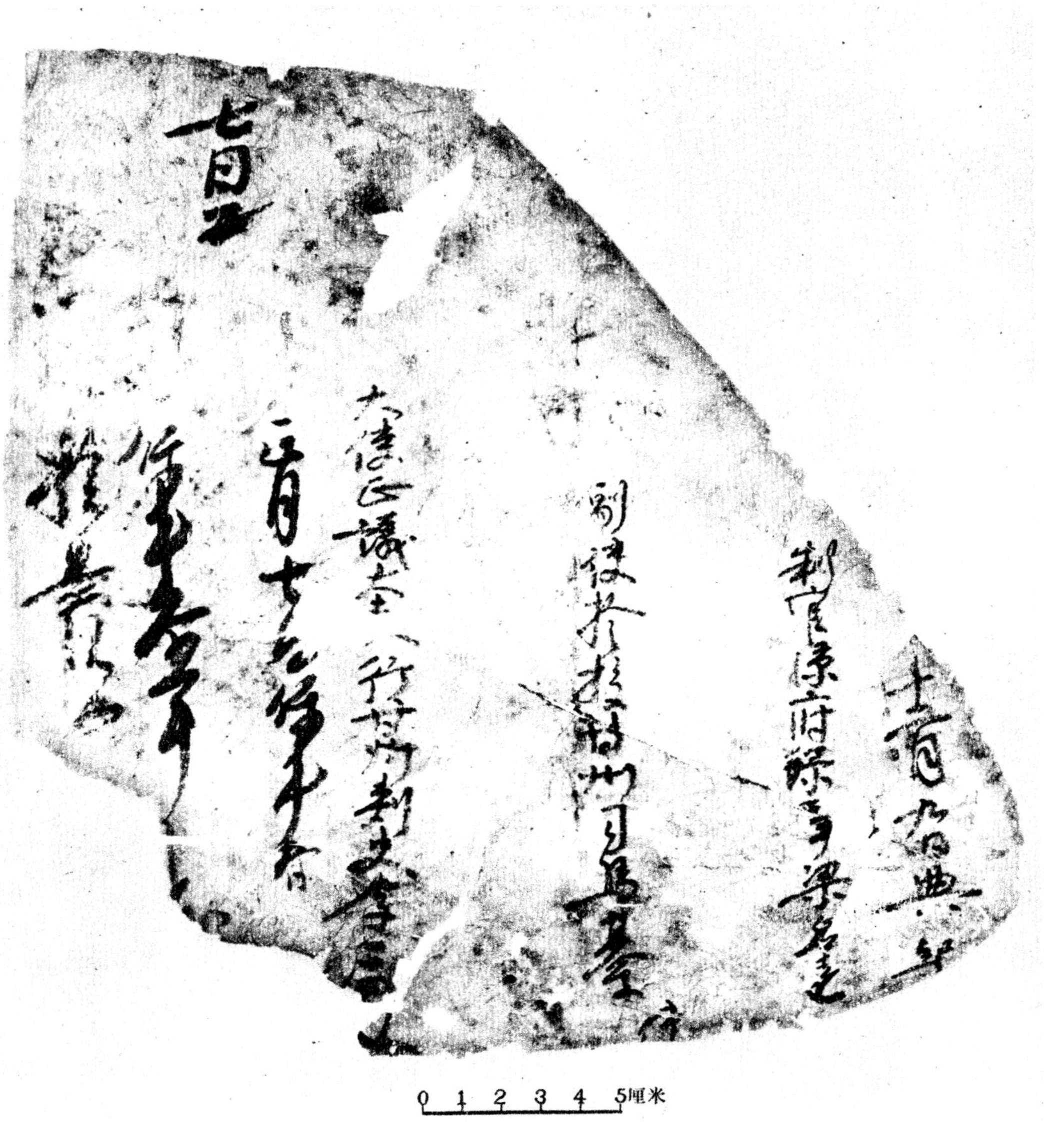

二　唐殘牒　　72TAM188:91

二　唐殘牒

本件缺紀年，七行「嘗」字簽署同見於前件，今置於前件之後。一行上有朱印一方，印文不清。

1 十二月九日典　紀
2 判官涼府錄事梁名遠
3 副使檢校甘州司馬綦　使
4 大使正議大夫行甘州刺史李　隱
5 正月七日錄事帝　□
6 　　七日之
　錄事參軍　[　]
7 檢　嘗　白

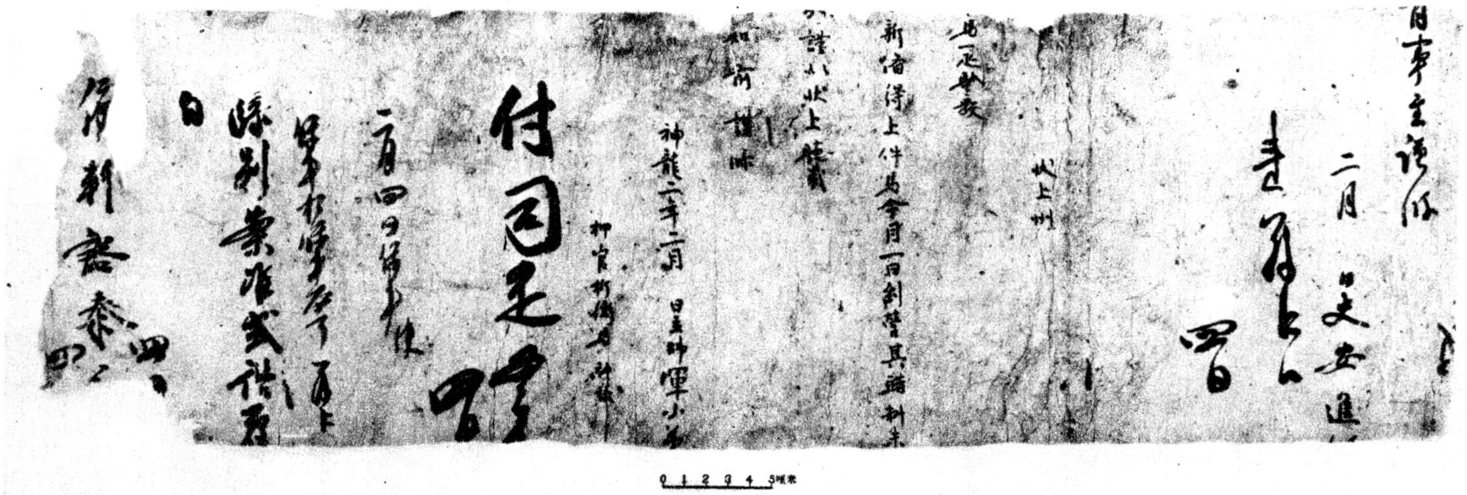

三　唐神龍二年(公元七〇六年)主帥渾小弟上西州都督府狀爲處分馬䟗料事
72TAM188:82(a)

三　唐神龍二年(公元七〇六年)主帥渾小弟上西州都督府狀爲處分馬䟗料事
72TAM188:82(b)

三　唐神龍二年（公元七〇六年）主帥渾小弟上西州都督府狀爲處分馬䟗料事

本件爲一碊案卷，一至四行所記可能爲別一事。騎縫背面署有「孜」字，一二行至一五行間有朱印一方，印文爲「西州都督府之印」。

□[育]事至。謹牒。

二月　　日史安進□

素祿仁白

四日

狀上州

□馬一疋騟敦

□新備得上件馬，今月一日到營，其䟗料未□

□謹以狀上，聽裁。

□如前。謹牒。

神龍二年二月　　日主帥渾小弟

押官折衝馬神祿

付司定母示

四日

二月四日錄事使

錄事攝錄事參軍　嶷仁

牒別案准式諮　孜□

白

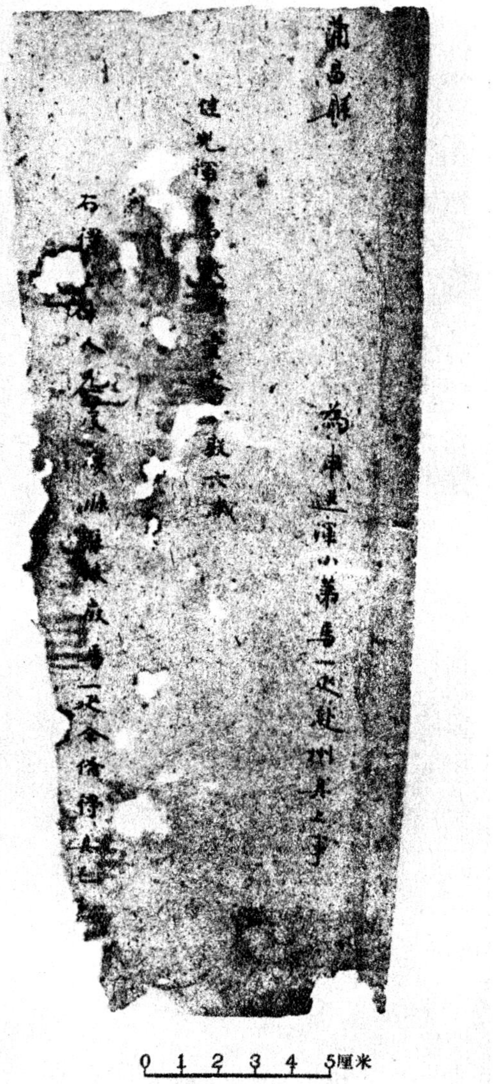

四　唐西州蒲昌縣牒爲申送健兒渾小弟馬赴州事　72TAM188:30

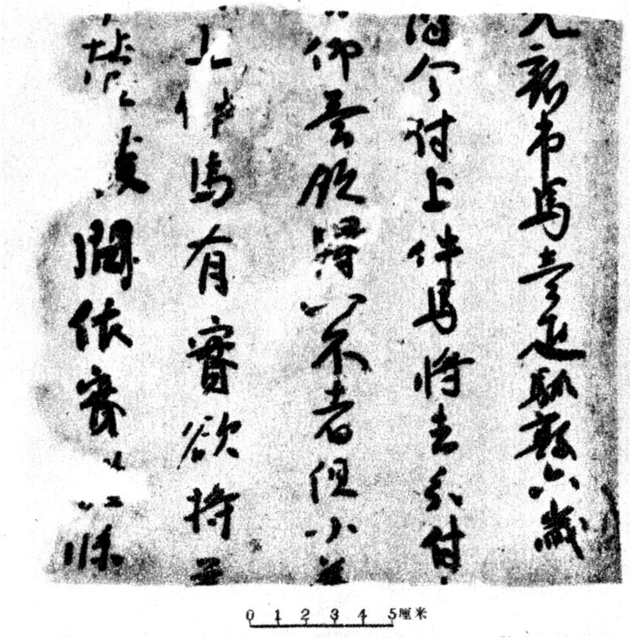

五　唐被問領馬牒　72TAM188:74(a)

四[日]
依判諮　秦　[示]
四□

四　唐西州蒲昌縣牒爲申送健兒渾小弟馬赴州事

本件蓋有朱印三方，文爲「蒲昌縣之印」。紀年已缺，所叙事由及渾小弟名均與前件相符。本件所記渾小弟「馬壹疋騧敦」，亦即上件渾小弟請賭料之「馬一疋騧敦」。此件時間應在上件前，紀年殘缺，姑附上件後。

蒲昌縣　　　爲申送渾小弟馬一疋赴州具上事
健兒渾小弟徵馬壹疋，[騧]敦六歲。
右得上件人兄虔慶牒稱：被徵馬一疋，今備得，
具毛色□

五　唐被問領馬牒

本件紀年已缺，所云「新市馬壹疋騧敦六歲」，與上☒唐西州蒲昌縣申送健兒渾小弟馬赴州事》所述被徵之馬毛色年歲均同，三行「小」字下當缺「弟」字。疑本件爲渾小弟將馬赴營時被問文件，今列於上件後。

□[無]新市馬壹疋，騧敦六歲
□[問]今付上件馬將去，分付□
□仰答領得（以）一不者。但小□
□上[件]馬有實，欲將𦍒□
□營[被]問依實[謹]牒。

六 唐徵馬送州付營檢領狀

72TAM188:81(a)

六 唐徵馬送州付營檢領狀

72TAM188:81(b)

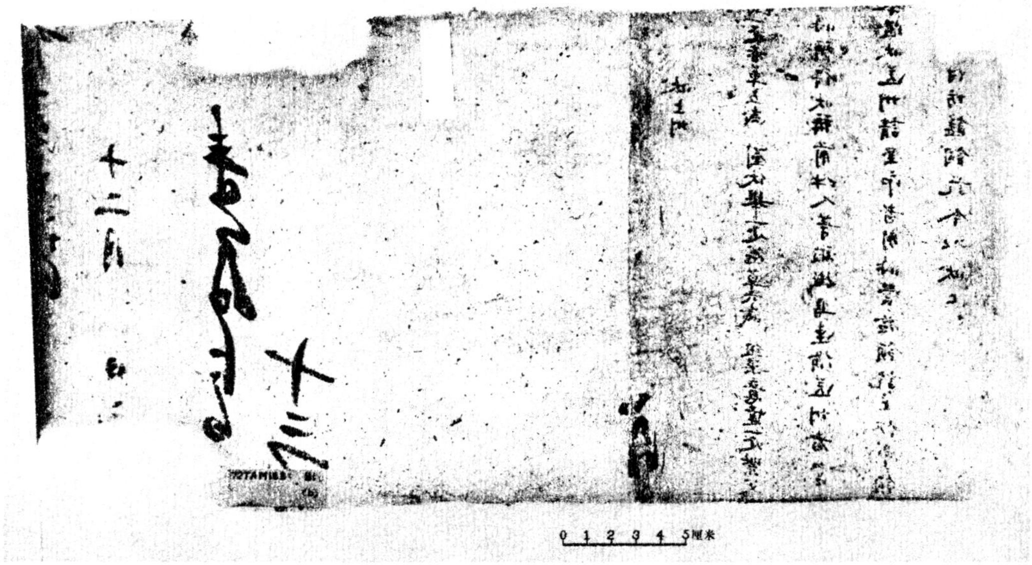

六 唐徵馬送州付營檢領狀

本件紀年已缺，内容爲徵馬送州，與上件渾小弟兄馬被徵送州事相符；内有「敌」字簽署，亦見於本墓三《唐神龍二年主帥渾小弟上西州都督府狀》背面騎縫。今列於神龍二年後。又本件亦似案卷騎縫前四行可能爲别一事。

1 [有]事至。謹牒。

2 十二月 日云

3 建敌白

4 十三日

---（一）

5 狀上州

6 [馬]一疋赤草五歲，劉伏舉一疋忩草六歲 □姐

渠意達一疋紫父□□

7 □牒稱，得狀稱，前件人等被徵馬，速備送州者。營□

8 □[今]隨狀送州，請呈印者，别牒營檢領訖上，仍取領

□

9 □付坊餧飼訖，今以狀上

註釋

〔一〕此騎縫背面有簽署「敌」字。

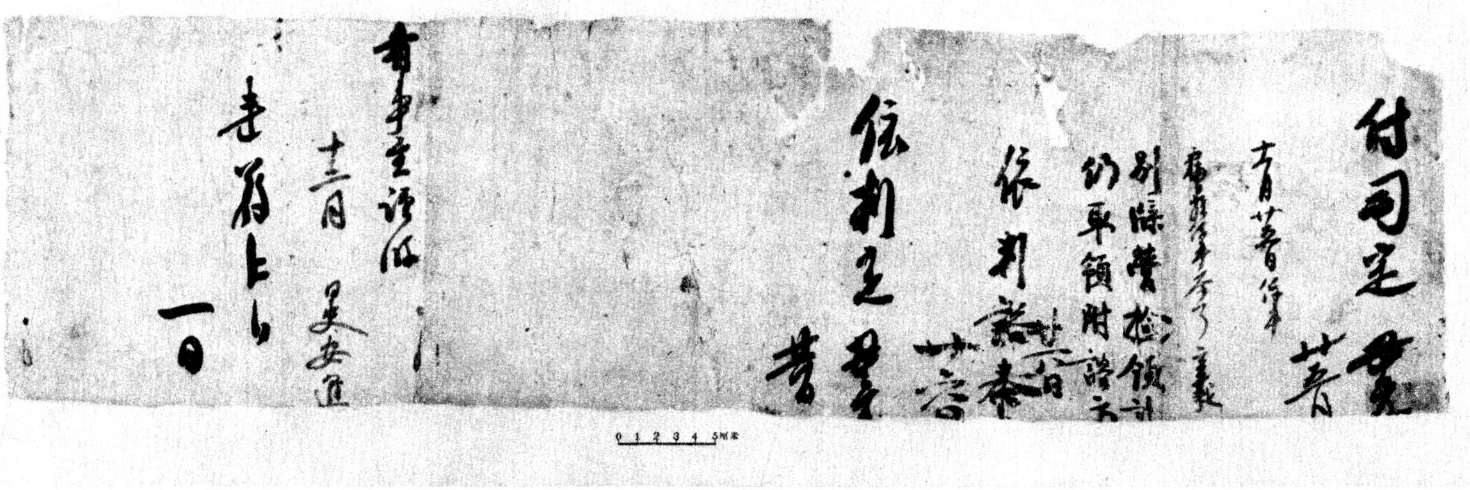

七　唐上西州都督府牒爲徵馬付營檢領事一　72TAM188:73(a)

七　唐上西州都督府牒爲徵馬付營檢領事一　72TAM188:73(b)之二

七　唐上西州都督府牒爲徵馬付營檢領事一　72TAM188:73(b)之一

七　唐上西州都督府牒爲徵馬付營檢領事一

本件有朱印一方，文爲「西州都督府之印」。騎縫背面有押字。紀年已缺，內簽署人名「史安進」等並見於本墓三《唐神龍二年主帥渾小弟上西州都督府狀》。所云「別牒營檢領」者，據上件，知亦是所徵馬疋。下件同。

1　付司定毋示
2　「　」廿五日
3　十一月廿五日錄事
4　「戶曹檢錄事參軍」義
5　別牒營檢領訖
6　仍取領附諮方
7　廿六日
8　依判諮泰□
9　廿六日
10　依判定毋示
11　廿六日
12　□有事至，謹牒。
13　十二月　日史安進□
14　連　[illegible]　白
15　一日

八　唐上西州都督府牒爲徵馬付營檢領事二 72TAM188:75(b)

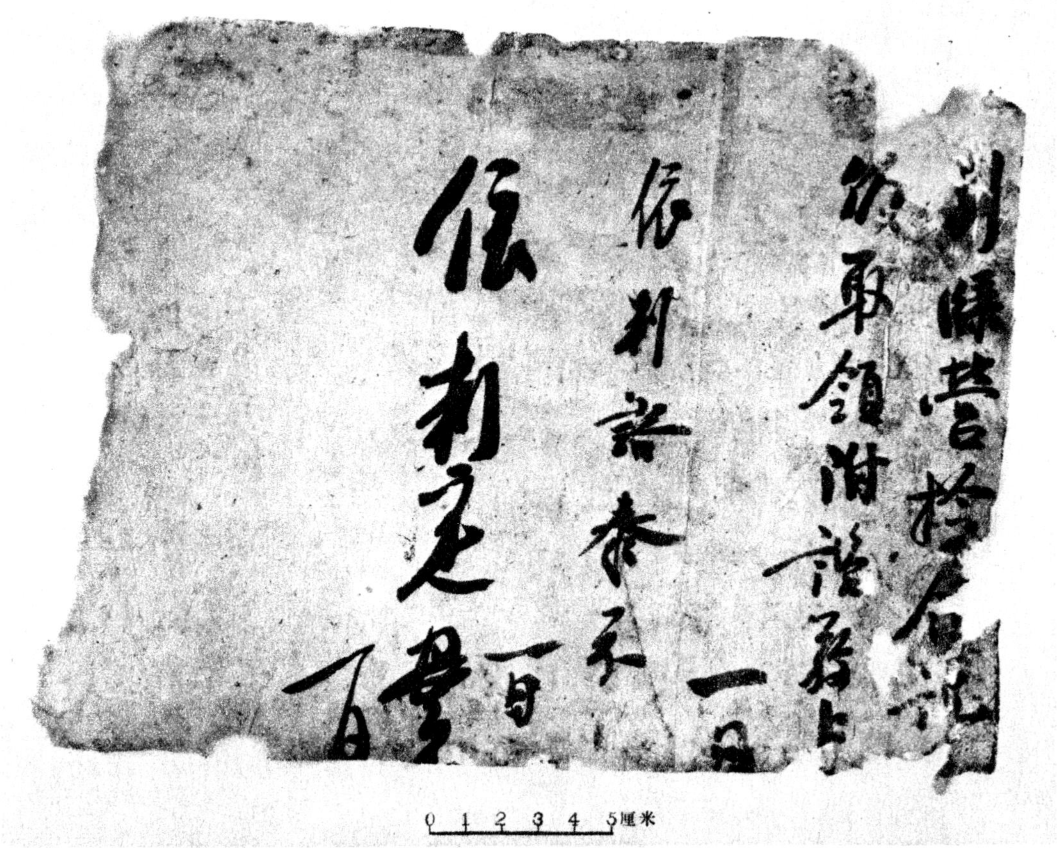

八　唐上西州都督府牒爲徵馬付營檢領事二　72TAM188:75(a)

八　唐上西州都督府牒爲徵馬付營檢領事二

本件時代及内容説明同前件。背面騎縫有「康」押署。

1 别牒營檢[領]訖
2 仍取領附諮致仁□
3 　一日
4 依判諮泰示
5 　一日
6 依判定毋示
　一日

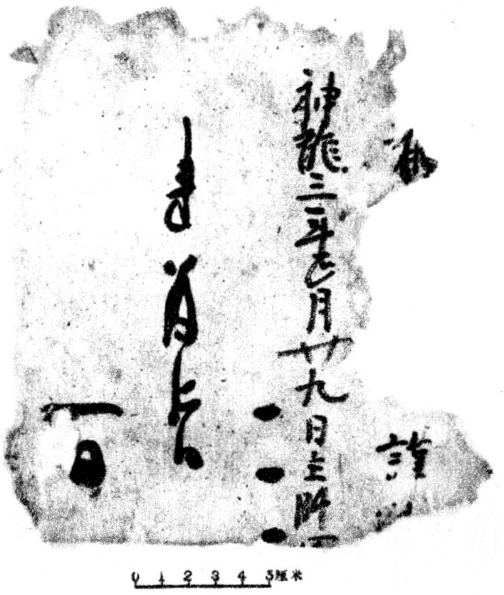

九　唐神龍三年(公元七〇七年)殘牒
72TAM188:76

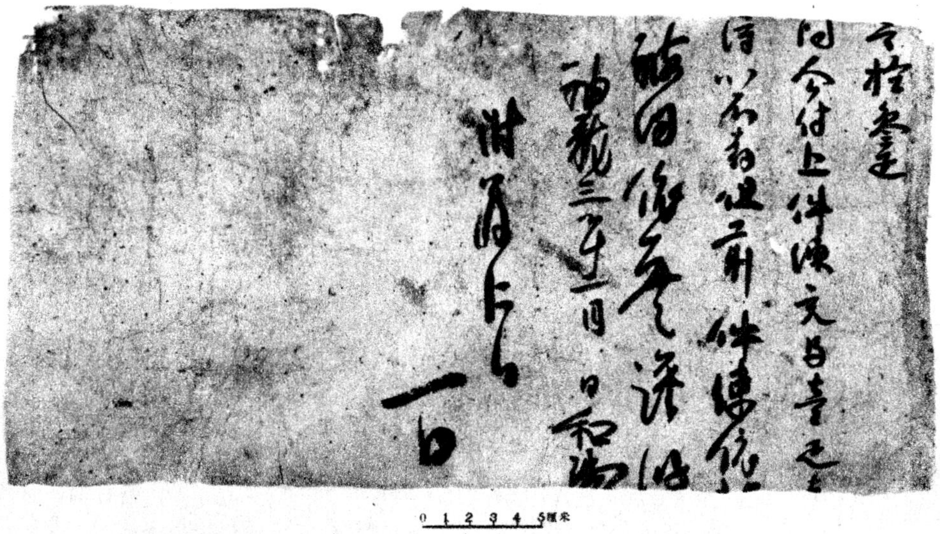

一〇　唐神龍三年(公元七〇七年)和湯牒爲被問買馬事(一)
72TAM188:71

九　唐神龍三年（公元七〇七年）殘牒

1 □□被□□謹牒。
2 神龍三年正月廿九日主帥石□
3 連（連）前〻白（白）
4 一日

一〇　唐神龍三年（公元七〇七年）和湯牒爲被問買馬事

（一）

1 □壹拾叁疋
2 問今付上件練充馬壹疋直□
3 得以不者，但前件練依當□
4 被問依實，謹牒。
5 神龍三年二月　日和湯□
6 附前〻白
7 一日

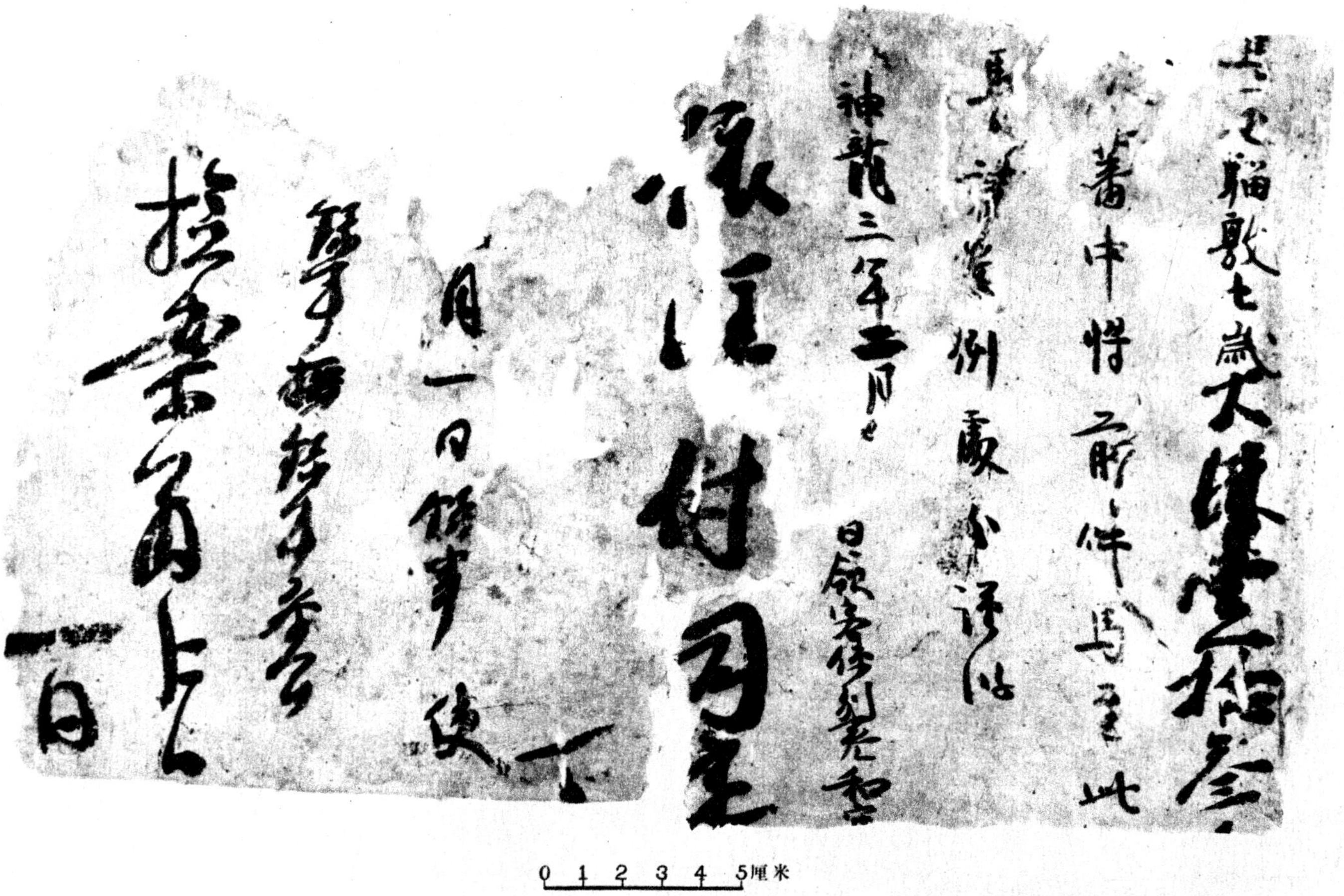

一〇　唐神龍三年(公元七〇七年)和湯牒爲被問買馬事(二)　　72TAM188:79

（二）

1 馬一疋騮敦七歲大練壹拾叁[　　]
2 □蕃中將前件馬至此[　　]
3 馬請准例處分謹牒。
4 [　　]神龍三年二月　日領客使別奏和忠[　　]
5 依　注　付　司　定　□□
6 一日
7 [　　]月一日錄事使
8 錄事攝錄事參軍
9 檢　案　兩　仁　白
10 一日

一一　唐神龍三年(公元七〇七年)主帥康某牒　　72TAM188:72(b)

一一　唐神龍三年(公元七〇七年)主帥康某牒　　72TAM188:72(a)

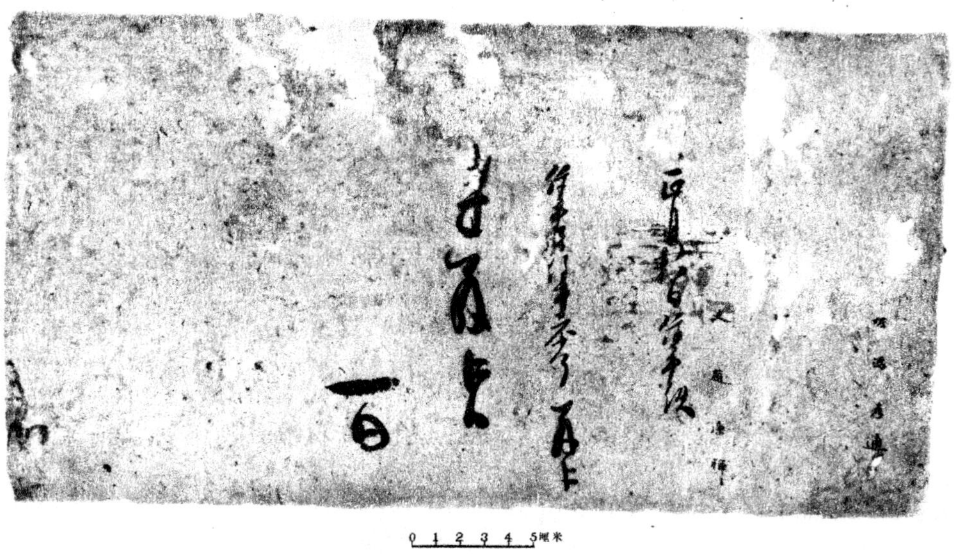

一二　唐上西州都督府殘牒　　72TAM188:80(a)

一一　唐神龍三年（公元七〇七年）主帥康某牒

本件背面騎縫有「孜」字押署，殘存左半。

1 □實謹牒。
2 神龍三年二月　日主帥康□
3 附孜仁
4 一日

一二　唐上西州都督府殘牒

本件缺紀年，其簽署名與前件同，今置於前件之後。簽署上有朱印一方，文為「西州都督府之印」。六行後紙留有空白，左下角有朱書不能辨識。

1 佐　馮孝通
2 史　趙　康譚
3 正月廿八日録事使
4 「録事攝録事參軍」孜仁
5 連孜白
6 「　」一日

一三　唐開元三年(公元七一五年)萬壽寺僧惠𦘺文書
72TAM188:55

一三　唐開元三年（公元七一五年）萬壽寺僧惠𦘺文書

1 〔　　　〕上坐僧
2 開元三年　七〔一〕月　僧萬壽寺僧惠𦘺

注釋
〔一〕「七」字原爲「五」字改寫而成。

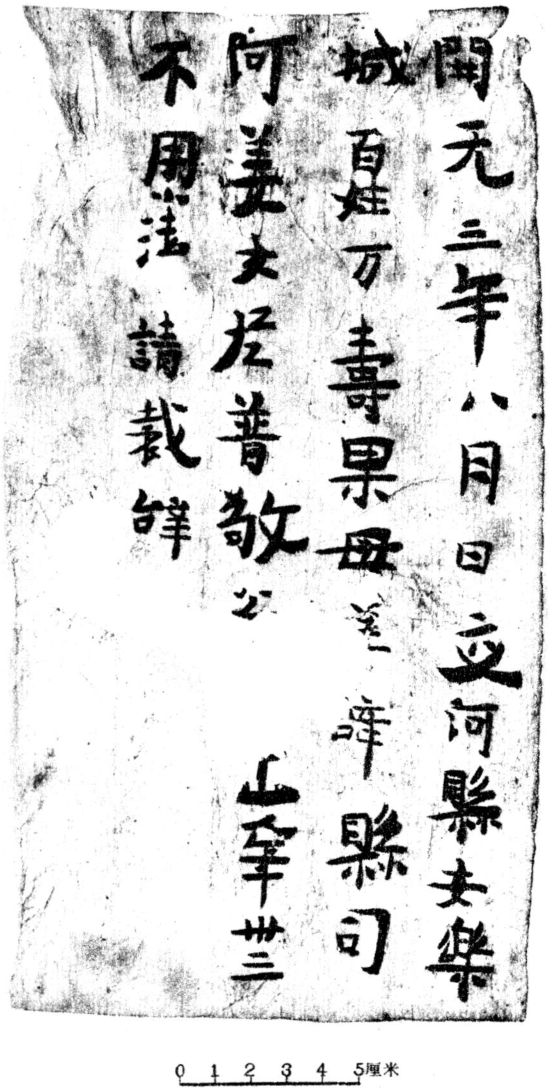

一四　唐開元三年(公元七一五年)交河縣安樂城万壽果母姜辭　72TAM188:11

一四　唐開元三年（公元七一五年）交河縣安樂城万壽果母姜辭

1 開元三年八月日交河縣安樂
2 城百姓万壽果母姜辭：縣司．
3 阿姜女尼普敬，（注?）□山人年卅三，
4 不用小法。請裁辭。

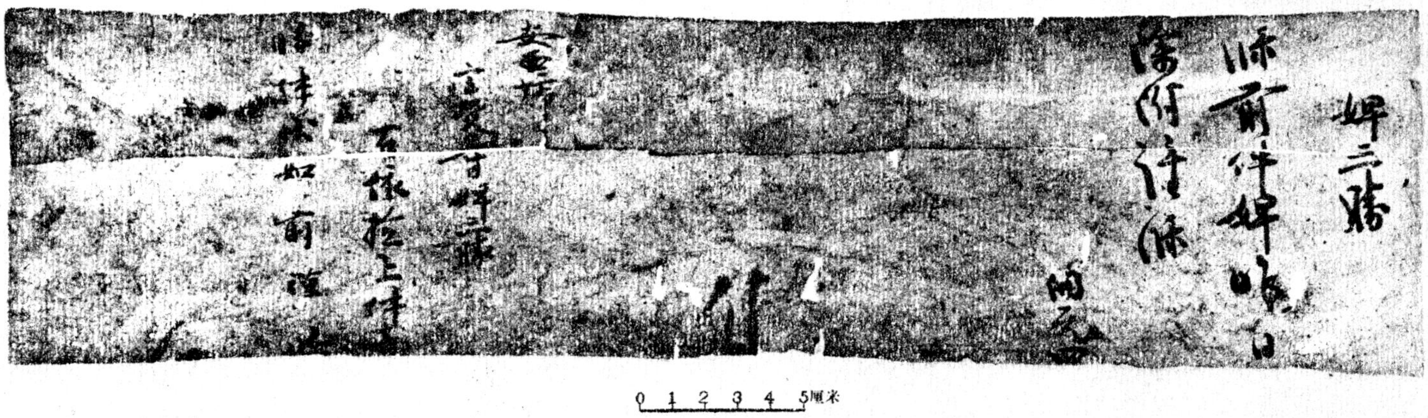

一五　唐開元四年(公元七一六年)玄覺寺婢三勝除附牒(一)　　72TAM188:58/1

一五　唐開元四年(公元七一六年)玄覺寺婢三勝除附牒(二)　　72TAM188:57

一五　唐開元四年（公元七一六年）玄覺寺婢三勝除附牒

（一）

1　婢三勝

2　牒前件婢昨日［　］

3　除附，謹牒。

4　開元四［　］

5　付［　］

6　安西坊

7　玄覺寺婢三勝

8　右依檢上件寺［　］

9　牒件狀如前，謹[牒]。［　］

10　［　］

（二）

1　玄覺寺

2　牒件狀[如]［　］

3　尉　朊

4　牒寺爲婢三[勝]［　］

一五　唐開元四年(公元七一六年)玄覺寺婢三勝除附牒(三)　　72TAM188:58/2

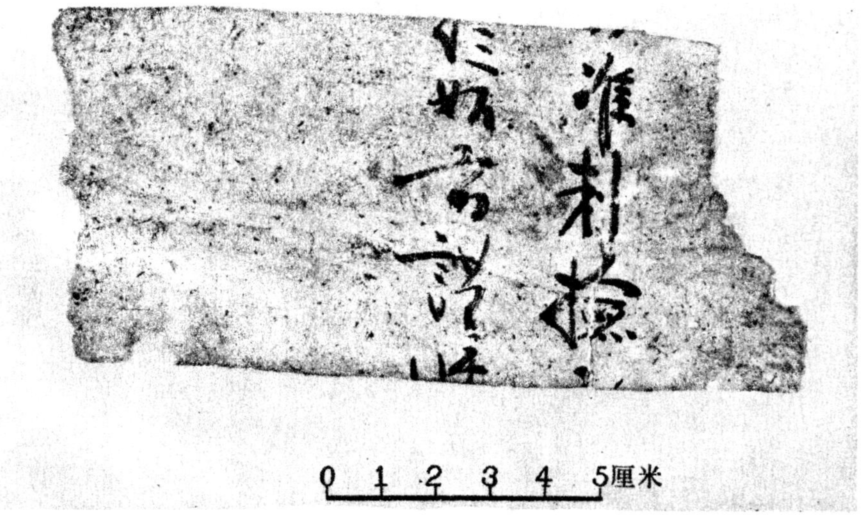

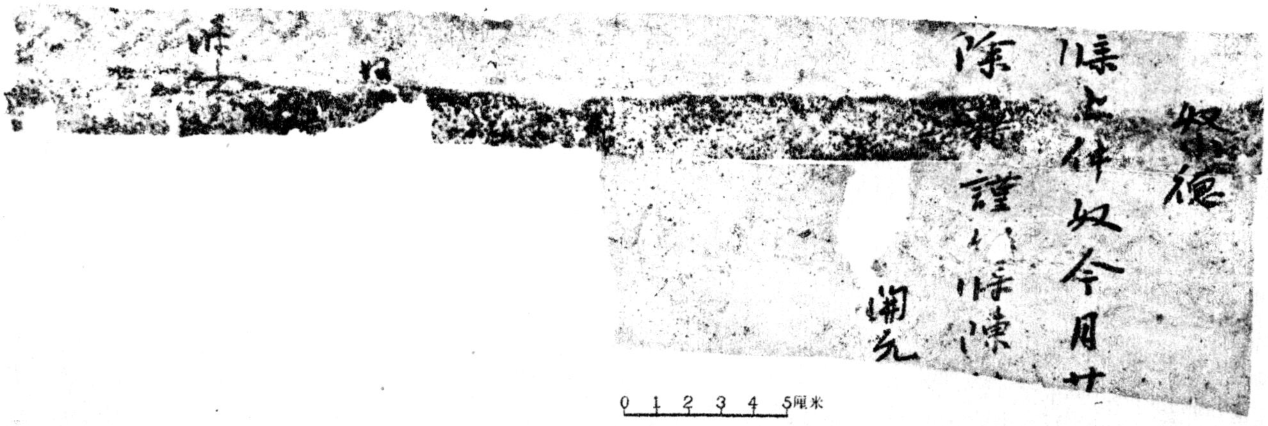

一六　唐開元某年奴小德除籍牒　　72TAM188:56

（三）

1 〔　〕准判檢[案]〔　〕

2 〔　〕[檢]如前謹[牒]。

一六　唐開元某年奴〔小德除籍牒

1 奴〔小德

2 牒上件奴，今月廿〔

3 除籍，謹以牒陳〔

4 開元〔

5 奴〔小〔

6 [右]〔

7 牒件[狀]〔

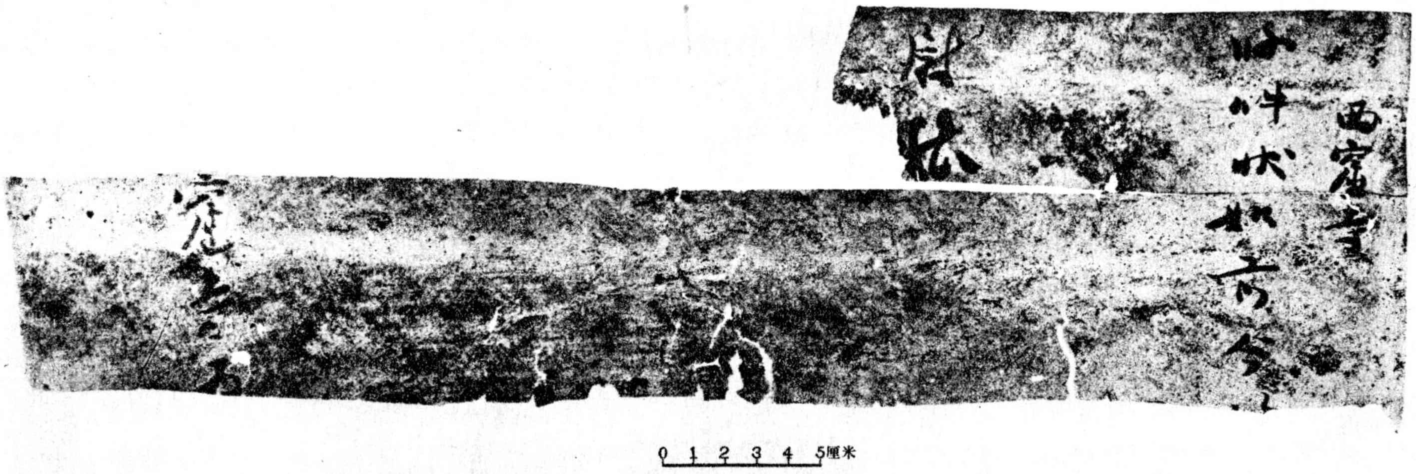

一七　唐西窟寺殘牒(一)　72TAM188:59

一七　唐西窟寺殘牒(二)　72TAM188:60/1,60/2

一七　唐西窟寺殘牒

本件紀年已缺，其中「尉」下押字與本墓一五《唐開元四年玄覺寺婢三勝除附牒》相同，年代應與相當。下件亦有相同押字。

（一）

1 西窟寺
2 牒件狀如前今[ ]
3 尉　壯
4 [ ]
5 [ ]
6 [ ]窟寺爲[ ]

（二）

1 [ ]案連如前[ ]
2 □　日　史[ ]
3 西□寺婢孫[ ]
4 狀□不盡牒[ ]
5 准□壯　白
6 [ ]
7 依[ ]

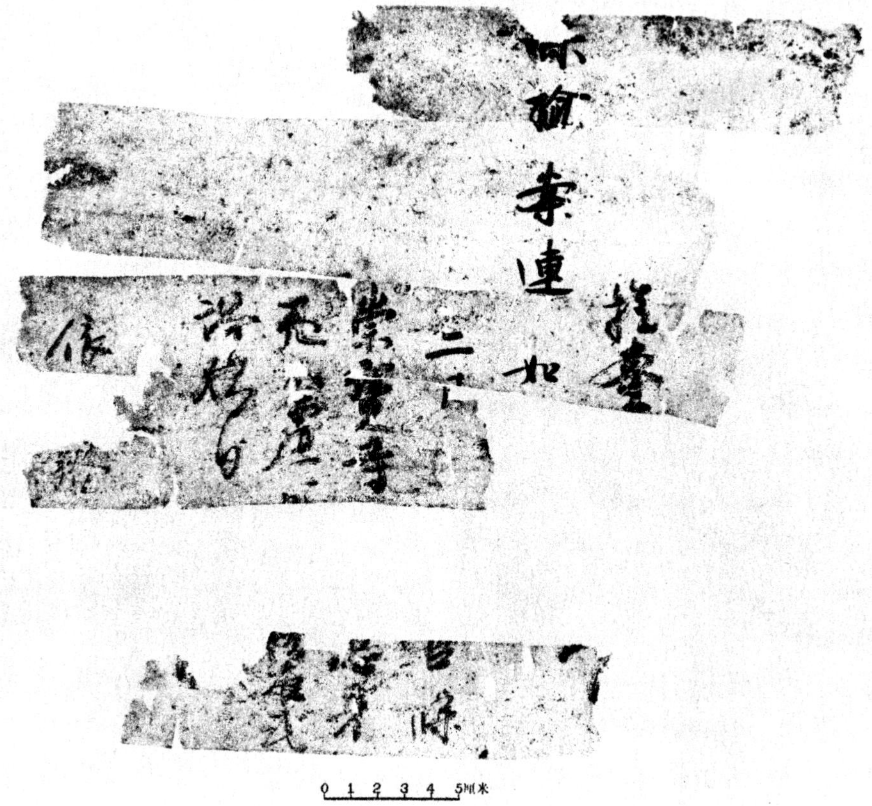

一八　唐申報崇寶寺某人身死牒　　72TAM188:61,63

一八　唐申報崇寶寺某人身死牒

1 檢案□

2 [牒]檢　案　連　如□

3 二[日]□[匡]牒

4 崇寶寺□□身

5 死[不]虛□准式

6 諮肶白　□□

7 依□諮□

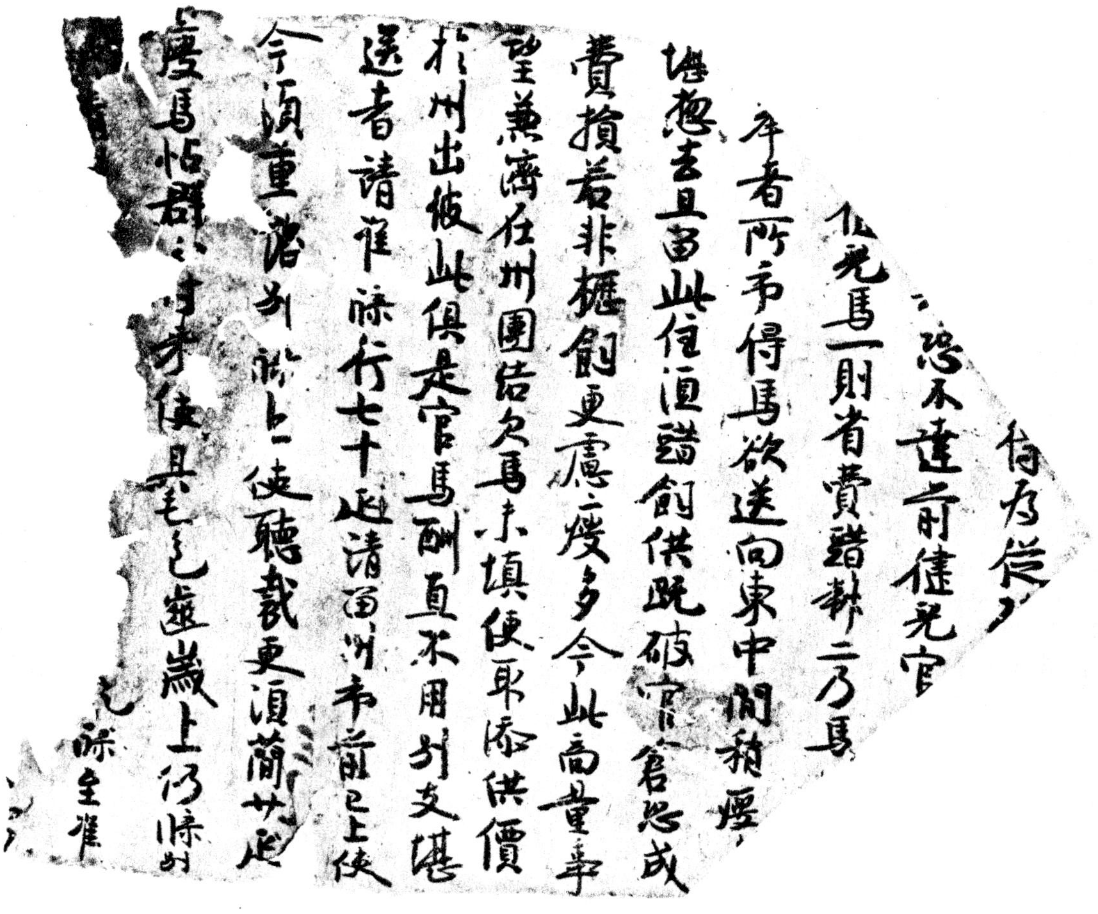

一九　唐西州都督府牒爲請留送東官馬填充團結欠馬事　　72TAM188:86(a)

一九　唐西州都督府牒爲請留送東官馬填充團結欠馬事　　72TAM188:86(b)

一九　唐西州都督府牒爲請留送東官馬填充團結欠馬事

本件缺紀年，有朱印多方，印文爲「西州都督府之印」，騎縫背面有簽押。

[ ][得]爲從[ ]
[ ]恐不達，前健兒官[ ]
[ ][健]兒馬，一則省費踖料，二乃馬[ ]
□[舉]者，所市得馬欲送向東，中間稍瘦，□
堪總去。且留此住，須踖飼供，既破官倉，恐成
費損。若非櫪飼，更慮瘦多。今此商量事
望兼濟。在州團結，欠馬未填，便取添供。價
於州出。彼此俱是官馬，酬直不用別支。堪
送者，請准牒行。七十疋請留州市，前已上使，
今須重諮。別牒上使聽裁。更須簡廿疋
瘦馬帖群。[令][付]來使，具毛色齒歲上，仍牒別
[須][請][ ][訖]。牒至，准

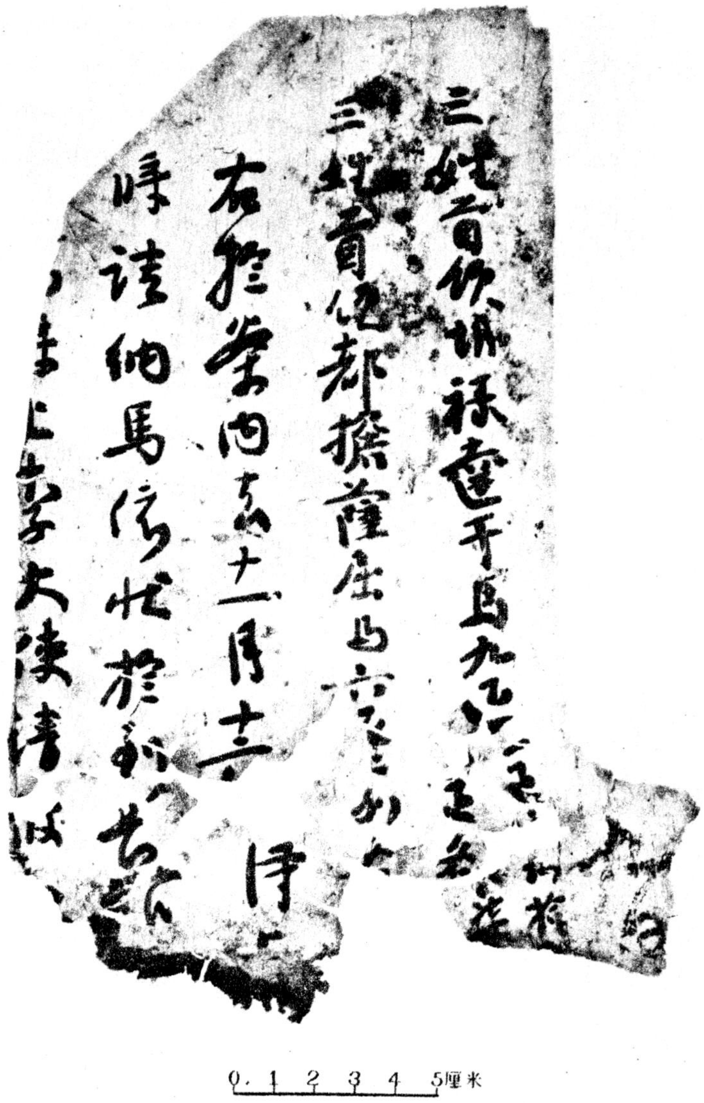

二〇　唐上李大使牒爲三姓首領納馬酬價事　　72TAM188:89(a)

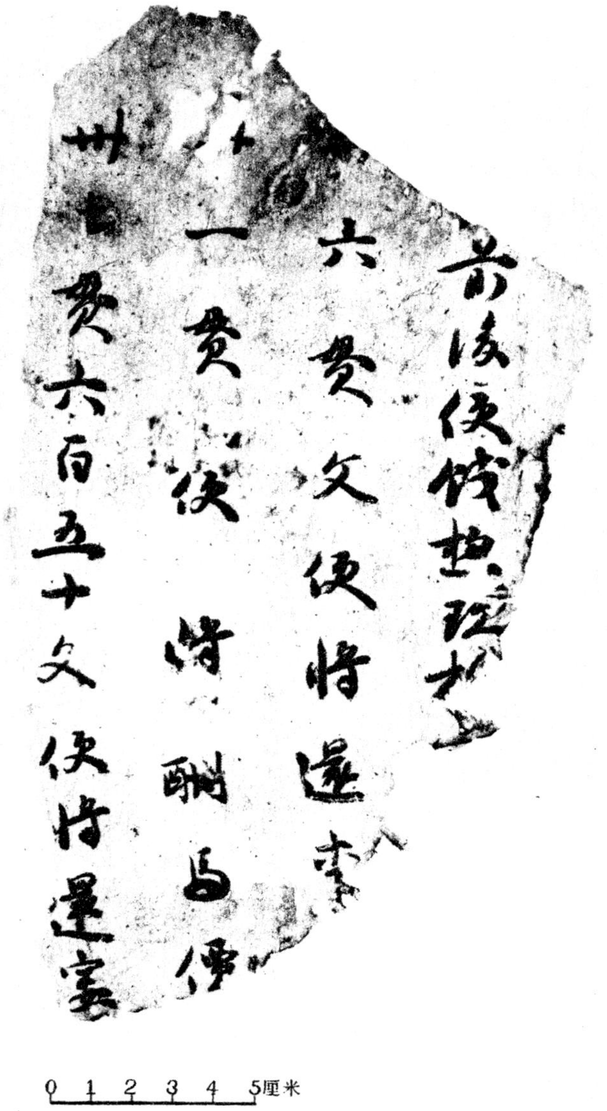

二一　唐便錢酬馬價文書　　72TAM188:84

二〇　唐上李大使牒爲三姓首領納馬酬價事

1 ☐九日

2 三姓首領胡祿達干馬九疋，一疋[三]州拾☐ ☐疋各柒☐

3 三姓首領都擔薩屈馬六疋，〻別[各]☐

4 右檢案內去十一月十[六]☐得上[件]

5 牒請納馬，依狀檢到前官☐

6 ☐☐[牒]上李大使，請[牒]☐

二一　唐便錢酬馬價文書

1 ☐前後便錢總玖[拾]☐

2 [卌]六貫文便將還李☐

3 [廿]一貫便將酬馬價☐

4 卌七貫六百五十文便將還宴☐

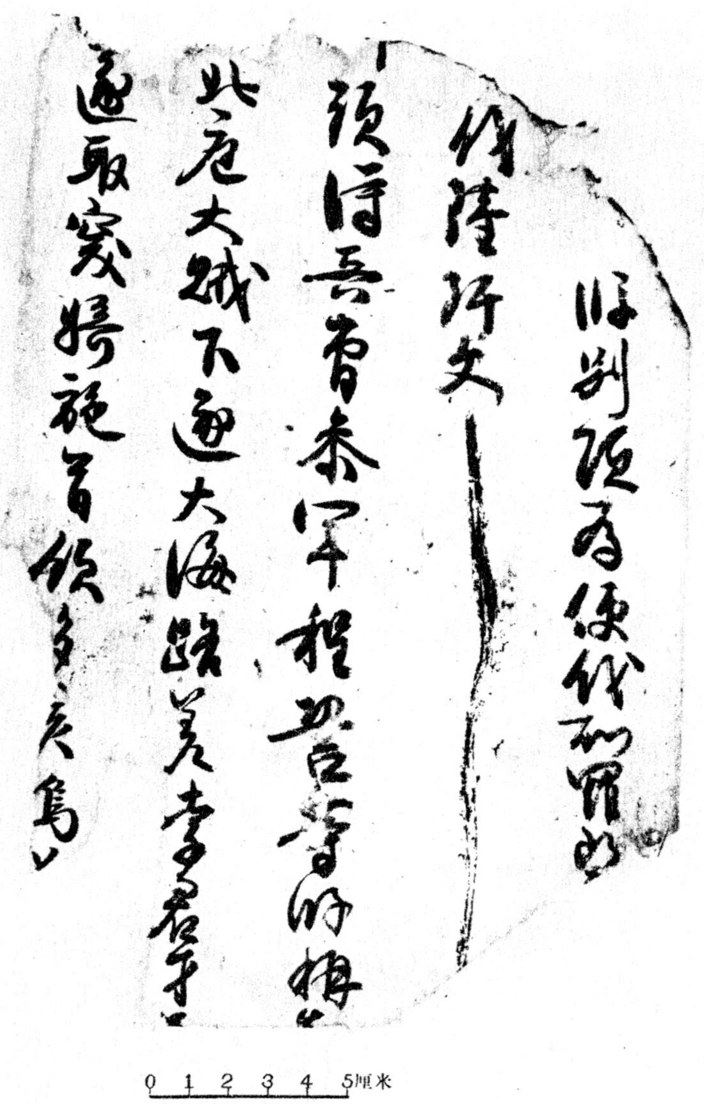

二二　唐西州都督府牒爲便錢酬北庭軍事事
72TAM188:85

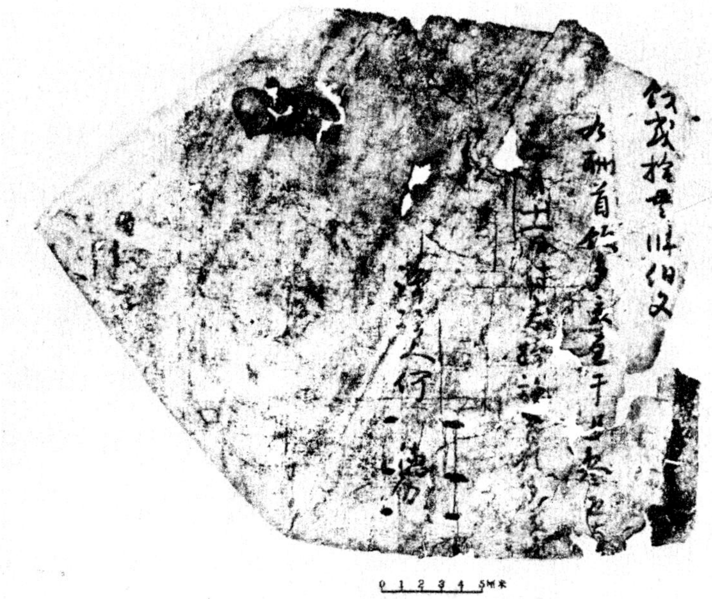

二三　唐譯語人何德力代書突騎施首領多亥達幹收領馬價抄　72TAM188:87(a)

二二　唐西州都督府牒爲便錢酬北庭軍事事

本件蓋有朱印一方，文爲「西州都督府之印」。

［上殘］　牒別項爲便錢酬羅阿□
□錢陸阡文
□頭(?)得兵曹參軍程譬等牒稱：
□北庭大賊下逐大海路，差索君才
□遂取突騎施首領多亥烏

二三　唐譯語人何德力代書突騎施首領多亥達干收領馬價抄

□錢貳拾貫肆伯文
右酬首領多亥達干馬叁疋直。
十二月十一日付突騎施首領多亥達
干領。
譯語人何德力

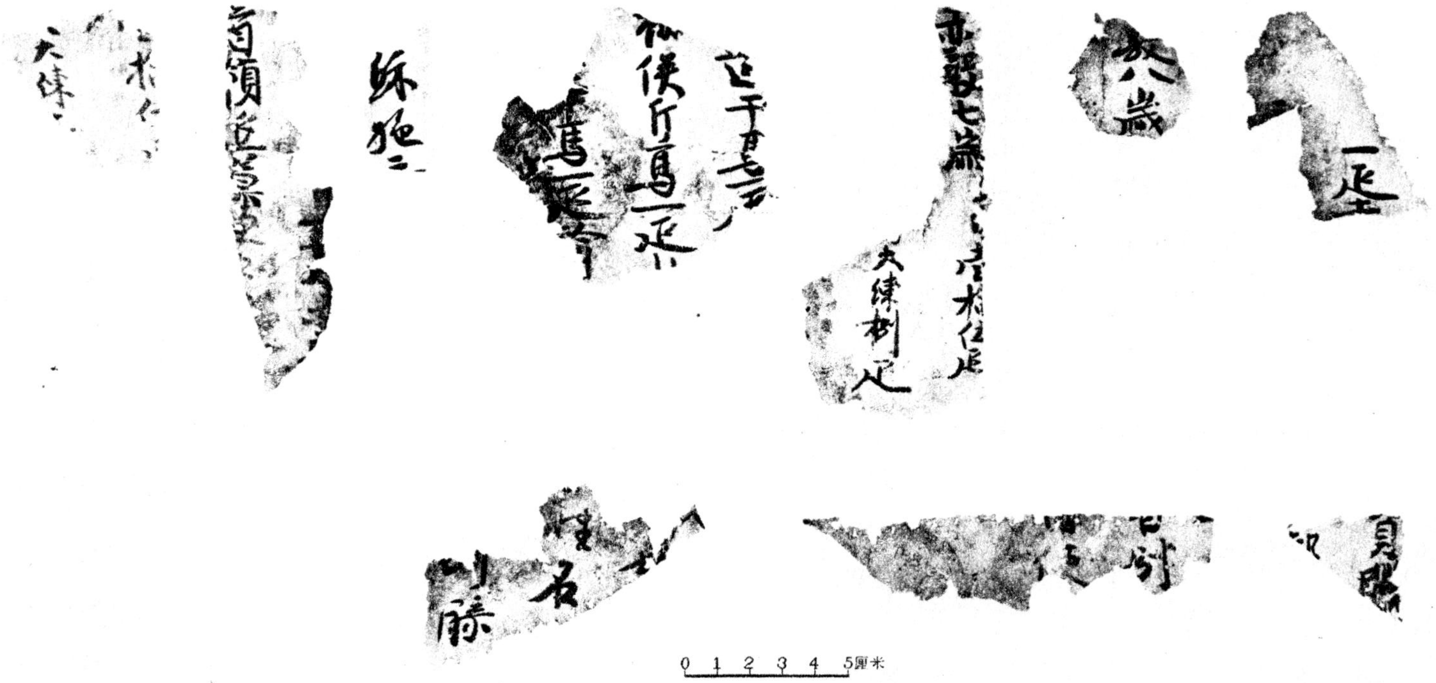

二四　唐市馬殘牒　72TAM188:88/1～88/10

二四　唐市馬殘牒

本件均爲碎片。

（一）

1 □一疋[赤]□

（二）

1 [敦]八歲□

（三）

1 赤敦七歲　[直]壹[拾][伍]疋□

2 □大練捌疋□

（四）

1 [達]干馬一[疋]□

2 [祿]俟斤馬一疋□

3 □馬一疋□

（五）

1 馲駝[三]

（六）

1 □[馬][一][疋][赤]□

2 □首[領]延莫[達]□

（七）

1 □[壹][拾][伍][疋]

2 □大練□

（八）

1 □[負][膁]□

（九）

1 □别□

2 □使□

（一〇）

1 □姓名□

2 □牒□

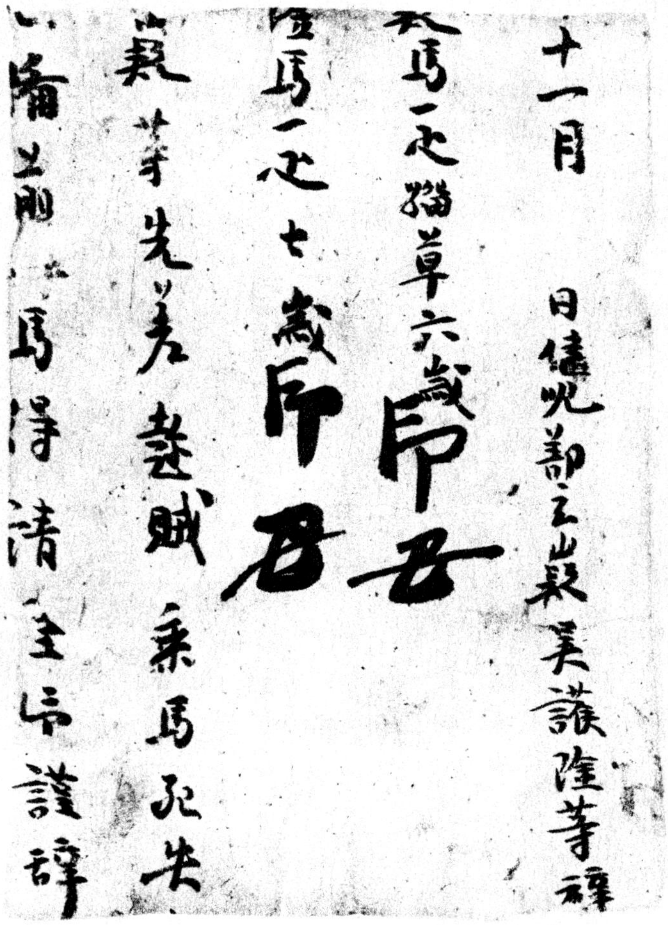

0 1 2 3 4 5厘米

二五　唐健兒鄯玄嶷、吳護隂等辭爲乘馬死失另備馬呈印事　72TAM188:78(a)

0 1 2 3 4 5厘米

二六　唐史張䢵含牒　72TAM188:92

二五　唐健兒鄯玄嶷、吳護隂等辭爲乘馬死失另備馬呈印事

1 ［　　］十一月　日健兒鄯玄嶷、吳護隂等辭：

2 ［　　］［嶷］馬一疋，騮草六歲　印吾

3 ［　　］［隂］馬一疋，七歲　印吾

4 ［　　］嶷等先差趂賊，乘馬死失［　　］

5 ［　　］［備］前件馬得請［呈］印謹辭。

二六　唐史張䢵含牒

1 ［　　］［伴］練估［　］者。依檢別案內

2 ［　　］日［史］張䢵含　牒

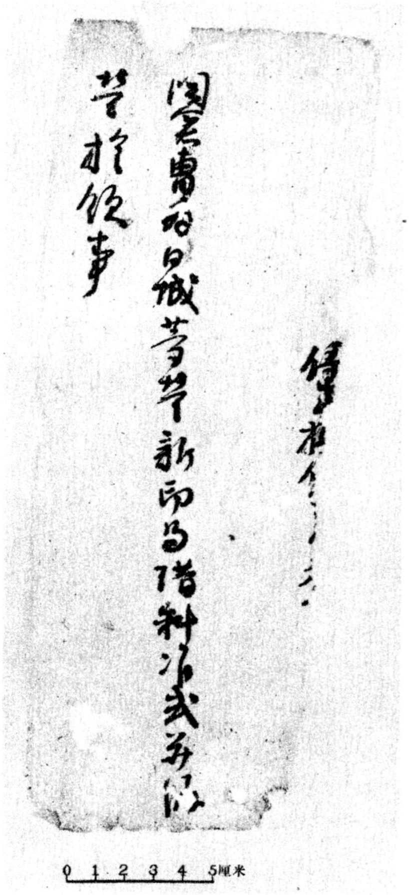

二七　唐與倉曹關爲新印馬踖料事　72TAM188:66

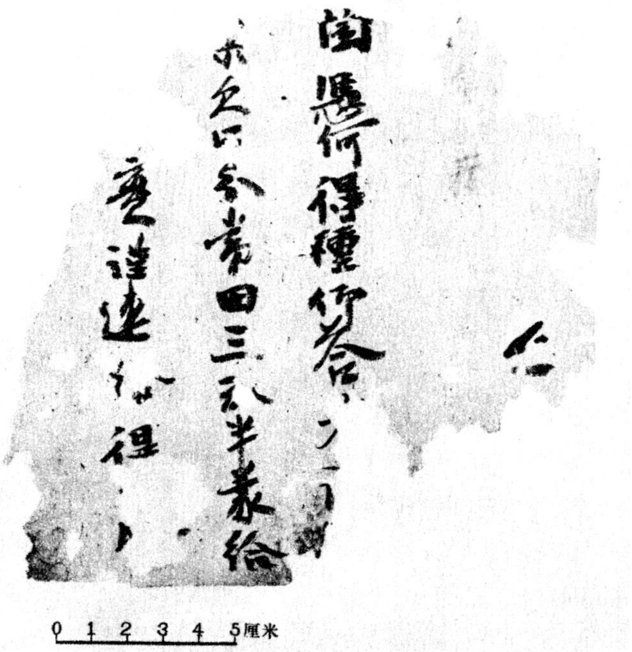

二八　唐辯辭爲種田事　72TAM188:68

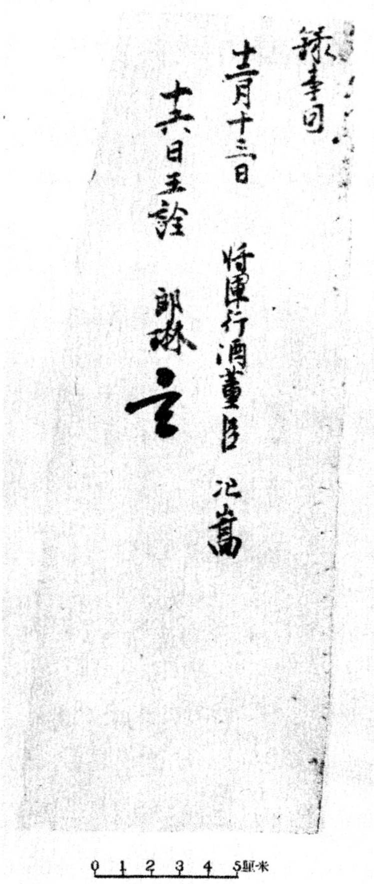

二九　唐録事司值日簿　72TAM188:67

二七　唐與倉曹關爲新印馬踖料事

1　錄事攝錄事參軍□

2　關倉曹：爲日（白？）城等營新印馬踖料，准式并牒

3　營檢領事。

二八　唐辯辭爲種田事

本件二行爲朱書。

1　□〔下殘〕

2　□會無籍

3　□陶憑何得種，仰答□謹□

4　□□欠口分常田三畝半，衆給

5　□實謹連給得□□

二九　唐錄事司值日簿

1　錄事司

2　十二月十三日　將軍行酒董臣　氾嵩

3　十六日王詮　郎琳　云

三〇　文書殘片　72TAM188:9

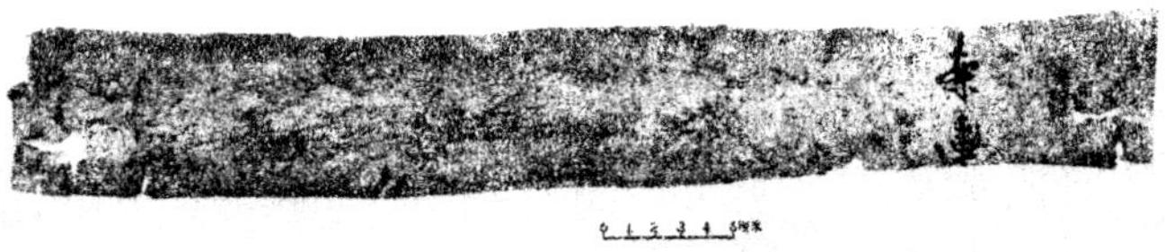

三一　文書殘片　72TAM188:62

三二　文書殘片　72TAM188:64/1,64/2

三三　文書殘片　72TAM188:69

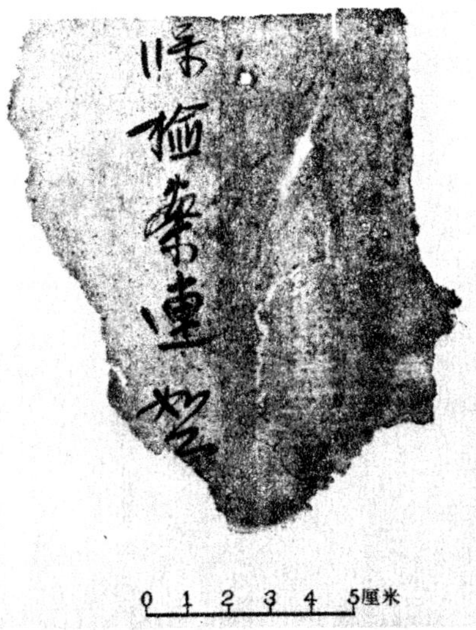

三四　文書殘片　72TAM188:70

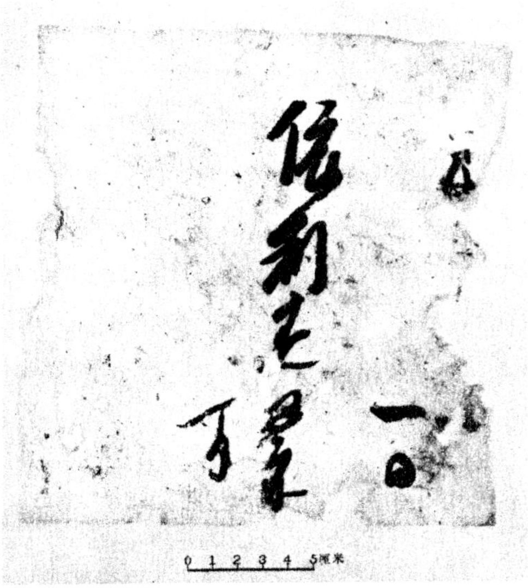

三五　文書殘片　72TAM188:77(a)

三六　文書殘片　72TAM188:88/11～88/17

三七　文書殘片　72TAM188:90

三八　文書殘片　72TAM188:94

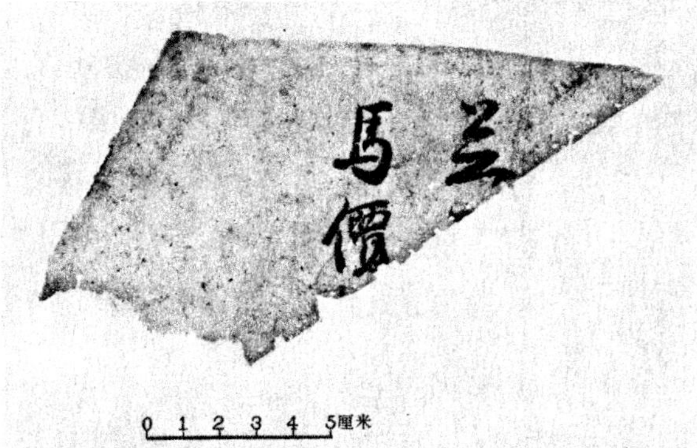

三九　文書殘片　72TAM188:95

四〇　文書殘片　　72TAM188:96/1,96/2

四一　文書殘片　　72TAM188:97/1

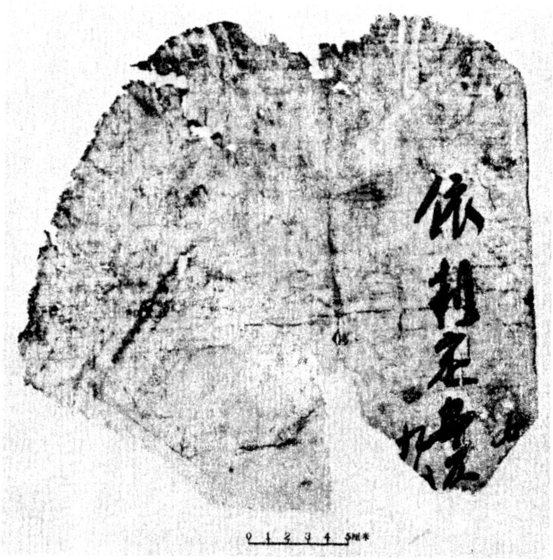

四二　文書殘片
72TAM188:97/2(a)

四三　文書殘片
72TAM188:97/2(b)

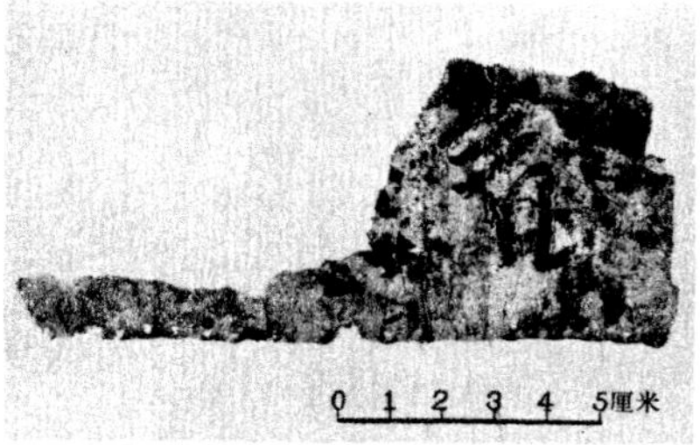

四四　文書殘片
72TAM188:98

四五　文書殘片　　72TAM188:99(a)

四六　文書殘片
72TAM188:100(b)

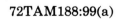

阿斯塔那二四〇號墓文書

本墓無墓誌及隨葬衣物疏。所出文書有紀年者，爲唐開元六年（公元七一八年）。

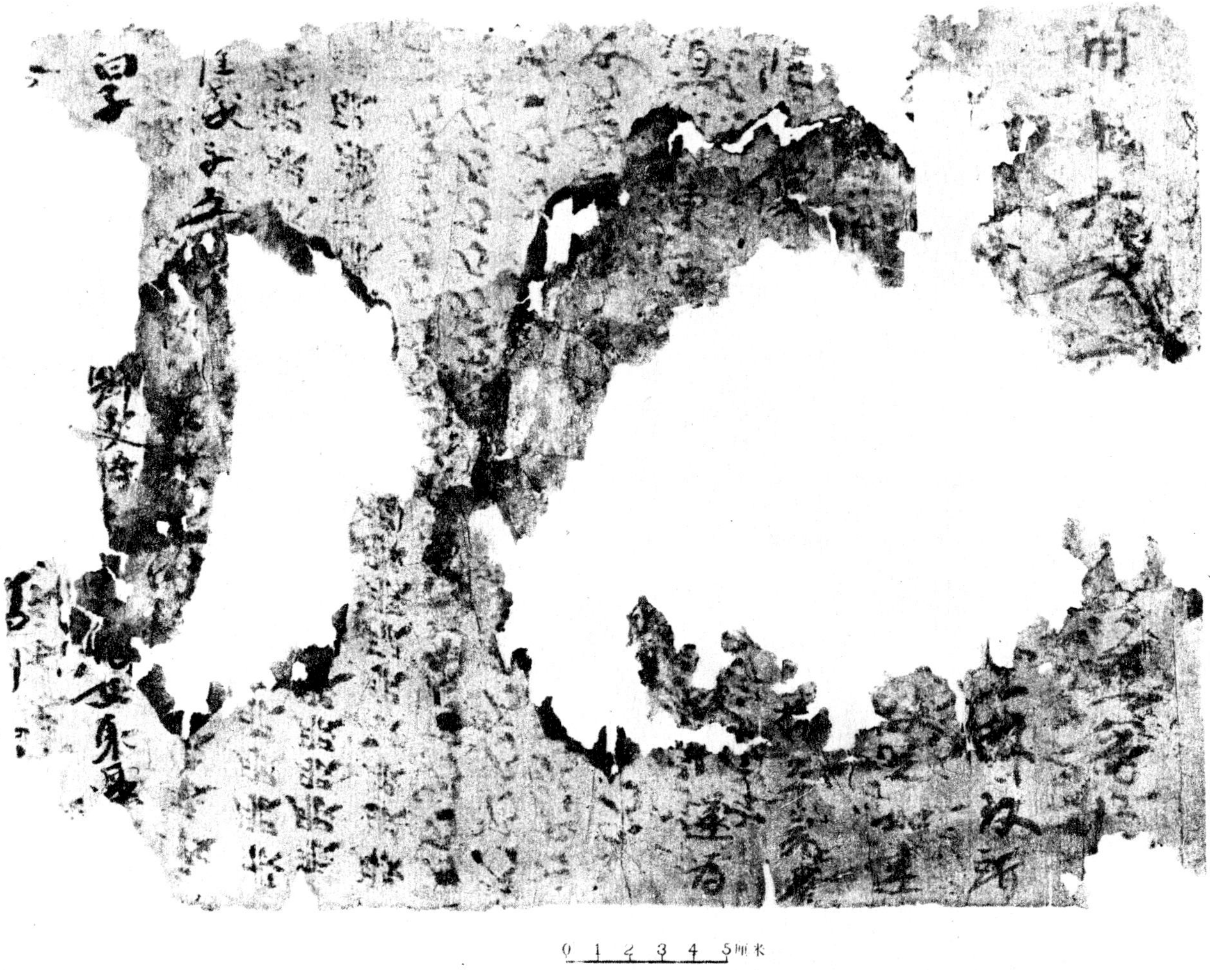

一　唐開元六年(公元七一八年)竹顯匊貸粟契　　TAM240:1/1—2(a)

一　唐開元六年（公元七一八年）竹顯匊貸粟契

本件背面爲千字文習書殘片。

1 開元六年[六][　　　　]竹顯匊於□
2 [貸][　　　　][壹]碩(斛)玖㪷(斗)
3 [其][粟]限[至][　　　　]使足，如違
4 限[不]償，[　　　　]物平充粟
5 直。[身]東西[　　　　][代]還。爲
6 人無信，故立此[　　]
7 [粟]　主
8 貸粟人竹顯匊 ———
9 [　　][信] ———
10 [瞿]感子五[　　]
11 [　　]□得上件□
12 白子[　　　]則文將□□[鼠]女取[粟]

二　唐開元六年(公元七一八年)
貸粟殘契　　TAM240:1/1—3(a)

三　唐開元□年殘契　　TAM240:1/1—1(a)

二　唐開元六年（公元七一八年）貸粟殘契

1 開元六［　　　　］才□
2 ［　　　　］其粟限
3 □十月内［　　　　］如還限□將
4 口分［　　　　］才

三　唐開元□年殘契

本件同紙前隔開二行，尚有二行殘字，除一「田」字外不可辨識，與本件無關。

1 開□□年十［　　　　］粮食
2 於□限推［　　　　］
3 ［　　　　］西不

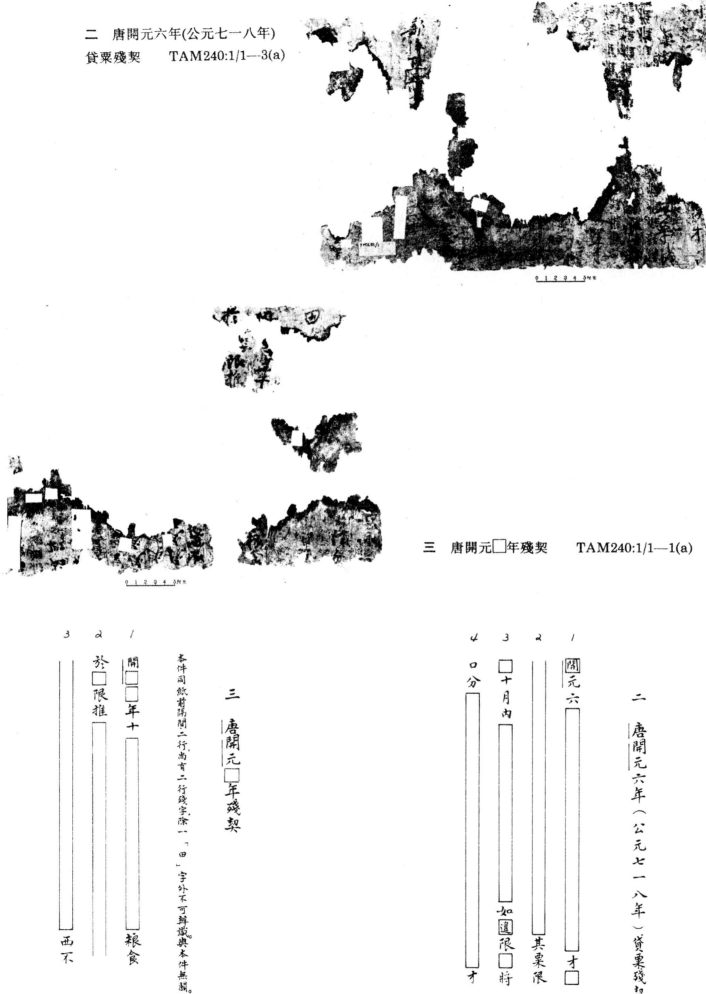

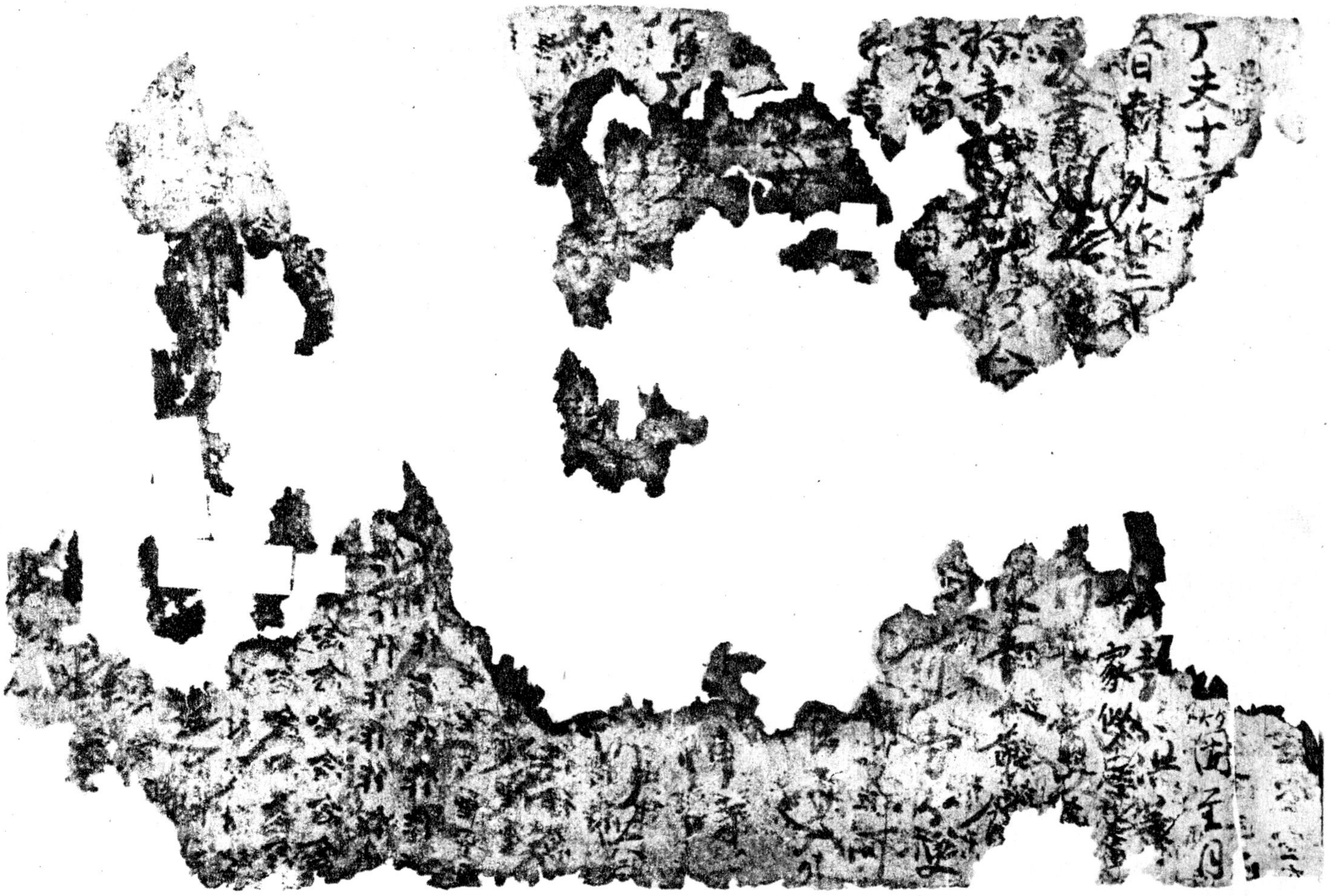

0 1 2 3 4 5 厘米

四　唐供丁夫等食料帳　　TAM240:1/2—2(a)

四　唐供丁夫等食料帳

本件背面爲《千字文》習書，與上件相連，今列於上件後。

1　丁夫十六[人][　　]箇，至月
2　伍日到(?)外作三[人][　　]餅壹分，供等家似志[一]
3　愛寺家人。餅[　　]尚寺家人□
4　拾壹箇；供阿[命][　　]作壹人食，[餅]
5　壹[箇][　　]白[　　]餅壹分，更
6　[餅][壹][　　][食]；交河
7　□□人卄[　　]食嚎(?)瓜□
8　作丁壹人[壹][　　][作]人晡時
9　青[料]壹[勝]，[餅][　　]斲，供□
10　[　　]倉家
11　[　　][青]料叁㪷(斛)壹
12　[　　]付小客壹㪷
13　[　　]小客貳
14　[　　]趾人趾□
15　[　　]轉[　　]

注　釋

〔一〕此數字係後人戲書。

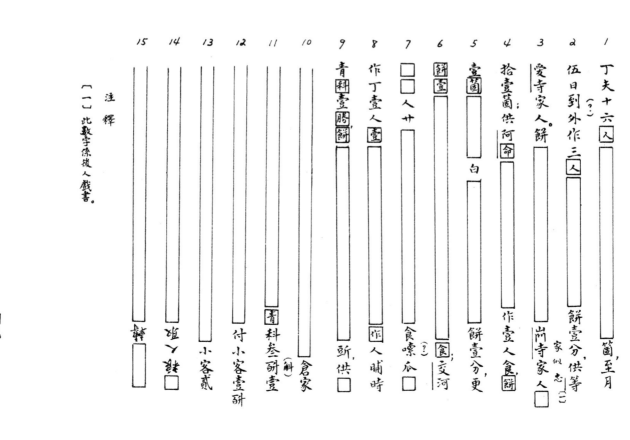

五　唐借麥殘契　　TAM240:1/5

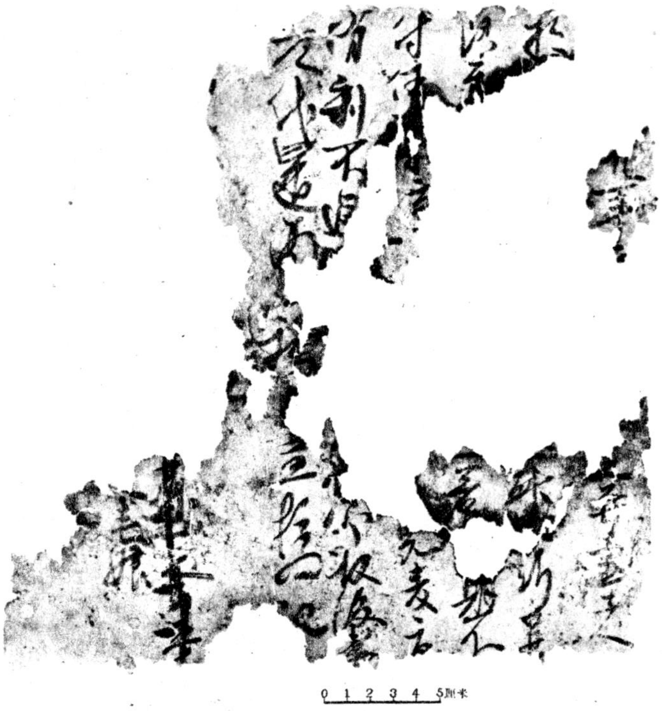

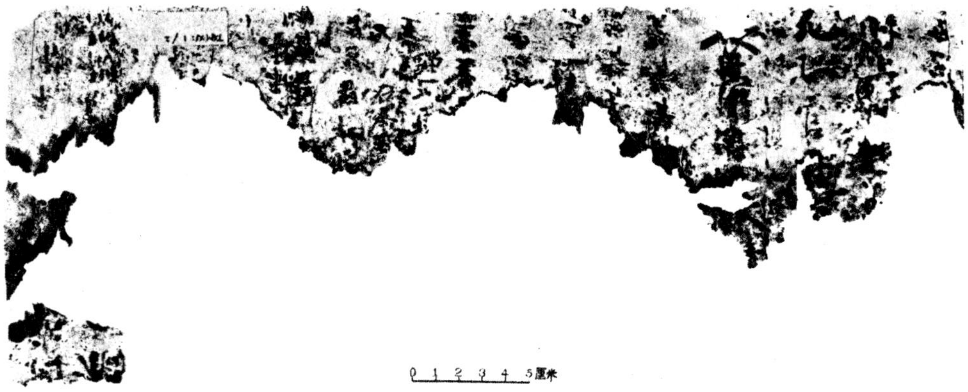

六　唐殘牒　　TAM240:1/2—1(a)

五　唐借麥殘契

本件紀年殘存「九年」二字，本墓有紀年文書均為開元，今姑列於開元文書後。

1 □九年□并妻二人
2 於□碩(斛)粟斷，其
3 限□若□期不
4 付，任奪□充麥直。
5 有利不追，□仰收後妻
6 兄(兒)代還。兩□和□畫指為記。
7 □作主本年
8 □毛娘

六　唐殘牒

1 牒上件□□□
2 死，恐官府□
3 長官來□

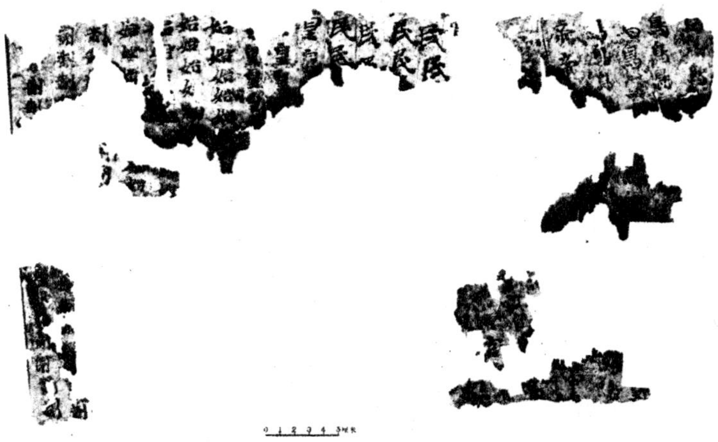

七　文書殘片　TAM240:1/1—1(b)

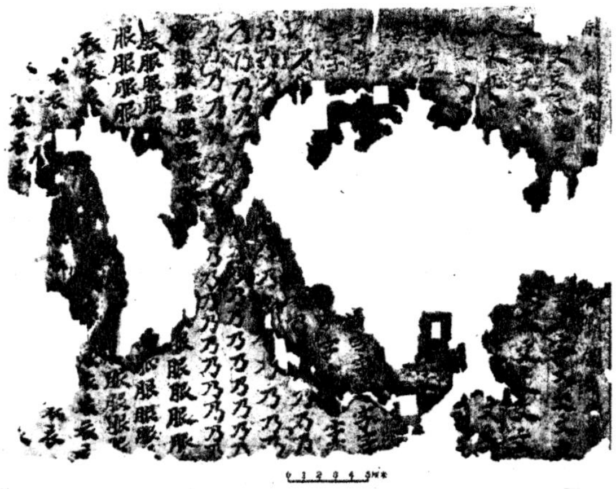

八　文書殘片　TAM240:1/1—2(b)

九　文書殘片　TAM240:1/1—3(b)

一〇　文書殘片　TAM240:1/2—1(b)

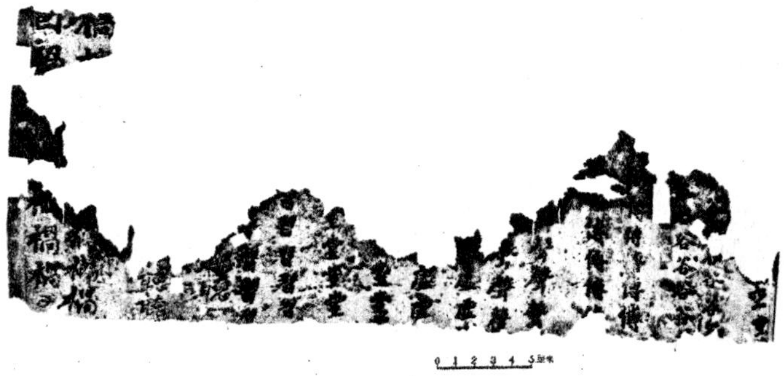

一一　文書殘片　TAM240:1/2—2(b)

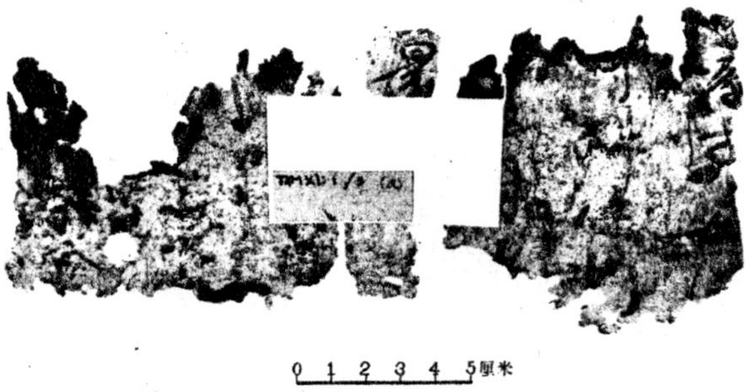

一二　文書殘片　TAM240:1/3(a)

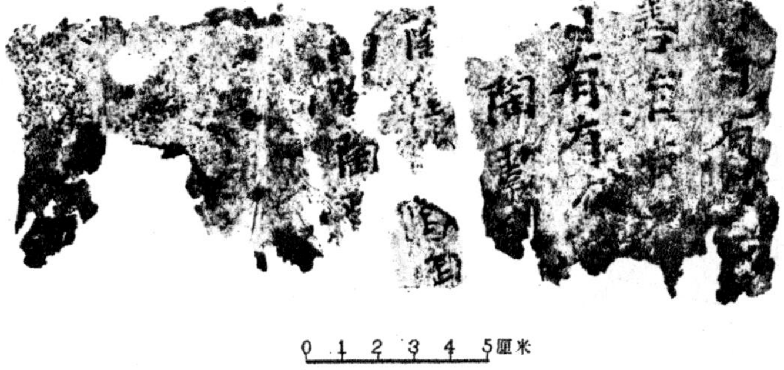

一三　文書殘片　TAM240:1/3(b)

一四　文書殘片　TAM240:1/4

一五　文書殘片　TAM240:1/6

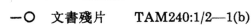

阿斯塔那一九四號墓文書

本墓出有唐開元七年（公元七一九年）張行倫墓誌二方。所出文書紀年殘缺。

一　唐盜物計贓科罪牒　　72TAM194:27(a)

一　唐盜物計贓科罪牒

□□□財□□□
一疋枚六十一疋加一等。王慶
計□不滿壹疋，合杖六
十。□案諮決訖，放。其
錢徵到，分付來賓取
領□陪贓牒徵送諮。仁
贊，白。
十一日
盜物獲贓，然可科罪。
□□□款□□□匪實

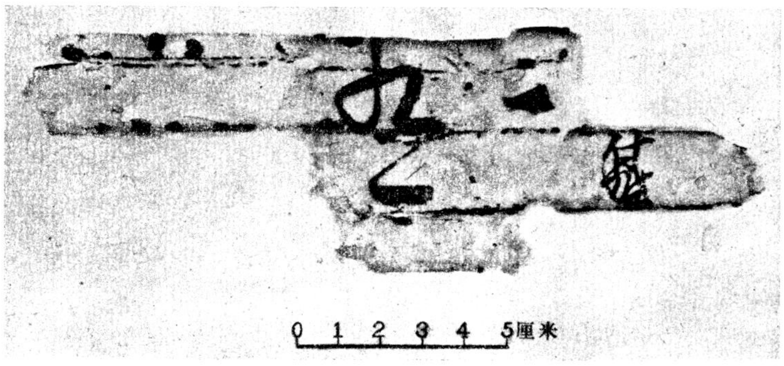

四　文書殘片　　72TAM194:8

五　文書殘片　　72TAM194:12/3～12/11

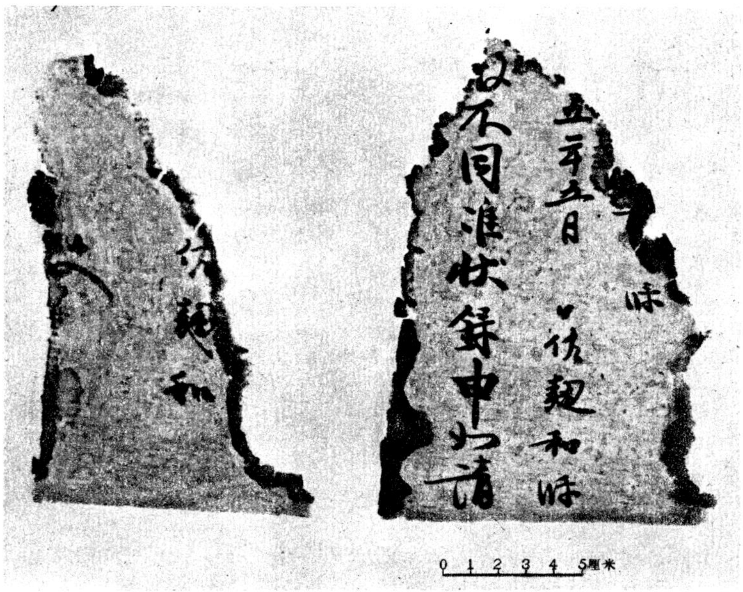

二　唐□□五年佐麴和牒　　72TAM194:12/1,12/12

三　唐西州高昌縣殘文書
72TAM194:12/2

二　唐□□五年佐麴和牒

1 □謹　牒。
2 □五年五月　日佐麴和牒
3 □攵不同，准狀録申州請
4 　佐麴和
5 　史

三　唐西州高昌縣殘文書

本件有高昌縣殘印。

1 □日
2 五月廿五日録事翬　受

阿斯塔那三四一號墓文書

本墓無墓誌及隨葬衣物疏。所出文書有紀年者，最早爲武周大足元年（公元七〇一年），最晚爲唐開元八年（公元七二〇年）。

一　武周大足元年(公元七〇一年)西州柳中縣籍(一)
65TAM341:28/1(a)之一

一　武周大足元年(公元七〇一年)西州柳中縣籍(一)
65TAM341:28/1(b)之一

一　武周大足元年（公元七〇一年）西州柳中縣籍

本件正面有柳中縣印多處，背面騎縫四處殘存「籍」、「大足元年籍」、「柳中」等字，亦蓋有「柳中縣之印」。

（一）

1 （前缺）括附
2 五十步 永業
3 步 已受
4 居 住園宅
5 步 未受
6 北道
7 日 北高昌王（人）分
〔一〕

注釋

〔一〕此處騎縫背面殘存「籍」字，並有朱印痕。

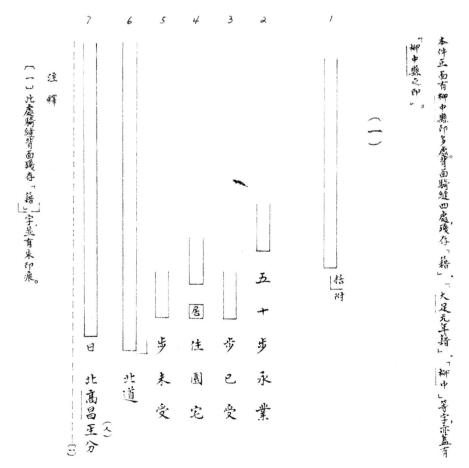

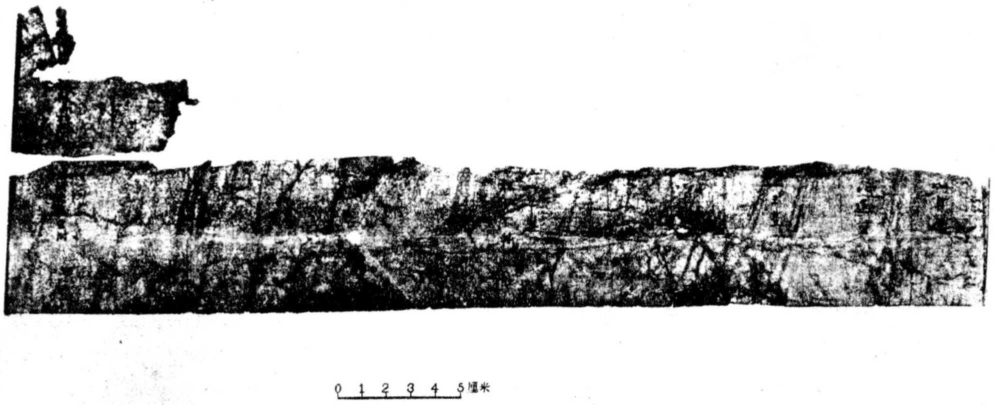

一　武周大足元年(公元七〇一年)西州柳中縣籍(一)　65TAM341:28/1(a)之二

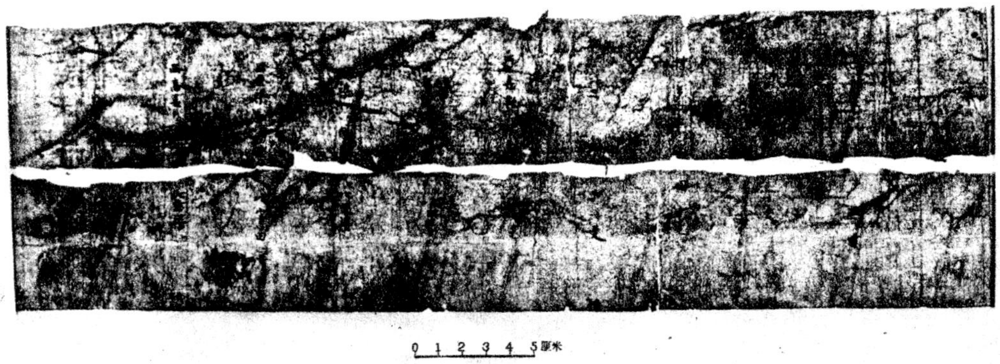

一　武周大足元年(公元七〇一年)西州柳中縣籍(一)　65TAM341:28/1(a)之三

一　武周大足元年（公元七〇一年）西州柳中縣籍（一）　65TAM341:28/1(b)之二

8　［　　］北自至
9　［　　］北還公
10　［　　］北王豐
11　北張貓
12　課戶　不輸
13　［　　］大足元秊（年）□後被符括附別生戶貫同鄉柔遠里附〔一〕
14　七畝半八十步永業
15　［　　］畝已受
16　［　　］卌步居住園宅
17　［　　］十三畝未受
18　［　　］西王憙歡　南索阿□　北田才
19　［　　］操　西祝苟子　南至道　北呂攀
20　［　　］公　西渠　南塞　北至渠
21　［　　］田　西至渠　南至渠　北宮田
22　［　　］嘿　西高善　南劉操　北至渠

注釋

〔一〕此處騎縫背面殘存「大足元秊籍」，並有朱印痕。

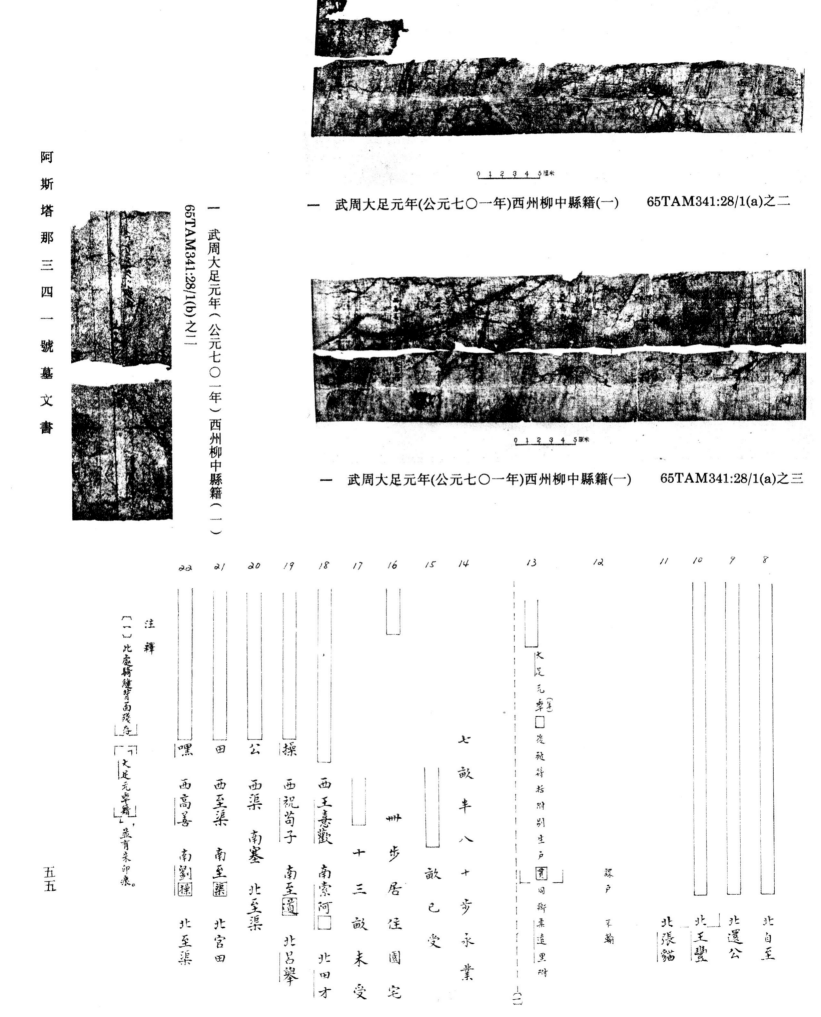

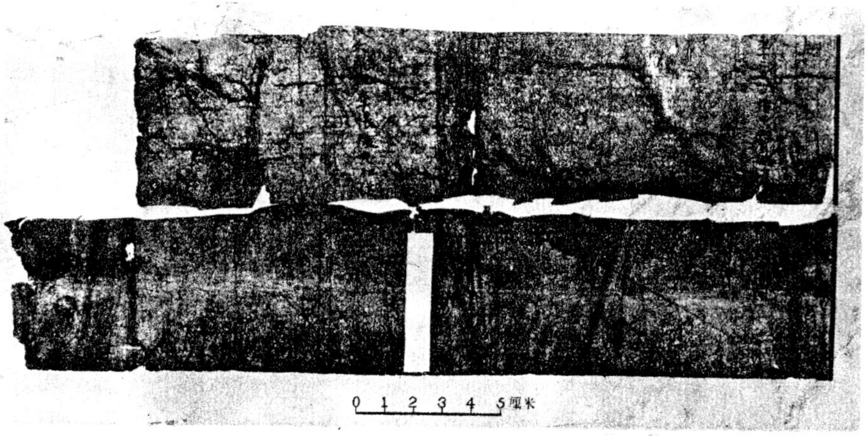

一　武周大足元年（公元七〇一年）西州柳中縣籍（一）
65TAM341:28/1(a)之四

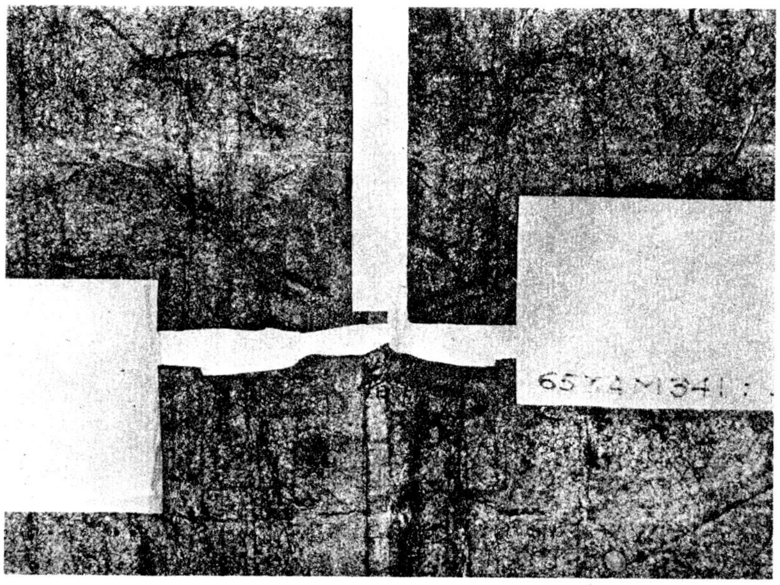

一　武周大足元年（公元七〇一年）西州柳中縣籍（一）
65TAM341:28/1(b)之三

23 年十二〔月〕廿一〔日〕積〔授〕甲頭劉文琮　課戶不輸〔一〕

24 歲　久視元年帳後皃加從〔實〕

注釋

〔一〕此處騎縫背面殘存「籍」字，並有朱印痕。

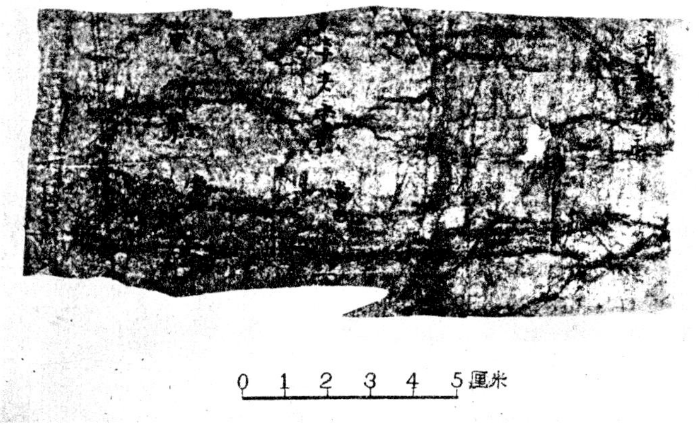

一　武周大足元年(公元七〇一年)西州柳中縣籍(三)
65TAM341:28/3(a)

一　武周大足元年(公元七〇一年)西州柳中縣籍(二)
65TAM341:28/2(a)

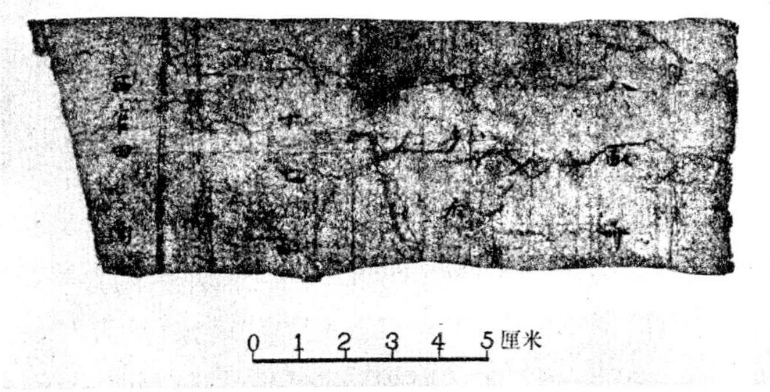

一　武周大足元年(公元七〇一年)西州柳中縣籍(四)
65TAM341:28/4(a)

一　武周大足元年(公元七〇一年)西州柳中縣籍(二)
65TAM341:28/2(b)

（二）

1 [　　] 女持戎(戒) [　　]〔一〕

注釋

〔一〕此處騎縫背面殘存「柳中□」，並有朱印痕。

（三）

1 [　　]「柒拾陸畝」
2 [　　]畝柒拾步永業常田　城北一里[　　]
3 [　　]「畝永業常田」城北一里[　　]

（四）

1 [　　]八畝卌[　　]
2 [　　]卌步居□□□
3 [　　]一十七畝[　　]
4 [　　]西官田　南至[　　]

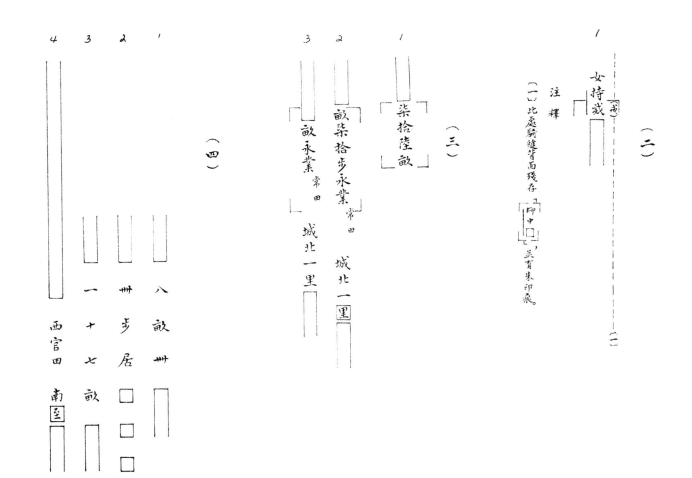

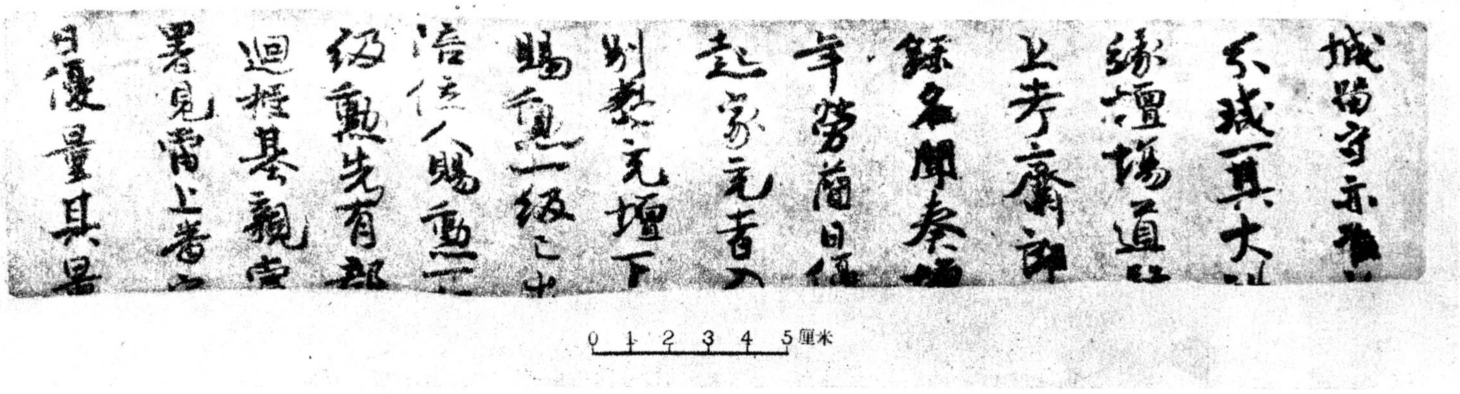

二　唐景龍三年(公元七〇九年)南郊赦文　　65TAM341:25

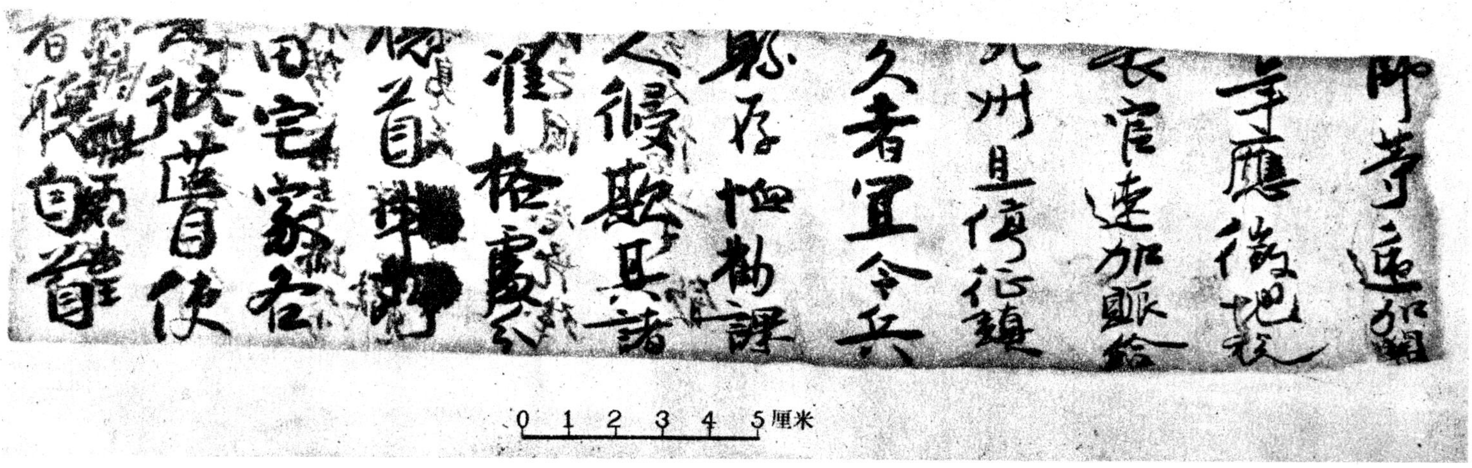

二　唐景龍三年(公元七〇九年)南郊赦文　　65TAM341:26(a)

二　唐景龍三年（公元七〇九年）南郊赦文

本件紀年「景龍」下缺年數，今證以兩《唐書》中宗本紀及《唐大詔令集》卷六八所載景龍三年南郊赦，定爲本年赦文。

1　城留守，亦准［　　］
2　分減一。其大［　　］
3　緣[壇]場道[路]［　　］
4　上考，齋郎［　　］
5　録名聞奏[壇]［　　］
6　年勞滿日[優]［　　］
7　起家充者，入［　　］
8　別勅充壇下［　　］
9　賜勳一級，已岀［　　］
10　陪位人賜勳一［　　］
11　級，勳先有[郡]［　　］
12　迴授基（碁）親，[當]［　　］
13　署見當上番亡［　　］
14　日優量，其[量]［　　］
15　［　　］[師]等，遞加閑
16　［　　］年應徵地税
17　［　　］[長]官速加賑給，
18　［　　］州，且停征鎮
19　［　　］久者，宜令兵
20　［　　］縣存恤勸課，
21　［　　］人侵欺，其諸
22　［　　］准格處分
23　［　　］[聽]首中所
24　［　　］田宅家各
25　［　　］脩營使，
　　［　　］[illegible]〔一〕
26　［　　］[者]聽自首

注釋

〔一〕此處倒書一行是後人戲書。

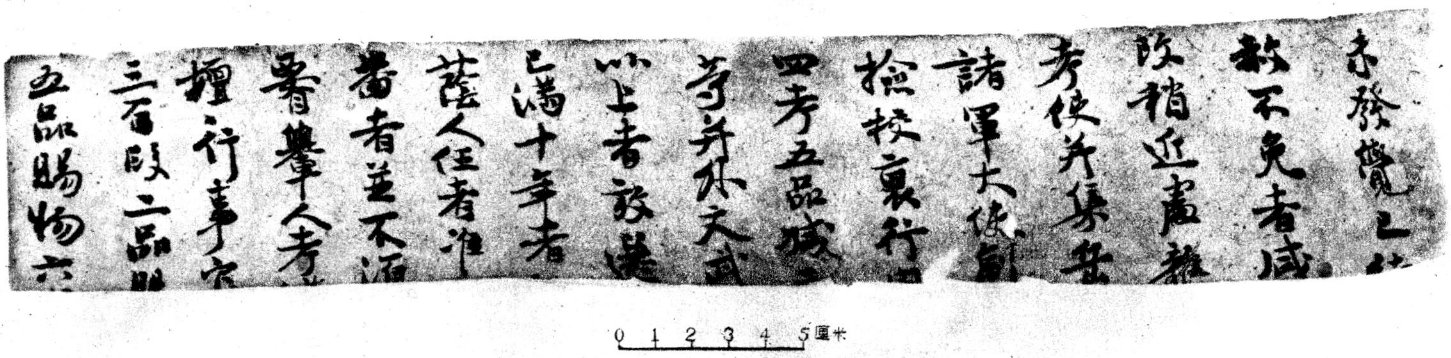

二　唐景龍三年(公元七〇九年)南郊赦文　　65TAM341:22

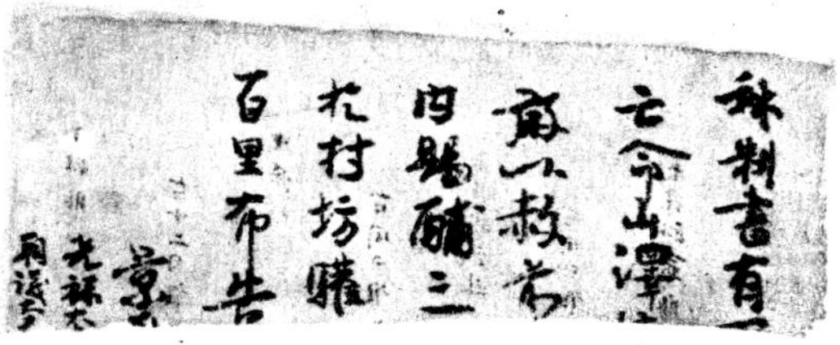

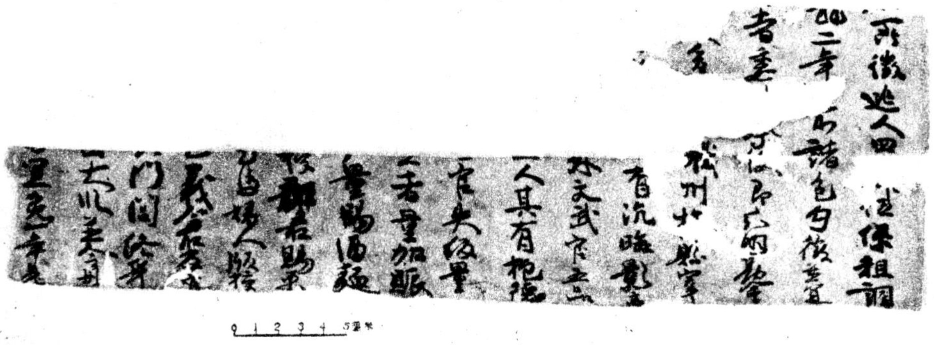

二　唐景龍三年(公元七〇九年)南郊赦文　　65TAM341:29/1,23,24(a)

未發覺已[結]□
赦不免者，咸□
改替近處，雜□
孝使并集岳□
諸軍大使副□
檢校裏行(?)[內]□
四考五品減[三](?)□
等，並外文武□
以上者放選□
已滿十年者，□
蔭人任者，准□
番者，並不[須]□
腰攀人考[滿]□
擅行事[官]□
三百段，二品[賜]□
五品賜物六□

□所徵逃人四[鄰][伍]保租調
□[龍]二年□[前]諸色勾徵，並宜
□者妥□□[使]即分明勘會
□多□[職]州[牧]縣宰
□有沉晦影高
□[外]文武官五品
□人，其有抱德
□官失級量
□者，量加賑
□量賜酒麵
□[授]郡君賜粟
□[司]馬，婦人版授
□義倉及官
□門閭終身
□[山]大川，并令州
□宜免一年差
科。制書有□
亡命山澤□
敢以赦前□
內，賜酺三□
於村坊驩□
百里布告□
□景[龍]□

66 光祿大[夫]
67 朝議大[夫]

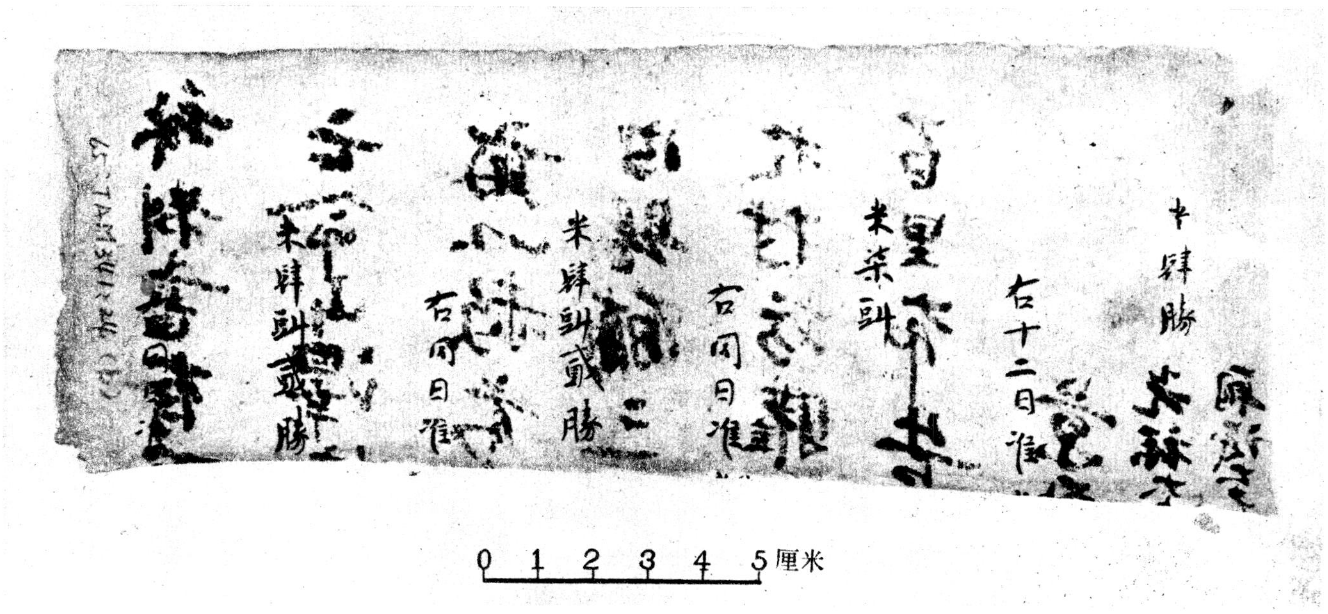

三　唐日支米殘歷　　65TAM341:24(b)

三　唐日支米殘歷

本件紀年已缺，另面爲景龍三年敕文，今列其後。

1 米肆勝
2 右十二日准
3 米柒㪷
4 右同日准
5 米肆㪷貳勝
6 右同日准
7 米肆㪷貳勝
8 右同日准

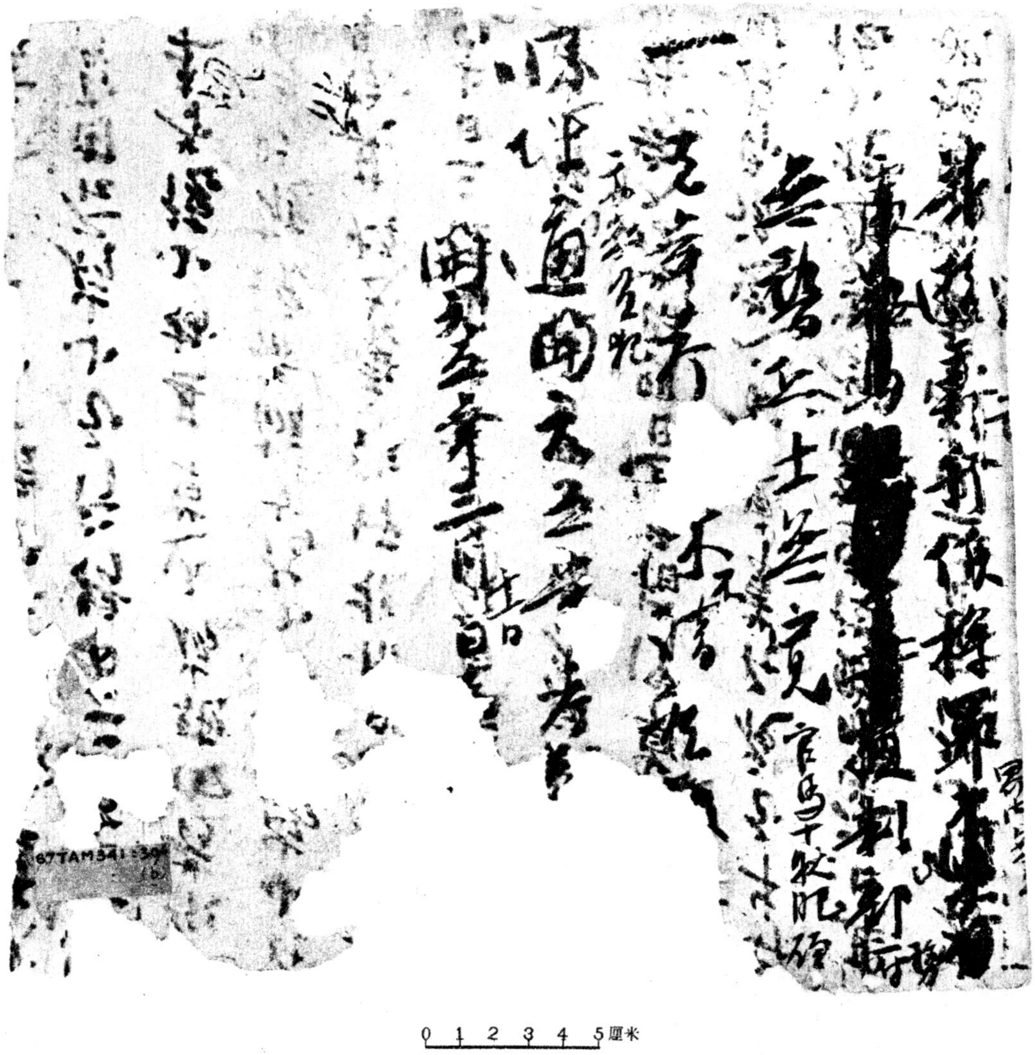

四　唐開元五年(公元七一七年)考課牒草　　65TAM341:30/1(b)

四　唐開元五年（公元七一七年）考課牒草

1 弃遊弈、斥候、探羅，〇㘞〇界内[無]□
2 (處)(按)(馬)〇〇(無)(擅)判部✓務府
3 無稽，兵士無寃（冤），官馬十馱肥碩。
4 一　去年考□[未]（不）諸私□　赤[無][負]犯
5 牒件通開元五[年]考□
6 開元五年三月十一日日□

〔一〕貼　硯

注釋

〔一〕「貼」及其後「硯」二字係後人所書。

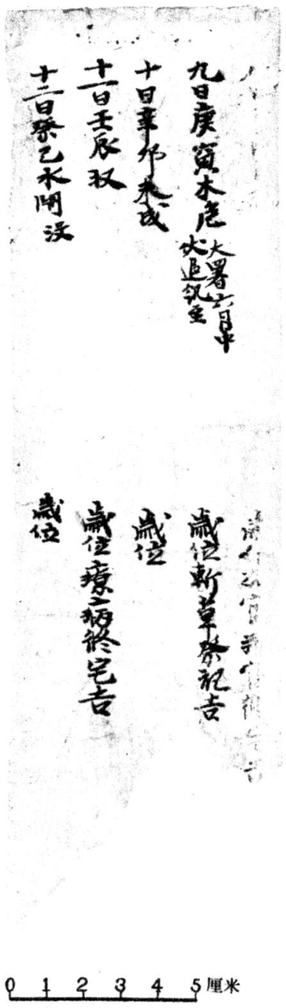

六　唐開元八年(公元七二〇年)具注曆　65TAM341:27

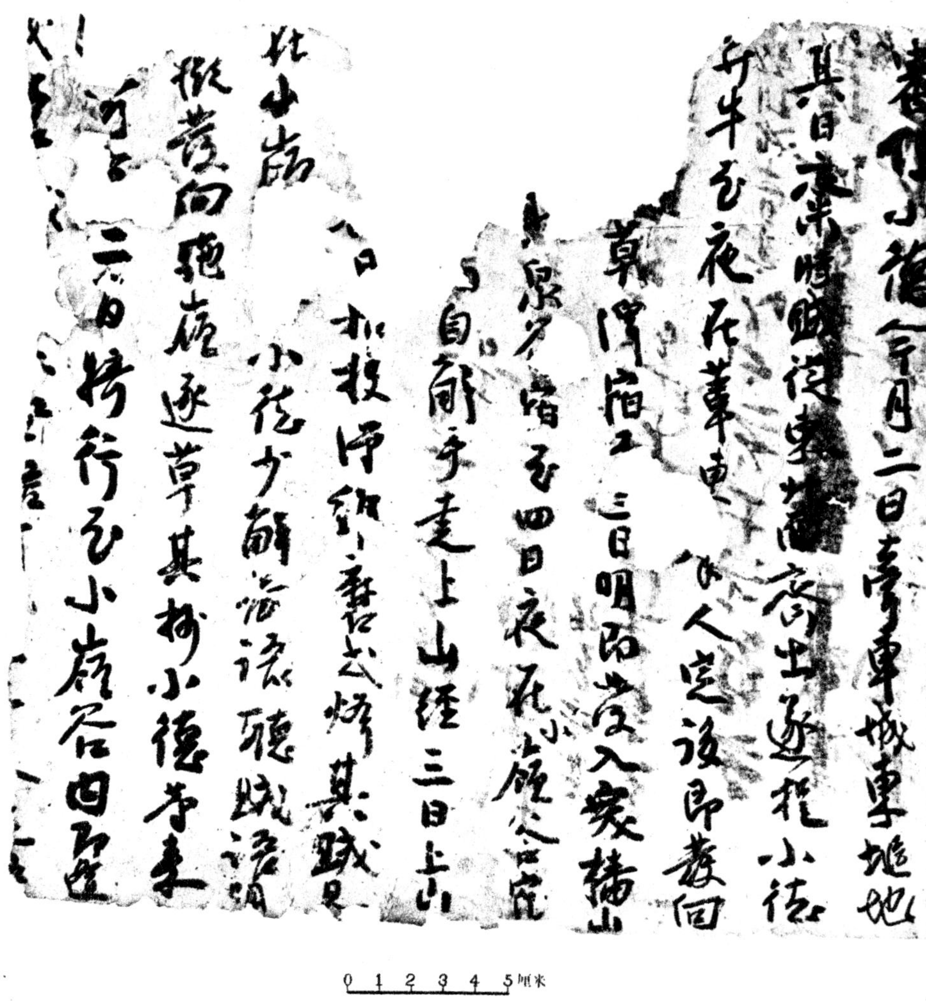

五　唐小德辯辭爲被蕃捉去逃回事　65TAM341:30/1(a)

五　唐小德辯辭爲被蕃捉去逃回事

本件紀年已缺，另面爲唐開元五年牒，今列於後。

1 審：但小德今月二日牽車城東堆地，
2 其日齋時，賊從東北面齊出，遂捉小德
3 弃。牛至亘在葦東食〔一〕，人定後，即發向
4 [　　]草澤宿，至三日明，即發入突播山，
5 [　　]明□泉谷宿。至四日亘在小嶺谷宿，
6 [　　]自解手走上山，經三日上山，
7 [　　]投得維磨戍烽，其賊見
8 在小嶺[　　]小德少解蕃語，聽賊語，明
9 □擬發向駝嶺逐草。其抄小德等來
10 □可有二百騎，行至小嶺谷內，即逢

六　唐開元八年(公元七二〇年)具注曆

本件紀年已缺，據「大暑六月中」一句，知是六月殘曆，並推知初一爲壬午。據《二十史朔閏表》知武周永昌元年、唐開元八年、天寶五載六月初一皆爲壬午。今依《麟德曆》推之，開元八年大暑干支適爲六月庚寅，與此殘曆所記相吻合。

1 八日[　　　　　　]歲位加官拜
官修宅吉
2 九日庚寅木危　大暑六月中　伏〔二〕退　氣至　歲位斬草祭
祀吉
3 十日辛卯木成〔三〕　歲位

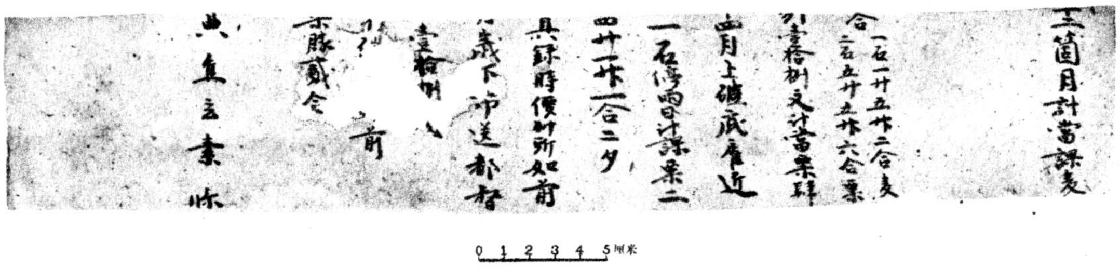

七　唐典焦玄素牒爲麥、粟帳事　　65TAM341:21

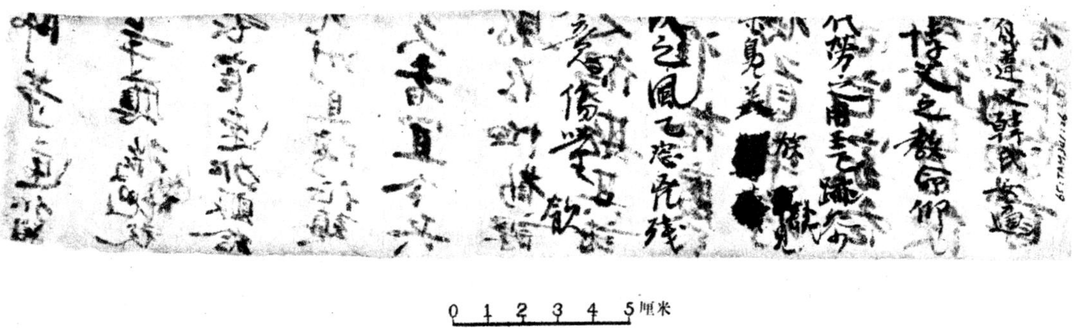

八　唐殘擬判　　65TAM341:26(b)

4 十一日壬辰收〔三〕　　　　歲位療病修

宅吉

5 十二日癸巳水閇（開）没　　　　歲位

注釋

〔一〕「伏」上應脱一重文符號或「中」字。

〔二〕「未」，據六十甲子納音法，應爲「木」字之誤。

〔三〕「收」上，據六十甲子納音法，應脱一「水」字。

七　唐典焦玄素牒爲麥粟帳事

1 □十二箇月計當課麥

2 □合　一石一卄（斗）五卄（升）二合麥 / 二石五斗五升六合粟

3 □壹拾捌文計當粟肆

4 □四月上磑底雇近

5 □一石停兩日計課粟二

6 □四卄一卄一合二勺 （斛）（斗）

7 □具録時價硏斵如前

8 □歲下市送都督

9 □壹拾〔捌〕□

10 □〔磑〕□□前

11 □〔柒〕勝貳合

12 □典　焦　玄　素　牒

八　唐殘擬判

1 □〔有〕違。又韓氏女適

2 □悖父之教命，仰

3 □勞之用王乙跡參

族〇（缺）見

4 □皃美〇〇

5 □之風。乙恣兇殘

6 □意傷量歆

九　文書殘片
65TAM341:29/2

一〇　文書殘片
65TAM341:29/3(a)

一一　文書殘片
65TAM341:30/2

阿斯塔那二三〇號墓文書

本墓爲合葬墓，男屍先葬，出有武周長安二年（公元七〇二年）張禮臣墓誌一方；女屍後葬，時間不明。所出文書有紀年者，最早爲唐文明元年（公元六八四年），最晚爲開元九年（公元七二一年）。第一件文書，據日本大谷文書同件紀年爲儀鳳三年（公元六七八年），今列於最前（詳見該件題解）。

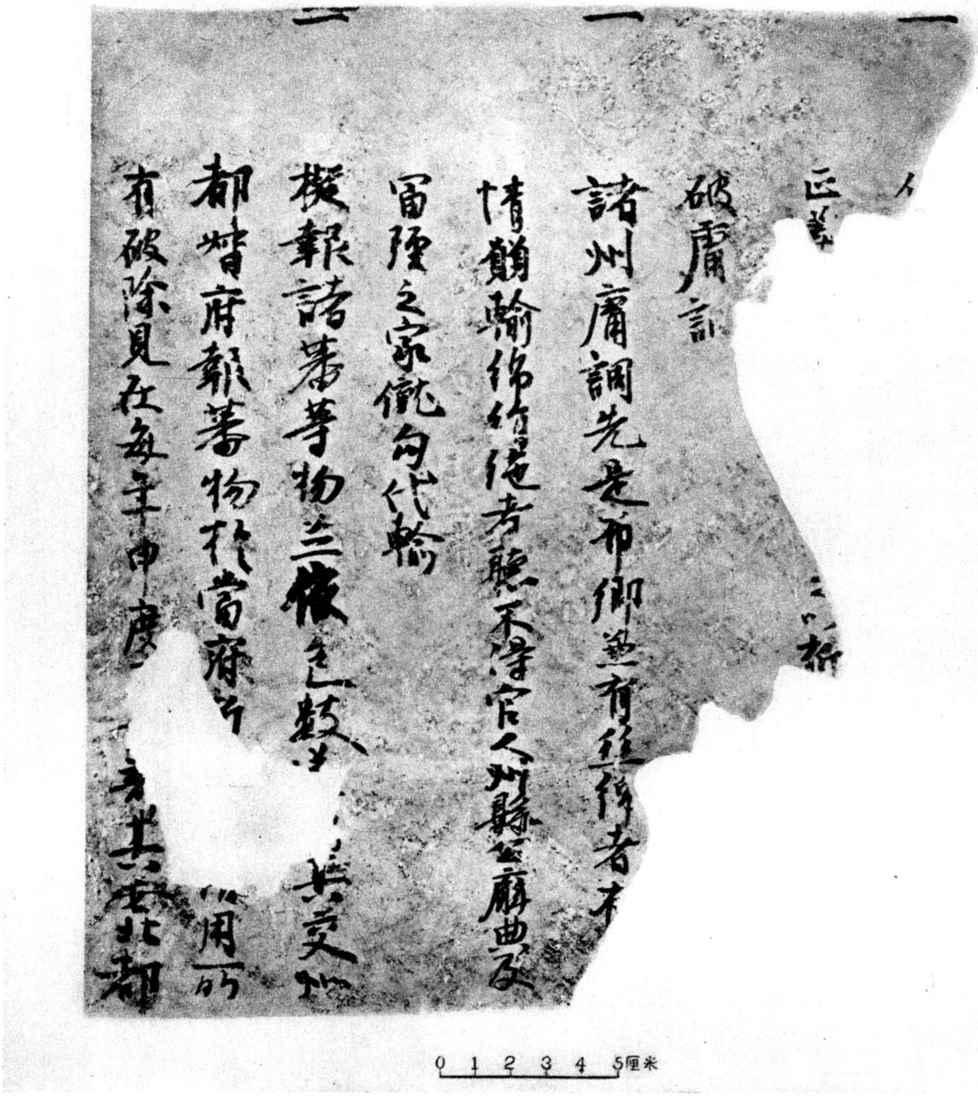

一　唐儀鳳三年(公元六七八年)尚書省户部支配諸州庸調及折造雜練色數處分事條啟(一)　　72TAM230:46/1(a)

一　唐儀鳳三年（公元六七八年）尚書省户部支配諸州庸調及折造雜練色數處分事條啟

本件出自停屍帋上，紀年已缺，據日本大谷文書二五九七等號内容、書法及印有帋紋均與本件相符。大谷文書紀年爲儀鳳三年十月廿八日，内稱「支配儀鳳四年諸州庸調及折造雜練色數等處分事條」，又後稱「謹啟」，今據以定名。本件背面騎縫均押有「檢」字。

（一）

卩［　　］

正［義］［　　］以折［　　］

破庸［調］［　　］

諸州庸調先是布鄉兼絲綿者，有□□

情願輸綿絹絁者聽，不得官人、州縣公廨典及

富彊之家僦句代輸。

擬報諸蕃等物，並依色數送□。其交州

都督府報蕃物，於當府［折］［　　］用，所

有破除、見在，每年申度□□［部］。其安北都

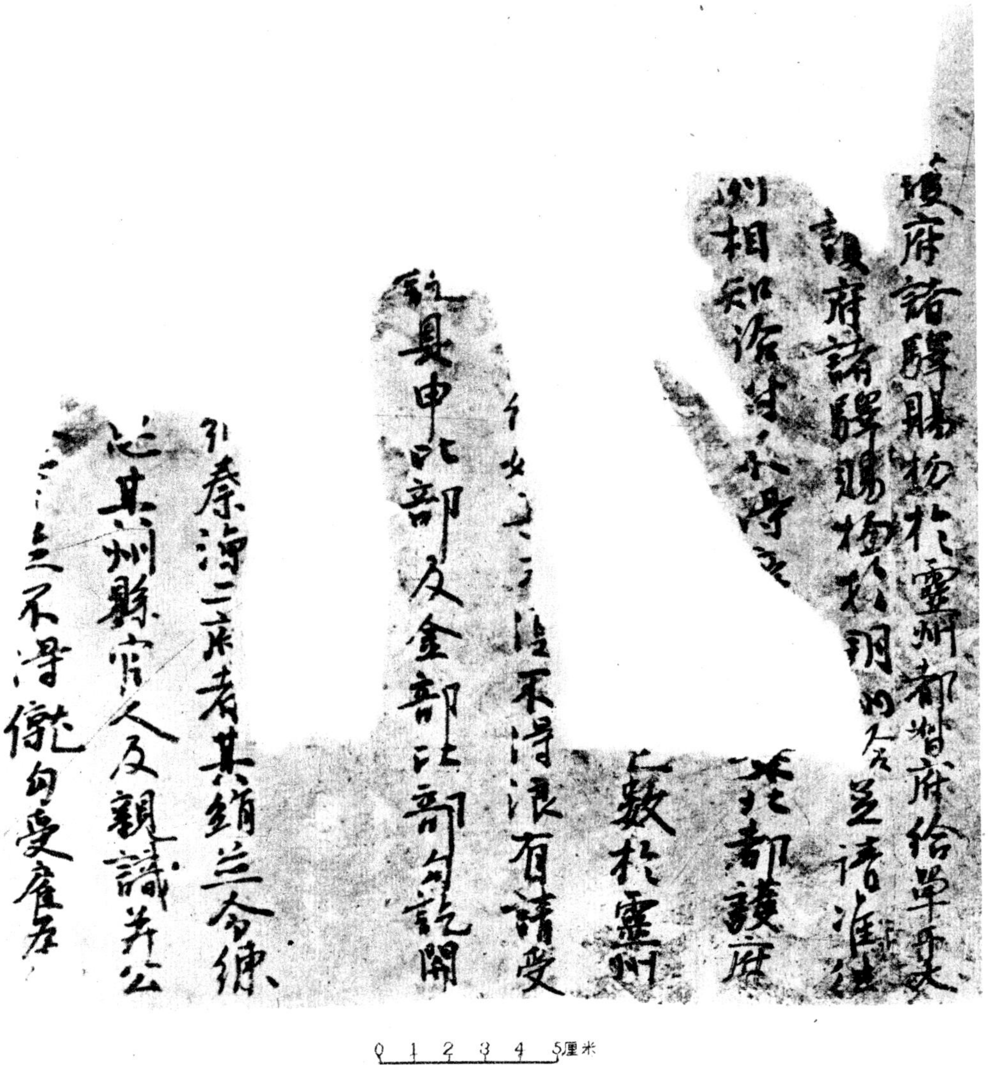

一　唐儀鳳三年(公元六七八年)尚書省户部支配諸州庸調及折造雜練色數處分事條啟(一)　72TAM230:46/1(a)

一　唐儀鳳三年(公元六七八年)尚書省户部支配諸州庸調及折造雜練色數處分事條啟(一)　72TAM230:46/1(b)

10 護府諸驛賜物，於靈州都督府給，單于大

11 □護府諸驛賜物，於朔州給，並請准往

12 例相知給付，不得□安北都護府

13 □已數於靈州

14 □如其不須，不得浪有請受，

15 □訖，具申比部及金部，比部勾訖，閞（關）

16 □

17 □秦、涼二府者，其絹並令練

18 □其州縣官人及親識并公

19 □並不得僦勾受雇為□

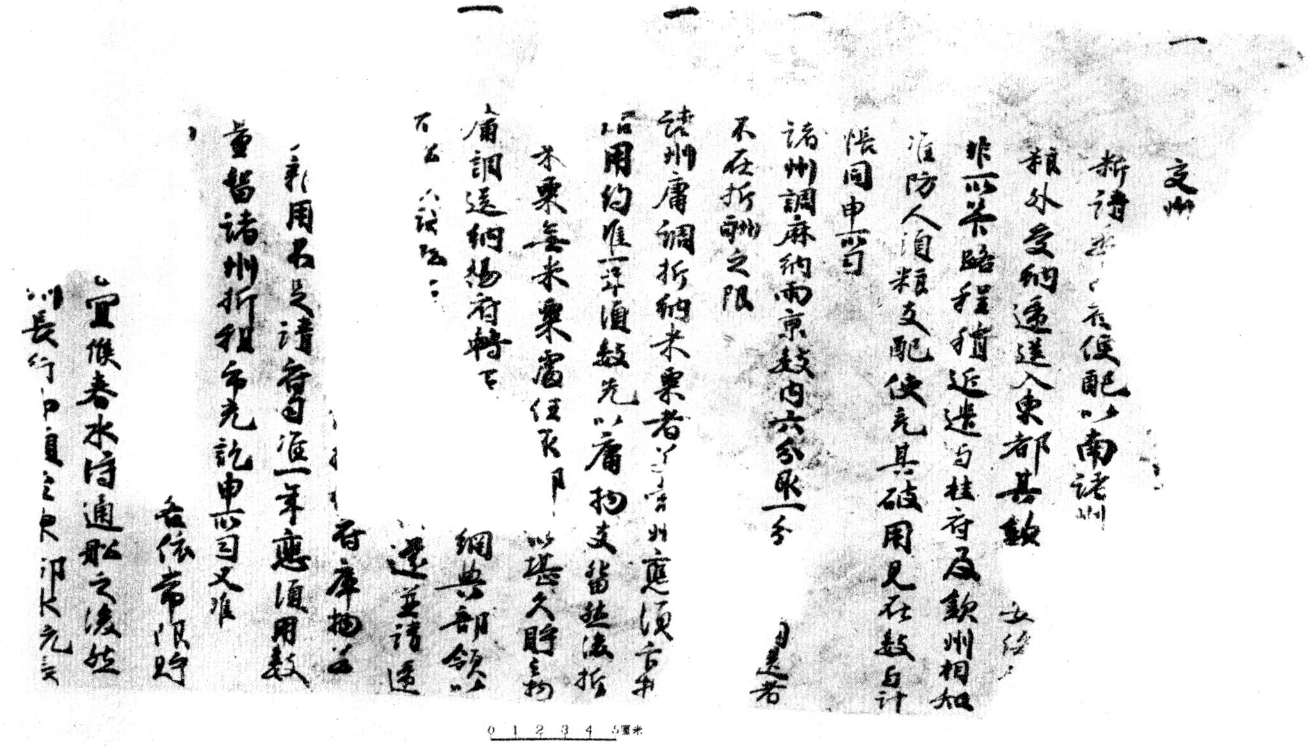

一　唐儀鳳三年(公元六七八年)尚書省户部支配諸州庸調及折造雜練色數處分事條啟(二)
72TAM230:46/2(a)

一　唐儀鳳三年(公元六七八年)尚書省户部支配諸州庸調及折造雜練色數處分事條啟(二)
72TAM230:46/2(b)

（二）

一　交州［　　］
(料)斷請委□府便配以南、諸州［　　］
糧外受納，遞送入東都。其欽□、[安][海]、□□
非所管路程稍近，遣与桂府及欽州相知，
准防人須糧支配使充。其破用、見在數与計
帳同申所司。
一　諸州調麻納兩京數，内六分取一[分]［　　］司送者
不在折酬之限。
一　諸州庸調折納米粟者，[若][當][州]應須官[物]
[給]用，約准一年須數，先以庸物支留，然後折
□米粟，無米粟處任取□□以堪久貯之物。
一　庸調送納楊府轉[運]，［　　］綱典部領，以
□[船]□□[船]［　　］還，並請遞
［　　］府庫物，若
□[雜]用不足，請府司准一年應須用數，
量留諸州折租市充，訖申所司。又准
［　　］各依常限貯
［　　］宜候春水得通船之後，然
［　　］[州]長行[即][須][至][東][都][水][既][漲]

一 唐儀鳳三年（公元六七八年）尚書省户部支配諸州庸調及折造雜練色數處分事條啟

（三）～（七） 72TAM230:84/1～84/5

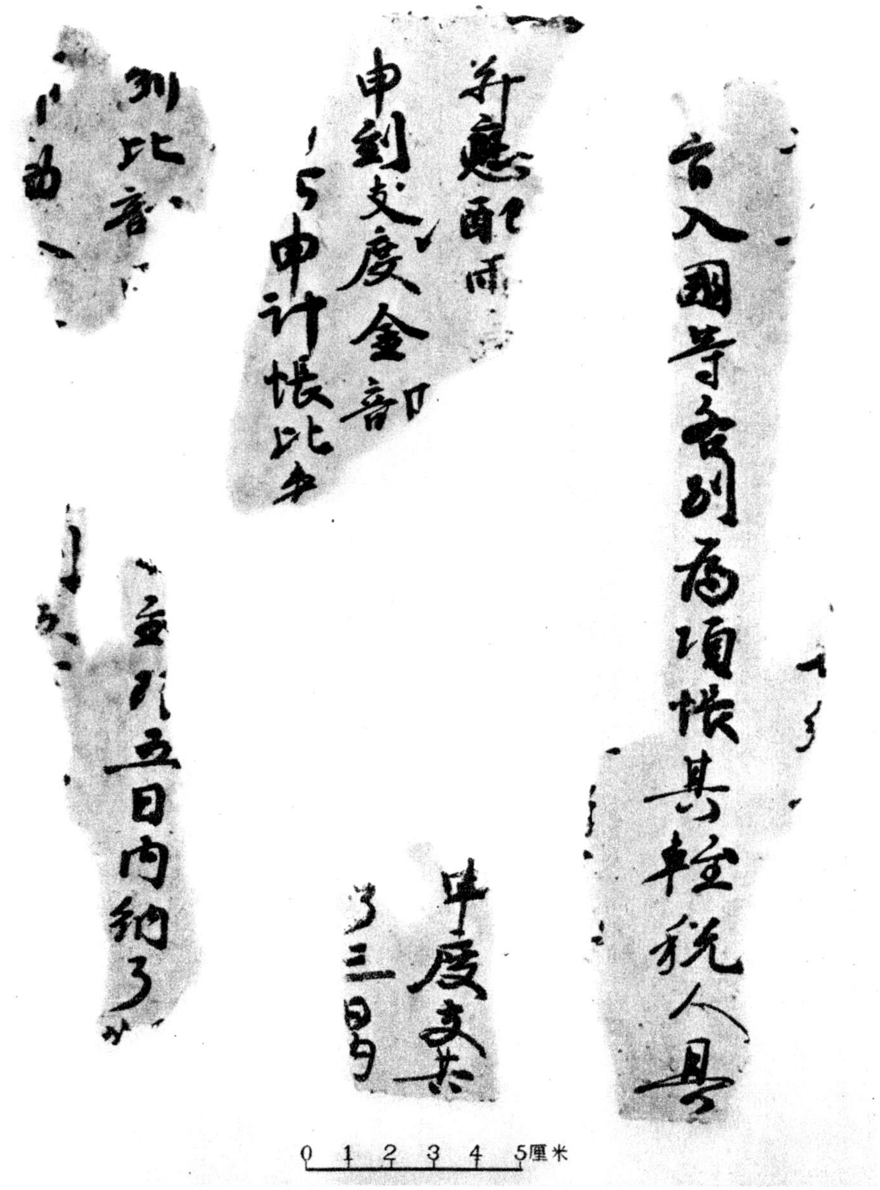

（三）

1 官入國等各别為項帳，其輕税人具

（四）

1 并應配兩[京]□

2 申到支度金部□

3 □□□申計帳比[部]□

（五）

1 □申度支共

2 □了三日内

（六）

1 □到比部□

2 □□□

（七）

1 □[到]限五日内納了□

一　唐儀鳳三年(公元六七八年)尚書省户部支配諸州庸調及折造雜練色數處分事條啟(八)　72TAM230:84/6

二　唐文明元年(公元六八四年)高昌縣准詔放還流人文書
72TAM230:59(a),60(a)

二　唐文明元年
(公元六八四年)
高昌縣准詔放還
流人文書
72TAM230:59(b)

（八）

1 ［　］符仰出物［　］

2 ［　］帳申金部、度［　］

3 ［　］在并来年［　］

二　唐文明元年（公元六八四年）高昌縣准詔放還流人文書

本件有朱印，文爲「高昌縣之印」，騎縫背面有印一方，并簽署「仁」字。

1 ［白］［尉］洛［　］［　］

2 一［　］人流人准［　］詔放還［　］

3 文明元［年］［　］

4 録事　唐智宗

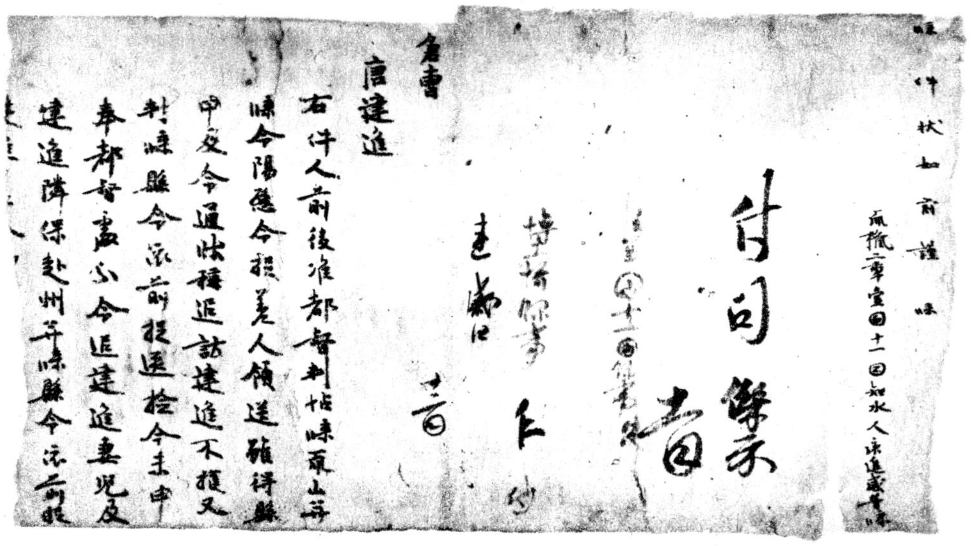

三　武周天授二年（公元六九一年）知水人康進感等牒尾及西州倉曹下天山縣追送唐建進妻兒鄰保牒
72TAM230:73(a),71(a)

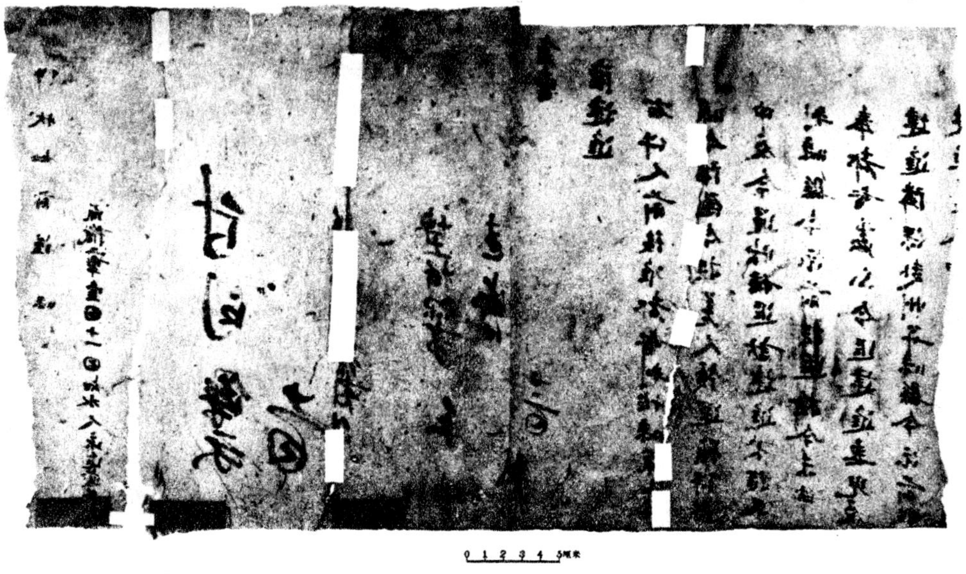

三　武周天授二年（公元六九一年）知水人康進感等牒尾及西州倉曹下天山縣追送唐建進妻兒鄰保牒
72TAM230:73(b),71(b)

三　武周天授二年（公元六九一年）知水人康進感等牒尾及西州倉曹下天山縣追送唐建進妻兒鄰保牒

據文書內容，自本件起，至本墓第一六件，均爲武周天授二年西州都督府勘檢天山縣主簿高元禎職田案卷，但殘缺已甚，不能銜接，今仍分列各件，各自標題，按月日順序排列於後。本件背面騎縫有「𡖒」字簽署。

牒件狀如前謹牒。
𠀑𥠢(天授)二𠡦(年)壹𠥱(月)十一〇(日)知水人康進感等牒
付司　傑示
十一日
壹𠥱十一〇錄事　使
博士檢錄事　仁　付
主威　白
倉曹　十二日
唐建進
右件人前後准都督判，帖牒𠀑(天)山并
牒令陽懸，令捉差人領送，雖得縣
申及令通狀稱：追訪建進不獲。又
判牒縣令依前捉送。檢令未申，
奉都督處分，令追建進妻兒及
建進隣保赴州，并牒縣，令依前捉
建進

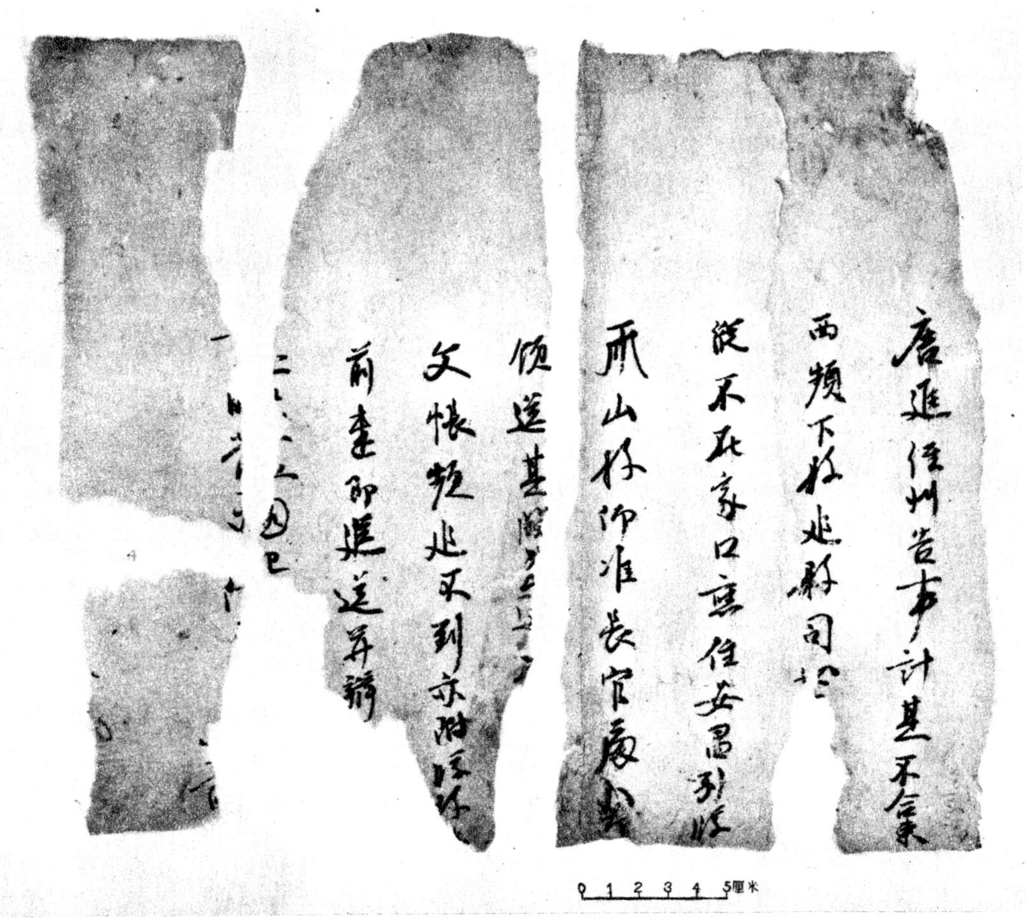

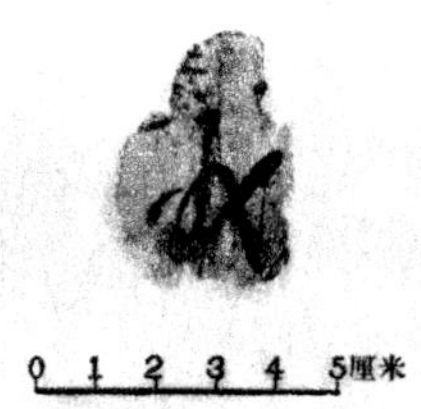

四　武周天授二年(公元六九一年)追送唐建進家口等牒尾判　　72TAM230:58/1(a)～58/4(a)

四　武周天授二年(公元六九一年)追送唐建進家口等牒尾判　　72TAM230:58/1(b)

四　武周天授二年（公元六九一年）追送唐建進家口等牒尾判

本件缺紀年，「唐進」即前件「唐建進」，故列於前件後。下二件同。背面騎縫有「𠦑」字簽署。

1 唐進經州告事，計其不合東

2 西，頻下縣追，縣司狀□

3 縱不在家口，應任安昌，別牒

4 (天)而山縣，仰準長官處分，即

5 領送。其闕武□□

6 文帳，頻追不到，亦附牒縣□

7 前速即追送。并辯□

8 □　□(月)□　□

9 一日□　□二〇

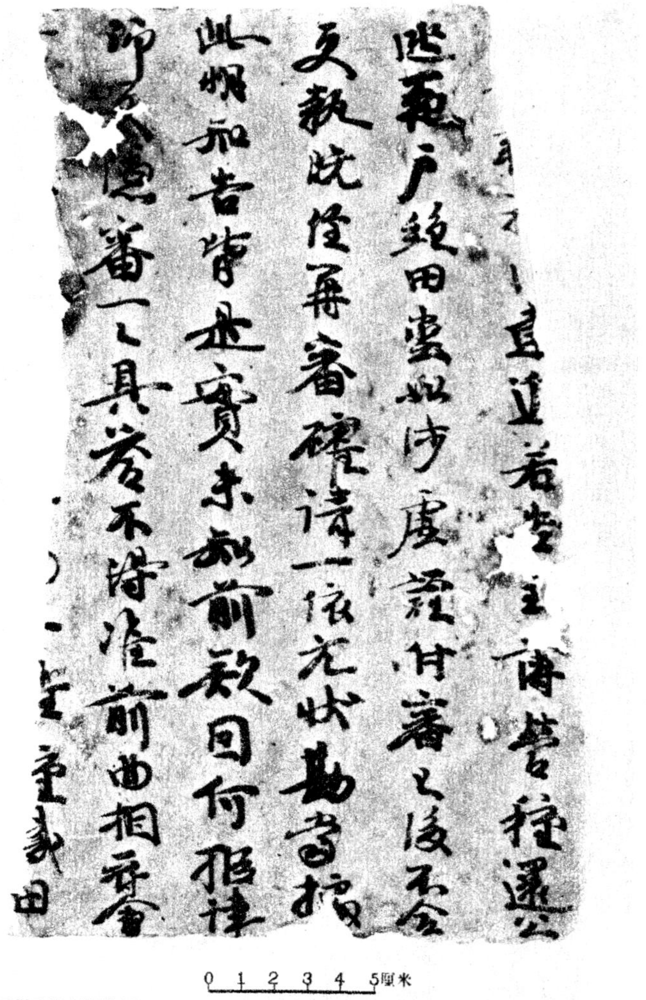

五　武周天授二年(公元六九一年)唐建進辯辭
72TAM230:67

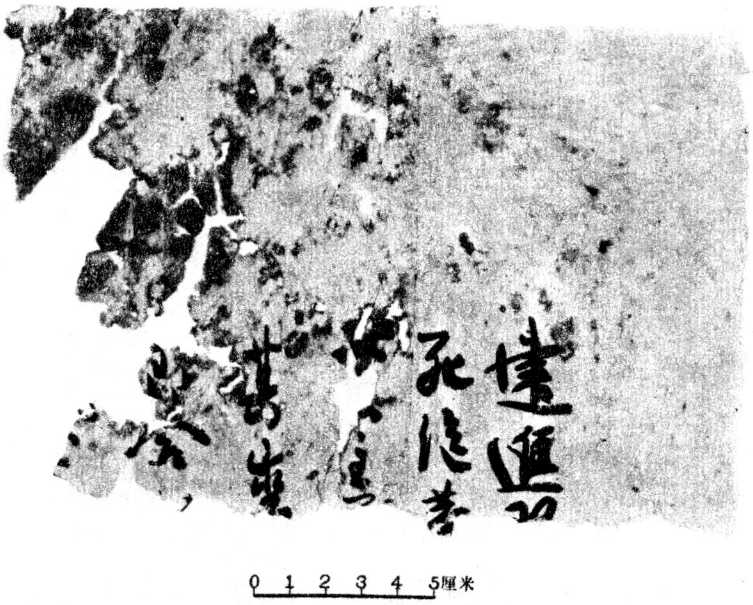

六　武周天授二年(公元六九一年)勘問唐建進牒尾判
72TAM230:70

五　武周天授二年（公元六九一年）唐建進辯辭

□□[辯]：[被][問]，建進若告主簿營種還公、
逃死、戶絕田埊（地），如涉虛誣，付審已後不合
更執，既經再審確，請一依元狀勘當。據
此，明知告皆是實，未知前款因何拒諱；
仰更隱審，一一具答，不得准前曲相符會。
——[准][種][職]田

六　武周天授二年（公元六九一年）勘問唐建進
牒尾判

建進——
死絕[葦]——
狀□主□——
其埊（地）——
即合——

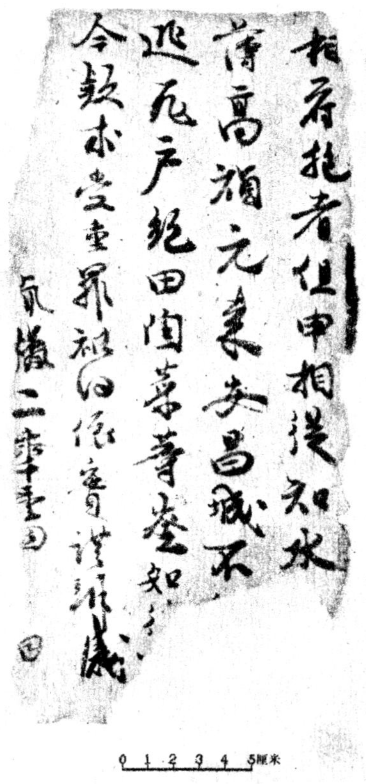

九　武周天授二年(公元六九一年)李申相辯辭
72TAM230:69

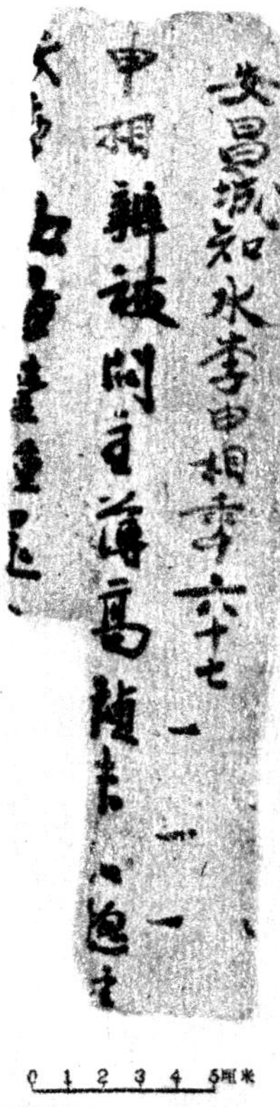

八　武周天授二年(公元六九一年)安昌城知水李申相辯辭
72TAM230:74

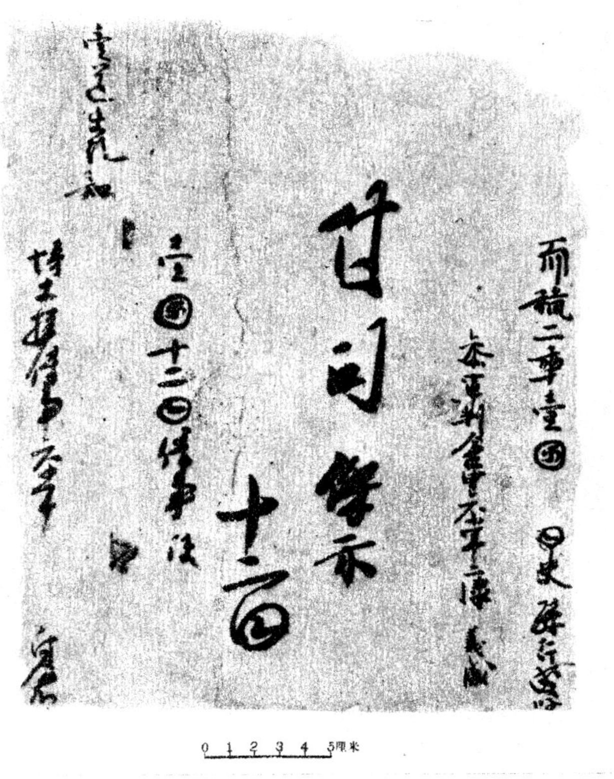

七　武周天授二年(公元六九一年)史孫行感殘牒
72TAM230:72

七

武周天授二年（公元六九一年）史孫行感殘牒

1 〔天授〕〔年〕〔月〕〔日〕
　𠀑𥠢二𠦚壹𠥱　𡆠史孫行感牒
2 參軍判倉曹參軍康　義感
3 付司傑示
4 十二日
5 壹𠥱十二𡆠錄事使
6 壹道出記知
7 博士攝錄事參軍　付倉

八

武周天授二年（公元六九一年）安昌城知水李申相辯辭

本件「李申相」同見於下件辯辭，疑本件爲辯辭辭頭，下件爲辭尾，今列於該件之前。

1 安昌城知水李申相𠦚六十七〔年〕
2 申相辯：被問，主薄高禎[未][知][總][經]
3 [䊸][車][安][昌][營][種][還][　　]

九

武周天授二年（公元六九一年）李申相辯辭

1 相符抱者，但申相從知水[　　]
2 薄高禎元來安昌城不[　　]
3 逃死、戶絶田、陶、菜等𡍮〔地〕。如[後][　　]
4 今款求受重罪。被問依實，謹辯。感
5 𠀑𥠢二𠦚壹𠥱　𡆠
　〔天授〕〔年〕〔月〕〔日〕

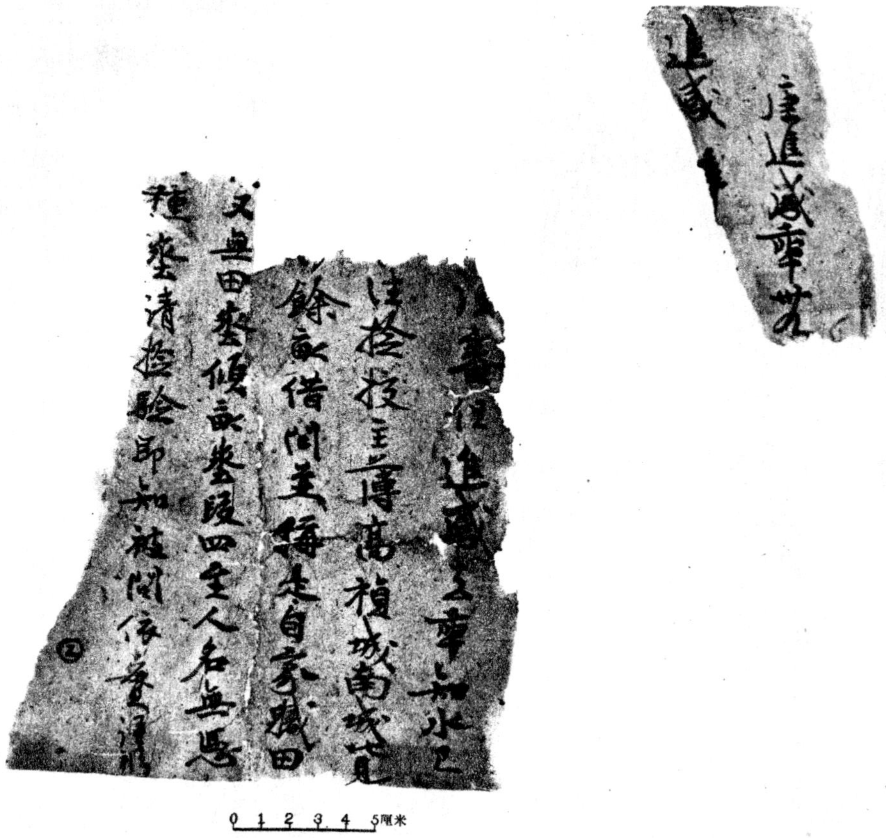

一〇　武周天授二年（公元六九一年）康進感辯辭　72TAM230:75,76

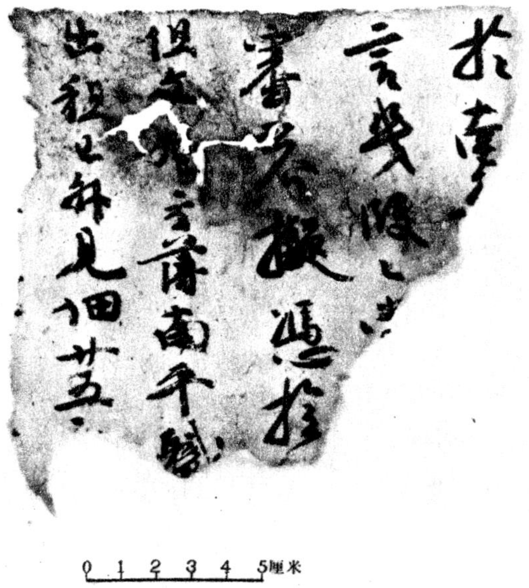

一一　武周天授二年（公元六九一年）郭文智殘辯辭　72TAM230:68

一〇　武周天授二年（公元六九一年）康進感辯辭

本件康進感名同見於本墓文書三。

康進感年卅九
進感辯
謹審：但進感去年（年）知水已
注檢校主薄高禎城南城北見
廿餘畝，借問並稱是自家職田，（？）
又無田塋頃畝、塋段、四至人名，無憑（地）（頃）
種塋，請檢驗即知。被問依實，謹辯。
（日）

一一　武周天授二年（公元六九一年）郭文智殘辯辭

本件與日本藏大谷四九三七、四九四〇號文書原爲一件，該件所署日期爲天授二年一月十三日，「文智」爲「知田人郭文智」。

於南平
言幾段，〻當
審答，擬憑檢
但文智主薄南平藏
出租已外，見佃廿五

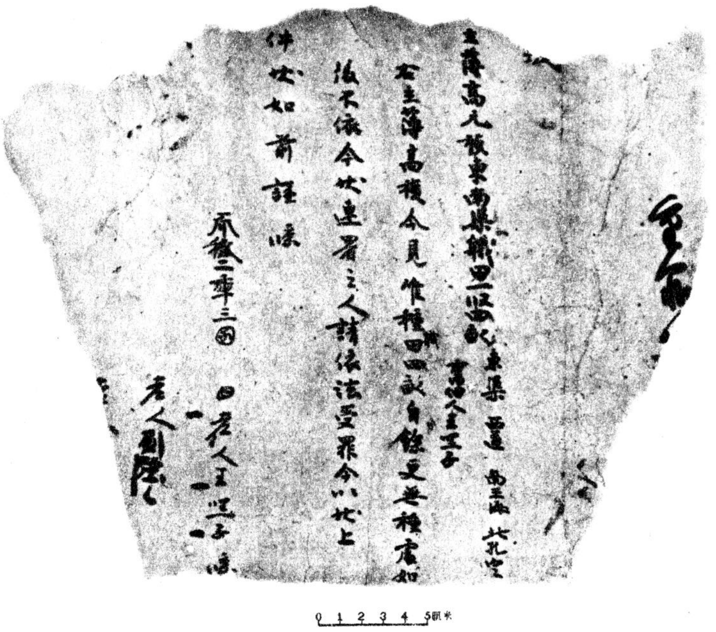

一三　武周天授二年(公元六九一年)老人王嘿子等牒爲申報主簿高元禎職田事　72TAM230:77(a)

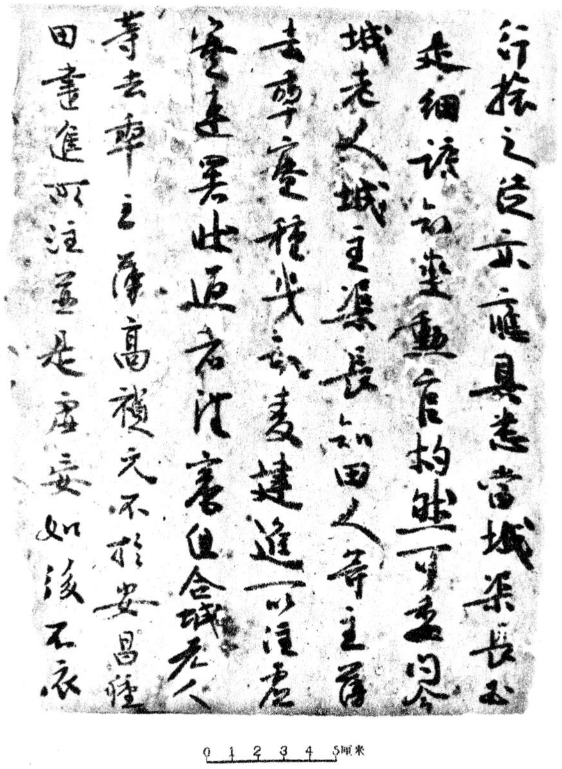

一二　武周天授二年(公元六九一年)安昌合城老人等牒爲勘問主簿職田虛實事　72TAM230:66

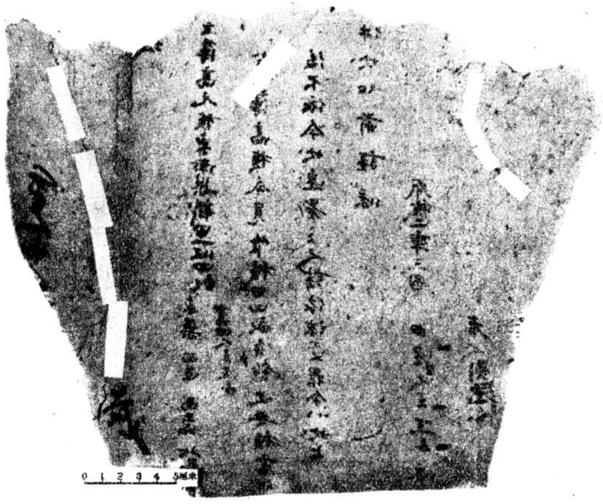

一三　武周天授二年(公元六九一年)老人王嘿子等牒爲申報主簿高元禎職田事　72TAM230:77(b)

一二　武周天授二年(公元六九一年)安昌合城老人等牒爲勘問主簿職田虛實事

1 行旅之徒，亦應具悉。當城渠長，必
2 是細諳知埊(地)，勳官灼然可委。問合
3 城老人、城主、渠長、知田人等，主簿
4 去𠡦(年)實種幾畝麥？建進所注虛
5 實？連署狀通者。謹審：但合城老人
6 等，去年主簿高禎元不於安昌種
7 田，建進所注並是虛妄，如後不依

一三　武周天授二年(公元六九一年)老人王嘿子等牒爲申報主簿高元禎職田事

本件騎縫背面有「茂」字簽署。

1 重罪□
2 □□城
3 主簿高元禎，東南渠職田一段四畝 東渠 西道 南□ 海 北孔定
　舊佃人 王嘿子
4 右主簿高禎，今見唯種職田四畝，自餘更無種處，如
5 後不依今狀，連署之人，請依法受罪。今以狀上。
6 □件狀如前，謹牒。
7 𠀑𥠢(天授)二𠡦(年)三𡖊(月)〇(日)老人王嘿子牒
8 老人劉隆□
9 老人□

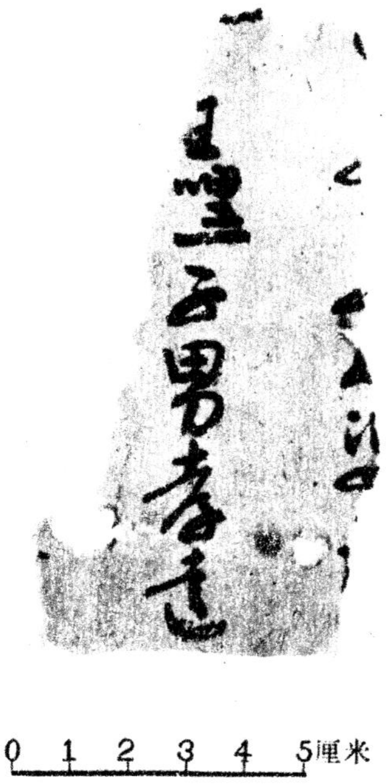
一四　武周天授二年(公元六九一年)王嘿子男孝達殘文書
72TAM230:78

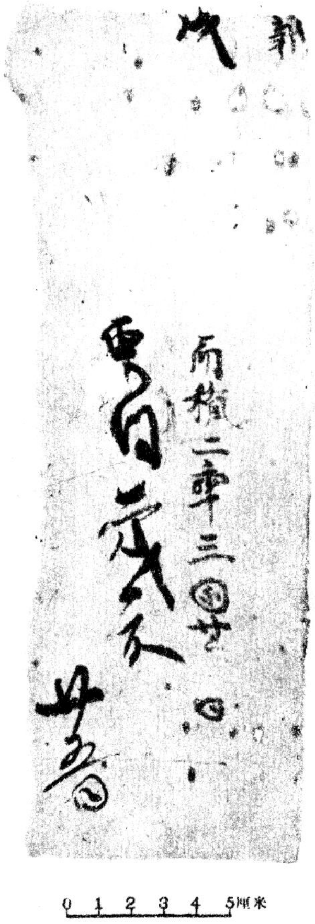
一五　武周天授二年(公元六九一年)殘文書
72TAM230:79

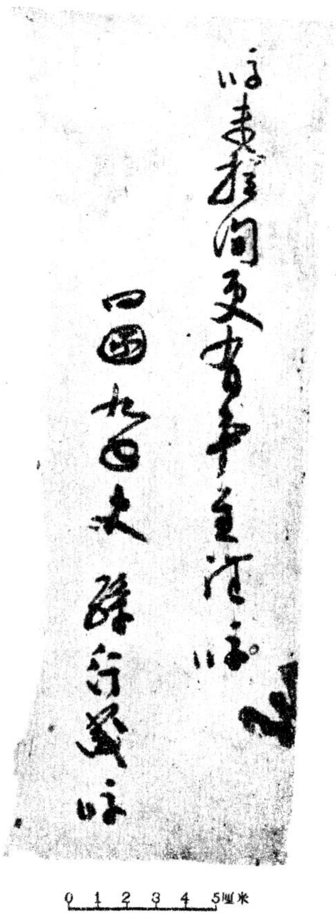
一六　武周史孫行感殘牒
72TAM230:65(a)

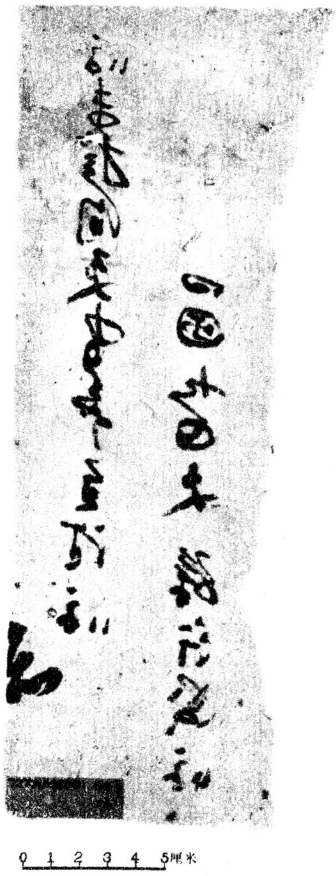
一六　武周史孫行感殘牒
72TAM230:65(b)

一四　武周天授二年（公元六九一年）王嘿子男孝達殘文書

本件缺紀年，文中「王嘿子」見於前件，可能屬同一案卷，姑置於前件之後。

1 ［　　　］
2 ［　　］王嘿子男孝達

一五　武周天授二年（公元六九一年）殘文書

1 ［　］辯
2 ［　］殘
3 而穡（天授）二𠦚（年）三㊊（月）廿〇（日）
4 更向茂示
廿五日

一六　武周史孫行感殘牒

本件「史孫行感」已見於本墓文書七背面騎縫有「感」字簽署。

1 牒未檢問，更有事至，謹牒。
2 四㊊（月）九〇（日）史孫行感牒

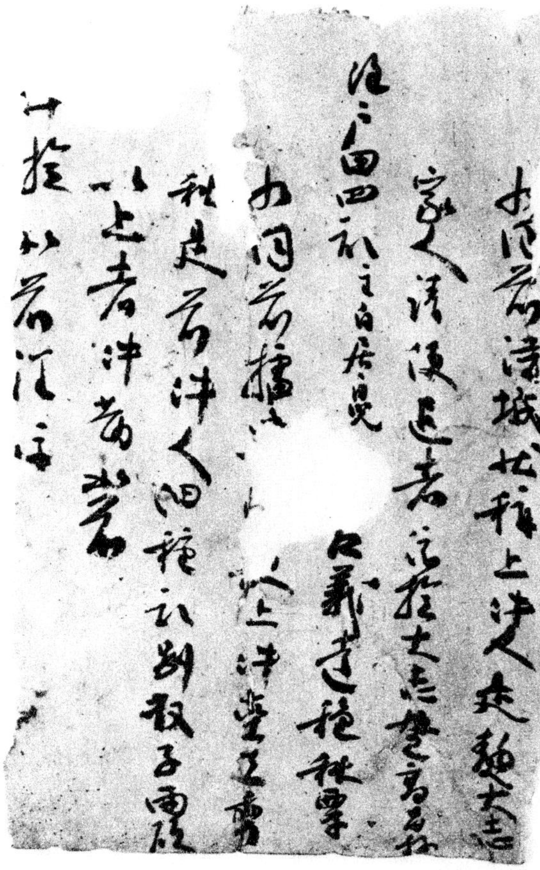

一九　武周勘田牒　　72TAM230:64

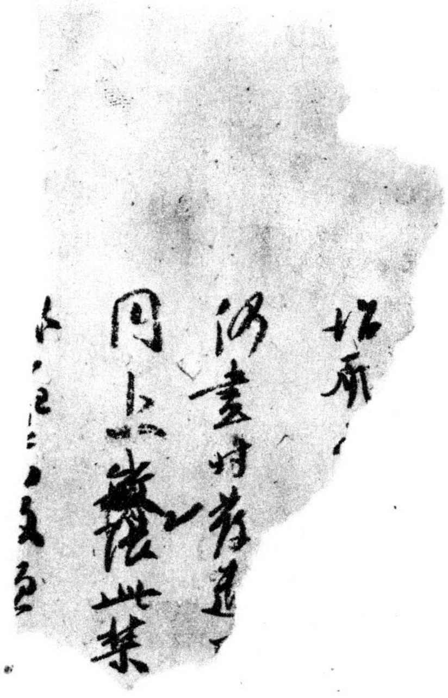

一八　武周牒尾殘判
72TAM230:10

一七　武周天授二年
(公元六九一年)
里正張安感殘牒
72TAM230:56,57

一七　武周天授二年（公元六九一年）里正張安感殘牒

牒件狀如前
𠑺(天)𥠦(授)二𠦚(年)四𠥱(月)〇(日)里𠙺(正)張安感牒
　　　　□□
　　　　記　文達
□□城主□□

一八　武周牒尾殘判

本件為一牒尾判辭，用武周新字，當為武周時文書，疑與前列天授二年案卷有關。

帖𠑺(天)山□□
仍盡時費遣，□□
同上敏張此禁□□
□□

一九　武周勘田牒

本件紀年已缺，用武周新字，內容爲佃種絶戶田事，今置於上列天授二年職田案卷之後。

右同前得城狀稱：上件人是麴大志
家人，請便追者。依檢大志貫高昌縣，
絶戶田四畝，東西居兜　□□義達種秋粟，
右同前據□□□上件埊(地)去𠦚(年)
秋是前件人佃種，畝别收子兩碩
以上者，件勘如前
□檢如前。謹牒。

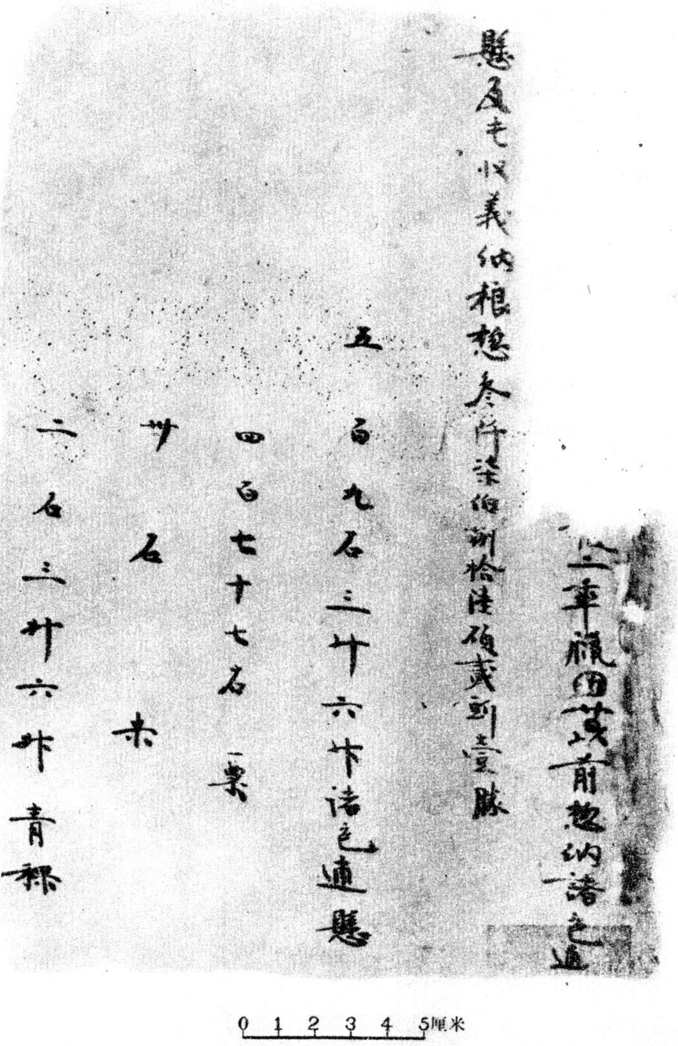

二〇　武周天授二年(公元六九一年)總納諸色逋懸及屯收義納糧帳　　72TAM230:49

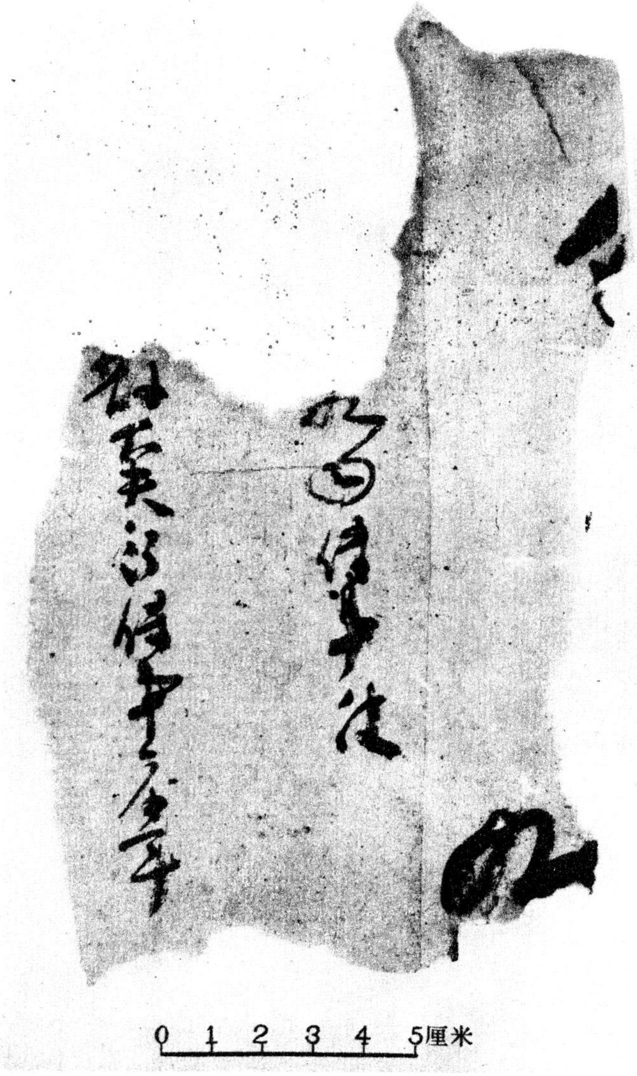

二一　武周録事司殘文書　　72TAM230:81(a)

二〇　武周天授二年（公元六九一年）總納諸色逋懸及屯收義納糧帳

1 □□𥠖（授）二𠡦（年）臘𠥱（月）廿〇（日）以前總納諸色逋
2 懸及屯收義納粮總叁阡柒伯捌拾陸碩貳㪷（斗）壹勝（升）。
3 五　百九石三斗六升諸色逋懸
4 四百七十七石　粟
5 卅石　米
6 二　石　三斗六升青稞

二一　武周録事司殘文書

1 丿　　　　乙□
2 □九〇（日）錄事使□
3 □散大夫行錄事參軍□

二二　武周沙州敦煌縣田畝帳　72TAM230:47(a)

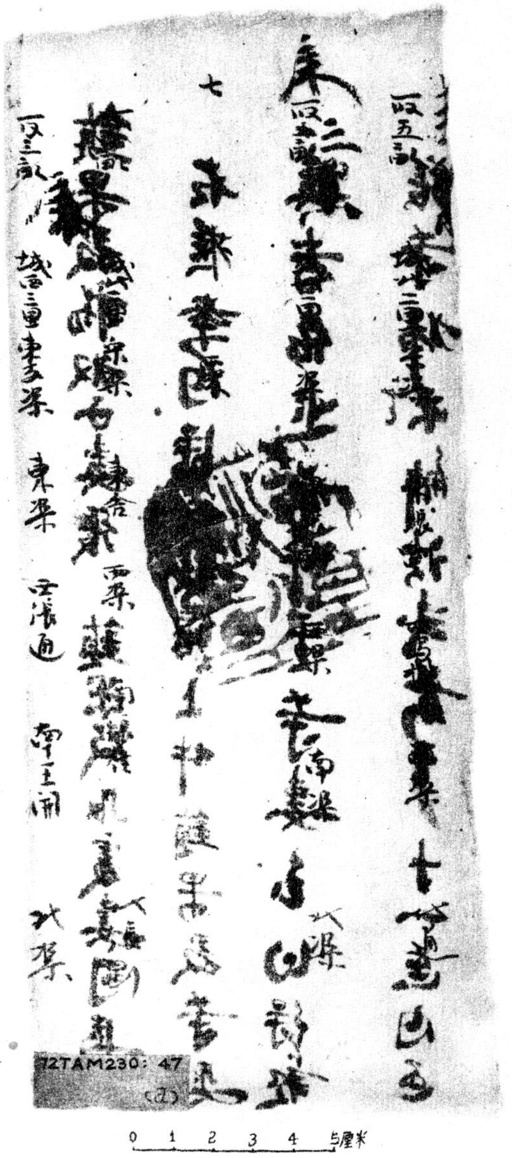

二三　武周牒爲鎮果毅楊奴子等娶妻事　72TAM230:47(b)

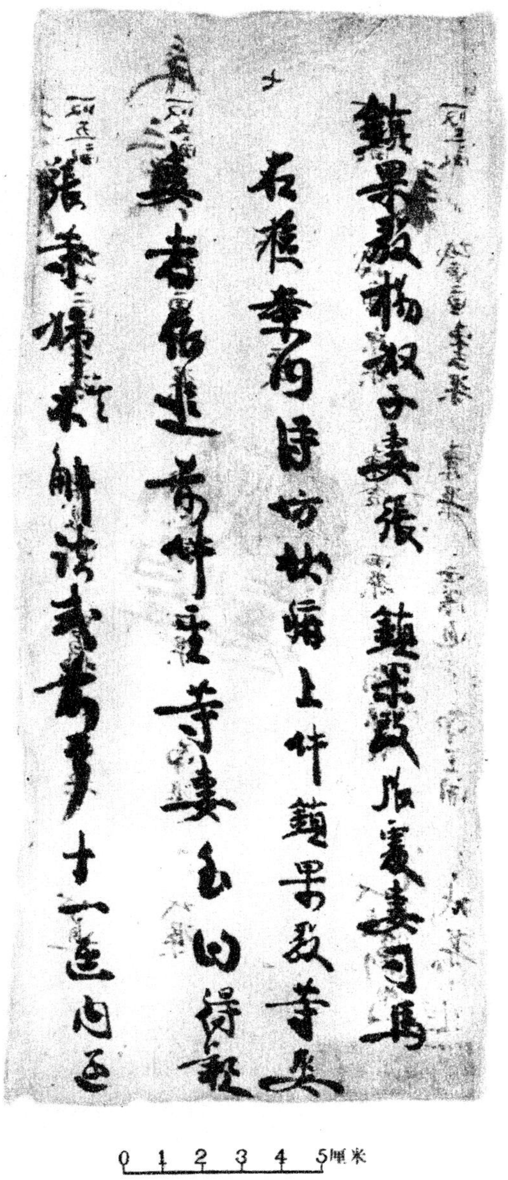

二二　武周沙州敦煌縣田畝帳

本件兩段，分出於本墓與阿斯塔那二二五號墓（七二TAM二二五：二三），內容、字跡相同，當屬一件。本件文書蓋有「敦煌縣之印」，知自敦煌流入西州。紀年已缺，背面牒文中有武周新字，今列於武周時。（參見第叁册阿斯塔那二二五號墓文書一八題解）。

1　一段五畝　城北二里宋渠　東張劉　西馬樹　南渠

　　北道

2　床〔一〕一段㊃三畝　城北二里宋渠　東張劉　西渠　南渠

　　北渠

3　七　畝　粟

4　一段四畝　城北二里宋渠　東舍　西渠　南張住

　　北張劉

5　一段三畝（桑）　城西三里東支渠　東渠　西張通　南王

　　開　北渠

注釋

〔一〕「床」字與全文字跡不一，下四、五行間床字亦同。

二三　武周牒爲鎮果毅楊奴子等娶妻事

另面爲敦煌縣田畝帳，並蓋有「敦煌縣之印」，本件亦當自敦煌流入。

1　鎮果毅楊奴子妻張　鎮果毅張處妻司馬

2　右檢案內得坊狀稱：上件鎮果毅等娶

3　妻者，依追前件㔫（人）等妻至，問得款：

4　張等婦㔫不解法式，前𠡦（年）十一𠥱（月）內逐

二四　唐西州高昌縣殘籍
72TAM230:52(a)

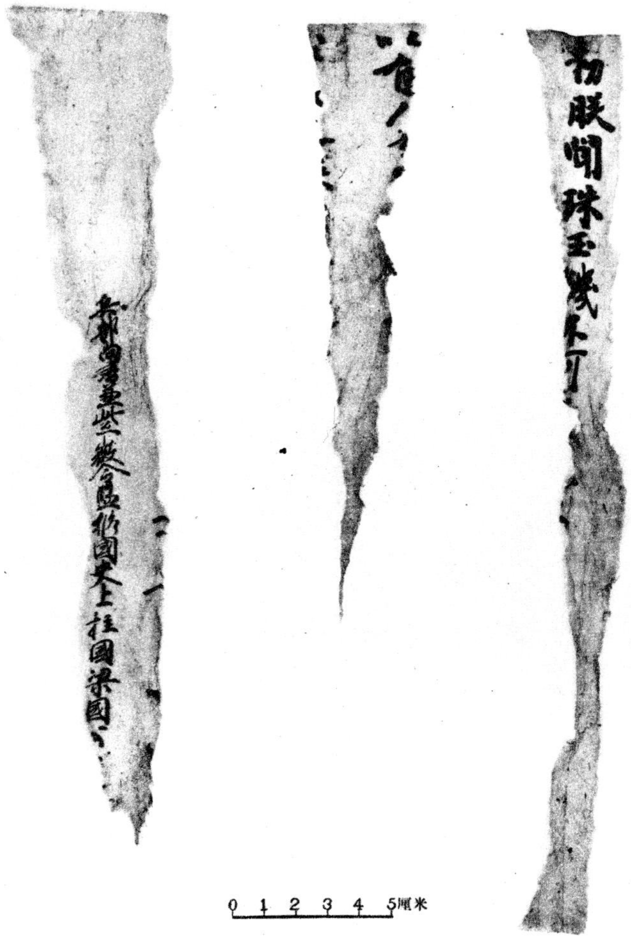

二五　唐開元二年(公元七一四年)禁珠玉錦繡敕
72TAM230:96/1～96/3

二四　唐西州高昌縣殘籍

本件「一段」數字不用大寫，應在開元前。又本件内記「城南伍里馬堆渠」及「崇福寺」皆在高昌縣境。

1 □□□昌□

2 一段壹畝永業 部田 三易　城南伍里馬堆渠　東崇福寺

3 □部田　西至渠

二五　唐開元二年（公元七一四年）禁珠玉錦繡敕

本件首句與《唐大詔令集》卷一〇八所載唐開元二年七月《禁珠玉錦繡勅》首句相合。《舊唐書・玄宗紀上》云開元元年十一月梁國公姚元之（姚崇）為兵部尚書，二年春正月為紫微令，與本件押衔亦相符合。

1 勅：朕聞珠玉機(飢)不可

2 以有人

3 梁國公　兵部尚書兼紫微令監修國史上柱國

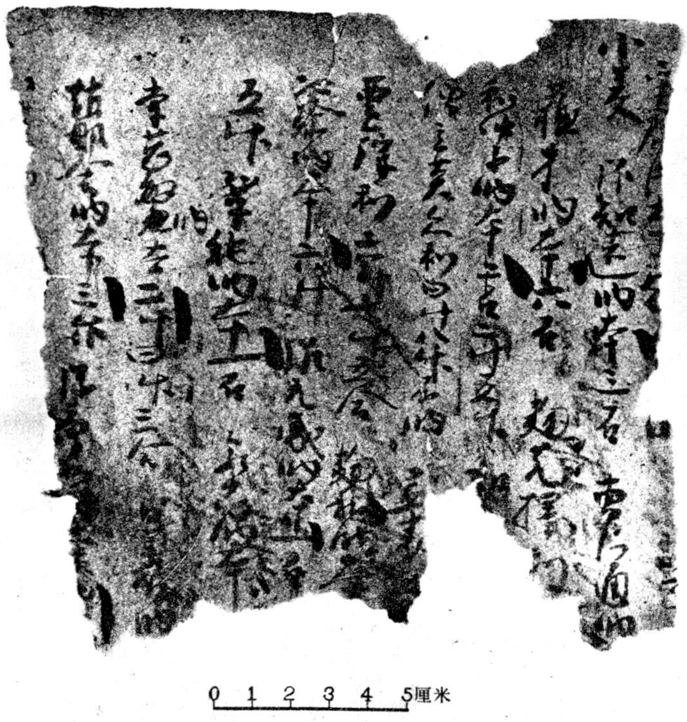

二六　唐借貸倉糧納本利帳　72TAM230:55(a)

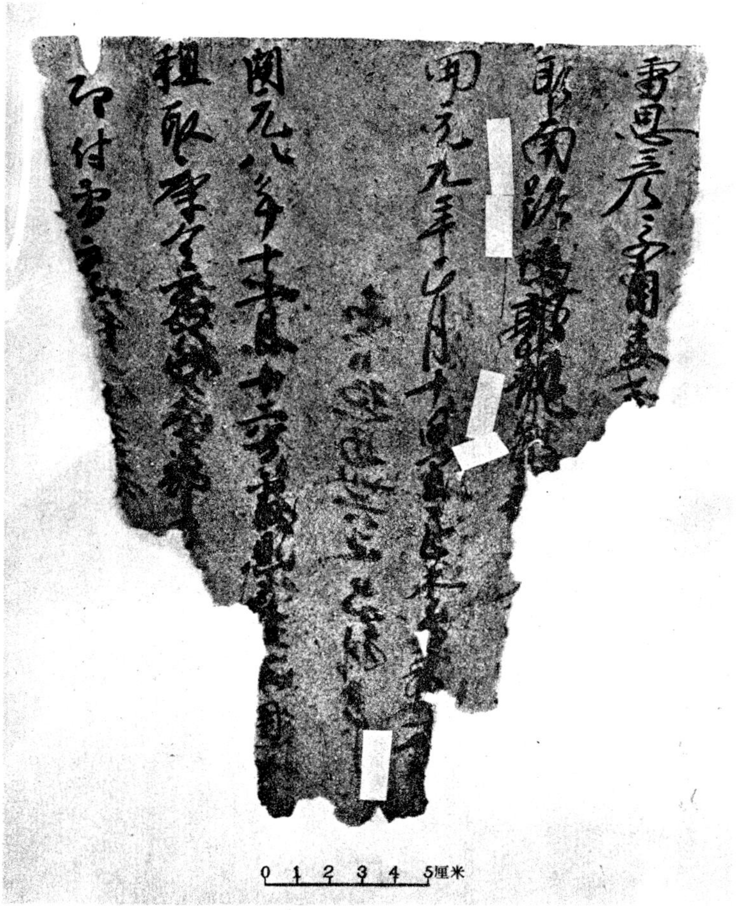

二七　唐開元九年(公元七二一年)里正記雷思彦租取康全致等田畝帳　72TAM230:54(a)

二六　唐借貸倉糧納本利帳

本件全文朱書，紀年已缺，據背面《唐館驛文書事目》（本墓三〇），知本件與後件《唐開元九年里正記雷思彦租取康全致等田畝帳》相連成卷，並書寫在前，本件年代亦應與之相當，今列於後件之前。

宋[君][納][本]［　　］
小麥　張知遠納本三石　曹行通納［　　］
藴才納本六石　麴先擇利［　　］
和仲子納本二石二斗五升　和［　　］
僧玄英欠利四斗八升不納　孟表欠[利]［　　］
賈琮利六斗七升五合　麴和納本［　　］
氾瑜納本六斗　張元感納本一石［　　］
五升　翟純納本一石　令狐忠納本［　　］
索慈敏納本二斗四升三合　白義□納［　　］
趙鄁舍納本三升　張康[明]納[本]［　　］

二七　唐開元九年（公元七二一年）里正記雷思彦租取康全致等田畝帳

雷思彦交用麥[貳]［　　］
取南路塢鄗龍敏［　　］
開元九年正月十日里正李□□［　　］
開元八年十二月十六日雷思彦[交]用［　　］
租取康全致口分部[田]［　　］
即付雷[彦]［　　］

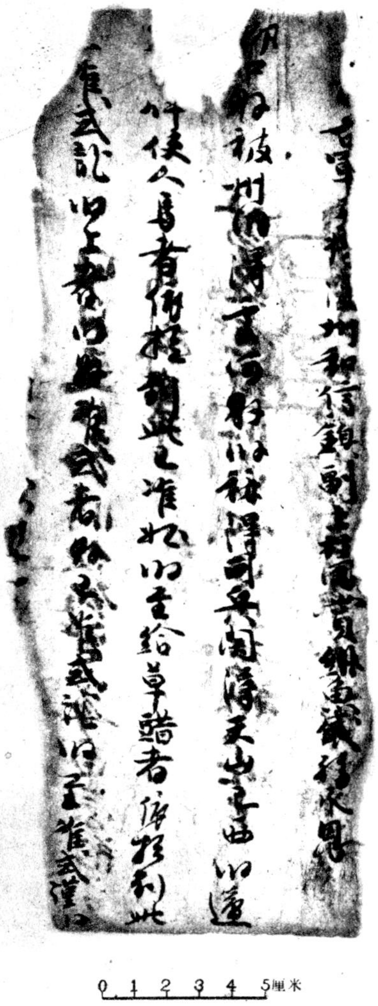

二八　唐西州高昌縣牒爲鹽州和信鎮副孫承恩人馬到此給草踖事　72TAM230:95(a)

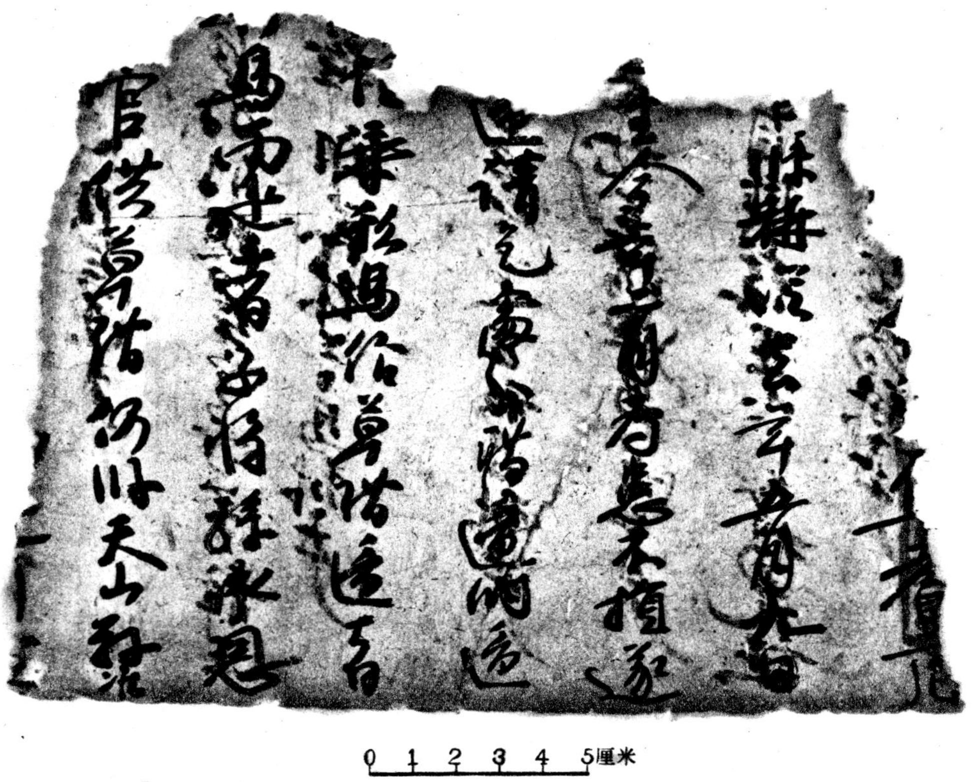

二九　唐西州高昌縣牒爲子將孫承恩馬疋草踖事　72TAM230:53(a)

二八　唐西州高昌縣牒為鹽州和信鎮副孫承恩人馬到此給草踖事

本件紀年已缺，據背面《唐館驛文書事目》（本墓三〇），知與《唐開元九年里正記雷思彥租取康全致等田畝帳》相連成卷，其年代亦應與之相當，今列於該件之後。本件有朱印三方，文為「高昌縣之印」。

[右][軍][子][將]溫(鹽)州和信鎮副上柱國賞緋魚袋孫承恩
柳中縣被州牒：得交河縣牒稱：得司兵關得天山已西牒，遞
□□件使人馬者，依檢到此，已准狀，牒至，給草踖者。依檢到此
□准式訖，牒上者，牒縣准式者，縣已准式訖，牒至准式謹牒。

二九　唐西州高昌縣牒為子將孫承恩馬疋草踖事

本件紀年已缺，背面亦為《唐館驛文書事目》。「子將孫承恩」見前件，今列於前件後。

[馬][耆][尾](?)
[合]牒稱：從去年五月九日
至今年二月為患不損，遂
[逐]請乞處分踖遞，納遞
[亻]乘私馬給草踖遞者，
馬兩疋者，子將孫承恩
官供草踖，仍牒天山縣准

三〇　唐館驛文書事目(一)
72TAM230:55(b)

三〇　唐館驛文書事目(一)
72TAM230:95(b)

三〇　唐館驛文書事目(一)
72TAM230:54(b)

三〇　唐館驛文書事目

本件紀年已缺，第一片之正面記有「開元九年」（見本墓文書二七）。本件時間應在其後。

（一）

1 本石□
2 踏料遞事
3 十九日交河縣牒使王沙從使□
4 判六日總馬卌六疋与料事。
5 同日伊坊狀請廻馬遞事。
6 廿一日交河縣牒□
7 曹巍交□
8 同日交河縣牒使劉皆實、田崇敬等
9 馬料事。
10 廿四日北庭府牒為長行馬踏料准狀事。
11 同日交河縣牒使王弟家人羅鷄馬料事。
12 下首領□
13 同日柳中縣牒使□
14 廿六日伊坊狀請□
15 廿七日伊坊狀請□
16 同日柳中□
17 孫元環、柳元□
18 馬料遞事□

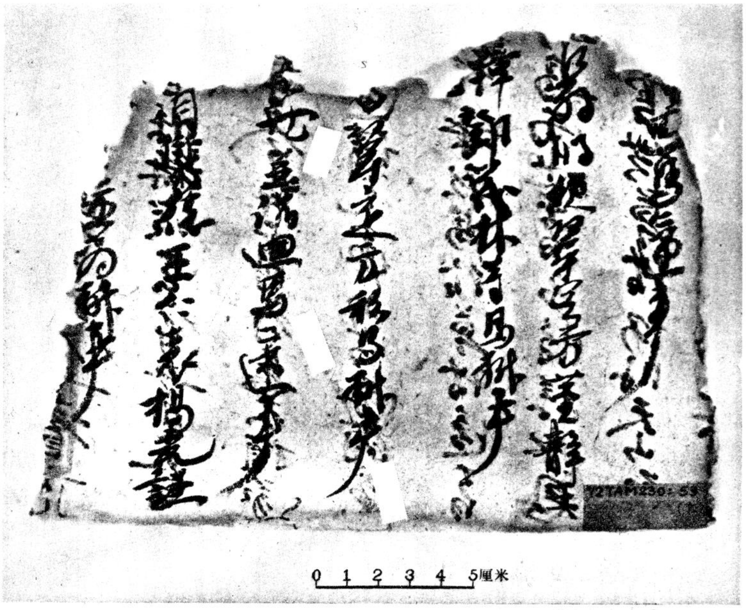

三〇　唐館驛文書事目(二)　72TAM230:53(b)

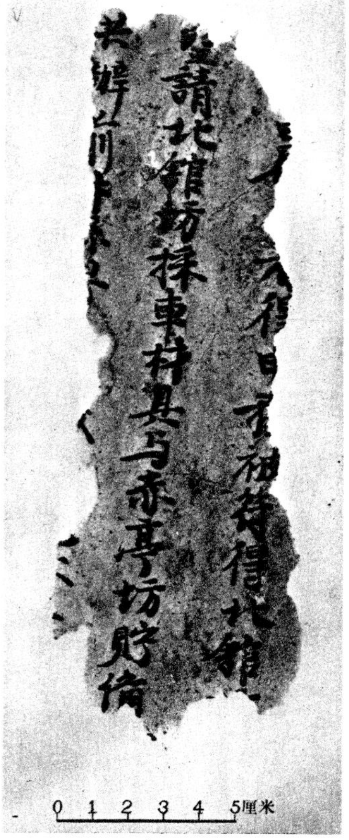

三一　唐西州請北館坊採車材文書(一)　72TAM230:48/1

三一　唐西州請北館坊採車材文書(二)　72TAM230:48/2

（二）

1 [　　]迴馬遞事。
2 [　　]河縣牒使鞏定方、董静、王
3 [　　]璋、鄧茂林等馬料事。
4 [　　]鞏定方私馬料事。
5 [　　]狀並諸迴馬遞事。
6 [　　]雙德、王仁表、楊光謙
7 [　　]並為料事。

三一　唐西州請北館坊採車材文書

（一）

1 □[昌][縣]□[者][得][申][稱]被符得北館[　　]
2 望請北館坊採車材，具与赤亭坊貯備[　　]
3 共辦前[件][縣][界][　　]

（二）

1 案諮聽處[　　]
2 具數牒赤[亭][　　]
3 都督判毋[　　]
4 此商量既[　　]

三二　唐西州高昌縣史張才牒爲逃走衛士送庸緤價錢事(一)
72TAM230:63(a)

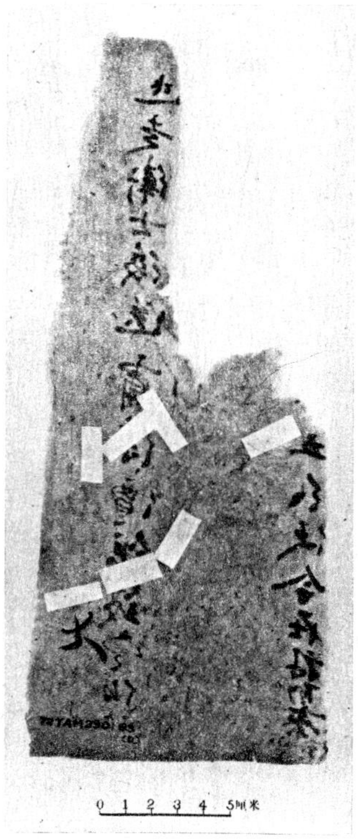

三二　唐西州高昌縣史張才牒爲逃走衛士送庸緤價錢事(一)
72TAM230:63(b)

三二　唐西州高昌縣史張才牒爲逃走衛士送庸緤價錢事(二)
72TAM230:62(a)

三二　唐西州高昌縣史張才牒爲逃走衛士送庸緤價錢事(二)
72TAM230:62(b)

三二　唐西州高昌縣史張才牒爲逃走衛士送庸緤價錢事

（一）

1 逃走衛士後送庸緤價銀錢壹伯陸 〔一〕
2 □
3 □五分便合在縣取康 小豆價

注釋

〔一〕騎縫背面押一「大」字。

（二）

1 □廿七日史張才牒
2 □高昌縣申送逃走衛
3 □緤價錢，檢既並到□
4 □知諮元利白 〔一〕

注釋

〔一〕騎縫背面押一「元」字。

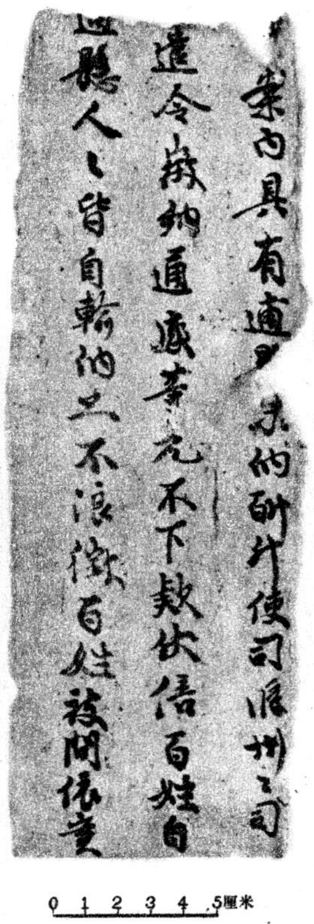

三五　唐通感等辯辭爲徵納逋懸事　72TAM230:61

三四　唐處分慶州營徵送驢牒　72TAM230:51

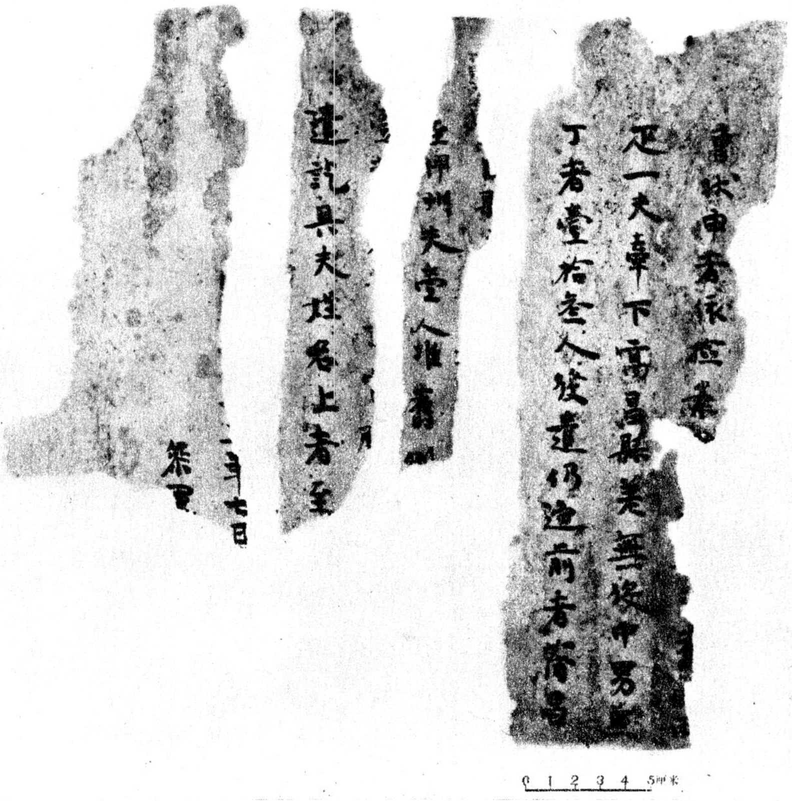

三三　唐西州下高昌縣牒爲差夫役事　72TAM230:50/1～50/4

三三　唐西州下高昌縣牒爲差夫役事

1 曹狀申者，依檢案[內]□□□[舊][例][兩]：
2 疋一夫牽。下高昌縣差無役中男兼
3 丁者壹拾叁人發遣。仍遞前者蒲昌
4 □□縣□
5 至伊州，夫壹人准舊[例]□
6 [壹]□
7 遣訖。具夫姓名上者。至□
8 □年七月□
9 參軍□

三四　唐處分慶州營徵送驢牒

1 者，慶州營□□[被][徵]驢叁頭送到。數
2 内壹頭堪[使][長]□□□印訖，牒送坊檢
3 □□□[准][式][除]兩頭不[堪]□[前]□[所][由][速]

三五　唐通感等辯辭爲徵納逋懸事

1 □□案内具有逋懸未納斛（斛）斗使司牒州，州司
2 □□遣令徵納。通感等元不下款伏倍，百姓自
3 □[逋]懸，人人皆自輸納，亦不浪徵百姓。被問依實

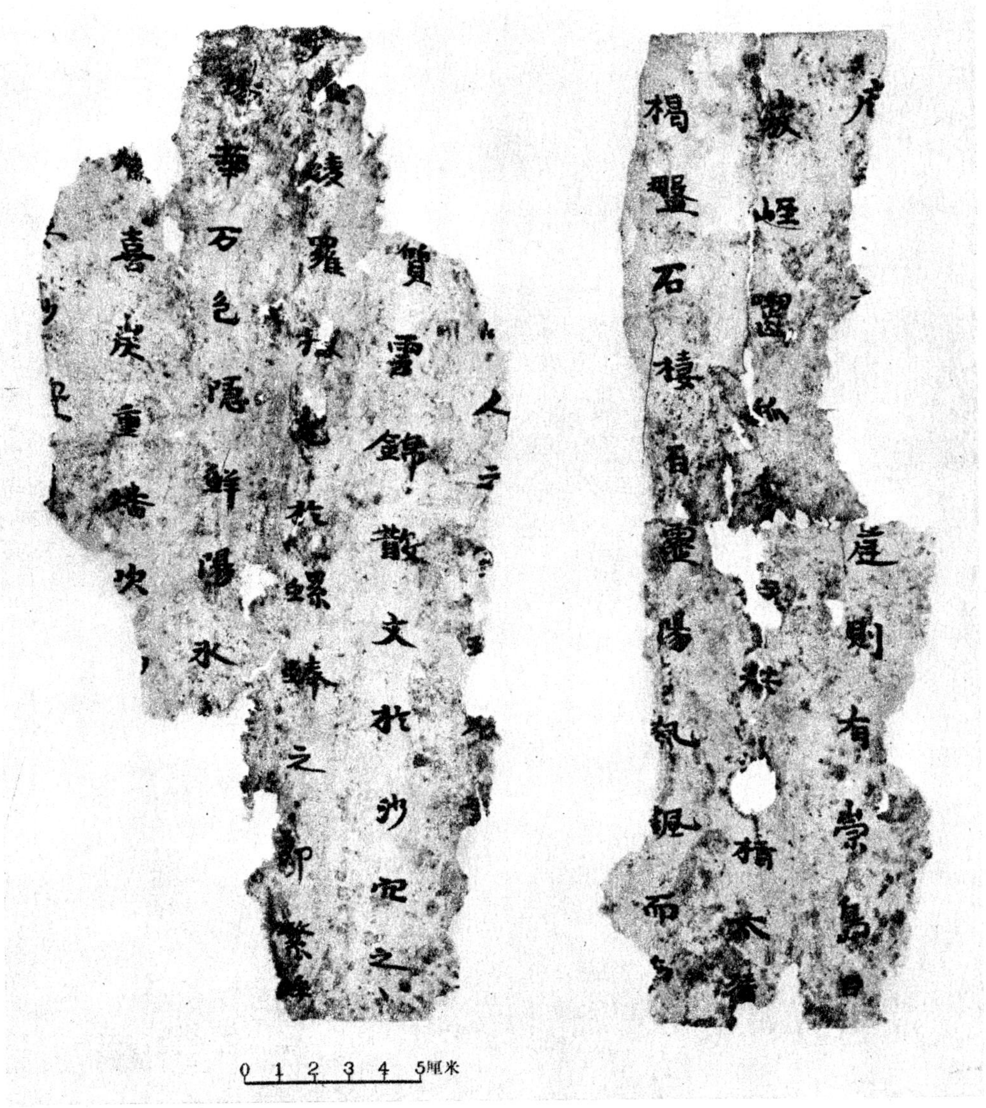

三六　古寫本木玄虛《海賦》　72TAM230:36

三六　古寫本木玄虛《海賦》

1 [府]［　　］庭則有崇島巨
2 嶅峌嵲孤亭□洪[波]指太清
3 揭盤石棲百靈陽凱[飄]而[南]
4 ［　　］人[之][室]□[石][詭]□□
5 □□質雲錦散文於沙宂之
6 □綾羅[被]光於螺蜯之節繁綵
7 揚華万色隱鮮陽冰［　　］
8 □燃喜炭重燔[吹]［　　］
9 ［　　］眇［　　］

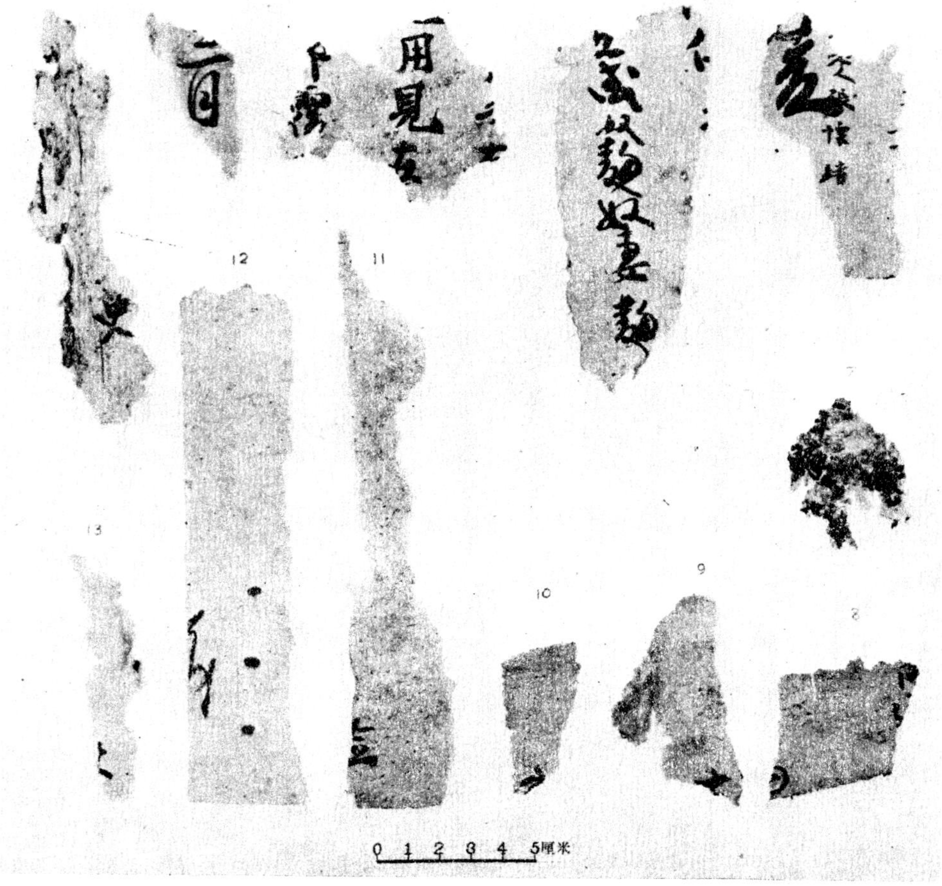

三八　文書殘片　　72TAM230:80

三七　文書殘片
72TAM230:52(b)

四一　文書殘片
72TAM230:96/4

四〇　文書殘片
72TAM230:83/1～83/12

三九　文書殘片
72TAM230:82

阿斯塔那二二六號墓文書

本墓無墓誌及隨葬衣物疏。屍身紙靴（編號九）上拆出五三至七九號文書，其中有紀年者，爲唐開元十年（公元七二二年）。

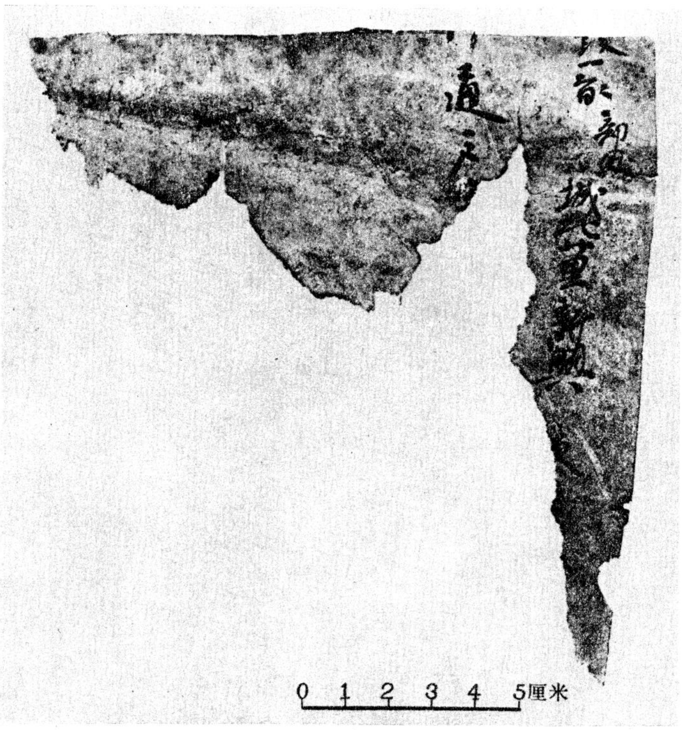

一　唐高昌縣某人殘手實　　72TAM226:50

一　唐高昌縣某人殘手實

本件紀年已缺。「一畝」之「一」字小寫，當在開元前。又內云「城北廿里新興」，故知是高昌縣文書。

1 □段一畝部田　城北廿里新興　東□

2 □□通户□

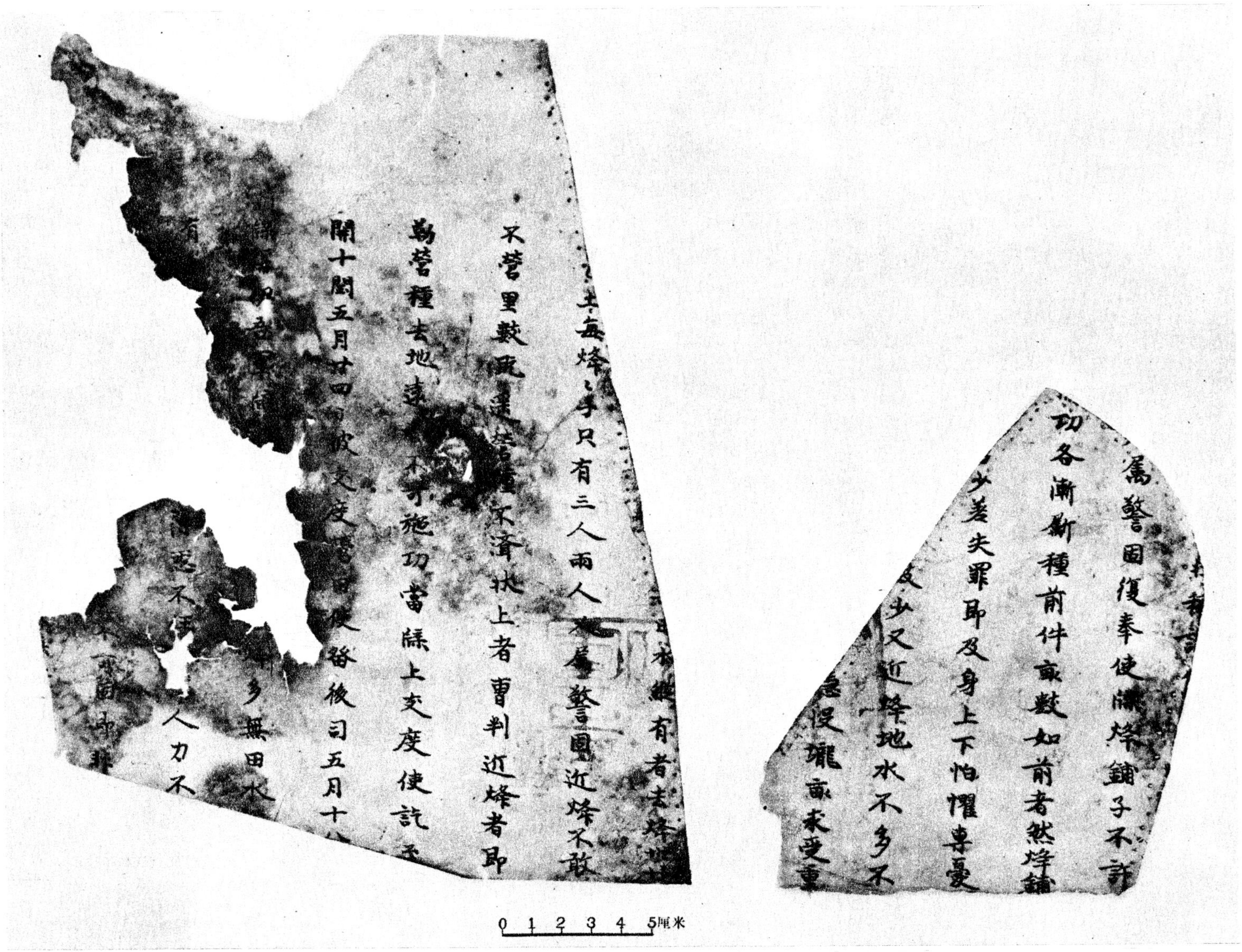

二　唐開元十年(公元七二二年)伊吾軍上支度營田使留後司牒爲烽鋪營田不濟事　　72TAM226:53,54

二　唐開元十年（公元七二二年）伊吾軍上支度營田使留後司牒爲烽鋪營田不濟事

本件蓋有朱印二處，印文爲「伊吾軍之印」。另背面有殘印痕。

［　　］［狀］［稱］訂□［　　］
［　　］屬警固，復奉使牒，烽鋪子不許
［　　］功，各漸斸種前件畝數如前者。然烽鋪
［　　］少差失，罪即及身，上下怕懼，專憂
［　　］［數］少，又近烽地水不多，不
［　　］［隱］没壠畝，求受重
［　　］［無］［田］水。縱有者，去烽卅廿
□□上，每烽烽子只有三人，兩人又屬警固，近烽不敢
不營，里數既遥，營種不濟，狀上者。曹判：近烽者即
勒營種，去地遠者，不可施功。當牒上支度使訖。［至］
開十閏五月廿四日，被支度營田使留後司五月十八□
牒稱：伊吾軍牒報［　　］烽多無田水。［縱］［　　］
有［者］，［　　］薄惡不任□［稱］人力不［　　］
［　　］［言］不可固，即非［　　］

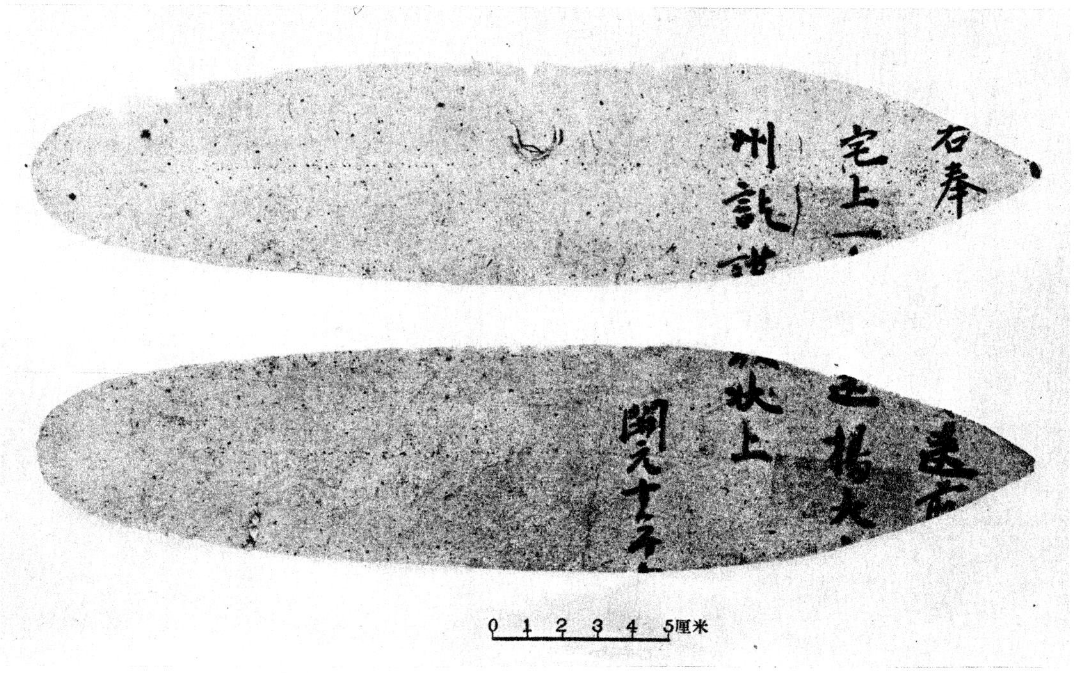

三　唐開元十年(公元七二二年)殘狀　　72TAM226:74

三　唐開元十年（公元七二二年）殘狀

1 右奉□送前□
2 宅上一□送楊大□
3 州記，謹以狀上。
4 　開元十年□

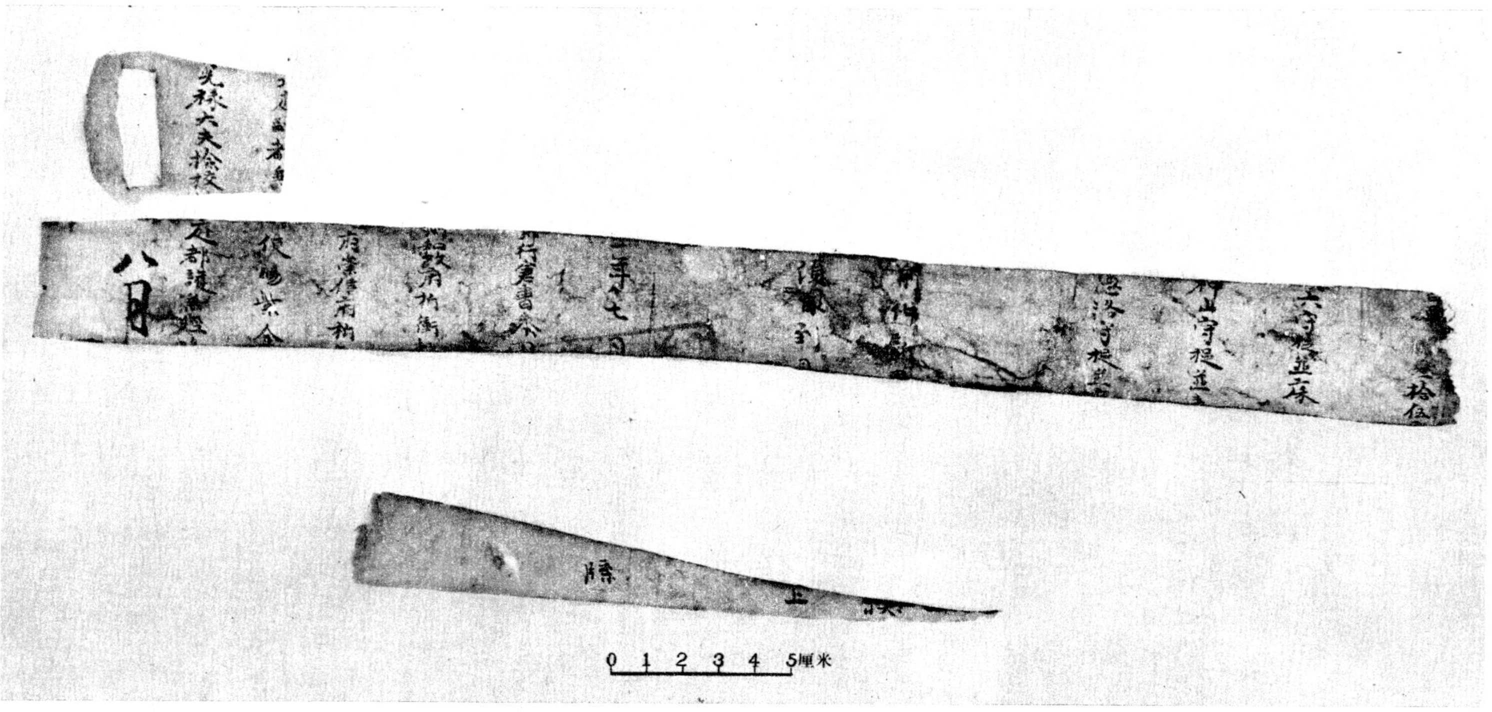

四　唐開元十一年(公元七二三年)狀上北庭都護所屬諸守捉斸田頃畝牒　　72TAM226:83/1～83/3

四　唐開元十一年（公元七二三年）狀上北庭都護所屬諸守捉斸田頃畝牒

本件紀年殘存「一年七月□牒」，「一」上缺字非「十」即「廿」，唐代前期紀年達十一年或廿一年者，唯貞觀、開元及天寶，貞觀時尚無北庭都護，天寶稱載不稱年，如此爲開元之十一年或廿一年無疑。據本墓二《唐開元十年伊吾軍牒》亦叙烽鋪斸田事，今擬爲開元十一年。另本件有殘印痕，印文不可辨識。

1　□白粟　叁拾伍□
2　□[俱]六守捉並床□
3　□[神]山守捉並[麥]□
4　□憑洛守捉並[床]□
5　□前件斸田□狀
6　□頃畝到日□上
7　□一年七　月□牒
8　□[郎]行倉曹參[軍]□
9　□州和政府折衝[都]□
10　□[只]府崇信府折□
11　□[北][庭][副][都]兼□〔一〕使賜紫金□
12　□光祿大夫檢校[北]庭都護兼經[略]□

八月

注釋

〔一〕「北庭副都」下脱「護」字。

五　唐伊吾軍典張瓊牒爲申報斵田斛斗數事(一)
72TAM226:66(a)

五　唐伊吾軍典張瓊牒爲申報斵田斛斗數事(一)
72TAM226:66(b)

五　唐伊吾軍典張瓊牒爲申報斵田斛斗數事(二)
72TAM226:67

五　唐伊吾軍典張瓊牒爲申報斵田斛斗數事(三)
72TAM226:68

五　唐伊吾軍典張瓊牒爲申報斵田斛斗數事(四)
72TAM226:71(a)

五　唐伊吾軍典張瓊牒爲申報斵田斛斗數事(四)
72TAM226:71(b)

五　唐伊吾軍典張瓊牒爲申報斵田斛斗數事

本件原是拆自同一紙靴的四片，據内容書法及騎縫背押字，擬爲一件。第（三）段蓋有殘印，尚存「伊吾」二字可辨。本件紀年已缺，據第（一）段一行背面騎縫押「三百一十九忩」，下件《唐開元某年伊吾軍典王元琮牒》第一七—一八行間騎縫背面押「三百卅□[上]忩」押字爲同一人，數列在前，今列於下件之前。

（一）

（斗）（升）[一]

[　　]得子貳拾玖碩玖斵伍勝肆合

[　　]陸　合　豌[　　]

注釋

[一]背面騎縫處押「三百一十九忩」六字，并蓋有「伊吾□□□」印。

（二）

叁碩玖斗貳勝伍合豌[　　]

陸碩玖斗陸[　　]

柒[　　]

（三）

[　　]捌拾陸碩壹斗肆勝肆合

壹拾[　　]

（四）

[　　]九日

[　　]日典張瓊牒

[　　]

九日

[一]

注釋

[一]背面騎縫處押「三□廿　、、」。

六　唐開元某年伊吾軍典王元琮牒爲申報當軍諸烽鋪斸田畝數事　72TAM226:64(a),69(a)

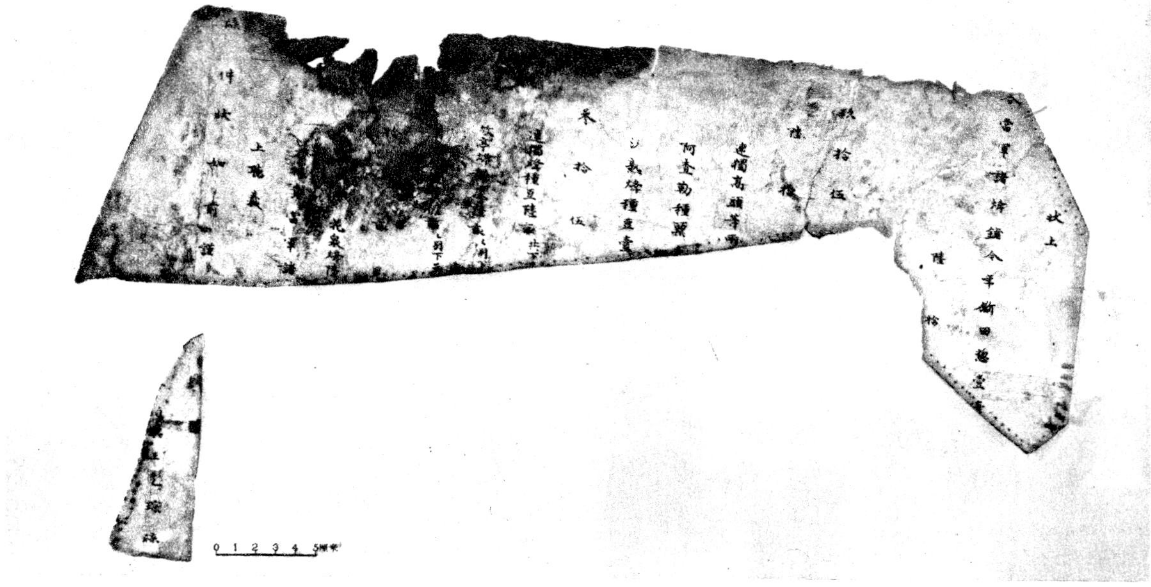

六　唐開元某年伊吾軍典王元琮牒爲申報當軍諸烽鋪斸田畝數事　72TAM226:64(b),69(b)

六　唐開元某年伊吾軍典王元琮牒爲申報當軍諸烽鋪斸田畝數事

（一）

□□□　狀上
合當軍諸烽鋪，今年斸田總壹頃
陸　拾
玖　拾　伍　畝
陸　拾　畝
速獨、高頭等兩
阿查勒種粟壹
泥熟烽種豆壹
叁　拾　伍
速獨烽種豆陸畝　共下子
故亭烽種床陸畝〻別下
青山烽種豆伍畝〻別下子
貳　拾　肆　畝　見
貍塠烽捌畝　花泉烽陸畝
右被責當軍諸
上聽裁
牒　件　狀　如　前。謹　□。

（二）

七　唐檢勘伊吾軍斸田頃畝數文書　72TAM226:57

18 閏[ ]日典王元

悰牒

注釋

〔一〕背面騎縫處押「三百[ ]」。

〔二〕背面騎縫處押「三百卅□上道」。

七　唐檢勘伊吾軍斸田頃畝數文書

本件內典張瓊亦見於本墓五《唐伊吾軍典張瓊牒》，紀年亦應相近。

1 使通[ ]軍使上柱國賈

[ ]

2 [ ]日典張瓊[ ]

3 檢住

4 依檢与前報數同，典張瓊檢。

5 伊吾軍斸田數勘与

[ ]

6 通同記諮，休如白。

7 六日

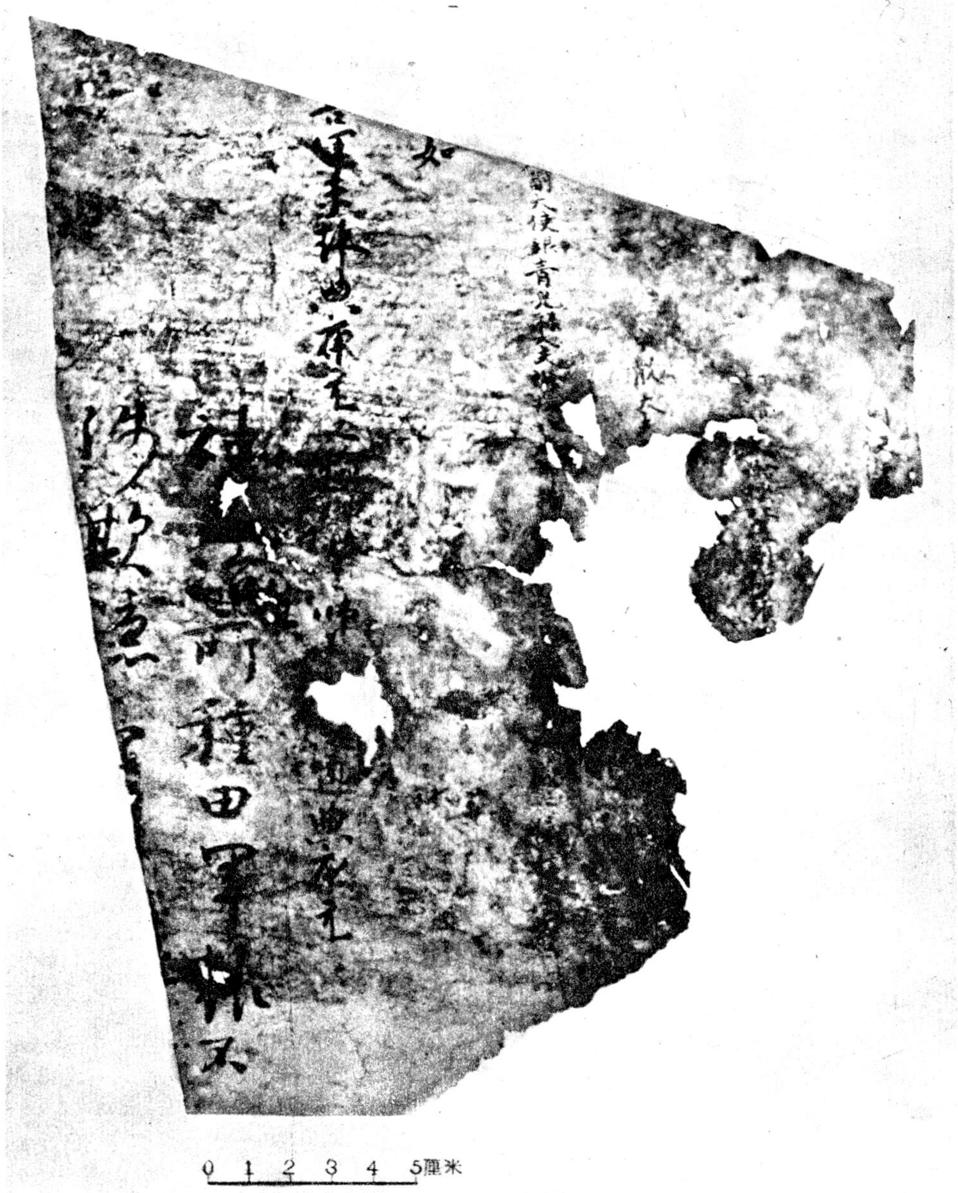

八　唐北庭都護支度營田使文書　72TAM226:58

八　唐北庭都護支度營田使文書

本件紀年已缺，北庭都護楊楚客，檢吳廷燮《唐方鎮年表》未見，疑即本墓三《唐開元十年殘狀》中之「楊大（夫）」，但無確據。

1 副使游擊［　　］
2 朝請大夫檢校北庭副都護兼［　　］
3 中散大夫［　　　　］上柱國
周［　　］
4 ［　　］副大使銀青光祿大夫檢校北庭都護□□營田
等使上柱國　楊楚客
5 ［　　］如
6 □吾軍未報。典康元。又檢神狀主帥王□思通。典康元。
7 神□治其所種田軍報不
8 涉欺隱［　　］

0 1 2 3 4 5厘米

九　唐典康元殘牒
72TAM226:59

0 1 2 3 4 5厘米

一〇　唐伊吾軍牒爲申報諸烽鋪斸田所得斛斗數事(一)～(五)　72TAM226:84,86/1～86/4

九　唐典康元殘牒

本件背面有朱印，印文模糊。此康元亦見上件《唐北庭都護支度營田使文書》，此文書推定在開元十年（公元七二二年）左右，此殘牒當亦在開元中。

1 [　][國]賈承[　]
2 [　]康元　受

一〇　唐伊吾軍牒爲申報諸烽鋪斸田所得斛斗數事

本件蓋有「伊吾軍之印」。

（一）

1 [　]塠[烽][粟][　]
2 乙耳烽床肆畝，禾得子叁碩、叁[㪷]（斗）[叁]（升）[　]
3 [　][肆][碩]陸勝

（二）

1 [　]畝　禾得子[　]
2 [　][禾][得]子叁[碩][　]

（三）

1 烏谷鋪踠[豆][　]
2 [胃][咄][禄][鋪][踠]豆[伍][　]

（四）

1 右件案内上件斸田，各得所由狀，並禾訖，具斛㪷數如前。又

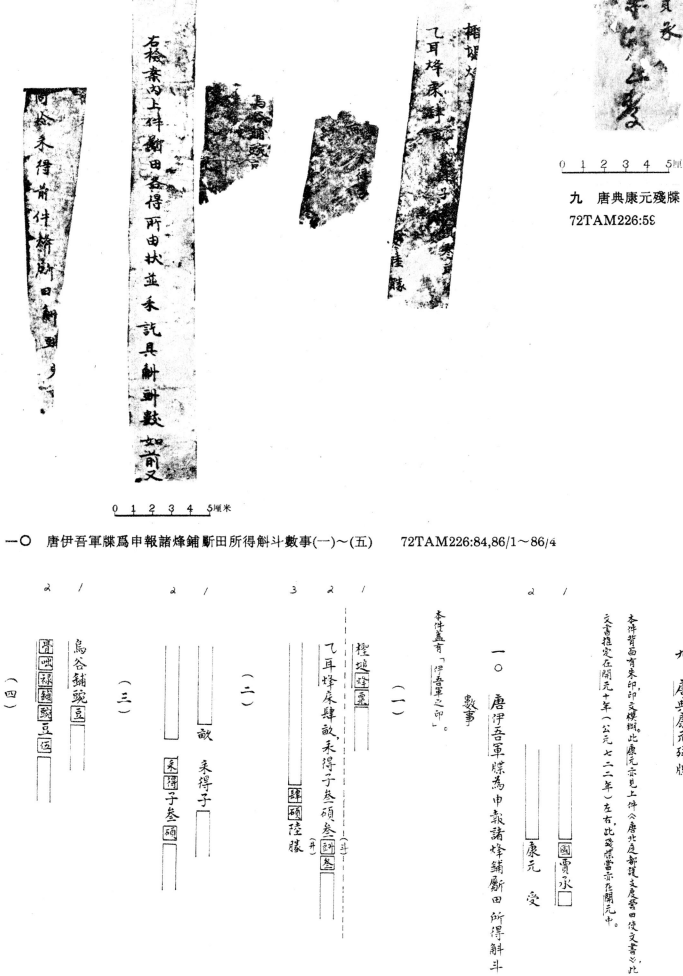

(五)

1 [　　]征[　　]
2 [　　]同檢糸得前件烽斸田斛㪷[　　]

一一　唐伊吾軍上西庭支度使牒爲申報應納北庭糧米事

72TAM226:5(a)

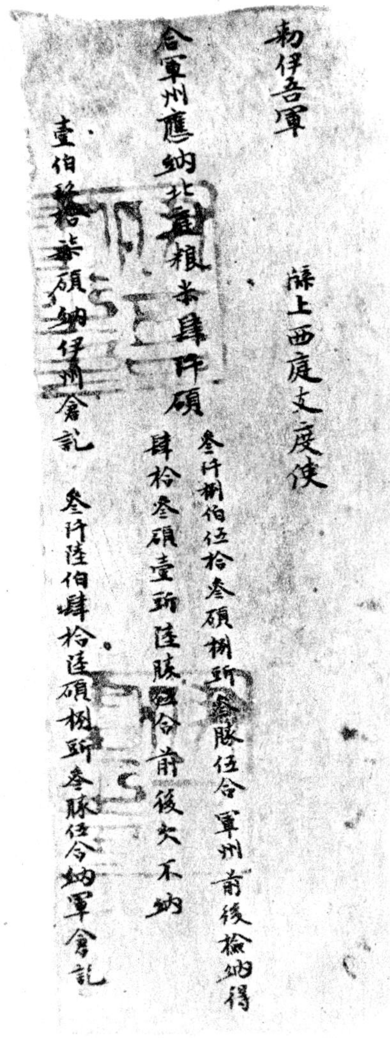

本件蓋有「伊吾軍之印」二方。

1 敕伊吾軍　　牒上西庭支度使
2 合軍州應納北庭粮米肆阡碩：叁阡捌伯伍拾叁碩捌㪷(斗)叁勝(升)伍合，軍州前後檢納得；肆拾叁碩壹㪷陸勝伍合，前後欠不納。
3 壹伯玖拾柒碩納伊州倉訖。　叁阡陸伯肆拾陸碩捌㪷叁勝伍合納軍倉訖。

一二　唐伊吾軍諸烽鋪收貯糧食斛斗數文書一

72TAM226:85/1～85/3

本件蓋有「伊吾軍之印」。

1 [　　]壹合。貯在諸烽，見在。
2 [　　][合]豆，伊地具烽。　捌碩壹㪷(斗)玖勝(升)[肆][合][　　]
3 [　　][鋪]。　玖碩柒㪷玖勝[壹][　　]
4 叁碩玖㪷貳勝伍合豆，波色多烽。　壹碩貳㪷陸勝肆合床，故亭烽。
5 [　　][陸]勝床，明[烽]。

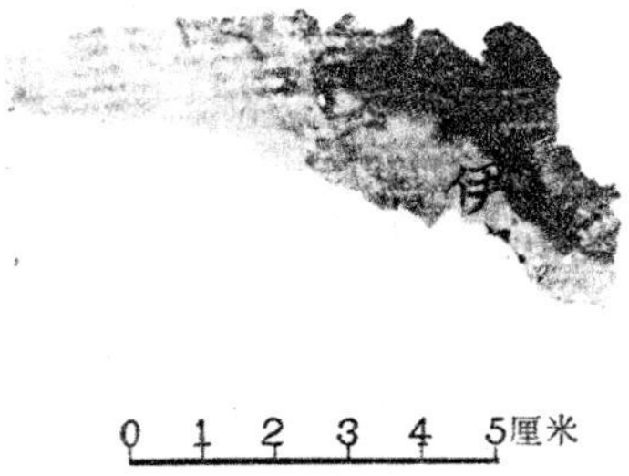

一三　唐伊吾軍諸烽鋪收貯糧食斛斗數文書二(一)　72TAM226:56/1

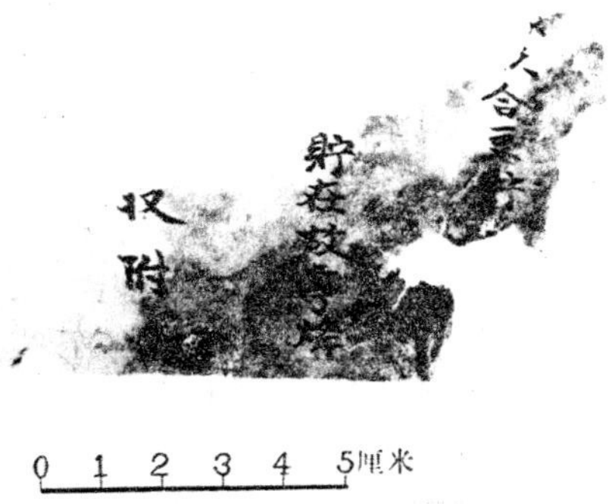

一三　唐伊吾軍諸烽鋪收貯糧食斛斗數文書二(二)　72TAM226:56/2

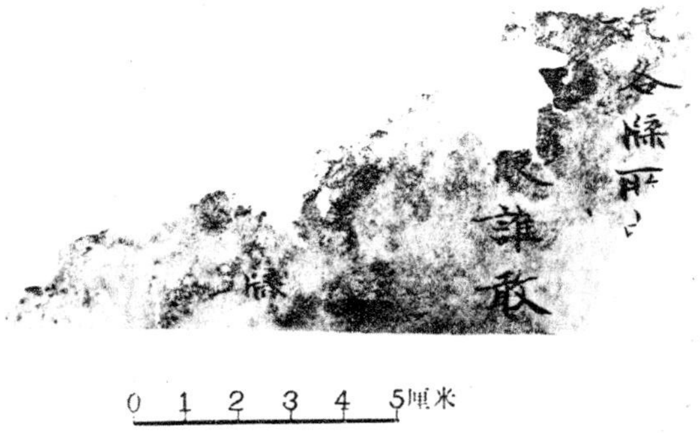

一三　唐伊吾軍諸烽鋪收貯糧食斛斗數文書二(三)　72TAM226:56/3

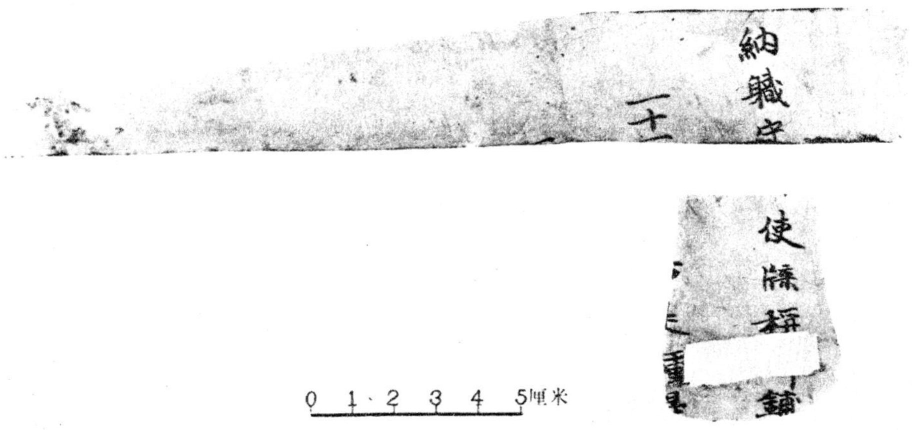

一四　唐納職守捉使屯種文書　72TAM226:87/1,87/2

一三　唐伊吾軍諸烽鋪收貯糧食斛斗數文書二

本件原是拆自同一紙靴的三片，因書法及紙色相同，疑為一件。

（一）

1 伊

（二）

1 玖合豆貯

2 貯在故亭烽

3 收附

（三）

1 記各牒所由

2 假誰敢

3 牒

一四　唐納職守捉使屯種文書

1 納職守□使牒稱□鋪

2 一十一　屯種

3 一

一五　唐伊吾軍諸烽鋪營種豆床文書　　72TAM226:55

一六　唐伊吾軍殘牒
72TAM226:88

一五　唐伊吾軍諸烽鋪營種豆床文書

本件蓋有「□□軍之印」。

1 [　　　]孚附

2 [　　　]伊地具烽。

3 [　　　]合豆，柳頭烽。

4 [　　　]貳勝(升)床。明烽。

一六　唐伊吾軍殘牒

本件蓋有朱印，印文爲「伊□軍之印」。

1 [　　　]牒□責當軍[　　　]

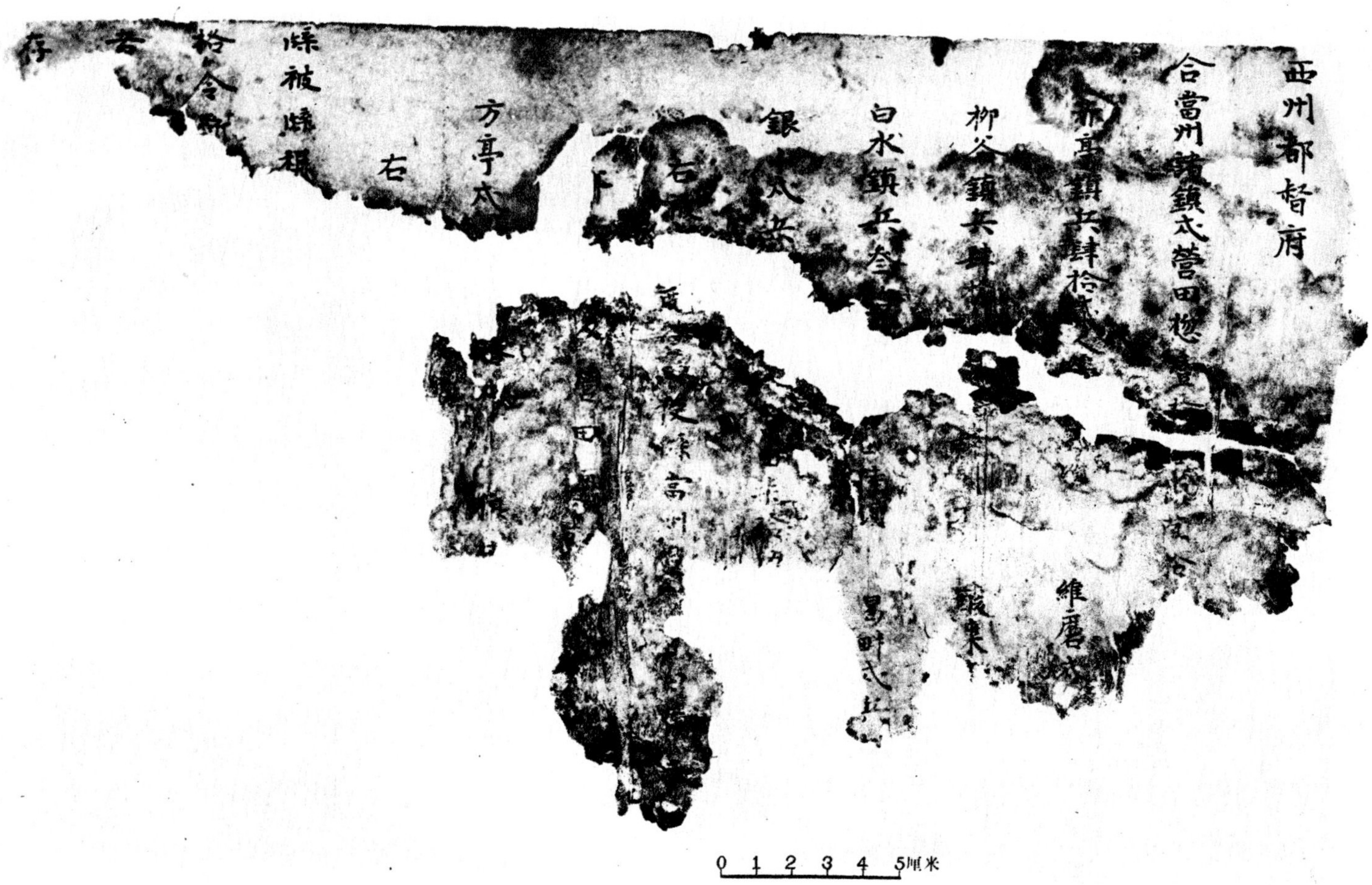

一七　唐西州都督府上支度營田使牒爲具報當州諸鎮戍營田頃畝數事　72TAM226:51

一七　唐西州都督府上支度營田使牒爲具報當州諸鎮戍營田頃畝數事

1 西州都督府　　牒上　勅□
2 合當州諸鎮戍營田，總壹拾□頃陸拾□
3 赤亭鎮兵肆拾貳人，[營]□□頃；　維磨戍□
4 柳谷鎮兵肆拾[人]，□□□肆頃；　酸棗[戍]□
5 白水鎮兵叁拾□[營]田陸頃；　曷畔戍兵□
6 銀山戍兵□營田柒拾伍□
7 右被□度營田使牒，當州[鎮][戍]□田頃畝□
8 [戍][兵]□[及]營田頃畝□
9 方亭戍□谷戍　狼井□
10 右□
11 牒，被牒稱：□
12 格令[斷]□
13 者□
14 存□

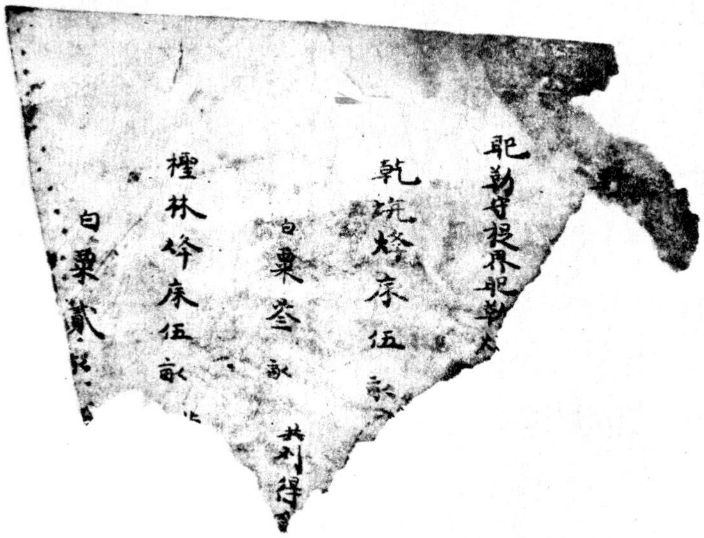

一九　唐北庭諸烽斸田畝數文書　　72TAM226:65

一八　唐西州都督府所屬鎮戍營田頃畝文書
72TAM226:52

一八　唐西州都督府所屬鎮戍營田頃畝文書

本件與上件《唐西州都督府上支度營田使牒》字跡、內容均同，但「柳谷鎮」、「銀山戍」並與上件重出，似非一件。

1 ［　　］柳谷鎮[肆]［　　］
2 ［　　］□畝　銀山[戍]捌拾［　　］
3 ［　　］[具]頃[畝]如［　　］
4 □□戍　礌石戍　[苦]水［　　］
5 ［　　］可營。

一九　唐北庭諸烽斸田畝數文書

1 野［　　］
2 耴（耶）勒守捉界耴勒[烽]［　　］
3 乾坑烽床，伍畝［　　］
4 白粟叁畝　共刈得[貳]［　　］
5 檉林烽床，伍畝　[共]［　　］
6 白粟貳[畝]［　　］

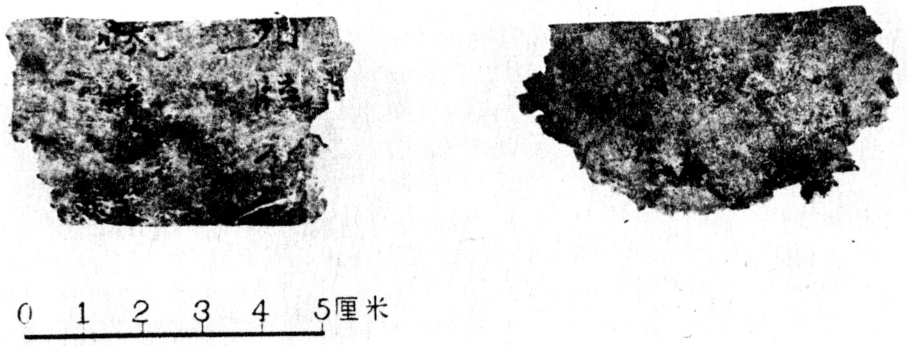

二一　唐上支度營田使殘牒　　72TAM226:77/1,77/2

二〇　唐支度營田使下管内軍州牒
72TAM226:60

二二　唐支度營田使殘文書
72TAM226:89

二〇　唐支度營田使下管内軍州牒

1 支度營田使
2 　管内軍州
3 牒准　旨，諸軍州所須［　］
4 支度使處分，［　］

二一　唐上支度營田使殘牒

1 ［　］守
2 ［　］頻牒不到［　］
3 ［　］狀牒上支［　］

二二　唐支度營田使殘文書

1 ［　］支度營田使

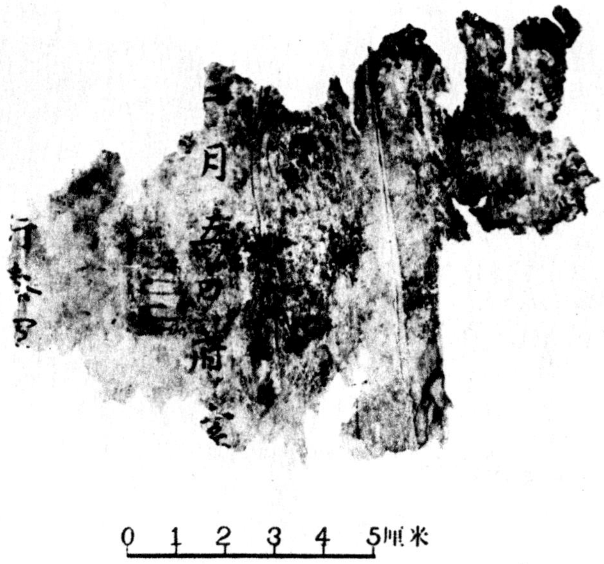

二三　唐殘牒　　72TAM226:76

二四　唐典杜金殘牒　　72TAM226:48(a)

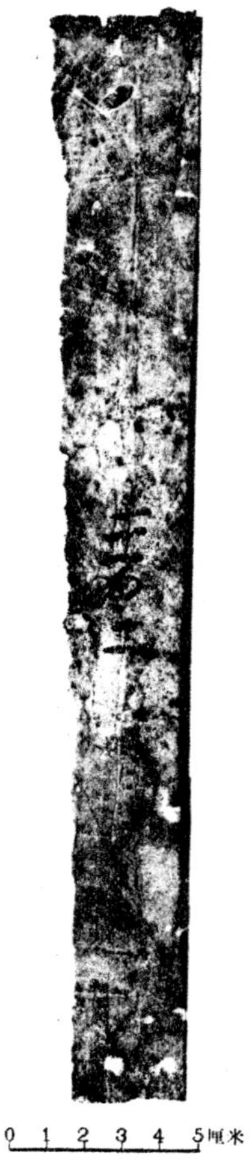

二四　唐典杜金殘牒　　72TAM226:48(b)

二三　唐殘牒

本件蓋有朱印一方，印文僅辨識一「印」字。

□判□在□

□田者

（紙縫）

□三月五日府索□

〔上殘〕行參軍□

二四　唐典杜金殘牒

〔一〕

牒檢有事至。謹牒。

二月　日　典杜金牒

連憙□　十三日

〔二〕

支

注釋

〔一〕背面騎縫處押「二百二」。

〔二〕背面騎縫處押「二百三支」。

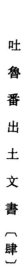

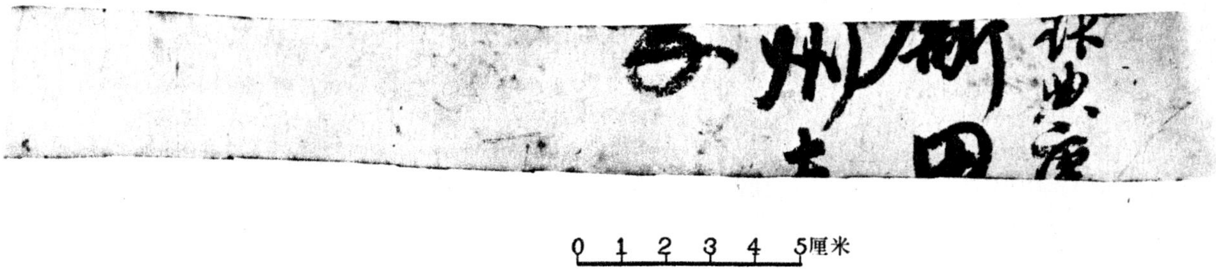

二六　唐斵田殘文書　72TAM226:90

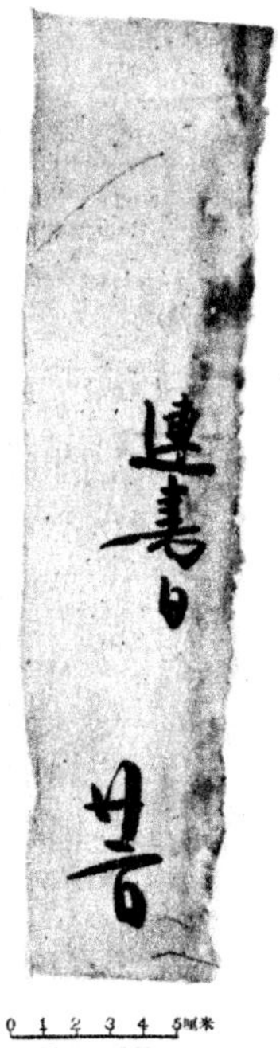

二五　唐殘判

72TAM226:49

二八　唐殘文書二　72TAM226:61

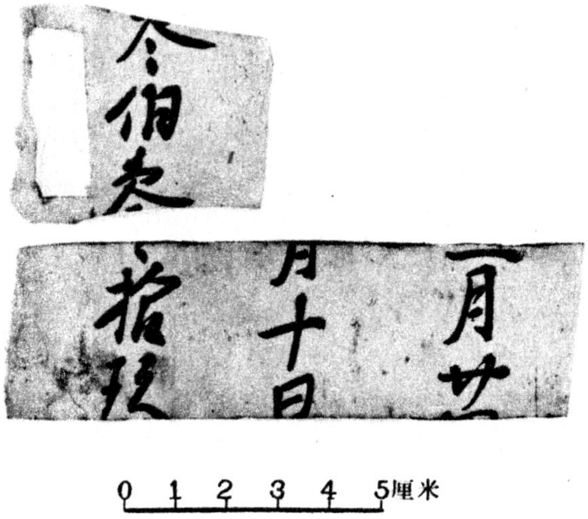

二七　唐殘文書一　72TAM226:91/1,91/2

二五　唐殘判

1 連憙白

2 廿二日

二六　唐斵田殘文書

1 〔　　〕報典康（一）〔　　〕

2 〔　　〕斵田〔　　〕

3 〔　　〕州去〔　　〕

4 〔　　〕子〔　　〕

注釋

（一）「康」字殘存上半，也可能是「唐」字，本墓八《唐北庭都護支度營田使文書》見「典康元」，今姑作「康」。

二七　唐殘文書一

1 〔　　〕一月廿四〔　　〕

2 〔　　〕月十日〔　　〕

3 〔　　〕參佰參拾玖〔　　〕

二八　唐殘文書二

1 〔　　〕乇為一

2 〔　　〕追塺（歷）送

3 〔　　〕會如撿□

4 〔　　〕科附□

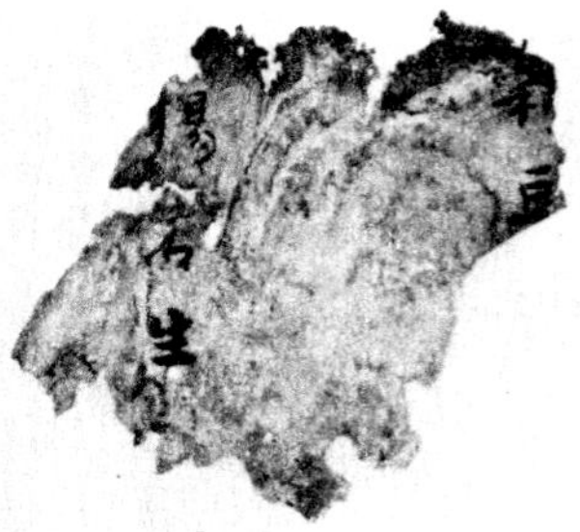

二九　唐殘營田名籍(一)
72TAM226:78/1

二九　唐殘營田名籍(二)
72TAM226:78/2

二九　唐殘營田名籍

本件第（一）段一行有「種豆」字，本墓所出多鎮戍兵營田事，故擬為營田名籍。

（一）

1 □種豆□

2 □楊石生

（二）

1 □張智成

2 □〔李〕義惲

3 □兒楊石生

4 □檢校建〔兒〕□

三一　文書殘片　　72TAM226:63

三〇　文書殘片　　72TAM226:62/1～62/3

三三　文書殘片　　72TAM226:75(a)

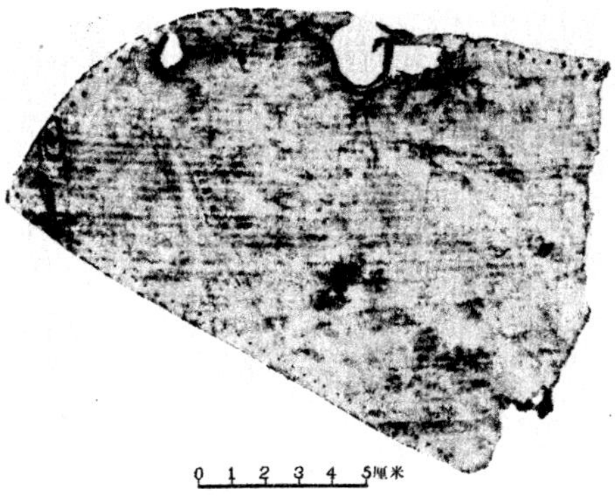

三二　文書殘片　　72TAM226:70

三五　文書殘片　　72TAM226:92/1～92/4

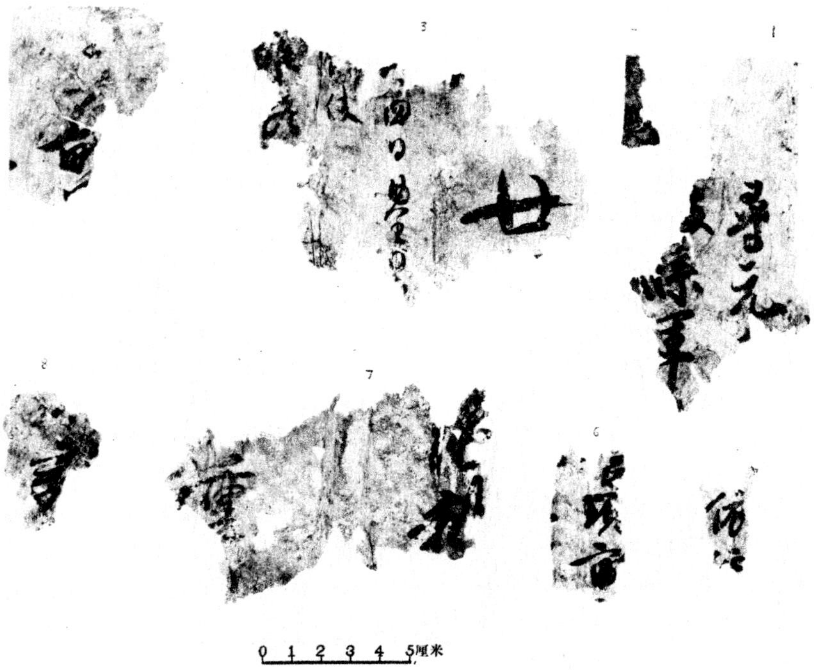

三四　文書殘片　　72TAM226:79/1～79/8

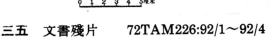

阿斯塔那一八九號墓文書

本墓無墓誌及隨葬衣物疏。所出文書有紀年者，最早爲唐神龍元年（公元七〇五年），最晚爲開元十年（公元七二二年）。又一件爲古藏文文書。

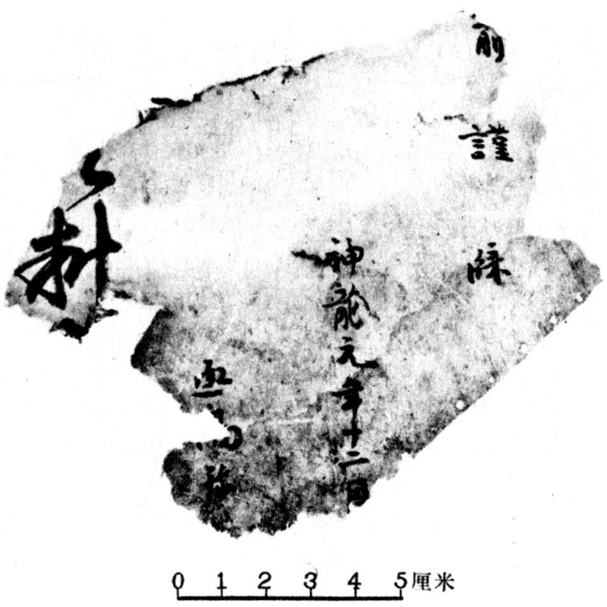

一　唐神龍元年(公元七〇五年)殘牒
72TAM189:75

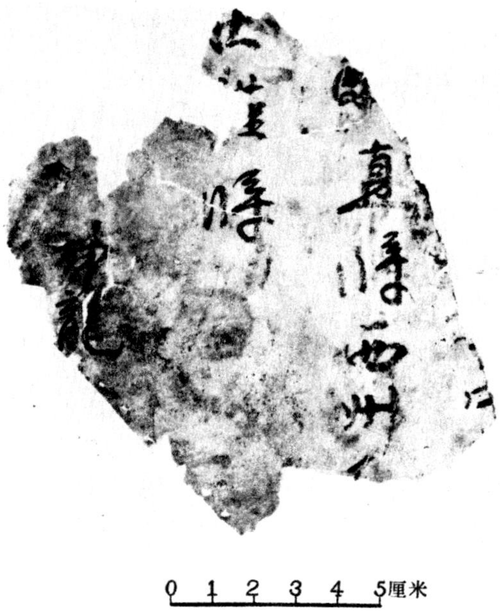

二　唐神龍某年(公元七〇五～七〇七年)西州殘牒　72TAM189:76

一　唐神龍元年（公元七〇五年）殘牒

1　[　　]前。謹牒。
2　神龍元年十二月[　　]
3　丞高弥[　　]
4　[　　]判（判）[　　]

二　唐神龍某年（公元七〇五—七〇七年）西州殘牒

1　[　　]酬直牒　西州[　　]
2　[　　]狀。謹牒。
3　神龍[　　]

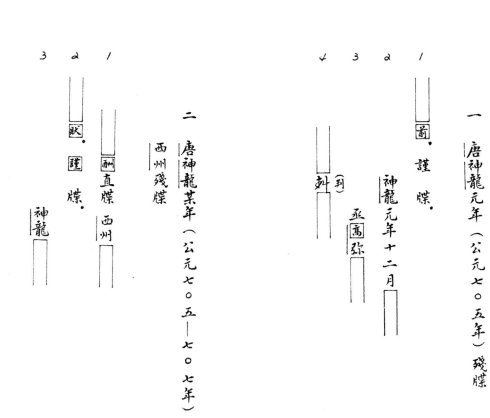

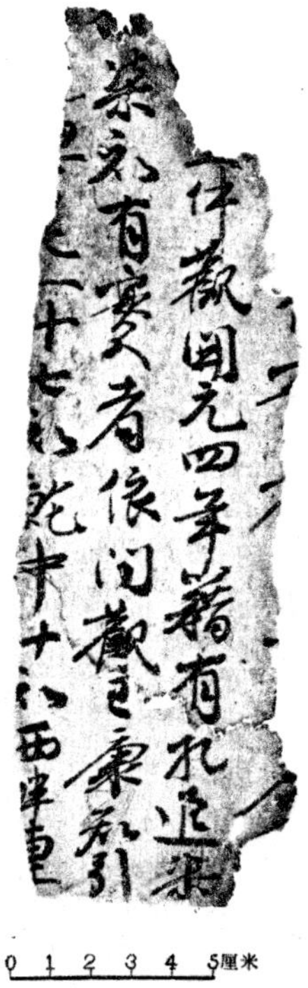

三　唐開元四年（公元七一六年）籍後勘問道觀主康知引田畝文書　72TAM226:64

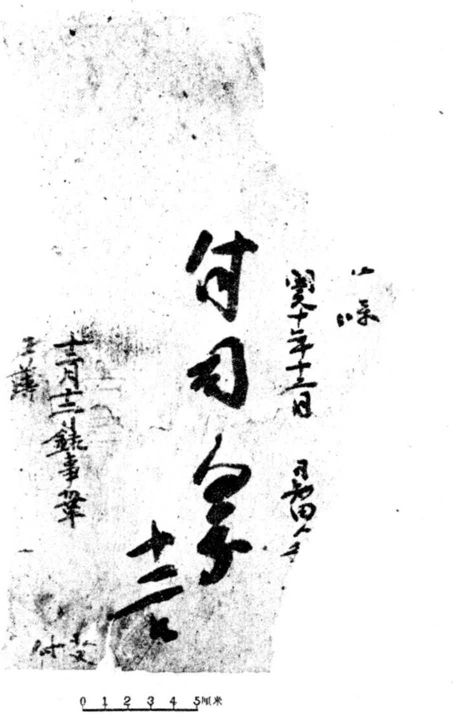

四　唐開元十年（公元七二二年）高昌縣知田人殘牒　72TAM189:25

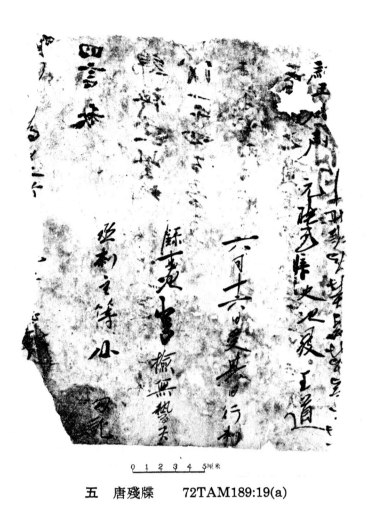

五　唐殘牒　72TAM189:19(a)

三　唐開元四年（公元七一六年）籍後勘問道觀主康知引田畝文書

1 [上]件觀，開元四年籍，有孔進渠

2 [拾]柒畝有實者。依問觀主康知引，

3 一十七畝，[就]中十畝，西[畔][連]

四　唐開元十年（公元七二二年）高昌縣知田人殘牒

本件蓋有「高昌縣之印」。

1 [謹]牒。

2 開元十年十二月　日知田人

3 付司ら示

4 十二日

5 「十二月十」二[日]録事鞏　受

6 主簿　一　付

五　唐殘牒

本件第一行倒書及第二行「尉王尉尉」、「元珪元牒」八字均為後人所書。

1 [牒][上]旨日[牒]奉右[護]為准狀事

2 [尉]王[尉]尉　元珪元牒　史氾護王道

3 六月十六日受，其日行判。

4 録事氾□　檢無稽失

5 丞判主簿　仙　勾訖

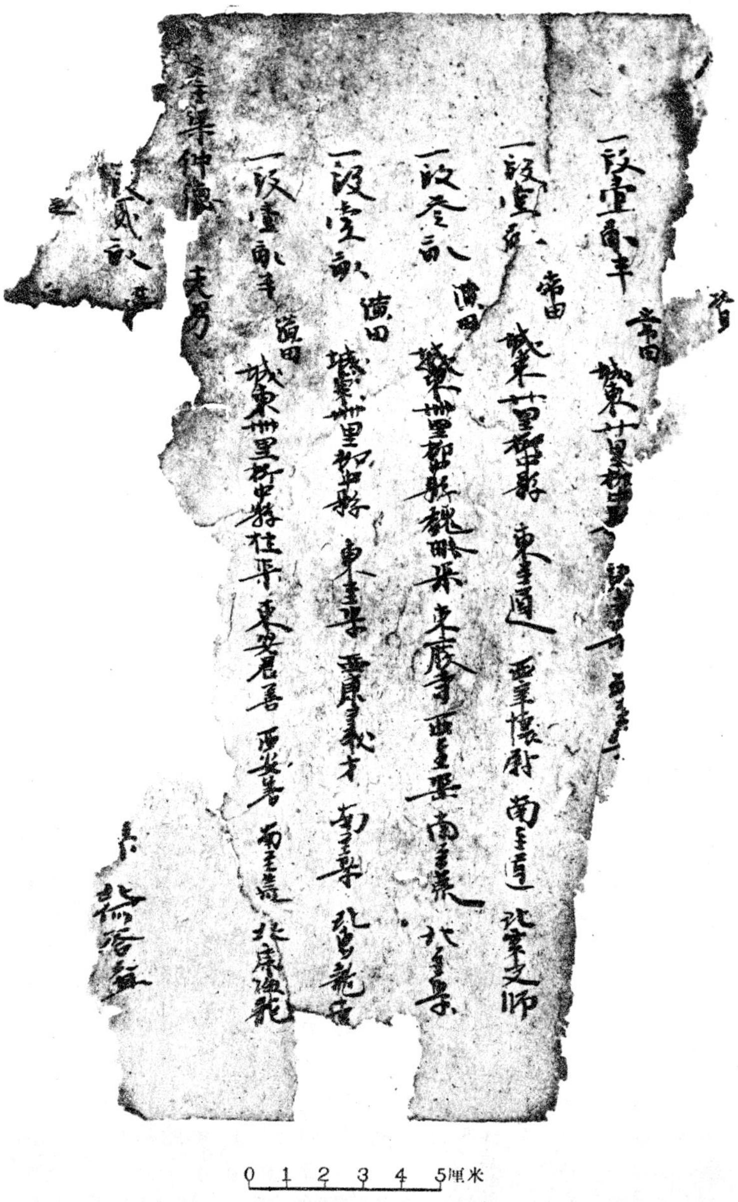

六　唐西州高昌縣梁仲德等戶主田畝簿（一）　72TAM189:14

六　唐西州高昌縣梁仲德等戶主田畝簿

本件紀年已缺。但帳內「一段」的一字不作大寫，當在開元前。又帳中所見田畝位置，均在柳中縣，而稱「城東若干里」。柳中縣在高昌之東，故知此簿屬高昌縣。

（一）

1 戶□□□賃〔一〕〔下殘〕
2 一段壹畝半　常田　城東廿里柳中縣東至渠　西至渠□
3 一段壹畝　常田　城東廿里柳中縣　東至道　西辛懷尉　南至道　北辛父師
4 一段叁畝　潢田　城東卅里柳中縣魏略渠　東康寺　西至渠　南至荒　北至渠
5 一段壹畝　潢田　城東卅里柳中縣　東至渠　西康義才　南至渠　北曹龍達
6 一段壹畝半　潢田　城東卅里柳中縣杜渠　東安君善　西安善　南至荒　北康海龍
7 戶主梁仲德　老男
8 一段貳畝　薄□□□渠　北阿谷盆
9 □白□

注釋

〔一〕賃：上當殘一「職」字。

六　唐西州高昌縣梁仲德等户主田畝簿(四)　72TAM189:63

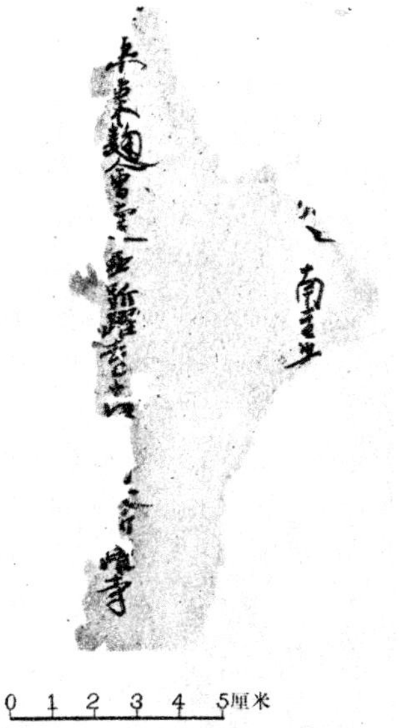

六　唐西州高昌縣梁仲德等户主田畝簿(三)
72TAM189:62

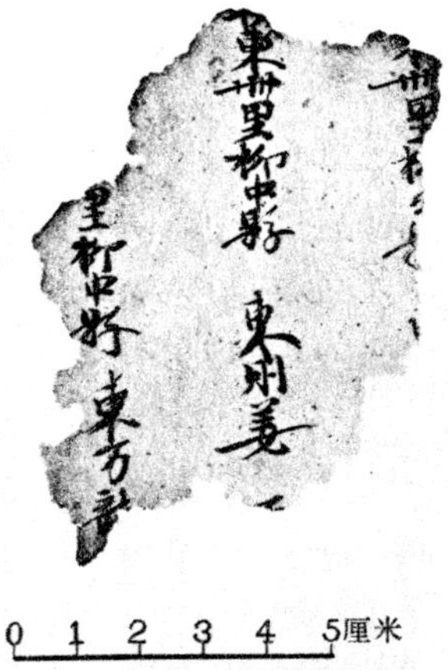

六　唐西州高昌縣梁仲德等户主田畝簿(二)
72TAM189:61

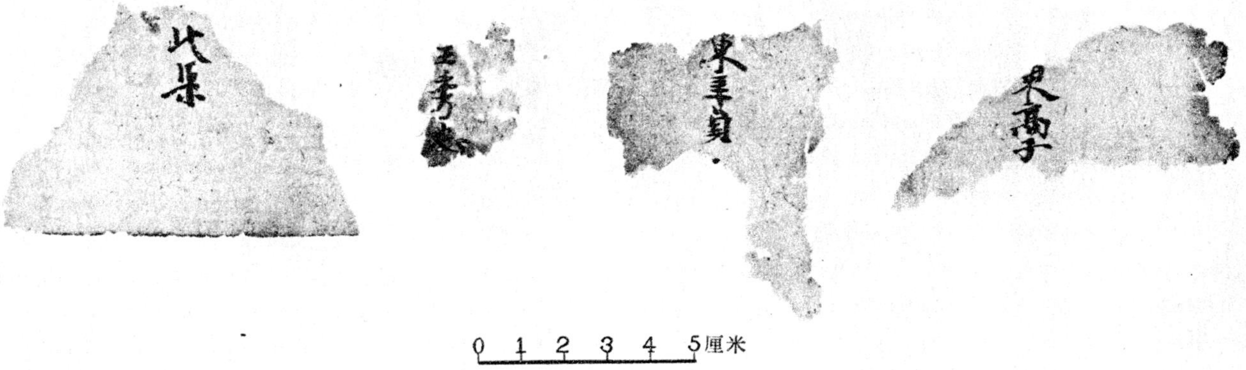

六　唐西州高昌縣梁仲德等户主田畝簿(五)～(八)　72TAM189:69/1～69/4

（二）

1 ［　　］[東]卌里[柳][中][縣]　[東]［　　］

2 ［　　］[城]東卌里柳中縣　東尉姜［　　］

3 ［　　］里柳中縣　東方[龍]［　　］

（三）

1 ［　　］南至[渠]［　　］

2 ［　　］[渠]東麹會[達]西䟦羅寺南［　　］[北][䟦][羅]寺

（四）

1 一段貳畝（薄田）城東［　　］

2 ［　　］子　老男

3 ［　　］[貳][畝]（常田）［　　］

（五）

1 ［　　］[東]高子［　　］

（六）

1 ［　　］東辛貞［　　］

（七）

1 ［　　］王秀忠［　　］

（八）

1 ［　　］北渠

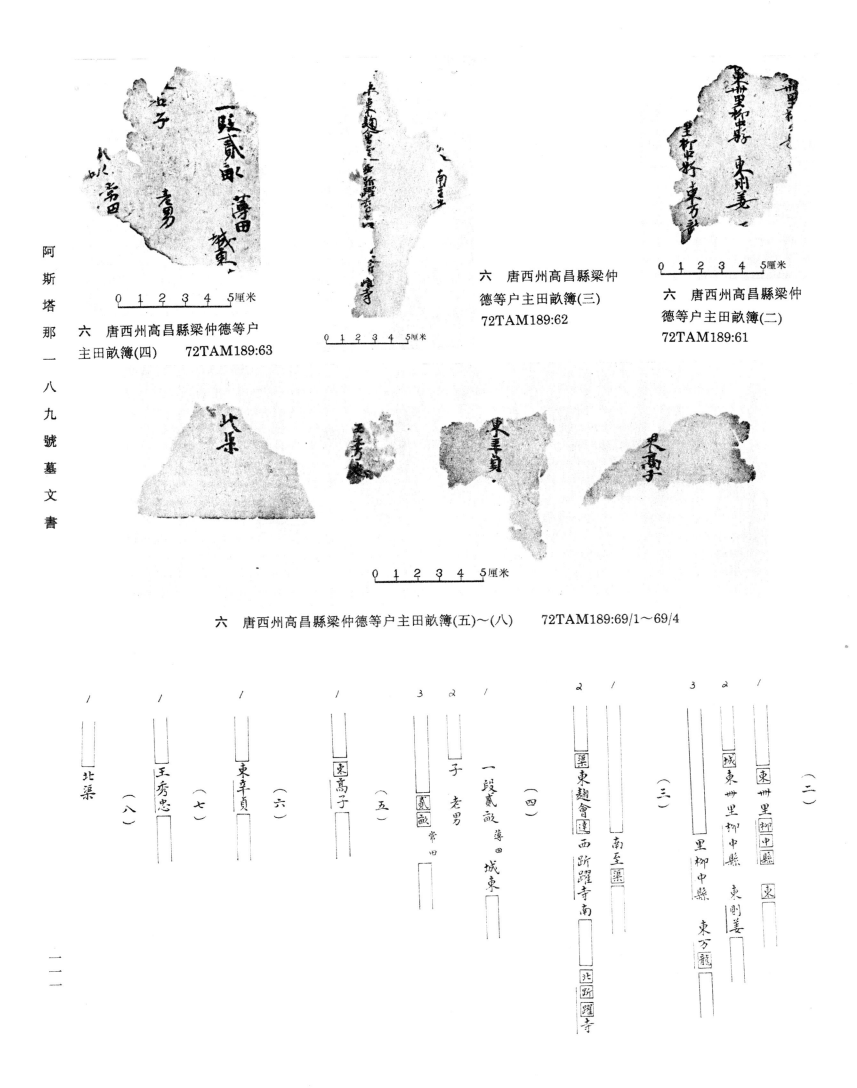

七　唐雷端勝等户主田畝簿(一)
72TAM189:68/2

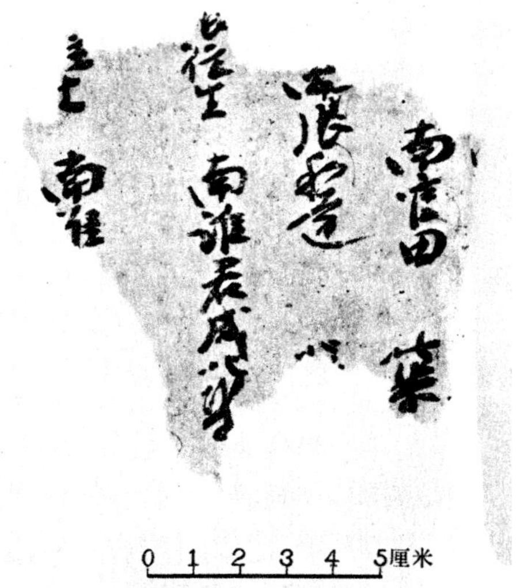

七　唐雷端勝等户主田畝簿(二)
72TAM189:67

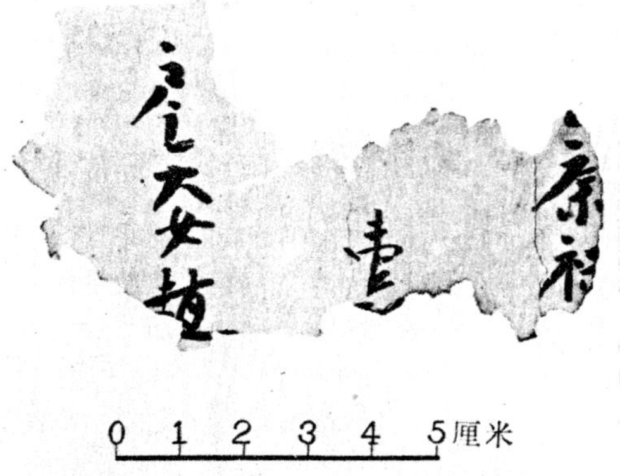

七　唐雷端勝等户主田畝簿(三)
72TAM189:68/1

七　唐雷端勝等户主田畝簿

本件紀年已缺。但帳内田地段畝數字均大寫，當在開元後。

（一）

1 □□雷端勝
2 　壹段貳
3 户主大女范弥弥

（二）

1 南宫田　北渠
2 南張和達　北
3 住生　南誰君感北渠
4 南□隹

（三）

1 □□康禄
2 　壹
3 户主大女趙

八　唐高昌縣寧戎等鄉殘田畝簿
72TAM189:33

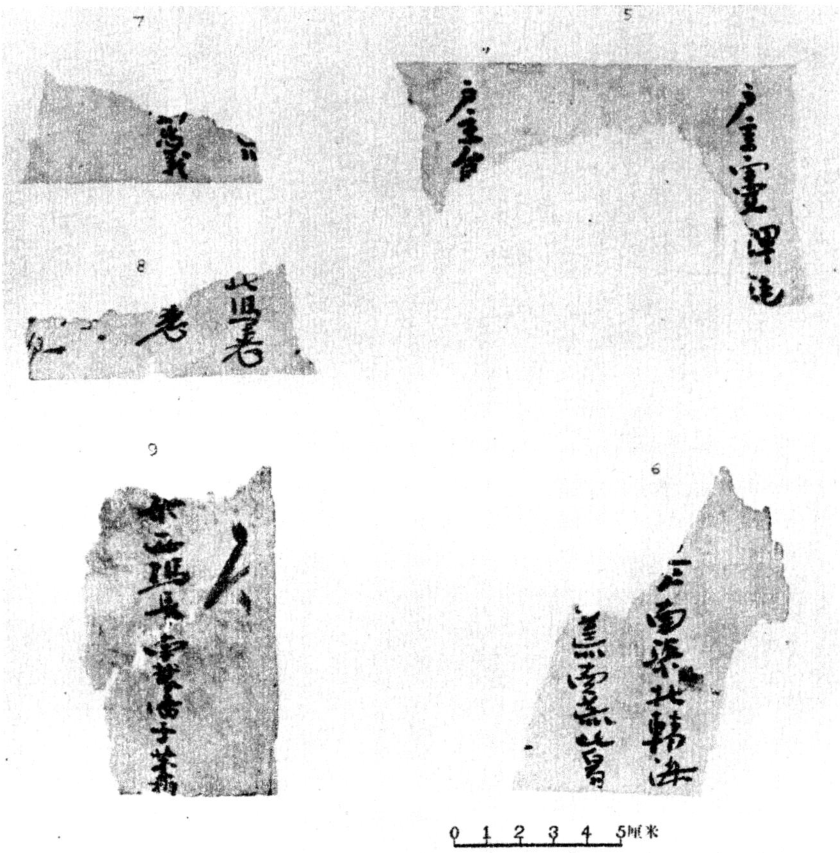

七　唐雷端勝等戶主田畝簿(四)～(八)　72TAM189:69/5～69/9

（四）

1 戶主賈[澤][　]乇□

2 戶主[貞]□

（五）

1 □[公]南渠北韓海

2 □荒南荒北白苟

（六）

1 □[荒]

2 □忠義

（七）

1 □[北]馮憙

2 □[悉]

（八）

1 □[渠]西馮長南裴潘子北索相

八　唐高昌縣寧戎等鄉殘田畝簿

本件「戎」「順」下有朱點。

1 □[總][四]頃卌八畝六十步

2 □[種]

3 □[一][畝]竹才通一畝　嚴建和（旁注：戎、　順、）

4 □城

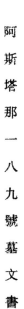

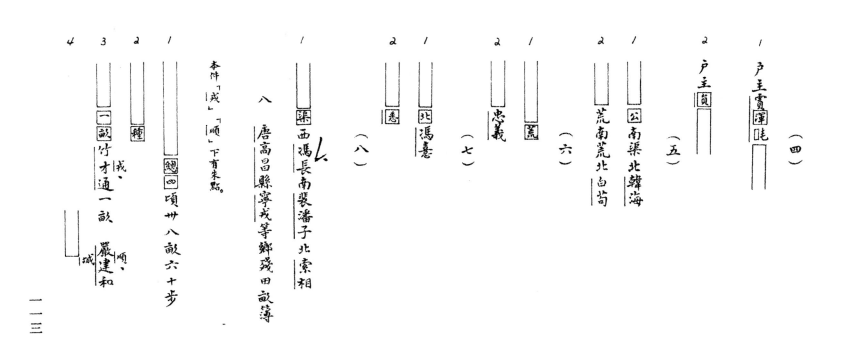

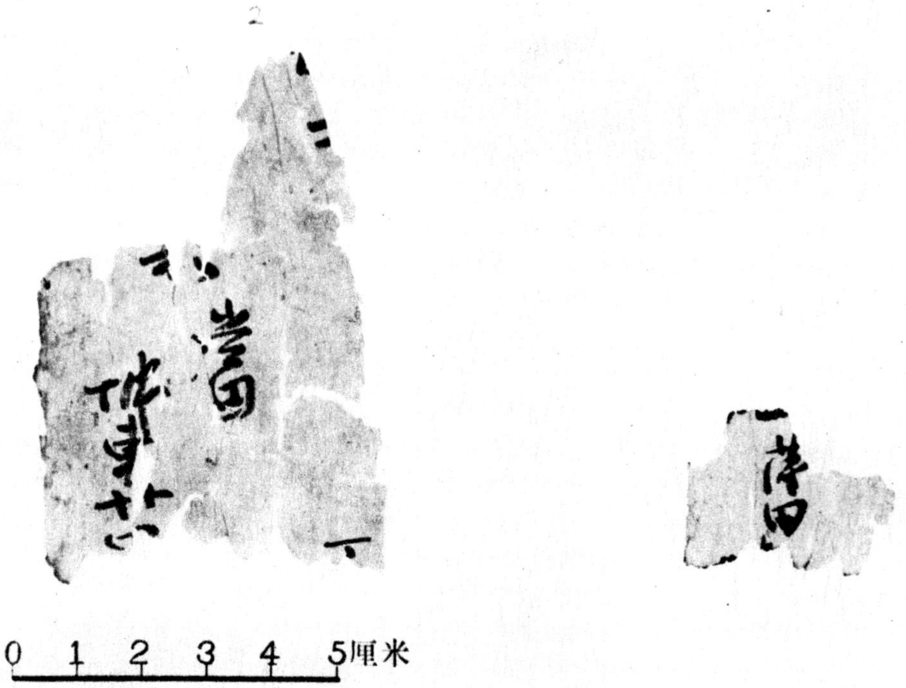

九　唐殘田畝簿(一)(二)　72TAM189:70/1,70/2

一〇　唐劉定師等率皮名籍　72TAM189:65

九　唐殘田畝簿

（一）

[ ]薄田[ ]

（二）

[ ]畝常田[ ]

[ ]城東廿[四](?)[ ]

一〇　唐劉定師等率皮名籍

劉定師[ ]

[ ][趙][ ]

索才感　康小定　已上九，計十日，日率皮壹張。　邵和君

康仕相　杜通子　氾由君

康文海　氾海德　史仁彥　康君達　安懷節　胥(?)尭子

白善多

康君義　趙黄德　韓思忠　龍懷節　張遐皎　董醜娘

趙才勝

翟盧㡳[ ]　[闞]黑女　卜貞妻　馬才[通]　胡苟子

白小[善]

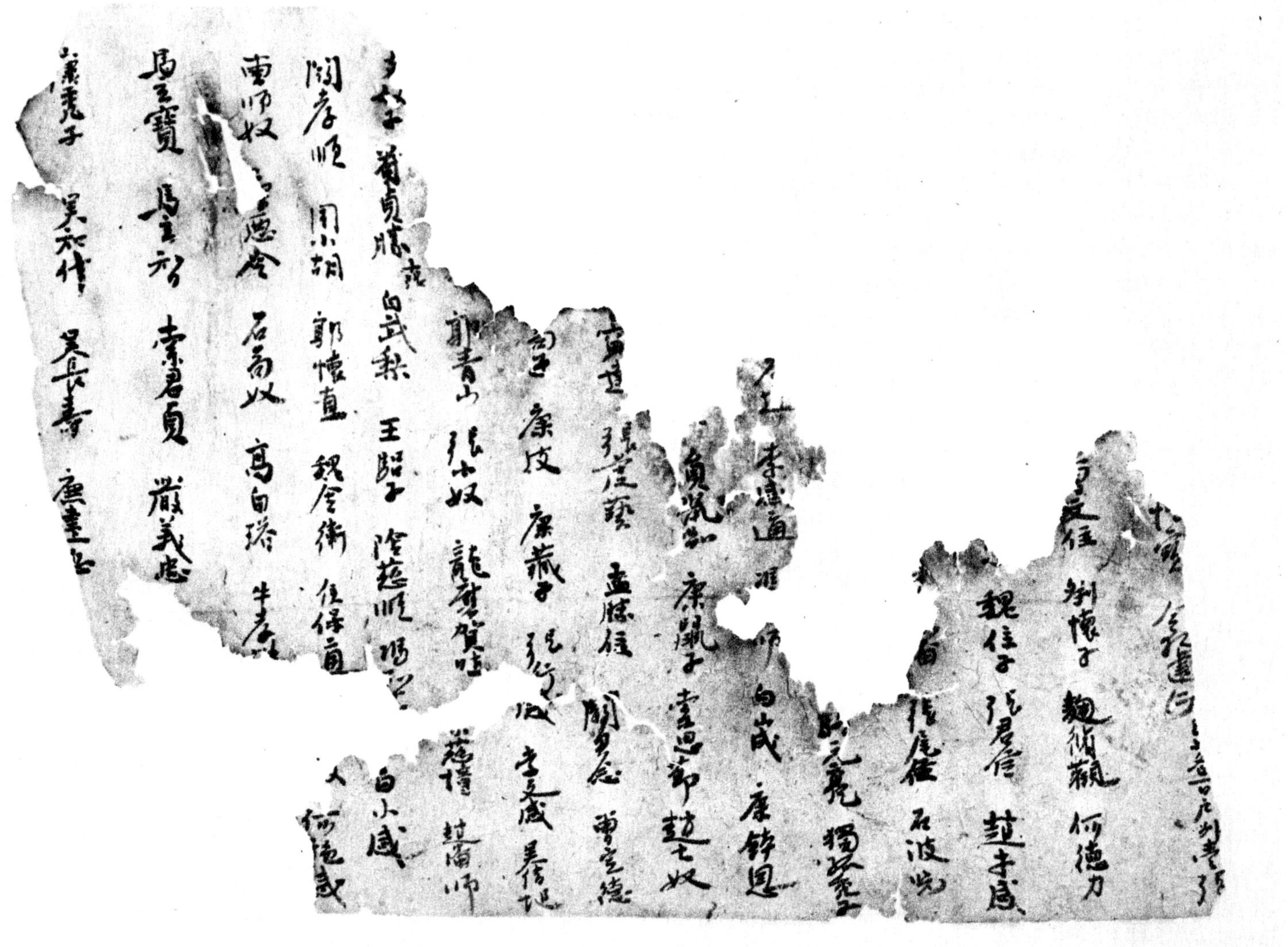

0 1 2 3 4 5厘米

一一　唐令狐建行等率皮名籍　　72TAM189:66

一一　唐令狐建行等率皮名籍

1 [　　][怡]寶　令狐建行　[已][上]各一日，戶別壹張。

2 [　　][曹]文住　劉懷子　麴脩觀　何德力

3 [　　]魏住子　張君信　趙才感

4 [　　][田]　張尾住　石波吅

5 [　　][駱]元亮　獨孤秃子

6 [　　][達]　李感通　馮□師　白山成　康鉢恩

7 [　　]負鼠吅　康鼠子　索思節　趙七奴

8 [　　][寅]達　張慶藝　孟勝住　闞君念　曹定德

9 [　　]苟子　康皮　康藏子　張行[感]　索文感　吳信塠

10 [　　]郭青山　張小奴　龍磨賀吐　□[慈]　幢　趙潘師

11 [文]奴子　苟貞勝十歲　白武梨　王騮子　陰慈順　馮□□

12 闞孝順　周小胡　郭懷直　魏舍衛　任保通　□□□
河[迠]感
13 曹师奴　□悪令　石苟奴　高白珞　牛孝
14 馬玄寶　馬玄智　索君貞　嚴義忠
15 康秃子　吴知什　吴長壽　鹿建[岳]

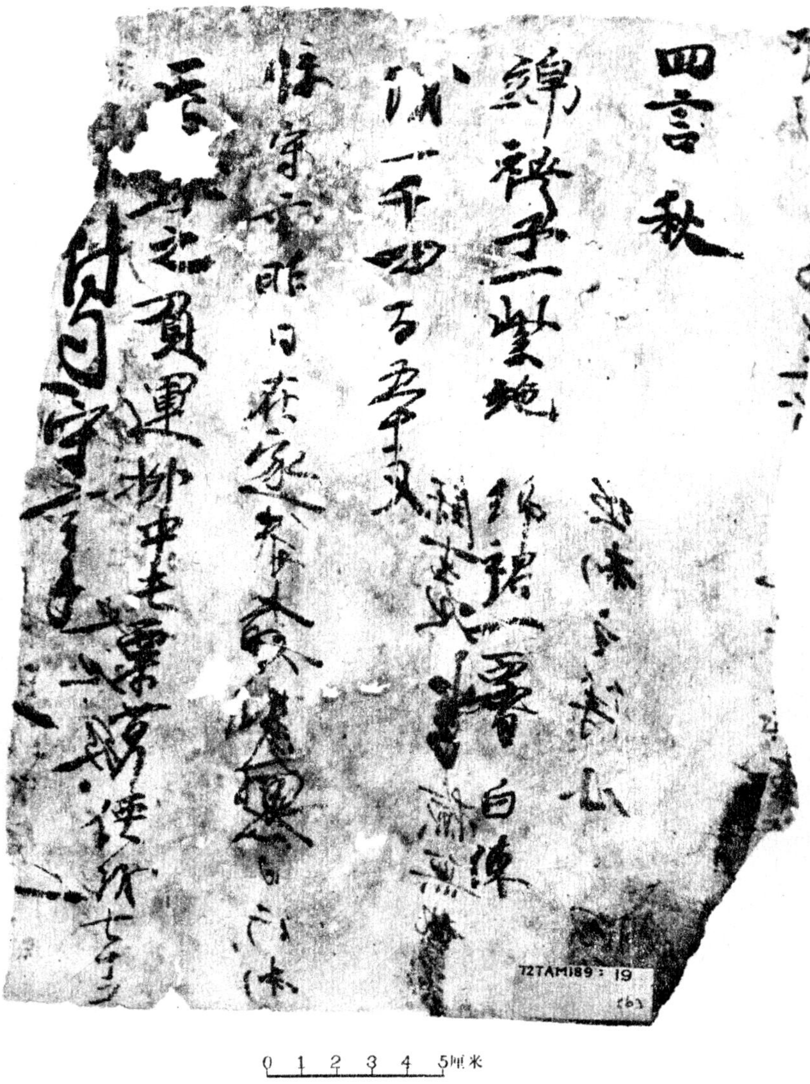

一二　唐人隨筆雜書　72TAM189:19(b)

一二　唐人隨筆雜書

1 四言　秋
2 綿袴子一紫絁　綿裙一胥(腰)　白練
3 錢一千四百五十文
4 牒守言昨日在家失前件總
5 [馬][球]之貟運柳中屯粟草價錢七十文。
6 付司守言示

一四　文書殘片　72TAM189:71

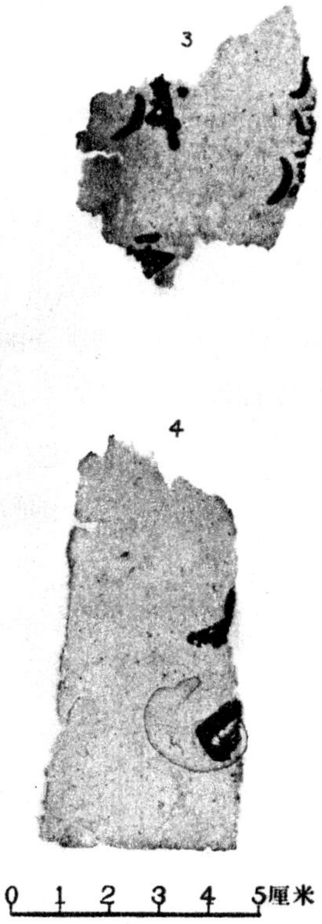

一三　文書殘片
72TAM189:70/3,70/4

一五　文書殘片　72TAM189:74

阿斯塔那二二三號墓文書

本墓無墓誌及隨葬衣物疏。所出文書有紀年者，最早爲唐景龍二年（公元七〇八年），最晚爲開元十一年（公元七二三年）後。

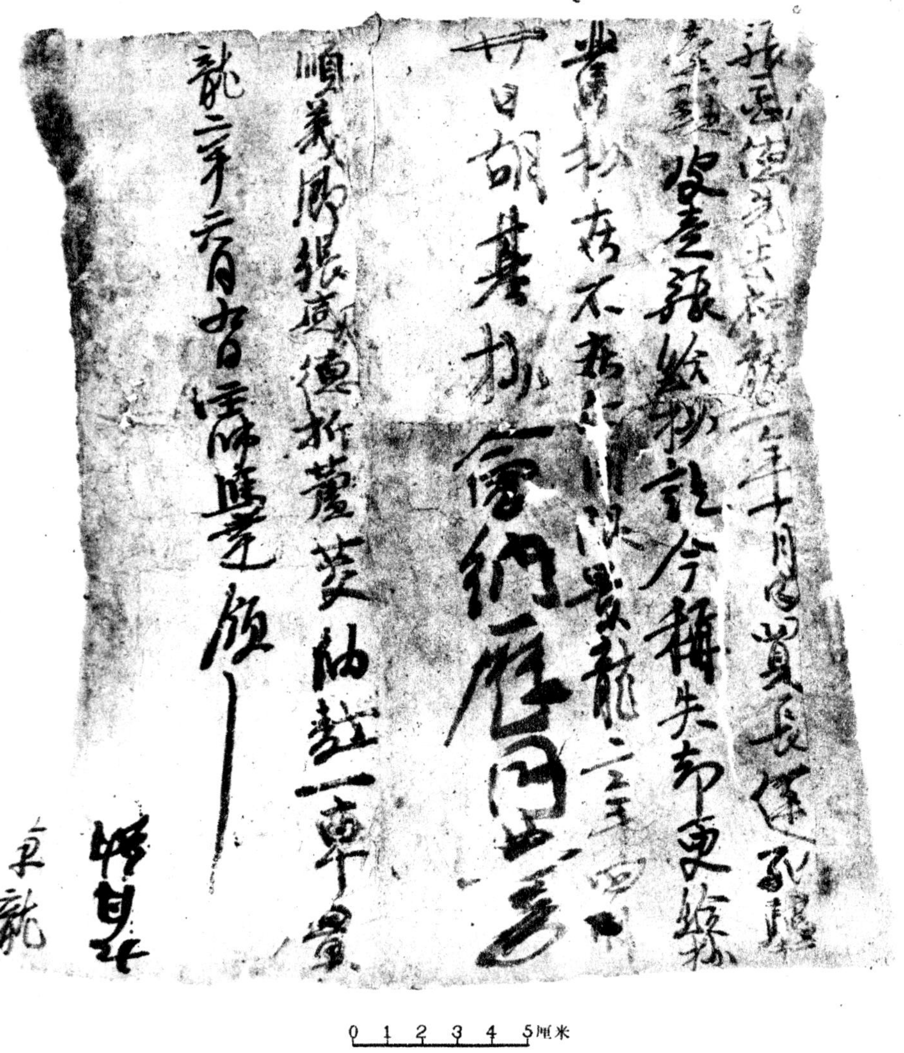

一　唐景龍二年(公元七〇八年)補張感德神龍二年買長運死驢抄　72TAM223:25—1

二　唐景龍二年(公元七〇八年)西州高昌縣順義鄉張感德折蘆茭納麩抄　72TAM223:25—2

一　唐景龍二年（公元七〇八年）補張感德神龍二年買長運死驢抄

1 張感德先去神龍二年十月内買長運死驢

2 壹頭，皮壹張，給抄訖。今稱失却，更給抄。

3 舊抄在，不在□用。[限]景龍二年四月

4 廿日胡基抄。會納歷同。典彖

二　唐景龍二年（公元七〇八年）西州高昌縣順義鄉張感德折蘆茭納麩抄

1 順義鄉張感德折蘆茭納麩一車。景

2 龍二年六月九日主師馮達領 —— 〔一〕

3 [illegible]日廿

4 □ [景]龍

注釋

〔一〕三、四兩行係後人所書。

三　唐開元年間(公元七一三～七四一年)
麴爽納本利斛斗曆　　72TAM223:48(a)

四　唐開元年間(公元七一三～七四一年)
練絁氈帳(一)　　72TAM223:53/3(a)

三　唐開元年間（公元七一三—七四一年）麴爽納本利斛斗曆

本件紀年殘存「八年」、「九年」、「十年」。同墓所出文書有「開元十二年」紀年，本件亦當爲開元年間曆。又六行「納」字右側有一朱點。

1 麴爽八年欠[ ]
2 右本利共[ ]

3 九年取八年[三][ ]
4 一石五斗（斗）六升（升）[ ]
5 右計本利[共][ ]
6 九年納二石四[ ]
7 十年本[ ]
8 右計本[ ]

四　唐開元年間（公元七一三—七四一年）練絁氈帳

本件紀年已缺，內見「開元十一年」，當在開元年間。

1 [ ]總肆仟[壹]佰[ ]
2 [ ][練]（？）[ ]

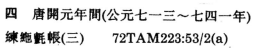

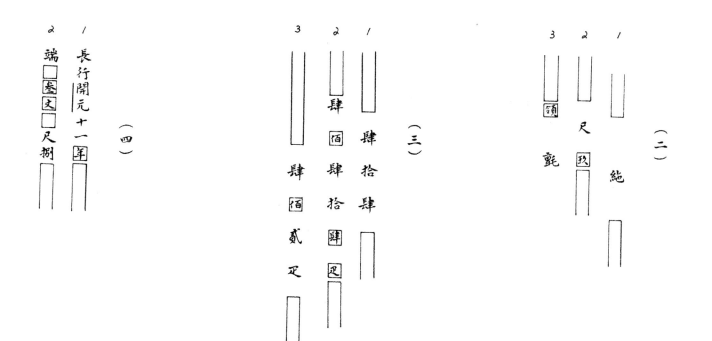

四　唐開元年間(公元七一三～七四一年)練絁氈帳(四)　72TAM223:53/4(a)

四　唐開元年間(公元七一三～七四一年)練絁氈帳(三)　72TAM223:53/2(a)

四　唐開元年間(公元七一三～七四一年)練絁氈帳(二)　72TAM223:53/1(a)

（二）

1 [ ]　絁　[ ]

2 [ ]　尺[玖][ ]

3 [ ][領]　氈

（三）

1 [ ]　肆　肆拾肆　[ ]

2 [ ]　肆[佰]肆拾[肆][疋][ ]

3 [ ]　肆[佰]貳疋　[ ]

（四）

1 長行開元十一[年][ ]

2 端□[叁][文]□尺捌[ ]

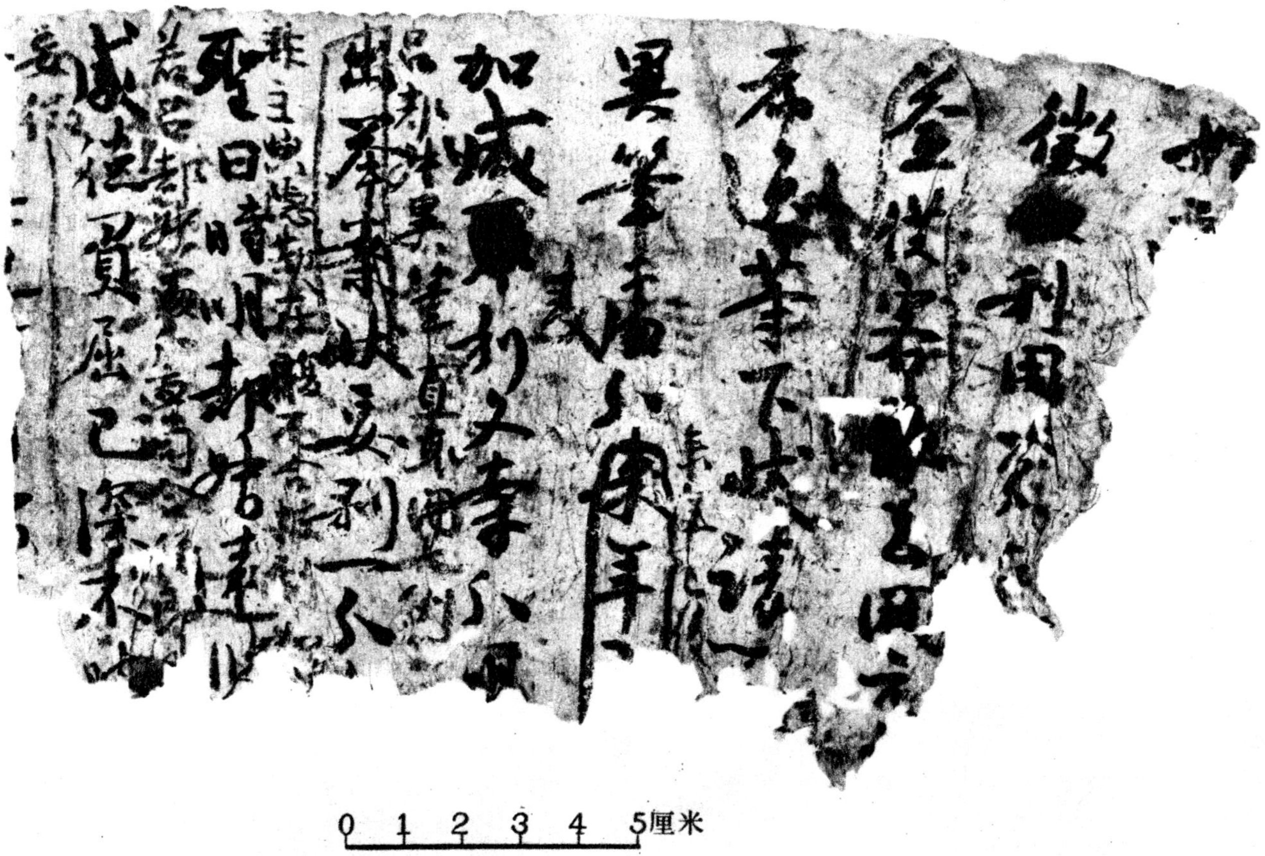

五　唐開元年間(公元七一三～七四一年)徵麥利殘文書　　72TAM223:48(b)

五　唐開元年間（公元七一三——七四一年）徵麥利殘文書

本件紀年已缺。文內見有「開元」、「開七」，且又稱「年」，不用「載」，故當在開元年間。又本件恐係草稿，故塗改處甚多。

1 如□□
2 徵○利用資
3 益供客。○去開元
4 希逸等下狀請以
來年已後
5 異筆處分來年
6 加減㊀麥利，文案分明，
呂都督異筆直取開七例
7 出舉案狀妄剝一分
非主典隱欺在賬，不合□□□
8 聖日時明，都督遠
若呂都督處分曹司合從，即
9 感德負屈已深，不
妄徵

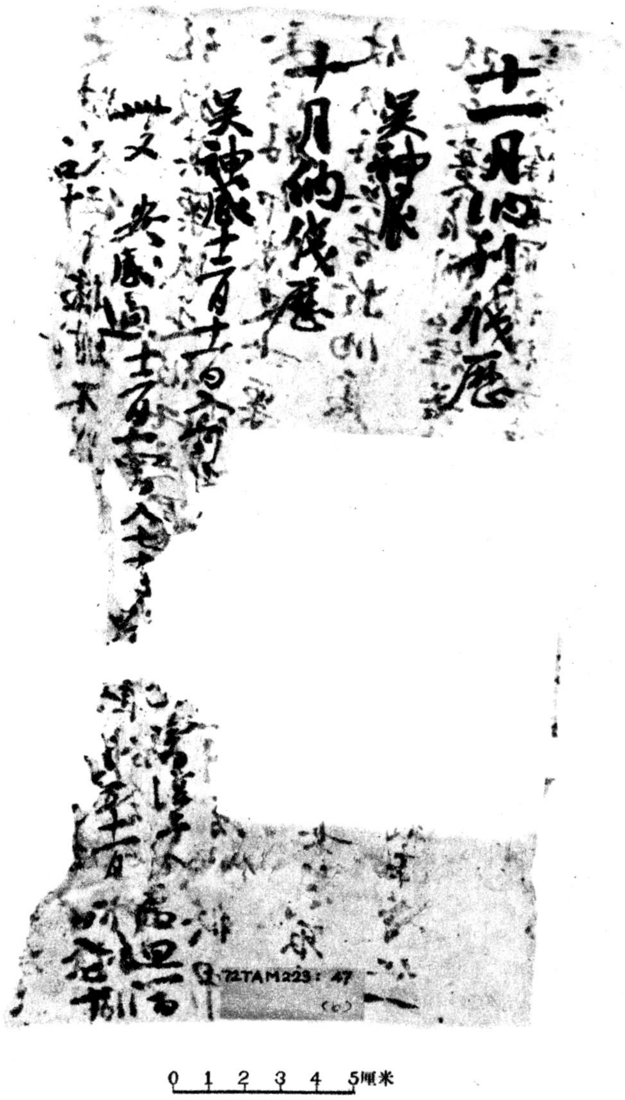

六　唐吴神感等納錢歷　　72TAM223:47(b)

六　唐吴神感等納錢歷

1 十一月納錢歷
2 吴神感
3 十月納錢歷
4 吴神感十二月十一日入廿□四日淳于
□處迴一百
5 卅文　安[國]通十二月十四日入七十[文]□十一月
□日入七十
6 □□口十

七　唐馮君住等納利錢歷(一)　　72TAM223:53/4(b)

七　唐馮君住等納利錢歷（一）

1 馮君住十月[一]日入□月[利]□
2 田建義十月[一]日入九月□
3 趙懷□十月一日入□
4 守女十月□日入九月□
5 娘子十月[一][日]入九[月]□

七　唐馮君住等納利錢歷(四)
72TAM223:53/3(b)

七　唐馮君住等納利錢歷(三)
72TAM223:53/2(b)

七　唐馮君住等納利錢歷(二)
72TAM223:53/1(b)

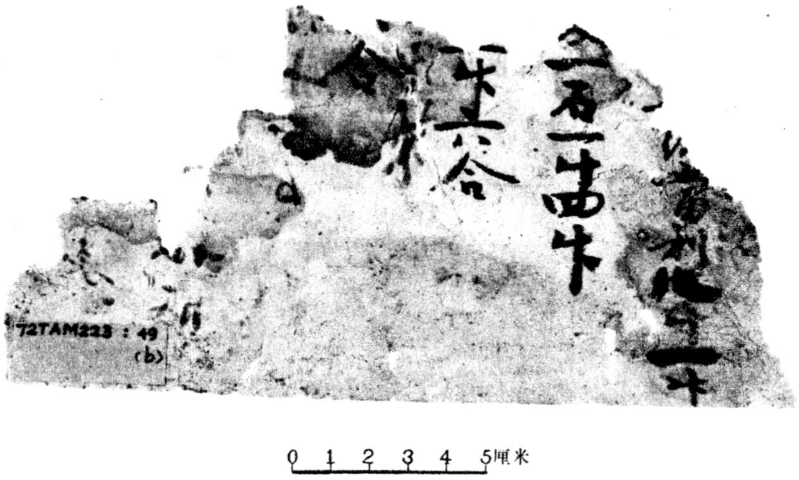

八　唐納利斛斗歷　　72TAM223:49(b)

（二）

1 [　　]□月一日入九月利一百卌文
2 [　　]入九月利[　　]
3 [　　]入九月利七十文

（三）

1 [　　]□月十九日入八月利七十文[　　]
2 [　　]日入九月利一百九十文[　　]

（四）

1 [　　]百卌□

八　唐納利斛斗歷

1 [　　]當利八斗(斗)一卄(升)
2 [　　]一石一斗四卄
3 [　　]一斗六合
4 [　　]合

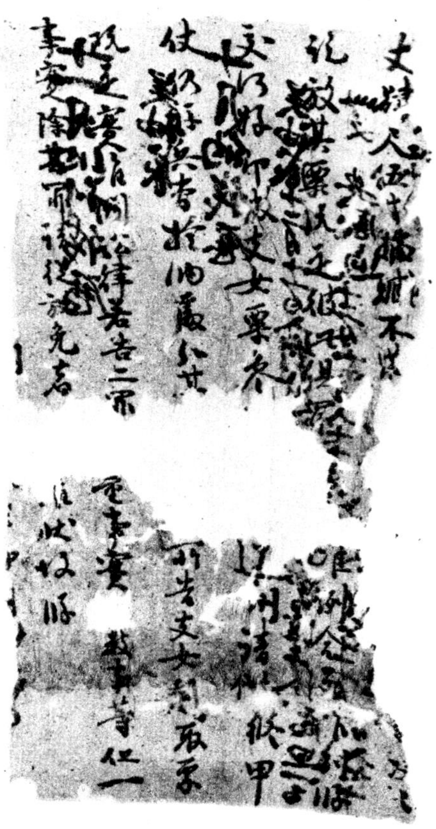

九　唐爲處分支女贓罪牒
72TAM223:47(a)

一〇　唐張感殘牒　72TAM223:49(a)

一一　唐殘文書
72TAM223:28

九　唐爲處分支女贓罪牒

文肆尺伍寸，據贓不滿□
訖放。其粟既是彼此俱罪□准例合没官。別牒
交河縣，即徵支女粟参□送州，請供修甲
仗，仍牒兵曹檢納處分。其□所告支女剩取粟
既是實，准鬬訟律，若告二罪□重事實，□數事等，但一
事實，除其罪，請從免者。□准狀故牒。

一〇　唐張感殘牒

□剩
□故牒。
□月十一日
□張㦕（感）
□判

一一　唐殘文書

□其僧□抄已得還□
既着霜，不勝租價□
□不□

一二　文書殘片
72TAM223:53/5(a)

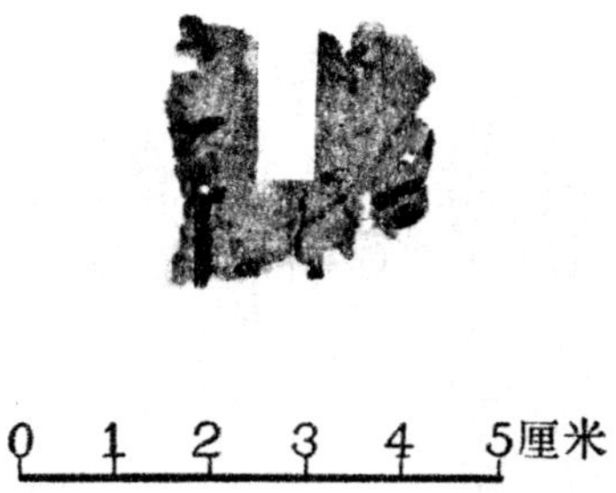

一三　文書殘片
72TAM223:53/5(b)

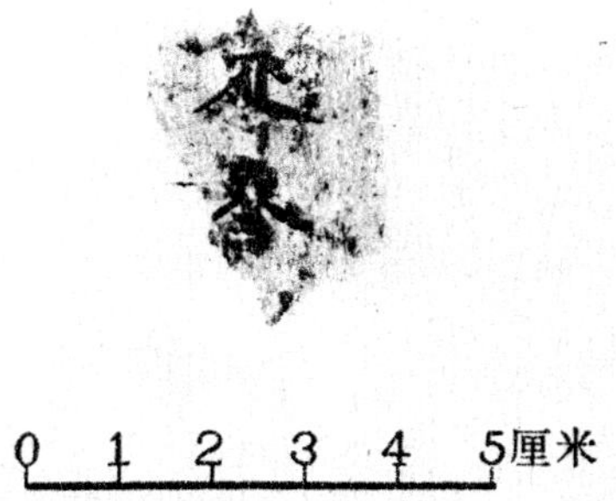

一四　文書殘片
72TAM223:53/6(a)

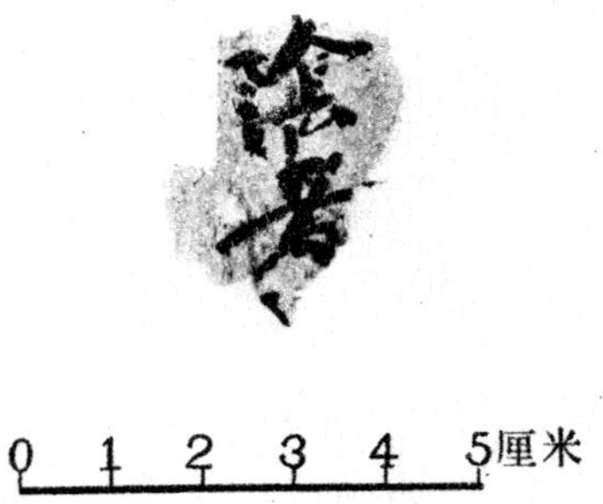

一五　文書殘片
72TAM223:53/6(b)

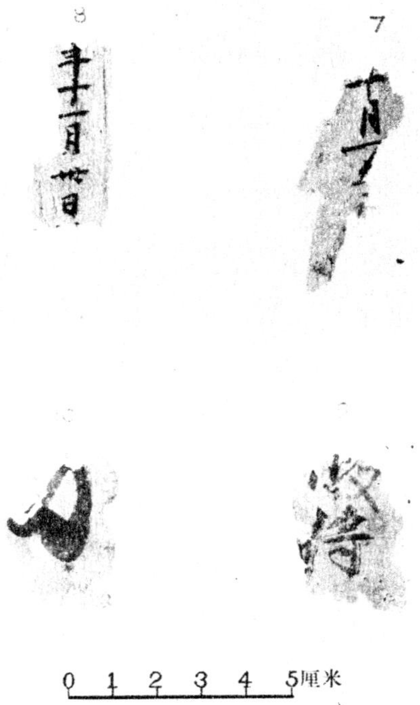

一六　文書殘片
72TAM223:53/7～53/10

阿斯塔那二二九號墓文書

本墓無墓誌及隨葬衣物疏。所出文書僅一殘片，署唐開元十一年（公元七二三年）年號。

一　唐開元十一年（公元七二三年）殘文書　72TAM229:11

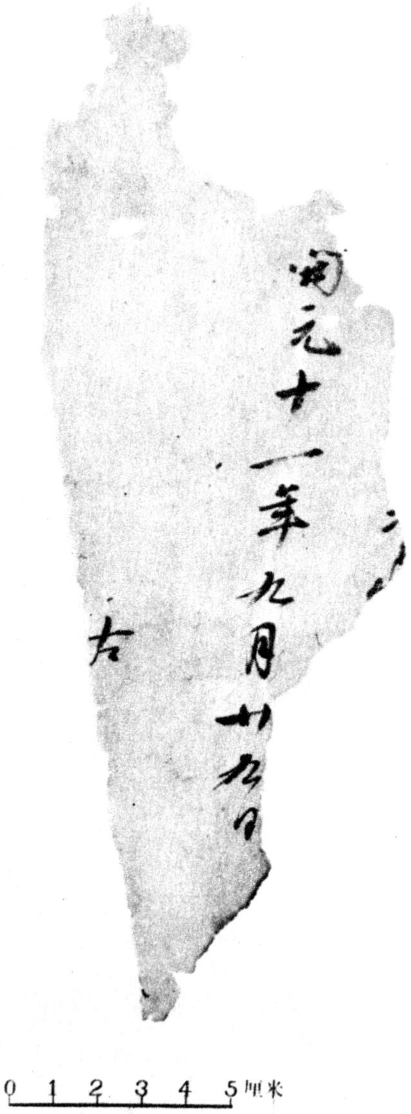

一　唐開元十一年（公元七二三年）殘文書

開元十一年九月廿九日

[佐]

阿斯塔那一八四號墓文書

本墓爲男女合葬墓，無墓誌及隨葬衣物疏。男屍後葬，在其紙靴上拆出六至一二號文書，其中有紀年者，最早爲唐開元二年（公元七一四年），最晚爲開元十二年（公元七二四年）。

0 1 2 3 4 5厘米

一　唐開元二年(公元七一四年)帳後西州柳中縣康安住等户籍(一)　72TAM184:12/6(a)

一　唐開元二年(公元七一四年)帳後西州柳中縣康安住等户籍

本件第三段第十八行有注云:「開元貳年帳後出責同縣承禮鄉依賢里户張進行」。據阿斯塔那一七九號墓《唐總章元年帳後西州柳中縣籍》,知承禮鄉在柳中縣,因知本件是柳中縣某鄉的户籍。

(一)

1

2 □課户見□
妻曹年叁拾貳歲　丁妻

3 男□誠□歲　□男[一]

4 壹段貳畝永業常田　城西肆里　東蒲(葡)陶(萄)　西孫德

南還公　北還公

5 壹段肆拾步居住園□

6 □主康安住年柒拾貳歲　老男垂拱貳年疎勒道行□落

7 弟安定年伍拾肆歲　白丁垂拱元年金山道行沒□

8 弟安義年肆拾玖歲　白丁垂拱貳年疎勒道□

9 右件壹户沒落

10 □年□拾柒歲　白丁代父貫見輸下中户　課□□

輸

11 □叁歲　老男開元貳年□

注釋

[一] 此行後紙接縫前後都有缺文,家口及應受、已受、未受田等均缺。這是因爲後人利用本件背面寫《論語》,重行剪接所致。第二、三段紙接縫前後也有缺文,情况相同。

一　唐開元二年(公元七一四年)帳後西州柳中縣康安住等户籍(二)　72TAM184:12/5(a)

□年叁拾伍歲　□

男敬忠年拾歲　小男

女忠品年□歲　□女

兄建通年肆拾歲　白丁永昌元年逃走□滿除

弟洛子年叁拾陸歲　衛士開元貳年帳□疎勒道□

還

女惡觀年拾陸歲　中女·

女脩戒年肆歲　小女先天貳年帳後新生附

妹頭勝年叁拾貳歲　丁寡

□　畝陸拾步已受

□柒拾陸畝　肆拾步居住園宅

肆拾七畝半陸拾步未受

□西荒　南康□

一　唐開元二年(公元七一四年)帳後西州柳中縣康安住等戶籍(三)　　72TAM184:12/4(a),12/3(a),12/2(a)

(三)

1 壹□
2 壹段半□
3 壹段貳畝永業 常田 城北壹里□
4 壹段肆拾步永業 常田 城北壹里□

5 □受田柒拾陸畝□　　肆拾步□住園宅
6 伍拾柒畝陸拾步未受
7 壹段壹畝永業 常田 城西壹里　東自至　西荒　南康禮　北□
8 壹段壹畝永業 陶 城西壹里　東□　西自至　南黄吒　北左德
9 壹段壹□城北壹里　東□□　西翟懷相　南道　北王隆□
10 壹段[壹]□里　東氾□住　西竇妙洛　南高□　北□
11 壹段貳□東道　西自至　南□
12 壹段肆拾步□西高□□　南□
13 壹段貳畝永業□西索憙　南□
14 壹段肆拾步居住園宅

15 壹段壹畝永業 部田 貳易 城西叁里　東□護　西洛居　南渠　北梁懷
16 □步居住園宅
17 戶主大女令狐伯香年柒拾歲　老寡開元貳年帳後死
18 奴安吉年叁拾伍歲　丁奴開元貳年帳後出賣同縣承禮鄉依賢里戶
張進行
19 右件壹戶身死戶絶為新附,未給田宅。
20 戶主劉奴奴年肆拾歲白丁,見輸,開元貳年帳後從蒲昌縣盐澤鄉[歸]□[里]

一　唐開元二年(公元七一四年)帳後西州柳中縣康安住等户籍(四)　72TAM184:12/1(a)

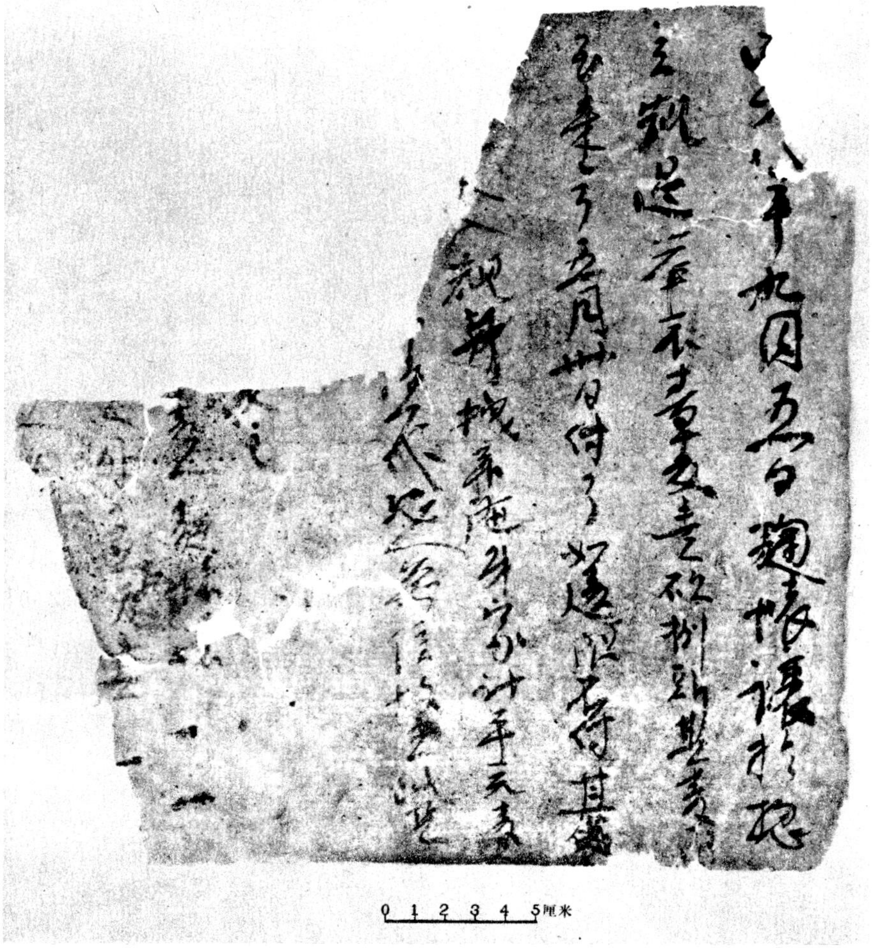

二　唐開元八年(公元七二〇年)麴懷讓舉青麥契　72TAM184:6

（四）

計　緤□

安樂城人曹奉一□

計　租陸㪷

自書之〔一〕□

肆拾步　已　受

應受田陸拾壹畝　□步居住園宅

注釋

〔一〕「自書之」三字與户籍無關

二　唐開元八年（公元七二〇年）麴懷讓舉青麥契

開元八年九月五日，麴懷讓於德

玄觀邊舉取青麥壹碩捌㪷。其麥限

至來年五月卅日付了。如違限不付，其麥

□入觀，并掣取隨身家計，平充麥

□保人代。恐人無信，故立此契。

□

麥主

□麥人　麴懷讓　一一

□人　毋孟元善　一

□人　□

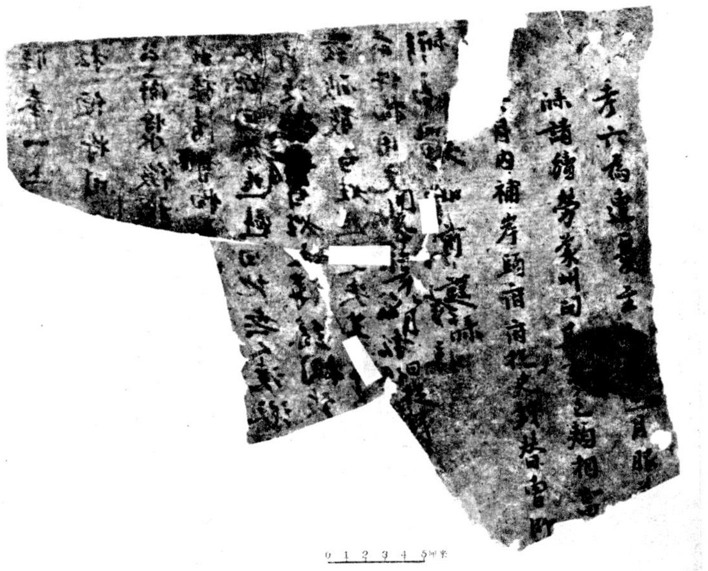

三　唐開元十二年(公元七二四年)請補岸頭府府史捉錢牒　72TAM184:7(a)

四　唐請處分前件物納官牒文稿　72TAM184:7(b)

三　唐開元十二年（公元七二四年）請補岸頭府府史捉錢牒

1 孝六爲遭憂至今年二月服[滿]□
2 牒請續勞，蒙州司勘責色頗相當，□
3 [六]月内補岸頭府府捉史錢，替曹師。
4 牒件狀如前，謹牒。
5 開元十二年八月　日捉錢[府]□

四　唐請處分前件物納官牒文稿

本件紀年已缺，其正面爲前件《唐開元十二年請補岸頭府府史捉錢牒》，今列於前件後。

1 牒奉一上□
2 私便將用□
3 公廨漿徵撮□
4 茲挾情負物不□
5 奴婢因茲逃避，田地無人澆溉，□
6 即須(總)○百姓[之]薄緣，因致□（旁注：□二日）
7 茲破散，百姓逃走失業，都□
8 前件物用充納官，公私[俱]□
9 請商量處分，謹牒□

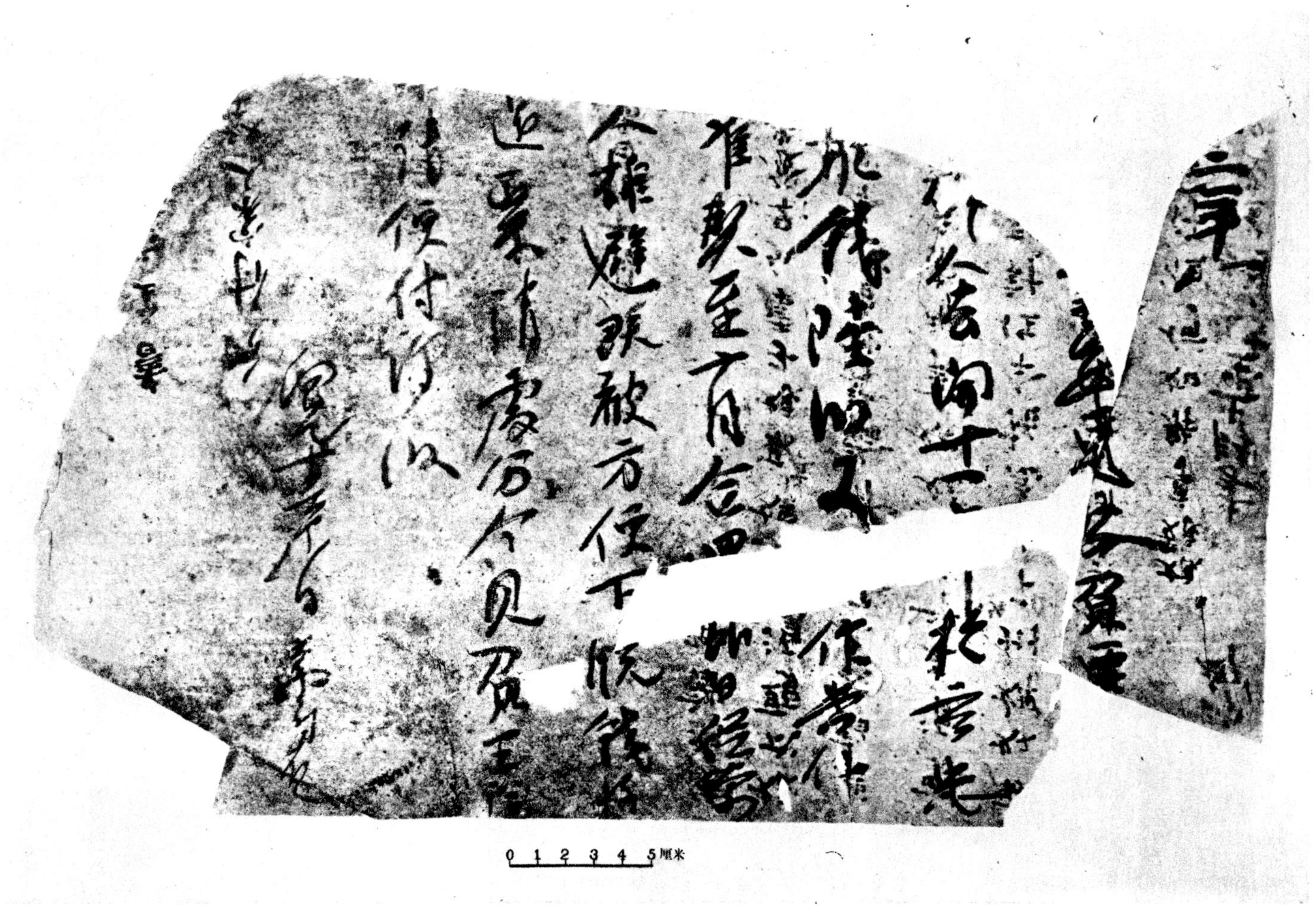

五　唐開元十二年(公元七二四年)殘書牘　　72TAM184:9(a),11(a)

五　唐開元十二年（公元七二四年）殘書牘

1 □二年八

2 □安[惠]□負粟□□

3 □人去開十一[年]於玄忠

4 □取錢陸伯文，□作前件

5 □准契至十月合[還]。比日從索，

6 □人推避，既被方便，下[脫]錢將

7 □還粟，請處分。今見負王隆

8 □請便付，仰收。

9 開元十二年八日第付□

10 分[illegible]人奴干〔一〕

11 畢王[墨]□

注釋

〔一〕此一〇、一一行爲書牘摺疊後之書面，故出現倒書。

六　唐上娘娘書　　72TAM184:9(b),11(b)

六　唐上娘娘書

本件紀年已缺，其背面為前件《唐開元十二年殘書牘》，今列於前件後。

□師都✓　李師上坐□□　道出家
娘娘尊躰如何，但什□
□昨往交河□娘娘□
厥奴婢，州下□急括，今作計□
可須來取，□奴婢事所索主□
馬靜抄文（逐）□□所論越抄竟一合□
娘戍頭須□□一婢去取娘子處分，早發遣□
使次謹謝
八月十八日男

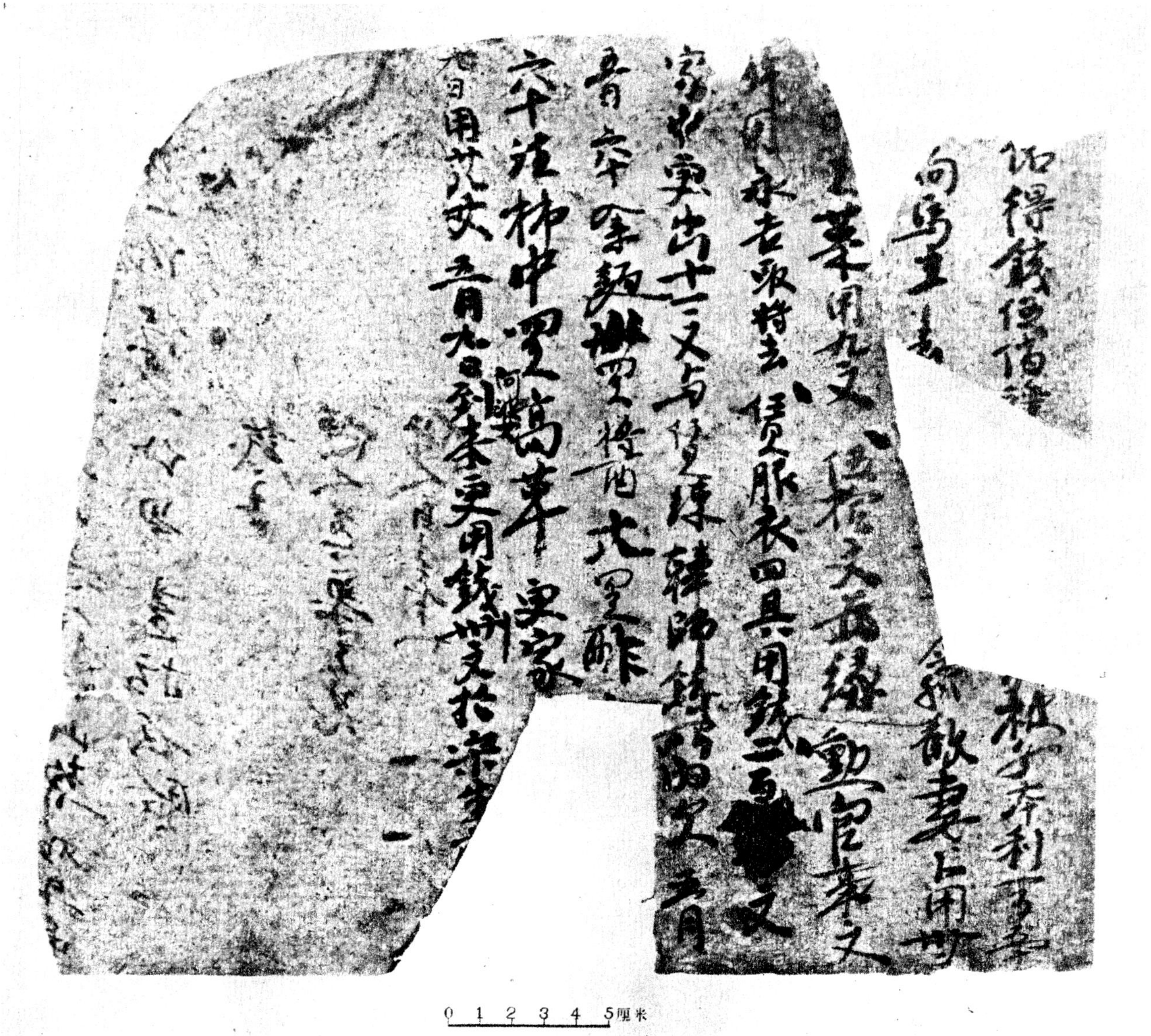

七　唐家用帳　　72TAM184:8(a)

七　唐家用帳

1 □佑得錢伍佰肆□被子本利一百五十
2 □向馬主去□今孫歡妻下用卅二
3 □□買菜用九文。伍拾文為緣勳官事文
4 辭用，永吉取將去。貲服衣四具，用錢二百(X)文。
5 家中更出十一文，与賃練韓師錢所内欠。五月
6 五日，六十余麵，卌買醬，十八買酢，□
7 六十往柳中買高草，更家□
8 九日，用廿八文。五月九日，阿婆到來，更用錢卌文於宋生
□

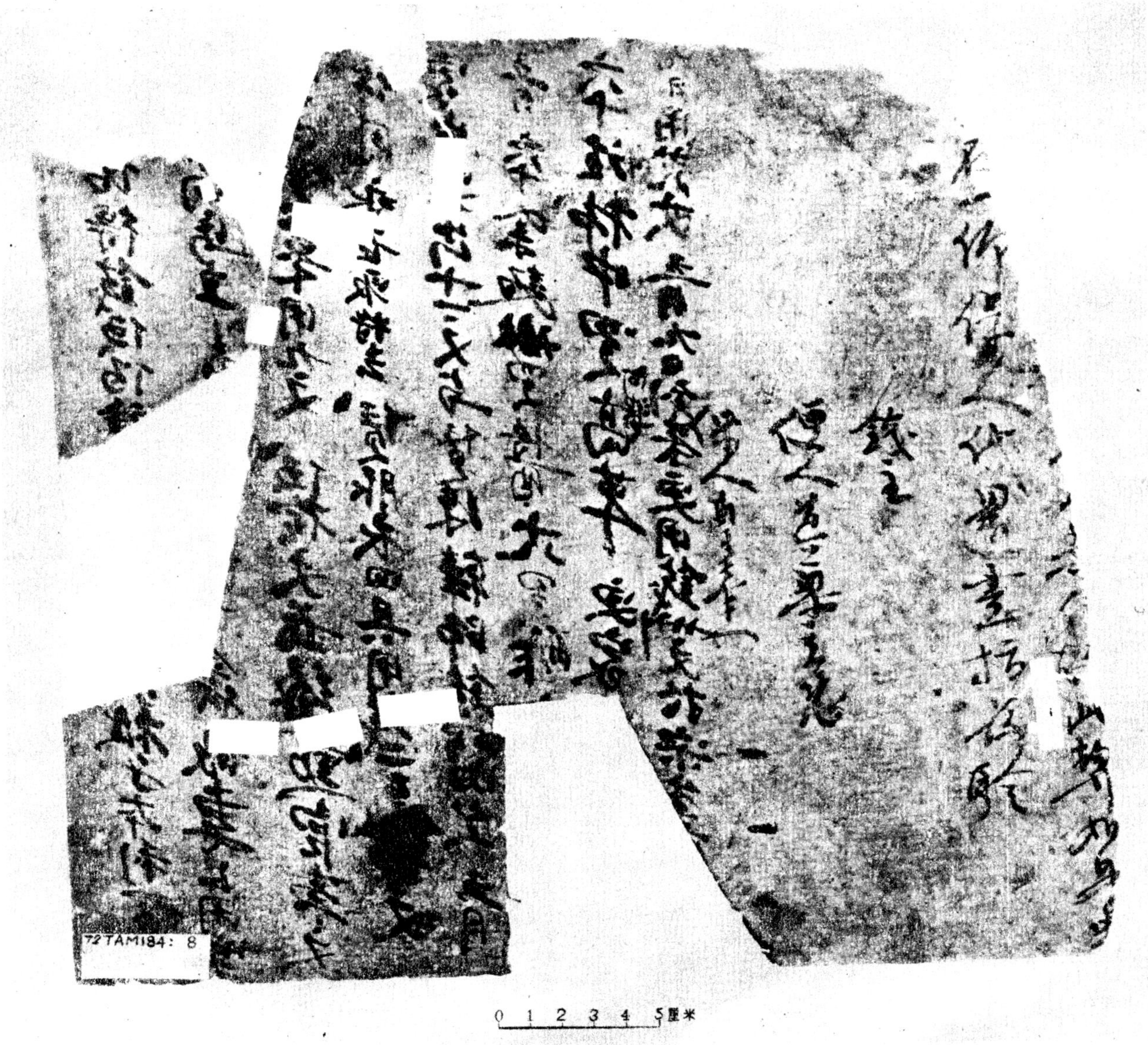

八　唐道士梁玄忠便錢契　　72TAM184:8(b)

八　唐道士梁玄忠便錢契

本件書於上件《唐家用帳》背面，紀年已缺，「玄忠」名亦見本墓文書五《開元十二年殘書牘》，本件當亦是開元間契。

1 □□□□□□□無信故此契〔一〕，如身東

2 □□在，一仰保人代還。畫指為驗。

3 錢主

4 便人　道士梁玄忠

5 保人　曹奉一，一一一

注　釋

〔一〕故此契：「故」下當脱一「立」字。

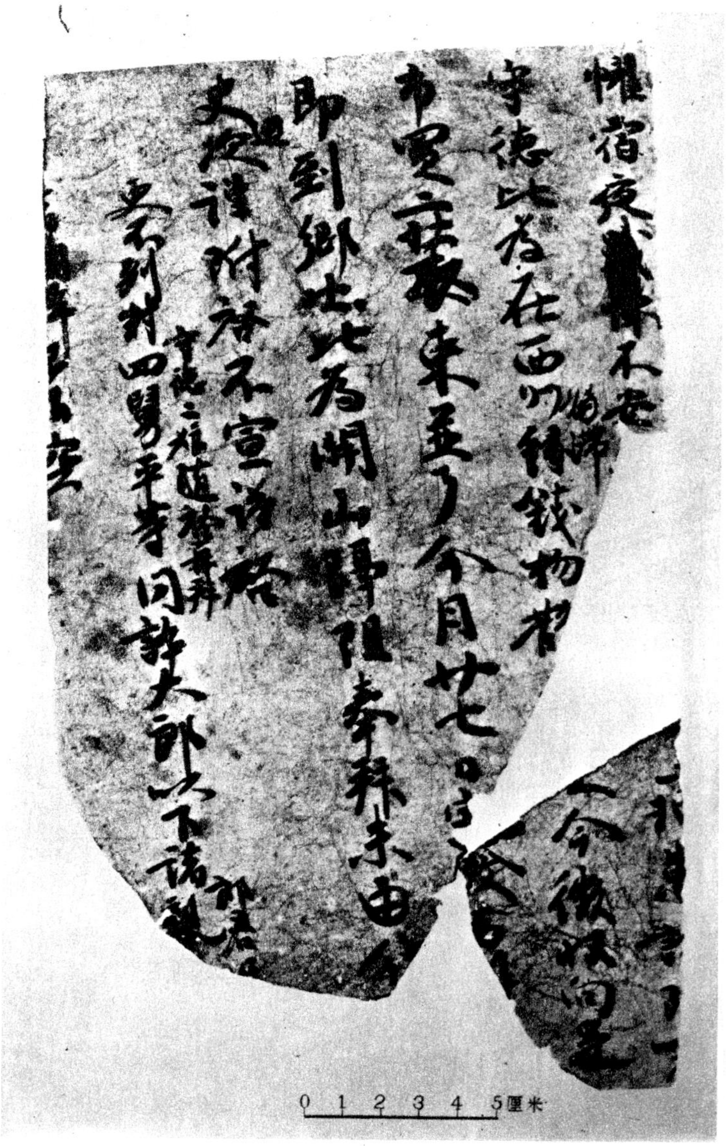

九　唐□守德家書　　72TAM184:10

九　唐□守德家書

1 懼，宿夜戰慄不安，[　　][病][患]訁□□

2 守德比為在西州留滯，緣錢物[散]□□今徵收向足，

3 市買褱(裝)束並了。今月廿七日□[發][西][州][　　]

4 即到鄉吐(土)。比為關山隔阻，奉拜未由，今[　　]

5 史迴次，謹附啓不宣，謹啓。

6 守德二娘隨啓再拜　　郎君[　　]

7 更不別封。四舅、平等問許(訊)大郎以下諸親[　　]

8 □□□[已][下][空]

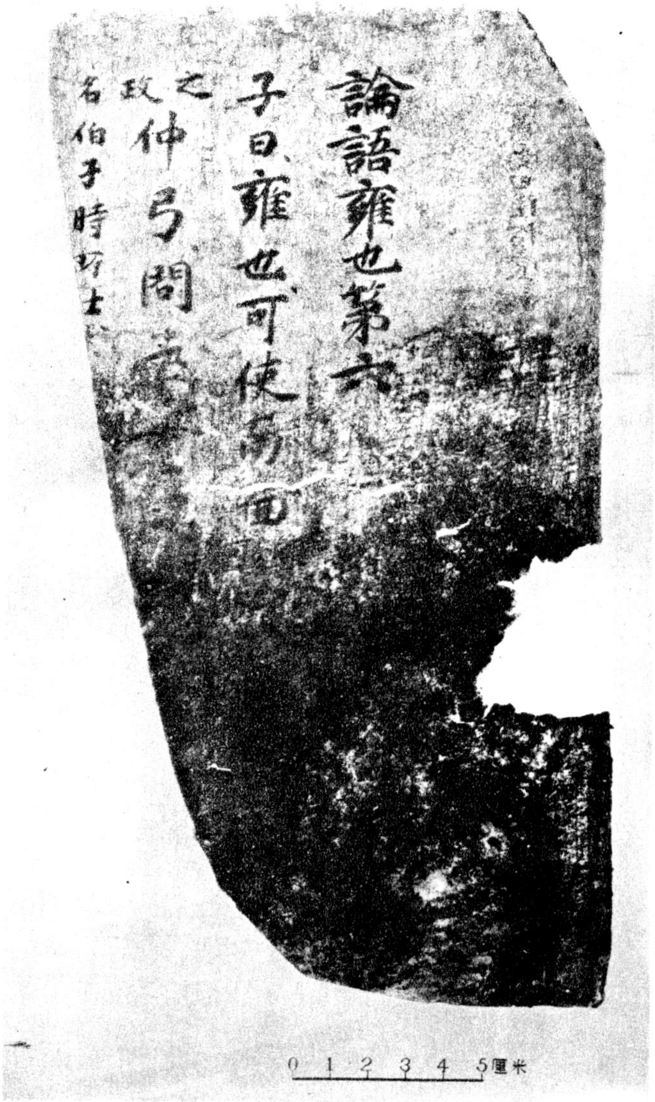

一〇　唐寫本《論語》鄭氏注《雍也》、《述而》篇殘卷(一)　　72TAM184:12/1(b)

一〇　唐寫本《論語》鄭氏注《雍也》、《述而》篇殘卷

本件油塗污損。

（一）

1 論語雍也第六　　孔氏本　　鄭氏注

2 子曰、雍也、可使南面　雍，孔子弟子仲弓之名姓[　　]　可使南面者，言任諸侯[　　]

3 之政　仲弓問子桑伯子子曰可[也][　　]

4 名伯子時所[仕][　　]

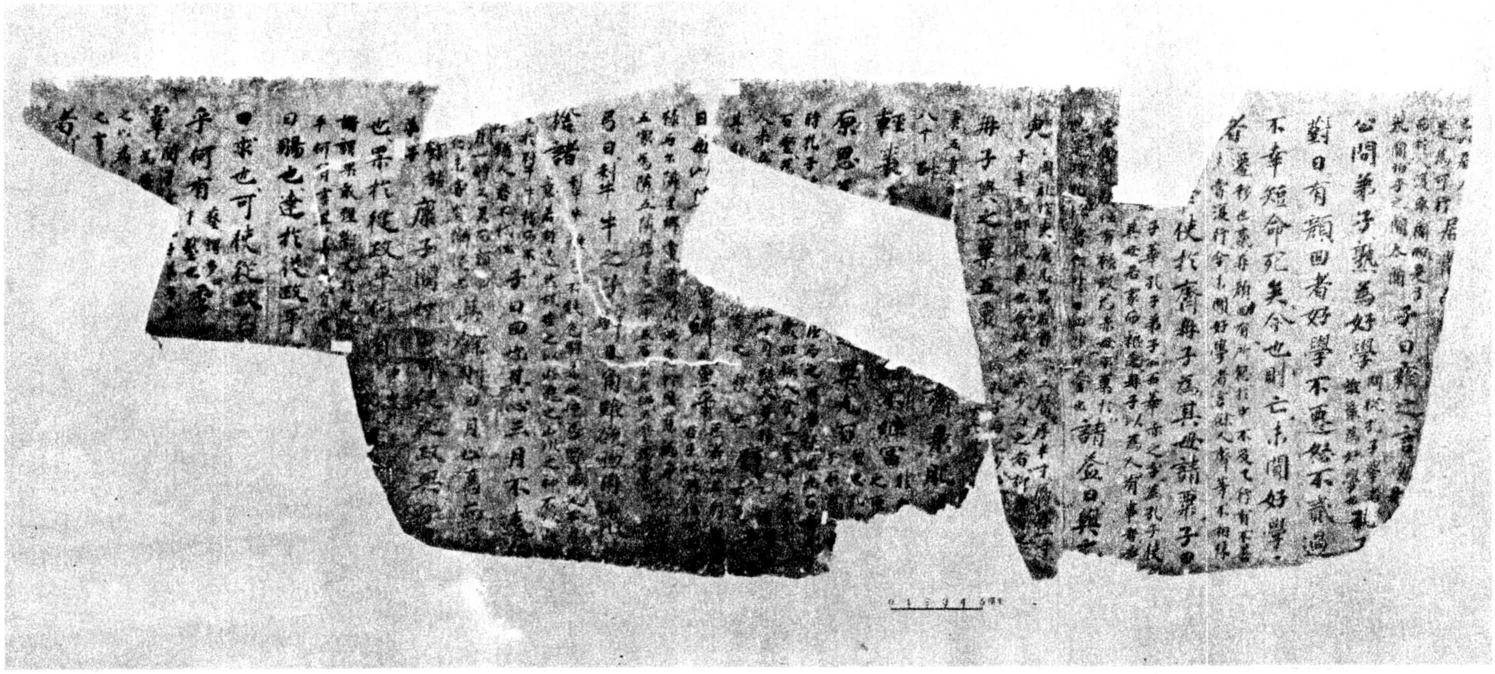

一〇　唐寫本《論語》鄭氏注《雍也》、《述而》篇殘卷(一)　72TAM184:12/2(b)～12/4(b)

己以居[人]□　是為可行　居[簡][而]▭
而於人、復取簡略、是乃　大簡伯子之簡太簡　子曰雍之言然[是]▭
公問弟子、熟為好學　問從孔子學者　誰最為好學也　孔[子]
對曰有顏回者好學不遷怒不貳過
不幸短命死矣、今也則亡未聞好學
者　遷移也、貳再顏回有所怒於甲不及乙、行有不善　未嘗復行、今未聞好學者言餘人齊等不相殊
▭使於齊、冉子為其母請粟子曰
▭　子華孔子弟子、公西華赤之字、為孔子使、　其母居家而粮乏、冉子以為人有事者、必
當食之猶仕有祿、故為赤母求粟於　孔子、是時孔子仕魯、六斗四升曰釜也　請益曰與之
臾　ミ周礼作臾、庾凡器名實容二嚭厚半寸脣厚一寸　子華為師使義也、与仕者異少、与之者、抑冉有之[言]
冉子與之粟五秉　以為孔子与之少、▭　▭十六斗曰▭
秉五秉、合為　八十斛也　▭齊乘肥[馬]□
輕裘、[吾]▭給不繼富　非[冉]▭　之粟▭
原思[為]▭[之]粟九百　原思孔[子]□　子原憲[之][字]□
時孔子▭臣与之粟者祿也、九百者九　百釜為▭歲班祿、人食三釜、中士食十八
人米、五▭仕十月祿太多非　其[數]▭[字]之誤也　辭ミ讓不受子
曰毋以[與]□□里鄉黨乎　無者止其辭讓者　君子仕辭位不辭
祿与不滿里鄉黨乎可以施惠於恩舊為田　五家為隣、五隣為里、万二千五百家為鄉、五百家為黨　子謂仲
弓曰、犁牛之子騂且角雖欲勿用山川其
捨諸　犁牛雜毛不純色騂赤也、仲弓賢而父不肖其　意、若自退然故告之以此進之、山川之神不以此牲
□於犁牛捨而不　□猶人君不代仕　子曰回也其心三月不遠仁
□月一時久矣而顏回　▭仁未嘗有懈惓也　其餘則日月止焉而已[矣]
□餘諸　弟子　康子問仲由可使從政與子曰□
也、果於從政乎何有　仲由孔子弟子▭　名從政謂▭
[謂]謂果敢強斷決於從政　乎何[有]、言其善□有也▭
曰賜也、達於從政乎[何]▭
◎求也、可使從政与▭
乎何有　藝謂多　才藝也　季氏▭
宰　閔子[騫][孔]子弟子名▭　為費▭
之以為　之宰□▭
者、|▭

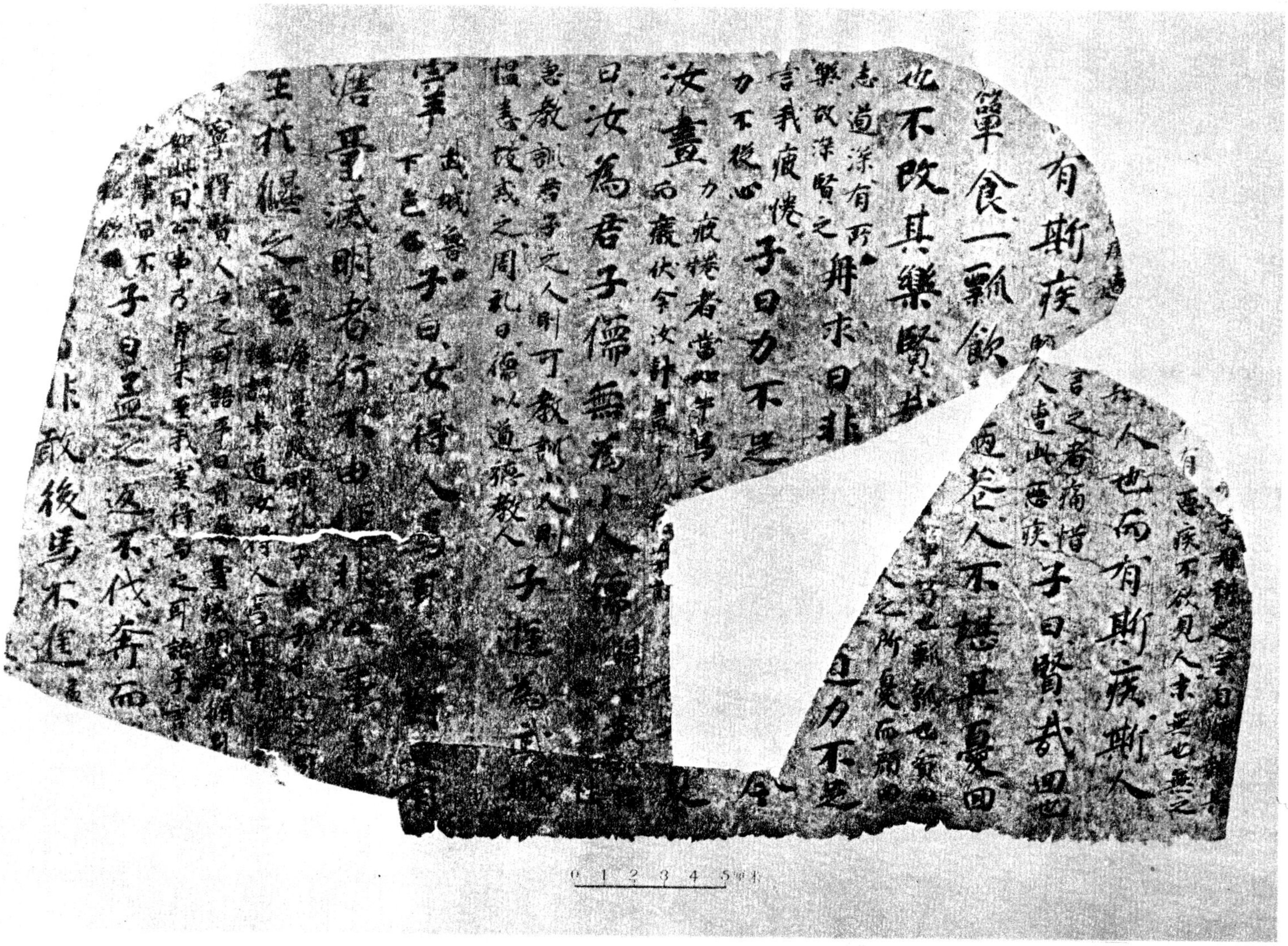

一〇　唐寫本《論語》鄭氏注《雍也》、《述而》篇殘卷(一)　　72TAM184:12/5(b)

36　……[弟]（子冉耕之字自脩執其　有惡疾不欲見人，末無也，無之）

37　……[疾][遺]□　……[斯]人也，而有斯疾，斯人

38　□□有斯疾（□言之者痛惜　[賢]人遺此惡疾）子曰賢哉回也

39　□簞食一瓢飲□[陋]巷人不堪其憂，回

40　也不改其樂賢[哉]□□（簞笥也，瓢瓠也，貧回　□人之所憂而顏回）

41　（志[道]深，有所　樂，故深賢之）冉求曰非□□□□[道]力不足

42　（言我疲惓　力不從心）子曰力不足……今

43　汝畫（力疲惓者，當如牛馬之　而癈伏，今汝計畫才力豫止不前）……□[謂][子]夏

44　曰，汝為君子儒，無為小人儒（儒主教訓，謂　師也，子夏性

45　急，教訓君子之人則可，教訓小人則　愠恚，故戒之，周礼曰儒以道德教人）子遊為武城

46　宰（武城魯　下邑名）子曰汝得人焉耳乎，對曰有

47　澹臺滅明者，行不由徑，非公事未[嘗]

48　至於偃之室（澹臺滅明，孔子弟子，子遊之　徑謂步道，汝得人焉耳乎，汝）……

49　（□寧得賢人与之耳語乎，曰有澹臺滅明者，循[身]□□　□人如此，曰公事，乃肯來至我室，得与之耳語乎，言）……

50　……（公事而不　私欲（也））子曰孟之返不伐，奔而……

51　……[曰][非]敢後，馬不進（孟）……

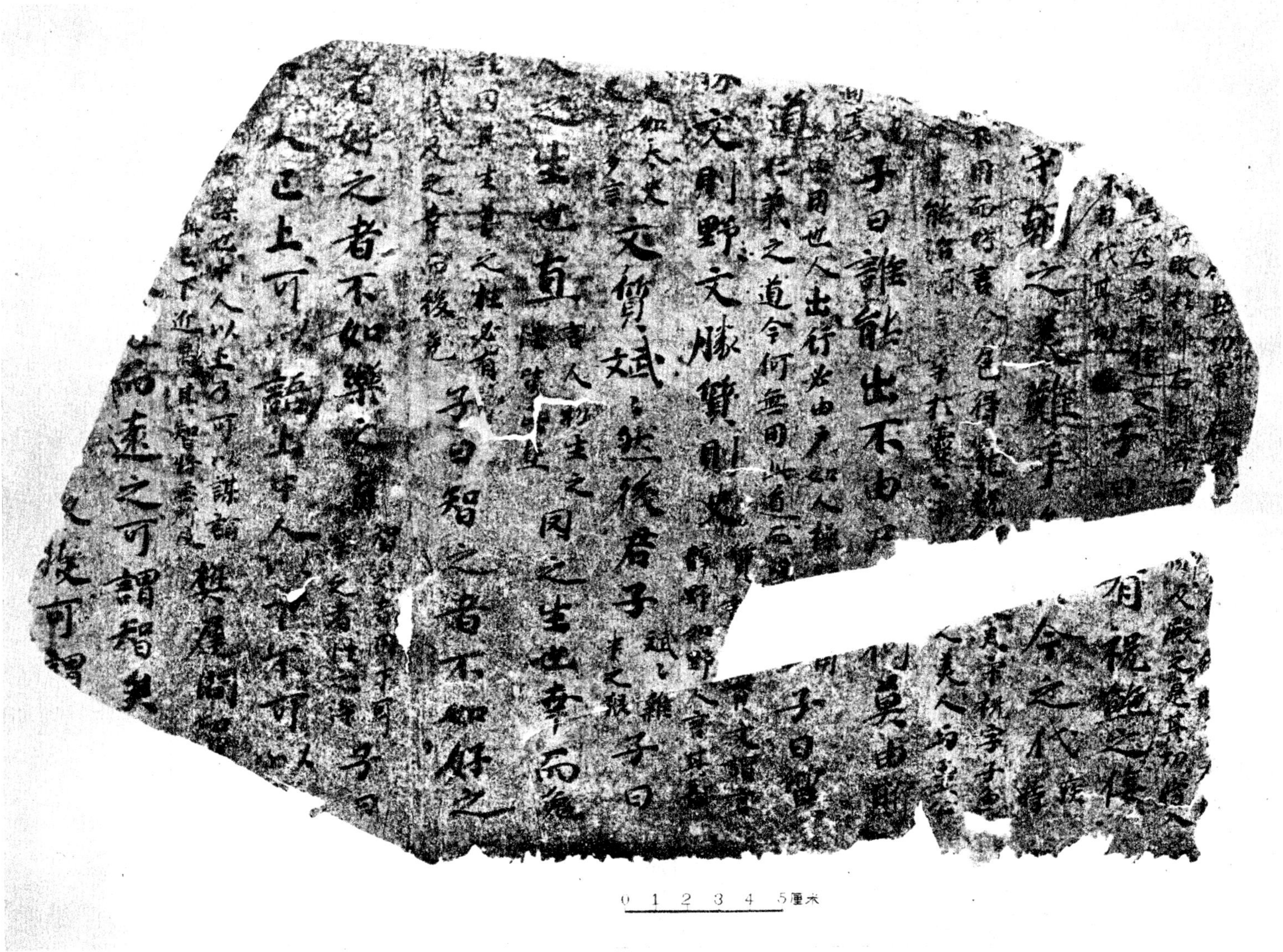

一〇　唐寫本《論語》鄭氏注《雍也》、《述而》篇殘卷(一)　　72TAM184:12/6(b)

〔　〕其功軍在前〔　〕所敗於郎、右師奔而□□反殿之是其功特入

〔　〕馬、爲馬不進之〔　〕不自伐其功也　子曰□[有]祝鮀之佞

□□宋朝之美難乎[免]□今之代時疾

〔　〕不用而巧言令色得寵祝鮀□夫宋祝字子魚〔　〕口才能治煩言幸於靈公、宋□□[之]美人女靈公

〔　〕南〔　〕通焉　子曰誰能出不由戶□[何]莫由斯

道由用也人出行必由戶如人操[行]〔　〕[用]仁義之道、今何無用此道、而與〔　〕　子曰質

[勝]文則野、文勝質則史　質訓□實、文謂言辞野如野、人言其鄙

□史如太史□史官多言　文質斌〻然後君子　斌〻雜半之狠　子曰

人之生也直　言人初生之性皆正直　罔之生也幸而勉

誣罔其生善之性必有刑戮及之幸而後免　子曰智之者不如好之

者好之者不如樂之者　智之者用才耳、樂之者、性之深　子曰

[中]人已上、可以語上中人以下、不可以□

〔　〕猶謀也、中人以上、乃可以謀論〔　〕比已下近愚、其智將無所及　樊遲問智□

〔　〕而遠之、可謂智矣〔　〕

〔　〕[後]獲可[謂]〔　〕

一〇　唐寫本《論語》鄭氏注《雍也》、《述而》篇殘卷（二）

72TAM184:18/7(b),18/8(b)之1

（二）

1　[　　]厭誨而不惓何有[於]
2　我我[　　]□□德□不脩學之不
3　講、聞[義]□能徙、不善不能改、是吾憂 德謂六德 〇
4　子之燕居、申申如夭□ 如申申儀視聽、夭夭安容狠 子曰、
5　甚矣[吾]衰久矣吾不復夢見周公 孔子昔時
6　庶幾於周[　　]見之未年已來四 聖道既備、[　　]道深[自]勉勵 子曰〔一〕
7　子曰志於[　　][遊][於]藝 道謂師儒
8　之所以教訓 □謂六藝 子[　　][吾]未[嘗]

注　釋

〔一〕「子曰」二字爲衍文。

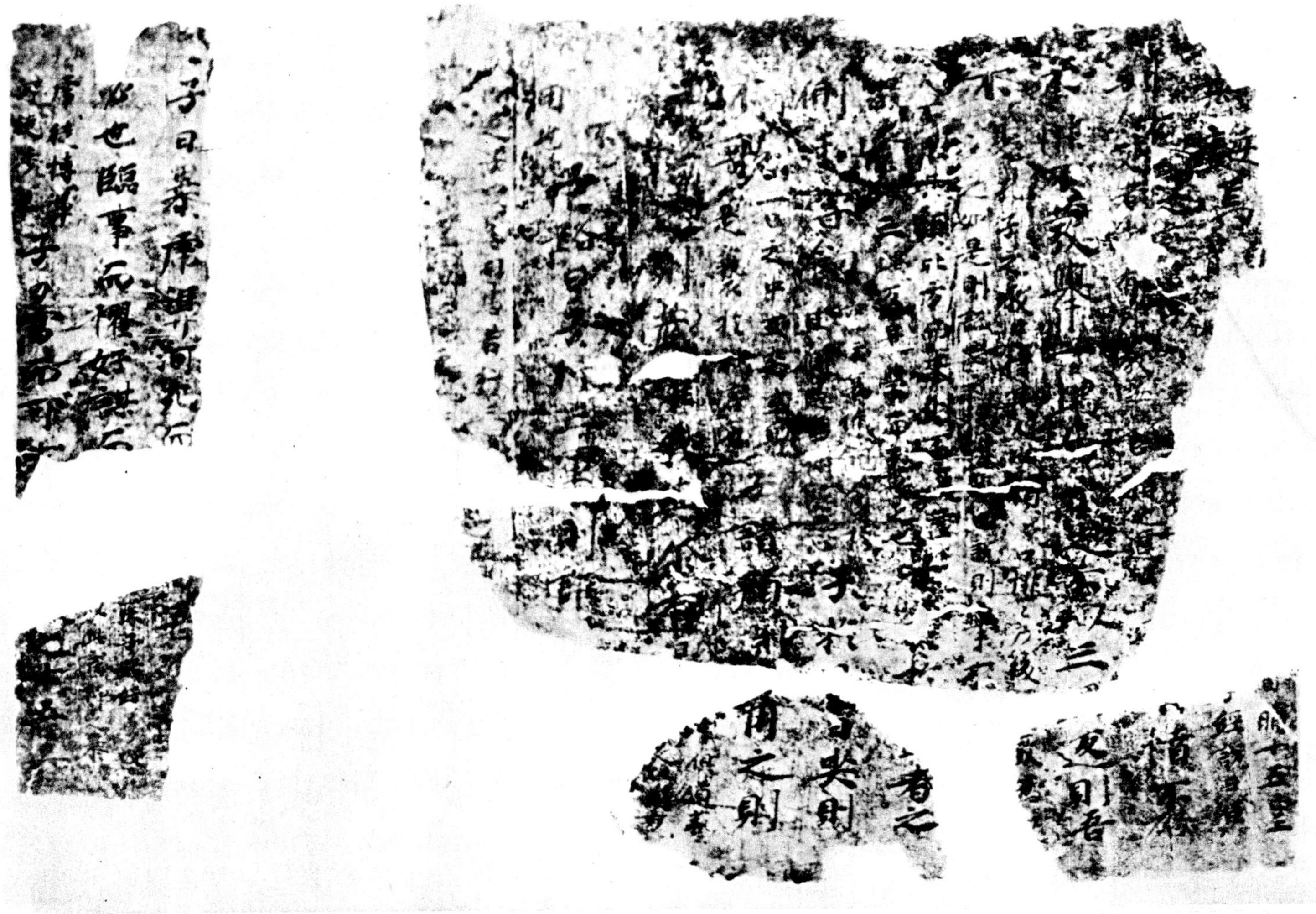

一〇　唐寫本《論語》鄭氏注《雍也》、《述而》篇殘卷(二)　72TAM184:18/7(b),18/8(b)之二

9 無悔焉 自□酒脯十五已上 有□經說曰臣
10 無竟外之交弟子有束□ 与人交者皆有所教誨以忠信之道也 □□不憤不啓
11 不悱不發舉一隅而示之不以三隅返則吾
12 不復 孔子之教必待其人心憤憤口悱悱乃後發爲說 之如是則識思之深復重也說則舉一□
13 人不思其類比方而來則不復重 教之不以三隅返是學而不思之也 子食於□□者之
14 側未嘗飽 喪亡哀戚飽食於 其側是無惻隱之心 子於是日哭則
15 不歌 一日之中或哭或歌 是褻於礼容也 子謂顏淵□用之則
16 行捨之則藏唯我與尔有是□ 言俱道藝 □是但時有
17 用不 用也 子路曰子行三軍則誰□
18 故問之子記爲司馬若行三軍□之□ 路好勇故以三軍言之□
19 子曰暴虎馮河死而□吾不□
20 必也臨事而懼好謀而□ 疾子路好勇故 以此言抑之暴
21 虎徒搏馮 河徒涉也 子曰富而可求□之士吾亦

一〇　唐寫本《論語》鄭氏注《雍也》、《述而》篇殘卷（二）
72TAM184:18/7(b),18/8(b) 之三

22 為之 而如也孔子應聘諸□莫能□終 不行故發此言執鞭□[坐]事之□ 如不可
23 求從吾所好 吾所好者 古人之道 子之所慎[齋]戰疾
24 慎齋尊祖考慎戰重 人命慎疾愛性命[也] 子□[齋][聞][韶][三]□
25 □□□味不圖為樂□
26 □ 不圖舜作韶樂之[美]□
27 □[為]衛君乎子[貢]□
28 衛君謂輒靈公逐太子蒯[聵] 納蒯[聵]於瞰城衛石曼姑帥□
29 ○故問其意[心] 欲輒不爭□ 入曰伯夷□

阿斯塔那一九二號墓文書

本墓出有唐開元十二年（公元七二四年）張大良墓誌一方。所出文書有紀年者，爲唐開元七年（公元七一九年）。

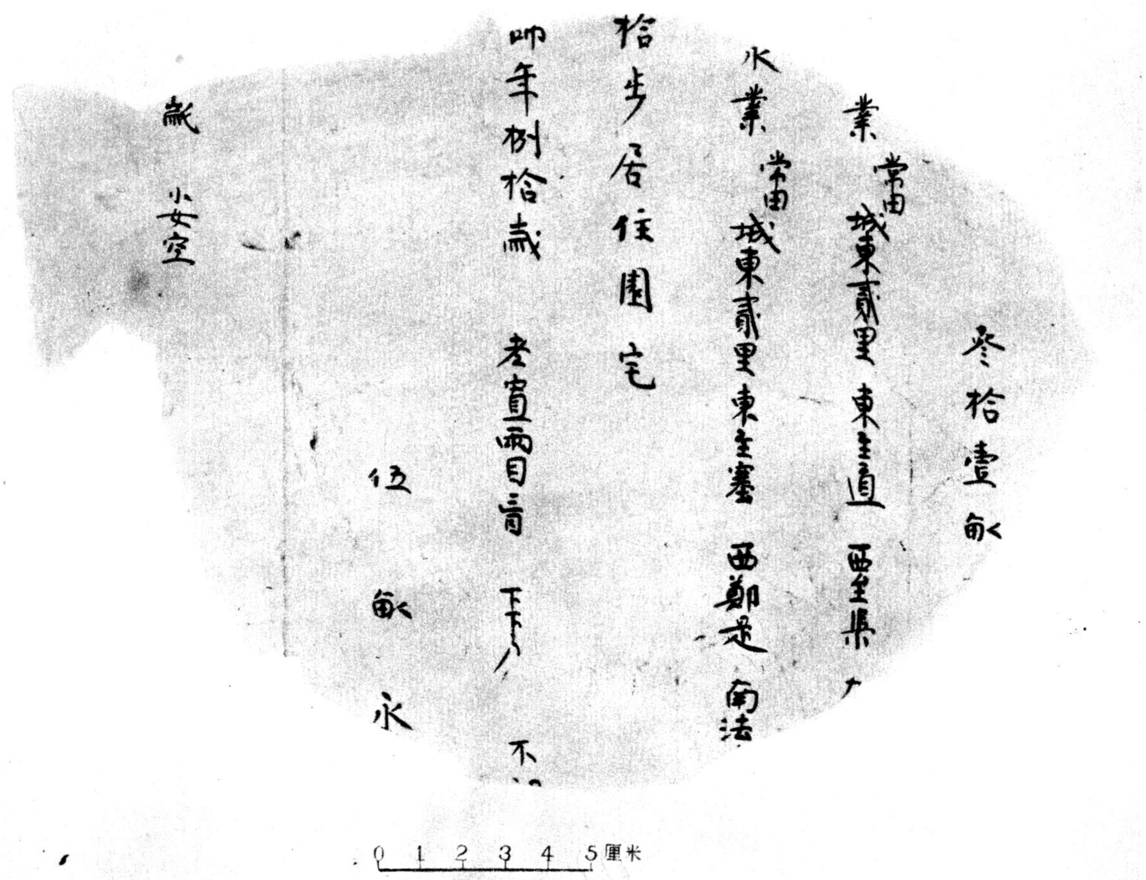

一　唐開元七年(公元七一九年)帳後西州籍(一)　　73TAM192:3

一　唐開元七年（公元七一九年）帳後西州籍（一）

1　　叁拾壹畝[ ]

2　[ ]業　常田　城東貳里　東至道　西至渠　南

3　永業　常田　城東貳里　東至塞　西鄭是　南

　　法[ ]

4　[ ]拾步居住園宅

5　[ ]師年捌拾歲　老寡兩目盲　下下户　不課[一]

6　　　伍　畝　永[ ]

7　[ ]歲　小女空

注　釋

〔一〕此行後的紙接縫前後不相銜接，乃後人利用此紙別作他用時剪接所致。紙縫前後内容先後位置是否與原件符合，已難判斷。

一　唐開元七年(公元七一九年)帳後西州籍(二)
73TAM192:24

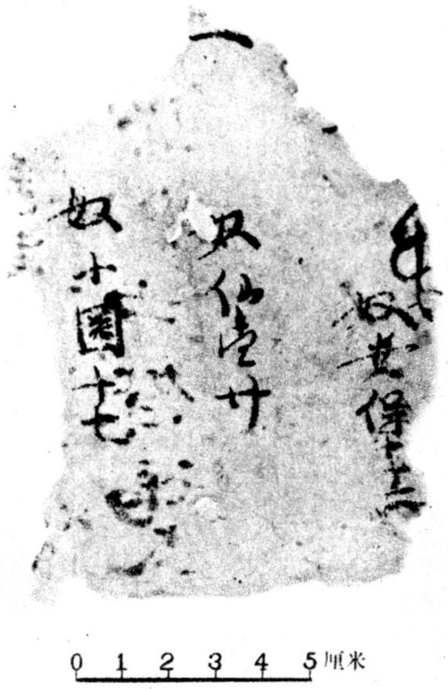

二　唐奴安保等殘籍
73TAM192:21(a)

三　唐殘文書
73TAM192:21(b)

（二）

1 ☐叁拾伍歲　白丁見輸　下下戶
2 ☐年拾歲　小男
3 ☐之年拾歲　小男
4 ☐年陸歲　小男
5 ☐[年]肆歲　小女開元柒年帳後☐
6 ☐[歲]　丁寡

二　唐奴安保等殘籍

1 ☐奴安保☐二
2 ☐奴仙壹卄
3 ☐奴小園十七

三　唐殘文書

1 ☐進[馬]☐
2 ☐迊柳中楷瑀本

阿斯塔那二七號墓文書

本墓係男女合葬墓，無墓誌及隨葬衣物疏。男屍先葬，所出文書拆自男屍紙靴，其中有紀年者，最早爲唐景龍二年（公元七〇八年），最晚爲開元十三年（公元七二五年）。

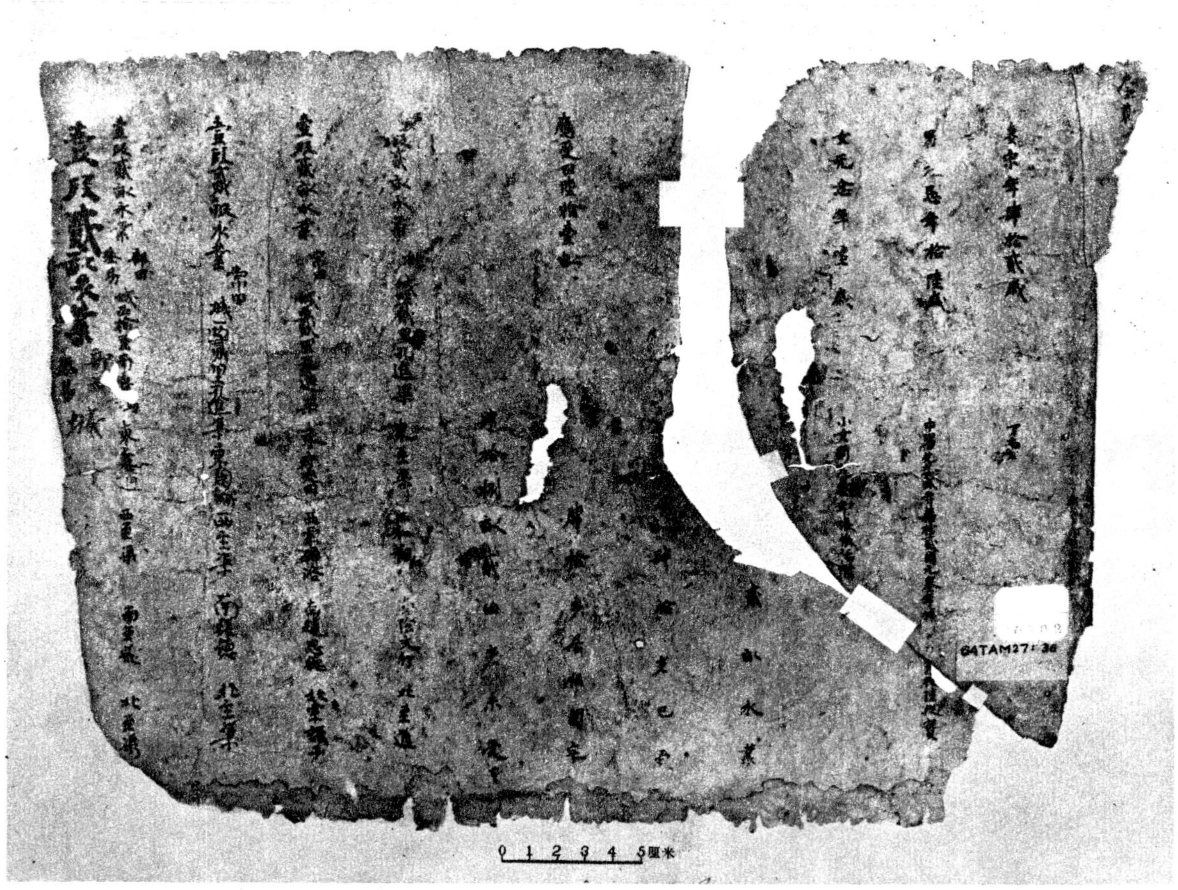

一　唐開元四年(公元七一六年)西州高昌縣安西鄉安樂里籍　64TAM27:36(a),37(a)

一　唐開元四年（公元七一六年）西州高昌縣安西鄉安樂里籍

本件背面騎縫書「安西鄉安樂里開元肆年籍」。並蓋有「高昌縣之印」三方。背面爲《論語》鄭注《雍也》《述而》殘卷。

1 戶主鄭□

2 妻宋　年肆拾貳歲　丁妻

3 男旡忌　年拾陸歲　中男先天貳年籍拾貳

開元叄年帳□□□入拾陸從實

4 女旡念　年陸歲　小女開元叄年帳後括

附

5 貳畝永業　□

6 拾步已受　壹拾貳畝肆

應受田陸拾壹畝

7 步居住園宅　肆拾

一　唐開元四年(公元七一六年)西州高昌縣安西鄉安樂里籍　　64TAM27:38(a)

8　肆拾捌畝貳佰步未受
9　壹段貳畝永業 桃　城北貳里孔進渠　東至渠　西和觀　南陰文行　北至道
10　壹段貳畝永業 常田　城西貳里孔進渠　東府史田　西索歸洛　南趙思德　北索護子
11　壹段貳畝永業 常田　城西貳里孔進渠　東麴論　西至渠　南張德　北至渠
12　壹段貳畝永業 部田 叁易　城西拾里南魯塢　東至道　西至渠　南至荒　北至渠
13　□□　壹段貳畝部永田業 部田 叁易　城〔一〕

注　釋

〔一〕此處一行係後人戲書，與本件內容無關。

14　壹□
15　戶主宋捌子　年拾壹□
16　母高黑面〔一〕　年叁□
17　應受田伍拾壹□
18　□
19　壹段叁畝永□
20　壹段肆拾□
21　戶主〇〇〇□
22　故兄妻□□
23　女念念□
24　男小□

注　釋

〔一〕「被」字倒寫，和以下一七行前、二〇行後的倒寫字與本件內容無關。

一　唐開元四年(公元七一六年)西州高昌縣安西鄉安樂里籍　　64TAM27:39(a)

25 計[緤]□□
26 計租陸斟(斗)
27 壹拾畝　永業
28 壹拾畝肆拾　步已受
29 應受田柒拾陸[畝]　肆拾步　居住園宅
30 陸拾伍畝貳　佰步未受
31 壹[段]貳畝永業□□　城西貳里孔進渠　東至渠　西張住海　南安苟仁　北傅阿洛子
32 壹段壹畝永業□□　城南貳里索渠　東安浮利顛　西安槃　南至渠　北至渠
33 壹段壹畝永業[常]田　城南捌里滿水渠　東至渠　西至荒　南至渠　北至渠
34 壹段壹畝永業□田□易　城東伍里胡道渠　東至荒　西管曹　南管曹　北至渠
35 壹段壹畝[永]□□□　城西柒里楡樹渠　東至渠　西追福寺　南曹守龍　北張延達
36 壹段[貳]□□□□田叁易　城東五里胡道渠　東至渠　西常田　南夏護　北夏護

二　唐開元十三年（公元七二五年）殘文書
64TAM27:47/5

三　唐追問楊某殘文書(一)
64TAM27:47/2

三　唐追問楊某殘文書(二)
64TAM27:47/4

壹段壹畝永〔一〕

37 壹段貳畝永業 部田叁易 城西七里屯頭渠　東張臺武

西王懷願　南至渠　北衞延歡

38 壹段肆拾步居住園宅

注釋

〔一〕此處一行係後人戲書，與本件內容無關。

二　唐開元十三年（公元七二五年）殘文書

1 開元十三年三月□

三　唐追問楊某殘文書

（一）

1 □見在，請追問即知所□

（二）

1 □追楊□

六　唐經義《論語》對策殘卷(一)
64TAM27:41

五　唐殘文書
64TAM27:47/1

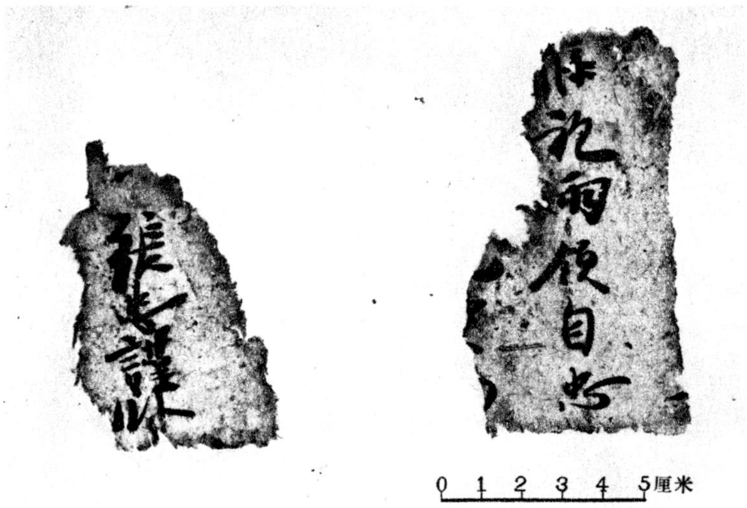

四　唐張忠殘牒　　64TAM27:52/1,52/2

四　唐張忠殘牒

1 [　　]緤袍兩領，自忠[　　]
2 [　　]張忠謹牒

五　唐殘文書

1 行懷不思[量][　　]
2 親居不見如[　　]

六　唐經義《論語》對策殘卷

本件為經義《論語》對策之抄本，字跡稍有異同，似不出一人之手，但內容相同，今定為一件。

（一）

1 [　　]危致命。　對：此明子張[　　]
2 [　　]忠，祭思宿敬之心，喪(喪)[　　]
3 [　　]士見危致命，見得
4 [　　]可[也][　　]

六　唐經義《論語》對策殘卷(二)
64TAM27:42

六　唐經義《論語》
對策殘卷(三)
64TAM27:50/3

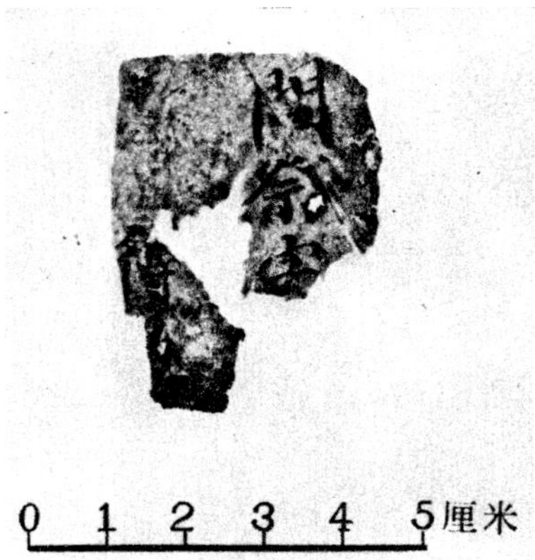

六　唐經義《論語》對策殘卷(四)
64TAM27:50/1

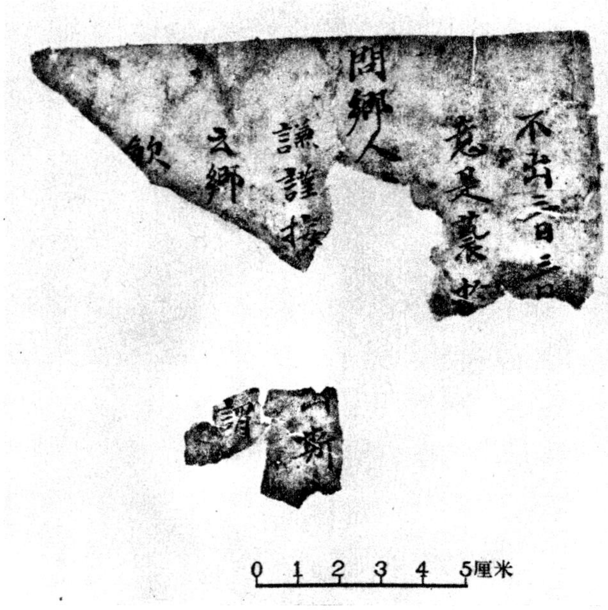

六　唐經義《論語》對策殘卷(五)
64TAM27:49,48/6

（二）

1 □歸也。德謂利祿。仰明事[由](?)者□
2 □（篇）扁者，子張扁也。謹對。
3 □問主。　對：此明哀公失□□□
4 □社無教令□人，而人事之，故問□

（三）

1 □[脩][篇]也。□□。
2 □對：此明
3 □[論]其祭祀若用[祭][宍]不

（四）

1 問：祭宍□
2 得□

（五）

1 不出三日，三□
2 意，是褻於□
3 問：鄉人□
4 謙。謹按□[出]，斯□
5 云：鄉□謂□
6 飲□

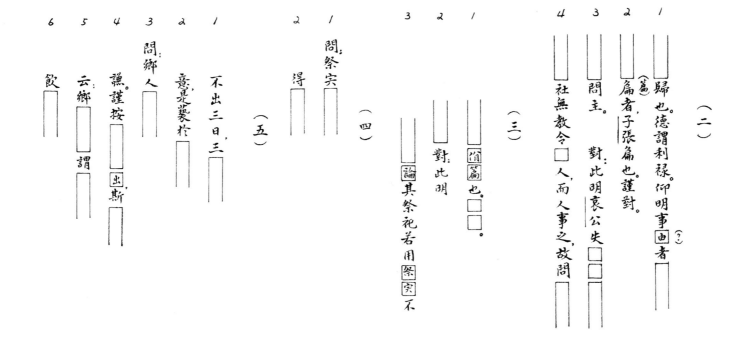

六　唐經義《論語》對策殘卷(六)
64TAM27:48/2

六　唐經義《論語》對策殘卷(七)
64TAM27:48/1,48/3

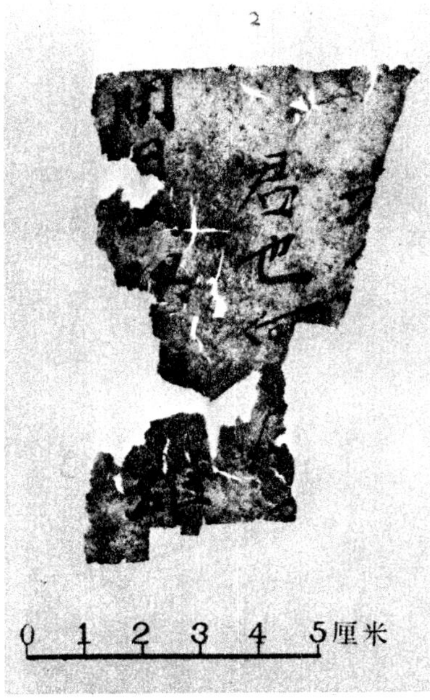

六　唐經義《論語》對策殘卷(八)
64TAM27:50/2

（六）

1 □出，孔子從而後出□
2 □於何處者，六十杖於□
3 □[何][文]者，王制文也□

（七）

1 □年六十杖於鄉□
2 於國，八十杖於[朝]□
3 黨篇也。謹對。□
4 對：此明天子班歷□

（八）

1 君也何[篇]□
2 問曰：山梁[雌]雉□

六　唐經義《論語》對策殘卷(九)
64TAM27:50/6

六　唐經義《論語》對策殘卷(九)
64TAM27:43

六　唐經義《論語》對策殘卷(九)
64TAM27:50/5

六　唐經義《論語》對策殘卷(九)
64TAM27:40

（九）

返為殿，是其[功]。□□[城]門，[乃]榮(策)其馬，為馬不[進]，
夫子歎之，因說此□□。子曰：孟之返不伐，奔而殿，
將入門，榮其曰：非敢後，馬不進。注云：孟之返，魯
大夫，名之□。□伐者，不自伐其功。軍在前曰
啟，在後曰殿。時魯有(右)師為齊國□所敗於[郎]，
右師奔而之側返殿之，是其功。□[入][門]乃榮
其馬，為其馬不進之辞，是其不□

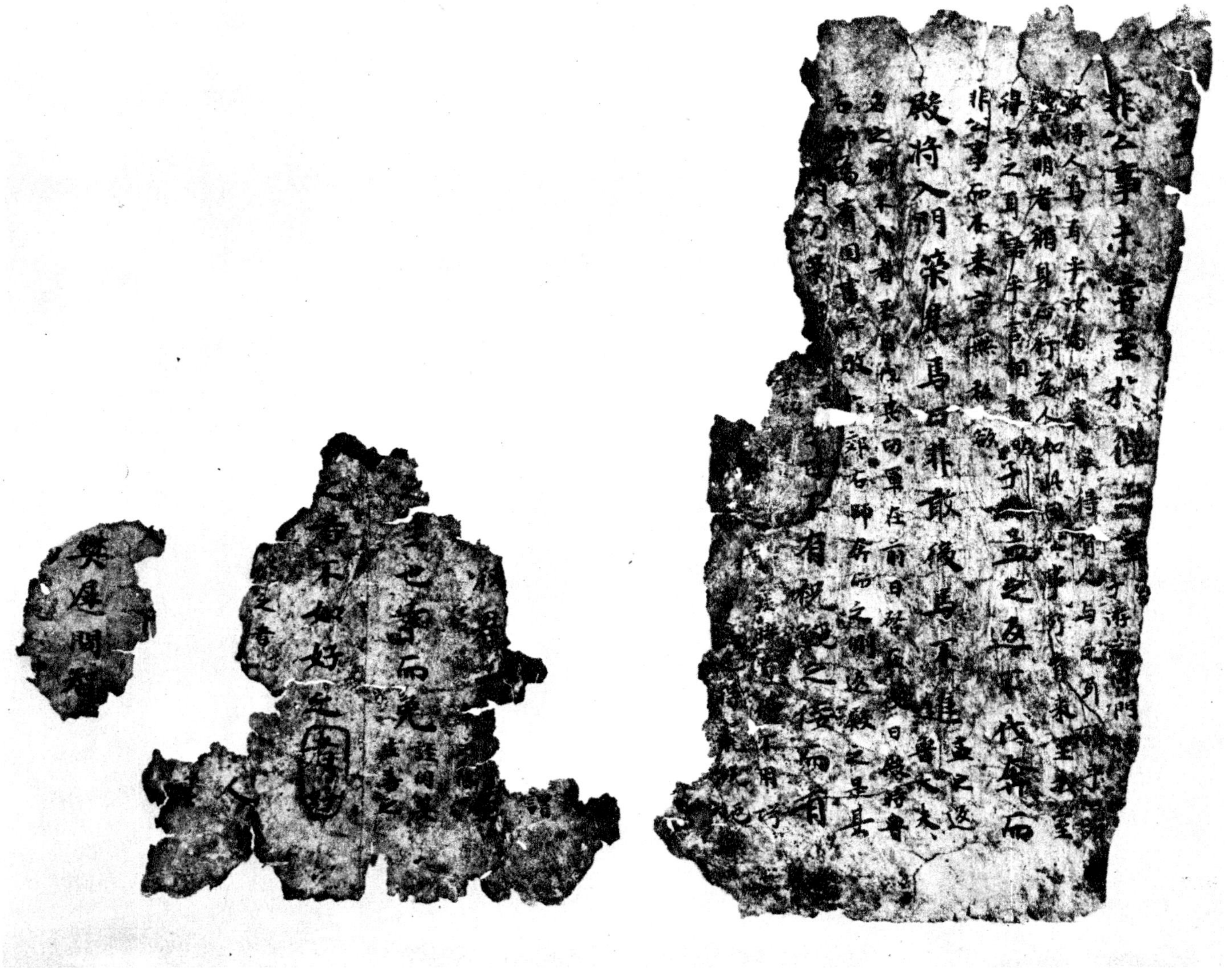

七　唐景龍二年(公元七〇八年)寫本《論語》鄭氏注《雍也》、《述而》、《泰伯》、《子罕》、《鄉黨》殘卷(一)
64TAM27:23(a),24(a)

七　唐景龍二年(公元七〇八年)寫本《論語》鄭氏注《雍也》《述而》《泰伯》《子罕》《鄉黨》殘卷

本件有烏絲欄，並有朱墨句讀。現將朱色者標以「○」，墨色者標以「、」。

(一)

1 人焉耳
2 非公事。未嘗至於偃之室 子游之同門徒(步)□
3 汝得人焉耳乎。汝爲此宰寧得賢人与之耳語乎。曰有澹滅明者。脩身正行爲人如此因公事乃肯來至我室。
4 得与之耳語乎。言相親昵非公事而不來。言無私欲 子曰孟之返不伐奔而
5 殿。將入門策其馬。曰非敢後。馬不進 孟之返魯大夫
6 名之側。不伐者不自伐其功。軍在前曰啓。在後曰殿。時魯古師爲齊國晝所敗於郎。古師奔而之側返殿之。是其
7 □將入門乃〻其馬爲(伐)其功 子曰不有祝鮀之佞。而有
8 (今)(之)代 (遂)(時)道□不用巧而言令色得寵祝鮀
9 (出)
10 道
11 情 謂
12 後君子 羊之根 子
13 之生也幸而免 註同其生善之
14 知之者不如好之(者)(好)
15 (樂)之者 諜 (子)□□人
16 人□下□□(以)
17 樊遲問智(子)

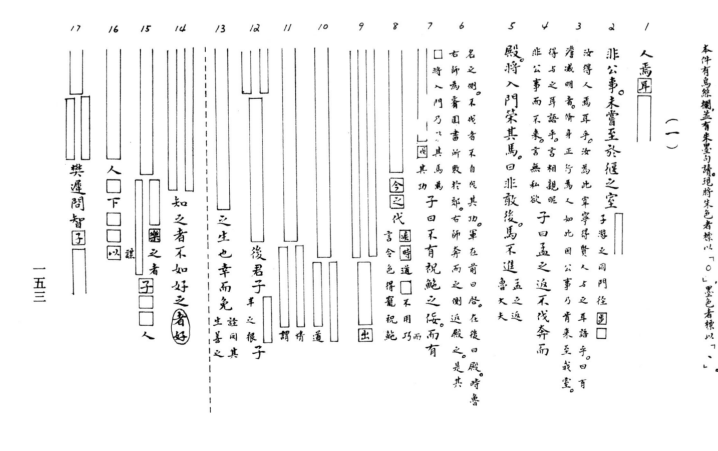

七　唐景龍二年（公元七〇八年）寫本《論語》鄭氏注《雍也》、《述而》、《泰伯》、《子罕》、《鄉黨》殘卷（一）　64TAM27:25(a)

七　唐景龍二年（公元七〇八年）寫本《論語》鄭氏注《雍也》、《述而》、《泰伯》、《子罕》、《鄉黨》殘卷（二）　64TAM27:26(a)

……[便]人[神]……
……問仁獲[得]□勤勞而後受祿[子]曰智
……仁者樂[山]智者樂(施)生。万物如水之性仁者樂䖐与。如山之性智
者動。仁者靜如水□汩行如山之安止智者樂。仁者壽言性動者
多所樂性靜者多(受)壽考子曰齊一變至於魯。〻一變。至於
道言齊魯俱有周公[太]公之餘化太公大賢。周公聖人。今其政教雖衰。若有明君興之齊〻可使如魯。奇
使如大道行之時也、子曰觚不觚。觚哉觚哉觚爵名容二升。孔子削觚。志有
……[哉][觚]哉。[歎]觚……□□問□□

（二）

之師謂所從學者則尊敬之子曰[天]□[德]……[其]如予
何天生德者謂魋宋大夫司……性使我制作法度桓……孔子欲煞之時孔子在宋
二三子汝以我為隱子乎吾無隱於尒□二三子[謂]
諸弟子聖人智廣道大弟子學之不能[及]……狹要術乃見[於]……[故][解]之……
[於][汝]乎□……

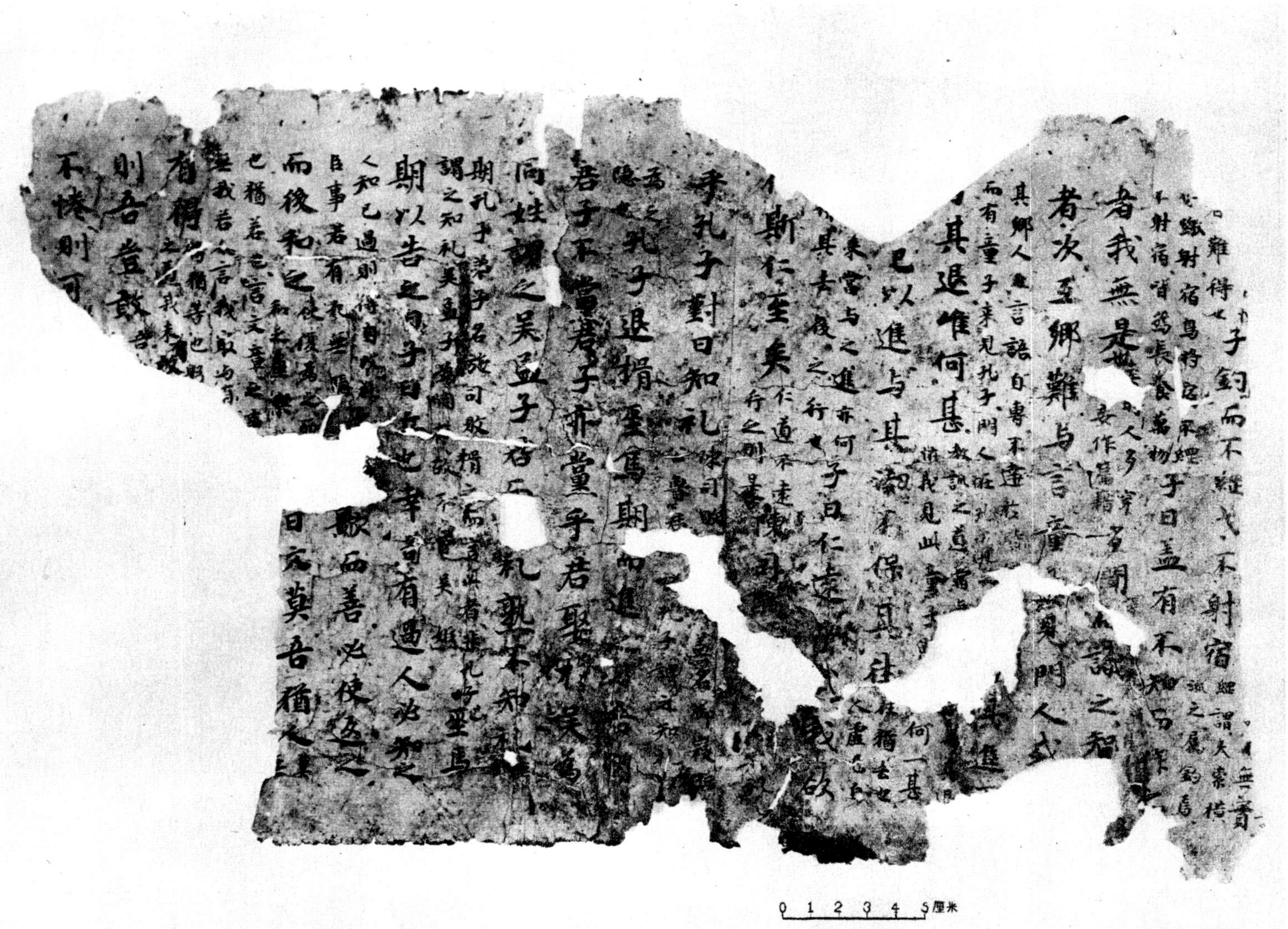

七　唐景龍二年(公元七〇八年)寫本《論語》鄭氏注《雍也》、《述而》、《泰伯》、《子罕》、《鄉黨》殘卷(二)

64　TAM27:27(a),18/11(a)

6　……訁□　無實

7　□難得也　子釣而不綱弋不射宿　綱謂大索横　流之屬釣馬、

8　弋繳射宿鳥將宿不綱　不射宿、皆爲長養萬物　子曰蓋有不知而作之〔一〕

9　者我無是也　[疾]時人多穿　□妄作篇籍　多聞[而]識之知□

10　者次互鄉難与言童[子][显]見門人惑

11　其鄉人[之]言語自專、不達於時□　而有童子、来見孔子、門人恠孔子見[之]　……其進[不]

12　□其退唯何甚　教訓之道當与□□[不]与其[退]　恠我見此童子[惡]□何一甚

13　□□己以進与其潔不保其往　往猶去也　人虚己自

14　□□　……来當与之進亦何　其去後之行也　子曰仁遠乎[哉]我欲

15　[仁]斯仁至矣　仁道不遠　行之則是　陳司敗□□公知礼

16　乎孔子對曰知礼　陳司敗……蓋名御寇照　公魯君□[謚]孔子謂之知礼□

17　爲之　隱也　孔子退揖巫馬期而進之[曰]吾聞

18　君子不黨君子亦黨乎君娶於吴爲

19　同姓謂之吴孟子君[而]□礼孰不知礼[巫][馬]

20　期孔子弟子名施司敗揖之而言此者非孔子也　謂之知礼吴孟子爲同姓故不[言]吴姬　巫馬

21　期以告之曰子曰丘也幸苟有過人必知之

22　人知己過則得自改礼　臣事君有犯無隱　子□□歌而善必使返之

23　而後和之　使復爲之而　和之重樂　……□曰文莫吾猶人　莫　[無]

24　也猶若也、言文章之事　無我若人耳言我家与有……

25　有得　得猶等也躬　之道我未[有][敢]……

26　則吾豈敢　吾……

27　不惓則可……

七　唐景龍二年(公元七〇八年)寫本《論語》鄭氏注《雍也》、《述而》、《泰伯》、《子罕》、《鄉黨》殘卷(三)
64 TAM27:28(b)

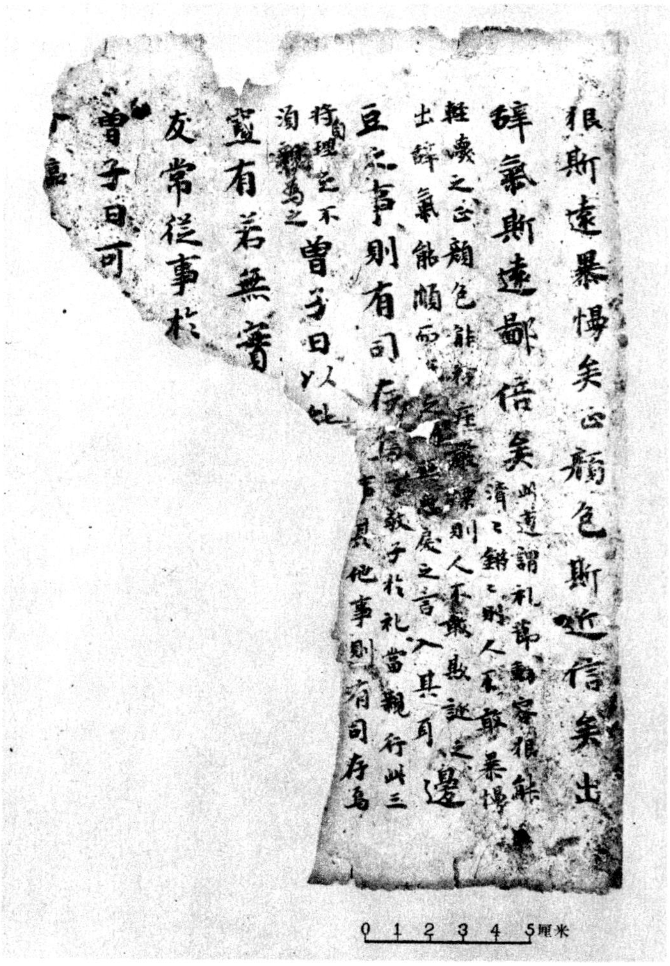

七　唐景龍二年(公元七〇八年)寫本《論語》鄭氏注《雍也》、《述而》、《泰伯》、《子罕》、《鄉黨》殘卷(三)　64 TAM27:28(a)

注　釋

〔一〕「知」原作「智」，下「曰」字塗去。又八、九行間有淡墨字爲：「[擇]□者而從之，其不［　］」。

（三）

1　很。斯遠暴慢矣。正顏色。斯近信矣出

2　辭氣。斯遠鄙倍矣 此道謂礼節。動容狠能濟濟鏘鏘。則人不敢暴慢

3　輕賤之。正顏色能[矜]莊嚴慄。則人不敢欺誕之出辭氣能順而[說]之[則]無惡戾之言入其耳 邊

4　豆之事、則有司存焉 言敬子於礼當親行此三事。其他事則有司存焉〔一〕

5　將自理之不須親爲之 曾子曰、以[能]［　］〔二〕

6　寡。有若無、實［　］

7　友常從事於［　］

8　。曾子曰可［　］

9　□[臨]［　］

注　釋

〔一〕本段第三、四行紙背均有倒寫「高昌縣」三字。

〔二〕本段第五行紙背寫有「譚孝忠」三字。

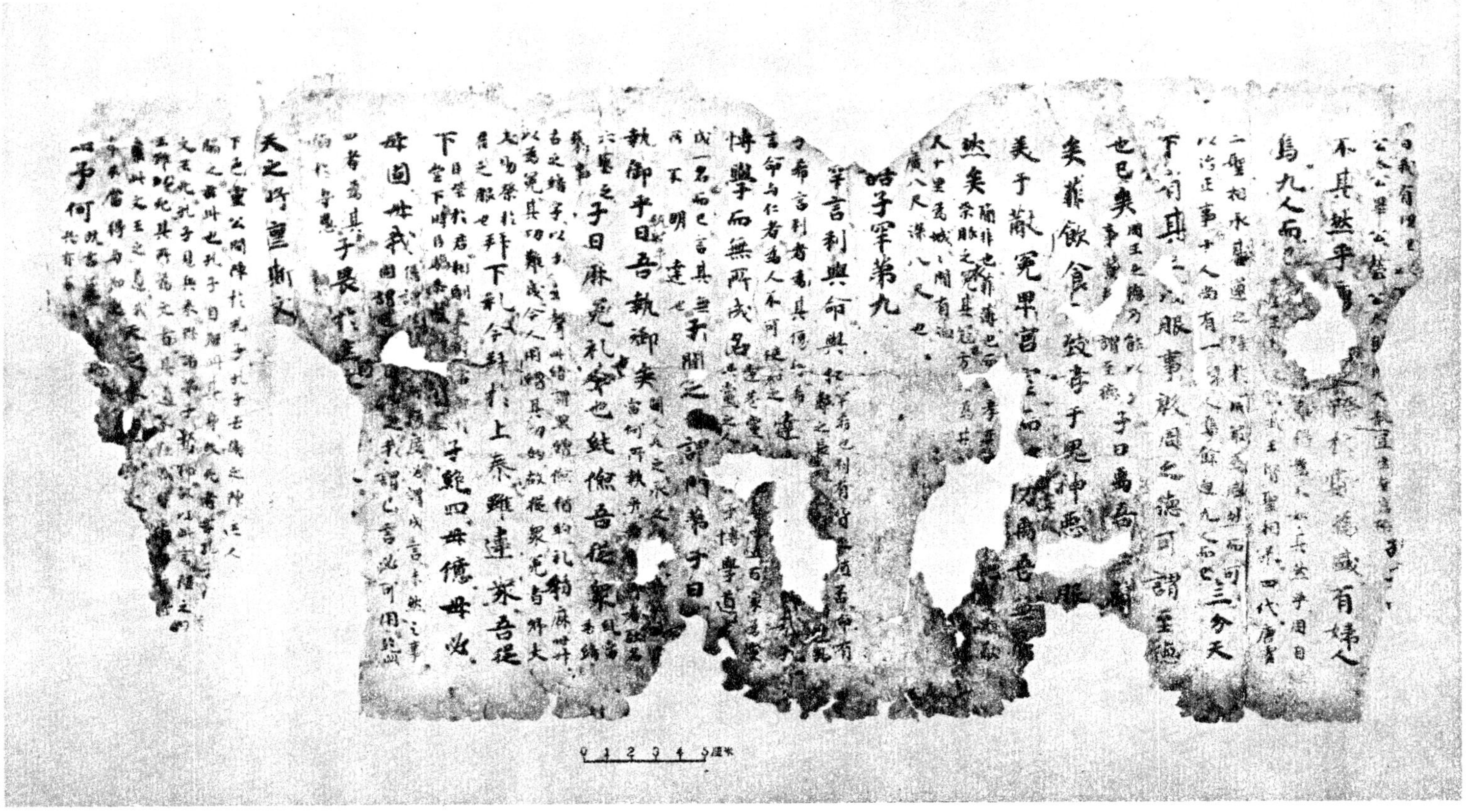

七　唐景龍二年(公元七〇八年)寫本《論語》鄭氏注《雍也》、《述而》、《泰伯》、《子罕》、《鄉黨》殘卷(三)
64TAM27:29(a),30(a)

曰我有理理政事□ 公太公畢公榮公太顛□天散宜生南括 孔子曰□□
不其然乎唐□之際於斯為盛有婦人
焉，九人而已 □耆難得豈不如其然乎，周自 大王王季文王武王賢聖相承，四代，唐虞
二聖相承，期運之隆於周最為盛，然而可 以治〻正事者十人，尚有一婦人焉，餘適九人而已 三分天
下有其二以服事殷周之德，可謂至德
也已矣 周王之德乃能以多 事寡，故□謂至德 子曰禹吾無間□
矣菲飲食□致孝于鬼神惡□服□□
美乎黻冕卑宮室而□力於溝洫禹吾無間
然矣 間非也，菲薄也，而致孝于□祀豐潔黻 祭服之衣冕其冠方里為井□四尺□四
尺十里為城，〻間有洫 廣八尺，深八尺也。
□語子罕第九
□罕言，利與命與仁 罕希也，利有貨之殖，否命有 壽之長短，仁有□達孔
子希言利者，為其傷行，希 言命与仁者，為人不可使知之 達□天哉孔子
博學而無所成名 達巷黨書□名也，五百家為黨， 此黨之人□孔子博學道藝□
成一名而已，言其無 所不明達也 子聞之○謂門弟子曰吾□□
執御乎曰吾執御矣 執射乎 聞人美之，承之以□吾於此所名 當何所執乎，吾執御者，欲名
六藝之 藝事 子曰麻冕礼也今也純儉吾從眾 純當 為緇
古之緇字以才□聲，此緇謂黑繒，儉猶約，礼績麻卅升 以為冕，其功難成，今人用繒，其功約，故從眾，冕者卿大
夫助祭於 君之服也 拜下礼也今拜於上泰也雖違眾吾從
下 臣祭於君相酬受爵當拜於 堂下，時臣驕泰○拜□□上 子絕四毋億毋必
毋固毋我 億謂以□□所疑度，必謂成言未然之事 固謂已事固然之，我謂己言必可用，絕此
四者為其 陷於專愚 子畏於匡曰文□

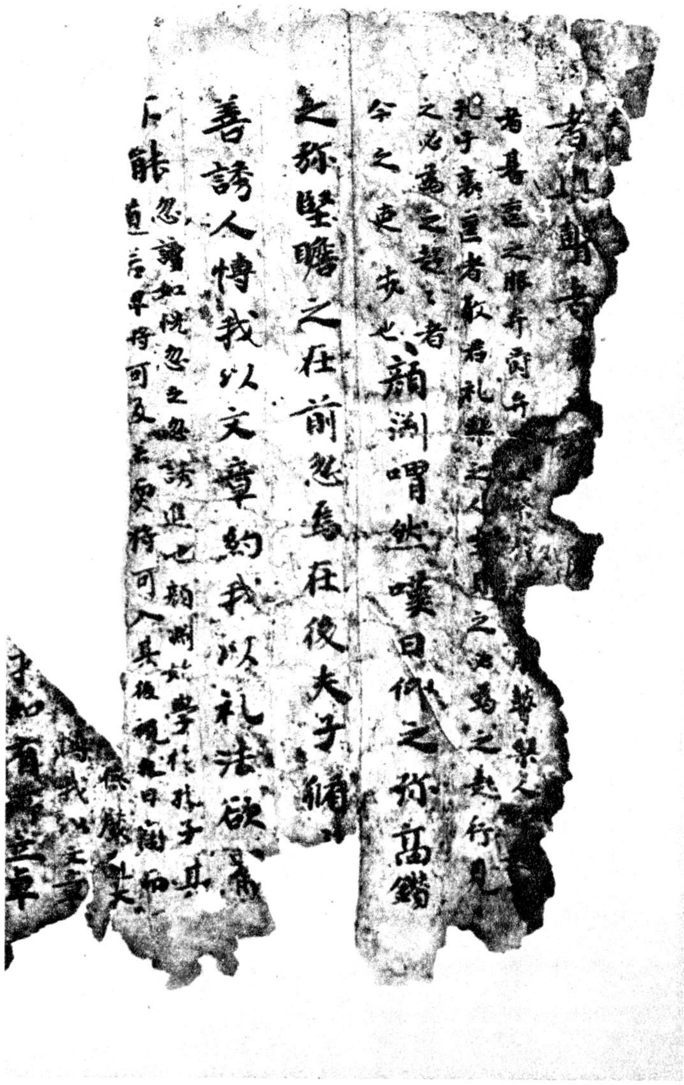

64　TAM27:31/1(a),31/2(a)

32 天之將喪斯文[　　]
33 下邑靈公問陳於孔子孔子去衛之陳匡人以[　　]脇之茲此也孔子自(知)此其身後死者亦孔子□[記][　　]
34 文王死孔子見兵來恐諸弟子驚怖故以此言彊之曰[　　]王雖已死其所為文者其道不在我身乎天若將[　　]
35 (棄)此文王之道我本不當得与知之　天之[未][喪][斯][文][　　]
36 如予何　既言遂[微]服而兵亦不復[　　]
37 [　　][与]何期[　　]
38 子多乎哉不[多][　　]
39 事也　牢曰子云、吾不[　　]
40 少不見用、故多伎藝　子曰吾[有][　　]
41 事[於]我悾悾[　　]
42 [　　]矣[天][道]有[道][　　]
43 者與瞽者見之雖□[必][　　]
44 者。暮喪之服。弁爵弁服士祭於君[之][服]。瞽樂人作起也孔子哀喪者。敬君禮樂之人尘見之。必為之起行見[　　]
45 之。必為之趍、者今之吏步也。　顏淵喟然嘆曰仰之弥高鑽
46 之弥堅。瞻之在前。忽焉在後。夫子循循□
47 善誘人。博我以文章。約我以礼法。欲[罷]
48 [不]能　忽讀如恍忽之忽　誘進也顏淵始學於孔子。其[一]道若[卑]將可及若更將可入。其後視之曰[高]而[　　]□德廣道大。
49 [　　][　　]則□博我以文章

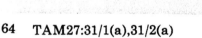

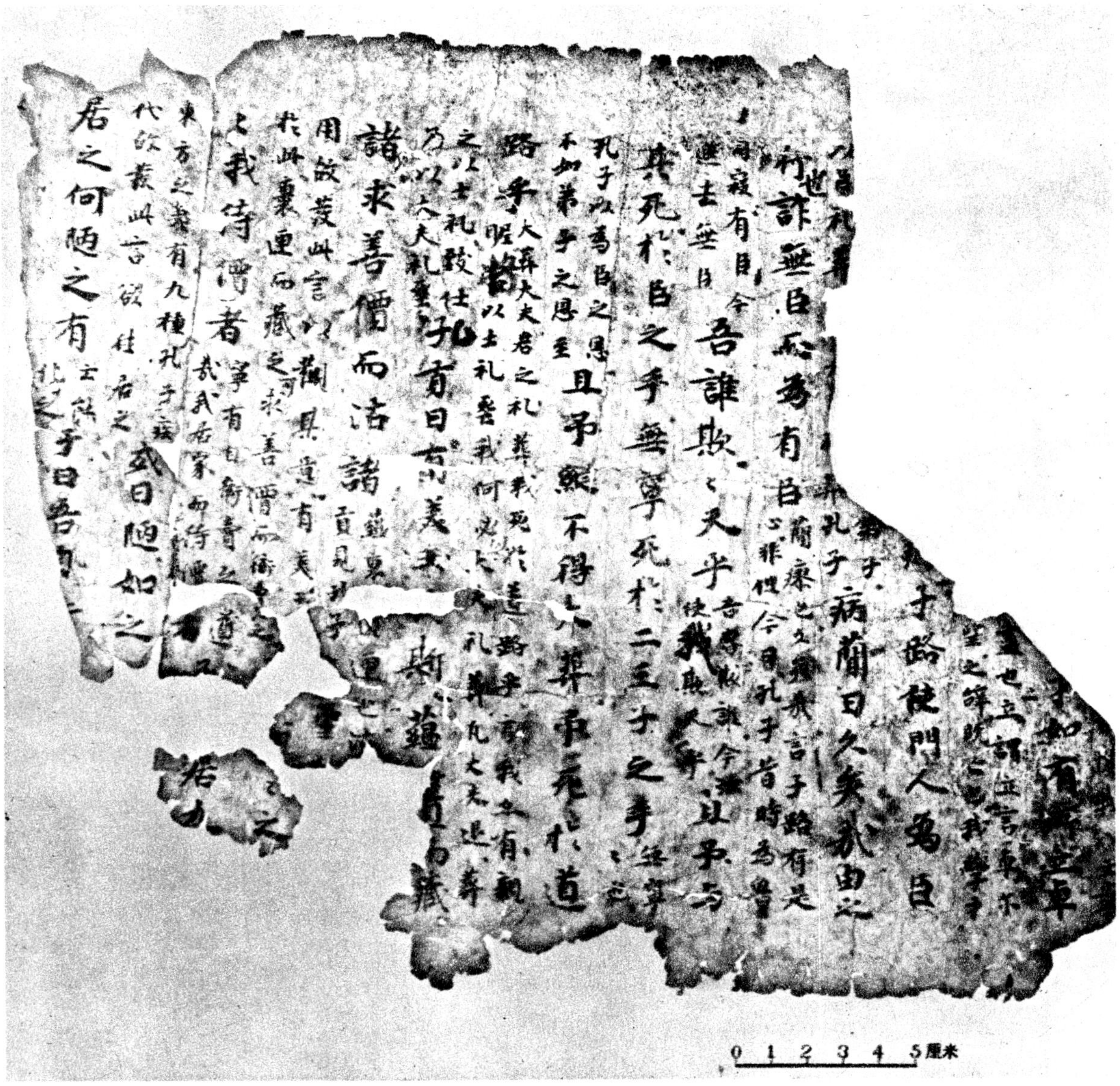

七　唐景龍二年(公元七〇八年)寫本《論語》鄭氏注《雍也》、《述而》、《泰伯》、《子罕》、《鄉黨》殘卷(三)

TAM27:32(a),18/7(a)　　TAM27:32(b),18/7(b)

50 □[才]如有所立卓。

51 □盡也立謂立言卓尔 □望之辭既亡也我學才

52 □[病]子路使門人為臣

53 □弟子。[以]臣礼葬□葬孔子 病蕳曰。久矣哉由之

54 行[也]詐無臣而為有臣 蕳，瘳也，久矣哉，言子路有是心非但今日孔子昔時為魯

55 司寇，有臣今退去無臣 吾誰欺，欺天乎 吾嘗欺誰，今汝使我欺天乎，且予与

56 其死於臣之手無寧死於二三子之手 無寧々也

57 孔子以為臣之恩、不如弟子之恩至 且予縱不得大葬，予死於道

58 路乎 大葬大夫之礼葬，我死於道路乎，言我亦有親眤(暱)以士礼葬我何必大夫礼葬，凡大夫退葬

59 之以士礼，致仕乃以大夫礼葬。子貢曰，有美玉□斯，藴[匵]而藏

60 諸，求善價而沽諸 藴[裹]□[匵]匣也，沽賣見孔子□聖

61 用。故發此言。以觀其意有美[玉]□於此，裹匣而藏之可求善價。而衒賣之 [子]□[沽]之々□□

62 々。我待價者 寧有自衒賣之道，我。我居家而待價(者) [子]□居九□

63 東方之夷有九種，孔子疾代，故發此言。欲往居之 或曰陋。如之□

64 居之。何陋之有 云能化之 子曰。吾[自]□

注　釋

〔一〕本段第四六—四八行紙背有字三行如下：

1 高昌縣 景龍二年三月 日王思智

2 督 磷

3 康舍藏 趙奚照書一卷〇〇

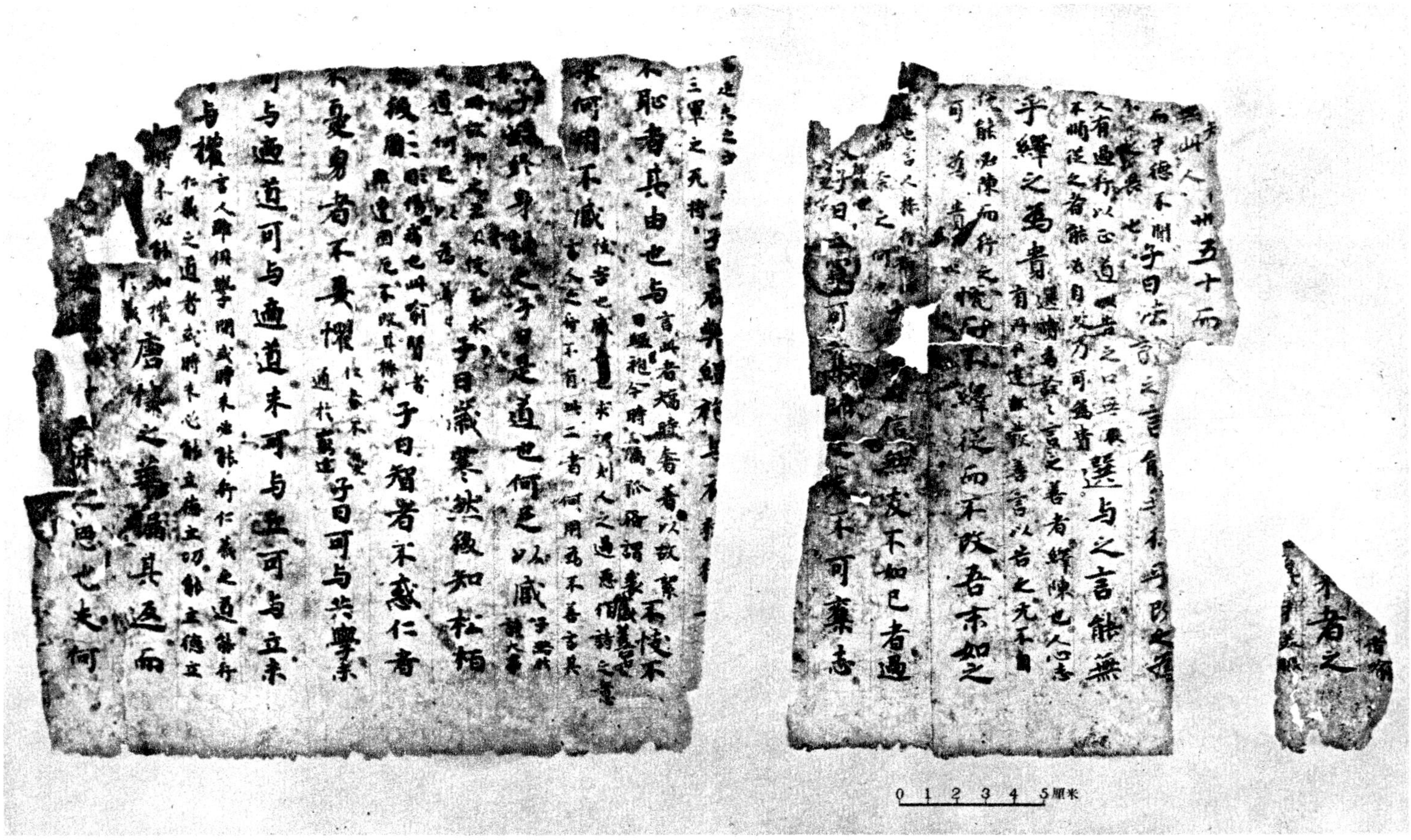

七　唐景龍二年(公元七〇八年)寫本《論語》鄭氏注《雍也》、《述而》、《泰伯》、《子罕》、《鄉黨》殘卷(三)
64TAM27:18/8(a),33(a)

65 ……者。喻……
66 ……來者之
67 ……□其(？)才美服
68 □知□□ □無此人卌五十而……
69 □□而才德不聞。□不足畏也 子曰法語之言能無從乎改之為
70 □人有過行。以正道以告之。口無○ 不順從之者。能必自改。乃可為貴 選与之言。能無
71 □乎。繹之為貴 選讀為巽。巽言之善者。繹陳也。人心志 有所不達。故發善言以告之。无不自
72 □悅。能必陳而行之。□可為貴也 悅而不繹。從而不改。吾末如之
73 □末無也。言人操行如此 □□能奈之何也 子曰主忠信。無友不如己者。過
74 □□□改 憚難也 □也 子曰三軍可奪帥。疋夫不可奪志。
75 言疋夫之守志□ □三軍之死將 子曰衣弊縕袍与衣狐狢□□□
76 不耻者。其由也与 言此者。嫉時奢。奢以放蕩 曰縕袍。今時爲。狐狢謂裘 不忮不
77 求。何用不臧 忮害也。○○○求謂剝人之過惡。臧善也。作詩之意 言人之行不有此二者。何用為不善言其
78 直善 子路終身誦之。子曰是道也。何足以臧 子路於詩大事
79 簡略。故抑之云。不忮不求 之道。何足以為善也 子曰歲寒然後知松柏
80 之後彫 彫傷也。病也。此喻賢者 雖遭困厄。不改其操行。 子曰。智者不惑。仁者
81 不憂。勇者不○懼 仁者不憂。通於窮達 子曰可与共學。未
82 可与適道。可与適道。未可与立。可与立、未
83 可与權 言人雖俱學問。或時未必能行仁義之道。能行 仁義之道者。或時未必能立德立功。能立德立
84 ……或時未必能知權。 ……於經□於義 唐棣之華。翩其返而
85 □□□思室是遠而子曰未之思也夫何
86 ……□ ……翩 ……

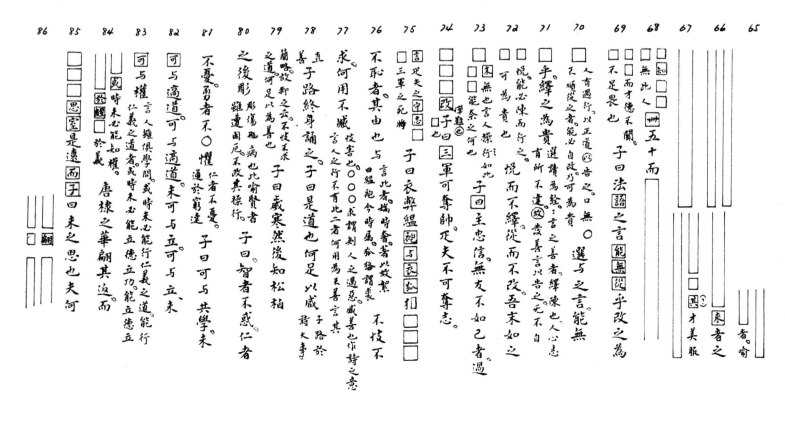

七　唐景龍二年（公元七〇八年）寫本《論語》鄭氏注《雍也》、《述而》、《泰伯》、《子罕》、《鄉黨》殘卷（四）　64TAM27:34

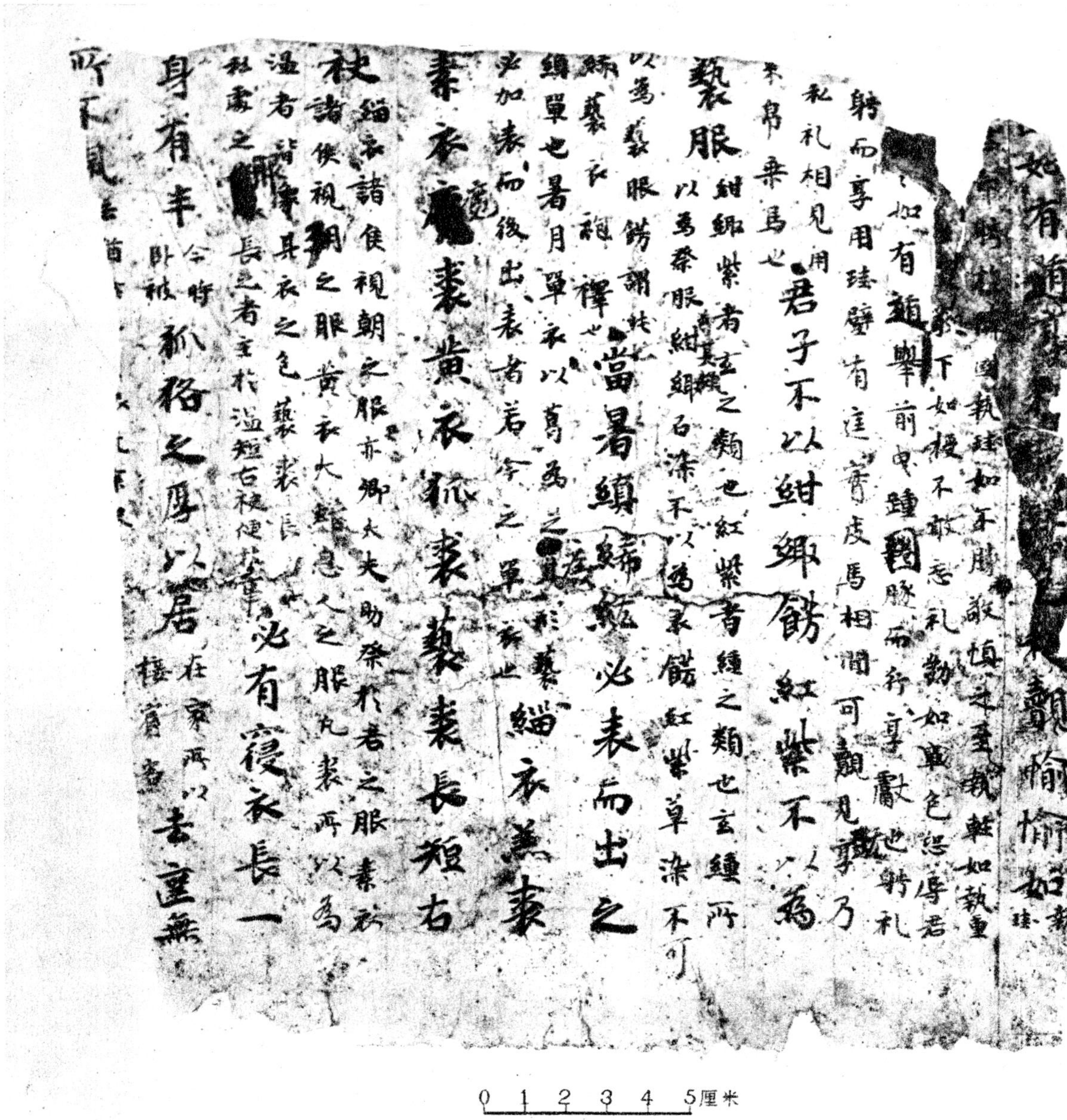

（四）

1 □□如有循（適）享礼有容色私覿愉愉如執圭

2 □君命聘於鄰國執圭如不勝者敬慎之至執輕如執重
□國宜敬下如授不敢忘礼勃如戰色恐辱君
□踖踖如循舉前曳踵圈豚而行享獻也聘礼

3 聘而後享用珪璧有庭實皮馬相間可也覿見既享乃

4 □私礼相見用
束帛乘馬也　君子不以紺緅飾紅紫不以為

5 褻服　紺緅紫者玄之類也紅紫者纁之類也玄纁所
以為祭服□其□紺緅石染不以為衣飾紅紫草染不可
以為褻服飾謂純

6 緣褻衣袍襗也　當暑縝絺綌必表而出之

7 縝單也暑月單衣以葛為之為其形褻
必加表而後出表者若今之單衣也　緇衣羔裘

8 素衣麑裘黃衣狐裘褻裘長短右

9 袂　緇衣諸侯視朝之服亦卿大夫助祭於君之服素衣
諸侯視朔之服黃衣大蜡息人之服凡裘所以為

10 溫者皆象其衣之色褻裘長□也
私處之服○長之者主於溫短右袂便於事　必有寢衣長一

11 身有半　今時臥被　狐貉之厚以居　在家所以接賓客　去喪無

12 所不佩　去猶除

七　唐景龍二年（公元七〇八年）寫本《論語》鄭氏注《雍也》、《述而》、《泰伯》、《子罕》、《鄉黨》殘卷（四）

64TAM27:35

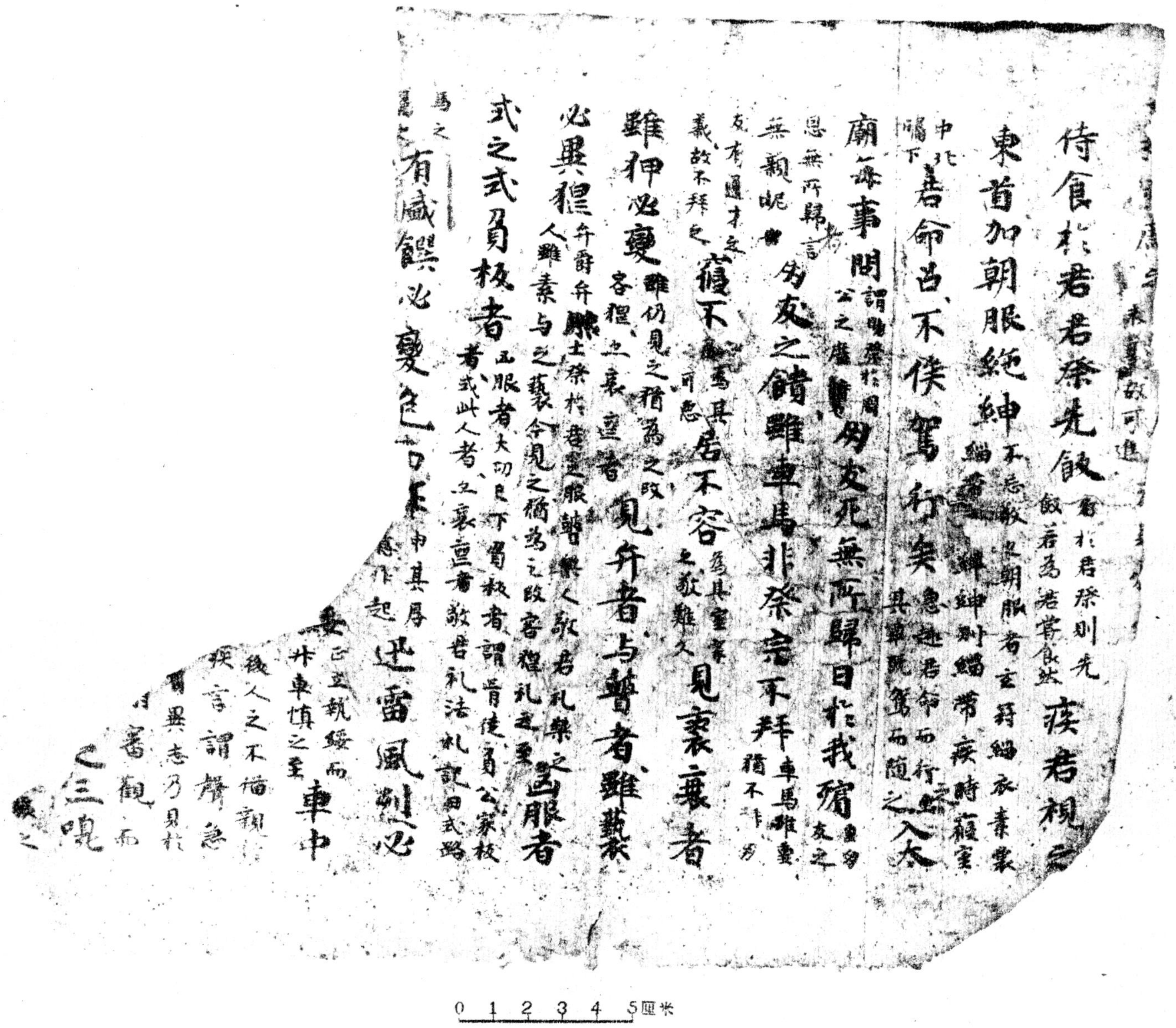

[熟][而][薦]之……未享故可進……
侍食於君君祭先飯（若於君祭則先飯若為君嘗食然）疾君視之
東首加朝服絁紳（不忘敬也朝服者玄冠緇衣素裳緇帶素韠紳則緇帶疾時寢室）
（中北牖下）君命召不俟駕行矣（急趨君命而行之其車既駕而隨之）入太
廟每事問（謂助祭於周公之廟[時]也）朋友死無所歸曰於我殯（重朋友之）
（恩無所歸者言無親昵也）朋友之饋雖車馬非祭肉不拜（車馬雖重猶不拜明）
（友有通才之義故不拜之）寢不□（為其可惡）居不容（為其室家之敬難久）見齊衰者
雖狎必變（雖仍見之猶為之改容貌亦哀喪者）見弁者與瞽者。雖褻
必異貌（弁爵弁服士祭於君之服瞽樂人敬君凡樂之人雖素與之褻今見之猶為之改容貌礼之至）凶服者
式之式負板者（凶服者大功已下負板者謂肯徒負公家板者式此人者亦哀喪者敬君礼法礼記曰式路）
（馬之屬也）有盛饌必變色[而][作]（申其厚[意]作起）迅雷風烈必
……[餒]（正立執綏而升車慎之至）車中
……（彼人之不備覩[指]疾言謂聲急）
……（有異志乃見於□審觀而）
……[之]三嗅
……□之

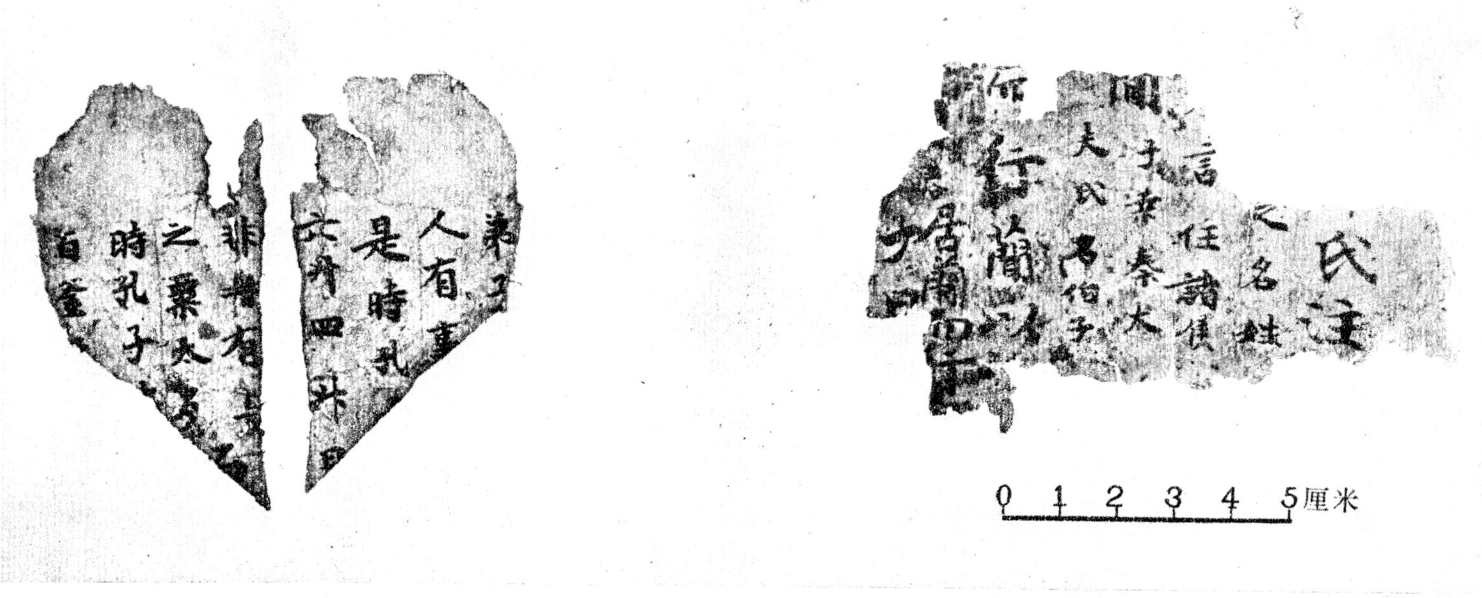

八　唐開元四年(公元七一六年)寫本《論語》鄭氏注《雍也》、《述而》、《泰伯》、《子罕》、《鄉黨》殘卷(一)
64TAM27:18/1

八　唐開元四年（公元七一六年）寫本《論語》鄭氏注《雍也》《述而》《泰伯》《子罕》《鄉黨》殘卷

本件有烏絲欄并有朱墨句讀，現將朱色標以「。」、墨色標以「・」。

（一）

1 [缺]氏注
2 [缺][缺]之名姓 / [缺]言任諸侯
3 [缺]〔簡〕子桑秦大 / 大氏名伯子
4 [缺]〔而〕行簡以[缺]
5 [缺]居簡而〔行〕 / 子〔曰〕[缺]
6 弟子[缺] / 人有事[缺]
7 是時孔〔子〕[缺] / 六升四升[缺]
8 非冉有与[缺] / 之粟。太多[缺]
9 時孔子[缺] / 百釜[缺]

八　唐開元四年（公元七一六年）寫本《論語》鄭氏注《雍也》、《述而》、《泰伯》、《子罕》、《鄉黨》殘卷（一）

64TAM27:18/2

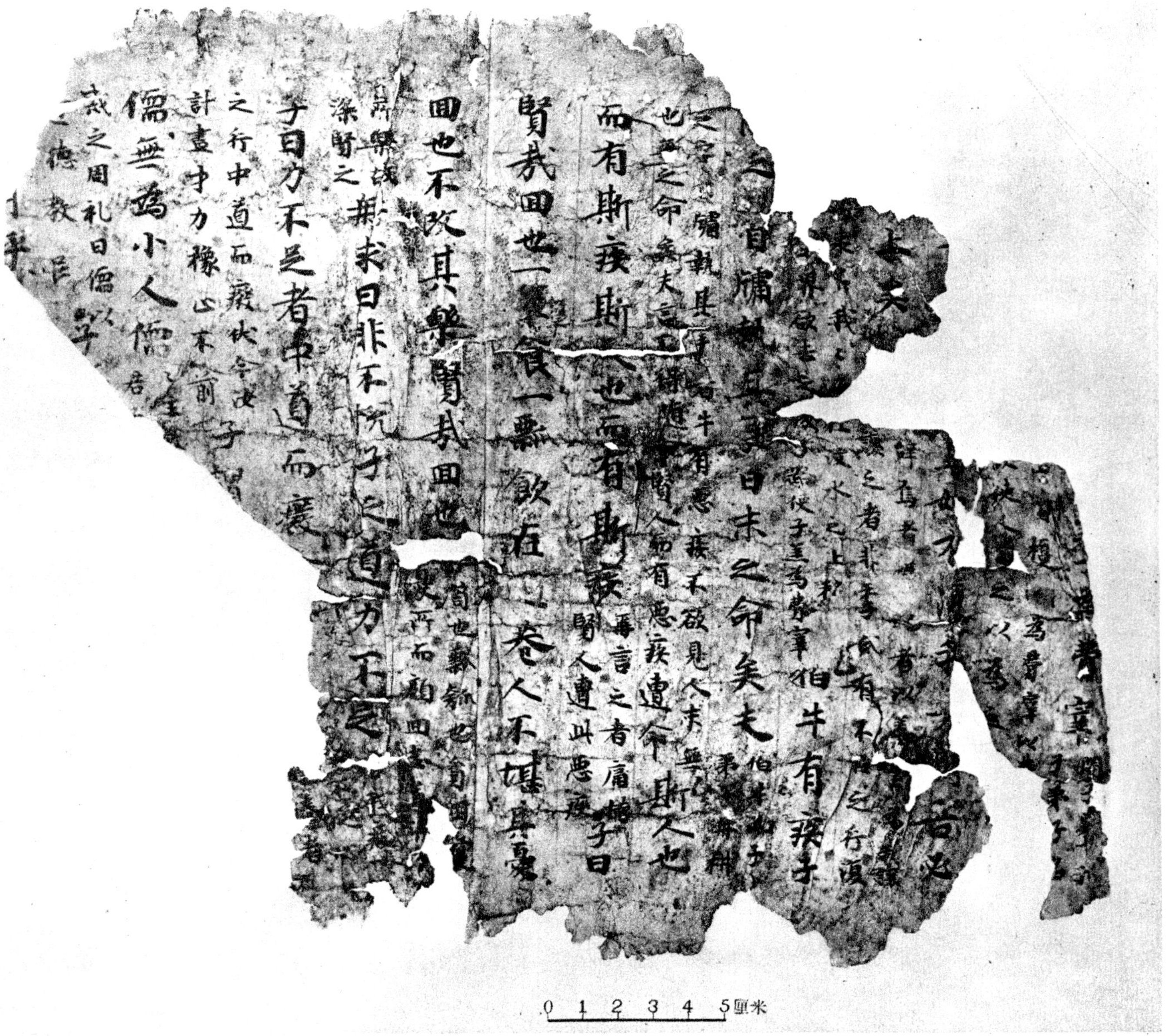

10 ……[寡]為費宰（閔[子][騫]孔子弟子名）……

11 ……山[弗]擾◎為費宰。以[費]……（[以]使人命之。以為之……）

12 ……[焉]如有復我[者]則吾必

13 □□上矣……（辭焉者。□□者以善言為我讓 此□□讓之者。非季氏有不臣之行。復）

14 ……（[復]來召我々[必][在]汶水之上私 ……界。欲去之□子路使子羔為費宰）伯牛有疾。子

15 [問]之〇自牖執其手曰末之命矣夫。（伯牛孔子弟子冉耕）

16 （之字□牖執其手者牛有惡疾不欲見人。末無 也[無]之命矣夫言不得遺□賢人而有惡疾遭命）斯人也

17 而有斯疾。斯人也而有斯疾（再言之者。痛惜賢人遭此惡疾）子曰

18 賢哉回也一簞食一瓢飲。在[陋]巷。人不堪其憂

19 回也不改其樂賢哉回也（□簞也瓢瓠也。貧困□ □憂所。而顏回志道□□）

20 （所樂故 深賢之）冉求曰非不悅子之道。力不足（□[哉]廢惓 力不從心）

21 子曰力不足者中道而廢……[惓]者

22 （之行。中道而廢伏今汝 計畫才力。豫止不前）子[謂]……

23 儒無為小人儒（々々主 君[子]）……

24 （戒之周礼曰儒以 □德教己〔一〕）子……

25 ……乎……

注釋

〔一〕「己」，民字缺筆，避唐太宗諱。

八　唐開元四年（公元七一六年）寫本《論語》鄭氏注《雍也》、《述而》、《泰伯》、《子罕》、《鄉黨》殘卷（一）　64TAM27:18/3

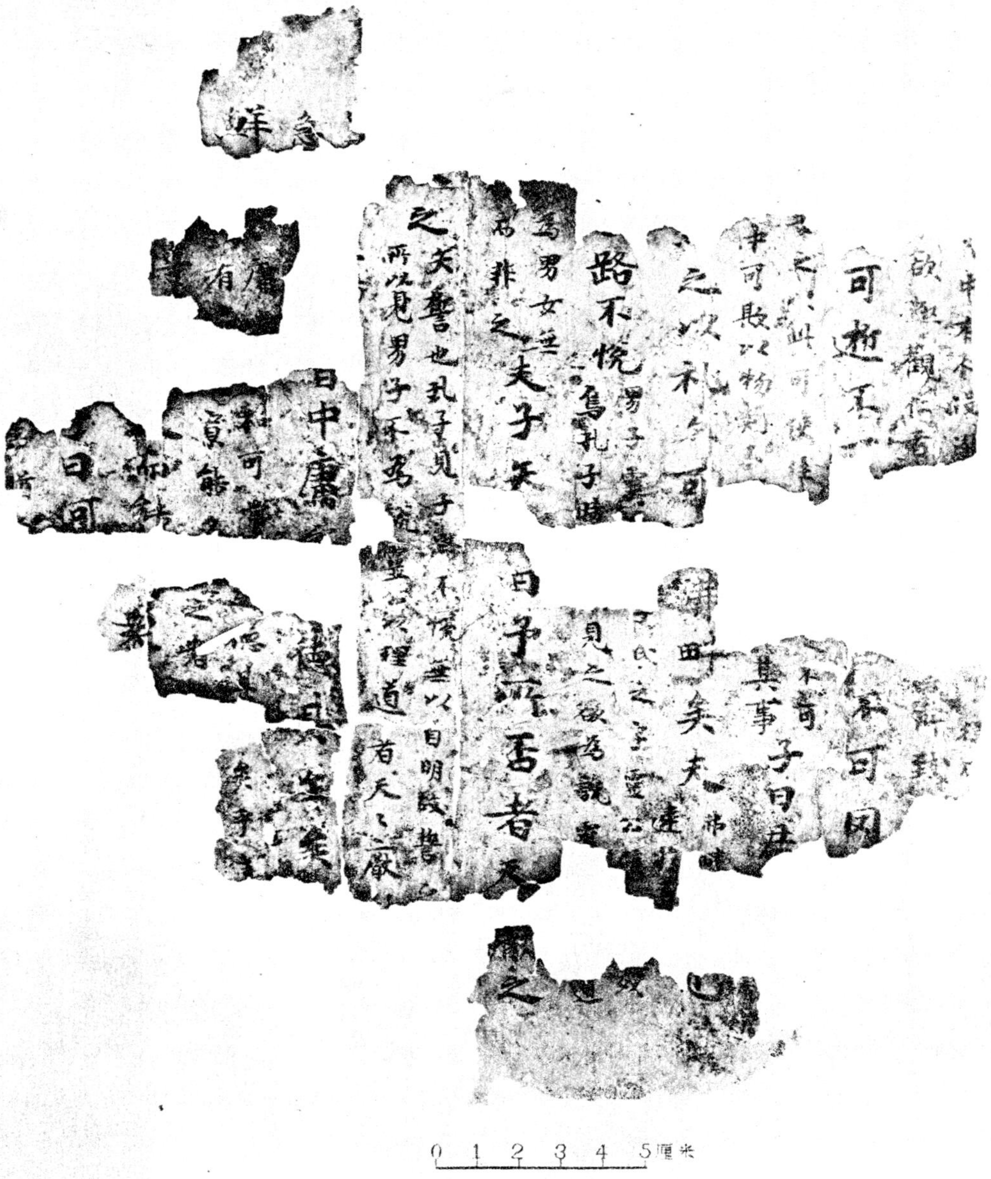

26 □[井][中][有]人没[溺]□下從□　欲極觀仁者□之所致□

27 □可逝不[可]□□[欺]不可罔□

28 □之以此可使往□不可　[中]可欺以物類不□其事　子曰君□

29 □之以礼亦可□弗畔矣夫　弗[畔]□　違於道□□

30 □路不悅　男子靈□氏之字靈公嬰□氏　爲孔子時□□見之欲爲說靈□[道]

31 □　以爲男女無　而非之　夫子矢□曰予所否者天[厭]之

32 □□之　矢誓也孔子見子路不悅無以自明故誓[之]□　所以見男子不爲[說]靈公以理道者天〻厭□

33 □　急□　□曰中庸之□德其至矣□

34 鮮□[矣]　□庸[常]□□和可常□[之]德其□□矣乎□　□育也□□宲能[久]□之者□

35 □[博]□□[人]而能□衆□

36 □[子]曰何□

37 □事[務]□　□

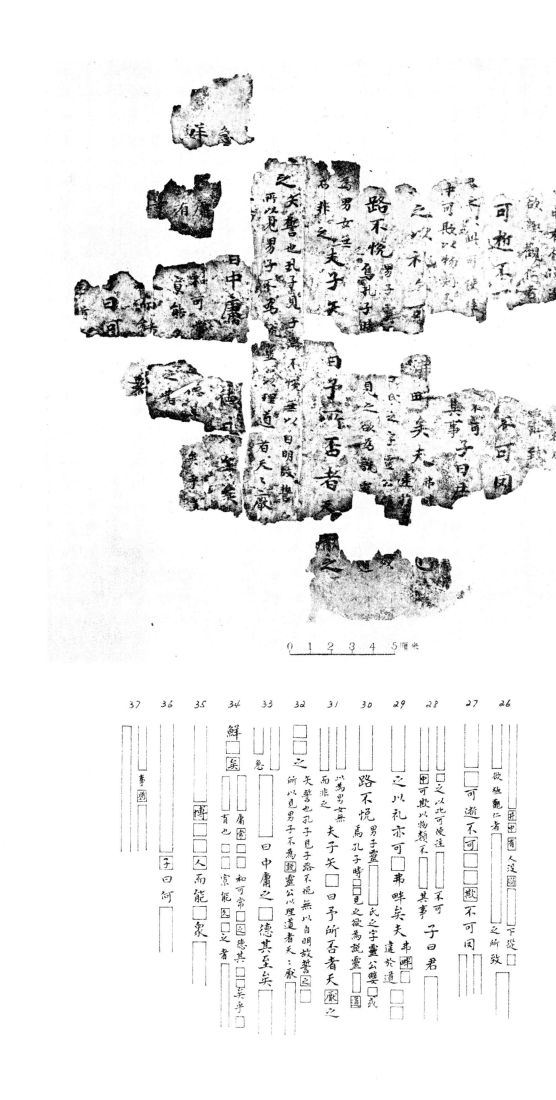

八　唐開元四年（公元七一六年）寫本《論語》鄭氏注《雍也》、《述而》、《泰伯》、《子罕》、《鄉黨》殘卷（二）

64TAM27:18/4

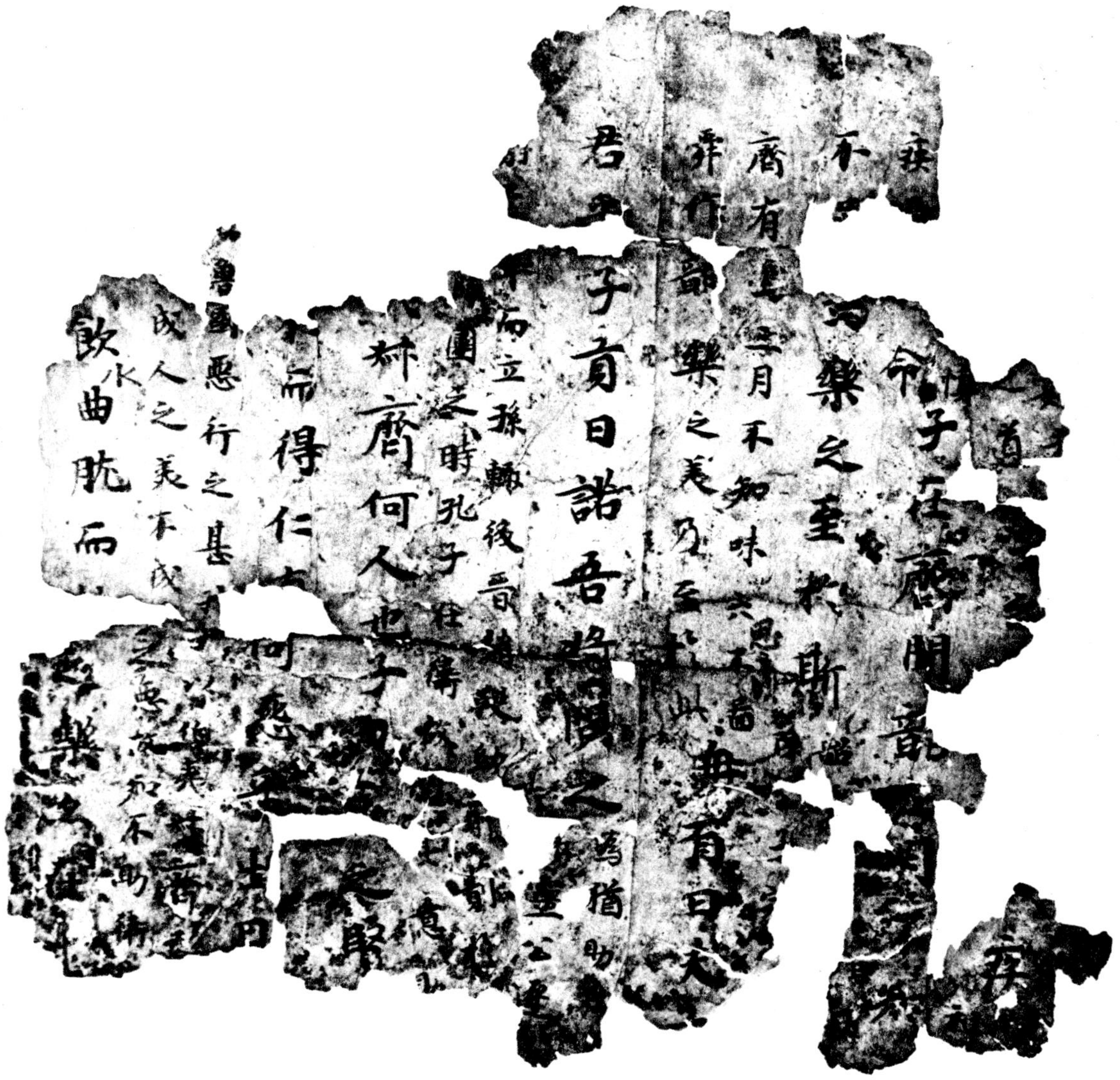

0　1　2　3　4　5厘米

（二）

1 □好者□　之道　子之□□□戊疾　慎　祖□
2 □　疾□□命　慎　子在齊聞韶三月不知□
3 不圖為樂之至於斯　韶□　陳公子完□
4 齊有□三月不知味宍不啚　思□　舜作韶樂之美乃至於此
5 君乎子貢曰諾吾將問之　為猶助也□　□靈公逐太□
6 □□子而立孫輙後晉趙鞅納蒯聵於□　師圍之時孔子在衛故問其意助□
7 □夷叔齊何人也子曰古之賢□
8 □仁而得仁□何怨乎出曰□
9 □　□魯國惡行之甚孔子以伯夷叔齊為　□成人之美不成□之惡故知不助衛也
10 □飲水曲肱而□之樂亦在其□

八　唐開元四年（公元七一六年）寫本《論語》鄭氏注《雍也》、《述而》、《泰伯》、《子罕》、《鄉黨》殘卷（二）

64TAM27:18/5(a)

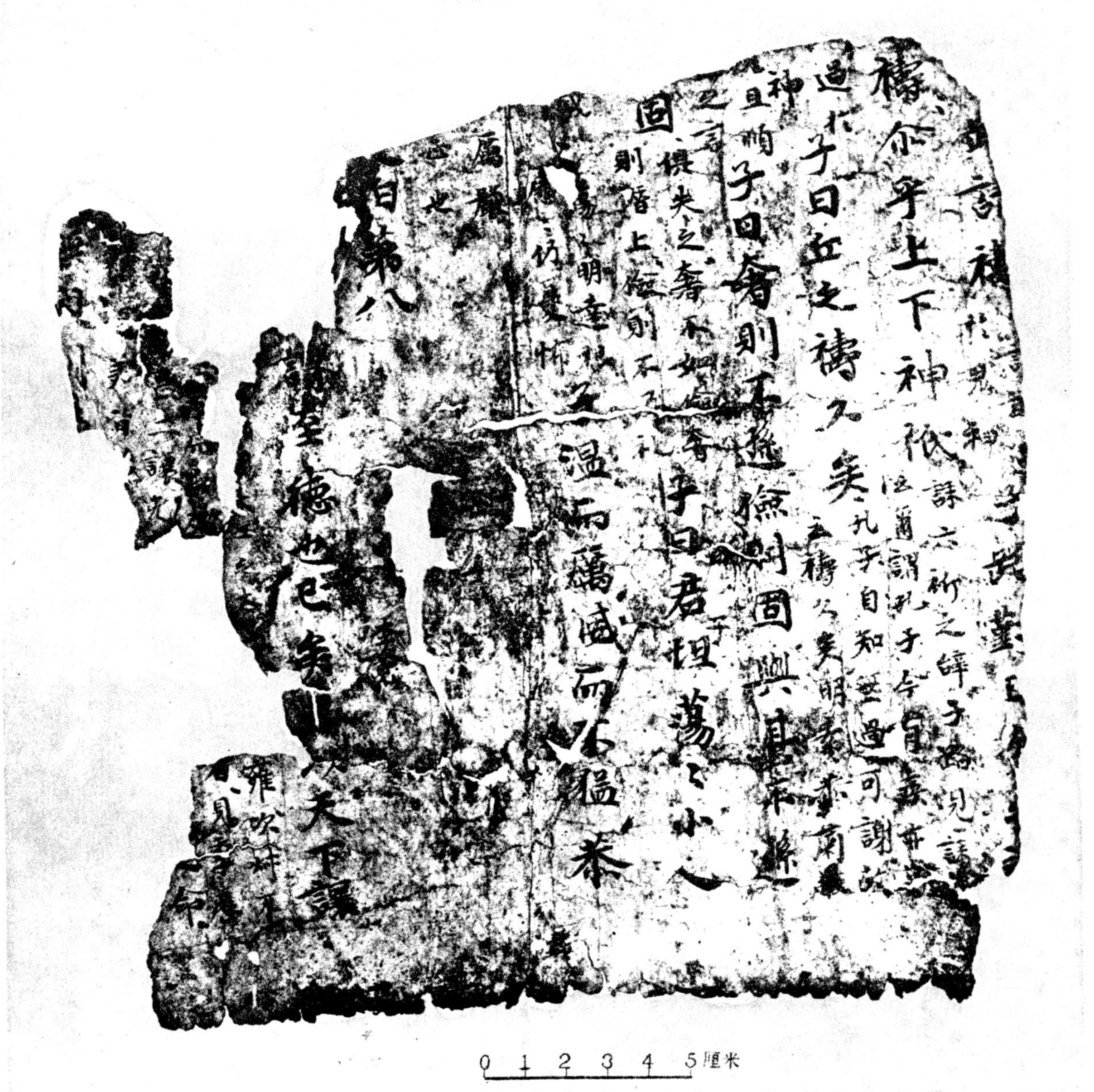

11 [　　]路請禱（□記記遇　於鬼神）子路對曰有之誄

12 □禱尒乎上下神祇（誄六祈之辭子路見誄[　]　云篇謂孔子今有疾亦□）

13 [　]過於[　]　子曰丘之禱久矣（孔子自知無遇可謝故　云禱久矣明素恭肅敬）

14 [　]鬼神且順[　]之言　子曰奢則不遜儉則固與其不遜

15 □固（俱失之奢不如儉奢　則僭上儉則不及礼）　子曰君子坦蕩ミ小人

16 □戚ミ（蕩ミ明達狠　戚ミ仍憂怖）　子温而厲威而不猛恭

17 □□（厲嚴　正也）

18 □伯第八　　李景仙

19 [　　]謂至德也已矣三以天下讓

20 [　　]（大王之太子[　]雍次叔不　[　]王没而不返[　]見季歷）

21 [　　]（[　]斧亶二讓免[　]命　[　]讓ミ之美皆[　]）

八　唐開元四年（公元七一六年）寫本《論語》鄭氏注《雍也》、《述而》、《泰伯》、《子罕》、《鄉黨》殘卷（二）

64TAM27:18/6

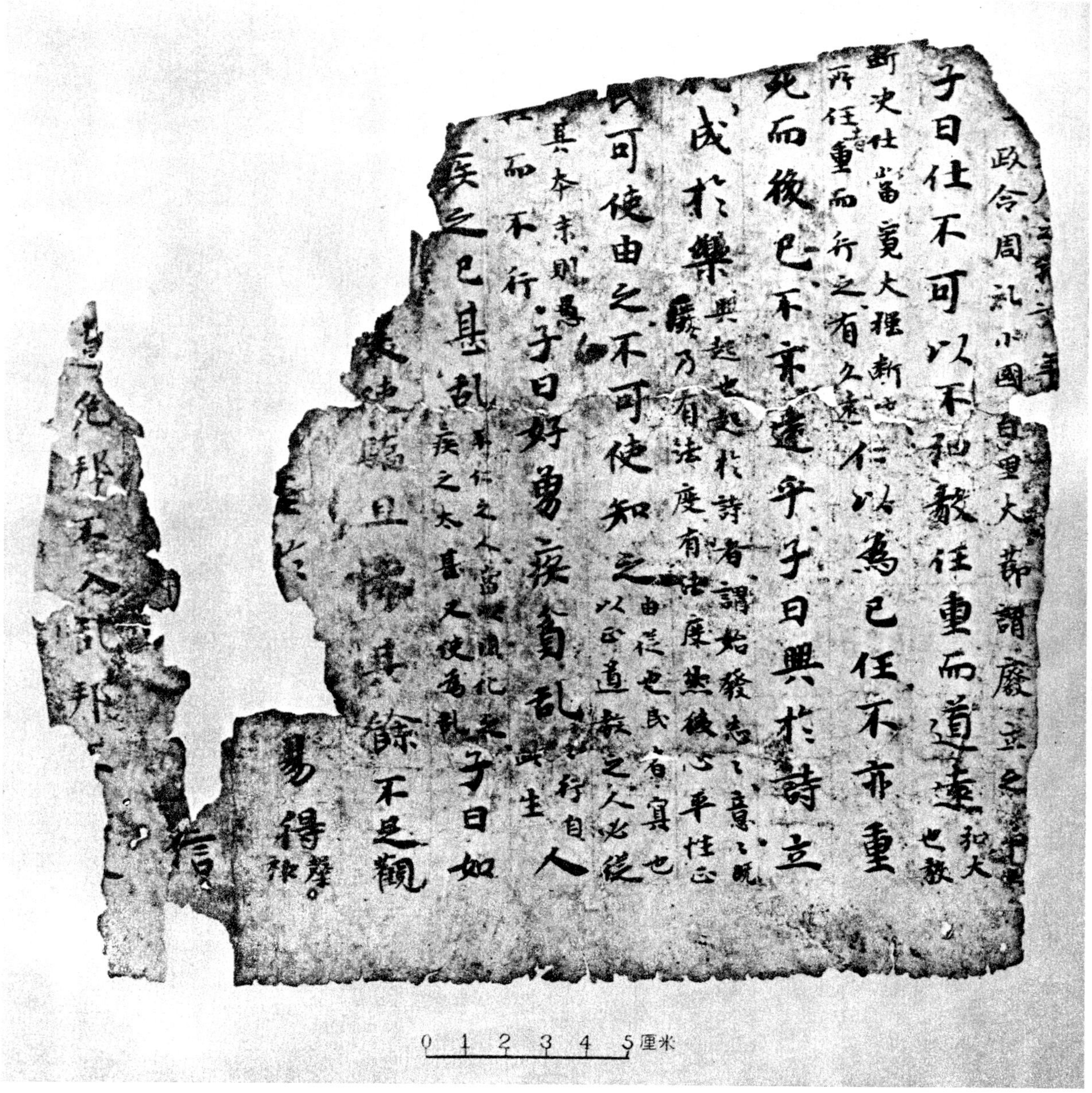

□也 六尺之孤謂年□五 政令周礼小國百里大節謂廢立之爭
子曰仕（任）不可以不弘毅任重而道遠 弘大也毅
□ 斷決仕（任）當寬大強斷決 所任者重而行之有久遠 仁以為己任不亦重
□死而後已不亦遠乎子曰興於詩立
□礼成於樂 興起也起於詩者謂始發志〻意〻既廢乃有法度有法度然後心平性正
□□民可使由之不可使知之 由從也民者冥也以正道教之人必從
其本末則愚而不行 子曰好勇疾貧乱〻行自此生 人
疾之已甚乱 不仁之人當以風化之疾之太甚又使為乱 子曰如
美使驕且悋其餘不足觀
至於□□易得 穀祚
篤□子□□信
道危邦不入乱邦不
□□

八　唐開元四年（公元七一六年）寫本《論語》鄭氏注《雍也》、《述而》、《泰伯》、《子罕》、《鄉黨》殘卷（三）

64TAM27:18/9(a)

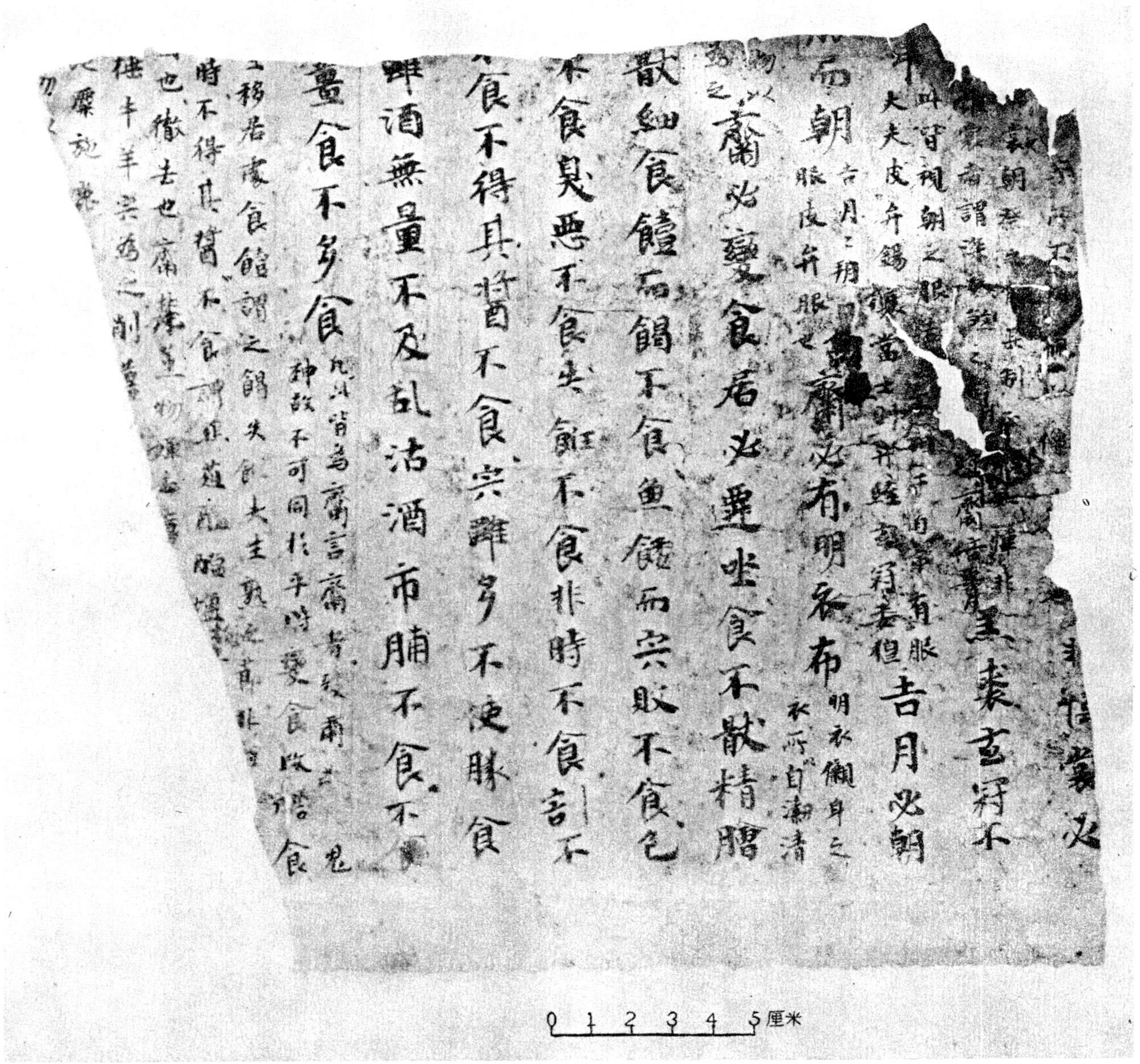

（三）

〔無所不佩佩以像□也〕非帷裳必
□□〔□□裳朝祭之服其制正○□幃非〕〔□帷裳者謂深衣煞之者縫齊倍要〕羔裘玄冠不
□弔〔此皆視朝之服吉凶不相[干]自命有服〕〔大夫皮弁錫衰當士則弁經玄冠委貌〕吉月必朝
□而朝〔吉月〻朔○○〕〔服皮弁服也〕齋必有明衣布〔明衣儭身之〕〔衣所以自潔清〕
□□〔□□[物]以〕〔為之〕齋必變食居必遷坐食不猒精膾
□猒細食饐而餲不食魚餒而宍敗不食色
□[不]食臭惡不食失飪不食非時不食割不
□□食不得其醬不食宍雖不多不使勝食
□雖酒無量不及乱沽酒市脯不食不○
□薑食不多食〔凡此皆為齋言齋者致肅敬[於]鬼〕〔神故不可同於平時變食改饍食〕
□〔□移居處食饐謂之餲失飪失生熟之節非〕〔□時不得其醬不食謂韮菹醢醢遵梅〕
□〔□也徹去也齋禁薰物嫌□薑〕〔□搥牛羊宍為之削薑〕
□麋施鹿
□[物]

八　唐開元四年（公元七一六年）寫本《論語》鄭氏注《雍也》、《述而》、《泰伯》、《子罕》、《鄉黨》殘卷（三）

64TAM27:18/10(a)

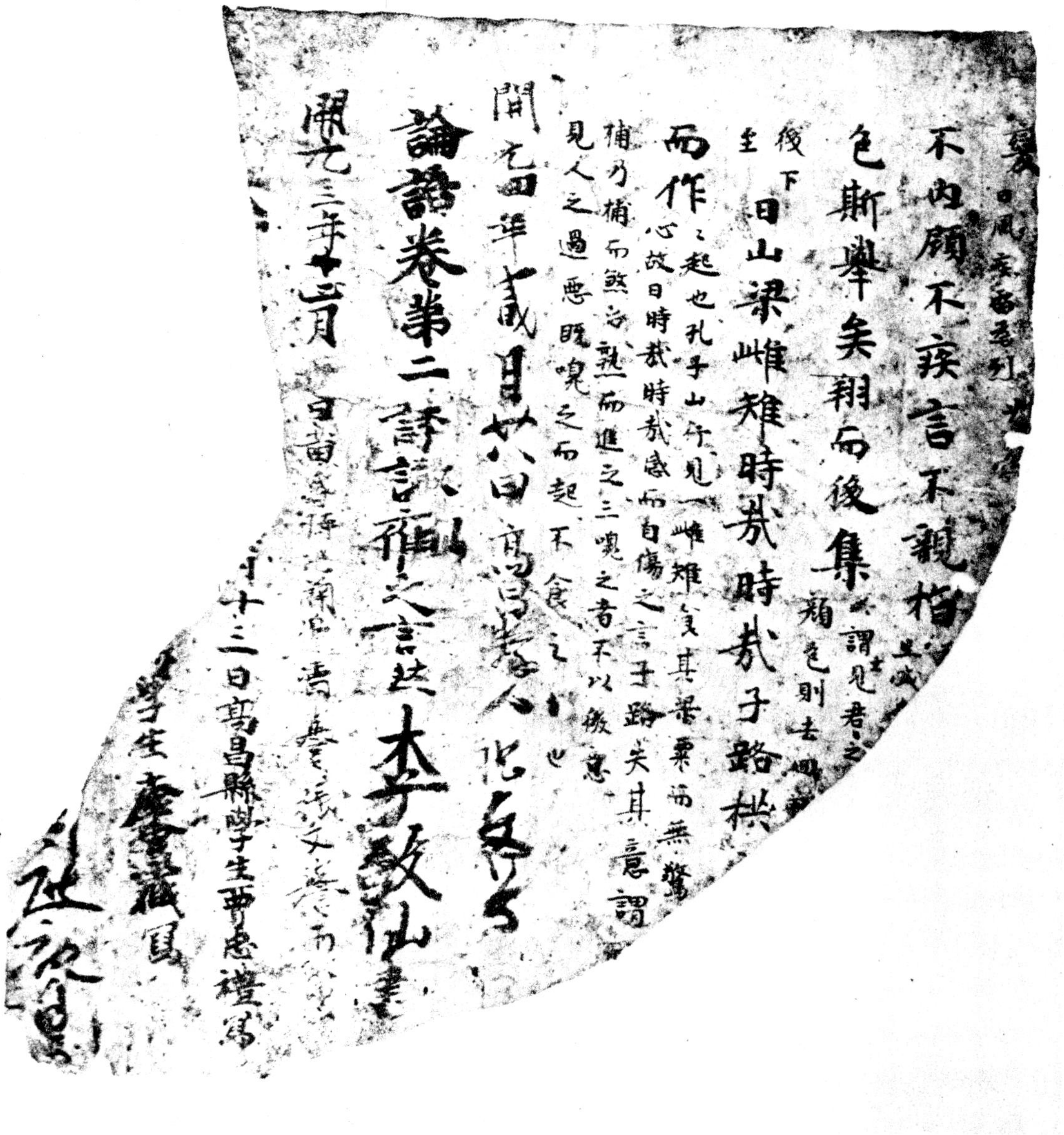

14 變［敬］［天］［　　］曰風疾雷爲烈［升］［車］［必］［　　］
15 不内顧不疾言不親指［爲］［　　］曰或［　　］
16 色斯舉矣翔而後集此謂士見君之顔色則去回［翔］［　　］
17 後下至　曰山梁雌雉時哉時哉子路拱［　　］
18 而作ヽヽ起也孔子山行見一雌雉食其梁粟而無驚心故曰時哉時哉感而自傷之言子路失其意謂［　　］
19 捕乃捕而煞□熟而進之三嗅之者不以微意見人之過悪既嗅之而起不食之〇也［　　］
20 開元四年戴月廿八日高昌縣人張文行〇□〔一〕
21 論語巻第二李敬仙言言〔二〕　雍之言然李敬仙書
22 開元三年⊕㊁正月卅日黄昏時氾簡邊□謩張文謩兩□□
23 ［　　］［月］十三日高昌縣學生賈忠禮寫
24 ［　　］學生李會藏寫
25 ［　　］度夜月上

注　釋

〔一〕本行及二二、二四、二五行均係他人戲書。

〔二〕本行「李敬仙言言」本寫作「論語」，又寫「李敬仁」三字壓上，故「論語」二字只存左言字偏旁。

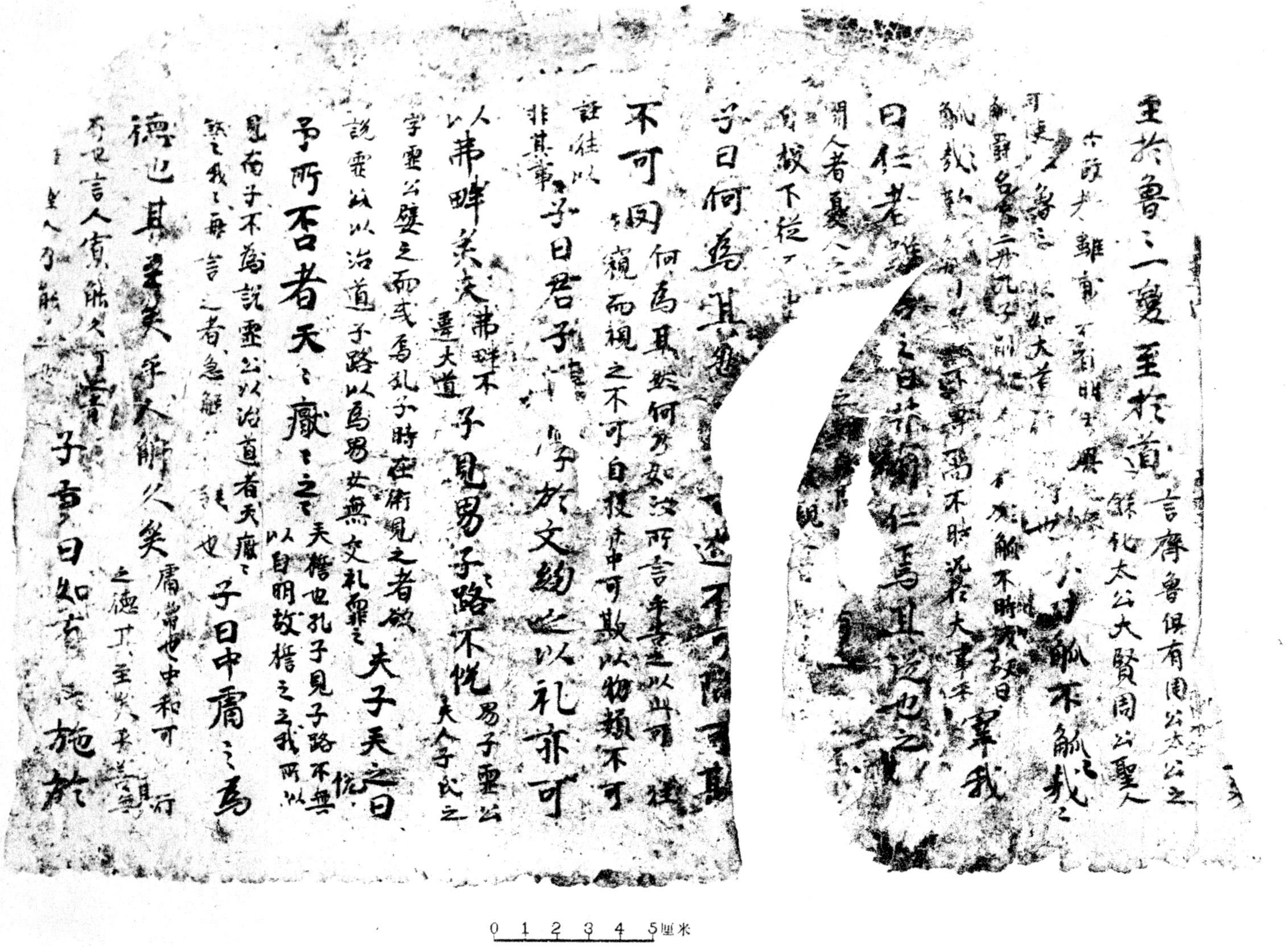

九　唐寫本《論語》鄭氏注《雍也》、《述而》殘卷(一)　64TAM27:36(b),37(b)

九　唐寫本《論語》鄭氏注《雍也》《述而》殘卷

本件正面爲《唐開元四年（公元七一六年）高昌縣安西鄉安樂里籍》。

（一）

1 至於魯〻一變至於道（安西鄉安樂里 開元肆年□）言齊魯俱有周公太公之餘化太公大賢周公聖人

2 □其政教雖衰若有明君興之齊可使如魯〻可使如大道□□時也 子曰觚不觚哉〻

3 觚爵名容二升孔子削觚若有所念觚不時成故曰觚〻哉〻歎觚小器心不專一尚不時況於大事乎 宰我

4 曰仁者雖告之曰井有仁焉其從也之 宰我

5 閽人者憂人之□之難故問□□有人沒□焉□自投下從而出□灘□□

6 子曰何為其然□□可逝不可陷可欺

7 不可罔 何為其然何乃如汝所言乎告之以此可□往窺而視之不可自投井中可欺以物類不可

8 誣往以非其事 子曰君子博學於文約之以禮亦可

9 以弗畔矣乎 弗畔不違大道 子見男子〻路不悅 男子靈公夫人子氏之

10 字靈公嬖之而或爲孔子時在衛見之者欲說靈公以治道子路以爲男女無交禮而非之 夫子矢之曰

11 予所否者天〻厭〻之〻 矢誓也孔子見子路不悅無以自明故誓之云我所以

12 見南子不爲說靈公以治道者天厭〻然〻我〻再言之者急解□□□也 子曰中庸之為

13 德也其至矣乎人鮮久矣 庸常也中和可□行之德其至矣乎善其無

14 有也言人寡能久行之者□□聖人乃能□也 子貢曰如有博施於

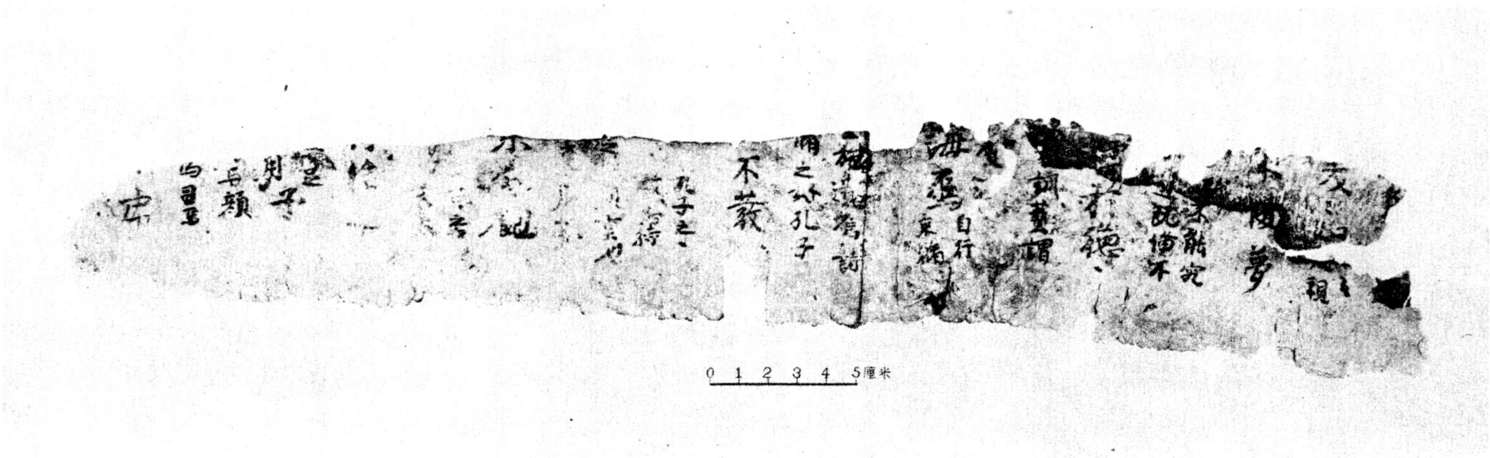

九　唐寫本《論語》鄭氏注《雍也》、《述而》殘卷(二)　　64TAM27:38(b)

（二）

1 能□是
2 文ミ如□ミ□視
3 不復夢
4 不能究道既脩不
5 據於德
6 以也教訓藝謂
7 誨焉自行束脩
8 施遺焉諸脩之好孔子
9 不發
10 孔子之教忍待
11 之□□重也
12 未嘗飽
13 □之也
14 捨之
15 足用子
16 与顏司馬
17 虎

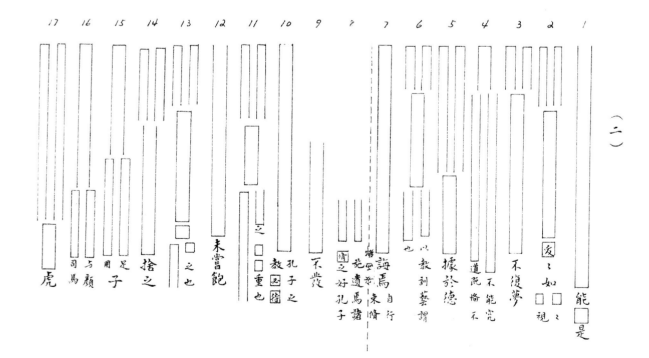

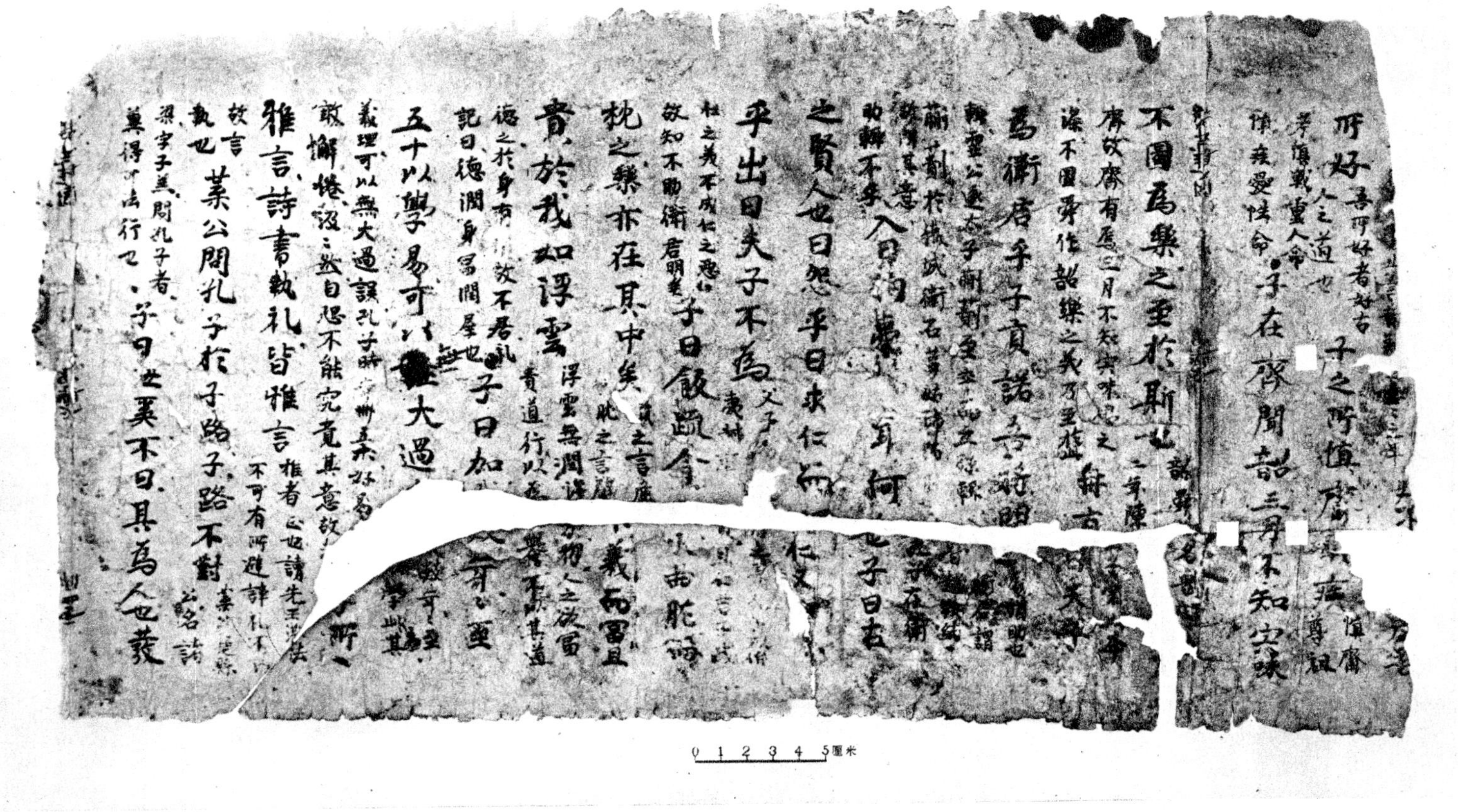

九　唐寫本《論語》鄭氏注《雍也》、《述而》殘卷(二)　64TAM27:39(b)

18 □四言執剛之士〻之卑　如不□□從吾
19 所好 吾所好者好古 人之道也 子之所慎齋戰疾 慎齋 尊祖
20 孝慎戰重人命 慎疾愛性命 子在齊聞韶三月不知肉味
21 不圖為樂之至於斯也 韶舜□名魯 二年陳□子完以奔
22 齊故齊有焉三月不知肉味思之 深不圖舜作韶樂之義乃至於此 冉有曰夫子
23 為衛君乎子貢曰諾吾將問之 為猶助也 衛君謂
24 輒靈公逐太子蒯聵至卒而立孫輒□晉趙鞅納 蒯聵於戚城衛石曼姑帥師圍之孔子在衛
25 故問其意 助輒不乎 入曰伯夷叔齊何人也子曰古
26 之賢人也曰怨乎曰求仁而得仁又□□
27 乎出曰夫子不為 父子□之□伯 夷叔齊□且仁□□成
28 仁之美不成仁之惡 故知不助衛君明矣 子曰飯疏食□水曲肱而
29 枕之樂亦在其中矣 疏之言麤 肱之言□ 不義而富且
30 貴於我如浮雲 浮雲無潤澤万物人之欲富 貴道行以為□譽不以其道
31 德之於身有□故不居礼 記曰德潤身富潤屋也 子曰加我數年〻至
32 五十以學易可以無大過□ □□數年〻至 □□以學此易其
33 義理可以無大過誤孔子時年卌五六好易□ 敢懈惓汲〻然自恐不能究竟其意故□ 子所
34 雅言詩書執礼皆雅言 雅者正也讀先王典法 不可有所避諱礼不□
35 故言 執也 葉公問孔子於子路子路不對 葉公楚縣 公名諸
36 梁字子羔問孔子者 冀得可法行也 子曰汝奚不曰其為人也發

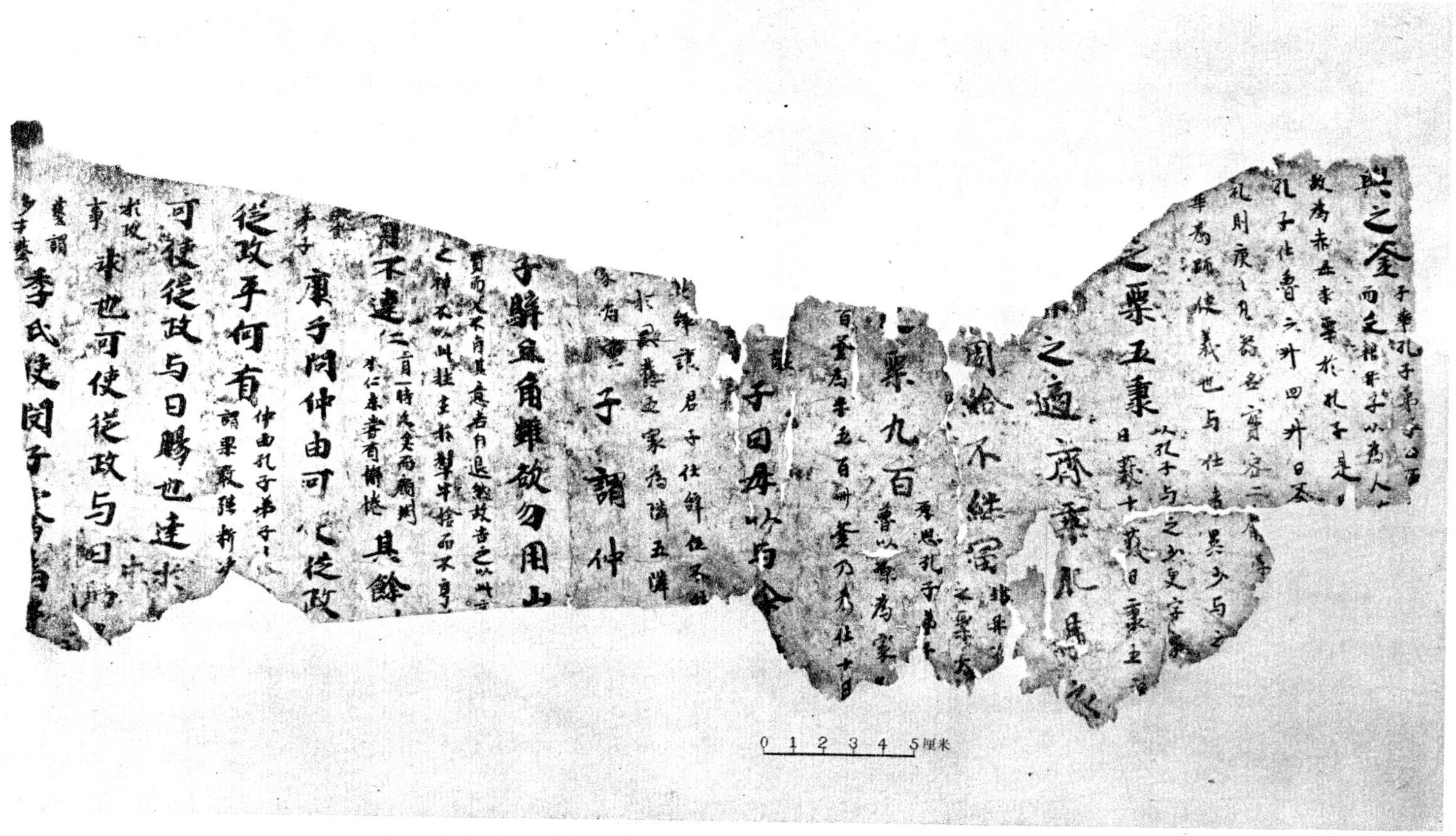

一〇　唐寫本《論語》鄭氏注《雍也》殘卷　64TAM27:21

一〇　唐寫本《論語》鄭氏注《雍也》殘卷

本件有朱記多處。

與之釜子華孔子弟子公西而之粮冉子以為人□
故為赤母求粟於孔子是孔子仕魯六斗四升曰釜□
礼則庚〻凡器名實容二斛厚華為師使義也与仕者異少与之□
□□之粟五秉以孔子与之少更字家曰藪十藪曰秉五□
□之適齊乘肥馬衣□
□周給不繼富非冉有之粟太□
□之粟九百原思孔子弟子魯以原為家□
□百釜為米五百卌釜乃為仕十□
□□□讓□受子曰毋以与尒□
□其辞讓君子仕辞位不辞□於思舊五家為隣五隣□
□家為黨子謂仲□
□子騂且角。雖欲勿用山□
□賢而父不肖其意若自退然故告之以此進□之神不以此犍主於犁牛捨而不言□
□月不違仁三月一時久矣而顏淵求仁未嘗有懈倦其餘□
其餘諸弟子康子問仲由可使從政□
從政乎何有仲由孔子弟子〻路謂果敢强斷決□
可使從政与曰賜也達於□
於政事求也可使從政与曰〇求□
藝謂多才藝季氏使閔子騫為費□

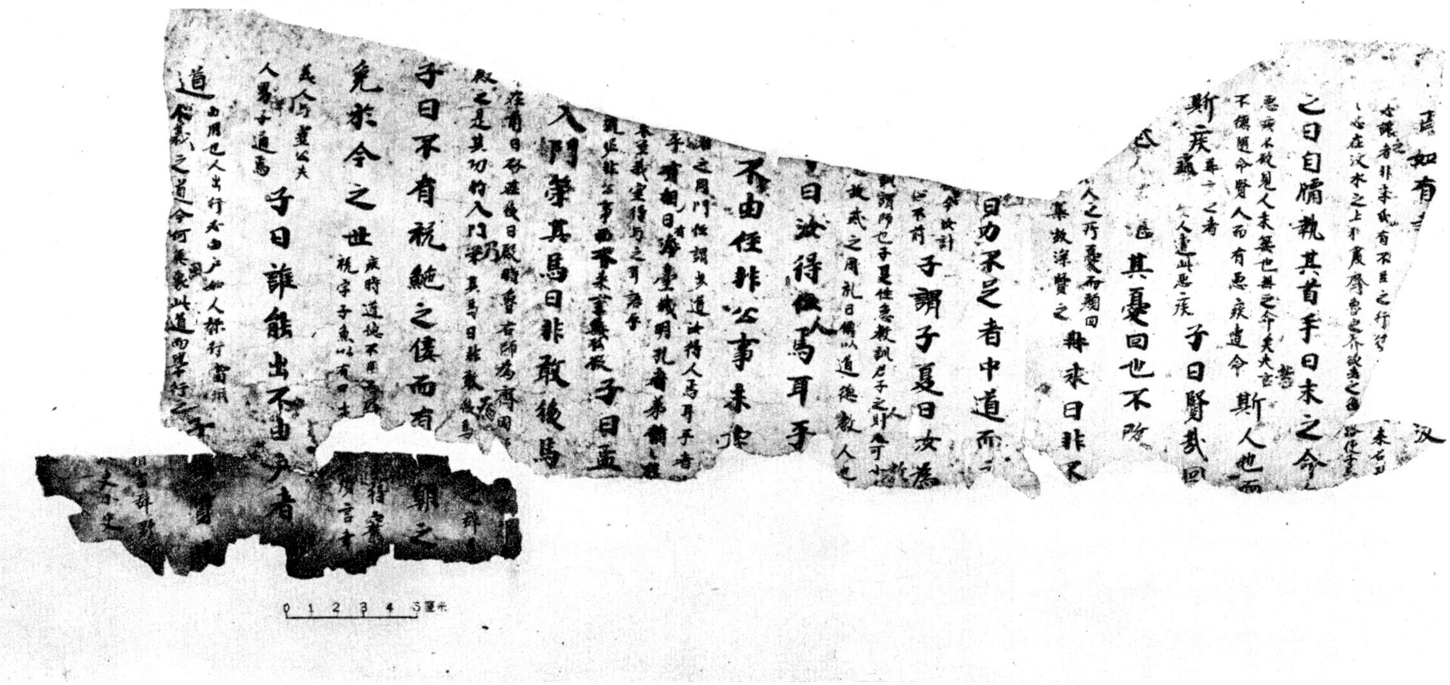

一〇　唐寫本《論語》鄭氏注《雍也》殘卷　　64TAM27:22

20 [焉]如有□汶□□

21 必讓之者非季氏有不臣之行復□來召
必在汶水之上□處齊魯之界發去之後□路使子羔□

22 之[回]自牖執其[首]手曰末之命□

23 惡疾不欲見人末無也無之命矣夫言者
不[德]隨命賢人而有惡疾遭命　斯人也[而]□

24 斯疾　再言之者
痛□[賢]人遭此惡○疾　子曰賢哉回□

25 □[簦]人不堪其憂回也不改□

26 □　人之所憂而顏回
樂故深賢之　冉求曰非不□

27 □曰力不足者中道而□

28 □　今汝計
止不前　子謂子夏曰汝為□

29 □　訓謂師也子夏性急教訓君子之人則○可小教[人]□
□故戒之周禮曰儒以道教人[也]□

30 □曰汝得○人焉耳乎□

31 □不由徑非公事未[嘗]□

32 □　游之同門徑謂步道汝得人焉耳乎[者]□
□乎[奄][相]曰有澹臺滅明[也]者[弟]脩○○□

33 □　來至我室。得与之耳語乎。
□親眤非公事而不來言無私欲　子曰孟□

34 □入門策其馬曰非敢後。馬□

35 □在前曰啟。在後曰殿。時魯右師為齊[國]□敗於郊[右]□
殿之是其功。將入門乃策其馬曰非敢後馬□□之辭是□□

36 子曰不有祝鮀之佞。而有[宋]朝之□

37 免於今之世　疾時道德不用而巧□□色得寵祝
祝字子魚以有口才□理須言。幸[於]□

38 美人。与靈公夫
人南子通焉　子曰誰能出不由戶者[何]□

39 道　由用也人出行。必由戶。如人[操]行當用
仁義之道。今何無用此道而學行之　子曰質[勝]□

40 □[太]史小史□
□[詞]言辭。野如□

一二　文書殘片　　64TAM27:29(b),30(b),31/1(b),31/2(b)

一一　文書殘片　　64TAM27:26(b),27(b),18/11(b)

一五　文書殘片
64TAM27:45

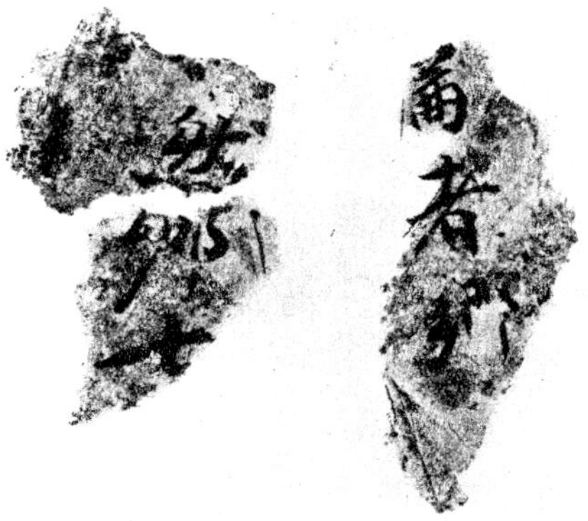

一四　文書殘片　　64TAM27:44

一三　文書殘片　　64TAM27:33(b),18/8(b)

一八　文書殘片
64TAM27:48/4

一七　文書殘片
64TAM27:47/3

一六　文書殘片　　64TAM27:46

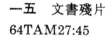

二一　文書殘片　64TAM27:53/1～53/5

二〇　文書殘片
64TAM27:51

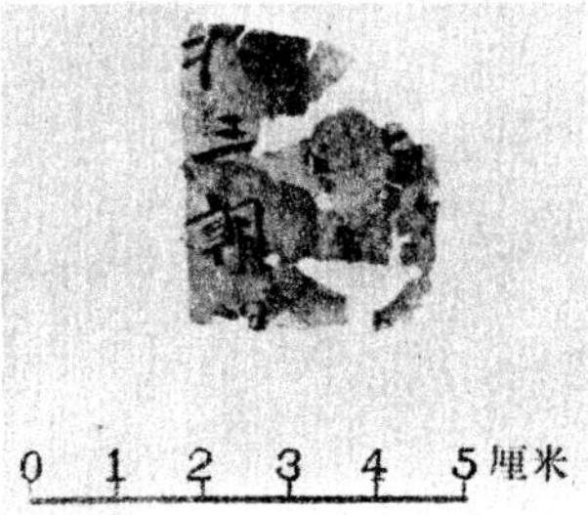

一九　文書殘片
64TAM27:48/5

二二　文書殘片　64TAM27:54

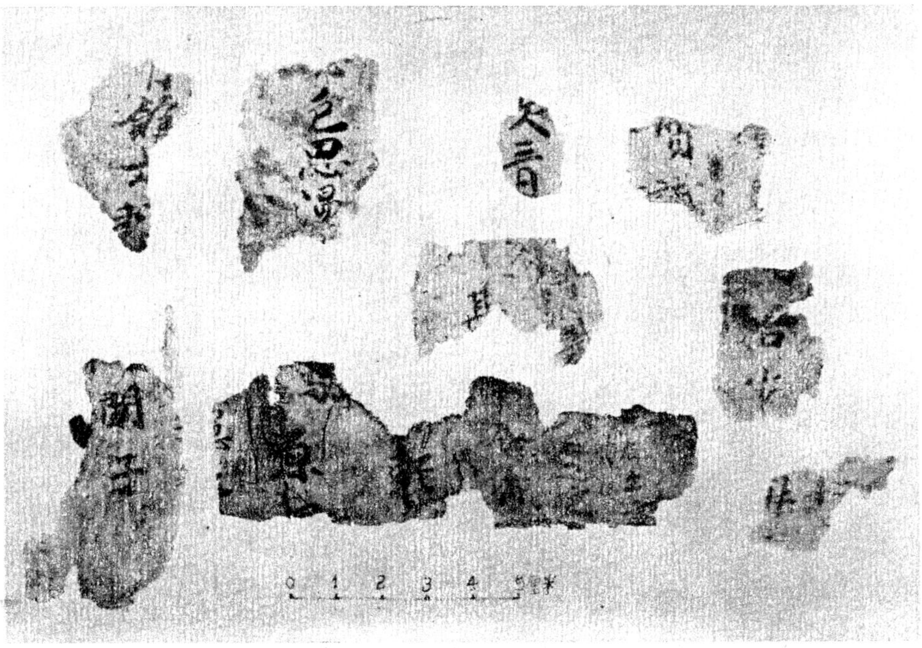

二四　文書殘片　64TAM27:56

二三　文書殘片
64TAM27:55

阿斯塔那三五八號墓文書

本墓無墓誌及隨葬衣物疏。所出文書有紀年者，爲唐開元二十年（公元七三二年）。

一　唐開元二十年(公元七三二年)府王感牒爲納仗身等課錢事(一)　66TAM358:11/1

一　唐開元二十年（公元七三二年）府王感牒爲納仗身等課錢事

本件有殘印一方，印文不清。

（一）

1 [　]九年課[　]
2 [　]處分訖便(?)申[　]
3 [開]元廿年八月[　]
4 府　王感
5 史
6 [　][合]錄事麴
7 [　]參軍

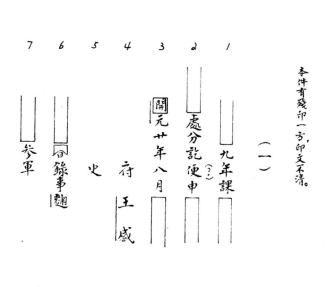

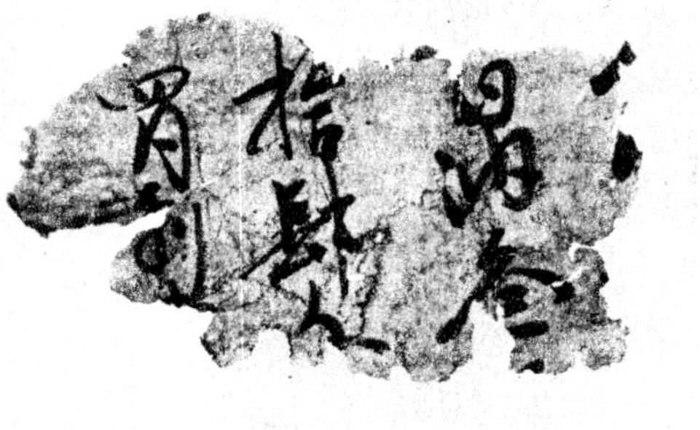

一　唐開元二十年（公元七三二年）府王感牒爲納仗身等課錢事（二）　66TAM358:11/2

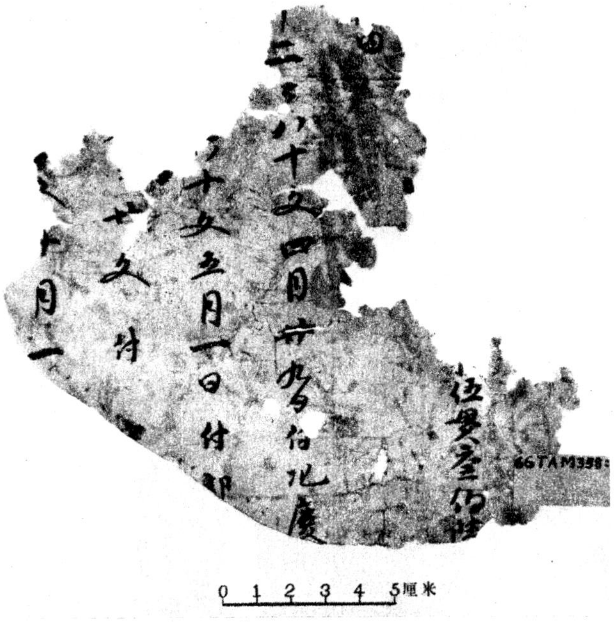

二　唐付錢歷（一）　66TAM358:10/1(a)

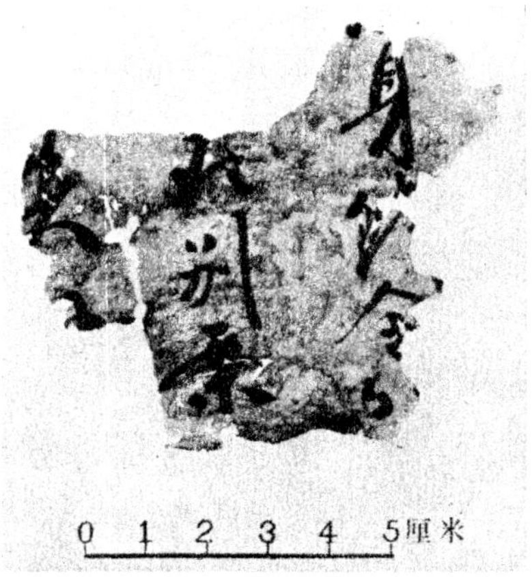

一　唐開元二十年(公元七三二年)府王感牒爲納仗身等課錢事(三)　66TAM358:11/3

（二）

□日納叁□
□拾肆文□
□四月利□

（三）

□身[錢]令
□在別案□
□□□□

二　唐付錢歷

本件缺紀年，文中「仗身」殘與前件開元二十年納仗身錢事有關，「汜慶」疑即本墓下件中之「府史汜嘉慶」，其年代亦應相當。今排在前件後，下件之前。二、三行間有朱筆殘字，不能辨識。

（一）

□伍貫叁伯陸□
□由
□[千]二百八十文四月廿九日付汜慶□
□[六]十文五月一日付[鄧]□
□廿文付□
□[文]十月一□

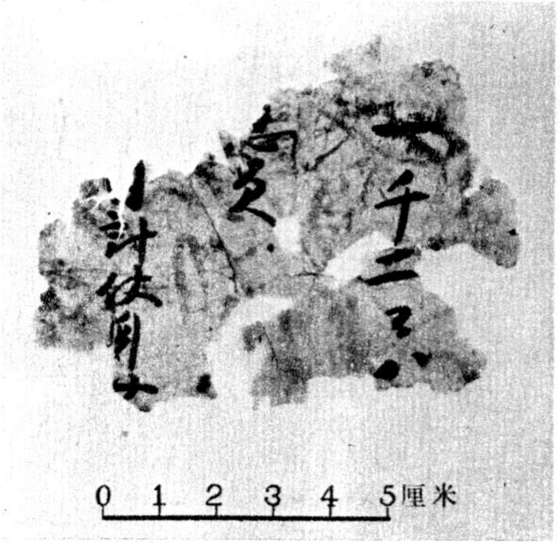

二　唐付錢歷(二)
66TAM358:10/2(a)

二　唐付錢歷(三)
66TAM358:10/3(a)

三　唐開元某年西州前庭府牒爲申府史氾嘉慶訴迎送趙内侍事(一)
66TAM358:9/1

（二）

1 　一千二百八
2 [　　][怨]欠
3 [　　]計仗身[廿][　　]

（三）

1 [　　]十二月[　　]
2 [　　]十文[　　]
3 [　　]八十文四月[　　]

三　唐開元某年西州前庭府牒爲申府史氾嘉慶訴迎送趙内侍事

本件蓋有「左玉鈐衛前庭府之印」一方。

（一）

1 [　　]　[開][　　]二年二月廿九日典
2 前庭府　爲申府史氾嘉慶訴東[　　]迎送趙内侍事
3 [府]史氾嘉慶
4 右得[上]件人

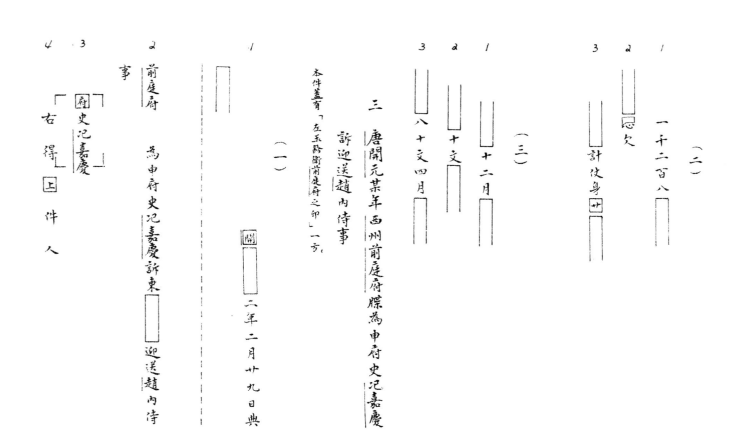

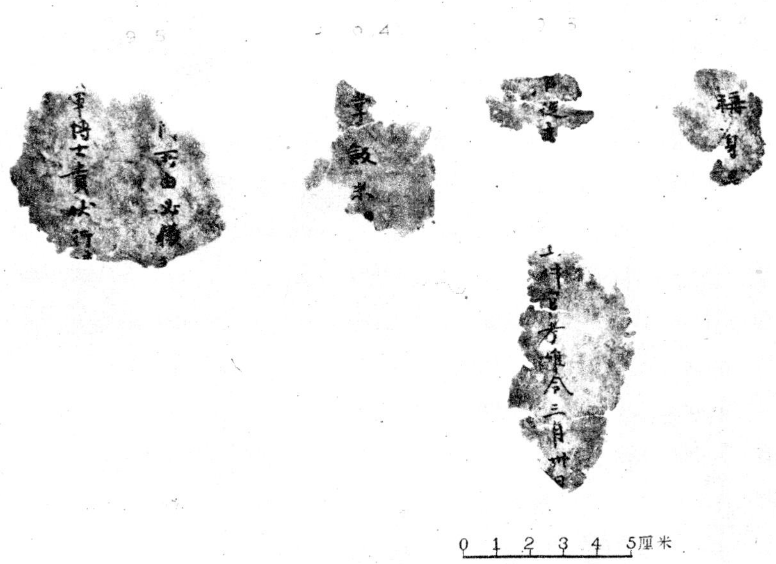

三　唐開元某年西州前庭府牒爲申府史汜嘉慶訴迎送趙内侍事(二)～(五)　66TAM358:9/2～9/5(a)

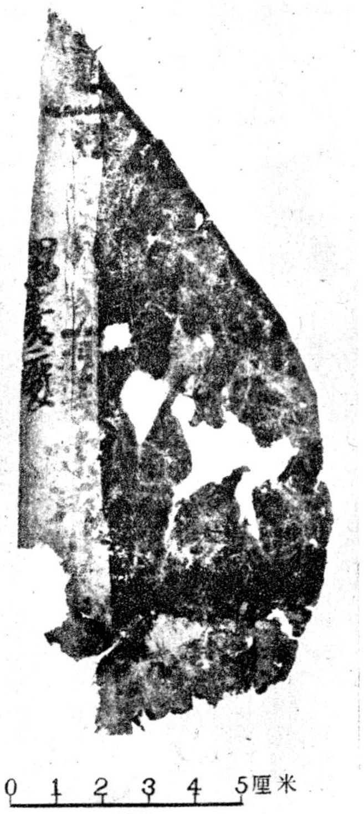

四　唐嘉慶殘文書
66TAM358:13/1

五　唐殘牒
66TAM358:8(a)

（二）

1 [　　]稱身[是][　　]

（三）

1 [　　][官]從去[　　]上件官孝，唯令三月卅日[　　]

（四）

1 [　　]掌飯来[　　]

（五）

1 [　　][同]所由必獲[　　]

2 [　　]軍博士責狀行[　　]

四　唐嘉慶殘文書

本件無紀年，文中嘉慶當即前件之府史汜嘉慶，今置於前件之後。

1 二日白　　有麦嘹取

2 男嘉慶

五　唐殘牒

本件紀年已缺，背面再次用作納利錢曆，是開元時物，本件當在此前。

1 [　　]謹依録申聽裁，狀上。

2 □件狀如前，謹牒。

六　唐開元二十三～二十五年(公元七三五～七三七年)納利錢歷　66TAM358:8(b)

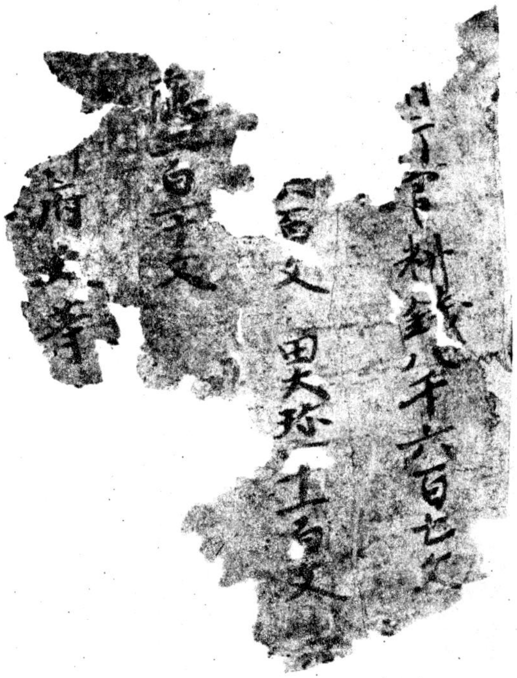

七　唐行官料錢帳　66TAM358:12(a)

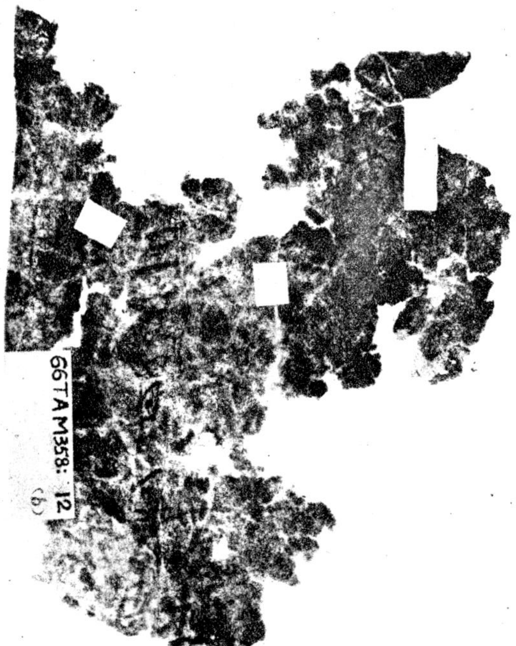

八　唐抽付錢歷　66TAM358:12(b)

六　唐開元二十三——二十五年（公元七三五——七三七年）納利錢歷

本件紀年已缺，内云「廿二年」、「廿三年」，唐諸帝紀年逾二十年者，唯貞觀及開元。本墓内既已見有開元某年前庭府文書，本件當在開元二十三年或稍後。

1　［　　］刀□弍二月利錢，四月十八日納叁佰[壹]［　　］
2　［　　］廿三年二月廿一日納廿二年利錢四百［　　］
3　［　　］六日納錢五佰文，慶五(？)□［　　］
4　［　　］[五][百]［　　］

七　唐行官料錢帳

1　［　　］[府][行]官料錢八千六百七文
2　［　　］六百文　田大珍一千一百文
3　［　　］應二百一十文
4　［　　］府史等［　　］

八　唐抽付錢歷

本件在製作隨葬紙帽時用墨塗染，不易辨識。

1　［　　］八百卌文抽(？)［　　］
2　［　　］文四月(月)十九付三百五［　　］

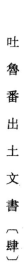

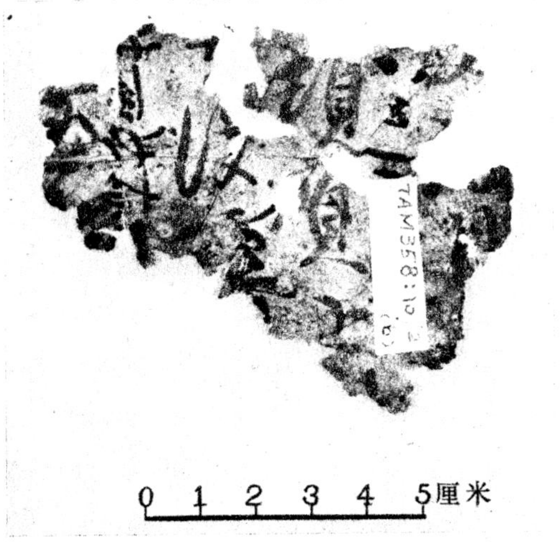

一一　文書殘片　66TAM358:10/2(b)

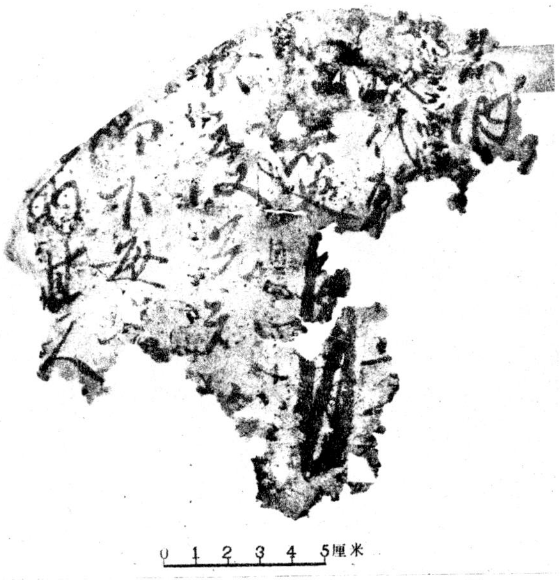

一〇　文書殘片　66TAM358:10/1(b)

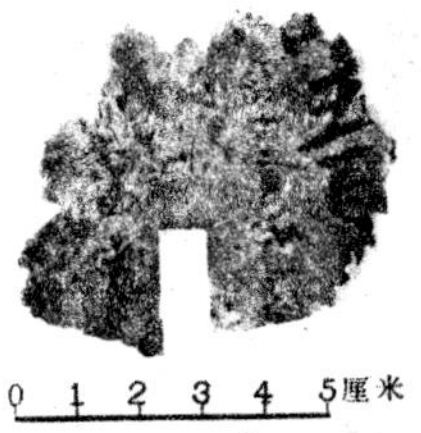

九　文書殘片
66TAM358:9/5(b)

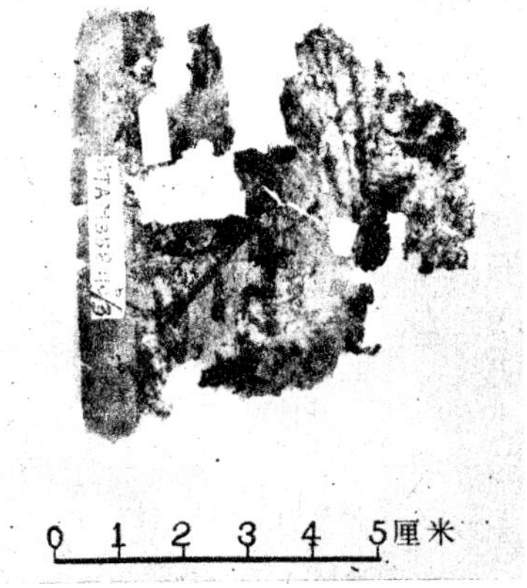

一二　文書殘片
66TAM358:10/3(b)

一四　文書殘片　66TAM358:13/2～13/27

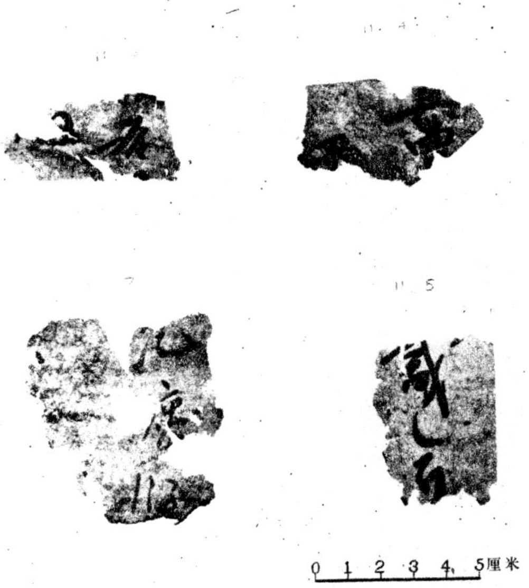

一三　文書殘片
66TAM358:11/4～11/7

阿斯塔那一七八號墓文書

本墓經盜擾，無墓誌及隨葬衣物疏。所出文書有紀年者，僅爲唐開元二十八年（公元七四〇年）。

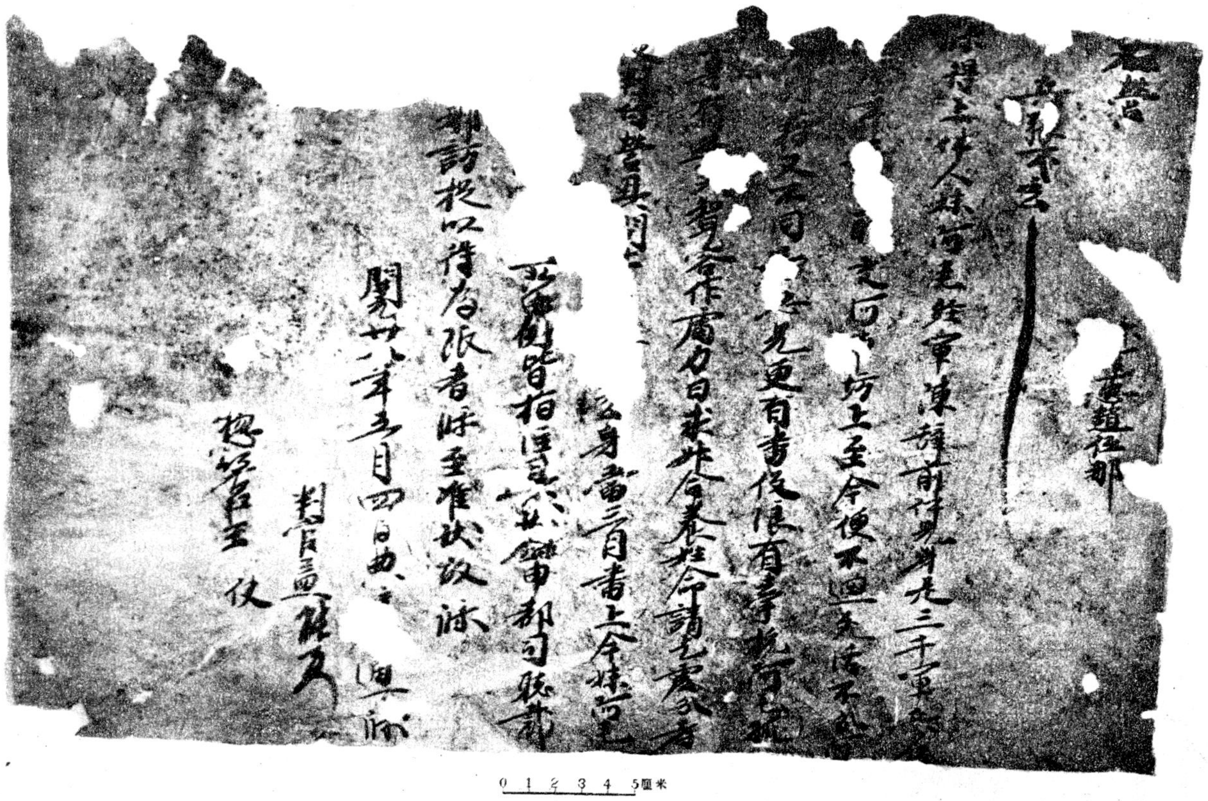

一　唐開元二十八年(公元七四〇年)土右營下建忠趙伍那牒爲訪捉配交河兵張式玄事一　72TAM178:4

一　唐開元二十八年（公元七四〇年）土右營下建忠趙伍那牒為訪捉配交河兵張式玄事一

□右營　　[牒][建]忠趙伍那
兵張式玄——
牒得上件人妹阿毛經軍陳辭：前件兄身是三千軍兵名，
□今年[三]□[配]交[河]車坊，上至今便不迴，死活不分。阿
□兄別籍，又不同[居]，[恐]兄更有番役，浪有牽挽。阿毛孤
□一身，有(又)[無][夫]聟(婿)，客作傭力，日求升合養姓(性)命，請乞處分者。
□□[使]判付營[具]問□玄身當三月番上，今妹阿毛
□所由例皆指注具狀録申都司聽裁。
□那訪捉，以得為限者。牒至准狀，故牒。
開元廿八年五月四日典□□[通][牒]
判官孟　熊及
總管王　使

二　唐開元二十八年(公元七四〇年)土右營下建忠趙伍那牒爲訪捉配交河兵張式玄事二　　72TAM178:5

二　唐開元二十八年（公元七四〇年）土右營下建忠趙伍那牒爲訪捉配交河兵張式玄事二

1 土右營　　　　牒建忠趙伍那

2 兵張式玄

3 右被都司牒，得狀稱，得上件人妹阿毛經軍陳辭，前件兄身是三千軍

4 兵名，當今年三月配交河車坊上，至今便不迴，死活不分。阿毛共兄別

5 [籍]，[又]□□□□兄更有番役，浪有牽挽，阿毛孤獨一身，有（文）無夫[壻]（壻）

三　唐土右營下牒建忠趙伍那爲催徵隊頭田忠志等欠錢事

72TAM178:6

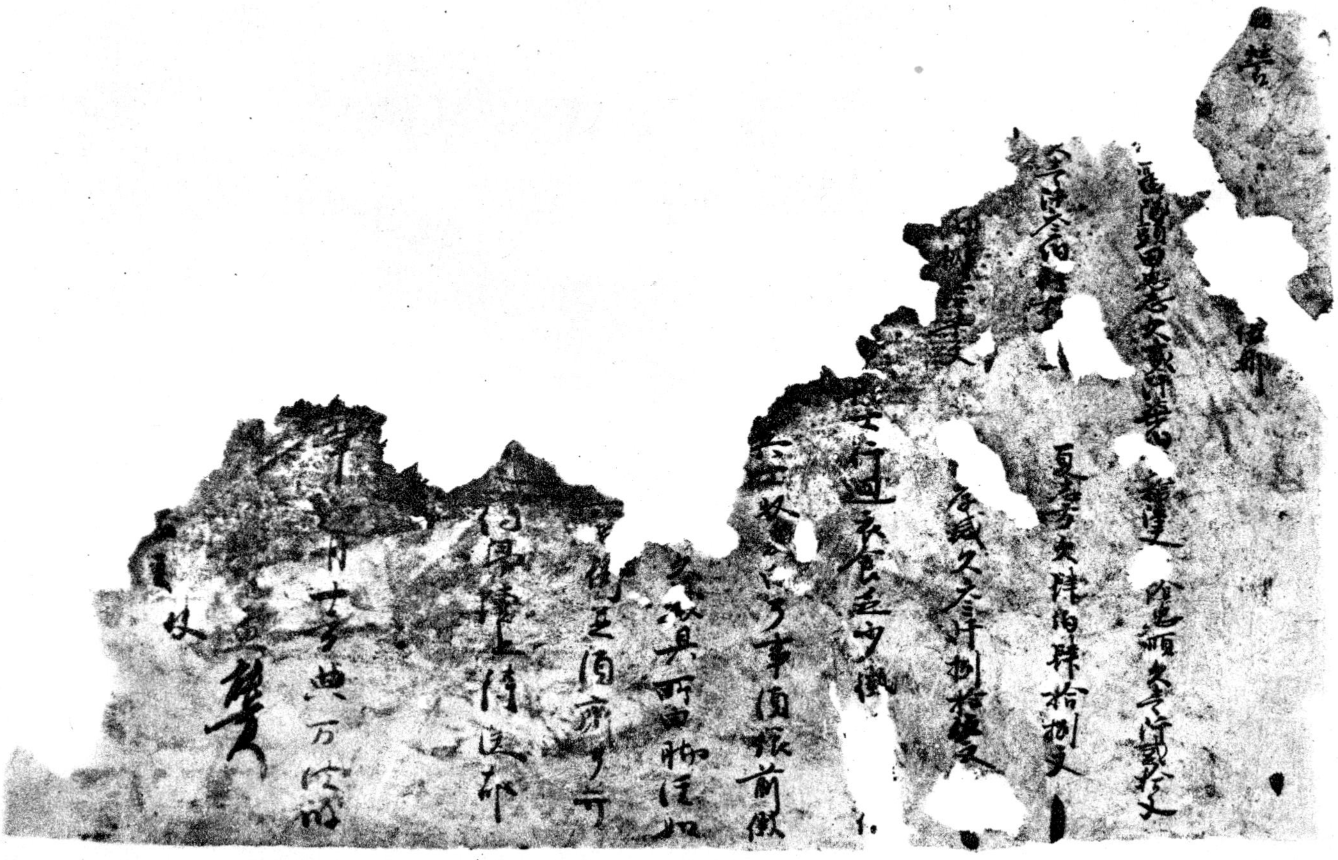

0 1 2 3 4 5厘米

三　唐土右營下牒建忠趙伍那爲催徵隊頭田忠志等欠錢事

□[右]營　　　□□伍那
［　　］所由隊頭田忠志欠貳阡柒伯[只]拾陸文。　陰忠順欠壹阡
貳拾文。
［　　］欠壹阡叁伯陸[拾]□[文]。　夏志方欠肆伯肆拾捌文、丿
［　　］伯捌拾柒文。　□孝感欠叁阡捌拾伍文丨
［　　］兵士行迴，衣食乏少，徵［　　］
［　　］兵士收[麥][細]（?）（?），了事須依前徵
［　　］欠數，具所由脚注如
［　　］六[日]（?）衙，並須齊了并，
［　　］得即續上，待送都
［　　］年六月十二日典万法牒
判官孟能万
［　　］管王　使

四　唐趙竺都等名籍　72TAM178:7

0 1 2 3 4 5厘米

四　唐趙竺都等名籍

本件人名上多有墨點。又件内「張式玄」名見於前開元二十八年（公元七四〇年）土右營牒，其人已生死不明，本件疑當在前。

1 〔　　〕忠・趙竺都・康通□
2 ・孫六保〔　　〕奴・陰惟良・尉嘉〔寶〕(?)
3 ・張建奴・牛□□　尊伏保・張致之　〔權〕忠誠・令狐六郎・孟毛斗
4 ・白黑默・蘇忠義・宋小騧　劉大面　陳智惠
5 ・令狐惟孝・宋奴子・闞思順・劉忠義・呂嘉威・劉鼻子・魯□□
6 ・曹忠奴・趙盲子・王懷德・張義詮・許毛毛・肯元順・張式玄・王
慈義
7 ・馬如卒・龍庭遠・白如珪・張方州・寗惠仁　龍用行　康山〔信〕
8 ・邵成子・馬孫易・靳思運・石懷藏・馬感子・翟黄瑞・康壽壽
9 ・竹仁嚴・曹金保・王常有・嚴義詮・令狐孝忠・闞客子・曹遊藝
10 ・令狐奉先・趙奴奴・負師奴・孫赵感・安麻子・馬利涉・苑□□
11 ・索小感・趙大忠・張知友（索令仙）
12 ・闞定喜・龍羊皮・衛後善・侯長敏・曹思忠・李孝稚・趙□□
13 □□□張彥昭・袁浮舉・張阿仵
14 □□□張宜□・劉忠義・曹慶索・范神定・趙奴子・張男□
15 〔　　〕□小忠・索如□　成元允・王□□

五　唐侯承勗等名籍(一)　　72TAM178:11(a)

五　唐侯承勗等名籍（一）

1 □□□
2 侯承勗
3 張玄壽
4 陰承保
5 田九能(？)
6 卬丑業
7 白知音
8 □仙親
9 杜立忠
10 劉欠〻
11 □慶威
12 □嘉□
13 董青水
14 □□義
15 張廣□

五　唐侯承朂等名籍(二)　72TAM178:12

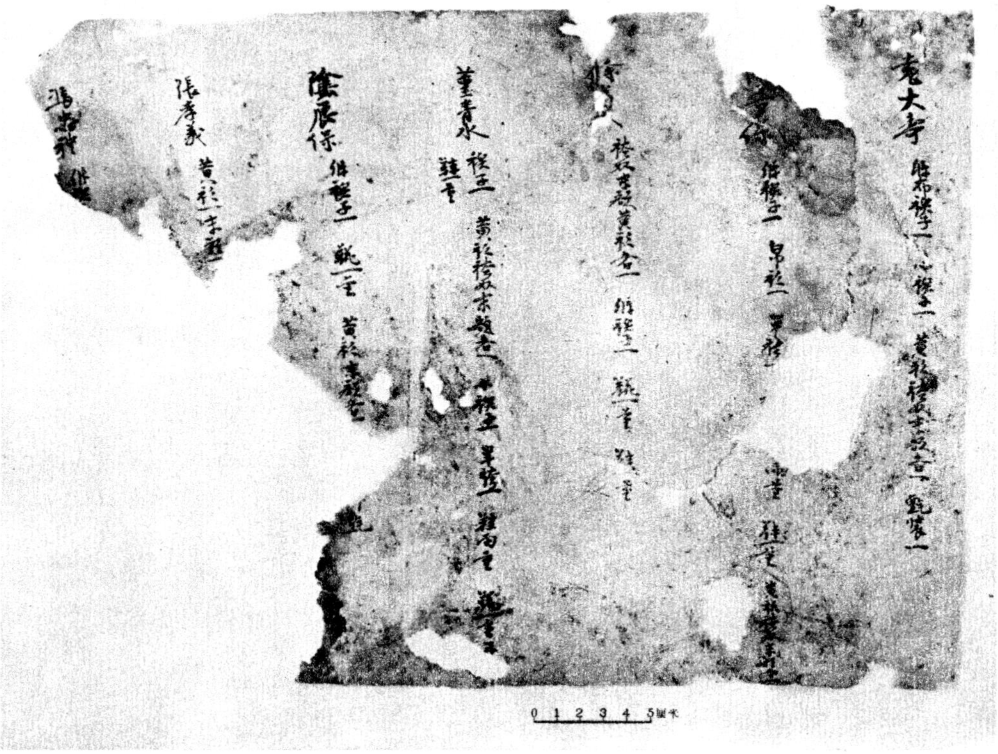

六　唐袁大壽等資裝簿　　72TAM178:8

（二）

1 車大忠
2 竹承[相]
3 張智静
4 □□塠
5 □□□
6 □奉珪
7 張義詢

六　唐袁大壽等資裝簿

1 袁大壽　布襖子一　小襖子一　黄衫袴、奴末額各一　氈
裝一。
2 □善保　緤襖子一　帛衫一　單袴一　□　兩量　鞢
一量　黄衫袴、奴末額各一。
3 徐□□　袴、奴末額、黄衫各一　緤襖子一　靴一量　鞢一
量。
4 董青水　襖子一　黄衫袴、奴末額各一，小襖子一　單袴
鞢一量
一　鞋兩量　靴一量并
5 陰辰保　緤襖子一　靴一量　黄衫末額各一　□　氈
6 張孝義　黄衫一　末額[一]　□
7 馮忠禮　緤襖　□

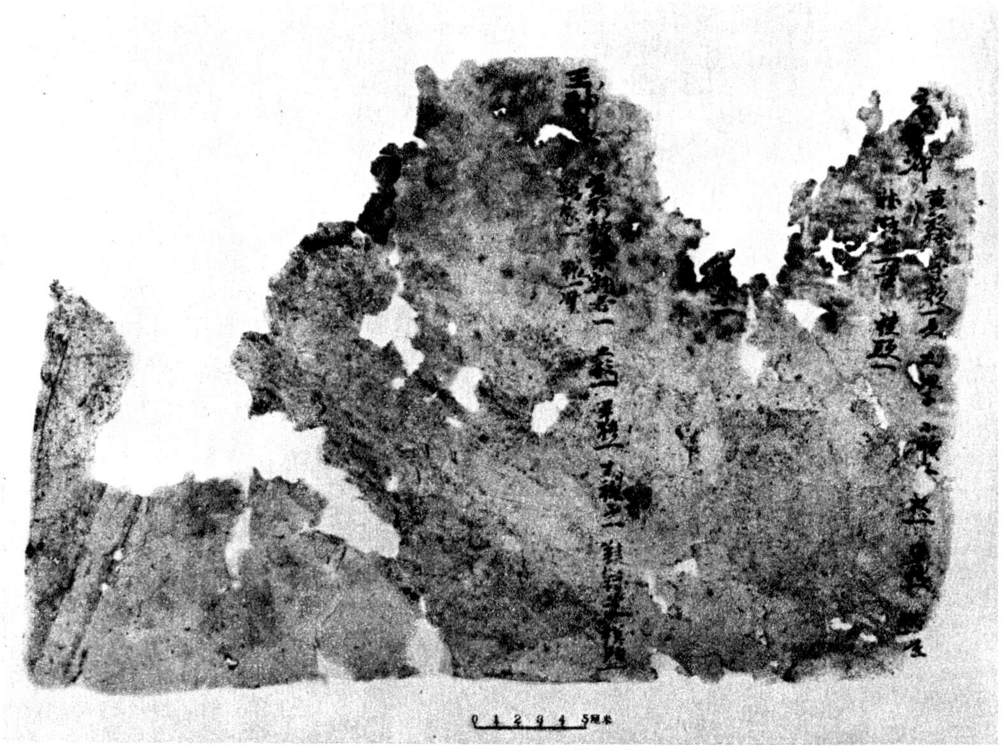

六　唐袁大壽等資裝簿　72TAM178:10

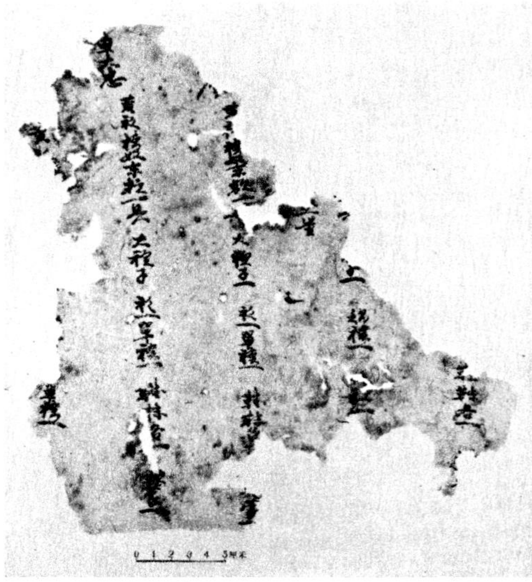

六　唐袁大壽等資裝簿
72TAM178:9

8　□□鞋靺各一□
9　□□具（一）□子一　綿袴一　□
　　□一量
　　衫一。
10　□黄衫袴奴末額一具　大襖子一　衫一、單袴一
　　鞋靺各□　□蒙一。
11　車大忠　黄衫袴、奴末額一具　大襖子　衫一、單袴一
　　鞋靺各一　氈蒙一。
12　□黄衫□　□單
　　袴一
13　高景冲　黄衫袴、奴末額一具　大襖子　小襖子　衫一
　　鞋靺各一量，襆頭一
　　單袴一　靴一量
14　□□末額各一
15　王神表　黄衫袴奴末額各一　大衫一　單袴一　大襖
　　氈蒙一　靴一量。
　　子一　鞋靺各一　襆頭一

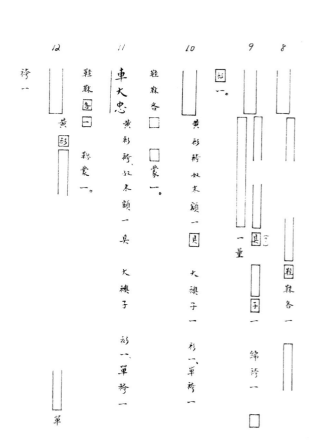

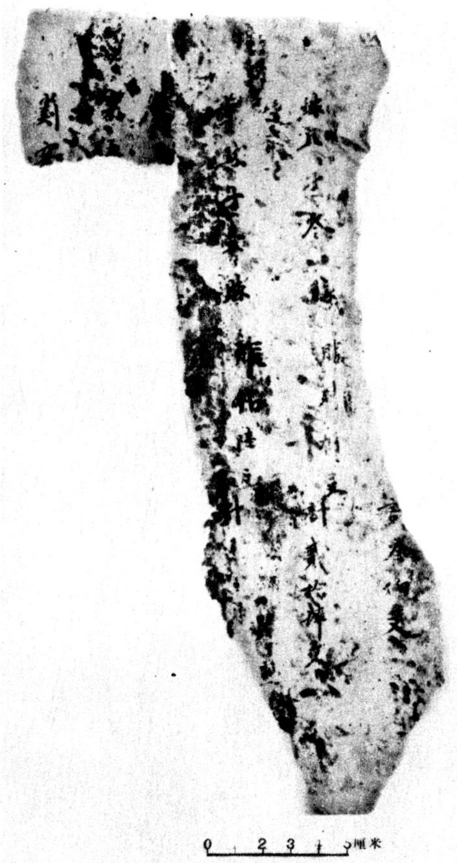

九　唐食料計錢帳
72TAM178:17(a)

八　唐支用食具帳
72TAM178:14,16

七　唐採絲造乞巧盤牒
72TAM178:17(b)

七　唐採絲造乞巧盤牒

1 生絲[　　]
2 已上史那子[　　]三色絲一乇□五[　　]
3 右頭上件色採造乞巧盤□
4 十八日上□□

八　唐支用食具帳

1 食合廿具　疊子卅箇　大舒椀廿[　　]
2 □盒單五條　匙廿張　筯[　　]
3 [　　]盤子十箇
4 [　　]庫准數分付用了訖

九　唐食料計錢帳

1 [　　]計叁
佰文
2 綠豆子、叁勝　勝别捌文　計貳
拾肆文
3 草豉子、壹勝　准帖陸文　計
4 [　　]、
5 禾伍[　　]
6 莿蜜[　　]

一〇　唐雜物帳

72TAM178:15

一一　唐殘文書

72TAM178:18(a)

一二　文書殘片

72TAM178:11(b)

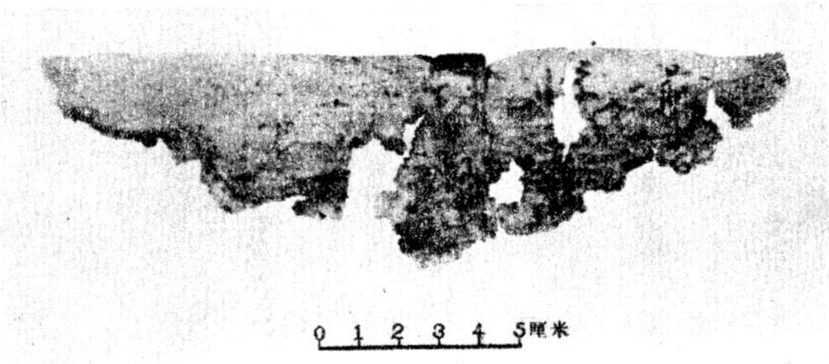

一三　文書殘片　72TAM178:13

一四　文書殘片

72TAM178:18(b)

一〇　唐雜物帳

1　□二兩　銅□二兩　□代二

2　□子弦一帖

一一　唐殘文書

本件被黑塗染，字跡難以全部辨識。

1　蕎(?)陸□

2　小棗壹斲□

阿斯塔那二二八號墓文書

本墓無墓誌及隨葬衣物疏。所出文書有紀年者，最早爲唐開元十九年（公元七三一年），最晚爲天寶三載（公元七四四年）。

一　唐開元十九年（公元七三一年）西州柳中縣高寧鄉籍（一）　72TAM228:15

一　唐開元十九年（公元七三一年）西州柳中縣高寧鄉籍

本件蓋有「柳中縣印」多處。

（一）

1 柳中縣 - - - - - - - - □寧鄉 - - - - - - - -
□□□□□□ - - -
2 女脩思　年拾肆歲　小□
3 弟大智　年貳拾捌歲　廢疾開元拾□年
4 □□意　年叁拾壹歲　丁女空
5 妹小咸　年貳拾叁歲　丁女空　「　」
6 伯母韓　年陸拾捌歲　老寡空
7 姑漢足　年柒拾玖歲　老寡。開元拾陸年籍柒拾
玖，其帳後貞滅叁年　就實。
8 壹拾伍
畝永業

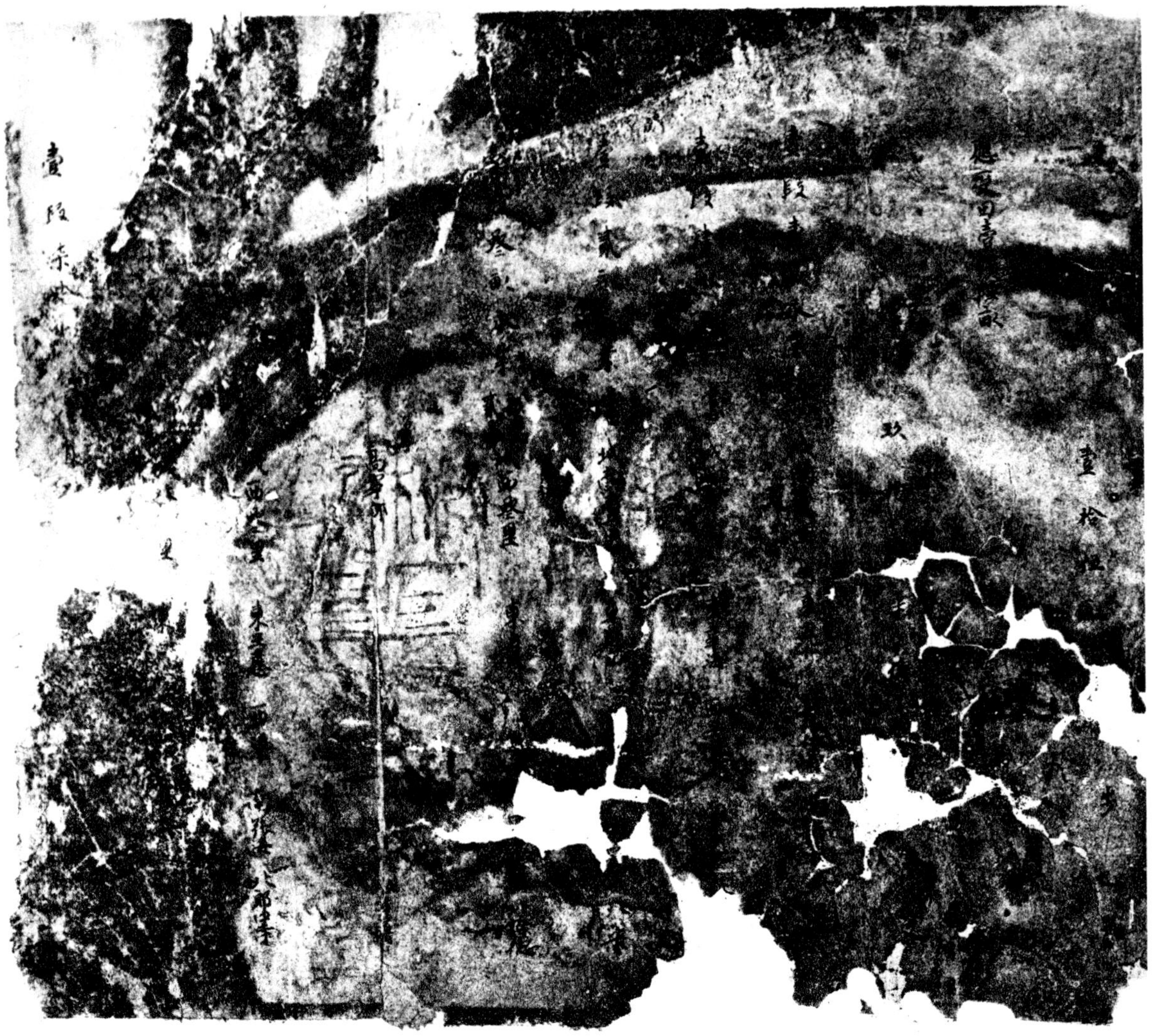

9　壹拾伍畝柒□
10　步已受
　　應受田壹頃陸畝　柒拾步
11　居住園宅
　　玖拾畝半伍拾
　　□未受
12　壹段壹畝永業 常田　城南壹里　東左仁　西張
　　伏壽　南樊相祐北道
13　壹段肆畝永業 常田　城西壹里　東辛海　西至
　　道　南李仁　北□
14　壹段貳畝永業 常田　城南壹里　東驛田　西渠
　　南□田　北渠
15　壹段叁畝永業 部田貳易　「城西叁里」東自至　西王
　　渠　南令狐龍　北徐德
16　柳中縣　高寧鄉
　　開元拾玖年籍
17　壹段壹畝永業 部田貳易　「城西叁里」東王憙　西渠
　　南張海　北郎中寺
18　壹段肆畝永業 部田貳易　城北□里　東荒　西渠
　　南蘇建　北自至
19　壹段柒拾步居住園□

一　唐開元十九年（公元七三一年）西州柳中縣高寧鄉籍（二）　72TAM228:16

（二）

柳中縣――――――高寧鄉――――――

□□□□□女脩福　年貳拾叁歲　丁女空

女脩戒　年貳拾壹歲　丁女空

女持戒　年貳拾歲　中女空

女脩回　年貳拾歲　中女空

女回持　年伍歲　小女。開元拾柒年帳後隨園括附。

叁畝半

□拾步永業

叁畝半陸拾步

己受

應受田叁拾陸畝　肆拾步

居住園宅

叁拾貳畝陸拾

□未受

壹段半畝柒拾步永業陶（萄）　城南壹里　東氾龍

西至道　南至道　北朱龍

壹段貳畝永業常田　城南壹里　東至渠　西至

渠　南宮田　北□

壹段半畝柒拾步永業陶　城南壹里　東氾龍

西至道　南自至　北朱龍

二　唐開元二十一年(公元七三三年)殘文書
72TAM228:13

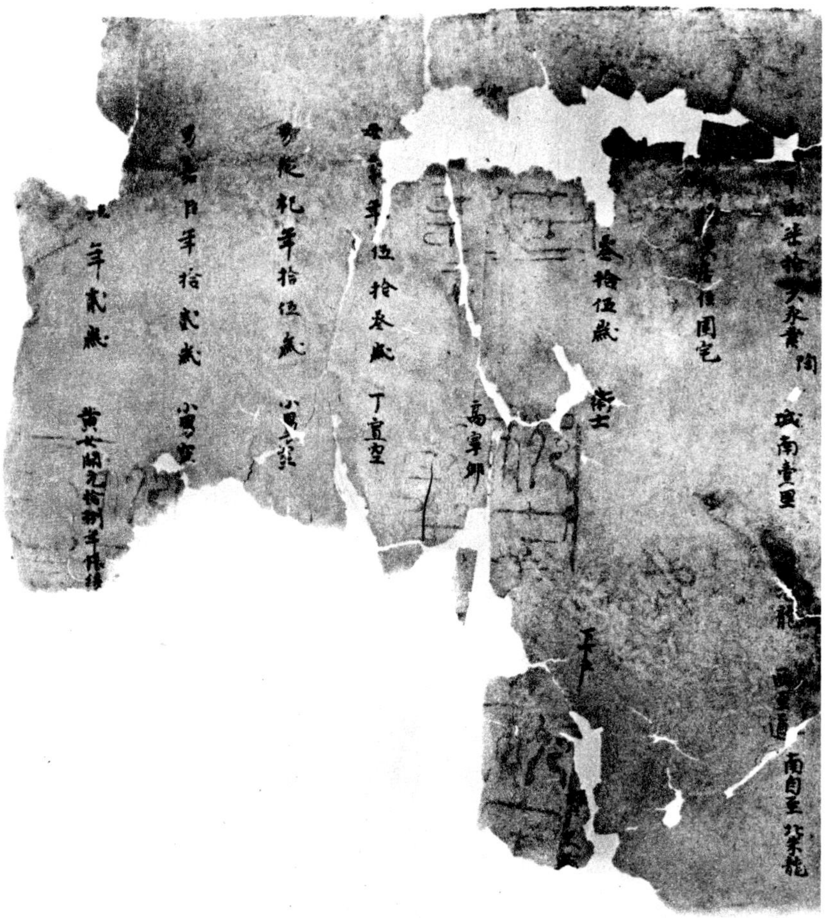

14 壹段肆拾步居住園宅
15 戶主□者德　□叁拾伍歲　衛士　下下
戶　課戶不輸
16 柳□□　高寧鄉
□□□□□□
17 母李　年伍拾叁歲　丁寡空
18 男從杞　年拾伍歲　小男空
19 男嘉臣　年拾貳歲　小男空
20 □□法　年貳歲　黃女開元拾捌年帳後□

二　唐開元二十一年(公元七三三年)殘文書

1 □々准給牟依□
2 開元廿一年四月□
3 府　尉少□
4 史

三　唐天寶三載（公元七四四年）交河郡蒲昌縣上郡戶曹牒爲録申徵送郡官執衣、白直課錢事（一）～（四）

72TAM228:30/1～30/4

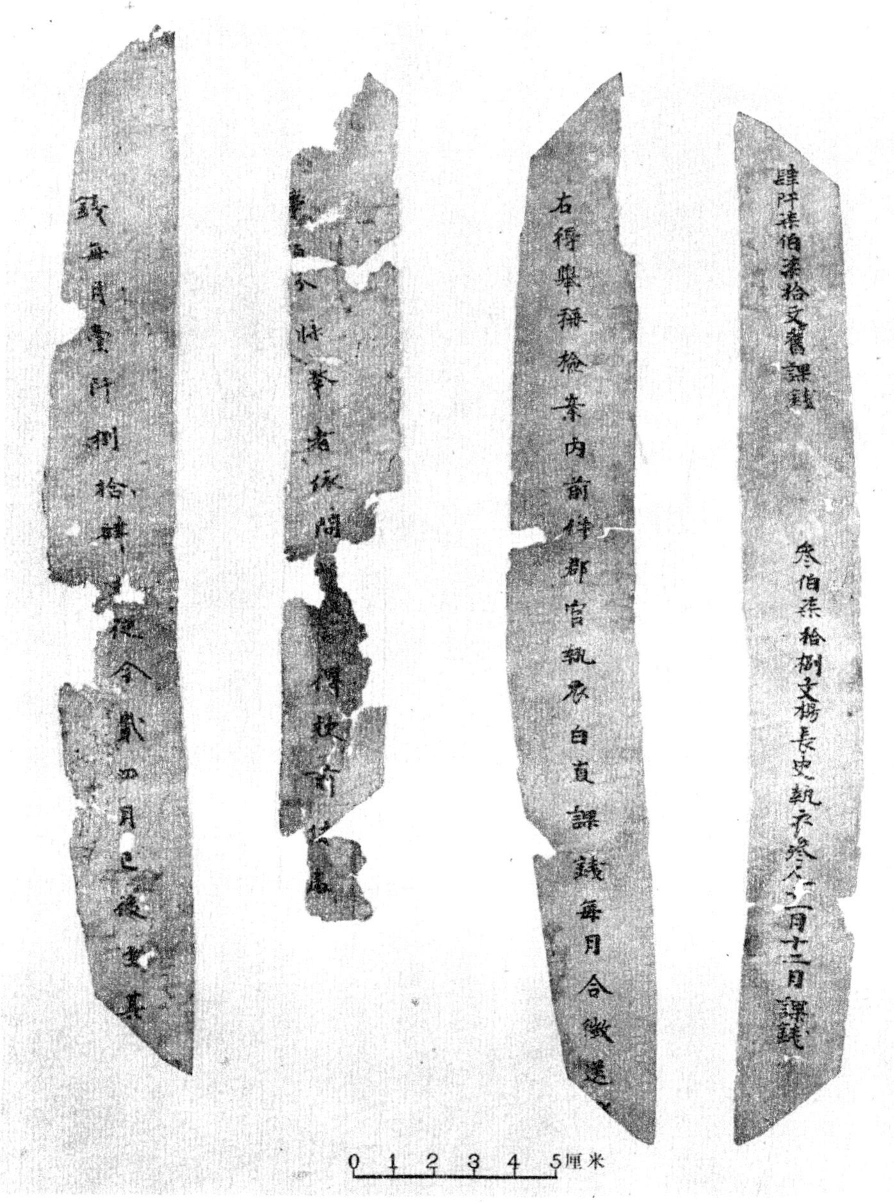

三　唐天寶三載（公元七四四年）交河郡蒲昌縣上郡戶曹牒爲録申徵送郡官執衣、白直課錢事

本件蓋有殘印數方，第（六）段印文爲「蒲昌縣之印」，他處印文皆不可識。

（一）

1 長史執衣叁人十一月十二月課錢　　叁佰柒拾捌文楊

「肆阡柒佰柒拾文舊課錢」

（二）

1 右「得舉稱」檢案内前件郡官執衣、白直課錢每月合

徵送□　〔下殘〕

（三）

1 事須分牒舉者，依問所言，得款：前付處□

（四）

1 錢每月壹阡捌拾肆文，從今載四月已後，至其

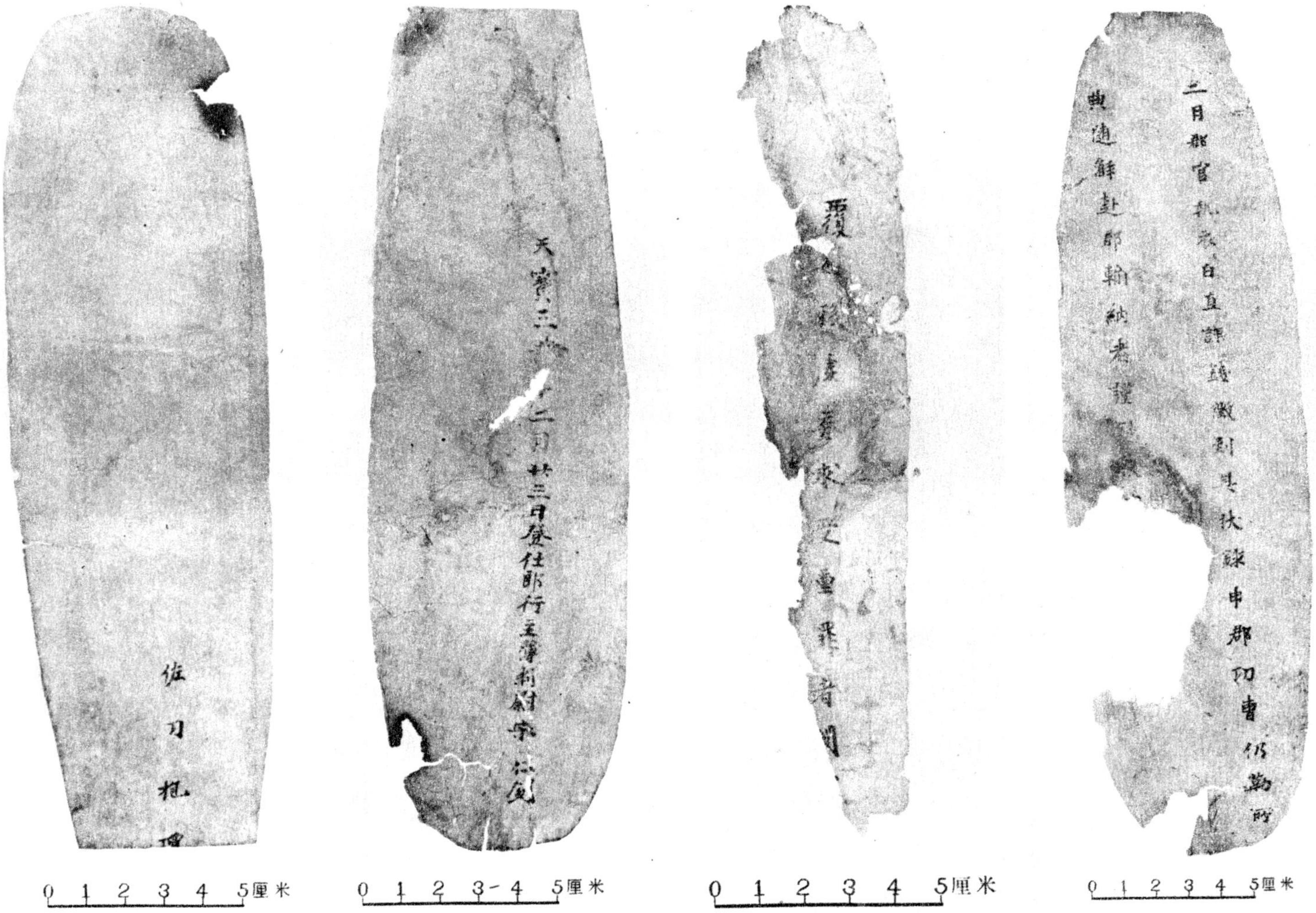

三　唐天寶三載(公元七四四年)交河郡蒲昌縣上郡户曹牒爲録申徵送郡官執衣、白直課錢事(五)　72TAM228:31
(六)　72TAM228:35　(七)　72TAM228:32　(八)　72TAM228:36

（五）

1 二月郡官執衣、白直課錢徵到。具狀録申郡功曹，仍勒所

2 典隨解赴郡輸納者。謹録狀□〔下殘〕

（六）

1 覆，如後虛妄求受重罪者

（七）

1 天寶三載十二月廿三日登仕郎行主簿判尉宋仁釗

（八）

1 佐刁抱瓌〔下殘〕

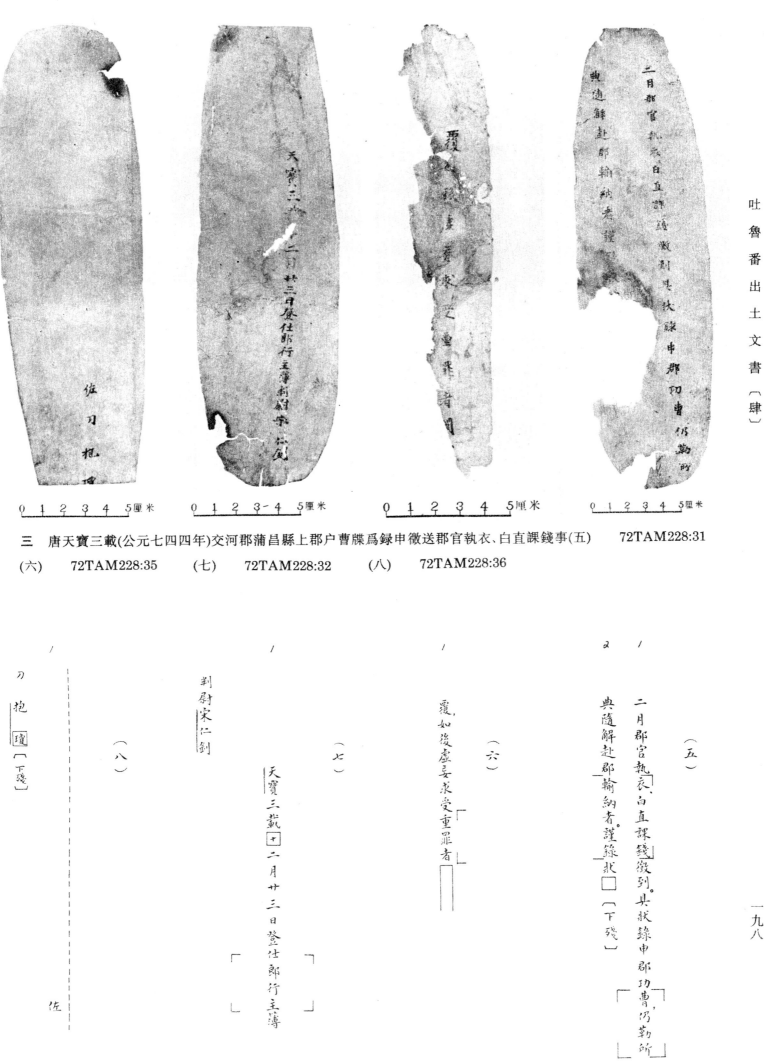

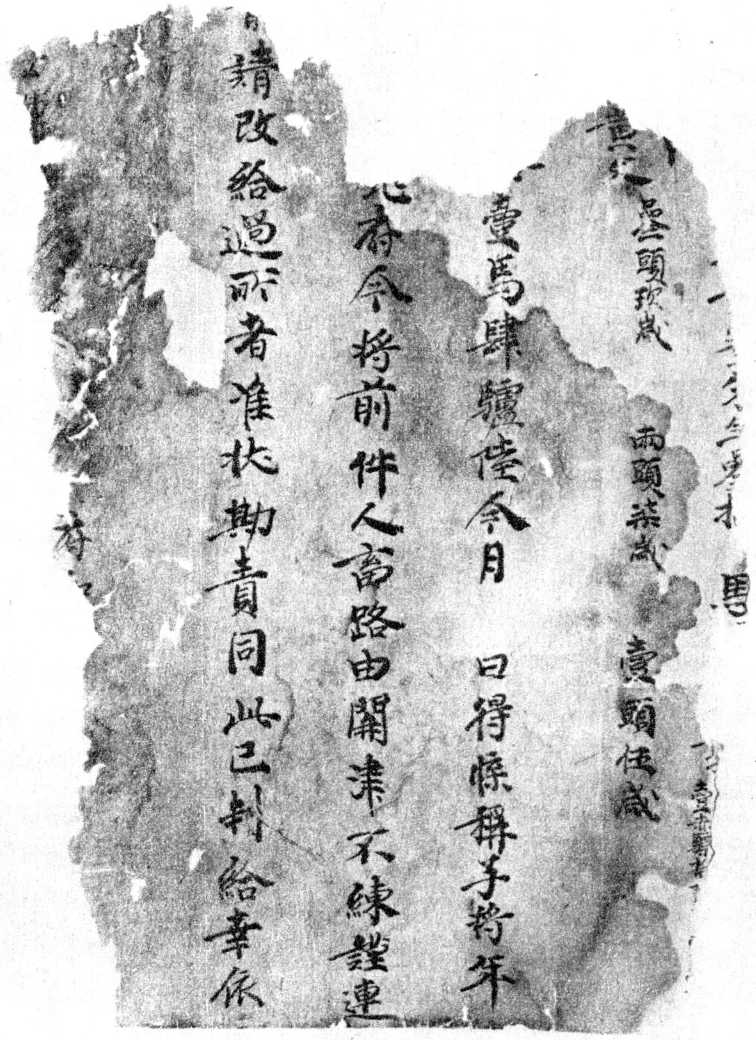

五　唐年某往京兆府過所　　72TAM228:9

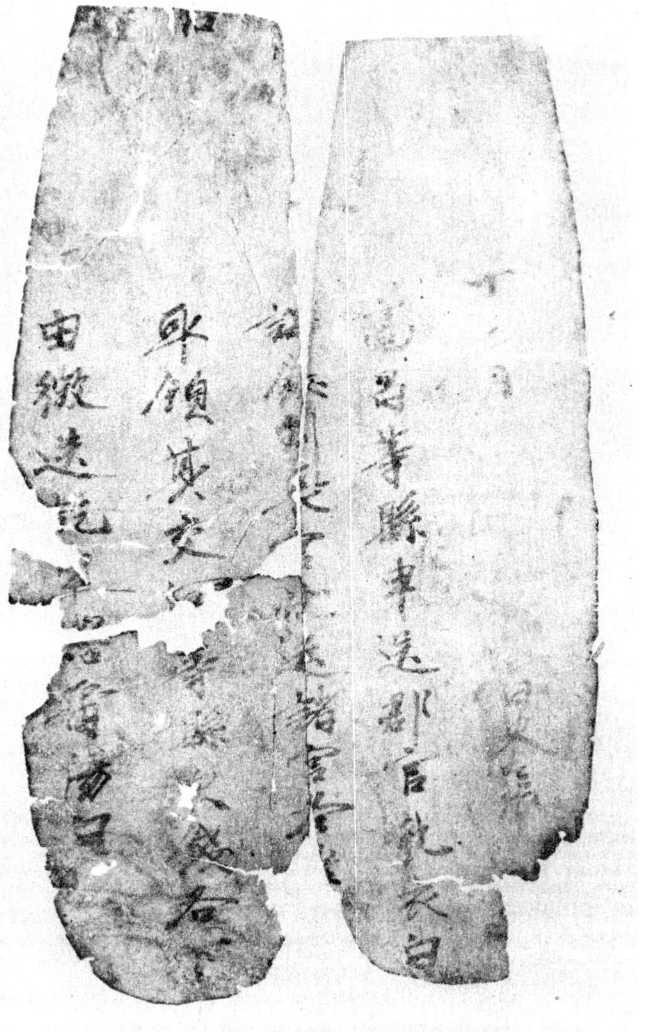

四　唐天寶某歲(公元七四二～七五五年)交河郡晉陽判爲高昌等縣申送郡官執衣、白直課錢事　　72TAM228:33,34

四

唐天寶某載（公元七四二——七五五年）交河郡晉陽判爲高昌等縣申送郡官執衣、白直課錢事

本件紀年已缺，前應有牒狀，亦已無存。據判云：「申送郡官執衣白直課錢」。史稱天寶元年二月改州爲郡，刺史爲太守，至肅宗至德二載復舊稱，又前有天寶三載蒲昌縣牒亦爲録申郡官執衣、白直課錢事，知本件亦當在天寶間，或與上件有關。

1 十二月　　日史張□

2 高昌等縣申送郡官執衣、白□

3 [課]錢到。長[官]狀送諸官，各□

4 取領。其交河等縣欠錢，各下□

5 由徵送[訖]□[諮]。晉陽白。

五

唐年某往京兆府過所

1 □[年][叁][拾]　　馬□□[歎]　壹

赤[驃][拾]□

2 □黃父　叁頭玖歲　兩頭柒歲　壹頭伍歲

3 □壹馬，肆驢陸。今月　日得牒稱：子將年

4 □[兆]府。今將前件人、畜路由關津不練，謹連

5 □[前]，請改給過所者。准狀勘責同此，已判給，幸依

6 □

7 □軍　府□

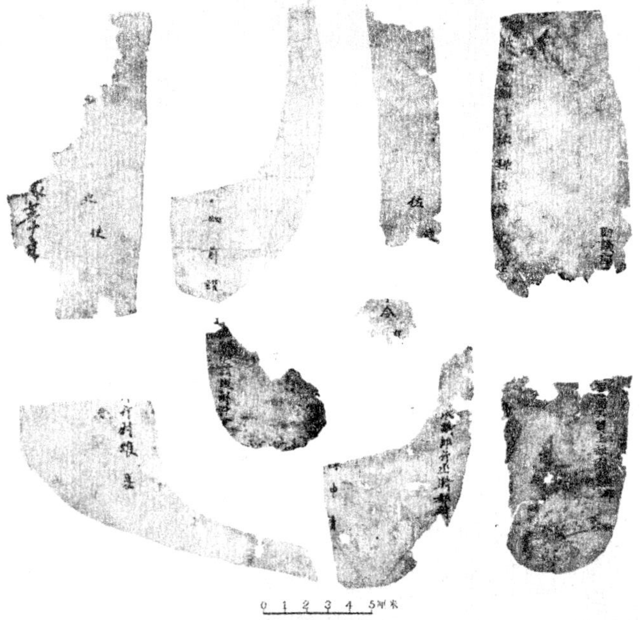

七　文書殘片
72TAM228:37/1～37/9

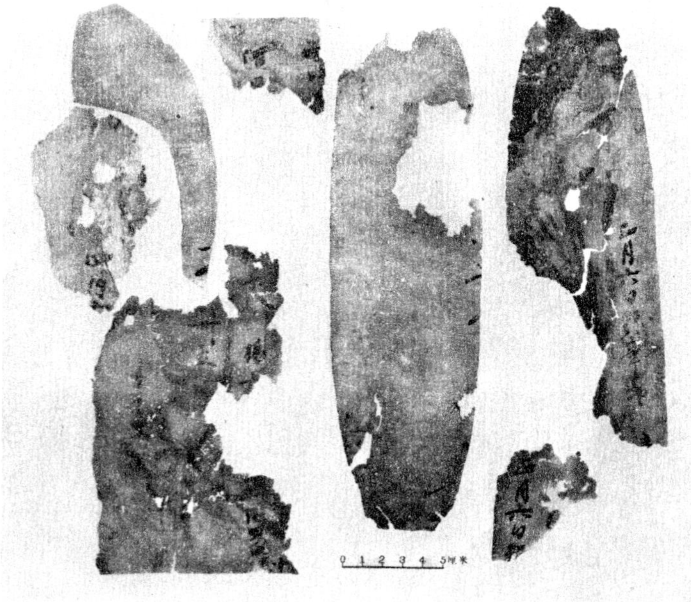

八　文書殘片
72TAM228:38/1～38/7

九　文書殘片
72TAM228:39/1～39/12

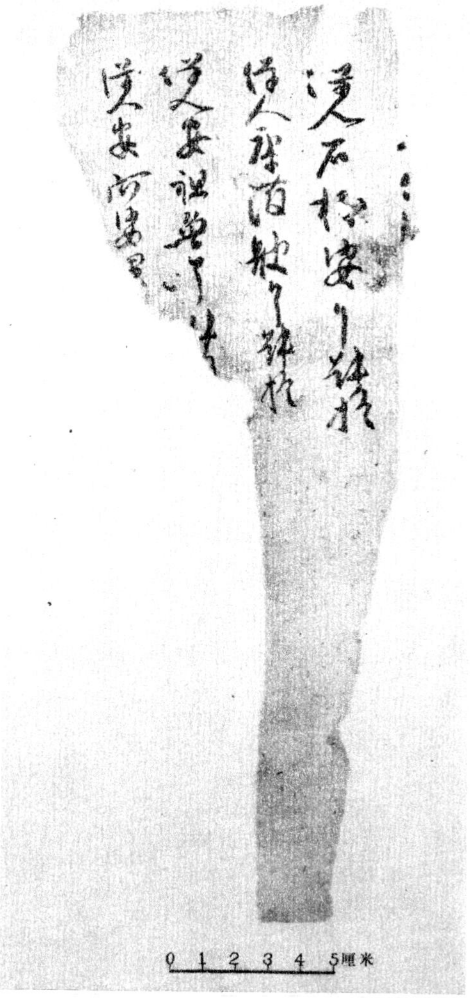

六　唐保人石杯娑等殘契
72TAM228:14

六

唐保人石杯娑等殘契

保人石杯娑年肆拾
保人康護䟦年肆拾
保人安祖鲁年肆□
保人安阿娑□

阿斯塔那一八七號墓文書

本墓爲合葬墓。出有唐殘墓誌一方，尚存「安西都護府□□□副□上柱囯張」諸字。「囯」即「國」，爲武周載初元年所改用之新字。其人當死在載初元年（公元六八九年）至長安四年（公元七〇四年）間，先入葬。所出文書有紀年者，最早爲唐垂拱三年（公元六八七年），最晚爲天寶三載（公元七四四年）。

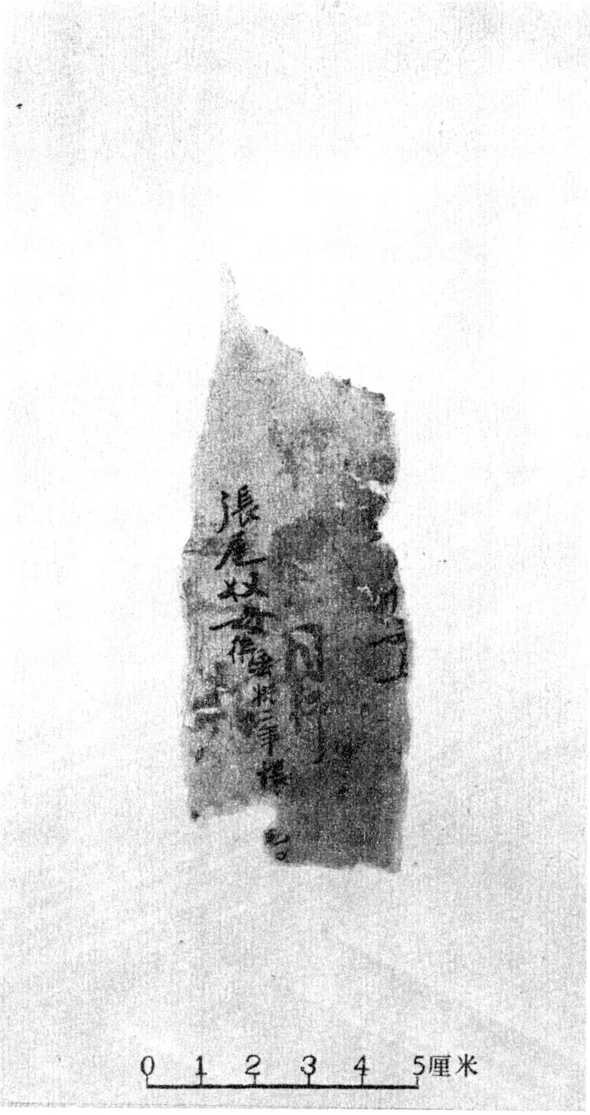

一　唐垂拱三年(公元六八七年)帳後西州交河縣親侍、廢疾等簿帳(一)　72TAM187:183

一　唐垂拱三年(公元六八七年)帳後西州交河縣親侍、廢疾等簿帳(二)　72TAM187:182

一　唐垂拱三年（公元六八七年）帳後西州交河縣親侍、廢疾等簿帳

本件凡「同行」及「並同數行」等字爲朱書，每段部蓋有「交河縣之印」。

（一）

1 □勘印□

「同行」

2 張尾奴母衛　垂拱二年帳□

（二）

1 □□年帳，男漢興，衛士親侍，三年依舊侍。

2 □依舊侍

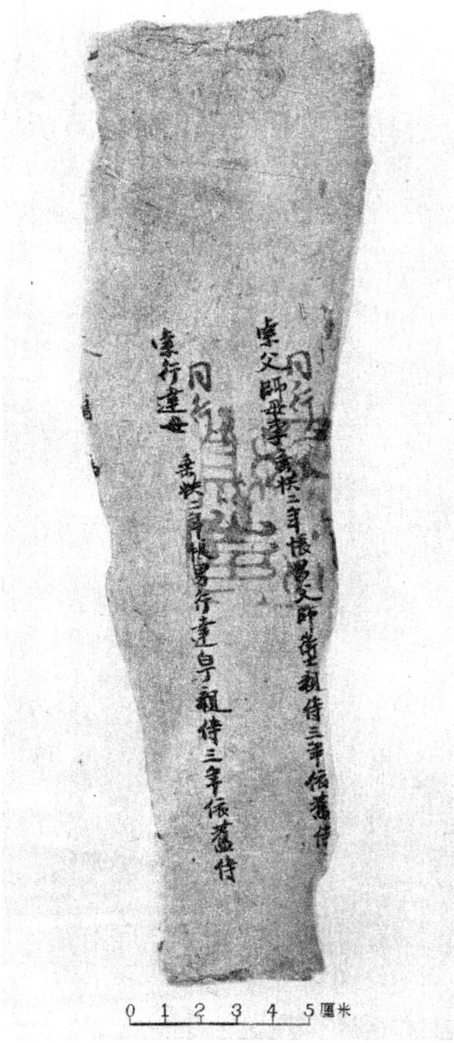

一　唐垂拱三年(公元六八七年)帳後西州交河縣親侍、廢疾等簿帳(三)
72TAM187:181

一　唐垂拱三年(公元六八七年)帳後西州交河縣親侍、廢疾等簿帳(四)
72TAM187:184

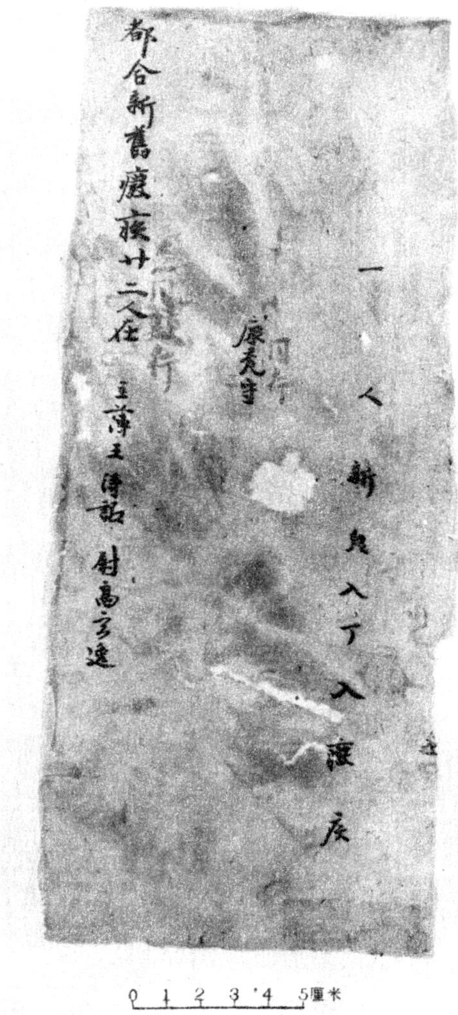

一　唐垂拱三年(公元六八七年)帳後西州交河縣親侍、廢疾等簿帳(五)
72TAM187:180(a)

（三）

1 索父師毋李　同行　垂拱二年帳，男父師衛士，親侍，三年依舊[侍]。

2 索行達毋〔一〕　垂拱二年帳，男行達，白丁，親侍，三年依舊侍。

3 □[人][籍][漏]〔下殘〕

注釋

〔一〕「毋」字下脫毋姓氏。

（四）

1 ——趙善彪(彪)□

2 □八　人□

（五）

1 一　人新貌入．丁入廢疾〔一〕

2 康禿守　同行

3 都合新舊廢疾廿二人在　並同數行　主簿王侍詔　尉高玄逸

注釋

〔一〕背面騎縫處押署「[逸]」字，並有朱印痕，印文僅存「交」字。

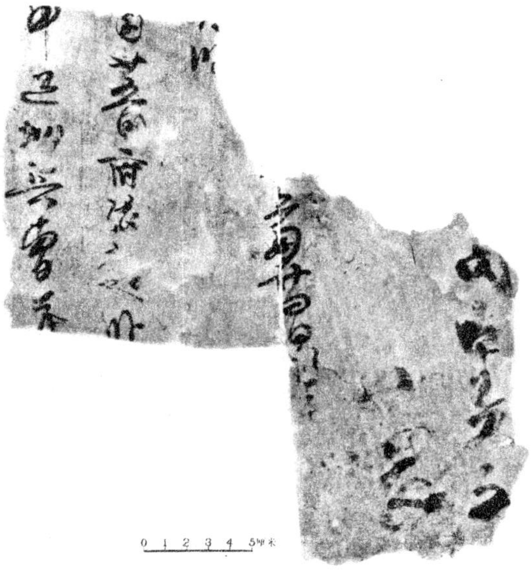

三　武周府張超殘牒
72TAM187:202

二　武周殘牒爲諸烽守捉事
72TAM187:213/1

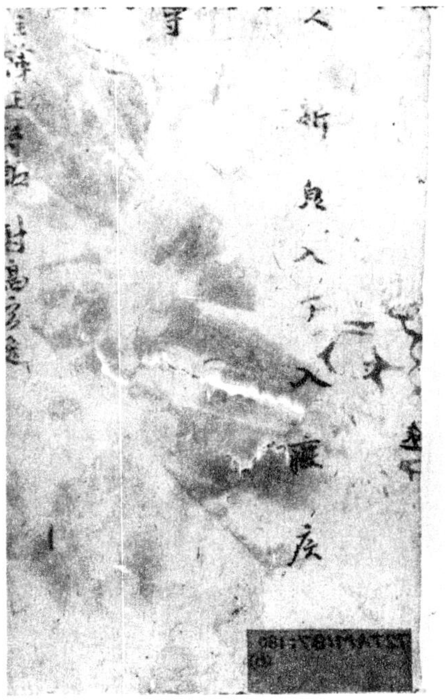

一　唐垂拱三年(公元六八七年)帳後西州交河縣親侍、廢疾等簿帳(五)
72TAM187:180(b)

二　武周殘牒爲諸烽守捉事

本件紀年已殘。牒内用武周新字，當是武周時期。下列四、五、六等件紀年同。

1 [　　]苻稱[　　]
2 [　　]七十人又奉三月(月)[　　]
3 [　　]十人諸烽守捉[　　]

三　武周府張超殘牒

1 周[illegible]示
2 廿四日(日)
3 [　　]二月(月)廿四日
4 [　　]牒
5 [　　]月廿五日府張超牒
6 [　　]申送州兵曹舉[　　]

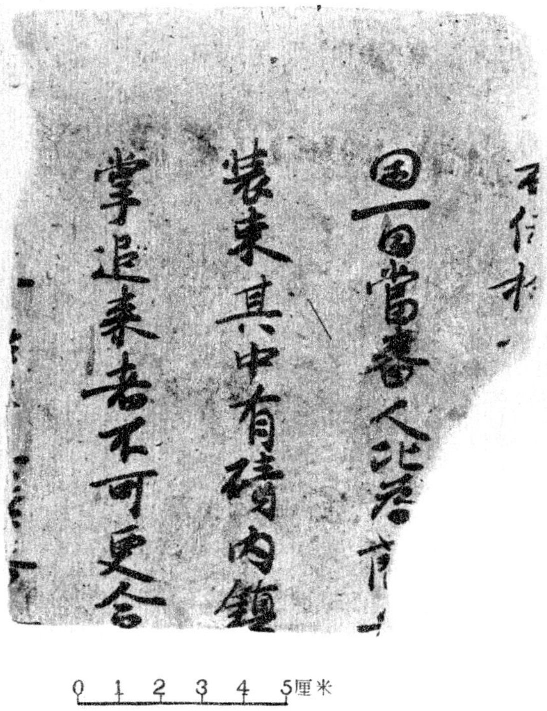

四　武周追當番職掌人文書(二)　　72TAM187:201

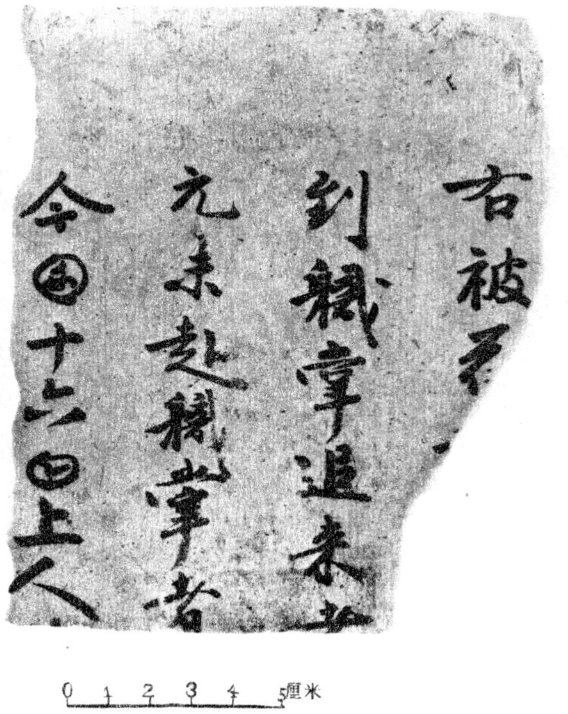

四　武周追當番職掌人文書(一)　　72TAM187:197

四　武周追當番職掌人文書

（一）

1 右被〔符〕

2 到職掌追來〔者〕，

3 元未赴職掌者，

4 今(月)十六(日)上人

（二）

1 〔右件檢〕

2 (月)一(日)，當番人比爲〔閏〕

3 裝束，其中有磧内鎮

4 掌追來者。不可更合

五　武周諸戍上兵文書(三)
72TAM187:199

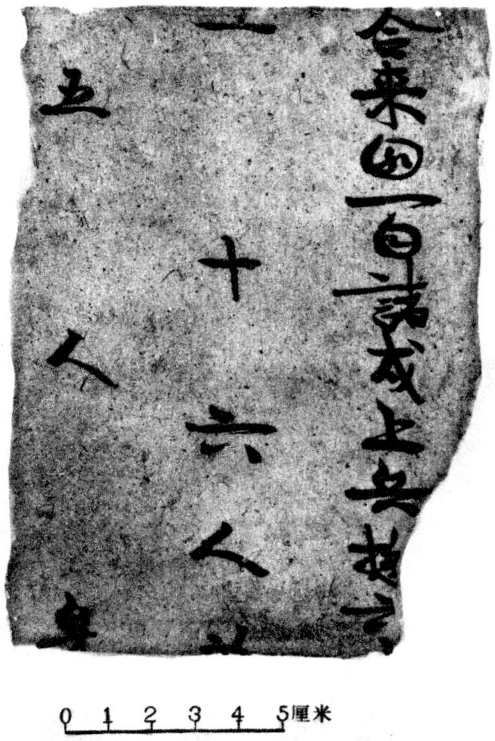

五　武周諸戍上兵文書(二)　72TAM187:198

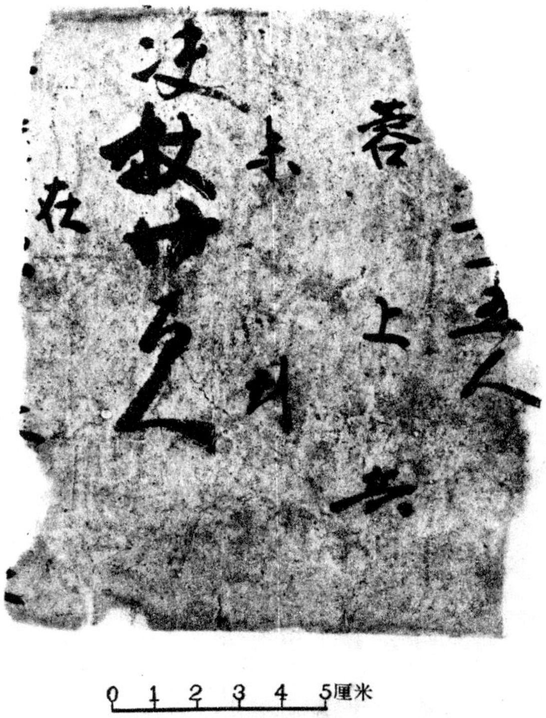

五　武周諸戍上兵文書(一)　72TAM187:200

五　武周諸戍上兵文書

(一)

1 ［　　］[十]五人
2 ［　　］峇　上　兵
3 ［　　］未　到
4 ［　　］决　杖　廿　之
在

(二)

1 ［　　］合來□(月)一□(日)諸戍上兵總六［　　］
2 ［　　］一　　十　六　人㕣［　　］
3 ［　　］五　　人　　身［　　］

(三)

1 勘［　　］

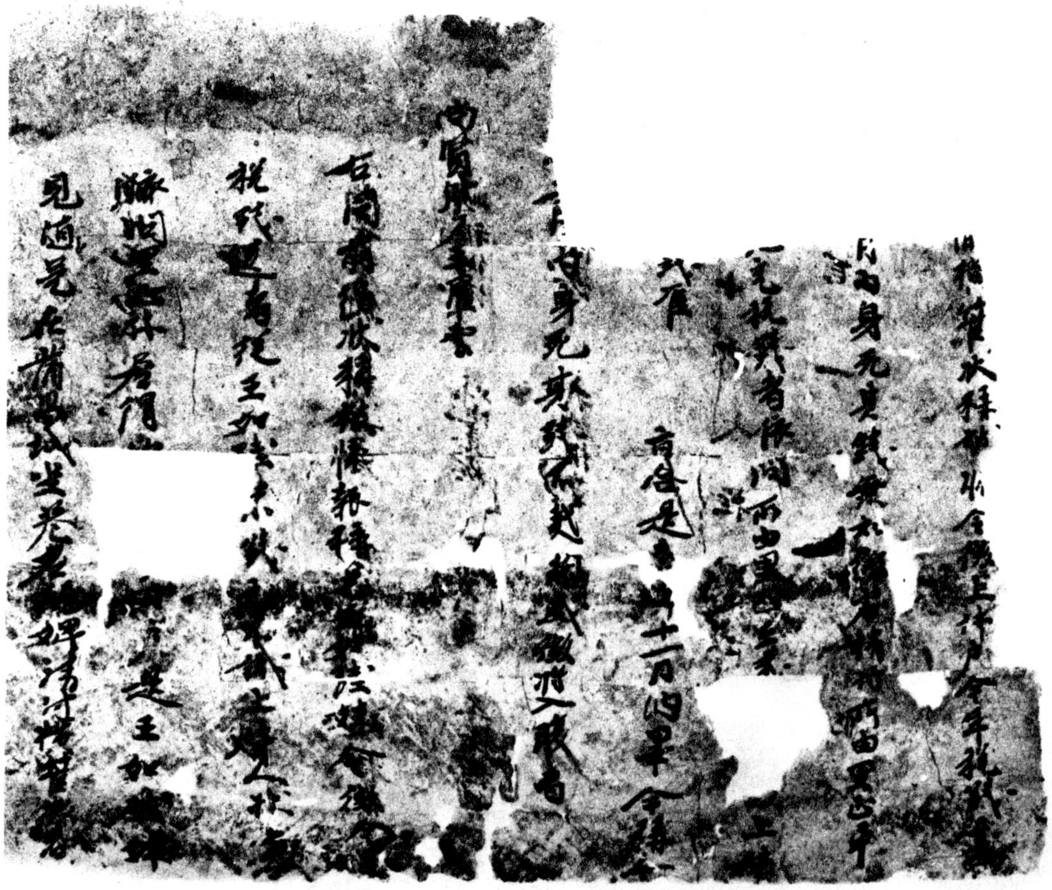

72TAM187:194(a)

六　唐高昌縣史王浚牒為徵納王羅雲等欠税錢事

背面為《唐天寶三載西州高昌縣勘定諸品子、勳官見在、已役、免役、納資諸色人名籍》，本件書於正面，年代應在前。

（一）

1 ［　　］蒲横管狀稱：被牒令徵上件戶今年税錢，其
2 ［　　］月内身死，其錢無知徵處，請付所由里正即
3 ［　　］充税錢者。依問所由里正王義□，□款：上件
4 ［　　］錢，准　旨，合是去年十一月納畢。今稱今
5 □二月内身死，其錢不䞤(?)趣咸徵將入腹者。
6 尚賢鄉戶王羅雲
7 右同前得狀稱：被牒報稱，是王如珪妹，今徵今年
8 税錢送者，從王如珪索錢，元不識上件人狀上者。
9 依問里正孫居，得款：□□女戶是王如珪妹，
10 見隨兄在蒲昌城坐巷，名醜婢，請付横管徵者。

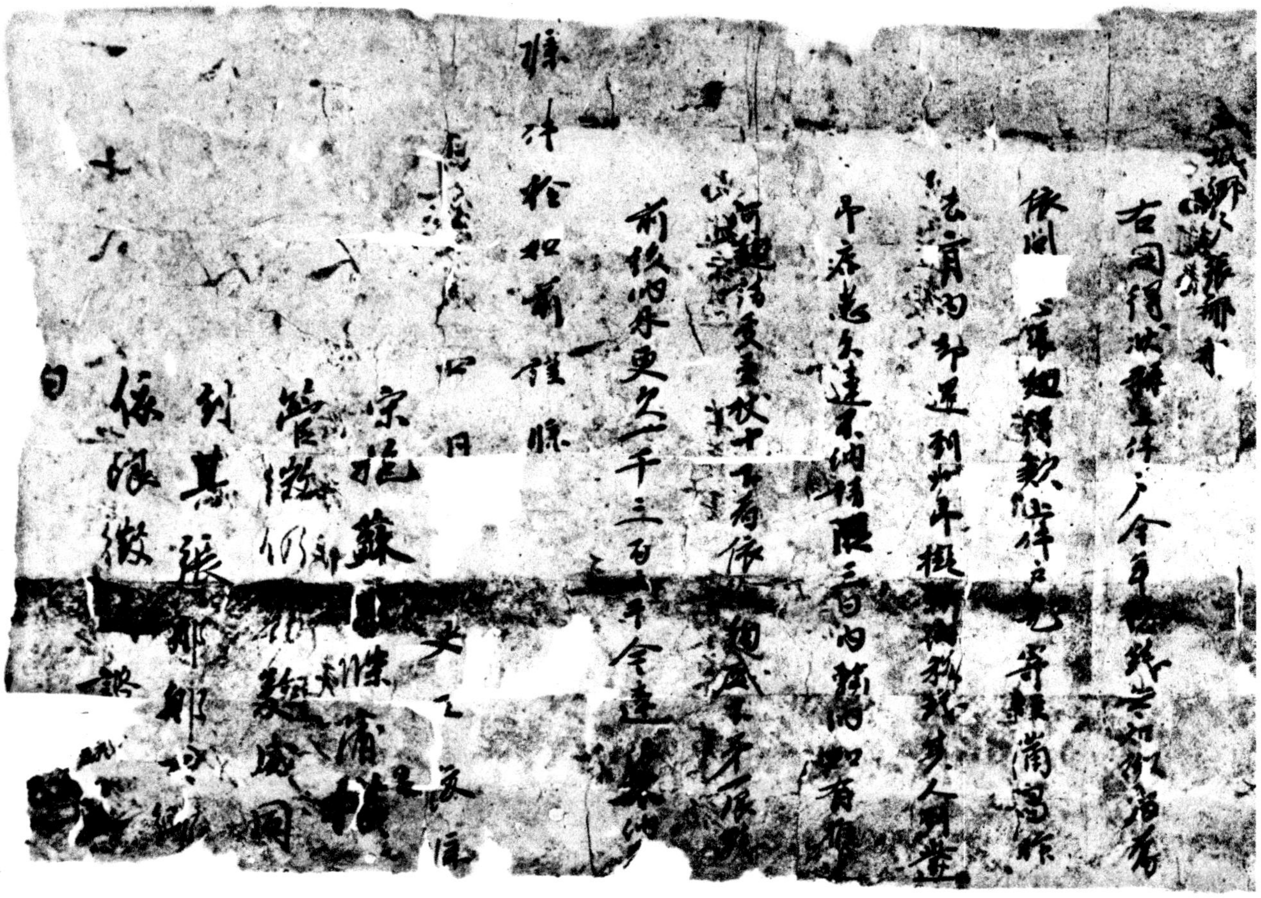

0 1 2 3 4 5厘米

六　唐高昌縣史王浚牒爲徵納王羅雲等欠稅錢事

武城鄉戶張郍郍(那)
右同得狀稱：上件戶今年稅錢，無知徵處者。
依問□正張麴得款：上件戶先寄住蒲昌，昨
去二月內，却還到州，即擬輸納稅錢。其人到此遂
即瘮患，久違不納。請限三日內輸納，如有推延，
阿麴請受重杖十下者。依檢麴威下第一限錢，
前後納外，更欠一千三百文。于今違限不納者。
牒件檢如前謹牒。
四月□日史王浚牒
宋抱蘇等□蒲昌橫
管徵，仍勒麴威同，
到，其張郍郍下鄉
依限徵送。諮□
白。

注釋
〔一〕「蒲」下脫一「昌」字。

七 唐天寶二年（公元七四三年）籍後高昌縣戶等簿帳

本件造簿年月已缺，據第六行注文中有「天寶元年」、「天寶二年」，知在天寶二年之後，又本件蓋有高昌縣印。

72TAM187:195/1(a)之一

1 石羯楃 石□□ 孟憙敀 龍君爽 弘□□
2 安君進 康師奴 麴仁表 大女左大乘 康慎徽
3 董守珪 張孝元 康知讓 大女康敀□ 白小敏
4 翟菜（葉）子 竹茂林 竹熊子 氾文智
5 麴歲生 令狐磨底
6 三百五十戶下下 戶天寶元年後加籍一十 天寶二年籍一
7 車智意 大女左娘子 范忠孝 大女寗
8 大女曹元盡 賈小琮 吳黑奤 大女史
9 大女孟脩真 辛忠孝 大女麴皀□
曹字名

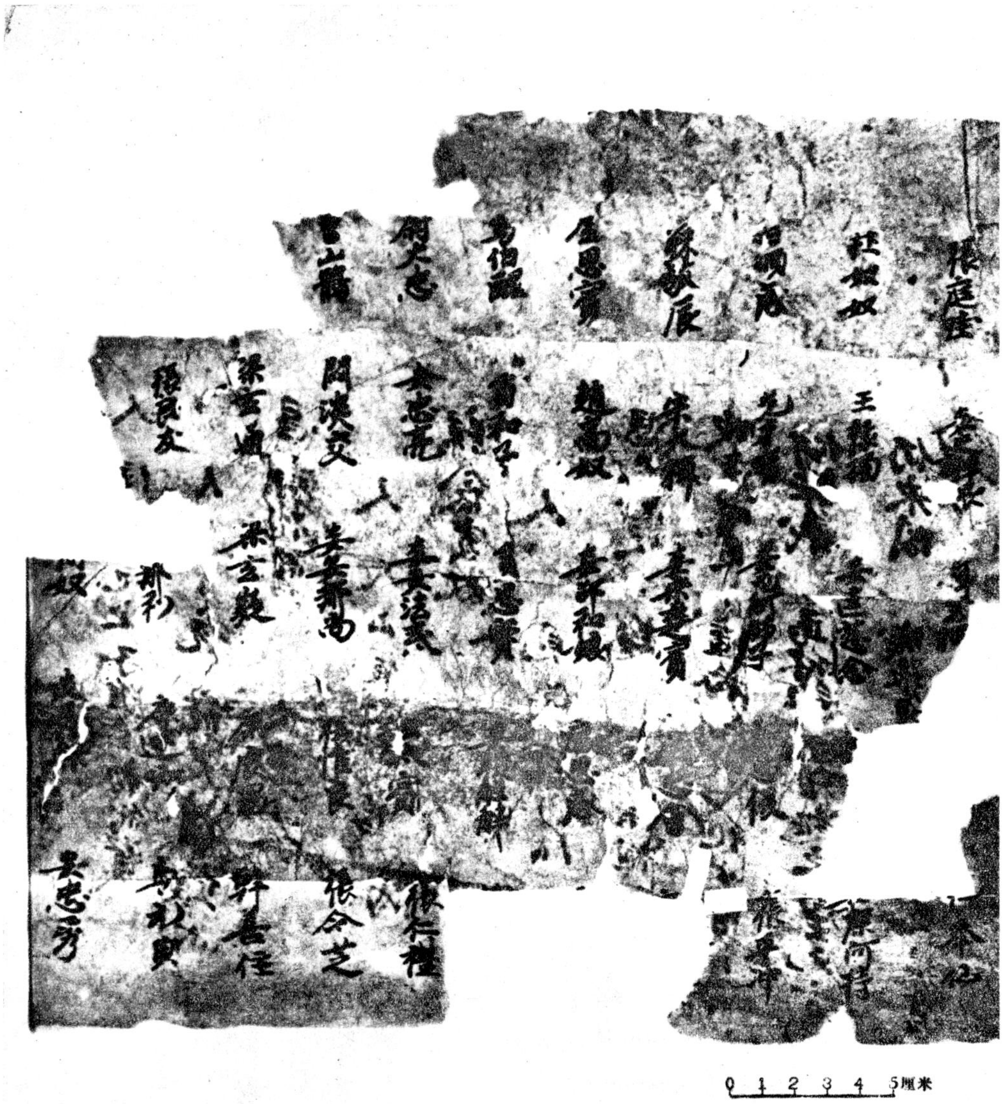

七　唐天寶二年(公元七四三年)籍後高昌縣户等簿帳

10 張庭珪　大女史靜娘　辛玄暉□奉仙
11 杜奴奴　王禄狗　大女匡慈念　大女□女康阿持
12 白順感　范才寶　大女范阿師子　安思俊　張平冲
13 蘇敬辰　宋大禪　大女宋楚實　宋忠會　□
14 屈思實　趙高奴　大女邵和娘　唐思感　□
15 馬伯醜　貟和子　貟思實　大女張鮮鮮　□
16 尉大忠　安忠亮　大女安法式　王太賓　張仁禮
17 曹山鶻　閻浃交　大女安鄯(那)尚　張惟良　張令芝
18 □　梁玄通　梁玄嶷　康虔勖　韓善住
19 □　張良友　□鄯利　康述㖿　馬元貞
20 □阿奴　皮思榮　安忠秀

七　唐天寶二年(公元七四三年)籍後高昌縣户等簿帳　72TAM187:195/1(a)之二

□□□□[黑]陁　小女張是子　[史]尚賓〔一〕
□□□□和埴子　尚仁藥　左守□
□□□□白鄯尚　[大]□麴真觀　韓伯輪
□□□□玄㤭　大女魏勝姜　[曾]金寶
□□□□超□　大女翟慈恩　史崇六
□□□□[君]致　氾洪託　張嘉祚
□□□□盧曾　大女康曾□　[白]辰辰
□□□□祥　梁慶壽　康阿蒲菌
□□□□藝　康知志　大女康小娘(亂)
□□□□藏　大女氾小弥　康渠亂
□□□□法力　□　白[申]□
□□□□敬　竹天養　徐思善
□□□□[安]定　大女氾加鄯　翟小六
□□□□禿　李元惠　王思貞〔二〕

注　釋

〔一〕背面騎縫處押「業」字，並蓋有「高昌縣之印」。

〔二〕背面騎縫處有押字，不能辨識。

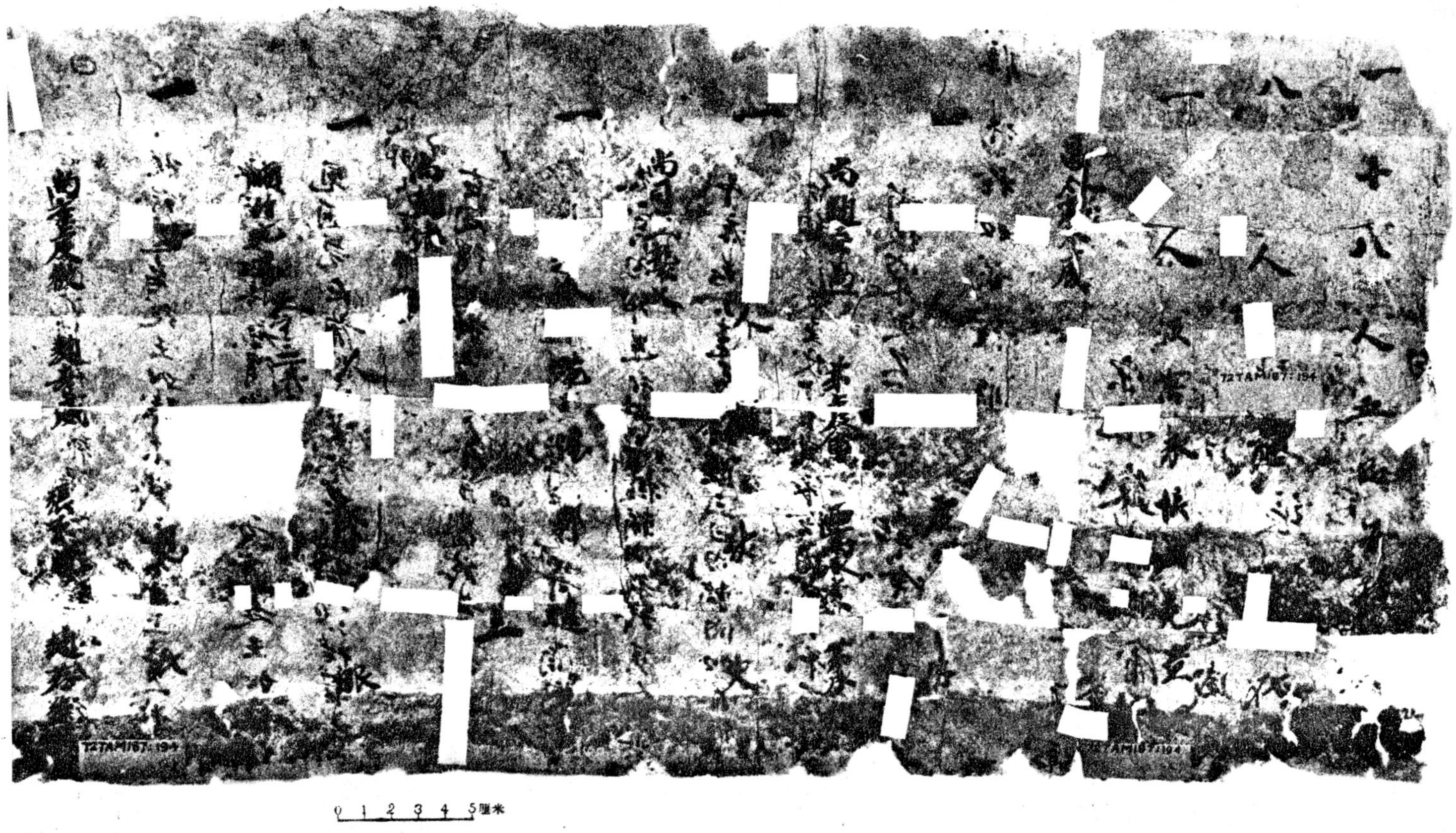

八　唐天寶三載(公元七四四年)西州高昌縣勘定諸鄉品子、勳官見在、已役、免役、納資諸色人名籍(一)　72TAM187:194(b)

八　唐天寶三載(公元七四四年)西州高昌縣勘定諸鄉品子、勳官見在、已役、免役、納資諸色人名籍

本件疑是差科簿，紀年已缺。據籍内(一)段一二行記終服竹元易「天寶三載」，(二)段一〇行記終服氾孝順「元載六月毋亡」；據此推定此件當在天寶三載(公元七四四年)八月前。又姓名上注「昌」、「尚」、「順」均屬高昌縣鄉名，則此件當爲高昌縣所造。另(一)段凡夾行中「同」、「終服」、「定」字，○符號，(二)段凡夾行中「定」字，均爲朱書。另(三)段一、二一行有墨筆勾勒。

(一)

一 同 十 八 人 五 品子孫 □□

八 同 人 應 在

一 同 人 没 落 承 帳 放免資課

昌 令、狐慶

四○ 人 虛 存

尚 趙希過 同 弟虔會 同 西 高承慶 同 弟承顏 同

一 人 縣 佐 史

尚 司空龔乂 同

一 人 范 陽 郡 建 兒

尚 趙清 同

一 人 終 服

順 竹元易 終服 天寶三載 [ ]

一 同 十 □ 見 在

○ 尚 康虔徽 定 趙孝威 定 張承曉 定 趙若鷟 定

八　唐天寶三載(公元七四四年)西州高昌縣勘定諸鄉品子、勳官見在、已役、免役、納資諸色人名籍(二)　　72TAM187:195/1(b)之一

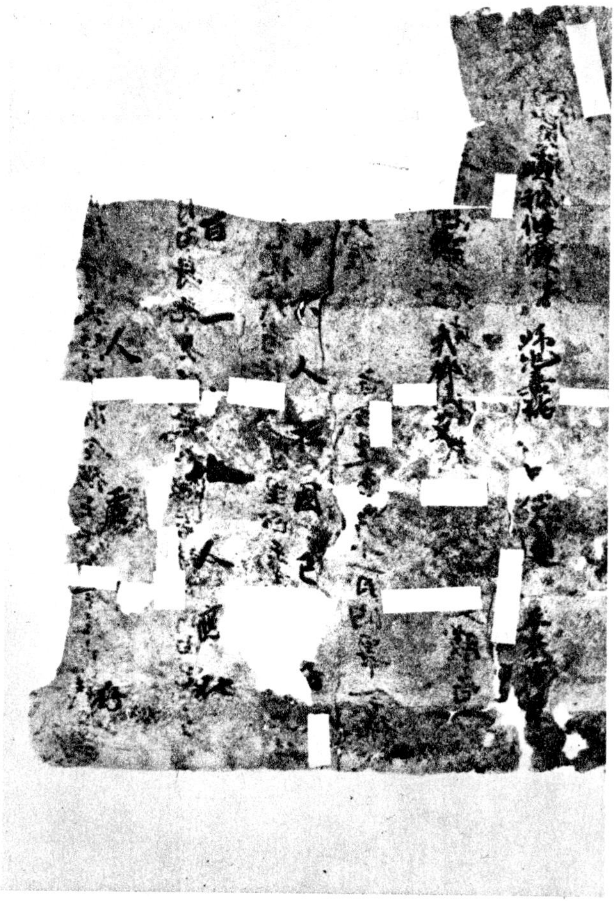

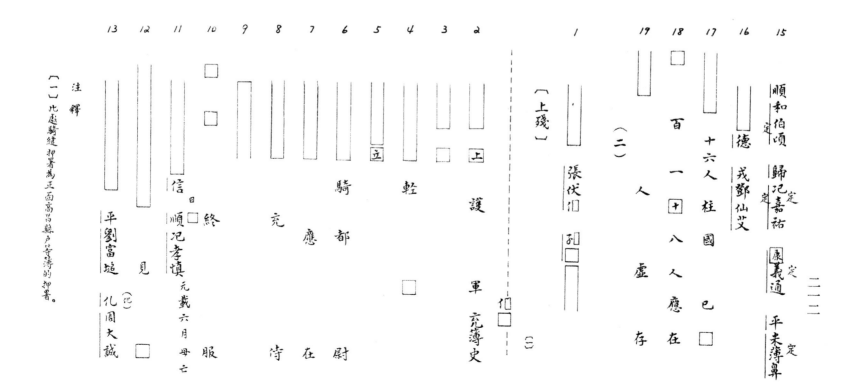

15 順和伯頃定　歸氾嘉祐定　〔康〕義通定　平朱薄鼻定

16 〔　　〕德　戎鄧仙艾

17 〔　　〕十六人柱國　　已□

18 □　百一〔十〕八人應在

19 〔　　〕　人　虛　存

（二）

〔上殘〕

1 〔　　〕張伏□　孫□□〔　　〕

佰□〔一〕

2 〔　　〕上　護　軍　充薄史

3 〔　　〕□

4 〔　　〕輕　□

5 〔　　〕立

6 〔　　〕騎　都　尉

7 〔　　〕應　在

8 〔　　〕充　侍

9 〔　　〕

10 □　□　終　服

11 〔　　〕信　日□順氾孝慎　元載六月廿七

12 〔　　〕見　□

13 〔　　〕平劉富塠　(化)化周大誠

注釋

〔一〕此處騎縫押署為正面高昌縣戶等簿的押署。

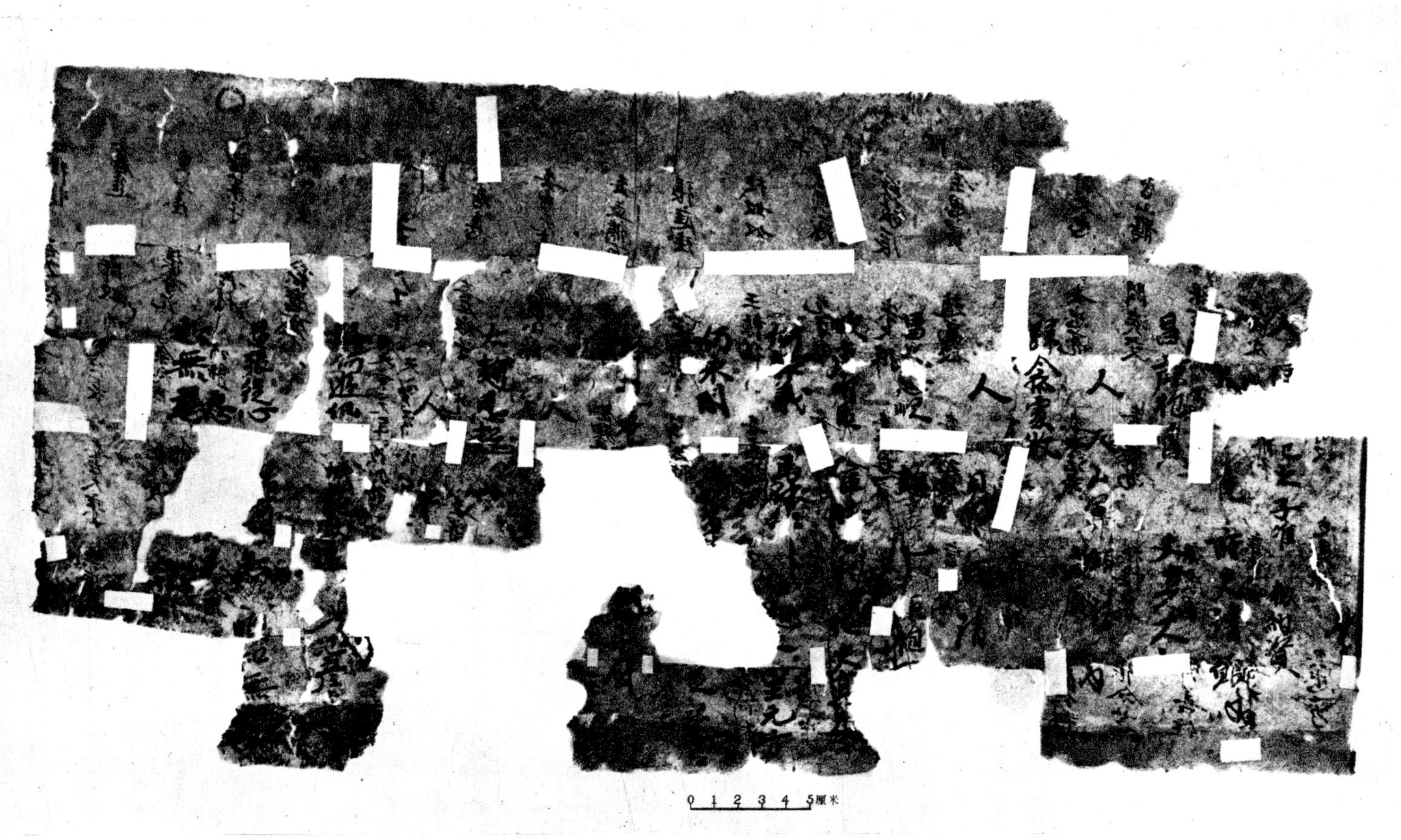

八　唐天寶三載(公元七四四年)西州高昌縣勘定諸鄉品子、勳官見在、已役、免役、納資諸色人名籍(二)　72TAM187:195/1(b)之二

14 「業」〔一〕
15 □人　仁□已上子准　勑納資
16 □人　充府　史請顧納
17 昌康抱貞定(?)　史真太
18 □人　天山軍鎮請納
19 歸令狐處敬定
20 □人　見在請□
21 昌史念順定　趙□一定　陳抱一定〔下殘〕
22 順康明順定　康□□礼定　化史真定□
23 何□義定　馬休□定　張超之定　尚王元方定
24 何永□定　城張守定　足　張孝臣定
25 歸□定　賈守璧定
26 □人
27 大趙思超定〔下殘〕
28 □人
29 歸何遊仙定　城趙獻懷定　業　氾彥嵩定
30 昌張從心使　歸何□忠定　順□口無宜
31 和無怨　城

注釋

〔一〕此印及「業」字與第二九行騎縫上的「業」字，均為正面「高昌縣戶等簿」的押署。

九　唐天寶元、二年間（公元七四二～七四三年）前典魏孝立牒爲某人授勳及蠲䉆事

72TAM187:193(a)

九　唐天寶元、二年間（公元七四二——七四三年）
前典魏孝立牒爲某人授勳及蠲䉆事

本件紀年存一「年」字內云「申郡」、「郡司」，天寶元年改州爲郡，天寶三年改「年」爲「載」，故本件當在天寶元、二年（公元七四二——七四三年）間。

1 □□□□□□□□□因仁則
2 入輸□□仰答，所由□□授勳在縣，先無蠲䉆，身
3 是□□□依帳□□□申郡勾會，其人郡司有授
4 勳蠲□□□租，有尚賢鄉趙智惠，郡司
5 勾會□□□正，關牒所由，改正徵收。未經
6 舉正，間□□□所有未□所由罪愆（衍）。今隨牒
7 □，請關牒所□□□被問依實。謹牒。
8 □□□年正月　日前典魏孝立牒

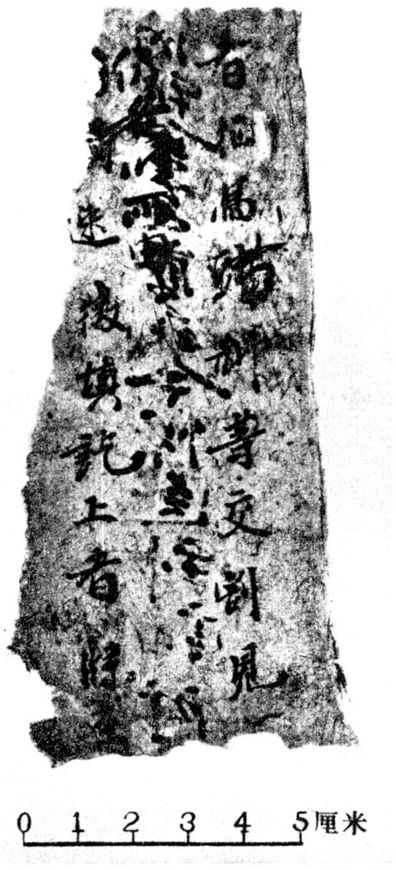

一〇　唐徵填馬踖料牒
72TAM187:185(a)

一一　唐徵錢未有送處狀　72TAM187:210/1

一二　唐殘牒
72TAM187:189

一〇　唐徵填馬踖料牒

1 □者，征馬踖料等交割，見
仍各牒所由，〔一〕
2 □[請]速徵填訖上者。牒至

注釋

〔一〕此五字寫於夾行，筆粗墨濃，疑是第二行脱句後補。

一一　唐徵錢未有送處狀

1 □[李]終徵送州。今檢
2 □件錢未有送處，檢錢見到者。
3 □領下，謹録狀申。

一二　唐殘牒

1 汩后□
2 并破用應分等[數][如][前]
3 □[件][如]前謹　牒。

一三　唐高昌縣戶口帳　　72TAM187:211(a)

一四　唐安禪師等戶殘籍(一)～(四)
72TAM187:187/1～187/4

一三　唐高昌縣戶口帳

本件蓋有「高昌縣之印」。

1 三　人　黄〔下殘〕
2 吴君定妻生女六念［　］員海隆妻生女［　］
3 ［　］人［　］死［　］
4 ［　］男［　］

一四　唐安禪師等戶殘籍

本件蓋有縣印，殘損過甚，印文不清。

（一）

1 戶安禪師六十［　］

（二）

1 ［　］一衛士［　］

（三）

1 ［　］四疋　緤［　］

（四）

1 ［　］州輸納訖

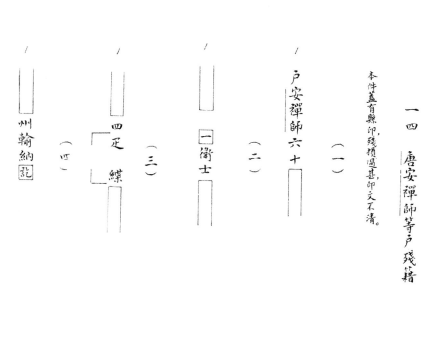

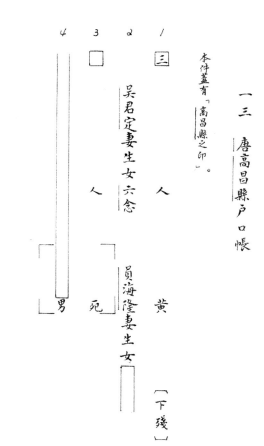

一六　唐西州高昌縣寧昌鄉義威等諸鄉名籍　72TAM187:193(b)

一五　唐部曲奴婢名籍
72TAM187:211(b)

一五　唐部曲奴婢名籍

本件第二、三行人名傍有墨點。

1 □部曲馬小名□一　部曲曹、隆行□九
2 □廿六　奴典、倉廿一　奴允、富廿一
3 □婢和勝、卅八　婢秋、香卅八
　　　　　（？）　〔二〕
4 □奴婢十巫□京宅
5 □十四　部曲史□

一六　唐西州高昌縣寧昌鄉義威等諸鄉名籍

本件除第八、九行間「一至」二字外，其它行間夾行字，均爲朱書。本件第一行有朱筆勾勒，其它行墨筆勾圈多處。

1 □康山崴　□入同□　定
2 □　　□□定敏
3 □化○○○　武定　昌○義威
4 □戎○○太　定　順○○○
5 □行謝○○　康○○
6 □化○○○　定　康忠感
7 □曹明感　定　順焦○○　□憧
8 □化那洪德城趙惠礼　定　定
9 西吕住明　卿宋惟忠　一至

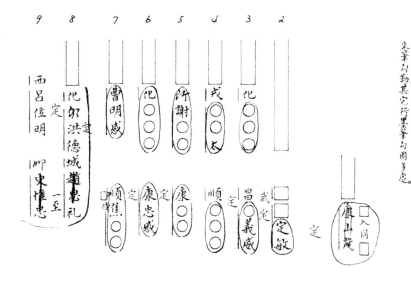

一八　唐西州高昌縣尚賢鄉馬元貞等諸鄉名籍　72TAM187:196/1(b)

一七　唐西州高昌縣康□之等諸鄉名籍　72TAM187:196/4(b),196/3(b),196/2(b)

一七　唐西州高昌縣康□之等諸鄉名籍

本件凡夾行中「定」字均為朱書。

1　〔前缺〕康□之（circled）〔定〕
2　〔前缺〕感〔gap〕孫□□（circled）〔定〕
3　〔前缺〕麴□（circled）〔定〕□瓊（circled）〔定〕
4　〔前缺〕史□□（circled）〔gap〕郭□國（circled）
5　〔前缺〕馬□福（?）（circled）〔定〕化趙□礼（circled）〔定〕
6　〔前缺〕□□先〔定〕□□仁〔定〕
7　〔前缺〕高神力（circled）〔定〕尚〔後缺〕
8　〔前缺〕張〔後缺〕
9　〔前缺〕□中
10　〔前缺〕帳破　□仕保
11　〔前缺〕大女□子　城□

一八　唐西州高昌縣尚賢鄉馬元貞等諸鄉名籍

本件夾行中「大□定」、「定」為朱書。第二行有朱筆勾勒。

1　〔前缺〕尚馬元貞〔大□定〕〔gap〕平〔後缺〕
2　〔前缺〕康忠感〔重〕〔定〕〔gap〕昌令〔後缺〕
3　〔前缺〕[illegible]〔後缺〕

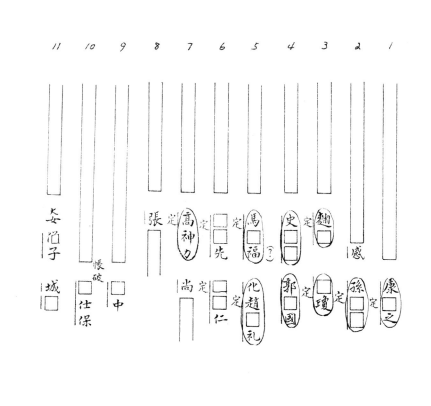

二一　唐馬懷寶等殘名籍(一)～(三)
72TAM187:208/1～208/3

二〇　唐張仕遷等殘名籍　72TAM187:213/2

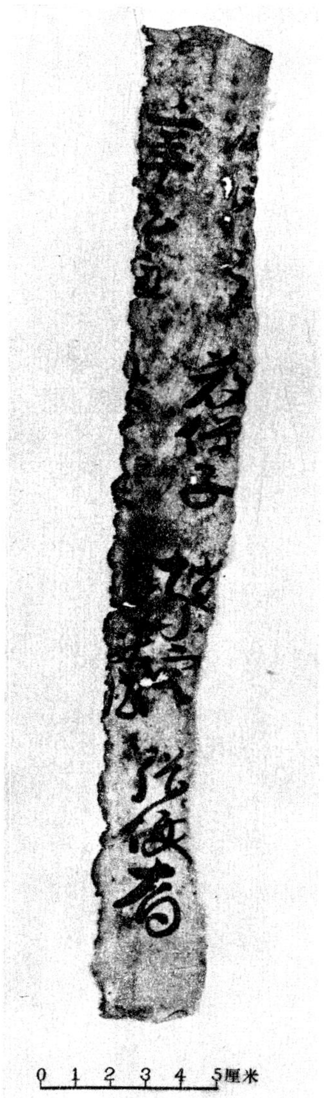

一九　唐嚴保子等殘名籍
72TAM187:188

一九　唐嚴保子等殘名籍

1 □□之　嚴保子　趙小定　張便喬
2 辛玄通□□□　趙祐感

二〇　唐張仕遷等殘名籍

1 張仕遷□
2 張良斌□
3 眭塠子□

二一　唐馬懷寶等殘名籍

（一）

1 馬懷寶□
2 康[口知]□□

（二）

1 嚴仕□

（三）

1 □旨德□

二二　唐替取鎮兵守捉殘文書
72TAM187:203

二三　唐徵納租課殘文書一　72TAM187:196/2(a)～196/4(a)

二二　唐替取鎮兵守捉殘文書

本件有朱印痕，印文不能辨識。

1 （前缺）□人今在□
2 並雜破除，收茇人□
3 意不如鎮兵。准長官注，每□
4 五人於鎮赴上，替取鎮兵守捉，仍□

二三　唐徵納租課殘文書一

1 郭小圈□
2 問上□欲並定，今請改正徵
3 □租，郡司已入破除，合

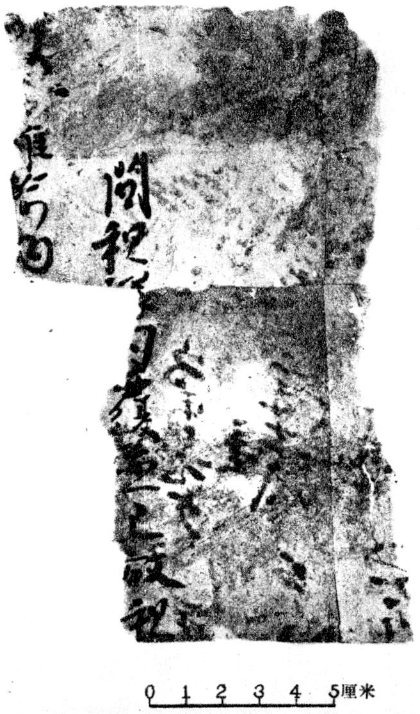

二四　唐徵納租課殘文書二
72TAM187:196/1(a)

二五　唐納和糴直殘文書
72TAM187:185(b)

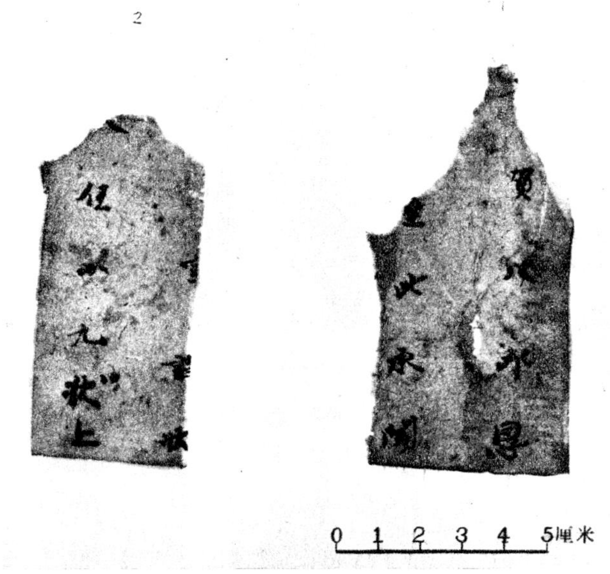

二六　唐任小九殘狀　72TAM187:209/1,209/2

二四　唐徵納租課殘文書二

1 間租課內覆並已放租□

2 准輸納□

二五　唐納和糴直殘文書

1 □納和糴直應在今帳送到新附

二六　唐任小九殘狀

（一）

1 □賀八郎恩

2 □至此承聞

（二）

1 □□謹狀

2 □□任小九狀上

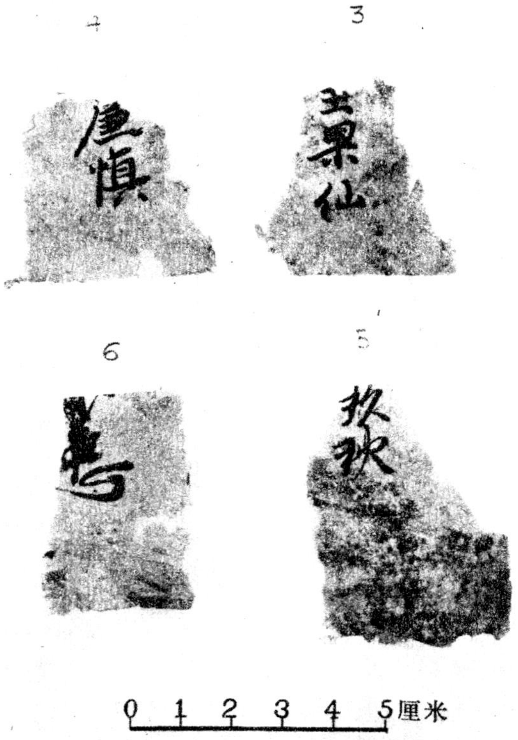

三〇　文書殘片
72TAM187:195/3(a)～195/6(a)

二八　文書殘片
72TAM187:190/1～190/6

二七　文書殘片
72TAM187:186(a)

三三　文書殘片
72TAM187:195/8(a)

三二　文書殘片
72TAM187:195/7(b)

三一　文書殘片
72TAM187:195/7(a)

二九　文書殘片
72TAM187:195/2(a)

三七　文書殘片
72TAM187:204

三六　文書殘片
72TAM187:195/9(b)

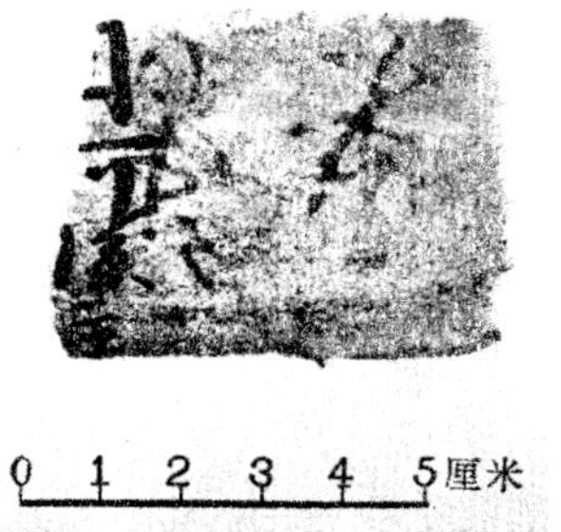

三五　文書殘片
72TAM187:195/9(a)

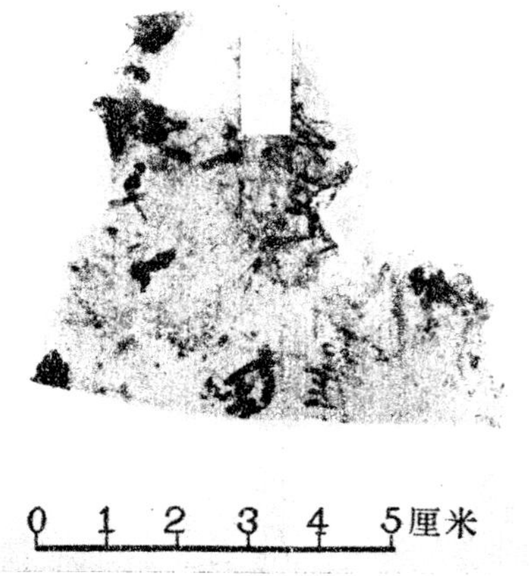

三四　文書殘片
72TAM187:195/8(b)

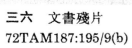

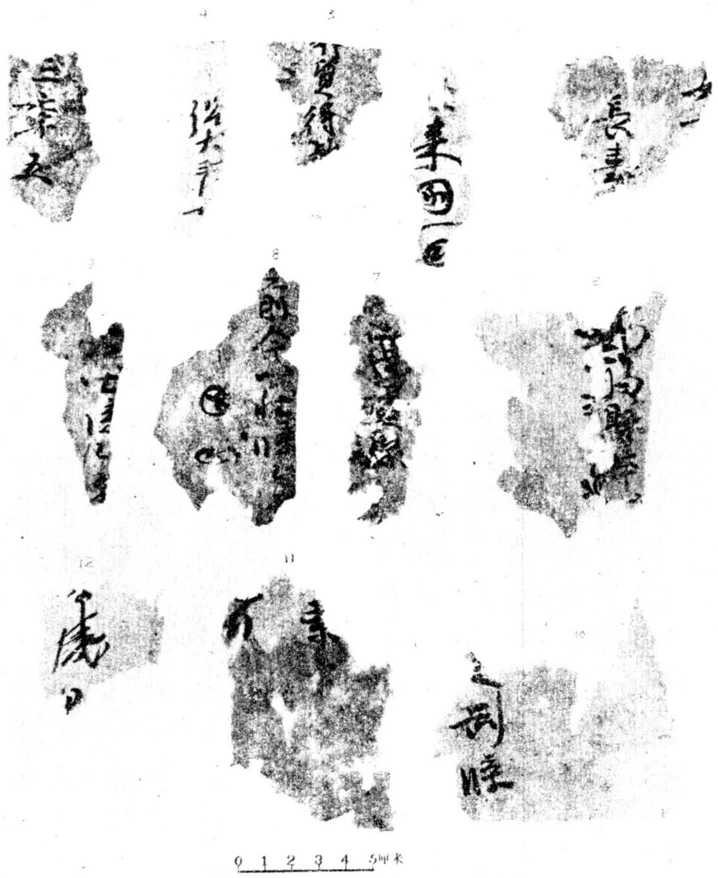

三八　文書殘片　　72TAM187:205/1～205/12

三九　文書殘片
72TAM187:210/2

四〇　文書殘片
72TAM187:213/3～213/11

阿斯塔那二一六號墓文書

本墓無墓誌及隨葬衣物疏。出有載初元年（公元六八九年）後武周文書。所出文書有明確紀年者，爲天寶元年（公元七四二年）及天寶十載（公元七五一年）。

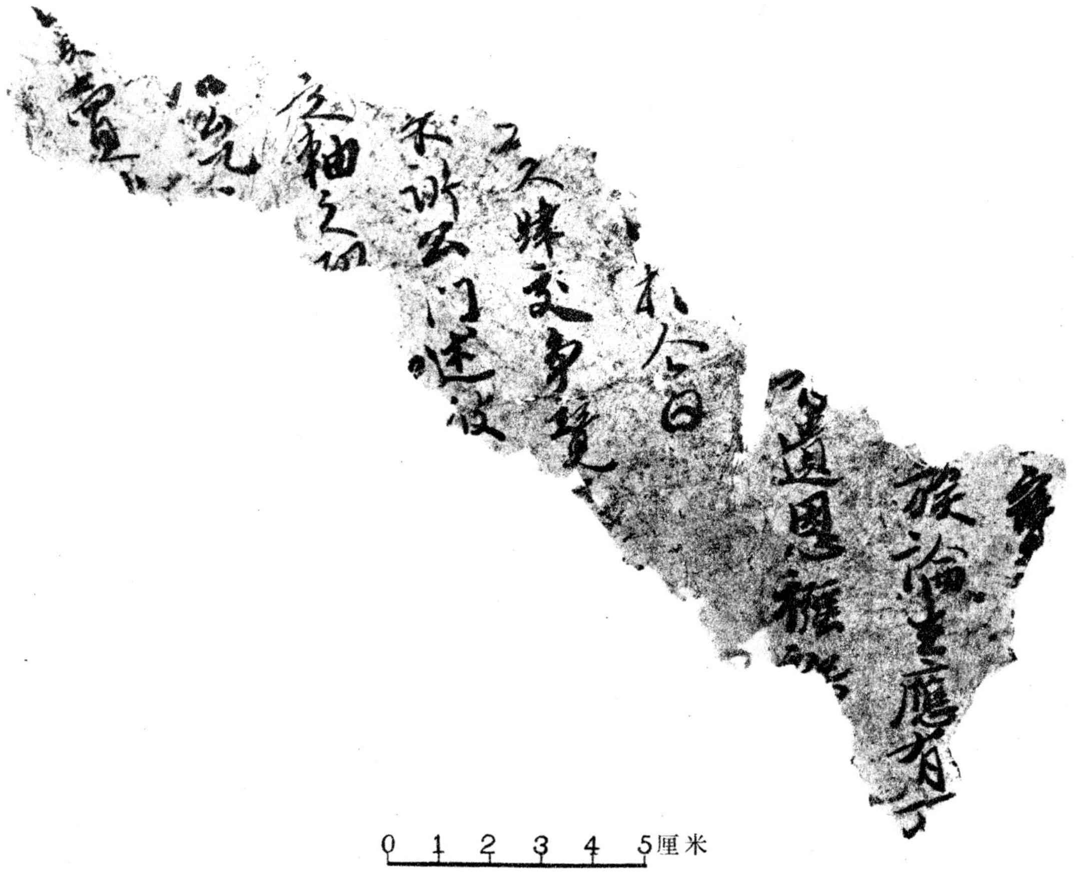

一　武周擬判　72TAM216:012/3—1

一　武周擬判

本件用武周新字，當爲武周時期文書。

1 ……實……
2 ……族論生應有……
3 ……[有]遺恩祿[祿]……
4 ……[於]今〇（日）。
5 ……□肆文争競……
6 ……[來]訴公門，述[彼]（？）……
7 ……定軸之[功]……
8 ……厶乙……
9 ……[買]賣……

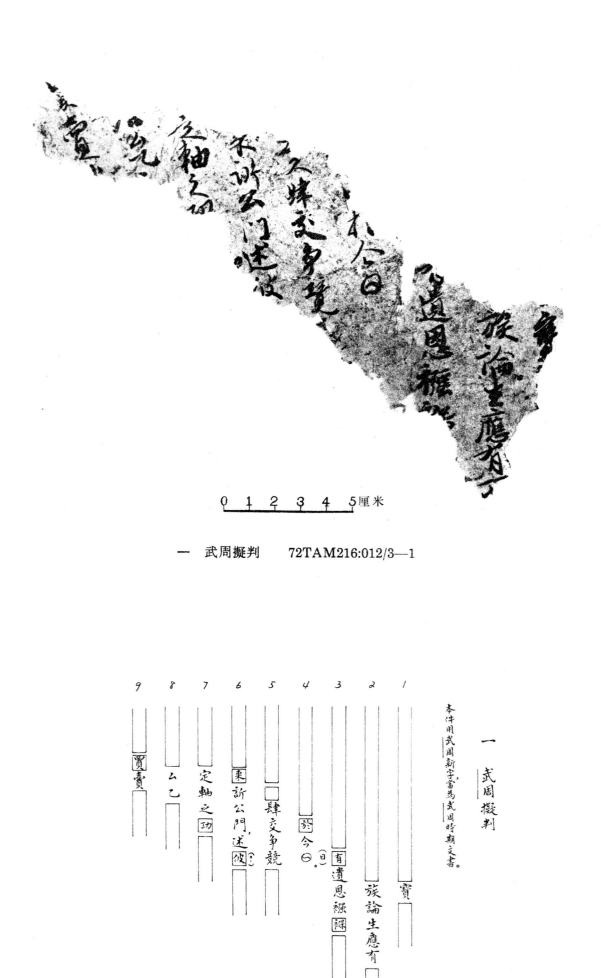

三　唐天寶元年(公元七四二年)殘辯辭　72TAM216:012/5

二　唐殘文書　72TAM216:012/6

二　唐殘文書

本件二行殘存「[年]閏十一月」五字。武周至唐玄宗之間，「閏十一月」凡二見，即開元二十三年（公元七三五年）和天寶十三載（公元七五四年）。本件稱「年」而不稱「載」，當爲開元二十三年文書。

1　［　　　　］言
2　［　　　　］[年]閏十一月　　日

3　［　　　　］月　　日　　時都事
4　［　　　　］[司]　郎　中

三　唐天寶元年（公元七四二年）殘辯辭

1　［　　　　］□〔？〕一事參差，[求]［　　　　］
2　［　　　　］[謹][辯]。𠲜
3　[天]□元年五月　　日
4　　　連　𠲜　十七日

六　唐送納兵糧牒　72TAM216:012/9

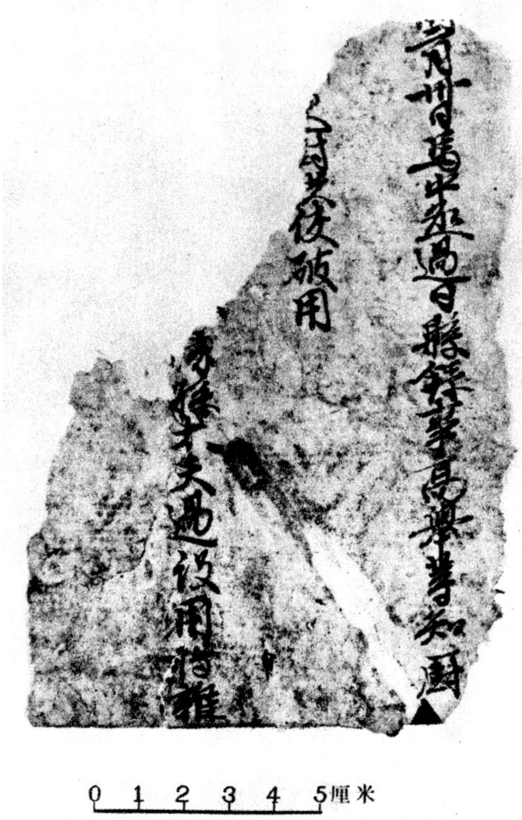

五　唐某縣供使破用帳　72TAM216:012/1

四　唐天寶十載(公元七五一年)府羅殘牒　72TAM216:012/4(a)

四　唐天寶十載（公元七五一年）府羅殘牒

本件紀年殘存「十載」二字，稱「載」者唯天寶、至德，至德無十載，故定爲天寶。

1 ［　　］結所［　　］
2 ［　　］倉中有無量［　　］
3 ［　　］以牒舉謹牒。
4 □□十載五月　日　府羅［　　］

五　唐某縣供使破用帳

本件所見「孫大夫」，又見於阿斯塔那五〇六號墓三五《唐天寶十三載（公元七五四年）天山縣具銀山館閏十一月郡坊帖馬食歷上郡長行坊牒》，疑本件時間亦與之相當。

1 ［　　］二月廿日，馬中丞過日，縣録事高舉等知厨，
2 ［　　］［厨］［供］使破用。
3 ［　　］［賜］孫大夫過，設用將雜

六　唐送納兵糧牒

1 ［　　］［送］［納］天［山］［　　］
2 ［　　］鎮，便充兵粮［　　］

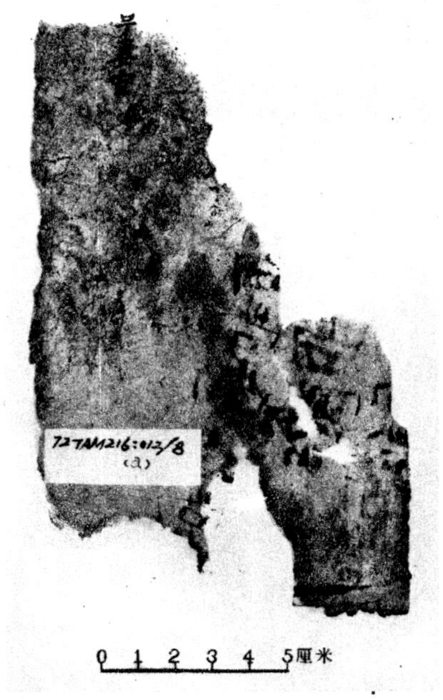

七　唐玄宗某年殘籍帳

72TAM216:012/8(a)

七　唐玄宗某年殘籍帳

72TAM216:012/8(b)

八　唐奴宜保等殘籍帳

72TAM216:012/7

七　唐玄宗某年殘籍帳

唐開元、天寶間户籍在各口注記末注一「空」字，因知本件爲此時籍帳。又，本件背面注滿「尚」字。

（前缺）

[北][至][荒]

（後缺）

白丁妻空

八　唐奴宜保等殘籍帳

[奴]宜保　年玖歲

奴惠命　年陸歲

奴有順　年伍歲

九　唐糧食帳　72TAM216:012/4(b)

一〇　唐殘文書　72TAM216:012/3—2

九　唐糧食帳

1 □壹佰陸拾陸碩伍𣂏(斗)(?)來　[伍]□□

2 □陸拾碩陸𣂏(斗)捌勝伍合

3 □合

一〇　唐殘文書

1 □後利直

2 □[婢]便合留自

3 □象

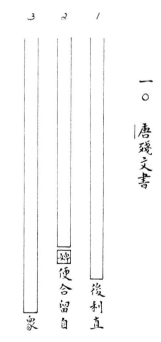

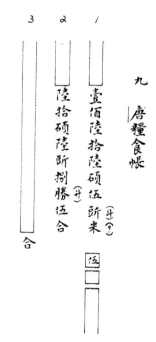

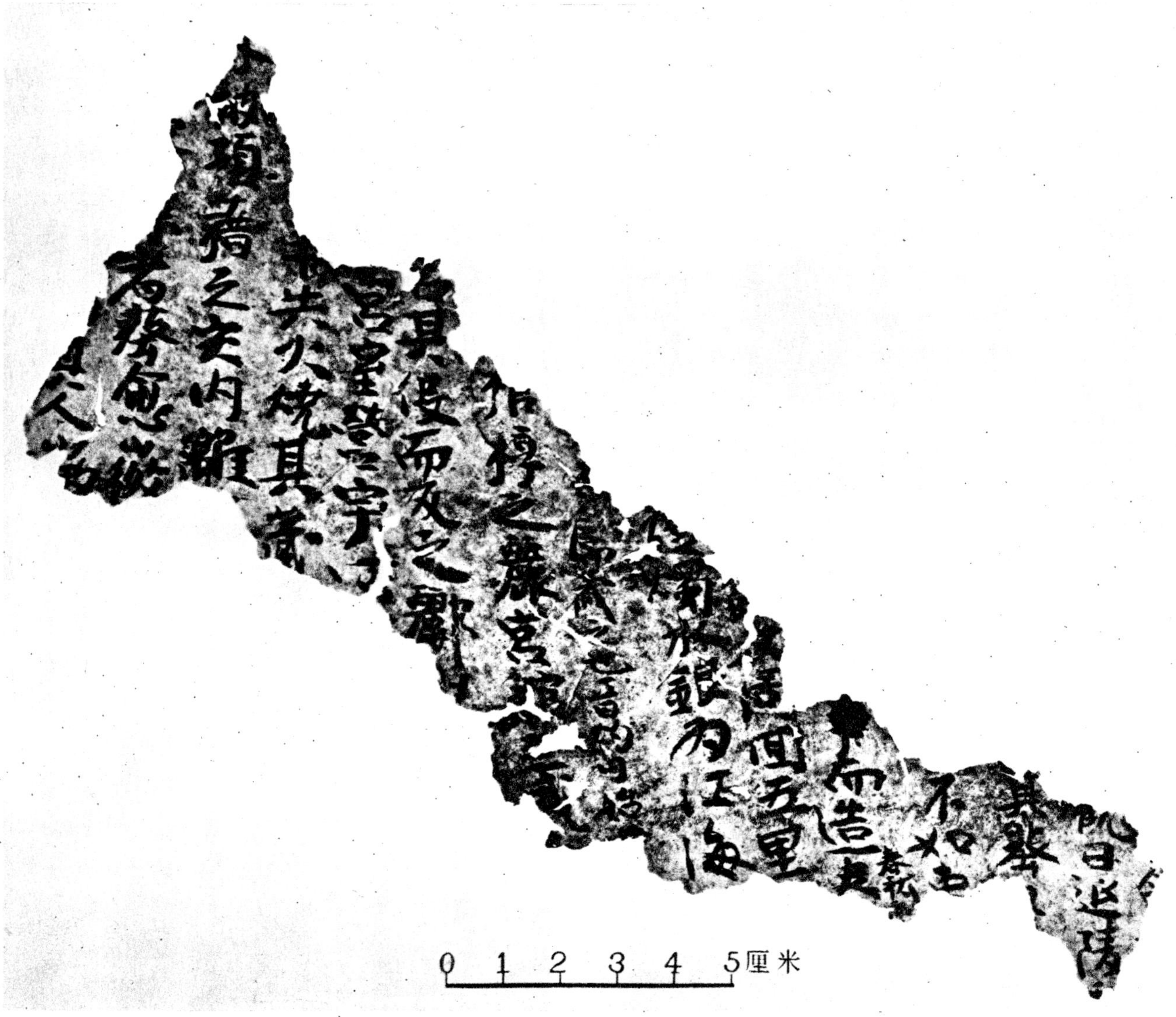

一一　唐寫本劉向《諫營昌陵疏》　72TAM216:012/2

一一　唐寫本劉向《諫營昌陵疏》

本件殘片與《漢書》楚元王傳附劉向傳所載疏諫同，間有異文。

1 ……[觀]曰延陵……
2 ……其塋（葬）……
3 ……不如[速]……
4 ……而造[春]春秋亦……
5 ……[餘][文]周回五里……
6 ……[燈]燭水銀爲江海……
7 ……　……充藏之也晉灼曰始[皇]……
8 ……[棺]槨之麗宮[館]之[盛]……
9 ……[苦]其役而反之酈[山]……
10 ……宮室營宇……
11 ……[羊]失火燒其藏……
12 ……[外]被項籍之灾內離（骸）……
13 ……[深]者塋愈嶽〔一〕……
14 ……[其]人[嶽]……

注釋

〔一〕「其人嶽」三字不見於今本《漢書》。

一四　文書殘片

72TAM216:012/12—1～012/12—3

一三　文書殘片

72TAM216:012/11

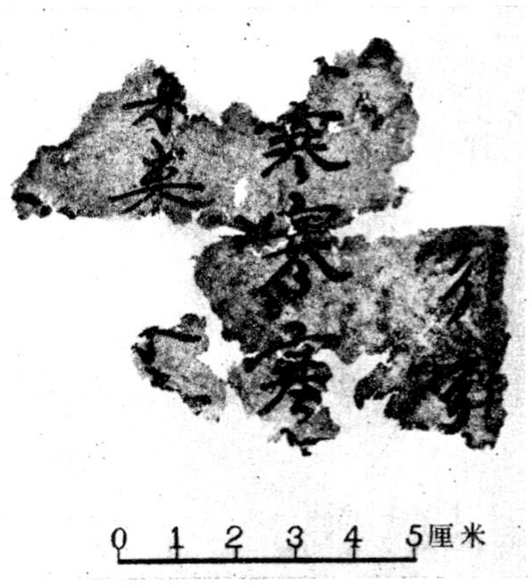

一二　唐《千字文》習字

72TAM216:012/10

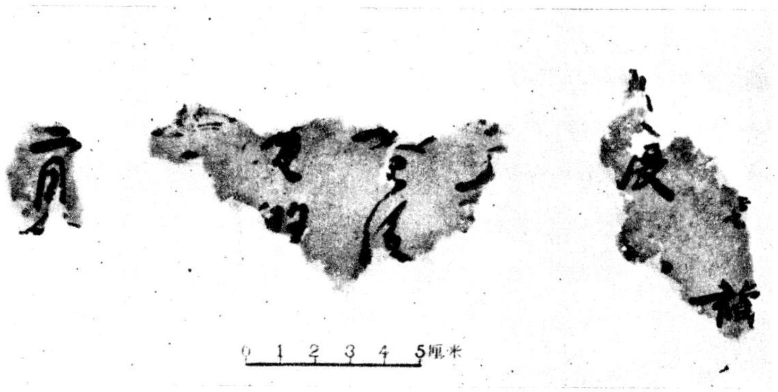

一五　文書殘片　　72TAM216:012/13

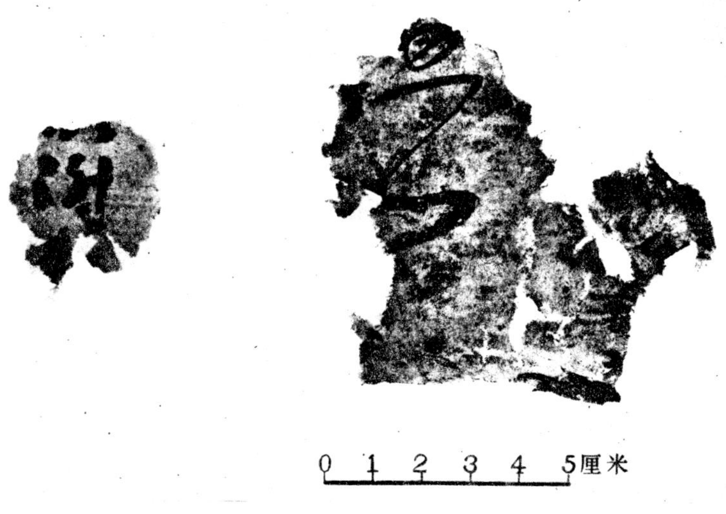

一六　文書殘片　　72TAM216:012/14

一二　唐《千字文》習字

1　……［張］［張］……
2　……［寒］寒寒寒［寒］……
3　……来来□［来］［来］……

阿斯塔那一九三號墓文書

本墓無墓誌及隨葬衣物疏。所出文書有紀年者，最早爲武周證聖元年（公元六九五年），最晚爲唐天寶十載（公元七五一年）。

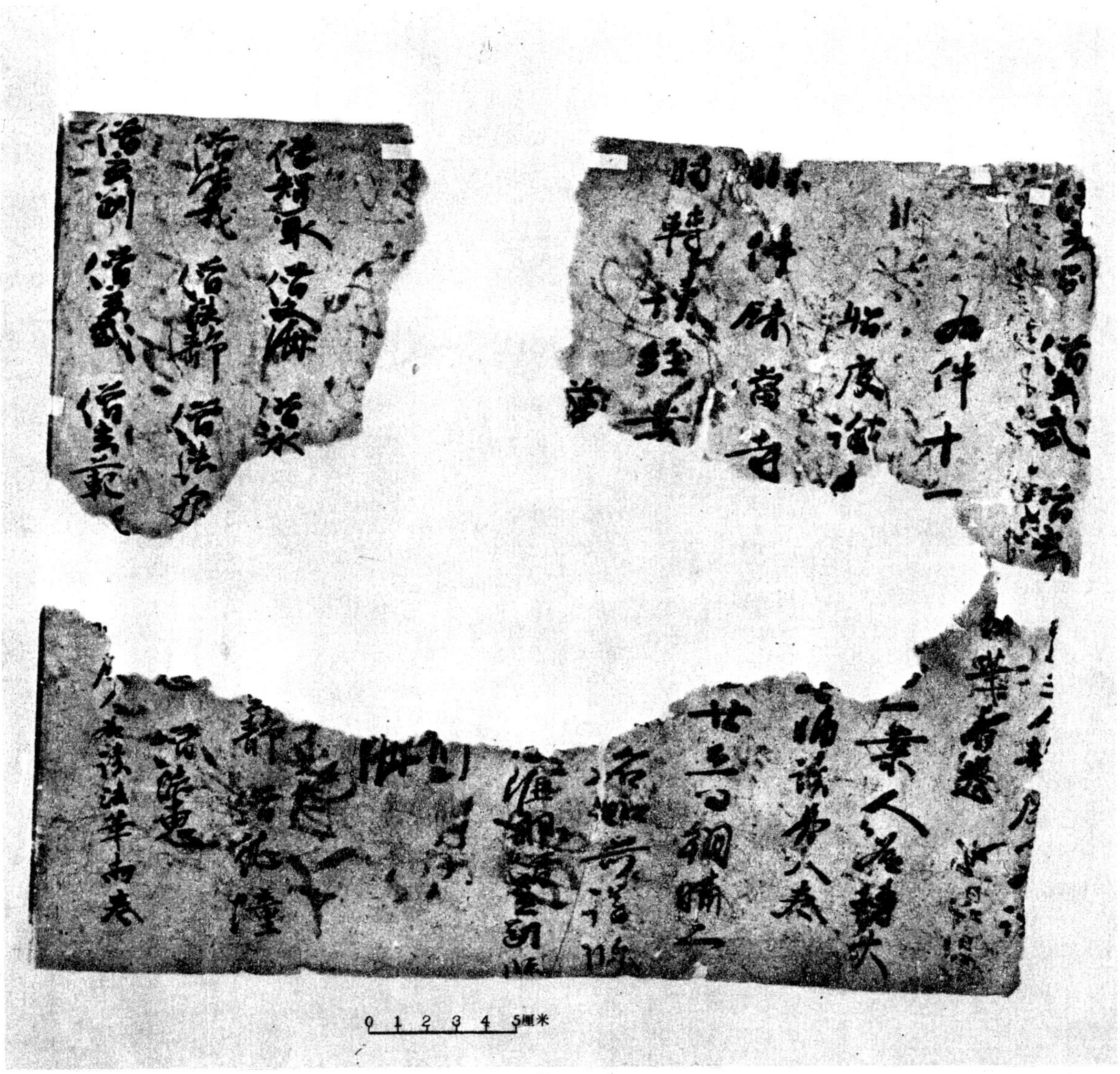

一　武周證聖元年(公元六九五年)五月西州高昌縣崇福寺轉經歷(一)
73TAM193:37(a),27(a),30(a),29(a),1(a)之一

一　武周證聖元年（公元六九五年）五月西州高昌縣崇福寺轉經歷

背面騎縫押「崇」字，指崇福寺。

（一）

[僧]玄到　僧玄式　僧玄□[已][上][三][人][新][度][人][各][讀]法華兩卷。
右件十一□[爲]一業，人各轉大
智度論[兩]□[卷]，晡讀第八卷。
牒件録當寺□廿五㊐（日）朝晡二
時轉讀經業（謹）□名如前，謹牒。
[鑒]□維那僧玄到牒
□[静]
□[海]
□[才]□
僧智冣　僧文海　僧永□□□[玄]静　僧德幢
僧法義　僧法静　僧法泉□□[惠]　僧法惠
僧玄到　僧玄式　僧玄範已[上]□[新][度]，人各讀法華兩卷。

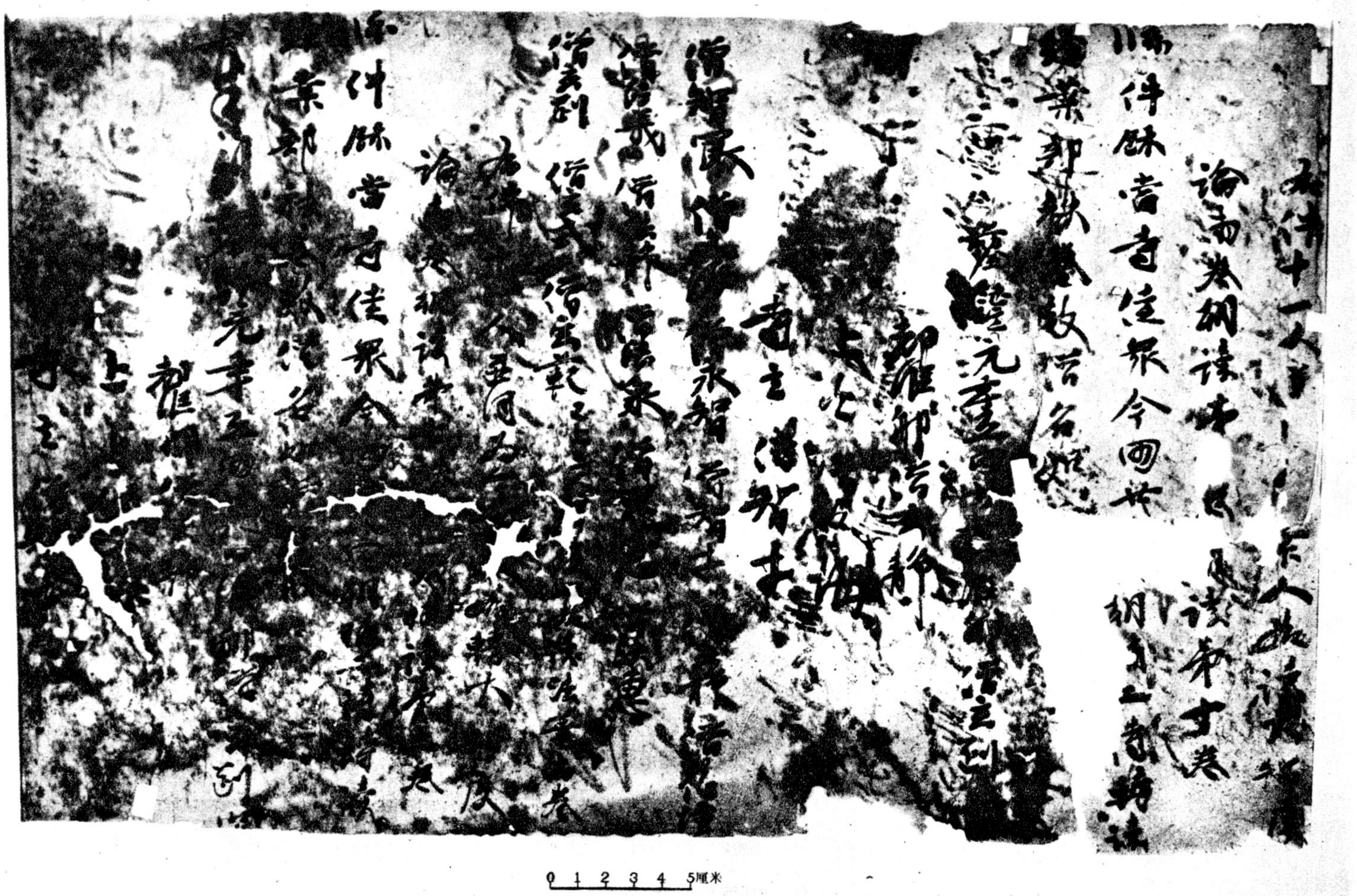

一　武周證聖元年(公元六九五年)五月西州高昌縣崇福寺轉經歷(一)　73TAM193:37(a),27(a),30(a),29(a),1(a)之二

--------右件十一人並□□□業，人各讀大智度--------
論兩卷，朝讀第□卷，晡讀第十卷。
牒件録當寺徒衆，今𠥱(月)廿□□朝晡二時轉讀
經業部袟卷數僧名如前，□
鏊(證)壁(聖)元𠡦(年)五𡆠廿七𡆠維那僧玄刲　牒
都維那僧玄静
上坐　僧文海
寺主僧智才
僧智冡　僧文海　僧永智　僧智才　僧玄静　僧德憧
僧法義　僧法静　僧法泉　僧思恵　僧法恵
僧玄刲　僧玄式　僧玄範　已上三人新度，各讀法華兩卷。
右件十一人並同爲一業，人各轉大智度
論兩卷，朝讀第七袟第一卷，晡讀第二卷。
牒件録當寺徒衆，今𡆠廿八𡆠，朝晡二時轉讀
經業部袟卷數僧名如前，謹牒。
奉判〔一〕　鏊壁元𠡦五𡆠廿八𡆠，維那僧玄刲　牒
都維那僧玄静
上坐　僧文海
寺主　僧智才

注釋

〔一〕此二字墨色較淡，與本件無關，疑是後寫。

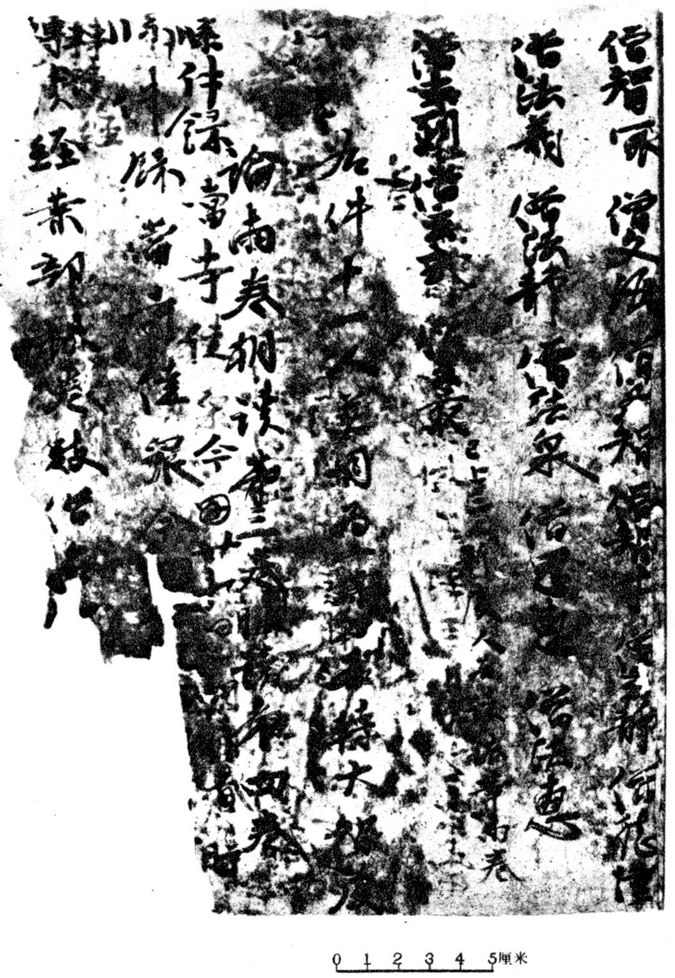

一　武周證聖元年(公元六九五年)五月西州高昌縣崇福寺轉經歷(一)
73TAM193:37(a),27(a),30(a),29(a),1(a)之三

32 僧智家　僧文海　僧永智　僧智才　僧玄靜　僧德憧
33 僧法義　僧法靜　僧法泉　僧思惠　僧法惠
34 僧玄剎　僧玄式　僧玄範　已上三人新度，人各讀法華兩卷。
35 　右件十一人並同為一業，人各轉大智度
36 　論兩卷，朝讀第三卷，晡讀第四卷。
牒件錄當寺徒衆，今月廿九日，朝晡貳時
37 牒件錄當寺徒衆，今月廿九日，（轉讀經）
38 轉讀經業部袟卷數僧名

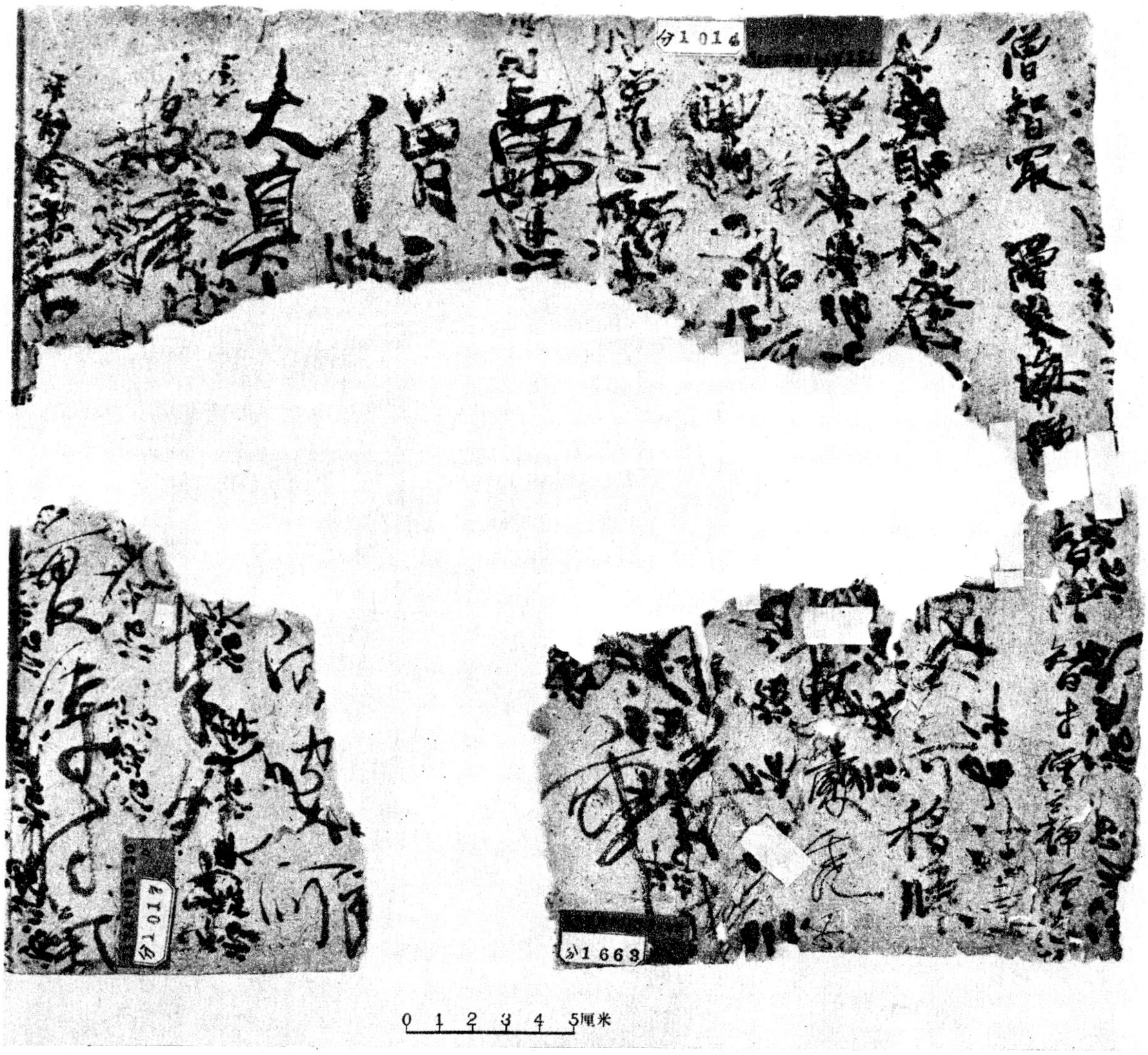

一　武周證聖元年(公元六九五年)五月西州高昌縣崇福寺轉經歷(一)
73TAM193:37(b),27(b),30(b),29(b),1(b)之一

39 僧智冢　僧文海　[僧]□智　僧智才　僧玄静　僧德[幢]〔二〕

40 □法惠〔三〕

41 大真□名　阿移牒

42 □□□崇福寺　嚴禿子

43 僧　乖

44 僧僧

45 萬

46 僧

47 大真

48 移津内

49 久□□實待時氣

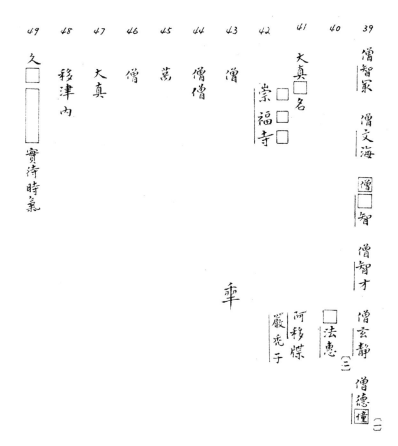

一　武周證聖元年（公元六九五年）五月西州高昌縣崇福寺轉經歷（一）
73TAM193:37

一　武周證聖元年（公元六九五年）五月西州高昌縣崇福寺轉經歷（二）
73TAM193:28

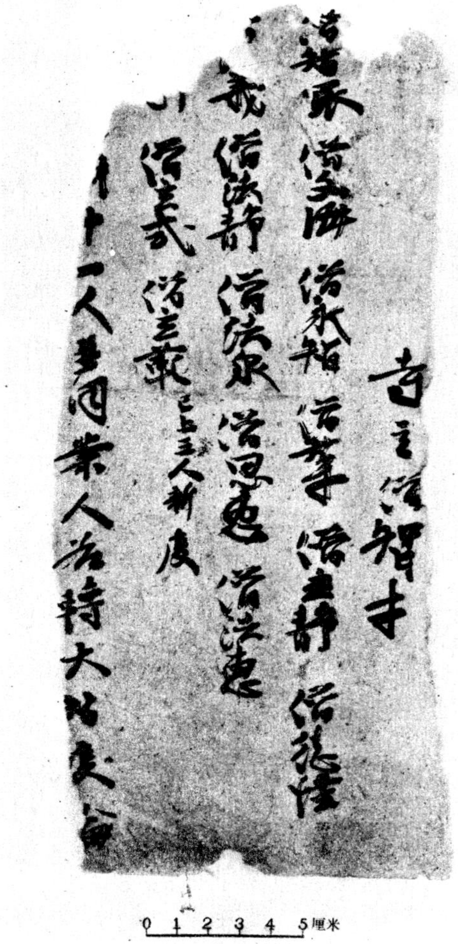

□良［　　　　］阿郎阿婆
移□□兩姉等體□□〔一〕
妃但□□大名旦得度日

注釋

〔一〕以上一行轉寫在背面。

〔二〕自四〇行至五二行均係後人戲書。

（二）

　寺主僧智才
僧智家　僧文海　僧永智　僧智才　僧玄静　僧德幢
□□義　僧法静　僧法泉　僧思惠　僧法惠
□□到　僧玄式　僧玄範已上三人新度
□件十一人並同業，人各轉大智度論

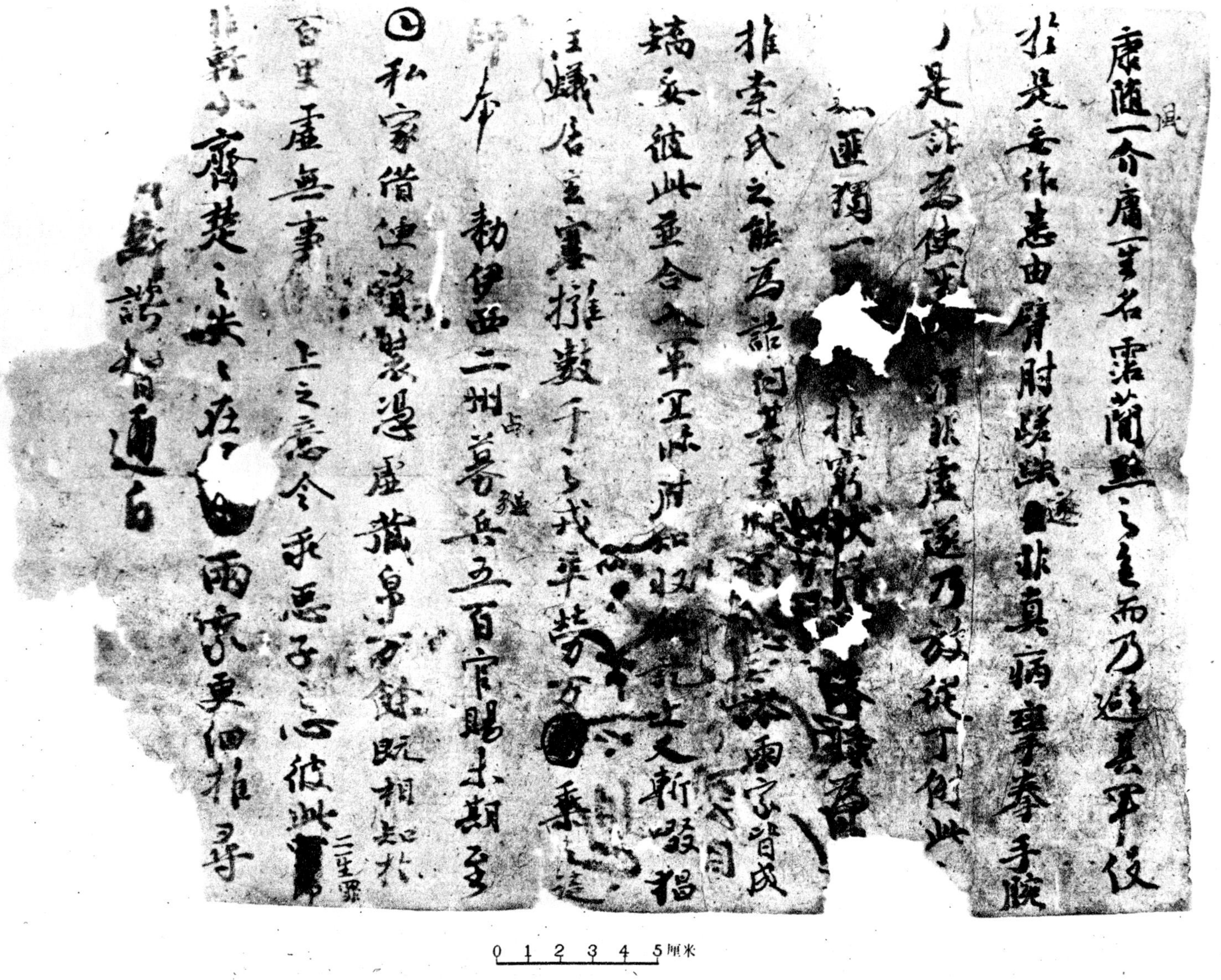

二　武周智通擬判爲康隨風詐病避軍役等事　　73TAM193:38(a)

二　武周智通擬判爲康隨風詐病避軍役等事

本件無紀年，用武周新字，内稱「斬啜猖狂」，則天改默啜爲「斬啜」，事在聖曆元年（公元六九八年）九月，知此件必寫於此年至神龍元年（公元七〇五年）間。「藏帛万餘」者名「憑虚」，亦「子虚」、「烏有」之類，故知爲擬判。

1 康隨風一介庸⊡，名霑蘭點之色，而乃避其軍役。（人）

2 於是妄作患由，臂肘蹉跌，遂非真病，攣拳手腕，

3 ⊡乃是詐爲。使⊡將謂非虚，遂乃放從丁例。此□

4 □⊡知，匪獨一⊡⊡□事。推窮狀情，□露，將爲□□

5 推索氏之能爲。詰問其⊡，□⊡答⊡知無謬，兩家皆成

6 矯妄，彼此並合入軍。宜牒府知收領訖上。又斬啜猖

7 ⊡狂，蟻居玄塞，擁數千之戎卒，勞萬乘之徒

8 師。奉　勑伊、西二州，占募强兵五百，官賜未期至

9 ⊡（日），私家借便資裝。憑虚藏帛万餘，既相知於（臣）

10 百里，虚無事　上之意，令乖悪子之心，彼此二⊡，罪

11 非輕小，齊楚之失，〻在⊗⊗兩家。更細推尋，

12 □斷。諮，智通白。

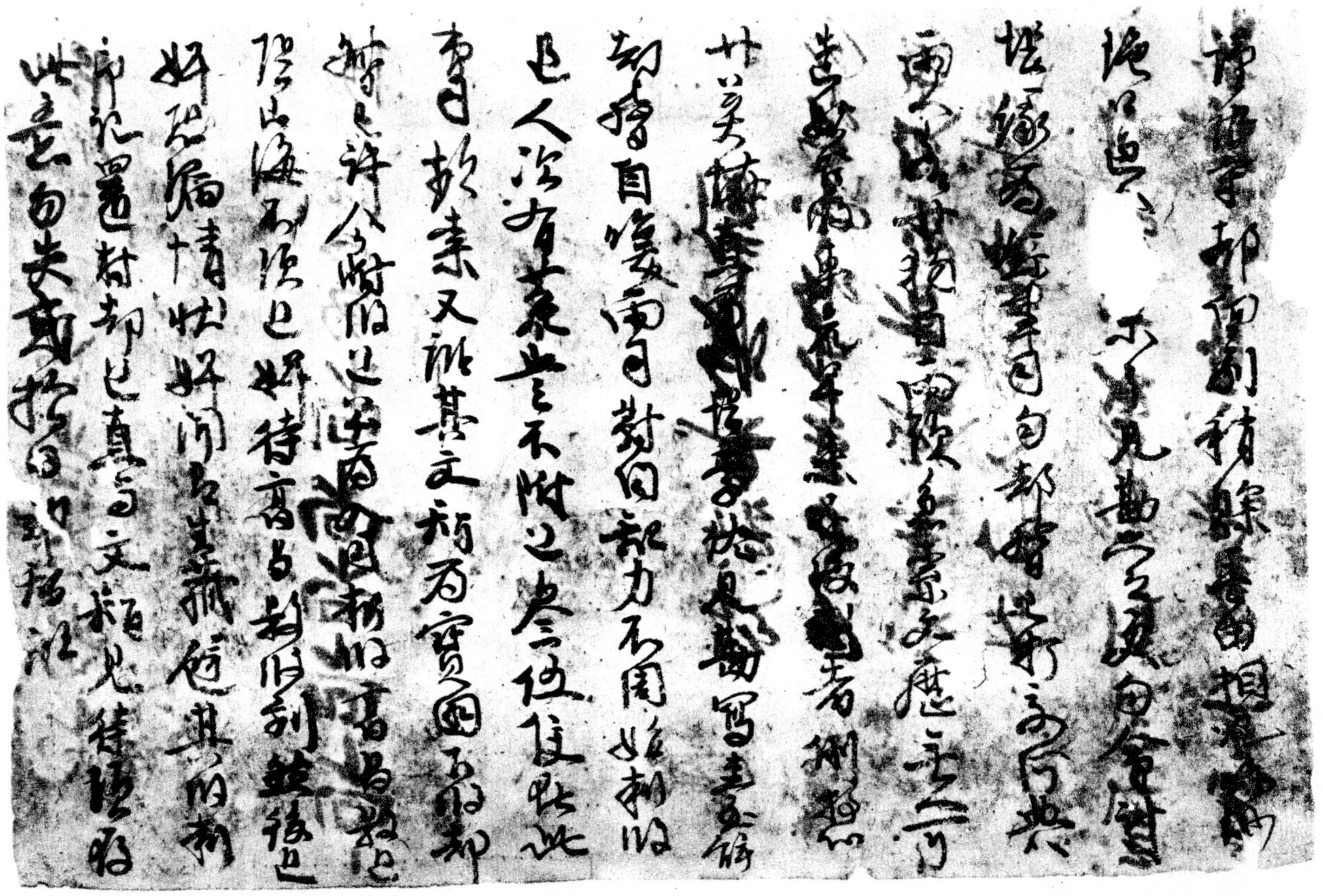

0 1 2 3 4 5厘米

三　武周郭智與人書　　73TAM193:11(a)

三　武周郭智與人書

本件用武周新字，知在武周時（公元六九〇—七〇六年）。

1 謹訊：守都面別稍賒，無由相見。昨沙
2 陁口過□呆了見勘當更勾會計
3 帳。緣為録事司勾，都督已判交河典
4 兩人各廿。猶自兩頭急索文歷，無人可
5 造，始下牒車元早來，在後到者，例總
6 廿莫怪。直為計帳季終見勘寫臺解。
7 都督自喚兩司對問，智力不周，始判牒
8 追人。次有荿[一]豈不附送。叁、伍使在（月）此，
9 曹司頻索。又訊其文智，為寶函下牒，都
10 督已許，今附牒送公為入司判牒高昌縣追
11 張山海，不須追婢。待高昌縣牒到，然後追
12 婢，恐漏情狀，婢聞即生藏避。其牒判
13 印記署封却送，直与文智。見待須存
14 此意勿失，貳拾日，郭智訊。

注　釋

〔一〕此字不清，照描。

四　武周法惠、思惠與阿伯、伯母等書稿　　73TAM193:37(b),27(b),30(b),29(b),1(b)之三

四　武周法惠、思惠與阿伯、伯母等書稿

本件法惠、思惠亦見於本墓《武周證聖元年五月崇福寺轉經歷》。

法惠、[思]□叅(參)阿伯、〻母、大姊、貳
姊、肆姊等，別面已久，眷戀實
深，仲秋漸涼，未審阿伯、〻母、阿
姊等體內如何？但法惠已下
等[其]得平安。其法惠
到長安，□願阿伯、〻母、姊
阿習□□更憂汝下寄
崇福。其囝(月)拾叁〇(日)書。
昔〇法門前[惠]
馬□今歲若朝

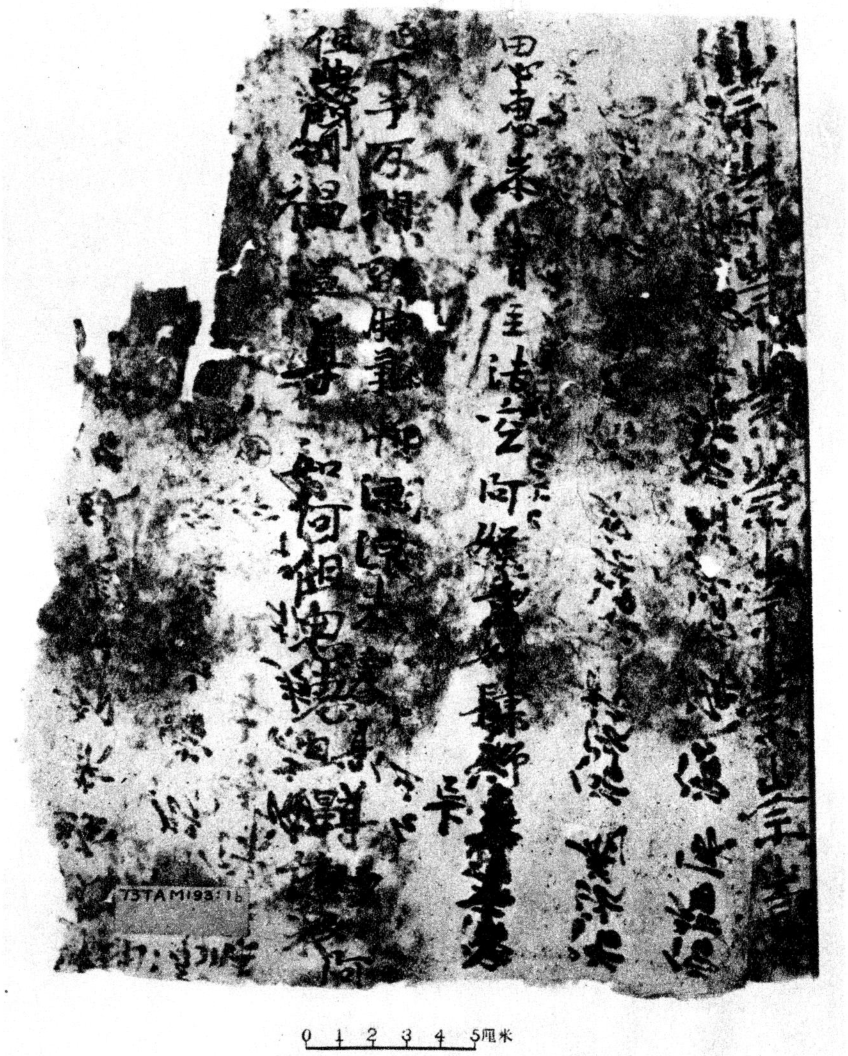

四　武周法惠、思惠與阿伯、伯母等書稿

73TAM193:37(b),27(b),30(b),29(b),1(b)之四

—崇—崇—崇—崇—崇—崇—崇—崇——〔一〕

11 思惠恭曹主、法空阿姊、貳姊、肆姊○○○〔二〕

已下

12 已下千萬問訊，時氣漸涼涼，未審尊尊體如阿（何）；

13 但此聞福福尊如何，但思惠且得依衆

注　釋

〔一〕騎縫「崇」字為正面《崇福寺轉經歷》之押署。

〔二〕第一一行有删改，第一二行「涼」、「尊」重寫，第一三行「福」字重寫。疑為思惠書信草稿。

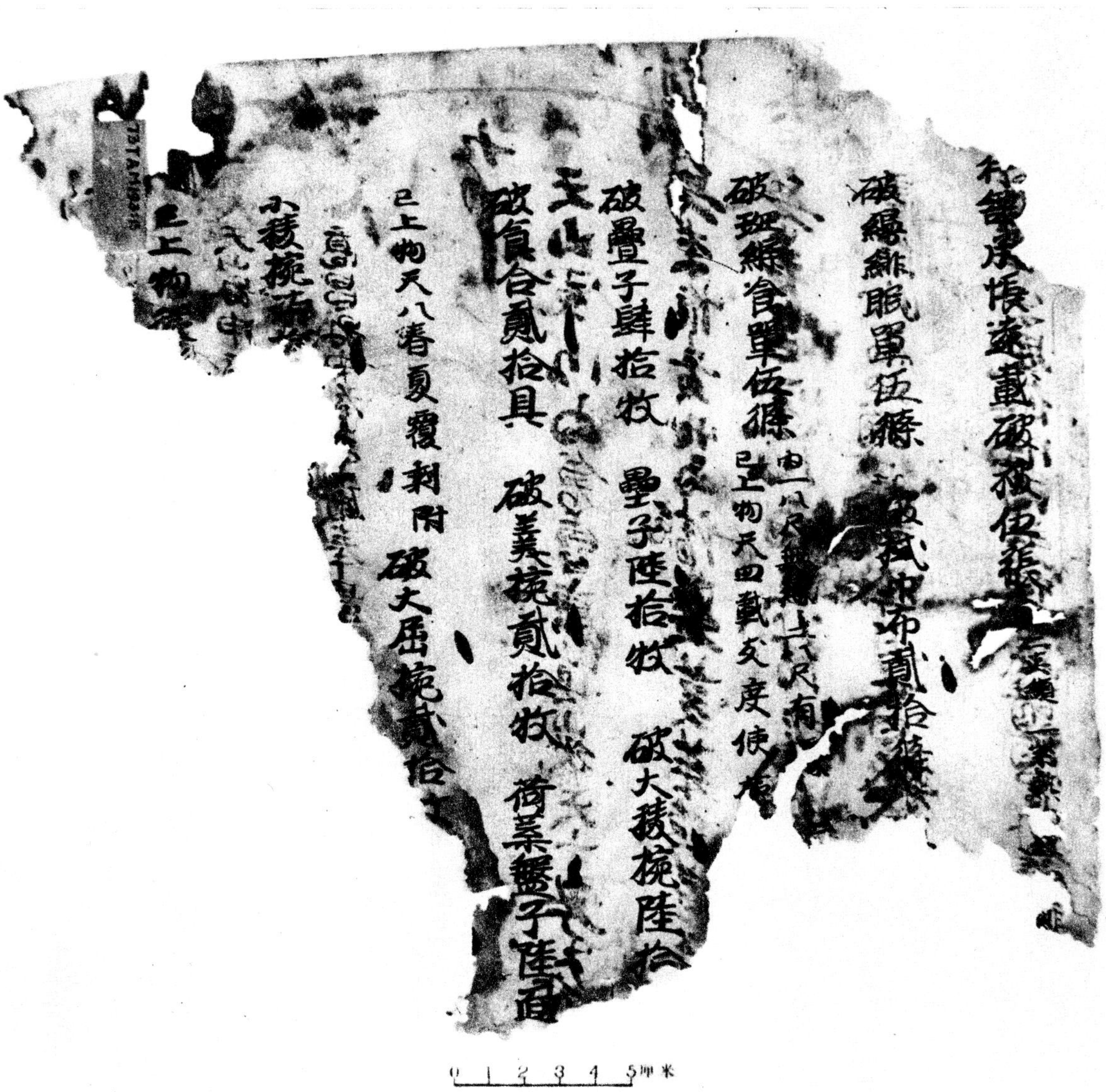

五　唐天寶某載(公元七四九～七五六年)行館器物帳　　73TAM193:15(b)

五　唐天寶某載（公元七四九—七五六年）行館器物帳

本件紀年已缺。帳内有「天四載」及「天八春夏覆」語，「天」指天寶，故此件當在天寶八載（公元七四九年）之後。又本件有墨點多處。

1 行館承帳：遠載破被伍張 內二夾纈 一紫熟□綾□緋 ［　　］

2 破縵緋眠單伍條， 破拭巾布貳、拾條， ［　　］

3 破斑緣食單伍條 內一八尺無緣，二八尺有緣， 己上物天四載支度使檢。 二［　　］

4 破疊子肆、拾枚，（枚） 疊子陸、拾枚， 破大稜、椀陸拾［　　］

5 破食合貳、拾具， 破羹椀貳、拾枚， 荷葉盤、子陸面。

6 己上物，天八春夏覆，剩附。 破大屈、椀貳拾［枚］，［　　］

7 小稜椀柒［拾］、［　　］

8 己上物從［　　］

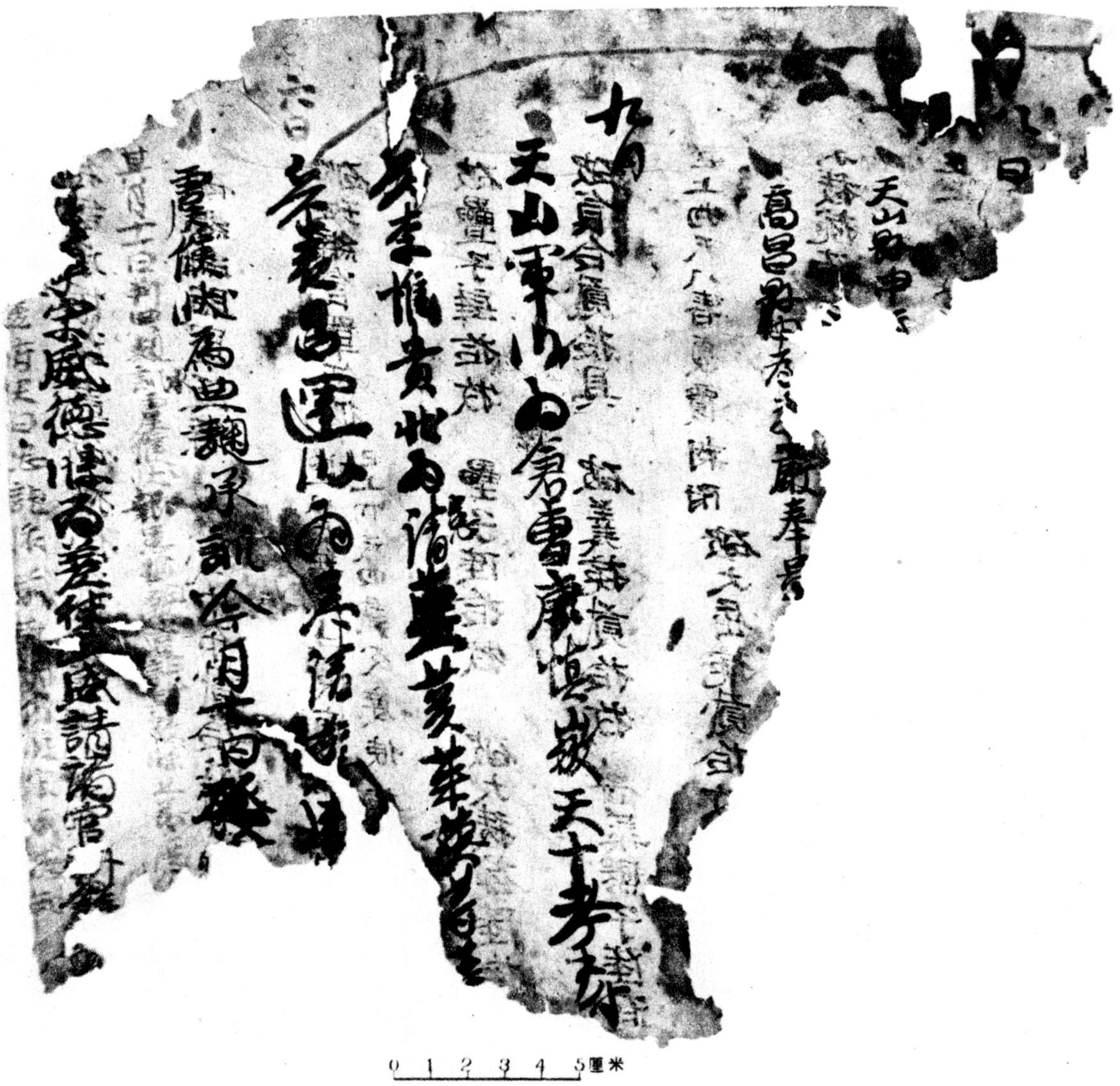

六　唐天寶某載(公元七五一～七五六年)文書事目歷　　73TAM193:15(a)

六　唐天寶某載（公元七五一——七五六年）文書事目歷

本件紀年已缺。歷內有「天十孝事」，必為天寶十載（公元七五一年），故此件當在天寶十載之後。本件有朱點多處，第九、一一行為朱書，第七行有朱筆句劃，以示此行移前。

1 八日
2 、天山縣申□
3 、高昌縣申為巫嚴奉景□
4 九日
5 、天山軍牒為倉曹康慎微天十孝事，付
6 、兵李惟貴狀為患請○莫茱萸等藥。
7 六日兵袁昌運牒為患請藥□
8 、虞候狀為典麴承訓今月七日發□
9 其月十一日判典麴承訓虞候狀報患損發遣訖，具
錄牒上節度使。
10 錄事宋威德牒為差往武威請諸官料錢事。
11 〔上殘〕差府使白忠訖，依前勒行，仍牒宋威德知。

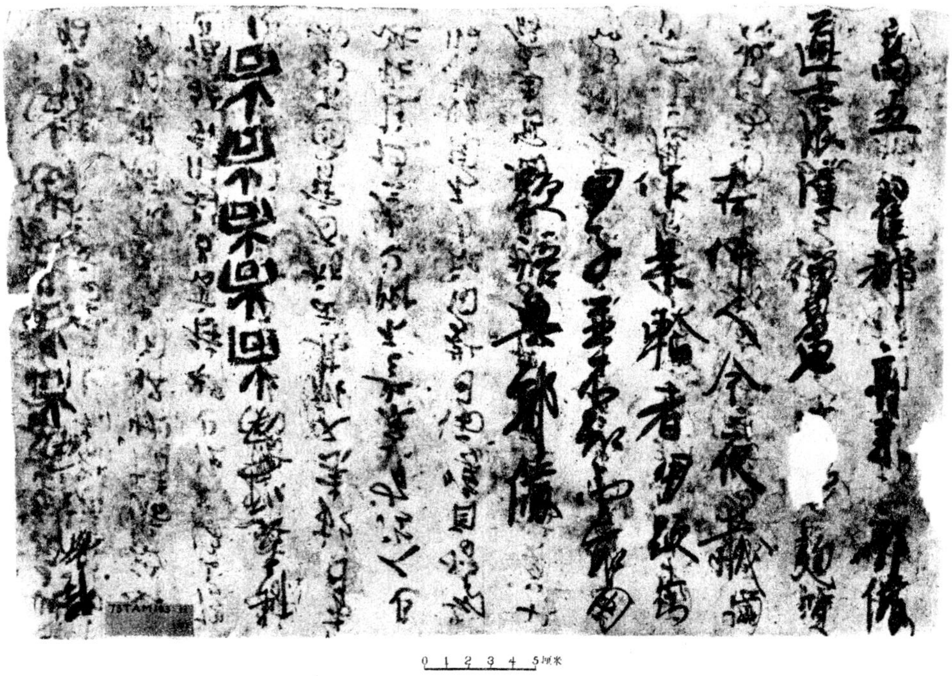

八　唐道俗藏鈎文書　　73TAM193:11(b)

七　唐西州都督府殘牒
73TAM193:36

七　唐西州都督府殘牒

本件蓋有「西州都督府之印」。

1 ［　　］一日録事　［闍］
2 ［功］曹攝録事參軍事　廣支　付
3 　　檢案廣支　白
4 　　三日

八　唐道俗藏鈎文書

1 高五　翟都　高未　郭儼
2 道士張潼　僧思惠　□□　麴寶
3 右件人今夜藏勾（鈎）
4 作業。輸者明顯出，
5 朋子並不知，壹取明
6 顯語。典郭儼。
7 張惠師　西　南　尚　尚　尚　尚　尚
8 翟都　東　南　尚　尚　尚　尚　尚

一〇　文書殘片
73TAM193:32

一一　文書殘片　　73TAM193:38(b)

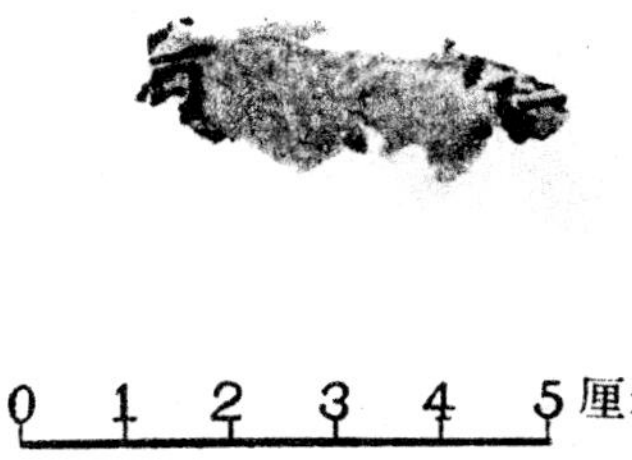

一三　文書殘片
73TAM193:39(b)

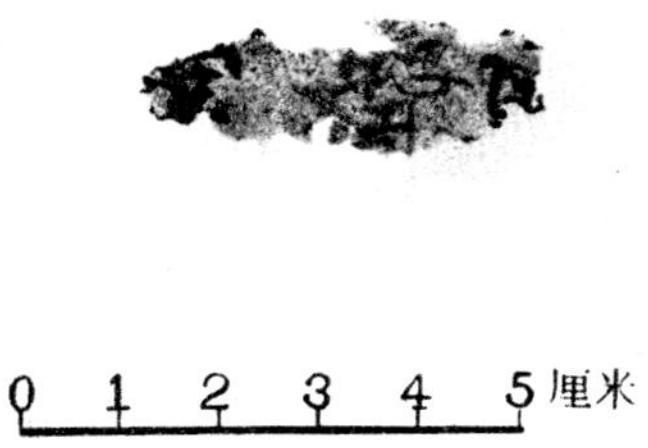

一二　文書殘片
73TAM193:39(a)

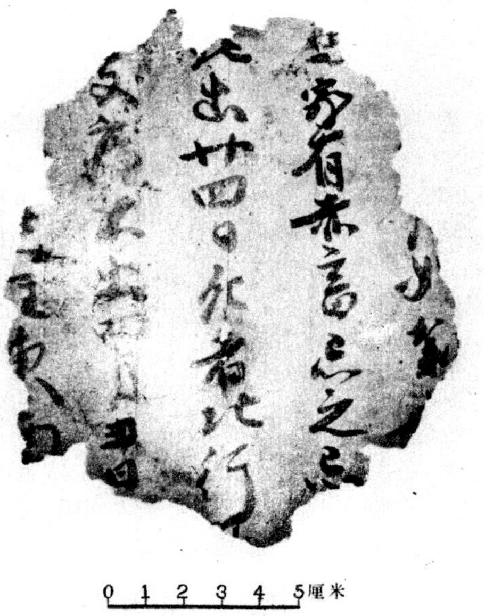

九　唐殘陰陽書　　73TAM193:31

九

唐殘陰陽書

1 □［如］執□
2 □家有赤畜，忌之忌□
3 □［北］出廿四日，死者北行，□
4 □［又］痛不出四月丑日，□
5 □［使］［往］東［南］□

阿斯塔那二一五號墓文書

本墓無墓誌及隨葬衣物疏。所出文書亦無紀年。據殘書牘内記「交河郡」，推知當在天寶元年後。其餘文書多份爲夫役徵發，亦是唐制。

一　唐張惟遷等配役名籍(一)　72TAM215:017/1—1

一　唐張惟遷等配役名籍(二)　72TAM215:017/1—2

一　唐張惟遷等配役名籍

本件有朱筆勾勒及點記多處。

（一）

1　□□□四人

2　□□十人

3　張惟遷〔下殘〕

4　燒炭五人□□

5　安昌館四人□□

（二）

1　□□□、□□□

2　目孝民〔下殘〕

3　都園張隱五人□□

4　行官園四人□□

5　衙前五□

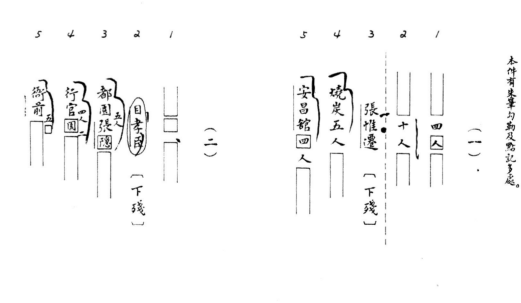

二　唐馮懷盛等夫役名籍(一)
72TAM215:017/5—1

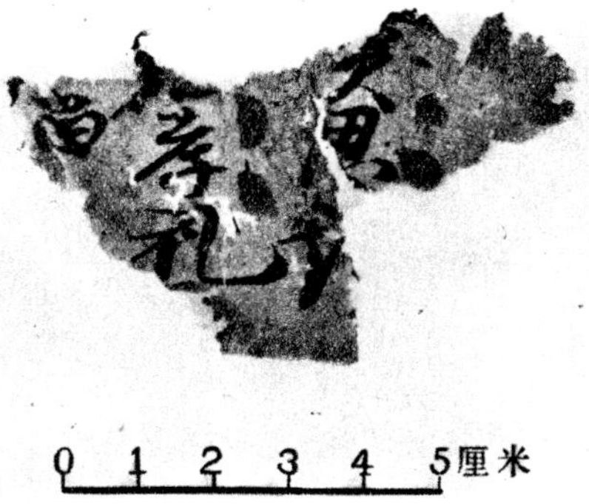

一　唐張惟遷等配役名籍(四)
72TAM215:017/1—4

一　唐張惟遷等配役名籍(三)
72TAM215:017/1—3

一　唐張惟遷等配役名籍(五)
72TAM215:017/1—5

(三)

1 □思礼
2 □新

(四)

1 賈思□
2 □孝礼
□留□□□

(五)

1 □□□
2 前忠和

二　唐馮懷盛等夫役名籍

(一)

1 馮懷盛　李元順　秦山子　李思定　袁弥弥已役
上第八戶，各夫一人，六日。
2 秦小盛　楊迴君　陰小義　李礼盛　秦嘉盛
賈敬法　董孝盛

二　唐馮懷盛等夫役名籍(二)
72TAM215:017/5—2

三　唐某城點檢應役殘文書
72TAM215:017/3—1

四　唐殘書牘一　　72TAM215:017/2

（二）

1 □□□□ 潘貴伽　張孝忠　［鄧］忠婁（？）
2 □□□□ 負伯忠　衛嵩山

三　唐某城點檢應役殘文書

1 □□□□城人，泖城主點檢，九日到
2 □□□□城□□役
3 □□□□□

四　唐殘書牘一

本件紀年已缺，内稱「交河郡」，《新唐書》地理志云：天寶元年改西州爲交河郡，至肅宗至德六載復舊稱西州。今姑置本件於天寶間。

1 □□今數載在交河郡，［其］□□
2 □□爲宅内造門□□
3 □□打還丁菜。今□□
4 □□兵刀四口，左郎［一］□□

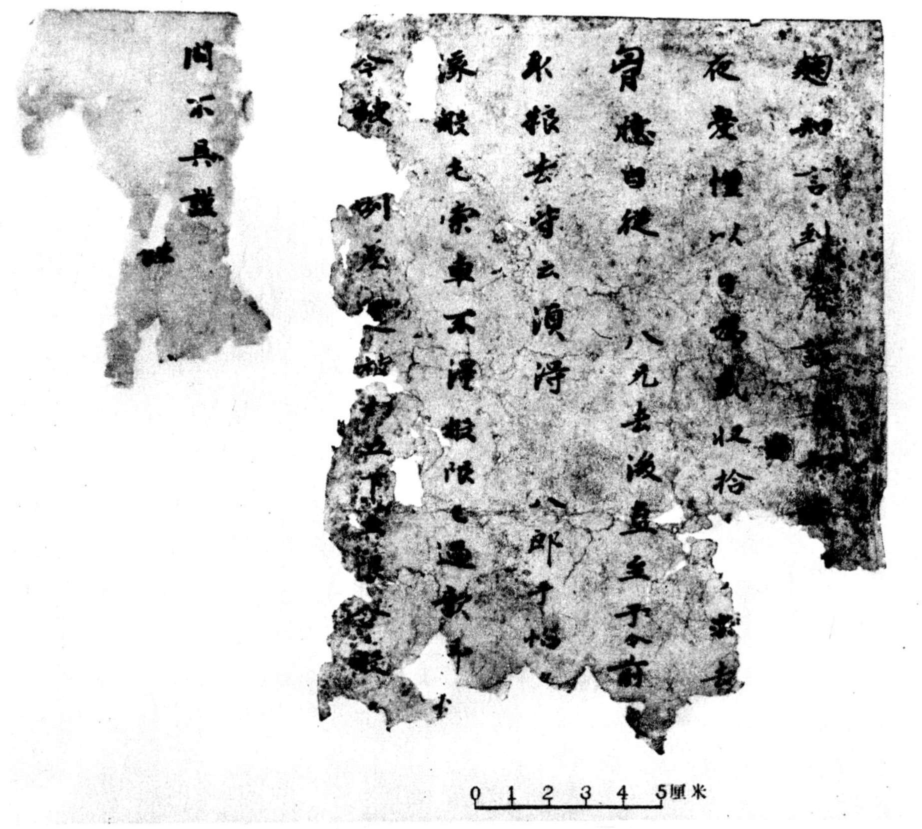

五　唐殘書牘二　　72TAM215:017/4—1

五　唐殘書牘二

趙知言到奉誨，具知委［　　］
夜憂惶，以日為載。收拾□□求去［　　］
胸臆。自從　八兄去後，直至于今，前［後］［　　］
取粮去，皆云須得　　八郎手帖［　　］
［緣］般(搬)・乇索車不得，般限已過，歆［即］［　　］
今被□倒差［遣］被打五下，立限令般。［　　］

問不具謹
［謹］　□

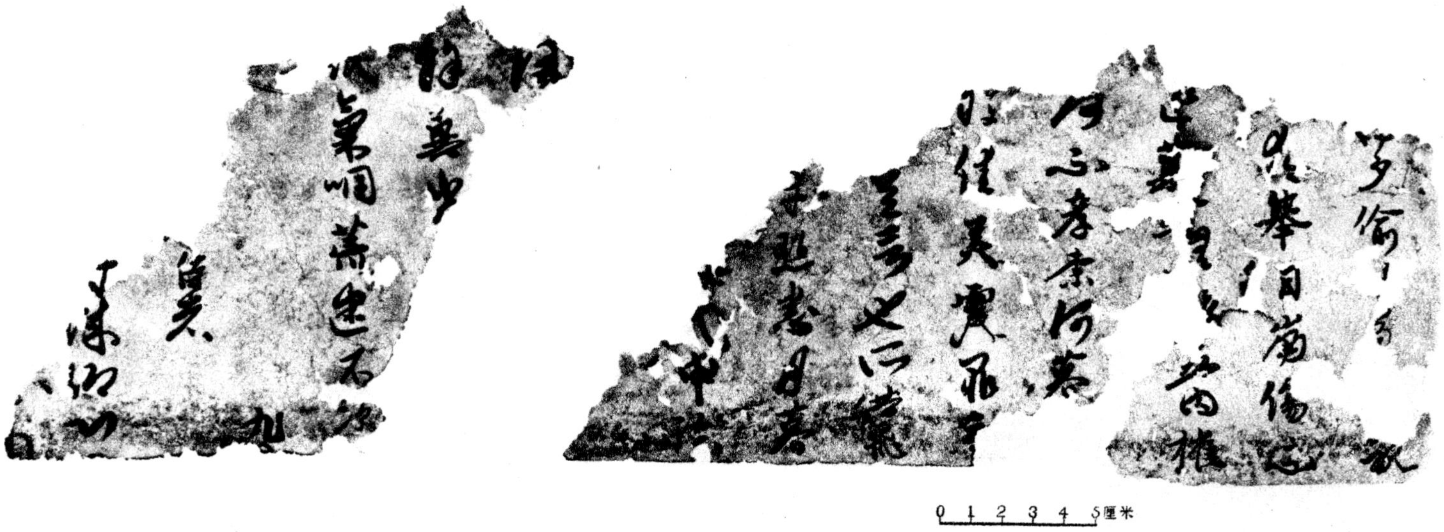

六　唐殘書牘三　72TAM215:017/6—1,017/6—2

六　唐殘書牘三

1 ［　　］夕偷［　　］[視]
2 ［　　］舉目崩[傷]，不
3 ［　　］□□□□五[內]摧
4 ［　　］[何]不孝，奈何。暮□
5 ［　　］佳美霞罪□
6 ［　　］足言也。所借飛
7 ［　　］幸照悉。月暮
8 ［　　］申[訖]。
9 ［　　］
10 ［　　］餘冀□［　　］
11 ［　　］[紙]氣咽荒迷不次。
12 九□
13 ［　　］侍者
14 ［　　］[陳]（？）鄉〃□

0 1 2 3 4 5厘米

七　唐殘書牘四　　72TAM215:017/7

七　唐殘書牘四

1 居呂迮奉到得[ ]
2 毒熱，未委何如，即此[ ]
3 [小]平善，仙花等既[ ]
4 [ ][否]。所送板甚如[陀]如[ ]
5 [ ]見，歎不可盡。元[ ]
6 [ ]木斛成去後，即[ ]
7 [ ][不](?)早已斷手，今[ ]

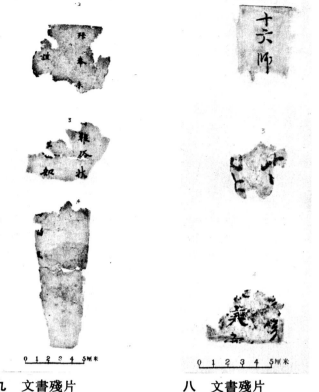

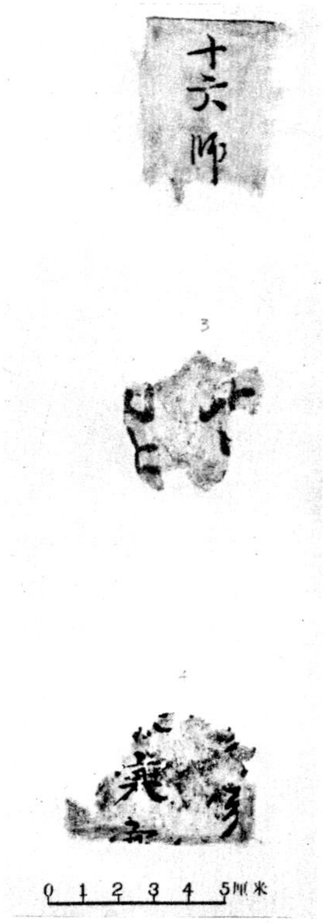

八　文書殘片
72TAM215:017/3—2～017/3—4

九　文書殘片
72TAM215:017/4—2～017/4—4

阿斯塔那五〇九號墓文書

本墓爲合葬墓，出有重叠書寫墓誌一方，白粉書久視元年張運感妻墓誌一方，墨書開元廿五年張君墓誌一方。無隨葬衣物疏。有屍三具：墓室裏壁女屍先葬於武周久視元年（公元七〇〇年），其紙鞋（編號一九）拆出文書爲武周時期；中間男屍張運感次葬於唐開元廿五年（公元七三七年），其紙鞋（編號二三）拆出文書爲開元時期；外側女屍後葬，隨葬紙衾（編號八）拆出文書有紀年者，最早爲開元十九年（公元七三一年），最晚爲寶應元年（公元七六二年）。

一　武周長壽二年(公元六九三年)天山府殘牒　73TAM509:19/16

二　武周天山府符爲追校尉已下並團佐等分番到府事　73TAM509:19/14

一　武周長壽二年（公元六九三年）天山府殘牒

本件押衛中之「史馬行通」，又見於本墓第七件《武周天山府下張父團帖》、第一二件《武周天山府下張父團帖》，故知本件亦爲天山府牒。

1 府
2 折衝　庭
3 史馬行通
4 長壽二(年)三(月)廿九(日)下

二　武周天山府符爲追校尉已下並團佐等分番到府事

本件有朱印二處，印文爲「右玉鈐衛天山府之印」。

1 □官判□團追見在校尉□
2 □下并團佐等赴□，分爲五番，並□
3 □卅(日)到府。如後到者，得杖者。今以狀下□
4 □宜准狀，符到奉行。

0 1 2 3 4 5厘米

四　武周天山府下張父團帖爲新兵造幕事一
73TAM509:19/2

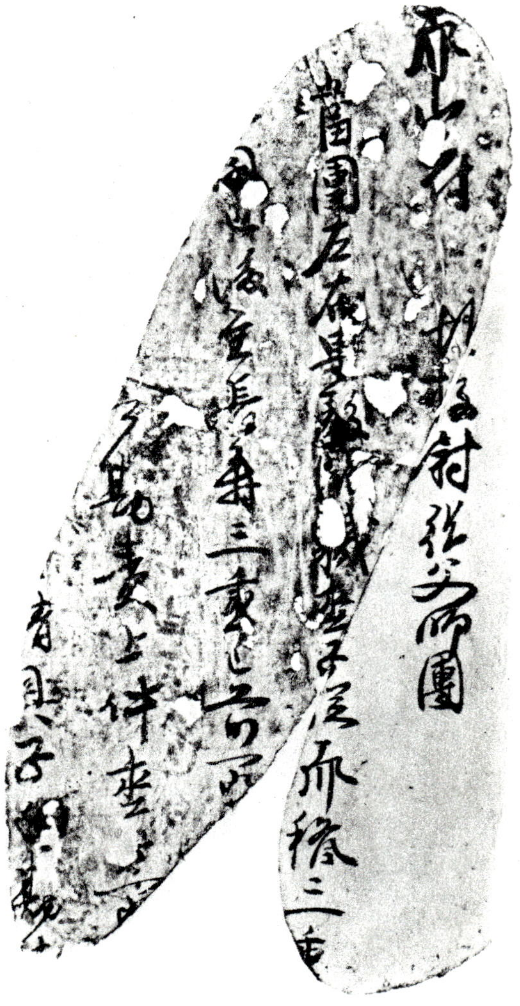

0 1 2 3 4 5厘米

三　武周天山府下張父師團帖爲勘問右果毅闕職地子事　73TAM509:19/15(a)

三　武周天山府下張父師團帖爲勘問右果毅闕職地子事

本件有朱印二處，印文爲「右玉鈐衛天山府之印」。

而(天)山府　　帖校尉張父師團
當團左、右果毅闕職埊(地)[子]，從而(天)𥠢(授)三[𠡦](年)
□𠥱(月)已後，至長壽三𠡦已前，所
［　　］勘責上件埊[子]所，［　　］
［　　］[請][具][仔]細勘［　　］

四　武周天山府下張父團帖爲新兵造幕事一

本件蓋有朱印多處，印文爲「右玉鈐衛天山府之印」。

當團新兵[壹]佰壹拾玖人，合造幕壹拾壹口[玖]［　　］
校尉張父團主者：被州帖稱：被瀚(瀚)海軍牒，准
□□西州諸府，兵幕廻〇(日)却內(納)。帖至，准人據
［　　］□造，先申大數，不得遲晚。乙
［　　］下三團速造，限來［　　］

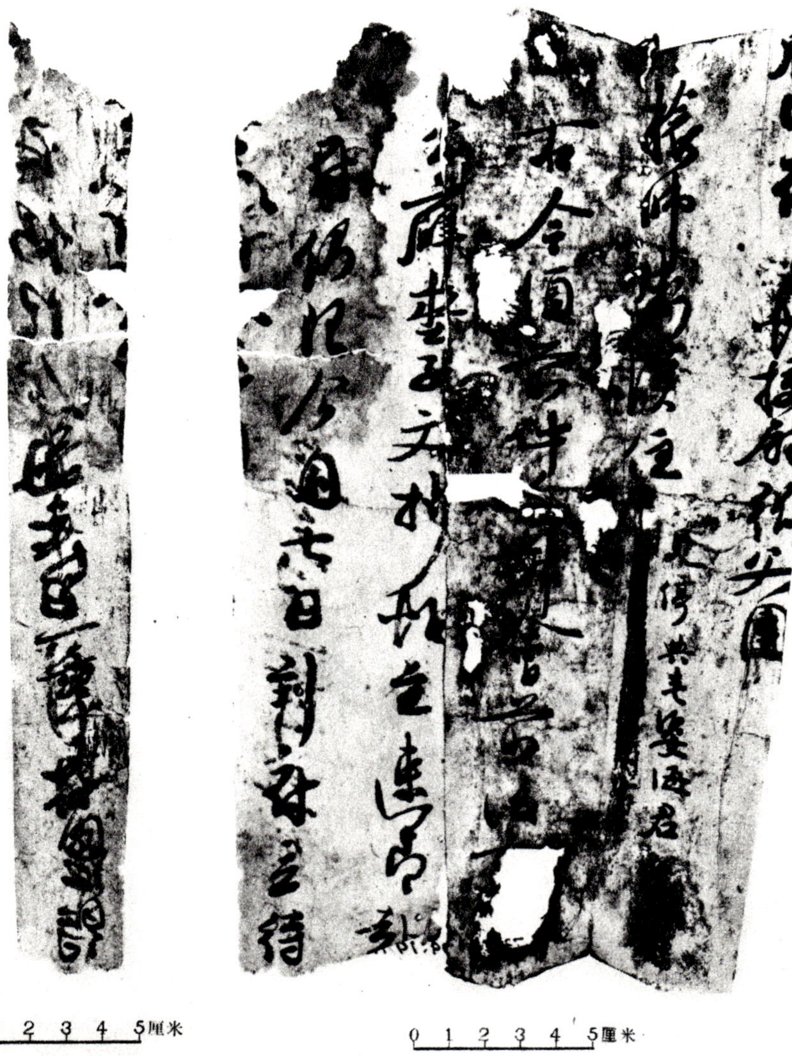

六　武周天山府下張父團帖爲公廨地子文抄事　73TAM509:19/11(a)

六　武周天山府下張父團帖爲公廨地子文抄事　73TAM509:19/11(b)

五　武周天山府下張父團帖爲新兵造幕事二　73TAM509:19/3

六　武周天山府下張父團帖爲公廨地子文抄事

本件第二行有墨筆勾劃。五行背面有「長壽三年五月　日」紀年，前面文字殘缺，應爲別一文書。

1 （天）山府　　帖校尉張父團

2 旅帥衛漢住　見傳典乇（乞）婆海君

3 右今須前件人計會前後□

4 公廨（地）子文抄。帖至，速即赴

5 府，仍限今（月）七日到府，立待。

五　武周天山府下張父團帖爲新兵造幕事二

1 （天）山府　　帖張父團

2 □新兵幕。

3 右得隊副□□曹閑感□

4 內前件兵□

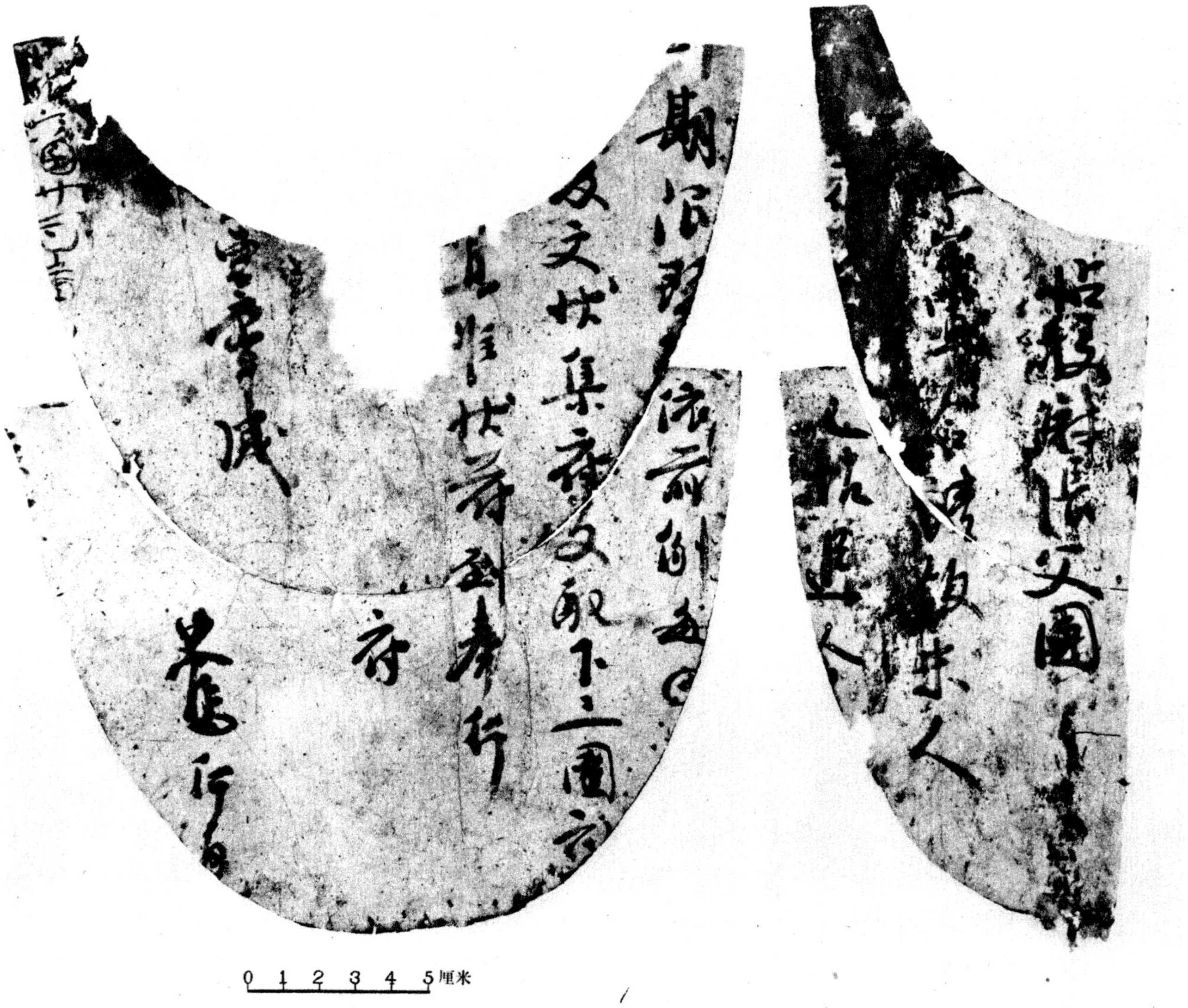

七　武周天山府下張父團帖爲出軍合請飯米人事　73TAM509:19/10,19/9

七　武周天山府下張父團帖爲出軍合請飯米人事

本件第四行「期限」二字上、第七行「府」字上均有朱書，不可辨識。

1 □□□　帖校尉張父團

2 〔　　〕比出軍合請飯米人，

3 〔　　〕已帖追［今］〔　　〕

4 〔　　〕期限［既］□依前例，每［𠥱］（月）〔　　〕

5 〔　　〕文狀集府支配，下三團〔　　〕

6 〔　　〕宜准狀，符到奉行。

7 府

8 〔　　〕曹參軍感

9 史馬行［通］

10 〔　　〕𡆠（日）帖，六𠥱廿一𡆠番。

〔下殘〕

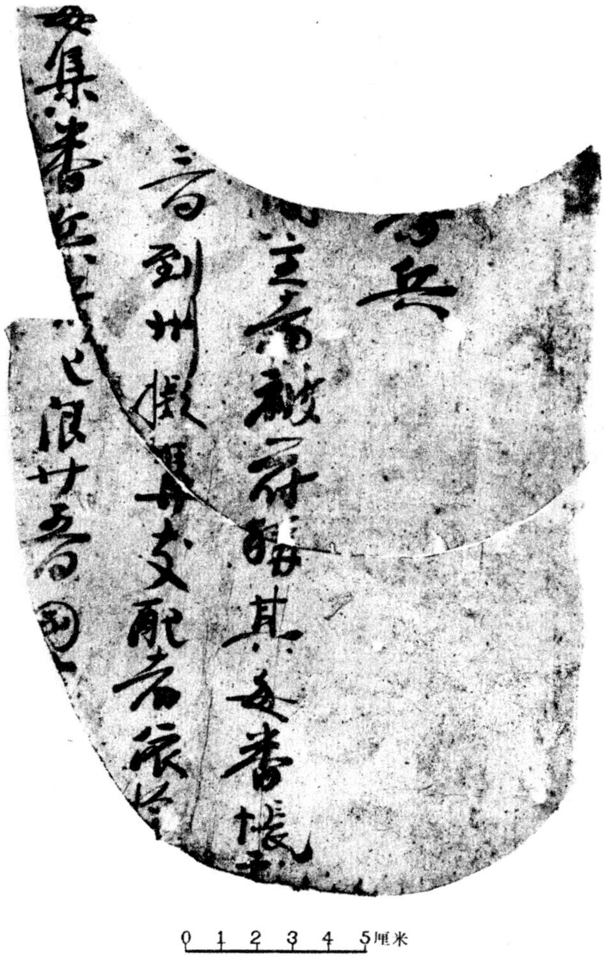

九　武周軍府符爲番兵到州事
73TAM509:19/13

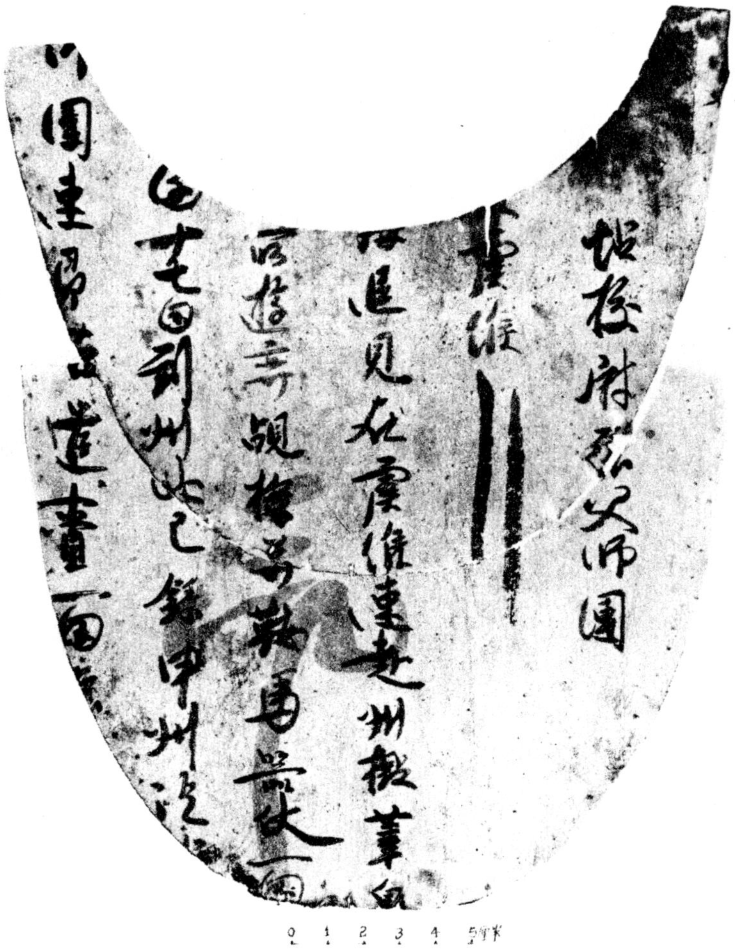

八　武周天山府下張父師團帖爲追虞候赴州事
73TAM509:19/8

八　武周天山府下張父師團帖爲追虞候赴州事

本件第二行虞字有朱點，第三、四、五行有朱書一「市」字。

1 □□□帖校尉張父師團
2 ［　　］虞候
3 ［　　］[稱]追見在虞候速赴州，擬華邑［　　］
4 ［　　］所遊弈、覘探，并鞍馬器仗，一𠥱［　　］
5 □□𠥱(月)十七𡆠(日)到州，比已録申州訖。［　　］
6 [仰]團速即[發]遣，賫一𠥱[糧]，［　　］

九　武周軍府符爲番兵到州事

本件有朱書一「市」字。

1 ［　　］[番]兵。
2 ［　　］主者，被符稱，其每番帳[子]［　　］
3 ［　　］三𡆠(日)到州，擬憑支配者。依[檢]［　　］
4 ［　　］[每]集番兵，□已限廿五𡆠𠥱(月)［　　］

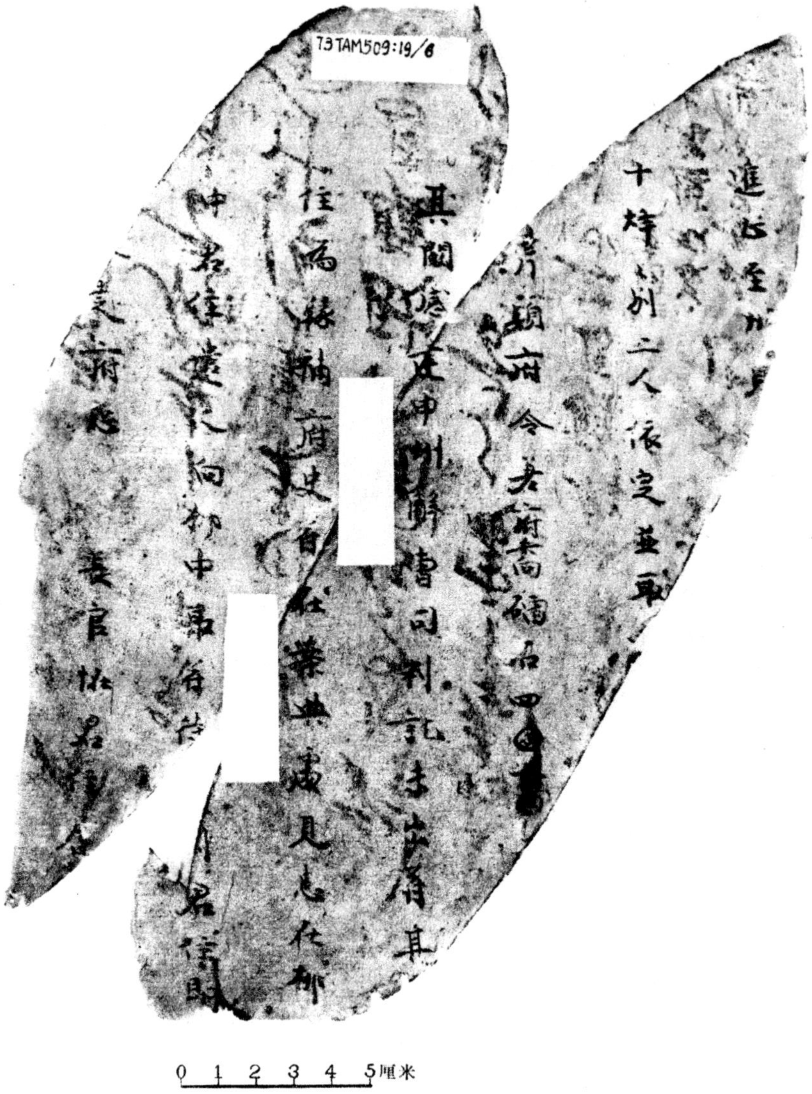

一〇　武周君住牒爲岸頭府差府兵向礌石及補府史符事　73TAM509:19/6(a)

一〇　武周君住牒爲岸頭府差府兵向礌石及補府史符事

1 進止至州□

2 十烽，﹅別二人，依定並取□

3 □岸頭府今差府兵向礌石，四〔月〕一〔日〕□

4 其闞感達申州解，曹司判訖未出符。其□

5 住爲緣補府史符在案典處，見患在柳

6 中。君住遣人向柳中取符，待□□，君住即

7 □走府恐　長官怪君住遲□

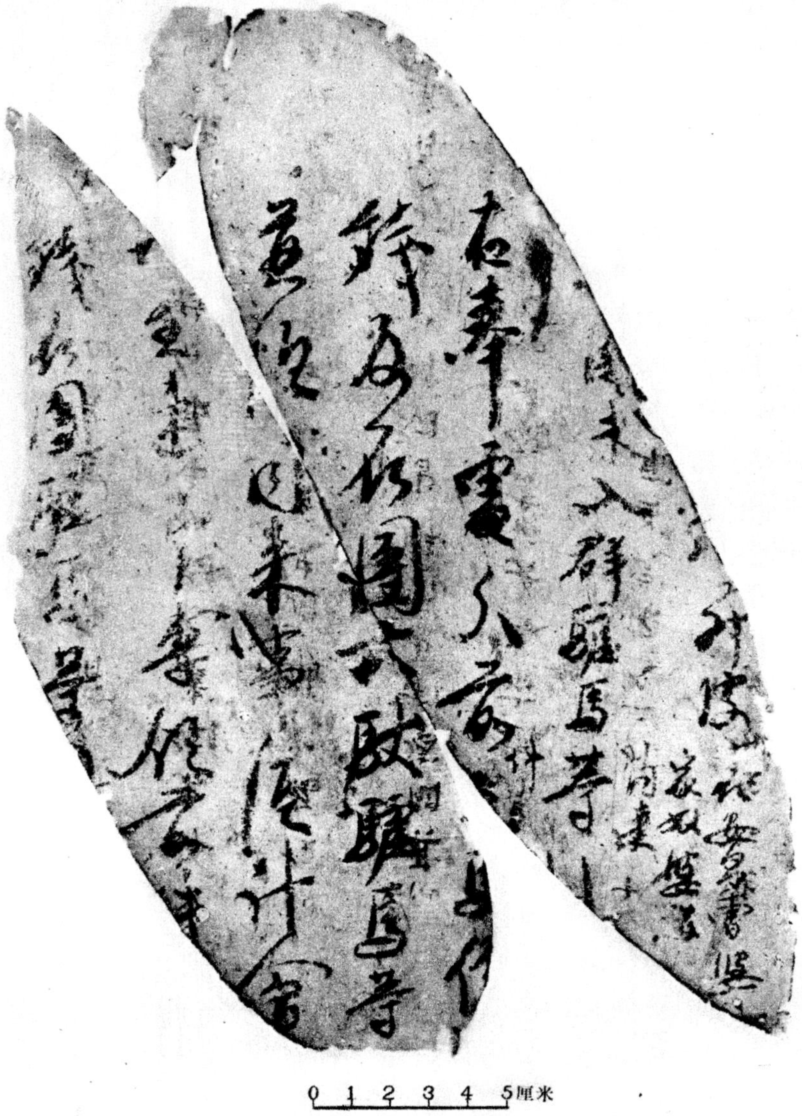

一一　武周軍府帖爲領死驢價錢等事　73TAM509:19/6(b)

一一　武周軍府帖爲領死驢價錢等事

本件書於上件「武周君住牒」紙背。

［　　］并皮在安昌曹婆［　　］家奴婆護［　　］同來
［　　］未入群驢、馬等‖
右奉處分，前件死驢價
錢及在團六䭾驢、馬等，
並須同來，事須計會。
帖至，速即索領前件［　］
錢，在團驢馬等［　　］

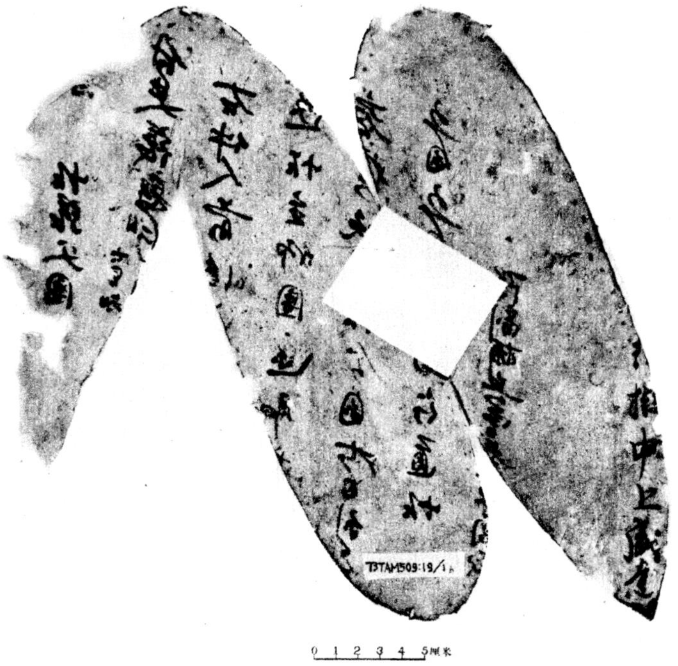

一二　武周天山府下張父團帖爲府史到事
73TAM509:19/1(b)

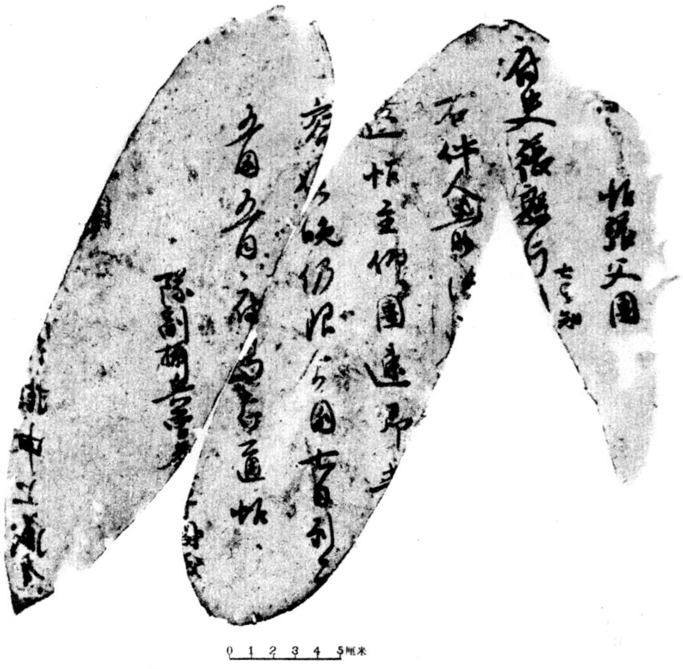

一二　武周天山府下張父團帖爲府史到事
73TAM509:19/1(a)

一二　武周天山府下張父團帖為府史到事

第一行首三字已缺，據件五知是「天山府」。第二行有墨筆勾勒。末行後背面殘存「[攝]申上感達」。

1 □□□　帖張父團

2 府史張𣪠行　廿𡆠(日)知

3 右件人前[後]

4 □帖至，仰團速即

5 容□晚，仍限今囝(月)七𡆠到□。

6 五囝五𡆠，府馬行通帖。

7 隊副攝兵曹[參][軍][關][感]□

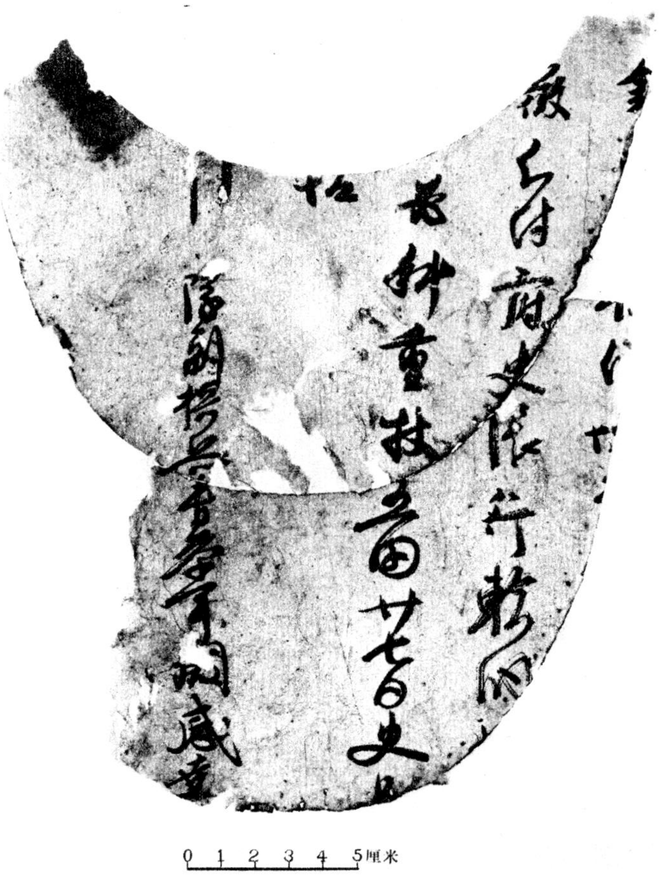

一三　武周天山府帖爲催徵輸納事
73TAM509:19/7

一三　武周天山府帖爲催徵輸納事

本件闞感達又見於前天山府帖中，故本件亦爲天山府帖。

1　[　　]徵，分付府史張行輸納，[　　]
2　[　　]必科重杖。五囝(月)廿七〇(日)，史[　　]
3　[　　]帖。
4　隊副攝兵曹參軍闞感達

一四　武周天山府帖爲索人并文抄及簿到府事
73TAM509:19/4(a)

一四　武周天山府帖爲索人并文抄及簿到府事

本件蓋朱印一方，印文不清。然闞感達已見於前天山府帖中，故知此印亦必爲天山府之印。

1　[　　]勒所由主帥團[　　]
2　□人，并文抄及薄，限今[　　]
3　到府，待擬申上，五囝(月)[　　]
4　府馬行通帖。
5　隊副判兵曹闞感達
6　□□
7　達

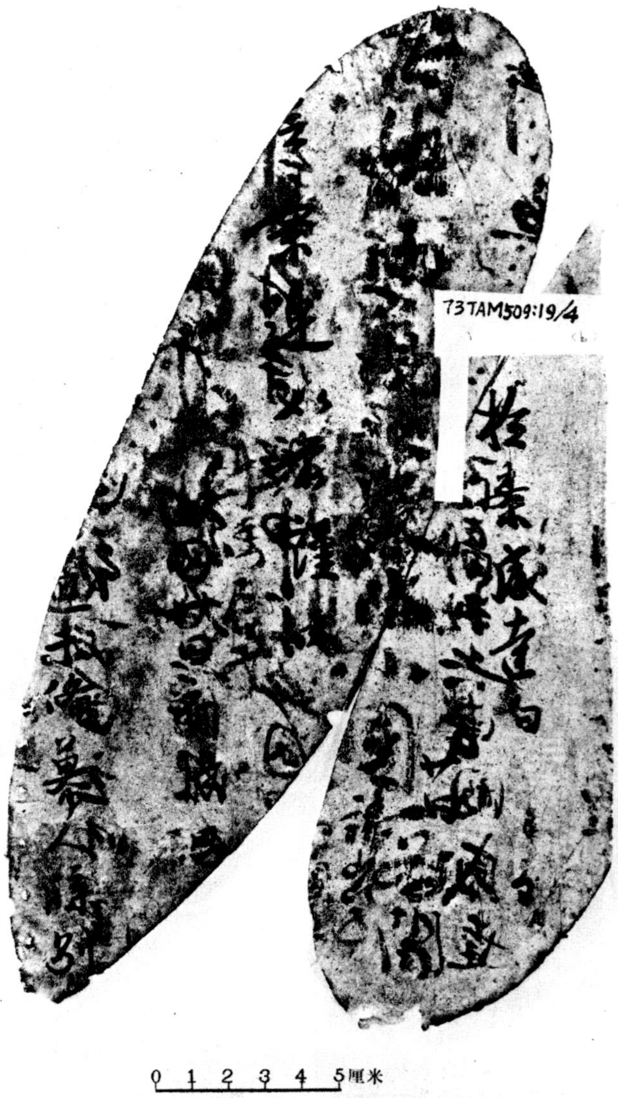

一五　武周天山府殘案卷　73TAM509:19/4(b)

一五　武周天山府殘案卷

本件二、三行間及三、四行間字迹以淡墨書寫，為夾行字。

1 檢案感達白

2 廿日

府帖兩道，下張□小圖請出子（一為闕）

3 □檢案連如前，謹牒。

付馮辰子

（月）（日）

4 四囝廿日府張思□

5 □回未備幕人，牒別□

一六　武周天山府殘文書　73TAM509:19/18

一六　武周天山府殘文書

本件第一行有殘印。參軍感達已屢見於前。知亦為天山府之文書。

1 □到奉行

2 府

3 叅軍感達

4 史馬□

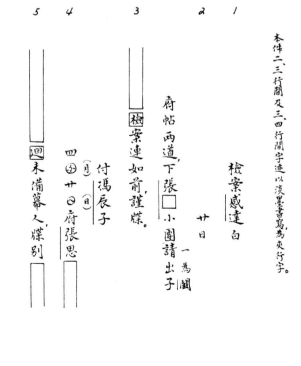

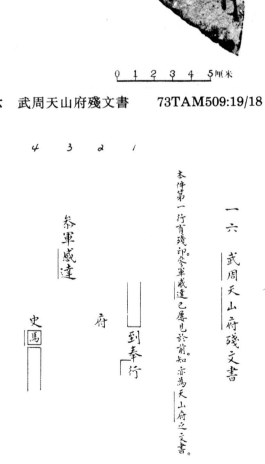

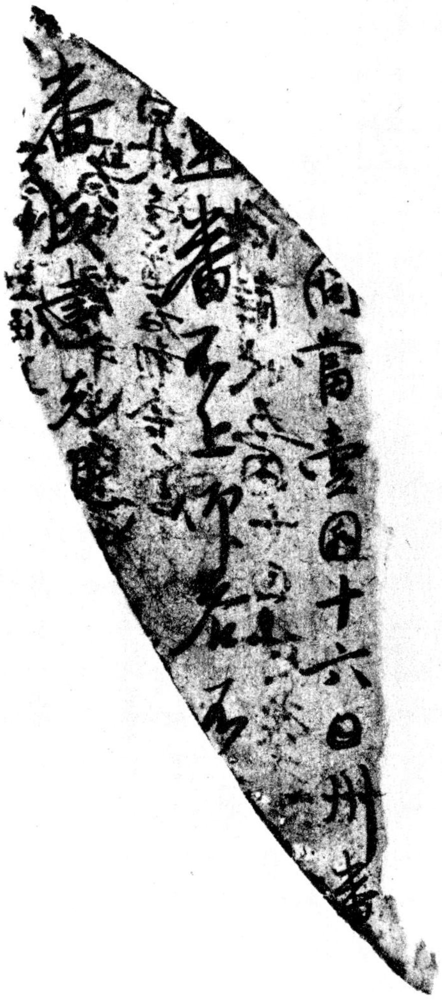

0 1 2 3 4 5厘米

一七　武周成建違番不到辯辭
73TAM509:19/5(a)

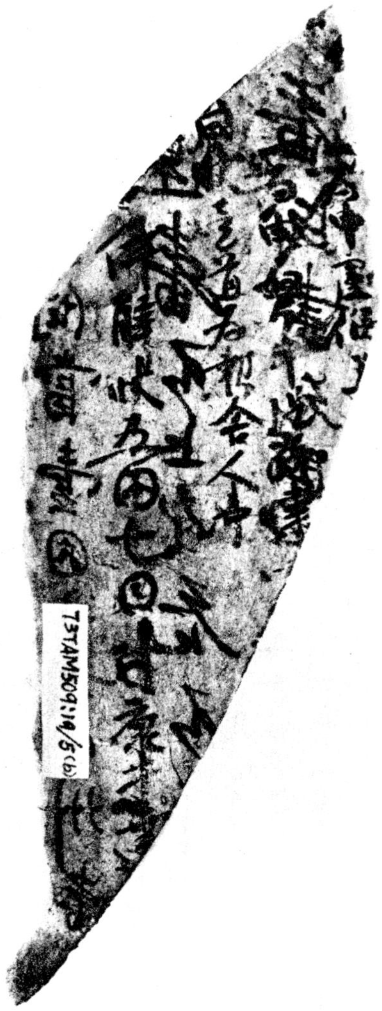

0 1 2 3 4 5厘米

一八　武周付康才達解狀殘文書
73TAM509:19/5(b)

0 1 2 3 4 5厘米

一九　武周隆住等放馬人名籍(一)
73TAM509:19/17—1

一七　武周成建違番不到辯辭

1 ［　　　］問當壹𠥱(月)十六𡆠(日)州番，［　　　］
2 ［　　　］違番不上？仰答：不［　　　］
3 ［　　　］番，但成建先是［　　　］

一八　武周付康才達解狀殘文書

本件爲上件紙背。

1 一　爲申虞候［　　　］
2 一　爲申弩手張□建［　　　］
3 呂狀壹道，爲報舍人事。
4 ［　　　］件解狀，五𠥱(月)七𡆠(日)付康才達。

一九　武周隆住等放馬人名籍

（一）

1 □隆住　李定意　小張德師　令狐迴住　已上三𠥱(月)廿一𡆠(日)，放馬。
2 安青草　沮渠意達　衛弘進

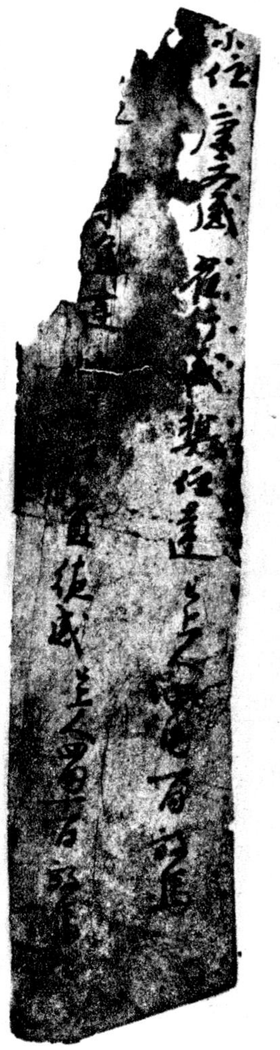

0 1 2 3 4 5厘米

一九　武周隆住等放馬人名籍

(二)　73TAM509:19/17—2

73TAM509:24(a)

（二）

1 □小住　康文感　翟行感　樊住達　已上人四匹一日，放馬。

2 [　　]　沮渠進達　師寅住　貟德感　已上人四匹十一日，放馬。

二〇　唐西州高昌縣出草帳

本件背面有字一行，爲正面帳之續寫，今錄於後，即第一九行。第四行有墨筆勾劃。帳內崇寶寺、證聖寺、靜慮寺、崇聖寺等均爲高昌縣寺名，故定爲高昌縣帳。又龍興寺觀，據《唐會要》卷四十八：神龍元年（公元七〇五年）勅：「其天下大唐中興寺、觀，宜改爲龍興寺、觀。」知此帳必在神龍之後。今姑置於開元前。

1 闞文悊肆束半　張達子肆束半　張多朏（鼠）柒束　趙永安肆束半

2 趙洛貞叁束半　范龍才壹束　張通仁肆束半　趙文忠拾束半

3 麴孝忠柒束　劉和德拾肆束　成嘉禮柒束　[　　]柒束

4 龍興觀柒束　大寶寺叁束半　崇寶寺拾肆束

5 龍興寺貳拾肆束半　遵戒寺貳拾壹束　[　　]柒束

6 證聖寺貳拾壹束　開覺寺叁拾伍束　索善端叁束　索善歡柒束

7 康守相貳畝柒束　大女□绣小貳畝柒束　張元感壹畝半肆束半

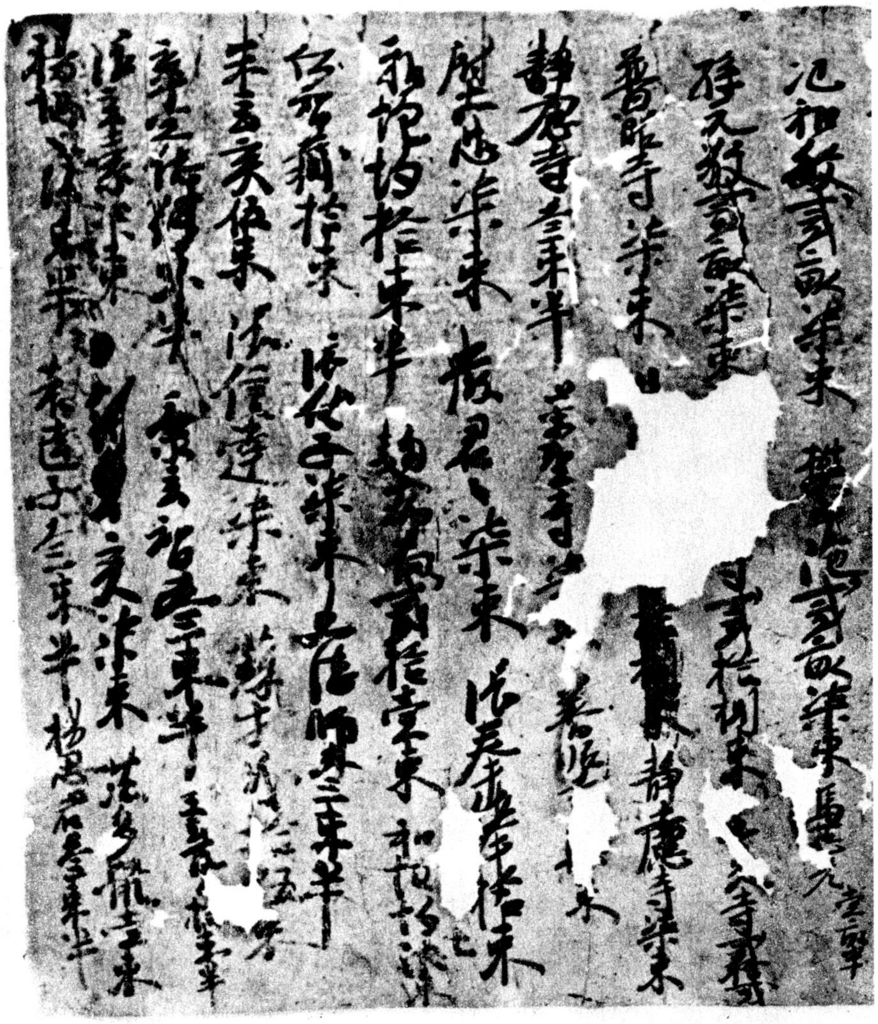

0 1 2 3 4 5厘米　　0 1 2 3 4 5厘米

二〇　唐西州高昌縣出草帳　　73TAM509:24(b)

二〇　唐西州高昌縣出草帳

8 氾和敏貳畝柒束　樊申陁貳畝柒束　馬蔥元壹畝半
9 孫元敬貳畝柒束　□□寺貳拾捌束　□元寺貳拾貳
10 普昭寺柒束　□拾捌束　靜慮寺柒束
11 靜慮寺叁束半　崇聖寺柒束　普昭寺肆束
12 尉大忠柒束　嚴君〻柒束　張奉擧拾束　七
13 和塠均拾束半　麴希喬貳拾壹束　和塠均柒束
14 何智藏拾束　張伏子柒束　史德師叁束半
15 朱玄奭伍束　張信達柒束　蘇才義拾伍束
16 辛定德肆束半　康玄智叁束半　王玄亂拾束半
17 張玄素柒束　彭〇奭柒束　范多鼠壹束
18 楊塠〻肆束半　袁達子叁束半　楊思君叁束半

19 崇聖寺拾肆畝肆拾玖束。

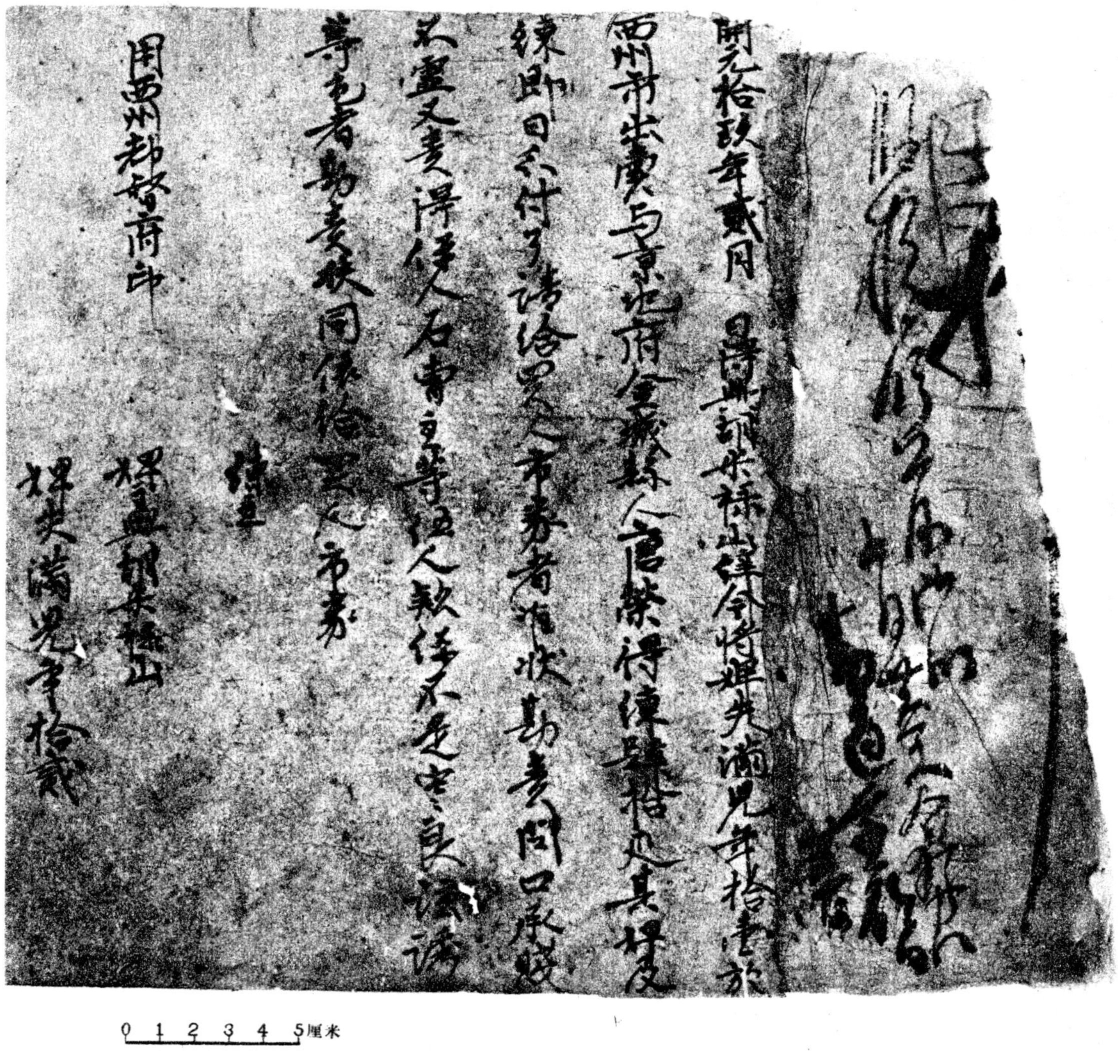

73TAM509:8/12—1(a),8/12—2(a)

二一　唐開元十九年（公元七三一年）唐榮買婢市券

本件前與一殘牒粘接，接縫背面有「元」字押署，殘牒蓋有朱印四處，一行上所蓋殘存「之印」二字，二、三行所蓋爲「玉門關之印」三處，印文大小與一行不同，並有「勘過」二字。又據被賣婢女失滿兒名見開元廿一年（公元七三三年）唐益謙請過所案卷，下署「建元白」。知此契乃唐益謙請過所案卷中所附抄件。

「　　　　　　　　　　　　　　　撿
牒撿行前〔　　〕沙州〔　　〕
〔十月廿五〕
勘過
廿五日

開元拾玖年貳月　　日，得興胡米禄山辭：今將婢失滿兒，年拾壹，於〔二〕
西州市出賣与京兆府金城縣人唐榮，得練肆拾疋。其婢及
練，即日分付了。請給買人市券者。准狀勘責，問口承賤
不虛。又責得保人石曹主等伍人款，保不是寒良詃誘
等色者。勘責狀同，依給買人市券。
練主
用西州都督府印〔三〕
婢主興胡米禄山
婢失滿兒年拾貳

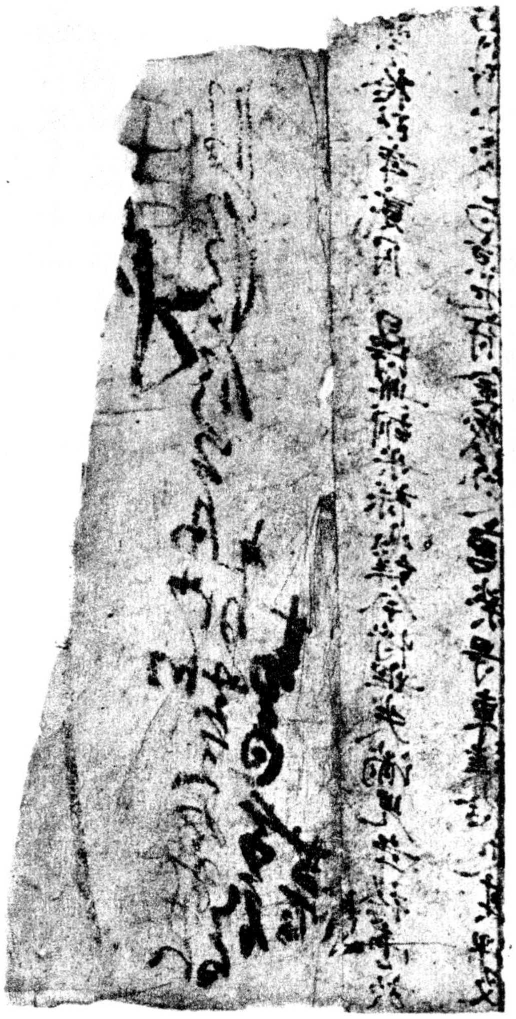

0 1 2 3 4 5厘米

二一 唐開元十九年(公元七三一年)唐榮買婢市券 73TAM509:8/12—1(b),8/12—2(b)

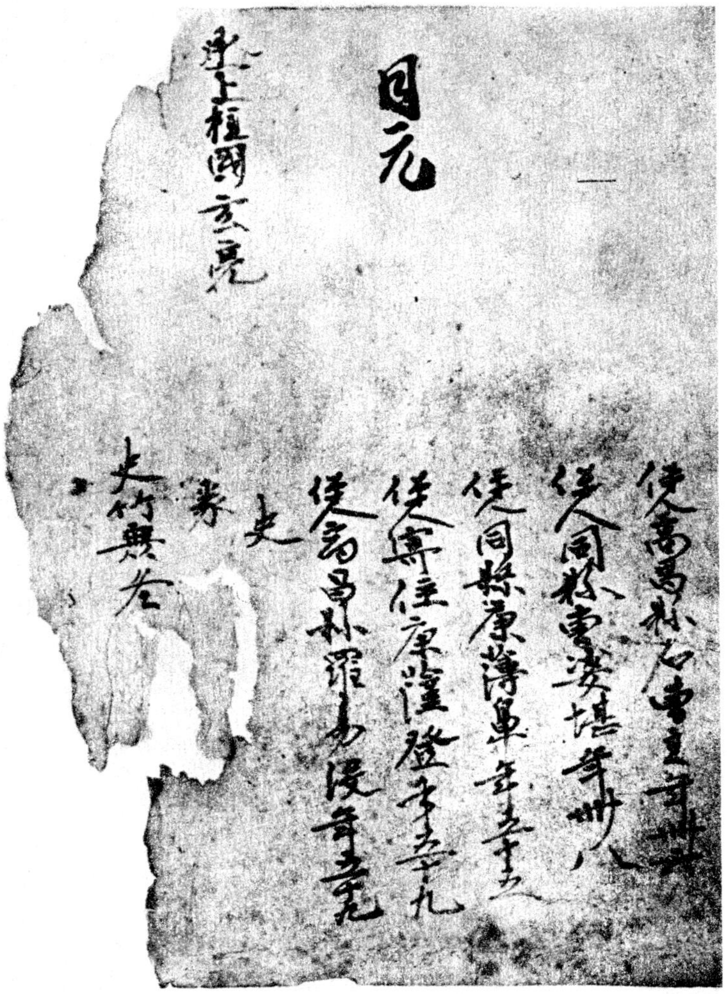

二一 唐開元十九年(公元七三一年)唐榮買婢市券

保人高昌縣石曹主年卌六
保人同縣曹娑堪年卌八
保人同縣康薄鼻年五十五
保人寄住康薩登年五十九　同元
保人高昌縣羅易没年五十九
史
丞上柱國玄亮
券
史竹無冬

注釋

〔一〕「年拾壹」，以下第十三行作「年拾貳」，必有一誤。據以下開元二十一年案卷之二十四行作「年拾肆」，此「拾壹」當是「拾貳」之誤。

〔二〕「用西州都督府印」：市契原件此處蓋有西州都督府印，這是抄件，所以在蓋印的方位記上「用西州都督府印」。

二二　唐開元二十年（公元七三二年）薛十五娘買婢市券

本件前粘接殘紙，字已殘缺，接縫背面有「元」字押署。據被賣婢女綠珠名亦見下件唐益謙請過所案卷，此契買婢人薛十五娘當即案卷中「唐循忠媵薛」，故知此契亦爲唐益謙請過所案卷中所附抄件。

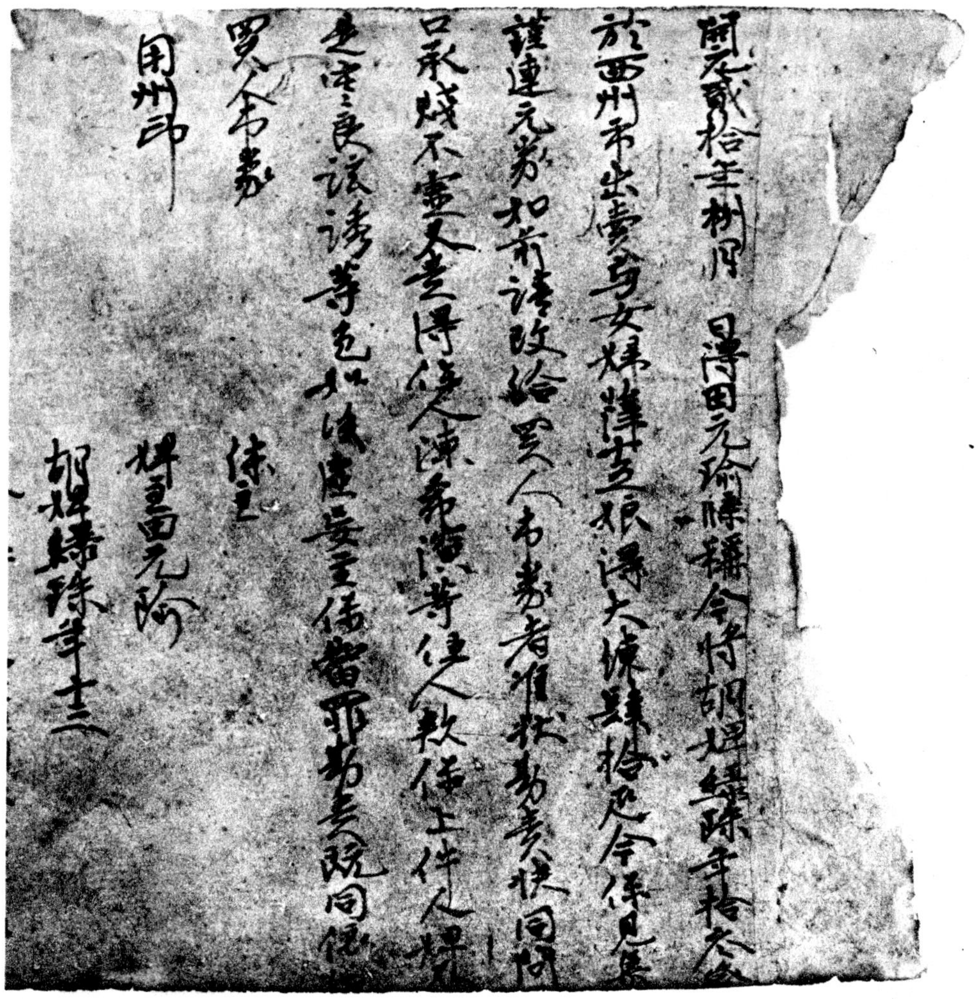

0　1　2　3　4　5厘米

73TAM509:8/4—3(a)

1 開元貳拾年捌月　日，得田元瑜牒稱，今將胡婢綠珠年拾
叁歲，
2 於西州市出賣与女婦薛十五娘，得大練肆拾疋。今保見集，
3 謹連元券如前，請改給買人市券者。准狀勘責狀同，問
4 口承賤不虛。又責得保人陳希演等伍人款，保上件人婢不
5 是寒良詃誘等色，如後虛妄，主、保當罪。勘責既同，依給
6 買人市券。　　　　　　練主
7 用州印　（二）　　　　婢主田元瑜
8 　　　　　　　　　　胡婢綠珠年十三

二二　唐開元二十年(公元七三二年)薛十五娘買婢市券　73TAM509:8/4—3(b)

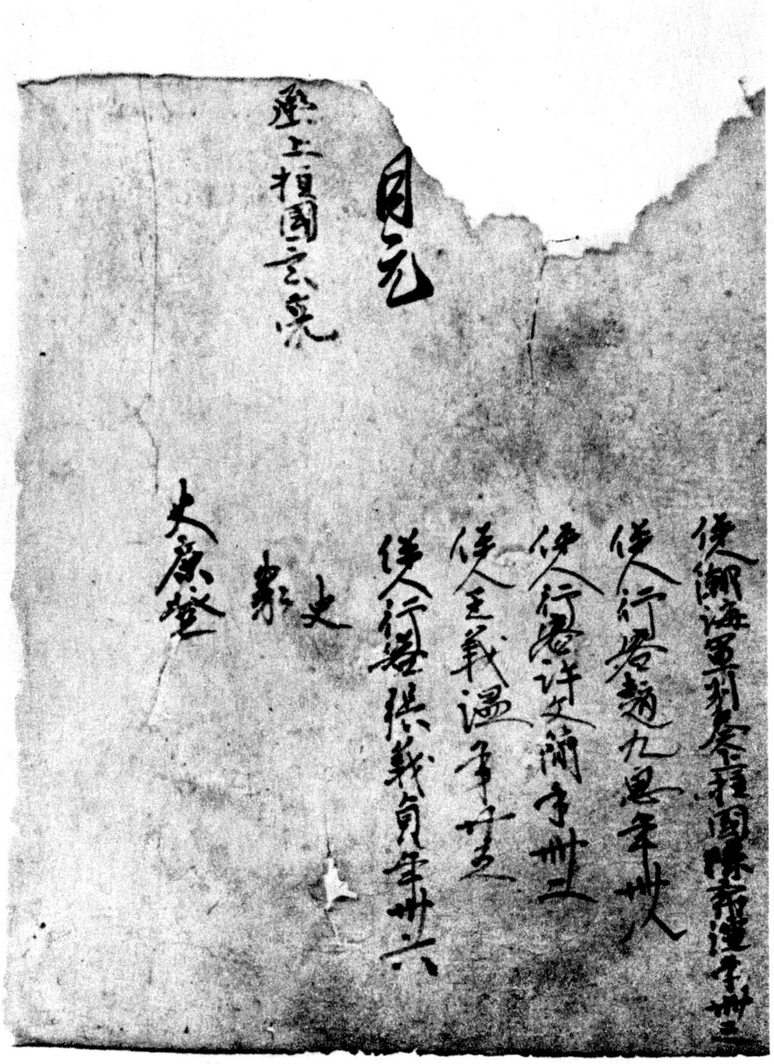

二二　唐開元二十年(公元七三二年)薛十五娘買婢市券

9 保人瀚海軍別奏上柱國陳希演年卌三

10 保人行客趙九思年卌八

11 保人行客許文簡年卌二

12 保人王義温年廿五

13 同元　　保人行客張義貞年卌六

14 　　史

15 丞上柱國玄亮　　券

史康登

注釋

〔一〕見上件《唐開元十九年唐榮買婢市券》注〔二〕。

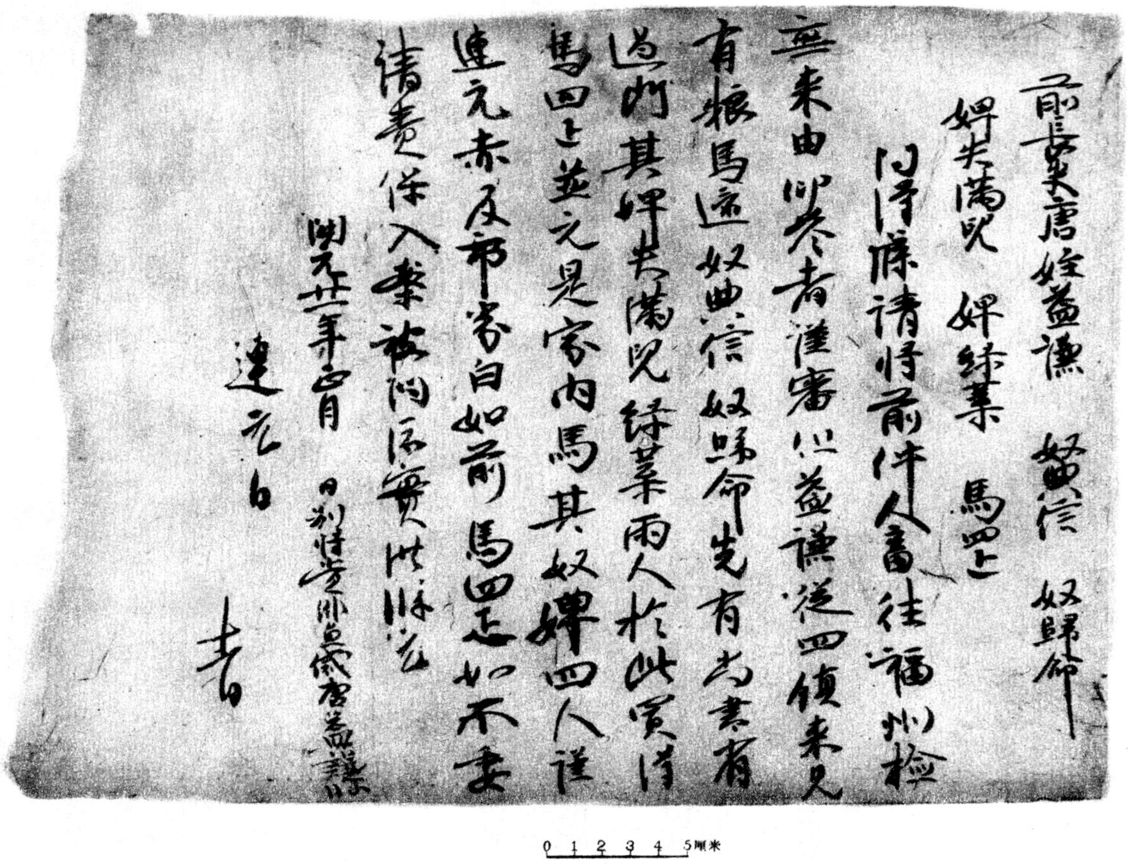

二三　唐開元二十一年(公元七三三年)唐益謙、薛光泚、康大之請給過所案卷　73TAM509:8/4—1(a)　8/4—1(b)

二三　唐開元二十一年（公元七三三年）唐益謙、薛光泚、康大之請給過所案卷

本件爲唐益謙往福州、薛光泚往甘州、康大之往輪臺請給過所案卷。

1 前長史唐姪益謙　奴典信　奴歸命……〔一〕

2 婢失滿兒　婢綠葉　馬四疋

3 　問得牒請將前件人畜往福州，檢

4 無來由，仰答者。謹審：但益謙從四鎮來，見

5 有粮馬遞。奴典信、奴歸命，先有尚書省

6 過所。其婢失滿兒、綠葉兩人，於此買得。

7 馬四疋，並元是家內馬。其奴婢四人，謹

8 連元赤及市劵，白〔二〕如前。馬四疋，如不委，

9 請責保入案。被問依實，謹牒。元

10 　開元廿一年正月　日，別將賞緋魚袋唐益謙牒。

11 　　連元白。

12 　　　十一日

注釋

〔一〕一行前騎縫背押署殘存「元」字之半。

〔二〕「白如前」，「白」上脫「保」字。

二三　唐開元二十一年(公元七三三年)唐益謙、薛光泚、康大之請給過所案卷
73TAM509:8/23(a)

録事竹仙[童]

佐康才藝

史張虔惟

[十]三日録事　元叏

[　][曹]攝録事參軍　勤　付

依前元白

十三日

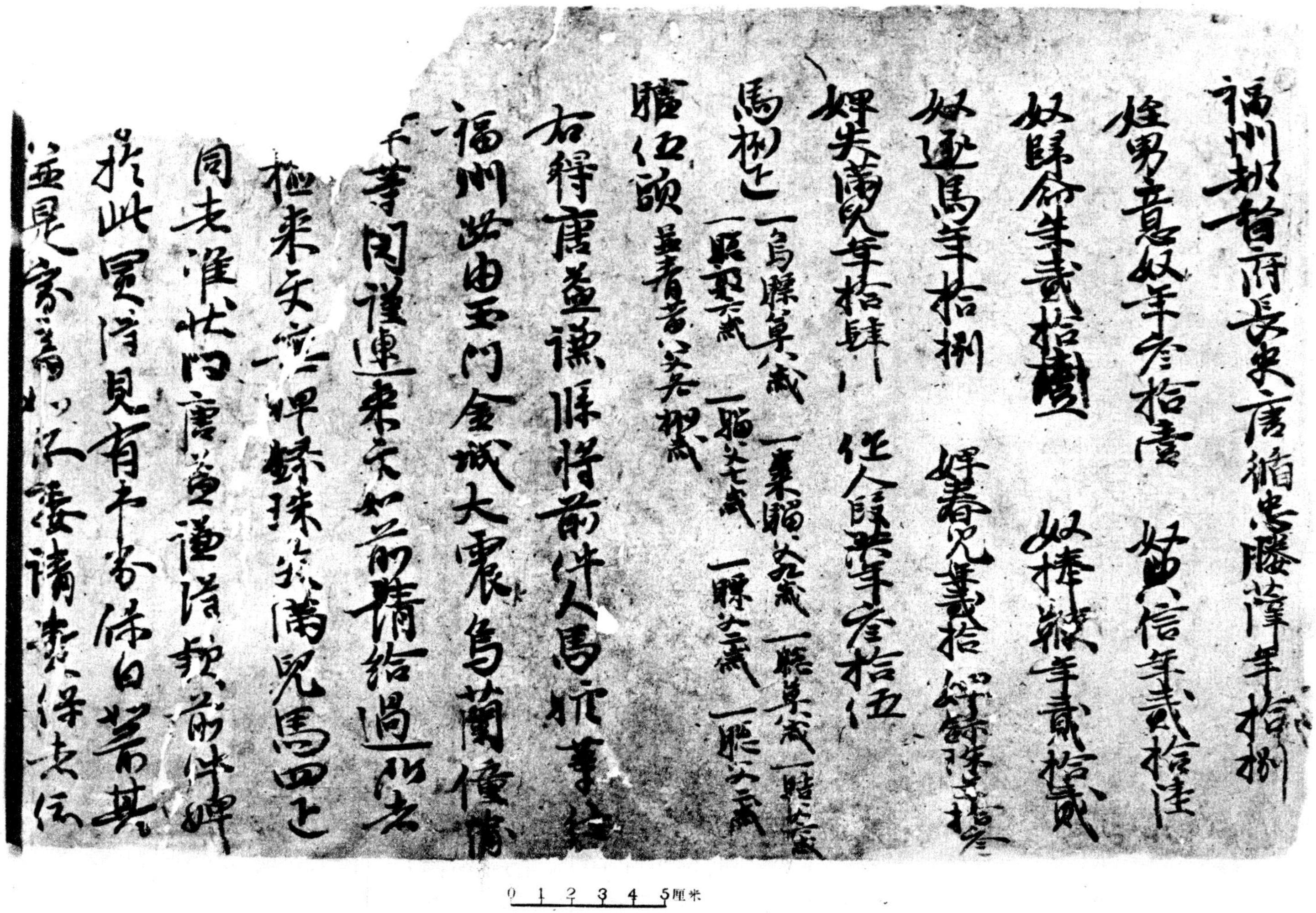

二三　唐開元二十一年(公元七三三年)唐益謙、薛光泚、康大之請給過所案卷　73TAM509:8/23(a)

福州都督府長史唐循忠媵薛年拾捌〔一〕
姪男意奴年叁拾壹　奴典信年貳拾陸
奴歸命年貳拾壹　奴捧鞭年貳拾貳
奴逐馬年拾捌　婢春兒年貳拾　婢綠珠年拾叁
婢失滿兒年拾肆　作人段洪年叁拾伍
馬捌疋 一烏騍草八歲、一棗騮父九歲、一騘草八歲、一駱父六歲 一騘敦六歲、一騮父七歲、一騍父二歲、一騘父二歲。
驢伍頭 並青黄父、各捌歲。
右得唐益謙牒，將前件人馬驢等往
福州。路由玉門、金城、大震、烏蘭、僮(潼)蒲
[津]等關。謹連來文如前，請給過所者。
□檢來文，無婢綠珠、失滿兒，馬四疋
□同者。准狀問唐益謙得款：前件婢
□於此買得，見有市劵，保白如前。其
[馬]並是家畜，如不委，請責保者。依

注釋

〔一〕一九、二〇行間背縫有押字。

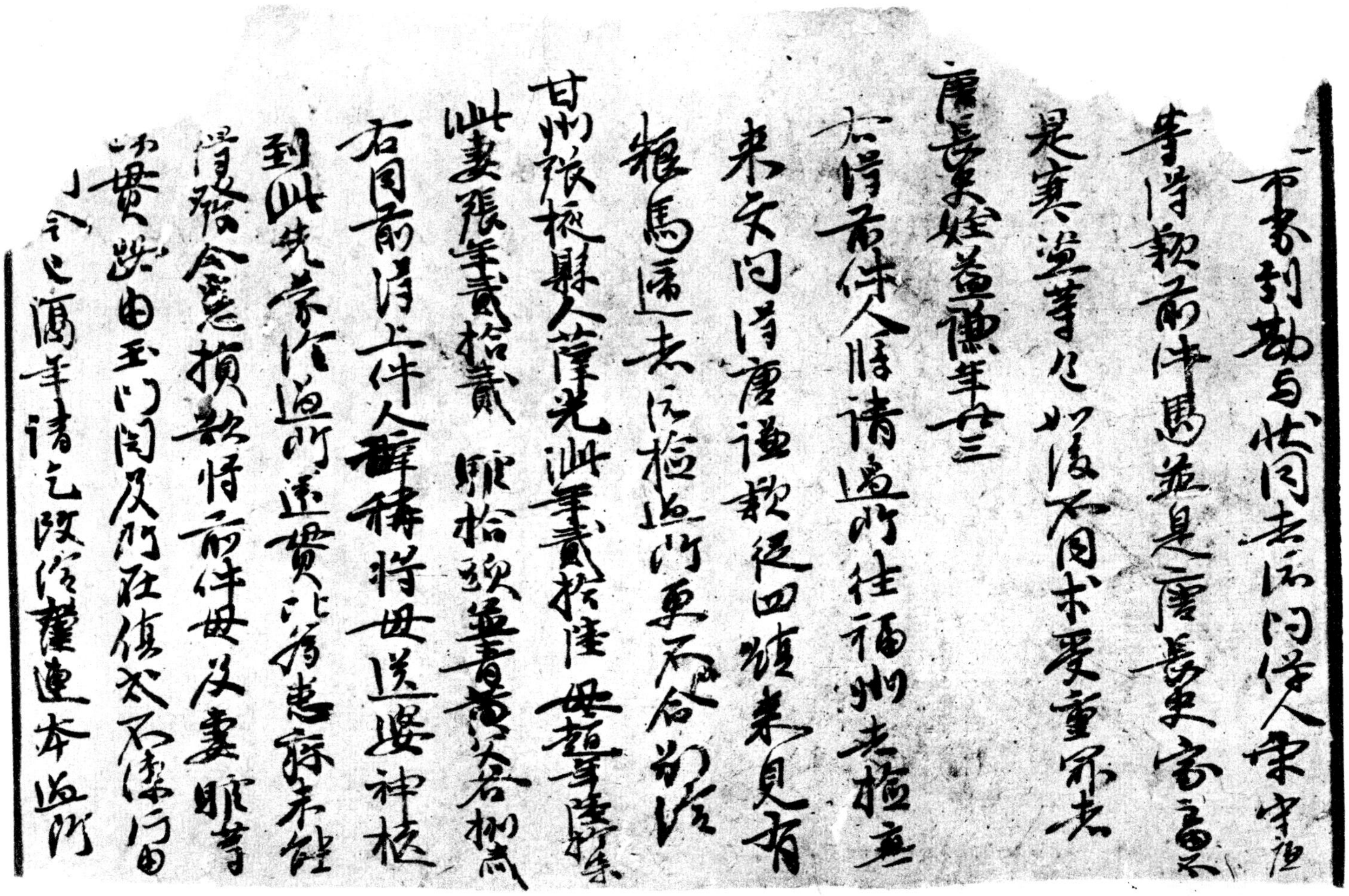

0 1 2 3 4 5厘米

二三　唐開元二十一年(公元七三三年)唐益謙、薛光泚、康大之請給過所案卷　73TAM509:8/4—2(a)之一

□市劵到勘，与狀同者。依問保人宋守廉
等得款，前件馬並是唐長史家畜，不
是寒盜等色。如後不同，求受重罪者。
唐長史姪益謙年廿三。
右得前件人牒，請過所往福州者。檢無
來文，問得唐謙款，從四鎮來，見有
粮馬遞者。依檢過所，更不合別給。
甘州張掖縣人薛光泚，年貳拾陸。　母趙年陸拾柒。
泚妻張年貳拾貳。　驢拾頭並青黃父，各捌歲。
右同前得上件人辭稱，將母送婆神柩
到此，先蒙給過所還貫。比為患疹未能
得發。今患損，欲將前件母及妻、驢等
歸貫，路由玉門關及所在鎮戍，不練行由，
□今已隔年，請乞改給。謹連本過所

注釋

〔一〕三三、三四行間騎縫背押「元」字。

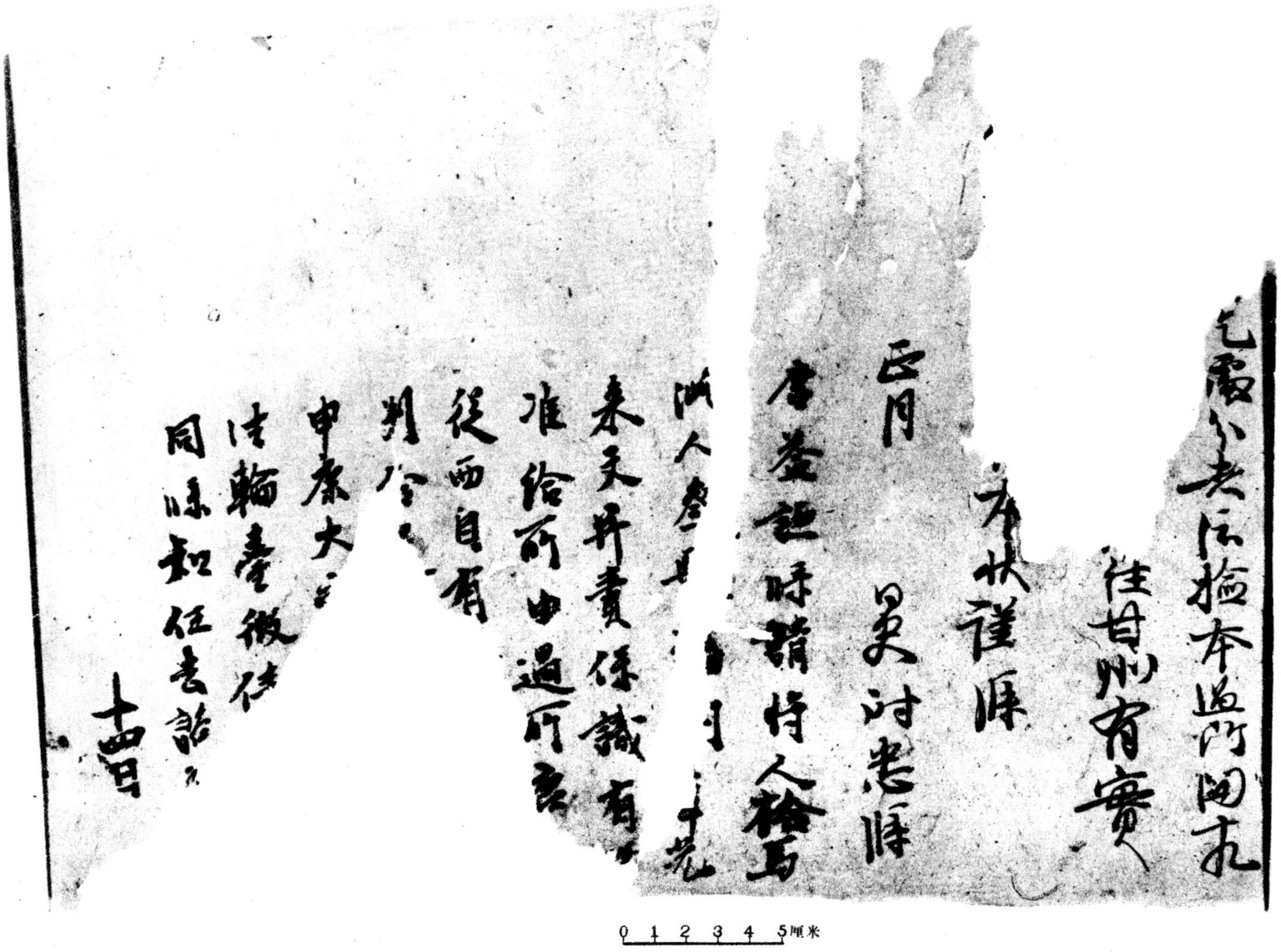

二三　唐開元二十一年(公元七三三年)唐益謙、薛光泚、康大之請給過所案卷　73TAM509:8/4—2(a)之二

□□乞處分者。依檢本過所，開十九
往甘州有實。
朸狀謹牒。
正月　日史謝忠牒。
唐益謙牒，請將人拾馬
福州薛光
泚人叁騾
來文，並責保識有□
准給所由過所。唐□
從西自有
別給
申康大之
往輪臺徵債，
同。牒知任去。諮。元
十四日

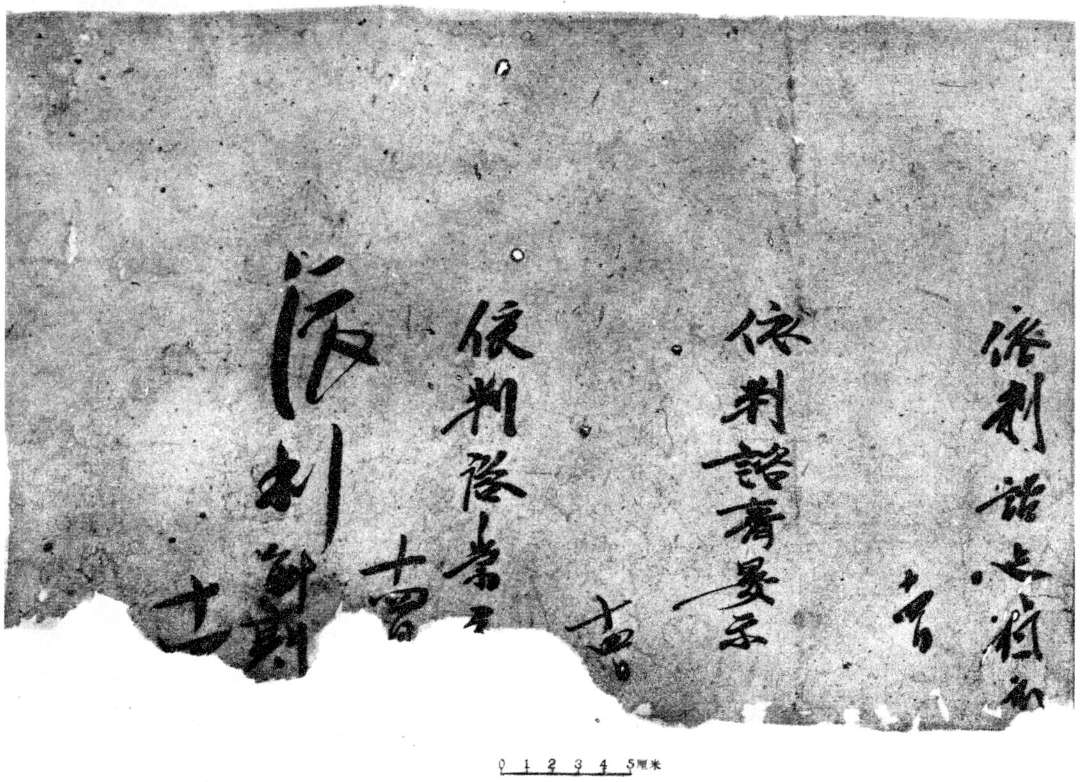

二三　唐開元二十一年(公元七三三年)唐益謙、薛光泚、康大之請給過所案卷
73TAM509:8/4—2(a)之三

〔一〕

依判，諮。延福（禎）示。
十四日
依判，諮。齊晏示。
十四日
依判，諮。崇示。
十四日
依判。斛斯□。
十四□

注釋

〔一〕六二、六三行間騎縫背押「元」字。

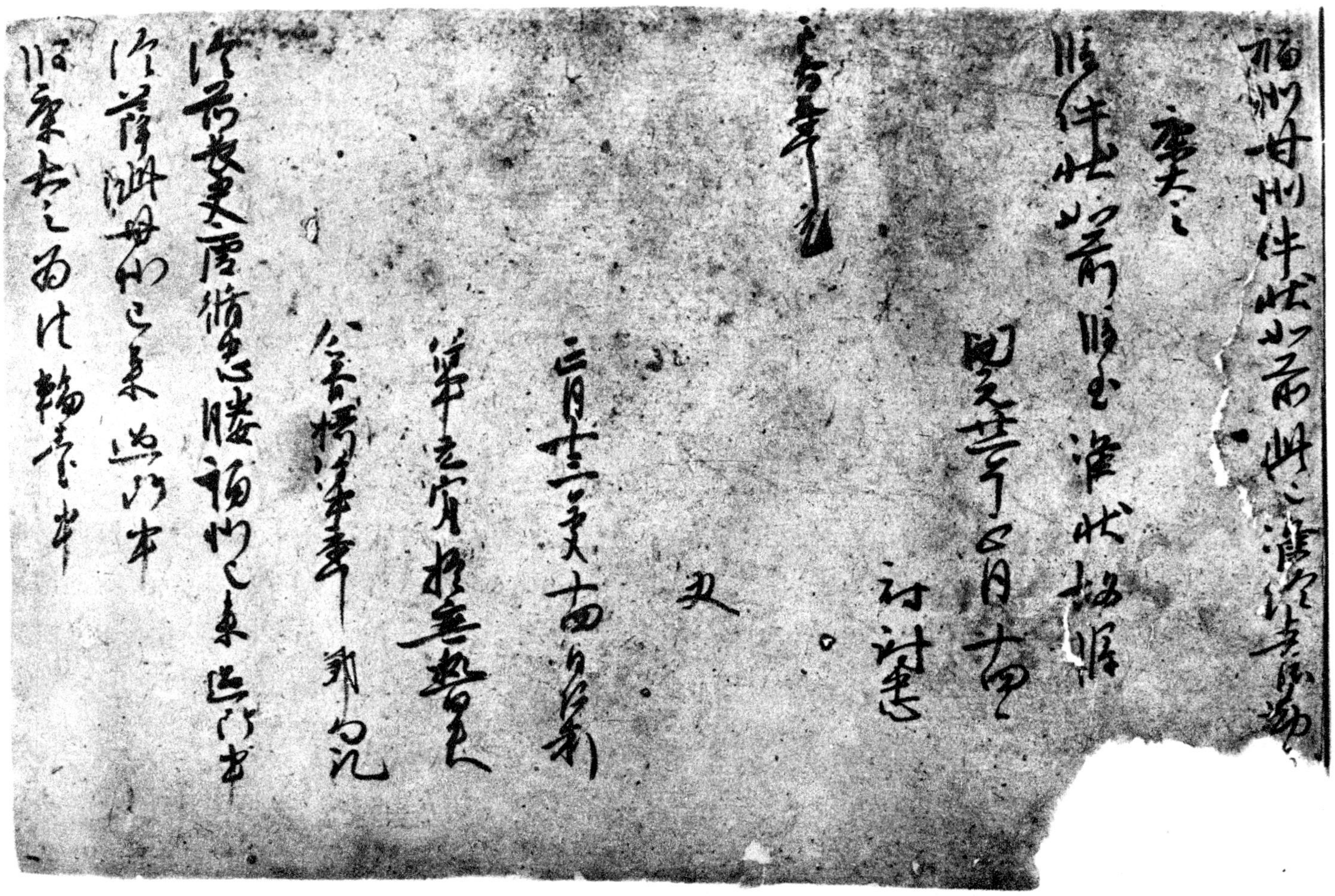

0 1 2 3 4 5厘米

二三　唐開元二十一年(公元七三三年)唐益謙、薛光泚、康大之請給過所案卷　73TAM509:8/4—2(a)之四

福州、甘州件狀如前，此已准給者，依勘過。
康大之
牒件狀如前，牒至准狀，故牒。
開元廿一年正月十四日
府謝忠
戶曹參軍元
史
正月十三日受，十四日行判。
錄事元肯　檢無稽失
倉曹攝錄事參軍　勤勾訖。
給前長史唐循忠媵福州已來過所事。
給薛泚甘州已來過所事。
牒康大之為往輪臺事。〔一〕

注釋

〔一〕八三行後騎縫背押「元」字。

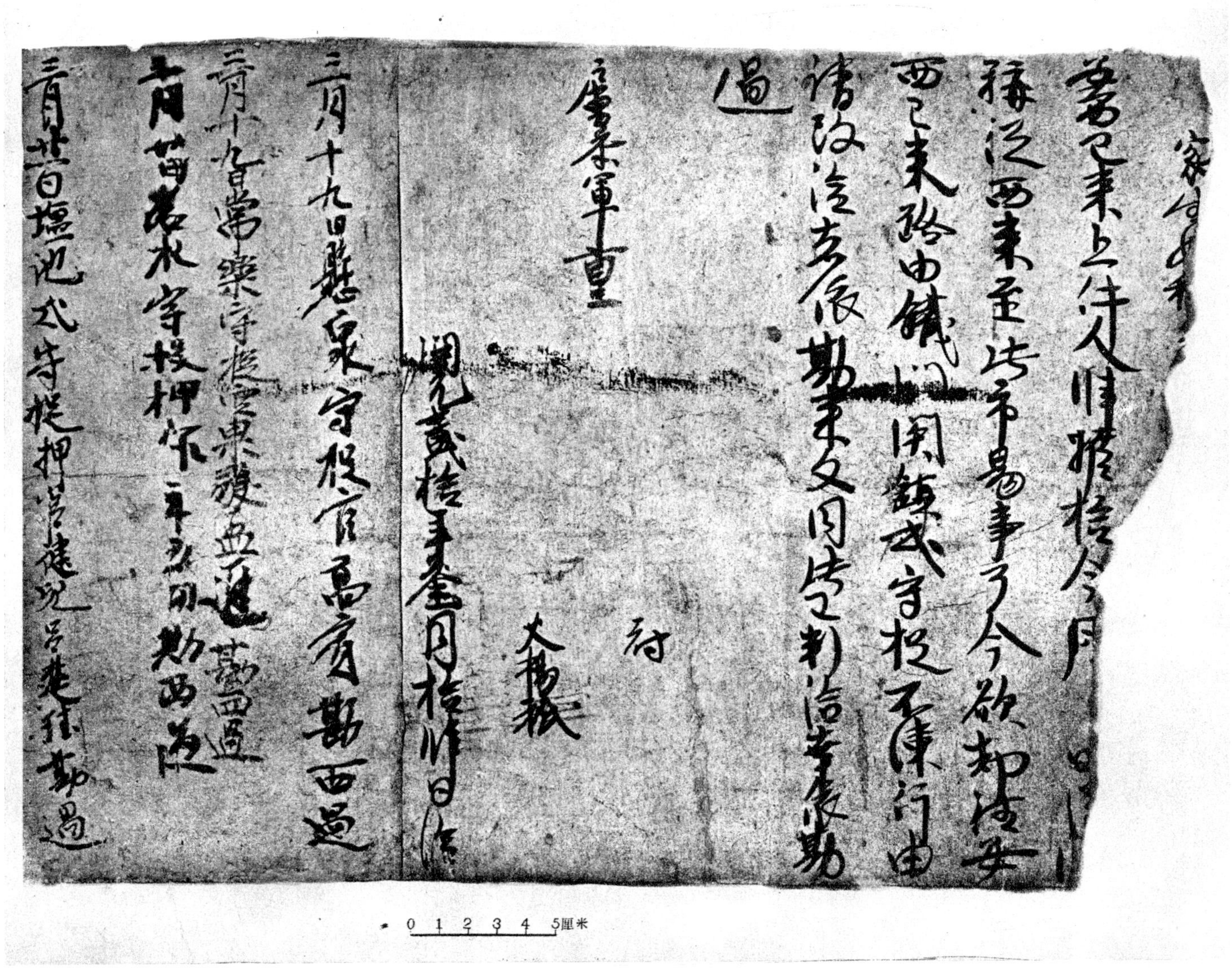

二四　唐開元二十年(公元七三二年)瓜州都督府給西州百姓游擊將軍石染典過所　73TAM509:8/13(a)之一

二四　唐開元二十年（公元七三二年）瓜州都督府給西州百姓游擊將軍石染典過所

本件有朱印五處，皆為「瓜州都督府之印」，中間三印為「沙州之印」，尾部印為「伊州之印」。另有朱筆、黑筆勾勒。

家生奴移□□　□
安西已來，上件人肆、驢拾。今月　日，得牒
稱：從西來，至此市易事了。今欲却往安
西已來，路由鐵門關，鎮戍守捉不練行由，
請改給者。依勘來文同此，已判給，幸依勘
過。
「府　」
戶曹參軍亶
「史楊祇　」
開元貳拾年叁月拾肆日給。
三月十九日，懸泉守捉官高賓勘西過。〔一〕
三月十九日，常樂守捉官果毅孟進勘西過。
三月廿日，苦水守捉押官年五用〔二〕勘西過。

注　釋

〔一〕此處騎縫背面有押字，不可辨識。
〔二〕「用」，疑為用字。

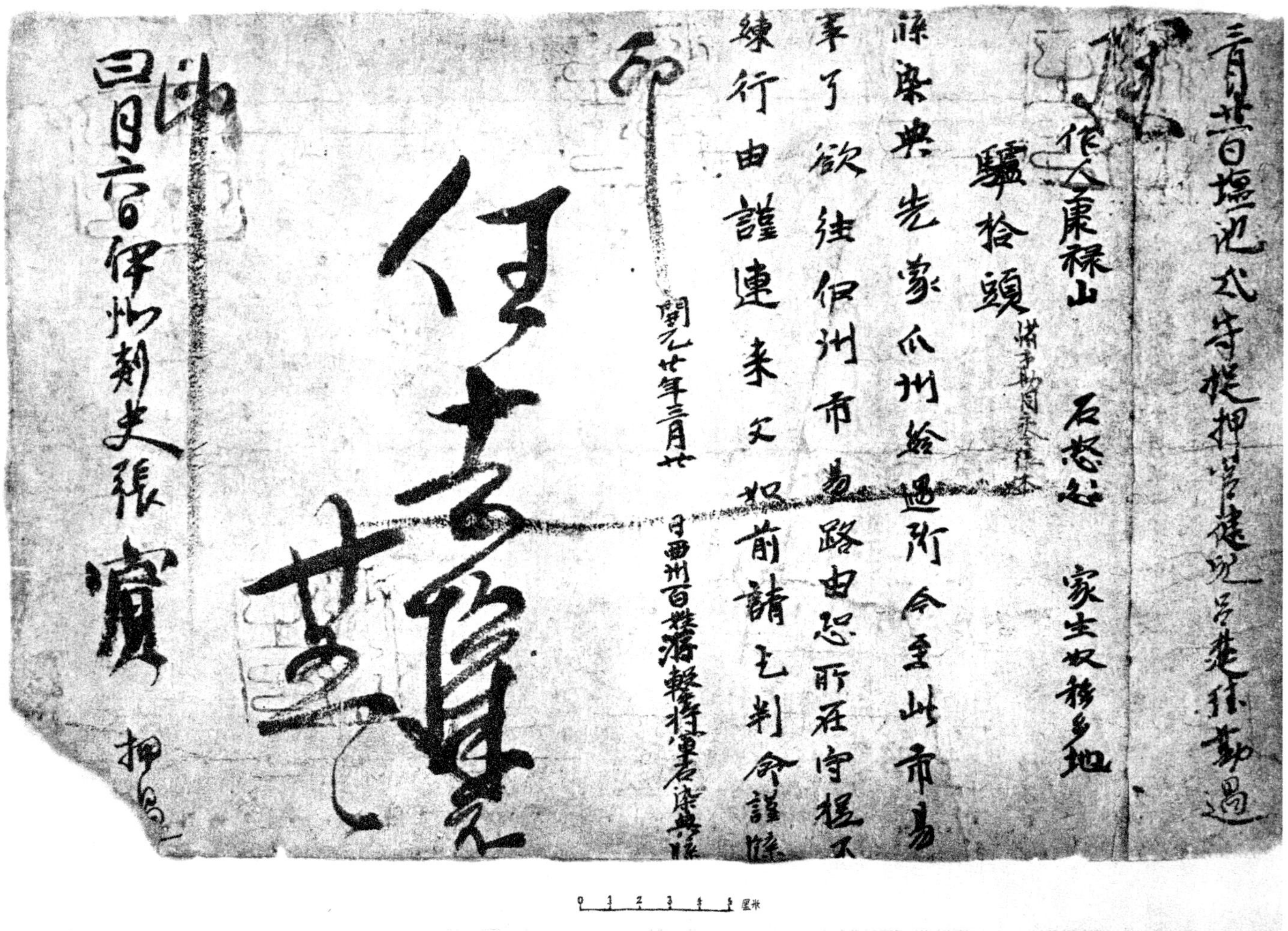

二四　唐開元二十年(公元七三二年)瓜州都督府給西州百姓游擊將軍石染典過所　　73TAM509:8/13(a)之二

三月廿一日，鹽池戍守捉押官健兒呂楚珪勘過。

琛

作人康祿山　石怒忿　家生奴移多地

驢拾頭　沙州市勘同，市令張休。

牒，染典先蒙瓜州給過所，今至此市易

事了，欲往伊州市易。路由恐所在守捉不

練行由，謹連來文如前，請乞判命。謹牒。

印　　開元廿年三月廿　日，西州百姓游擊將軍石染典牒。

任去。琛示。

廿五日。

印

四月六日伊州刺史張賓　押過

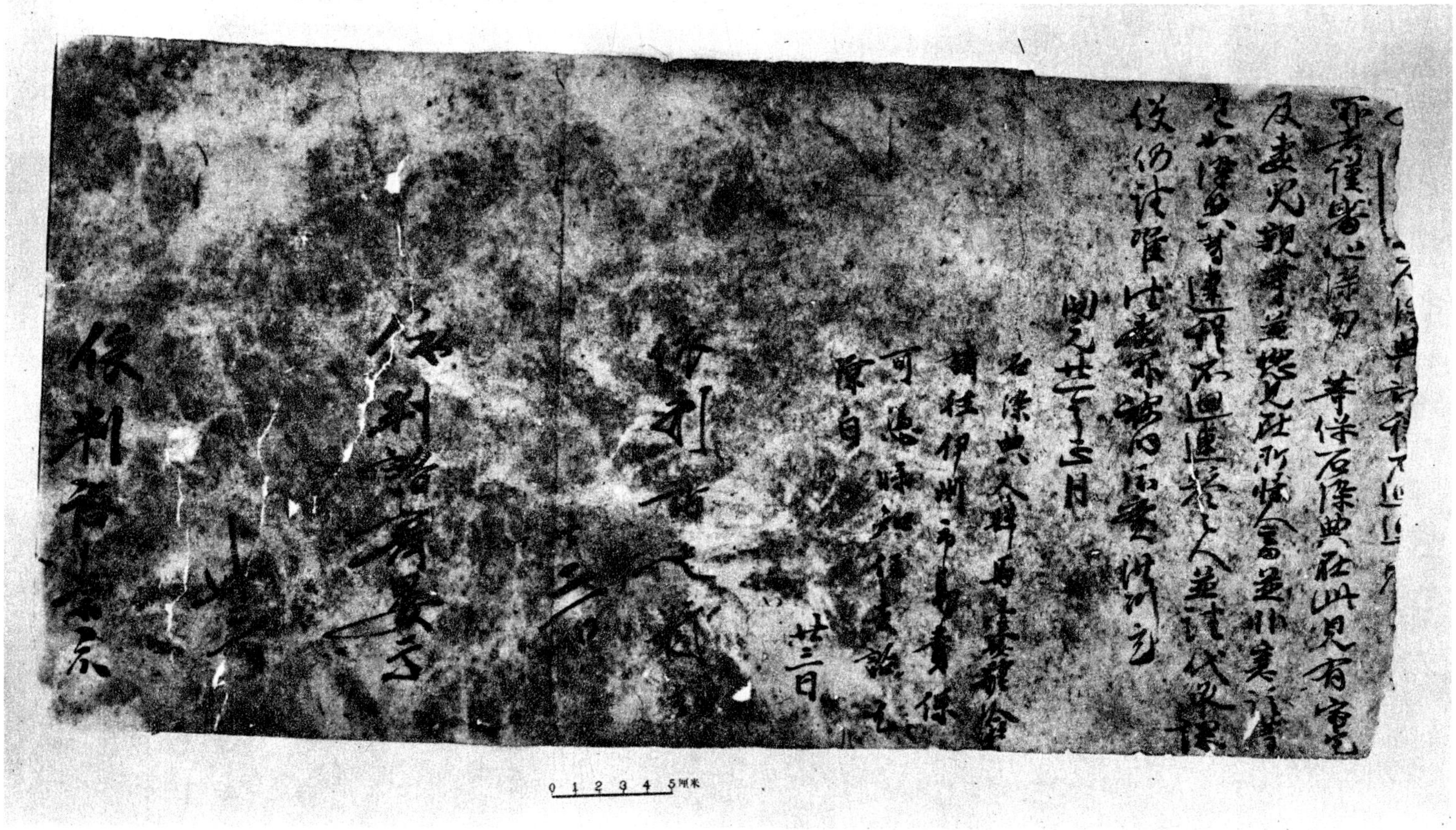

二五　唐開元二十一年(公元七三三年)染勿等保石染典往伊州市易辯辭　73TAM509:8/9(a)之一

二五　唐開元二十一年（公元七三三年）染勿等保石染典往伊州市易辯辭

本件第二行有墨筆勾劃。

□□石染典計程不廻連□□
罪者。謹審：但染勿　等保石染典在此見有家宅
及妻兒親等並總見在。所將人畜並非寒（一）該等
色。如染典等違程不廻，連（一）之人，並請代承課
役，仍請准法受罪。被問依實，謹辯。元
開元廿一年正月　日
石染典人肆，馬壹，驢，驢拾壹。
請往伊州市易，責保
可憑，牒知任去。諮。元
璟白。
廿三日
依判，諮。延禎示。
廿三日
依判，諮。齊晏示。
廿三日
依判，諮。崇示。

注釋

〔一〕「叅」，疑是「吝」字。

〔二〕騎縫背面處押「元」字。

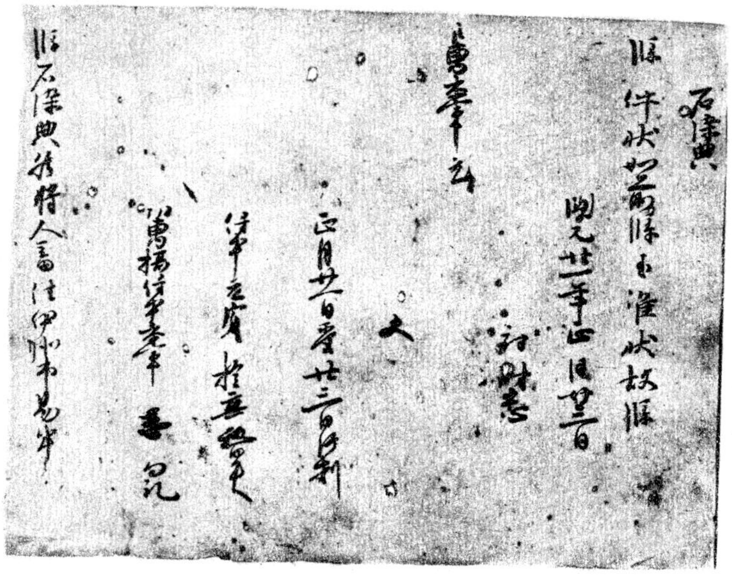

二五　唐開元二十一年(公元七三三年)染勿等保石染典往伊州市易辯辭　73TAM509:8/9(a)之三

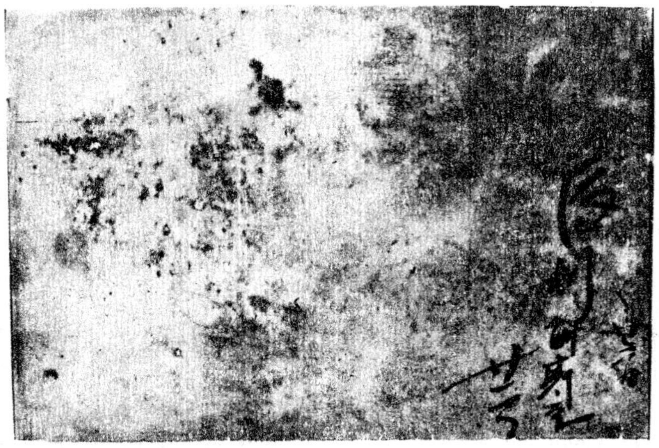

二五　唐開元二十一年(公元七三三年)染勿等保石染典往伊州市易辯辭　73TAM509:8/9(a)之二

二五　唐開元二十一年(公元七三三年)染勿等保石染典往伊州市易辯辭　73TAM509:8/9(b)之二

二五　唐開元二十一年(公元七三三年染勿等保石染典往伊州市易辯辭　73TAM509:8/9(b)之一

廿三日〔一〕

依判。斛斯示。

廿三日

注釋

〔一〕騎縫背面處押「崇」字。

石染典

牒　件狀如前，牒至准狀，故牒。

開元廿一年正月廿三日

府謝忠

戶曹參軍元

史

正月廿一日受。廿三日行判。

録事元肎　檢無稽失

功曹攝録事參軍　思　勾訖

牒石染典為將人畜往伊州市易事

注釋

〔一〕騎縫背面處押「元」字。

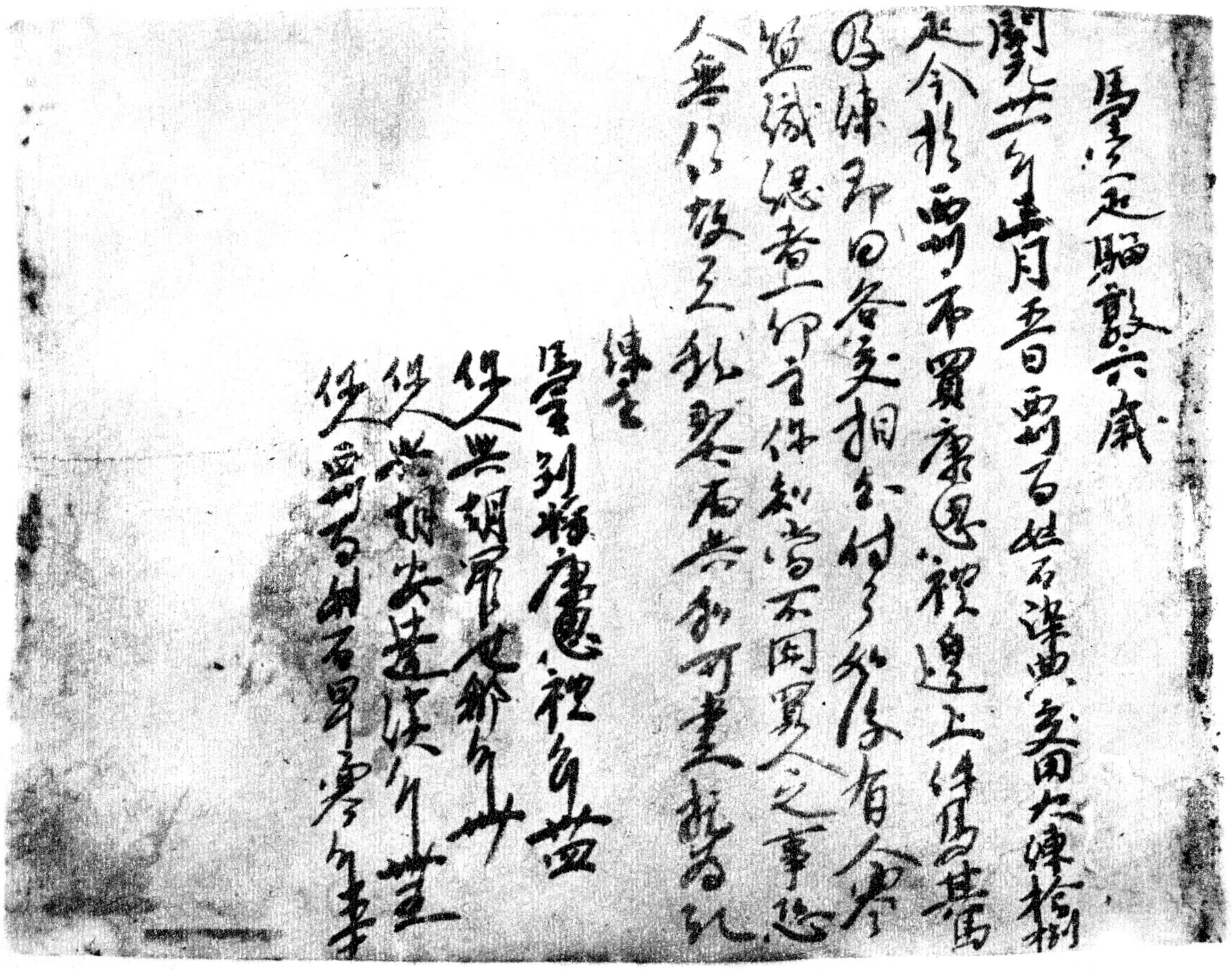

0 1 2 3 4 5厘米

二六　唐開元二十一年(公元七三三年)石染典買驄契　73TAM509:8/10

二六　唐開元二十一年（公元七三三年）石染典買馬契

馬壹疋，騮敦六歲
開元廿一年正月五日，西州百姓石染典，交用大練拾捌
疋，今於西州市，買康思禮邊上件馬。其馬
及練，即日各交相分付了。如後有人寒
盜識認者，一仰主、保知當，不關買人之事。恐
人無信，故立私契。兩共和可，畫指為記。
練主
馬主別將康思禮年卅四
保人興胡羅世郍（那）年卅
保人興胡安達漢年卅五
保人西州百姓石早寒年五十

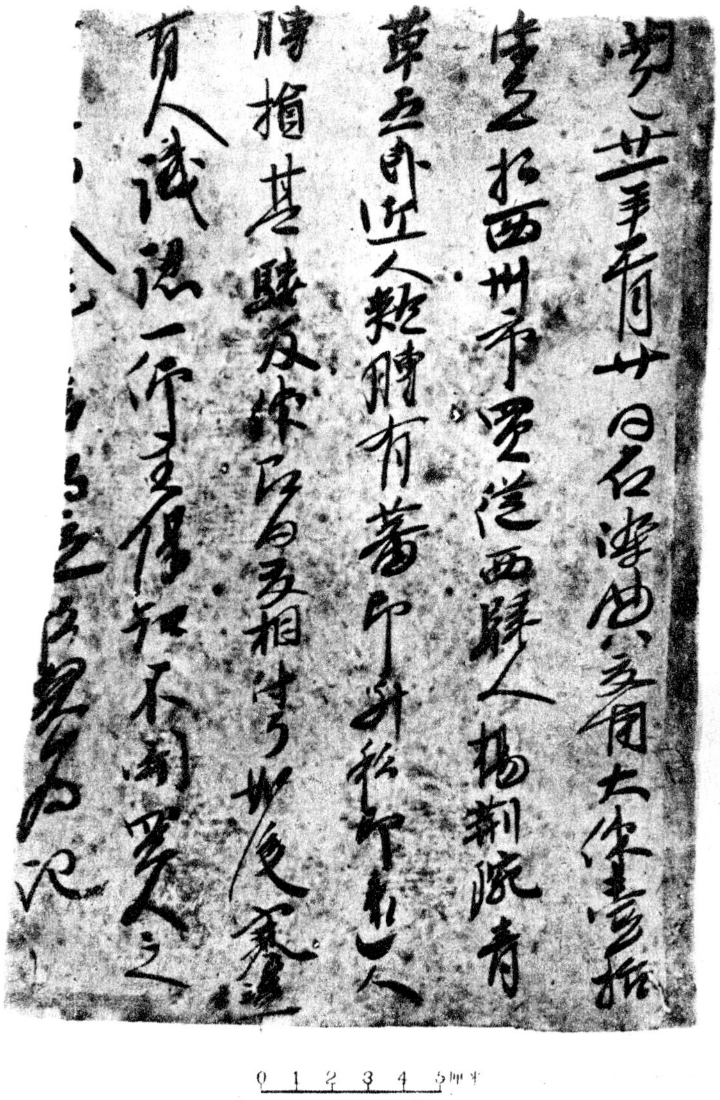

二七　唐開元二十一年(公元七三三年)石染典買騾契　　73TAM509:8/7

二七　唐開元二十一年（公元七三三年）石染典買騾契

1 開元廿一年二月廿日，石染典交用大練壹拾
2 柒疋，於西州市買從西歸人楊荆琬青
3 草五歲，近人頰膊有蕃印并私印，遠人
4 膊損。其騾及練即日交相付了。如後寒盜
5 有人識認，一仰主、保知，不關買人之
6 □□□□□故五私契為記。

二八　唐開元二十一年(公元七三三年)西州都督府案卷爲勘給過所事　73TAM509:8/8(a)之一

二八　唐開元二十一年（公元七三三年）西州都督府案卷爲勘給過所事

本件第八—二二行蓋有「西州都督府之印」六處，第五一—六〇行蓋有「高昌縣之印」三處，第一九四、一九五行蓋有「西州都督府之印」。另第八七、八八行有黑色筆勾劃。

1 戶曹參軍元

2 　　　　史

3 　正月廿四日受，廿五日行判。

4 　錄事元肩檢無稽失。

5 　功曹攝錄事參軍　思　勾訖。

6 下高昌縣爲勘趙嘉琰去後何人承後上事〔一〕

注　釋

〔一〕騎縫前六行內記「正月廿四日受，廿五日行判」與騎縫後第二四行「廿三日」時間倒置，應在後，疑是後人製葬具粘接所致。

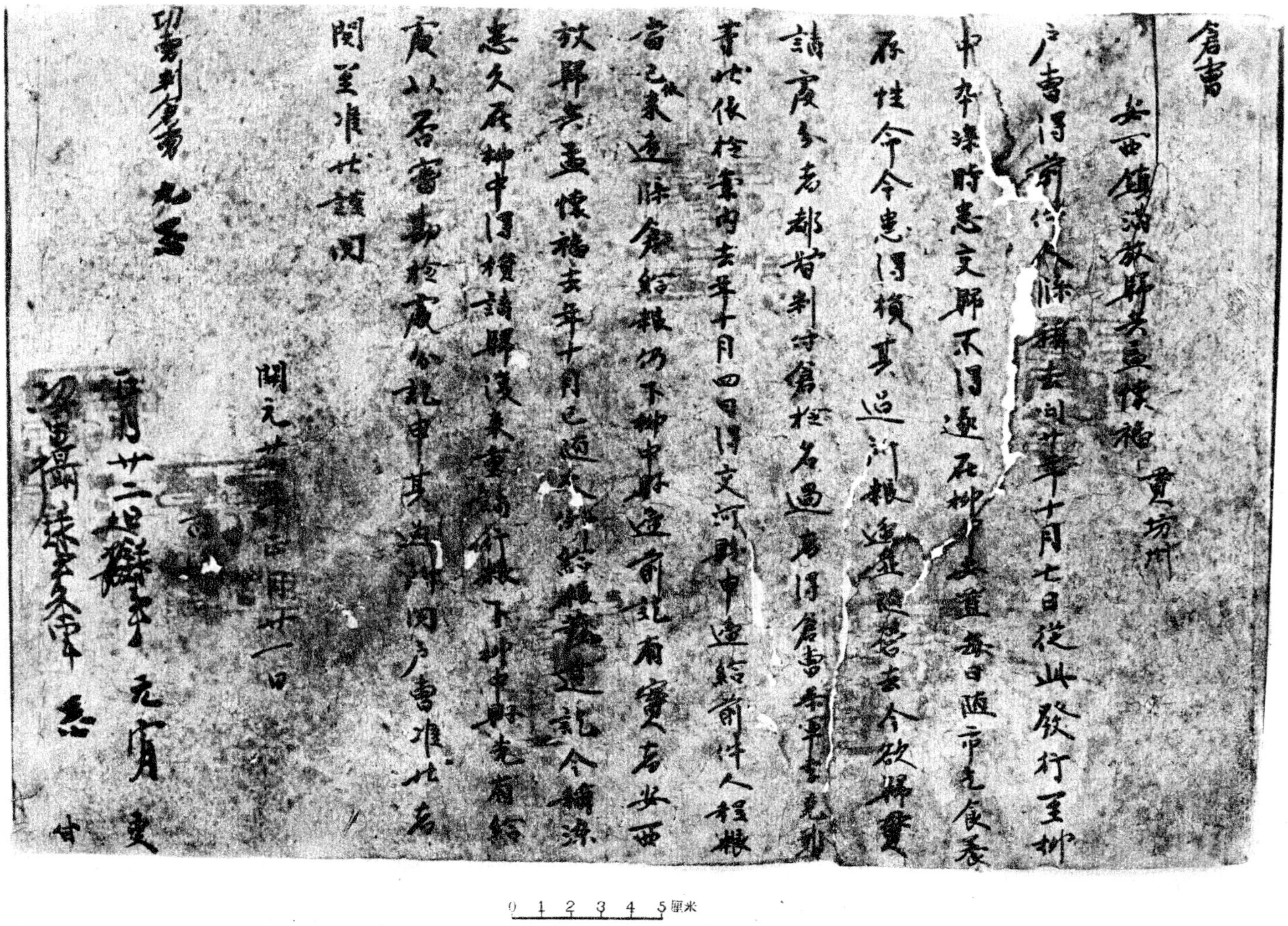

二八　唐開元二十一年(公元七三三年)西州都督府案卷爲勘給過所事　　73TAM509:8/8(a)之二

8 安西鎮滿放歸兵孟懷福　貫坊州
9 户曹得前件人牒稱：去開廿年十月七日，從此發行至柳
10 中，卒染時患，交歸不得，遂在柳中安置，每日隨市乞食，養
11 存性命。今患得損，其過所粮遞並隨營去。今欲歸貫，
12 請處分者。都督判付倉，檢名過者。得倉曹參軍李克勤
13 等狀，依檢案内去年十月四日得交河縣申遞給前件人程粮，
14 當已依來遞牒倉給粮，仍下柳中縣遞前訖，有實者。安西
15 放歸兵孟懷福去年十月已隨大例給粮發遣訖。今稱染
16 患，久在柳中，得損，請歸，復來重請行粮，下柳中縣先有給
17 處以否，審勘檢處分訖，申其過所關户曹准狀者。
18 關至，准狀謹關。
19 開元廿一年正月廿一日
20 功曹判倉曹九思　府
21 正月廿二日錄事　元肯　受
史氾友
22 功曹攝錄事參軍　思　付

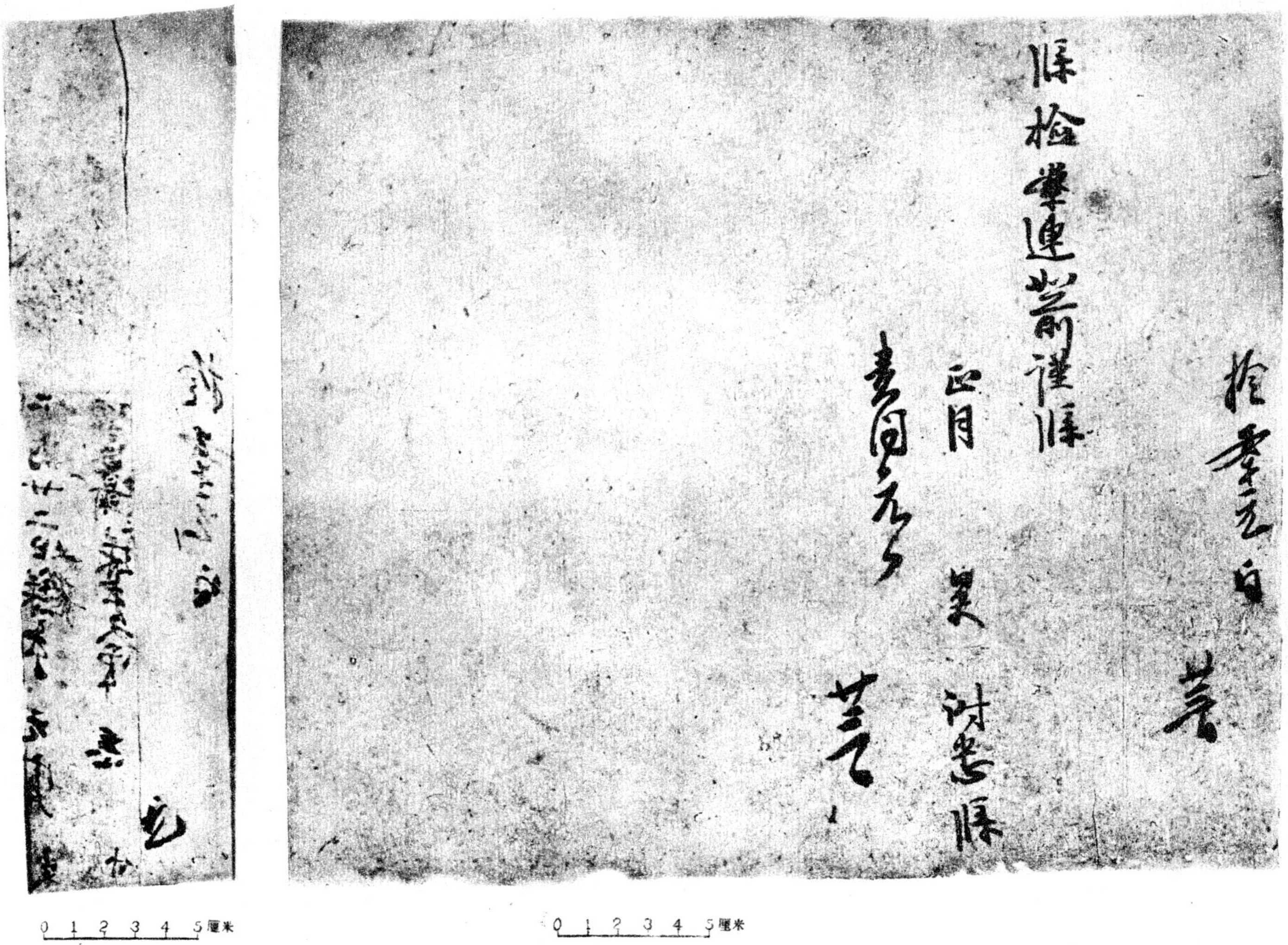

二八　唐開元二十一年(公元七三三年)西州都督府案卷爲勘給過所事　73TAM509:8/8(a)之三 8/8(b)

（一）

檢案元白

廿三日

牒檢案連如前謹牒。

正月　日史　謝忠牒

責問元白

廿三日

注釋

〔一〕騎縫背面押署「元」字。

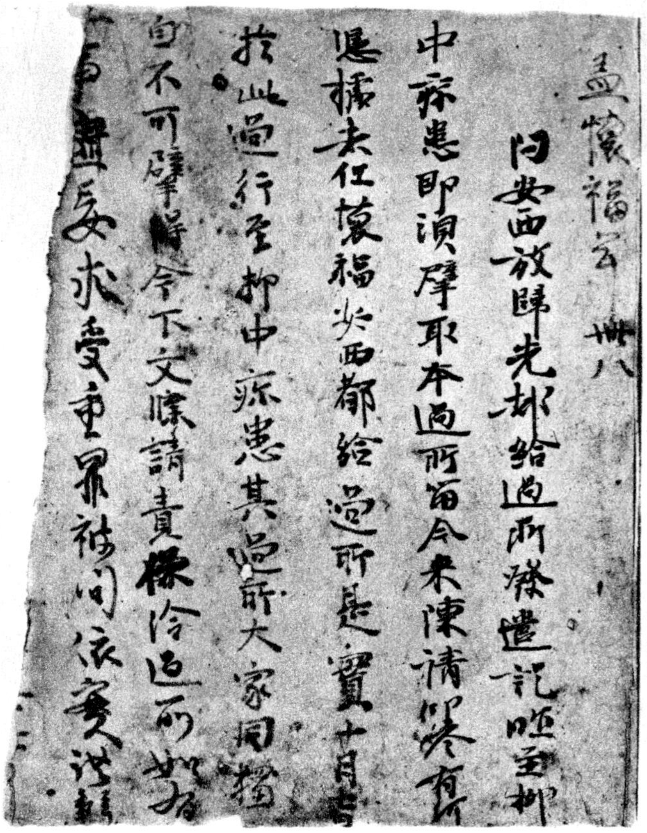

二八　唐開元二十一年(公元七三三年)西州都督府案卷爲勘給過所事　　73TAM509:8/8(a)之四

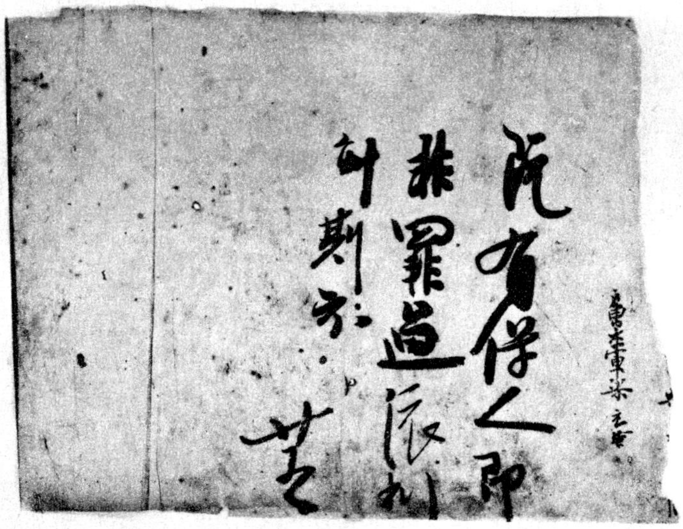

二八　唐開元二十一年(公元七三三年)西州都督府案卷爲勘給過所事　　73TAM509:8/16(a)之一

〔一〕

孟懷福年卌八

　問：安西放歸，先都給過所，發遣訖。昨至柳

中，疹患，即須擘取本過所留。今來陳請，仰答有何

憑據者？〔二〕但懷福安西都給過所是實。十月七日

於此過，行至柳中疹患，其過所大家同，獨

自不可擘得。今下文牒，請責保給過所。如有

一事虛妄，求受重罪，被問依實謹辯。

　　　　　戸曹叅軍梁元璟

既有保人，即

非罪過，依判。

斛斯示。

　廿五日

注　釋

〔一〕騎縫背面押署「元」字。

〔二〕此處疑有錯簡，「仰答」二字應在「有何憑據者」下，且下脱「謹審」二字。

二八　唐開元二十一年(公元七三三年)西州都督府案卷爲勘給過所事
73TAM509:8/16(b)之一

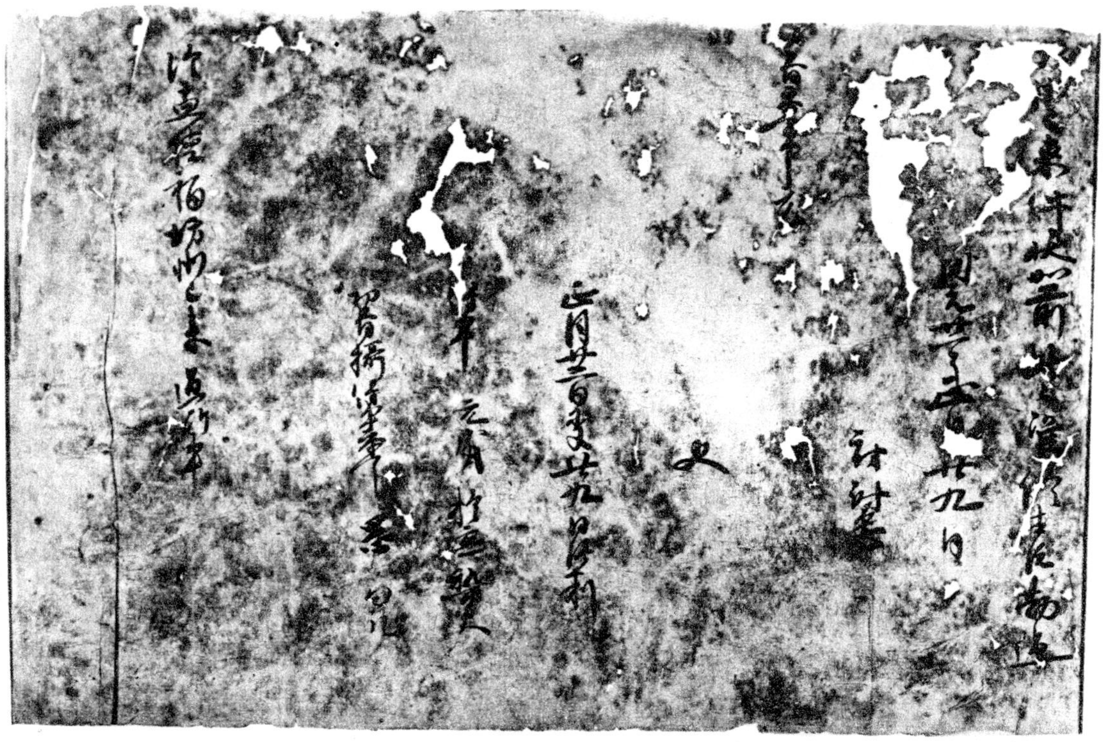

二八　唐開元二十一年(公元七三三年)西州都督府案卷爲勘給過所事
73TAM509:8/16(a)之二

[坊][州]已來件狀如前，此已准給去，依勘過。〔一〕
開元廿一年正[月]廿九日
府謝忠
戶曹參軍元
史
正月廿二日受，廿九日行判。
錄事　元肯檢無稽失
功曹攝錄事參軍　思　勾訖
給孟懷福坊州已來過所事
〔二〕

注釋

〔一〕〔二〕騎縫背面押署「元」字。

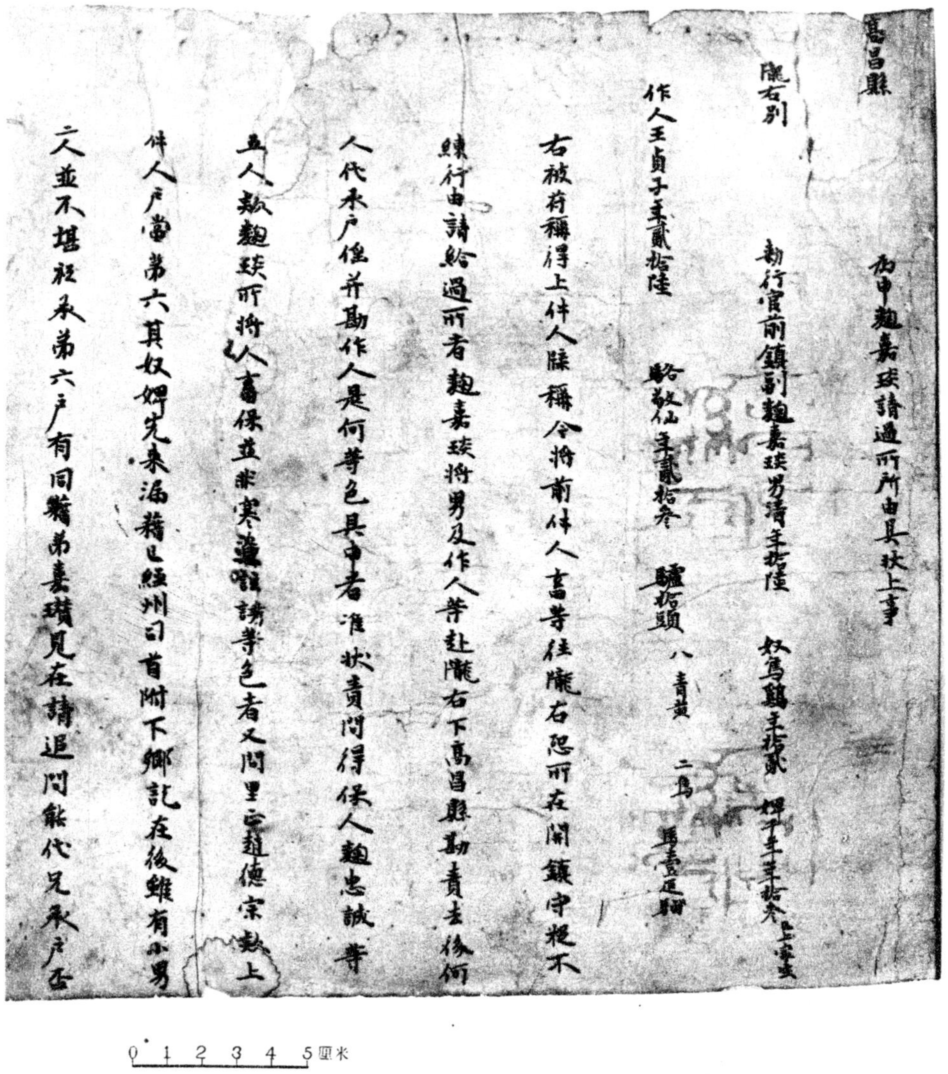

73TAM509:8/16(a)之三

50 高昌縣　　　　為申麴嘉琰請過所所由具狀上事

51 隴右別　　　勅行官、前鎮副麴嘉琰，男清年拾陸。
奴烏鷄年拾貳，婢千年年拾叁，已上家生。

52 作人王貞子年貳拾陸，駱敬仙年貳拾叁。驢拾
頭八青黃、二烏、　馬壹疋騮。

53 右被符，稱得上件人牒稱：今將前件人畜等往
隴右。恐所在關鎮守捉不

54 練行由，請給過所者。麴嘉琰將男及作人等赴
隴右，下高昌縣勘責。去後何

55 人代承戶徭？並勘作人是何等色？具申者。准狀
責問，得保人麴忠誠等

56 五人款：麴琰所將人畜，保並非寒盜詃誘等色
者。又問里正趙德宗，款：上

57 件人戶當第六。其奴婢先來漏籍，已經州司首
附下鄉訖。在後雖有小男

58 二人，並不堪祇承第六戶。有同籍弟嘉瓚見在，
請追問能代兄承否；

二八　唐開元二十一年(公元七三三年)西州都督府案卷爲勘給過所事73TAM509:8/16(b)之二

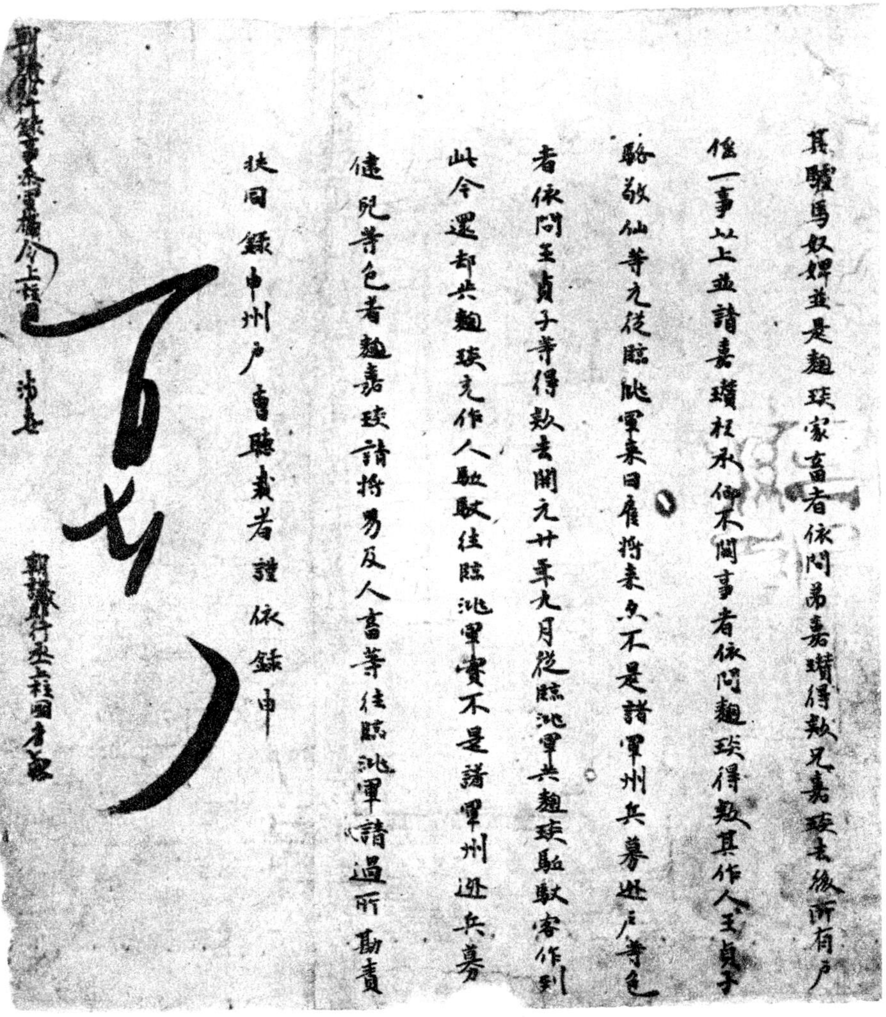

二八　唐開元二十一年(公元七三三年)西州都督府案卷爲勘給過所事

59 其驢馬奴婢，並是麴琰家畜者。依問弟嘉瓚，得
款：兄嘉琰去後，所有戶
60 從一事以上，並請嘉瓚祇承，仰不闕事者。依問
麴琰，得款：其作人王貞子、
61 駱敬仙等，元從臨洮軍來日雇將來，亦不是諸
軍州兵募、逃戶等色
62 者。依問王貞子等，得款：去開元廿年九月，從臨
洮軍，共麴琰驅馱客作到
63 此。今還却共麴琰充作人，驅馱往臨洮軍。實不
是諸軍州逃兵募、
64 建兒等色者。麴嘉琰請將男及人畜等往臨洮
軍，請過所。勘責
65 狀同，録申州戶曹聽裁者。謹依録申。〔一〕
66 
67 朝議郎行録事參軍攝令上柱國　沙安　朝議郎行
丞上柱國才感

注釋

〔一〕騎縫背面押「庭」字，並蓋有「高昌縣之印」。

二八　唐開元二十一年(公元七三三年)西州都督府案卷爲勘給過所事
73TAM509:8/14(a)之二

二八　唐開元二十一年(公元七三三年)西州都督府案卷爲勘給過所事
73TAM509:8/14(a)之一

二八　唐開元二十一年(公元七三三年)西州都督府案卷爲勘給過所事　　73TAM509:8/14(b)之一

給趙嘉琰爲往隴右過所事

岸頭府界都遊弈所　　　　狀上州〔一〕

安西給過所放還京人王奉仙

右件人無向北庭行文，至酸棗戍捉獲，今隨狀送。

無行文人蔣化明。

右件人至酸棗戍捉獲，勘無過所，今隨狀送，仍差遊弈

主帥馬靜通領上。

牒件狀如前，謹牒。

開元廿一年正月廿七日典何承仙牒

宣節校尉前右果毅要籍攝左果毅

都尉劉敬元

付功曹推問過

斯示

廿八日

注釋

〔一〕騎縫背面押署「元」字。

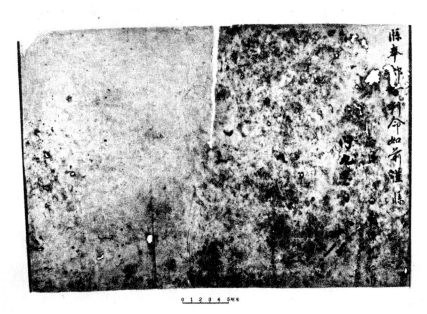

二八　唐開元二十一年(公元七三三年)西州都督府案卷爲勘給過所事　73TAM509:8/14(a)之三

二八　唐開元二十一年(公元七三三年)西州都督府案卷爲勘給過所事　73TAM509:8/14(b)之二

81 牒奉[都]督判命如前，謹牒。

〔一〕

82 正月　日典康龍仁牒

83 問九思白

84 廿八日

注釋

〔一〕騎縫背面押「九」字。

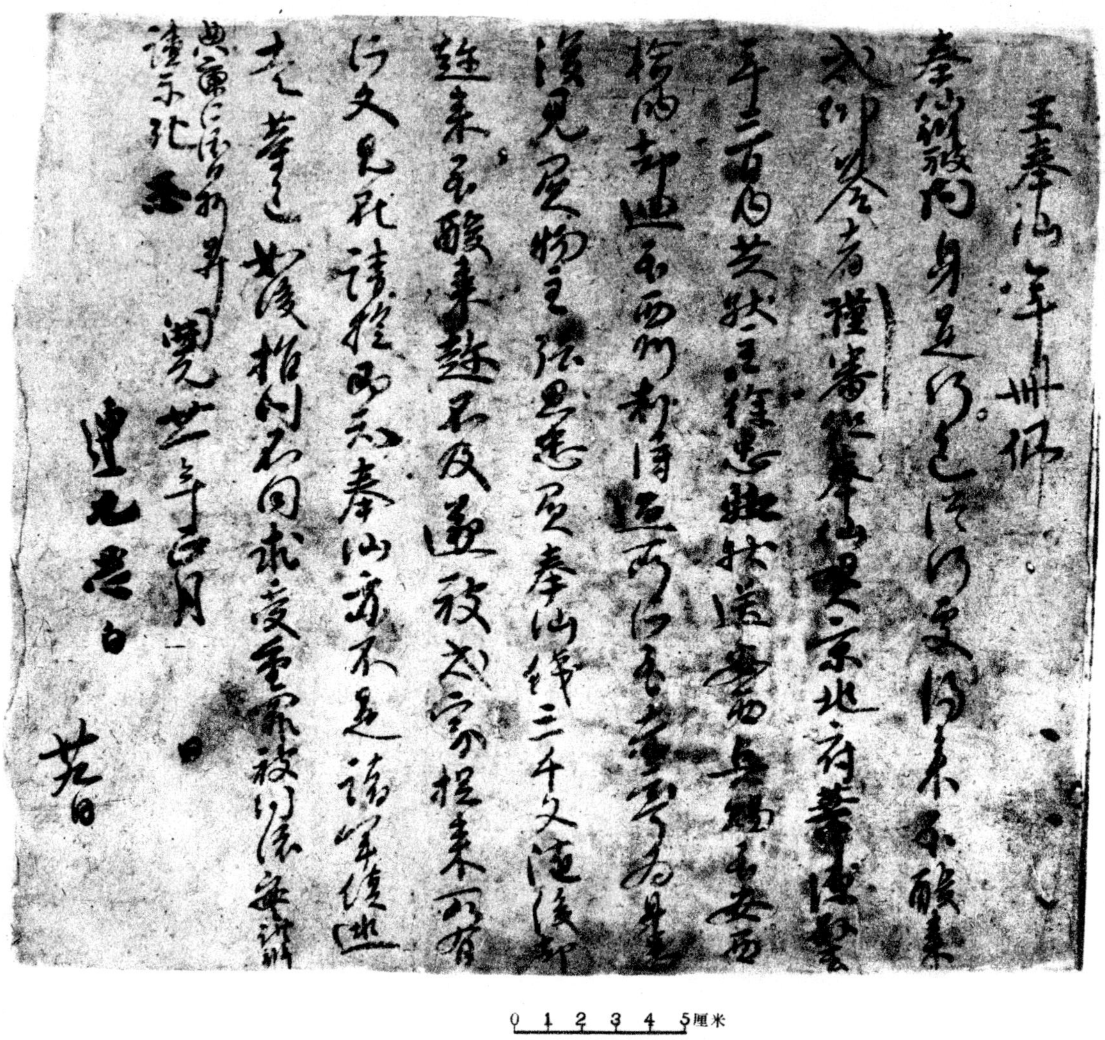

二八　唐開元二十一年(公元七三三年)西州都督府案卷爲勘給過所事　　73TAM509:8/14(a)之四

王奉仙年卅仙　　、、、〔一〕
奉仙辯：被問，身是何色。從何處得來至酸棗
戍，仰答者。謹審：但奉仙貫京兆府華源縣，去
年三月内共馱主徐忠驅馱送安西兵賜至安西
輸納。却迴至西州，判得過所。行至赤亭，爲身患，
復見負物主張思忠負奉仙錢三千文，隨後却
趁來至酸棗，趁不及，遂被戍家提來。所有
行文見在，請檢即知，奉仙亦不是諸軍鎮逃
走等色。如後推問不同，求受重罪。被問，依實謹辯。
讀示記。思　典康仁依口抄并　開元廿一年正月　日
連九思白
廿九日

注　釋

〔一〕騎縫背面押「九」字

二八　唐開元二十一年(公元七三三年)西州都督府案卷爲勘給過所事　73TAM509:8/21(b)

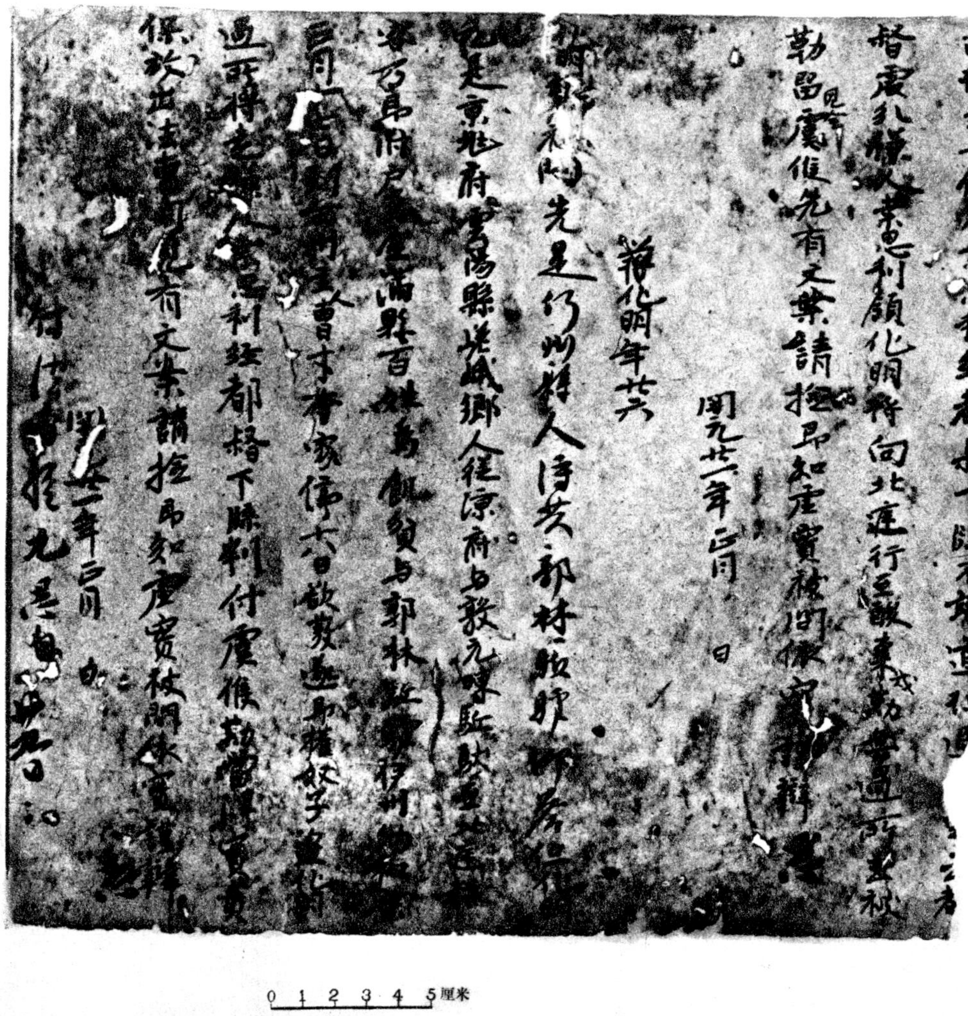

二八　唐開元二十一年(公元七三三年)西州都督府案卷爲勘給過所事　73TAM509:8/21(a)之一

97 所將走去傔人桒(桑)思利，經都督[下][牒]，不敢道[將][過][　][都]

98 督處分。傔人桒思利領化明將向北庭。行至酸棗戍，勘無過
　所，並被

99 勒留，現今虞侯先有文案，請檢即知虛實。被問依實謹辯。思

100 　　　開元廿一年正月　日

101 　蔣化明年廿六　・・・

102 化明辯：被問先是何州縣人？得共郭林驅驢，仰答。但化明

103 先是京兆府雲陽縣嵯峨鄉人，從涼府与敦元暕驅馱至北
　庭。括

104 客，乃即附戶為金滿縣百姓。為飢貧，与郭林驅驢伊州納和糴。

105 正月[十]七日，到西州主人曹才本家停。十八日欲發，遂即權奴
　子盜化明

106 過所將走。傔人桒思利經都督下牒，判付虞侯勘當得實，責

107 保放出，法曹司見有文案，請檢即知虛實。被問依實謹辯。
　思

108 　　　開元廿一年正月　日

109 　付法曹檢　九思白

110 　　廿九日

(一)

注釋

〔一〕騎縫背面押「九」字

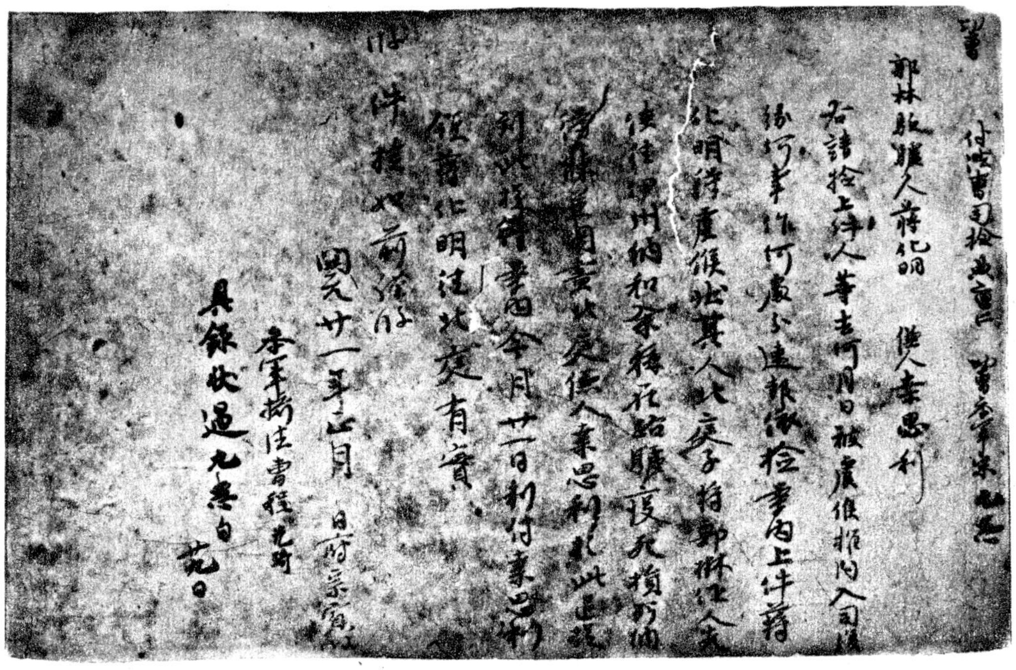

二八　唐開元二十一年(公元七三三年)西州都督府案卷爲勘給過所事
73TAM509:8/21(a)之二

功曹　　付法曹司檢。典曹仁　　功曹參軍宋九思
郭林驅驢人蔣化明　　傔人桒思利
右請檢上件人等，去何月日被虞候推問，入司復
緣何事，作何處分，速報。依檢案內上件蔣
化明，得虞候狀，其人北庭子將郭琳作人，先
使往伊州納和糴。稱在路驢瘦死損，所納
得練，並用盡。北庭傔人桒思利於此追捉，
到此捉得。案內今月廿一日，判付桒思利
領蔣化明往北庭，有實。
牒件檢如前，謹牒。
開元廿一年正月　　日府宗賓牒
參軍攝法曹程光琦
具錄狀過　九思白
廿九日

------------------------------------〔一〕

注釋
〔一〕騎縫背面押「九」字

安西給過所放還京人王奉仙
右得岸頭府界都遊弈所狀，稱上件人無向北庭行文，至
酸棗戍捉獲，今隨狀送者。依問王奉仙，得款：貫京兆府華
源縣，去年三月內，共行綱李承胤(胤)下馱主徐忠驅驢，送兵
賜
至安西輸納了。却迴至西州判得過所，行至赤亭爲患，

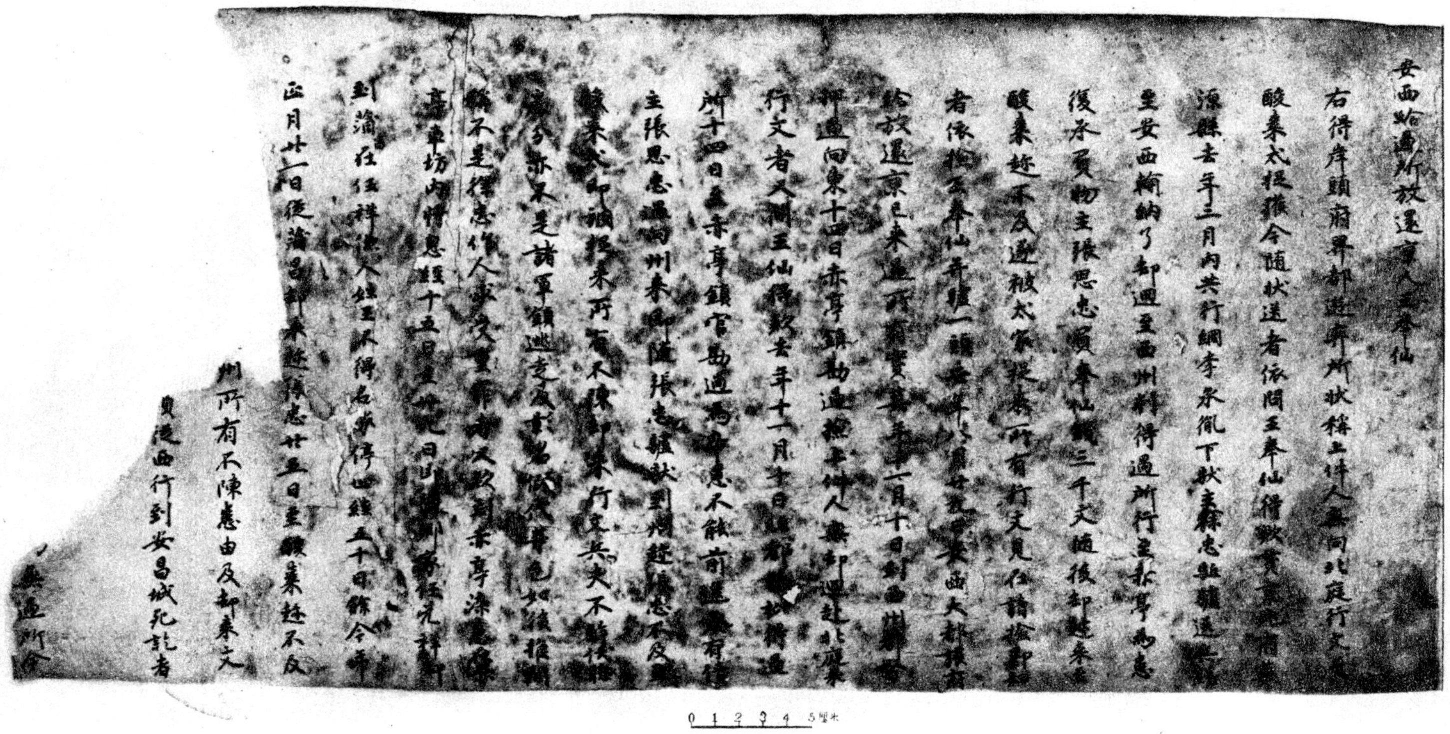

二八　唐開元二十一年(公元七三三年)西州都督府案卷爲勘給過所事　73TAM509:8/21(a)之三

復承貿物主張思忠貿奉仙錢三千文，隨後却趁來至
酸棗，趁不及，遂被戍家捉來。所有行文見在，請檢即知
者。依檢：王奉仙并驢一頭，去年八月廿九日，安西大都護
府
給放還京已來過所有實。其年十一月十日到西州，都督
押過向東，十四日，赤亭鎮勘過，檢上件人無却迴赴北庭
來
行文者。又問王仙得款：去年十一月十日，經都督批得過
所，十四日至赤亭鎮官勘過，爲卒患不能前進，承有債
主張思忠過向州來，即隨張忠驢䭾到州，趁張忠不及，至
酸棗戍，即被捉來。所有不陳却來行文，兵夫不解伏聽
處分。亦不是諸軍鎮逃走及影名假代等色。如後推問，
稱不是徐忠作人，求受重罪者。又款：到赤亭染患，在赤
亭車坊内將息，經十五日至廿九日，即隨鄉家任元祥却
到蒲昌，在任祥傔人姓王不得名家停止。經五十日餘。今〔一〕
年
正月廿一日，從蒲昌却來趁張忠，廿五日至酸棗，趁不及
〔　〕州，所有不陳患由及却來文，
〔　〕□頁從西行到安昌城死訖者
〔　〕無過所，今

注　釋

〔一〕騎縫背面押「九」字。

二八　唐開元二十一年(公元七三三年)西州都督府案卷爲勘給過所事　　73TAM509:8/15(a)之一

〔一〕
□問有憑，
准狀告知，任連本過所，別
自陳請。其無行文蔣化明
壹人，推逐來由，稱是北庭
金滿縣户，責得保識，又非
逃避之色。牒知任還北庭。
諮，元璟白。
五日
依判，諮。齊晏示。
五日
依判，諮。崇示。
五日
〔二〕
依判。斛斯示。
五日
蔣化明
牒件狀如前，牒至准狀，故牒。
開元廿一年二月五日
府謝忠
户曹參軍元
史

注釋
〔一〕騎縫背面押署「元」字。
〔二〕騎縫背面有朱印一方，印文不可辨識。

0 1 2 3 4 5厘米

二八　唐開元二十一年(公元七三三年)西州都督府案卷爲勘給過所事　73TAM509:8/15(a)之二

167 正月廿九日受。二月五日行判。

168 錄事元肩　檢無稽失

169 功曹攝錄事參軍　思　勾訖

170 牒蔣化明為往北庭給行牒事。

（二）

171 岸頭府界都遊弈所　狀上州

172 興胡史計思　作人史胡煞　羊貳伯口　牛陸頭　別

秦石阿六作人羅伏解　驢兩頭

173 右件羊牛等，今日從白水路來，今隨狀送者。

174 史計思作人安阿達支

175 右件作人過所有名，點身不到者。

176 牛壹頭　馬壹疋

177 右件牛馬見在，過所上有謄，今隨狀送者。

178 以前得遊弈主帥張德質狀稱，件狀如前者。史計思茅既

是興胡，

179 差遊弈主帥張德質領送州聽裁者。謹錄上。

180 牒件狀如前，謹牒。

181 開元廿一年二月六日，典何承仙牒。

182 遊弈都巡官宣節校尉前右果毅要籍攝

□□□□□□□元

二八　唐開元二十一年(公元七三三年)西州都督府案卷爲勘給過所事
73TAM509:8/15(b)

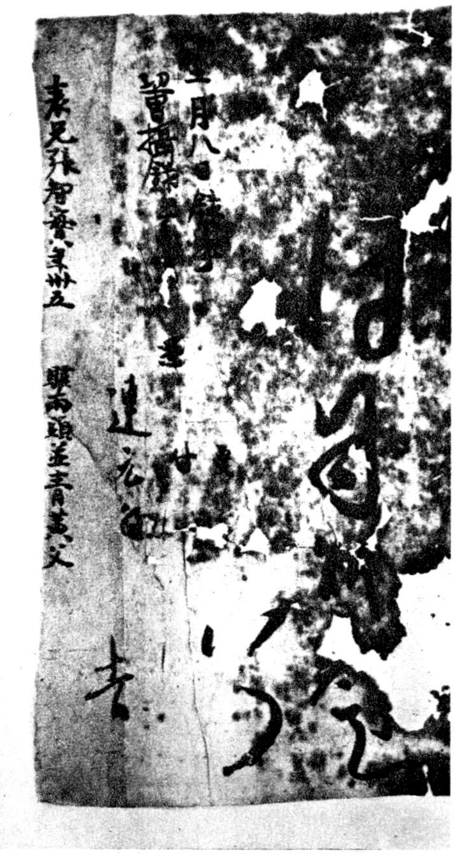

二八　唐開元二十一年(公元七三三年)西州都督府案卷爲勘給過所事
73TAM509:8/15(a)之三

183 付司斛斯示
184 二月八日錄事　受　八日
185 功曹攝錄事參軍　思　付
186 連元白〔二〕
187 十一日
188 表兄張智寶年卅五　驢兩頭並青黄父〔三〕

注　釋

〔一〕〔二〕騎縫背面押署「元」字。

〔三〕此行前應有請過所人姓名等，但前騎縫押署等字跨兩紙，不似有缺。

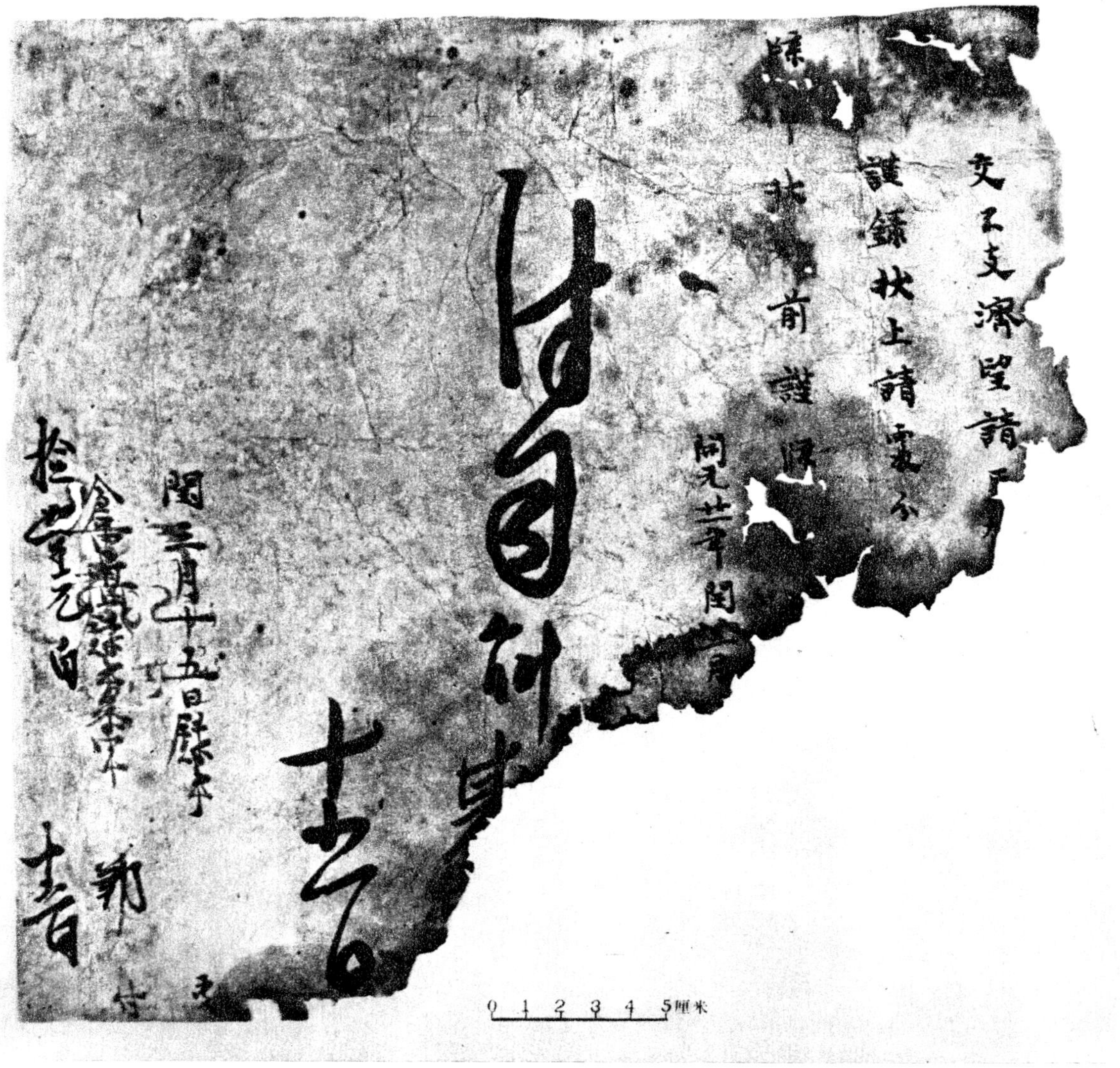

二九　唐開元二十一年(公元七三三年)殘牒　73TAM509:8/18

二九　唐開元二十一年（公元七三三年）殘牒

本件蓋有「西州都督府之印」。

交不支濟，望請更加□

謹録狀上，請處分。

牒，件狀如前，謹牒。

開元廿一年閏三月□

□

付司。斛斯□

十五日

閏三月十五日録事　受

倉曹攝録事參軍　勤　付

檢案。元白

十五日

三〇　唐西州都督王斛斯判
73TAM509:8/25(b)

三〇　唐西州都督王斛斯判　　73TAM509:8/25(a)

三〇　唐西州都督王斛斯判

本件原牒缺失，僅存斛斯判後署名。斛斯當即王斛斯，開元二〇年、二一年任西州都督，見上諸案卷及他文書。今列於上件王斛斯判殘牒後。

1 □官典示
2 合檢過餘依
3 判，斛斯示。
4 十八日

〔一〕

注釋

〔一〕騎縫背面押「元」字。

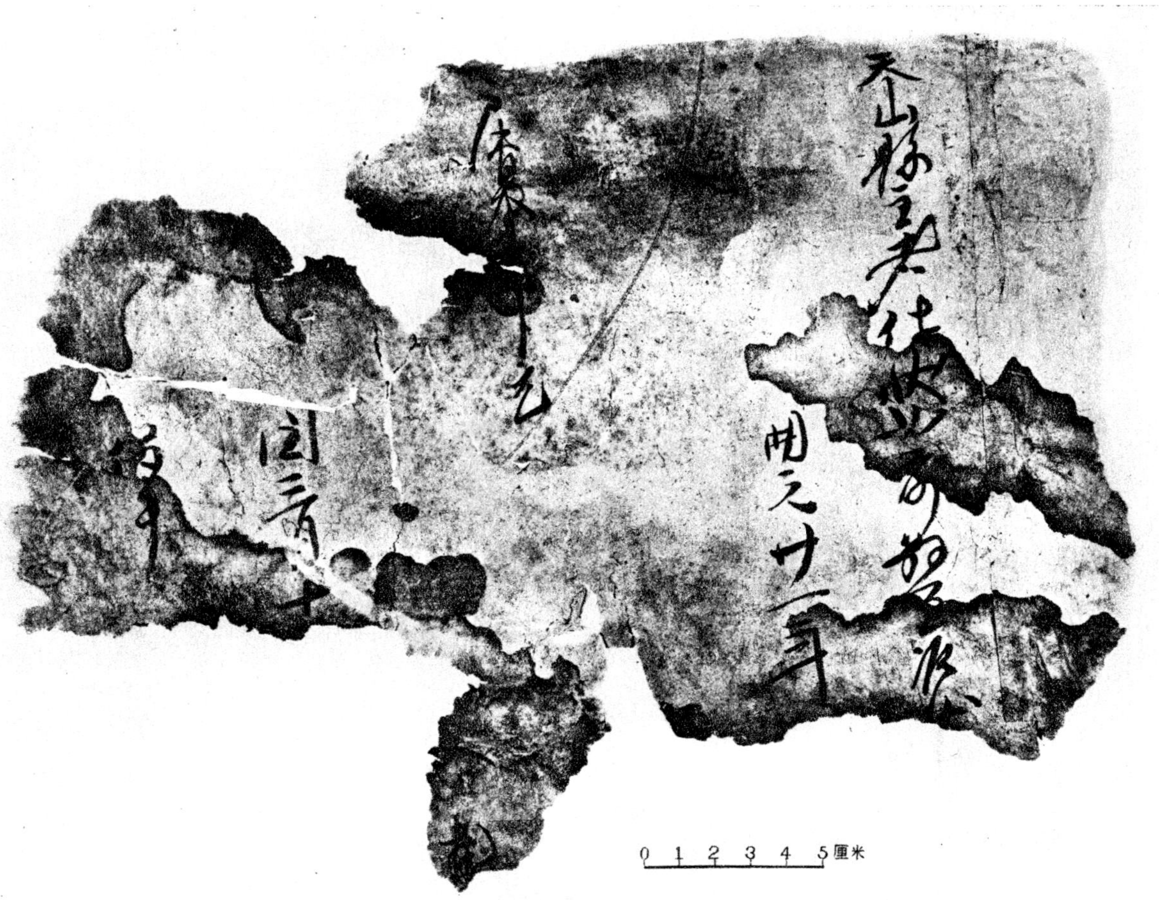

三一　唐開元二十一年(公元七三三年)下天山縣殘牒　　73TAM509:23/9

三一　唐開元二十一年（公元七三三年）下天山縣殘牒

1 天山縣主者，件狀如前，縣宜准狀。

2 開元廿一年

3 府

4 戶曹參軍　元

5 史趙

6 閏三月十

7 錄事

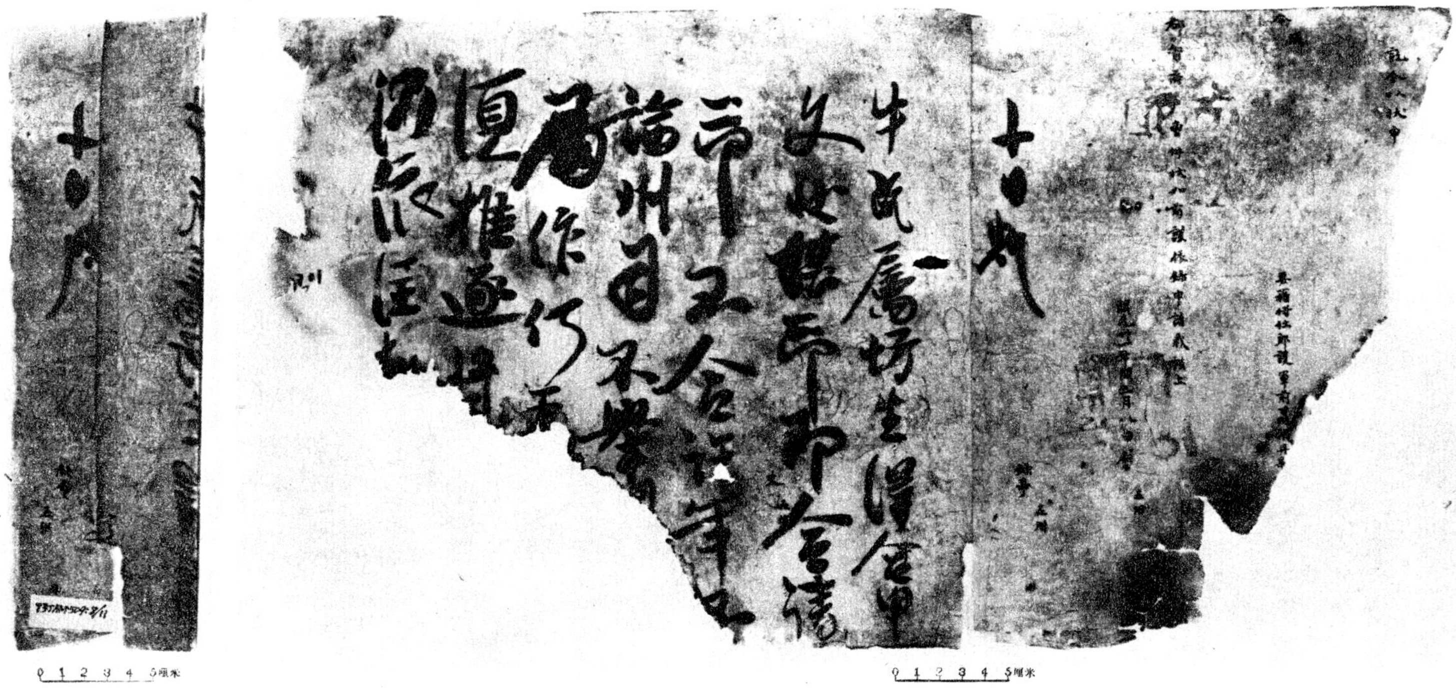

三二　唐開元二十一年(公元七三三年)天山縣車坊請印狀　　73TAM509:8/11(a)

三二　唐開元二十一年(公元七三三年)天山縣車坊請印狀　　73TAM509:8/11(b)

三二　唐開元二十一年（公元七三三年）天山縣車坊請印狀

本件蓋有朱印三處，印文爲「天山縣之印」。

訖今以狀申　　要籍將仕郎護軍前甘州刪
令　闕　「　」　　丹縣□
都督府戶曹件狀如前，謹依錄申，請裁，謹上。
尉在州　「　」　　開元廿一年閏三月八日
事在州　　十日斯　「　」　　錄
〔一〕
牛既屬坊生得合申　佐范虔獎
文狀堪印即合請
印不合許年不　史在州
論州司不舉□
局作何處□
須推逐將□
仍依注報□
閏三□

注釋

〔一〕騎縫背面押「守」字，並蓋有「天山縣之印」。

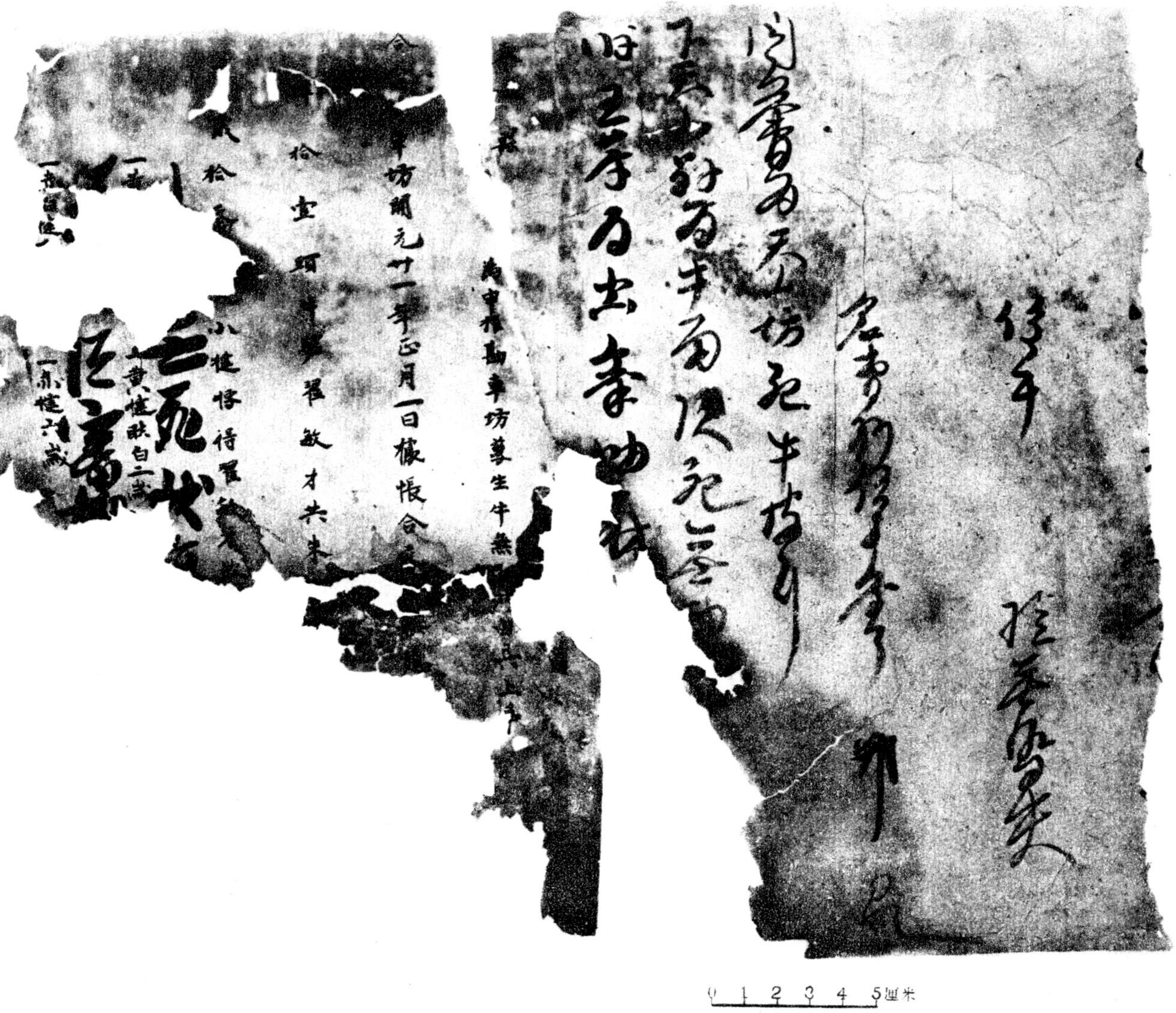

三三　唐開元二十一年(公元七三三年)推勘天山縣車坊翟敏才死牛及孳生牛無印案卷(一)　73TAM509:8/24—1(a)

三三　唐開元二十一年（公元七三三年）推勘天山縣車坊翟敏才死牛及孳生牛無印案卷

本件共十二片，均拆自八號紙衾，據内容及書法定為同一案卷。第（一）、（二）、（三）、（四）段蓋有朱印各一方，第（七）段蓋有朱印二方，印文均為「天山縣之印」。第（七）段一八、一九行間及第（一二）段一行後騎縫背面有殘朱印痕及「守」字押署。第（七）段夾行間「死」字為朱書，一七行及二一行有朱點。第（九）至（一二）段牛名旁均有朱點

（一）

1 録事　　　　檢無稽失

2 　　倉曹攝録事參軍　勤　勾訖

3 關兵曹，為天山坊死牛皮事。

4 下天山縣，為牛兩頭死無印□

5 牒王恭為出叅[一]吻麻□

6 天山縣　　　　　　為申推勘車坊孳生牛無印，所由具上事。

7 合當縣車坊開元廿一年正月一日據帳合交牛驢總

　　（下殘）

8 肆拾壹頭牛驢，翟敏才共朱小犢□

9 貳拾叁□大小犍牸。得翟敏才款：□

　　□無死狀□

10 一黄□　　一黄犍肚白二歲□

　　須審勘□

11 一赤白犍□　一赤犍六歲□

注釋

〔一〕「叅」疑為衆字。

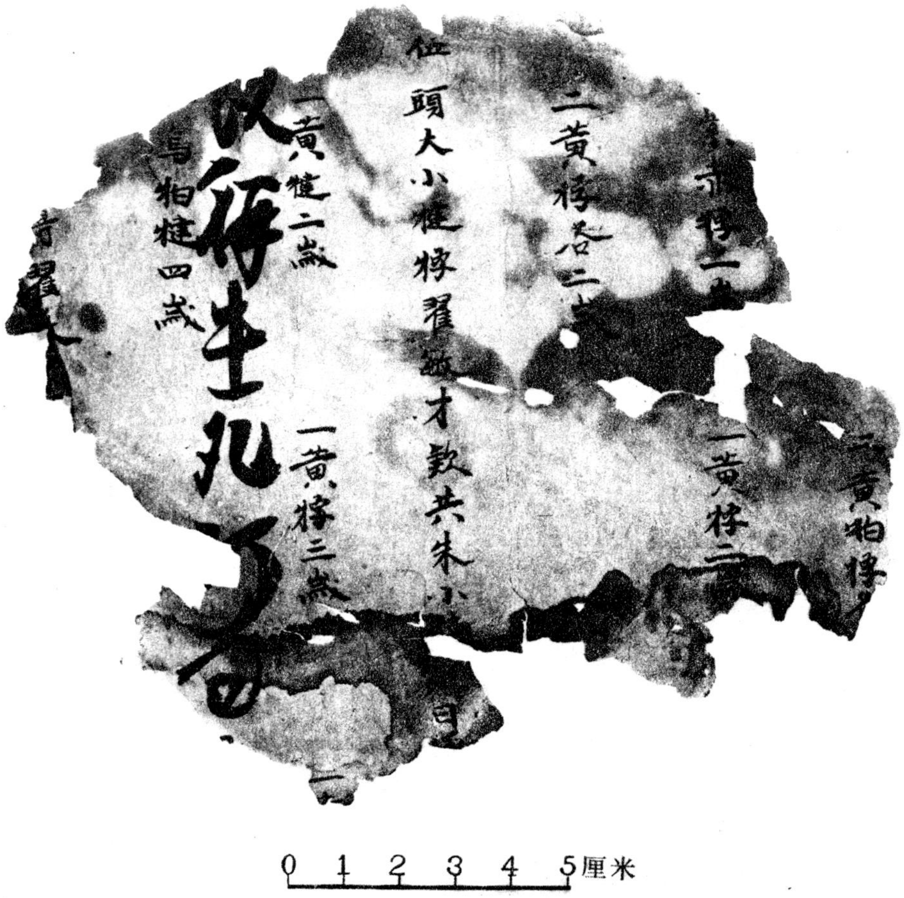

三三　唐開元二十一年(公元七三三年)推勘天山縣車坊翟敏才死牛及孳生牛無印案卷(二)　　73TAM509:8/24—5

（二）

1 二黄柏㹀[各]

2 □紫赤㹀二歲　一黄㹀二歲〔下殘〕

3 二黄㹀各二歲

4 伍頭大小犍㹀。翟敏才款共朱小[犢]交日

5 一黄犍二歲　一黄㹀三歲　一[黄]

□汉稱牛死何為

6 烏柏犍四歲

7 [得]翟[敏][才]

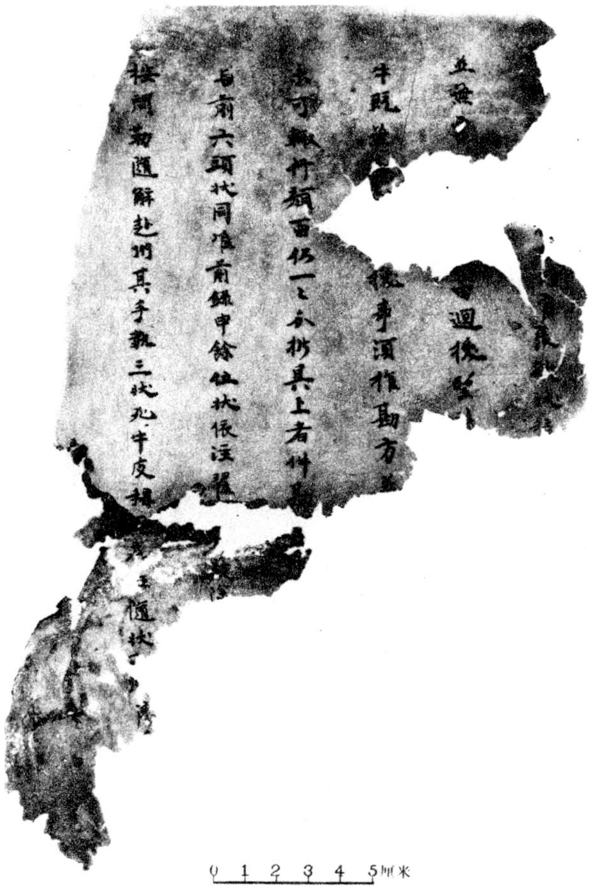

0 1 2 3 4 5厘米

三三　唐開元二十一年(公元七三三年)推勘天山縣車坊翟敏才死牛及孳生牛無印案卷(四)　73TAM509:8/24—4

0 1 2 3 4 5厘米

三三　唐開元二十一年(公元七三三年)推勘天山縣車坊翟敏才死牛及孳生牛無印案卷(三)　73TAM509:8/24—6

（三）

一犅牸三□□
一犅牸二歲角□
一犅犍二歲角小，用鐵□
一黄犍三歲角小，用錢參□
右同前上件□
歎具如前咨□

（四）

以前被□坊官張敏狀稱：□
並無官□所由迴換，望請□
牛既無印，□□□換事須推勘，方着□
未可輒行。顏面仍一一分析（祈）具上者。件勘對狀，□
与前六頭狀同，准前録申，餘伍狀依注翟□才破除。
按問，勒隨解赴州，其手執三狀，死牛皮稱見在，仕隨狀，
聽州處分。

三三　唐開元二十一年(公元七三三年)推勘天山縣車坊翟敏才死牛及孳生牛無印案卷(五)
73TAM509:8/24—2

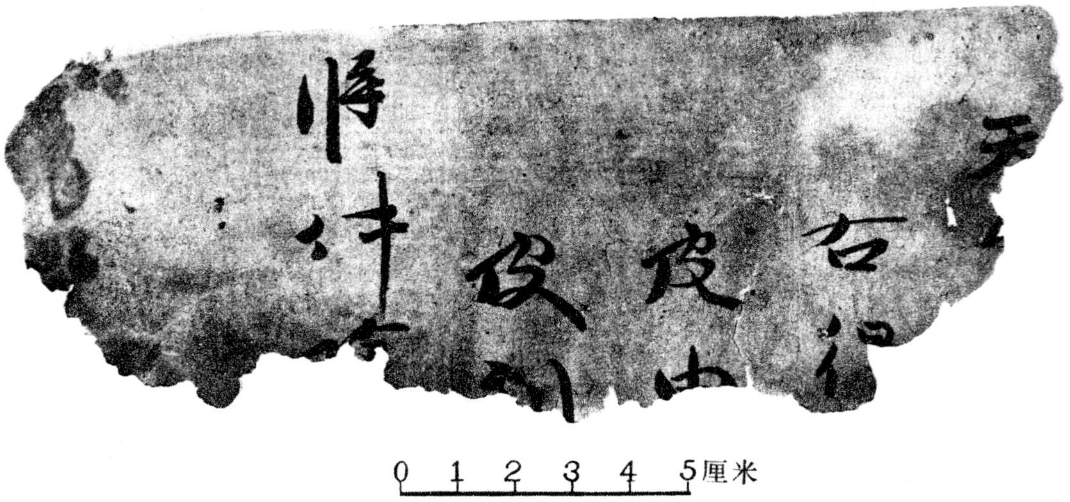

三三　唐開元二十一年(公元七三三年)推勘天山縣車坊翟敏才死牛及孳生牛無印案卷(六)
73TAM509:8/24—3

（五）

1 天山
2 古得
3 皮出
4 皮到
5 牒件

（六）

1 令 闕
2 都督府戶曹件
3 十
4 取

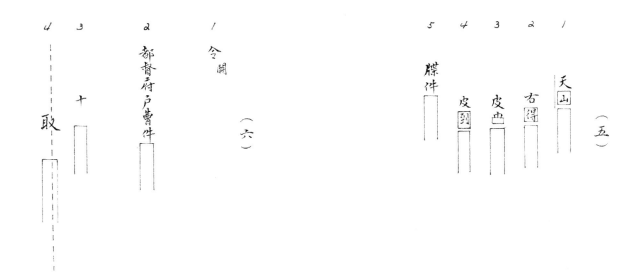

三三　唐開元二十一年（公元七三三年）推勘天山縣車坊翟敏才死牛及孳生牛無印案卷（七）　73TAM509:8/28—1(a)

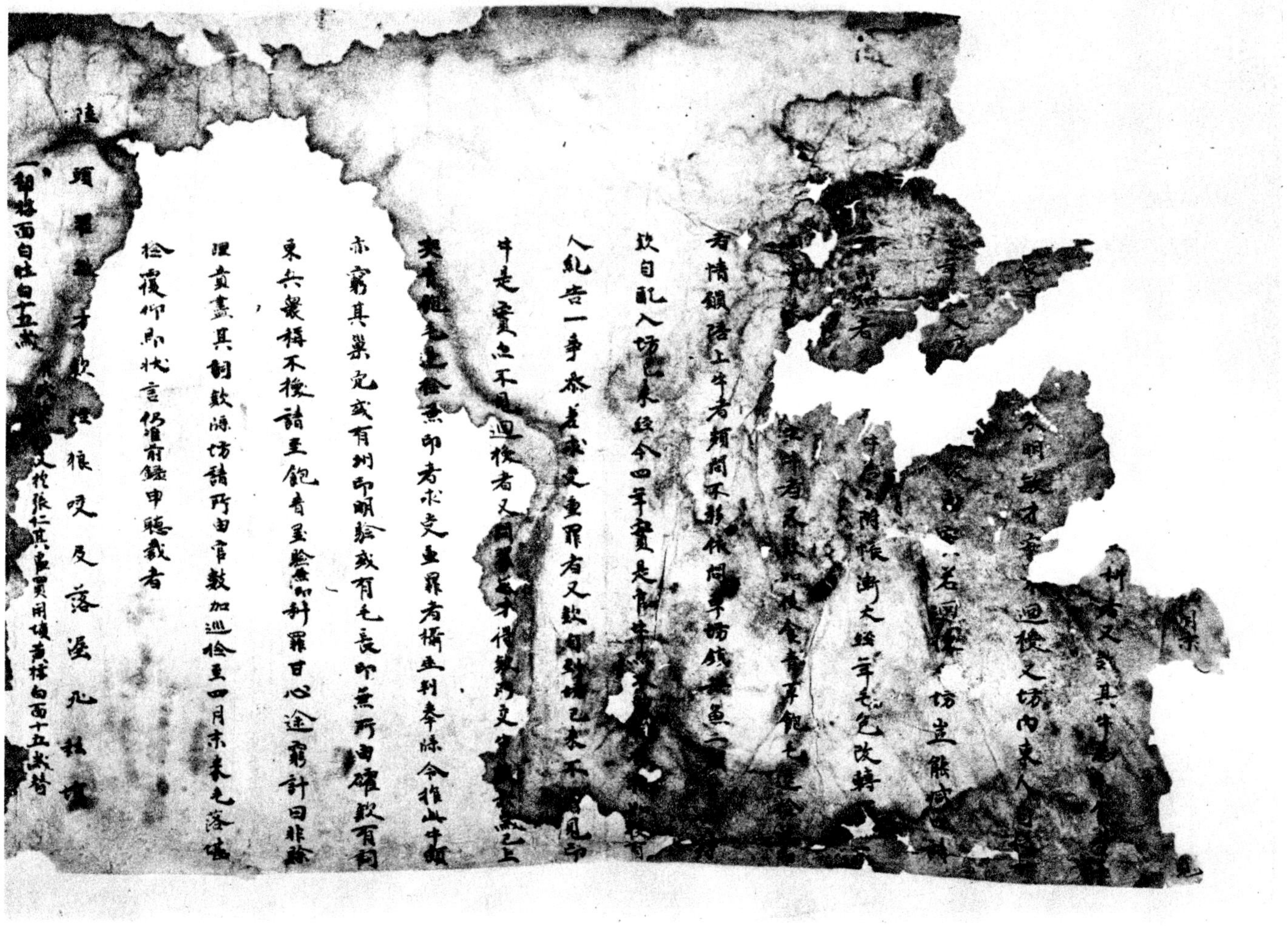

（七）

□四月末□見
□訖□科者。又款：其牛爲未食青草
□長官□分明，敏才實不迴换。又坊内東人自從十
七年配入坊□改動。實若迴换，□坊豈能緘口，請
問即知者。又□牛爲小，附帳漸大，經年毛色改轉，所□不
同，實是□生牛者。又款：如後食青草飽，毛退，檢無印
者，情願陪上牛者。頻問不移，依問車坊鎮兵魚二朗等四人，得
款：自配入坊已來，經今四年，實是官牛，亦不曲相扶抱，如後有
人糺告一事，叅差，求受重罪者。又款：自到坊已來，不曾見印
牛，是實，亦不見迴换者。又問翟敏才，得款：所交牛數六歲已上
喫青飽，毛退，檢無印者，求受重罪者。攝丞判奉牒，令推此牛，頻
亦窮其巢穴，或有州印明驗，或有毛長印無，所由礭（確）款有詞，
東兵衆稱不换。請至飽青呈驗無印，科罪甘心。途窮計日非賒，
理貴盡其詞款，牒坊請所由官數加巡檢，至四月末來，毛落堪
檢覆，仰即狀言。仍准前録申聽裁者。
陸頭翟敏才款：注狼咬及落泥死私填

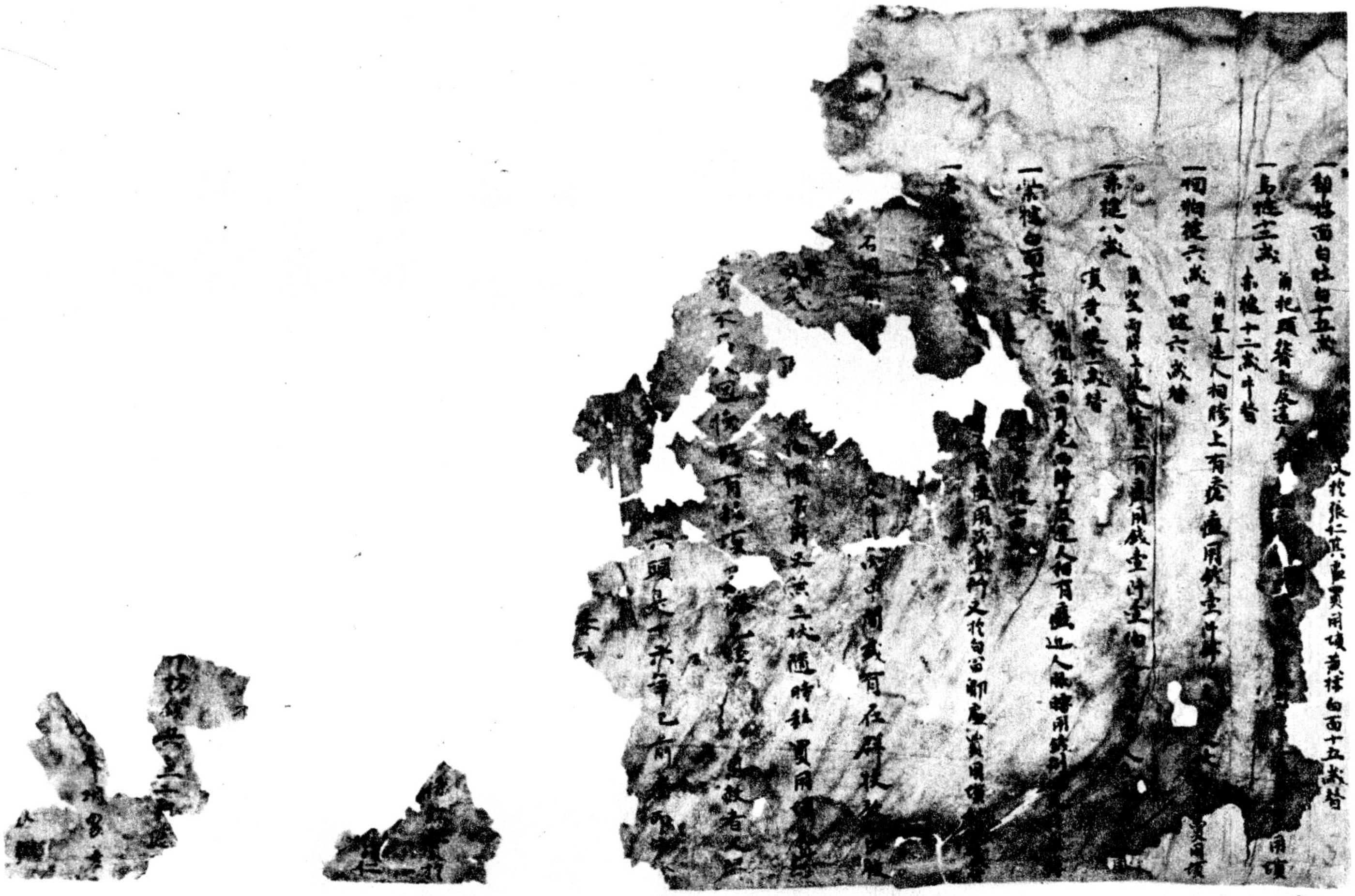

0 1 2 3 4 5厘米

17 一𤙖牸面白肚白十五歲 用錢柒伯文於張仁其處買，用填黃牸白面十五歲替。

18 一烏（死）犍十二歲 角把頭，脊上及遠人相胯上瘡盬，用錢貳阡文於車元胤處買，用填赤犍十二歲牛替。 〔一〕

19 一犑犑犍六歲 角豎，遠人相胯上有瘡盬，用錢壹阡肆伯文於史伏念處買，用填犑犍六歲替。

20 一赤（死）犍八歲 角豎，兩膊上遠人胯上有盬，用錢壹阡壹伯文於馬耆人侯元處買，用填黃犍十一歲替。

21 一紫犍白面十二歲 角抱氣，兩耳禿，兩膊上及遠人相有盬，近人眼瞎，用錢捌伯文於羅特達處□□，用填黃犍十四歲替。

22 一赤犍八歲 角豎，兩膊上遠□胯上有盬，用錢壹阡文於白富那處買，用填𤙖犍九歲替。

23 右同前得翟［　　］交牛數內，中間或有在群牧放處，被

24 狼咬，或□落□死，怕懼官府，又無三狀，隨時私買用填。為此無

25 □實不□人迴換所有私填罪愆已經恩　　赦者。又問

26 ［　　］頭牛總［　　］頭，六頭是十六年已前著印牛，餘

27 ［　　］委請［　　］

28 ［　　］得款：實於

29 ［　　］張仁

30 ［　　］如不［　　］

31 ［　　］車坊鎮兵魚二朗感

32 ［　　］不奉州家差

33 ［　　］雜㒵。

注釋

〔一〕背面騎縫押「守」字，並蓋朱印一方，印文殘存一「天」字。

三三　唐開元二十一年(公元七三三年)推勘天山縣車坊翟敏才死牛及孳生牛無印案卷(八)
73TAM509:8/28—5(a)

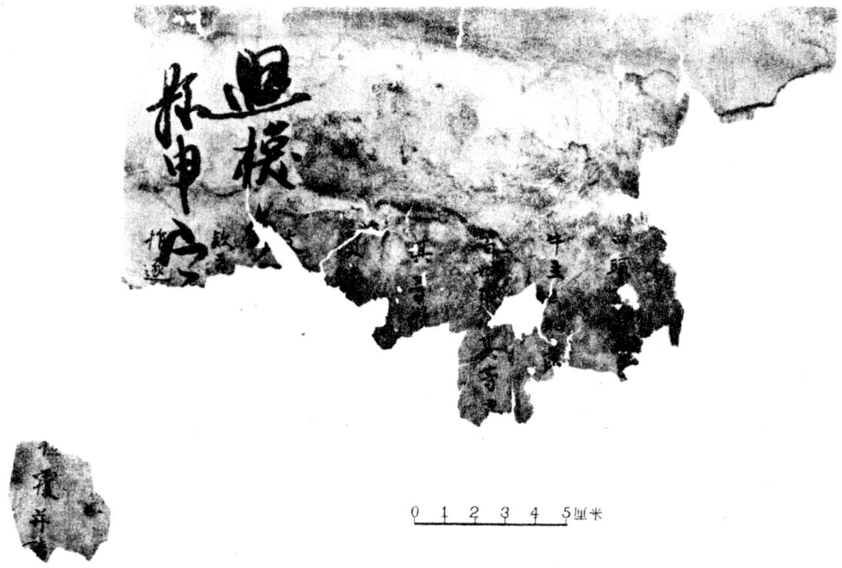

三三　唐開元二十一年(公元七三三年)推勘天山縣車坊翟敏才死牛及孳生牛無印案卷(九)　73TAM509:8/28—2(a)

（八）

1 四頭[十][七]年已□
2 牛主，即知虛□
3 百姓張[仁]其等處□
4 其等得□
5 買牛[價]□
6 □□
7 迴換。□款云□
8 縣申定 推逐□
〔一〕
9 □[檢]覆並請□

（九）

1 陸拾壹頭並[是]□
2 伍拾柒□
3 壹拾□
4 一黄[犍]□○
5 一㸗犍□○
6 一黄□○
7 一烏㹀□○
8 一[烏]㹀[五]□○
9 一黄㸬犍□○
10 一㸗㹀[五]□○
11 壹拾[玖]□○
12 一㸗犍四歲□○
13 一赤㹀□○
14 一㸗[犍]□○
15 一[㸗]□○

注釋

〔一〕背面騎縫押「守」字，並有殘印。

三三　唐開元二十一年(公元七三三年)推勘天山縣車坊翟敏才死牛及孳生牛無印案卷(一〇)(一一)　73TAM509:8/28—3(a),8/28—6(a)

（一〇）

一黃[牸][　]
一烏[　]
一黃[　]
一赤犍[八][　]
一赤犊犍[　]
一犁犍七[　]
一赤犍六歲[脊][　]
一赤犍六歲脊[　]
一犊犊牸十二[歲][　]
一黃牸十歲角[　]
一赤牸八歲[　]
一赤牸八[歲][　]
一烏犊[　]
一黃[犊][　]

（一一）

[　]黃犊

三三　唐開元二十一年(公元七三三年)推勘天山縣車坊翟敏才死牛及孳生牛無印案卷(一二)　　73TAM509:8/28—4(a)

（一二）

一黃。［　　　］
一烏牸九。［　　　］
一烏禿[牸]。［　　　］
一黃牸九[歲]。［　　　］
一烏[牸]十□。［　　　］
一烏牸六歲［　　　］
一黃牸六歲［　　　］
一紫牸六歲[角]［　　　］
右會［　　　］
處其［　　　］
年歲不毅牧［　　　］
此就印□印者于［　　　］
使印其斗，膂是［　　　］
（背）
請侍飽青毛落，［　　　］

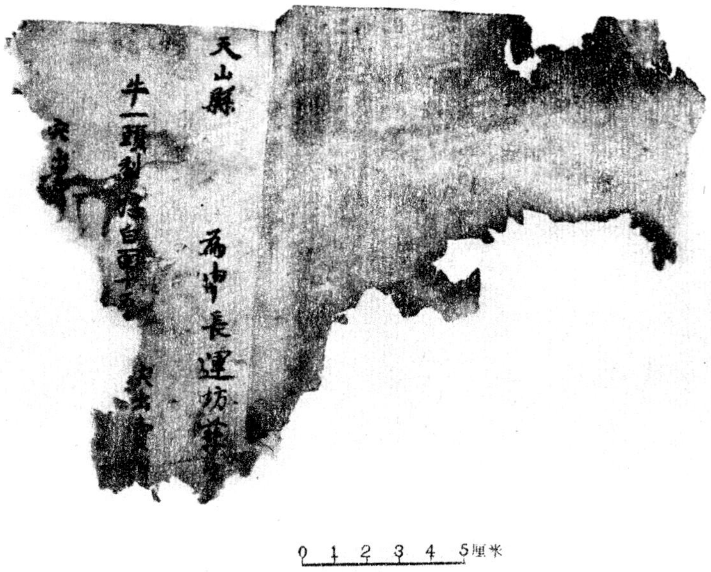

三四　唐天山縣申長運坊孳生牛狀　　73TAM509:8/22

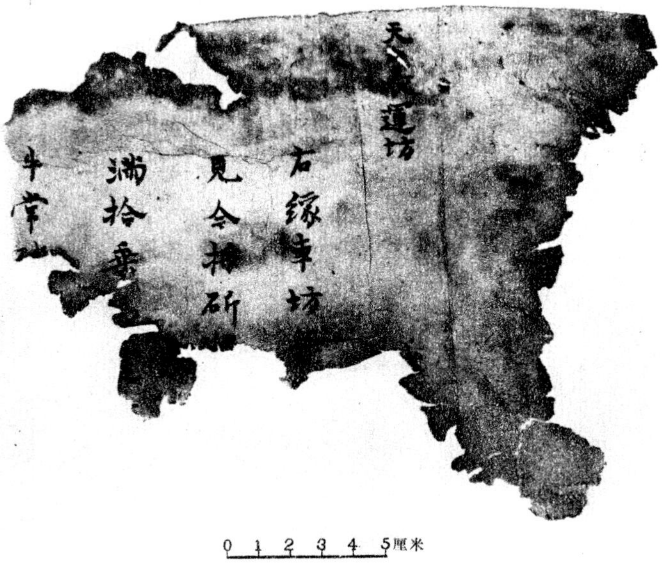

三五　唐天山縣長運坊狀　　73TAM509:8/17

三四　唐天山縣申長運坊孳生牛狀

本件亦拆自八號紙衾，蓋有朱印，殘存「天」字，當是「天山縣之印」。據内容與上件同爲天山縣車坊或長運坊牛事，今列於上件後下件同。

1　天山縣　　爲申長運坊孳生[ ]

2　牛一頭，犁牸白面十五□　宍（肉）出賣得[ ]

3　宍出賣[ ]

三五　唐天山縣長運坊狀

1　天山長運坊　　狀上[ ]

2　右緣車坊營[ ]

3　見今採斫得[ ]

4　滿拾乘長運[ ]

5　牛常[ ]

三六　唐開元二十一年(公元七三三年)西州蒲昌縣定户等案卷　　73TAM509:8/20

三六　唐開元二十一年（公元七三三年）西州蒲昌縣定户等案卷

本件原是拆自八號紙鞋的二片，據文書内容及書法定爲同一案卷。本案卷蓋有朱印八處，除第一六行狀末有半印不可辨識，第一七行上部有半印，印文存「縣之印」外，其它六印尚完整，印文均爲「蒲昌縣之印」。

並
仍准法
牒上使聽裁者
開元廿一年十二月十五日史周石奴　牒
廿五日　芍　將仕郎守丞杜　方演
承務郎守令歐陽　惠
十二月廿五日録事　受
倉曹攝録事參軍　付
連元白。
廿五日。
蒲昌縣
當縣定户
右奉處分今年定户，進降須平，仰父老等
通狀過者。但蒲昌小縣，百姓不多，明府對
鄉、城父老等定户，並無屈滯，人無怨詞，
皆得均平。謹録狀上。

三六　唐開元二十一年(公元七三三年)西州蒲昌縣定户等案卷　73TAM509:8/3(a)

三六　唐開元二十一年(公元七三三年)西州蒲昌縣定户等案卷　73TAM509:8/3(b)

肆　戶　下　上　戶〔下殘〕〔一〕
戶韓君行年七十二 老　部曲知富年廿九　宅一區
菜園塢舍一所
車牛兩乘　青小麥捌碩　床粟肆拾碩
戶宋克儁年十六 中　婢菜(葉)力年卅五 丁　宅一區
菜園一畝　車牛一乘
牸牛大小二頭　青小麥伍碩　床粟拾碩
戶范小義年廿三 五品孫　弟思權年十九　婢柳葉
年七十 老　宅一區
床粟拾碩
戶張君政年卌七 衛士　男小欽年廿一 白丁　賃房〔二〕
坐　床粟伍碩
縣　已上並依

注釋

〔一〕〔二〕騎縫背面押「方」字，並蓋有「蒲昌縣之印」。

三七　唐開元二十二年（公元七三四年）楊景璚牒爲父赤亭鎮將楊嘉麟職田出租請給公驗事（一）　73TAM509:23/3—1

0 1 2 3 4 5厘米

三七　唐開元二十二年（公元七三四年）楊景璚牒爲父赤亭鎮將楊嘉麟職田出租請給公驗事

（一）

1 〔　　〕鎮押官行赤亭鎮將楊嘉麟職田地七十六畝，〻別一百五粟六㪷（斗）計卌五石六㪷，草十二圍。

2 〔　　〕璚父上件職田，先祖与蒲昌縣百姓范小奴。其

開廿二年

3 〔　　〕付表兄尹德超。景璚今却赴安西，恐有

□□

4 〔　　〕縣分付並各給公驗，庶後免有交錯，謹牒。

5 〔　　〕開元廿二年七月　日，赤亭鎮將

男楊景璚牒。

6 付司　賓　示

7 廿七日

三七　唐開元二十二年(公元七三四年)楊景璿牒爲父赤亭鎮將楊嘉麟職田出租請給公驗事(二)　73TAM509:23/3—2

三七　唐開元二十二年(公元七三四年)楊景璿牒爲父赤亭鎮將楊嘉麟職田出租請給公驗事(三)　73TAM509:23/3—3

（二）

1 依判，諮。
2 依判，諮。崇示。
3 廿八日
4 依判。實示。
5 廿八日
6 進狀，符到奉行。

（三）

1 月廿八日
2 府高思
3 參軍攝戶曹光琦
4 史
5 七月廿七日受，廿八日行判。

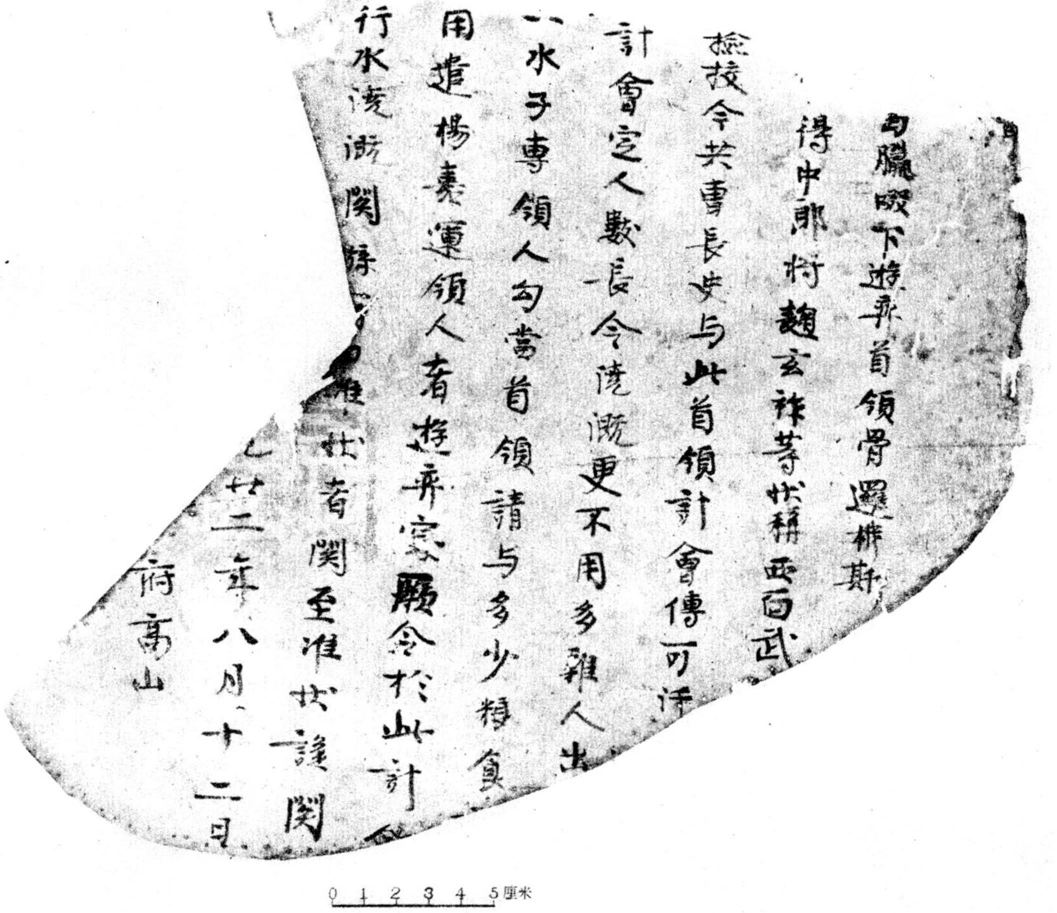

三八　唐開元二十二年(公元七三四年)西州都督府致游弈首領骨邏拂斯關文爲計會定人行水澆溉事　　73TAM509:23/2—1

三八　唐開元二十二年（公元七三四年）西州都督府致遊弈首領骨邏拂斯關文爲計會定人行水澆溉事

本件蓋有朱印三處，印文爲「西州都督府之印」。

1 □□葛臘啜下遊弈首領骨邏拂斯

2 □□得中郎將麴玄祚等狀稱：西面武□

3 檢校。今共曹長史与此首領計會，傳可汗□

4 計會定人數，長令澆溉，更不用多雜人出□

5 一水子專領人勾當。首領請与多少糧食。□

6 用遣楊嘉運領人者。遊弈突厥，令於此計會，□

7 行水澆溉。關牒所由准狀者。關至准狀謹關。

8 □元廿二年八月十二日。

9 □府高山

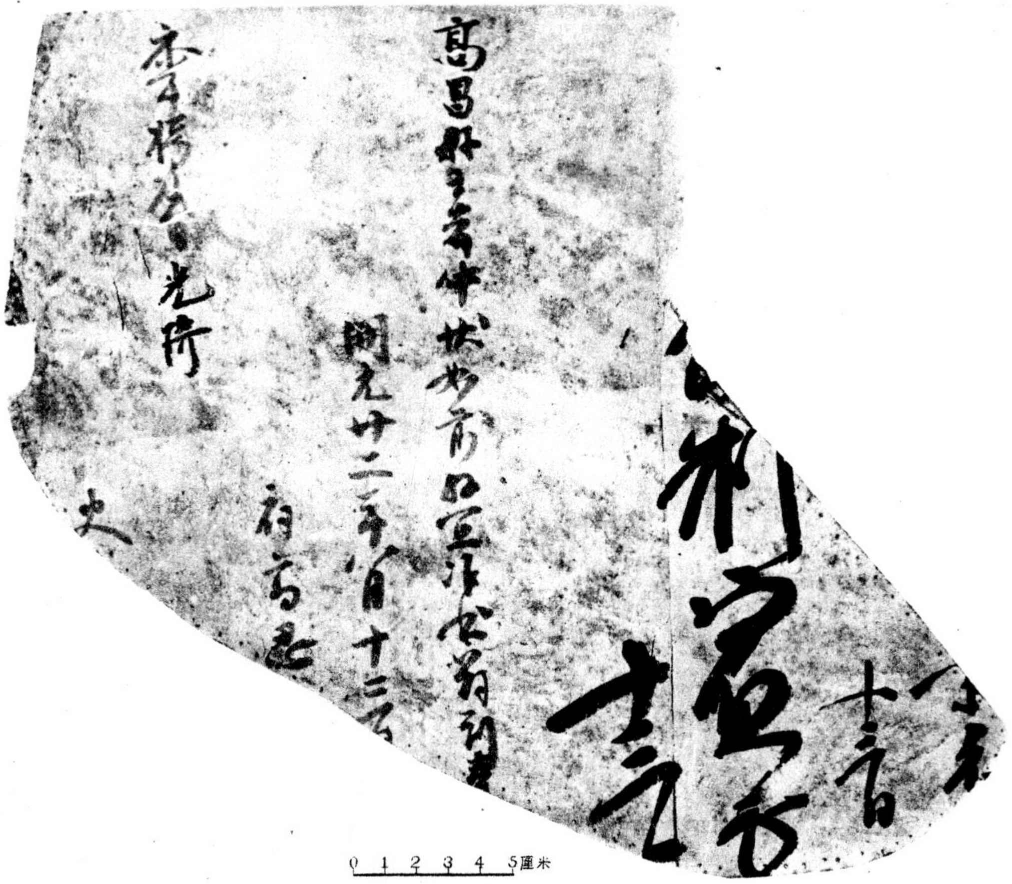

三九　唐開元二十二年(公元七三四年)西州下高昌縣符　　73TAM509:23/6—1

三九　唐開元二十二年（公元七三四年）西州下高昌縣符

1 □宗示。

2 十三日

3 依判。實示。

4 十三日

5 高昌縣主者，件狀如前，縣宜准狀，符到奉□。

6 開元廿二年八月十三日

7 府高思

8 參軍攝戶曹光琦

9 史

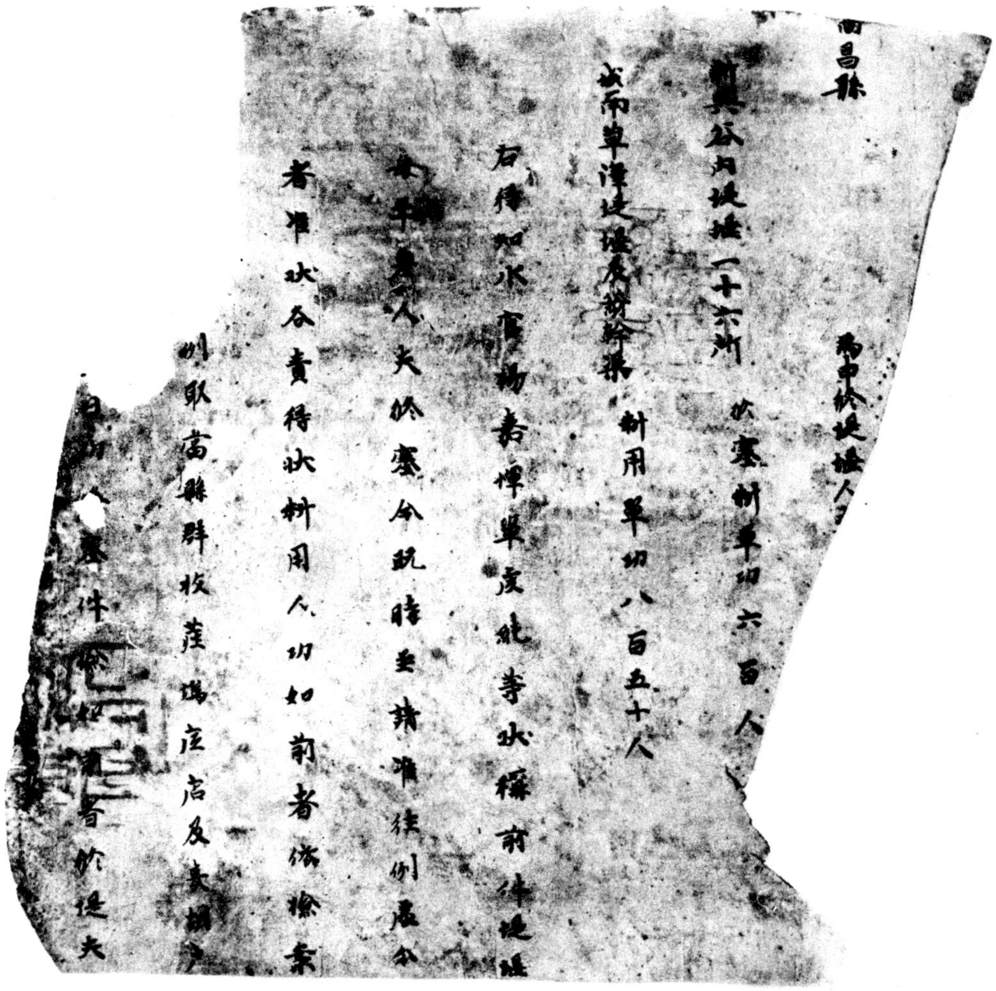

0 1 2 3 4 5厘米

四〇 唐開元二十二年(公元七三四年)西州高昌縣申西州都督府牒爲差人夫修堤堰事　73TAM509:23/1—1(a)

四〇　唐開元二十二年（公元七三四年）西州高昌縣申西州都督府牒爲差人夫修堤堰事

本件蓋有朱印五處，印文爲「高昌縣之印」。

高昌縣　　　　　　　為申修堤堰人
新興谷内堤堰一十六所，修塞料單功六百人。
城南草澤堤堰及箭幹渠，料用單功八百五十人。
右得知水官楊嘉惲、鞏虔純等狀稱：前件堤堰
每年差人夫修塞。今旣時至，請准往例處分
者。准狀，各責得狀，料用人功如前者。依檢案
例取當縣群牧、莊塢、底（邸）店及夷、胡戶
日功修塞，件檢如前者。修堤夫

四〇　唐開元二十二年(公元七三四年)西州高昌縣申西州都督府牒爲差人夫修堤堰事
73TAM509:23/1—3(a)

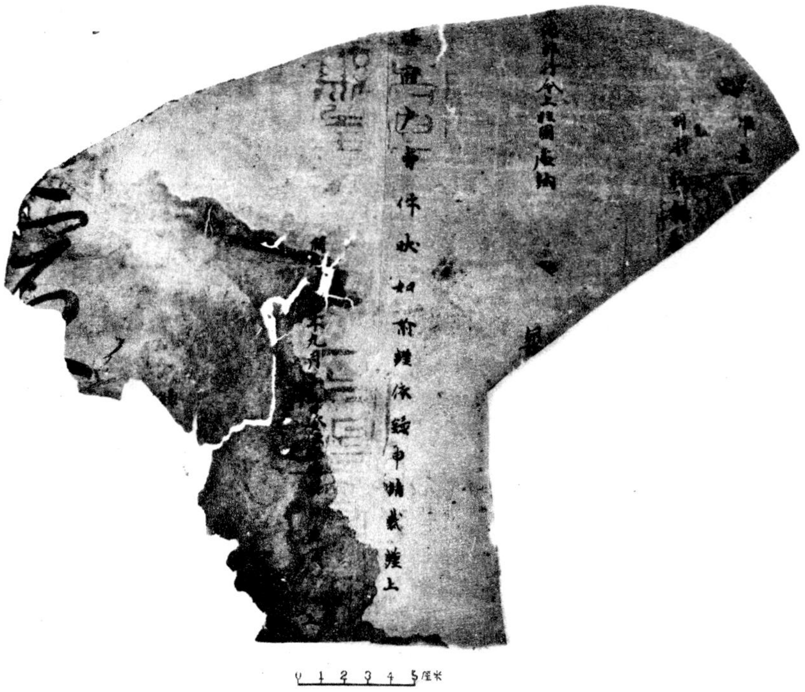

四〇　唐開元二十二年(公元七三四年)西州高昌縣申西州都督府牒爲差人夫修堤堰事　73TAM509:23/1—2(a)

四〇　唐開元二十二年(公元七三四年)西州高昌縣申西州都督府牒爲差人夫修堤堰事
73TAM509:23/1—2(b)

9　准六年
10　司未敢輒裁
11　宣德郎行令上柱國處訥　朝議
12　□督府戶曹件狀如前，謹依錄申，請裁。謹上。
13　開元廿二年九月十三日登仕郎行尉〔一〕白慶菊上
14　錄
15　賓
16　錄事
17　下高昌縣為修新興谷內叉

注釋

〔一〕本處騎縫背面蓋有「高昌縣之印」，并押署「虔」字。

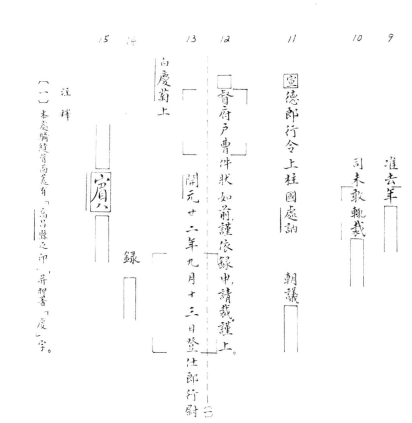

四一　唐開元二十二年(公元七三四年)録事王亮牒訴職田佃人欠交地子案卷(二)　73TAM509:23/4—2

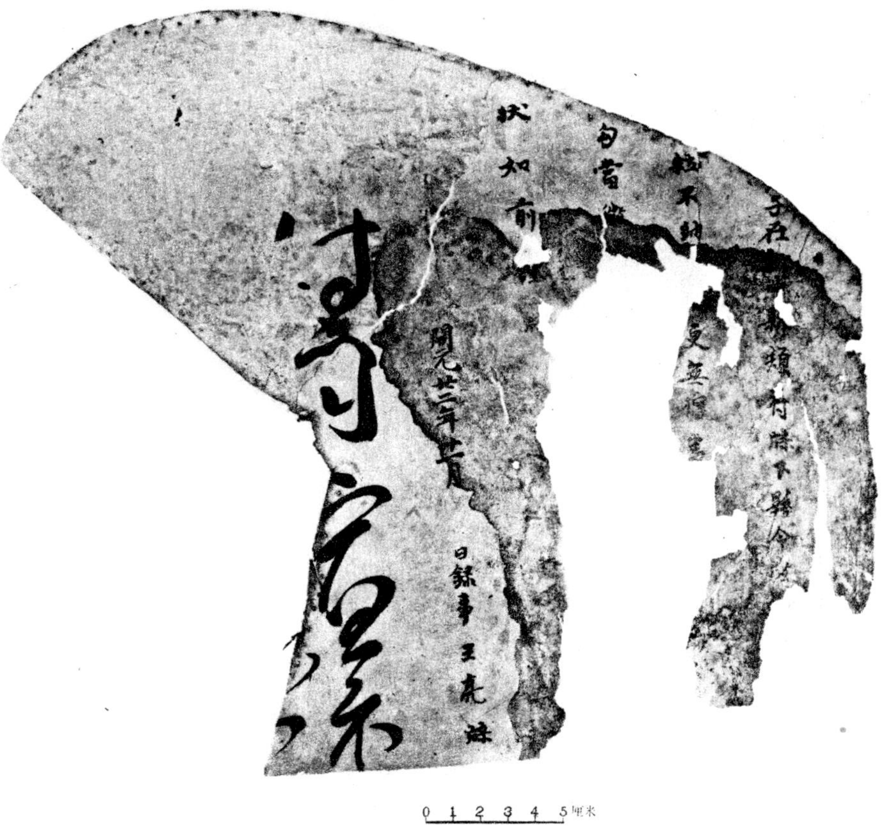

四一　唐開元二十二年(公元七三四年)録事王亮牒訴職田佃人欠交地子案卷(一)　73TAM509:23/4—1

四一　唐開元二十二年（公元七三四年）録事王亮牒訴職田佃人欠交地子案卷

本件第（四）段有朱印殘痕。

（一）

1 [　　]子在柳中縣頻符牒下縣令徵[　　]
2 [　　]粒不納。□□更無得處[　　]
3 [　　]勾當徵[送][　　]
4 □狀如前，謹牒。
5 開元廿二年十一月　日録事
6 王亮　牒

付司　賓示

（二）

1 子録事職田二畝　佃人令[狐][　　]
2 [　　]比來[　　]

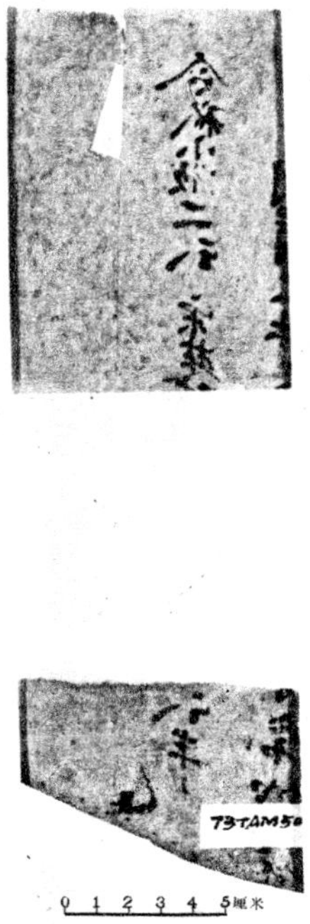

四一　唐開元二十二年(公元七三四年)錄事王亮牒訴職田佃人欠交地子案卷(三)　73TAM509:23/4—4(b)

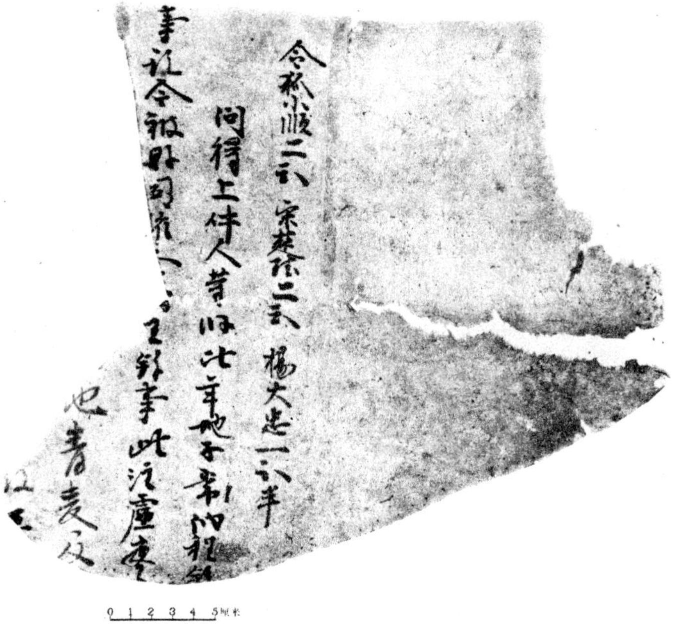

四一　唐開元二十二年(公元七三四年)錄事王亮牒訴職田佃人欠交地子案卷(三)　73TAM509:23/4—4(a)

四一　唐開元二十二年(公元七三四年)錄事王亮牒訴職田佃人欠交地子案卷(四)　73TAM509:23/4—3

（三）

1 令狐小順二畝　宋楚珪二畝　楊大忠一畝半〔一〕
2 　　問得上件人等牒，比年地子常納程[錄]
3 事訖。今被縣司催[令][納]王錄事，此注虛實
4 [　　　]地青麥及
5 [　　　]牒[王][　　　]

注　釋

〔一〕騎縫背面押「九」字。

（四）

1 [　　　]五月依前[　　　]
2 [　　　]令納王錄事家，[　　　]
3 [　　　]被徵打切[急]望二[　　　]
4 [　　　]辛苦，請乞處分。謹[牒]。[　　　]
5 開元廿[二][　　　]
6 待　程〔下殘〕
7 推　過〔下殘〕
8 〔上殘〕[賓]　[示]〔下殘〕
9 〔上殘〕[錄]事　亮　受
10 [　　　]軍　沙安付

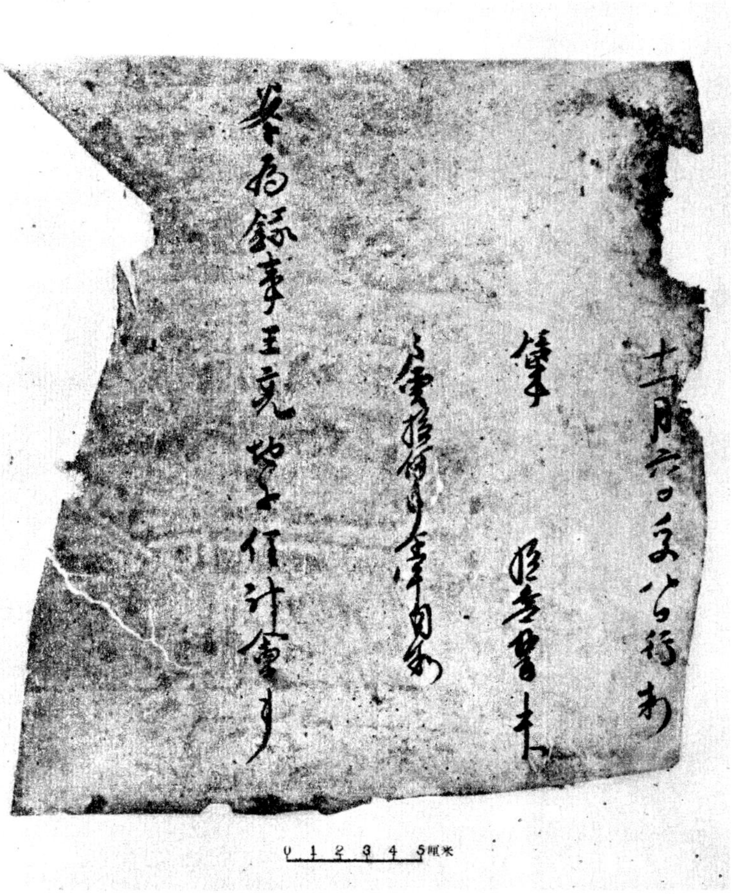

四一　唐開元二十二年(公元七三四年)録事王亮牒訴職田佃人欠交地子案卷(五)　73TAM509:23/4—6

四二　唐開元二十二年(公元七三四年)府張瑒殘牒　73TAM509:23/14—4

（五）

1 □十一月六日受，八日行判。
2 録事　檢無稽失
3 戶曹攝録事參軍自判
4 案爲録事王亮地子任計會事

四二　唐開元二十二年（公元七三四年）府張瑒殘牒

1 牒件狀如前謹□。
2 開元廿二年十一月十二日
3 府張瑒
4 史
5 □受十六日行□。

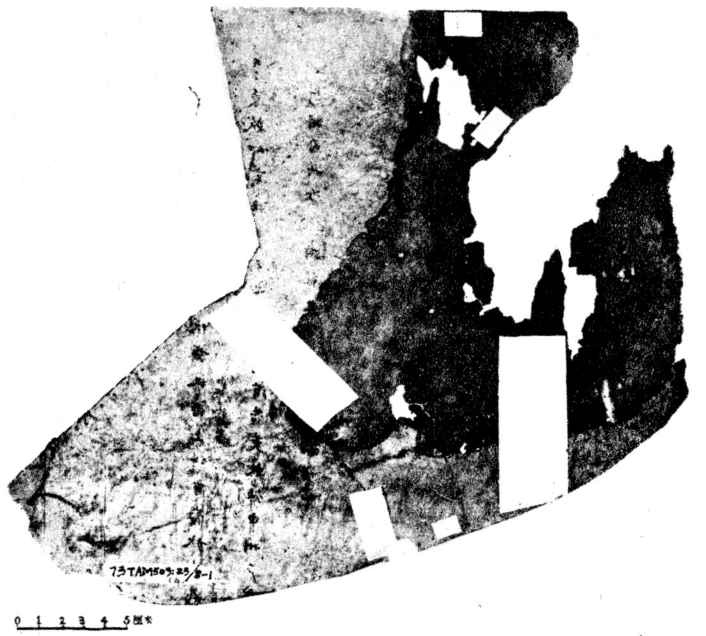

四三　唐開元某年西州蒲昌縣上西州户曹狀爲録申刈得苜蓿秋茭數事　73TAM509:23/8—1(b)

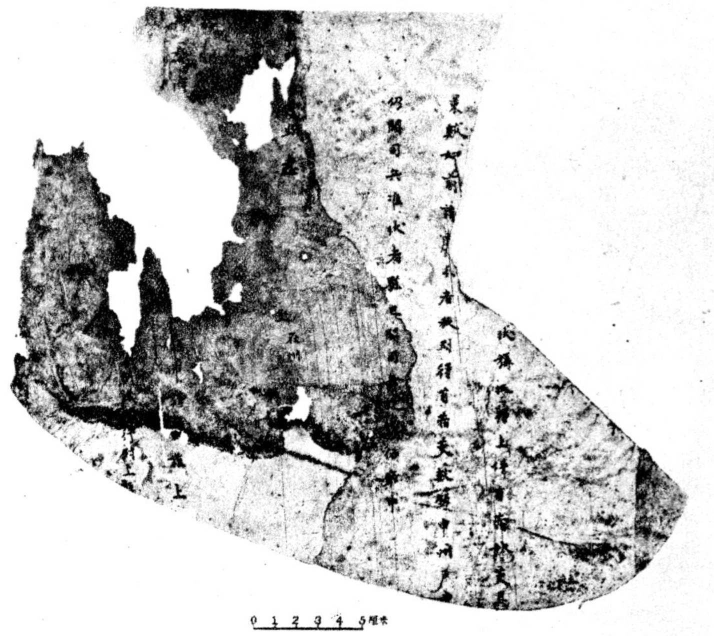

四三　唐開元某年西州蒲昌縣上西州户曹狀爲録申刈得苜蓿秋茭數事　73TAM509:23/8—1(a)

四三　唐開元某年西州蒲昌縣上西州户曹狀爲録申刈得苜蓿秋茭數事

本件蓋有朱印二處，印文爲「蒲昌縣之印」。騎縫背面押「宇」字。

1 [　　]事

2 [　　]狀稱：收得上[件苜蓿、秋]茭具

3 束數如前，請[處]分者。秋刈得苜蓿、茭數，録申州户[曹]，

4 仍關司兵。准[狀者，縣已關司兵訖，謹][依録申。]

5 承奉郎[　]令賞緋[　]惠　　丞在州

6 都督府[　　]司：[依]録申請裁，謹[

上

7 [開元][　　][九]日朝議郎行尉上柱[

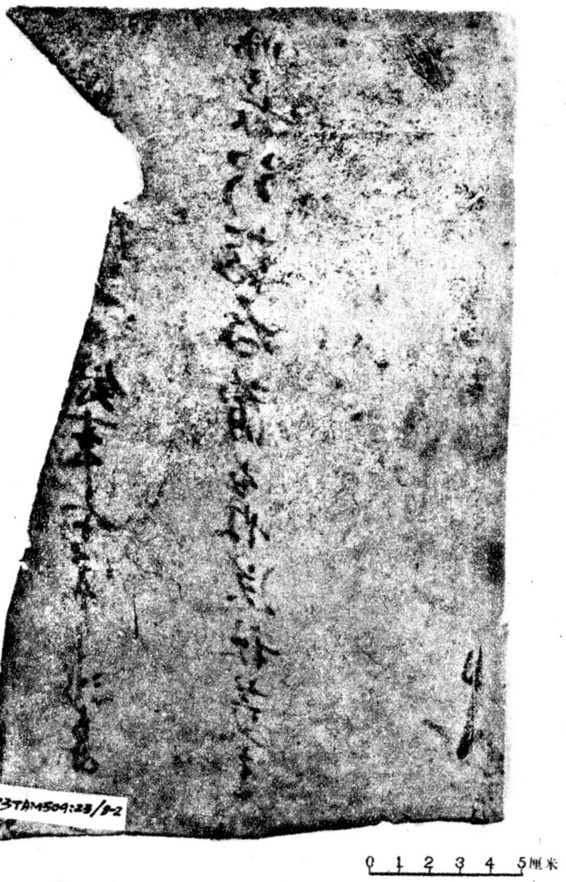

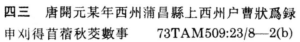

四三　唐開元某年西州蒲昌縣上西州户曹狀爲録申刈得苜蓿秋茭數事　73TAM509:23/8—2(b)

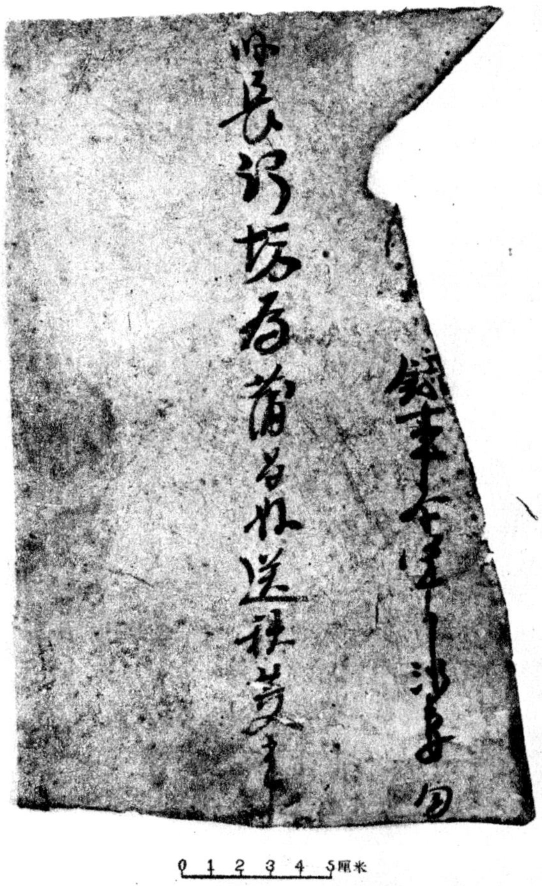

四三　唐開元某年西州蒲昌縣上西州户曹狀爲録申刈得苜蓿秋茭數事　73TAM509:23/8—2(a)

8 録事參軍　沙安　勾□

9 牒長行坊爲蒲昌縣送秋茭事

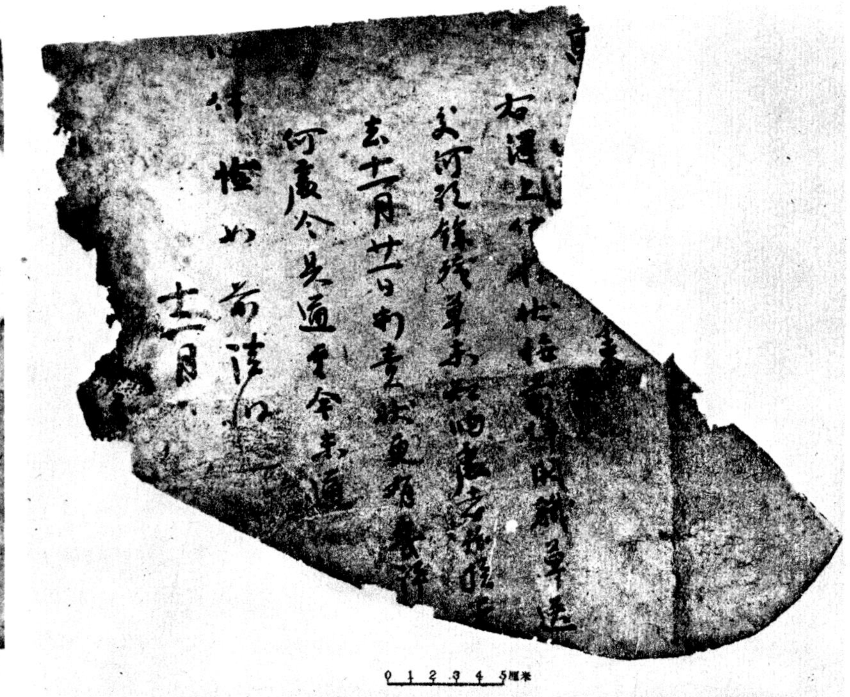

四四　唐西州高昌縣狀爲送闕職草事　　73TAM509:23/7—2(a)

四四　唐西州高昌縣狀爲送闕職草事　　73TAM509:23/7—2(b)

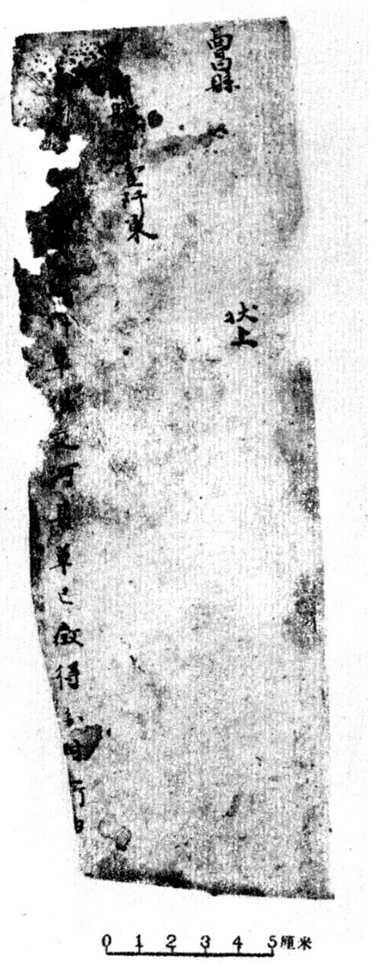

四四　唐西州高昌縣狀爲送闕職草事　　73TAM509:23/7—1(a)

四四　唐西州高昌縣狀爲送闕職草事

本件紀年已缺，拆自張運感紙鞋（編號二三），年代當在開元廿五年（公元七三七年）前，今順序列開元文書之末，下列同出諸件紀年並同。騎縫背面押「九」字。

1 高昌縣　　狀上

2 　闕職草壹阡小束

3 　右□今送上件草往交河，其草已徵得分付

所由□

- - - - - - - - - - - - - - - - - - - -

4 高昌□小束

5 　右得上件牒狀稱，前件闕職草送□

6 交河訖，餘殘草未知納處者。依檢案□

7 去十一月廿一日判責狀，更有幾許□□

8 　何處，今具通，至今未通。

9 牒件檢如前，謹牒。

10 　十二日

11 依前次□

四五　唐府高思牒爲申當州少雨事　　73TAM509:23/5

四四　唐西州高昌縣狀爲送闕職草事　　73TAM509:23/7—3

檢案 □

十二月

責狀，更有幾許，[訂]

在何處，今具通 □

思白

四五　唐府高思牒爲申當州少雨事

檢案 □

牒檢案連如前謹牒。

九[月]　日府高思牒。

當州先少雨澤，准符

不在申限，記諮。光戴白。

五日

依判，諮。□示。

五日

四六　唐府□暢殘牒　　73TAM509:23/4—5(a)

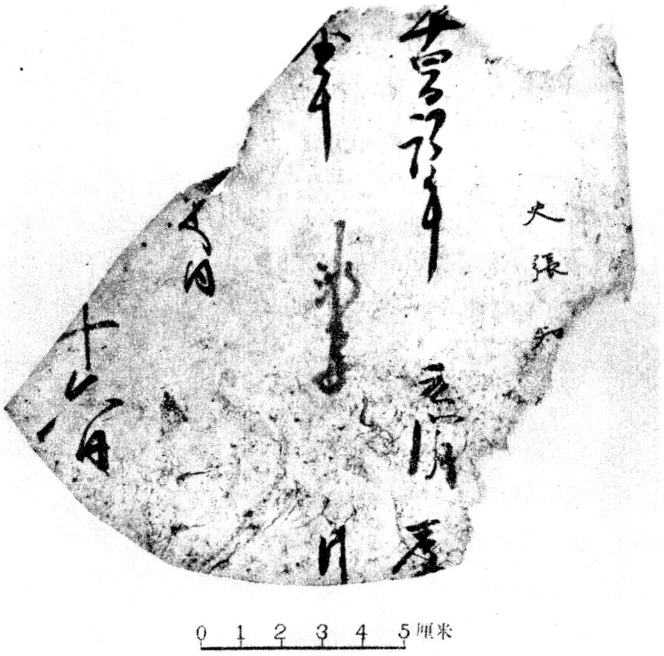

四七　唐史張知殘牒　　73TAM509:23/14—3

四六　唐府□暢殘牒

□案連如前，謹□。

十一月□日府□暢牒。

租賃□□分事是雨和

□任□所□

會諮□

四七　唐史張知殘牒

史張知□

□十四日録事　元肯　受

□參軍　沙安　付

□白

十六日

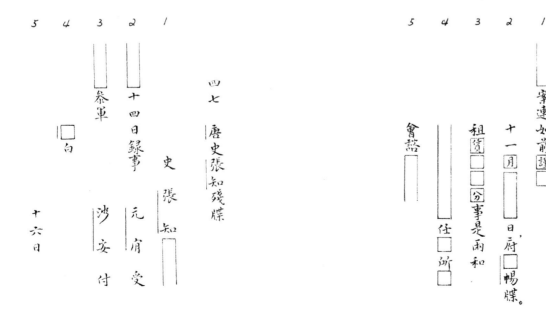

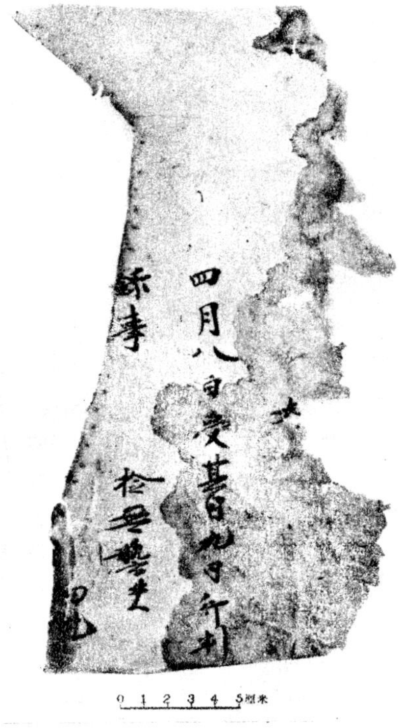

四八　唐殘牒一
73TAM509:23/11

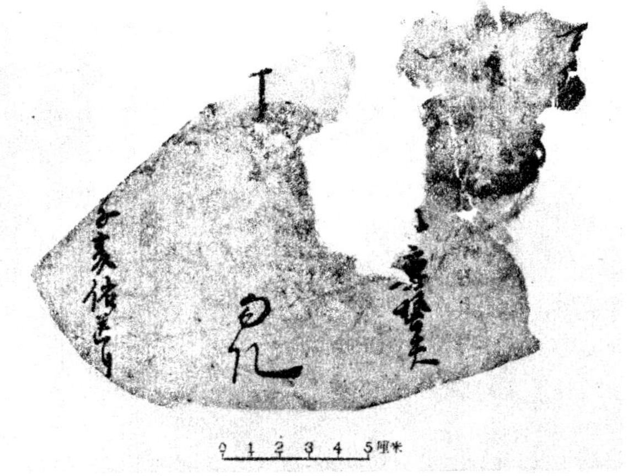

四九　唐殘牒二　73TAM509:23/14—1

五〇　唐殘牒爲高昌縣差水子事
73TAM509:23/2—2

四八　唐殘牒一

1 史
2 四月八日受，其月九日行判。
3 録事　檢無稽失
4 勾訖

四九　唐殘牒二

1 檢無稽失
2 勾訖
3 子麦催送事

五〇　唐殘牒爲高昌縣差水子事

1 録事參軍　沙安　勾訖
2 下高昌縣爲差水子一人處分訖申事

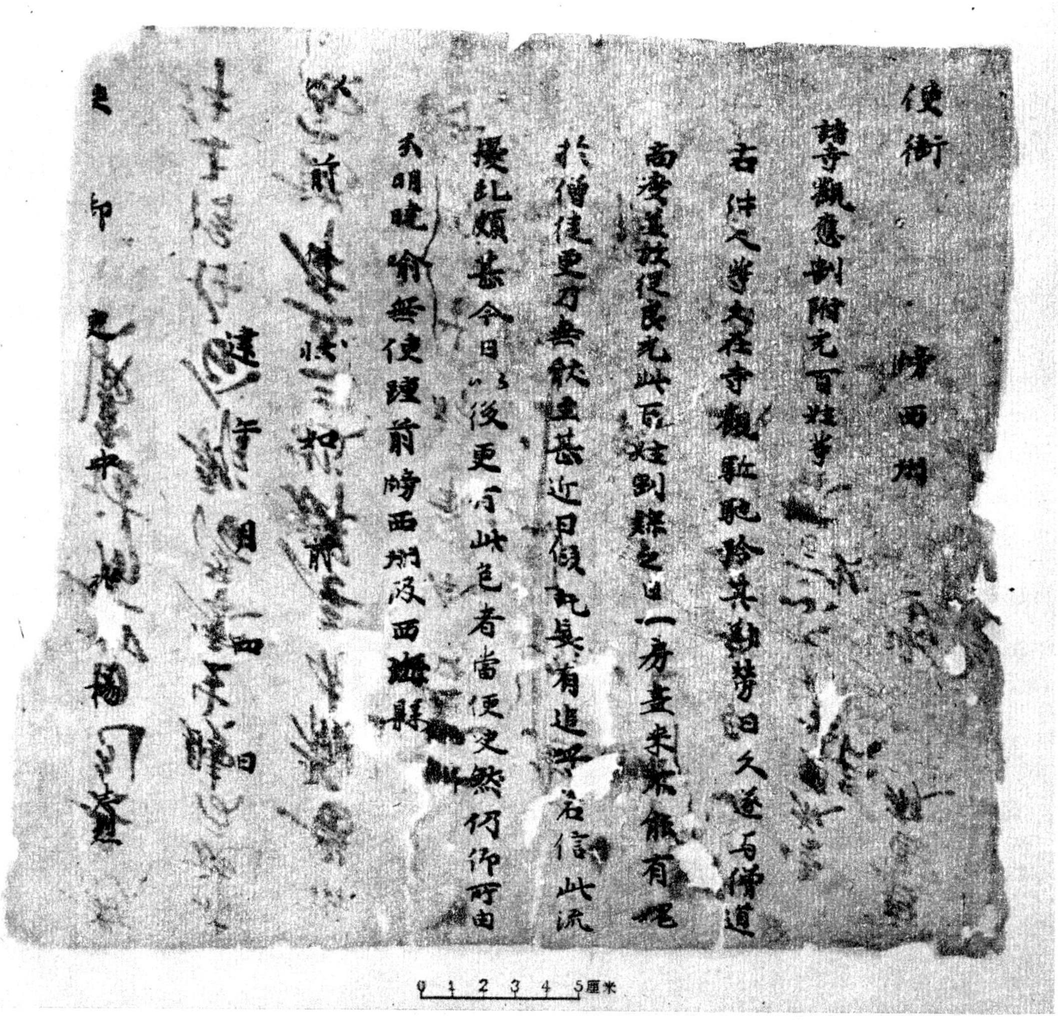

五一　唐寶應元年(公元七六二年)五月節度使衙榜西州文　　73TAM509:8/26(a)

五一　唐寶應元年（公元七六二年）五月節度使衙榜西州文

本件無紀年，止稱「建午月」。按肅宗上元二年（公元七六一年）十一月廢去「上元」年號，止稱元年，以十一月為歲首，稱建子月，以後每月依順序稱建丑、建寅等。至建巳月，肅宗於垂死時改元寶應，建巳月仍稱四月。肅宗死，代宗即位，仍以寶應紀年。建午月即代宗之寶應元年五月，西州道遠，未知實況，故仍稱建午月。

使衙　　　　　　　　牓西州
　諸寺觀應割附充百姓等
　右件人等久在寺觀驅馳，矜其勤勞日久，遂与僧道
商度，並放從良，充此百姓。割隸之日，一房盡來，不能有媿
於僧徒。更乃無厭至甚，近日假託，妄有追呼。若信此流，
擾乱頗甚。今日以後，更[有]此色者，當便决然。仍仰所由
分明曉喻，無使踵前，牓西州及西海縣。
以
前件狀如前
　建午月四日
[使][御]史中丞楊志烈

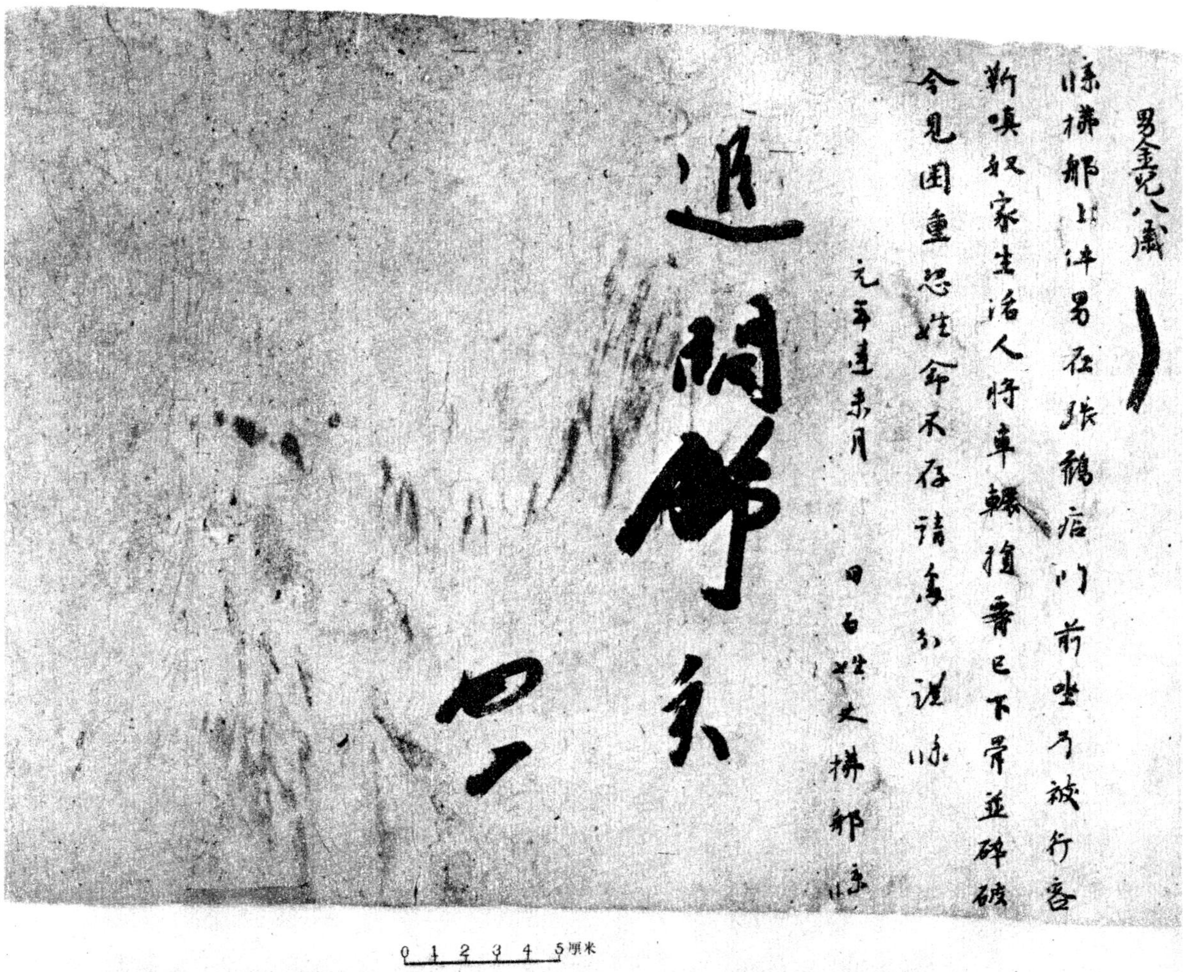

五二　唐寶應元年(公元七六二年)六月康失芬行車傷人案卷　　73TAM509:8/1(a)之一

五二　唐寶應元年（公元七六二年）六月康失芬行車傷人案卷

本件紀年同上件，建未月爲寶應元年六月。又此件有墨筆勾勒多處，第一六、二六、三四行有指節印。

男金兒八歲　丿

牒：拂郍上件男在張鶴店門前坐，乃被行客

靳嗔奴家生活人將車輾損，腰已下骨並碎破。

今見困重，恐性命不存，請處分。謹牒。

元年建未月　日，百姓史拂郍牒。

追問。錚示。

四日

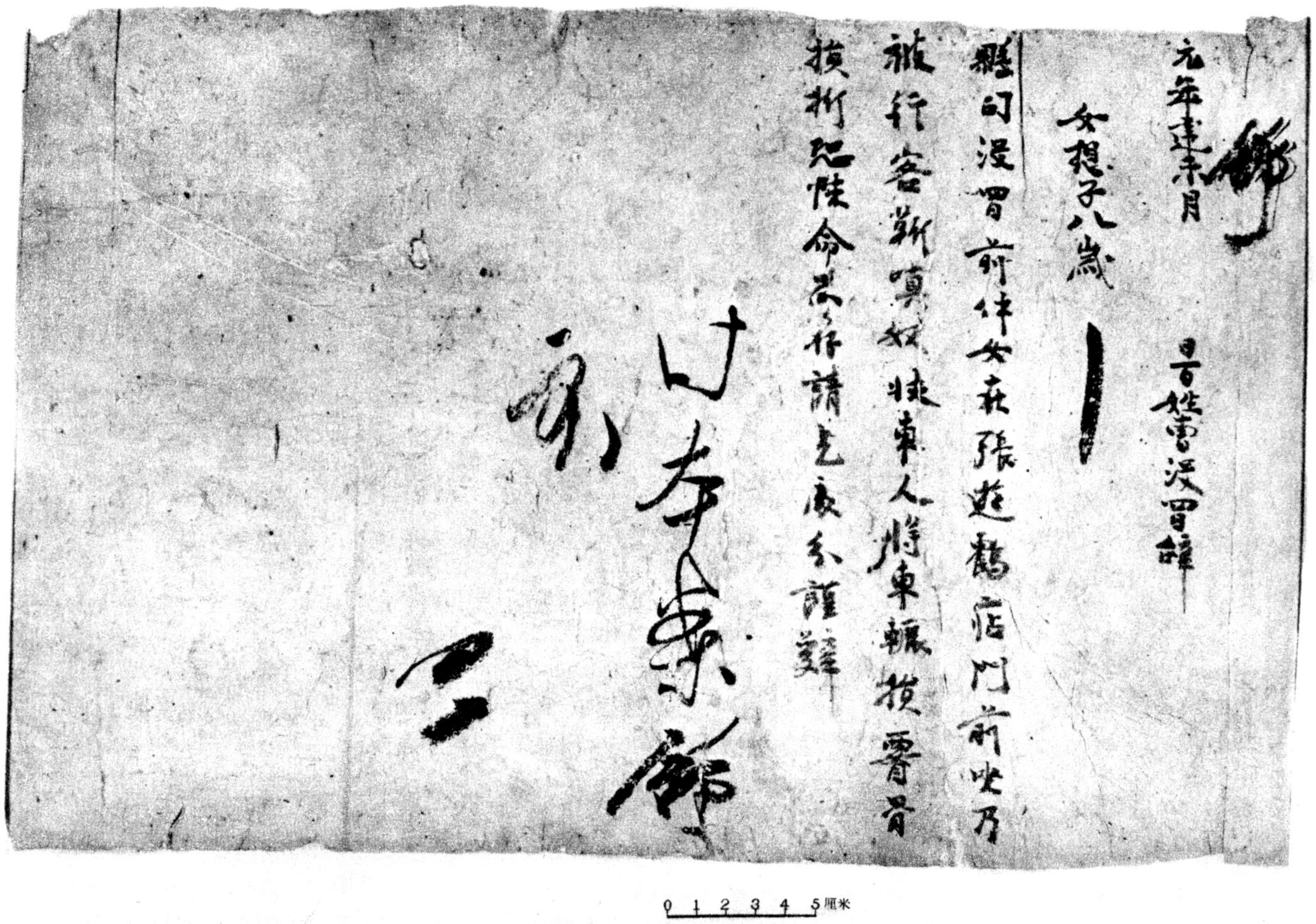

五二　唐寶應元年(公元七六二年)六月康失芬行車傷人案卷　　73TAM509:8/1(a)之二

鉡

元年建未月　日，百姓曹沒冒辭。

女想子八歲　丿

縣司：沒冒前件女在張遊鶴店門前坐，乃

被行客靳嗔奴扶車人，將車輾損，腰骨

損折，恐性命不存，請乞處分。謹辭。

付本案。鉡

示。

四日

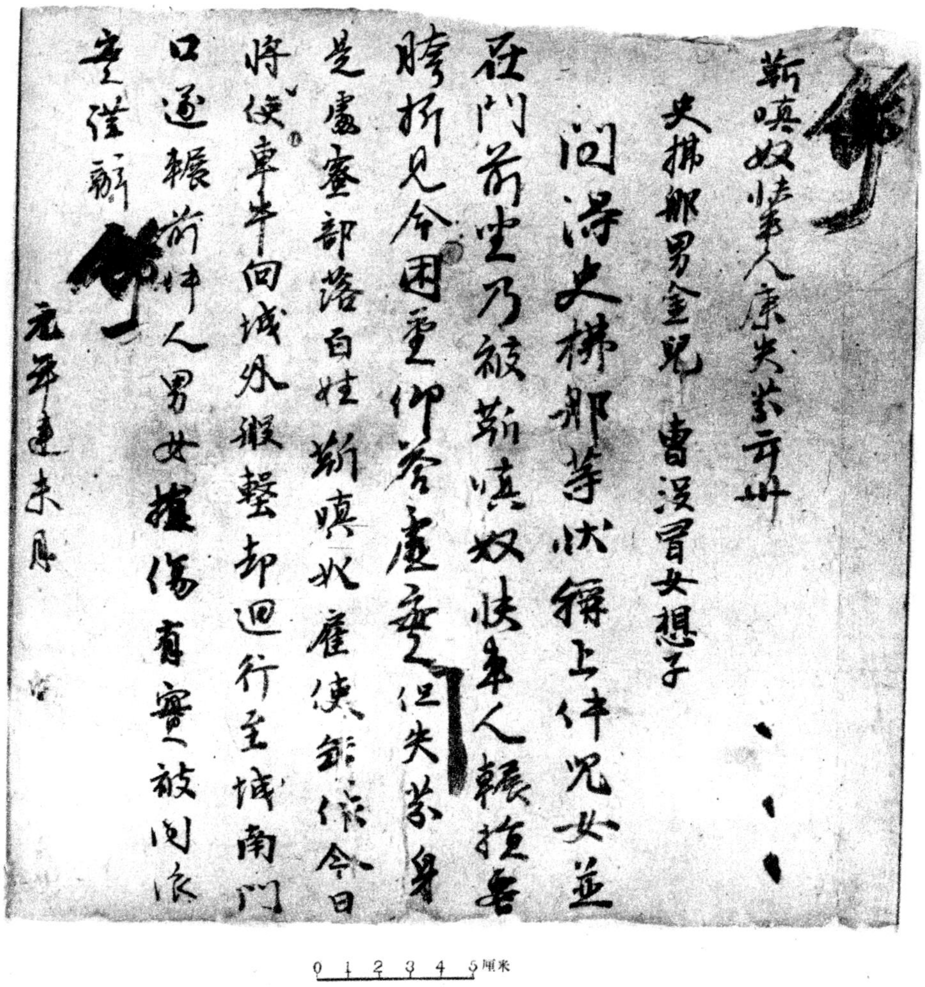

五二　唐寶應元年(公元七六二年)六月康失芬行車傷人案卷
73TAM509:8/1(a)之三

鈔
靳嗔奴扶車人康失芬年卅　・・・
史拂郍男金兒　曹没冒女想子
問得史拂郍等狀稱：上件兒女並
在門前坐，乃被靳嗔奴扶車人輾損，腰
胯折，見今困重，仰答虛實，但失芬身
是處蜜部落百姓，靳嗔奴雇使年作，今日
將使車牛向城外般墼，却迴行至城南門
口，遂輾前件人男女損傷有實。被問依
實謹辯。鈔
元年建未月　日

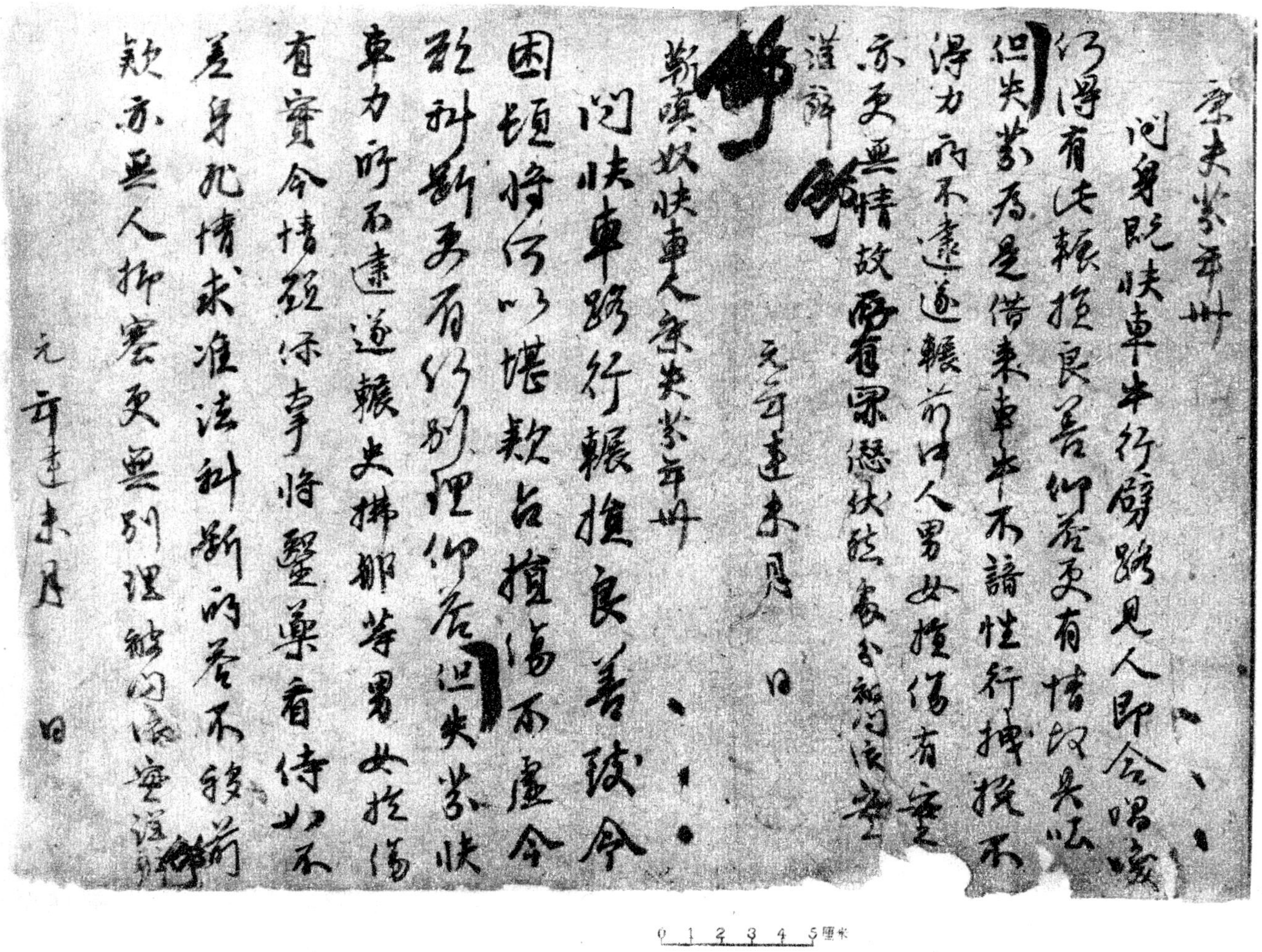

五二　唐寶應元年(公元七六二年)六月康失芬行車傷人案卷　　73TAM509:8/1(a)之四

26 康失芬年卅
27 問：身既扶車牛行，劈路見人，即合唱喚，
28 何得有此輾損良善？仰答。更有情故具狀。
29 但失芬為是借來車牛，不諳性行，拽挽不
30 得，力所不逮，遂輾前件人男女損傷有實，
31 亦更無情故。所有罪愆(愆)，伏聽處分。被問，依實
32 謹辯。　諍
33 元年建未月　日
34 諍　靳嗔奴扶車人康失芬年卅　、、、
35 問：扶車路行，輾損良善，致令
36 困頓，將何以堪，款占損傷不虛，今
37 欲科斷，更有何別理？仰答。但失芬扶
38 車力所不逮，遂輾史拂郍等男女損傷
39 有實。今情願保辜，將醫藥看待，如不
40 差身死，情求准法科斷。所答不移前
41 款，亦無人抑塞，更無別理。被問，依實謹辯。諍
42 元年建未月　日

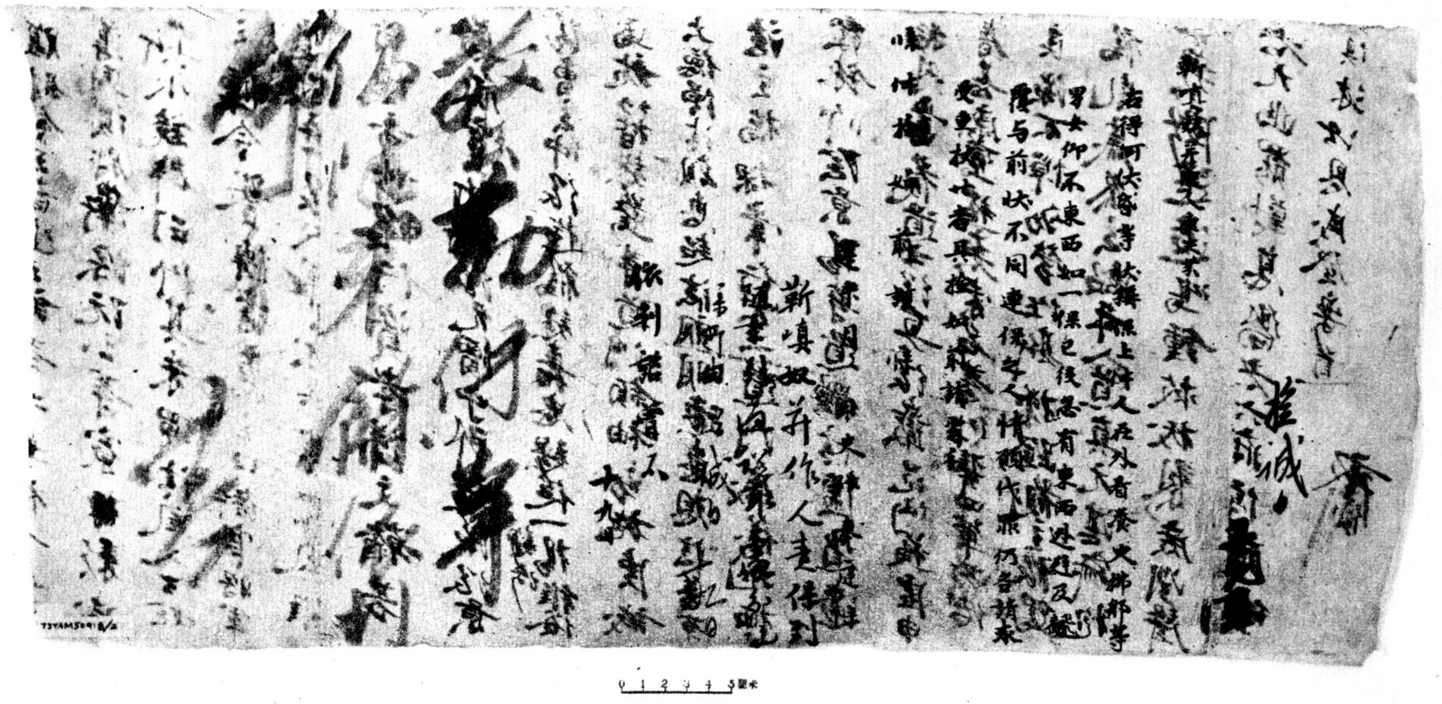

五二　唐寶應元年(公元七六二年)六月康失芬行車傷人案卷　　73TAM509:8/2(a)

檢誠白
十九日
靳嗔奴並作人康失芬
右得何伏昏等狀稱：保上件人在外看養史拂郍等
男女，仰不東西。如一保已後，忽有東西逃避及飜(翻)
覆与前狀不同，連保之人情願代罪，仍各請求
受重杖廿者。具檢如前，請處分。
牒件檢如前，謹牒。
建未月　日，史張奉庭　牒。
靳嗔奴並作人責保到，
隨案引過諮，取處分訖。(各)
牒所由，諮，誠白。　十九日
依判，諮。曾示。
十九日
放出勒保辜，
仍隨牙餘依判。
錚
錚示
廿二日

五三　唐西州天山縣申西州户曹狀爲張无瑒請往北庭請兄禄事　73TAM509:8/5(a)

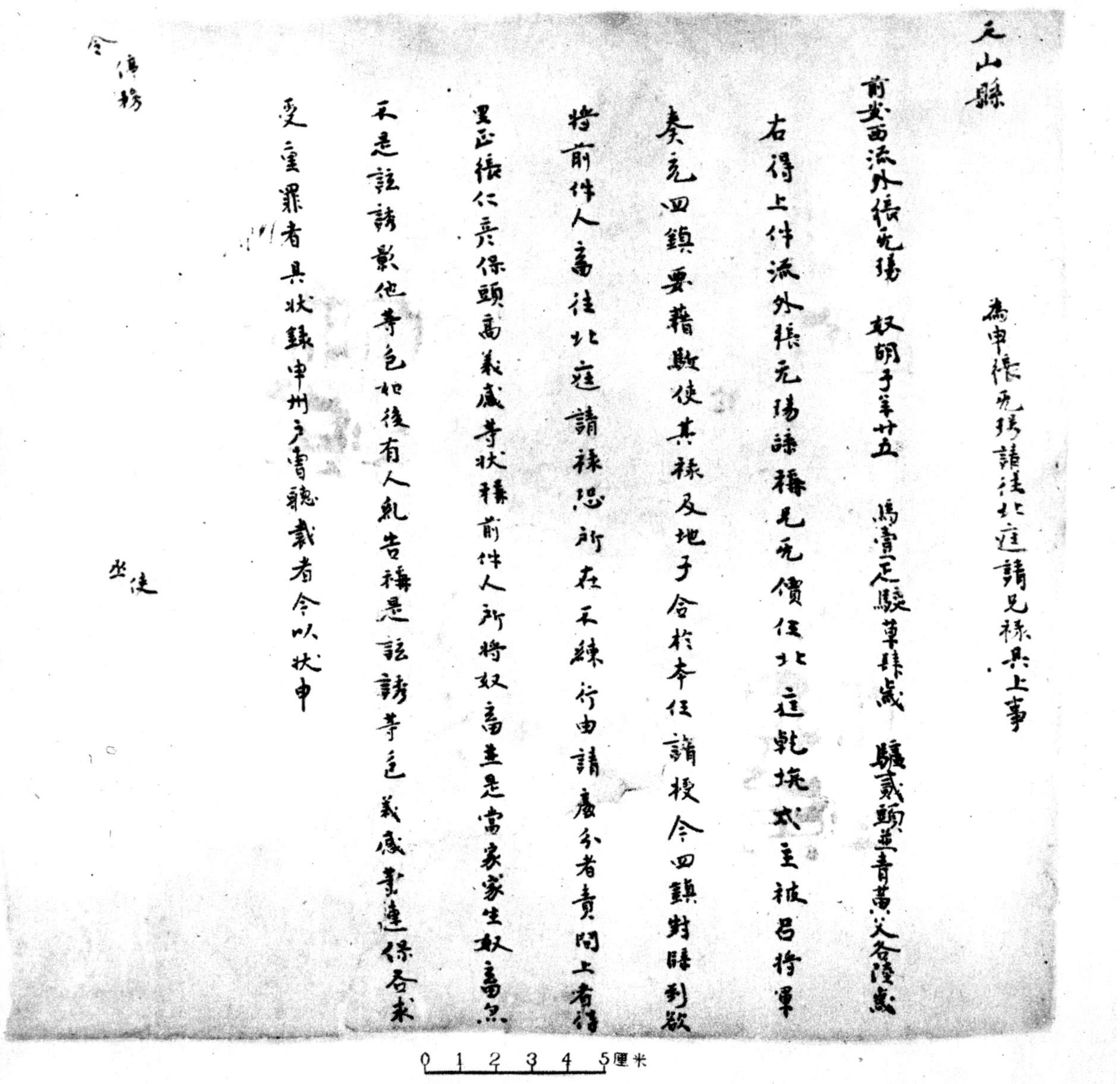

五三　唐西州天山縣申西州户曹狀爲張无瑒請往北庭請兄禄事

本件有朱印四處，印文爲「天山縣之印」。紀年已缺，張無瑒爲張無價弟，張無價見於阿斯塔那五〇六號墓所出《唐天寶十載（公元七五一年）張無價告身》及《唐大曆四年（公元七六九年）張無價買陰宅地契》，本件當在天寶、大曆間。又，本件騎縫背面有「元」字押署。

1 天山縣　　爲申張无瑒請往北庭請兄禄具上事
2 　前安西流外張无瑒　奴胡子年廿五　馬壹疋駮草肆歲　驢貳頭並青黄父各陸歲。
3 　右得上件流外張无瑒牒稱：兄无價任北庭乾坑戍主，被呂將軍
4 　奏充四鎮要籍驅使，其禄及地子合於本任請授。今四鎮封牒到，欲
5 　將前件人畜往北庭請禄。恐所在不練行由，請處分者。責問上者得
6 　里正張仁彦、保頭高義感等狀稱：前件人所將奴畜，並是當家家生奴畜，亦
7 　不是該誘影他等色。如後有人糺告，稱是該誘等色，義感等連保各求
8 　受重罪者。具狀録申州户曹，聽裁者。今以狀申。
9 令　停務
10 丞　使

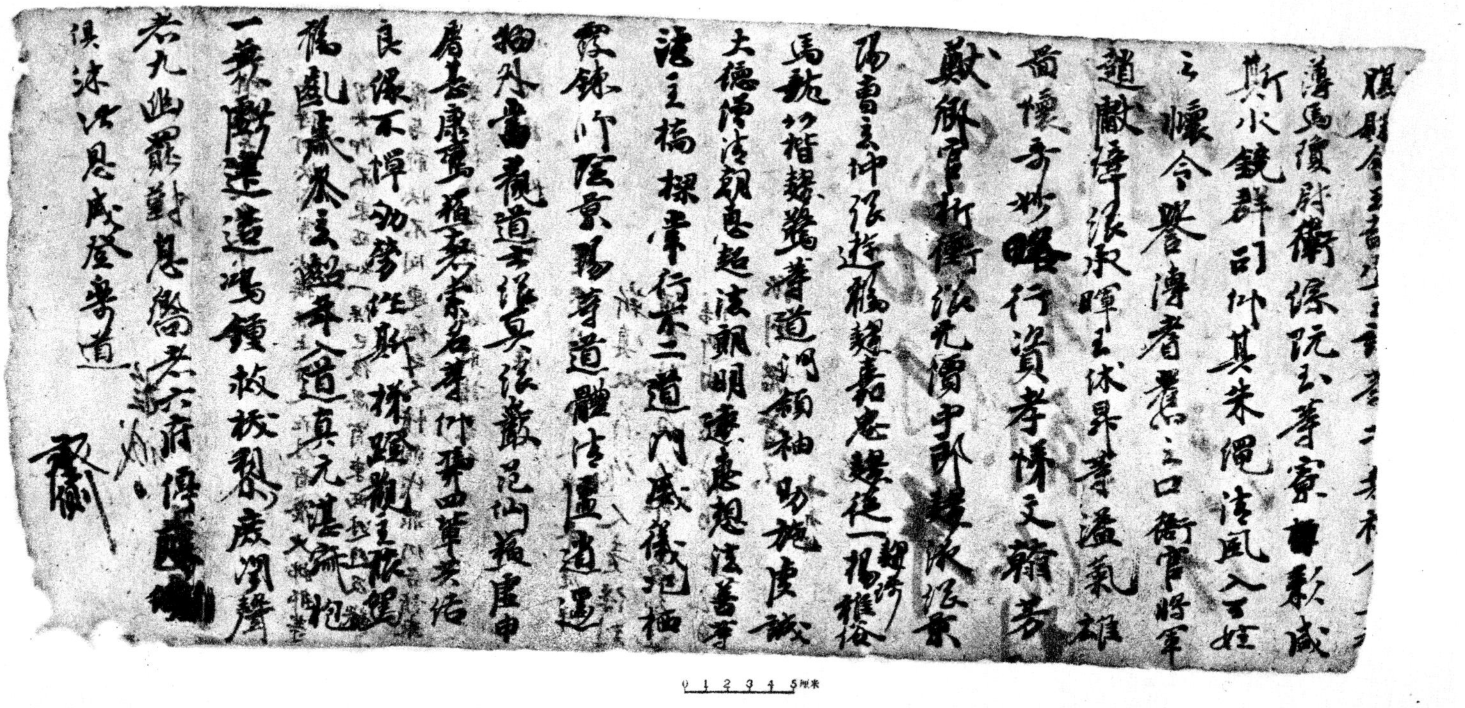

五四　唐西州道俗合作梯蹬及鐘記　73TAM509:8/2(b)

五四　唐西州道俗合作梯蹬及鐘記

本件紀年已缺，文中張無價爲天寶、大曆間人，已見前件題解。又張遊鶴亦見於本件正面《寶應元年（公元七六二年）康失芬行車傷人案卷》。據此知本件應在寶應、大曆間。今列於前件之後。

1 腹。縣令王[副]、[丞][王][記][等]，□□[和]□□□
2 薄(薄)馬瓊、尉衛綜、阮玉等，寮綵(采)彩咸
3 斯水鏡，群司仰其朱繩。清風入百姓
4 之懷，令譽傳耆舊之口。衛官將軍
5 趙獻璋、張承暉、王休昇等，溢氣雄
6 畜，懷奇妙略，行資孝悌，文翰芳
7 猷。鄉官折衝張元價、中郎麴淑、張景
8 陽、曹玄仲、張遊鶴、麴嘉忠、麴從一、麴琦、楊雅俗、
9 馬龍、竹楷、麴鸞等，道門領袖，助施虔誠。
10 大德僧清朝、惠超、法朗、明遠、惠想、法善等
11 法主橋梁，常行不二。道門威儀氾栖
12 霞、鍊師陰景陽等，道體清虛，逍遥
13 物外。當觀道士張真、張巖、范仙、蘇虛、申
14 屠甚、康鸞、蘇憙、索名等，仰憑四輩，共結
15 良緣，不憚劬勞，作斯梯蹬。觀主張駕
16 鶴，亂歲棲玄，齠年入道，真元湛寂，抱
17 一無虧，建造鴻鐘，救拔黎庶。聞聲
18 者九幽罷對，息響者六府停釀。
19 俱沐此恩，咸登樂道。
20 

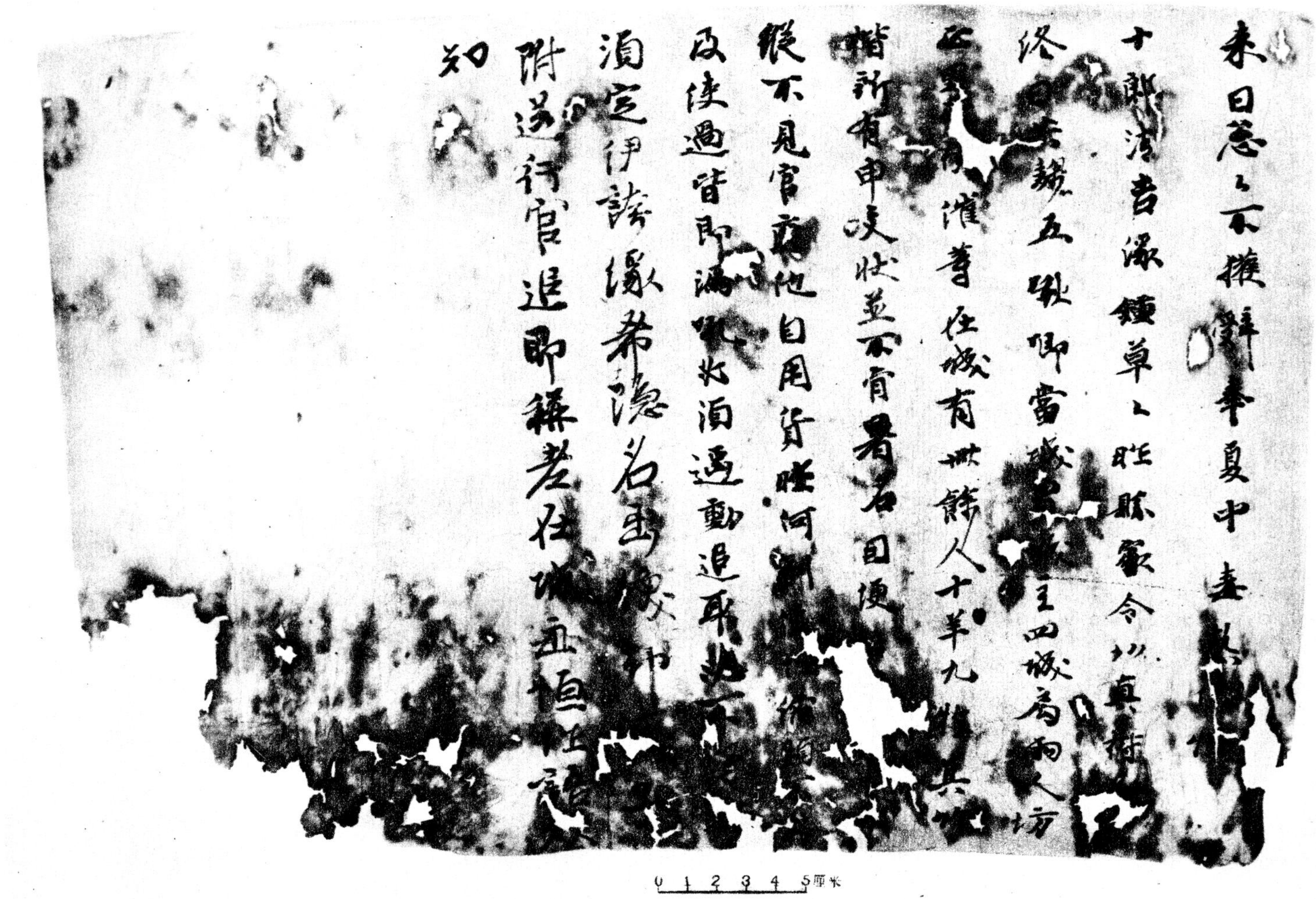

五五　唐某人與十郎書牘　73TAM509:8/19

五五　唐某人與十郎書牘

本件中之竹真楷（竹楷），見於前件《唐西州道俗合作梯蹬及鐘記》，紀年亦應相當。

1 來日悤〻，不獲辭奉，夏中毒熱，伏惟
2 十郎清吉，緣鐘草〻。昨縣家令竹真楷□□
3 終日共麴五啾唧。當城置城主四、城局兩人、坊
4 正、里正、横催等在城有卌餘人，十羊九牧。其竹
5 楷所有申文狀，並不肯署名，因便語□□追入州，
6 縱不見官府，他自用貨。昨何副使巡作，縮頭不出，
7 及使過，皆即漏吼。必須遥動，追取必不得。□
8 須定伊誇，緣希隱名出換却袋子，
9 附送行官，追即稱老。在城每恒作語歇
10 知

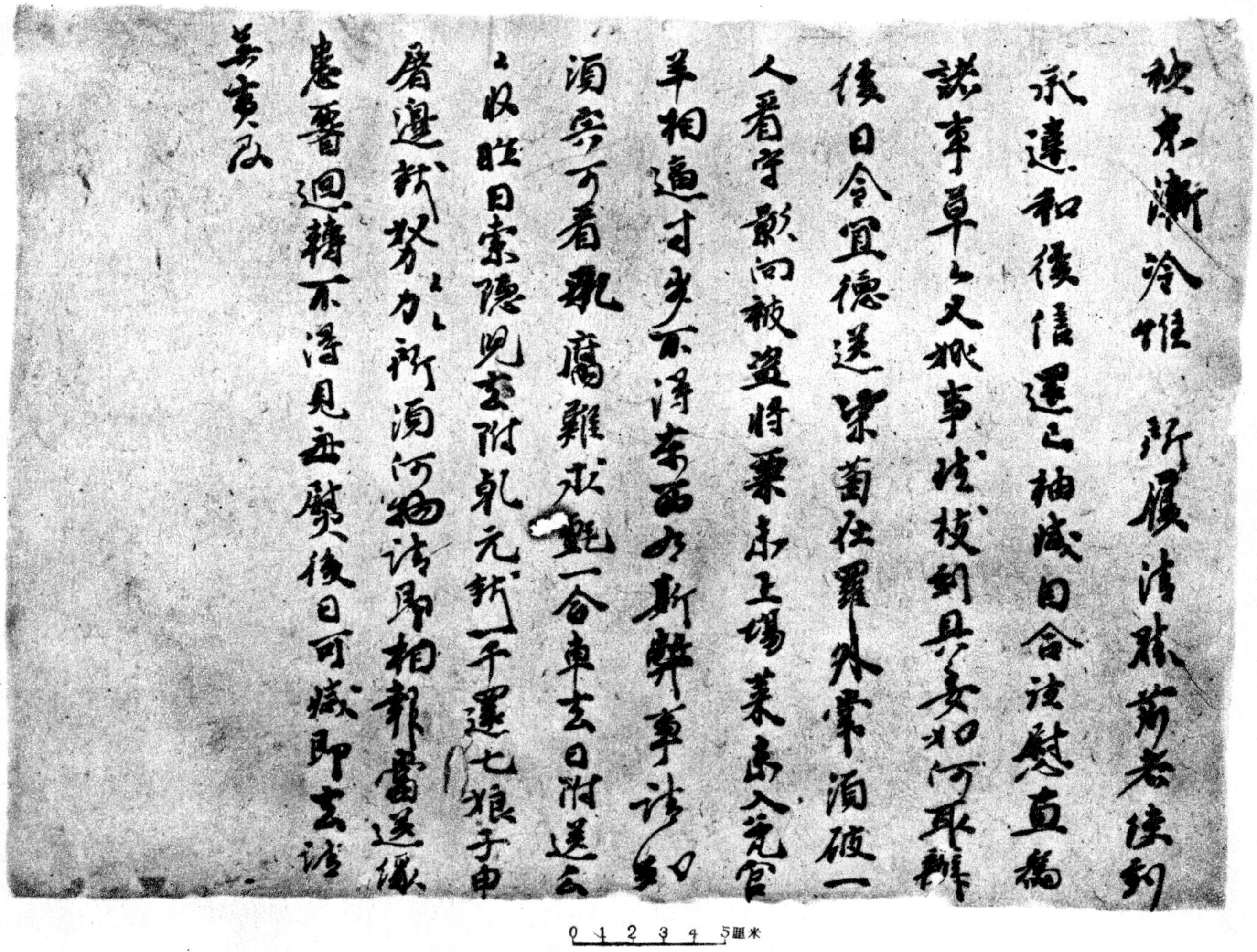

五六　唐書牘稿　　73TAM509:8/6

五六　唐書牘稿

本件紀年已缺。書牘内見「乾元錢」，據《舊唐書·食貨志》：乾元元年（公元七五八年）七月鑄「乾元重寶」，故本件當在乾元之後。

1 秋末漸冷，惟　所履清勝。前者使到，
2 承違和。後信還，已抽減。自合往慰，直為
3 諸事草〻。又（婚）娵事、（柒）桂枝到，具委如何取辦。
4 後日令宜德送桌菊在羅外，常須破一
5 人看守，影向被盜將。粟未上場，菜未入瓮，官
6 羊相逼，寸步不得東西。如斯弊事請知。
7 須肉可看，乳腐難求。氈一合，車去日附送么
8 〻收。昨日索隱兒去，附乾元錢一千，還七娘子申
9 屠邊錢。努〻力〻，所須何物，請即日相報，當送。緣
10 患腰，迴轉不得，見每熨，後日可減。即去，請
11 無責及。

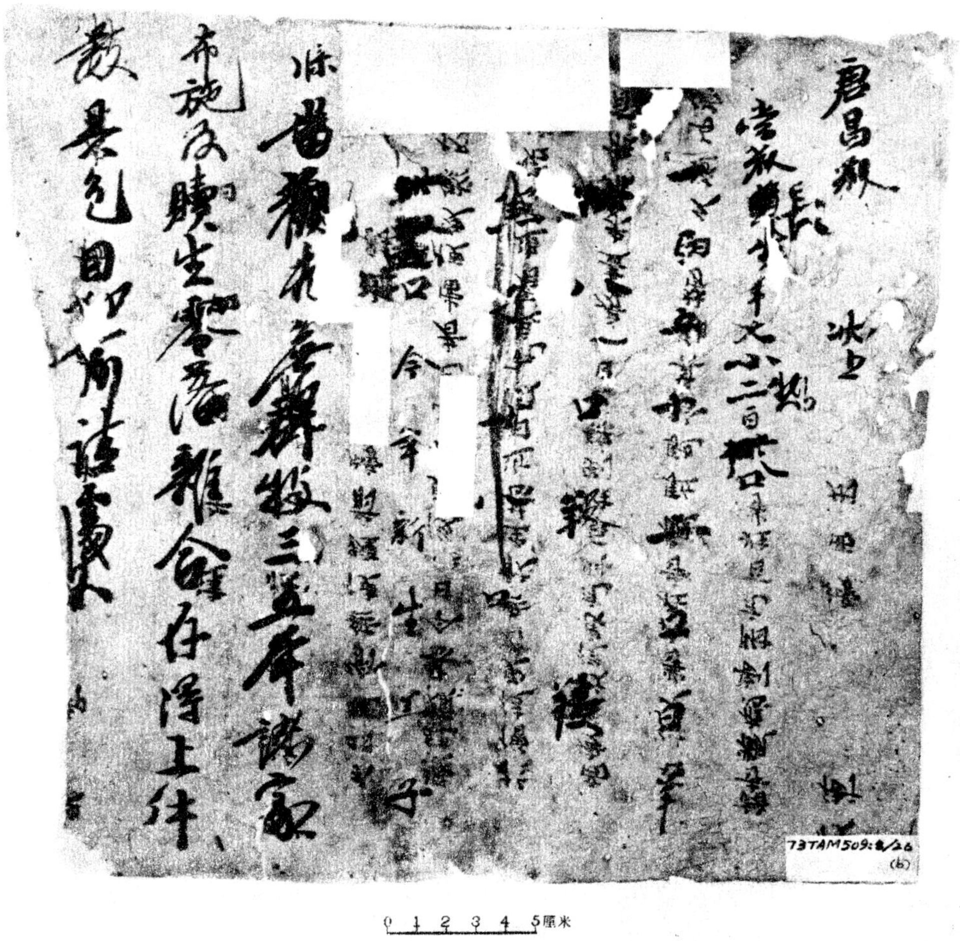

五七　唐唐昌觀申當觀長生牛羊數狀　　73TAM509:8/26(b)

五七　唐唐昌觀申當觀長生牛羊數狀

本件正面爲《寶應元年五月西州使衙榜文》，本件當在其後。

唐昌觀　　狀上
當觀〇長生羊大小總二百卌八口
一百五十二口白羊
卌八口羖羊
羔子卌八口
卌⑧⑤口今年新生羔子
牒：當觀先無群牧，三、五年諸家
布施及贖（續）生，零落雜合，存得上件
數。具色目如前，請處分。

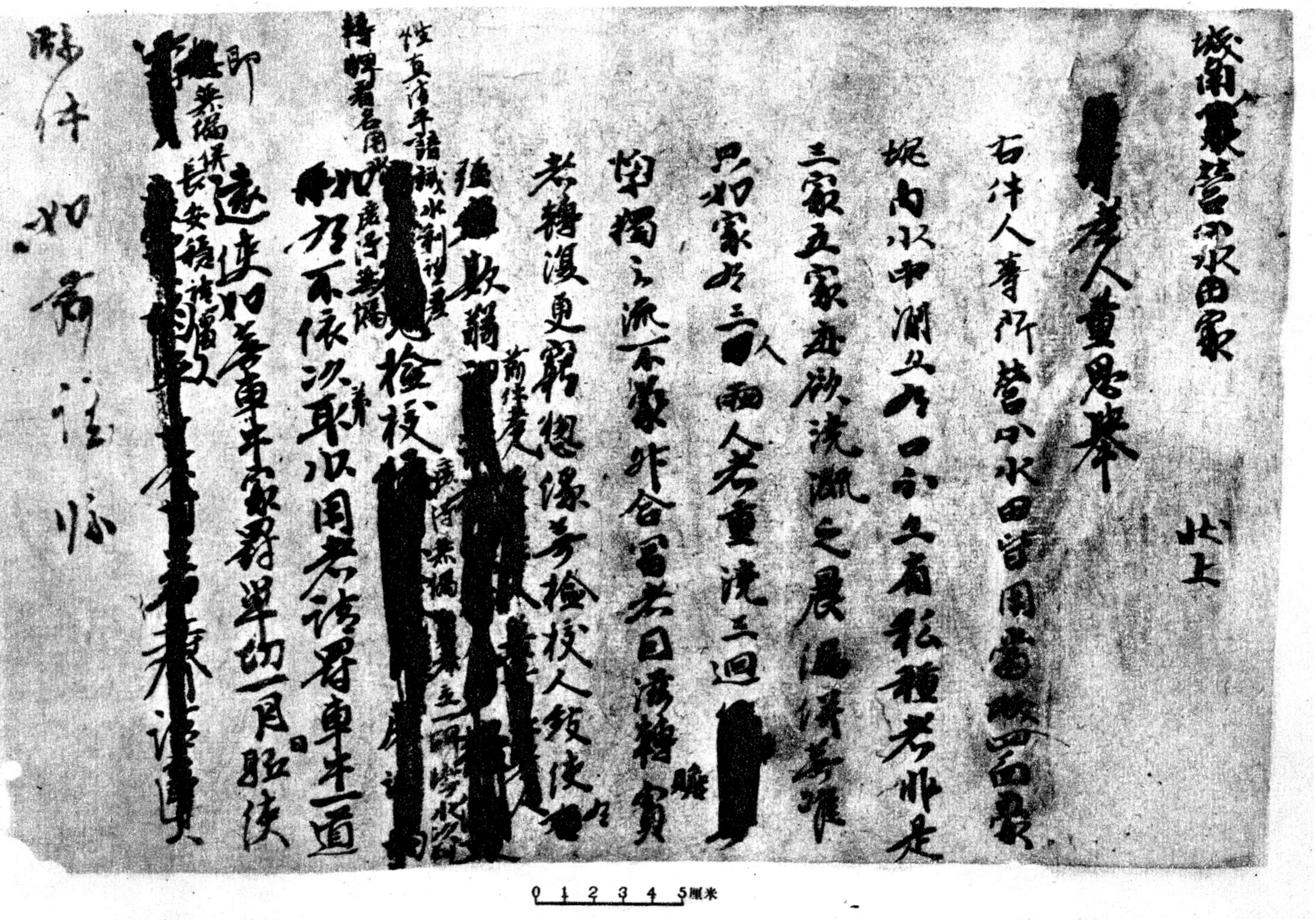

五八　唐城南營小水田家牒稿爲舉老人董思舉檢校取水事　　73TAM509:8/27

五八　唐城南營小水田家牒稿爲舉老人董思舉檢校取水事

城南小水營小水田家　　狀上
○○老人董思舉
右件人等所營小水田，皆用當城四面豪(壕)
坑內水，中間亦有口分，亦有私種者。非是
三家五家，每欲澆溉之晨，漏併無准。
只如家有三○人兩人者，重澆三迴○○○
(惸)惸獨之流，不蒙升合，富者因滋轉贍，貧
者轉復更窮。總緣無檢校人，致使○有
強○欺弱。前件老人○○○差前件老人○○○○○○○○○○
性直清平，諳識水利，望差
○○○○檢校，庶得無漏。○○立一牌牓，水次到，使須溉灌○○庶望均
轉牌看名用水，庶得無漏。
○如有不依次第取水用者，請罰車牛一道
即遠使。如無車牛家，罰單功一月日驅使。
總無漏併長安穩，請處分。此即了庶望均平其甘苦共有請○人
牒件如前，謹牒。

六〇　唐殘文書之二
73TAM509:23/14—5

五九　唐殘文書之一
73TAM509:19/15(b)

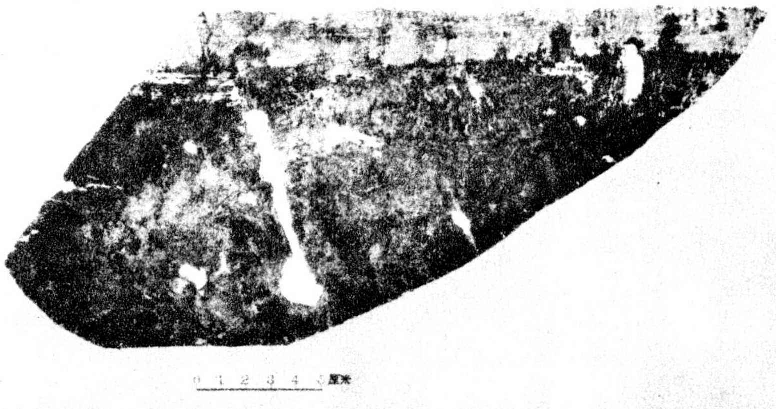

六一　唐殘文書之三　　73TAM509:23/15

五九　唐殘文書之一

1 [　　][勘]問前典[安]□[善]

2 [　　]所由□達白

六〇　唐殘文書之二

1 曰[宴]即日□□

2 檢無稽失

六一　唐殘文書之三

1 [　　]小順　中[男]

2 [　　]常[　　]

3 [　　]事[　　]

4 [　　]錄事曹（？）[　　]

5 [　　]目[　　]

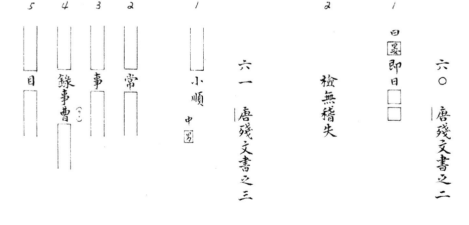

六二　文書殘片
73TAM509:8/28—7

六三　文書殘片
73TAM509:8/28—8～8/28—29

六四　文書殘片
73TAM509:9/12(a)

六五　文書殘片
73TAM509:9/12(b)

六六　文書殘片
73TAM509:19/19－1～19/19－5
六七　文書殘片
73TAM509:19/19－6～19/19－11

六八　文書殘片
73TAM509:20

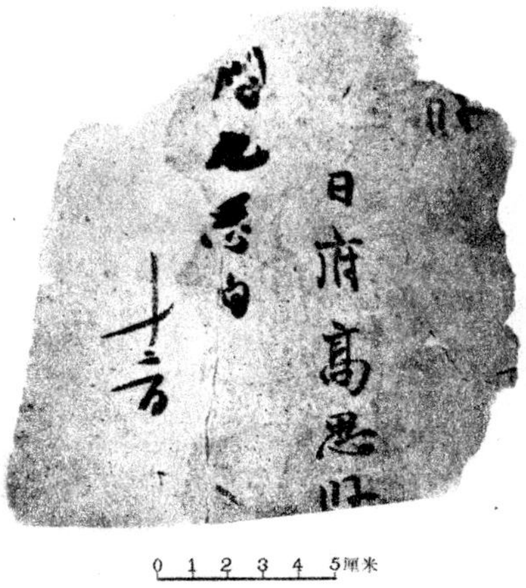

六九　文書殘片
73TAM509:23/6—2

七二　文書殘片　　73TAM509:23/13

七一　文書殘片　　73TAM509:23/12

七〇　文書殘片
73TAM509:23/10

七五　文書殘片
73TAM509:23/14—7

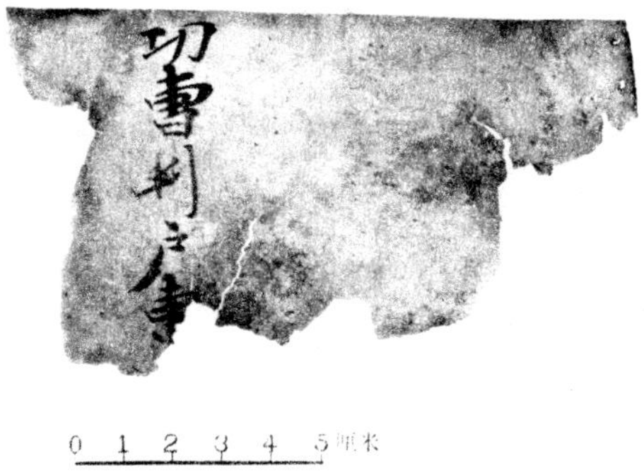

七四　文書殘片　　73TAM509:23/14—6

七三　文書殘片
73TAM509:23/14—2

七八　文書殘片
73TAM509:23/14—10

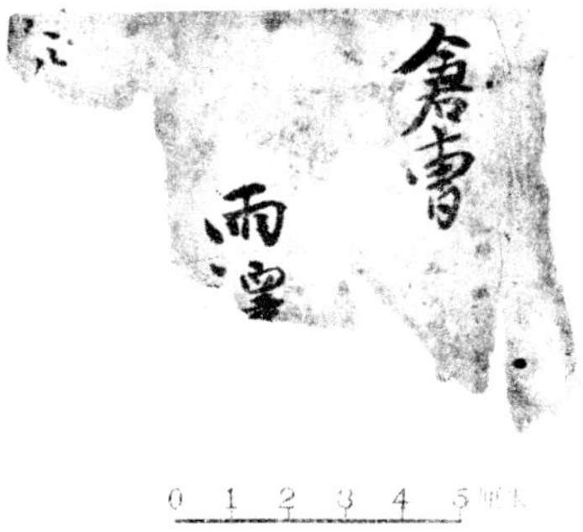

七七　文書殘片
73TAM509:23/14—9

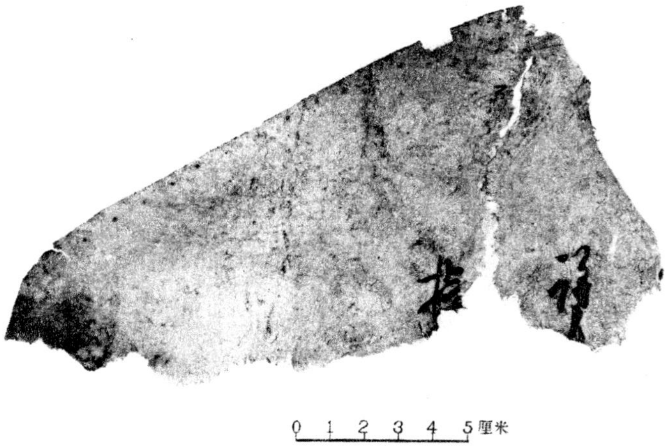

七六　文書殘片　　73TAM509:23/14—8

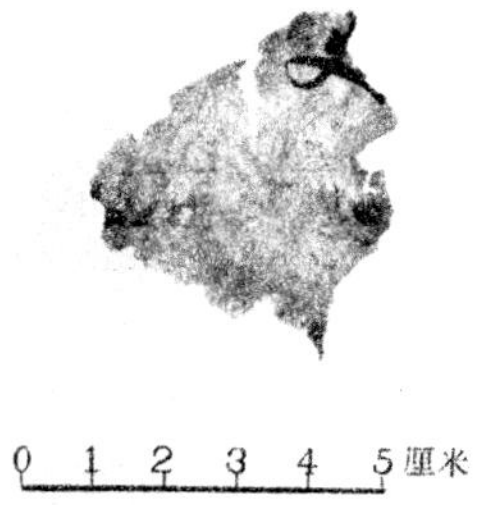

八三　文書殘片
73TAM509:23/14—15

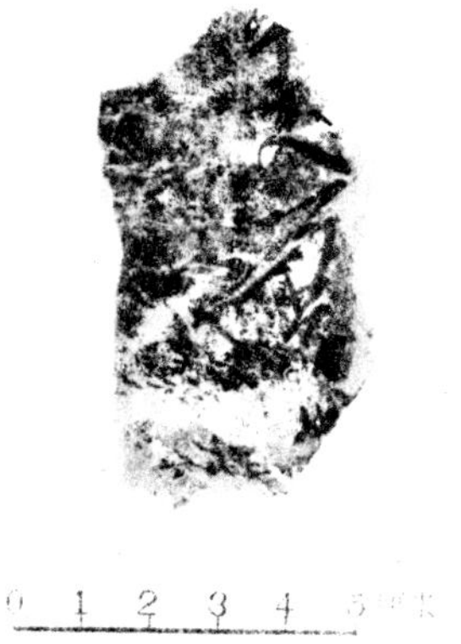

八二　文書殘片
73TAM509:23/14—14

八一　文書殘片
73TAM509:23/14—13

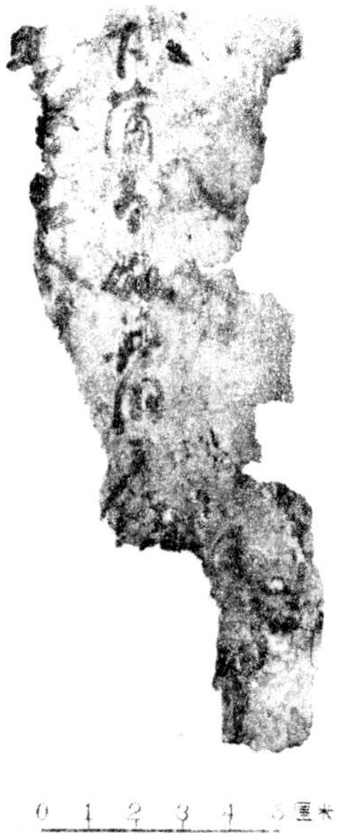

八〇　文書殘片
73TAM509:23/14—12

七九　文書殘片
73TAM509:23/14—11

八七　文書殘片
73TAM509:23/14—19

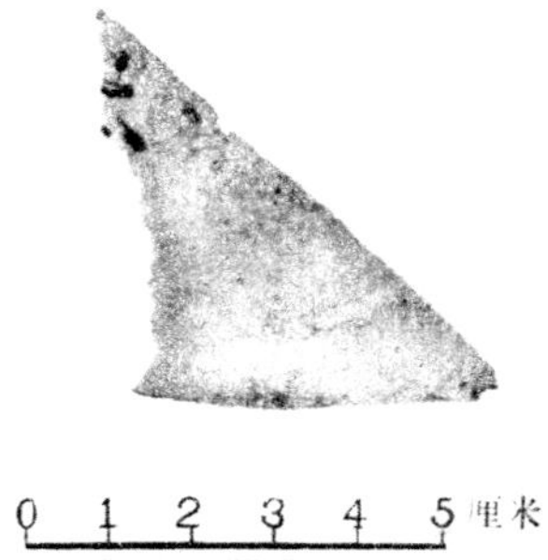

八六　文書殘片
73TAM509:23/14—18

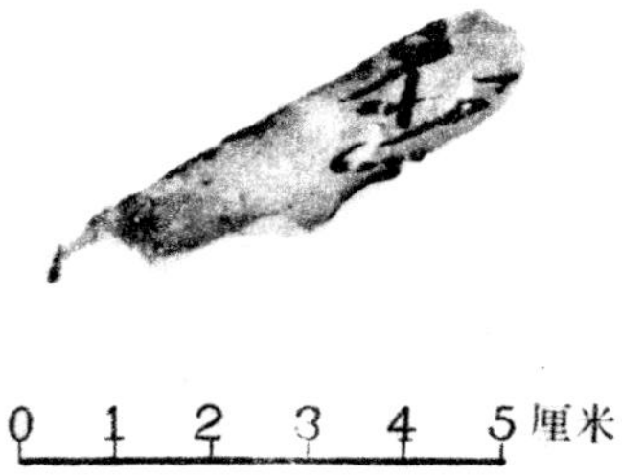

八五　文書殘片
73TAM509:23/14—17

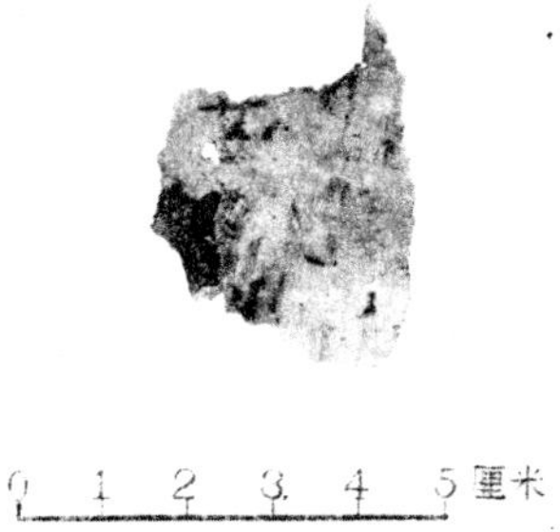

八四　文書殘片
73TAM509:23/14—16

阿斯塔那五一〇號墓文書

本墓出女屍一具，無墓誌及隨葬衣物疏。僅出文書一件，亦無紀年，據考當在唐寶應元年（公元七六二年）左右。

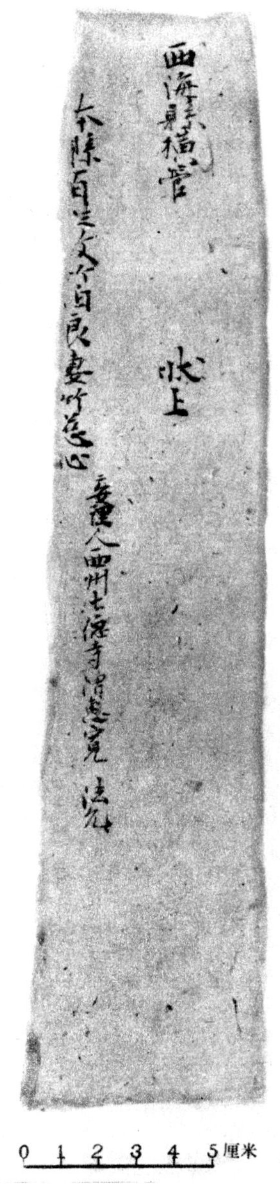

一　唐庭州西海縣橫管狀爲七德寺僧妄理人事　73TAM510:03

一　唐庭州西海縣橫管狀爲七德寺僧妄理人事

本件紀年已缺，據《新唐書》地理志記寶應元年（公元七六二年）置西海縣。又阿斯塔那五〇九號墓所出之唐寶應元年五月西州使衙榜與此事有關，故年代應亦相當。

1　西海縣橫管　　狀上

2　　本縣百姓故竹伯良妻竹慈心　妄理人西州七德寺

　　僧惠寬　法允

阿斯塔那三七號墓文書

本墓無墓誌及隨葬衣物疏。所出文書有紀年者，爲唐大曆三年（公元七六八年）。其餘文書雖無紀年，大抵皆去大曆不遠。

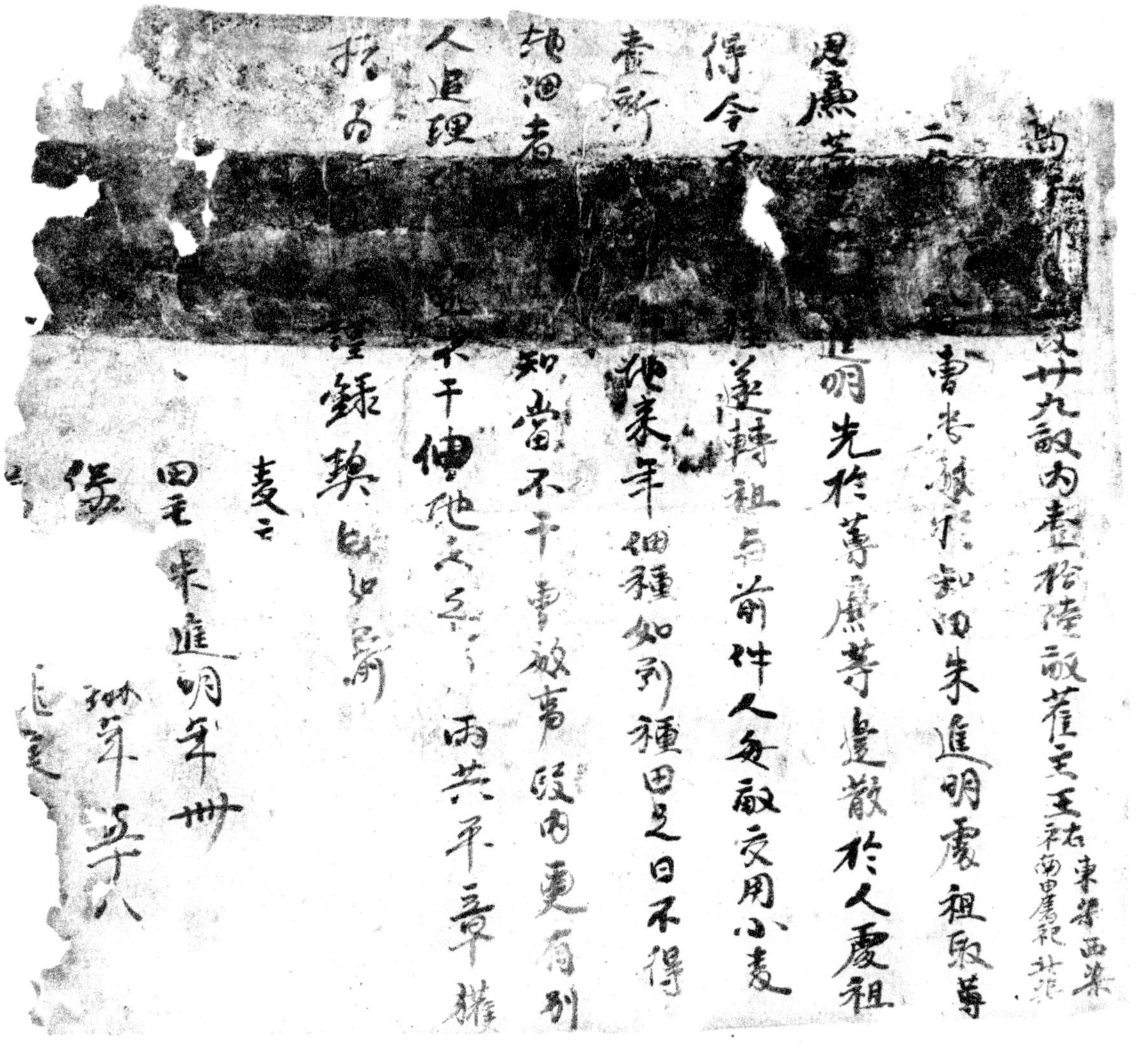

一　唐□□二年曹忠敏租田契　　64TAM37:21

一　唐□□二年曹忠敏租田契

本件紀年殘缺，第二行「二年」上存一殘筆。同墓出有大曆三年（公元七六八年）文書兩件。本件殘筆與契文第三行「先」字最後一筆相似，疑爲「元」字。與大曆相近之年號有「乾元」、「上元」。本件當是乾元二年（七五九年）或上元二年（七六一年）。今置於大曆之前。

1　□□高渠部田一段廿九畝，内壹拾陸畝舊主王祐　東渠　南申　西渠　北渠　麘祀

2　□兄二年九月八日，曹忠敏於知田朱進明處取蕚

3　思廉等上件地。進明先於蕚廉等邊散於人處租

4　得，今不親營種，遂轉租与前件人。每畝交用小麦（斗）

5　壹𣁾，祖取上件地来年佃種。如到種田之日不得

6　地佃者，一仰朱明知當，不干曹敏事。段内更有别

7　人追理地子，並不干佃地人之事。兩共平章，獲

8　指爲記。　謹録契白如前。

9　麦主

10　田主　朱進明年卌

11　保人　□琳年五十八

12　保□屍達□

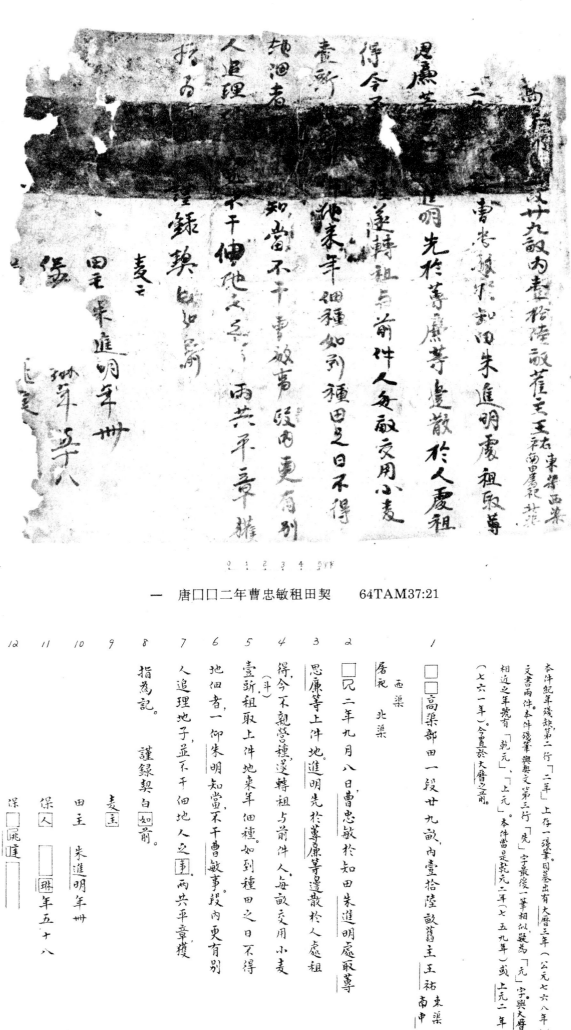

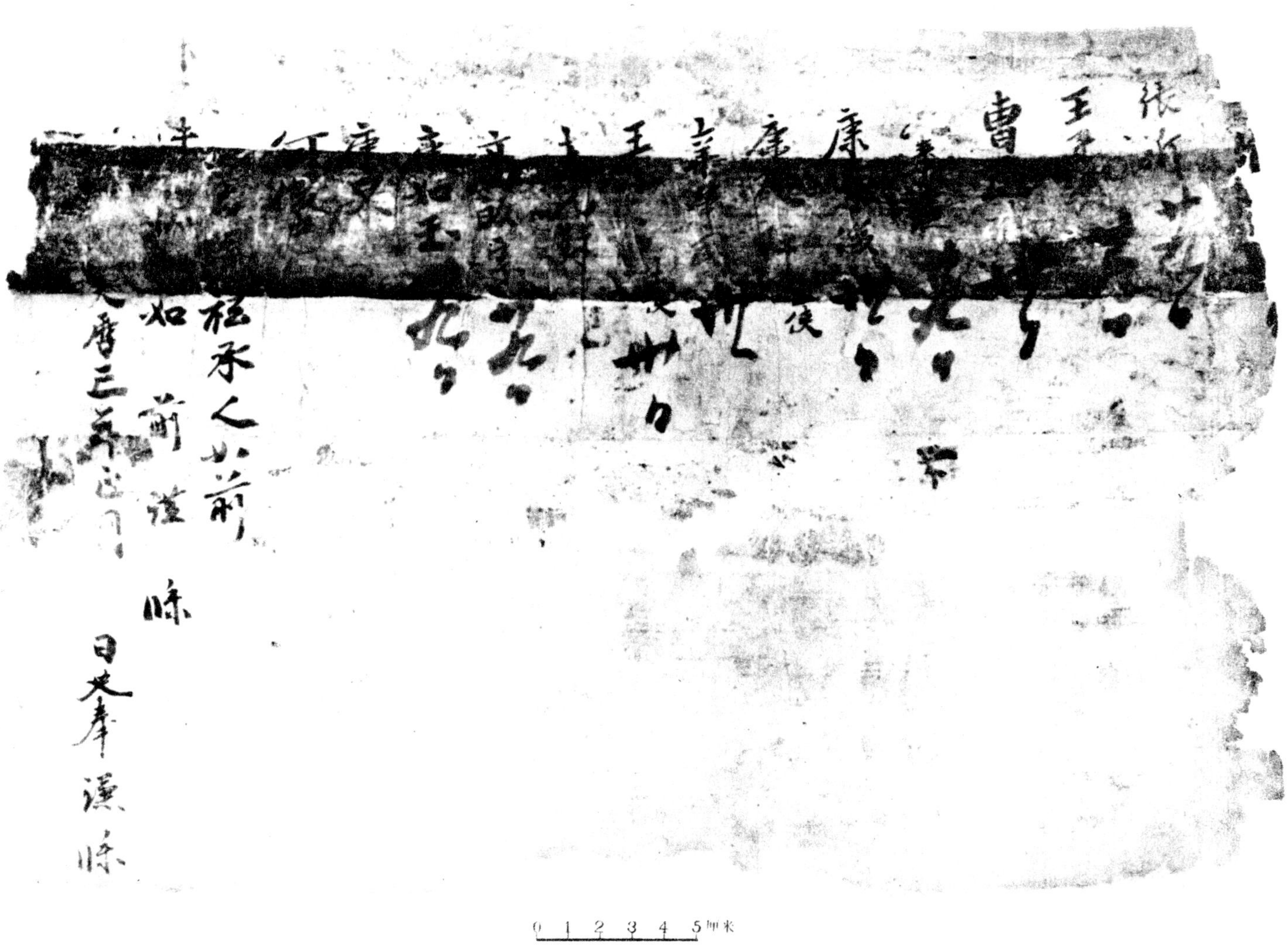

二　唐大曆三年(公元七六八年)史奉謙牒爲通祇承人當直事　64TAM37:24

二　唐大曆三年（公元七六八年）史奉謙牒爲通祇承人當直事

1 ［　　］日
2 張沂廿九日
3 王子□廿九日
4 曹庭珊卅日
5 史奉謙廿九日
6 康崇俊卅日
7 康獻祥出使
8 辛榮國卅日
9 王小〻出使卅日
10 匡无對
11 高皈宗廿九日
12 康如玉廿九日
13 康杲
14 何俊忠
15 右通祇承人如前
16 牒件狀如前謹牒
17 大曆三年正月　日史奉謙牒

0 1 2 3 4 5 厘米

三　唐大曆三年(公元七六八年)曹忠敏牒爲請免差充子弟事　64TAM37:23

三　唐大曆三年（公元七六八年）曹忠敏牒爲請免差充子弟事

本件二、四、六行應是首次所寫稿。一、三行則是二次所寫，作具體之補充，分别補入二、四行中。第四行三「得」字和五、七兩行則是後人戲書，與本件内容無關。

1　手無[四][指]

2　牒忠敏身是殘疾，復年老，今被鄉司不委，差充子弟，

3　渠水窓經今一年已上，寸步不得東西，

4　貧下交不支濟，伏望商量處分，謹牒。　得得得

5　得得貧貧　貧　是大曆收謹謹

6　大曆三年正月　日百姓曹忠敏牒

7　牒庭州〔一〕

注釋

〔一〕「州」下有字，已塗墨不可識。

四　唐曹忠敏上隊頭牒爲訴被郭將軍棒打事　64TAM37:22

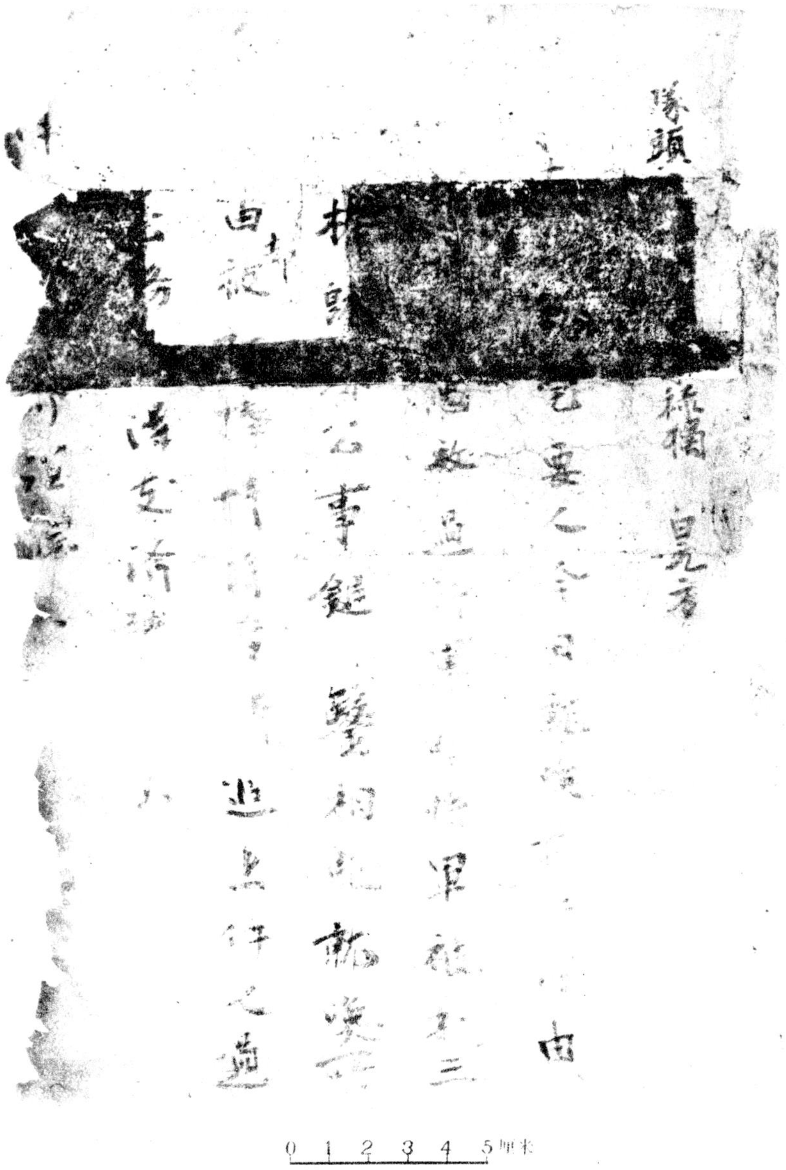

四　唐曹忠敏上隊頭牒爲訴被郭將軍棒打事

本件上部塗黑字不可識，忠敏之姓亦被掩蓋。今據同墓所出文書有曹忠敏名者二份，當是一人。

1　隊頭〔一〕□□祿獨　白元方
2　右□□宅要人，今日就喚前件所由
3　□忠敏過行軍郭將軍，被打三
4　棒。既緣公事，鎚鑿相驅，就喚所
5　由，却被打棒。情將若〔二〕請追上件人過
6　公務，□得支濟□
7　□件□□前謹牒。

注釋

〔一〕「隊頭」二字下塗黑不可辨識。
〔二〕「若」字下疑有闕文。

阿斯塔那一〇一號墓文書

本墓無墓誌及隨葬衣物疏。所出文書亦無紀年。據墓葬形制及文書内容、書法推斷，知屬唐代。

一　唐某府旅帥楊文俊等馬匹簿（一）　68TAM101:6/5,6/3

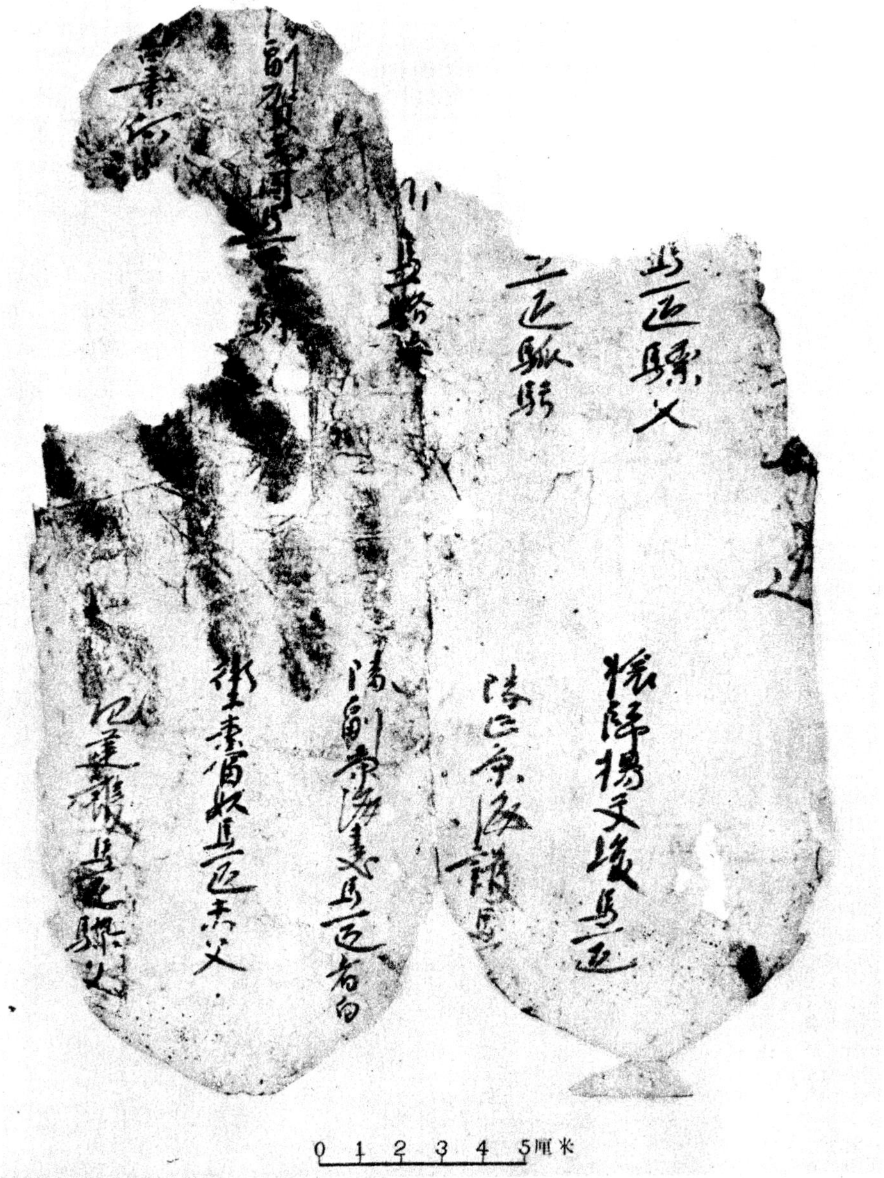

0 1 2 3 4 5厘米

一　唐某府旅帥楊文俊等馬匹簿

（一）

1 [　　]□卌匹

2 [　　]馬一匹，驃父　　　旅帥楊文俊馬一匹

3 [　　][馬]一匹，騧駮　　　隊正康海護馬一□

4 [　　]馬一〔一〕駱父　　　隊副康海惠馬一匹，
者白

5 [隊]副賀毛洞馬一匹，[赤]驃　　　衛士索富奴馬一匹，
赤父

6 □古素何[　　]　　　氾建護馬一匹，驃父

注　釋

〔一〕疑脱「匹」字。

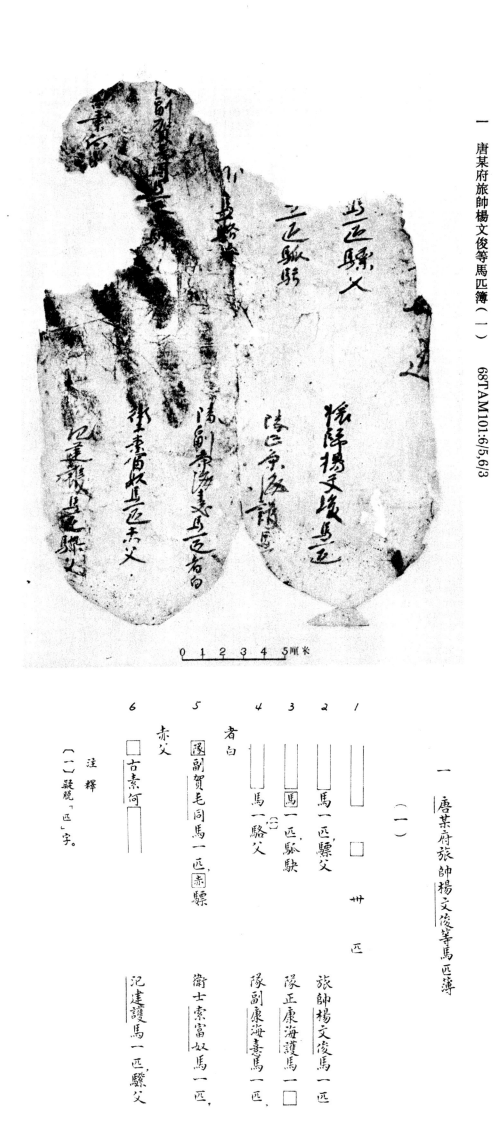

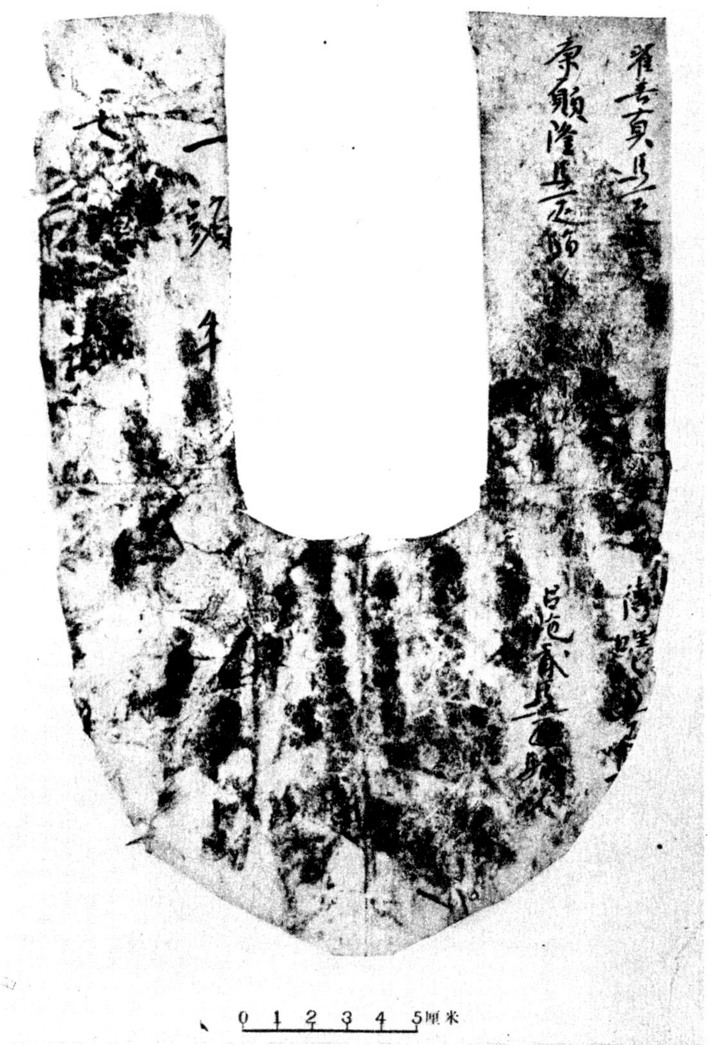

一　唐某府旅帥楊文俊等馬匹簿(三)　68TAM101:6/1,6/4

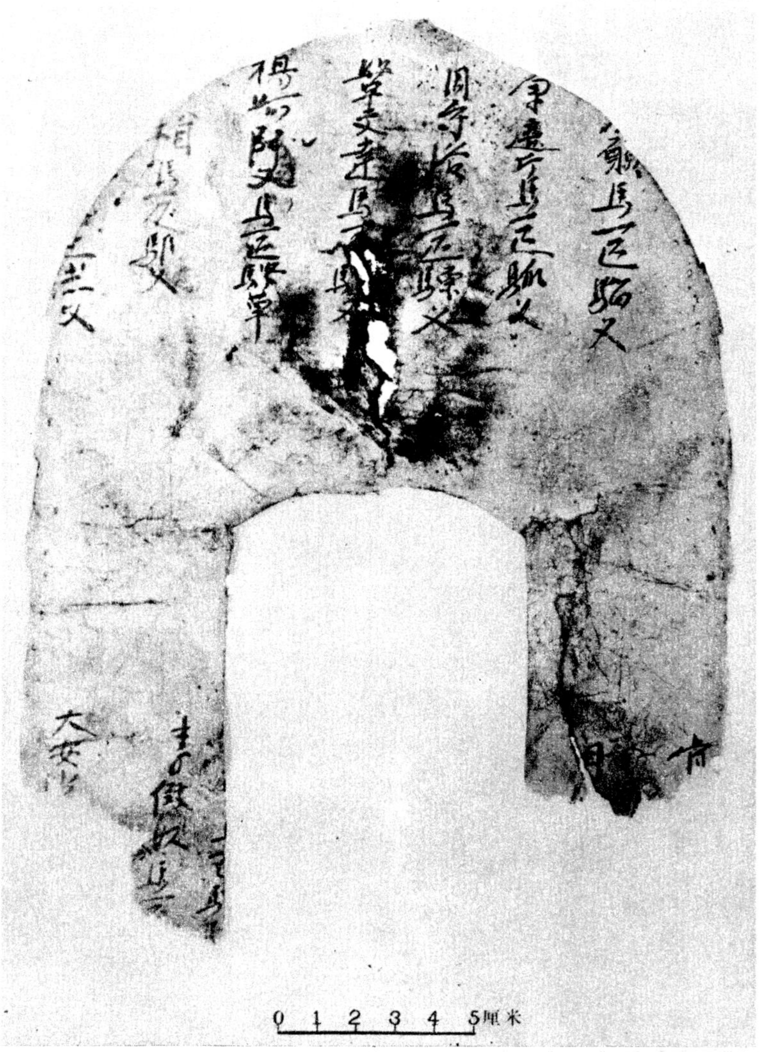

一　唐某府旅帥楊文俊等馬匹簿(二)　68TAM101:6/2

（二）

1 [　　　　　　]　　　　骨[　　　　]
2 □□頤馬一匹，騮父　　　　目[　　　　]
3 康遮斤馬一匹，騟父　　　　[　　　　]
4 周守洛馬一匹，驃父　　　　[　　　　]
5 翟文達馬一匹，騂□　　　　[　　　　]
6 楊阿父師馬一匹，騾草　　　　[　　　　]一匹，騂□
7 □□相馬一匹，騅父　　　　李潑奴馬一匹，□□
8 [　　　　]赤父　　　　大安[　　　　]

（三）

1 翟善真馬一匹，赤父　　　　傅嘿〻馬一匹，騂□
2 康頤隆馬一匹，騮父　　　　呂阤貳馬一匹，騟父
3 二頭牛〔一〕
4 七頭䮑(驢)

注釋

〔一〕本行及下一行疑為另一類牛䮑（驢）帳，此兩行前的紙上半已在作鞋幇時剪去，下半無字。

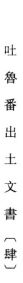

阿斯塔那三八一號墓文書

本墓無墓誌及隨葬衣物疏。所出文書有唐大曆紀年。

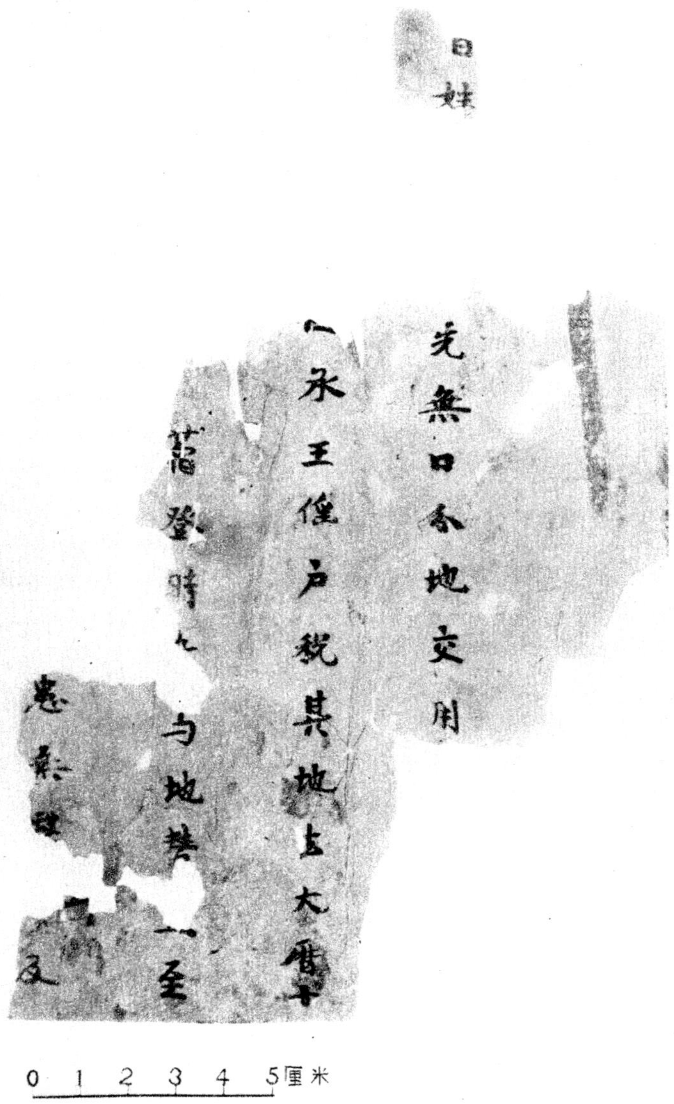

一　唐大曆某年某人辭爲租地事　68TAM381:03

一　唐大曆某年某人辭爲租地事

1 □百姓□先無口分地交用□
2 □承王傜戶稅。其地去大曆十
3 □蓿登時，□与地替□至
4 □患無留□□及

二　文書殘片　68TAM381:01/1～01/4

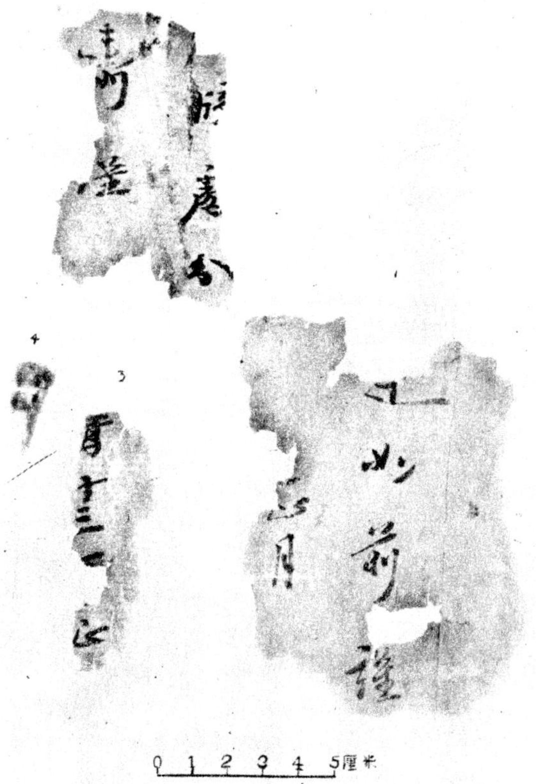

三　文書殘片　68TAM381:02/1～02/4

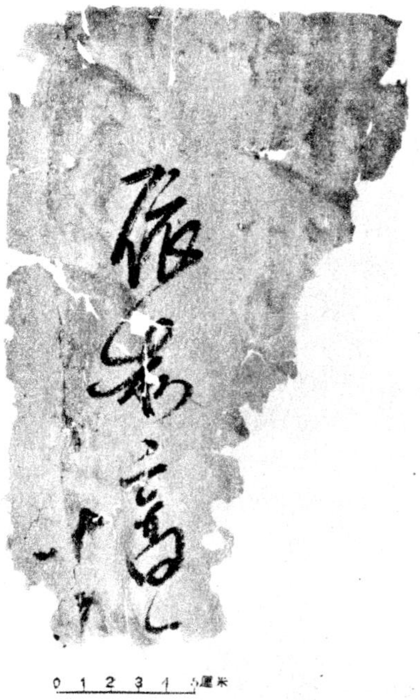

四　文書殘片　68TAM381:04

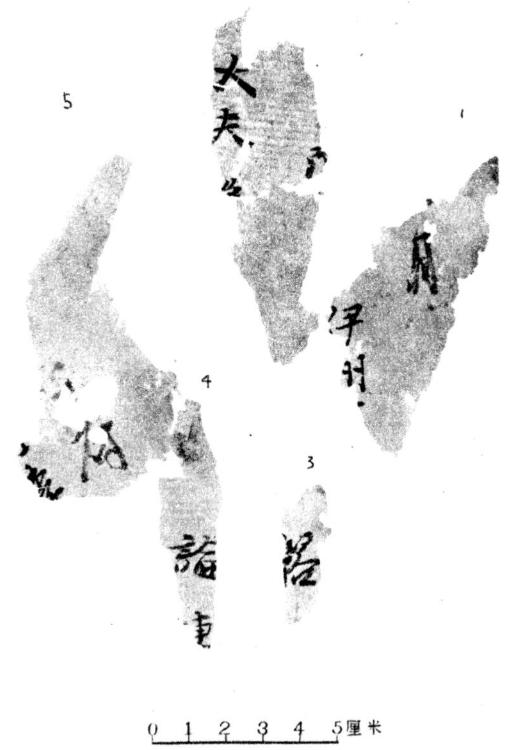

五　文書殘片　68TAM381:05/1～05/5

阿斯塔那八五號墓文書

本墓無墓誌及隨葬衣物疏。僅出文書一件，爲古寫本《論語》鄭氏注《公冶長》殘卷。

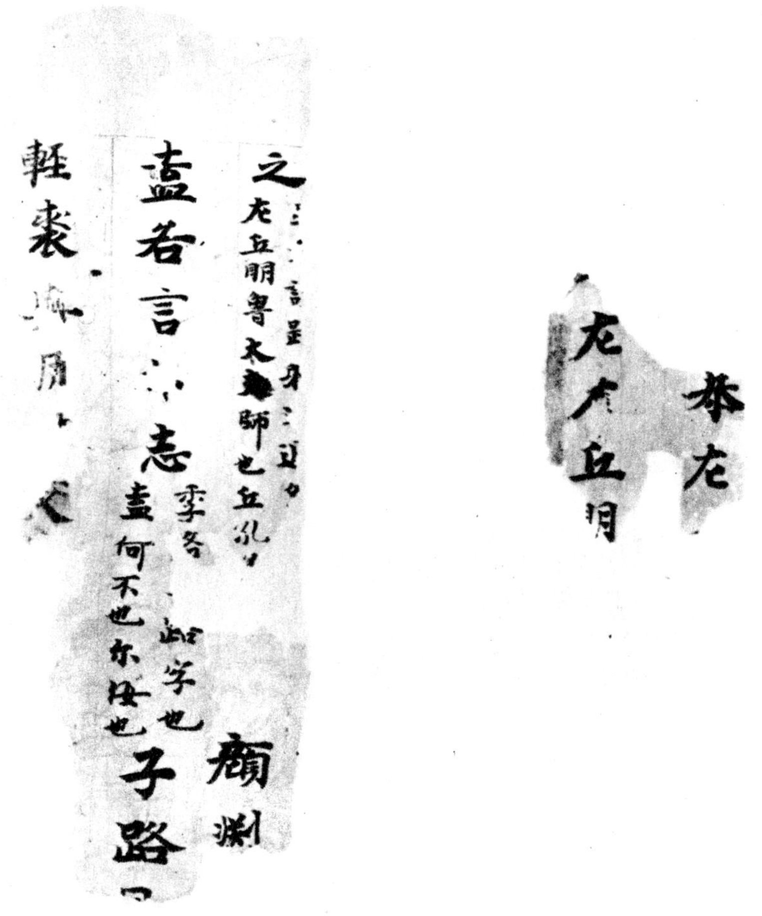

0 1 2 3 4 5厘米

一　古寫本《論語》鄭氏注《公冶長》殘卷　67TAM85:1/1,1/2

一　古寫本《論語》鄭氏注《公冶長》殘卷

本件有烏絲欄。

1 （前缺）恭（左）（後缺）

2 （前缺）左（丘）丘明（後缺）

3 之[足]□[謂][踐]躬（中缺）左丘明魯太[一]（大）師也丘孔[子]□　顏淵（後缺）

4 盍各言[爾]志[二]季[路][子][路]字也盍何不也尔汝也子路[曰]（後缺）

5 輕裘[與][朋]□[友]（後缺）

注　釋

〔一〕「大」字下有淡墨點，故錄「太」字。

〔二〕朋友間不應有字，但原件有殘筆，今姑作□。

阿斯塔那一〇五號墓文書

本墓無墓誌及隨葬衣物疏。所出文書亦無紀年。據墓葬形制、同出文物及文書内容、書法推斷，知屬盛唐時期。

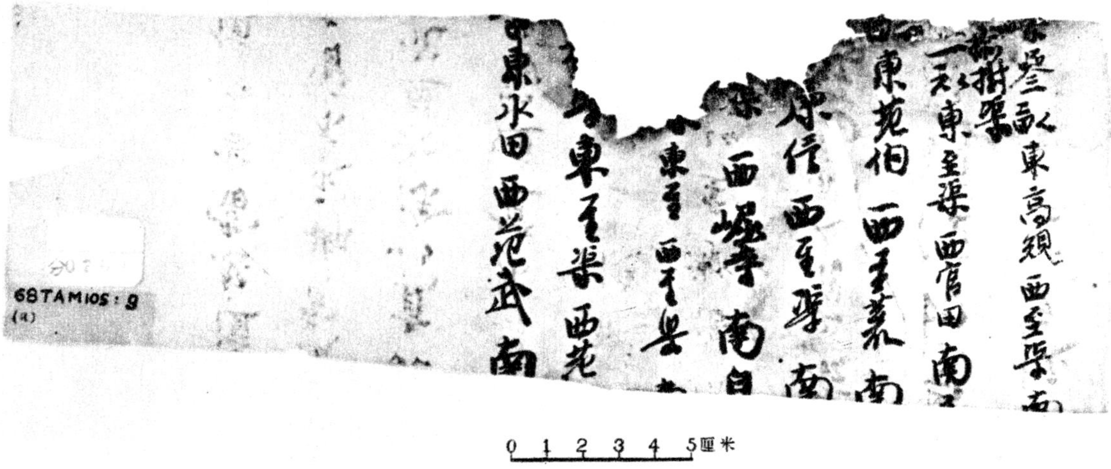

一　唐西州高昌縣殘籍帳　68TAM105:9(a)

一　唐西州高昌縣殘籍帳

本件畝數大小寫雜見，當是草稿。又件内記「榆樹渠」，該渠流經高昌縣城西城北。「高規」名亦見於阿斯塔那四二號墓《唐高昌縣授田簿》。故本件當即高昌縣所造。

1 ［　　］渠叄畝　東高規　西至渠　南［　　］

2 ［　　］榆樹渠

3 ［　　］一畝，東至渠　西官田　南至［　　］

4 ［　　］畝東范伯　西至荒　南［　　］

5 ［　　］康信　西至渠　南［　　］

6 ［　　］渠　西崛寺　南自［　　］

7 ［　　］渠東至　西至渠　南［　　］

8 ［　　］渠東至渠　西范［　　］

9 ［　　］渠東水田　西范武　南［　　］

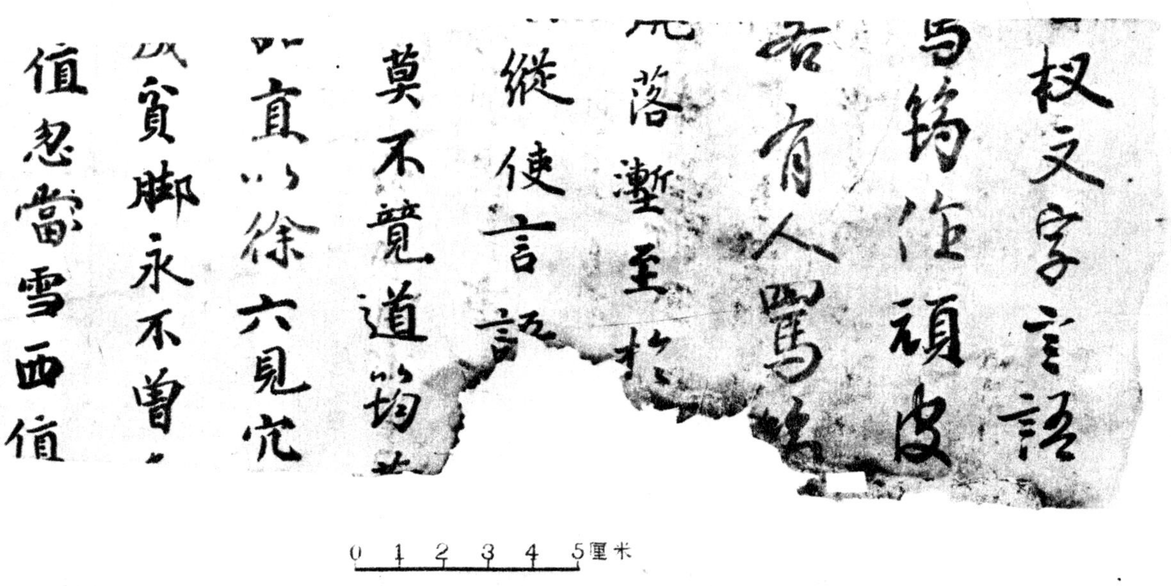

二　唐馬筠殘文書　　68TAM105:9(b)

二　唐馬筠殘文書

1 [　]杈，文字言語[　]
2 [　][馬]筠作頑皮[　]
3 [　][若]有人罵[筠][　]
4 [　]落塹，至於[　]
5 [　]縱使言語[　]
6 [　]莫不競道筠苦[　]
7 [　]直以徐六見宂[　]
8 [　]貧腳永不曾[　]
9 [　]值，忽當雪西[值][　]

哈拉和卓七〇號墓文書

本墓無墓誌及隨葬衣物疏。所出文書亦無紀年。據墓葬形制、同出文物及文書內容推斷，知屬唐代。

0 1 2 3 4 5厘米

一　唐殘抄(一)(二)　　75TKM70:1/1,1/2

二　文書殘片(一)～(三)　　75TKM70:1/3～1/5

一　唐殘抄

本件墨色過淡，字多不可識。

（一）

1 □史軌(?)住國□

2 □九月五日□

3 □史住□九住国□

（二）

1 下甲肆領□

2 □□周□領。

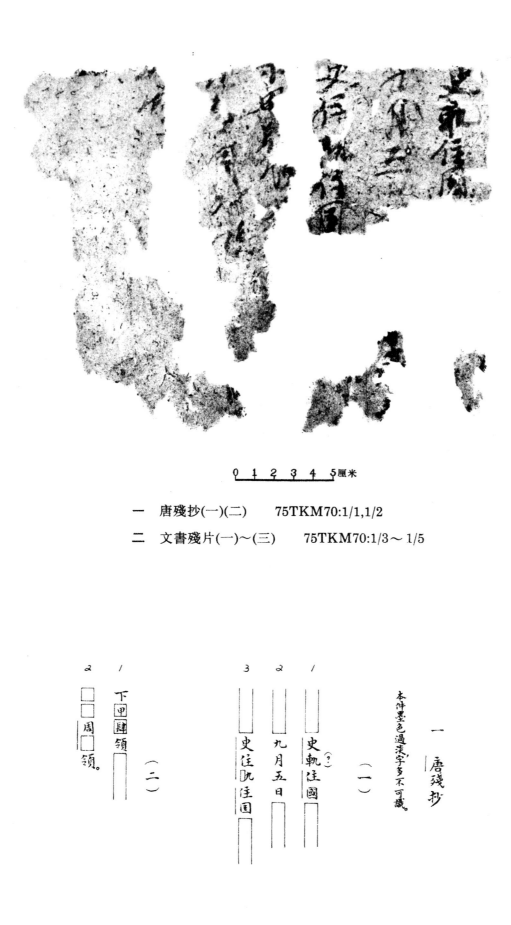

阿斯塔那七三號墓文書

本墓無墓誌及隨葬衣物疏。所出文書亦無紀年。據墓葬形制、同出文物及文書內容推斷，知屬唐代。

一　唐某人夏田契　66TAM73:32/1(a),32/2(a)

一　唐某人夏田契

本件紀年已缺，據書法及此件內「順義」鄉名，應屬唐代佃田契。又此件殘缺太甚，文義不明，疑是隨意書寫，有二行似從左到右。

1　（前缺）常田廿畝，々別与夏價（後缺）
　　々□玉乂□□〔一〕
2　（前缺）[十]七日順義鄉人郭（後缺）
3　（前缺）□[司]（缺）唐〔二〕（後缺）
4　（前缺）[年]（缺）廿四日（後缺）
5　（前缺）七月（後缺）

注　釋

〔一〕本行倒寫，與本文無關。

〔二〕自「唐」字以下均係另人戲書，與本契無關。

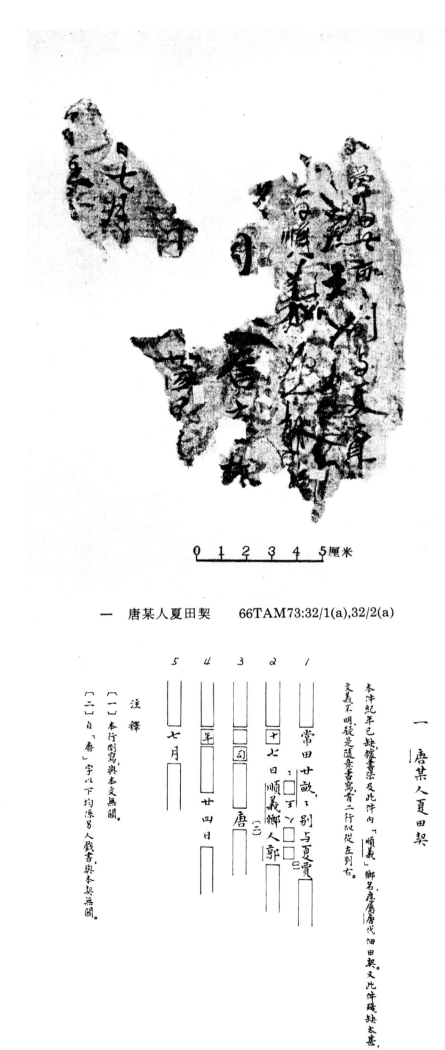

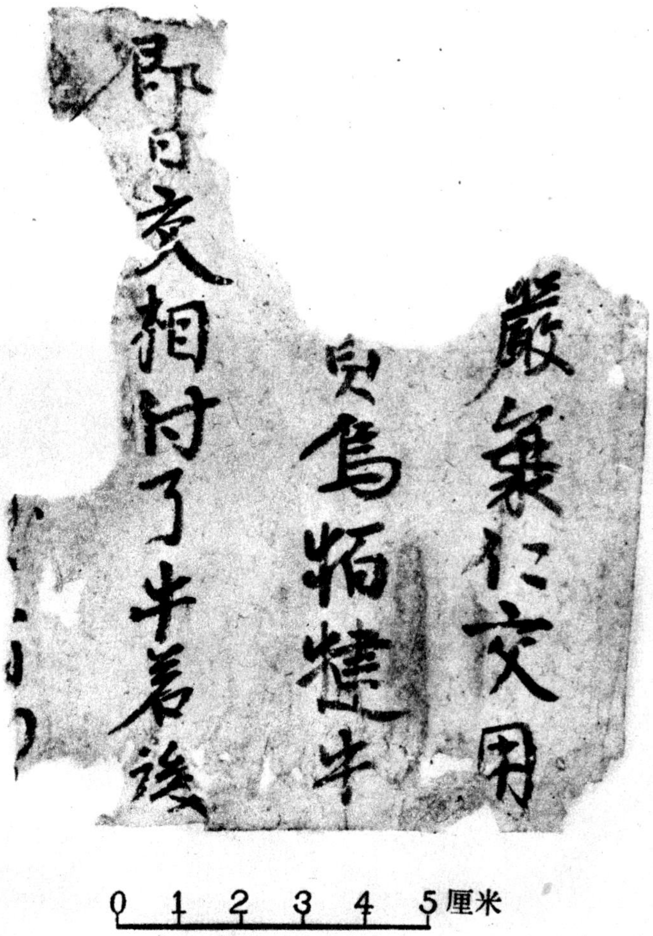

二　唐嚴海仁買牛契　66TAM73:29

三　治急黄方　66TAM73:32/1(b),32/2(b)

二　唐嚴海仁買牛契

1 [ ]嚴粲(海)仁交用

2 [ ][買]烏犏犍牛

3 [ ]即日交相付了。牛若後

三　治急黄方

本件行四左下方殘片倒書字與藥方無關，爲後人戲書，今不錄。

1 [ ]行黄方用　茵蔯[蒿][ ]

2 [ ]三分，枝子三分，大[黄][ ]

3 [ ]芒消[ ][分]，[巴][ ]

4 [ ]丸，〻如[ ]

阿斯塔那四三號墓文書

本墓無墓誌及隨葬衣物疏。所出文書亦無紀年。據墓葬形制及同出文物推斷，知屬唐代。

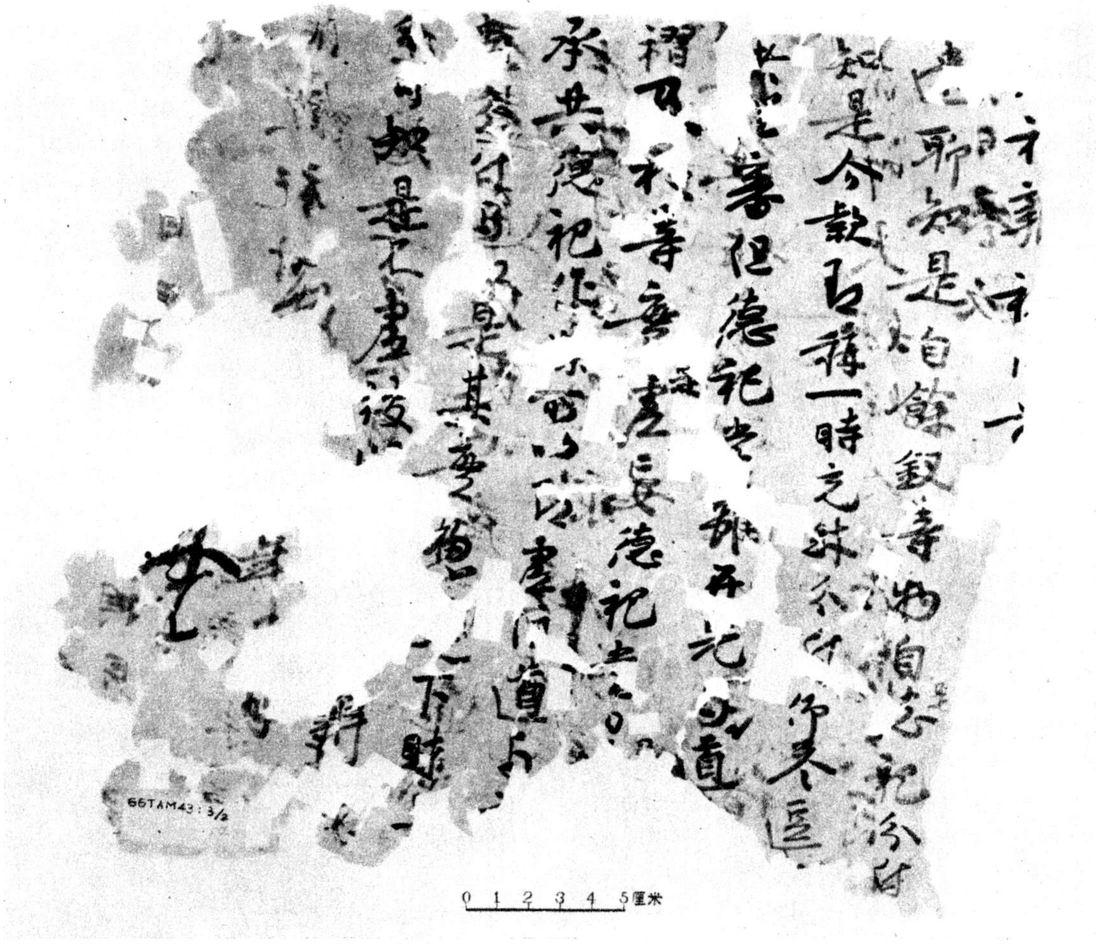

一　唐德祀辯辭　　66TAM43:3/2(a)

一　唐德祀辯辭

□[祀][辯][被][問][ ]
[遺]聊知是自餘釵等物，自是[德]祀分付。
知是今款，即稱一時充財分付。仰答逗□
[者][謹]審，但德祀[當]雖在[先]道[與][ ]
稽[ ][等]實是虛妄。德祀當日[ ]
承共德祀作□，所以即虛□道與[ ]
□分付與□是其實。總□下財□
[分][付]，知是不虛。[被][問]□□□辯。
[ ]年　　月
[ ][示]

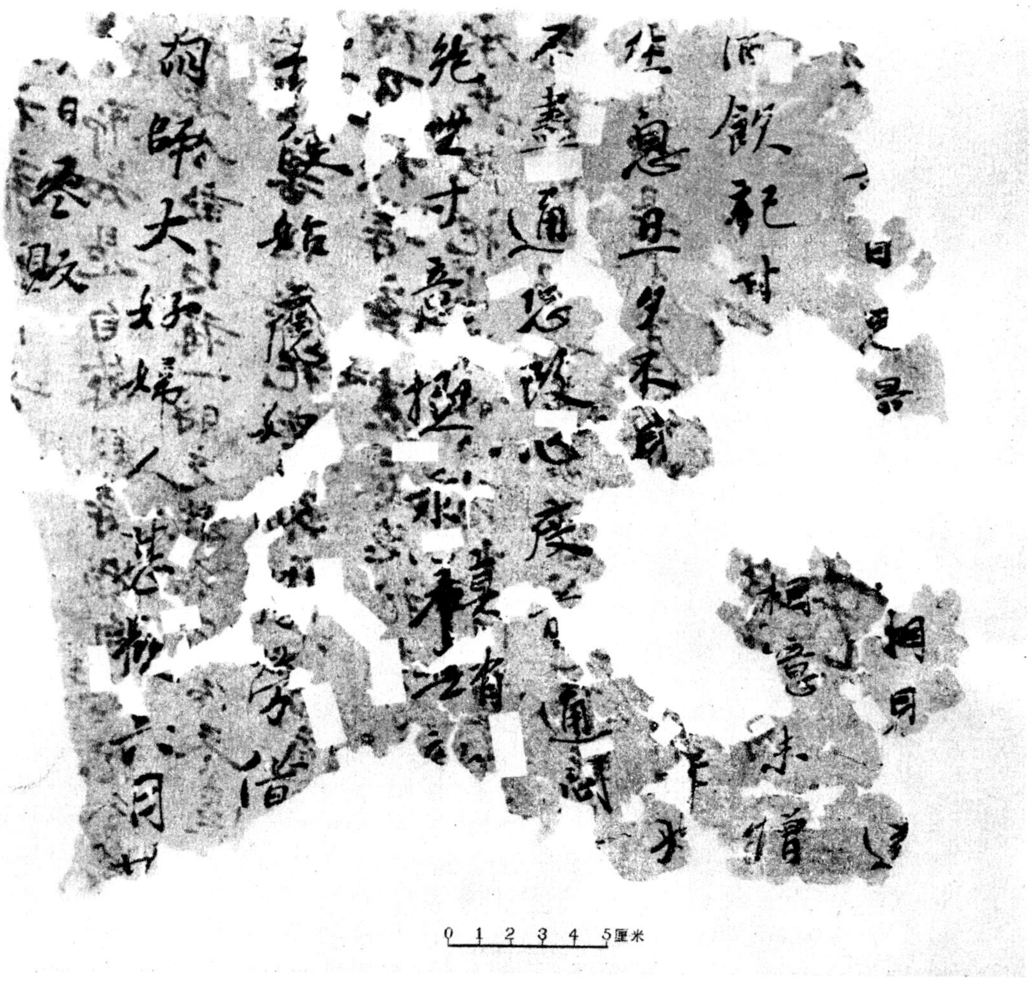

二　唐棗販殘書牘　66TAM43:3/2(b)

二　唐棗販殘書牘

1 □□思量□相見□送
2 酒飲祀廿□相憶未增
3 住息，旦夕不見，□年如
4 不盡通，恐改心度。前通問□
5 絕無寸意，極求若無（真有）□
6 致使始應如此。□勞借□
7 胡師大好，婦人甚歡。六月廿
8 □日，棗販。

阿斯塔那三〇號墓文書

本墓無墓誌及隨葬衣物疏。僅出文書一件，亦無紀年。但據新疆維吾爾自治區博物館《吐魯番阿斯塔那—哈拉和卓古墓群發掘簡報》（載《文物》一九七三年十期），已定爲唐墓。

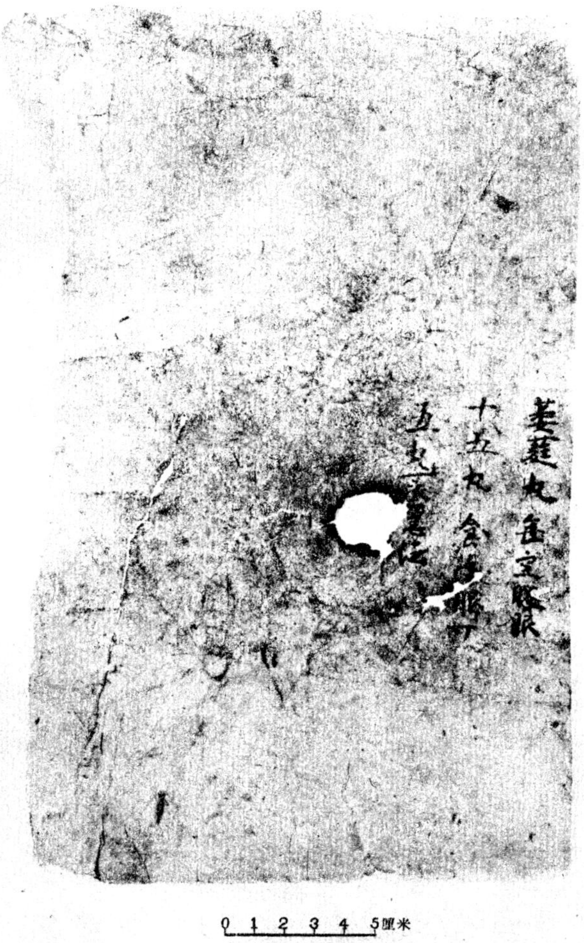

一　唐萎蕤丸服法方　66TAM30:10

一　唐萎蕤丸服法方

本方係書寫在一包裹丸藥紙上。

1 萎蕤丸每空腹服

2 十五丸，食後服廿

3 五丸，一(依)方忘法。

阿斯塔那三八〇號墓文書

本墓無墓誌及隨葬衣物疏。所出文書亦無紀年。據内容推斷，知屬唐代。

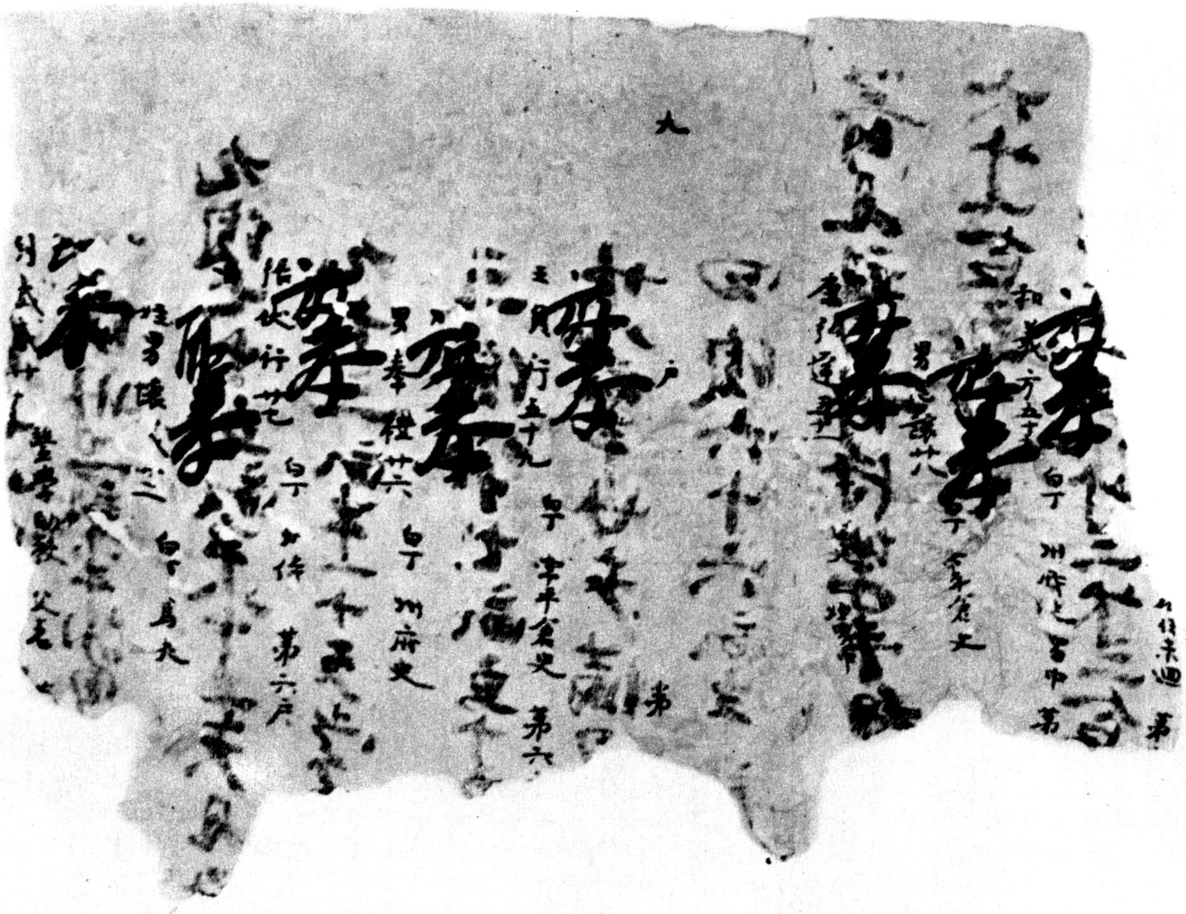

一　唐西州高昌縣和義方等差科簿　67TAM380:01(a)

一　唐西州高昌縣和義方等差科簿

本件蓋有「高昌縣之印」二方。

1　[　　　　　　　　]佐任未廻　第□□

2　和義方五十九（放差）　白丁　州府史　男中　第□□

3　男思讓廿八（放差）　白丁　常平倉史

4　康弘達五十一（放差）　白丁　佐史、一姪男中　第□

5　□　　□　九　戶　第

6　王貞行五十九（放差）　白丁　常平倉史　第六戶

7　男奉禮廿六（放差）　白丁　州府史

8　張伏行廿七（放差）　白丁　外侍　第六戶

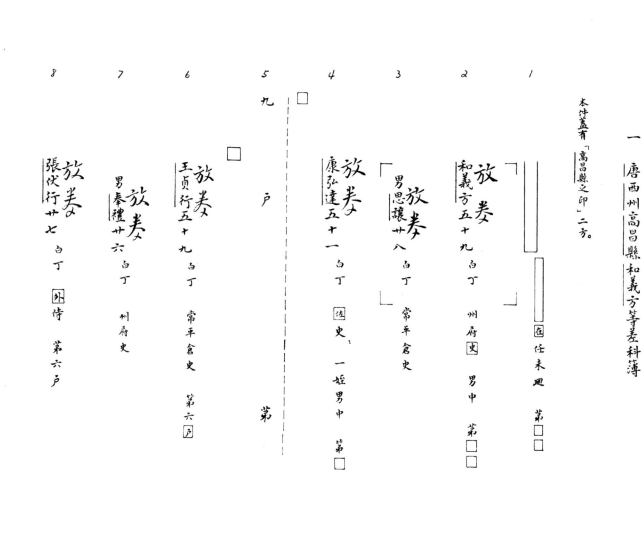

9 姪男懷[義]廿二 白丁 馬夫 取夊

10 [劉][感][感]廿[九] 醫學助教 父老 [劉][ ][ ] 印夊

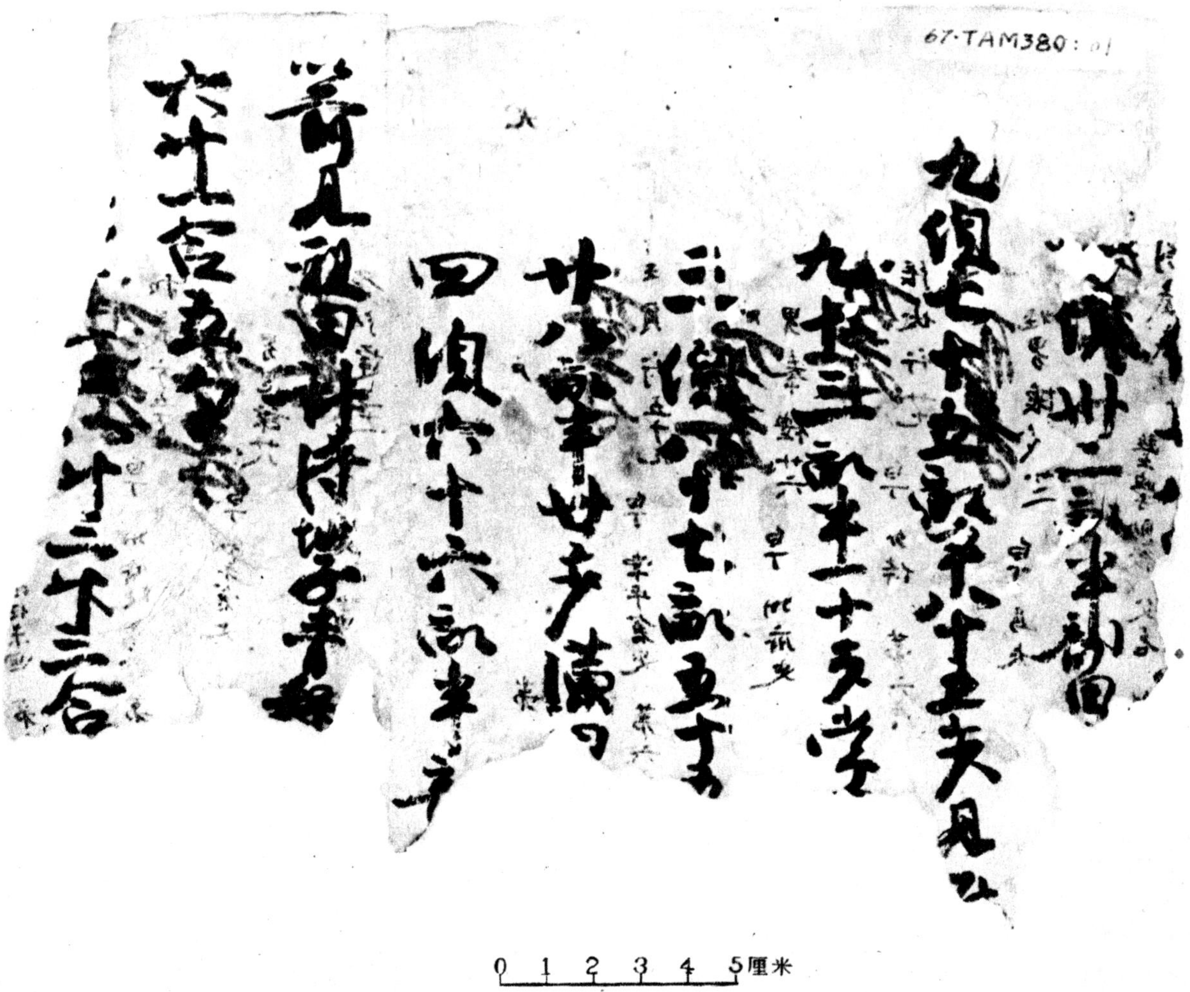

二 唐租田所得地子青稞帳 67TAM380:01(b)

二 唐租田所得地子青稞帳

本件有朱點四處。

1 [一]頃卌二[畝]半部田

2 九頃七十五畝半八十五步見[在]

3 九十三畝半一十步常[ ]

4 三頃八十七畝五十[五][ ]

5 卅八畝半卅步潢[田]

6 四頃六十六畝半[部][ ]〔一〕

7 以前見租田計得地子青[稞][ ]（斗）

8 六斗一合五勺

9 [ ][石][八]斗三𠁽（升）三合[ ]

注釋

〔一〕以上各行下紙斷缺，不知是否尚有文字。

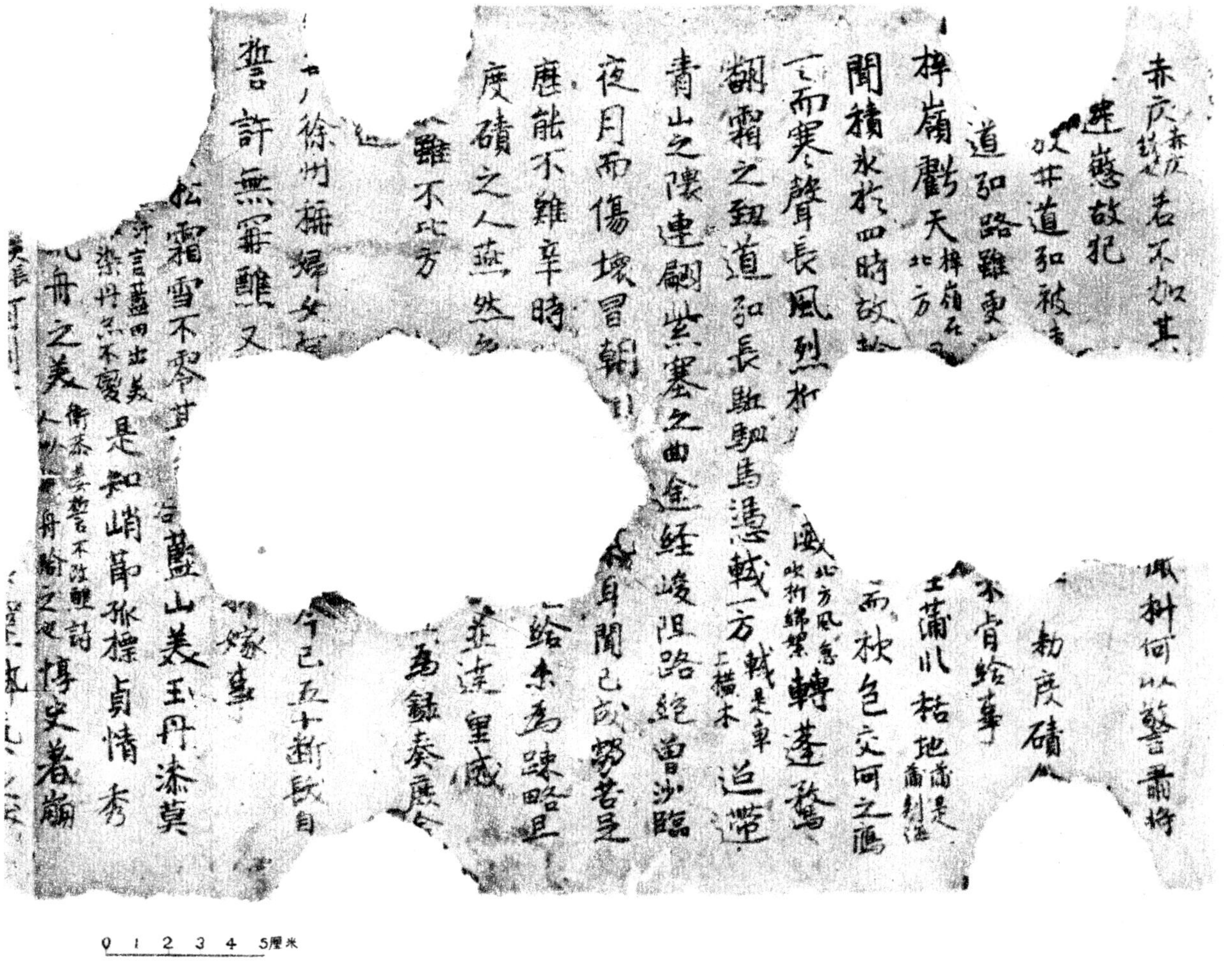

67TAM380:02

三　唐擬判

殘存四道。

赤亥（赤亥錢也）若不加其［　　］嚴科，何以警肅將
□[遶]懲故犯。
［　　］[毅]林道弘被［　　］勑度磧［　　］
□□道弘路雖更［　　］不肯給事。
梓嶺虧天，（梓嶺在北方）［　　］呈蒲川枯地，（蒲是蒲剌海）
聞積氷於四時。故[輪]［　　］而秋色。交河之鴈，
一一而寒聲。長風烈折［　　］威，（北方風急，吹折綿絮。）轉蓬驚
翻霜之勁。道弘長驅駟馬，憑軾一方。（軾是車工橫木。）迢遰
青山之隈，（隈）連翩紫塞之曲。途經峻阻，路絕曾（層）沙。臨
夜月而傷壞，（懷）冒朝[烟]［　　］[氣]，耳聞已成勞苦，足
歷能不難（艱）辛，時［　　］給，未為疎略。且
度磧之人，燕然［　　］並達皇威。
□□雖不比方［　　］為錄奏，庶[合]
［　　］已
□[卌][八]徐州稱婦女[阿]［　　］今已五十，斷𢷖自
誓，許無再醮。又［　　］嫁事。
［　　］松，霜雪不零。[其]□谷□藍山美玉，丹漆莫
□（［　　］汙，言藍田出美，［　　］染丹亦不變。）是知峭節孤標，貞情秀
［　　］[汎]舟之美，（衛恭姜誓不改醮，詩人以汎舟喻之也。）惸史着崩

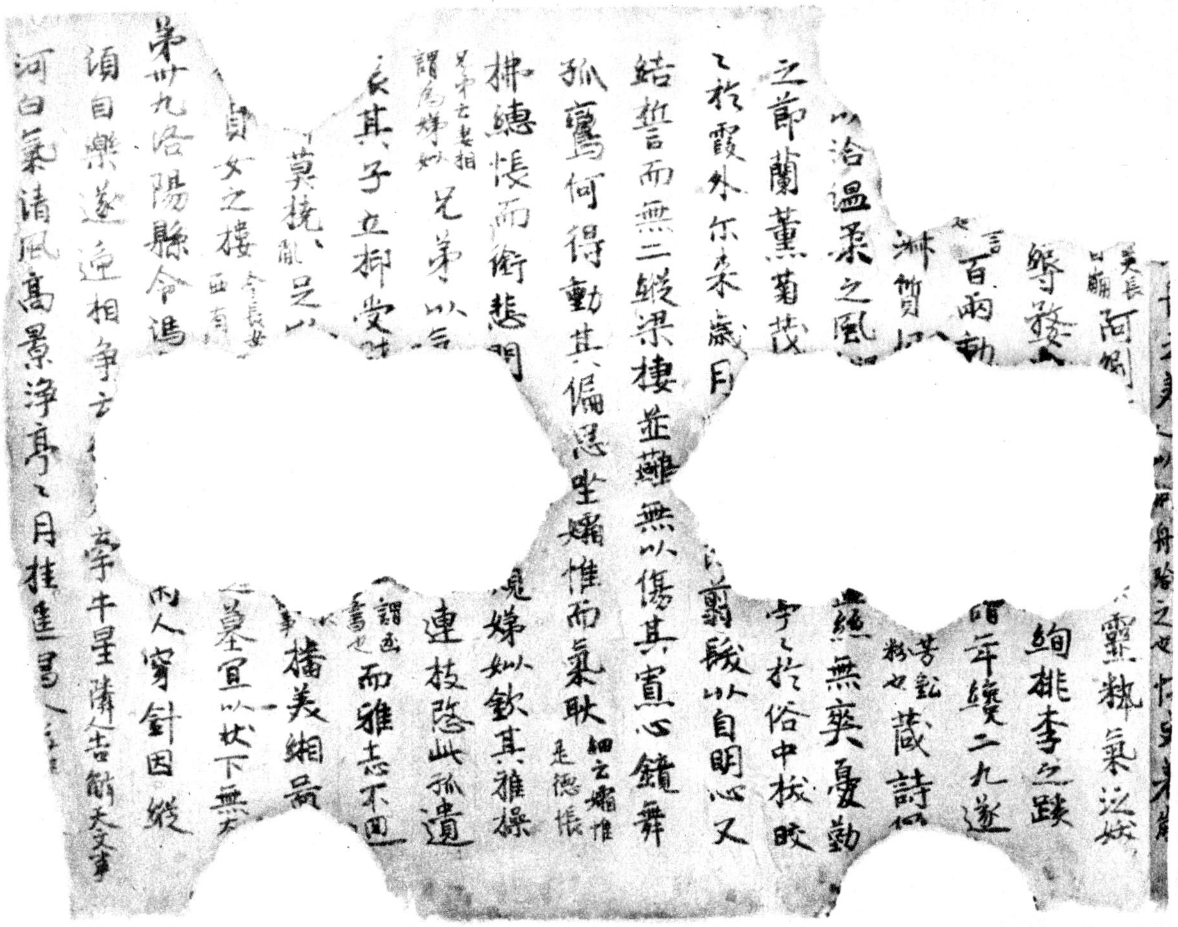

三　唐擬判

……只長回崩阿倒……靈粹氣泛姣
……縟發……絢桃李之蹊
……言也。百兩動……佰年纔二九，遂
……淋質……芳鉛粉也。箴詩□
□以洽溫柔之風……絲無爽。憂勤
之節，蘭薰菊茂。……亭〻於俗中，拔皎
〻於霞外。尔来歲月……即翦駿以自明心，又
結誓而無二縱。梁樓並鷚，無以傷其宜心，鏡舞
孤鸞，何得動其偏思。坐孀帷而氣耿，細云孀帷是德帳。
拂繐帳而銜悲。門……覡婦奴欽其雅操，
兄弟之妻相謂為婦奴。兄弟以乞□連枝，愍此孫遺，
裒其子立。抑受財……謂函書也。而雅志不迴，
□□莫撓。亂足以□□……□事播美緗齒。〔下殘〕
□貞女之樓，今長安西有□……墓宜以狀下無。□
弟卌九洛陽縣令馮……內人穿針，因縱
須自樂，遂逆相争云，乞□牽牛星，隣人告解天文事，
河白氣清，風高景淨，亭〻月桂，遂圖……

阿斯塔那五三二號墓文書

本墓盜擾嚴重，無墓誌及隨葬衣物疏。僅出文書二件，亦無紀年，但知皆屬唐代。

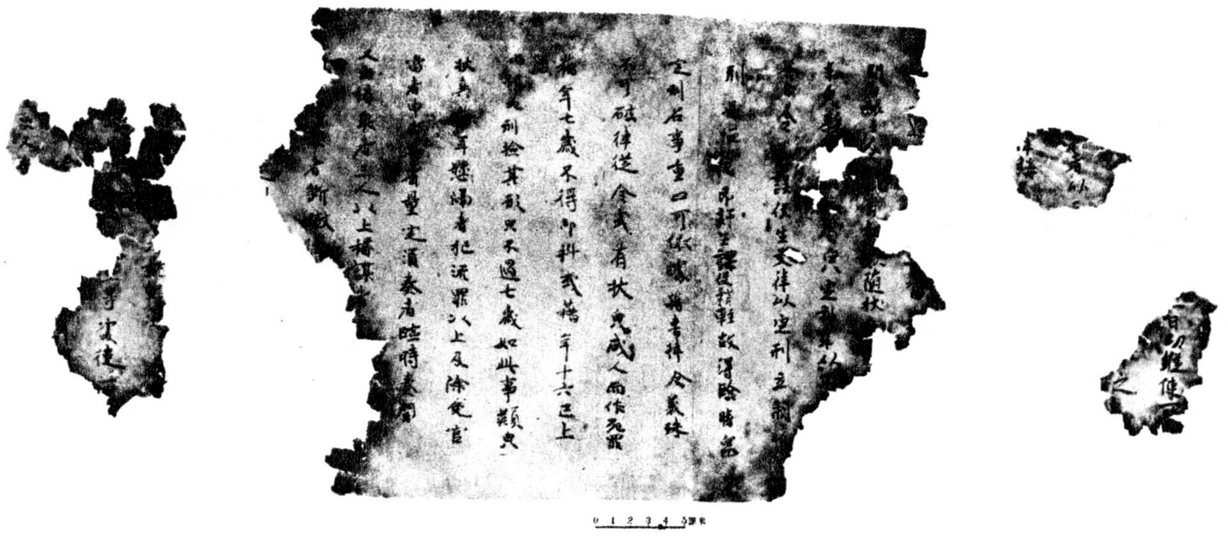

一　唐寫本《唐律疏議》名例律殘卷　　73TAM532:1/1—1

一　唐寫本《唐律疏議》名例律殘卷

本件蓋有「西州都督府之印」。

［　　］一日功縱使一時［　　］
［　　］之［　　］
□年者以三［　　］
［　　］律稱年［　　］
三□□造［　　］舊籍［　　］
問曰依戶令疑有姧欺隨狀皃定［　　］
年皃縣異得依令皃定科罪以不
荅曰令為誤役生文律以定刑立制惟
刑是恤皃即「姧生課役稍」輕故得臨時皃
定刑名事重止可依據籍書律令義殊
不可破律從「令或有」狀皃成人而作死罪
籍年七歲不得即科或籍年十六已上
而犯死刑檢其刑皃不過七歲如此事類皃
狀共籍年懸隔者犯流罪以上及除免官
當者申尚書省量定須奏者臨時奏聞
又云稱衆者三人以上稱謀者二人［　　］
議曰稱衆者斷獄律［　　］

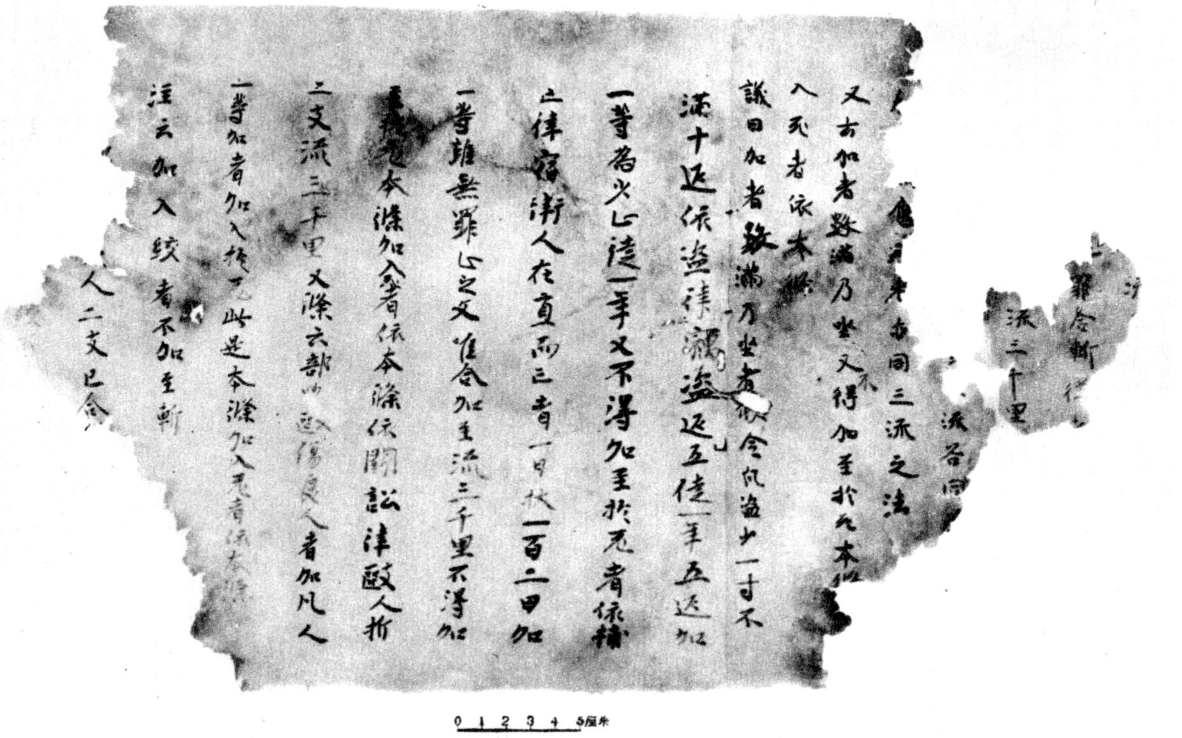

一　唐寫本《唐律疏議》名例律殘卷　73TAM532:1/1—2

18 [　]定[　]
19 [　]就重[次]稱減[者]就輕次
20 [　]有人犯杖一百[合][　]一等處徒一[　]
21 [　]年合[　]一年[半][　]
22 [　]重次又有[　]
23 [　][流][　]
24 [　]罪合斬從[者][　]
25 [　]流三千里[　]
26 [　]流各同[為][　]
27 [加][　][　]應[減]者亦同三流之法
28 又云加者數滿乃坐又不得加至於死本[條][　]
29 入死者依本條[　]
30 議曰加者數滿乃坐者[假]令凡盜少一寸不
31 滿十疋依盜律竊盜五疋徒一年五疋加
32 一等為少止徒一年又不得加至於死者依捕
33 亡律宿衛人在直而亡者一日杖一百二日加
34 一等雖無罪止之文唯合加至流三千里不得加
35 至於死本條加入死者依本條依鬭訟律毆人折
36 二支流三千里又條云部[曲][毆]傷良人者加凡人
37 一等加者加入於死此是本條加入死者依本條
38 注云加入絞者不加至斬
39 [　]人二支已合[　]

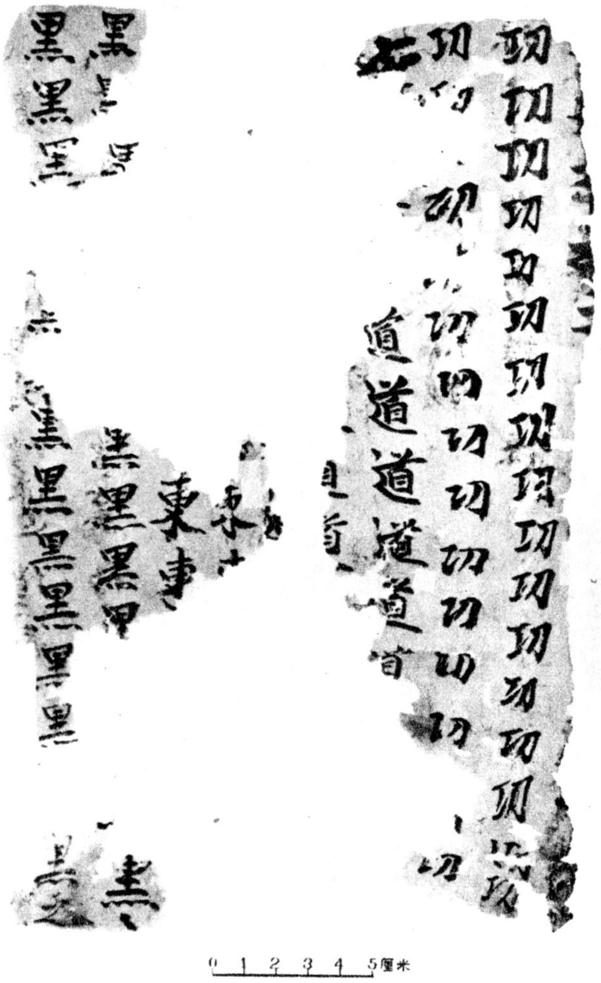

二　唐某寺都維那惠童牒爲寺僧轉經事
73TAM532:2/1(b),2/2(b)

二　唐某寺都維那惠童牒爲寺僧轉經事
73TAM532:2/1(a),2/2(a)

40 綾[不]
41 杖一百

二　唐某寺都維那惠童牒爲寺僧轉經事

本件背面爲學童習字。

1 僧懷習　□□□　僧惠彥　僧懷道　僧仁藏
僧惠□　道宣
2 僧道□　□□□　□□□　僧惠晟　僧[晉]□
3
4 [正][月]一日
5 [今]日轉上件經
6 八十八□終而復始。
7 牒件狀如前謹牒。
8
[都][維][那]惠童牒

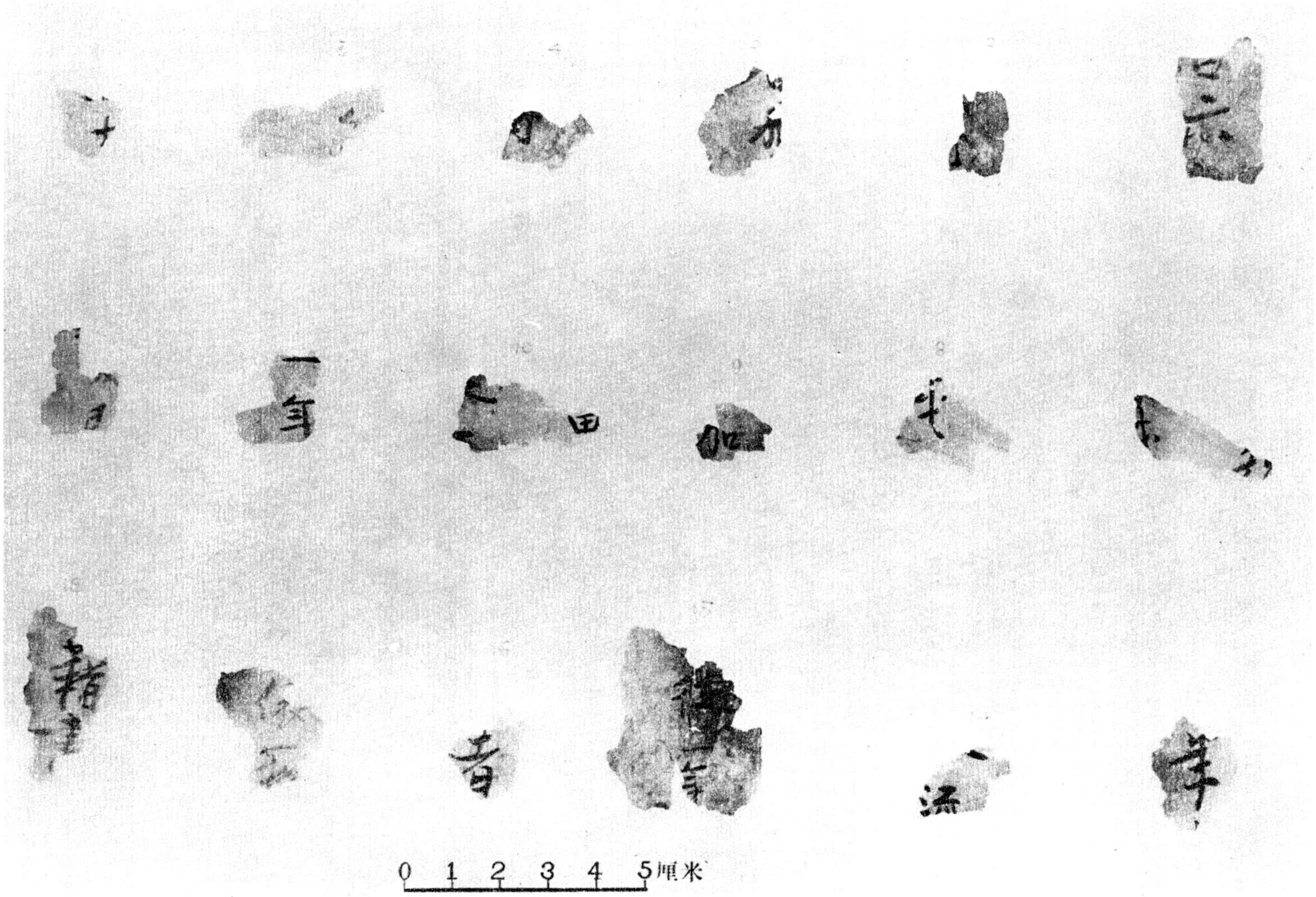

三　文書殘片　　73TAM532:1/1—3

阿斯塔那五三一號墓文書

本墓盜擾嚴重，無墓誌及隨葬衣物疏。僅出文書一件，係一紙兩面書寫，亦無紀年。據書法及內容推斷，知屬唐代。

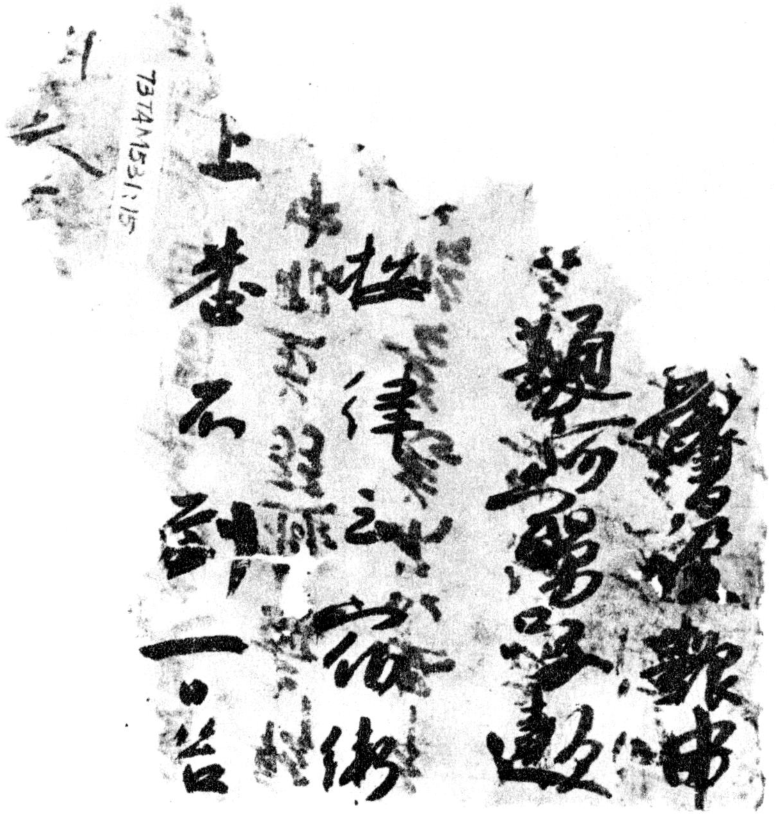

0 1 2 3 4 5厘米

一　唐殘文書　　73TAM531:15(a)

一　唐殘文書

本件紀年殘缺，內云「宿衛」、「上番不到」等，當是據《唐律疏議》衛禁律斷案之文書。

（前缺）

前□報中〔一〕

1 ［　　　　］書□□田

通阿舅子須〔二〕

2 ［　　　　］勘當只違

3 ［　　　　］按律云宿衛

4 ［　　　　］上番不到一日管

5 ［　　　　］叁［　　　　］

註　釋

〔一〕此行係後人戲書，壓在左側原寫字上。

〔二〕此行五字亦壓書於左側字上，係後人戲書。

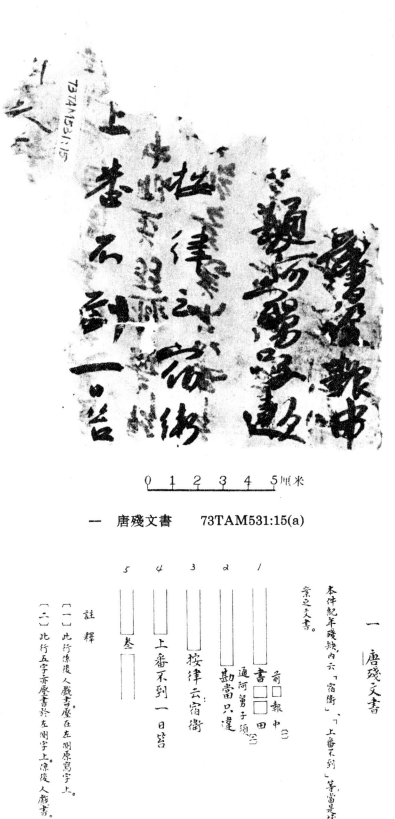

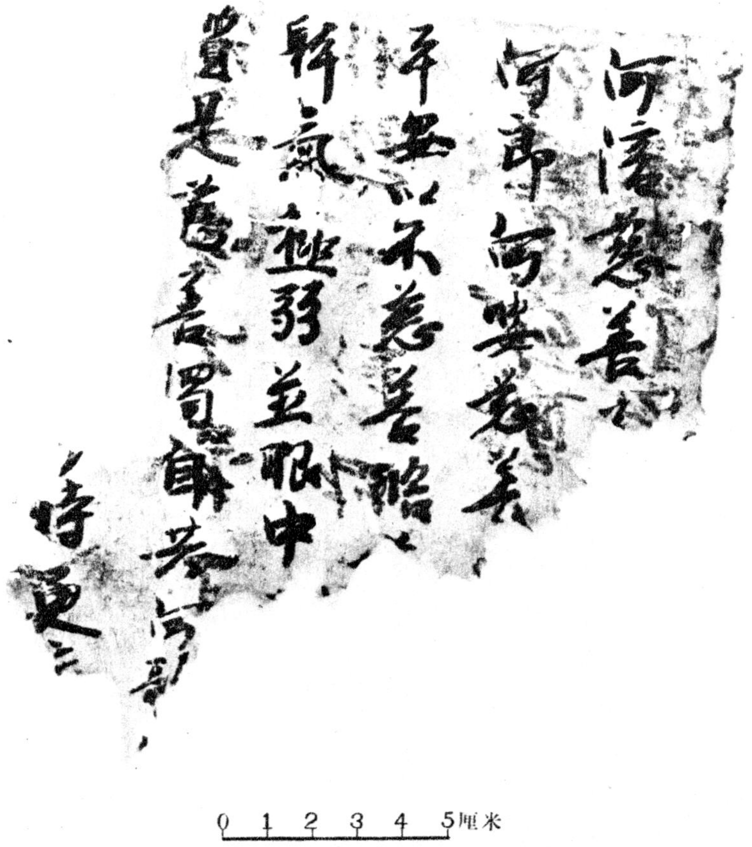

二　唐慈善殘書牘　　73TAM531:15(b)

二　唐慈善殘書牘

本件書於前件之背。

阿陪、慈善[　　]
阿郎、阿婆慈[善][　　]
平安以不？慈善諮[　　]
躰(體)氣極弱，並眼中[　　]
[覓]，是慈善[獨]自共阿[郎][　　]
[　　][時]更[ミ][　　]

阿斯塔那九號墓文書

此墓墓室爲水所淹，未能發掘。文書出墓道中，紀年殘缺。據内容、書法推斷，知屬唐代。

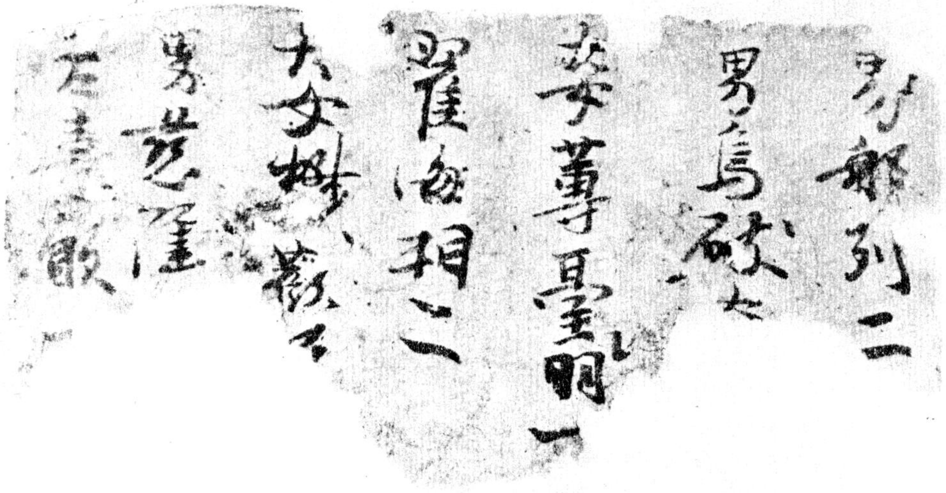

0 1 2 3 4 5 厘米

一　唐尊明臺等户殘帳　64TAM9:1

一　唐尊明臺等户殘帳

1 男郍（那）列二
2 男烏破□□
3 大女尊臺明一
4 翟海相二
5 大女樊歡□□
6 男慈隆□
7 左憙願一

三　文書殘片　　64TAM9:2

二　唐殘事目(二)
64TAM9:3/1,3/2

二　唐殘事目(一)
64TAM9:3/3

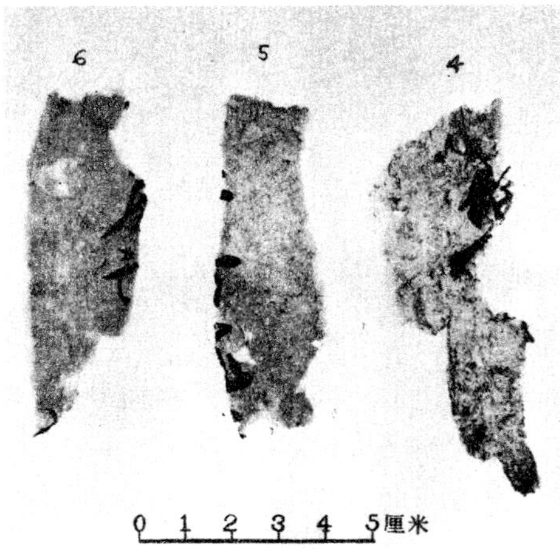

四　文書殘片
64TAM9:3/4～3/6

二　唐殘事目

（一）

1　廿八日
2　左右史建□

（二）

本段之二、四兩行爲朱筆注文，並各有墨書「付」字。

1　安忽那□
2　即日判達曹孫易奴，付□□□
3　曹孫易奴等辯爲請和余物事
4　即□　　付□□□
5　□事□

哈拉和卓二號墓文書

本墓無墓誌及隨葬衣物疏。所出文書亦無紀年。據墓葬形制、文書內容及書法推斷，知屬唐代。

一　唐西州事目(一)　64TKM2:18(a)

一　唐西州事目(一)　64TKM2:18(b)

一　唐西州事目

本件殘甚，記有「柳中縣申」、「高昌縣申」等，當係西州事目。背面有學童習字「勳臣獻之」四字重複書寫，并記有「廿八日郭元暅」等字樣。

（一）

［　　］泹匐特納官粮料事。

日七廿　　　　付□□

高昌縣申［　　］

㬎懌□　　［　　］

法曹関為囚死［　　］

　　　　付伍鳳

□□関給防人陳憲□等十二月粮事。〔一〕

注　釋

〔一〕本件此處背面騎縫左側殘剩二字左半，騎縫右側無筆畫可尋，疑後人作紙鞋時剪裁粘合。

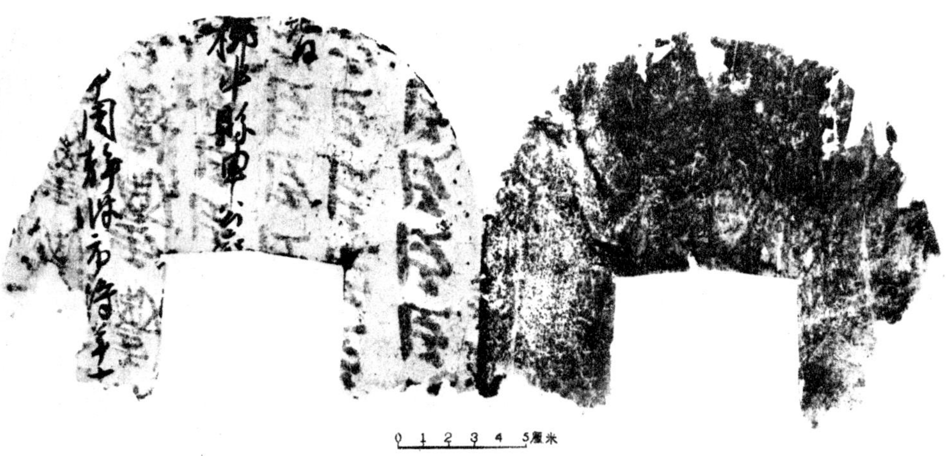

一　唐西州事目(三)　64TKM2:14(a)

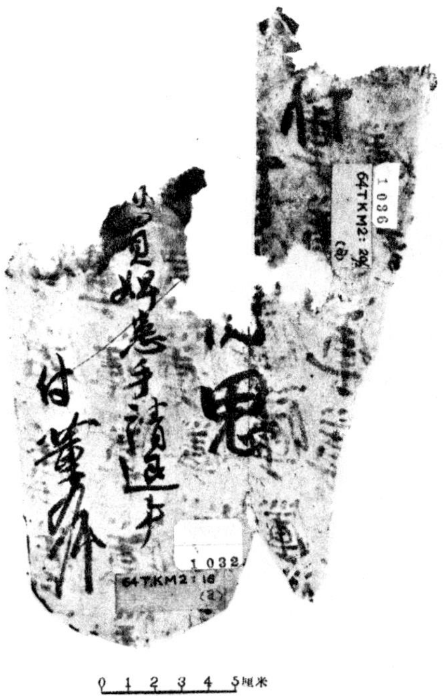

一　唐西州事目(二)
64TKM2:20/2(a),16(a)

一　唐西州事目(四)　64TKM2:20/1(a)

（二）

1　[ ]付
2　□思
3　[ ]買婢患手請退事。
4　付董祚

（三）

1　[ ]姚(?)敏牒舉請[ ]
2　〔上殘〕六日
3　〔上殘〕柳中縣申公廨[ ]
4　[ ]
5　〔上殘〕□申(?)周靜牒市得羊十[ ]

（四）

1　〔上殘〕伊(?)州(?)領兵曹[ ]
2　[ ]
3　〔上殘〕[ ]價□□辞請[ ]

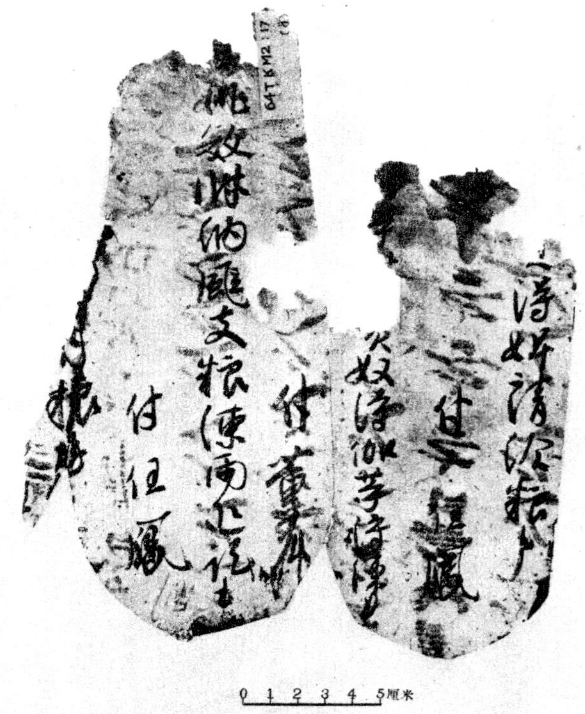

一　唐西州事目(五)　　64TKM2:15(a),17(a)

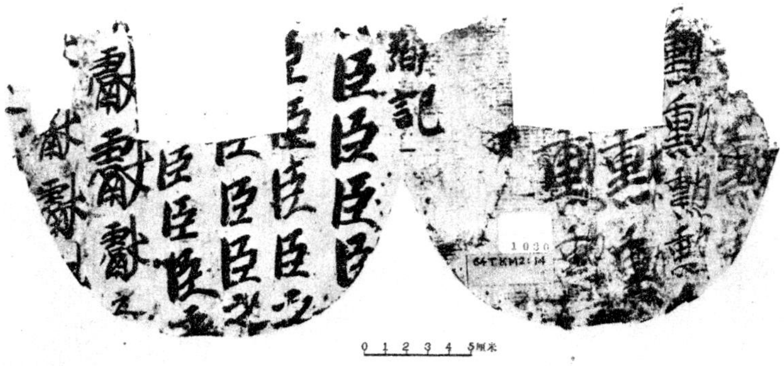

二　文書殘片　　64TKM2:14(b)

三　文書殘片　　64TKM2:15(b),17(b)

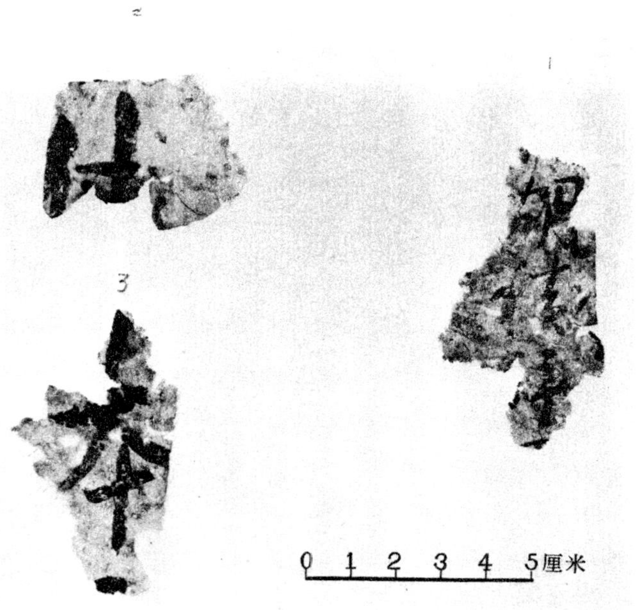

四　文書殘片　　64TKM2:19/1～19/3

（五）

1 ［買］得婢請給粮事。

2 付　伍鳳

3 奴得伽等將練事。

4 付董[illegible]

5 姚敏牒納騅支粮練兩疋訖事。

6 付　伍鳳

7 ［納］粮事

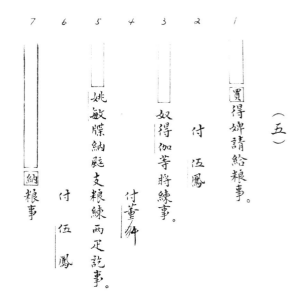

七　文書殘片
64TKM2:33/1～33/5

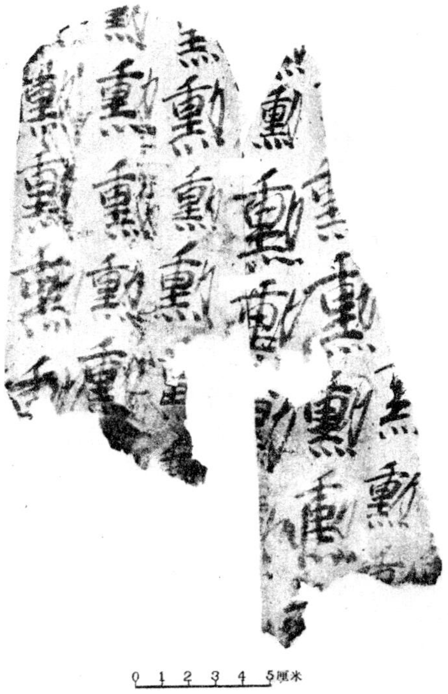

六　文書殘片
64TKM2:20/2(b),16(b)

五　文書殘片　　64TKM2:20/1(b)

阿斯塔那一六一號墓文書

本墓無墓誌及隨葬衣物疏。墓内草俑上拆出四至五號文書，亦無紀年。據墓葬形制、文書内容及書法推斷，知屬唐代。

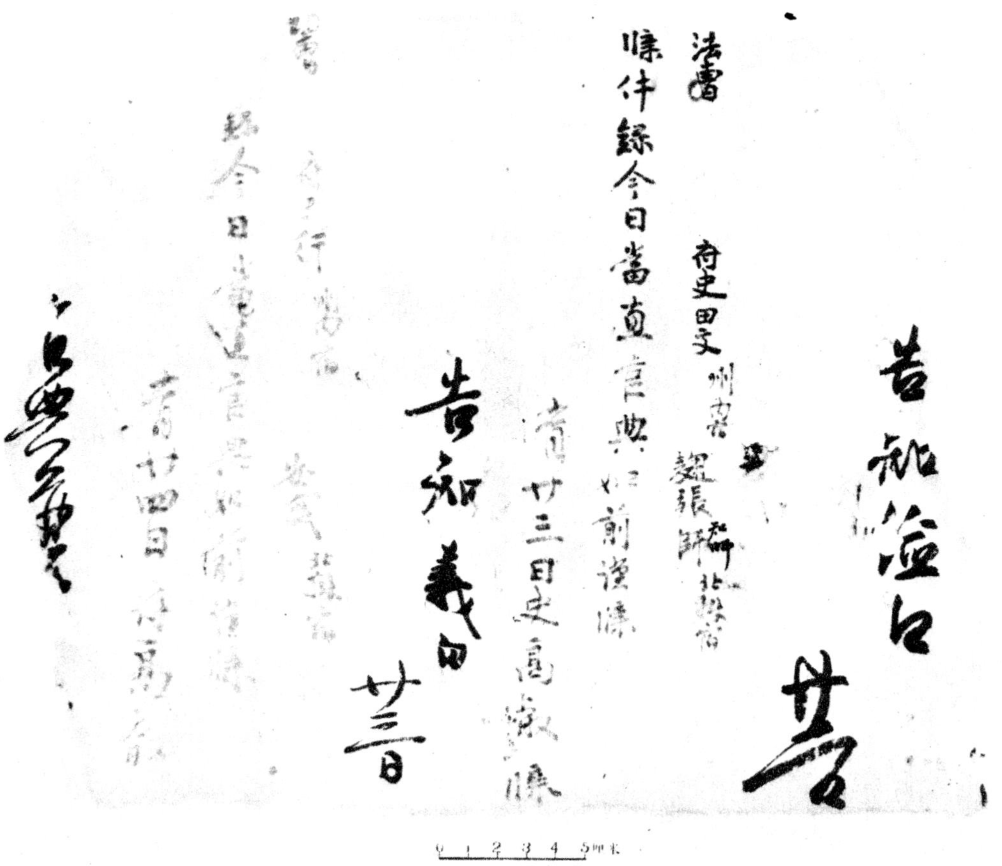

一　唐府史高叡牒爲件録西州諸曹今日當直官典事　　72TAM161:4(a)

一　唐府史高叡牒爲件録西州諸曹今日當直官典事

告知儉白

廿二日

法曹　府史田文 州内宿　麴張師 知帥 北獄宿

牒件録今日當直官典如前，謹牒。

五月廿三日史高叡牒

告知義白

廿三日

功曹　府王行 州内宿　安威 北獄宿

□録今日當直官典如前，謹牒。

五月廿四日府高叡

官典並告

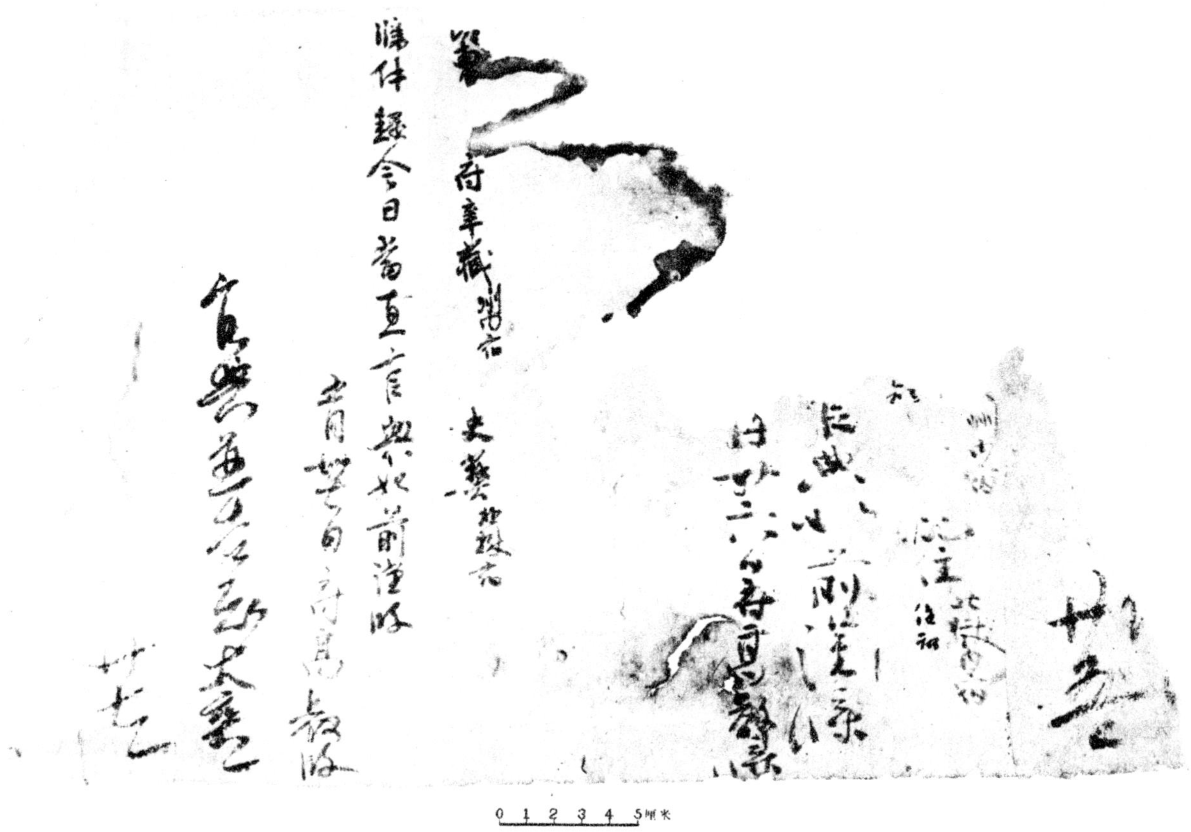

一　唐府史高　牒爲件録西州諸曹今日當直官典事　72TAM161:5(a)

廿五日

□□□州內宿知　汜住北獄內宿住知

[官]典如前，謹牒。

[ ][月]廿六日府高□牒

[功]曹　府辛藏州內宿　史藝北獄宿

牒件錄今日當直官典如前，謹牒。

五月廿七日府高□牒

官典並告知大賓白

廿七日

二　文書殘片　　72TAM161:4(b)

三　文書殘片　　72TAM161:5(b)

阿斯塔那四九號墓文書

本墓無墓誌及隨葬衣物疏。僅出文書一件，亦無紀年。據墓葬形制、同出文物及書法推斷，知屬唐代。

一　唐某人買賣契　66TAM49:17

一　唐某人買賣契

1 主保知當，不關買人之

2 為人無信，故立私契。兩共

3 指為記。

阿斯塔那一三九號墓文書

本墓無墓誌及隨葬衣物疏。所出文書亦無紀年。據墓葬形制，同出文物及文書内容推斷，知屬唐代。

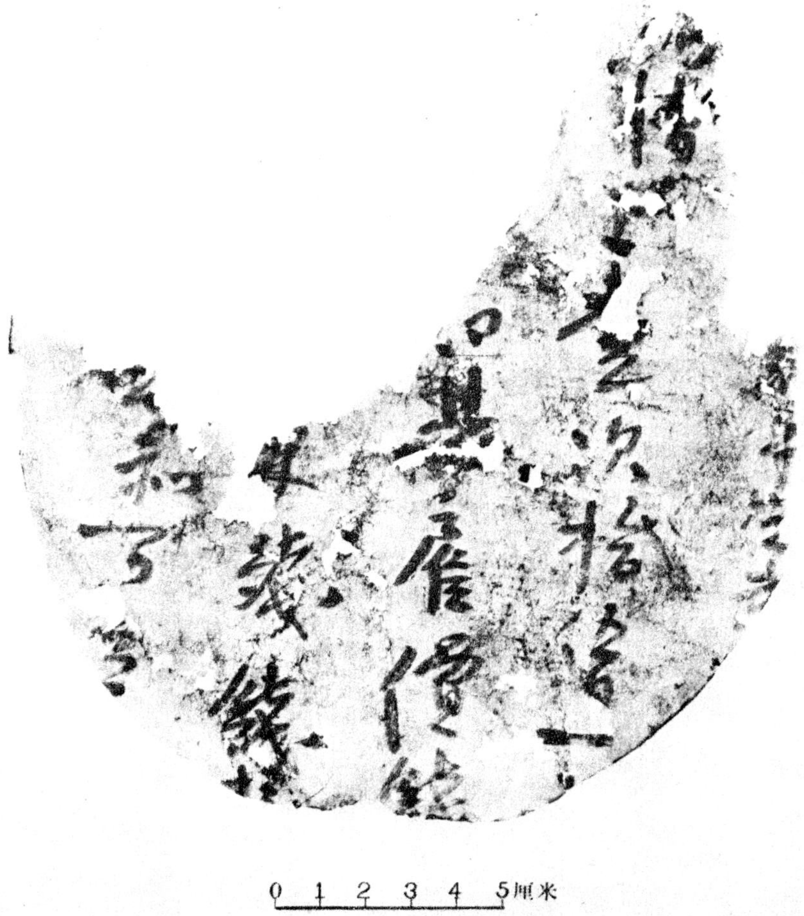

一　唐牛定武雇人上烽契　69TAM139:2/3

一　唐牛定武雇人上烽契

本件紀年已缺，據「上壹次拾伍日」與「雇價錢」諸語，此件當爲唐代始出現之雇人上烽契。

1 ［　　　　］鄉牛定武［　　］

2 ［　　　　］上壹次拾伍日。一［　　］

3 ［　　　　］卯其雇價錢［　　］

4 ［　　　　］□殘錢□［　　］

5 ［　　　　］和可立［　　］

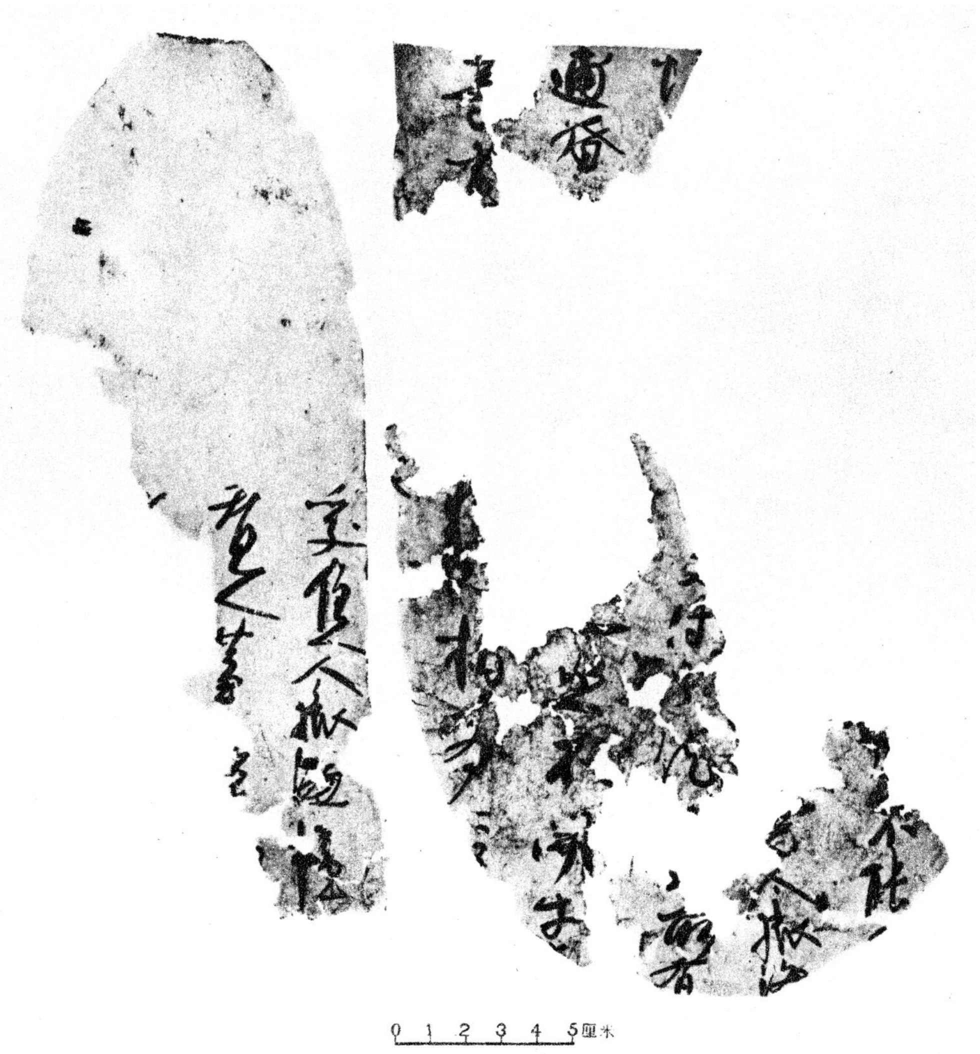

二　唐牛某雇人殘契　　69TAM139:2/2,2/4,2/5

二　唐牛某雇人殘契

本件有「逋留」語，多見於「僱人上烽契」，疑亦是此類契券。

1　[　　]不能[　　]
2　[　　]令狐[海]
3　[憧][　　]交付了訖。□[上]所有
4　逋畱[　　]亟(承)不關(闕)牛□
5　[等][事]。[　　][獲][指]爲[信]。
6　[錢]□
7　受雇人　令狐海憧
8　知見人　董[　　]
9　[　　]

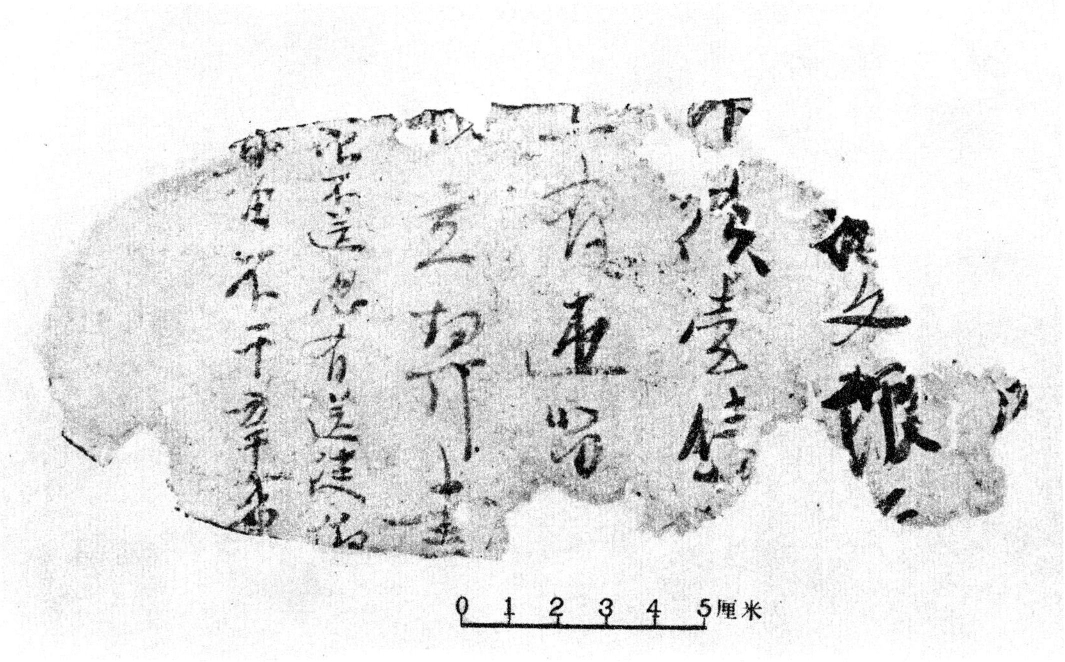

三　唐辛某殘契　　69TAM139:2/1

三　唐辛某殘契

本件疑亦是催人上烽契。

1 □□文限□
2 □不償。壹錢□
3 □上有逋留□
4 □和立契，畫□
5 □限不送，忽有送使，仰□
6 □自當(?)，不干辛事。□

阿斯塔那一六七號墓文書

本墓無墓誌及隨葬衣物疏。僅出文書一件，亦無紀年。據墓葬形制、同出文物及書法推斷，知屬唐代。

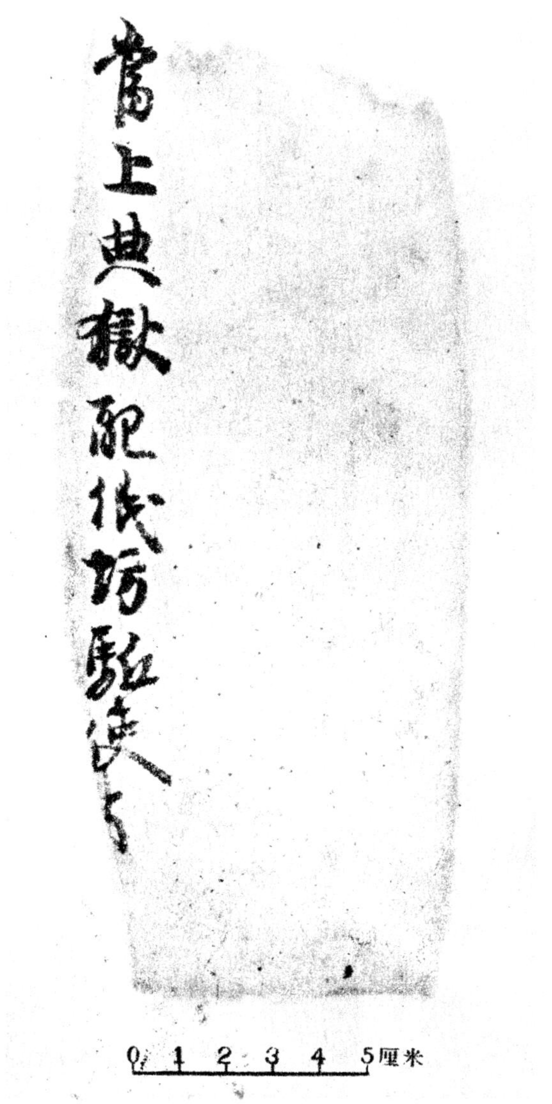
當上典獄配紙坊駈使

一　唐配紙坊驅使殘文書　　72TAM167:3

一　唐配紙坊驅使殘文書

1　□當上典獄配紙坊駈（驅）使□

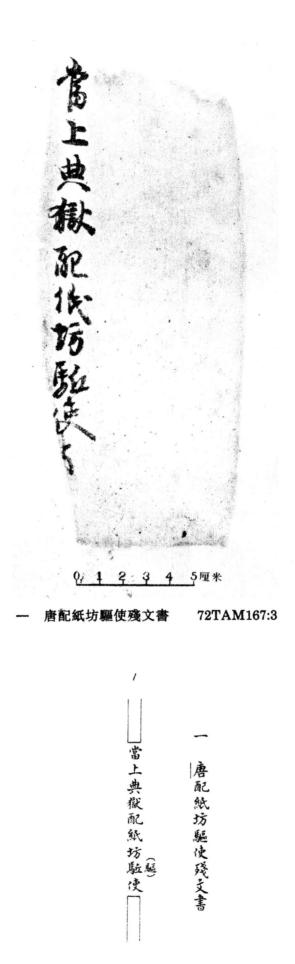

阿斯塔那二二七號墓文書

本墓無墓誌及隨葬衣物疏。所出文書僅二片，亦無紀年。據内容、書法及文書特徵判斷，乃阿斯塔那二三〇號墓經盗擾混入本墓之唐儀鳳三年（公元六七八年）文書。

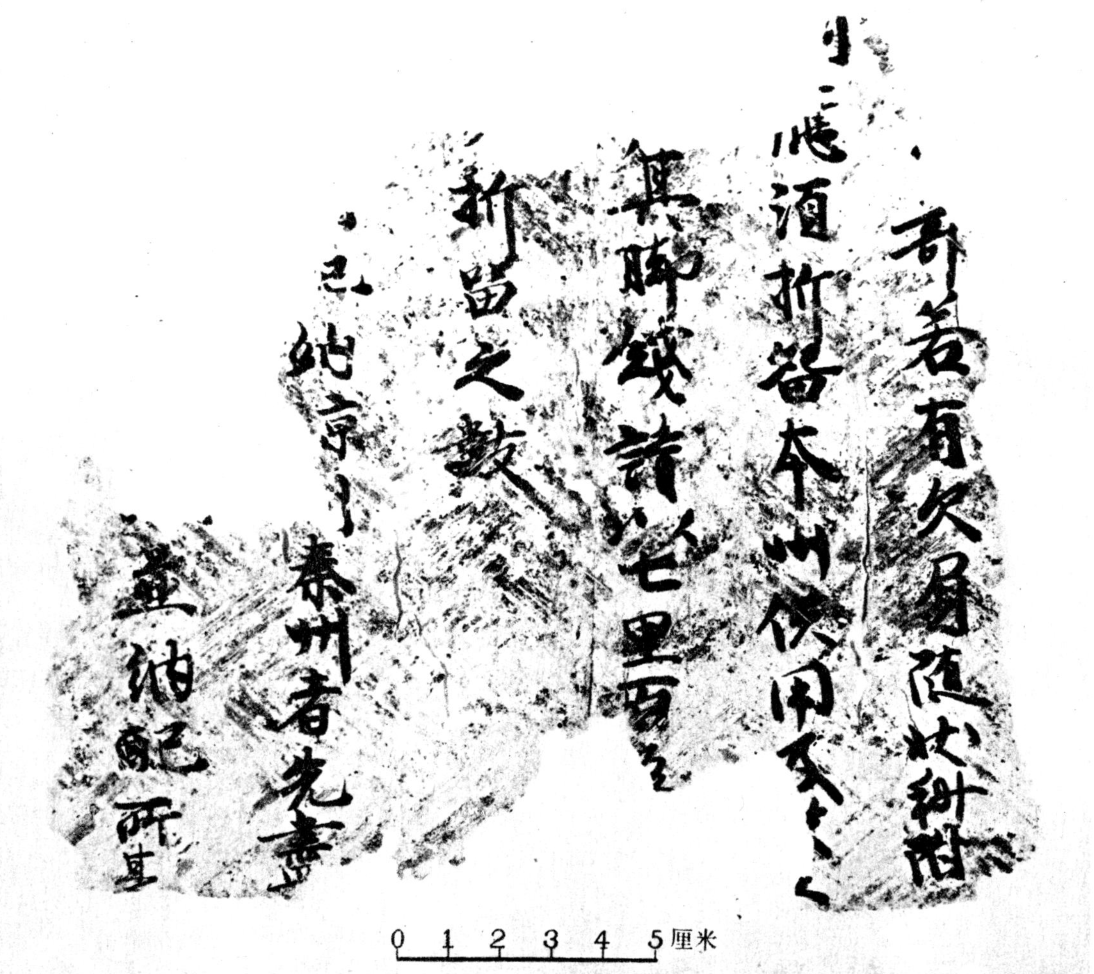

一　唐儀鳳三年(公元六七八年)尚書省户部支配諸州庸調及折造雜練色數處分事條啟殘片(一)　72TAM227:30/1

一　唐儀鳳三年（公元六七八年）尚書省户部支配諸州庸調及折造雜練色數處分事條啟殘片

本件二片均蓋有明顯葦蓆紋，與同册阿斯塔那二三〇號墓所出唐儀鳳三年條啟内容一致，書法亦同。經研究，本件（一）片可與大谷二五九七（一）、一二九一號拼接，（二）片可與大谷一四三三、一六八二、一二九八、一二九二、二五九七（二）等號拼接，證明本件爲《唐儀鳳三年尚書省户部支配諸州庸調及折造雜練色數處分事條啟》的一部分。

（一）

1　［　　　］部，若有欠負，隨狀科附。

2　［　　　］［應］須折留本州供用及□□

3　［　　　］其腳錢請以七里百［　　　］

4　［　　　］折留之數。

5　［　　　］［配］納涼［州］、秦州者，先盡

6　［　　　］並納配所，［斟］

一　唐儀鳳三年(公元六七八年)尚書省户部支配諸州庸調及折造雜練色數處分事條啟殘片(二)
72TAM227:30/2

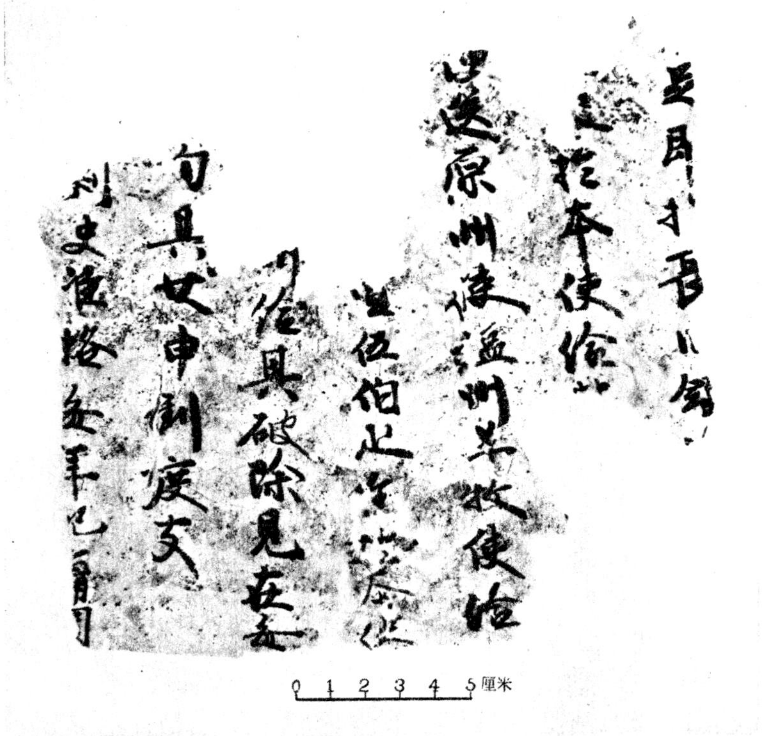

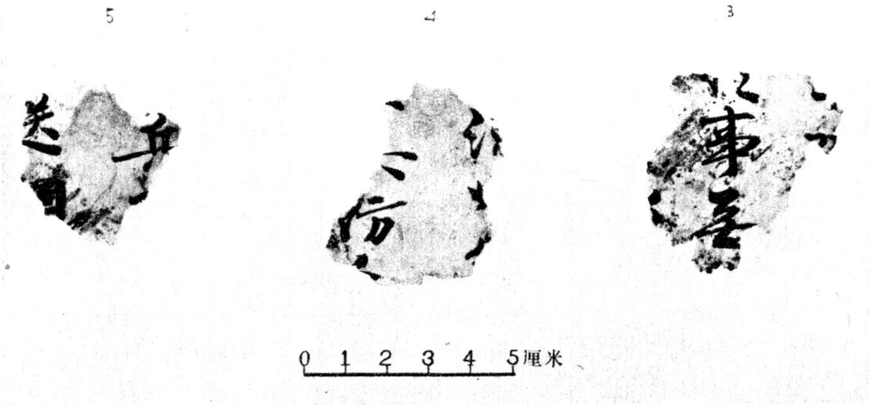

二　文書殘片　　72TAM227:30/3～30/5

（二）

1 □足，即於長□
2 □於本使給訖□
3 □便送原州使。塩州羊牧使給
4 □伍佰疋，准於本使
5 □州給，其破除、見在，每
6 □旬具狀申到度支。
7 □刺史准格每年配庸調

阿斯塔那二二四號墓文書

本墓無墓誌及隨葬衣物疏。所出文書亦無紀年。據墓葬形制、同出文物及文書内容推斷，知屬唐代。

一　唐西州蒲昌縣户曹牒爲催徵逋懸事（一）　73TAM224:080/2

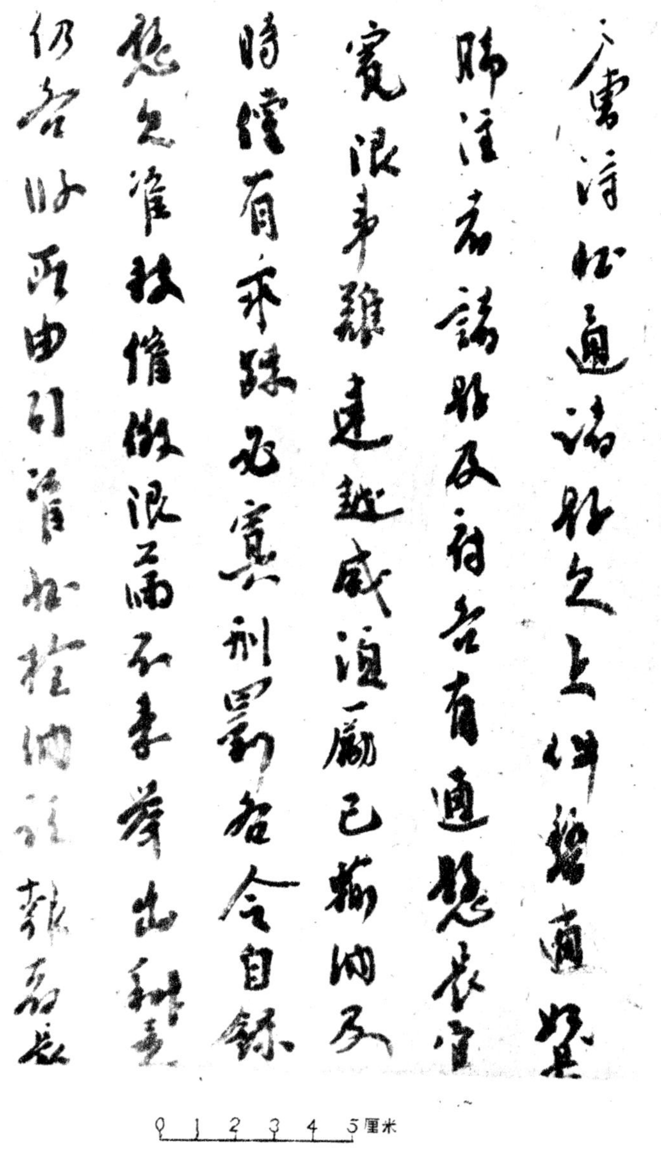

一　唐西州蒲昌縣户曹牒爲催徵逋懸事

（一）

户曹得帖，通諸縣欠上件稭逋，如具
脚注者。諸縣及府各有逋懸，長官
寬限，事難違越。咸須勵己，輸納及
時，儻有乖踈，必寘刑罰。各令自録
懸欠，准數催徵，限滿不來，舉出科責。
仍各牒所由，行准帖檢納訖報者。長

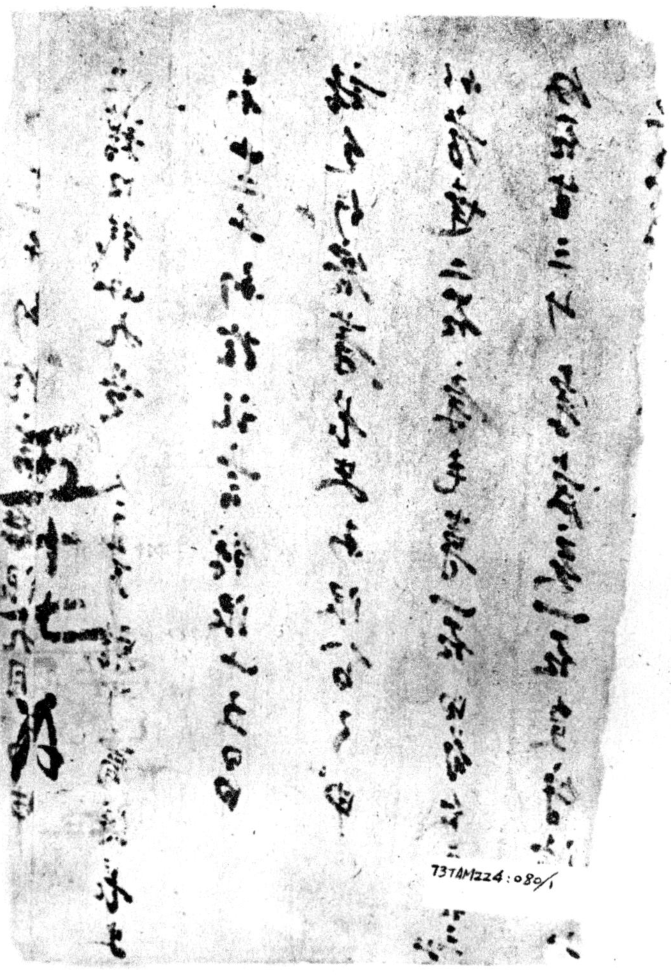

一　唐西州蒲昌縣户曹牒爲催徵逋懸事(二)
73TAM224:080/1(b)

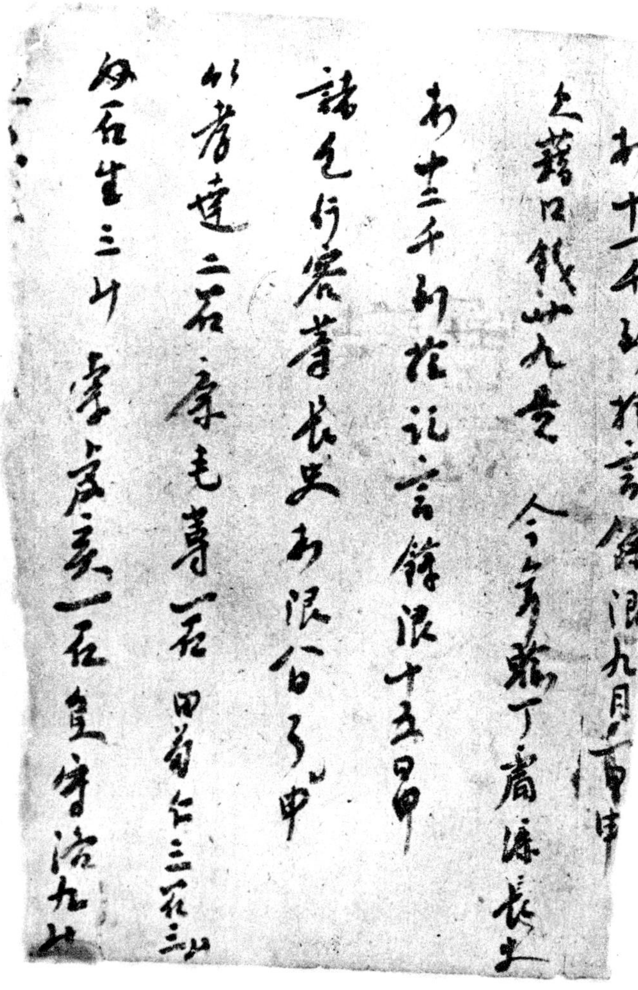

一　唐西州蒲昌縣户曹牒爲催徵逋懸事(二)
73TAM224:080/1(a)

（二）

本段騎縫背部押署「五十七　仔」，二至四行及背面蓋有「西州都督府之印」。

判十一千到，檢言餘限九月一日申。
欠籍口錢「廿九貫。」今年輸丁庸緤，長史
判十二千到，檢，訖，言餘限十五日申。
諸色行客等「長史判，」限八日了申。
竹孝達二石　康毛蕁一石　田苟仁三石三斗（斗）
奴石生三斗　索虔亥一石　儁守洛九斗

二　唐口歲殘文書(一)
73TAM224:23/2

二　唐口歲殘文書(二)
73TAM224:23/1

三　唐准判殘文書
73TAM224:23/3

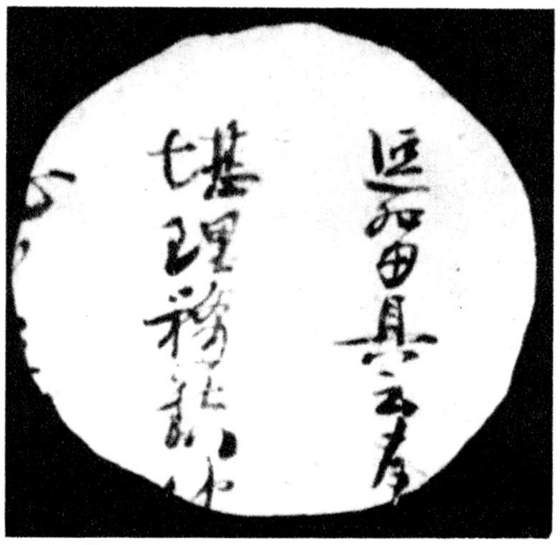

四　唐逗留殘文書
73TAM224:23/4

五　唐殘文書
73TAM224:23/5

二　唐口歲殘文書

本件拆自本墓所出儀仗桶。

（一）

1 桃花[

2 三口[

（二）

1]口二歲

2]口二歲

3]三歲

三　唐准判殘文書

1]者請[

2]舉主具[

3]准　判[

四　唐逗留殘文書

1 逗留具云[

2 堪理務鎮[

五　唐殘文書

1]而龍[

2]羣有玄中[

3]承緣底[

阿斯塔那七七號墓文書

本墓僅葬女屍一具，無墓誌及隨葬衣物疏。據墓葬形制及文書書法推斷，知屬唐代。

一　唐趙貞達等名籍　67TAM77:20(a)

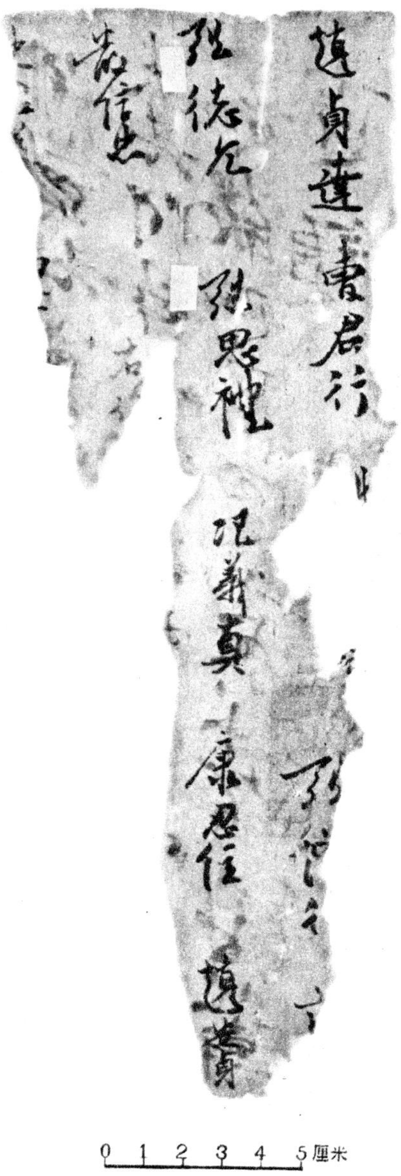

二　唐殘書牘　67TAM77:20(b)

一　唐趙貞達等名籍

1 趙貞達　曹君行　□□□　張□行　[ ]
2 張德允　張思禮　氾義真　康思住　趙安貞
3 嚴住忠　右件[ ]
4 史□□　[ ]

二　唐殘書牘

1 閻勤者[ ]
2 大者問許(訊)[ ]
3 劫(?)報已□后十月十八日付道(?)鈿(?)[ ]
4 達鎮

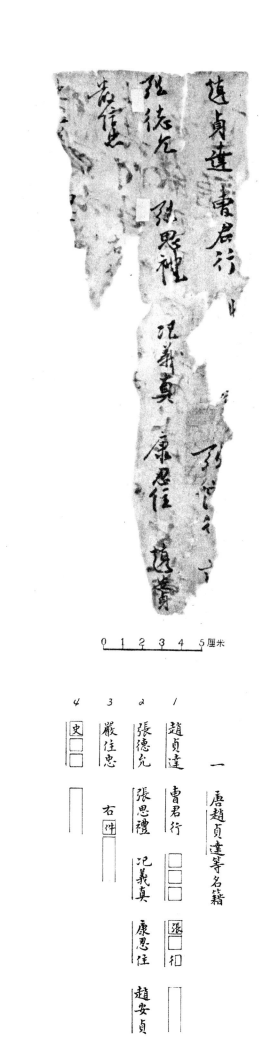

阿斯塔那五〇六號墓文書

本墓所出文書甚多，據所見紀年，最早爲唐開元十八年（公元七三〇年），最晚爲大曆七年（公元七七二年）。依文書由來，可分爲四組：壹，與墓主張無價直接有關者（即一至三）。其中一、二並出於張無價衣內。貳，從死者葬具紙棺拆出者（即四至五九）。叁，從死者所著紙靴拆出者（即六〇至九四）。肆，散見於墓室、墓道擾土中者（九五至九八）。據本墓所出《大曆四年（公元七六九年）張無價買陰宅契》、《大曆七年（公元七七二年）馬寺尼法慈爲父張无價身死請給墓夫賻贈牒》，此墓所出文書下限與墓主張無價卒年一致。今按以上四組依次編排，以利檢索。

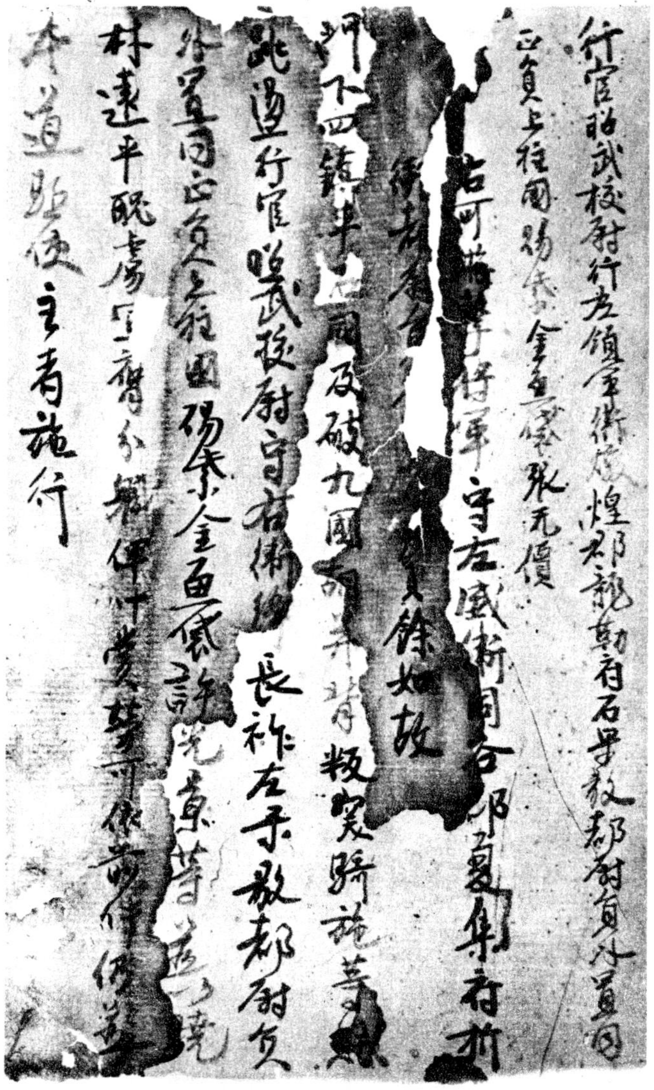

一　唐天寶十載（公元七五一年）制授張无價游擊將軍官告
73TAM506:05/1之一

一　唐天寶十載（公元七五一年）制授張无價游擊將軍官告

本件與下件同出張无價身上，是其隨身所帶。

1　行官、昭武校尉、行左領軍衛燉煌郡龍勒府右果毅都尉員外置同
2　正員、上柱國、賜紫金魚袋張无價
3　　右可游擊將軍、守左威衛同谷郡夏集府折
4　　衝都尉員外置同正員，餘如故。
5　門下：四鎮平石國，及破九國胡并背叛突騎施等賊，
6　跳盪〔一〕行官、昭武校尉、守右衛絳長詐〔二〕左果毅都尉員
7　外置同正員、上柱國、賜紫金魚袋許光景等，並以驍
8　材，遠平醜虜，宜膺分職，俾叶賞勞，可依前件，仍並

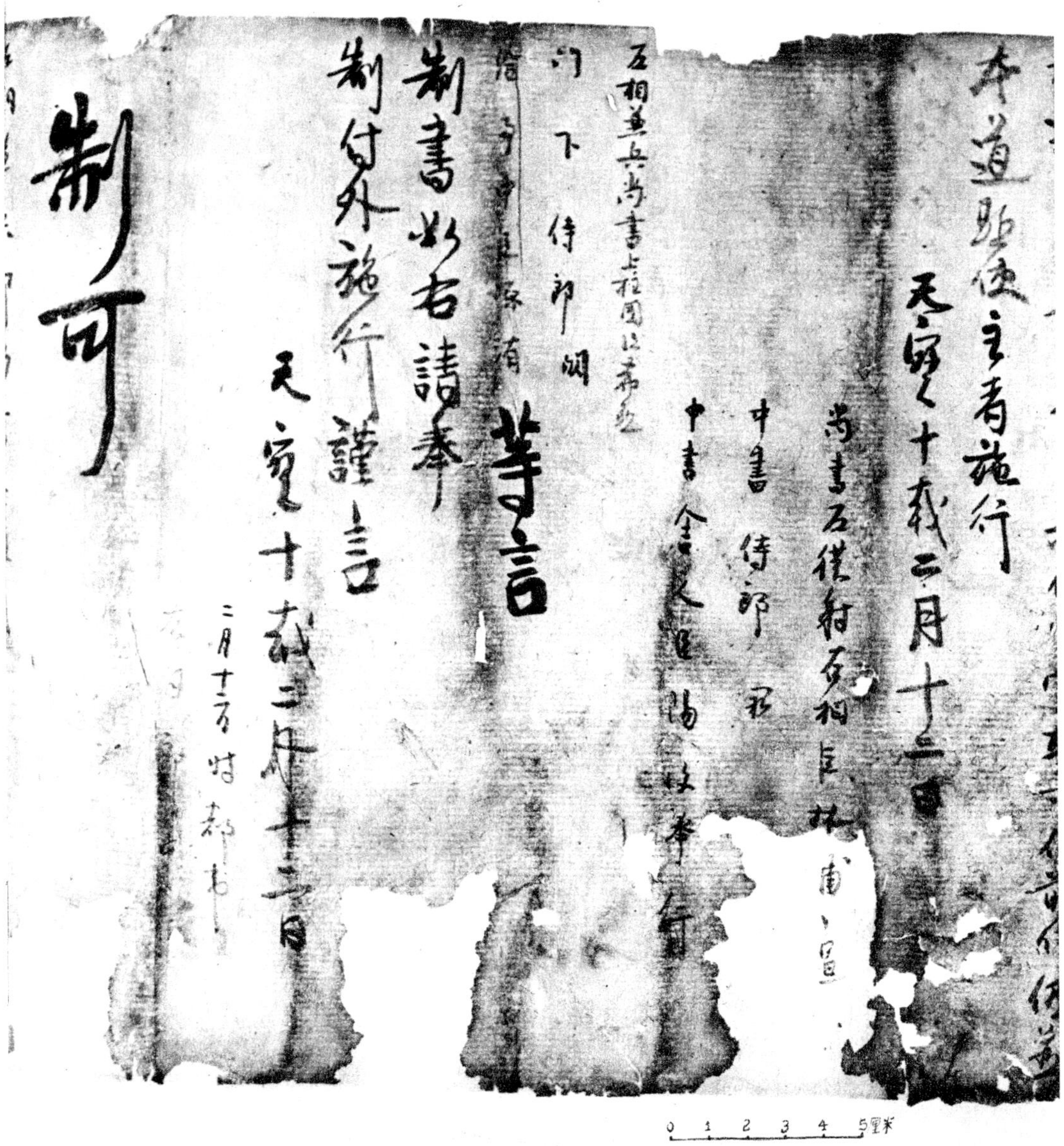

9 本道驅使王者施行。
10 天寶十載二月十二日
11 尚書左僕射、右相臣林甫　宣
12 中書侍郎　闕
13 中書舍人臣陽收　奉　行
14 左相兼兵部尚書、上柱國臣希烈
15 門　下　侍　郎　闕
16 給　事　中　臣　源　洧　等言
17 制書如右請奉
18 制付外施行。謹言。
19 天寶十載二月十二日
20 二月十二日　時　都事
21 左司郎中

注釋

〔一〕跳盪：下當脫一「功」字。

〔二〕絳長祚：「絳」下省「郡」字，「長祚」下省「府」字。

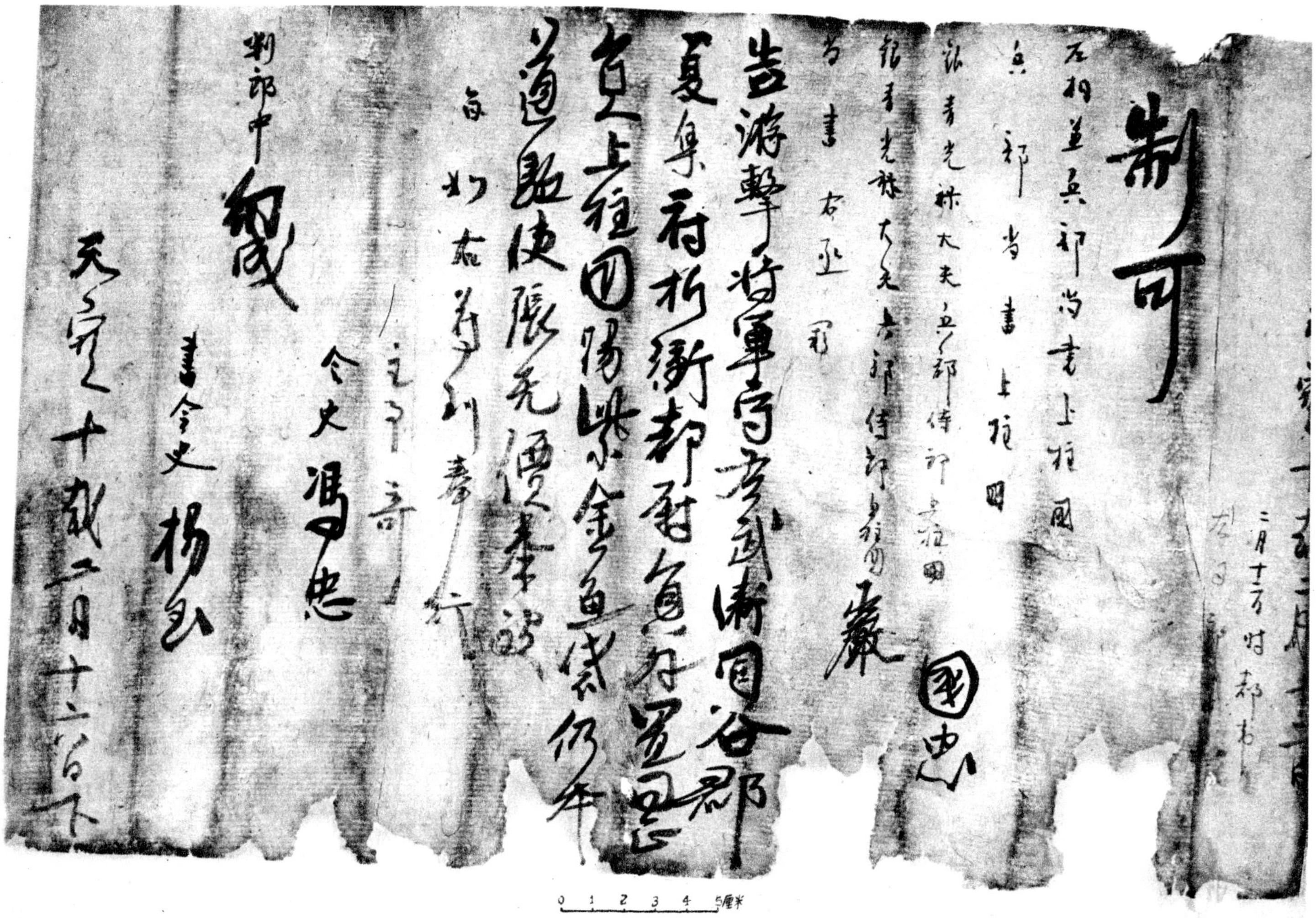

一　唐天寶十載(公元七五一年)制授張无價游擊將軍官告　73TAM506:05/1之二

制可
左相兼兵部尚書上柱國
兵　部　尚　書上柱國
銀青光祿大夫、兵部侍郎、上柱國　國忠
銀青光祿大夫、兵部侍郎、上柱國　巖
尚　書　右　丞　闕
告游擊將軍守左武衛〔一〕同谷郡
夏集府折衝都尉員外置同正
員上柱國賜紫金魚袋、仍李
道驅使張无價奉被
旨如右。符到奉行。
主事　奇
令史　馮忠
判郎中　幼成
書令史　楊玉
天寶十載二月十六日下

注釋

〔一〕「左武衛」：三行作「左威衛」。原文如此。

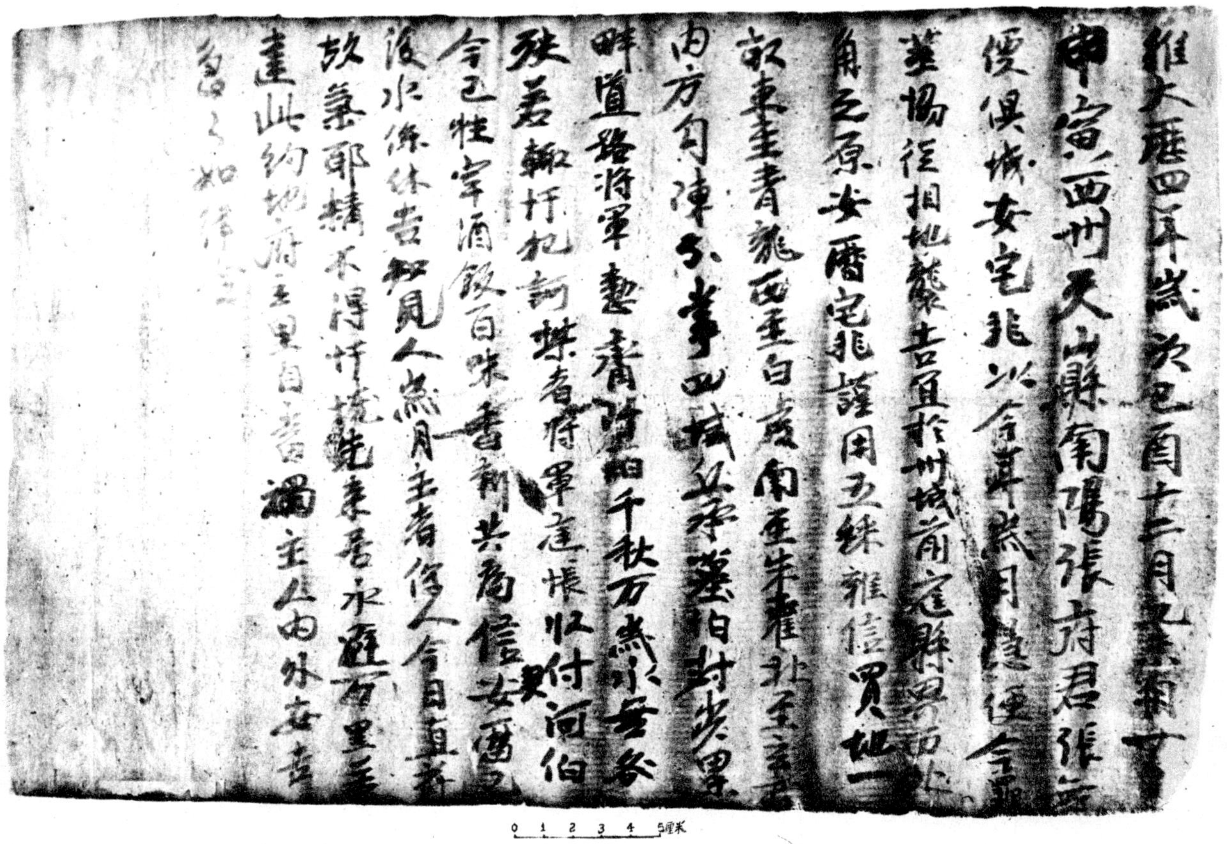

二　唐大曆四年(公元七六九年)張無價買陰宅地契
73TAM506:05/2(a)

二　唐大曆四年(公元七六九年)張無價買陰宅地契
73TAM506:05/2(b)

二　唐大曆四年（公元七六九年）張無價買陰宅地契

本件朱書。背面橫書有「一人之子」四字。

1 維大曆四年歲次己酉，十二月乙未朔，廿日
2 甲寅，西州天山縣南陽張府君張無
3 價俱城安宅兆，以今年歲月隱便，今龜
4 筮協從，相地襲吉，宜於州城前庭縣界西北
5 角之原，安厝宅兆。謹用五綵雜信，買地一
6 畝，東至青龍，西至白虎，南至朱雀，北至玄武，
7 內方勾陳，分掌四域。丘承(丞)墓伯，封步界
8 畔。道路將軍，懃(整)齊阡陌。千秋万歲，永無咎
9 殃。若輒忓犯訶禁者，將軍庭帳收付河伯。
10 今已牲牢酒飯，百味香新，共為信契。安厝已
11 後，永保休吉。知見人：歲月主者；保人：今日直符。
12 故氣耶(邪)精，不得忓擾，先來居，[一]永避万里。若
13 違此約，地府玄里自當禍，主人內外安吉。
14 急急如律令。

注釋

[一]先來居：下疑奪一字。

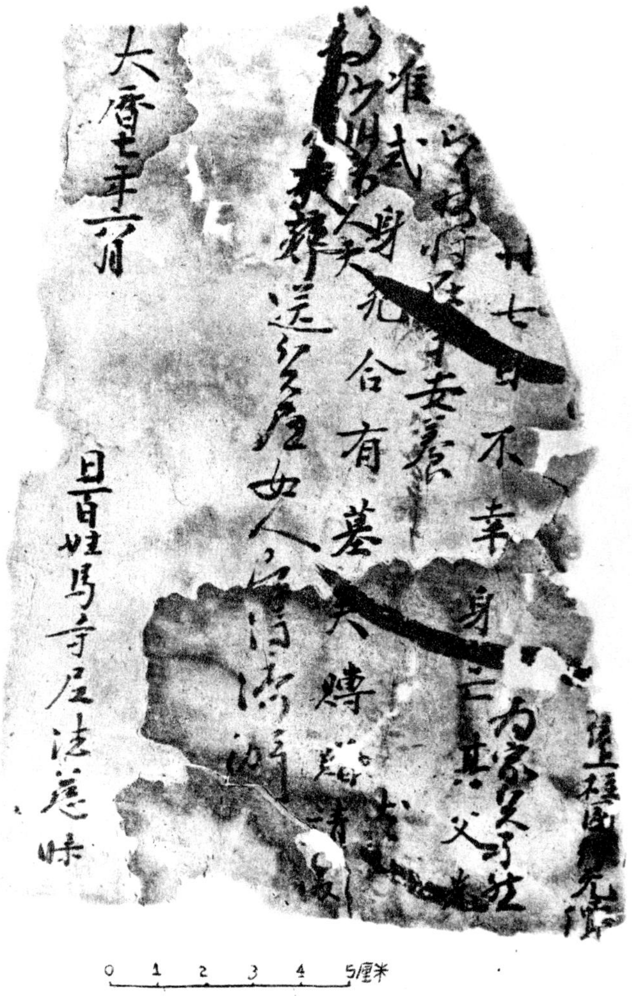

三　唐大曆七年(公元七七二年)馬寺尼法慈爲父張无價身死請給墓夫賻贈事牒　73TAM506:07

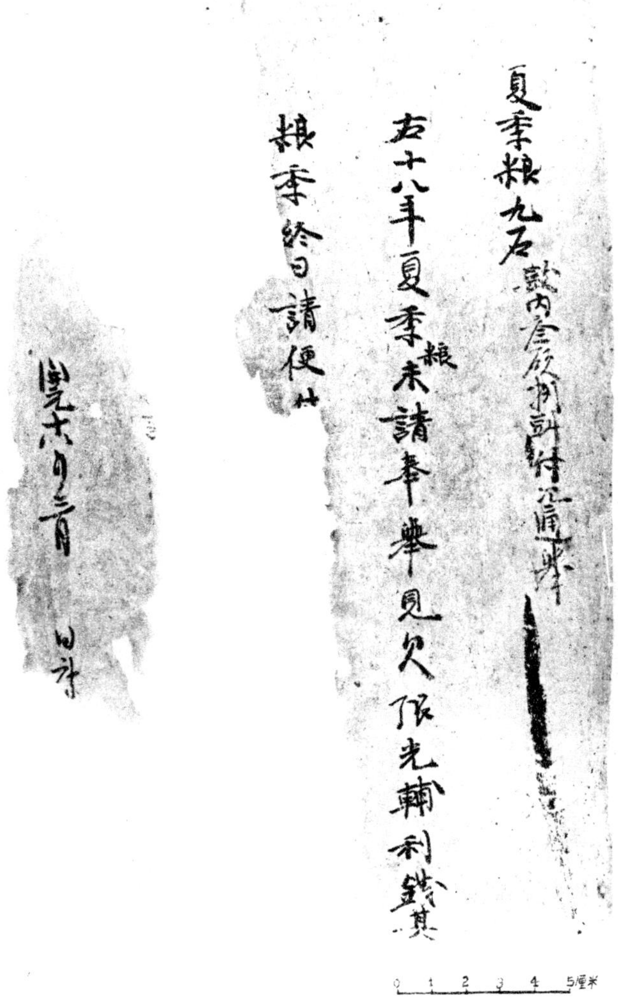

四　唐開元十八年(公元七三〇年)請付夏季糧文書　73TAM506:4/1

三　唐大曆七年（公元七七二年）馬寺尼法慈爲父張无價身死請給墓夫賻贈事牒

本件出自墓室擾土中，因與墓主人卒葬時代有關，姑置於此。一至三行間，自上而下有横塗墨痕三道。

1 ［　　　］〔袋〕上柱國張无價
2 ［　　］廿七日不幸身亡。其父先 爲家貧子然〔一〕
3 ［　　］准式身死合有墓夫賻贈。請處 比日收將在寺安養〔二〕 伏乞〔三〕
4 ［　　］多少，田第人夫 (分)○(人)(夫)葬送。貧尼女人即得濟辦。
5 大曆七年六月　日百姓馬寺尼法慈牒

注釋

〔一〕爲家貧子然：此五字似補在二行「其父」上。

〔二〕比日收將在寺安養：此八字當補在三行「准式」以上，但因上殘，具體位置不詳。

〔三〕伏乞：此二字當補在三行「請處」上。

四　唐開元十八年（公元七三〇年）請付夏季糧文書

本件及以下拆自紙棺。

1 夏季粮九石　數内叁碩捌㪷付氾通舉
2 右十八年夏季粮未請，奉舉見欠張光輔利錢，其
3 粮季終日請便付。（下殘）
4 開元十八年三月　日府［　　］

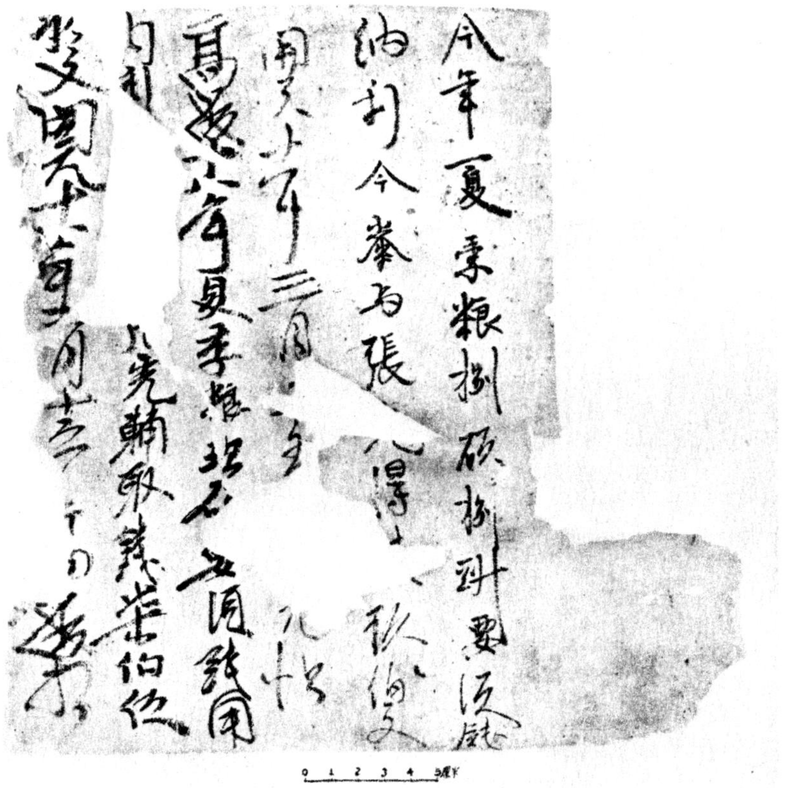

五　唐開元十八年(公元七三〇年)出糶夏季糧抄二件
73TAM506:4/2

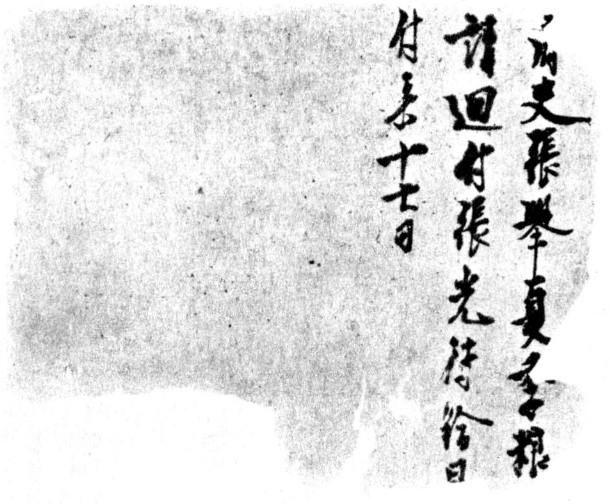

六　唐府史張舉夏季糧請迴付張光抄
73TAM506:4/3

五　唐開元十八年（公元七三〇年）出糶夏季糧抄二件

本紙前後二件連寫，內容款式均同，但前曰「帖」，而後稱「抄」。今姑從後統名為抄。

1 今年夏季粮捌碩捌𣁾，要須錢
2 納利，今粜（糶）与張光，得錢玖伯文。
3 開元十八年三月十五□帖
4 高昌十八年夏季粮玖碩，要須錢用
5 納利□張光輔，取錢柒伯伍
6 拾文。開元十八年三月十五日高昌抄。

六　唐府史張舉夏季糧請迴付張光抄

本件殘，紀年不詳。「張舉」當即前件開元十八年請付夏季糧文書中之「奉舉」，「張舉」為雙名單稱。據此，本件應為開元十八年，故置於此。下同。

1 府史張舉夏季粮□
2 請迴付張光，待給日□
3 付来。十七日。

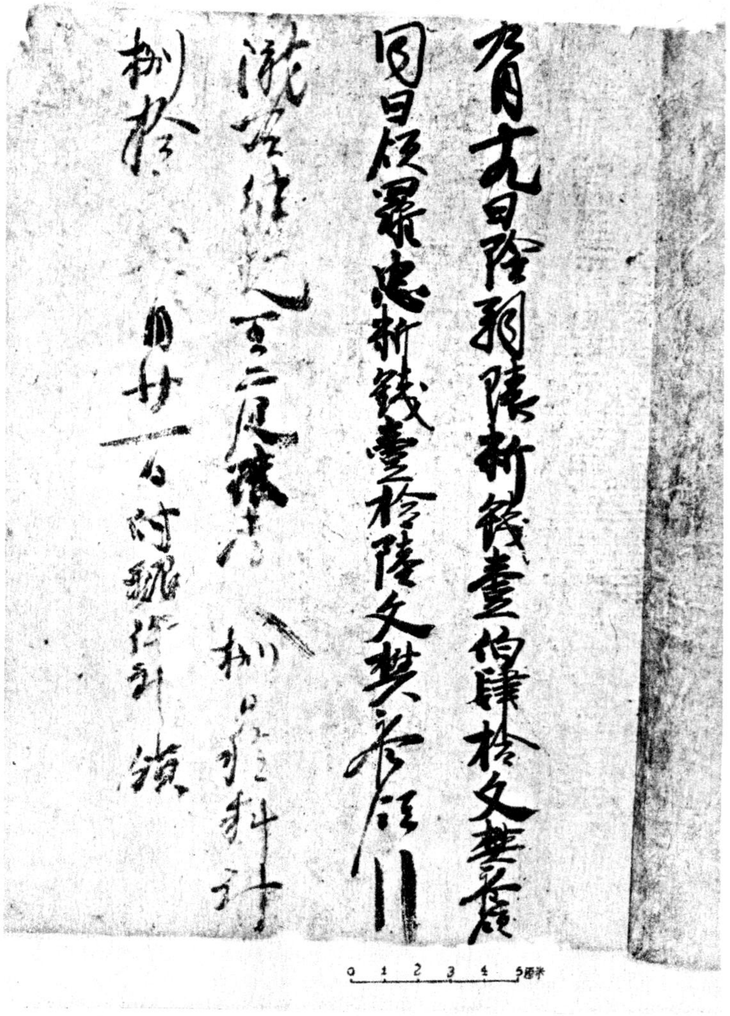

七　唐樊詮、魏仵神領料錢抄二件　　73TAM506:4/4

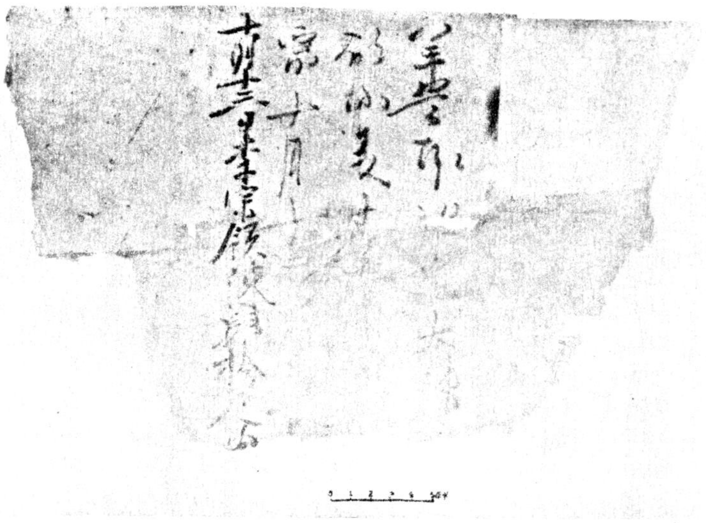

八　唐羊㗗、李宗取領練殘抄二件　　73TAM506:4/5

七

唐樊詮、魏仵神領料錢抄二件

1 九月十九日，陰翔(翮)壞斷(料)錢壹伯肆拾文，樊詮(詮)領。

2 同日，領羅忠斷錢壹拾陸文，樊詮領

3 隴右健兒王庭珪壹人，捌日程料，計

4 捌拾文。九月廿一日付魏仵[神]領。

八

唐羊㗗李宗取領練殘抄二件

1 羊㗗取張光大練□

2 碩納麥，其練請□

3 粟。十月十三日羊㗗□

4 十月十三日李宗領練肆拾疋□

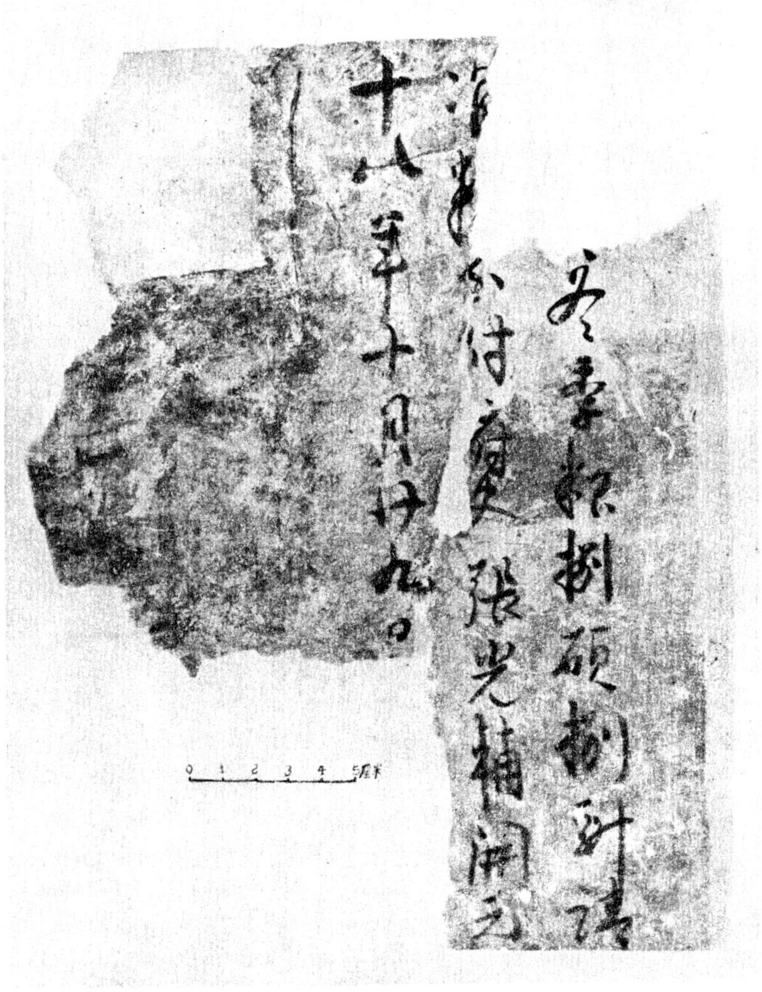

九　唐開元十八年(公元七三〇年)某人冬季糧請付府史張光輔抄　73TAM506:4/6

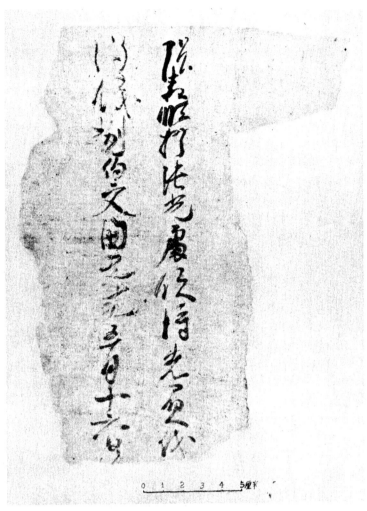

一〇　唐開元十九年(公元七三一年)張嘉(?)順領錢抄　73TAM506:4/7

九　唐開元十八年（公元七三〇年）某人冬季糧請付府史張光輔抄

1 □□冬季粮捌碩捌㪷請，

2 准判分付府史張光輔。開元

3 十八年十月廿九日 □

4 |

一〇　唐開元十九年（公元七三一年）張嘉(?)順領錢抄

1 張嘉(嘉)順於張光處領得先負錢 □

2 得錢捌伯文。開元十九年五月十六日 □

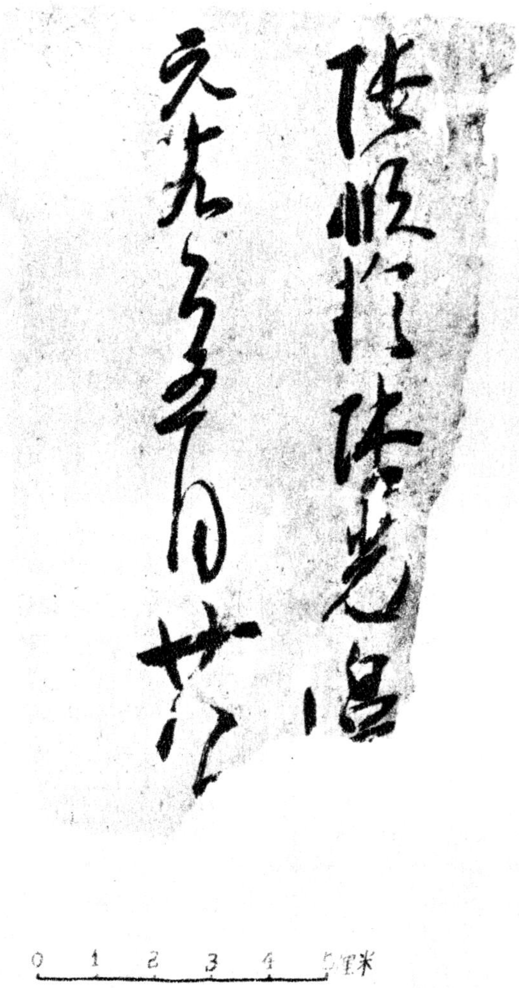

一一　唐開元十九年(公元七三一年)張順領物抄
73TAM506:4/8

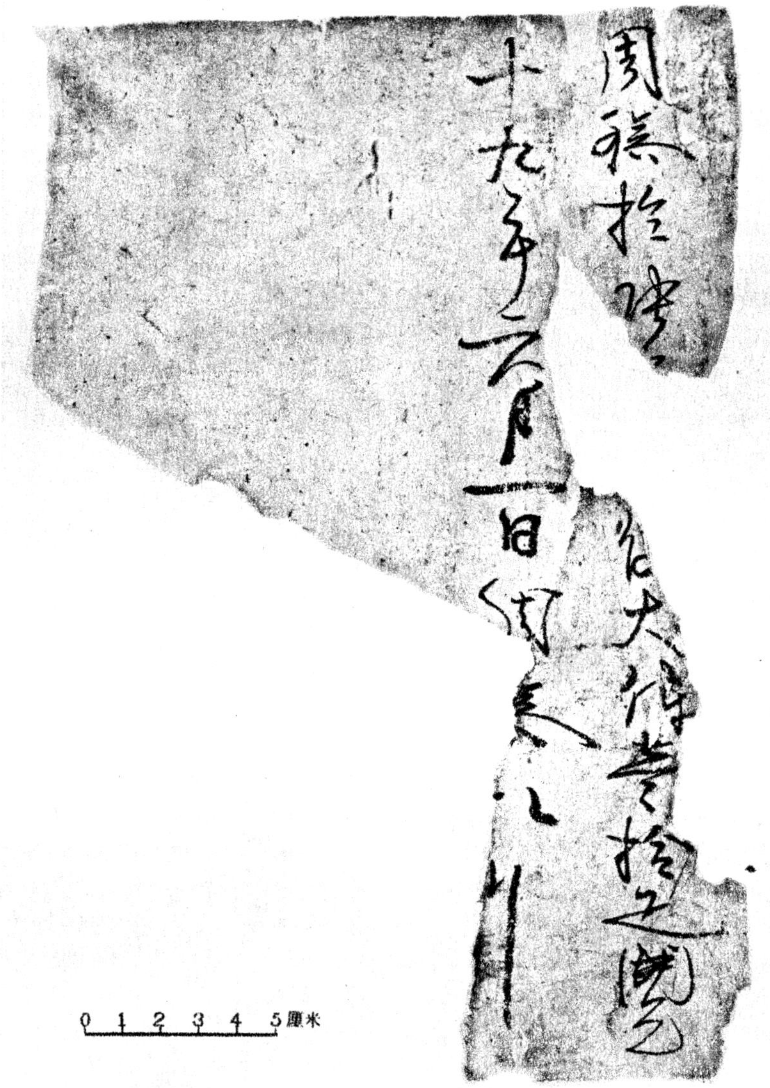

一二　唐開元十九年(公元七三一年)周積(?)領練抄
73TAM506:4/9

一一　唐開元十九年（公元七三一年）張順領物抄

1 張順於張光邊□
2 元十九年五月廿八日□

一二　唐開元十九年（公元七三一年）周積（?）領練抄

1 周□（積?）於張□付大練壹拾疋。開元
2 十九年六月一日周□□□　〃

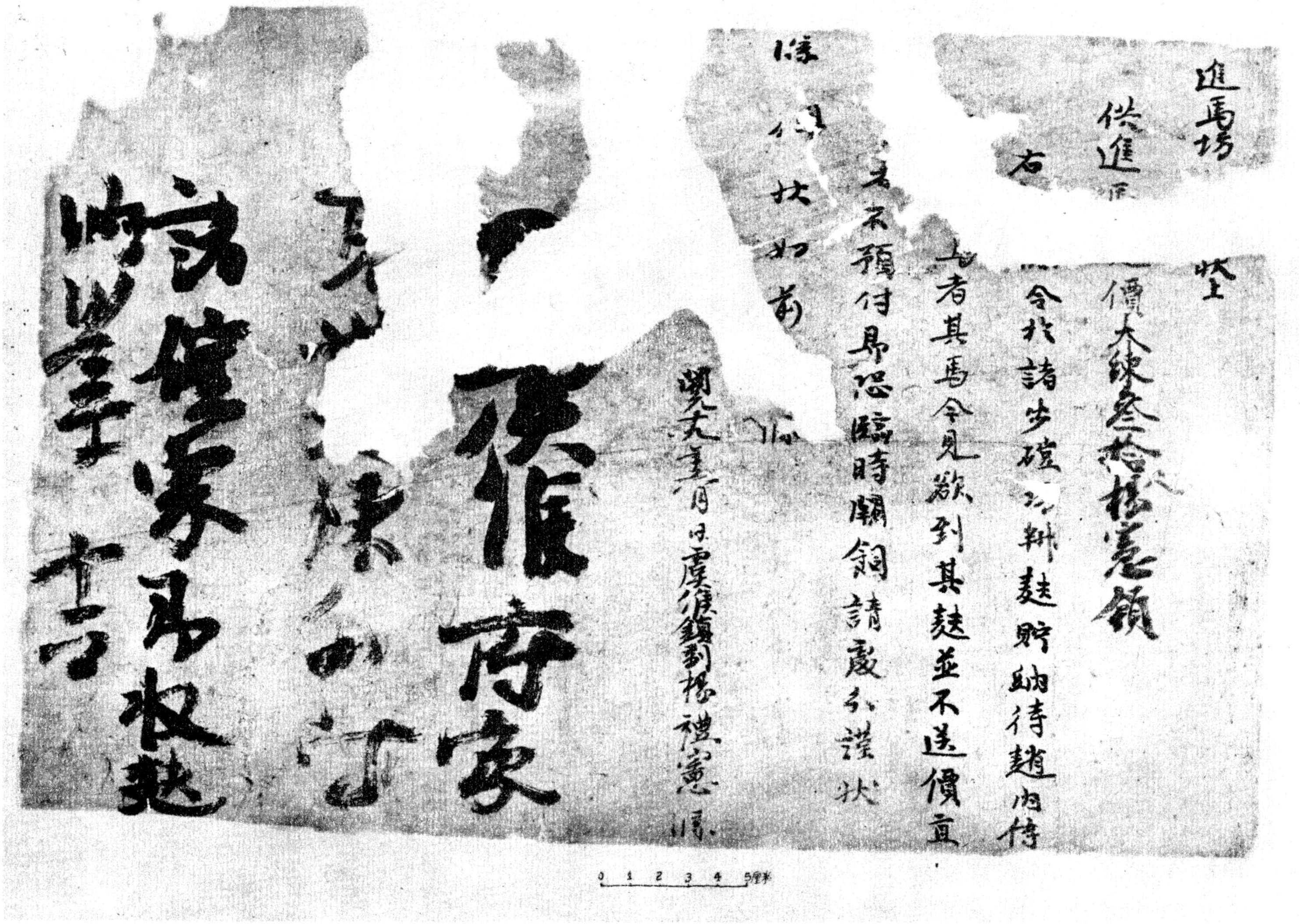

一三　唐開元十九年(公元七三一年)虞候鎮副楊禮憲請預付馬料麩價狀　　73TAM506:4/10

一三　唐開元十九年（公元七三一年）虞候鎮副楊禮憲請預付馬料麩價狀

進馬坊　　狀上

供進馬□價大練叁拾疋楊憲領

右□□令於諸步磑坊料麩貯納，待趙內侍

□□馬者，其馬今見欲到，其麩並不送價直。

若不預付，即恐臨時闕飼。請處分。謹狀。

牒，件狀如前，□牒。

開元十九年六月　日虞候鎮副

楊禮憲牒。

虞侯府家

取卌足練，分付

諸磑家，即收麩

納。崇　十二日

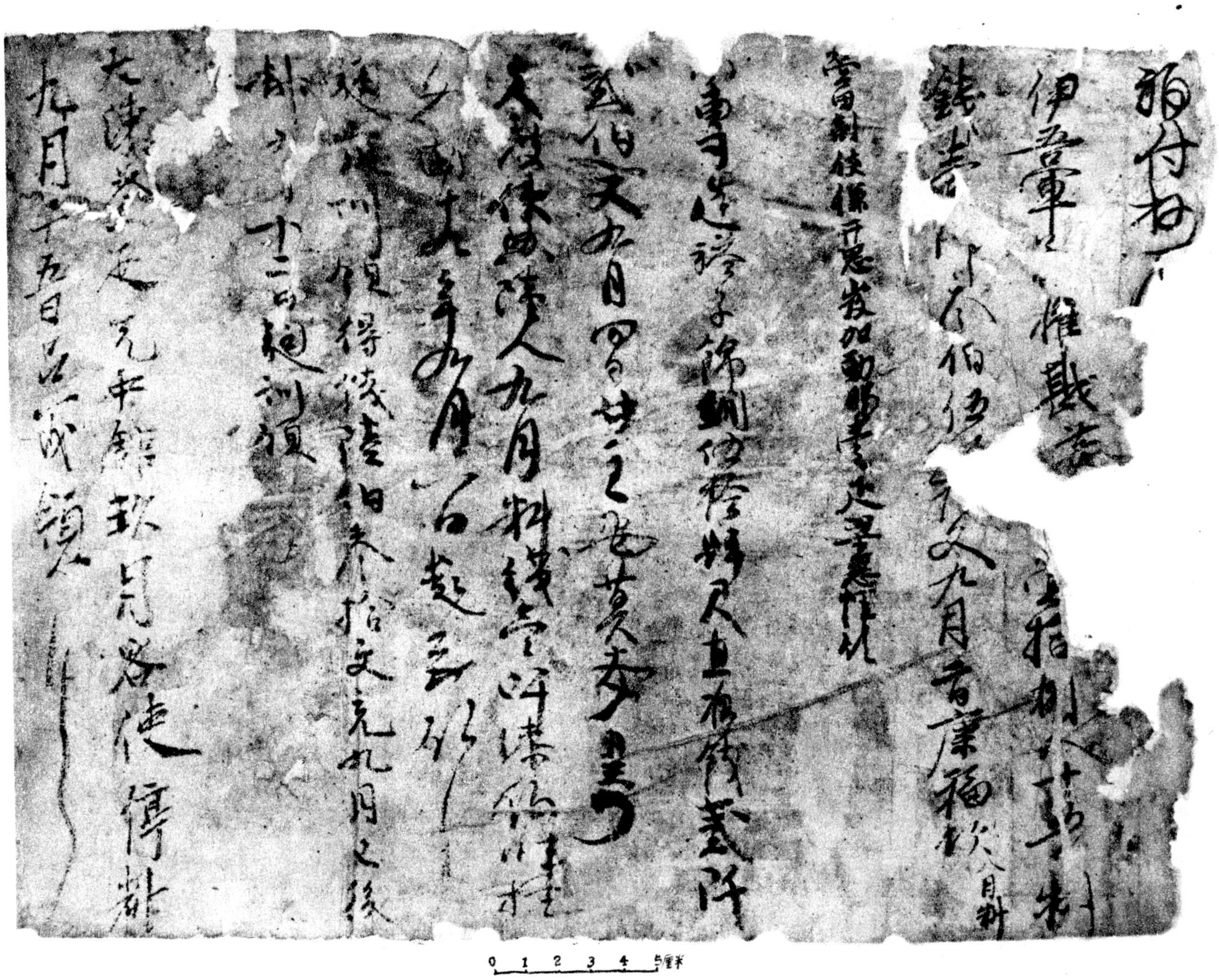

一四　唐開元十九年(公元七三一年)康福等領用充料錢物等抄　73TAM506:4/11之一

一四　唐開元十九年（公元七三一年）康福等領用充料錢物等抄

領付抄□
伊吾軍[子]□權戡等□[壹]拾捌人，十五日料
錢壹[阡]叁伯伍[拾]文。九月二日康福領八月料。

營田副使傔亓思岌加勳賜壹疋梁悉惲領。
□曹司造褡子，錦綱伍拾肆尺，直准錢貳阡
貳伯文。九月四日付主安莫。安莫つ
支度使典陸人，九月料錢壹阡漆伯肆拾
文。開十九年九月八日趙立領
麴庭訓領得錢陸伯叁拾文，充九月已後
料。九月十二日麴訓領

大練叁疋充中館玖月客使停料。
九月十五日呂俶領

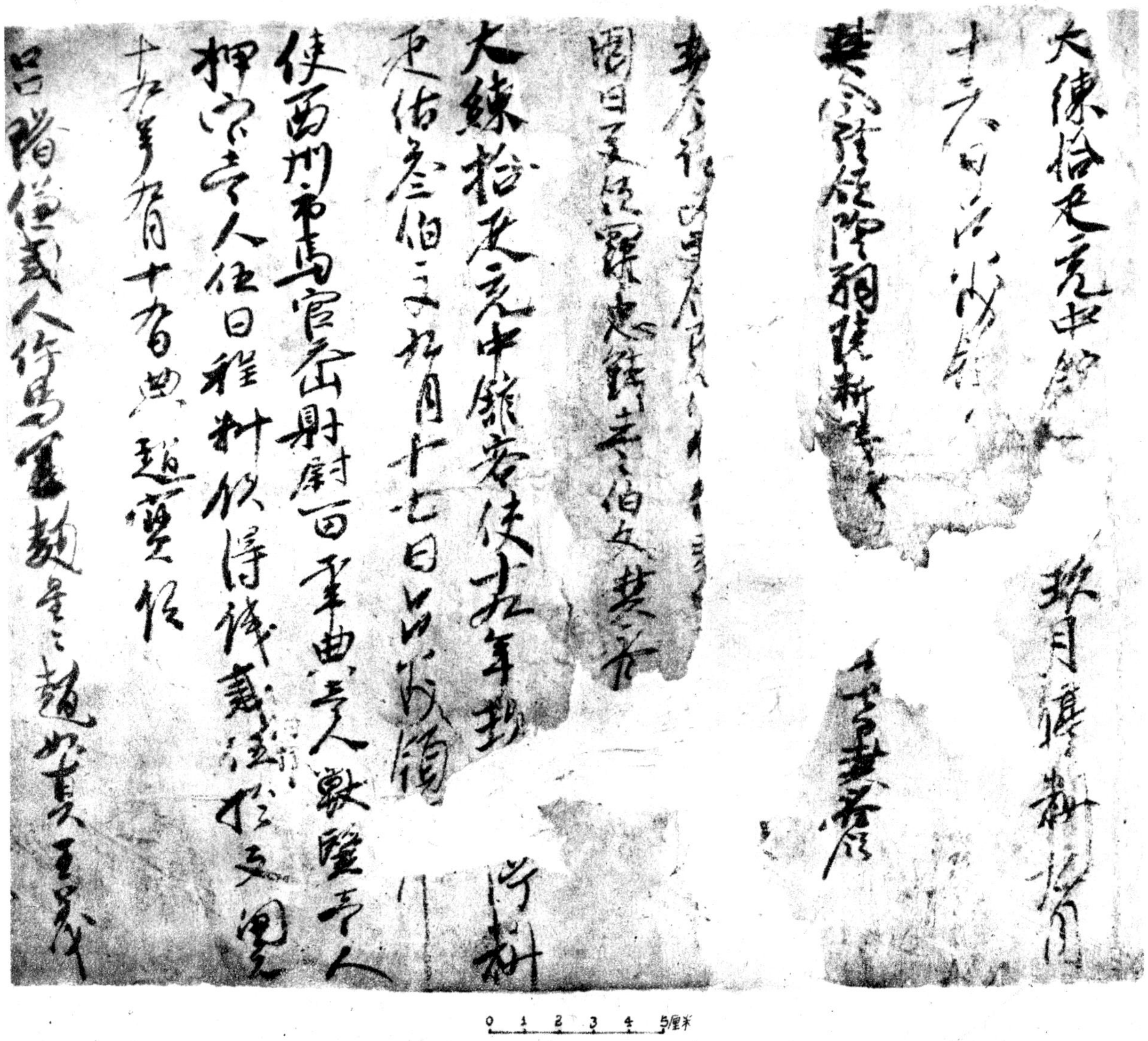

一四　唐開元十九年(公元七三一年)康福等領用充料錢物等抄　73TAM506:4/11之二

大練拾疋充中館□□玖月停料。九月
十六日呂收領
樊令詮領陰騆壞新錢□十七日樊詮領。
樊令[詮]□□□□□□□□□
同日更領羅忠錢壹伯文。樊詮□
大練拾疋充中館客使十九年玖□[停]料，
疋估叁伯文。九月十七日呂收領　川
使西州市馬官天山縣尉留𡟗典壹人、獸醫壹人、
押官壹人，伍日程料，領得錢貳伯伍拾文。開元
十九年九月十九日典趙寶領。

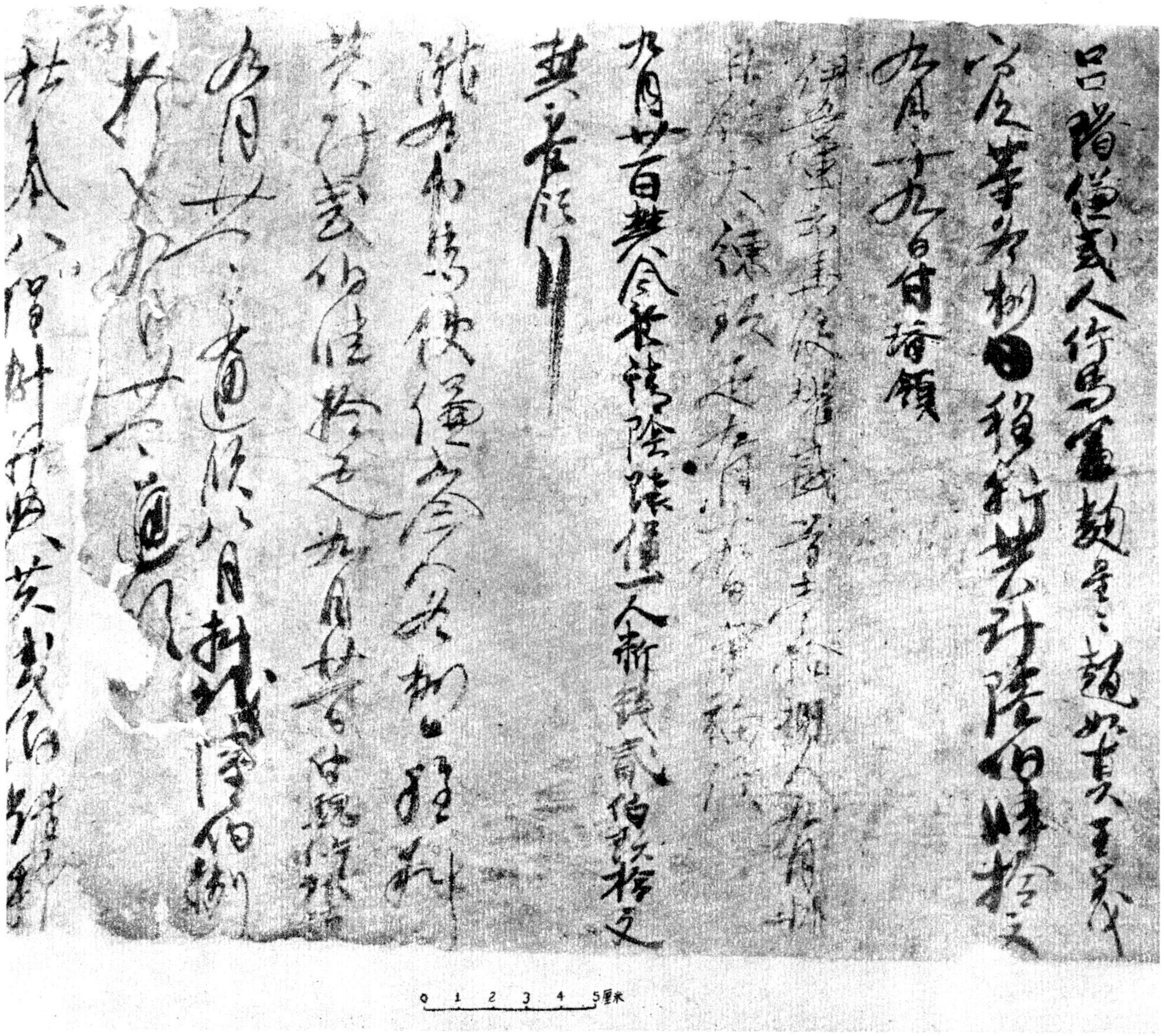

一四　唐開元十九年(公元七三一年)康福等領用充料錢物等抄　73TAM506:4/11之三

23 呂璿傔貳人作〔五〕馬富(?)趙星〻趙如真王義
24 賓等各捌日程粁,共計陸伯肆拾文
25 九月十九日付。璿領。
26 伊吾軍市馬使權戡等壹拾捌人九月料,
27 且領大練玖疋。九月十九日,康福領。
28 九月廿一日樊令詮請陰瓌傔一人粁錢貳伯玖拾文。
29 樊詮 𠁥
30 隴右市馬使傔叁人,各捌日程料,
31 共計貳伯肆拾疋。〔一〕九月廿一日付魏作□領。
32 九月廿一日安通領八月料錢陸伯捌
33 拾文。九月廿一日,通領。

注　釋

〔一〕疋:此字當是「文」字之誤。

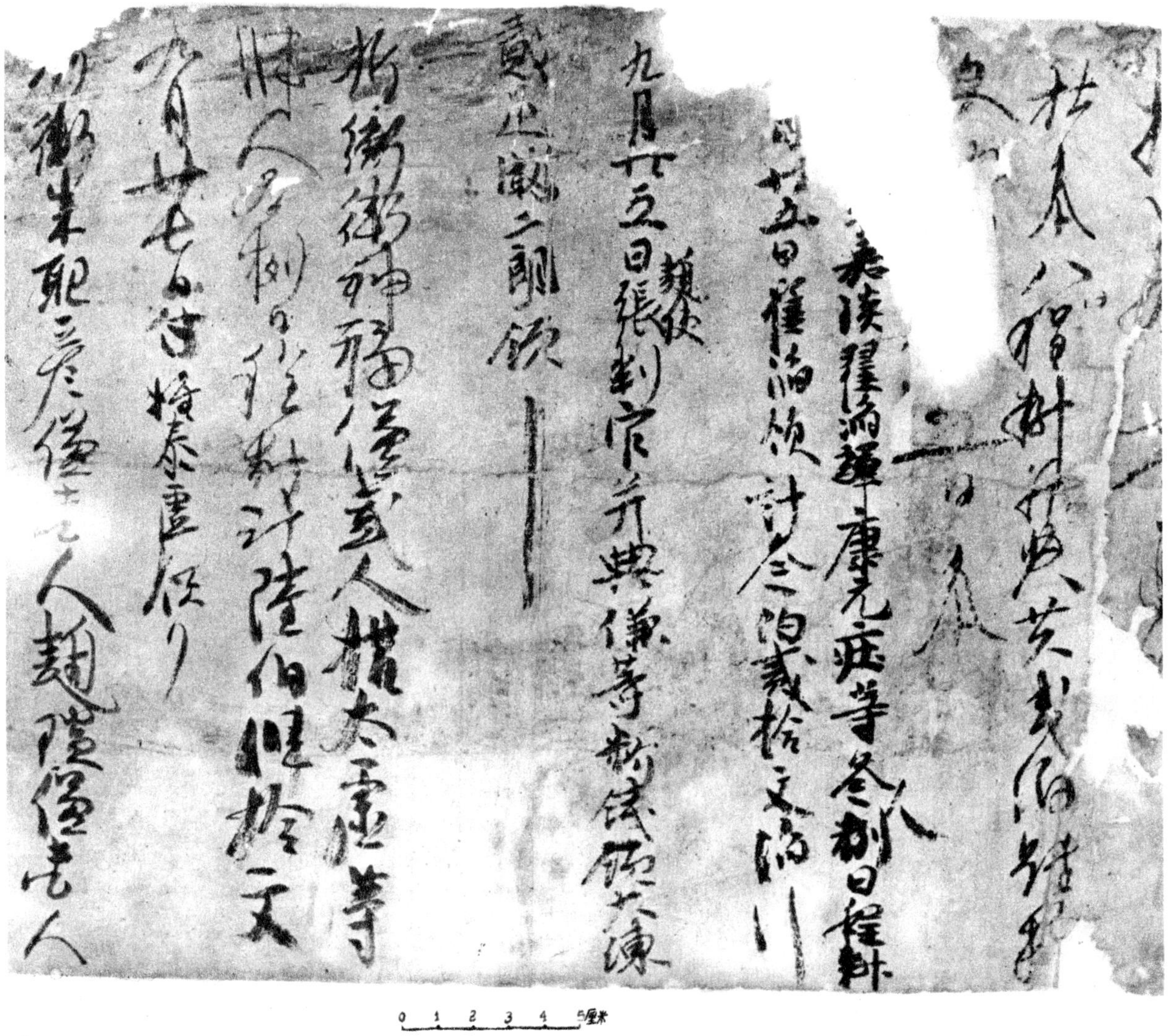

一四　唐開元十九年(公元七三一年)康福等領用充料錢物等抄　73TAM506:4/11之四

杜泰八日程料，并典，共弍伯肆拾

文。九□□五日泰。

嘉琰翟滔、輝、康元莊等叁人捌日程料，

□月廿五日翟滔領，計叁伯貳拾文。滔。丨丨

九月廿五日，趙使張判官并典、傔等斷〔料〕錢，領大練

貳疋。闞二朗領。

折衝衛神福傔貳人，翟太盧等

肆人各捌日程料，計陸伯肆拾文。

九月廿七日付將秦盧領。丨丨

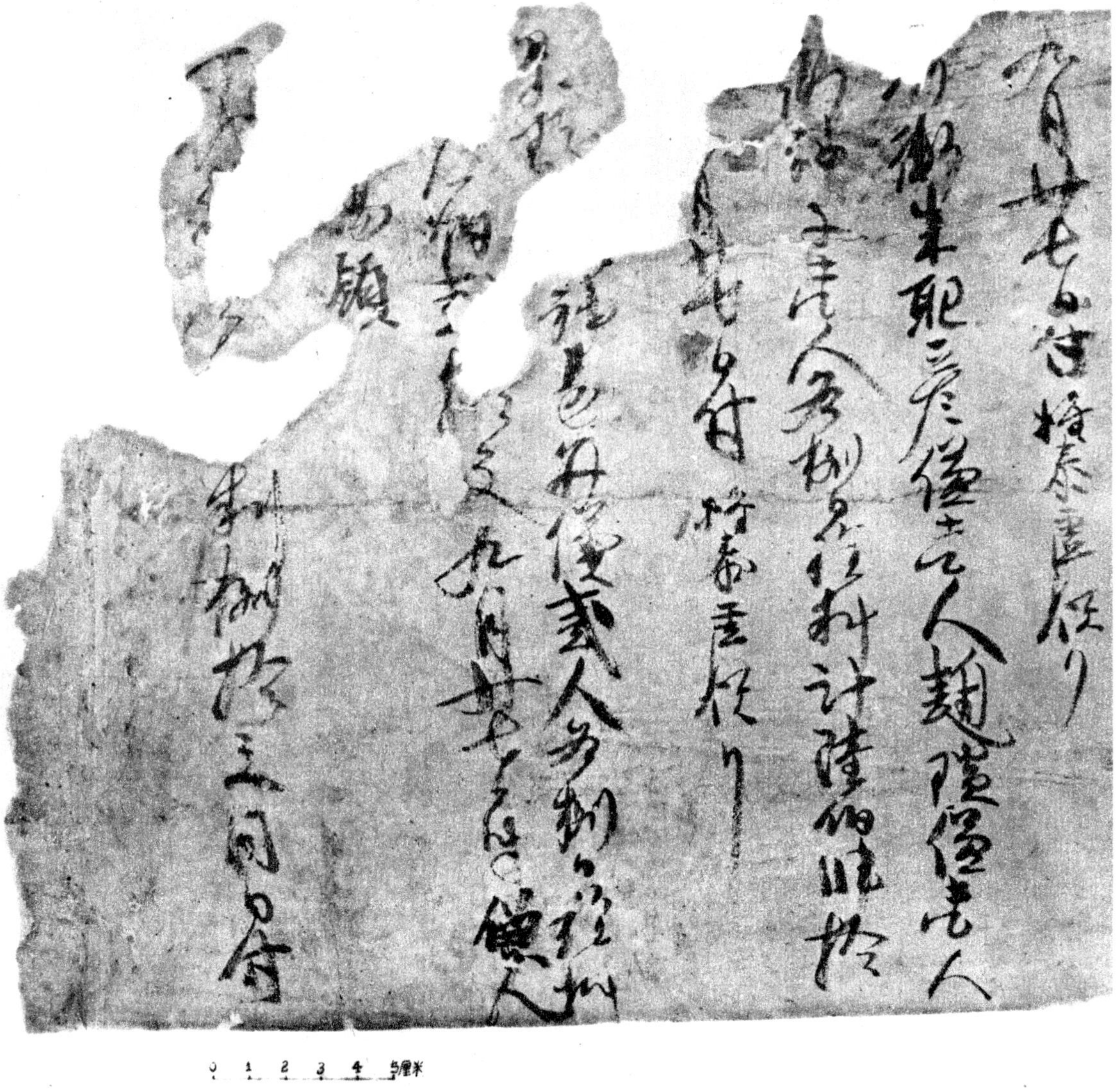

一四　唐開元十九年(公元七三一年)康福等領用充料錢物等抄　　73TAM506:4/11之五

43 折衝朱耶彥傔壹人，趙瑛傔壹人，
44 衛神子壹人，各捌日程料，計陸伯肆拾
45 □□月廿七日付將春盧領。り
46 梁既□神易并傔貳人，各捌日程料，
47 □[叁]伯[貳]拾文。九月廿七日付傔人
48 □易領。
49 丁(?)錢(?)□得(?)□料捌拾文，同日付

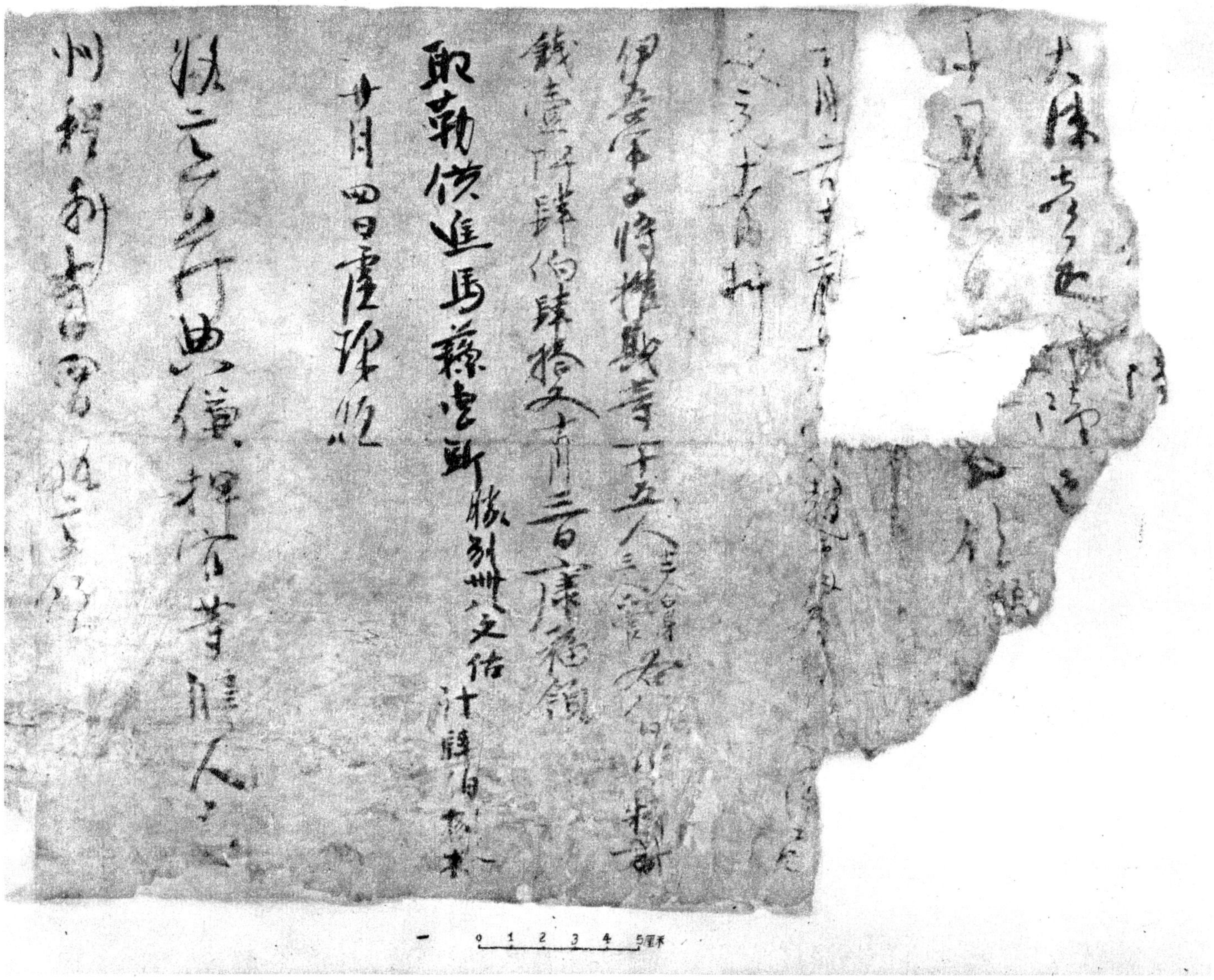

一四　唐開元十九年(公元七三一年)康福等領用充料錢物等抄　　73TAM506:4/11之六

50 ［　　］陸［　　］
51 大練壹疋□陸疋［　　］
52 十月二日□易領便［　　］
53 十月三日［　　］趙處各取大練貳
54 疋，充十一月料。
55 伊吾軍子將權戢等一十五人（十二人白身 三人品官）各八日程料，計
56 錢壹阡肆伯肆拾文，十月三日康福領
57 耶勒供進馬蘇壹斛（勝別卌八文估）計肆伯捌拾
58 十月四日盧琛領。
59 駱意并典儀、押官等肆人□
60 州程料。十月四日駱意領。

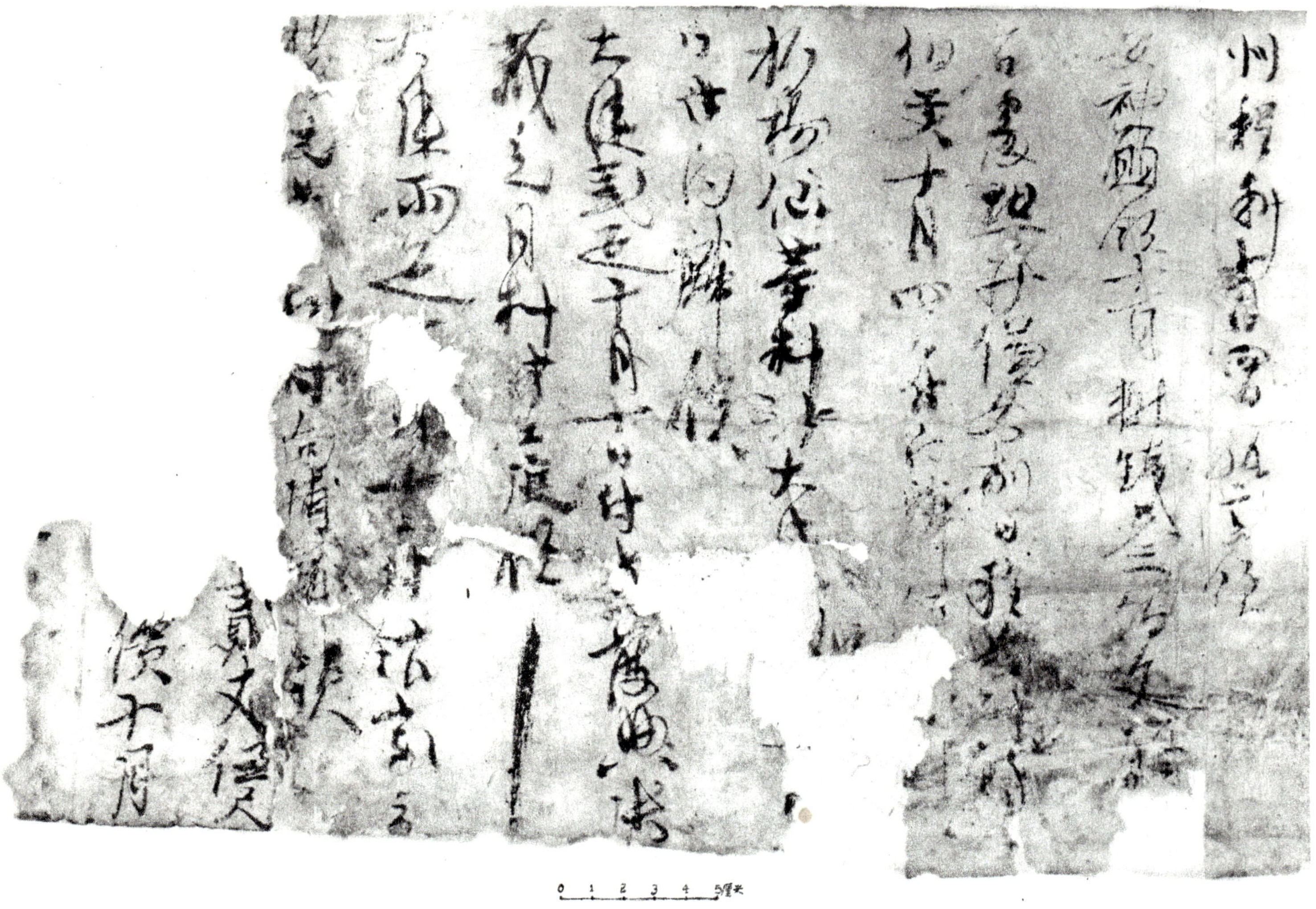

一四　唐開元十九年(公元七三一年)康福等領用充料錢物等抄　　73TAM506:4/11之七

安神頹(顧)領十一月料錢叁伯文。頹

石處默并傔各捌日程，共計錢[壹]

伯文。十月四日付向麟領。

折楊仙等料計大□□

日付向麟領。

大練貳疋十月十日付[支]度典張

藏充月料。付王庭領。

大練兩疋□[月]十日付館家[充]

楊□[等]□料[付]向輔麟領

□□貳文伍尺

□□梁□價十月

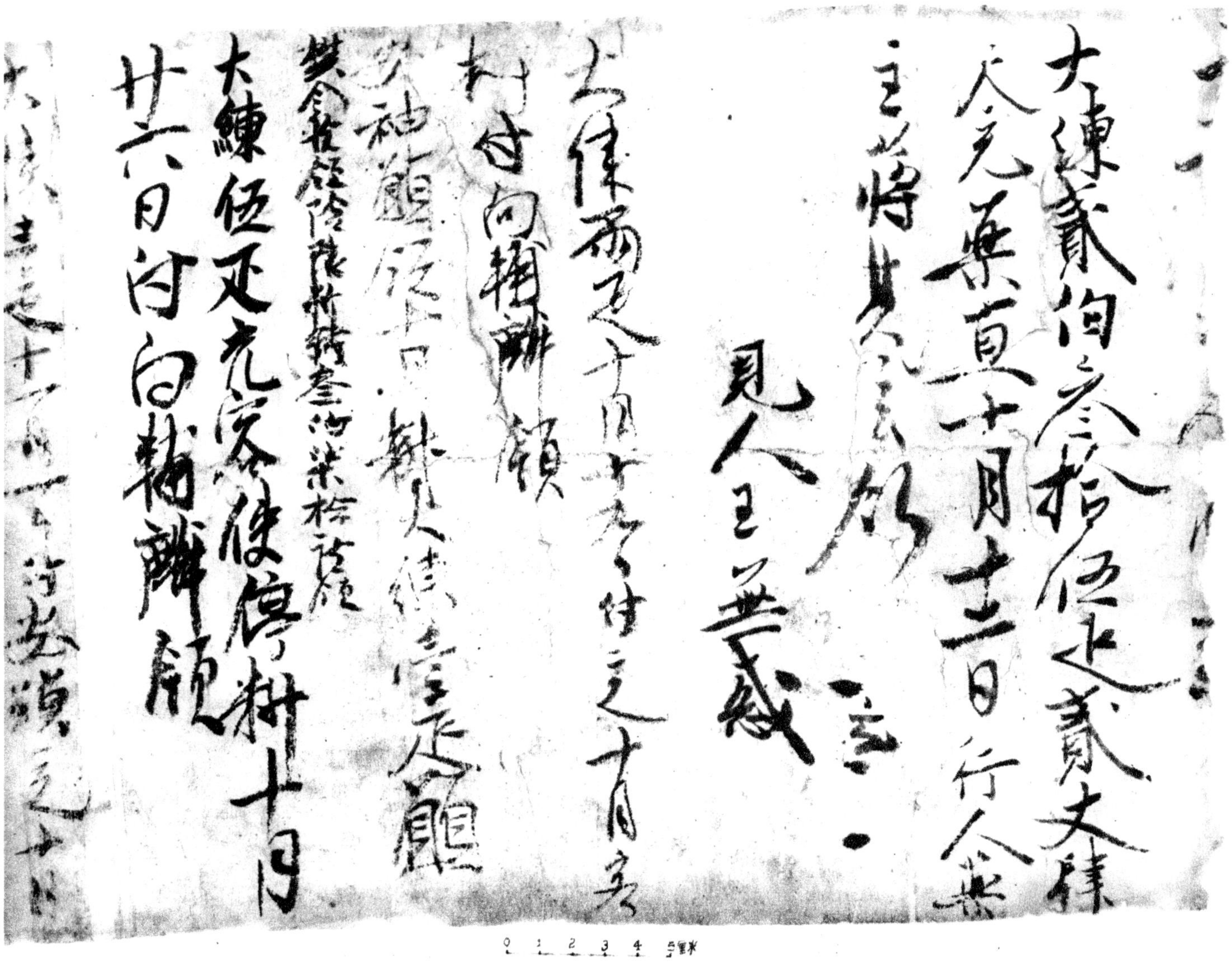

一五　唐蔣玄其等領錢練抄　73TAM506:4/12之一

一五　唐蔣玄其等領錢練抄

本件原連接成卷，中有缺損，紀年不詳。依月日排比，當在開元十九年，今置於此。

大練貳伯叁拾伍疋貳丈肆
尺充藥直。十月十二日行人藥
主蔣其玄領。　玄
見人王無感
大練兩疋，十月十九日付充十月客
料。付向輔麟領。
安神頤(願)領十月料大練壹疋。頤
樊令詮領陰瓌斷(料)錢叁伯柒拾。詮領。
大練伍疋充客使停料。十月
廿六日付向輔麟領。

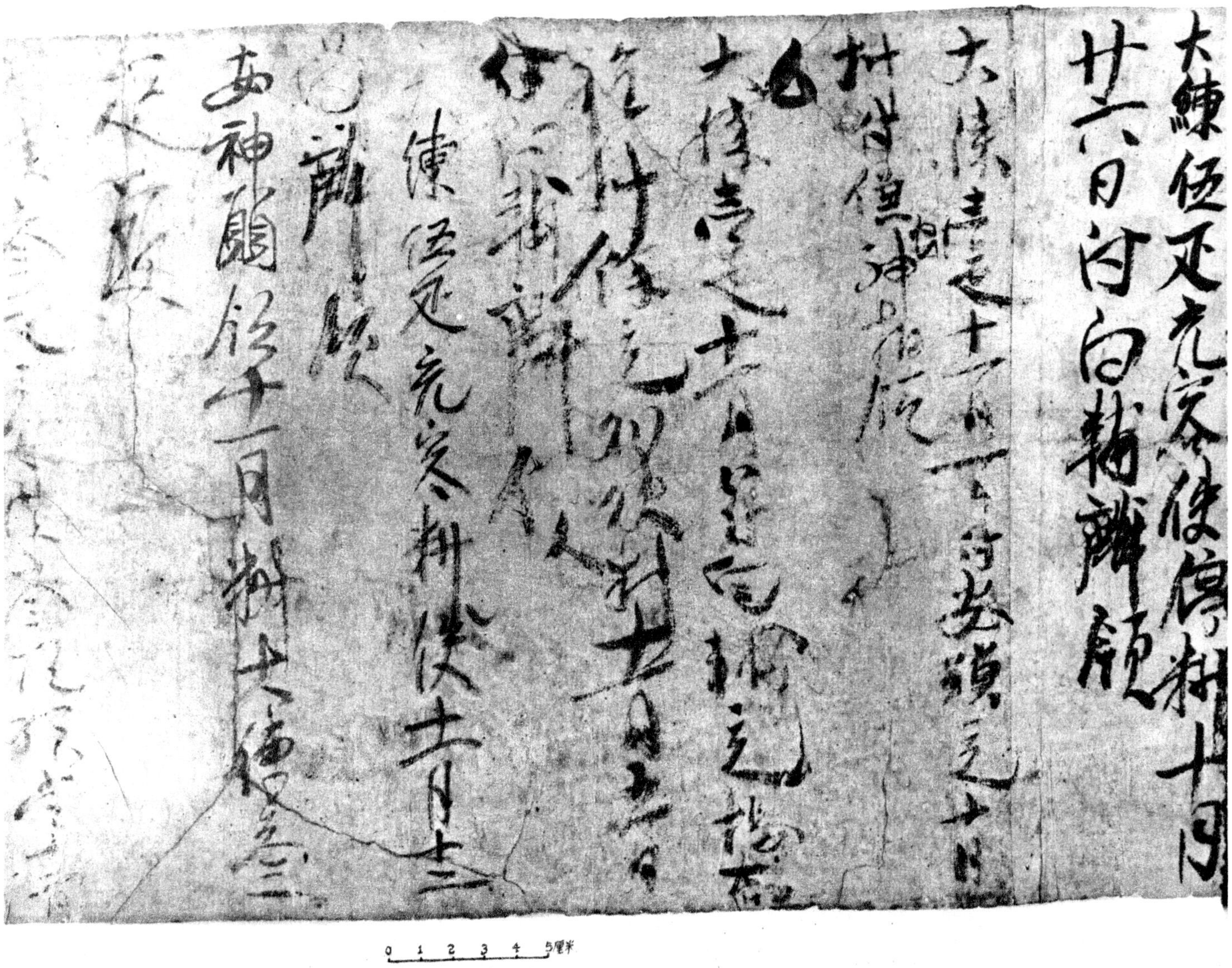

一五　唐蔣玄其等領錢練抄　　73TAM506:4/12之二

大練壹疋十一月一日付安頭充十月
料。付慊安神相領。
大練壹疋十一月分付向輔，充楊喬
詮料，餘充別使料。十一月五日
付向輔麟領。
大練伍疋充客料使。十一月十二
日向麟領。
安神頭領十一月料大練叁
疋。頭

一六　唐開元十九年(公元七三一年)張唯領物抄　73TAM506:4/13

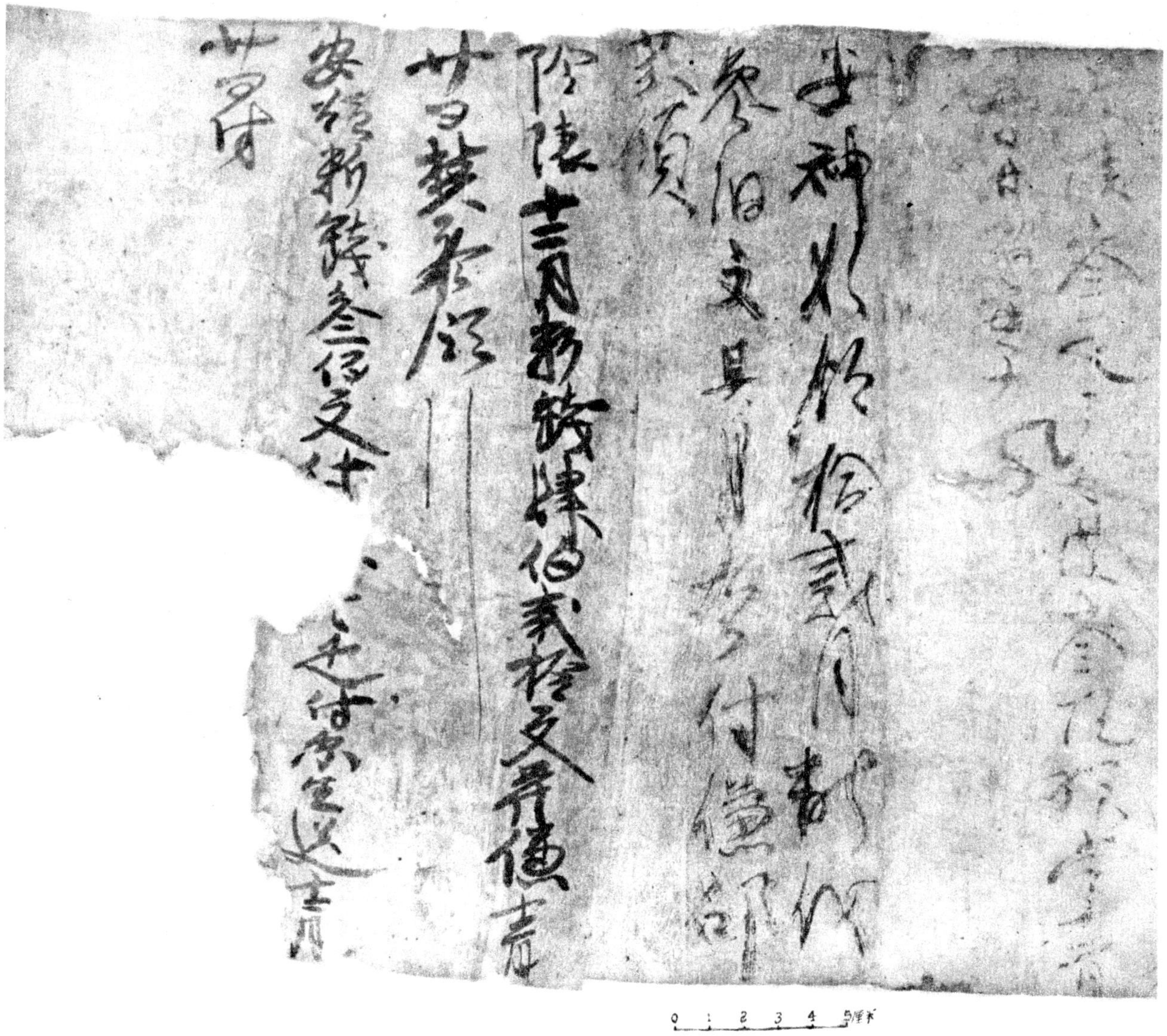

一五　唐蔣玄其等領錢練抄　73TAM506:4/12之三

20 大練叁疋充大漠(幕)叁頂，張賞十二月
21 二日付踏實力。
22 安神頤領拾貳月料錢
23 叁伯文。其月九日付傔郘
24 芬領。
25 陰瓌十二月料錢肆伯貳拾文，并傔。十二月
26 廿日樊詮領。
27 安頤料錢叁伯文付□□疋，付家生送。十二月
28 廿日付。

一六　唐開元十九年（公元七三一年）張唯領物抄

1 張承曜十九年[賻]大[　　]
2 月十三日付身張唯領。

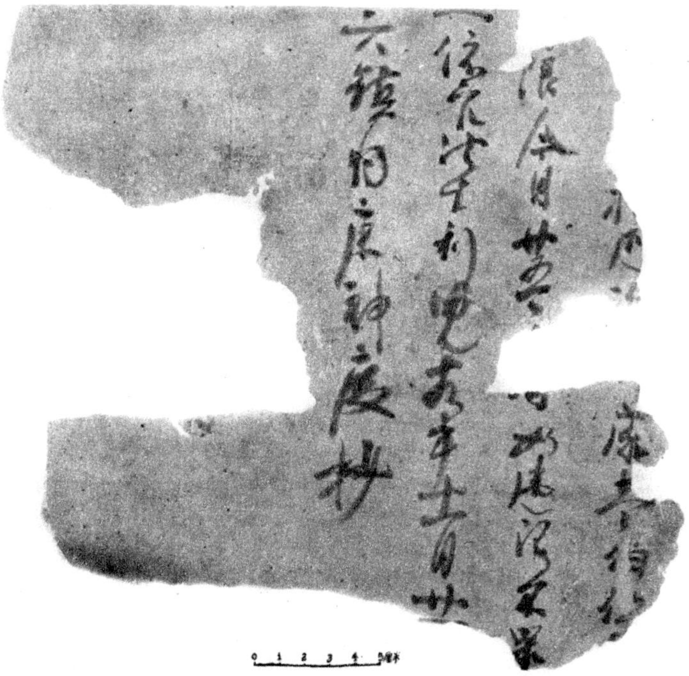

一七　唐開元十九年(公元七三一年)□六鎮將康神慶抄　73TAM506:4/14

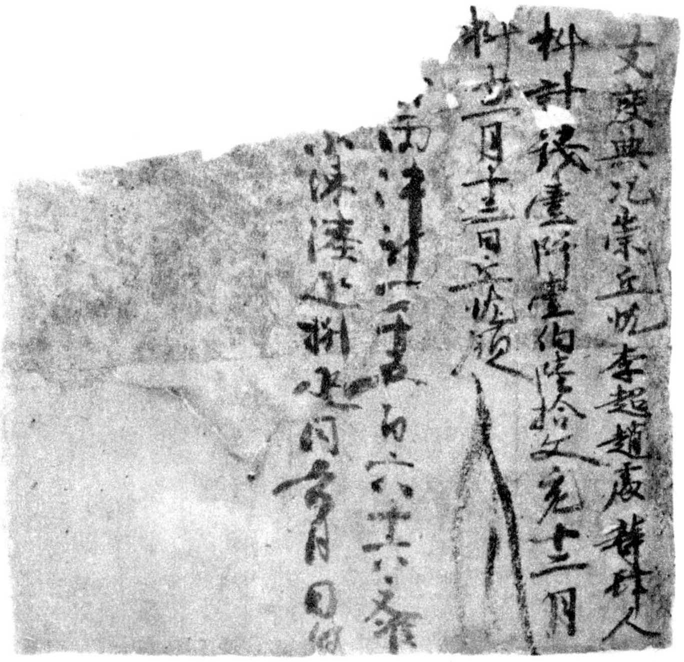

一八　唐丘忱等領充料錢物抄　73TAM506:4/15

一七　唐開元十九年（公元七三一年）□六鎮將康神慶抄

1 [ ]足准□床壹伯伍□

2 □限今月廿五日□□，如違限不還，

3 一依官法生利。開元十九年十一月廿一□□

4 六鎮〔一〕將康神慶抄

注釋

〔一〕□六鎮：據《唐書》卷四〇《地理志》四北庭都護府條有俱六鎮。

一八　唐丘忱等領充料錢物抄

本件無紀年，依月日排比，應在開元十九年，今置於此。下同。

1 支度典氾崇、丘忱、李超、趙處等肆人

2 料，計錢壹阡壹伯陸拾文，充十二月

3 料。十二月十三日丘忱領。

4 □□兩件，計一千五百六十六文，准

5 [ ]小練陸疋，捌疋同前月日付。

一九　唐樊詮領陰嗣瓌十一月料錢抄
73TAM506:4/16

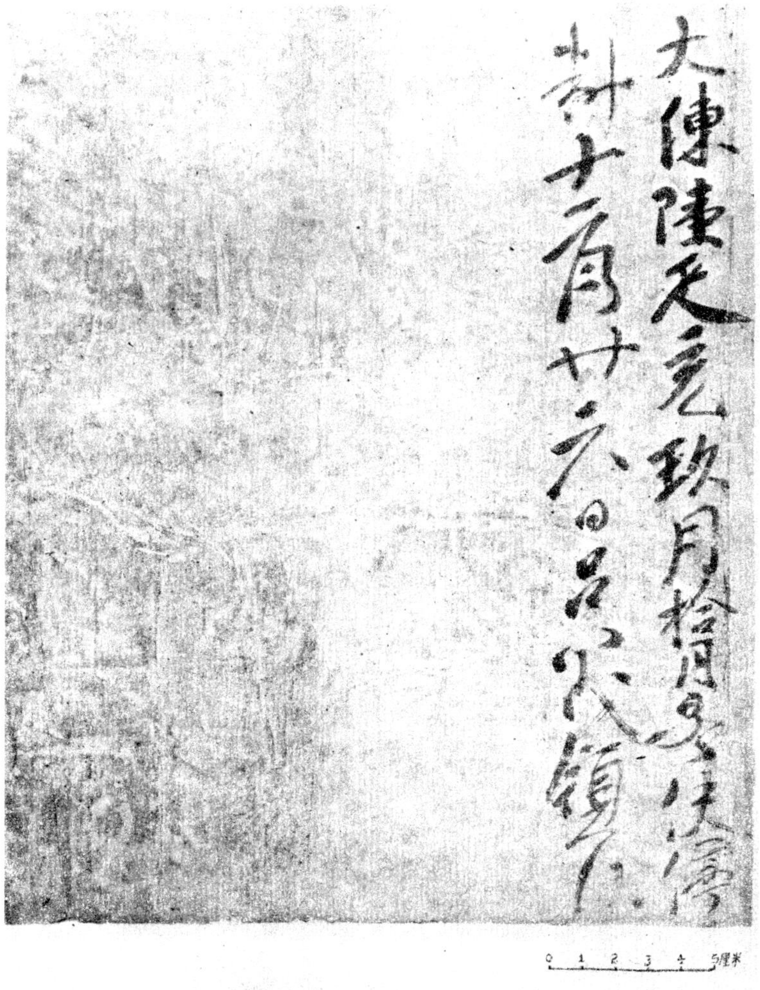

二〇　唐呂義領玖、拾兩月客使停料抄　　73TAM506:4/17

一九　唐樊詮領陰嗣瓌十一月料錢抄

1　使陰嗣瓌十一月新肆伯陸文，十二月十三

2　□傔樊詮領。

二〇　唐呂義領玖、拾兩月客使停料抄

1　大練陸疋玖月、拾月客使停

2　料。十二月廿六日呂（義）代領。

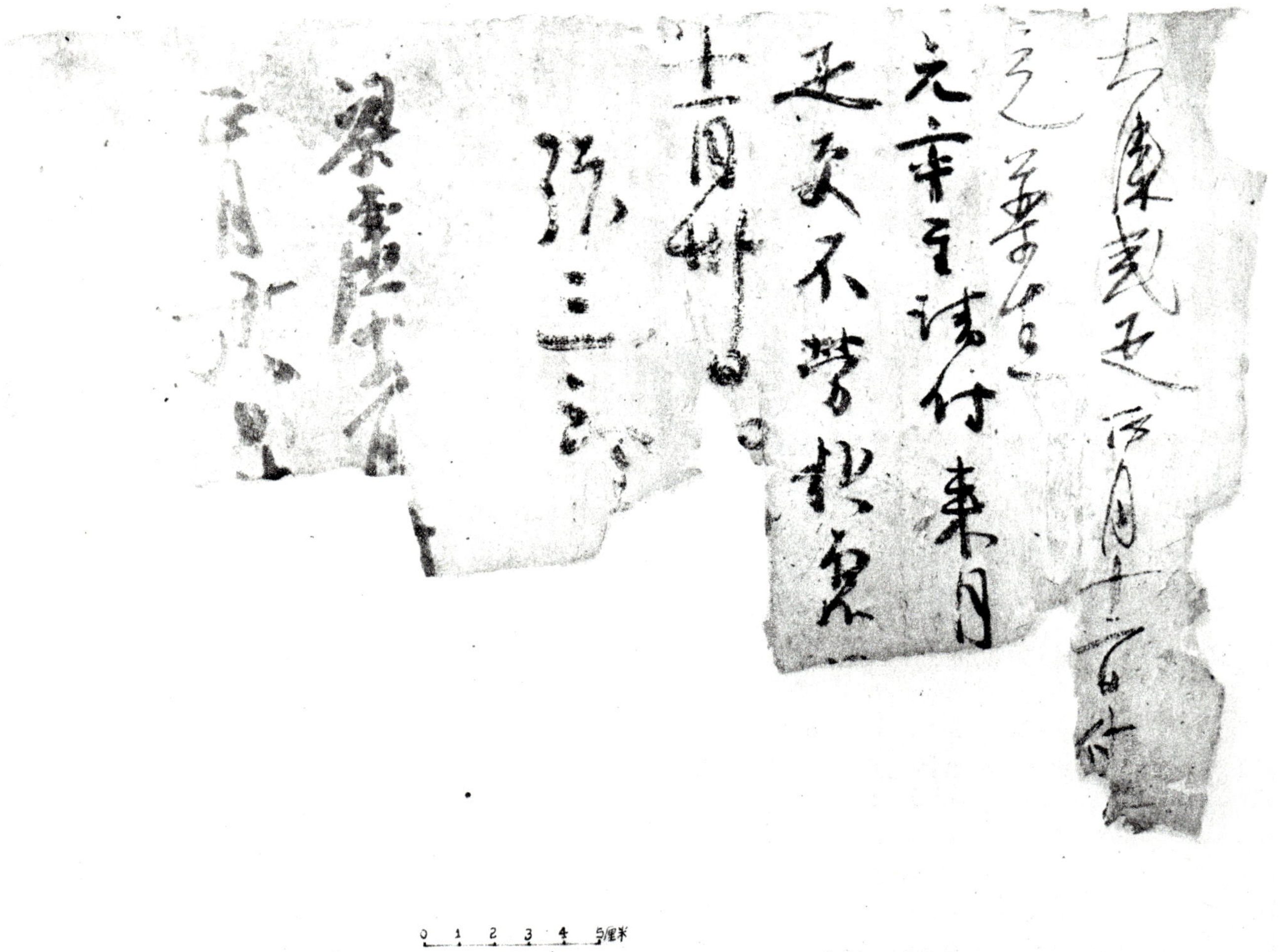

二一　唐付藥直等抄　　73TAM506:4/18

二一　唐付藥直等抄

本件以下各抄中紀年原無或已殘者，依月日排比，均當開元二十年（公元七三二年）。

1 大練貳疋，正月十二日付□
2 充藥直。
3 元辛至請付來月□
4 疋，更不勞帖衆□
5 十一月廿日□
6 張三郎
7 梁盡十二月□
8 正月十八日□

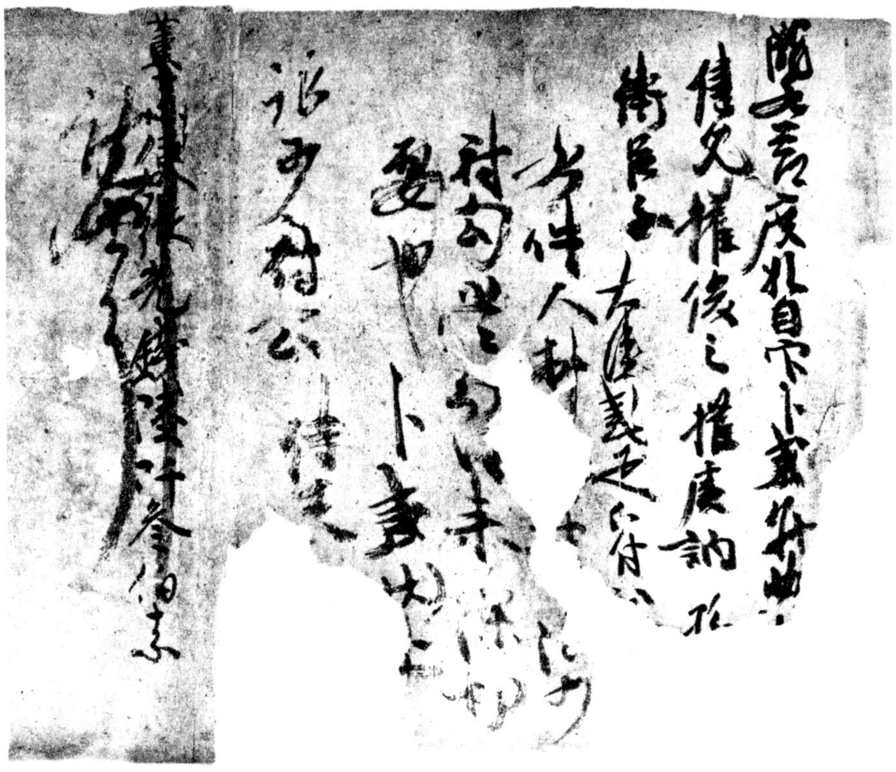

二二　唐隴右節度孔目官卜感請分付料錢狀　73TAM506:4/19

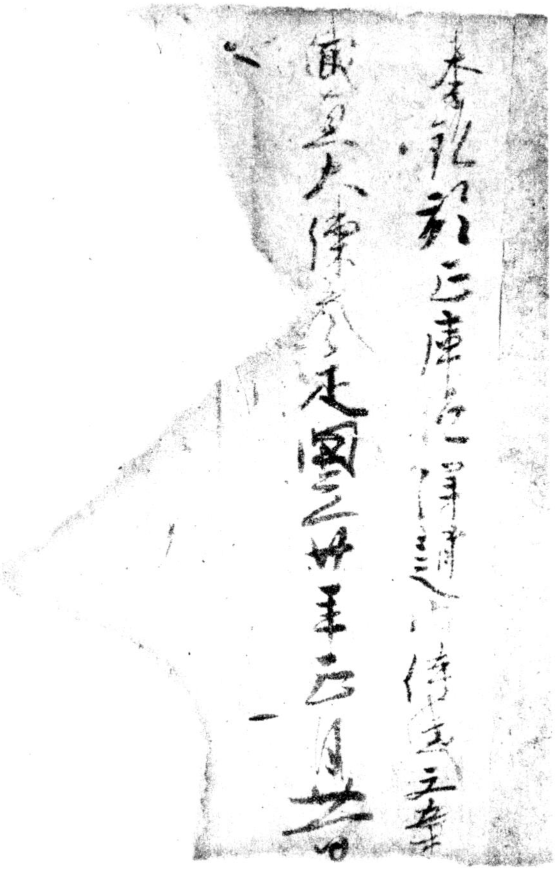

二三　唐開元二十年(公元七三二年)李欽領練抄　73TAM506:4/20

二二　唐隴右節度孔目官卜感請分付料錢狀

本件原與上件紙粘連。

隴右節度孔目官卜感并典[　]
健兒權俊之、權處訥、孫[　]
衛臣子大練貳疋，分付[　]
右件人料[　]張少
府勾當分付來，深切
要也。　卜感狀上。
張少府公　侍夫(?)（下殘）
董素便張光錢陸阡叁伯文
計會了

二三　唐開元二十年（公元七三二年）李欽領練抄

本件原與上件紙粘連。

李欽於正庫領得趙內侍感文案
貸直大練叁疋。開元廿年正月廿一日
[　]　|

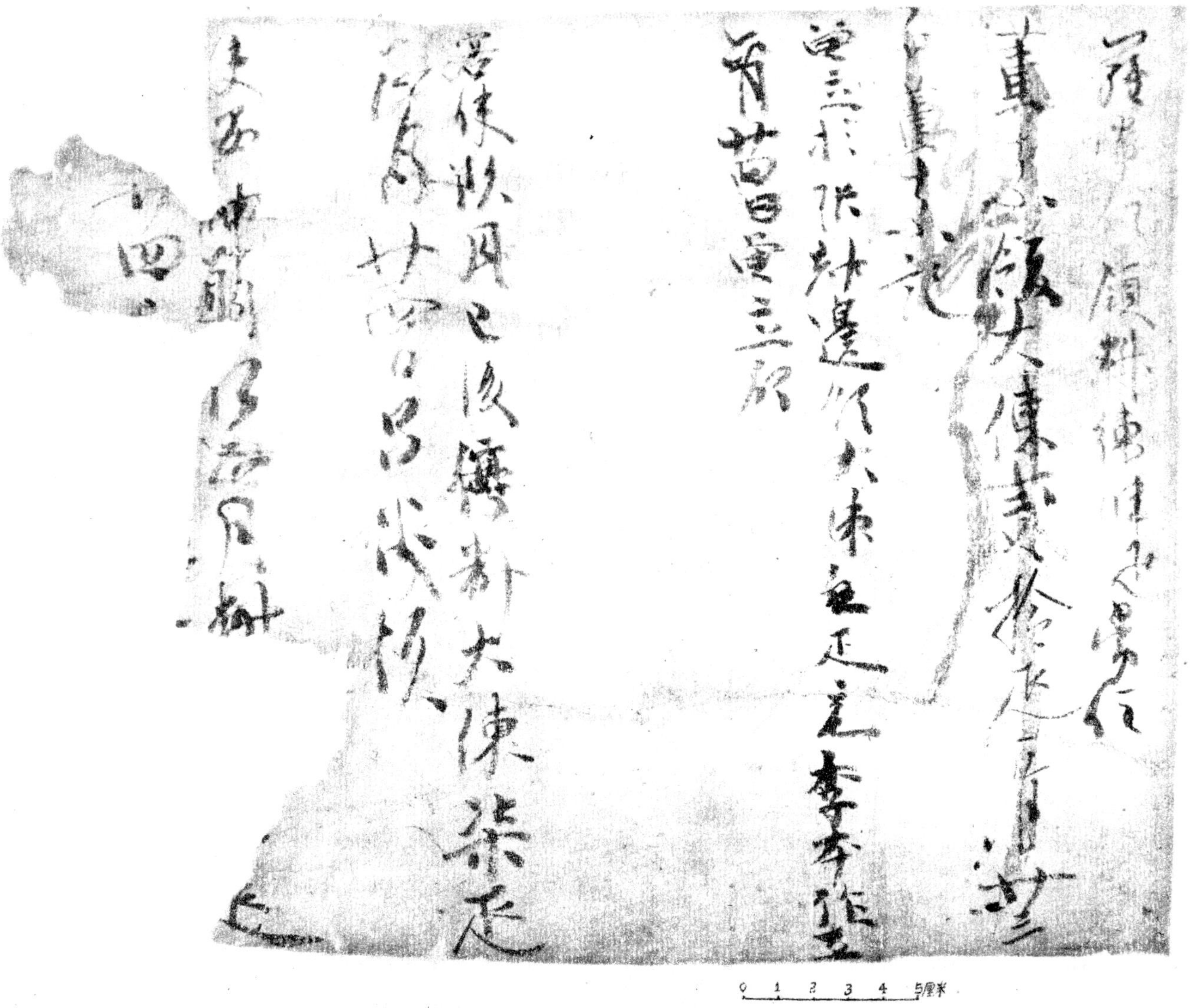

二四　唐羅常住等領料抄　　73TAM506:4/21

二四　唐羅常住等領料抄

1 羅常住領料練肆疋。常住

2 董素領大練貳拾疋。正月廿三

3 日董素記。　計會

4 曾立於張劝邊領大練伍疋，充李本作直。

5 正月廿四日曾立領。

6 客使玖月已後停料大練柒疋。

7 正月廿四日呂叔(義)領。

8 使安神顔(願)[領]正月料□疋

9 □廿四[日]□

二五　唐樊詮領陰瓌等正月料錢抄　　73TAM506:4/22

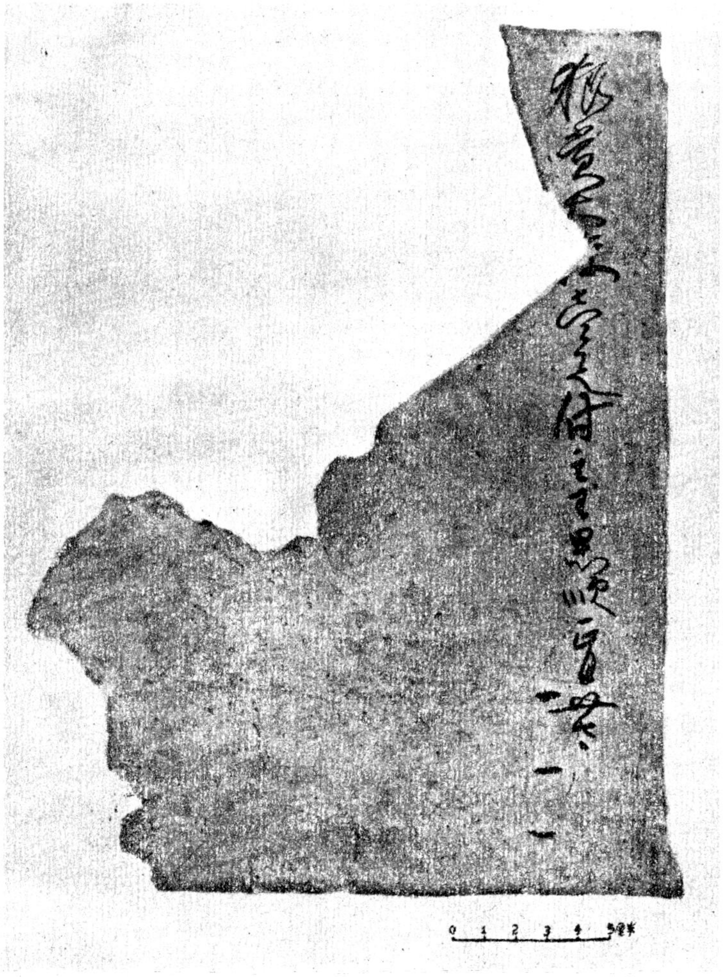

二六　唐付王思順大練抄　　73TAM506:4/23

二五　唐樊詮領陰瓌等正月料錢抄

1 陰瓌并傔壹人共正月料當

2 錢肆伯陸文。正月廿六日付樊詮

3 領。　川

二六　唐付王思順大練抄

1 狼黃大練壹疋，付主王思順。正月廿七日

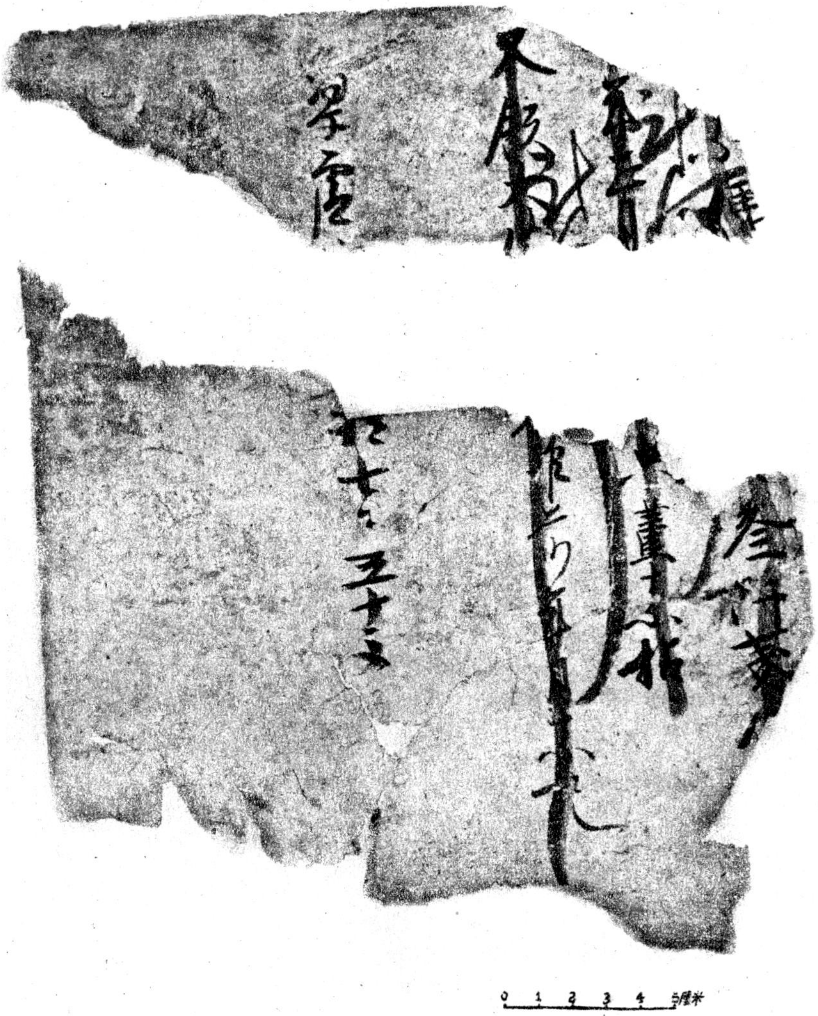

二七　唐殘帖　73TAM506:4/24

二八　唐領付汜崇等正月料錢抄
73TAM506:4/25

二七　唐殘帖

1 [慮]便□叁阡貳[佰]
計會□
2 年正月□典董素帖
計八□
3 又領大[練]□准前年月素記
4 梁虛□七百五十文

二八　唐領付汜崇等正月料錢抄

1 正月料汜(汜)崇　趙處　□
2 馬諫　丘忱　李[趙]　已上[六][人]（下殘）
3 右計料錢貳[阡]□

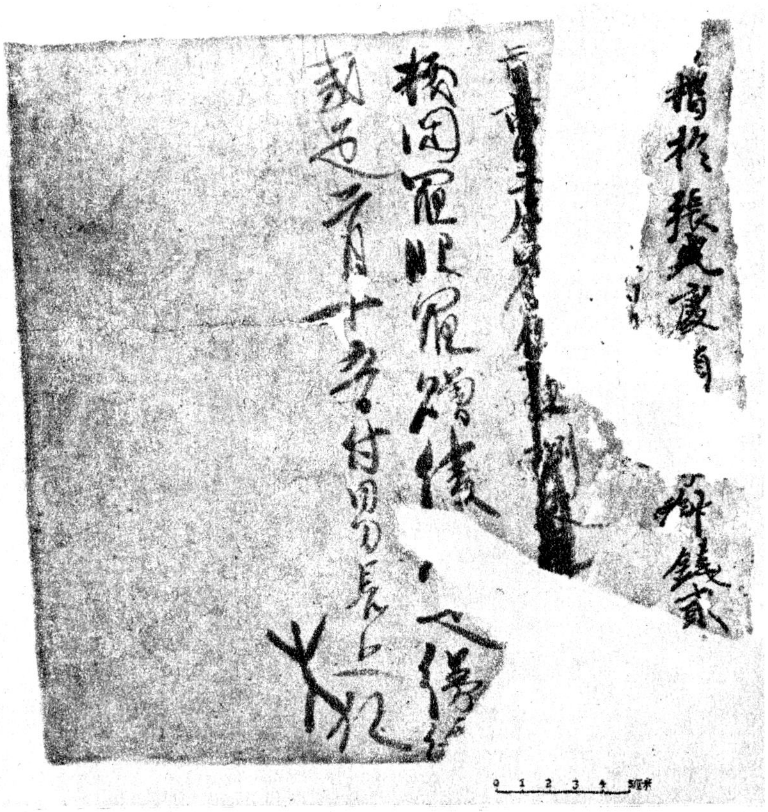

二九　唐□楷等領付錢物抄　73TAM506:4/26

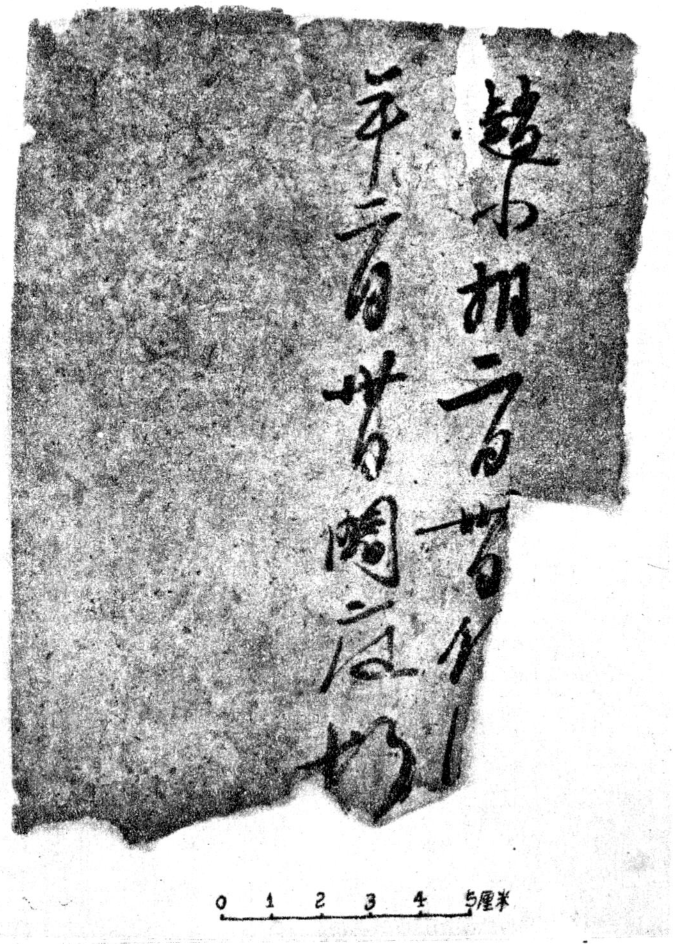

三〇　唐閻庭殘抄　73TAM506:4/27

二九　唐□楷等領付錢物抄

1 □楷於張光慶[領]□□料錢貳□
2 □
3 二月十四日[康守]□領大練捌疋□
4 換閭羅眼羅贈（繒）綾□[疋]緤□
5 貳疋。二月十五日付男長上領
6 ㄨ

三〇　唐閻庭殘抄

1 趙小相二月卅日[領得]□
2 [年]二月卅日閻庭抄

三一　唐□慶殘抄　73TAM506:4/28

三二　唐曹護替納公廨錢抄　73TAM506:4/29

三三　唐「今冬選人」殘文書　73TAM506:4/30

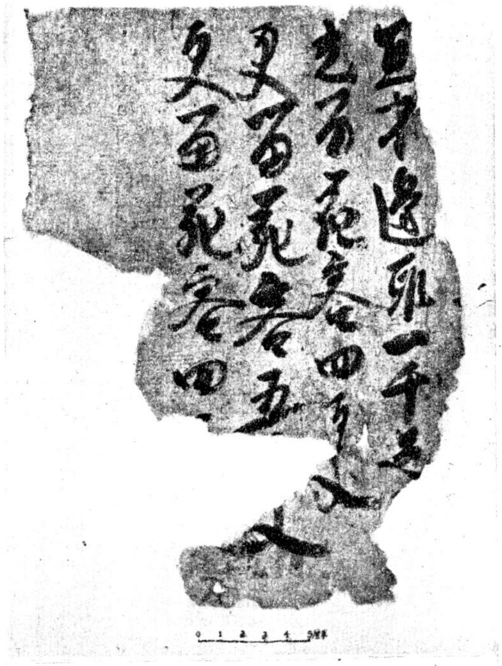

三四　唐出納錢帳　73TAM506:4/31

三一　唐□慶殘抄

1 □慶於張光□

2 □廿□付

三二　唐曹護替納公廨錢抄

1 □言納公廨本錢柒阡

2 □千七百文曹護替納

三三　唐「今冬選人」殘文書

1 □部今冬選人宜准舊例兩京赴集

三四　唐出納錢帳

1 宜才邊取一千足

2 充留苑客四百文

3 更留苑客五□文

4 更留苑客四□

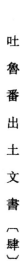

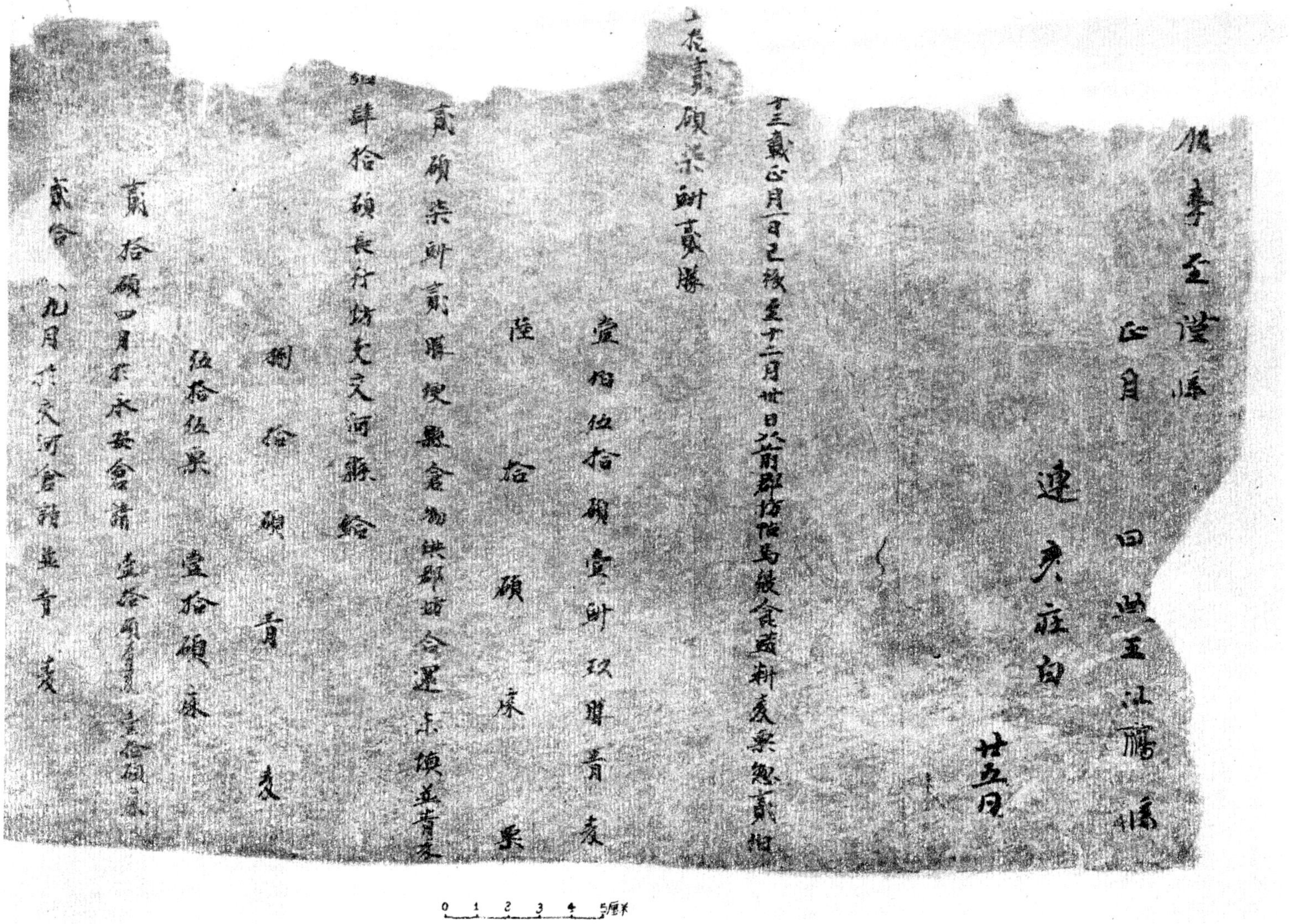

三五　唐天寶十三～十四載(公元七五四～七五五年)　交河郡長行坊支貯馬料文卷

(一)　唐天寶十四載(公元七五五年)交河郡某館具上載帖馬食踖歷上郡長行坊狀　73TAM506:4/32--1之一

三五　唐天寶十三——十四載（公元七五四——七五五年）交河郡長行坊支貯馬料文卷

本件首尾并中間皆有殘缺，背面兩紙粘接處騎縫編寫序數，現存數字起「廿二」，止「二百五十三」。序數下多簽一「彦」字，有的押「庭」或「仙」字。正面分別蓋有「交河郡都督府之印」、「輪臺縣之印」、「天山縣之印」、「柳中縣之印」等朱紅印鑑。本卷包括交河郡長行坊及所屬諸館往來牒狀，現據原來編號順序編排如次，計二十二件，并分別擬定名目。粘接縫下寫有數字和簽名現已殘缺的編號，可據前後相連編號推補者，用補文號，無法推補者暫空。

（一）唐天寶十四載（公元七五五年）交河郡某館具上載帖馬食踖歷上郡長行坊狀

本件背面騎縫編號起廿二，止卅五，末有交河郡都督府朱印一處。一三六——一三八、一四六行上有朱筆「△」標記，二五至五四行大都有朱筆點誌。正面騎縫上押「覃」字。本件前四行是另一牒件尾部。

1 □□有事至謹牒。

2 正月　日典王仙鷹　牒

3 連　彦庭白

4 廿五日

5 □□ 廿二 彦

6 □□十三載正月一日已後至十二月卅日以前，郡坊帖馬侵食踖料麥粟

總貳伯

7 壹拾貳碩柒㪷貳勝。

8 壹伯伍拾碩壹㪷玖勝　青　麥

9 陸　拾　碩　床　粟

10 □□貳碩柒㪷貳勝便縣倉物供，郡坊合還未塡。並青麥

11 □伯肆拾碩　長行坊支交河縣給。

12 捌　拾　碩　青　麥

13 伍拾伍粟〔一〕　壹拾碩床

14 貳　拾碩四月於永安倉請　壹拾碩青麥壹拾碩床

注　釋

〔一〕伍拾伍：應是「伍拾碩」之誤。

（一） 唐天寶十四載（公元七五五年）交河郡某館具上載帖馬食踖歷上郡長行坊狀

73TAM506:4/32—1之二

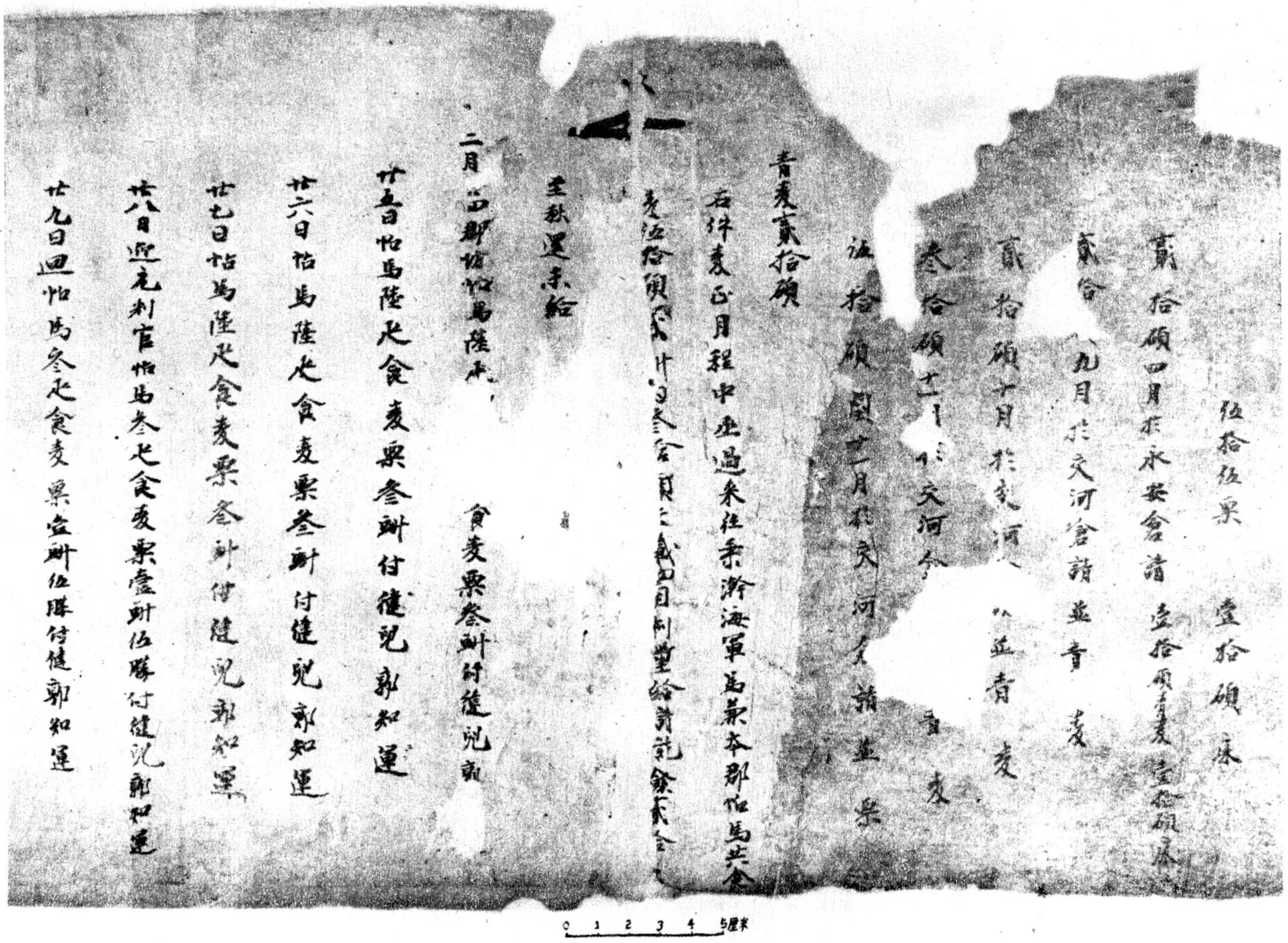

貳拾□九月於 交河倉請 並 青 麥
貳 拾 碩 十月於交河倉請 並 青 麥
叁 拾 碩 十二月於交河倉□□青 麥
伍 拾碩閏十一月於 交河 倉請 並 粟
青麥貳拾碩
右件麥正月程中丞過，来往乘(瀚)澣海軍馬兼本郡帖馬，共食
麥伍拾碩貳斛。內叁拾碩去載四月判量給請訖，餘貳拾□
至秋還来給。　　卅三　彥
二月廿四(一)郡坊帖馬陸疋□食麥粟叁斛。付健兒郡□□。
廿五日，帖馬陸疋，食麥粟叁斛。付健兒郭知運。
廿六日，帖馬陸疋，食麥粟叁斛。付健兒郭知運。
廿七日，帖馬陸疋，食麥粟叁斛。付健兒郭知運。
廿八日，迎元判官，帖馬叁疋，食麥粟壹斛伍勝。付健兒郭知運。

注　釋

〔一〕廿四：四下脫一「日」字。

（一）　唐天寶十四載（公元七五五年）交河郡某館具上載帖馬食䉛歷上郡長行坊狀

73TAM506:4/32—1之三

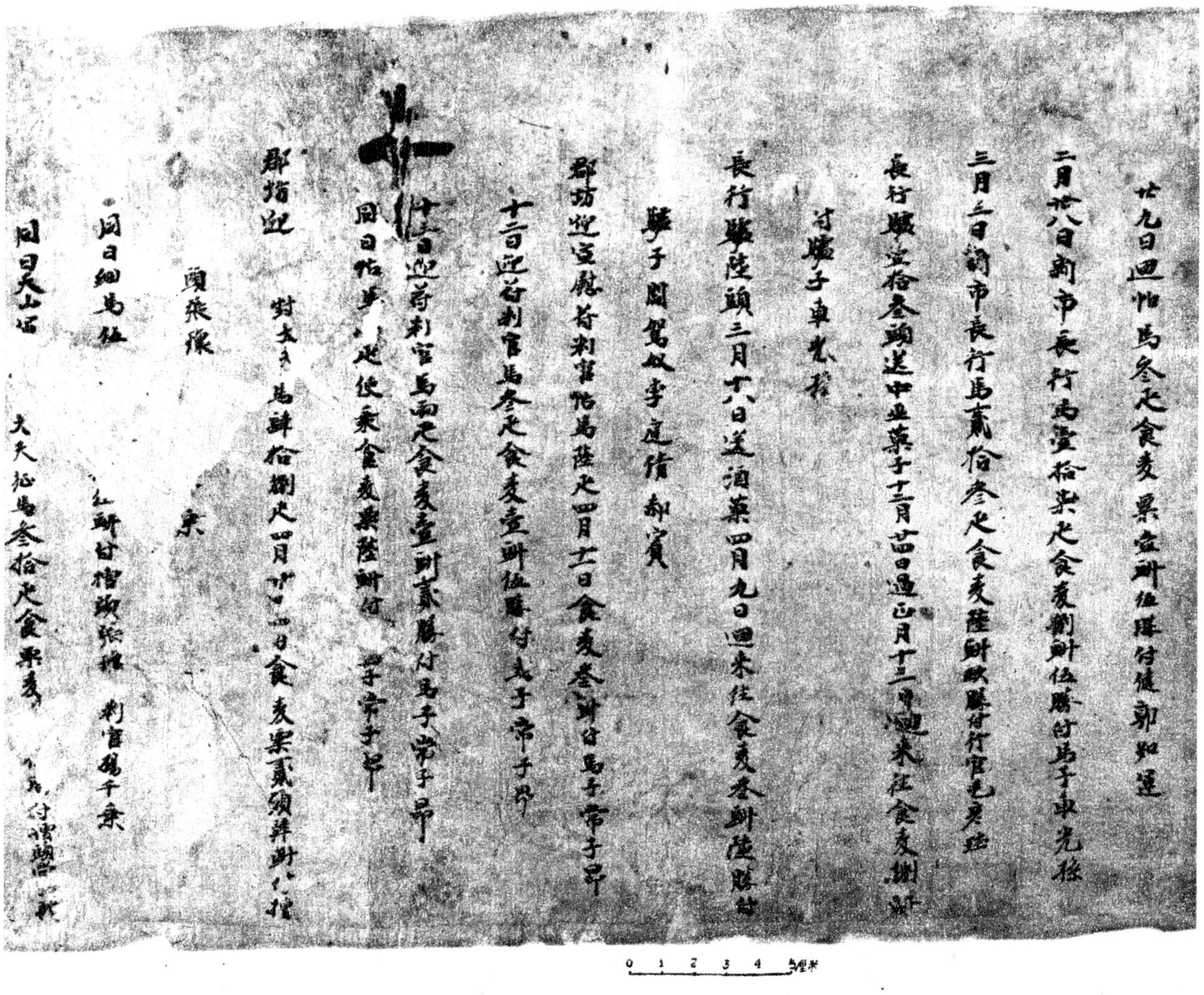

廿九日，迴帖馬叁疋，食麦粟壹𣂶伍勝。付健〔一〕郭知運。

二月廿八日，新市長行馬壹拾柒疋，食麦捌𣂶伍勝。付馬子車光孫。

三月三日，新。市長行馬貳拾叁疋，食麦陸𣂶玖勝。付行官毛彥珪。

長行驢壹拾叁頭，送中丞菓子，十二月廿四日過，正月十三日迴，来往食

麦捌𣂶。

付驢子車光孫。

。長行驢陸頭，三月十八日送酒菓，四月九日迴，来往食麦叁𣂶陸勝。付

驢子閻駕奴、李庭倩、郝賓。

。郡坊迎宣慰苻判官帖馬陸疋，四月十一日，食麦叁𣂶。付馬子常子昂。

。十二日，迎苻判官馬叁疋，食麦壹𣂶伍勝。付馬子常子昂。

。十三日，迎苻判官馬兩疋，食麦壹𣂶貳勝。付馬子常子昂。

幸　同日帖馬□疋，使乘食麦粟陸𣂶。付馬子常子昂。　廿四　彥

。郡坊迎　封大夫馬肆拾捌疋，四月廿〇四日食麦粟貳碩肆𣂶。付槽

頭張瓌。　□□□□乘。

。同日，細馬伍□伍𣂶。付槽頭張瓌。　判官楊千乘。

注　釋

〔一〕健：下脱一「兒」字。

（一）唐天寶十四載（公元七五五年）交河郡某館具上載帖馬食踏歷上郡長行坊狀

73TAM506:4/32—1之四

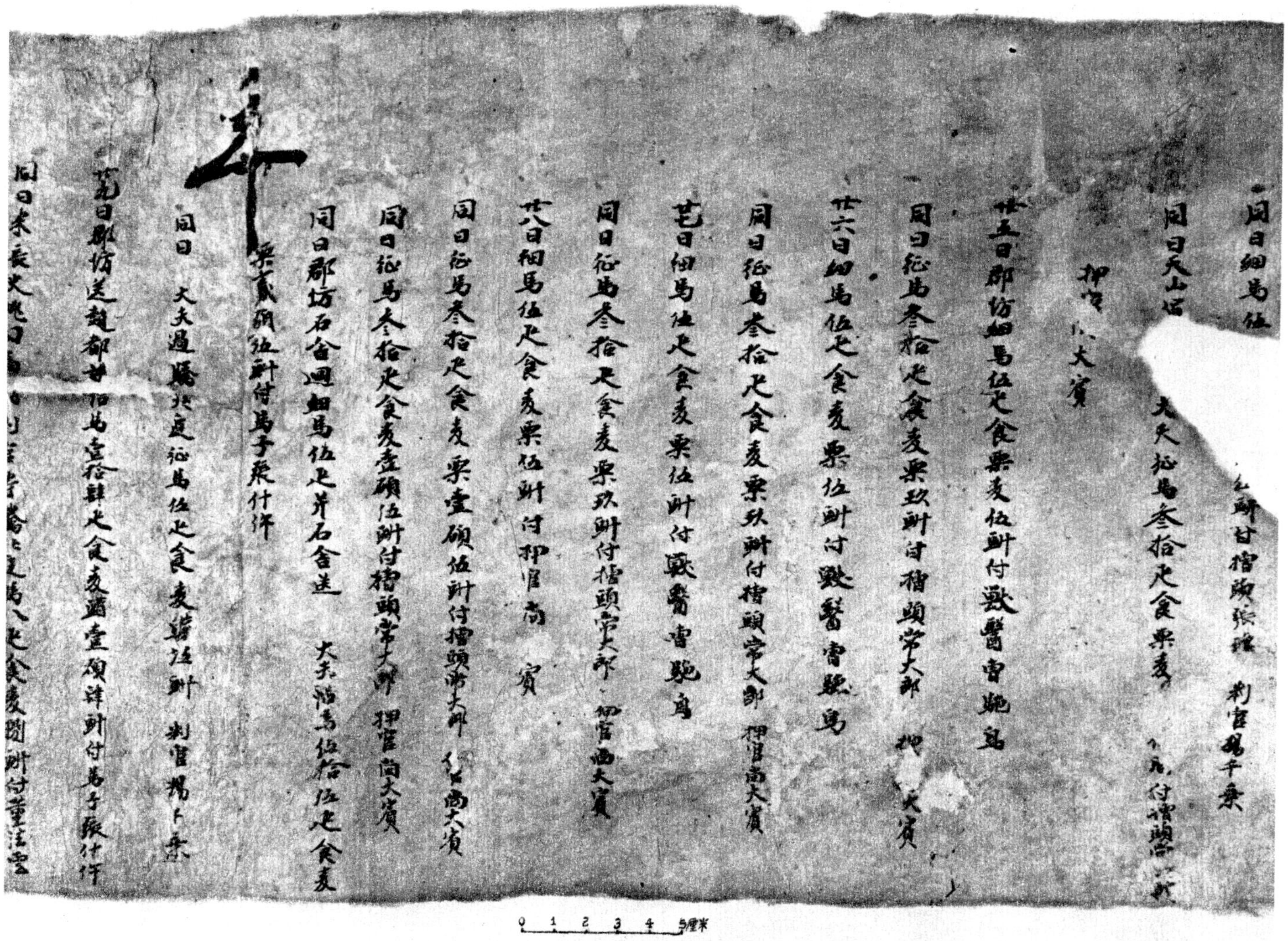

42 同日天山軍□　　大夫征馬叁拾疋，食粟麥□□伍勝。付槽頭常大
郎。
43 押官□大賓。
44 廿五日，郡坊細馬伍疋，食粟麥伍斟。付獸醫曹駞鳥。
45 同日，征馬叁拾疋，食麥粟玖斟。付槽頭常大郎。　押□□大賓。
46 廿六日，細馬伍疋，食麥粟伍斟。付獸醫曹駞鳥。
47 同日，征馬叁拾疋，食麥粟玖斟。付槽頭常大郎　押官尚大賓。
48 廿七日，細馬伍疋，食麥粟伍斟。付獸醫曹駞鳥。
49 同日，征馬叁拾疋，食麥粟玖斟。付槽頭常大郎　押官尚大賓。
50 廿八日，細馬伍疋，食麥粟伍斟。付押官尚□賓。
51 同日，征馬叁拾疋，食麥粟壹碩伍斟。付槽頭常大郎　押官尚大賓。
52 同日，征馬叁拾疋，食麥壹碩伍斟。付槽頭常大郎　押官尚大賓。
53 同日，郡坊石舍迴細馬伍疋，并石舍送　大夫帖馬伍拾伍疋，食麥
54 粟貳碩伍斟。付馬子張什仵。

仵　　廿五　彥

55 同日，大夫過驕北庭，征馬伍疋，食麥踖伍斟。　判官楊千乘。
56 廿九日，郡坊送趙都護帖馬壹拾肆疋，食麥踖壹碩肆斟。付馬子張什仵。

（一）　唐天寶十四載（公元七五五年）交河郡某館具上載帖馬食䴭歷上郡長行坊狀

73TAM506:4/32—1之五

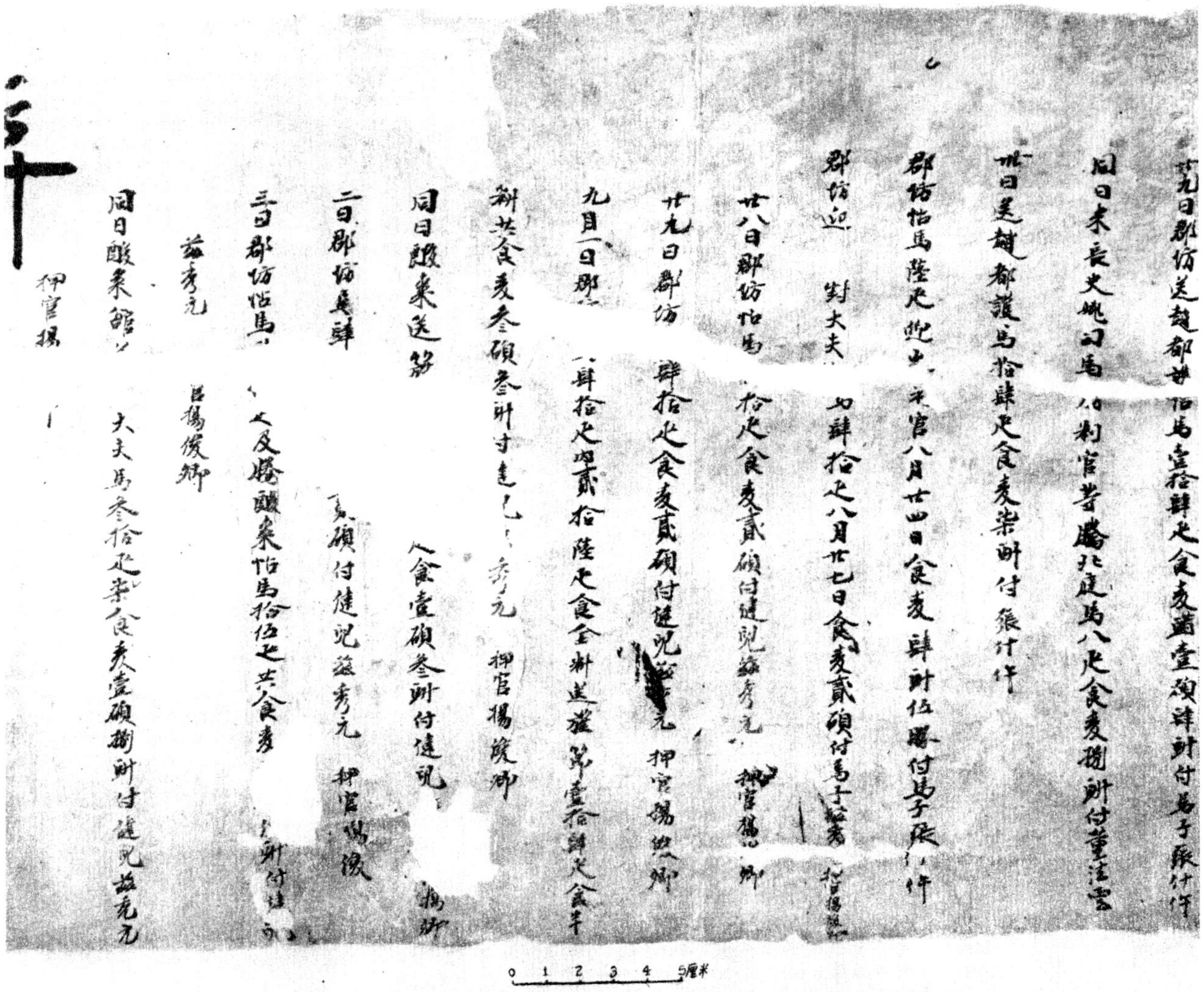

同日，米長史、姚司馬、□判官等騰北庭馬八疋，食麥捌㪷。付董法雲。
卅日，送趙都護馬拾肆疋，食麥柒㪷。付張什仵。
郡坊帖馬陸疋，迎岑判官，八月廿四日食麥肆㪷伍勝。付馬子張什仵。
郡坊迎　　封大夫□馬肆拾疋，八月廿七日食麥貳碩。付馬子兹秀□押
官楊俊卿。
廿八日，郡坊帖馬□拾疋，食麥貳碩。付健兒兹秀元　　押官楊俊卿。
廿九日，郡坊□肆拾疋，食麥貳碩。付健兒兹秀元　　押官楊俊卿。
九月一日，郡坊馬肆拾疋，内貳拾陸疋食全料，送𨀊節；壹拾肆疋食半
料，共食麥叁碩叁㪷。付健兒□秀元　　押官楊俊卿。
同日酸棗送𨀊□疋食壹碩叁㪷。付健兒□官楊卿。
二日郡坊馬肆□貳碩。付健兒兹秀元　　押官楊俊。
三日郡坊帖馬□拾疋及騰酸棗帖馬拾伍疋，共食麥□□伍㪷。付健
兹秀元　　□官楊俊卿。
同日酸棗館送　　大夫馬叁拾疋柒，食麥壹碩捌㪷。付健兒兹充元〔一〕
押官楊□卿。

注　釋

〔一〕兹充元：「充」當是「秀」字之誤。

（一）　唐天寶十四載（公元七五五年）交河郡某館具上載帖馬食䔲歷上郡長行坊狀

73TAM506:4/32—1之六

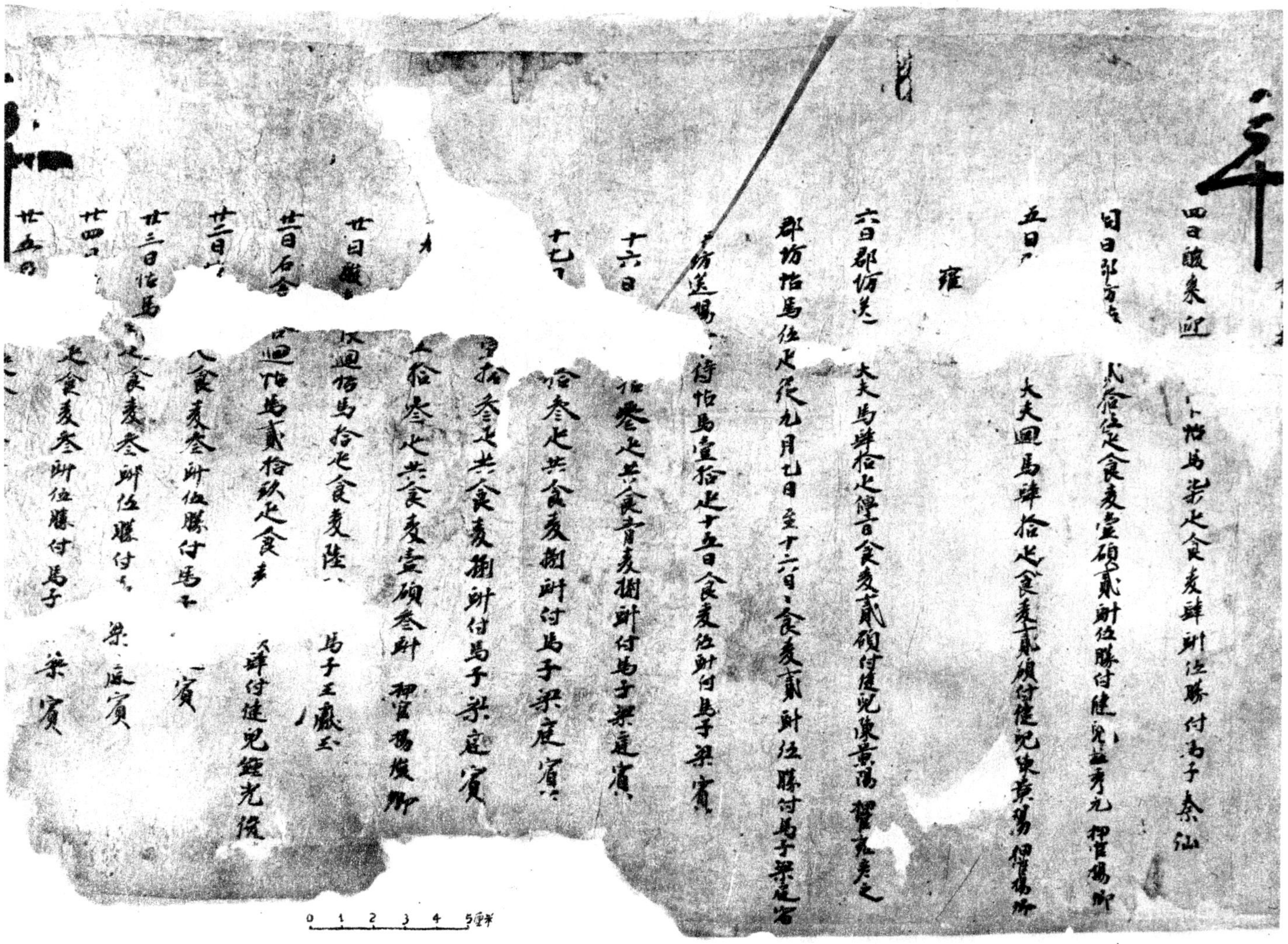

71 四日，酸棗迎□□官帖馬柒疋，食麥肆㪷伍勝。付馬子秦仙。（廿六。彥）
72 同日，郡坊帖□貳拾伍疋，食麥壹碩貳㪷伍勝。付健兒菞秀元　押官
楊卿。
73 五日，郡□□　大夫迴馬肆拾疋，食麥貳碩。付健兒陳景陽　押官楊卿。
74 雍□□。
75 六日，郡坊送　大夫馬肆拾疋，停一日，食麥貳碩。付健兒陳景陽
押官雍彥之。
76 郡坊帖馬伍疋，從九月七日至十六日，日食麥貳㪷伍勝。付馬子梁庭
賓。
77 郡坊送楊常侍帖馬壹拾疋，十五日食麥伍㪷。付馬子梁賓。
78 十六日，□□□拾叁疋，共食青麥捌㪷。付馬子梁庭賓。
79 十七日，□□□□拾叁疋，共食麥捌㪷。付馬子梁庭賓。
80 □壹拾叁疋，共食麥捌㪷。付馬子梁庭賓。
81 □九□壹拾叁疋，共食麥壹碩叁㪷。　押官楊俊卿。
82 廿日，酸棗□迴帖馬拾疋，食麥陸□□馬子王獻玉。
83 廿一日，石舍□□迴帖馬貳拾玖疋，食麥□碩肆[一]。付健兒鍾光俊。
84 廿二日，帖□□疋，食麥叁㪷伍勝。付馬子□□賓。
85 廿三日，帖馬□疋，食麥叁㪷伍勝。付□□□庭賓。
86 廿四日，□□□疋，食麥叁㪷伍勝。付馬子梁賓。

注　釋

〔一〕肆：下疑脫一「㪷」字。

（一）唐天寶十四載（公元七五五年）交河郡某館具上載帖馬食䜭歷上郡長行坊狀

73TAM506:4/32—1之七

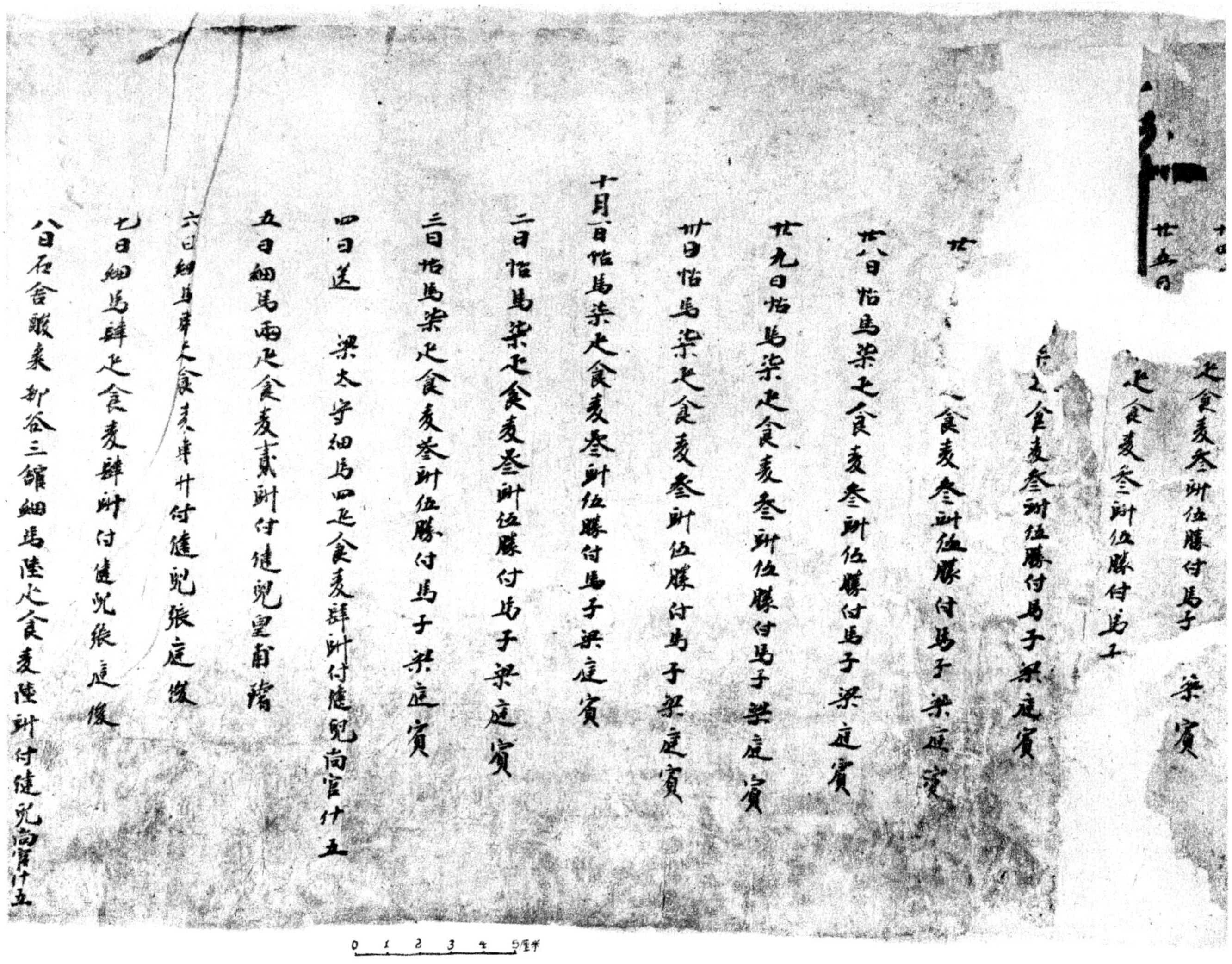

廿五日□□□疋，食麦叁㪷伍勝。付馬子□。

□柒疋，食麦叁㪷伍勝。付馬子梁庭賓。

廿七　彦

廿□疋，食麦叁㪷伍勝。付馬子梁庭賓。

廿八日，帖馬柒疋，食麦叁㪷伍勝。付馬子梁庭賓。

廿九日，帖馬柒疋食麦叁㪷伍勝。付馬子梁庭賓。

卅日，帖馬柒疋，食麦叁㪷伍勝。付馬子梁庭賓。

十月一日，帖馬柒疋，食麦叁㪷伍勝。付馬子梁庭賓。

二日，帖馬柒疋，食麦叁㪷伍勝。付馬子梁庭賓。

三日，帖馬柒疋，食麦叁㪷伍勝。付馬子梁庭賓。

四日，送　梁太守細馬四疋，食麦肆㪷。付健兒尚官什五。

五日，細馬兩疋，食麦貳㪷。付健兒皇甫璿。

六日，細馬肆疋，食麦肆㪷。付健兒張庭俊。

七日，細馬肆疋，食麦肆㪷。付健兒張庭俊。

（一）　唐天寶十四載（公元七五五年）交河郡某館具上載帖馬食䟽歷上郡長行坊狀

73TAM506:4/32—1之八

八日，石舍、酸棗、柳谷三館細馬陸疋，食麦陸㪷。付健兒尚官什五、
張庭俊。
九日，細馬陸疋，食麦陸㪷。付所由淮前。
十日，細馬陸疋，食麦陸㪷。付所由淮前。
牟
十一日，細馬陸疋，食麦陸㪷。所由淮前。　　廿八　彥
十二日，細馬陸疋，食麦[陸]㪷。所由淮前。
十三日，送藥太守，細馬兩疋，食麦貳㪷。所由淮前。
十五日，石舍迴細馬兩疋，食麦貳㪷。付所由淮前。
郡坊迎李大夫，細馬兩疋，十月十八日食麦貳㪷。付健兒呂承祖。
十九日，細馬兩疋，食麦貳㪷。付健兒呂承祖。
廿日，細馬兩疋，食麦貳㪷。付呂□祖。
廿一日，酸棗送大夫細馬壹疋，食麦壹㪷。付呂承祖。
廿二日，細馬兩疋，食麦貳㪷。付呂承祖。
廿五日，帖馬玖疋，迎焦大夫，食麦肆㪷伍勝。付健兒范老子。

（一） 唐天寶十四載（公元七五五年）交河郡某館具上載帖馬食䜺歷上郡長行坊狀

73TAM506:4/32—1之九

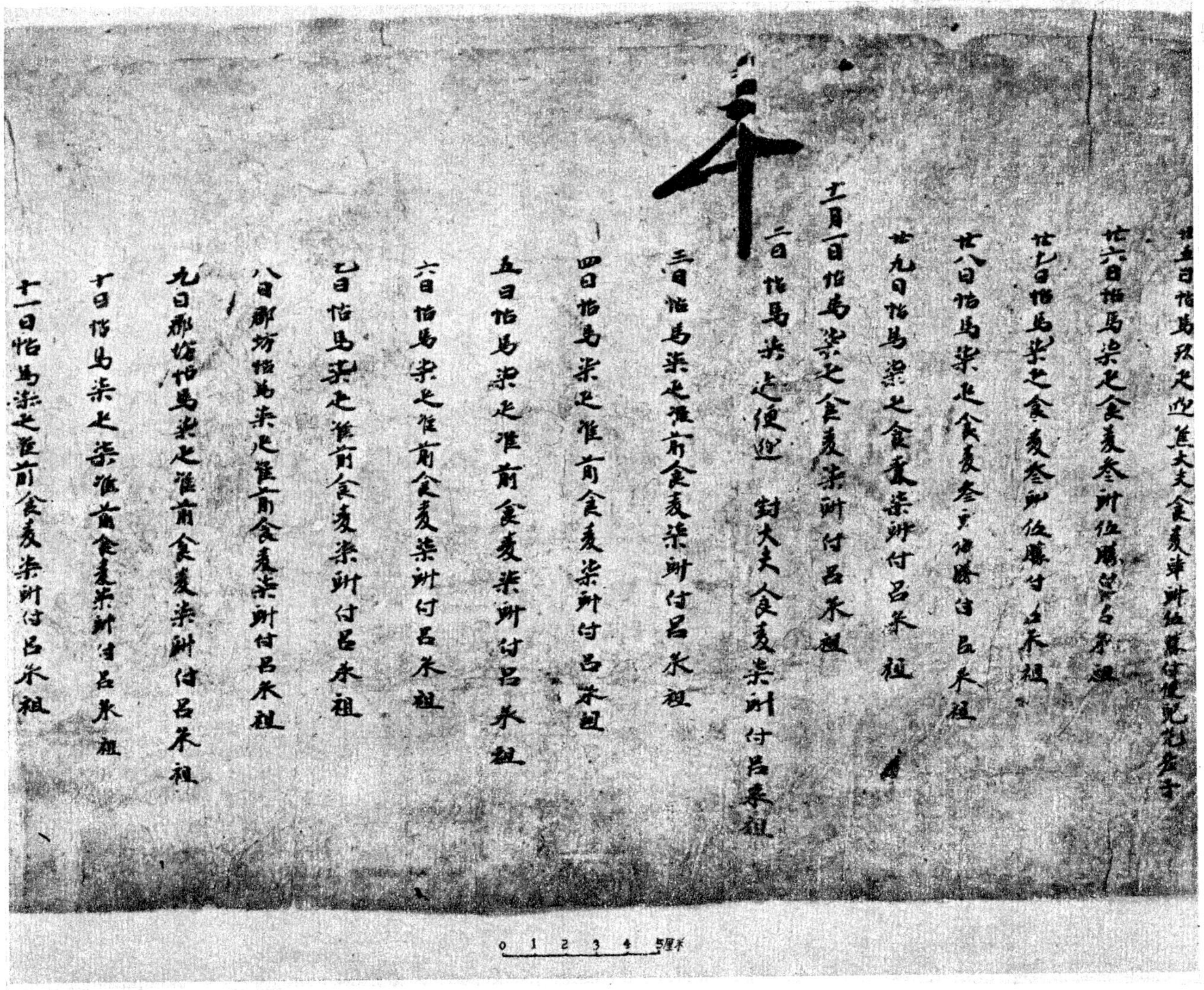

114 廿六日，帖馬柒疋食麦叁㪷伍勝。付呂承祖。

115 廿七日，帖馬柒疋食麦叁㪷伍勝。付[呂]承祖。

116 廿八日，帖馬柒疋食麦叁[㪷]伍勝。付呂承祖。

117 廿九日，帖馬柒疋食麦柒㪷。付呂承祖。

118 十一月一日，帖馬柒疋食麦柒㪷。付呂承祖。

119 二日，帖馬柒疋便迎　封大夫食麦柒㪷。付呂承祖。

千

120 三日，帖馬柒疋准前食麦柒㪷。付呂承祖。

廿九　壽

121 四日，帖馬柒疋准前食麦柒㪷。付呂承祖。

122 五日，帖馬柒疋准前食麦柒㪷。付呂承祖。

123 六日，帖馬柒疋准前食麦柒㪷。付呂承祖。

124 七日，帖馬柒疋准前食麦柒㪷。付呂承祖。

125 八日，郡坊帖馬柒疋，准前食麦柒㪷。付呂承祖。

126 九日，郡坊帖馬柒疋，准前食麦柒㪷。付呂承祖。

127 十日，帖馬柒疋，柒〔一〕准前食麦柒㪷。付呂承祖。

注　釋

〔一〕柒：此字疑是衍文。

（一）唐天寶十四載（公元七五五年）交河郡某館具上載帖馬食䜺歷上郡長行坊狀

73TAM506:4/32—1之一〇

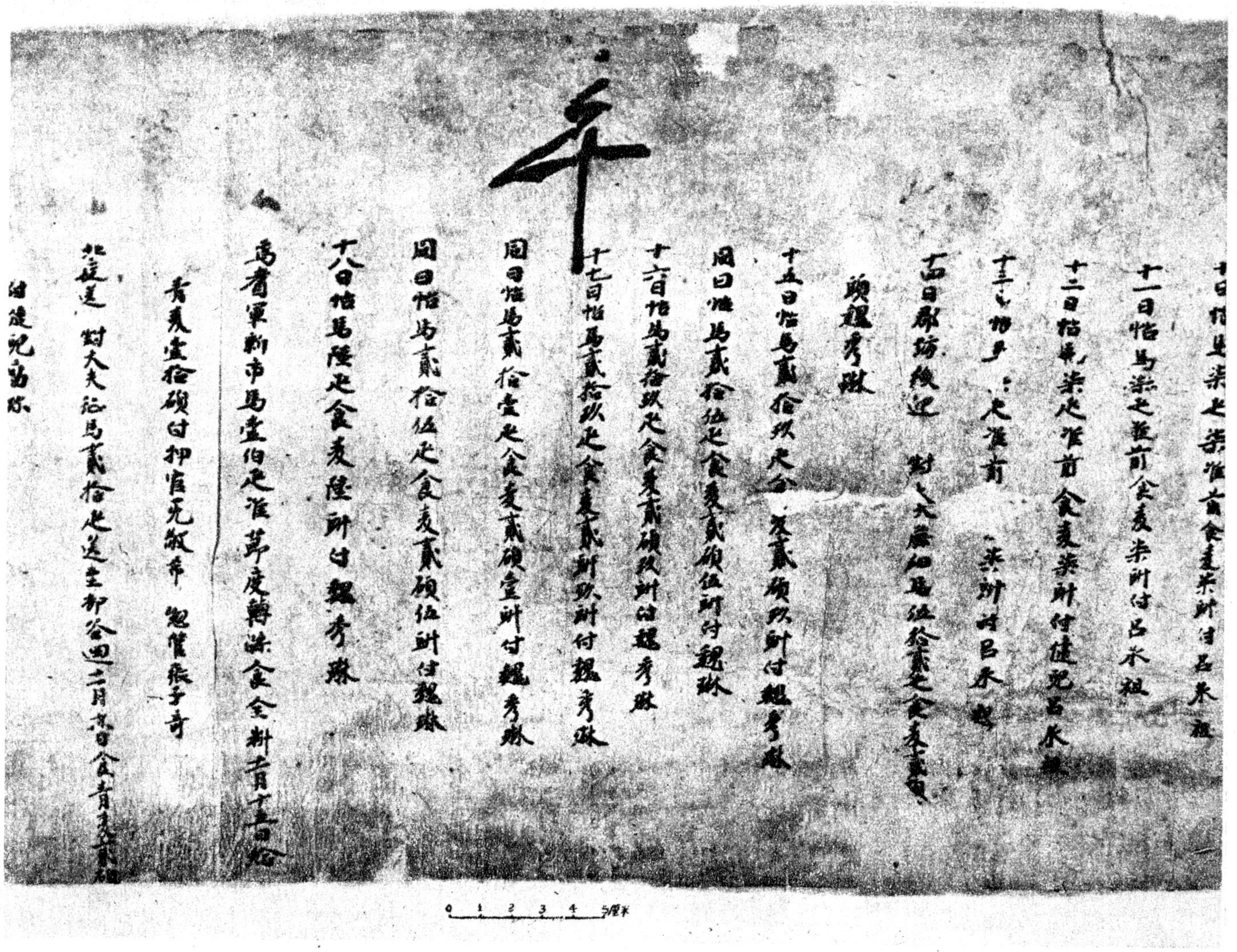

十一日，帖馬柒疋，准前食麥柒㪷。付呂承祖。

十二日，帖馬柒疋，准前食麥柒㪷。付健兒呂承祖。

十三日，帖馬[柒]疋，准前□□柒㪷。付呂承祖。

十四日，郡坊後迎　封大夫麤(粗)細馬伍拾貳疋，食麥貳碩□

頭魏秀琳。

十五日，帖馬貳拾玖疋，食[麦]貳碩玖㪷。付魏秀琳。

同日，帖馬貳拾伍疋，食麥貳碩伍㪷。付魏琳。

十六日，帖馬貳拾玖疋，食麥貳碩玖㪷。付魏秀琳。

牟

十七日，帖馬貳拾玖疋，食麥貳㪷〔一〕玖㪷。付魏秀琳。

同日，帖馬貳拾壹疋，食麥貳碩壹㪷。付魏秀琳。　卅　彥

同日，帖馬貳拾伍疋，食麥貳碩伍㪷。付魏琳。

十八日，帖馬陸疋，食麥陸㪷。付魏秀琳。

焉耆軍新市馬壹伯疋，准節度轉牒，食全料。十一月十五日給

青麥壹拾碩。付押官元敬希　總管張子奇。

△北庭送　封大夫征馬貳拾疋，送至柳谷迴。十一月十八日，食青麥貳

碩。

注釋

〔一〕貳㪷：此「㪷」當是「碩」字之誤。

（一） 唐天寶十四載（公元七五五年）交河郡某館具上載帖馬食踖歷上郡長行坊狀

73TAM506:4/32—1之二

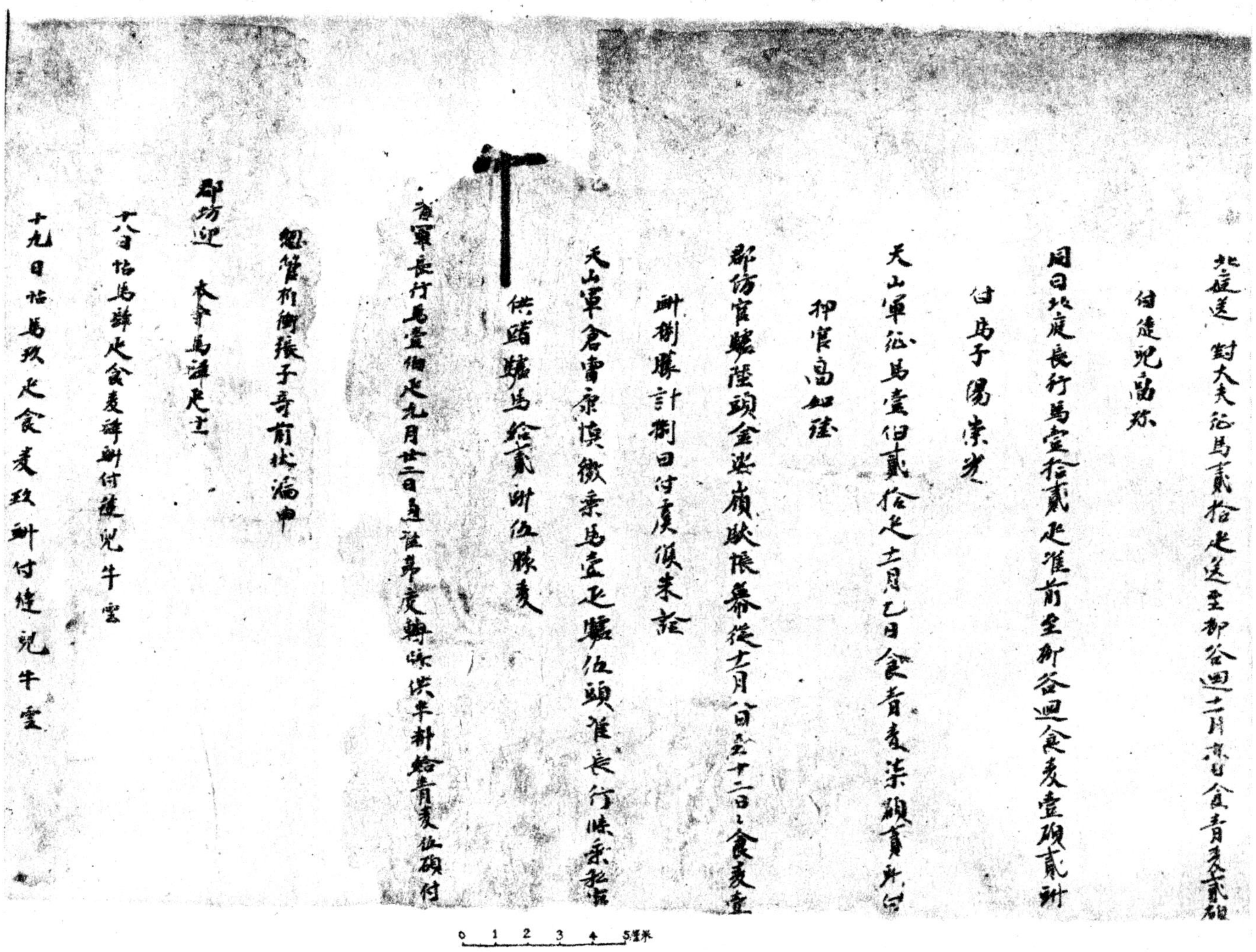

付健兒高环。

同日，北庭長行馬壹拾貳疋，准前至柳谷迴，食麥壹碩貳㪷。

付馬子楊崇光。

天山軍征馬壹伯貳拾疋，十一月七日食青麥柒碩貳㪷。付

押官高如珪。

郡坊官驢陸頭，金娑嶺馱帳幕。從十一月八日至十二日，日食麥壹

㪷捌勝，計捌日。付虞候朱詮。

◎

天山軍倉曹康慎微（徵）乘馬壹疋、驢伍頭，准長行牒，乘私官

供踖。驢馬給貳㪷伍勝麥。

□書軍長行馬壹伯疋，九月廿二日過，准節度轉牒，供半料給青麥伍碩。 廿一 彥

付

總管折衝張子奇前狀漏申。

郡坊迎　太守馬肆疋，十一□

十八日，帖馬肆疋，食麥肆㪷。付健兒牛雲。

（一）唐天寶十四載（公元七五五年）交河郡某館具上載帖馬食踖歷上郡長行坊狀

73TAM506:4/32—1之一二

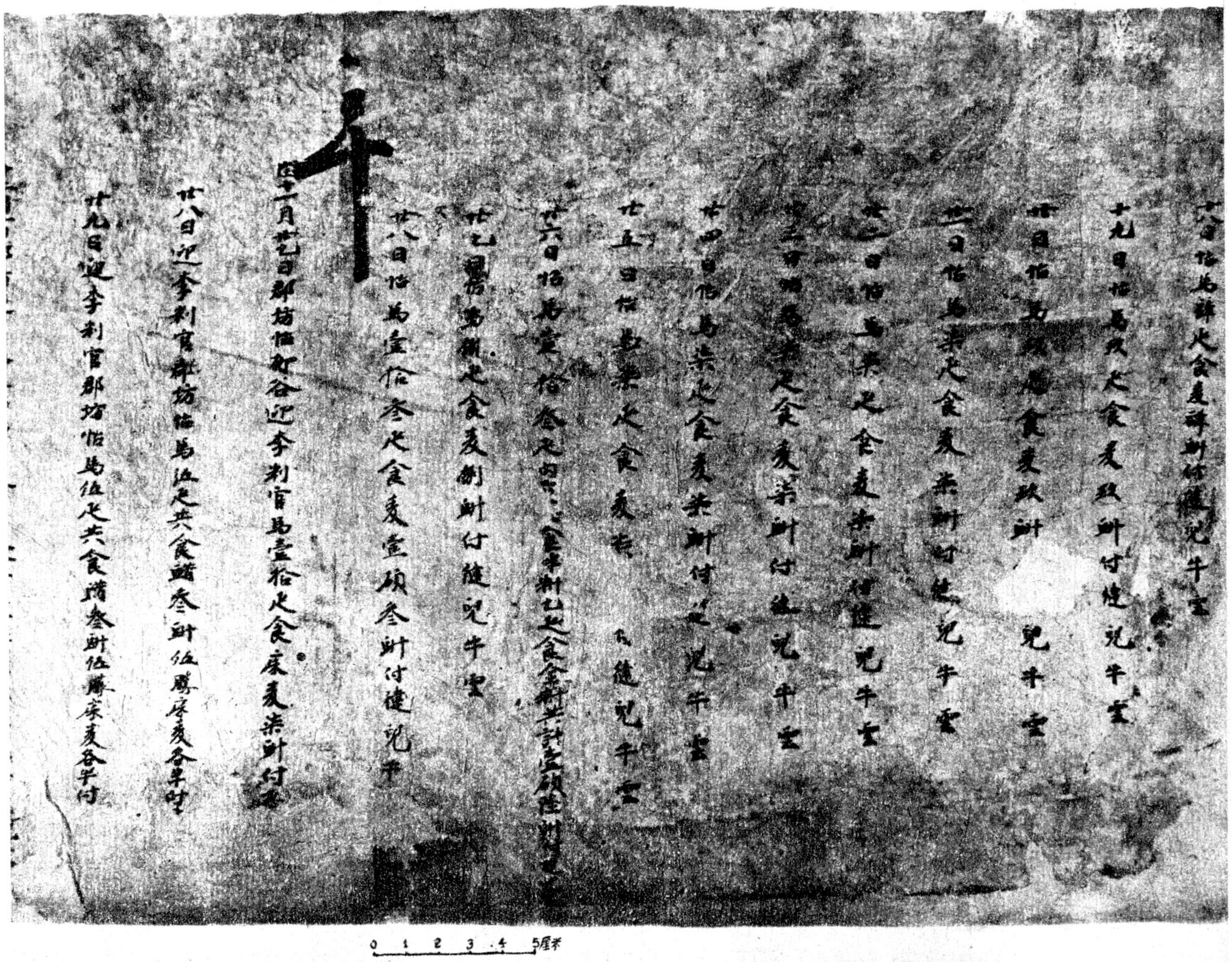

十九日，帖馬玖疋，食麦玖㪷，付健兒牛雲。
廿日，帖馬玖疋，食麦玖㪷，□□兒牛雲。
廿一日，帖馬柒疋，食麦柒㪷，付健兒牛雲。
廿二日，帖馬柒疋，食麦柒㪷，付健兒牛雲。
廿三日，帖馬柒疋，食麦柒㪷，付健兒牛雲。
廿四日，帖馬柒疋，食麦柒㪷，付健兒牛雲。
廿五日，帖馬柒疋，食麦柒□，付健兒牛雲。
廿六日，帖馬壹拾叁疋，内六疋食半料，七疋食全料，共計壹碩陸
㪷〔一〕，付健兒牛雲。
廿七日，帖馬捌疋，食麦捌㪷，付健兒牛雲。
廿八日，帖馬壹拾叁疋，食麦壹碩叁㪷，付健兒牛□。卅二
閏十一月廿七日，郡坊帖柳谷迎李判官馬壹拾疋，食床麦柒㪷，付蔣□
□。
廿八日，迎李判官，郡坊帖馬伍疋，共食踖叁㪷伍勝，床麦各半，付健□
廿九日，迎李判官，郡坊帖馬伍疋，共食踖叁㪷伍勝，床麦各半，付□

注釋

〔一〕壹碩陸㪷：此數有誤，按馬十三疋皆食全料亦僅得壹碩叁㪷。

（一）唐天寶十四載（公元七五五年）交河郡某館具上載帖馬食踖歷上郡長行坊狀

73TAM506:4/32—1之一三

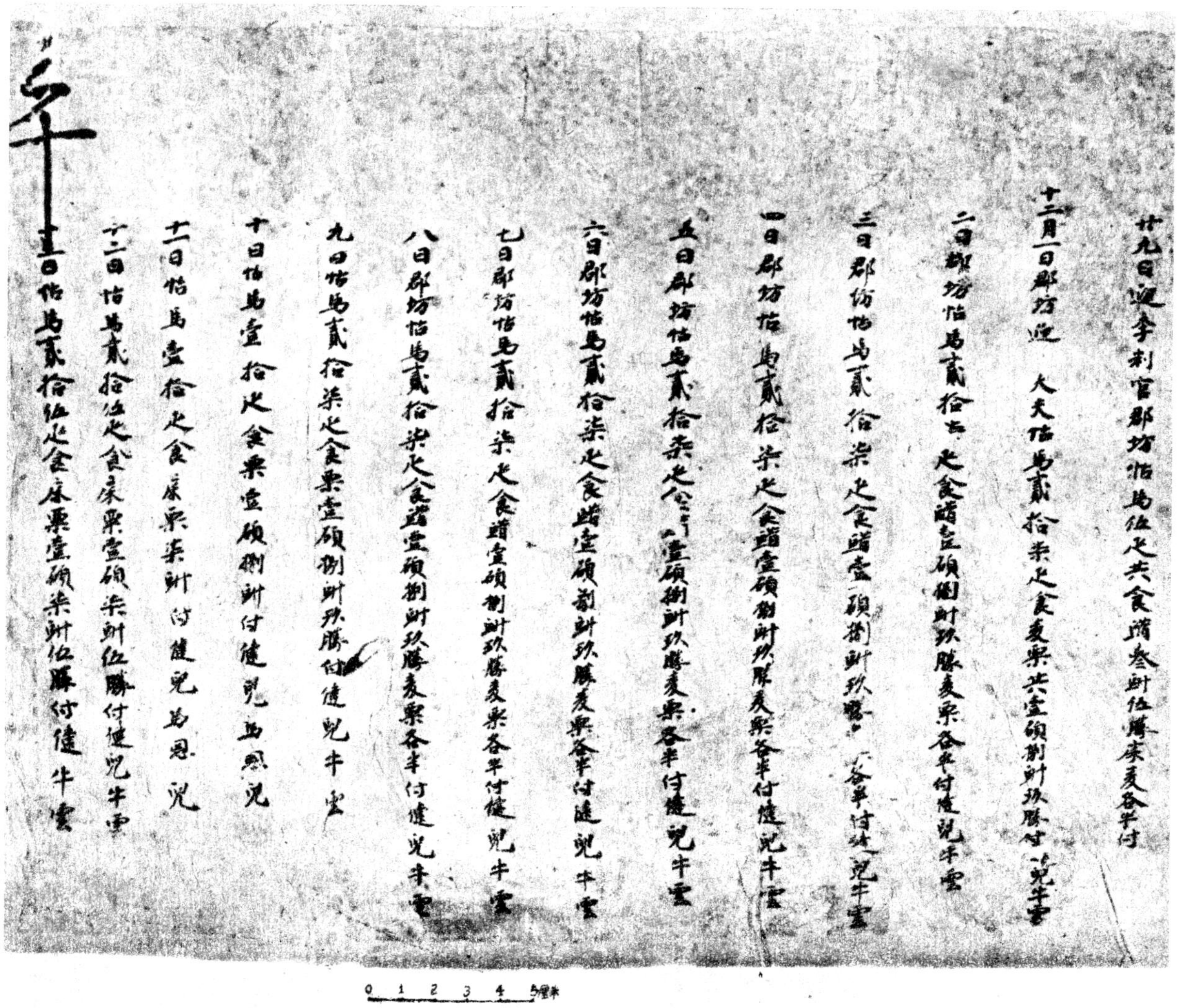

169 十二月一日，郡坊迎　大夫帖馬貳拾柒疋，食麥粟共壹碩捌斗玖勝。付健兒牛雲。
170 二日，郡坊帖馬貳拾柒疋，食踖壹碩捌斗玖勝，麥粟各半。付健兒牛雲。
171 三日，郡坊帖馬貳拾柒疋，食踖壹碩捌斗玖勝，□□各半。付健兒牛雲。
172 四日，郡坊帖馬貳拾柒疋，食踖壹碩捌斗玖勝，麥粟各半。付健兒牛雲。
173 五日，郡坊帖馬貳拾柒疋，食踖壹碩捌斗玖勝，麥粟各半。付健兒牛雲。
174 六日，郡坊帖馬貳拾柒疋，食踖壹碩捌斗玖勝，麥粟各半。付健兒牛雲。
175 七日，郡坊帖馬貳拾柒疋，食踖壹碩捌斗玖勝，麥粟各半。付健兒牛雲。
176 八日，郡坊帖馬貳拾柒疋，食踖壹碩捌斗玖勝，麥粟各半。付健兒牛雲。
177 九日，帖馬貳拾柒疋，食粟壹碩捌斗玖勝。付健兒牛雲。
178 十日，帖馬壹拾疋，食粟壹碩捌斗。〔一〕付健兒馬恩兒。
179 十一日，帖馬壹拾疋，食床粟柒斗。付健兒馬恩兒。
180 十二日，帖馬貳拾伍疋，食床粟壹碩柒斗伍勝。付健兒牛雲。
181 十三日，帖馬貳拾伍疋，食床粟壹碩柒斗伍勝。付健〔二〕牛雲。

注　釋

〔一〕壹碩捌斗：此食粟數與馬疋數不符，必有一誤。

〔二〕「健」下當奪一「兒」字。

（一）唐天寶十四載（公元七五五年）交河郡某館具上載帖馬食䵂歷上郡長行坊狀

73TAM506:4/32—1之一四

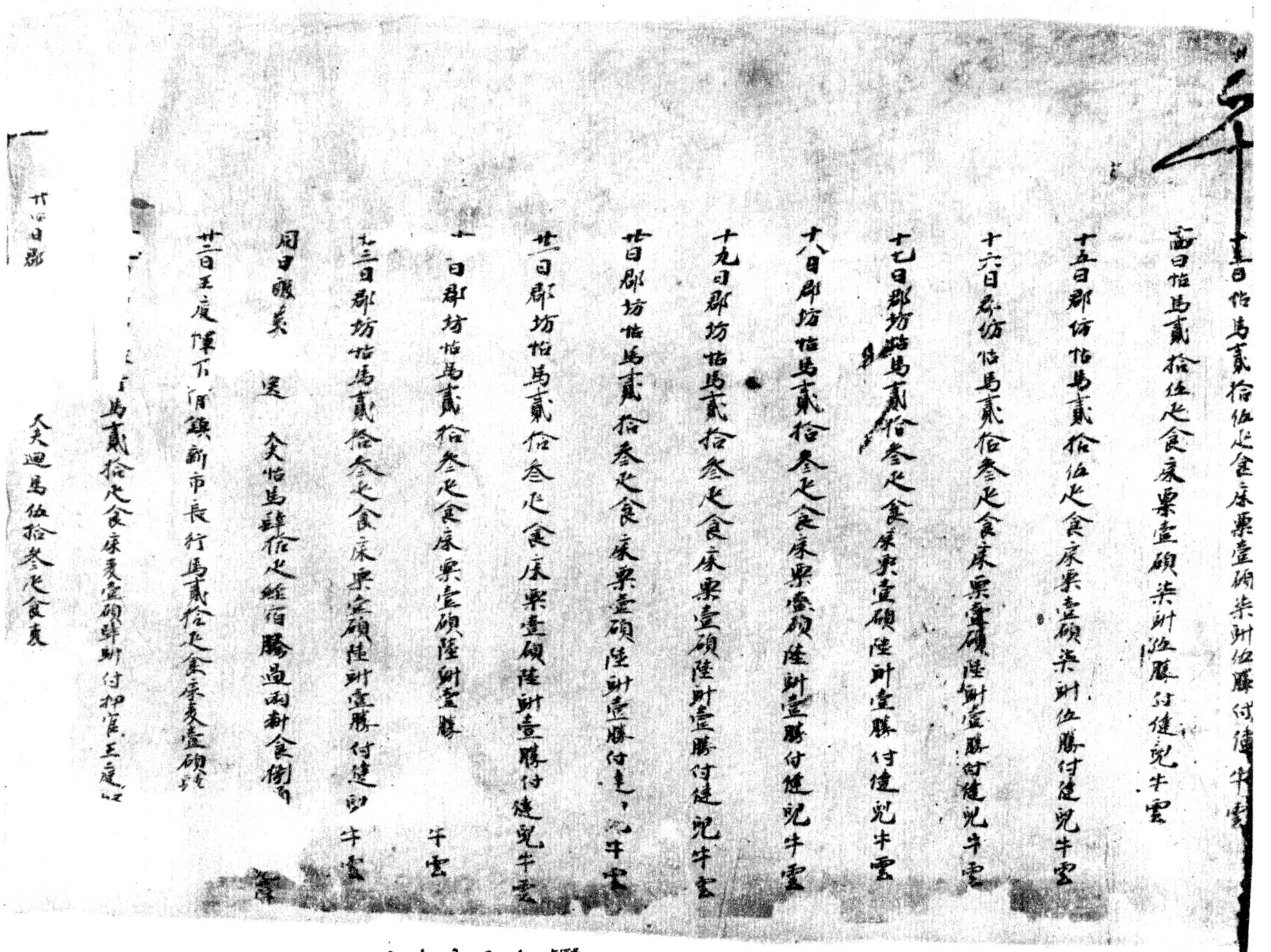

0 1 2 3 4 5厘米

斥

十四日，帖馬貳拾伍疋，食麻粟壹碩柒斗伍勝。付健兒牛雲。　廿三日彦

十五日，郡坊帖馬貳拾伍疋，食麻粟壹碩柒斗伍勝。付健兒牛雲。

十六日，郡坊帖馬貳拾叁疋，食麻粟壹碩陸斗壹勝。付健兒牛雲。

十七日，郡坊帖馬貳拾叁疋，食麻粟壹碩陸斗壹勝。付健兒牛雲。

十八日，郡坊帖馬貳拾叁疋，食麻粟壹碩陸斗壹勝。付健兒牛雲。

十九日，郡坊帖馬貳拾叁疋，食麻粟壹碩陸斗壹勝。付健兒牛雲。

廿日，郡坊帖馬貳拾叁疋，食麻粟壹碩陸斗壹勝。付健兒牛雲。

廿一日，郡坊帖馬貳拾叁疋，食麻粟壹碩陸斗壹勝。付健兒牛雲。

廿二日，郡坊帖馬貳拾叁疋，食麻粟壹碩陸斗壹勝。□□□牛雲。

廿三日，郡坊帖馬貳拾叁疋，食麻粟壹碩陸斗壹勝。付健兒牛雲。

同日，酸棗□送　大夫帖馬肆拾疋，經宿騰過，兩料，食捌碩。□□

兒薛□。

廿二日，王庭惲下□鎮新市長行馬貳拾疋，食麻麦壹碩肆□

□馬貳拾疋，食麻麦壹碩肆斗。付押官王庭惲。

（一）唐天寶十四載（公元七五五年）交河郡某館具上載帖馬食䜺歷上郡長行坊狀

73TAM506:4/32—1之一五

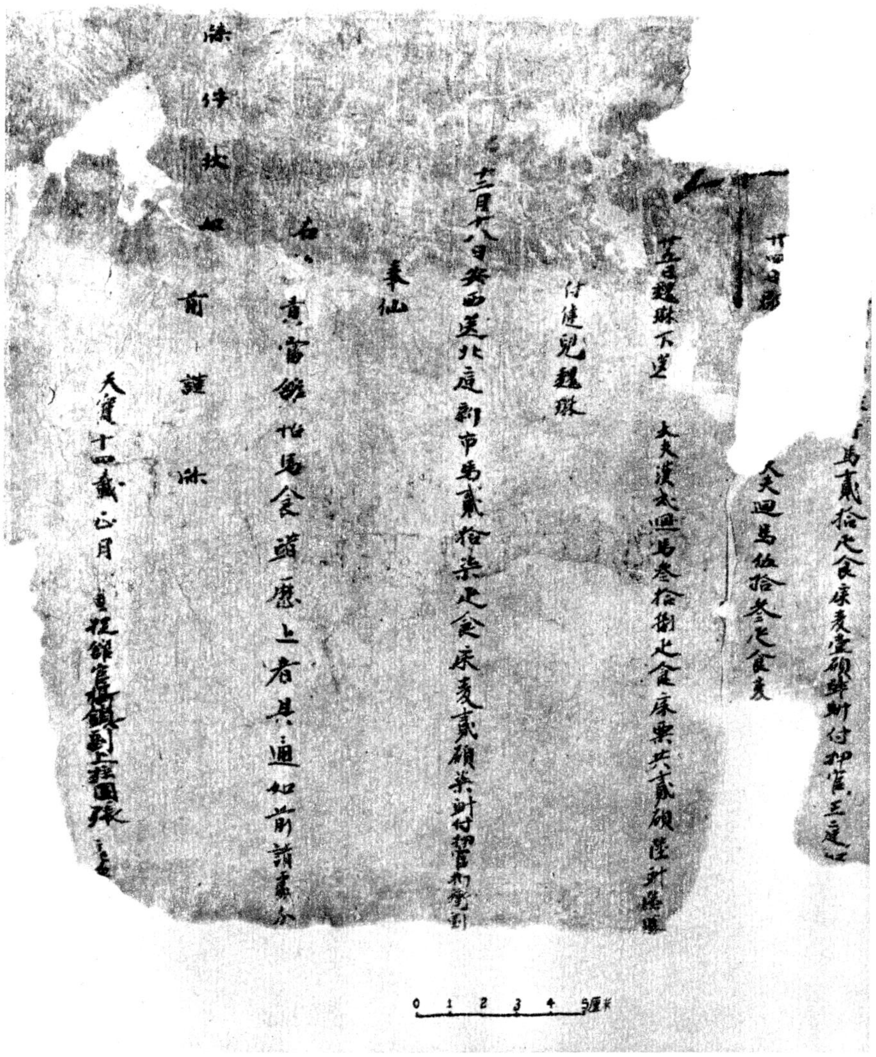

4

195 廿四日，郡□□□　大夫迴馬伍拾叁疋，食麦□
卌四 三彡
196 廿五日，魏琳下送　大夫漢戍迴馬叁拾疋，食床粟共貳碩陸㪷陸騰。
197 付健兒魏琳。
198 十二月十八日，安西送北庭新市馬貳拾柒疋，食床麦貳碩柒㪷。付押官折衝劉
199 奉仙。
200 右被責當館帖馬食䜺歷上者，具通如前。請處分。
201 牒件狀如前。謹牒。
202 天寶十四載正月　日捉館官攝鎮副上柱國張□□□

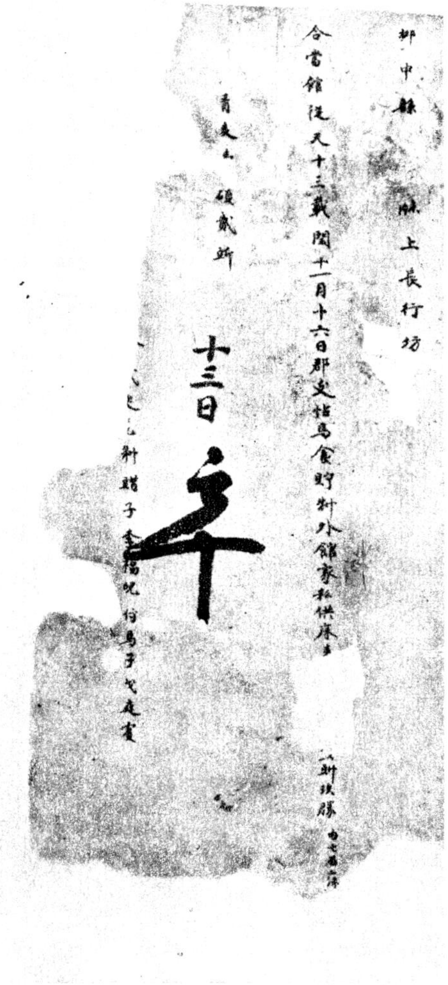

坊牒　　73TAM506:4/32—2之一

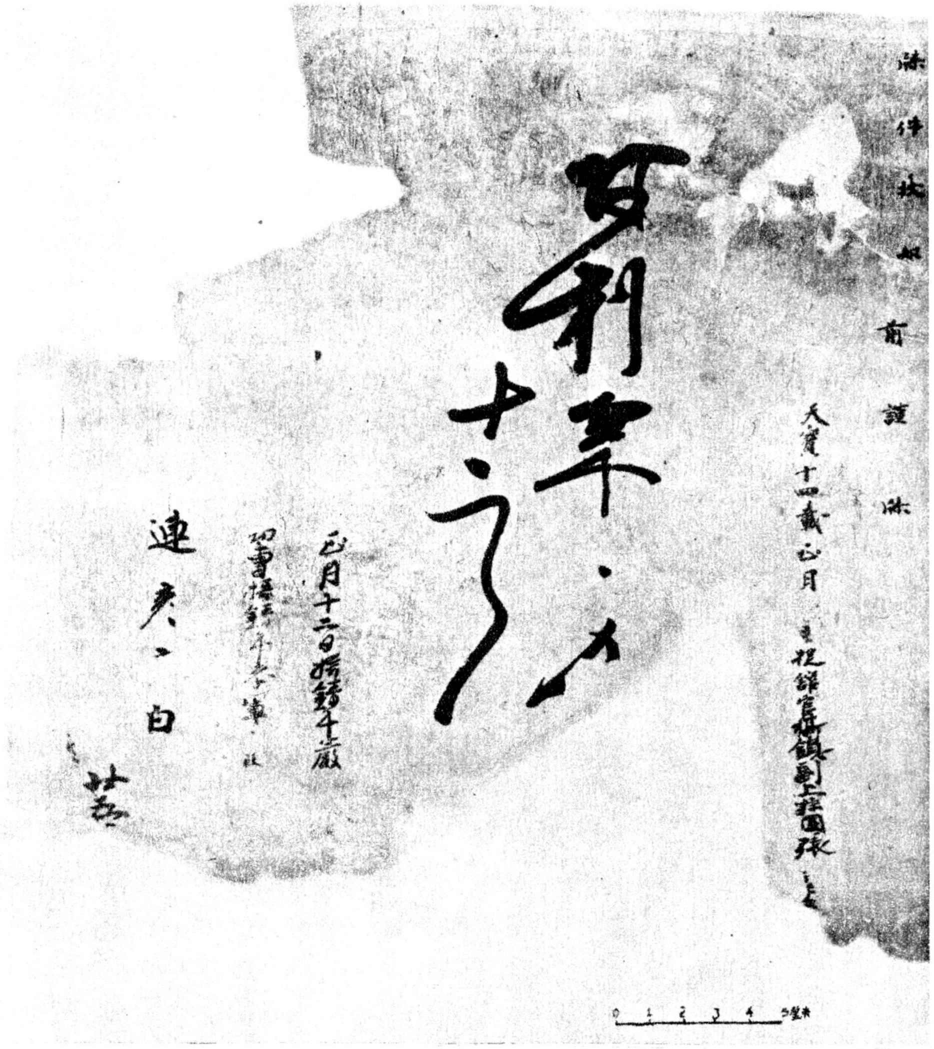

(一)　唐天寶十四載(公元七五五年)交河郡某館具上載帖馬食䟽歷上郡長行坊狀　　73TAM506:4/32—1之一六

付判　覃　示

十二日

正月十二日攝錄事嚴　仙泰

功曹攝錄事參軍　旺

連　彥 延　白

廿五日

□　□

（二）唐天寶十四載（公元七五五年）柳中縣具屬館私供馬料帳

歷上郡長行坊牒

本件原與上件連，背面編號起卌五止卌一。上蓋柳中縣印，並見「庭」字押署；正面蓋柳中縣朱印十三處，末有交河郡都督府朱印一處。

柳中縣　　牒上長行坊

合當館從天十三載閏十一月十六日郡支帖馬食䭾料外，館家私供床麦□

□□□□斛玖勝　内七石床

青麦壹碩貳㪷

十三日　辛

定充料。踖子李福兒付馬子戈庭賓

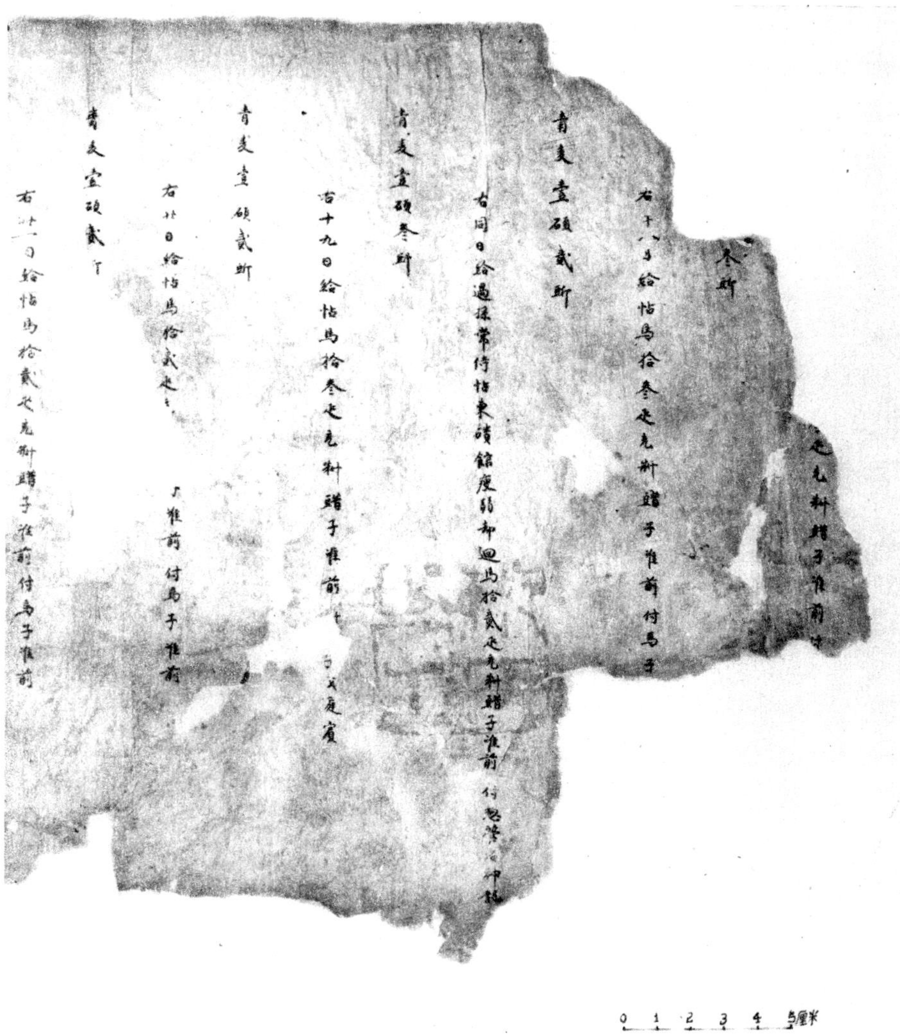

（二）　唐天寶十四載（公元七五五年）柳中縣具屬館私供馬料帳歷上郡長行

5 □叁疋充料。踖子准前，付□

6 □叁㪷

7 右十八日給帖馬拾叁疋充料。㪷子准前，付馬子□

8 青麥壹碩貳㪷

9 右同日給過孫常侍帖東磧館瘦弱却迴馬拾貳疋充料。踖子准前，付惣管石神龍。

10 青麥壹碩叁㪷

11 右十九日給帖馬拾叁疋充料。踖子准前，付□子弋庭賓。

12 青麥壹碩貳㪷

13 右廿日給帖馬拾貳疋充□。□子准前，付馬子准前。

14 青麥壹碩貳㪷

15 右廿一日給帖馬拾貳疋充料。踖子准前，付馬子准前。

（二）唐天寶十四載（公元七五五年）柳中縣具屬館私供馬料帳歷上郡長行坊牒

73TAM506:4/32—2之二

青麥壹碩貳㪷

右廿二日給帖馬拾貳疋充料。踖子准前，付馬子准前。卅六

青麥壹碩貳㪷

右廿三日給帖馬拾貳疋充料。踖子准前，付馬子准前。

青麥壹碩貳㪷

右廿四日給帖馬拾貳疋充料。踖子准前，付馬子准前。

青麥[　　　　]

右廿五日給帖馬拾貳□充料。踖子准前，付馬子准前。

青麥壹碩貳㪷

右廿六日給帖馬拾貳疋充料。踖子准前，付馬子准前。

青麥壹碩貳㪷

右廿七日給帖馬拾貳疋充料。踖子准前，付馬子准前。

青麥壹碩貳㪷

右廿八日給帖馬拾貳疋充料。踖子准前，付馬子准前。

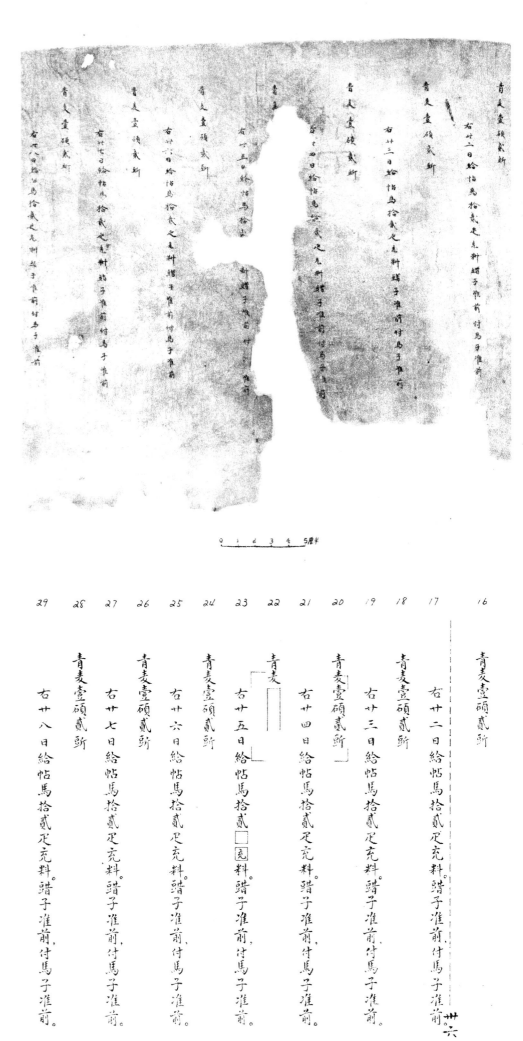

（二） 唐天寶十四載（公元七五五年）柳中縣具屬館私供馬料帳歷上郡長行坊牒

73TAM506:4/32—2之三

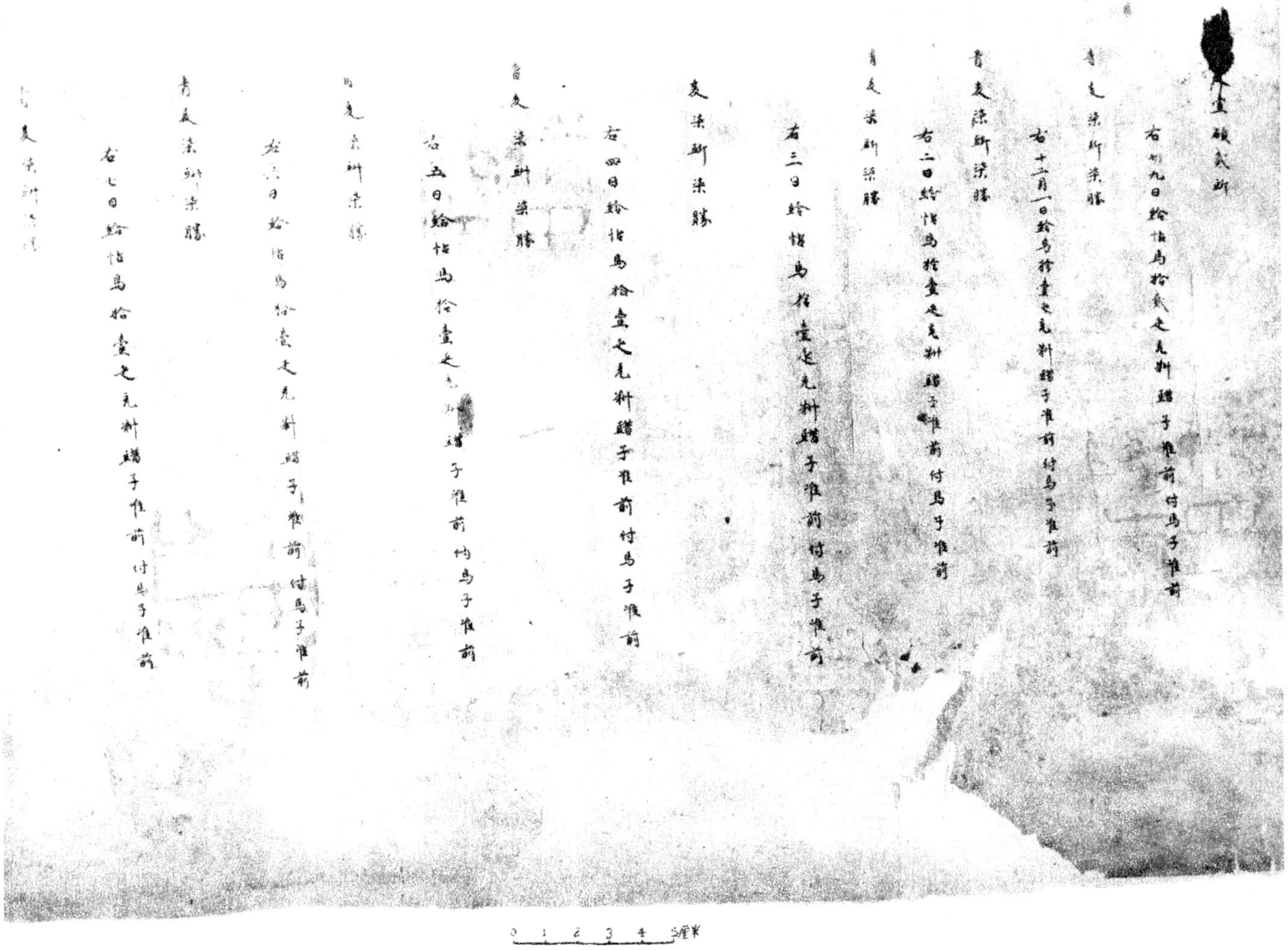

□[麦]壹碩貳㪷

右廿九日給帖馬拾貳疋充料。踏子准前，付馬子准前。

青麦柒㪷柒勝

・右十二月一日給馬拾壹疋充料。踏子准前，付馬子准前。

青麦柒㪷柒勝

右二日給帖馬拾壹疋充料。踏子准前，付馬子准前。

青麦柒㪷柒勝

右三日給帖馬拾壹疋充料。踏子准前，付馬子准前。

卅七

□麦柒㪷柒勝

右四日給帖馬拾壹疋充料。踏子准前，付馬子准前。

青麦柒㪷柒勝

右五日給帖馬拾壹疋充料。踏子准前，付馬子准前。

[青]麦柒㪷柒勝

右六日給帖馬拾壹疋充料。踏子准前，付馬子准前。

青麦柒㪷柒勝

右七日給帖馬拾壹疋充料。踏子准前，付馬子准前。

青麦柒㪷柒勝

（二）唐天寶十四載（公元七五五年）柳中縣具屬館私供馬料帳歷上郡長行坊牒

73TAM506:4/32—2之四

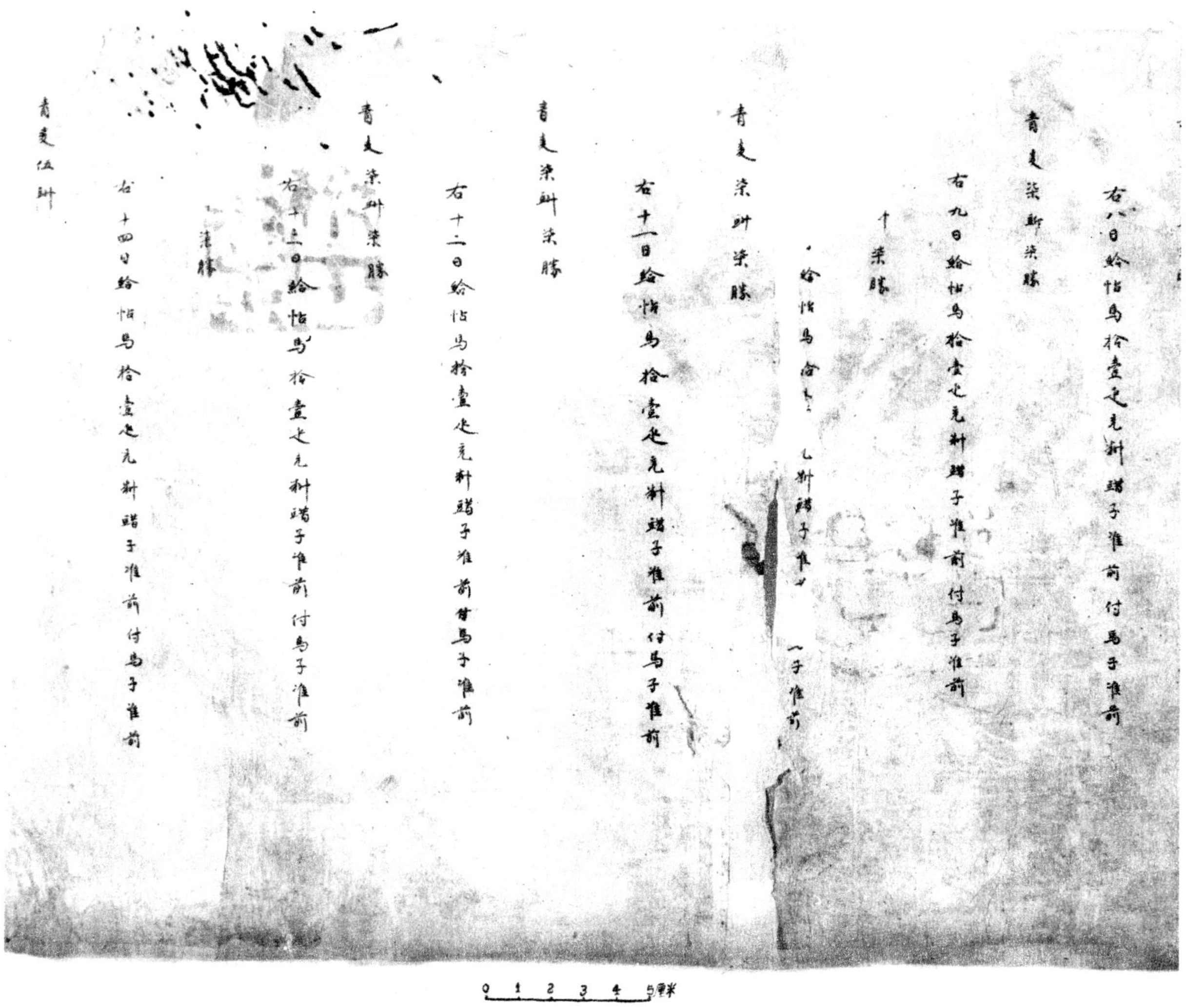

右八日給帖馬拾壹疋充料。踖子准前，付馬子准前。
青麥柒㪷柒勝
右九日給帖馬拾壹疋充料。踖子准前，付馬子准前。
□□□㪷柒勝
□□日給帖馬拾壹□充料。踖子准前，□馬子准前。
青麥柒㪷柒勝
右十一日給帖馬拾壹疋充料。踖子准前，付馬子准前。卌八
青麥柒㪷柒勝
右十二日給帖馬拾壹疋充料。踖子准前，付馬子准前。
青麥柒㪷柒勝
右十三日給帖馬拾壹疋充料。踖子准前，付馬子准前。
□㪷柒勝
右十四日給帖馬拾壹疋充料。踖子准前，付馬子准前。
青麥伍㪷

（二）　唐天寶十四載（公元七五五年）柳中縣具屬館私供馬料帳歷上郡長行坊牒

73TAM506:4/32—2之五

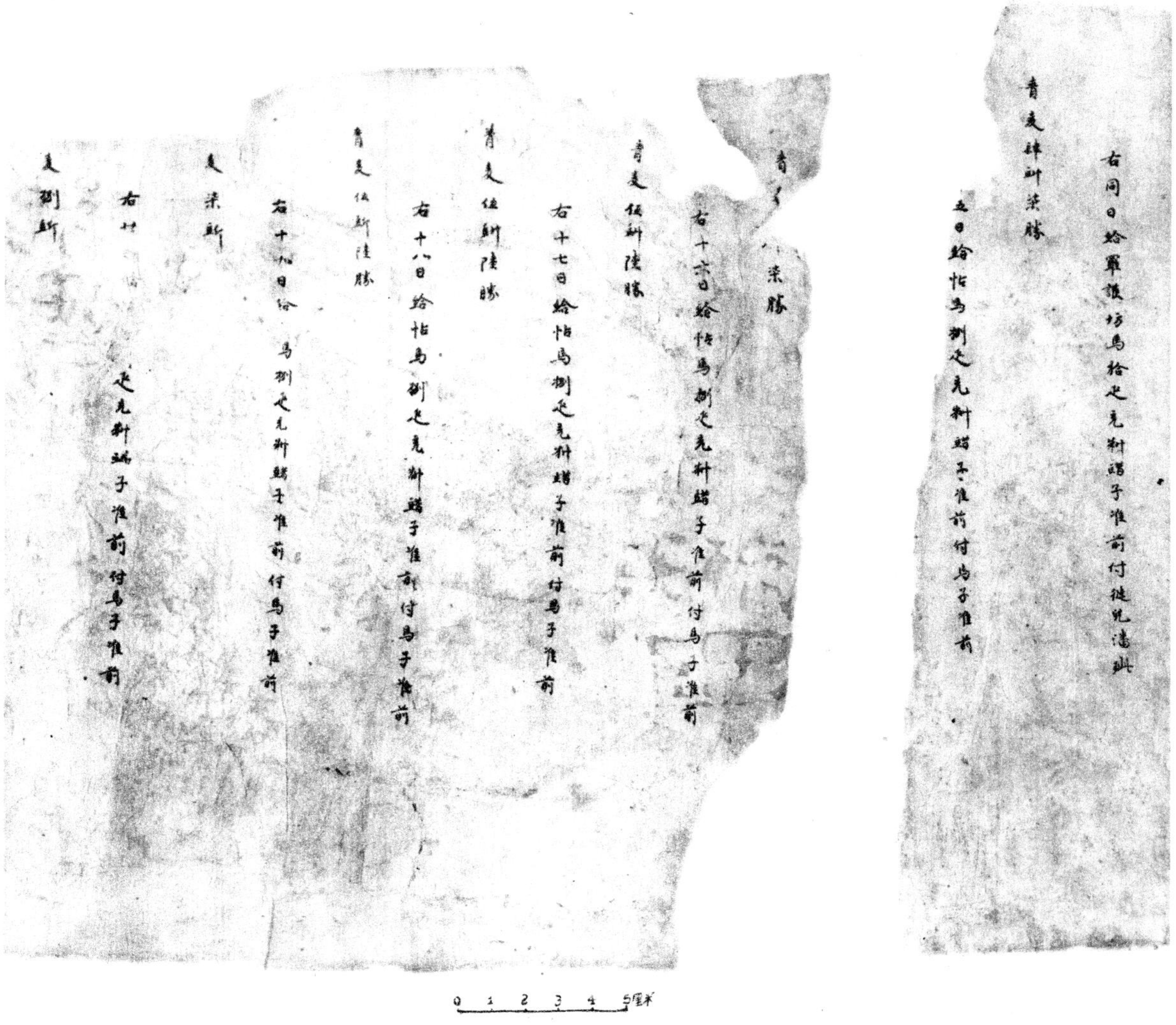

右同日給羅護坊馬拾疋充料。踖子准前，付建兒潘玳。

青麦肆㪷柒勝

□□五日給帖馬捌疋充料。踖子准前，付馬子准前。

青[麦]□[㪷]柒勝

右十六日給帖馬捌疋充料。踖子准前，付馬子准前。

青麦伍㪷陸勝

右十七日給帖馬捌疋充料。㪷子准前，付馬子准前。

青麦伍㪷陸勝

右十八日給帖馬捌疋充料。踖子准前，付馬子准前。

卅九

[庭]

青麦伍㪷陸勝

右十九日給□馬捌疋充料。踖子准前，付馬子准前。

□麦柒㪷

右廿[日]給[帖][馬][捌]疋充料。踖子准前，付馬子准前。

[青]麦捌㪷

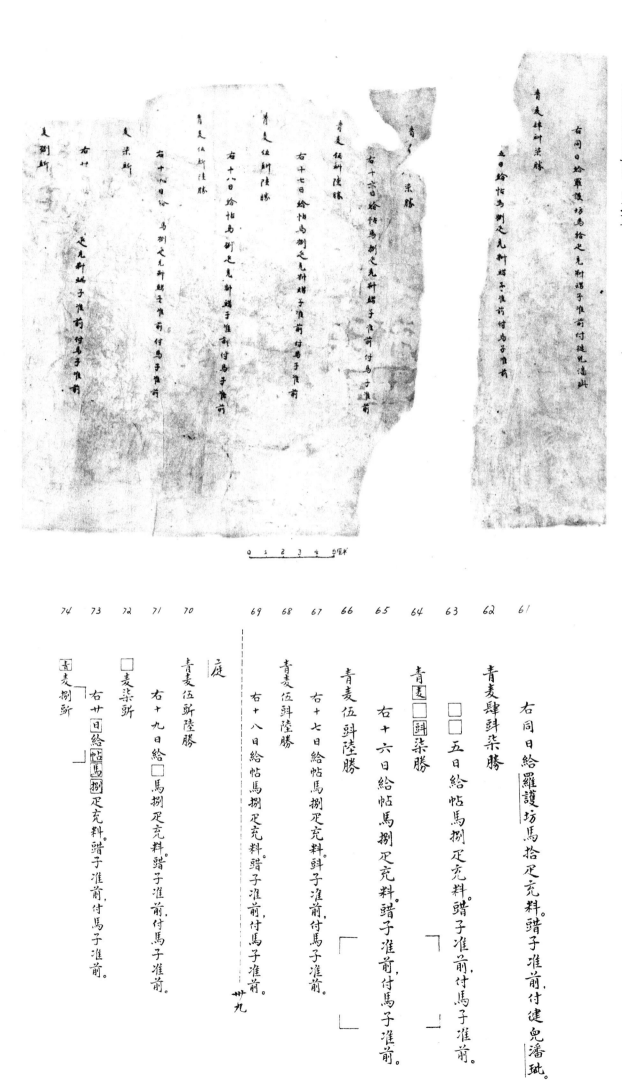

（二）唐天寶十四載（公元七五五年）柳中縣具屬館私供馬料帳歷上郡長行坊牒

73TAM506:4/32—2之六

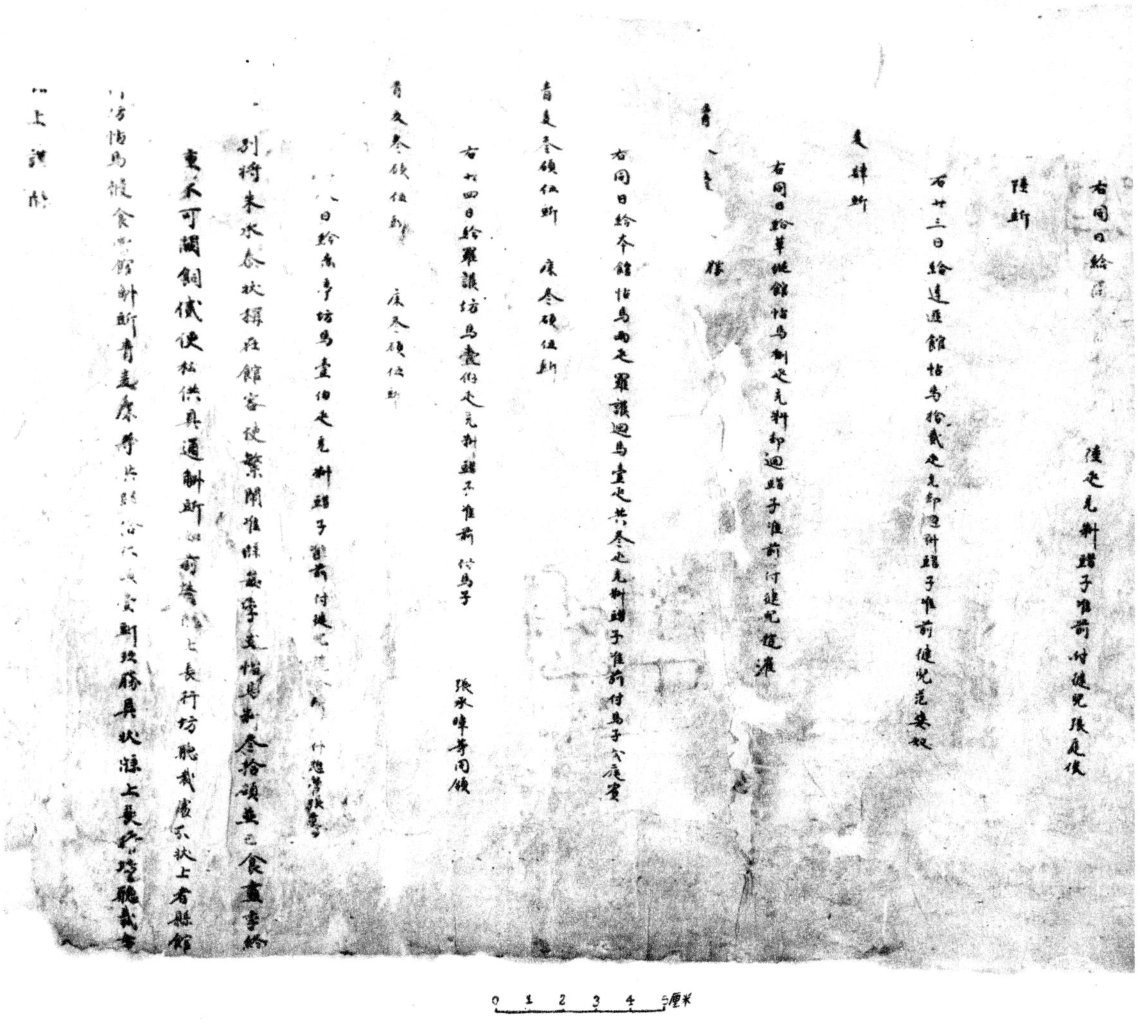

75 右同日給蒲昌館[　　]陸疋充料。踖子准前，付健
兜張庭俊。
76 □□陸㪷
77 右廿三日給達匪館帖馬拾貳疋充却迴料。踖子准前，健兜范婆奴。
78 □麦肆㪷
79 右同日給草堆館帖馬捌疋充料却迴。踖子准前，付建兜趙淮。
80 青麦壹□□勝
81 右同日給本館帖馬兩疋，羅護迴馬壹疋，共叁疋充料。踖子准前，付
馬子弋庭賓。
82 青麦叁碩伍㪷　床叁碩伍㪷
83 右廿四日給羅護坊馬壹伯疋充料。踖子准前，付馬子　張承
暉等同領。
84 青麦叁碩伍㪷　床叁碩伍㪷
85 右廿八日給赤亭坊馬壹伯疋充料。踖子准前，付健兜趙令璋　付
惣管張景□。
86 [　　]別將朱承泰狀稱：在館客使繁鬧，准牒每季支帖馬料叁拾碩，並已
食盡，季終
87 [　　]重，不可闕飼，（貸）便私供，具通斛㪷如前。請牒上長行坊，聽裁處分，狀
上者。縣館
88 [　　]行坊帖馬侵食當館斛㪷青麦、床等共肆拾玖碩壹㪷玖勝。具狀牒　卌庭
上長行坊聽裁者。
89 [　　]上　謹牒

（二）唐天寶十四載（公元七五五年）柳中縣具屬館私供馬料帳歷上郡長行坊牒

73TAM506:4/32—2之七

90 天寶十四載正月八日史孫令彥牒
91 宣義郎行尉尹使
92 朝議郎行丞員外置同正員上柱國何 在郡
93 朝散郎行丞業 庭玉
94 承奉郎守令劉 懷琛
95 正月 日攝錄事嚴 仙泰 受
96 功曹攝錄事參軍旺 付
97 連彥莊白
98 廿五日

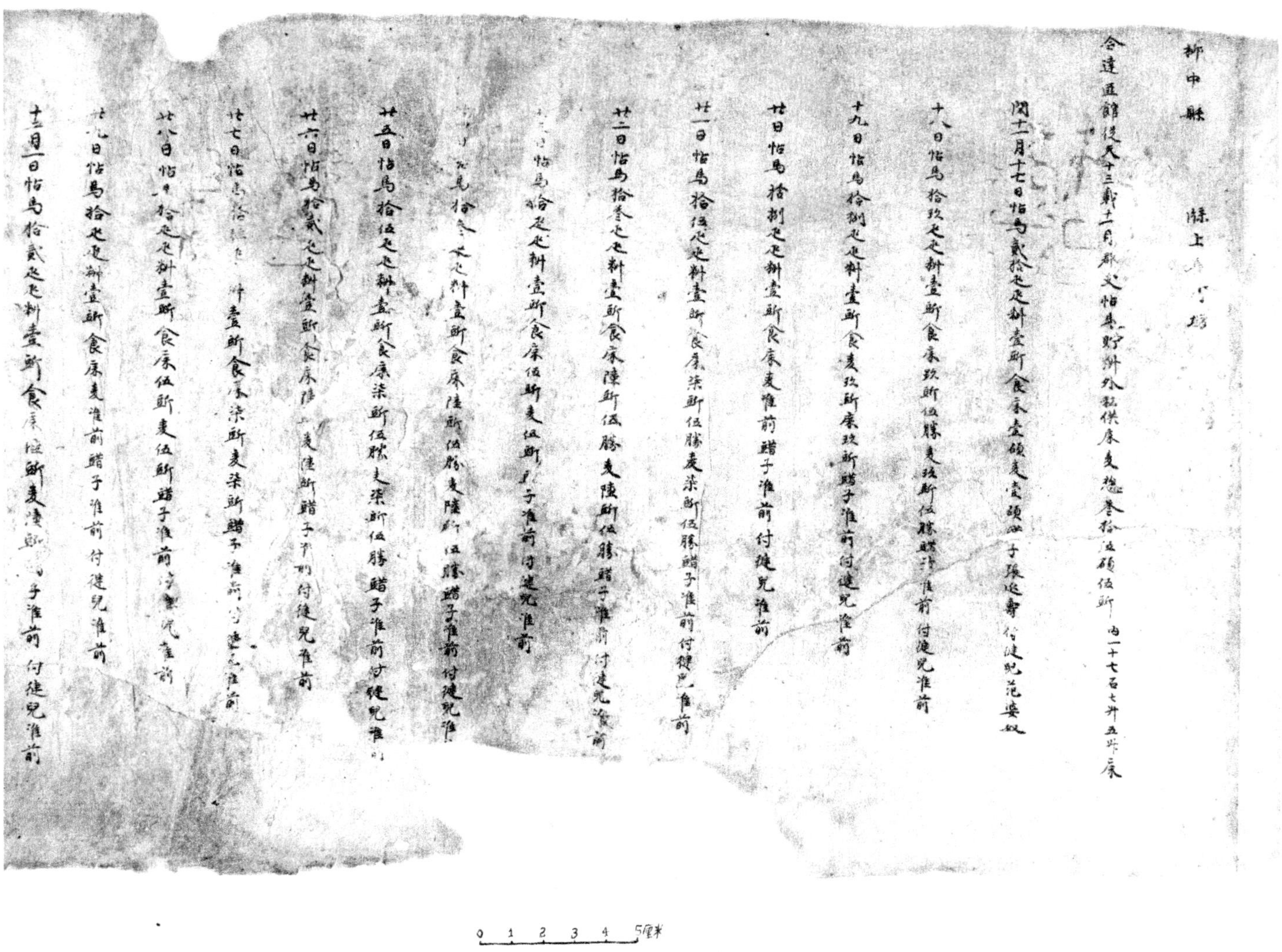

（三） 唐天寶十四載（公元七五五年）柳中縣具達匪館私供床麥帳歷上郡長行坊牒
73TAM506:4/32—3之一

（三） 唐天寶十四載（公元七五五年）柳中縣具達匪館私供床麥帳歷上郡長行坊牒

本件原與上件相連，背面騎縫編號起卌一止卌三，卌二、卌三兩縫上蓋柳中縣印，下押「彥」字；正面蓋柳中縣朱印七處，末蓋交河郡都督府朱印一處。

1 柳中縣　　牒上長行坊

卌一　彥

2 合達匪館從天十三載十一月郡支帖馬貯料外，私供床麥惣叁拾伍碩伍䦅。（斗）
　內一十七石七斗五升床

3 　閏十一月十七日帖馬貳拾疋，疋料壹䦅，食床壹碩、麥壹碩。踖子張延壽付健兒范婆奴。

4 十八日帖馬拾玖疋，疋料壹䦅，食床玖䦅伍勝、麥玖䦅伍勝。踖子准前付健兒准前。

5 十九日帖馬拾捌疋，疋料壹䦅，食麥玖䦅、床玖䦅。踖子准前付健兒准前。

6 廿日帖馬拾捌疋，疋料壹䦅，食床麥准前。踖子准前付健兒准前。

7 廿一日帖馬拾伍疋，疋料壹䦅，食床柒䦅伍勝、麥柒䦅伍勝。踖子准前付健兒准前。

8 廿二日帖馬拾叁疋，疋料壹䦅，食床陸䦅伍勝、麥陸䦅伍勝。踖子准前付健兒准前。

9 廿三日帖馬拾疋，疋料壹䦅，食床伍䦅、麥伍䦅。踖子准前付健兒准前。

10 廿四日帖馬拾叁疋，疋料壹䦅，食床陸䦅伍勝、麥陸䦅伍勝。踖子准前付健兒准□。

11 廿五日帖馬拾伍疋，疋料壹䦅，食床柒䦅伍勝、麥柒䦅伍勝。踖子准前付健兒准前。

（三） 唐天寶十四載（公元七五五年）柳中縣具達匪館私供床麥帳歷上郡長行坊牒

73TAM506:4/32—3之二

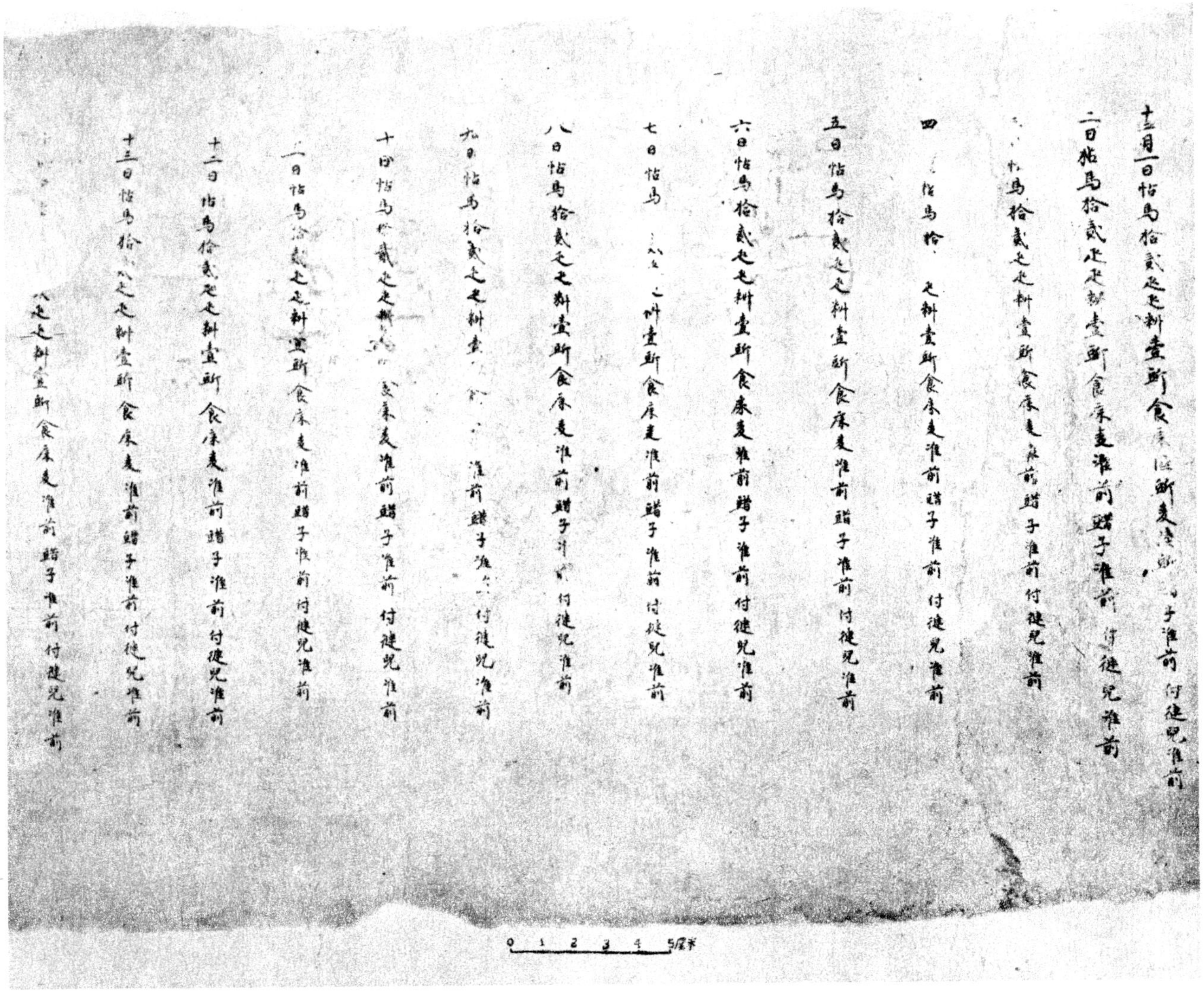

12 廿六日帖馬拾貳疋，疋料壹斟，食床陸[斟]，麥陸斟。踖子[准前]付健兒准前。
13 廿七日帖馬拾肆疋，疋料壹斟，食床柒斟，麥柒斟。踖子准前付健兒准前。
14 廿八日帖馬拾疋，疋料壹斟，食床伍斟，麥伍斟。踖子准前付健兒准前。
15 廿九日帖馬拾疋，疋料壹斟，食床麥准前。踖子准前付健兒准前。
16 十二月一日帖馬拾貳疋，疋料壹斟，食床陸斟，麥[陸]斟。[踖]子准前付健兒准前。
17 二日帖馬拾貳疋，疋料壹斟，食床麥准前。踖子准前付健兒准前。

---（卌二 庭）

18 [三][日]帖馬拾貳疋，疋料壹斟，食床麥准前。踖子准前付健兒准前。
19 四[日]帖馬拾□□，疋料壹斟，食床麥准前踖子准前付健兒准前。
20 五日帖馬拾貳疋，疋料壹斟，食床麥准前。踖子准前付健兒准前。
21 六日帖馬拾貳疋，疋料壹斟，食床麥准前。踖子准前付健兒准前。
22 七日帖馬□貳疋，[疋]料壹斟，食床麥准前。踖子准前付健兒准前。
23 八日帖馬拾貳疋，疋料壹斟，食床麥[准][前]。踖子准前付健兒准前。
24 九日帖馬拾貳疋，疋料壹□，食□□准[前]。踖子准前付健兒准前。
25 十日帖馬拾貳疋，疋料[壹][斟]，食床麥准前。踖子准前付健兒准前。
26 十一日帖馬拾貳疋，疋料壹斟，食床麥准前。踖子准前付健兒准前。
27 十二日帖馬拾貳疋，疋料壹斟，食床麥准前。踖子准前付健兒准前。
28 十三日帖馬拾[貳]疋，疋料壹斟，食床麥准前。踖子准前付健兒准前。
29 十四日[帖]□□[貳]疋，疋料壹斟，食床麥准前。踖子准前付健兒准前。

（三） 唐天寶十四載（公元七五五年）柳中縣具達匪館私供床麥帳歷上郡長行坊牒

73TAM506:4/32—3之三

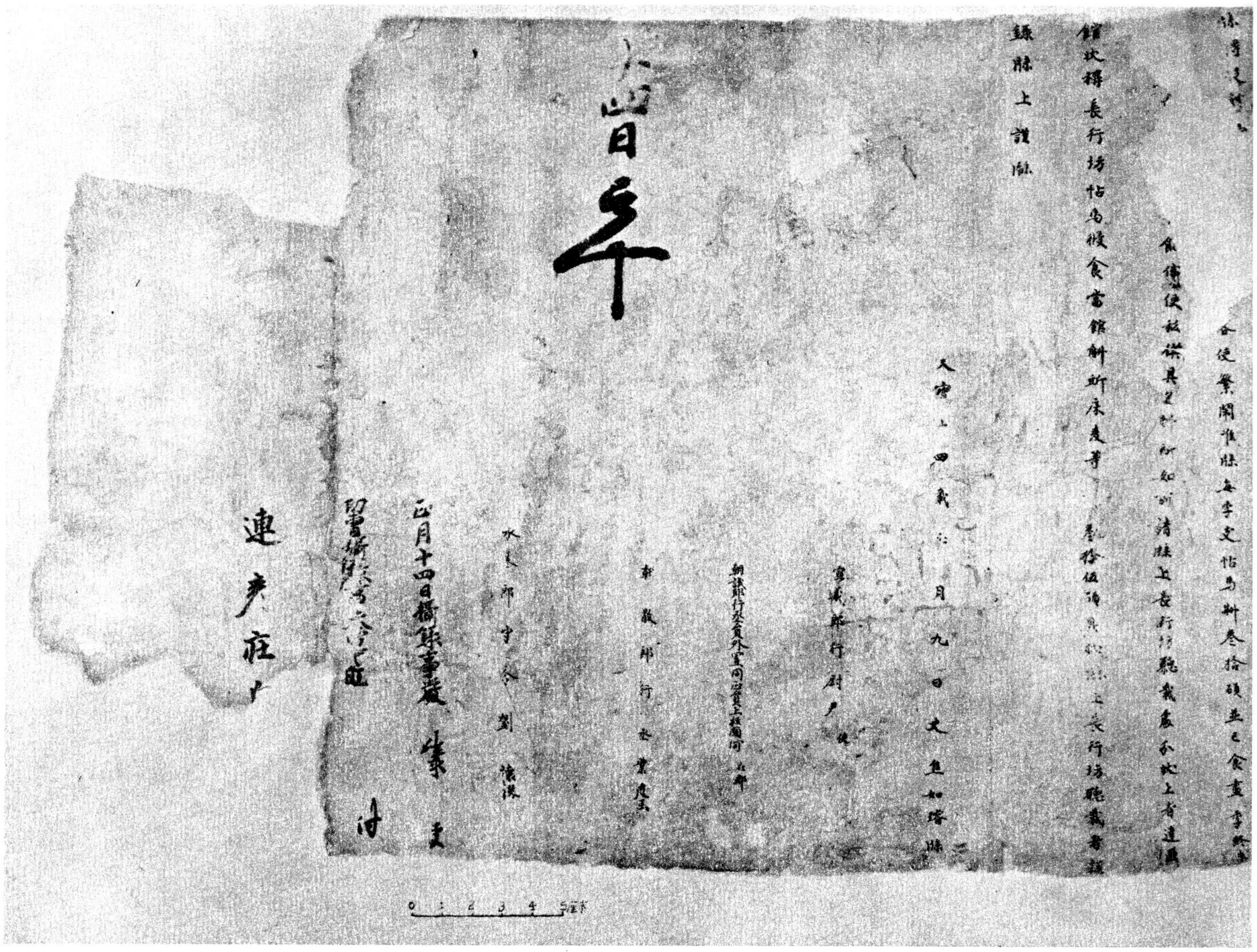

牒得捉館宫　　各使繁鬧，准牒每季支帖馬料叁拾碩，並已食
盡，季終未
　　館貸便私供，具通斛㪷如前，請牒上長行坊聽裁處分狀
上者。達匪
館狀稱長行坊帖馬侵食當館斛㪷床麦等叁佰叁拾伍碩，具狀牒上長行坊
聽裁者。謹
録牒上。謹牒。
天寶十四載正月九日史焦如璿　牒　卌三 庭
宣義郎行尉尹　使
朝議郎行丞員外置同正員上柱國何　在郡
朝散郎行丞業　庭玉
十四日辛
承奉郎守令　劉　懷琛
正月十四日攝録事嚴　仙泰　受
功曹攝録事參軍　䏁　付
連彥荘　白

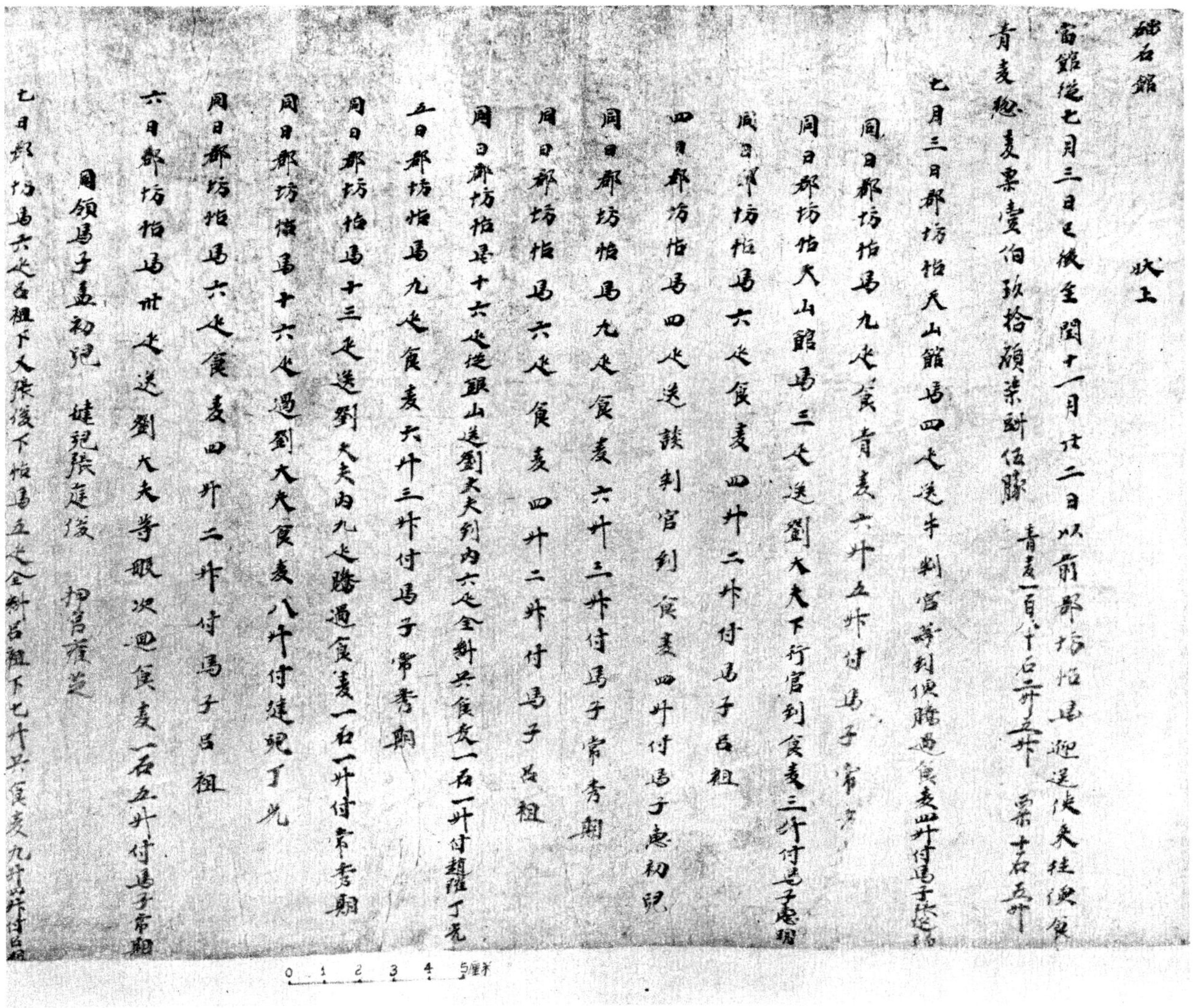

（四） 唐天寶十三載（公元七五四年）礌石館具七至閏十一月帖馬食歷上郡長行坊狀

73TAM506:4/32—4之一

（四） 唐天寶十三載（公元七五四年）礌石館具七至閏十一月帖馬食歷上郡長行坊狀

本件原與上件相連，背面騎縫編號起卌四止五十三，正面末蓋「交河郡都督府之印」一處，騎縫處押「車」字。

卌四 彦

礌石館　　狀上

當館從七月三日已後至閏十一月廿二日以前，郡坊帖馬迎送使來往，便食

青麥總麥粟壹伯玖拾碩柒㪷伍勝。青麥一百八十石二斗五升，粟十石五斗。

七月三日郡坊帖天山館馬四疋，送牛判官等到，便騰過，食麥四斗，付馬子

張延福。

同日郡坊帖馬九疋，食青麥六斗五升，付馬子常◻（秀？）◻（期？）。

同日郡坊帖天山館馬三疋，送劉大夫下行官到，食麥三斗。付馬子惠明。

同日郡坊帖馬六疋，食麥四㪷二升。付馬子呂祖。

四日郡坊帖馬四疋，送談判官到，食麥四斗。付馬子惠初兒。

同日郡坊帖馬九疋，食麥六斗三升。付馬子常秀期。

同日郡坊帖馬六疋，食麥四斗二升。付馬子呂祖。

同日郡坊帖馬十六疋，從銀山送劉大夫到，內六疋全料，共食麥一石一

斗。付趙瓘、丁光。

五日郡坊帖馬九疋，食麥六斗三升。付馬子常秀期。

同日郡坊帖馬十三疋，送劉大夫，內九疋騰過，食麥一石一斗。付常秀期。

同日郡坊帖馬十六疋，過劉大夫，食麥八斗。付健兒丁光。

同日郡坊帖馬六疋，食麥四斗二升。付馬子呂祖。

六日郡坊帖馬卌疋，送劉大夫等般次迴，食麥一石五斗。付馬子常期。

同領馬子孟（？）初兒　健兒張庭俊　押官雍芝。

（四）　唐天寶十三載（公元七五四年）礌石館具七至閏十一月帖馬食歷上郡長行坊狀

73TAM506:4/32—4之二

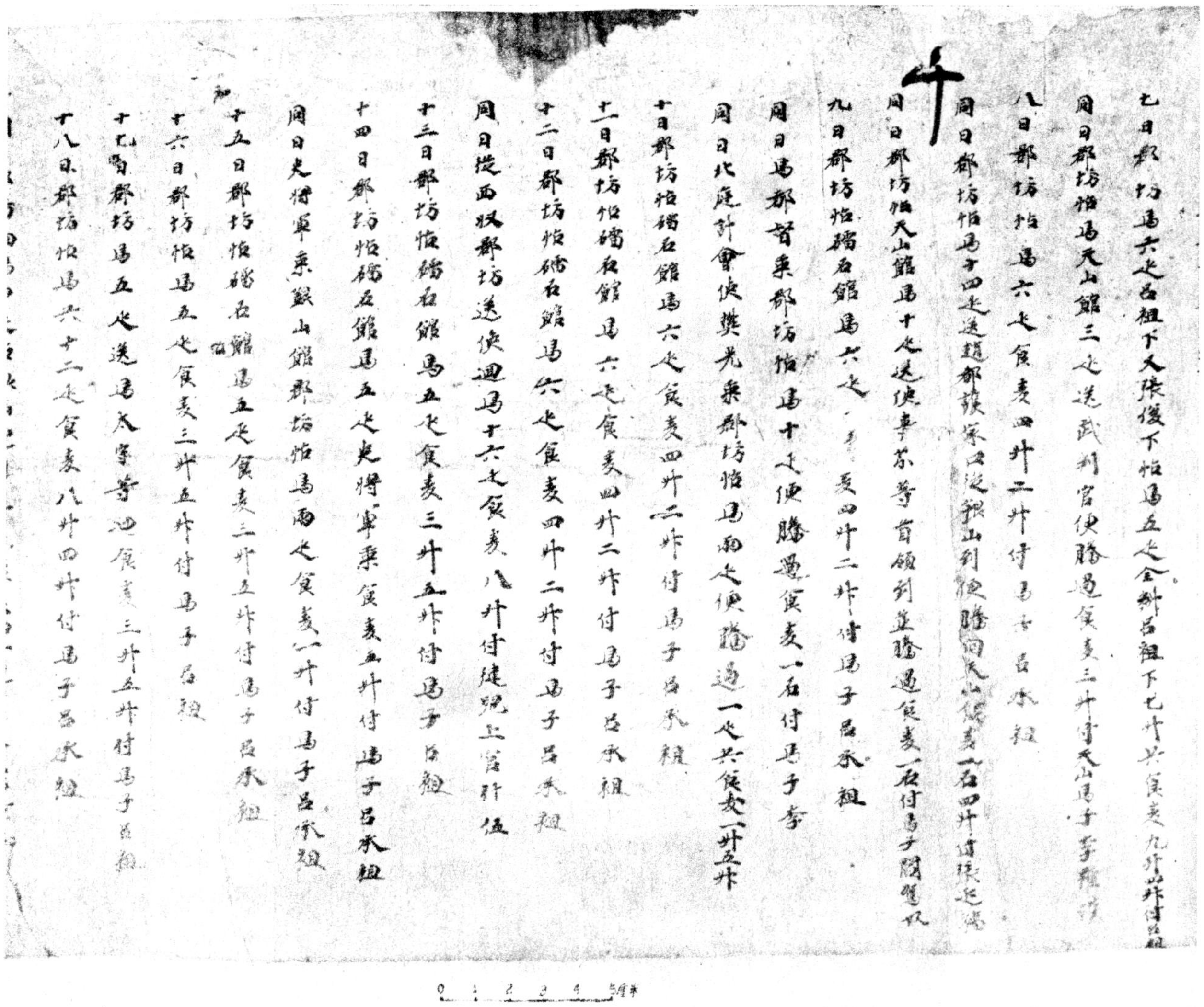

18 七日郡坊馬六疋，呂祖下；又張俊下帖馬五疋全料；呂祖下七斗，共食麥九斗四升，付呂祖。
19 同日郡坊帖馬天山館三疋，送武判官便騰過，食麥三斗，付天山馬子李羅漢。
20 八日郡坊帖馬六疋，食麥四斗二升，付馬子呂承祖。
21 同日郡坊馬十四疋，送趙都護家口，從銀山到，便騰向天山，食麥一石四斗，付張延福。

廿　卅五

22 同日郡坊帖天山館馬十疋，送使韋芬等首領到並騰過，食麥一石，付馬子闞駕奴。
23 九日郡坊帖礌石館馬六疋，[食]青麥四斗二升，付馬子呂承祖。
24 同日馬都督乘郡坊帖馬十疋便騰過，食麥一石，付馬子李。
25 同日北庭計會使樊光乘郡坊帖馬兩疋，便騰過一疋，共食麥一斗五升。
26 十日郡坊帖礌石館馬六疋，食麥四斗二升，付馬子呂承祖。
27 十一日郡坊帖礌石館馬六疋，食麥四斗二升，付馬子呂承祖。
28 十二日郡坊帖礌石館馬六疋，食麥四斗二升，付馬子呂承祖。
29 同日從西收郡坊送使迴馬十六疋，食麥八斗，付健兒上官什伍。
30 十三日郡坊帖礌石館馬五疋，食麥三斗五升，付馬子呂祖。
31 十四日郡坊帖礌石館馬五疋，史將軍乘，食麥五斗，付馬子呂承祖。
32 同日史將軍乘銀山館郡坊帖馬兩疋，食麥一斗，付馬子呂承祖。
33 十五日郡坊帖礌石館馬五疋，食麥三斗五升，付馬子呂承祖。
34 十六日郡坊帖馬五疋，食麥三斗五升，付馬子呂祖。
35 十七日郡坊馬五疋，送馬太守等迴，食麥三斗五升，付馬子呂祖。
36 十八日郡坊帖馬共十二疋，食麥八斗四升，付馬子呂承祖。

（四）　唐天寶十三載（公元七五四年）礌石館具七至閏十一月帖馬食歷上郡長行坊狀

73TAM506:4/32—4之三

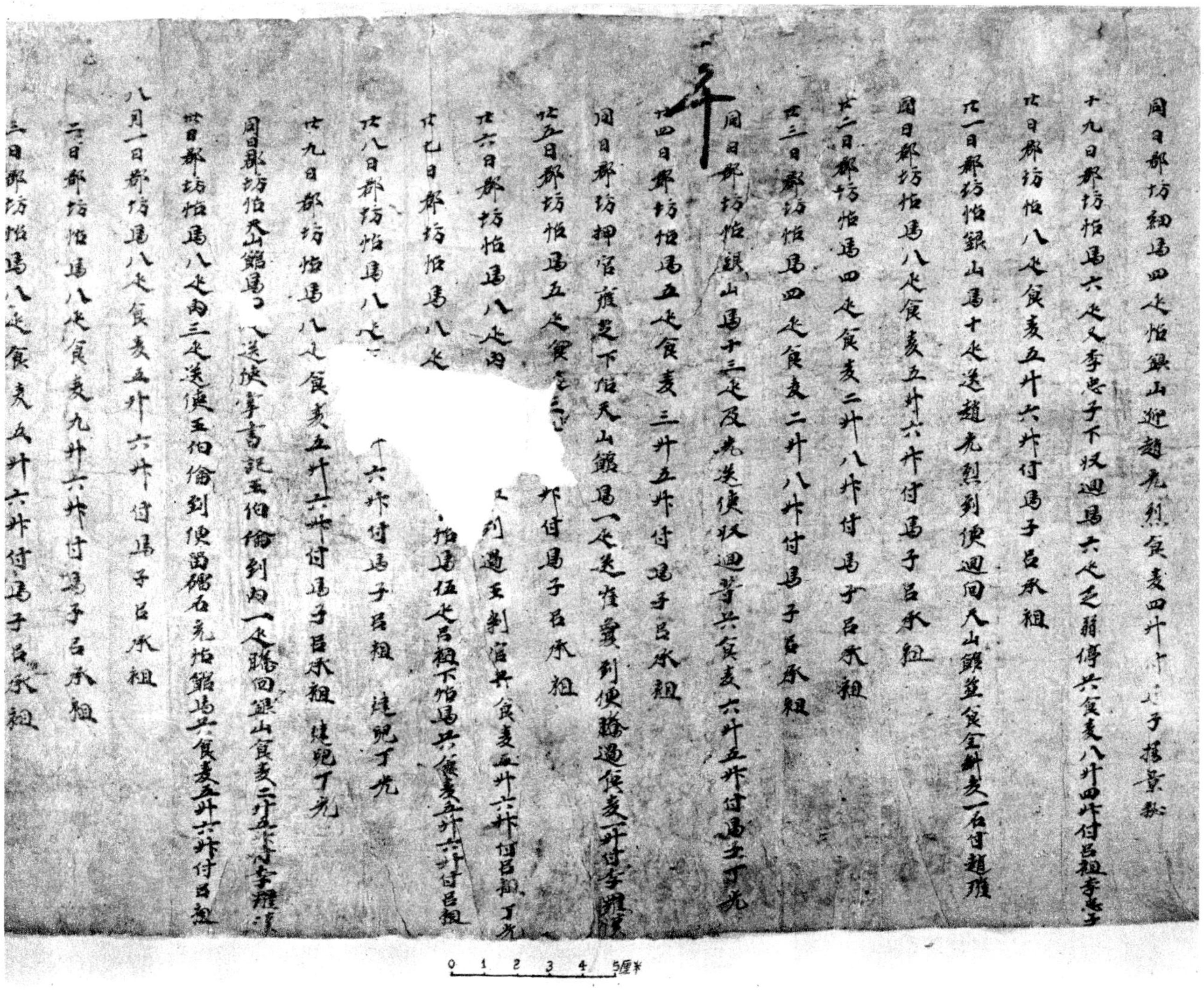

37 同日郡坊細馬四足，帖銀山迎趙光烈，食麦四斗。付馬子楊景秘。
38 十九日郡坊帖馬六足，又李忠子下收迴馬六足，乏弱停共食麦八斗四升。付呂祖、李忠子。
39 廿日郡坊帖（二）八足，食麦五斗六升。付馬子呂承祖。
40 廿一日郡坊帖銀山馬十足，送趙光烈到，便迴向天山館，並食全料，麦一石。付趙璀。
41 同日郡坊帖馬八足，食麦五斗六升。付馬子呂承祖。
42 廿二日郡坊帖馬四足，食麦二斗八升。付馬子呂承祖。
43 廿三日郡坊帖馬四足，食麦二斗八升。付馬子呂承祖。
44 同日郡坊帖銀山馬十三足及先送使收迴等，共食麦六斗五升。付馬子丁光。

卌六

45 廿四日郡坊帖馬五足，食麦三斗五升。付馬子呂承祖。
46 同日郡坊押官雍芝之下帖天山館馬一足，送崔賔到便騰過，食麦一斗。付李羅漢。
47 廿五日郡坊帖馬五足，食[麦]三[斗]□升。付馬子呂承祖。
48 廿六日郡坊帖馬八足，內［　　　］到，過王判官，共食麦五斗六升。付呂祖　丁光。
49 廿七日郡坊帖馬八足［　　　　］帖馬伍足，呂祖下帖馬共食麦五斗六升。付呂祖。
50 廿八日郡坊帖馬八足□□□[斗]六升。付馬子呂祖　健兒丁光。
51 廿九日郡坊帖馬八足，食麦五斗六升。付馬子呂承祖　健兒丁光。
52 同日郡坊帖天山館馬[四][足]送使掌書記王伯倫到，內一足騰向銀山，食麦二斗五升。付李羅漢。

（四）　唐天寶十三載（公元七五四年）礌石館具七至閏十一月帖馬食歷上郡長行坊狀

73TAM506:4/32—4之四

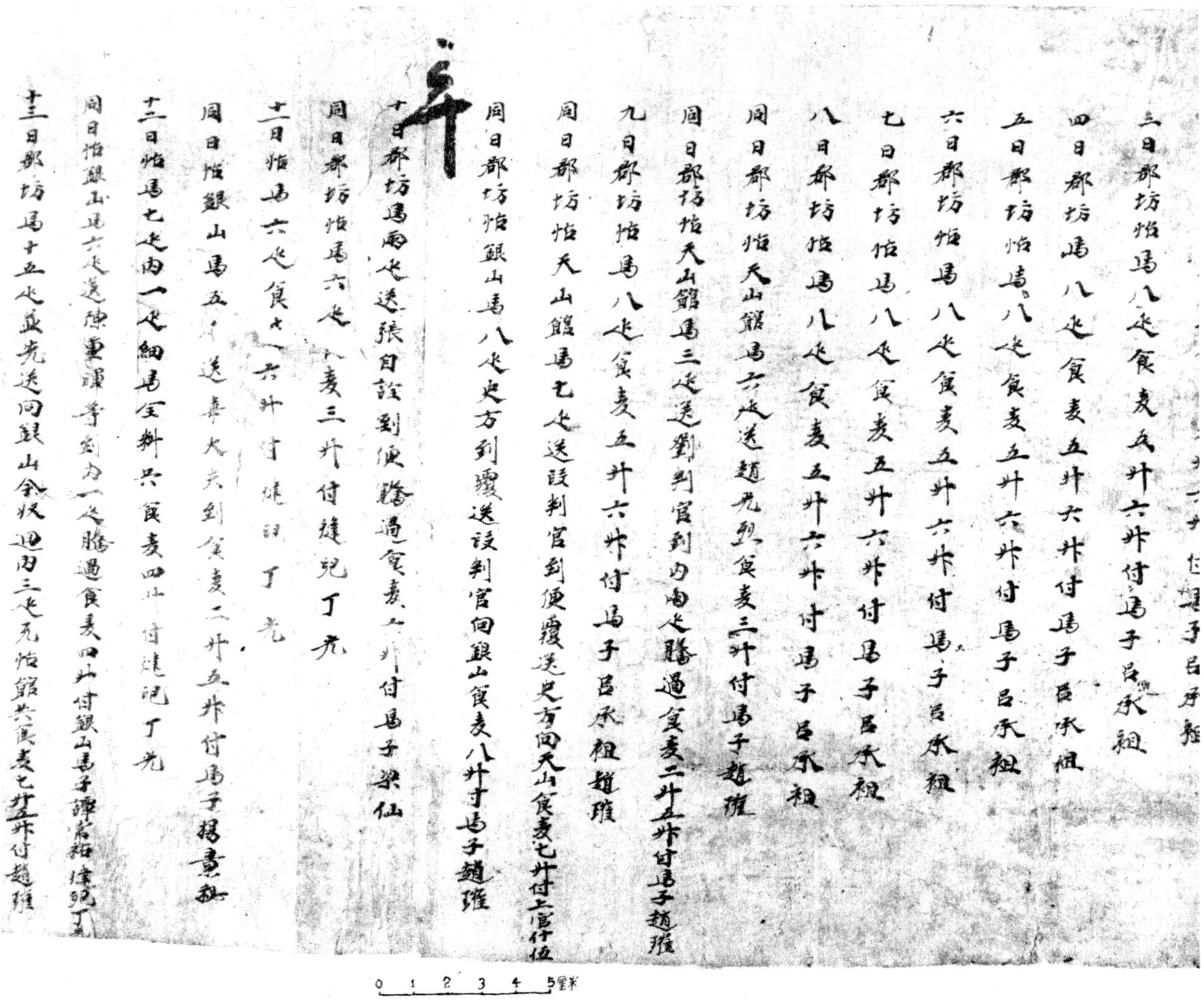

53 卌日郡坊帖馬八疋，內三疋送使王伯倫到，便留礌石充帖館馬，共食麦
五斗六升。付呂祖。
54 八月一日郡坊馬八疋，食麦五斗六升。付馬子呂承祖。
55 二日郡坊帖馬八疋，食麦九斗六升〔二〕付馬子呂承祖。
56 三日郡坊帖馬八疋，食麦五斗六升。付馬子呂承祖。
57 四日郡坊帖馬八疋，食麦五斗六升。付馬子呂承祖。
58 五日郡坊帖馬八疋，食麦五斗六升。付馬子呂承祖。
59 六日郡坊帖馬八疋，食麦五斗六升。付馬子呂承祖。
60 七日郡坊帖馬八疋，食麦五斗六升。付馬子呂承祖。
61 八日郡坊帖馬八疋，食麦五斗六升。付馬子呂承祖。
62 同日郡坊帖天山館馬六疋，送趙光烈，食麦三斗。付馬子趙璀。
63 同日郡坊帖天山館馬三疋，送劉判官到，內兩疋騰過，食麦二斗五升。付
馬子趙璀。
64 九日郡坊帖馬八疋，食麦五斗六升。付馬子呂承祖、趙璀。
65 同日郡坊帖天山館馬七疋，送段判官到，便覆送史方向天山，食麦七斗。
付上官什伍。
66 同日郡坊帖銀山馬八疋，史方到，覆送段判官向銀山，食麦八斗。付馬子
趙璀。
67 辛
十日郡坊馬兩疋，送張自詮到，便騰過，食麦六升。付馬子梁仙。卌七　彥

注釋

〔一〕帖：下脱一「馬」字。

〔二〕九斗六升：疑是「五斗六升」之誤。

（四） 唐天寶十三載（公元七五四年）礌石館具七至閏十一月帖馬食歷上郡長行坊狀

73TAM506:4/32—4之五

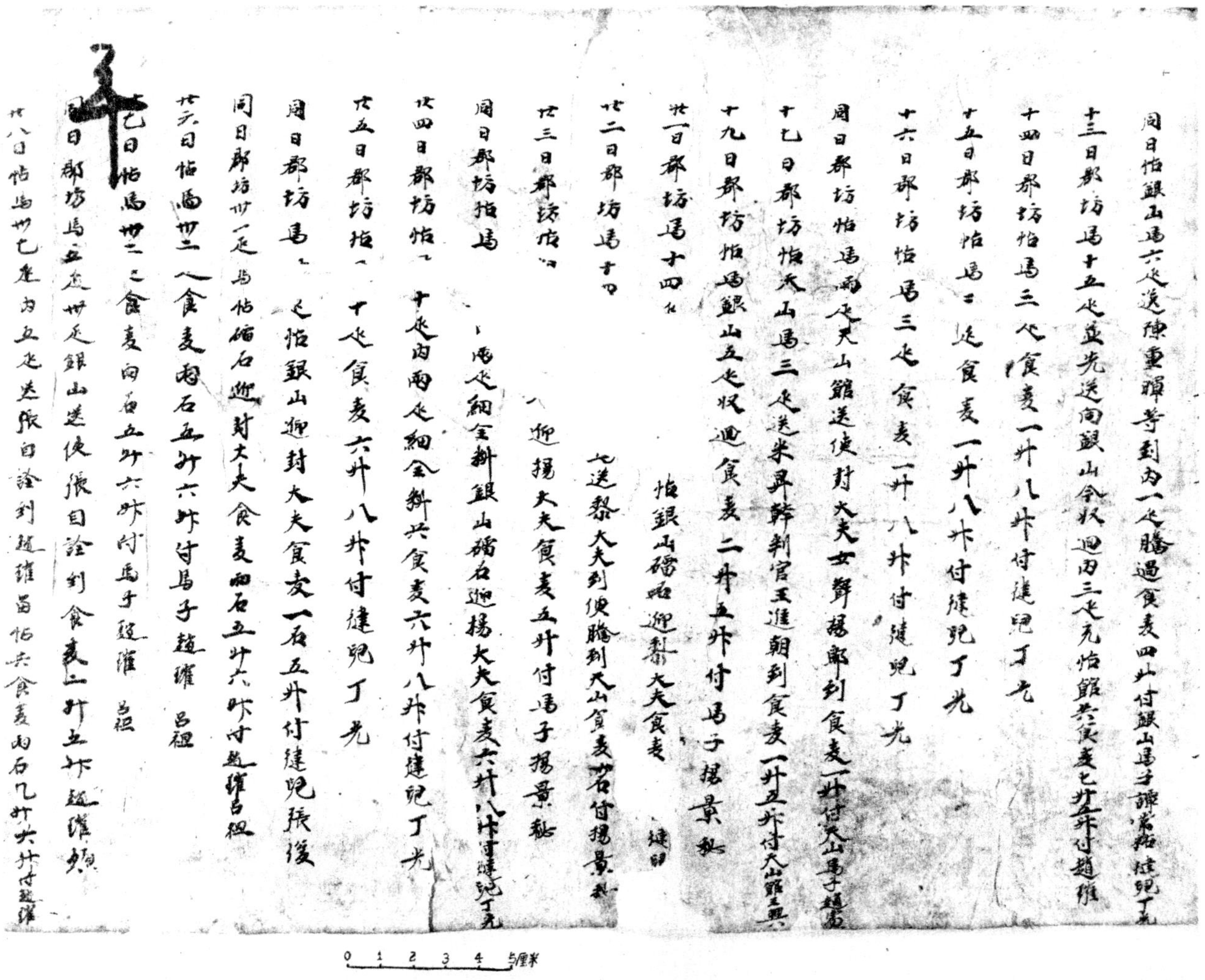

68 同日郡坊帖馬六疋，食麥三斗。付健兒丁光。

69 十一日帖馬六疋，食麥六斗。付健兒丁光。

70 同日帖銀山馬五疋，送韋大夫到，食麥二斗五升。付馬子楊景秘。

71 十二日帖馬七疋，内一疋細馬全料，共食麥四斗。付健兒丁光。

72 同日帖銀山馬六疋，送陳重暉等到，内一疋騰過，食麥四斗。付銀山馬子
譚常祐、健兒丁光。

73 十三日郡坊馬十五疋，並先送向銀山，今收迴，内三疋充帖館，共食麥七
斗五升。付趙璀。

74 十四日郡坊帖馬三疋，食麥一斗八升。付健兒丁光。

75 十五日郡坊帖馬三疋，食麥一斗八升。付健兒丁光。

76 十六日郡坊帖馬三疋，食麥一斗八升。付健兒丁光。

77 同日郡坊帖馬兩疋，天山館送使封大夫女聟(婿)楊郎到，食麥一斗。付天山
馬子趙賓。

78 十七日郡坊帖天山馬三疋，送來昇幹判官王進朝到，食麥一斗五升。付
天山館王輿。

79 十九日郡坊帖馬銀山五疋收迴，食麥二斗五升。付馬子楊景秘。

80 廿一日郡坊馬十四疋，□□□帖銀山、礌石迎黎大夫，食麥□□□
健兒□□□

81 廿二日郡坊馬十四□□□馬送黎大夫到，便騰到天山，食麥一石。
付楊景秘。

82 廿三日郡坊帖銀□□□迎楊大夫，食麥五斗。付馬子楊景秘。

83 同日郡坊帖馬□□内兩疋細、全料，銀山、礌石迎楊大夫，食麥六斗八升。
付健兒丁光。

（四）唐天寶十三載（公元七五四年）礌石館具七至閏十一月帖馬食歷上郡長行坊狀

73TAM506:4/32—4之六

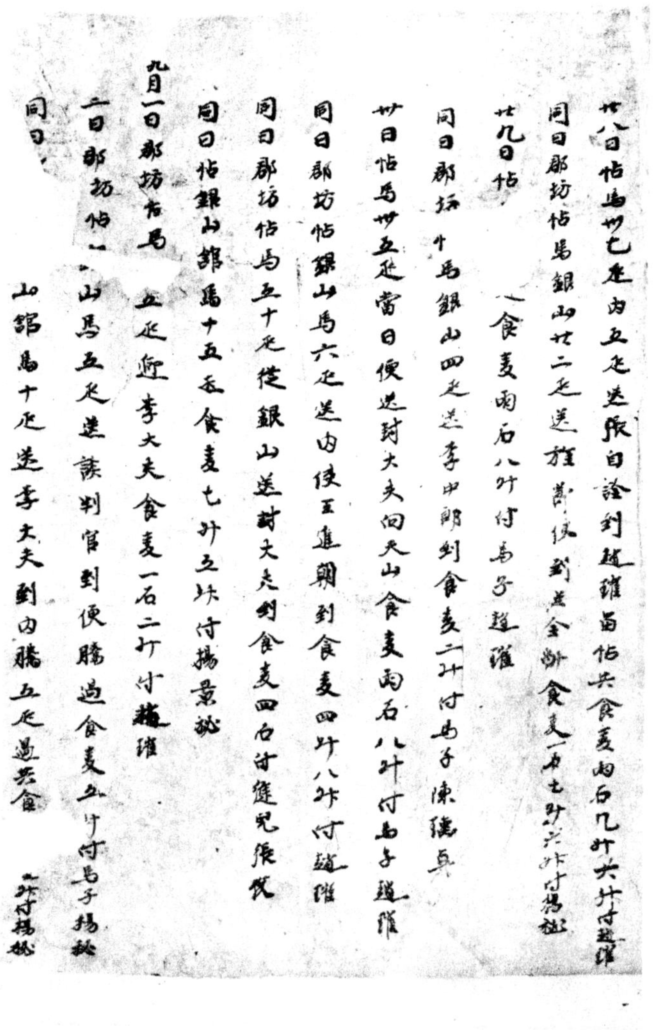

84 廿四日郡坊帖馬十疋，内兩疋細全料，共食麥六斗八升。付健兒丁光。
85 廿五日郡坊帖馬十疋，食麥六斗八升。付健兒丁光。
86 同日郡坊馬□疋，帖銀山迎封大夫，食麥一石五斗。付健兒張俊。
87 同日郡坊卅一疋馬〔一〕帖礌石迎封大夫，食麥兩石五斗六升。付趙璀、呂祖。
88 廿六日帖馬卅二疋，食麥兩石五斗六升。付馬子趙璀 呂祖。
89 廿七日帖馬卅二疋，食麥兩石五斗六升。付馬子趙璀 呂祖。
90 同日郡坊馬五疋、卅疋〔二〕銀山送使張自詮到，食麥二斗五升。趙璀領。
91 廿八日帖馬卅七疋，内五疋送張自詮到，趙璀留帖，共食麥兩石九斗六
升。付趙璀。

注 釋

〔一〕卅一疋馬：似是「卅二疋馬」之誤。
〔二〕卅疋：此二字疑衍。

92 同日郡坊帖馬銀山廿二疋送旌節使到，並全料，食麥一石七斗六升。付
楊秘。
93 廿九日帖□□□疋，食麥兩石八斗。付馬子趙璀。
94 同日郡坊帖馬銀山四疋，送李中郎到，食麥二斗。付馬子陳瑤真。
95 卅日帖馬卅五疋，當日便送封大夫向天山，食麥兩石八斗。付馬子趙璀。
96 同日郡坊帖銀山馬六疋，送内使王進朝到，食麥四斗八升。付趙璀。
97 同日郡坊帖馬五十疋，從銀山送封大夫到，食麥四石。付健兒張俊。
98 同日帖銀山館馬十五疋，食麥七斗五升。付楊景秘。
99 九月一日郡坊帖馬□五疋迎李大夫，食麥一石二斗。付趙璀。
100 二日郡坊帖銀山馬五疋，送談判官到便騰過，食麥五斗。付馬子楊秘。

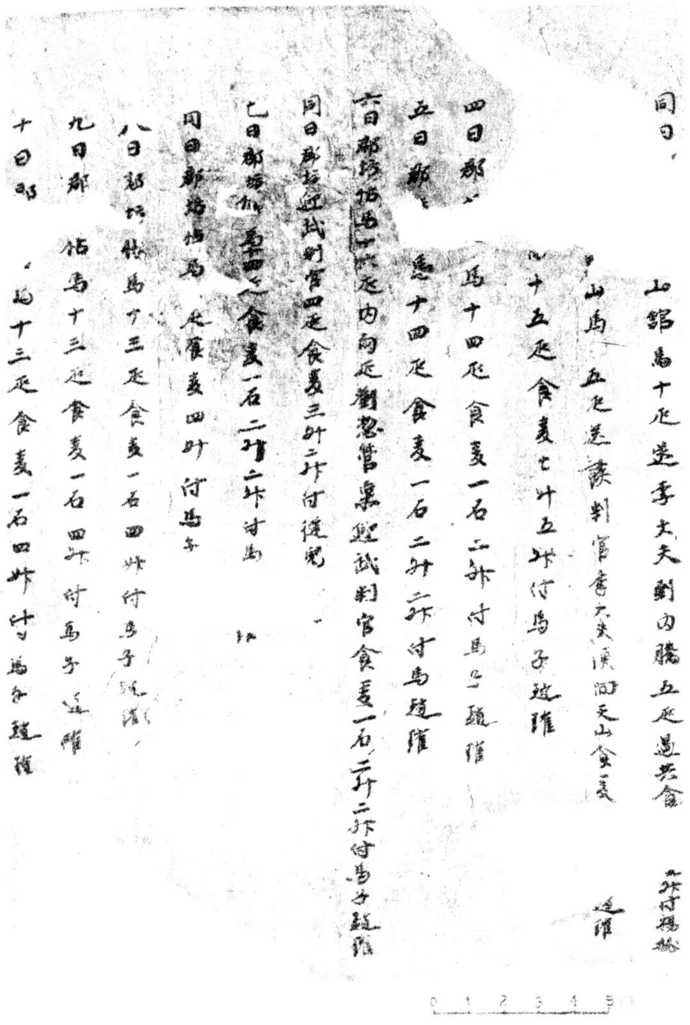

101 同日□山館馬十足，送李大夫到，內騰五足過共食□□□五升。付楊秘。
102 □銀山馬□五足，送談判官李大夫，便向天山，食麥□趙瓘。
103 □馬十五足，食麥七斗五升[一]。付馬子趙瓘。
104 四日郡坊□馬十四足，食麥一石二升，付馬子趙瓘。[二]
105 五日郡坊□馬十四足，食麥一石二斗二升。付馬趙瓘。
106 六日郡坊帖馬十六足，內兩足劉摠管乘迎武判官，食麥一石二斗二升。付馬子趙瓘。
107 同日郡坊迎武判官四足，食麥三斗二升。付健兒□□。
108 七日郡坊帖馬十四足，食麥一石二斗二升。付馬□□瓘。
109 同日郡坊帖馬□足，食麥四斗。付馬子□□。
110 八日郡坊帖馬十三足，食麥一石四升。付馬子趙瓘。
111 九日郡□帖馬十三足，食麥一石四升。付馬子趙瓘。

注釋

〔一〕升：此升字似「斗」字之誤。

〔二〕馬：下當脫一「子」字。

（四）　唐天寶十三載（公元七五四年）礌石館具七至閏十一月帖馬食歷上郡長行坊狀

73TAM506:4/32—4之七

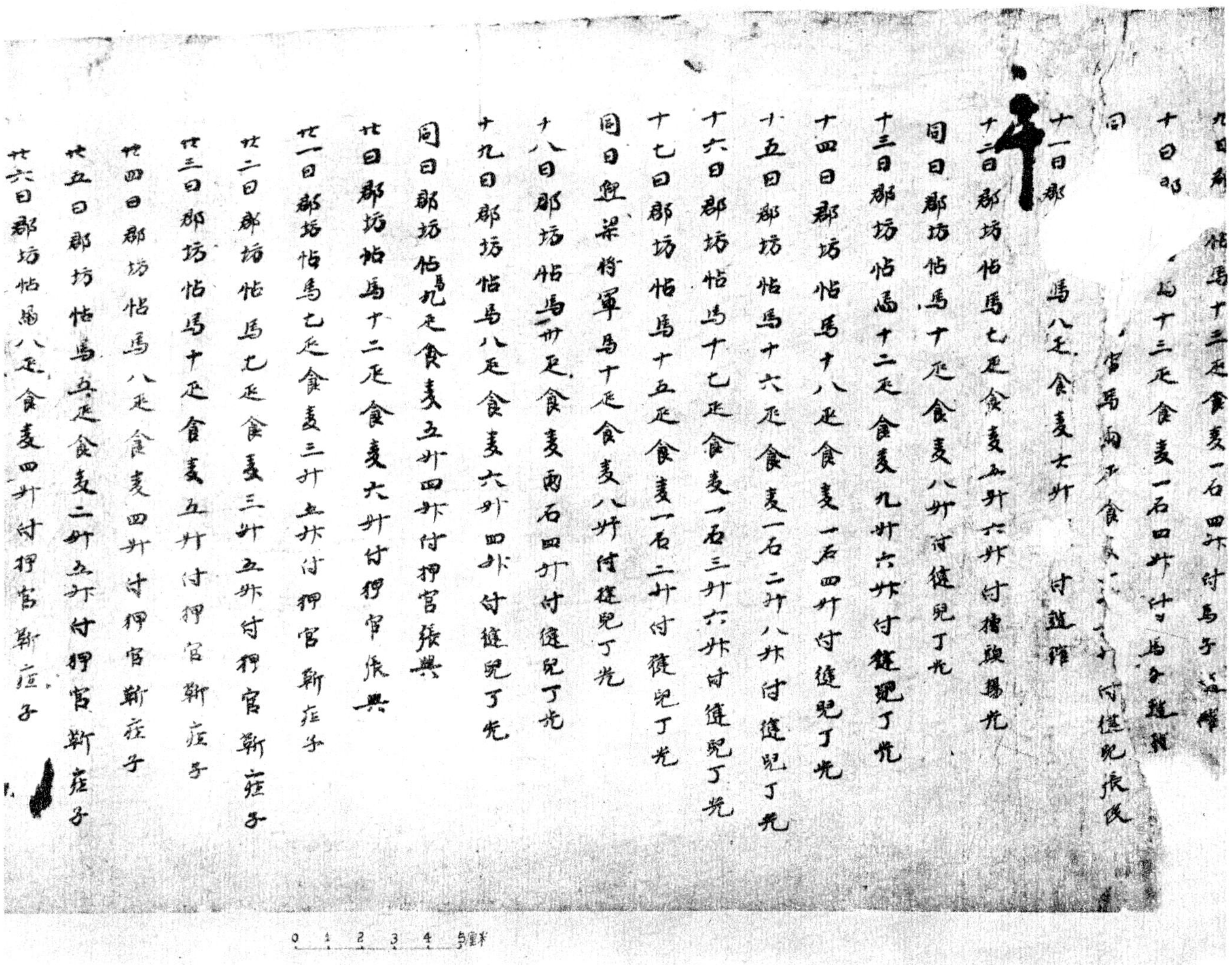

112 十日郡□□馬十三疋，食麦一石四升。付馬子趙璀。
113 同□　官馬兩疋，食麦一斗六升。付健兒張俊。
114 十一日郡□□馬八疋，食麦六斗□□。付趙璀。
115 十二日郡坊帖馬七疋，食麦五斗六升。付槽頭楊光。　卌九
116 同日郡坊帖馬十疋，食麦八斗。付健兒丁光。
117 十三日郡坊帖馬十二疋，食麦九斗六升。付健兒丁光。
118 十四日郡坊帖馬十八疋，食麦一石四斗。[一]付健兒丁光。
119 十五日郡坊帖馬十六疋，食麦一石二斗八升。付健兒丁光。
120 十六日郡坊帖馬十七疋，食麦一石三斗六升。付健兒丁光。
121 十七日郡坊帖馬十五疋，食麦一石二斗。付健兒丁光。
122 同日迎梁將軍馬十疋，食麦八斗。付健兒丁光。
123 十八日郡坊帖馬卌疋，食麦兩石四斗。付健兒丁光。
124 十九日郡坊帖馬八疋，食麦六斗四升。付健兒丁光。
125 同日郡坊帖馬九疋，食麦五斗四升。付押官張興。
126 廿日郡坊帖馬十二疋，食麦六斗。付押官張興。
127 廿一日郡坊帖馬七疋，食麦三斗五升。付押官靳莊子。
128 廿二日郡坊帖馬七疋，食麦三斗五升。付押官靳莊子。
129 廿三日郡坊帖馬十疋，食麦五斗。付押官靳莊子。
130 廿四日郡坊帖馬八疋，食麦四斗。付押官靳莊子。
131 廿五日郡坊帖馬五疋，食麦二斗五升。付押官靳莊子。

注　釋

〔一〕一石四斗：如按每疋食麥八升計，以下似脱「四升」二字。

73TAM506:4/32—4之八

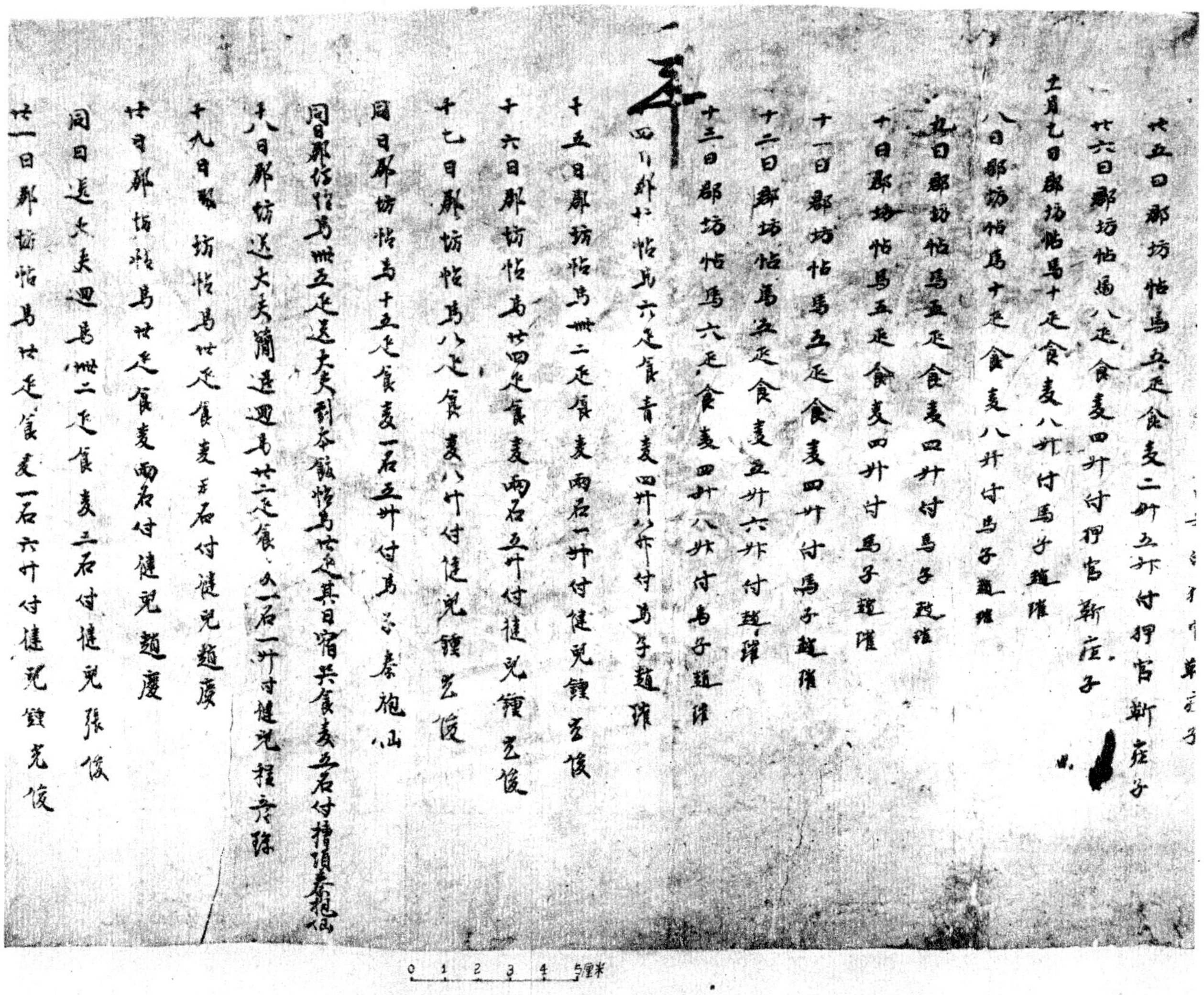

廿六日郡坊帖馬八疋，食麥四斗。付押官靳庄子

十一月七日郡坊帖馬十疋，食麥八斗。付馬子趙璀。

八日郡坊帖馬十疋，食麥八斗。付馬子趙璀。

九日郡坊帖馬五疋，食麥四斗。付馬子趙璀。

十日郡坊帖馬五疋，食麥四斗。付馬子趙璀。

十一日郡坊帖馬五疋，食麥四斗。付馬子趙璀。

十二日郡坊帖馬五疋，食麥五斗六升〔一〕付趙璀。

十三日郡坊帖馬六疋，食麥四斗八升。付馬子趙璀。

泰

十四日郡坊帖馬六疋，食青麥四斗八升。付馬子趙璀。

五十

十五日郡坊帖馬卌二疋，食麥兩石一斗。〔二〕付健兒鍾光俊。

十六日郡坊帖馬廿四疋，食麥兩石五斗付健兒鍾光俊。

十七日郡坊帖馬八疋，食麥八斗。付健兒鍾光俊。

同日郡坊帖馬十五疋，食麥一石五斗。付馬子秦袍仙。〔三〕

同日郡坊帖馬卅五疋，送大夫到，本館帖馬廿疋，其日宿，共食麥五石。付

　　槽頭秦抱仙。

十八日郡坊送大夫簡退迴馬廿二疋，食麥一石一斗。付健兒程彥琛。

十九日郡坊帖馬廿疋，食麥〔兩〕石。付健兒趙慶。

廿日郡坊帖馬廿疋，食麥兩石。付健兒趙慶。

同日送大夫迴馬卅二疋，食麥三石。付健兒張俊。

注釋

〔一〕五斗六升：如此食麥數不誤，則馬五疋當是「七疋」之誤。

〔二〕馬廿四疋食麥兩石五斗：此馬、麥數疑有一誤。

〔三〕袍：下行作「抱」，疑此乃「袍」字之誤。

（四）唐天寶十三載（公元七五四年）礌石館具七至閏十一月帖馬食歷上郡長行坊狀

73TAM506:4/32—4之九

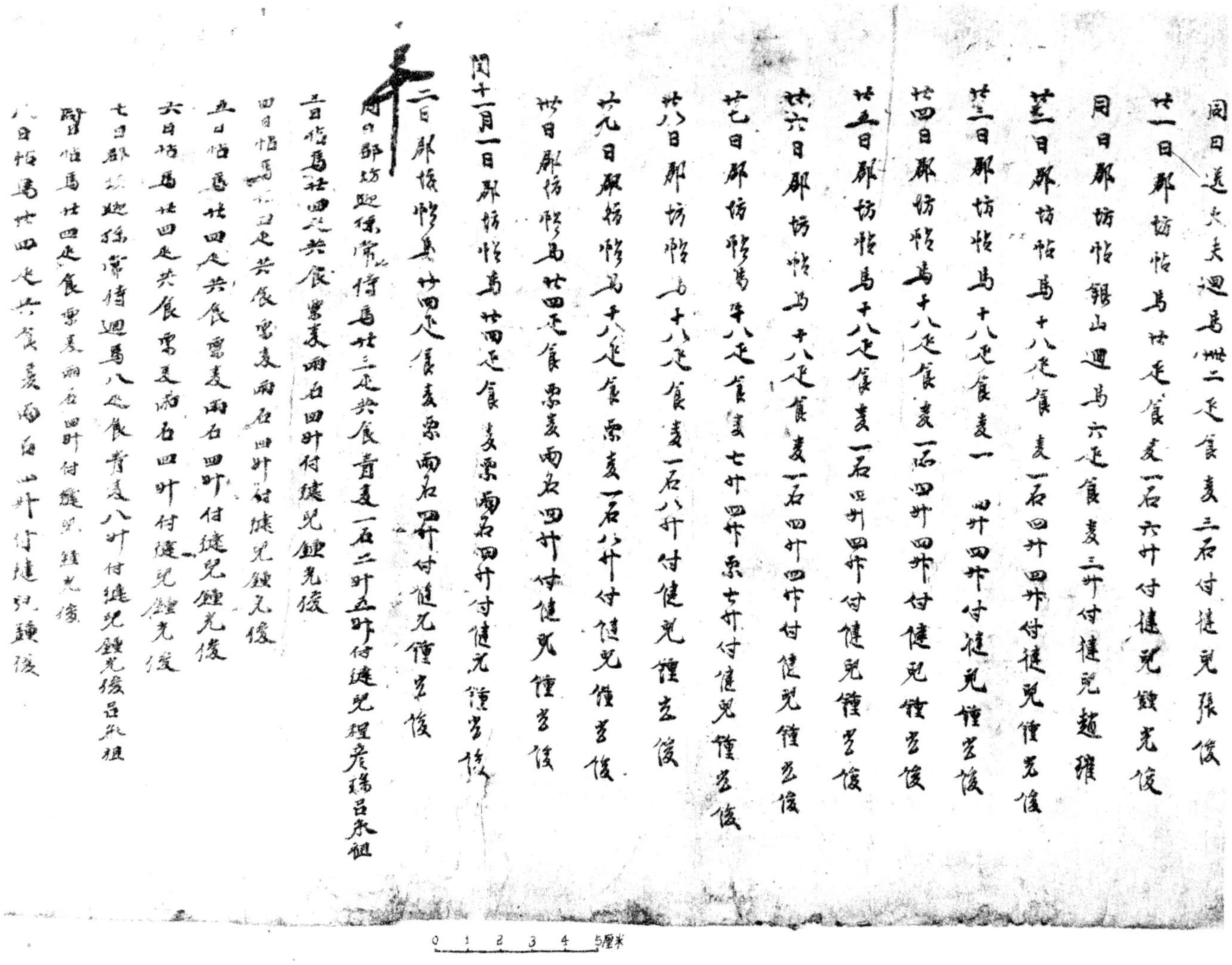

廿一日郡坊帖馬廿疋，食麥一石六斗。付健兒鍾光俊。
同日郡坊帖銀山迴馬六疋，食麥三斗。付健兒趙璀。
廿二日郡坊帖馬十八疋，食麥一石四斗四升。付健兒鍾光俊。
廿三日郡坊帖馬十八疋，食麥一□四斗四升。付健兒鍾光俊。
廿四日郡坊帖馬十八疋，食麥一石四斗四升。付健兒鍾光俊。
廿五日郡坊帖馬十八疋，食麥一石四[斗]四升。付健兒鍾光俊。
廿六日郡坊帖馬十八疋，食麥一石四斗四升。付健兒鍾光俊。
廿七日郡坊帖馬十八疋，食麥七斗四升，粟七斗。付健兒鍾光俊。
廿八日郡坊帖馬十八疋，食麥一石八斗。付健兒鍾光俊。
廿九日郡坊帖馬十八疋，食粟麥一石八斗。付健兒鍾光俊。
卅日郡坊帖馬廿四疋，食粟麥兩石四斗。付健兒鍾光俊。
閏十一月一日郡坊帖馬廿四疋，食麥粟兩石四斗。付健兒鍾光俊。
二日郡坊帖馬廿四疋，食麥粟兩石四斗。付健兒鍾光俊。
同日郡坊迎孫常侍馬卅三疋，共食青麥一石二斗五升。付健兒程彥璟呂承祖。
五十一
三日帖馬廿四疋，共食粟麥兩石四斗。付健兒鍾光俊。
四日帖馬廿四疋，共食粟麥兩石四斗。付健兒鍾光俊。
五日帖馬廿四疋，共食粟麥兩石四斗。付健兒鍾光俊。
六日帖馬廿四疋，共食粟麥兩石四斗。付健兒鍾光俊。
七日郡坊迎孫常侍迴馬八疋，食青麥八斗。付健兒鍾光俊、呂承祖。
同日帖馬廿四疋，食粟麥兩石四斗。付健兒鍾光俊。

（四） 唐天寶十三載（公元七五四年）礌石館具七至閏十一月帖馬食歷上郡長行坊狀

73TAM506:4/32—4之一〇

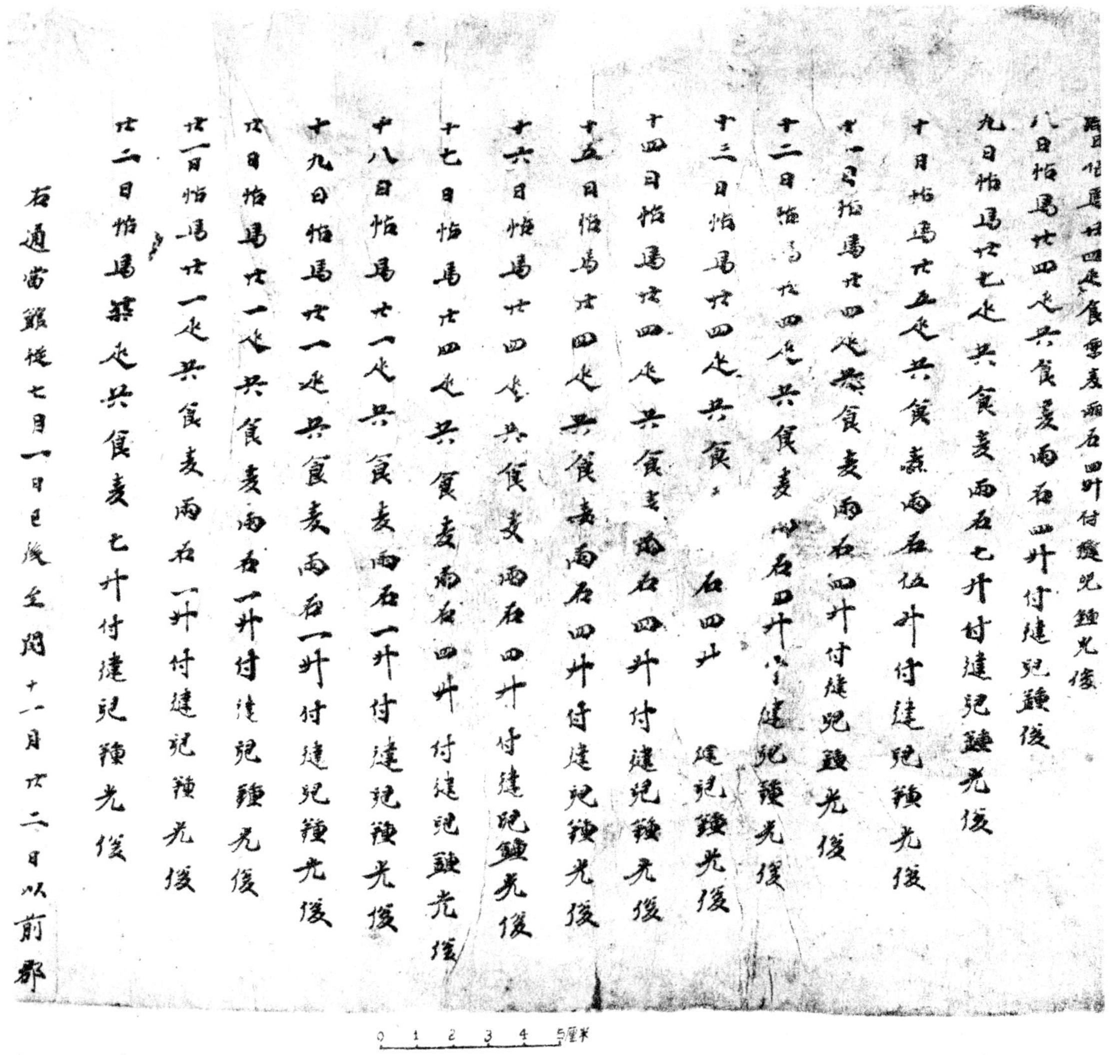

八日帖馬廿四疋，共食麥兩石四斗。付健兒鍾光俊。
九日帖馬廿七疋，共食麥兩石七斗。付健兒鍾光俊。
十日帖馬廿五疋，共食麥兩石伍斗。付健兒鍾光俊。
十一日帖馬廿四疋，共食麥兩石四斗。付健兒鍾光俊。
十二日帖馬廿四疋，共食麥[兩]石[四]斗。[付]健兒鍾光俊。
十三日帖馬廿四疋，共食[麥]□石四[斗]。□健兒鍾光俊。
十四日帖馬廿四疋，共食[麥]兩石四斗。付健兒鍾光俊。
十五日帖馬廿四疋，共食麥兩石四斗。付健兒鍾光俊。
十六日帖馬廿四疋，共食麥兩石四斗。付健兒鍾光俊。
十七日帖馬廿四疋，共食麥兩石四斗。付健兒鍾光俊。
十八日帖馬廿一疋，共食麥兩石一斗。付健兒鍾光俊。
十九日帖馬廿一疋，共食麥兩石一斗。付健兒鍾光俊。
廿日帖馬廿一疋，共食麥兩石一斗。付健兒鍾光俊。
廿一日帖馬廿一疋，共食麥兩石一斗。付健兒鍾光俊。
廿二日帖馬柒疋，共食麥七斗。付健兒鍾光俊。
右通當館從七月一日已後至閏十一月廿二日以前，郡

（四）唐天寶十三載（公元七五四年）礌石館具七至閏十一月帖馬食歷上郡長行坊狀

73TAM506:4/32—4之二

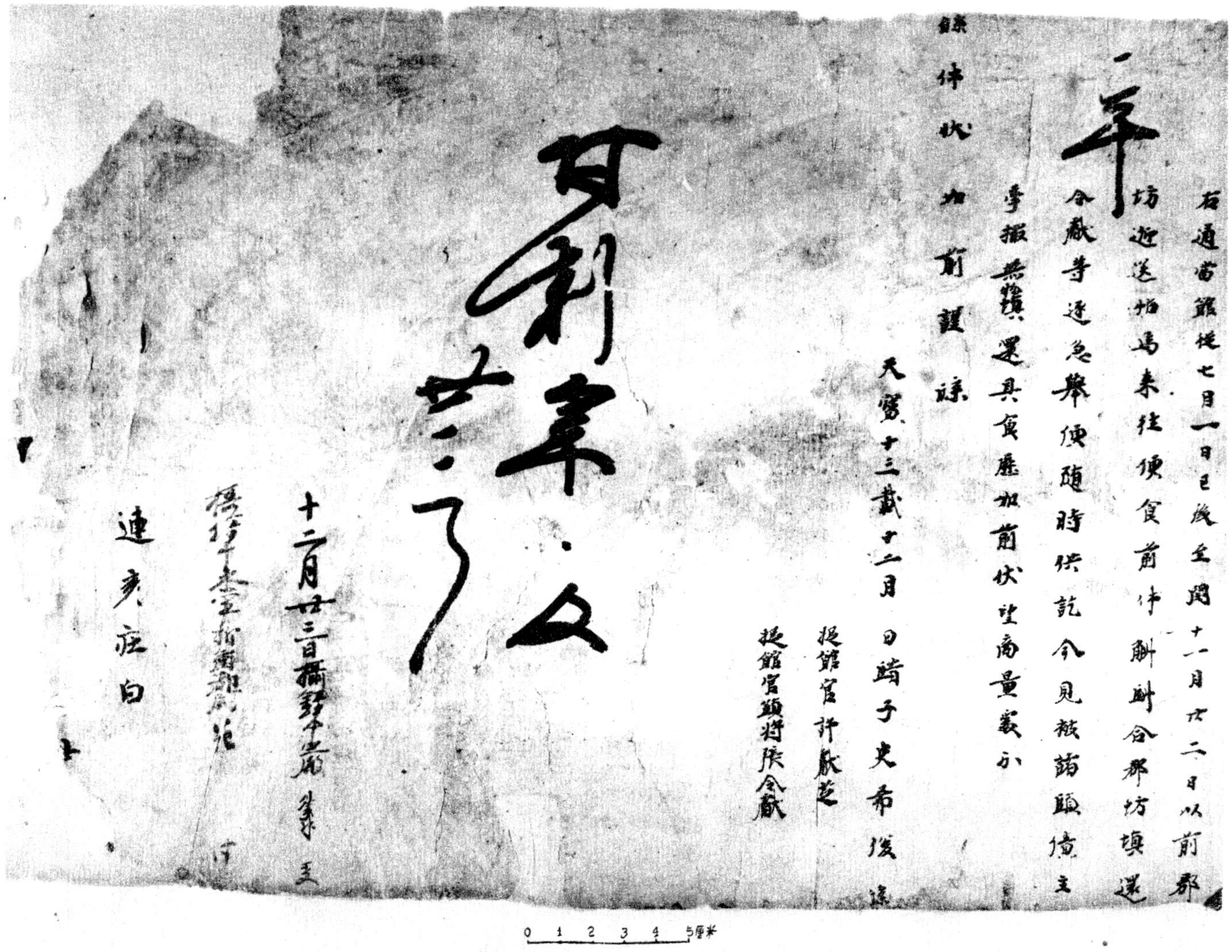

牟

186 坊迎送帖馬來往，便食前件斛㪷，合郡坊填還。

五十二

187 令獻等逐急舉便，隨時供訖。今見被諸頭債主

188 牽撮，無物填還。具食歷如前，伏望商量處分。

189 牒件狀如前，謹牒。

190 天寶十三載十二月　日踏子史希俊　牒

191 捉館官許獻芝

192 捉館官鎮將張令獻

193 付判牟反

194 廿三日

195 十二月廿三日攝錄事嚴仙泰　受

196 攝錄事參軍折衝都尉范　付

197 連彥莊白

198 廿□□

五十三

（五）唐天寶十三載（公元七五四年）礌石館具迎封大夫馬食踖歷上郡長行坊狀

本件原與上件粘連，背面騎縫編號起五十三止五十五，正面未蓋交河郡都督府朱印一處。背面因用裱紙褙外表，塗爲紅色，其騎縫處是否蓋有印鑑，難以確知。下件同。

（五）　唐天寶十三載（公元七五四年）礌石館具迎封大夫馬食䴷歷上郡長行坊狀

73TAM506:4/32—5之一

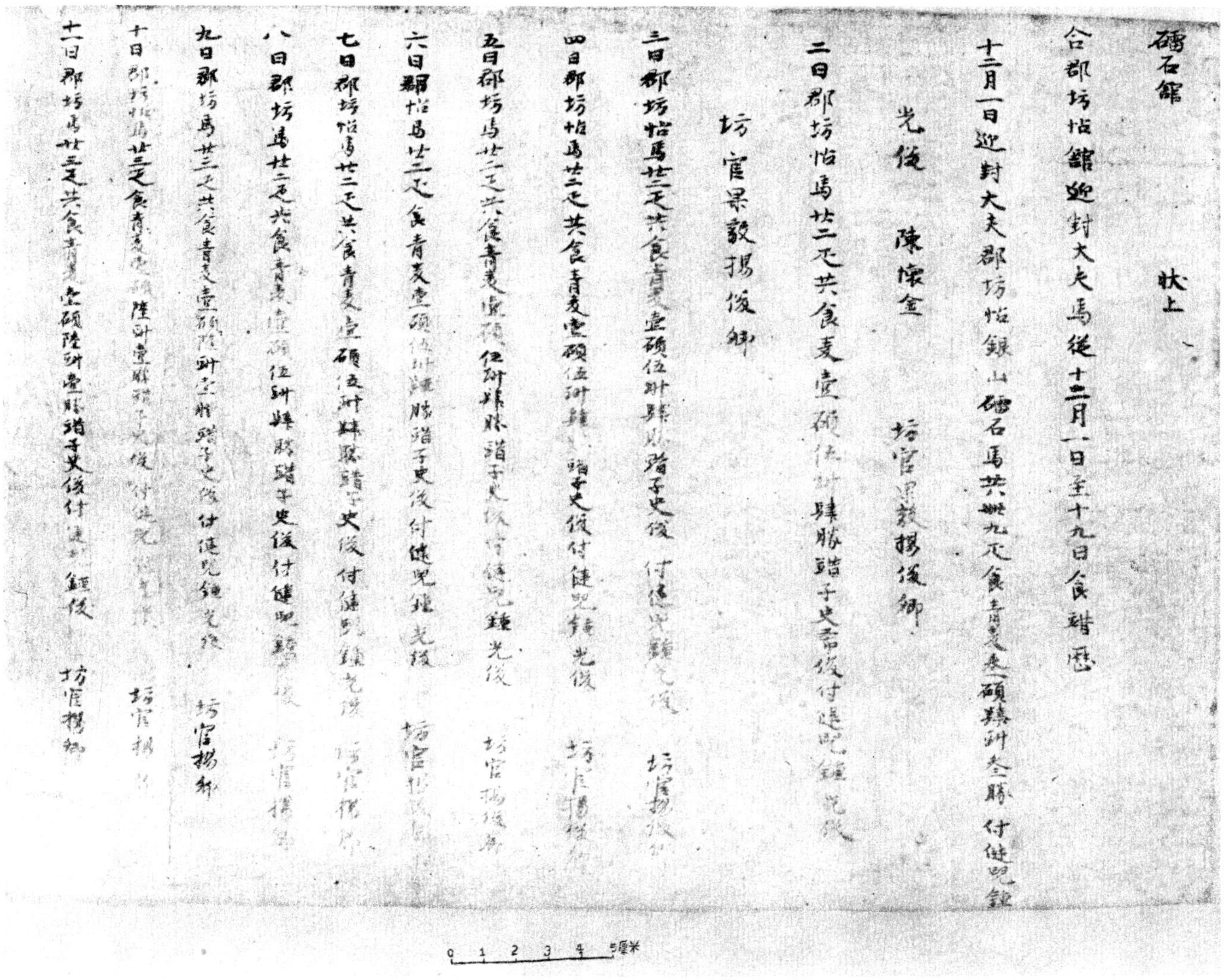

五十三

1 礌石館　　狀上

2 合郡坊帖館迎封大夫馬從十二月一日至十九日食䴷歷

3 十二月一日迎封大夫郡坊帖銀山礌石馬共卌九疋食青麥叁碩肆㪷叁勝。付健兒鍾

4 光俊　陳懷金　　坊官果毅楊俊卿。

5 二日郡坊帖馬廿二疋共食麥壹碩伍㪷肆勝。䴷子史希俊付健兒鍾光俊

6 坊官果毅楊俊卿。

7 三日郡坊帖馬廿二疋共食青麥壹碩伍㪷肆勝。䴷子史俊　付健兒鍾光俊

坊官楊俊卿。

8 四日郡坊帖馬廿二疋共食青麥壹碩伍㪷肆勝。䴷子史俊付健兒鍾光俊

坊官楊俊卿。

9 五日郡坊帖馬廿二疋共食青麥壹碩伍㪷肆勝。䴷子史俊付健兒鍾光俊，

坊官楊俊卿。

10 六日郡帖馬廿二疋食青麥壹碩伍㪷肆勝。䴷子史俊付健兒鍾光俊　坊

官楊俊卿。

11 七日郡坊帖馬廿二疋共食青麥壹碩伍㪷肆勝。䴷子史俊付健兒鍾光俊

坊官楊卿。

12 八日郡坊馬廿二疋共食青麥壹碩伍㪷肆勝。䴷子史俊付健兒鍾光俊。坊

官楊卿。

13 九日郡坊馬廿三疋共食青麥壹碩陸㪷壹勝。䴷子史俊付健兒鍾光俊　坊

官楊卿。

14 十日郡坊帖馬廿三疋食青麥壹碩陸㪷壹勝。䴷子史俊付健兒鍾光俊　坊

官楊卿。

（五） 唐天寶十三載（公元七五四年）礌石館具迎封大夫馬食踖歷上郡長行坊狀

73TAM506:4/32—5之二

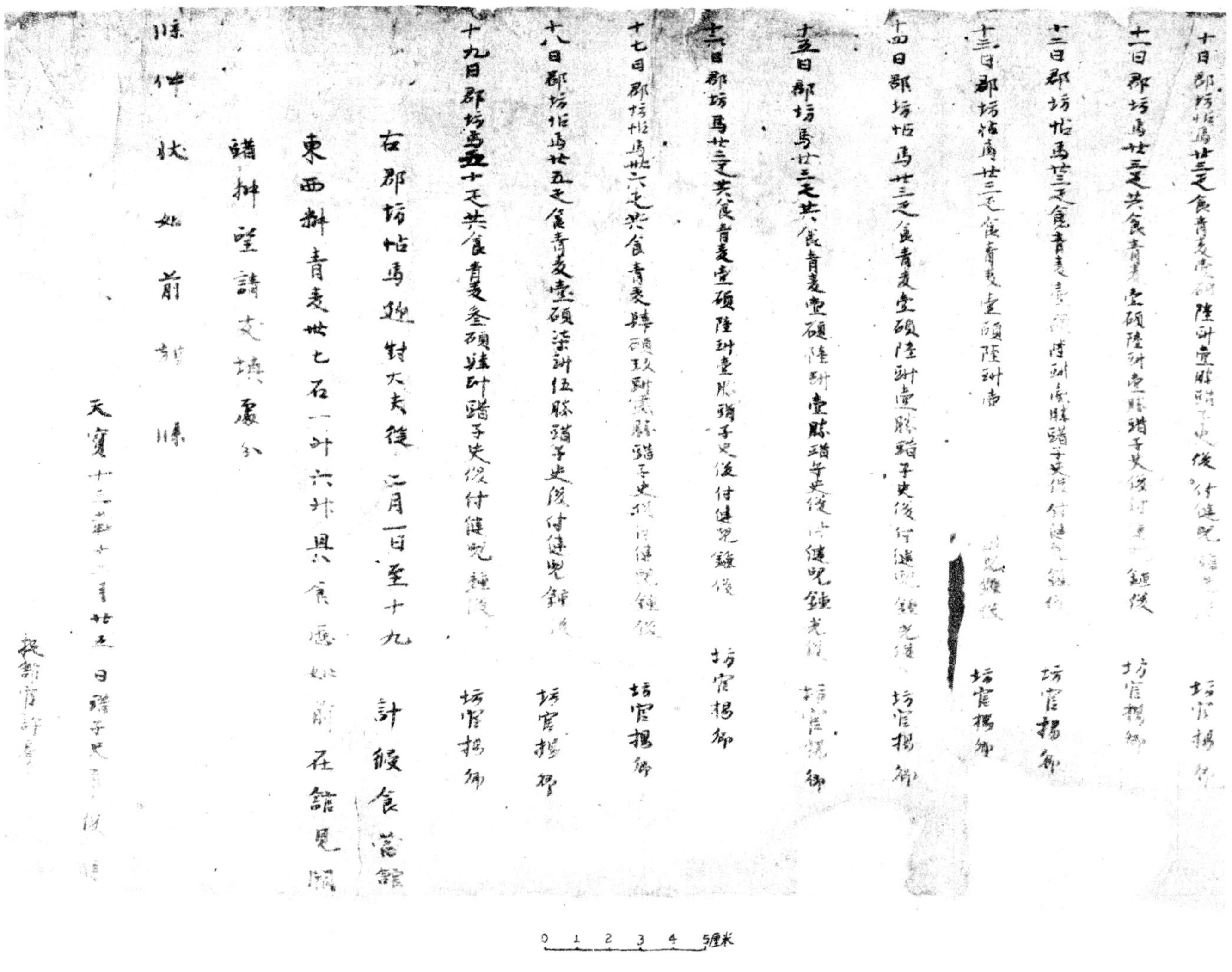

15 十一日郡坊馬廿三疋，共食青麥壹碩陸斗壹勝。踖子史俊付健兒鍾俊　坊
官楊卿。
16 十二日郡坊帖馬廿三疋，食青麥壹碩陸斗壹勝。踖子史俊付健兒鍾俊　坊
官楊卿。
17 十三日郡坊帖馬廿三疋，食青麥壹碩陸斗壹□健兒鍾俊　坊
官楊卿。
18 十四日郡坊帖馬廿三疋，食青麥壹碩陸斗壹勝。踖子史俊付健兒鍾光俊

五十四

19 十五日郡坊馬廿三疋，共食青麥壹碩陸斗壹勝。踖子史俊付健兒鍾光俊
坊官楊卿。
20 十六日郡坊馬廿三疋，共食青麥壹碩陸斗壹勝。踖子史俊付健兒鍾俊　坊
官楊卿。
21 十七日郡坊帖馬卌六疋，共食青麥肆碩玖斗貳勝。踖子史俊付健兒鍾俊
坊官楊卿。
22 十八日郡坊帖馬廿五疋，食青麥壹碩柒斗伍勝。踖子史俊付健兒鍾俊
坊官楊卿。
23 十九日郡坊馬五十疋，共食青麥叁碩肆斗。踖子史俊付健兒鍾俊　坊官
楊卿。
24 右郡坊帖馬迎封大夫從□二月一日至十九□計侵食當館
25 東西料青麥卌七石一斗六升，具食歷如前，　在館見闕
26 踖料，望請支填處分。
27 牒件狀如前，謹牒。
28 天寶十三載十二月廿五日踖子史希俊牒

（五）　唐天寶十三載（公元七五四年）礌石館具迎封大夫馬食踖歷上郡長行坊狀

73TAM506:4/32—5之三

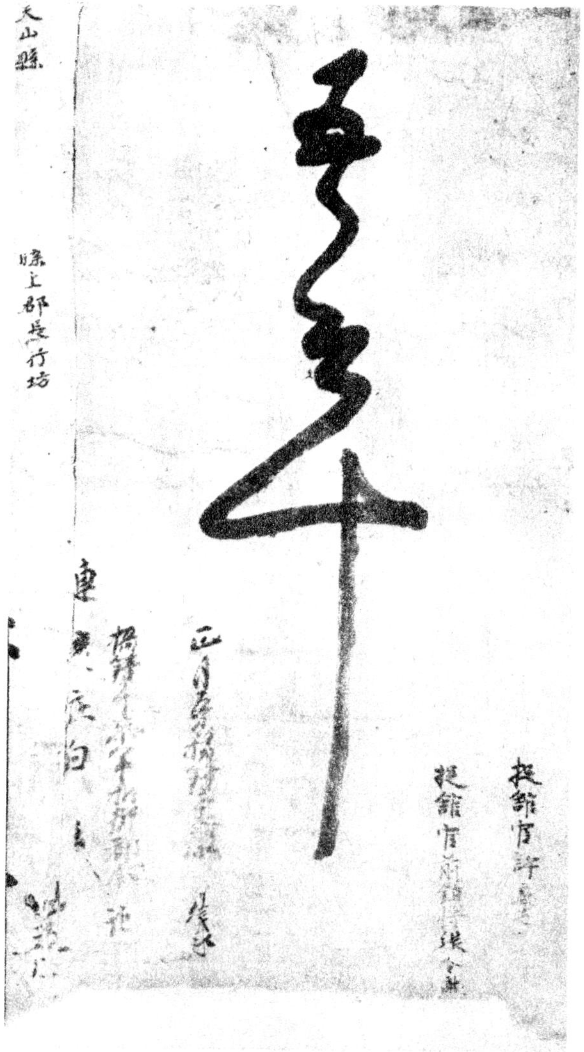

捉館官許獻芝

捉館官前鎮將張令獻

五日　[illegible]

正月五日攝錄事嚴　仙泰

攝錄事參軍折衝都尉　范

連
彥
庭白　　廿五日　五十五〔一〕

天山縣　　　牒上郡長行坊

注釋

〔一〕「廿五日」爲彥庭所署日期。此上「天山縣　牒上郡長行坊」句爲下件牒文之首行，參見下件注〔一〕。

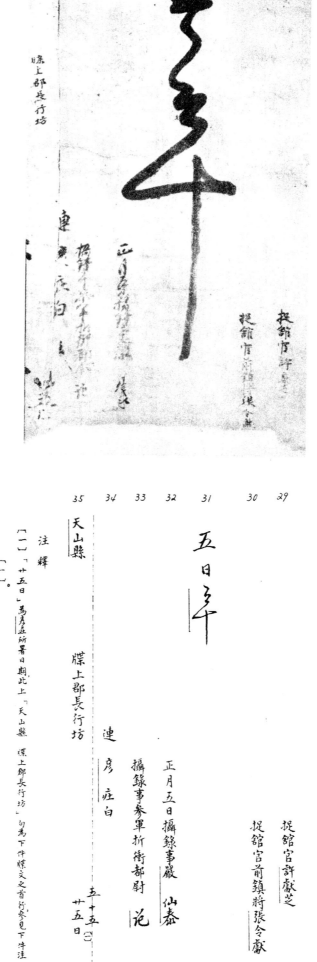

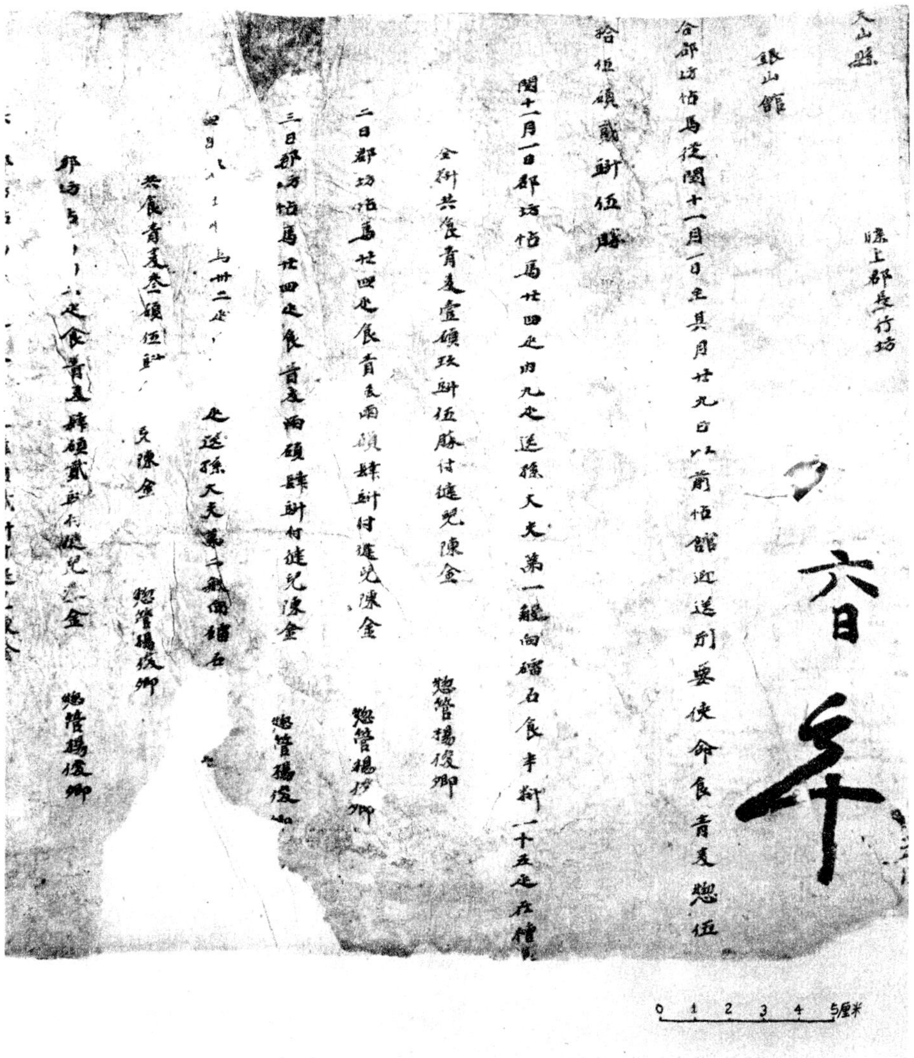

（六）唐天寶十三載（公元七五四年）天山縣具銀山館閏十一月郡坊帖馬食歷上郡長行坊牒

73TAM506:4/32—6之一

（六）唐天寶十三載（公元七五四年）天山縣具銀山館閏十一月郡坊帖馬食歷上郡長行坊牒

本件原與上件相連，背面騎縫編號起五十五止五十六，後有殘缺。紀年已損，據「閏十一月」，知爲天寶十三載牒件。現存部份蓋有天山縣朱印五處。

五十五

1 天山縣　　牒上郡長行坊

2 銀山館

六日

斤

廿五日〔一〕

3 合郡坊帖馬從閏十一月一日至其月廿九日以前帖舘迎送刑要使命，食青麥總伍

4 拾伍碩貳㪷伍勝。

5 閏十一月一日郡坊帖馬廿四疋，内九疋送孫大夫第一般向礌石，食半料；一十五疋在槽食

6 全料，共食青麥壹碩玖㪷伍勝。付健兒陳金　　總管楊俊卿。

7 二日郡坊帖馬廿四疋，食青麥兩碩肆㪷。付健兒陳金　　總管楊俊卿。

8 三日郡坊帖馬廿四疋，食青麥兩碩肆㪷。付健兒陳金　　總管楊俊卿。

9 四日郡坊帖馬卅二疋，内□□疋送孫大夫第二般向礌石，□

10 共食青麥叁碩伍㪷。付□兒陳金　　總管楊俊卿。

11 □□郡坊帖馬□二疋，食青麥肆碩貳㪷。付健兒陳　　總管楊俊卿。

注釋

〔一〕廿五日：此三字與下行「六日」以下，並屬上件文牒之尾。

（六）　唐天寶十三載（公元七五四年）天山縣具銀山館閏十一月郡坊帖馬食歷上郡長行坊牒

73TAM506:4/32—6之二

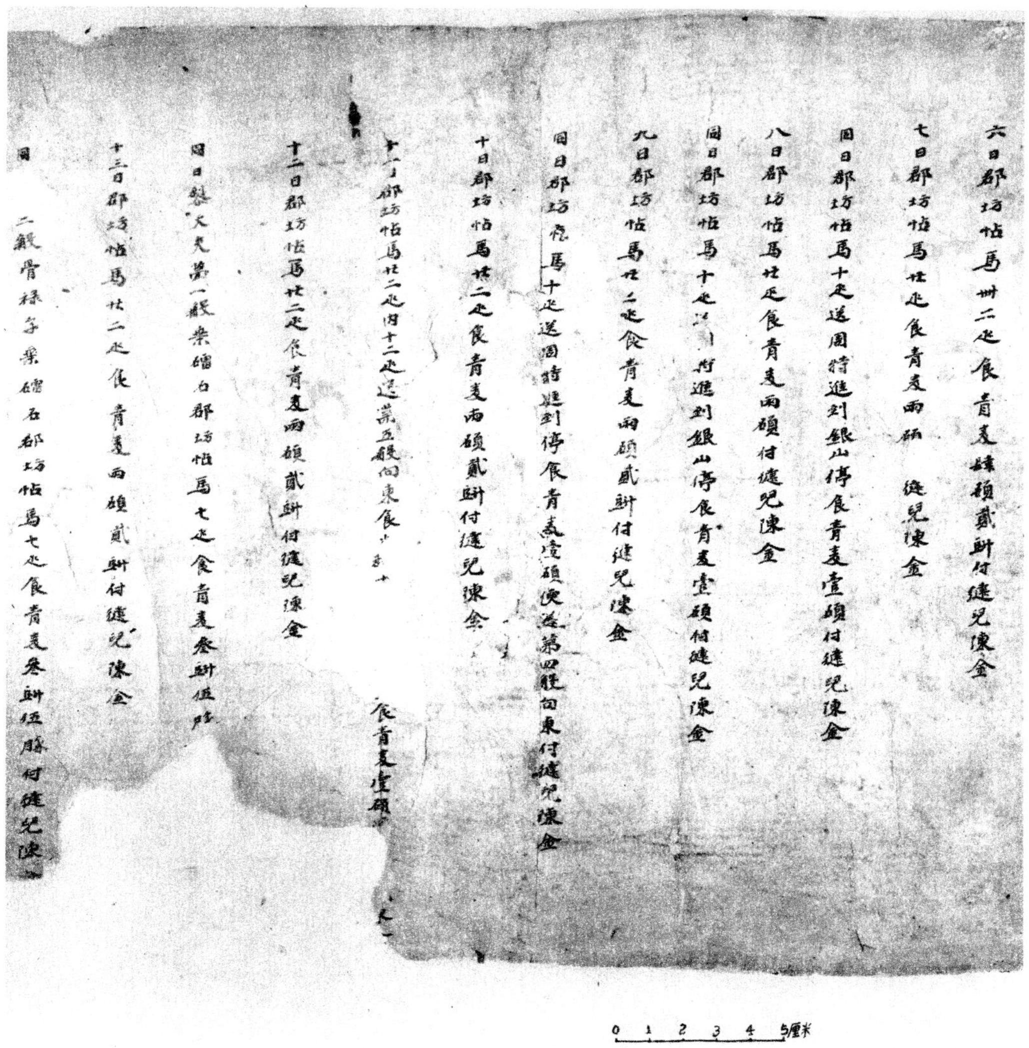

六日郡坊帖馬卌二疋，食青麦肆碩貳㪷。付健兒陳金。
七日郡坊帖馬廿疋，食青麦兩碩。□健兒陳金。
同日郡坊帖馬十疋，送周特進到銀山停，食青麦壹碩。付健兒陳金。
八日郡坊帖馬廿疋，食青麦兩碩。付健兒陳金。
同日郡坊帖馬十疋，送[周]特進到銀山停，食青麦壹碩。付健兒陳金。
九日郡坊帖馬廿二疋，食青麦兩碩貳㪷。付健兒陳金。
同日郡坊帖馬十疋，送周特進到停，食青麦壹碩，便送第四般向東。付
健兒陳金。
十日郡坊帖馬廿二疋，食青麦兩碩貳㪷。付健兒陳金。　五十六
十一日郡坊帖馬廿二疋，內十二疋送第五般向東，食[半][料]；十[　　]
食青麦壹碩[陸][　　][陳][金]。
十二日郡坊帖馬廿二疋，食青麦兩碩貳㪷。付健兒陳金。
同日棃大夫第一般乘礌石郡坊帖馬七疋，食青麦叁㪷伍勝。[　　]
[　]
十三日郡坊帖馬廿二疋，食青麦兩碩貳㪷。付健兒陳金。

（六）唐天寶十三載（公元七五四年）天山縣具銀山館閏十一月郡坊帖馬食歷上郡長行坊牒

73TAM506:4/32—6之三

24 同□□二般骨祿子乘礌石郡坊帖馬七疋，食青麥叁㪷伍勝。付健兒
陳金。
25 □馬廿二疋，食青麥兩碩貳㪷。付健兒陳金。
26 □廿二疋，食青麥兩碩貳㪷。付健兒陳金。
27 十六日郡坊馬廿二疋，食青麥兩碩貳㪷。付健兒陳金。
28 同日王大夫乘礌石帖馬九疋，食青麥肆㪷伍勝。付健兒陳金。
29 同日田判官乘礌石郡坊帖馬八疋，食青麥肆㪷。付健兒陳金。
30 十七日郡坊馬廿二疋，食青麥兩碩貳㪷。付健兒陳金。
31 十八日郡坊帖馬廿二疋，食青麥兩碩貳㪷。付健兒陳金。
32 □日梨大夫乘礌石郡坊帖馬十五疋，食青麥柒㪷伍勝。付健兒陳金。
33 □壹碩柒㪷。付健兒陳金。
34 □碩柒㪷。付健兒□金。

（七）　唐天寶十四載（公元七五五年）高昌縣上郡長行坊牒　73TAM506:4/32—7

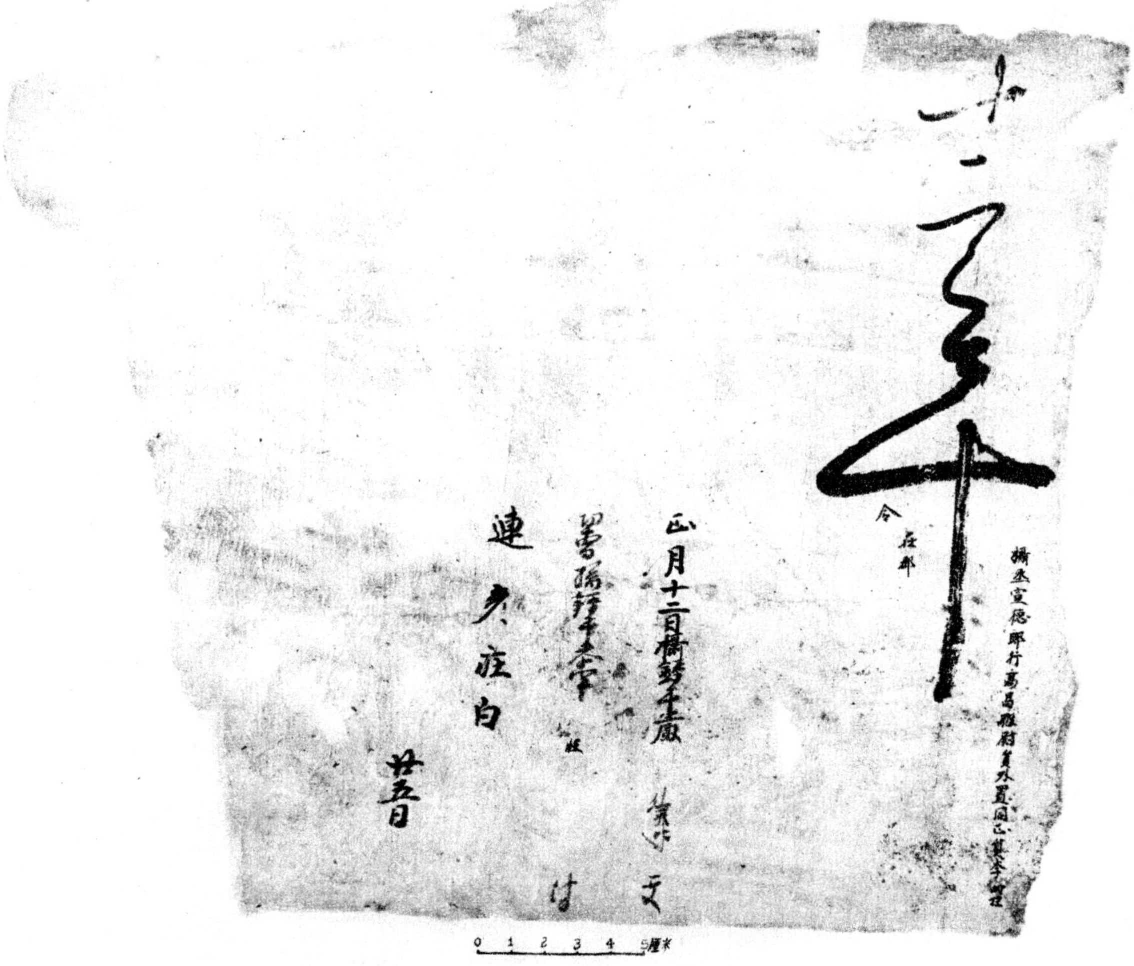

（七）唐天寶十四載（公元七五五年）高昌縣上郡長行坊牒

本件殘存尾部，背面騎縫編號爲七十一，蓋有交河郡都督府朱印一處。紀年殘缺，據同卷上下文，推知爲天寶十四載正月所寫。

攝丞宣德郎行高昌縣尉員外置同正員李向住

十二日覃

令　在郡

［　　　］

正月十二日攝錄事嚴　仙泰　受

功曹攝錄事參軍　旺　付

連　彥莊白

廿五日

七十一

（八） 唐天寶十三載（公元七五四年）交河郡長行坊申十至閏十一月在槽減料牒

73TAM506:4/32—8

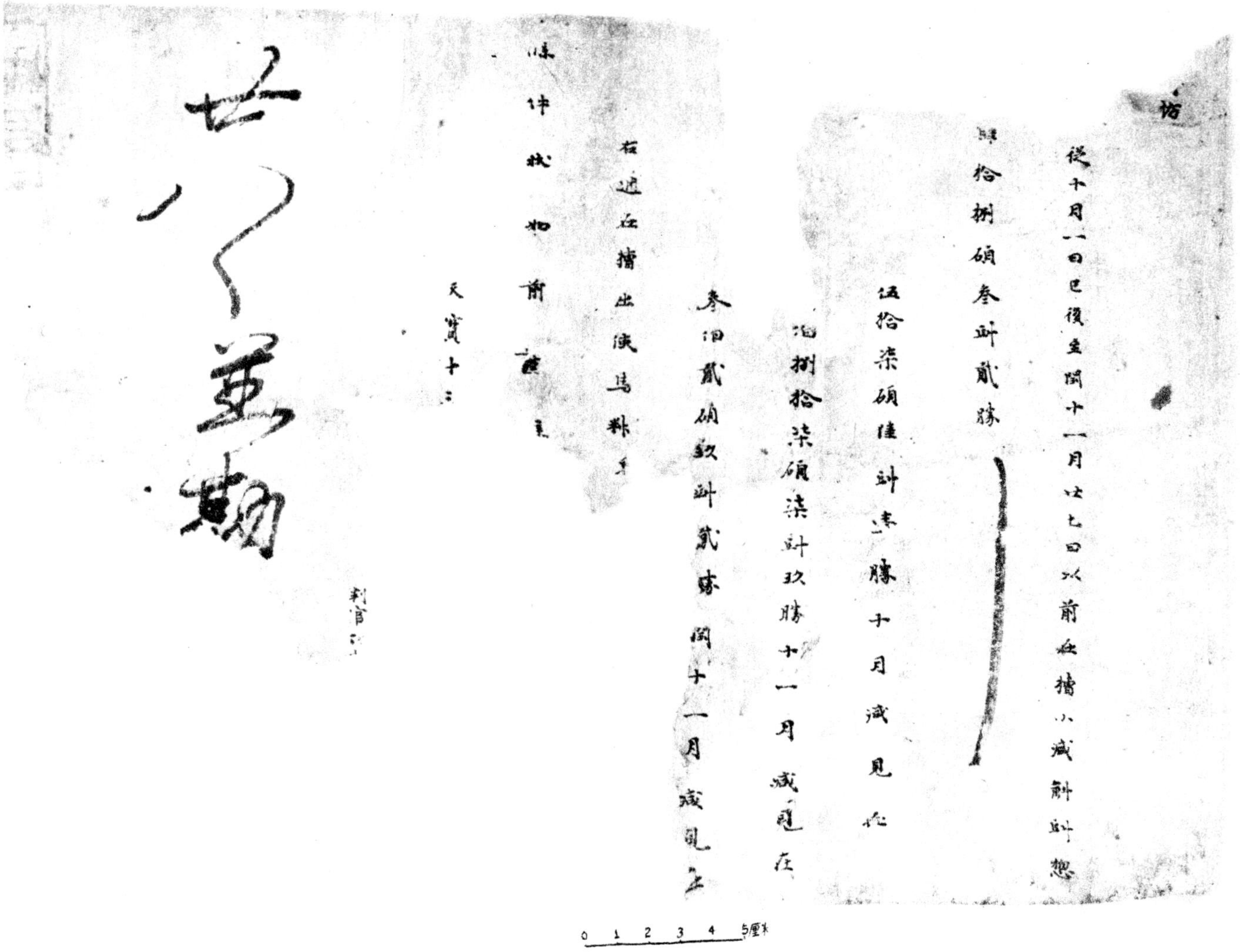

（八） 唐天寶十三載（公元七五四年）交河郡長行坊申十至閏十一月在槽減料牒

本件與前件相連，背面騎縫編號爲七十二。後尾有殘，據背面編號，原與下件相連。

1 □行坊

（騎縫）七十二

2 □從十月一日已後至閏十一月廿七日以前，在槽小減斛斗總

3 □□肆拾捌碩叁斗貳勝

4 伍拾柒碩陸斗壹勝十月減見在

5 □伯捌拾柒碩柒斗玖勝十一月減見在

6 叁伯貳碩玖斗貳勝閏十一月減見在

7 右通在槽、出使馬料□

8 牒件狀如前，謹牒。

9 天寶十三□

10 判官功□

11 廿八日並勘□

（九）唐天寶十三載（公元七五四年）長行坊申勘十至閏十一月支牛驢馬料帳歷

73TAM506:4/32—9之一

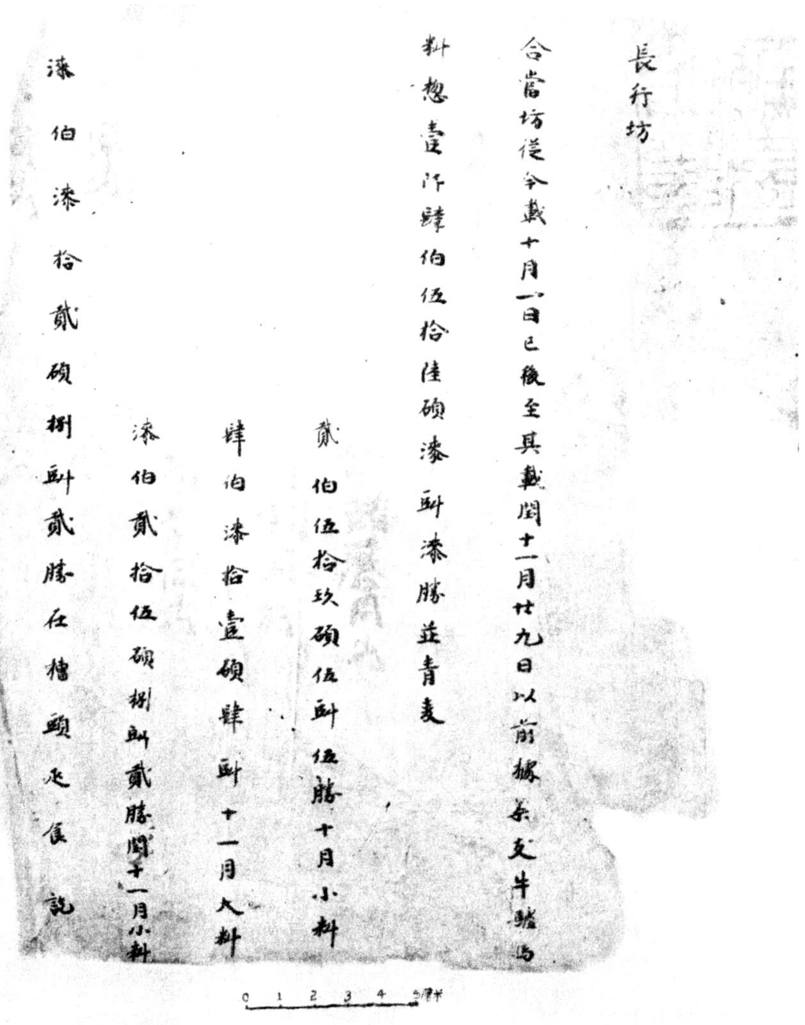

（九）唐天寶十三載（公元七五四年）長行坊申勘十至閏十一月支牛驢馬料帳歷

本件與上件粘連，背面騎縫編號起七十三止八十三，中間及後尾有殘缺。正面接縫處上部蓋有輪臺縣朱印十一處。每行大部有朱書注文或朱筆點記。紀年已殘，據閏十一月，知爲天寶十三載所寫。背面被塗爲紅色，騎縫處原蓋印鑑與否，難以辨識。編號下有「仙」字押署。

（背面騎縫：七十三）

1 長行坊

2 合當坊從今載十月一日已後，至其載閏十一月廿九日以前，據案支牛驢馬

3 料總壹阡肆伯伍拾陸碩、柒㪷柒勝、並青麥。（同）

4 貳伯伍拾玖碩伍㪷伍勝　十月小料（會昢歷同｜仙）

5 肆伯柒拾壹碩肆㪷　十一月　大料（准前同｜仙）

6 柒伯貳拾伍碩捌㪷貳勝閏十一月小料（准前同｜仙）

7 柒伯柒拾貳碩捌㪷貳勝　在槽頭乏食　訖（同｜仙）（同仙）

（九）　唐天寶十三載（公元七五四年）長行坊申勘十至閏十一月支牛驢馬料帳歷

73TAM506:4/32—9之二

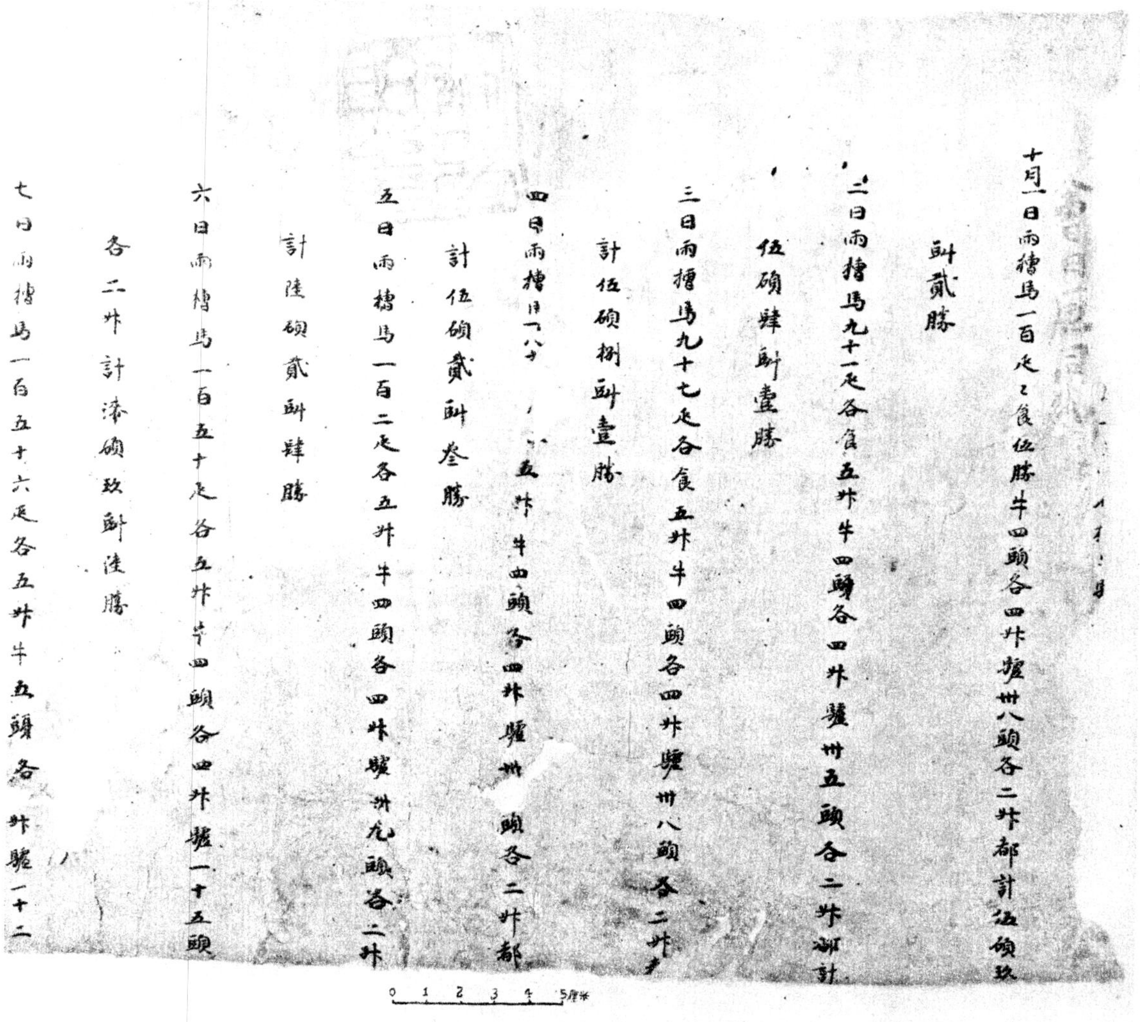

8 □勝十月小在槽牛驢□
9 十月一日兩槽馬一百疋，〻食伍勝；牛四頭，各四升；驢卌八頭，各二升。都計伍碩玖　會日歷同仙
10 㪷貳勝。
11 二日兩槽馬九十一疋，各食五升；牛四頭，各四升；驢卌五頭，各二升。都計
12 伍碩肆㪷壹勝。　同
13 三日兩槽馬九十七疋，各食五升；牛四頭，各四升；驢卌八頭，各二升。都
14 計伍碩捌㪷壹勝。　同
15 四日兩槽馬八十□□□伍升；牛四頭，各四升；驢卌□頭各二升。
都
16 計伍碩貳㪷叁勝。　同
17 五日兩槽馬一百二疋，各五升；牛四頭，各四升；驢卌九頭，各二升。七十四　仙
18 計陸碩貳㪷肆勝。　同
19 六日兩槽馬一百五十疋，各五升；牛四頭，各四升；驢一十五頭，
20 各二升。計柒碩玖㪷陸勝。　同

（九）　唐天寶十三載（公元七五四年）長行坊申勘十至閏十一月支牛驢馬料帳歷

73TAM506:4/32—9之三

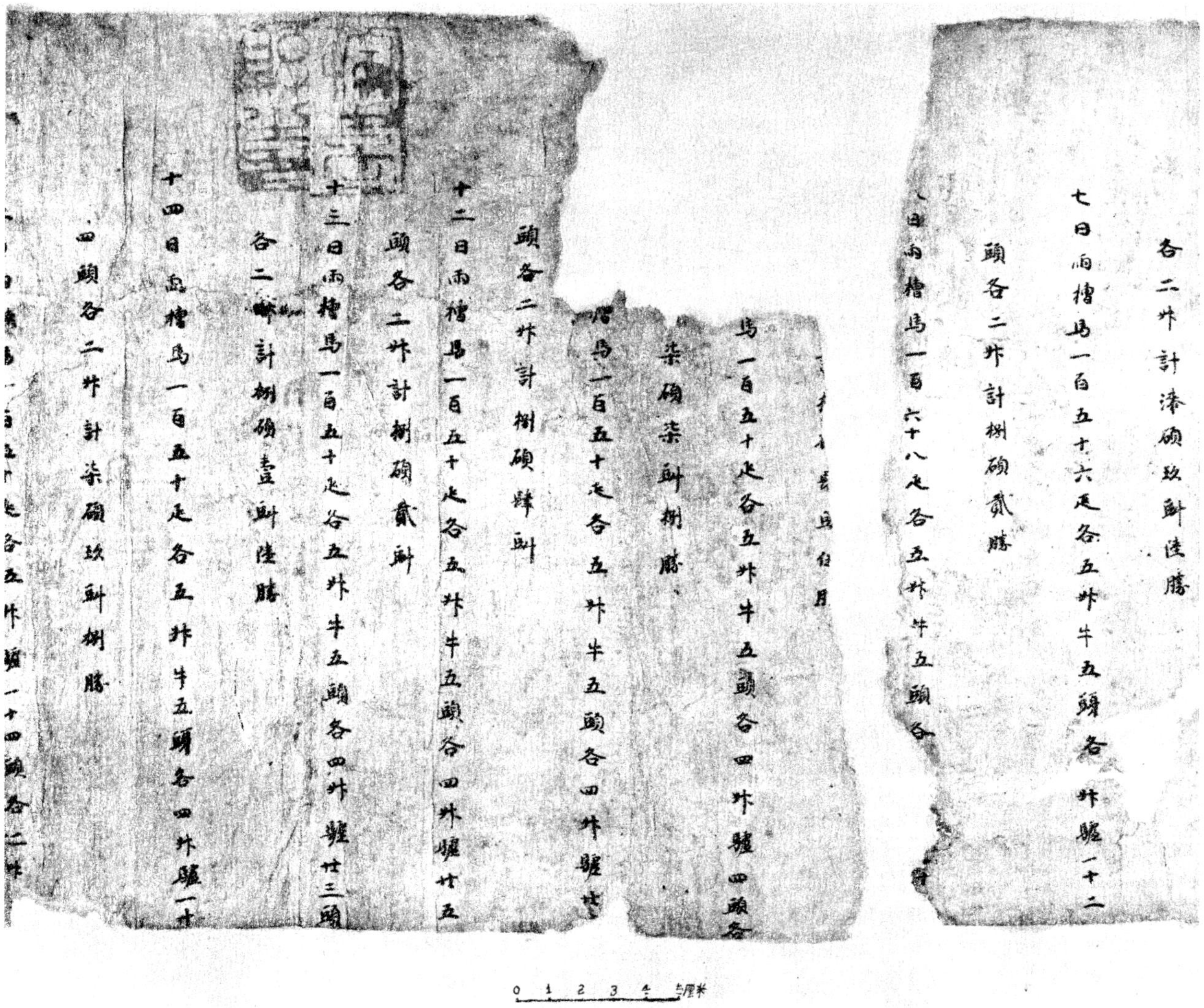

七日兩槽馬一百五十六疋各五升牛五頭各□升驢一十二

頭各二升。計捌碩貳勝。同

八日兩槽馬一百六十八疋各五升牛五頭各□□□十□

計捌碩肆斗伍勝。

□馬一百五十疋各五升牛五頭各四升驢四頭各

□柒碩柒斗捌勝。同

□槽馬一百五十疋各五升牛五頭各四升驢廿□

頭各二升。計捌碩肆斗。同

十二日兩槽馬一百五十疋各五升牛五頭各四升驢廿五

頭各二升。計捌碩貳斗。同

十三日兩槽馬一百五十疋各五升牛五頭各四升驢廿三頭

七十五　仙

各二升。計捌碩壹斗陸勝。同

十四日兩槽馬一百五十疋各五升牛五頭各四升驢一十

四頭各二升。計柒碩玖斗捌勝。同

（九）唐天寶十三載（公元七五四年）長行坊申勘十至閏十一月文牛驢馬料帳歷

73TAM506:4/32—9之四

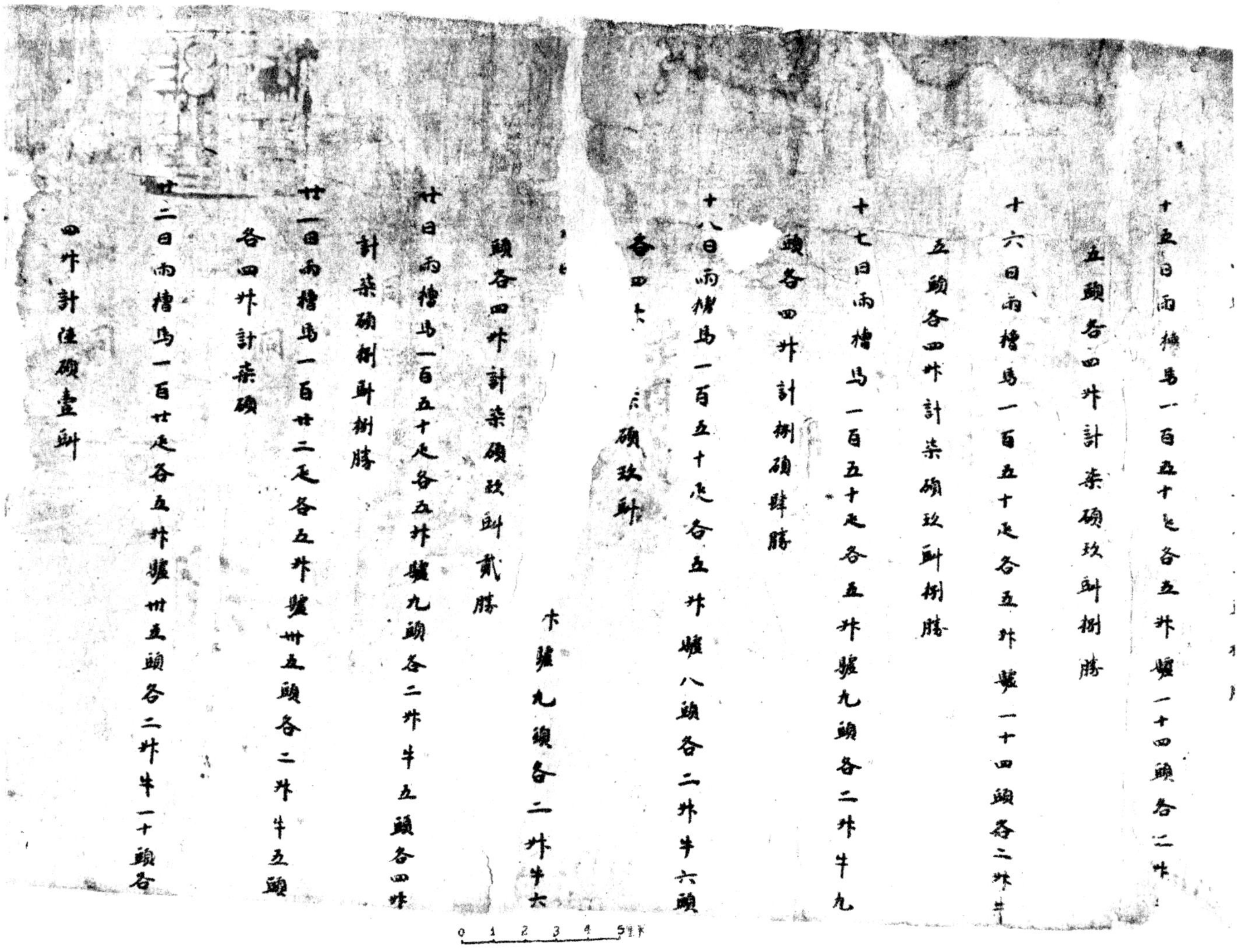

十五日兩槽馬。一百五十疋，各五升；驢。一十四頭，各二升；□
五頭，各四升。計粟碩玖𣂾捌勝。
十六日兩槽馬。一百五十疋，各五升；驢。一十四頭，各二升；牛。
五頭，各四升。計粟碩玖𣂾捌勝。同
十七日兩槽馬。一百五十疋，各五升；驢。九頭，各二升；牛。九
頭，各四升。計捌碩肆勝。同
十八日兩槽馬。一百五十疋，各五升；驢。八頭，各二升；牛。六頭，
各四升。□粟碩玖𣂾。同
□九日□（中缺）升；驢。九頭，各二升；牛。六
頭，各四升。計粟碩玖𣂾貳勝。同
卄日兩槽馬。一百五十疋，各五升；驢。九頭，各二升；牛。五頭，各四升。
計粟碩捌𣂾捌勝。同
卄一日兩槽馬。一百卄二疋，各五升；驢。卅五頭，各二升；牛。五頭，
各四升。計粟碩。同
卄二日兩槽馬。一百卄疋，各五升；驢。卅五頭，各二升；牛。一十頭，各　七十六　仙
四升。計陸碩壹𣂾。〔一〕同

注釋

〔一〕陸碩壹𣂾：當是「柒碩壹𣂾」之誤。

（九）　唐天寶十三載（公元七五四年）長行坊申勘十至閏十一月支牛驢馬料帳歷

73TAM506:4/32—9之五

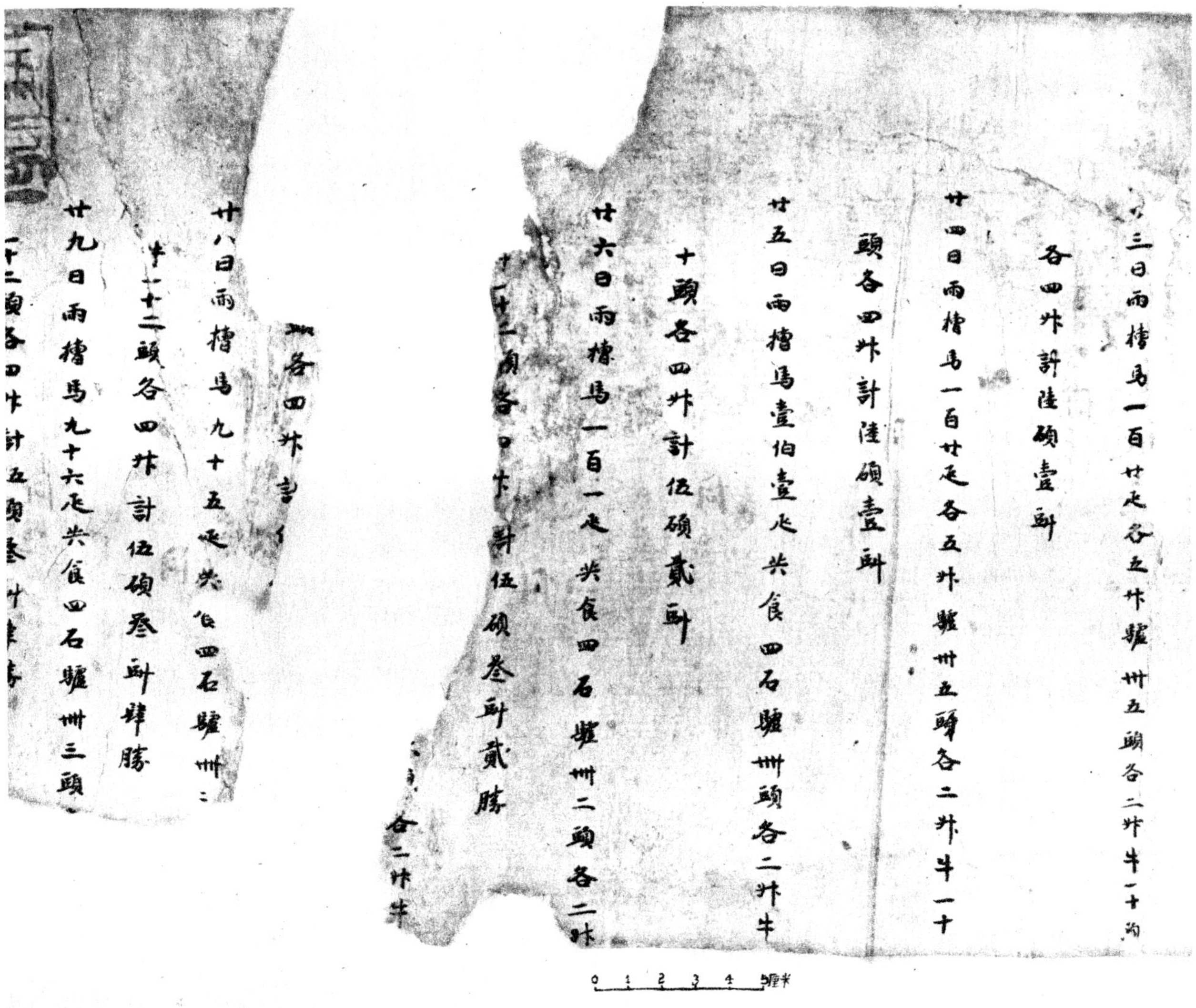

廿三日兩槽馬一百廿疋，各五升；驢卅五頭，各二升；牛一十頭，

各四升。計陸碩壹㪷〔一〕

廿四日兩槽馬一百廿疋，各五升；驢卅五頭，各二升；牛一十

頭，各四升。計陸碩壹㪷〔二〕

廿五日兩槽馬壹伯壹疋，共食四石；驢卅頭，各二升；牛

十頭，各四升。計伍碩貳㪷。

廿六日兩槽馬一百一疋，共食四石；驢卅二頭，各二升；

[牛]一十二頭，各[四][升]。計伍碩叁㪷貳勝。

[　　][六][頭]，各二升；牛□

□□[頭]，各四升。[計][伍][　　]

廿八日兩槽馬九十五疋，共食四石；驢卅[三][　　]

牛一十二頭，各四升。計伍碩叁㪷肆勝。

注釋

〔一〕〔二〕陸碩壹㪷：當爲「柒碩壹㪷」之誤。

（九）唐天寶十三載（公元七五四年）長行坊申勘十至閏十一月文牛驢馬料帳歷

73TAM506:4/32—9之六

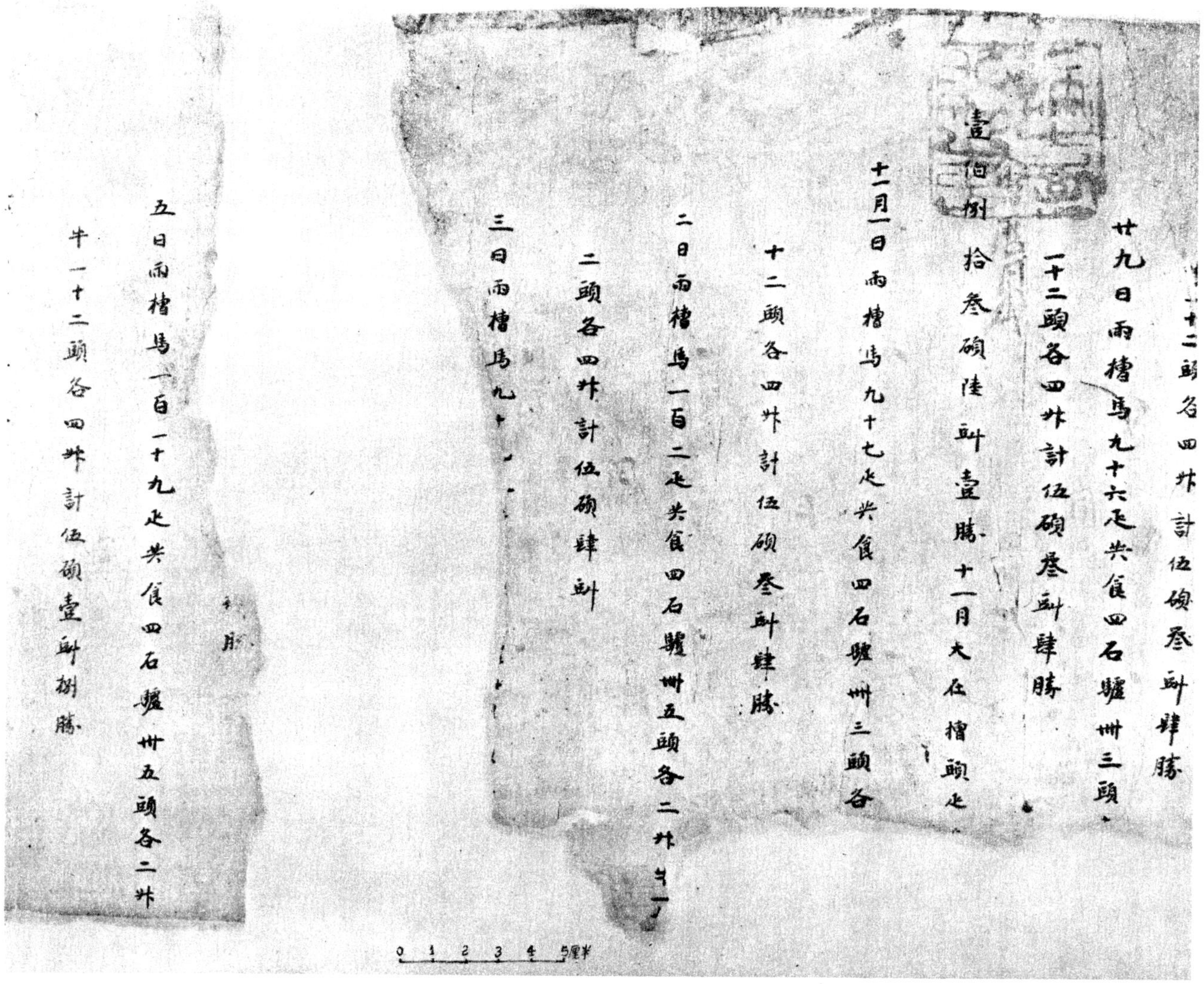

廿九日兩槽馬。九十六疋，共食四石；。驢卅三頭，

一十二頭，各四升。計伍碩叁㪷肆勝。同

壹伯捌拾叁碩陸㪷壹勝，十一月大，在槽頭，疋□□ 會歷同仙 七十七 仙

十一月一日兩槽馬。九十七疋，共食四石；。驢卅三頭，各

十二頭，各四升。計伍碩叁㪷肆勝。同

二日兩槽馬一百二疋，共食四石；。驢卅五頭，各二升；。牛一[十]

二頭，各四升。計伍碩肆㪷。同

三日兩槽馬。九十

[捌]勝。

五日兩槽馬。一百一十九疋，共食四石；。驢卅五頭，各二升；

牛、一十二頭，各四升。計伍碩壹㪷捌勝。同

（九） 唐天寶十三載（公元七五四年）長行坊申勘十至閏十一月支牛驢馬料帳歷

73TAM506:4/32—9之七

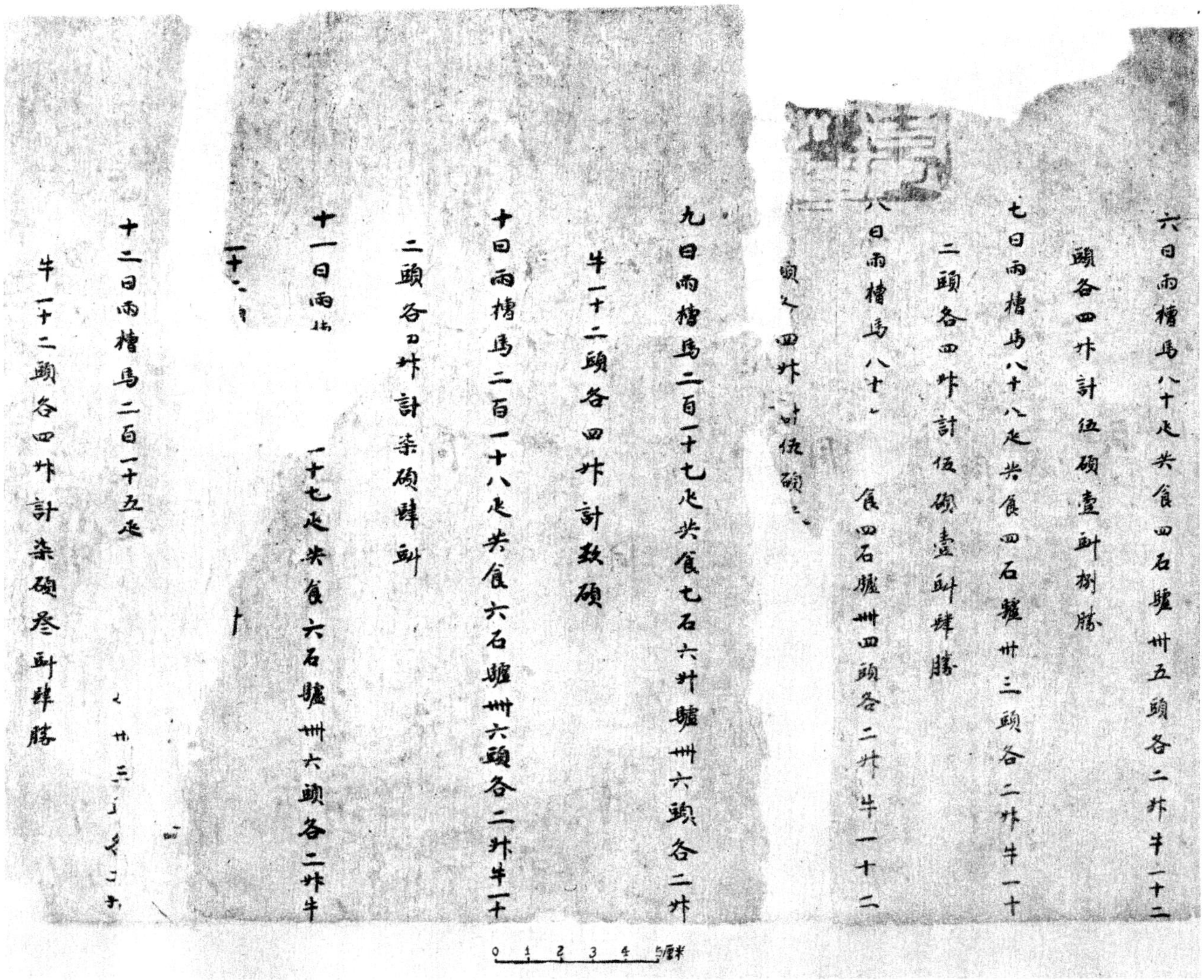
六日兩槽馬八十疋共食四石驢卅五頭各二升牛一十二
頭各四升計伍碩壹㪷捌勝
七日兩槽馬八十八疋共食四石驢卅三頭各二升牛一十
二頭各四升計伍碩壹㪷肆勝
八日兩槽馬八十 食四石驢卅四頭各二升牛一十二
九日兩槽馬二百一十七疋共食七石六斗驢卅六頭各二升
牛一十二頭各四升計玖碩
十日兩槽馬二百一十八疋共食六石驢卅六頭各二升牛一十
二頭各四升計柒碩肆㪷
十一日兩
一十七疋共食六石驢卅六頭各二升牛
十二日兩槽馬二百一十五疋
牛一十二頭各四升計柒碩叁㪷肆勝

74 六日兩槽馬。八十疋，共食四石；。驢卅五頭，各二升；牛一十二

75 頭，各四升。計伍碩壹㪷捌勝。同

76 七日兩槽馬。八十八疋，共食四石；。驢卅三頭，各二升；。牛一十

77 二頭，各四升。計伍碩壹㪷肆勝。同

78 八日兩槽馬。八十□食四石；。驢卅四頭，各二升；。牛一十二

79 頭，各四升。計伍碩叁□□。同　七十八　仙

80 九日兩槽馬。二百一十七疋，共食七石六斗；。驢卅六頭，各二升；

81 牛一十二頭，各四升。計玖碩。同

82 十日兩槽馬二百一十八疋，共食六石；。驢卅 六頭，各二升；。牛一十

83 二頭，各四升。計柒碩肆㪷。同

84 十一日兩槽□□□一十七疋，共食六石；。驢卅 六頭，各二升；。牛

85 一十三頭。□㪷

86 十二日兩槽馬二百一十五疋，□□□□□卅三頭，各二升

87 牛一十二頭，各四升。計柒碩叁㪷肆勝。同

（九）　唐天寶十三載（公元七五四年）長行坊申勘十至閏十一月支牛驢馬料帳歷

73TAM506:4/32—9之八

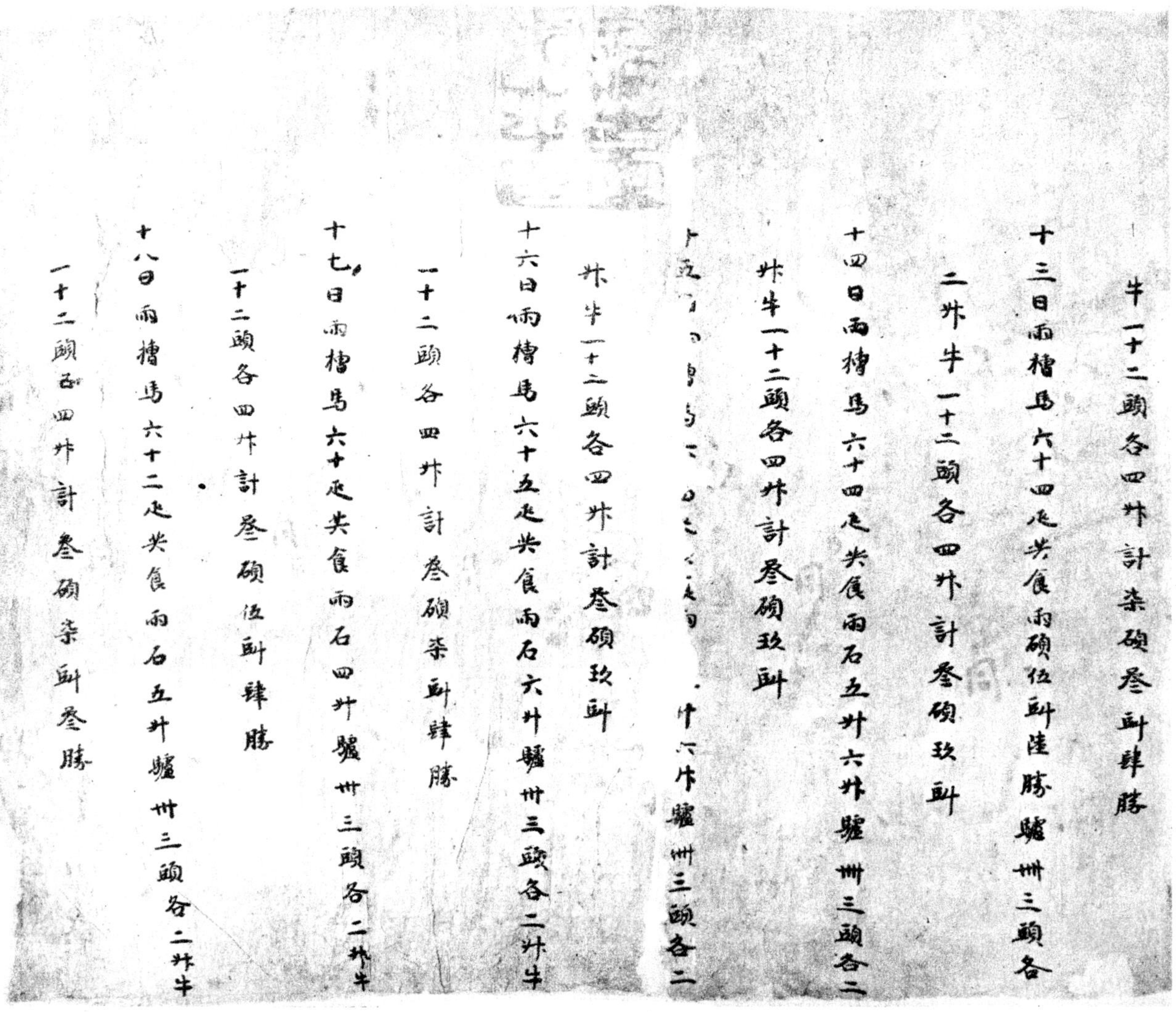

十三日兩槽馬六十四疋，共食兩石伍斗陸升；驢卅三頭，各
二升；牛一十二頭，各四升。計叁碩玖㪷。同
十四日兩槽馬六十四疋，共食兩石五斗六升；驢卅三頭，各二
升；牛一十二頭，各四升。計叁碩玖㪷。同
十五日兩槽馬六□四疋，共食兩□□斗六升；驢卅三頭，各二
升；牛一十二頭，各四升。計叁碩玖㪷。同
十六日兩槽馬六十五疋，共食兩石六斗；驢卅三頭，各二升；牛　七十九　仙
一十二頭，各四升。計叁碩柒㪷肆勝。同
十七日兩槽馬六十疋，共食兩石四斗；驢卅三頭，各二升；牛
一十二頭，各四升。計叁碩伍㪷肆勝。同
十八日兩槽馬六十二疋，共食兩石五斗；驢卅三頭，各二升；牛
一十二頭，各四升。計叁碩柒㪷叁勝。同

（九）　唐天寶十三載（公元七五四年）長行坊申勘十至閏十一月支牛驢馬料帳歷

73TAM506:4/32—9之九

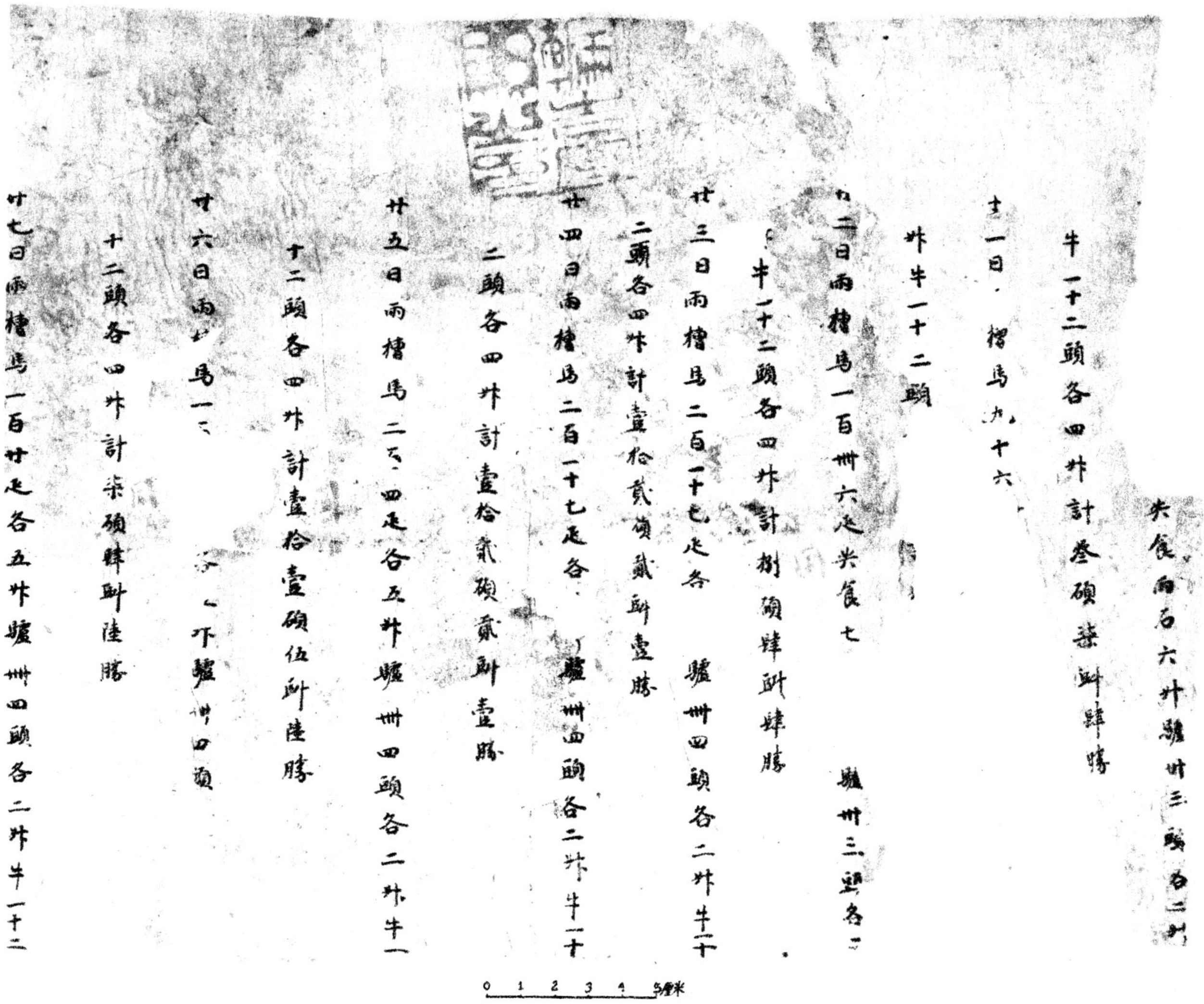

共食兩石六斗；驢卅三頭，各二升；
牛一十二頭，各四升。計叁碩柒斟肆勝。
[廿]一日□槽馬。九十六□
升；牛一十二頭，□[計][肆]□
[廿]二日兩槽馬。一百卅六疋，共食七□□□；驢卅三頭，各二
[升]；牛一十二頭，各四升。計捌碩肆斟肆勝。同
廿三日兩槽馬。二百一十七疋，各□□；驢卅四頭，各二升；牛一十
二頭，各四升。計壹拾貳碩貳斟壹勝。同
廿四日兩槽馬。二百一十七疋，各□□；驢卅四頭，各二升；牛一十
二頭，各四升。計壹拾貳碩貳斟壹勝。同　八十仙
廿五日兩槽馬。二[百]四疋，各五升；驢卅四頭，各二升；牛一
十二頭，各四升。計壹拾壹碩伍斟陸勝。同
廿六日兩[槽]馬。一[百]□□□各[五]升；驢卅四[頭]，□
十二頭，各四升。計柒碩肆斟陸勝。同

（九） 唐天寶十三載（公元七五四年）長行坊申勘十至閏十一月文牛驢馬料帳歷

73TAM506:4/32—9之一〇

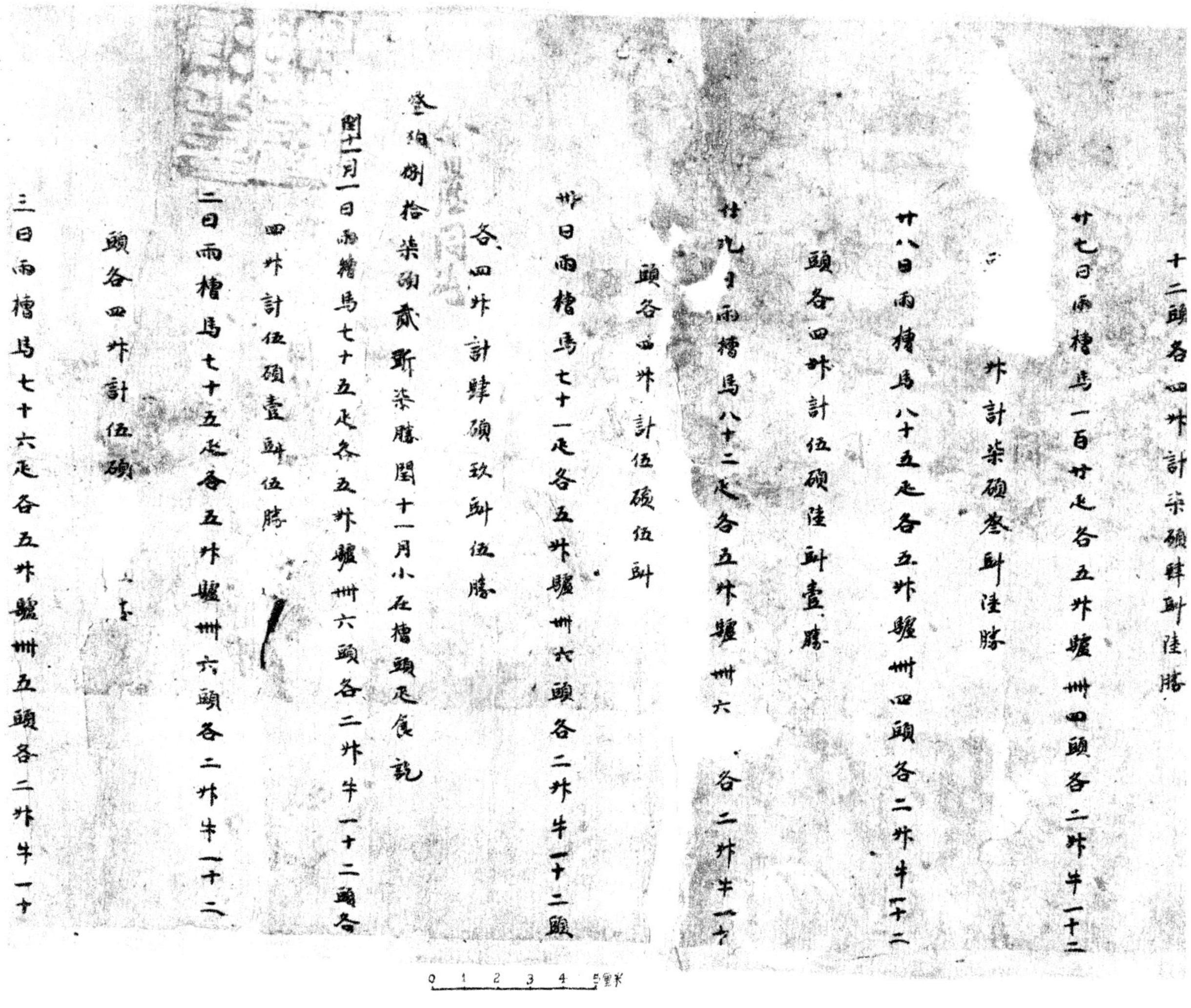

114 廿七日兩槽馬一百廿疋各五升驢卌四頭各二升牛一十二

115 頭□□升。計柒碩叁斗陸勝。同

116 廿八日兩槽馬八十五疋各五升驢卌四頭各二升牛一十二

117 頭各四升。計伍碩陸斗壹勝。同

118 廿九日兩槽馬八十二疋各五升驢卌六□各二升牛一十

119 □頭各四升。計伍碩伍斗。

120 卅日兩槽馬七十一疋各五升驢卌六頭各二升牛一十二頭

121 各四升。計肆碩玖斗伍勝。同

122 會 歷 同 仙 叁伯捌拾柒碩貳斫柒勝。閏十一月小。在槽頭疋食訖。

123 閏十一月一日兩槽馬七十五疋各五升驢卌六頭各二升牛一十二頭

124 〔各〕 四升。計伍碩壹斗伍勝。同

125 二日兩槽馬七十五疋各五升驢卌六頭各二升牛一十二 （八十一 仙）

126 頭各四升。計伍碩□□□勝。同

（九） 唐天寶十三載（公元七五四年）長行坊申勘十至閏十一月支牛驢馬料帳歷

73TAM506:4/32—9之二

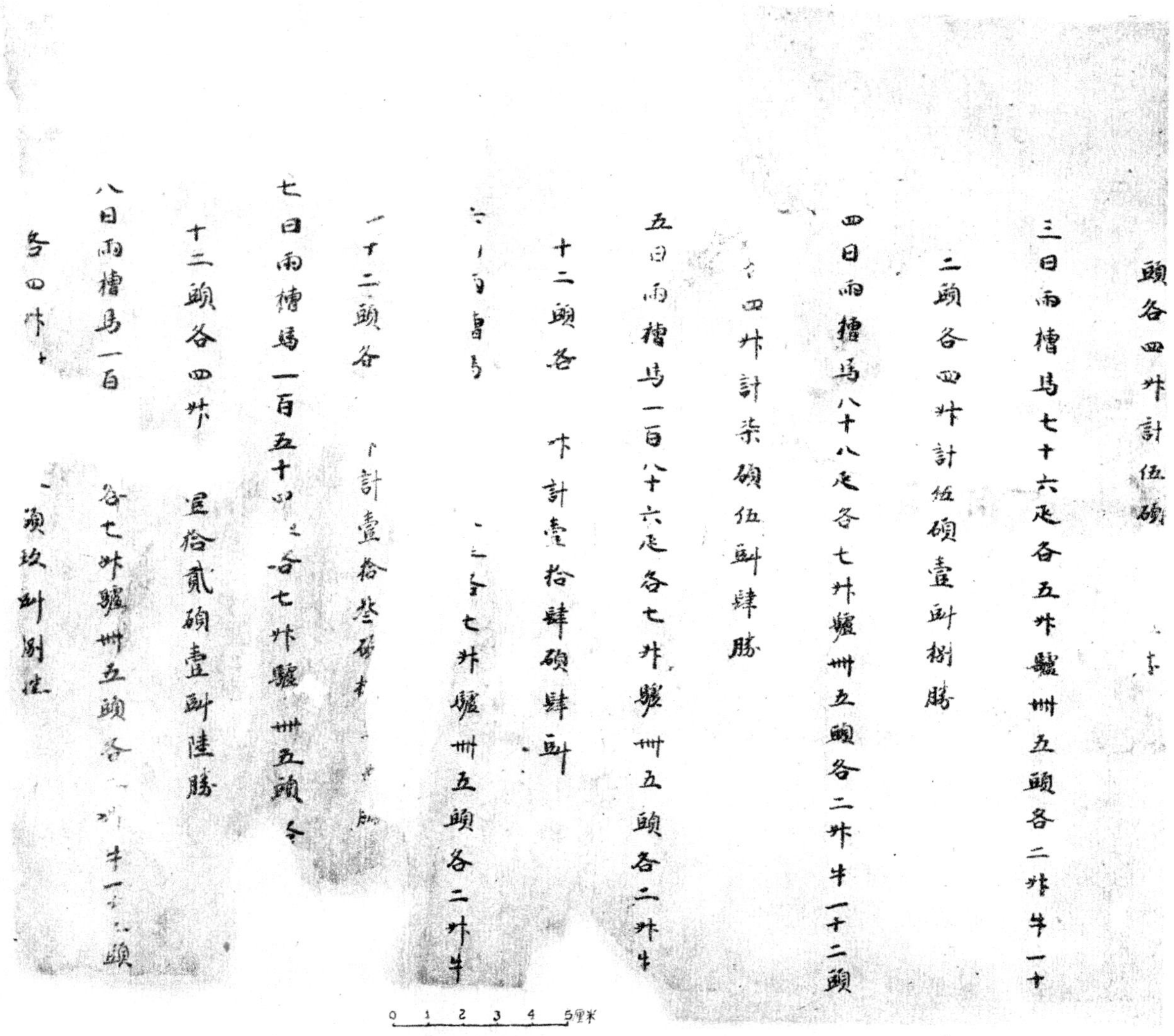

三日兩槽馬。七十六疋，各五升；驢卌五頭，各二升；牛一十

二頭，各四升。計伍碩壹㪷捌勝。

四日兩槽馬。八十八疋，各七升；驢卌五頭，各二升；牛一十二頭，

[各]四升。計柒碩伍㪷肆勝。

五日兩槽馬。一百八十六疋，各七升；驢卌五頭，各二升；牛[ ]

十二頭，各[ ]升。計壹拾肆碩肆㪷。

六[日][兩][槽][馬]。[　　][疋]，[各]七升；驢卌五頭，各二升；牛

一十二頭，各[ ][升]。計壹拾叁碩[捌][㪷][肆][勝]。

七日兩槽馬。一百五十四[疋]，各七升；驢卌五頭，各[　　]

十二頭，各四升。[ ]壹拾貳碩壹㪷陸勝。

八日兩槽馬。一百[　　]各七升；驢卌五頭，各二升；牛一十二頭，

各四升。[計][　　]碩玖㪷捌[勝]。

（九）唐天寶十三載（公元七五四年）長行坊申勘十至閏十一月支牛驢馬料帳歷

73TAM506:4/32—9之一二

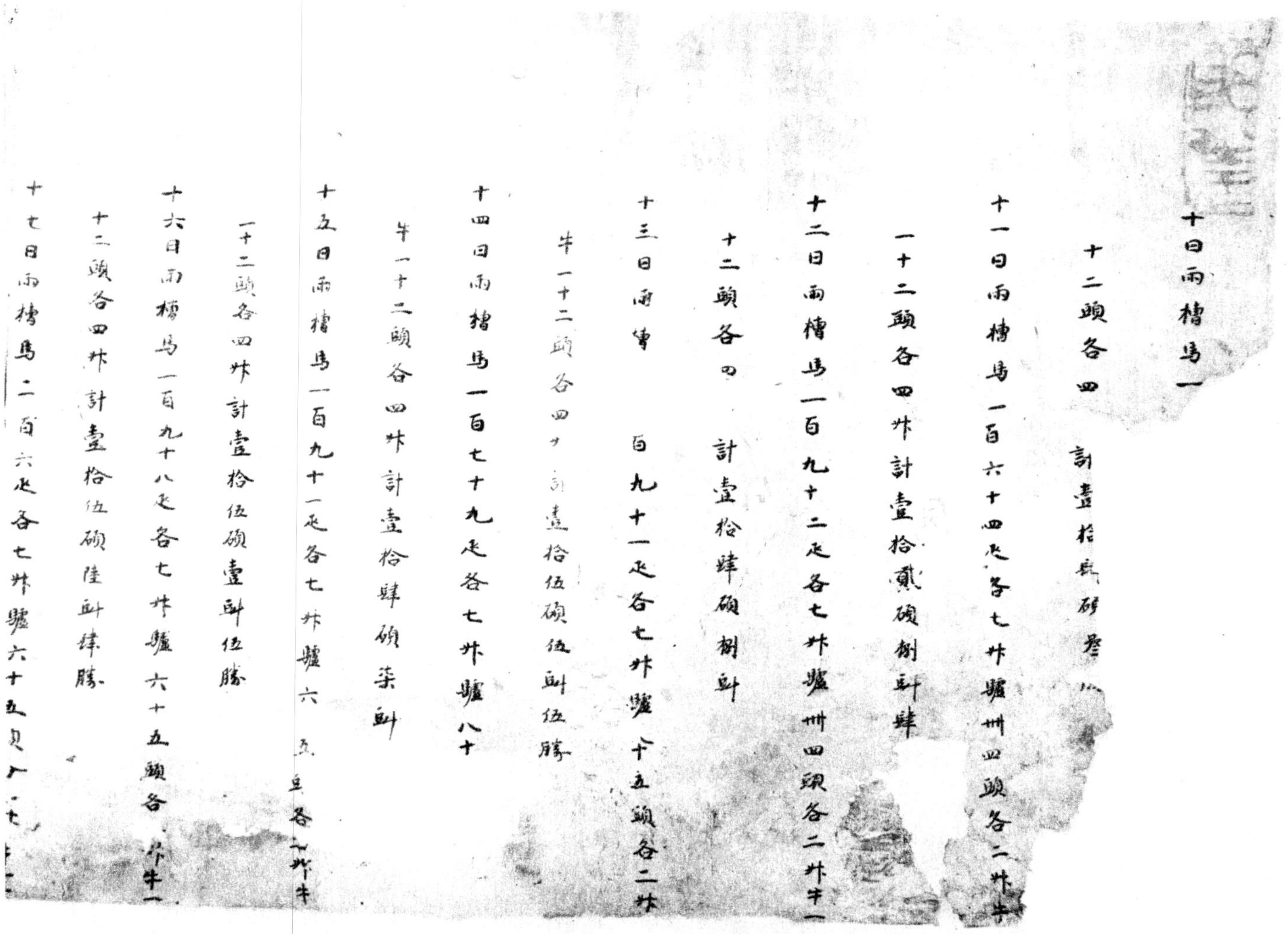

0 1 2 3 4 5厘米

139 十日兩槽馬。一［　　　　］八十二
140 十二頭，各四□。計壹拾肆碩叁勝。
141 十一日兩槽馬。一百六十四疋，各七升；。驢卌四頭，各二升；牛。
142 一十二頭，各四升。計壹拾貳碩捌㪷肆□。 同
143 十二日兩槽馬。一百九十二疋，各七升；。驢卌四頭，各二升；牛。一
144 十二頭，各四□。計壹拾肆碩捌㪷。 同
145 十三日兩槽□□百九十一疋，各七升；。驢[八]十五頭，各二升；
146 牛。一十二頭，各四[升]。計壹拾伍碩伍㪷伍勝。
147 十四日兩槽馬。一百七十九疋，各七升；。驢八十［　　］
148 牛。一十二頭，各四升；計壹拾肆碩柒㪷（下殘） 同
149 十五日兩槽馬。一百九十一疋，各七升；。驢六□五[頭]，各[二]升；牛。
150 一十二頭，各四升。計壹拾伍碩壹㪷伍勝。 同
151 十六日兩槽馬。一百九十八疋，各七升；。驢六十五頭各□升；。牛一
152 十二頭，各四升。計壹拾伍碩陸㪷肆勝。 同
153 十七日兩槽馬。二百六疋，各七升；。驢六十五[頭]，[各]□□；。牛一十

73TAM506:4/32—9之一三

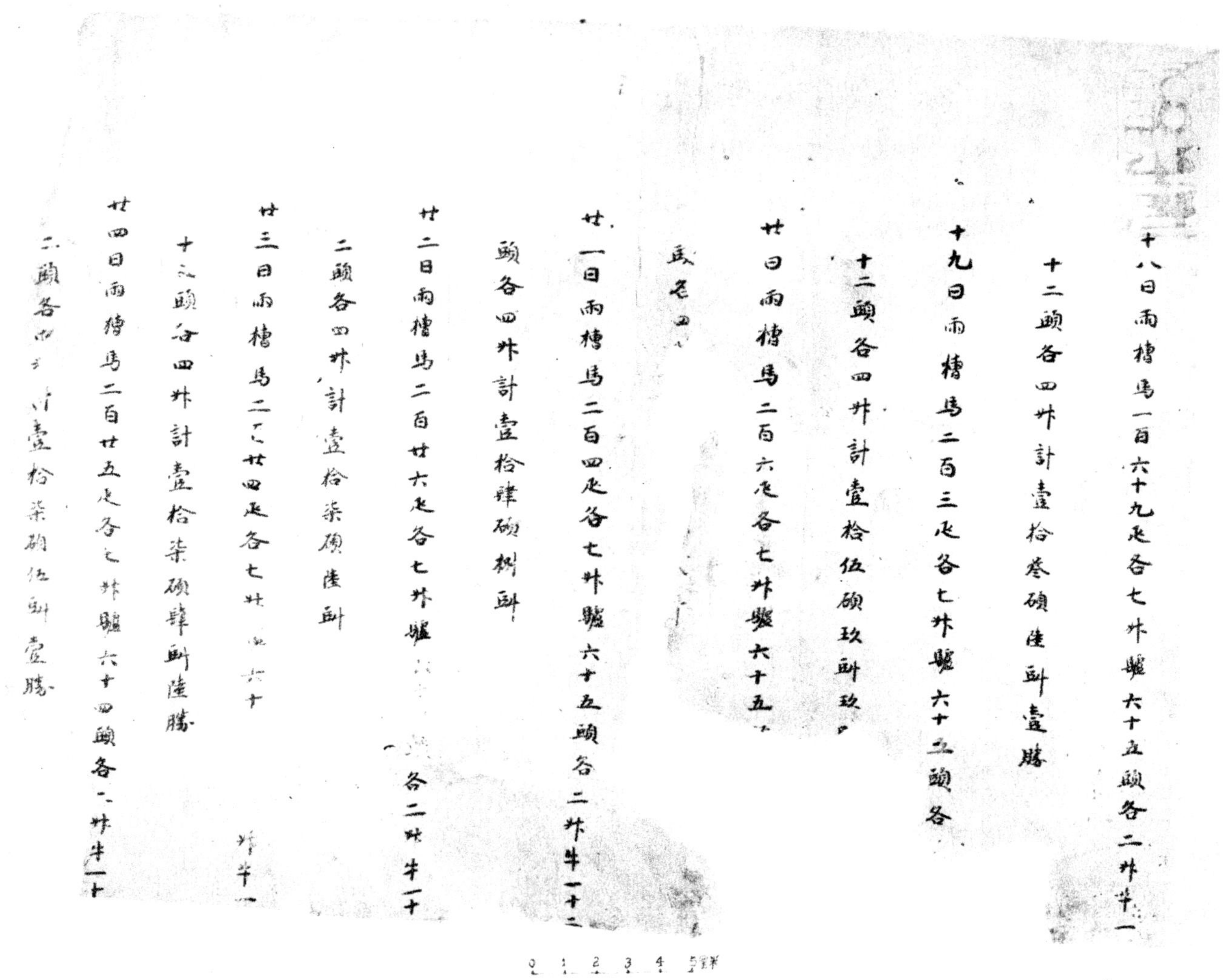

［　　］十八日兩槽馬一百六十九疋，各七升；驢六十五頭各二升；牛一八十二
十二頭，各四升。計壹拾叁碩陸㪷壹勝。同
十九日兩槽馬二百三疋，各七升；驢六十五頭，各［　　］
十二頭，各四升。計壹拾伍碩玖㪷玖勝。同
廿日兩槽馬二百六疋，各七升；驢六十五［　　］
頭，各四［　　］貳㪷。
廿一日兩槽馬二百四疋，各七升；驢六十五頭，各二升；牛一十二
頭，各四升。計壹拾肆碩捌㪷。同
廿二日兩槽馬二百廿六疋，各七升；驢六十五頭，各二升；牛一十
二頭，各四升。計壹拾柒碩陸㪷。同
廿三日兩槽馬二百廿四疋，各七升；驢六十□□□□升；牛一
十二頭，各四升。計壹拾柒碩肆㪷陸勝。同
廿四日兩槽馬二百廿五疋，各七升；驢六十四頭，各二升；牛一十
二頭，各四升。計壹拾柒碩伍㪷壹勝。同

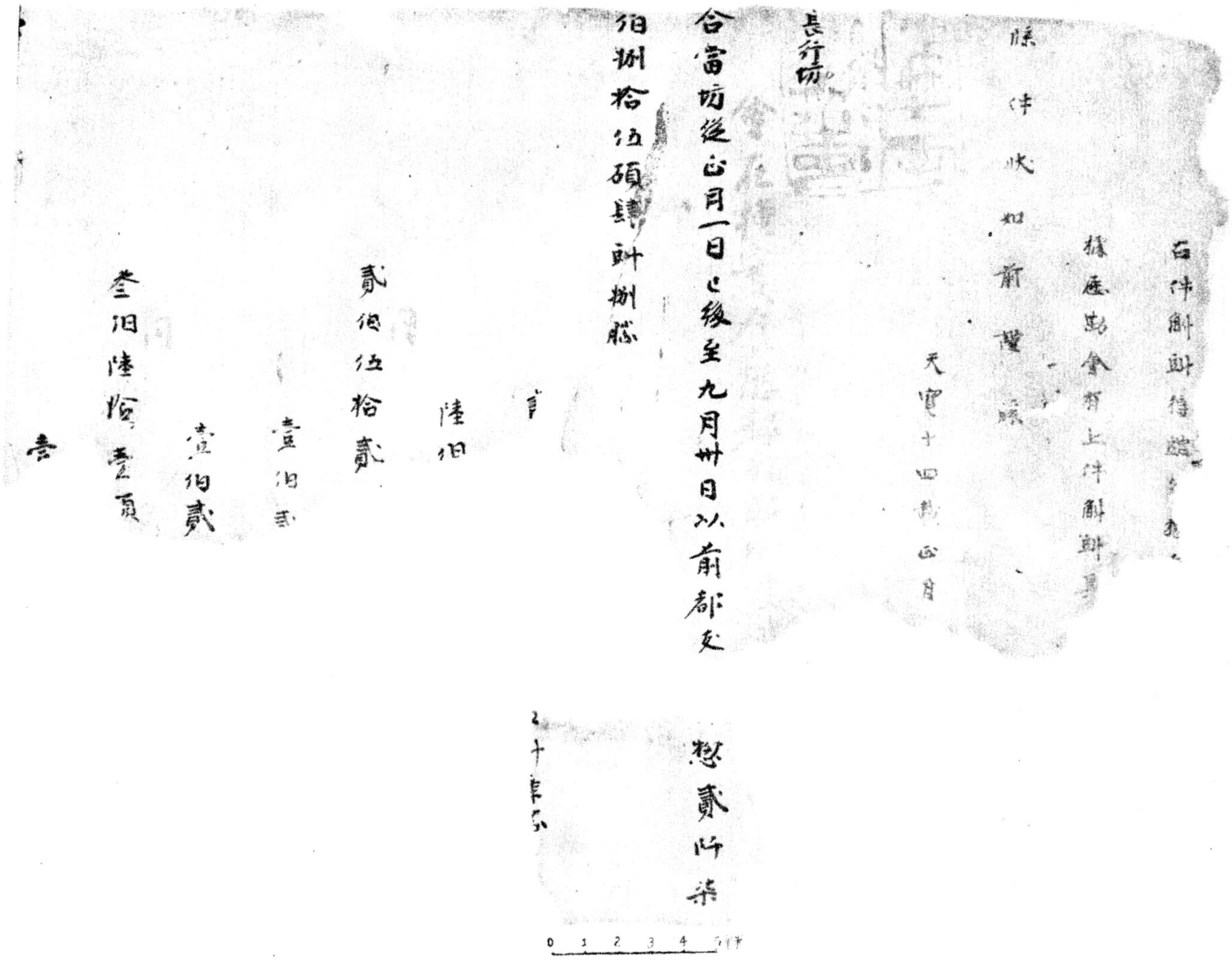

（一〇）　唐天寶十三載（公元七五四年）交河郡長行坊具一至九月䗍料破用帳請處分牒　73TAM506:4/32—10之一

（一〇）唐天寶十三載（公元七五四年）交河郡長行坊具一至九月䗍料破用帳請處分牒

本件前四行是另一牒尾，與本件連前缺。本件背面騎縫編號起八十七止九十四，下押「仙」字；正面騎縫上部蓋有輪臺縣朱印；大數右旁有勘會歷數同的朱注。

1 右件斛㪷得䗍子楊［　　］
2 　據歷勘會有上件斛㪷具［　　］
3 牒件狀如前謹牒
4 　　　　天寶十四載正月［　　］
（八十七）
5 長行坊
6 合當坊從正月一日已後至九月卅日以前都支□□總貳阡柒（曾在槽實食歷都收斛㪷數同）
7 伯捌拾伍碩肆㪷捌勝。
8 　　　　　　　貳［　　　　］㪷肆勝〔下殘〕
9 　　　　　陸伯［　　］
10 　　　貳伯伍拾貳［　　］（同）
11 　　　○○壹伯貳［　　］
12 　　　壹伯貳［　　］

（一〇）唐天寶十三載（公元七五四年）交河郡長行坊具一至九月踖料破用帳請處分牒

73TAM506:4/32—10之二

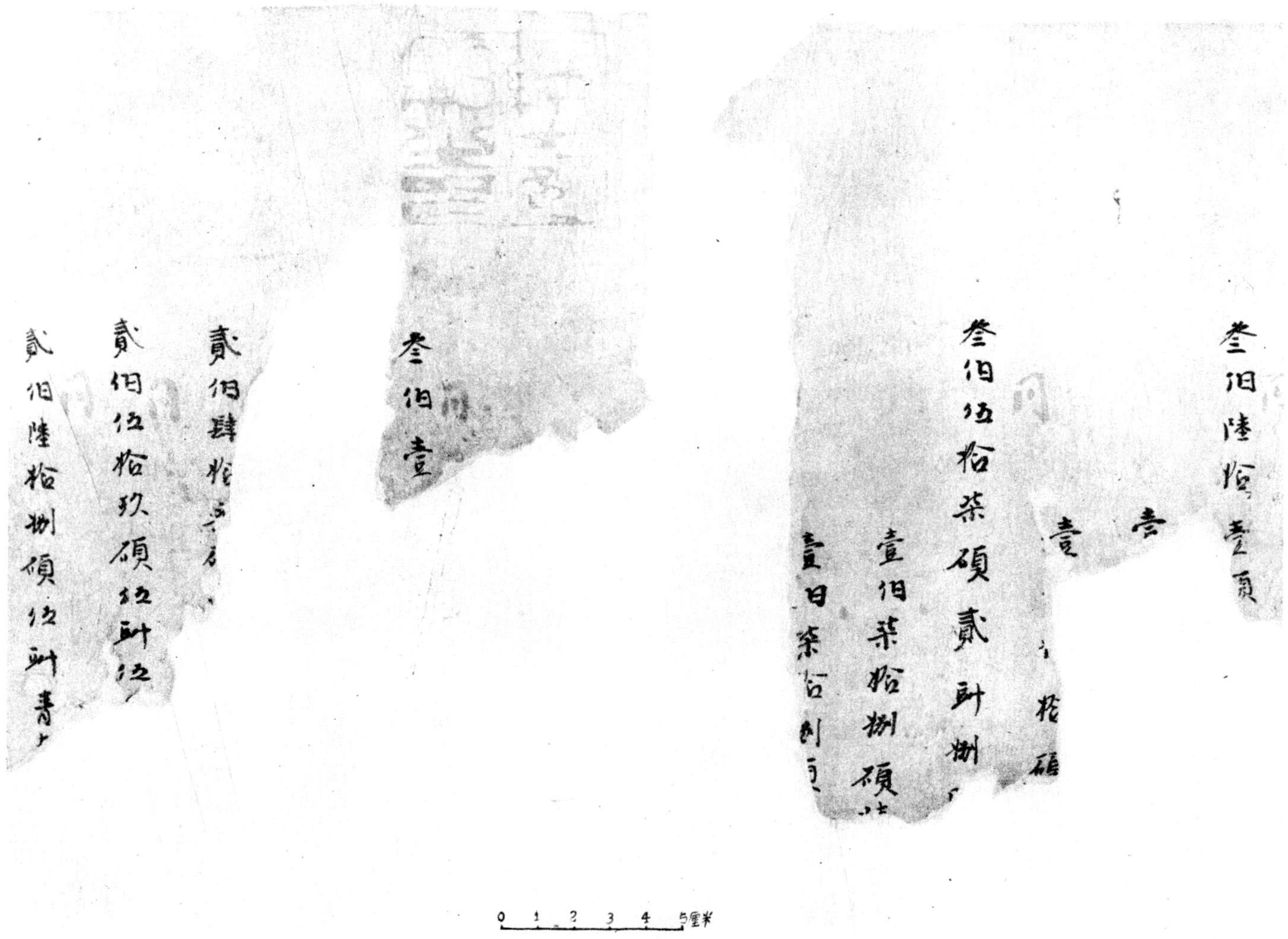

13 叁伯（同）陸拾壹碩□

14 壹□

15 壹□捌拾碩□

16 叁伯（同）伍拾柒碩貳㪷捌勝□

17 壹伯。柒拾捌碩陸□□□

18 壹伯。柒拾捌碩□□□

19 叁伯（同）壹

20 貳伯（同）肆拾柒碩□

21 貳伯（同）伍拾玖碩伍斛伍□

八十八

（一〇）唐天寶十三載（公元七五四年）交河郡長行坊具一至九月踖料破用帳請處分牒

73TAM506:4/32—10之三

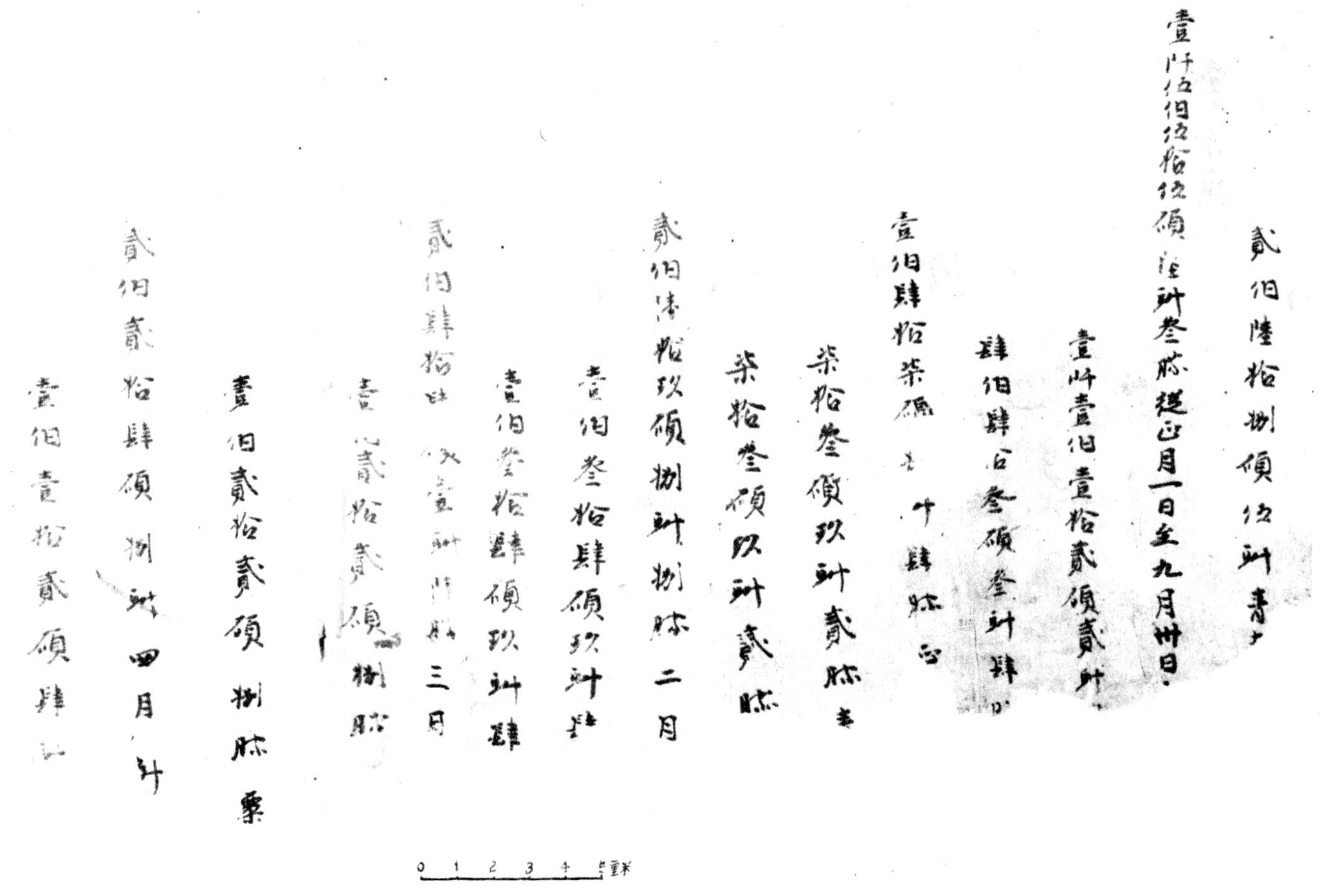

貳伯（同）陸拾捌碩伍斛青[麥]

壹阡（會食歷[同]）伍伯伍拾伍碩陸㪷叁勝從正月一日至九月卅日□

壹阡壹伯壹拾貳碩貳㪷□

肆伯肆[拾]叁碩叁㪷肆[勝]□

壹伯（同）肆拾柒碩[捌][㪷]肆勝正□

柒拾叁碩玖㪷貳勝[青]□

柒拾叁碩玖㪷貳勝□

貳伯（同）陸拾玖碩捌㪷捌勝二月□

壹伯叁拾肆碩玖㪷[肆]□

壹伯叁拾肆碩玖㪷肆□

貳伯（同）肆拾[肆][碩]壹㪷[陸]勝三月□

壹[伯]貳拾貳碩捌勝□

壹伯貳拾貳碩捌勝粟

八十九

貳伯（同）貳拾肆碩捌㪷　四月　[料]〔下殘〕

壹伯壹拾貳碩肆[㪷]□

（一〇）唐天寶十三載（公元七五四年）交河郡長行坊具一至九月踖料破用帳請處分牒

73TAM506:4/32—10之四

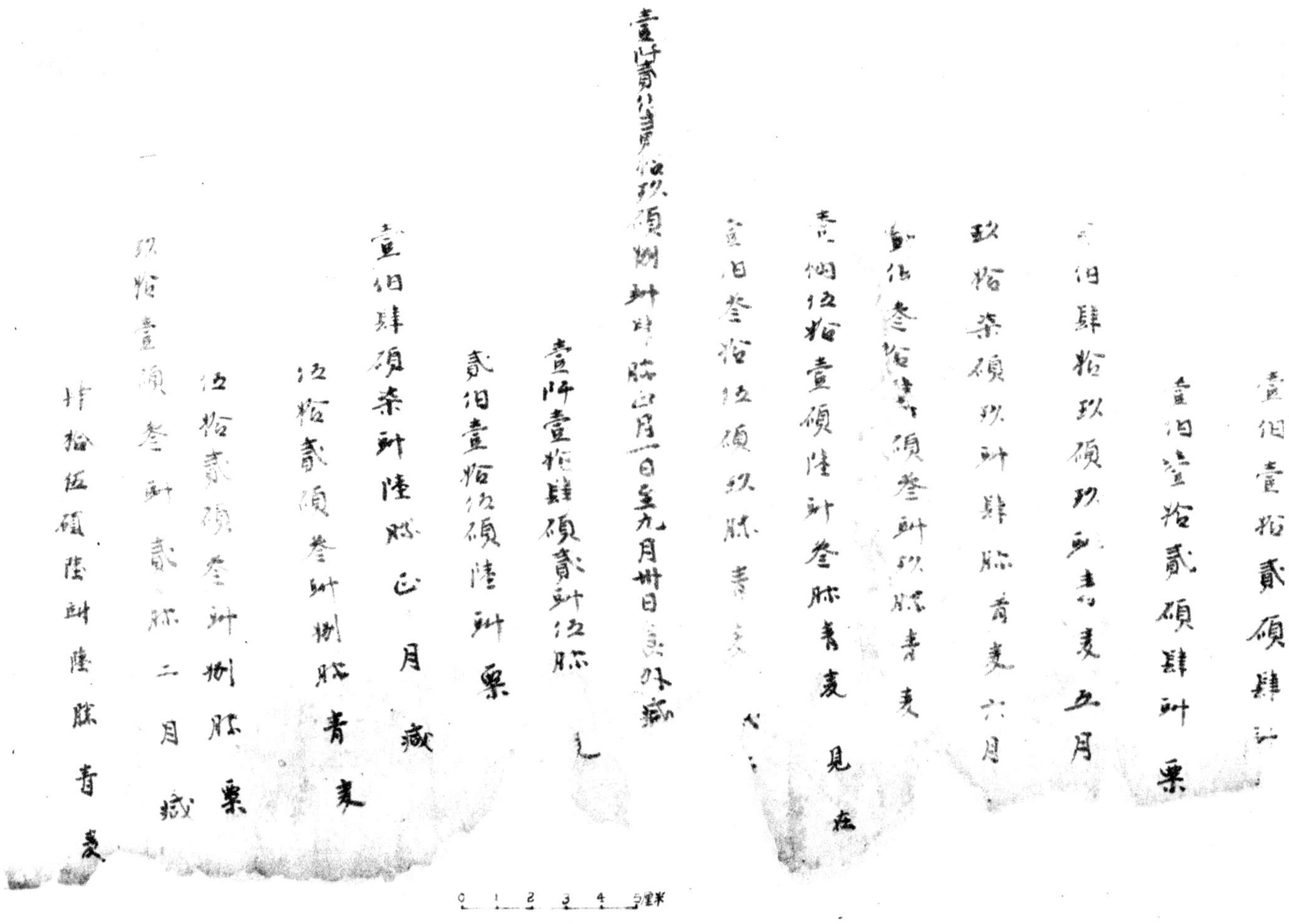

37 壹伯[壹]拾貳碩肆㪷　粟
38 同壹伯肆拾玖碩玖㪷青麦五月〔下殘〕
39 同玖拾柒碩玖㪷肆勝青麦六月〔下殘〕
40 同[壹]伯叁[拾][肆]碩叁㪷玖勝青麦□
41 同壹伯伍拾壹碩陸㪷叁勝青麦　見在
42 壹伯叁拾伍碩玖勝青麦□
43 壹阡[貳][伯][貳]拾玖碩捌㪷[肆]勝正月一日至九月卅日食外減〔下殘〕（□[減]料數同）
44 壹○阡壹拾肆碩貳㪷伍勝　□[麦]
45 貳○伯壹拾伍碩陸㪷　粟
46 同壹伯肆碩柒㪷陸勝正月　減
47 伍○拾貳碩叁㪷捌勝青麦
48 伍○拾貳碩叁㪷捌勝　粟
49 同玖拾壹碩叁㪷貳勝二月　減

（一〇）唐天寶十三載（公元七五四年）交河郡長行坊具一至九月踖料破用帳請處分牒

73TAM506:4/32—10之五

肆拾伍碩陸㪷陸勝青麥

肆拾伍碩陸㪷陸勝　粟

壹伯壹拾叁碩壹㪷貳勝三月減

伍□□碩伍㪷陸勝青麥

伍　　　㪷

壹伯　　　　四　月　減

　　青麥　陸拾壹碩粟

　　柒㪷　青麥　五　月　減

　　拾貳碩陸勝青麥六　月減

　　　　　月減

□伯□碩玖㪷貳勝青麥八月減

壹伯叁拾叁碩肆㪷壹勝青麥九月減

九十…仙

（一〇）唐天寶十三載（公元七五四年）交河郡長行坊具一至九月䗩料破用帳請處分牒

73TAM506:4/32—10之六

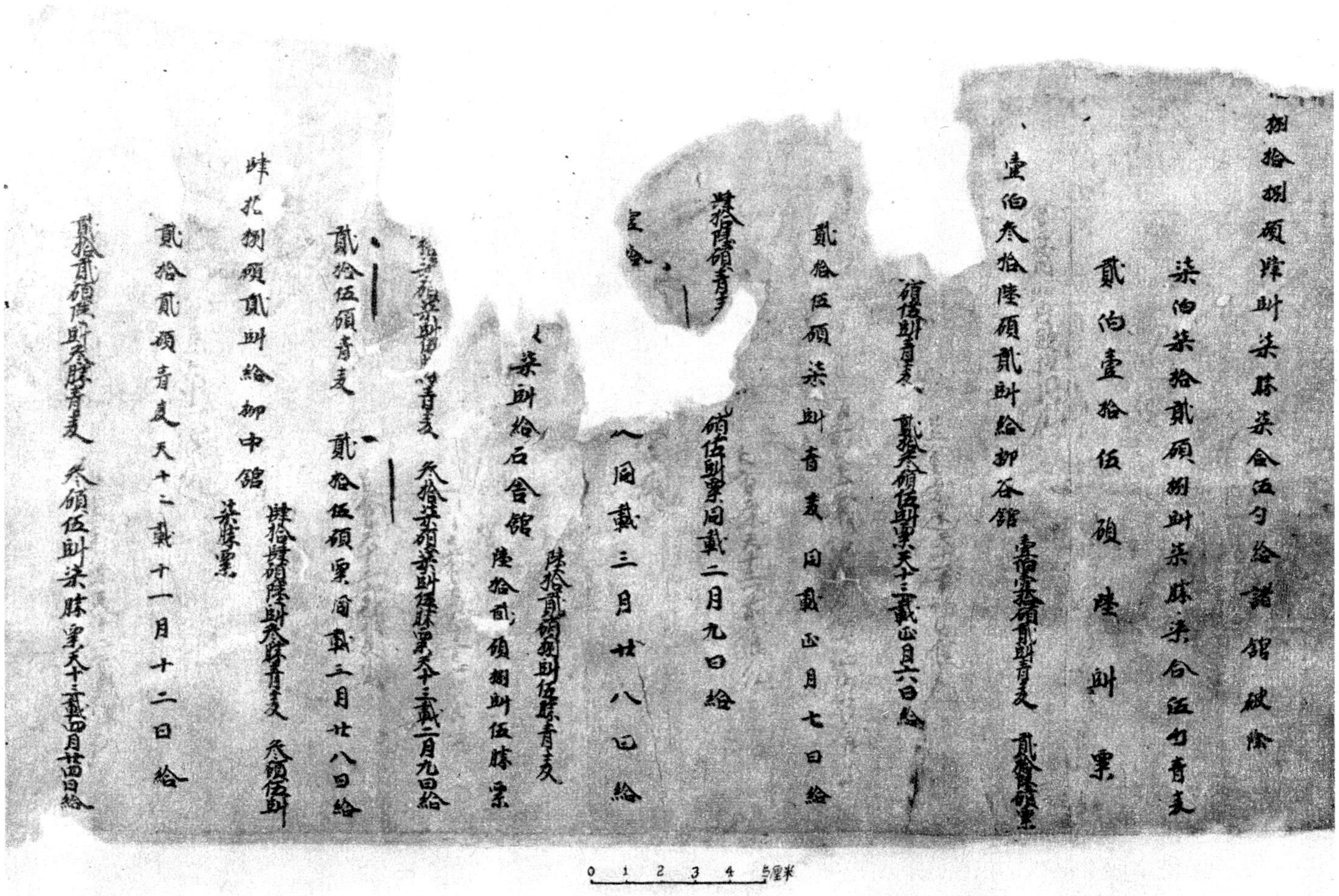

上殘

□[伯]（同）捌拾捌碩肆㪷柒勝柒合伍勺給諸館破除

柒伯柒拾貳碩捌㪷柒勝柒合伍勺青麦

貳伯壹拾伍碩陸㪷粟　　　　　九十一 仙

壹伯叁拾陸碩貳㪷給柳谷館（會案同所由教帖同 仙）　壹伯壹拾碩貳㪷青麦　貳拾陸碩粟

□碩伍㪷青麦　貳拾叁碩伍㪷粟天十三載正月六日給（已上會案還天十一載帖馬食 仙）

貳拾伍碩柒㪷青麦　同載正月七日給（准前天十一載帖馬及借征馬使食 仙）

肆拾陸碩青[麦]□[貳]碩伍㪷粟同載二月九日給（已上會案天十二以前食 仙）

壹[拾]□[麦]　同載三月廿八日給（[會]□食 仙）

□[碩]柒㪷給石舍館　陸拾貳碩捌㪷伍勝青麦　陸拾貳碩捌㪷伍勝粟

□拾柒碩柒㪷伍[勝]青麦　叁拾柒碩柒㪷伍勝粟天十三載二月九日給（已上會案天十二已前食 仙）

貳拾伍碩青麦　貳拾伍碩粟　同載三月廿八日給（已上會天十三載食 仙）

肆[拾]捌碩貳㪷給柳中館（會案同）　肆拾肆碩陸㪷叁勝青麦　叁碩伍㪷柒勝粟

貳拾貳碩青麦（會案天十二食 仙）　天十二載十一月十二日給

（一〇）唐天寶十三載（公元七五四年）交河郡長行坊具一至九月踏料破用帳請處分牒

73TAM506:4/32—10之七

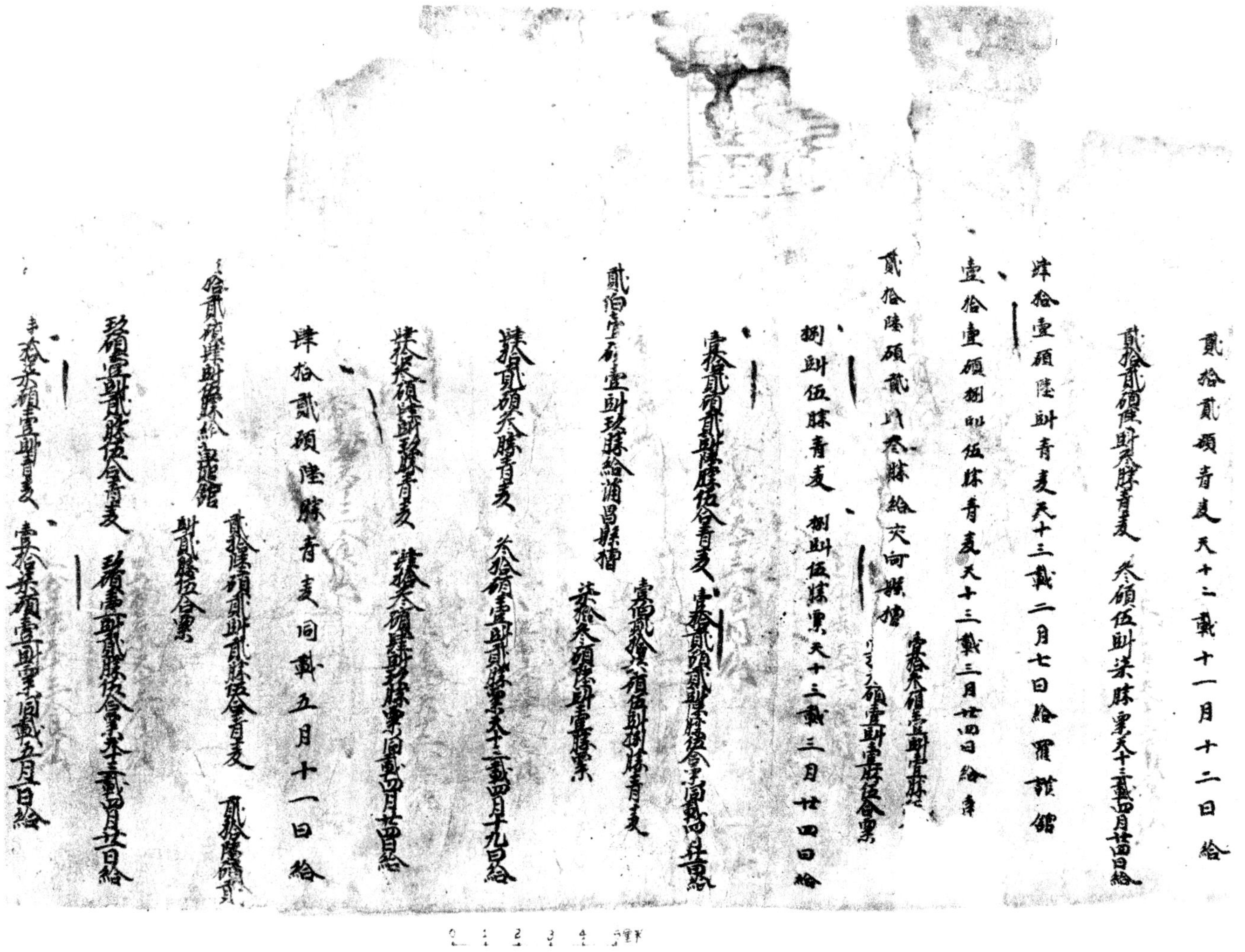

貳拾貳碩陸㪷叁勝青麦（會案天十一載食仙）　叁碩伍㪷柒勝粟天十三載四月廿四日給（已上會案天十二載食仙）

肆拾壹碩陸㪷青麦（會案天十三食同仙）　天十三載二月七日給羅護館

壹拾壹碩捌㪷伍勝青麦　天十三載三月廿四日給達□□

〔　　　〕貳拾陸碩貳㪷叁勝給交河縣槽（會案同仙）　壹拾叁碩壹㪷壹勝伍合□□

[壹][畜][叁]碩壹㪷壹勝伍合粟

捌碩伍勝青麦　捌㪷伍勝粟天十三載三月廿四日給（已上會案天十三食同仙）（九十二仙）

〔　　　〕壹拾貳碩貳㪷陸勝伍合青麦（會案天十三食同仙）　壹拾貳碩貳㪷陸勝伍合粟同載四

[月]廿一日給

貳伯壹[碩]壹㪷玖勝給蒲昌縣槽（會案同仙）　壹伯貳拾柒碩伍㪷捌勝青麦

柒拾叁碩陸㪷壹勝粟

肆拾貳碩叁勝青麦　叁拾碩壹㪷貳勝粟天十三載四

月十九日給（已上會案天十三食仙）

肆拾叁碩肆㪷玖勝青麦　肆拾叁碩肆㪷玖勝粟同載四月廿四日給（已上會案天十二食仙）

肆拾貳碩陸勝青麦（會案天十三食仙）　同載五月十一日給

（同）[伍]拾貳碩肆㪷伍勝給草堆館　貳拾陸碩貳㪷貳勝伍合青麦、貳拾陸碩貳

㪷貳勝伍合粟

玖碩壹㪷貳勝伍合青麦　玖碩壹㪷貳勝伍合粟。天十三載四月廿四日給（已上會案天十二食仙）

（一〇）唐天寶十三載（公元七五四年）交河郡長行坊具一至九月踖料破用帳請處分牒　73TAM506:4/32—10之八

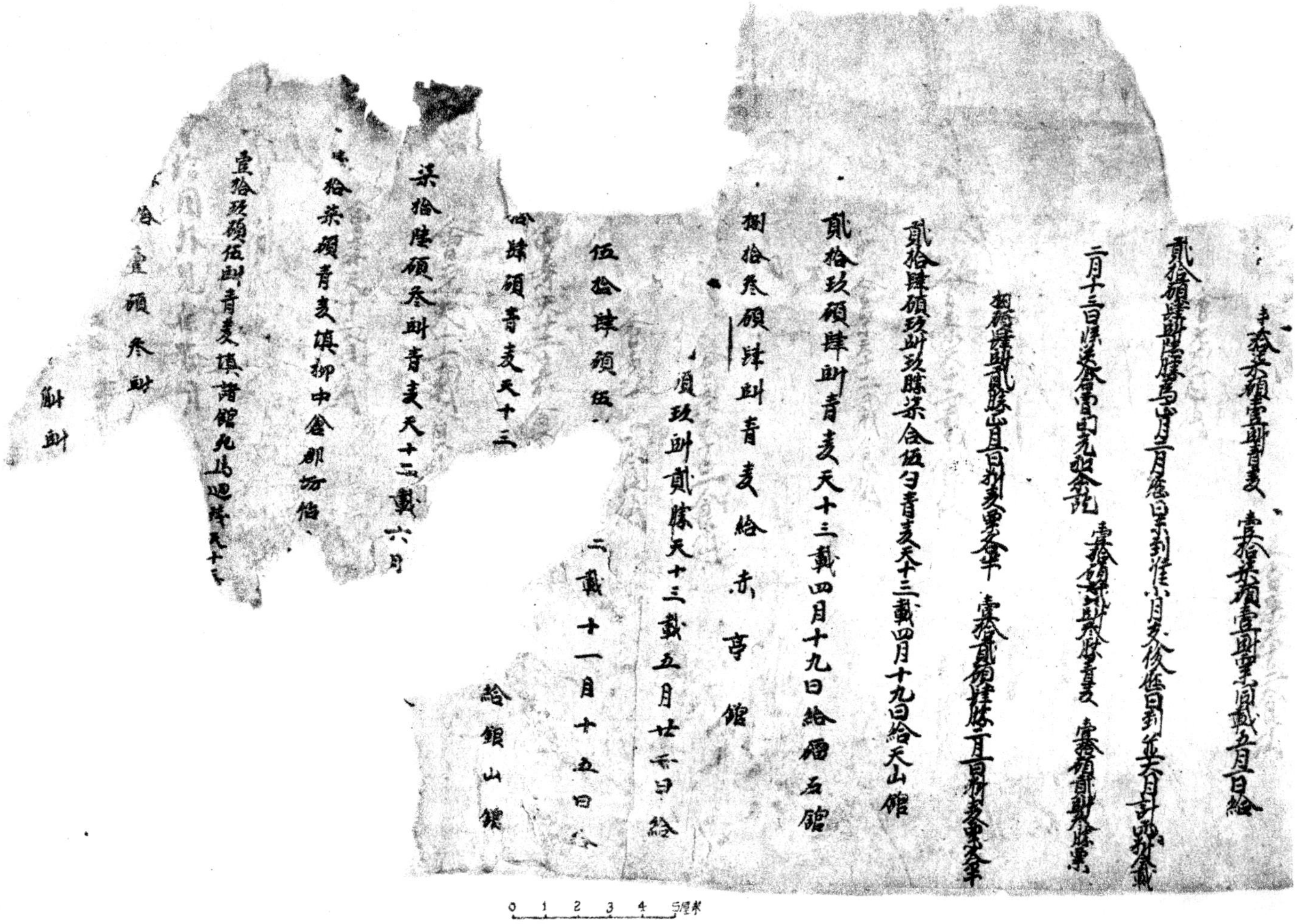

[壹]拾柒碩壹斗青麥、壹拾柒碩壹斗粟。（已上會案天十三食仙）同載五月一日給

貳拾碩肆斗陸勝為正月、二月歷日未到，准小月支，後歷日到，並大月，計兩日（會元支同仙）料。今載

二月十三日牒送倉曹司充和糴訖 壹拾碩貳斗叁勝青麥 壹拾碩貳斗叁勝粟。

捌碩肆斗貳勝正月一日料，麥粟各半。 壹拾貳碩肆勝二月一日料麥粟各半

貳拾肆碩玖斗玖勝柒合伍勺青麥，（會案天十二載食仙）天十三載四月十九日給天山館

貳拾玖碩肆斗青麥（會案天十二載食仙）天十三載四月十九日給礌石館（同）

捌拾叁碩肆斗青麥給赤亭館。

□[碩]玖斗貳勝（會案天十三食仙）天十三載五月廿二日給

伍拾肆碩伍（會案□食仙）□二載十一月十五日給（九十三仙）

□[拾]肆碩青麥天十三（會案天十二已前食□）□給銀山館

柒拾陸碩叁斗青麥（會案天十一載食[仙]）天十二載六月□

[陸]拾柒碩青麥填柳中倉郡坊帖（會案天十二食仙）□

壹拾玖碩伍斗青麥填諸館死馬迴殘，（准前仙）天十[三]□

□[肆][拾]壹碩叁斗（會給用外見在數同）□

□斛斗□

（一〇）唐天寶十三載（公元七五四年）交河郡長行坊具一至九月踖料破用帳請處分牒

73TAM506:4/32—10之九

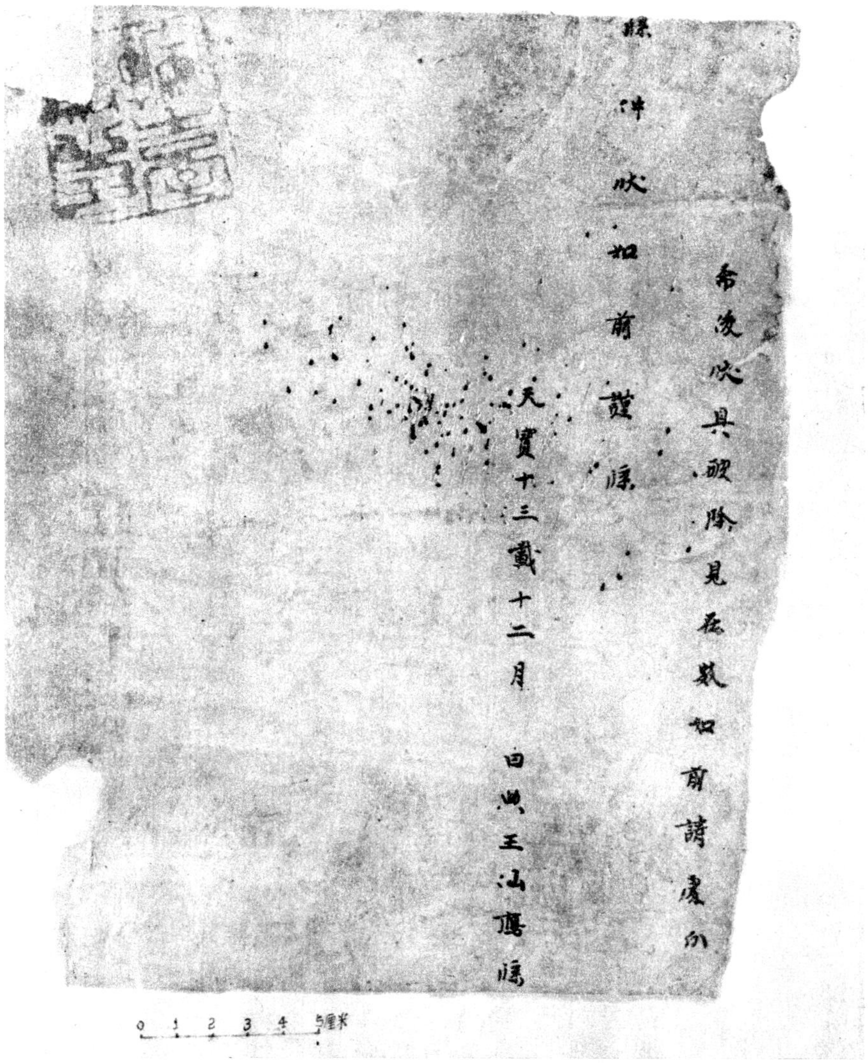

102　　　　希俊狀，具破除、見在數如前，請處分。

103　牒件狀如前，謹牒。

104　天寶十三載十二月　　日典王仙鷹　牒

九十四

（一一）唐天寶十三載（公元七五四年）後請處分諸館馬料牒　73TAM506:4/32—11

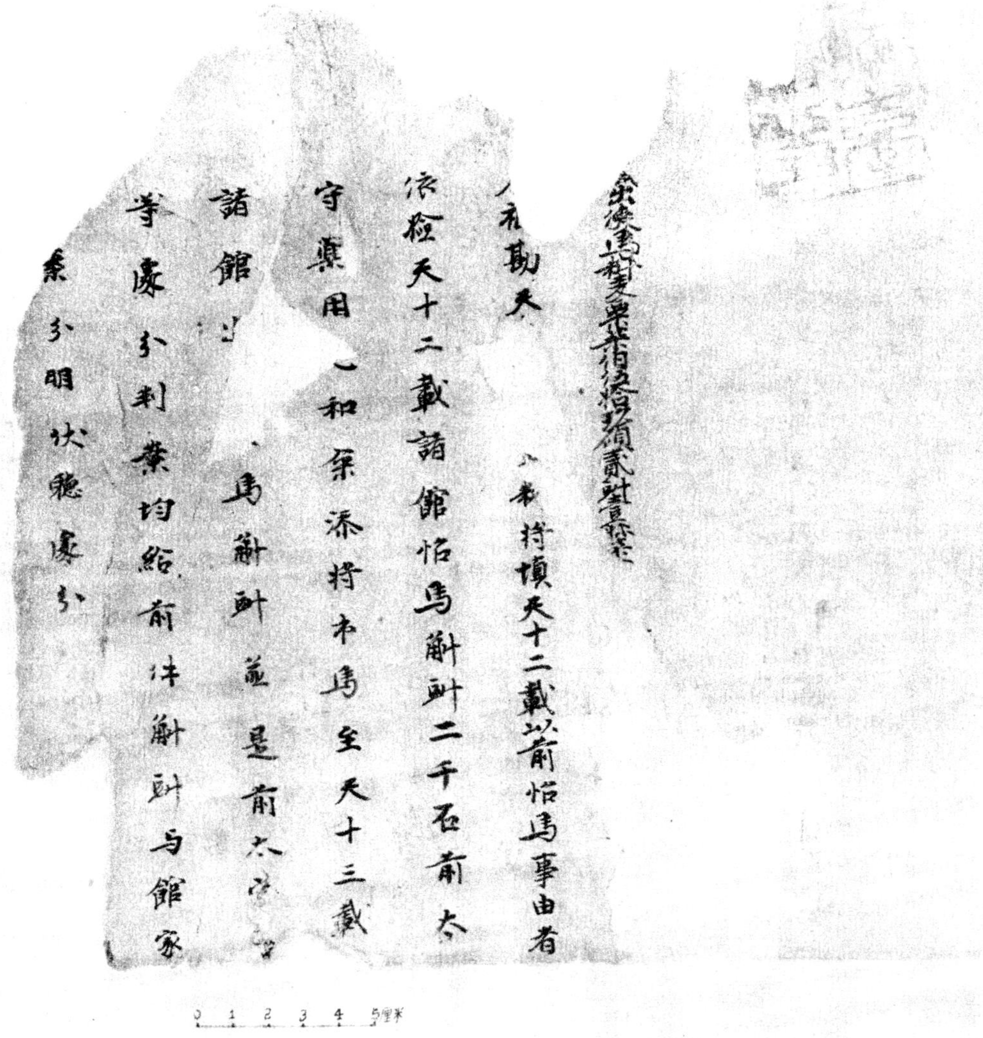

（一一）唐天寶十三載（公元七五四年）後請處分諸館馬料牒

本件原與上件連，前後有殘，背面騎縫編號爲九十四；紀年殘缺，據内容及前後相連文牒，當寫在天寶十三載末或十四載初，疑是郡長行坊致都督府的文牒。

九十四

〔上殘〕□出使馬料麦粟柒伯伍拾玖碩貳㪷壹勝柒□
□[被]勘天□[料]，將填天十二載以前帖馬事由者。
依檢天十二載諸館帖馬斛㪷二千石，前太
守藥用[充]和籴添將市馬，至天十三載
諸館□□□馬斛㪷並是前太[守]□
等處分，判案均給前件斛㪷，与館家
□案分明。伏聽處分。

(一二) 唐天寶十四載（公元七五五年）交河郡長行坊申上載在槽減料斛斗數請處分牒

73TAM506:4/32—12之一

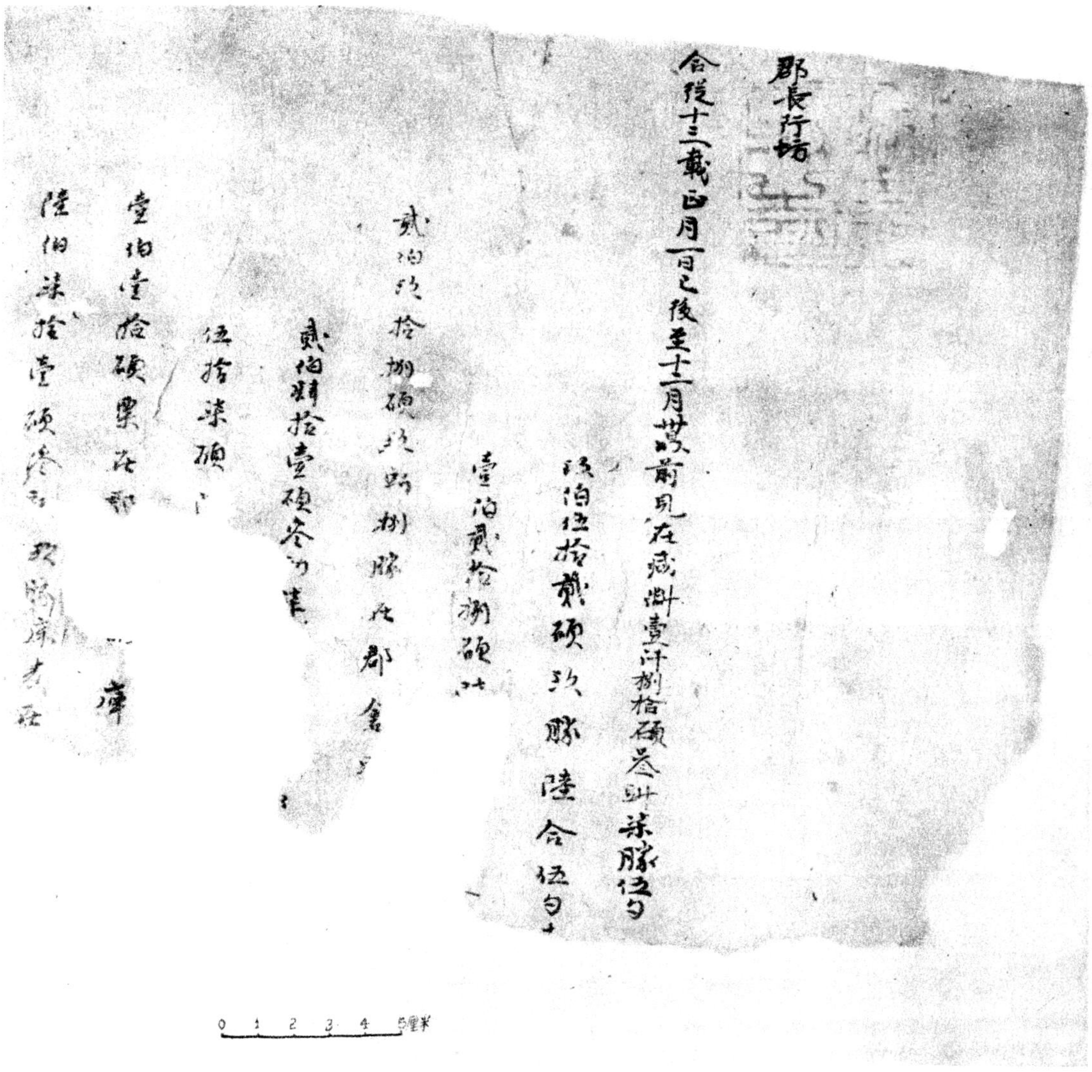

(一二) 唐天寶十四載（公元七五五年）交河郡長行坊申上載在槽減料斛斗數請處分牒

本件背面騎縫編號自九十五至九十六，下押「仙」字；正面接縫上蓋輪臺縣朱印。

1 郡長行坊　　九十五　仙

2 合從十三載正月一日已後至十二月卅日以前，見在減料壹阡捌拾碩叁斛柒勝伍勺

3 玖伯伍拾貳碩玖勝陸合伍勺□□

4 壹伯貳拾捌碩陸□

5 貳伯玖拾捌碩玖斫（斛）捌勝在郡倉□

6 貳伯肆拾壹碩叁斫柒□

7 伍拾柒碩陸□

8 壹伯壹拾碩粟在郡□庫□

（一二）　唐天寶十四載（公元七五五年）交河郡長行坊申上載在槽減料斛斗數請處分牒

73TAM506:4/32—12之二

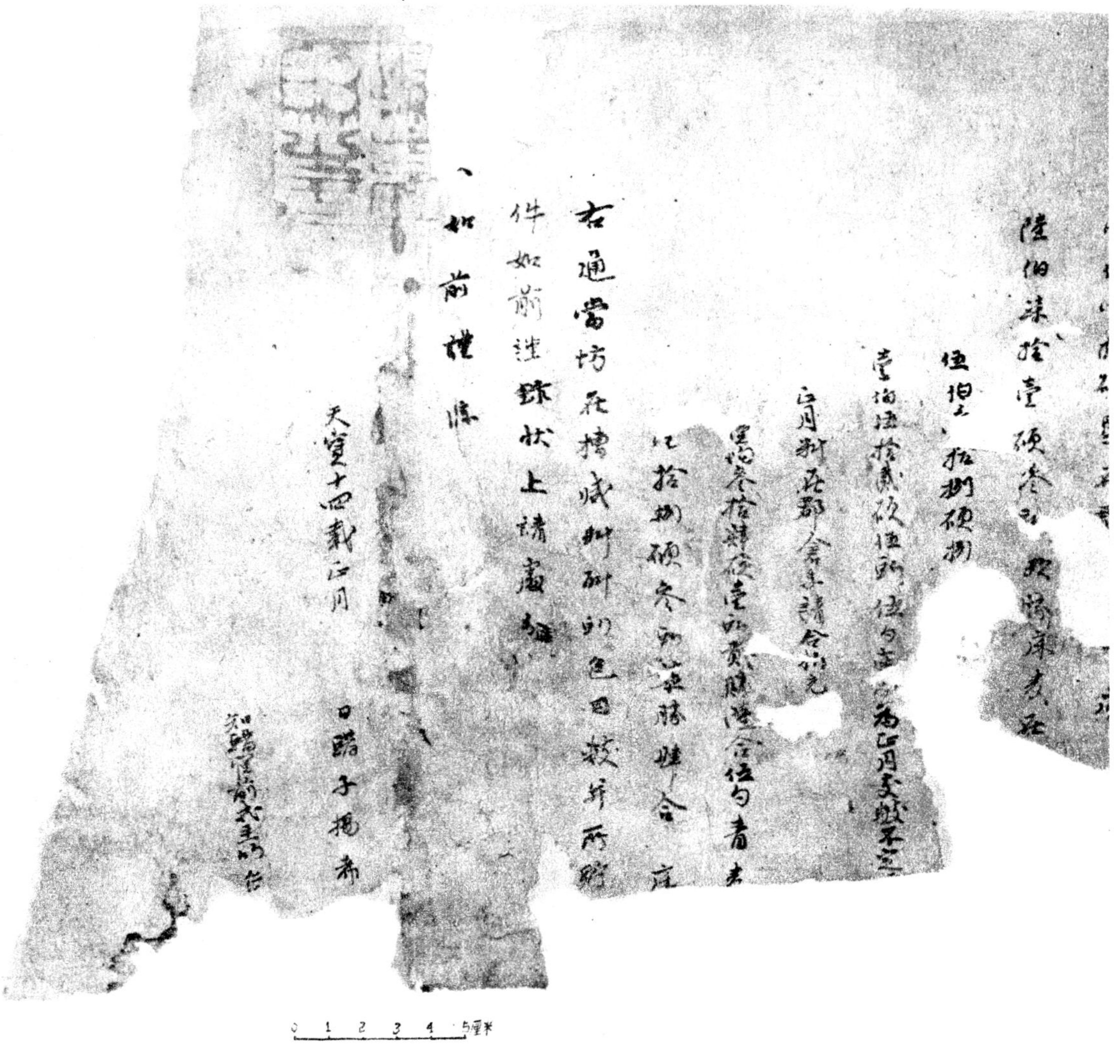

9 陸伯柒拾壹碩叁[㪷]玖勝床麥在□

10 伍伯[壹]拾捌碩捌□

11 壹伯伍拾貳碩伍㪷伍勺床□為正月支數不定□

‖

12 正月料在郡倉未請合[折]充

13 壹伯叁拾肆碩壹㪷貳勝陸合伍勺青麥

14 [壹]拾捌碩叁㪷[柒]勝肆合床

15 右通當坊在槽減料斛（斛）㪷色目數，并所貯□

16 件如前。謹錄狀上請處分。

17 □□□如前。謹牒。

18 天寶十四載正月　日踏子楊希□□　九十六仙

19 □　□　知踏官前戍主竹仁□

（一三） 唐天寶十四載（公元七五五年）郡倉申上載正月以後郡坊所請食料數牒

73TAM506:4/32—13

（一三）唐天寶十四載（公元七五五年）郡倉申上載正月以後郡坊所請食料數牒

本件背面騎縫編號九十七，右上角殘存「輪臺縣」朱印一處。後空約五行，與後一件相連。

九十七

郡倉

合郡坊從天十□載正月□後至天十四載正

請食料總壹□□伯捌拾伍碩貳

捌伯陸拾貳碩

叁伯貳拾叁

右通當倉天十三載正月已後

以前未請食料

如前

天寶十四載　日史尉

倉督嚴孝忠　陰守賀

參軍攝倉督畢宏

（一四）唐天寶十四載（公元七五五年）雜事司申勘會上載郡坊在槽馬減料數牒

73TAM506:4/32—14之1

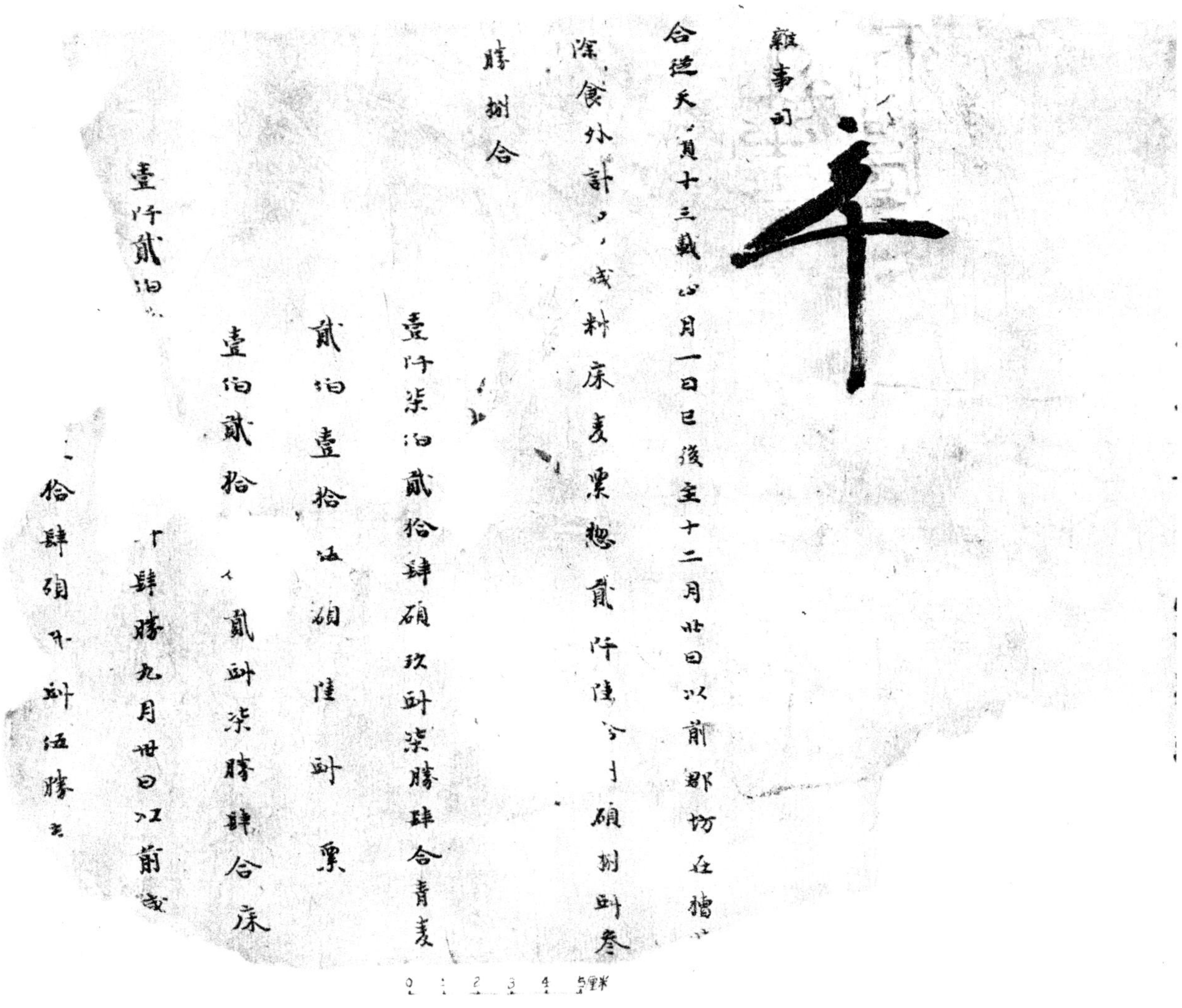

（一四）唐天寶十四載（公元七五五年）雜事司申勘會上載郡坊在槽馬減料數牒

本件原與上件同卷粘連，背面騎縫編號自九十八至一百一，有的押「仙」字；正面騎縫上蓋「輪臺縣」朱印（現存三處）上押「覃」字。

雜事司

合從天寶十三載正月一日已後至十二月卅日以前，郡坊在槽馬

除食外，計當減料床、麦、粟總貳　阡　陸　拾　捌碩捌蚪　叁

勝捌合。

九十八

壹阡柒伯貳拾肆碩玖蚪柒勝肆合青麦

貳伯壹拾伍碩　陸　蚪粟

壹伯貳拾碩　貳蚪柒勝肆合床

壹阡貳伯□蚪肆勝九月卅日以前減

□拾肆碩貳蚪　伍勝　青□

（一四）　唐天寶十四載（公元七五五年）雜事司申勘會上載郡坊在槽馬減料數牒

73TAM506:4/32—14之二

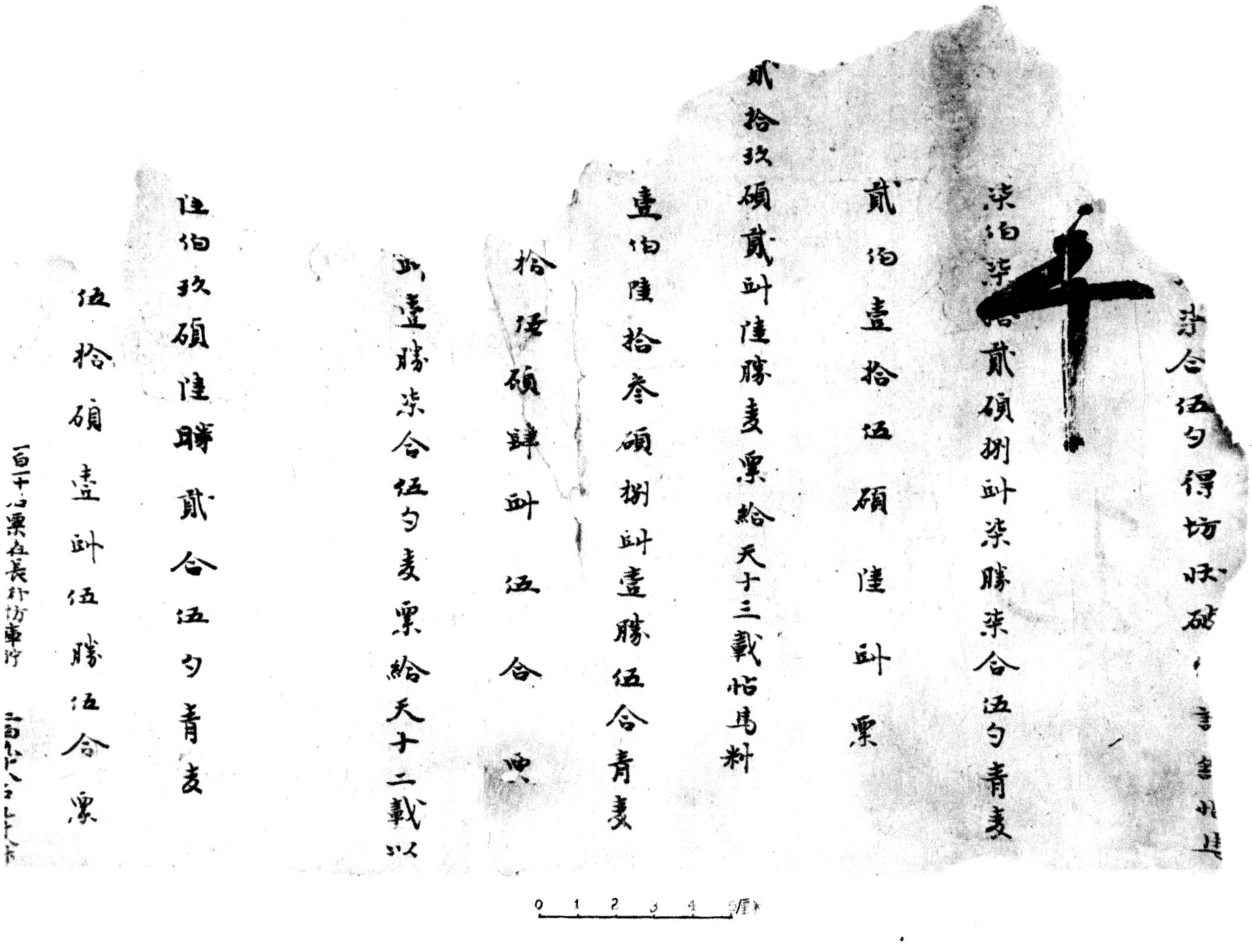

□柒合伍勺得坊狀破供諸館帖馬

柒伯柒拾貳碩捌㪷柒勝柒合伍勺青麥

九十九仙

貳伯壹拾伍碩陸㪷粟

□貳拾玖碩貳㪷陸勝麥、粟，給天十三載帖馬料。

壹伯陸拾叁碩捌　㪷壹勝伍合青麥

□拾　伍碩肆㪷伍合粟

□㪷壹勝柒合伍勺麥、粟，給天十二載以

□

陸伯玖碩陸勝貳合伍勺青麥

□□伍拾碩壹㪷伍勝伍合　粟

（一四）唐天寶十四載（公元七五五年）雜事司申勘會上載郡坊在槽馬減料數牒

73TAM506:4/32—14之三

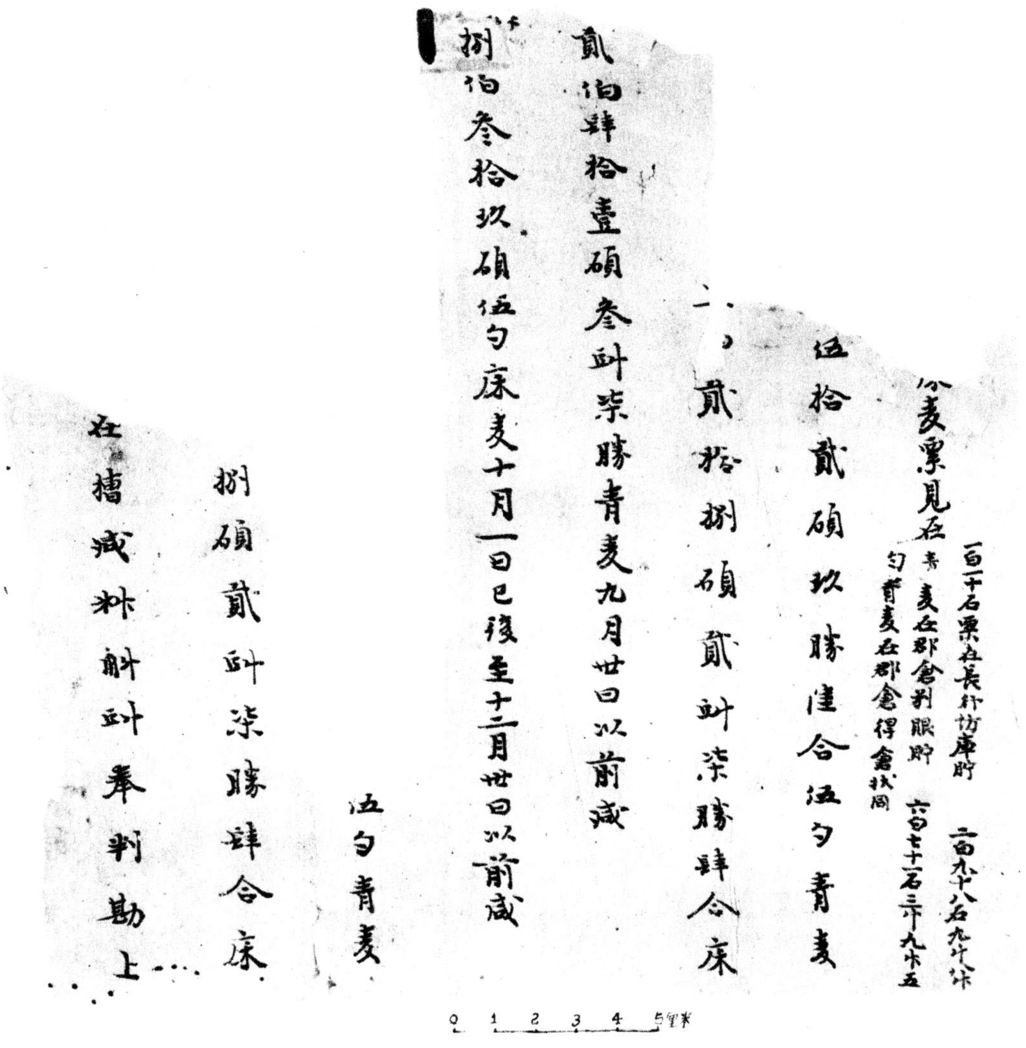

20 （前缺）[床]、麥、粟見在 一百一十石粟在長行坊庫貯 二百九十八石九斗八升[青]麥在郡倉別賬[一]貯 六百七十一石三斗九升五勺青麥在郡倉，得倉狀同。

21 （前缺）伍拾貳碩玖勝陸合伍勺　青麥

22 [壹][伯]貳拾捌碩貳㪷柒勝肆合床

23 □貳伯肆拾壹碩叁㪷柒勝青麥，九月卅日以前減

24 □[阡]捌伯叁拾玖碩伍勺床麥，十月一日已後至十二月卅日以前減[二]

25 [年]（中缺）伍勺青麥

26 （前缺）捌碩貳㪷柒勝肆合床

27 （前缺）在槽減料斛㪷奉判勘上

一百

仙

注釋

〔一〕賬：原誤作「眼」。

〔二〕減：當是「減」字之誤。

（一四）　唐天寶十四載（公元七五五年）雜事司申勘會上載郡坊在槽馬減料數牒

73TAM506:4/32—14之四

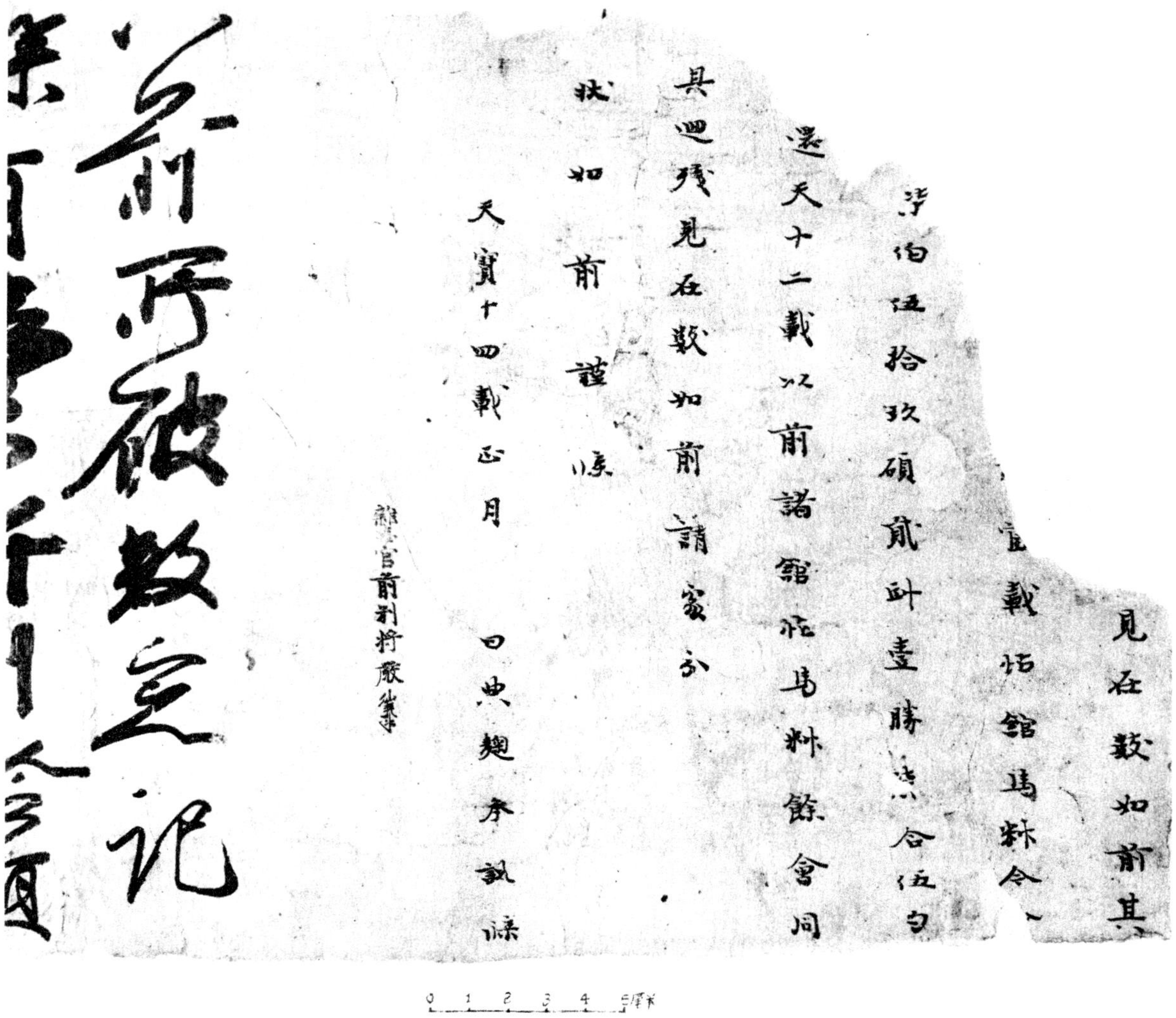

見在數如前其

當載帖館馬料今□

□□柒伯伍拾玖碩貳㪷　壹勝柒合伍勺

□還天十二載以前諸館帖馬料，餘會同，

具廻殘見在數如前，請處分。

□件狀如前謹牒。

天寶十四載正月　日典趙承訓牒

雜事官前別將嚴仙泰

以前所破數定記

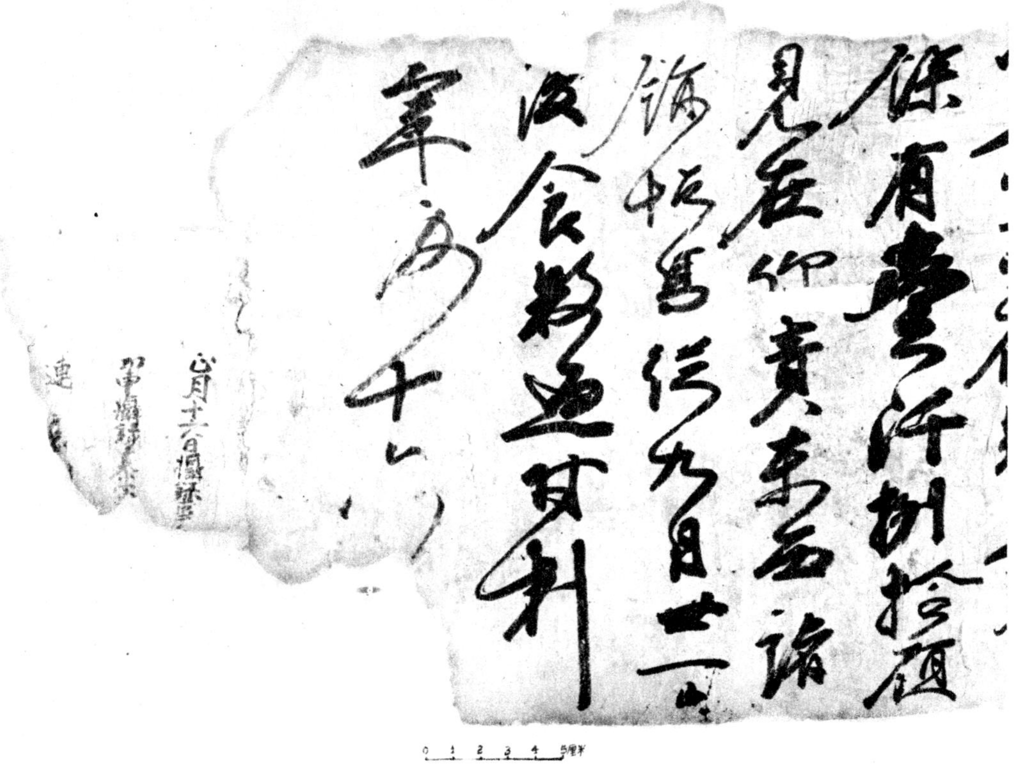

(一四)　唐天寶十四載(公元七五五年)雜事司申勘會上載郡坊在槽馬減料數牒
73TAM506:4/32—14之五

37 餘有壹阡捌拾碩
38 見在，仰責東西諸
39 館帖馬從九月廿一日
40 [後]食數過付判。
41 覃 示 十六 □
42 正月十六日攝錄事 □
43 功曹攝錄事參軍 □
44 連 □

一百一

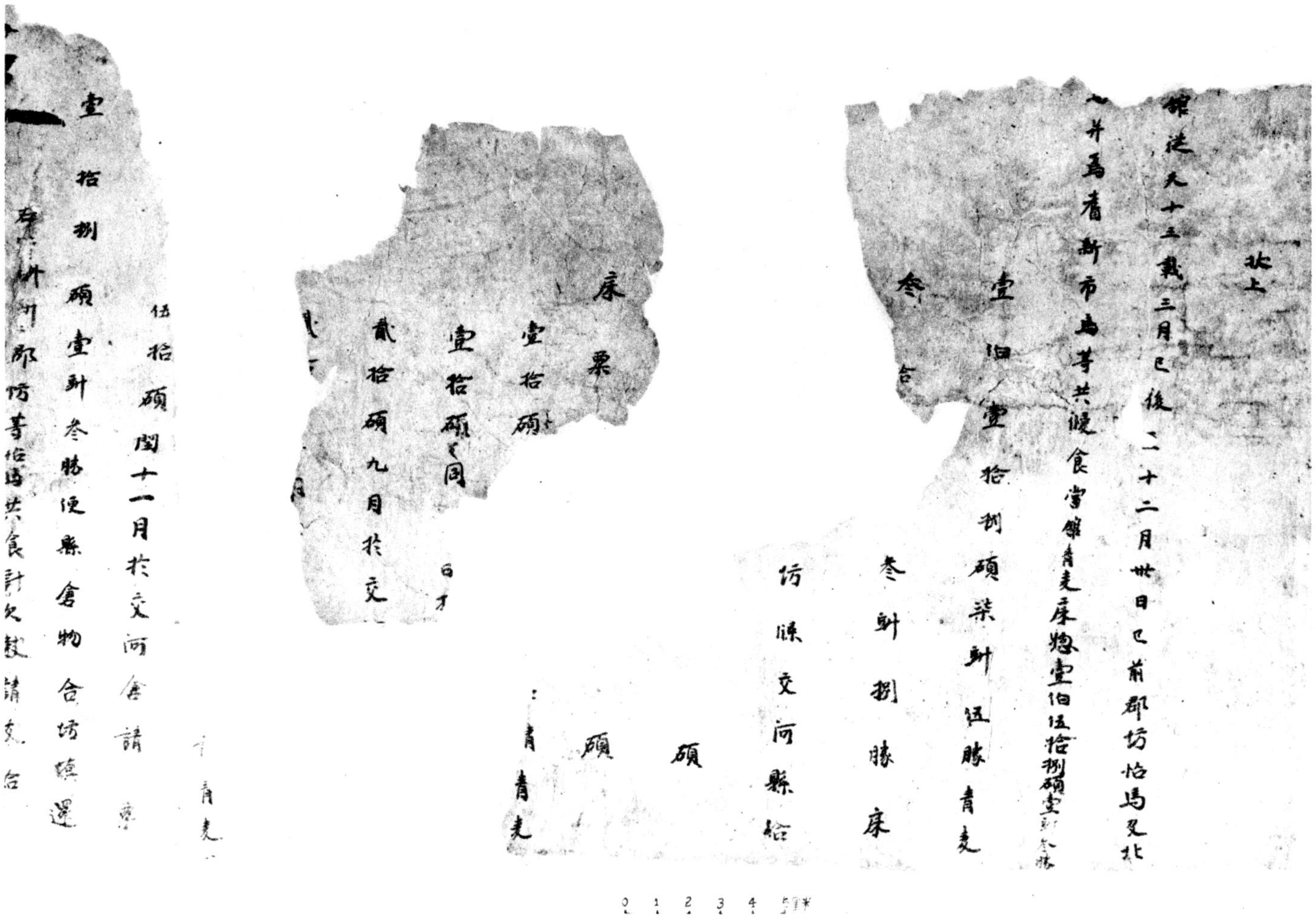

(一五) 唐天寶十四載(公元七五五年)某館申十三載三至十二月侵食當館馬料帳歷狀　　73TAM506:4/32—15之一

（一五）唐天寶十四載（公元七五五年）某館申十三載三至十二月侵食當館馬料帳歷狀

本件背面騎縫編號起一百二止一百一十四，正面騎縫上押「草」字。

一百二　彥

□□□　狀上
□□館從天十三載三月已後至十二月卅日已前，郡坊帖馬及北
□□馬并馬耆新市馬等，共侵食當館青麥、床，總壹伯伍拾捌碩壹㪷叁勝
壹伯壹拾捌碩柒㪷伍勝　青　麥
叁拾□□叁㪷捌勝　床
［　　］坊牒交河縣給
［　　］碩
床粟［　　］碩
壹拾碩［　　］請青　麥
壹拾碩同□日於［　　］
貳拾碩九月於交［　　］
貳拾□□月［　　］
［　　　　］請青　麥
伍拾碩閏十一月於交河倉請　粟
壹拾捌碩　壹㪷叁勝　便縣　倉　物合坊填還

（一五） 唐天寶十四載（公元七五五年）某館申十三載三至十二月侵食當館馬料帳歷狀

73TAM506:4/32—15之二

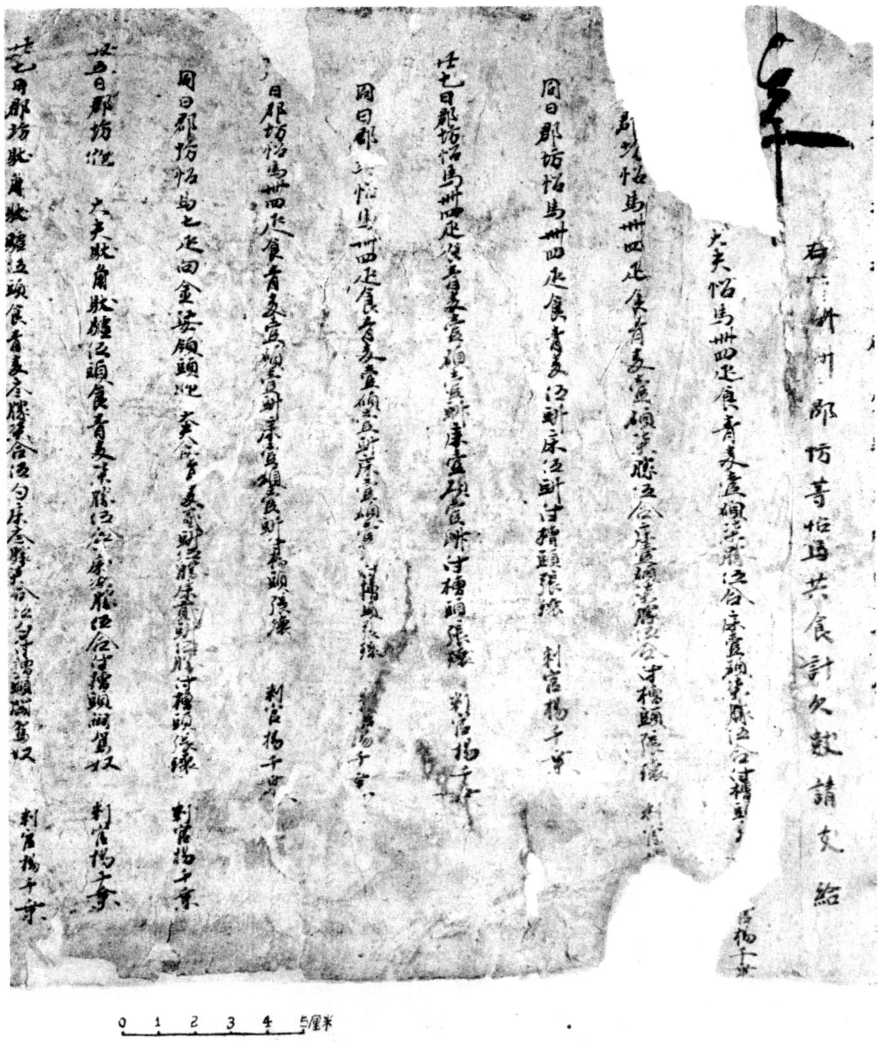

16 右[件]斛㪷郡坊等帖馬共食，計欠數，請支給。

17 斤 □大夫帖馬卌四疋，食青麥壹碩柒勝伍合，床壹碩柒勝伍合，付槽[頭]
一百三

18 □郡坊帖馬卌四疋，食青麥壹碩柒勝伍合，床壹碩柒勝伍合。付槽頭張瓌
[張]□ □官楊千乘。
判官楊□□

19 同日，郡坊帖馬卌四疋，食青麥伍㪷，床伍㪷。付槽頭張瓌、 判官楊千乘。

20 廿七日，郡坊帖馬卌四疋，食青麥壹碩壹㪷，床壹碩壹㪷。付槽頭張瓌、 判官
楊千乘。

21 同日，郡[坊]帖馬卌四疋，食青麥壹碩壹㪷，床壹碩壹[㪷]。付槽頭張瓌、 判官
楊千乘。

22 [廿八]日，郡坊帖馬卌四疋，食青麥壹碩壹㪷，床壹碩壹㪷。付槽頭張瓌、 判官
楊千乘。

23 同日，郡坊帖馬七疋，向金娑領頭迎大夫，〔一〕食青麥貳㪷伍勝，床貳㪷伍勝。付
槽頭張瓌、 判官楊千乘。

24 廿五日郡坊迎 大夫馱角（脚）馱驢伍頭，食青麥柒勝伍合，床柒勝伍合。付槽頭
閻駕奴、 判官楊千乘。

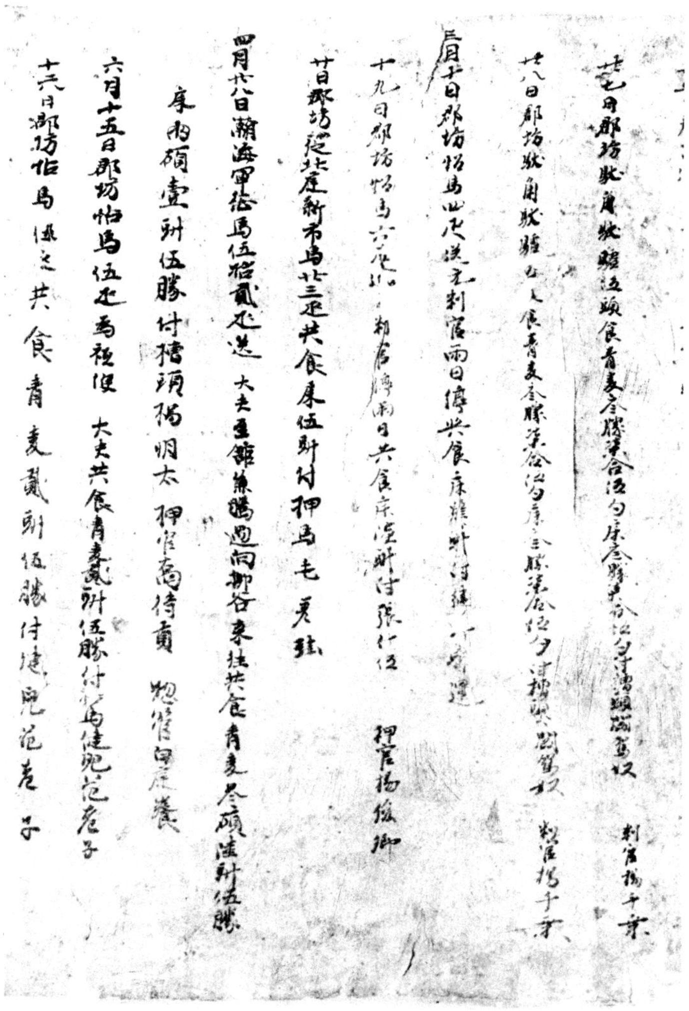

25　廿七日，郡坊駄角駄驢伍頭，食青麥叁勝柒合伍勺，床叁勝柒合伍勺。付槽頭
閻駕奴。　判官楊千乘。
26　廿八日郡坊駄角駄驢伍頭，食青麥叁勝柒合伍勺，床叁勝柒合伍勺。付槽頭
閻駕奴。　判官楊千乘。
27　三月十日，郡坊帖馬四疋，送元判官，兩日停，共食床肆斟。付健兒郭運。
28　十九日，郡坊帖馬六疋，迎元判官，停兩日，共食床陸斟。付張什伍，　押官楊
俊卿。
29　廿日，郡坊從北庭新市馬卅三疋，共食床伍斟。付押馬毛彥珪。
30　四月廿八日，瀚海軍征馬伍拾貳疋，送　大夫至舘，兼騰過向柳谷，來往共食
青麥叁碩陸斟伍勝，
31　床兩碩壹斟伍勝。付槽頭楊明太　押官喬待貢　總管白庭養。
32　六月十五日，郡坊帖馬伍疋，爲祇候　大夫，共食青麥貳斟伍勝。付帖馬健
兒范老子
33　十六日，郡坊帖馬伍疋，共食青麥貳斟伍勝。付健兒范老子。

注釋

〔一〕領：當作「嶺」。

（一五） 唐天寶十四載（公元七五五年）某館申十三載三至十二月侵食當館馬料帳歷狀

73TAM506:4/32—15之三

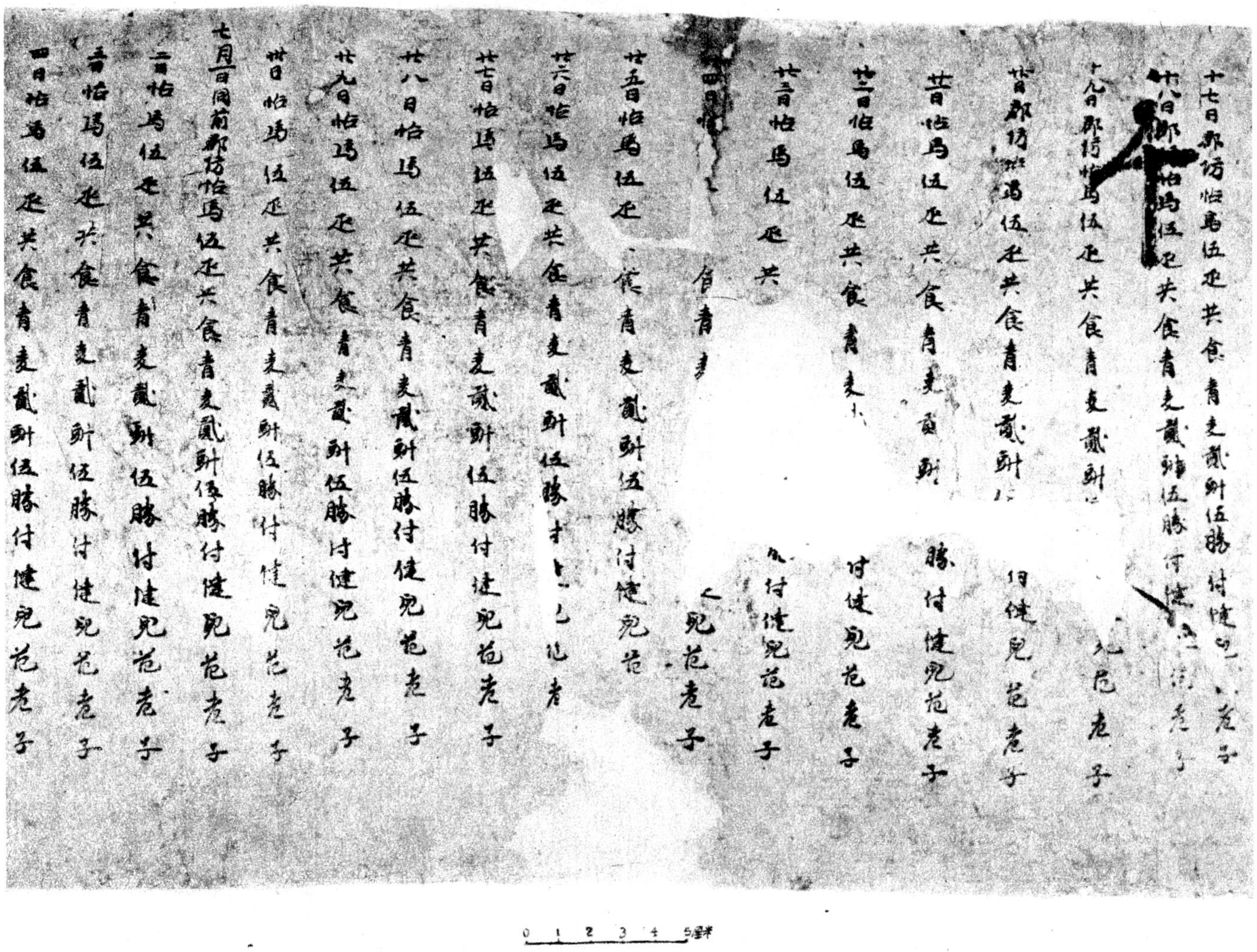

34 十七日，郡坊帖馬伍疋，共食青麥貳㪷伍勝。付健兒[范]老子。
35 十八日，郡坊帖馬伍疋，共食青麥貳㪷伍勝。付健[兒][范]老子。
36 十九日，郡坊帖馬伍疋，共食青麥貳㪷[伍]□□□[兒]范老子。 一百四
37 廿日，郡坊帖馬伍疋，共食青麥貳㪷[伍]□付健兒范老子。
38 廿一日，帖馬伍疋，共食青麥貳㪷□勝。付健兒范老子。
39 廿二日，帖馬伍疋，共食青麥[貳]□□。付健兒范老子。
40 廿三日，帖馬伍疋，共□□□□□[勝]。付健兒范老子。
41 廿四日，帖□[伍]□食青麥□□□□□[健]兒范老子。
42 廿五日，帖馬伍疋，□食青麥貳㪷伍勝。付健兒范□□
43 廿六日，帖馬伍疋，共食青麥貳㪷伍勝。[付][健][兒][范]老□。
44 廿七日，帖馬伍疋，共食青麥貳㪷伍勝。付健兒范老子。
45 廿八日，帖馬伍疋，共食青麥貳㪷伍勝。付健兒范老子。
46 廿九日，帖馬伍疋，共食青麥貳㪷伍勝。付健兒范老子。
47 卅日，帖馬伍疋，共食青麥貳㪷伍勝。付健兒范老子。
48 七月一日，同前，郡坊帖馬伍疋，共食青麥貳㪷伍勝。付健兒范老子。
49 二日，帖馬伍疋，共食青麥貳㪷伍勝。付健兒范老子。
50 三日，帖馬伍疋，共食青麥貳㪷伍勝。付健兒范老子。
51 四日，帖馬伍疋，共食青麥貳㪷伍勝。付健兒范老子。

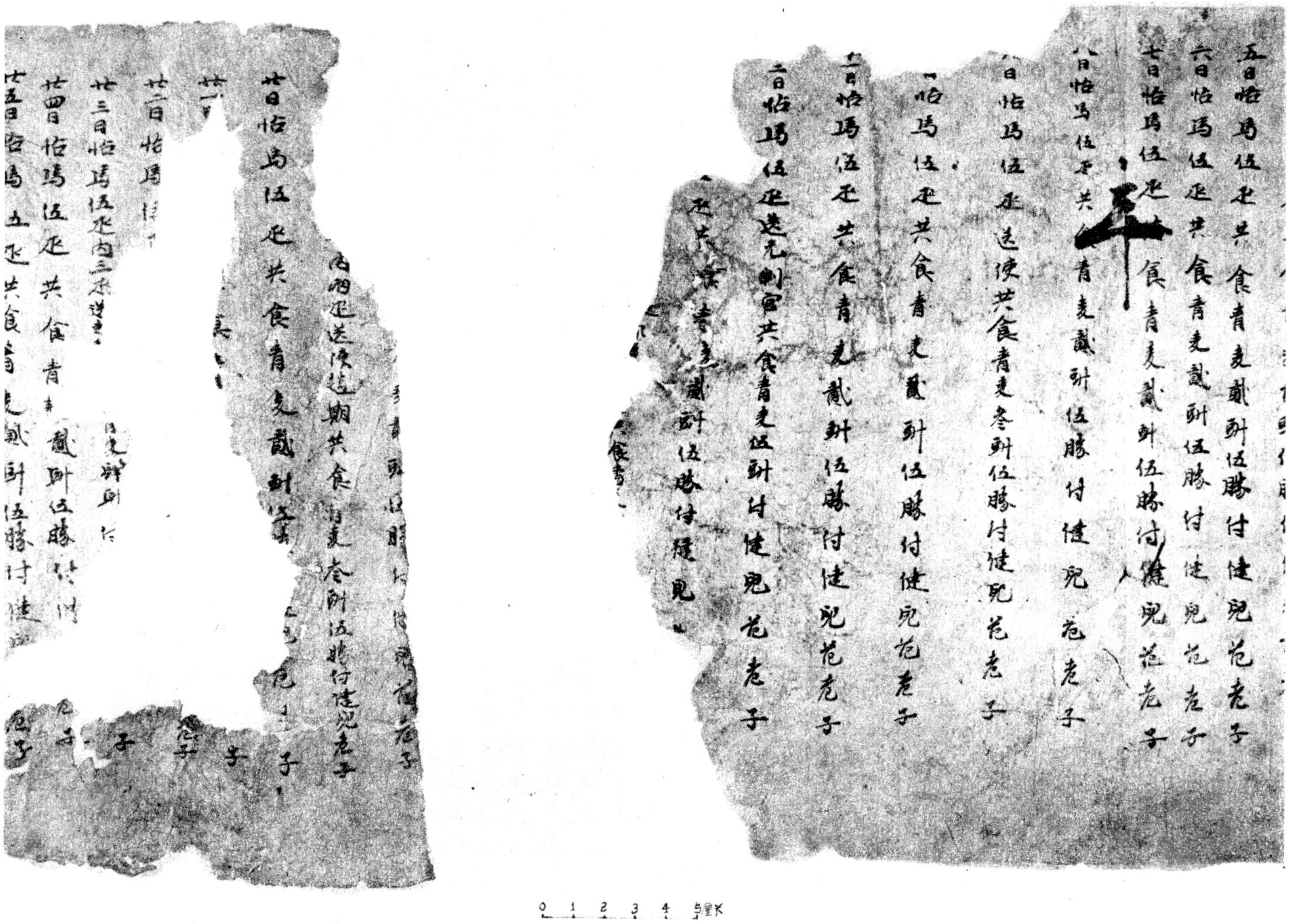

（一五）　唐天寶十四載（公元七五五年）某館申十三載三至十二月侵食當館馬料帳歷狀

73TAM506:4/32—15之四

五日，帖馬伍疋，共食青麥貳㪷伍勝。付健兒范老子。

六日，帖馬伍疋，共食青麥貳㪷伍勝。付健兒范老子。

七日，帖馬伍疋，共食青麥貳㪷伍勝。付健兒范老子。　一百五

八日，帖馬伍疋，共食青麥貳㪷伍勝。付健兒范老子。

□日，帖馬伍疋，送使，共食青麥叁㪷伍勝。付健兒范老子。

□〔日〕帖馬伍疋，共食青麥貳㪷伍勝。付健兒范老子。

十一日，帖馬伍疋，共食青麥貳㪷伍勝。付健兒范老子。

□二日，帖馬伍疋，送元判官，共食青麥伍㪷。付健兒范老子。

……〔伍〕疋，共食青麥貳㪷伍勝。付健兒〔范〕□□。

……共食〔青〕〔麥〕〔肆〕……

……〔青〕〔麥〕〔貳〕〔㪷〕〔伍〕〔勝〕。〔付〕〔健〕兒范老子。

……內兩疋送使趙期，共食青麥叁㪷伍勝。付健兒范老子。

廿日，帖馬伍疋，共食青麥貳㪷伍〔勝〕。□□〔兒〕〔范〕〔老〕子。

廿一日，……〔食〕〔青〕……子。

廿二日，帖馬伍〔疋〕，……〔老〕子。

廿三日，帖馬伍疋，內三疋送〔趙〕〔都〕□……〔青〕麥肆㪷付……子。

廿四日，帖馬伍疋，共食青麥貳㪷伍勝。付健□□〔老〕子。

（一五）　唐天寶十四載（公元七五五年）某館申十三載三至十二月侵食當館馬料帳歷狀

73TAM506:4/32—15之五

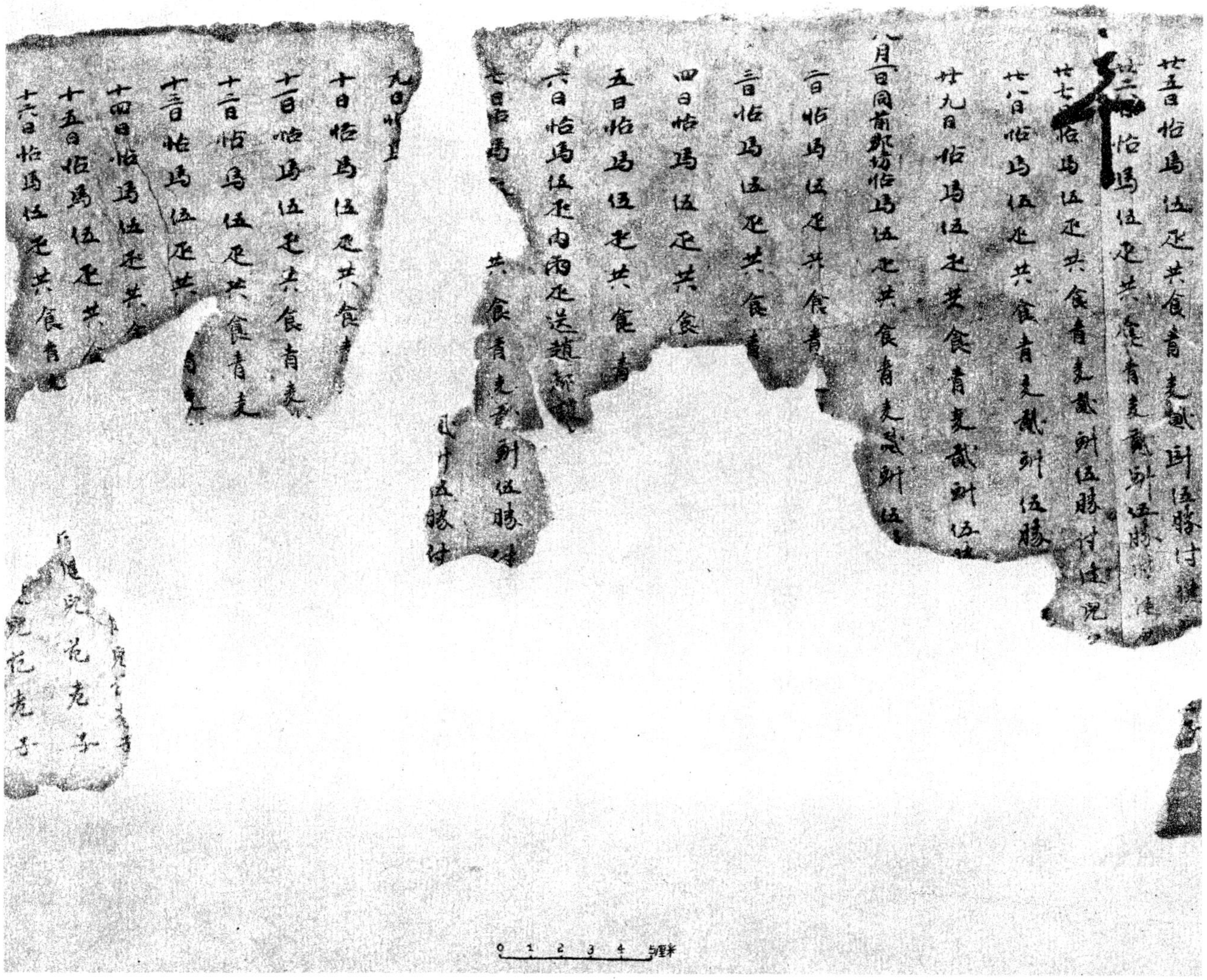

廿五日，帖馬伍疋，共食青麦貳㪷伍勝。付健兒□老子。
廿六日，帖馬伍疋，共食青麦貳㪷伍勝。付健兒□
廿七日，帖馬伍疋，共食青麦貳㪷伍勝。付健兒范□□
廿八日，帖馬伍疋，共食青麦貳㪷伍勝。□健□
廿九日，帖馬伍疋，共食青麦貳㪷伍勝。□
八月一日，同前郡坊帖馬伍疋，共食青麦貳㪷伍勝。□
二日，帖馬伍疋，共食青□
三日，帖馬伍疋，共食青□
四日，帖馬伍疋，共食□
五日，帖馬伍疋，共食青□
六日，帖馬伍疋，内兩疋送趙都護，共□
七日，帖馬伍□共食青麦貳㪷伍勝。付□
□貳㪷伍勝。付□
九日，帖馬□
十日，帖馬伍疋，共食青□
十一日，帖馬伍疋，共食青麦□
十二日，帖馬伍疋，共食青麦□
十三日，帖馬伍疋，共□青麦□
十四日，帖馬伍疋，共食□
十五日，帖馬伍疋，共食□健兒范老子。
十六日，帖馬伍疋，共食青麦□付健兒范老子。

一百六

（一五）唐天寶十四載（公元七五五年）某館申十三載三至十二月侵食當館馬料帳歷狀

73TAM506:4/32—15之六

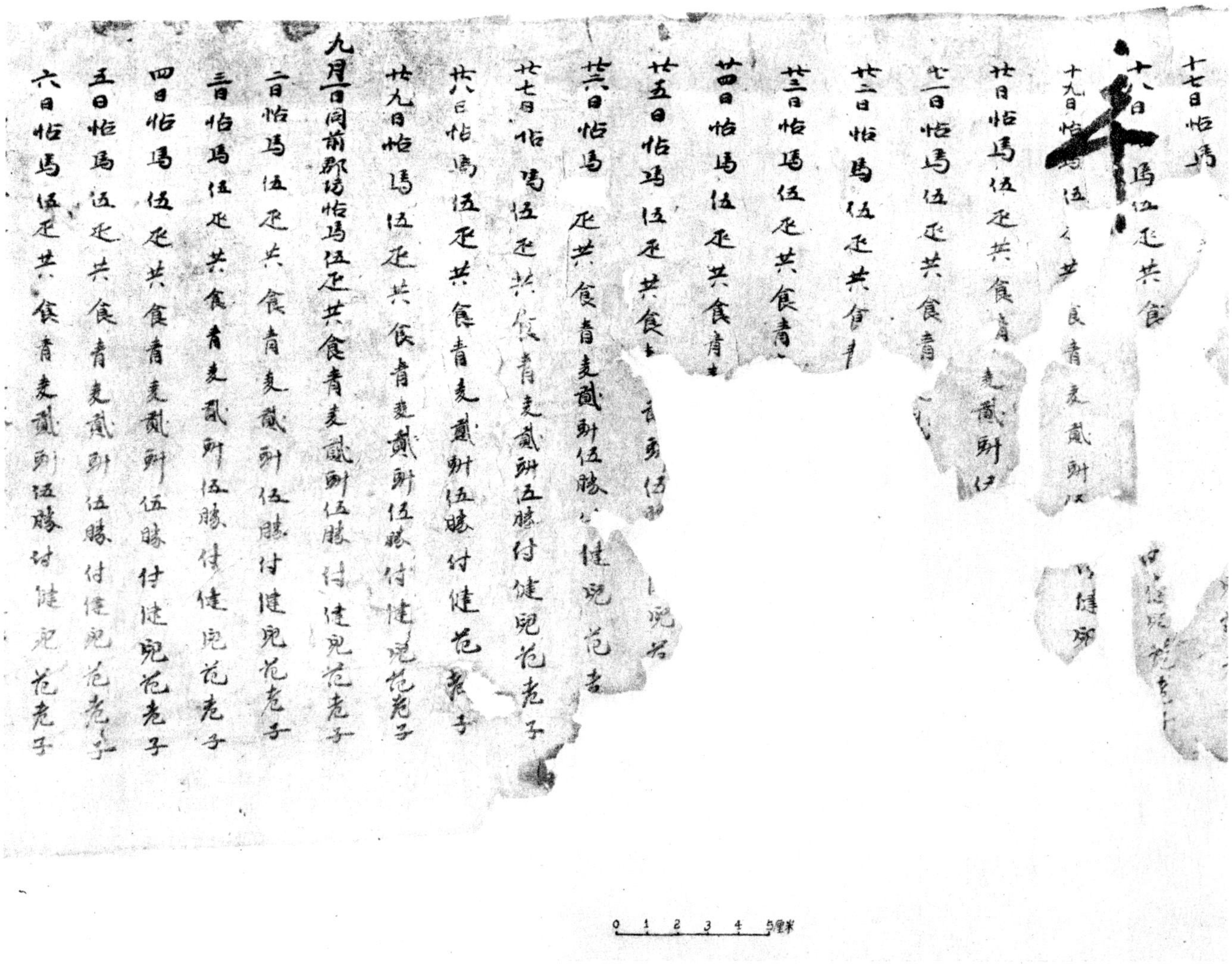

十七日，帖馬□健兒范老子。

十八日，帖馬伍疋，共食□付健兒范老子。

丰

十九日，帖馬伍疋，共食青麥貳㪷伍□付建兒□

一百七

廿日，帖馬伍疋，共食青麥貳㪷伍□

廿一日，帖馬伍疋，共食青麥貳□

廿二日，帖馬伍疋，共食青□

廿三日，帖馬伍疋，共食青□

廿四日，帖馬伍疋，共食青麥□

廿五日，帖馬伍疋，共食青□貳㪷伍勝。□健兒范□□。

廿六日，帖馬□疋，共食青麥貳㪷伍勝。付健兒范老□。

廿七日，帖馬伍疋，共食青麥貳㪷伍勝。付健兒范老子。

廿八日，帖馬伍疋，共食青麥貳㪷伍勝。付健兒范老子。

廿九日，帖馬伍疋，共食青麥貳㪷伍勝。付健兒范老子。

九月一日，同前郡坊帖馬伍疋，共食青麥貳㪷伍勝。付健兒范老子。

二日，帖馬伍疋，共食青麥貳㪷伍勝。付健兒范老子。

三日，帖馬伍疋，共食青麥貳㪷伍勝。付健兒范老子。

四日，帖馬伍疋，共食青麥貳㪷伍勝。付健兒范老子。

五日，帖馬伍疋，共食青麥貳㪷伍勝。付健兒范老子。

（一五） 唐天寶十四載（公元七五五年）某館申十三載三至十二月侵食當館馬料帳歷狀

73TAM506:4/32—15之七

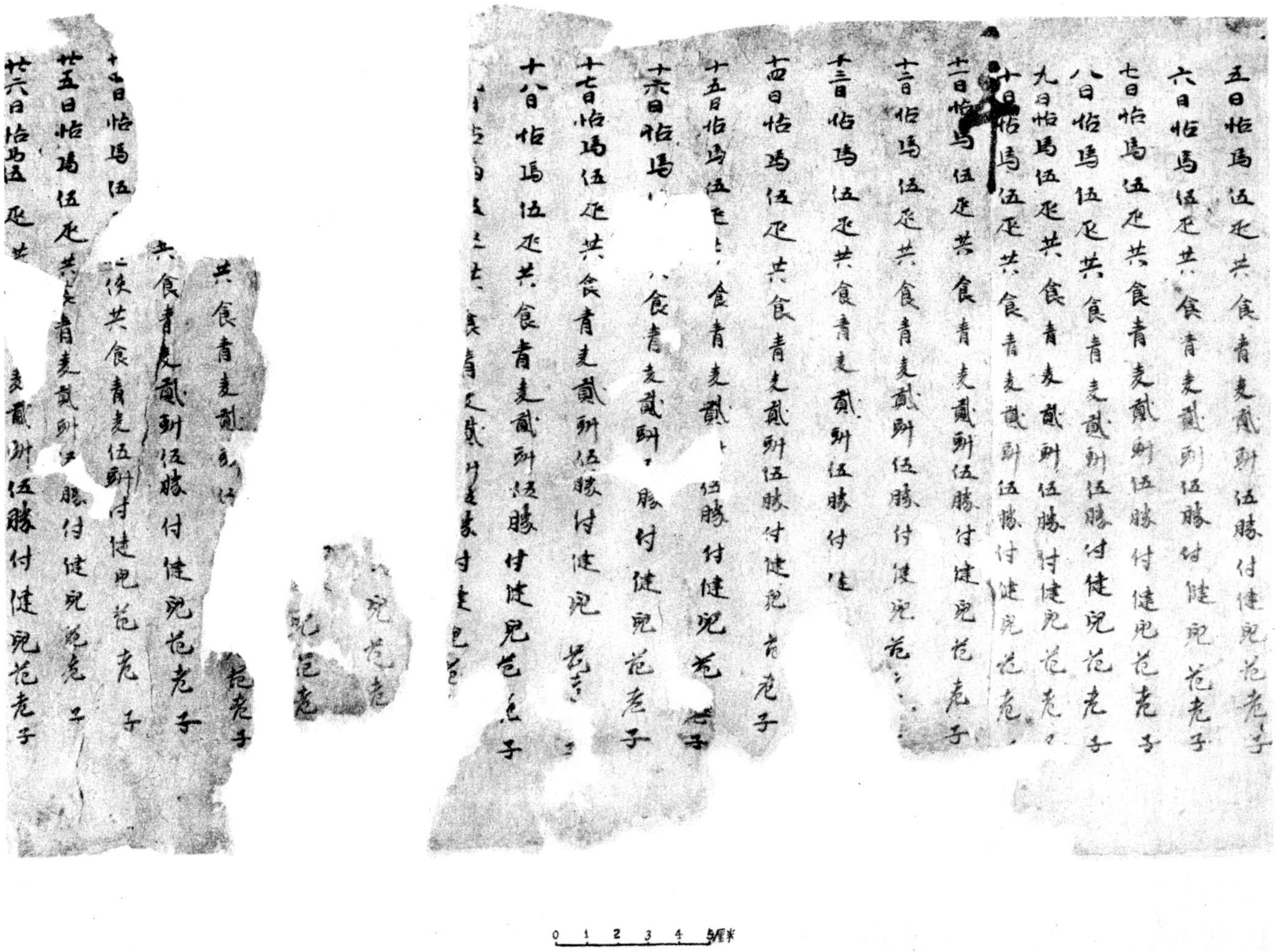

108 六日，帖馬伍疋，共食青麥貳㪷伍勝，付健兒范老子。
109 七日，帖馬伍疋，共食青麥貳㪷伍勝，付健兒范老子。
110 八日，帖馬伍疋，共食青麥貳㪷伍勝，付健兒范老子。
111 九日，帖馬伍疋，共食青麥貳㪷伍勝，付健兒范老[子]。
112 十日，帖馬伍疋，共食青麥貳㪷伍勝，付健兒范老[子]。
113 十一日，帖馬伍疋，共食青麥貳㪷伍勝，付健兒范老子。
114 十二日，帖馬伍疋，共食青麥貳㪷伍勝，付健兒范[老]□。
115 十三日，帖馬伍疋，共食青麥貳㪷伍勝，付[健]□
116 十四日，帖馬伍疋，共食青麥貳㪷伍勝，付健兒范老子。
117 十五日，帖馬伍[疋]，[共]食青麥[貳]□伍勝，付健兒范[老]子。
118 十六日，帖馬□□，[共]食青麥貳㪷□勝，付健兒范老子。
119 十七日，帖馬伍疋，共食青麥貳㪷伍勝，付健兒范老[子]。
120 十八日，帖馬伍疋，共食青麥貳㪷伍勝，付健兒范[老]子。
121 □[九][日]，[帖][馬][伍][疋]，[共]食青[麥]貳[㪷]伍[勝]，[付][健][兒]范□□。
122 ［　　　　　　　　　　　　　　　　］[健]兒范老□。
123 ［　　　　　　　　　　　　　　　　］兒范老□。
124 ［　　　　　］共食青麥貳[㪷][伍]□□□□范老子。
125 ［　　　　　］共食青麥貳㪷伍勝。付健兒范老子。
126 [廿]四日，帖馬伍□□使，共食青麥伍㪷，付健兒范老子。
127 廿五日，帖馬伍疋，共[食]青麥貳㪷[伍]勝，付健兒范老子。

一百八

（一五）唐天寶十四載（公元七五五年）某館申十三載三至十二月侵食當館馬料帳歷狀

73TAM506:4/32—15之八

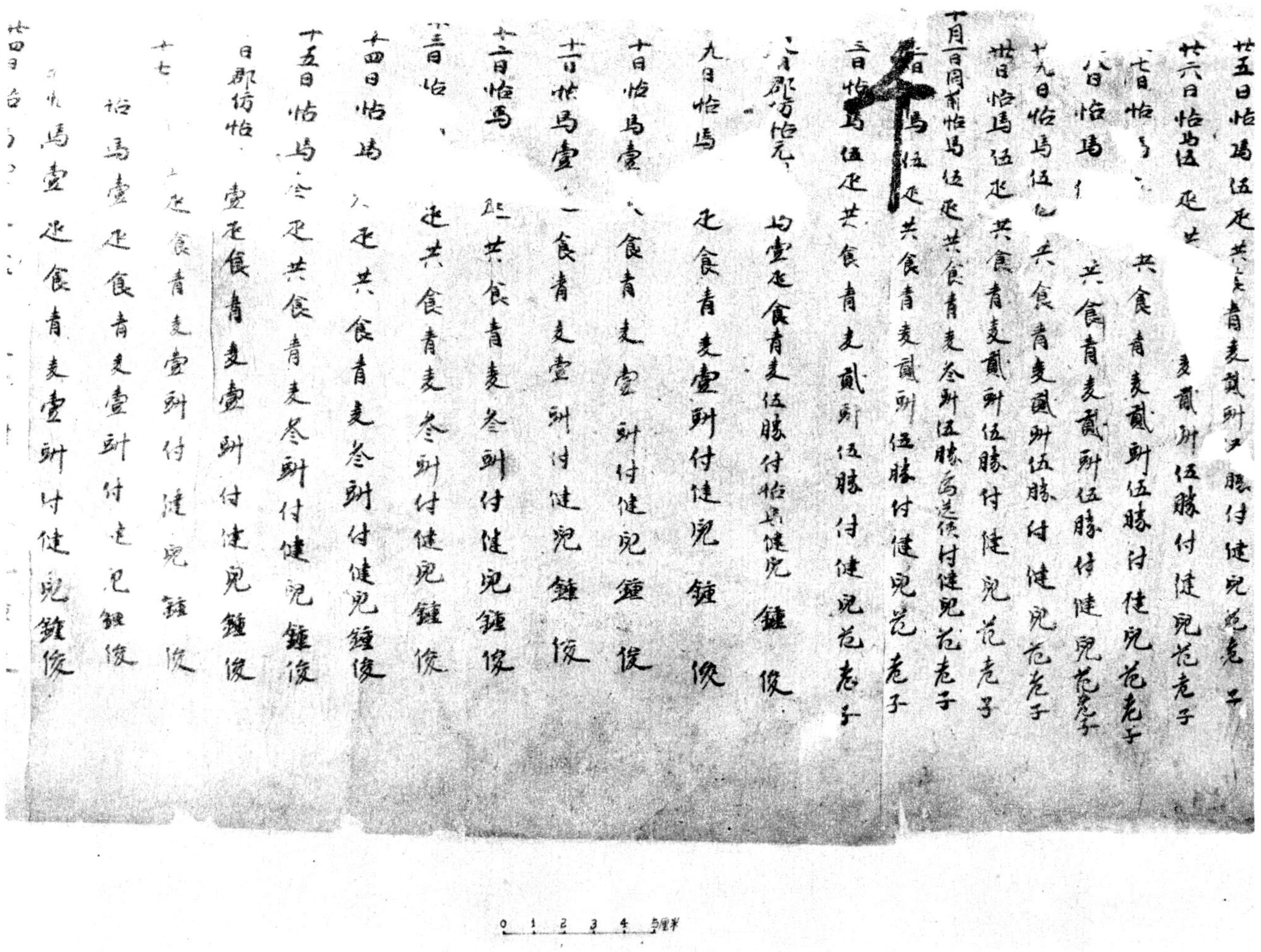

128 廿六日，帖馬伍疋，共□□麥貳㪷伍勝，付健兒范老子。
129 □七日，帖[馬]□□共食青麥貳㪷伍勝，付健兒范老子。
130 □八日，帖馬[伍]□，共食青麥貳㪷伍勝，付健兒范老子。
131 [廿]九日，帖馬伍[疋]共食青麥貳㪷伍勝，付健兒范老子。
132 卅日，帖馬伍疋，共食青麥貳㪷伍勝，付健兒范老子。
133 十月一日，同前帖馬伍疋，共食青麥叁㪷伍勝，為送使，付健兒范老子。
134 二日，帖馬伍疋，共食青麥貳㪷伍勝，付健兒范老子。

一百九

135 三日，帖馬伍疋，共食青麥貳㪷伍勝，付健兒范老子。
136 □□[八][日][郡][坊]帖元□□[馬]壹疋，食青麥伍勝，付帖馬健兒鍾　俊。
137 九日，帖馬□疋，食青麥壹㪷，付健兒鍾　俊。
138 十日，帖馬壹[疋]，食青麥壹㪷，付健兒鍾　俊。
139 十一日，帖馬壹[疋]食青麥壹㪷，付健兒鍾俊。
140 十二日，帖馬□疋，共食青麥叁㪷，付健兒鍾俊。
141 十三日，帖□□疋，共食青麥叁㪷，付健兒鍾俊。
142 十四日，帖馬[叁]疋，共食青麥叁㪷，付健兒鍾俊。
143 十五日，帖馬[叁]疋，共食青麥叁㪷，付健兒鍾俊。
144 □□日，郡坊帖□壹疋，食青麥壹㪷，付健兒鍾俊。
145 十七□□[馬][壹]疋，食青麥壹㪷，付健兒鍾俊。
146 　　帖馬壹疋，食青麥壹㪷，付[健][兒]鍾俊。
147 □□日，[帖]馬壹疋，食青麥壹㪷，付健兒鍾俊。

（一五）　唐天寶十四載（公元七五五年）某館申十三載三至十二月侵食當館馬料帳歷狀　73TAM506:4/32—15之九

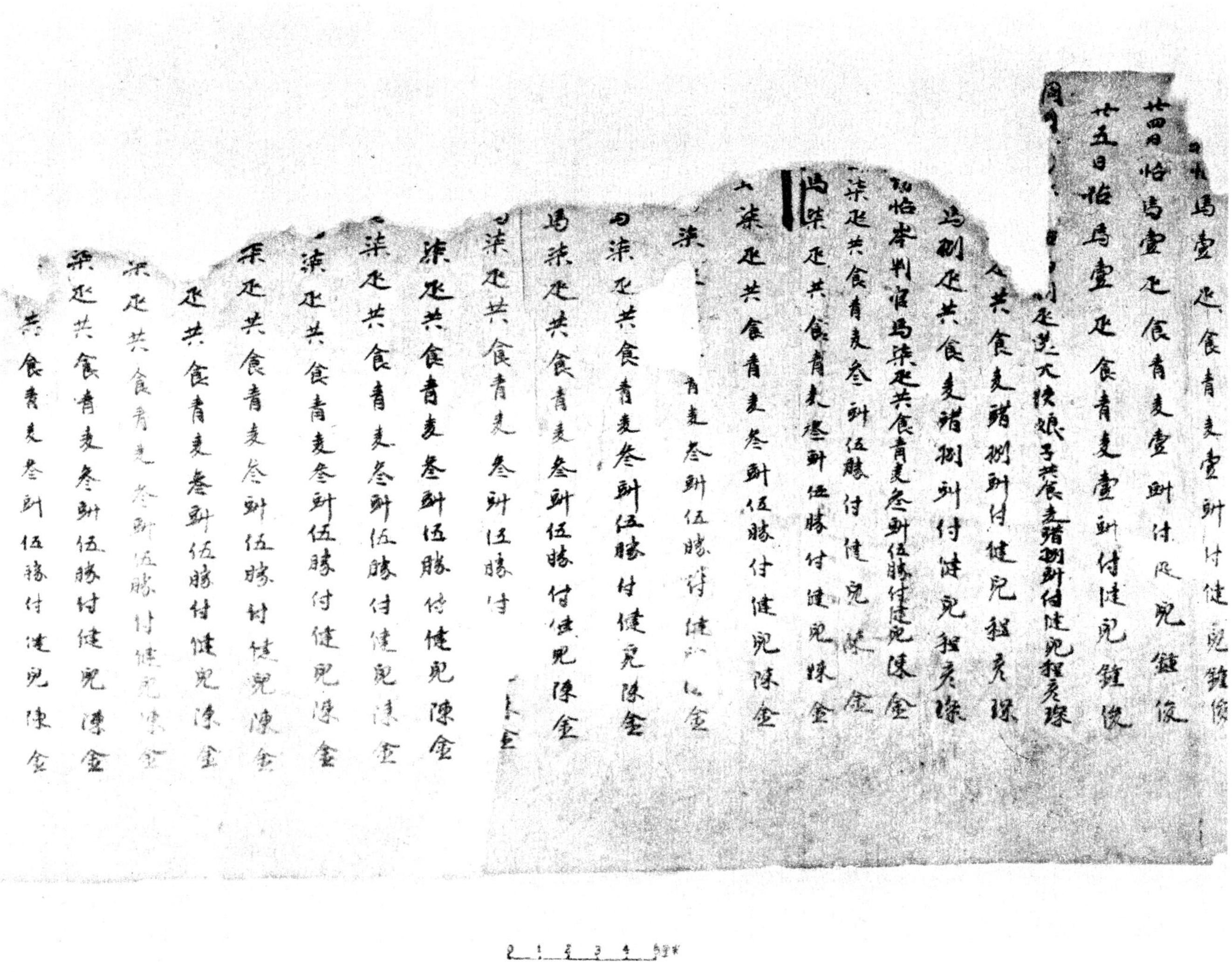

廿四日，帖馬壹疋，食青麥壹㪷。付健兒鍾俊。

廿五日，帖馬壹疋，食青麥壹㪷。付健兒鍾俊。

同日，　　帖馬捌疋，送大使娘子，共食麥䴰捌㪷。付健兒程彥琛。

［　　］疋，共食麥䴰捌㪷。付健兒程彥琛。

［　　］馬捌疋，共食麥䴰捌㪷。付健兒程彥琛。

［　　］㘰帖岑判官馬柒疋，共食青麥叁㪷伍勝。付健兒陳金。

［　　］柒疋，共食青麥叁㪷伍勝。付健兒陳金。

［　　］馬柒疋，共食青麥叁㪷伍勝。付健兒陳金。

一百一十

［　　］馬柒疋，共食青麥叁㪷伍勝。付健兒陳金。

［　　］柒疋，　　青麥叁㪷伍勝。付健兒　金。

［　　］馬柒疋，共食青麥叁㪷伍勝。付健兒陳金。

［　　］馬柒疋，共食青麥叁㪷伍勝。付健兒陳金。

［　　］馬柒疋，共食青麥叁㪷伍勝。付　　陳金。

［　　］柒疋，共食青麥叁㪷伍勝。付健兒陳金。

［　　］馬柒疋，共食青麥叁㪷伍勝。付健兒陳金。

［　　］馬柒疋，共食青麥叁㪷伍勝。付健兒陳金。

［　　］柒疋，共食青麥叁㪷伍勝。付健兒陳金。

［　　］疋，共食青麥叁㪷伍勝。付建兒陳金。

［　　］柒疋，共食青麥叁㪷伍勝。付健兒陳金。

［　　］柒疋，共食青麥叁㪷伍勝。付建兒陳金。

（一五）　唐天寶十四載（公元七五五年）某館申十三載三至十二月侵食當館馬料帳歷狀

73TAM506:4/32—15之一〇

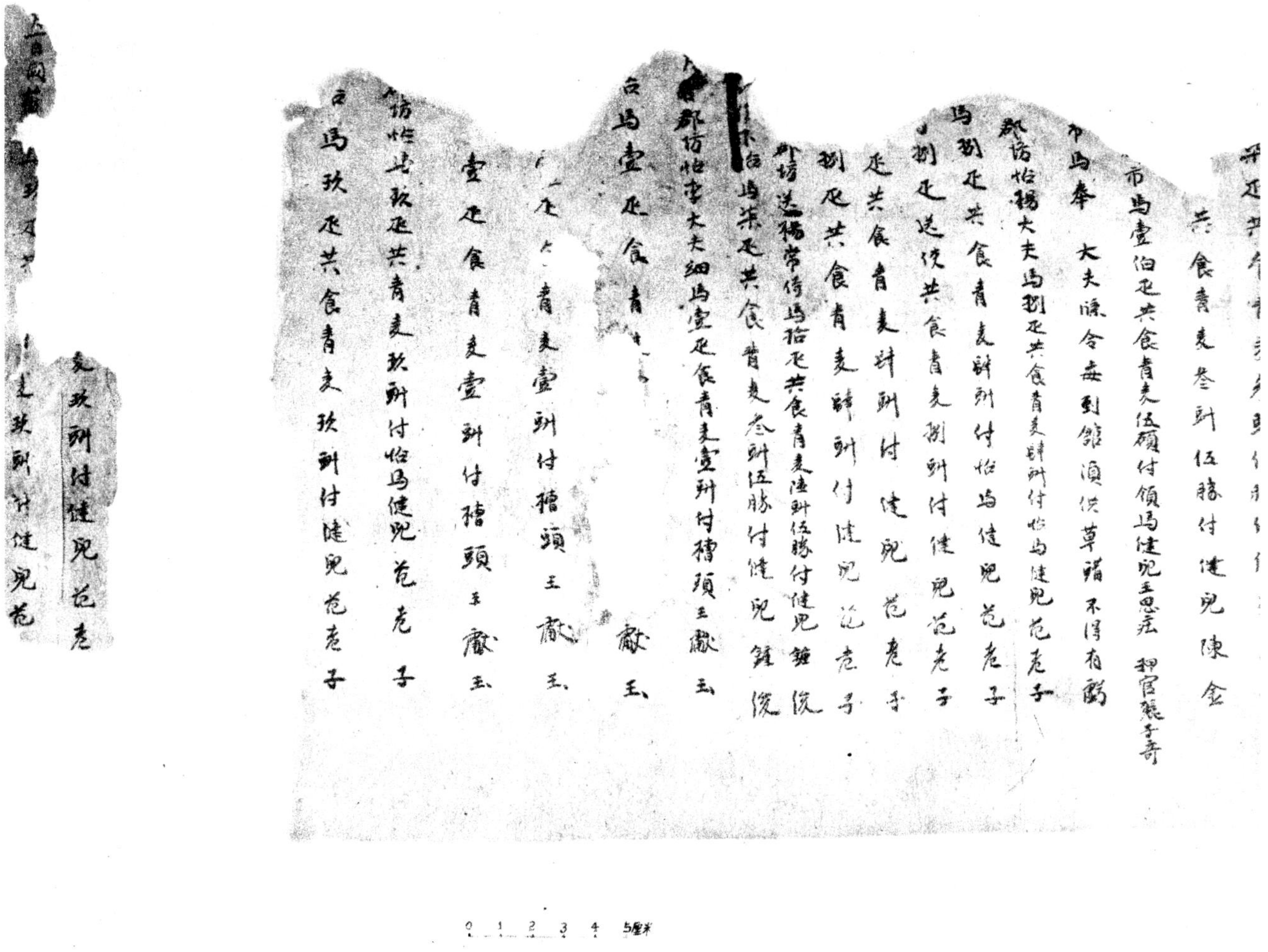

□共食青麥叁㪷伍勝。付健兒陳金。
□市馬壹伯疋，共食青麥伍碩。付領馬健兒王思庭　押官
張子奇。
□市馬，奉　大夫牒，令每到館，須供草蹜，不得有虧。
□郡坊帖楊大夫馬捌疋，共食青麥肆㪷。付帖馬健兒范老子。
□馬捌疋，共食青麥肆㪷。付帖馬健兒范老子。
[馬]捌疋送使，共食青麥捌㪷。付健兒范老子。
□疋，共食青麥肆㪷。付健兒范老子。
□捌疋，共食青麥肆㪷。付健兒范老子。
[郡]坊送楊常侍馬拾疋，共食青麥陸㪷伍勝。付健兒鍾俊。
□下帖馬柒疋，共食青麥叁㪷伍勝。付健兒鍾俊。
□日郡坊帖李大夫細馬壹疋，食青麥壹㪷。付槽頭王獻玉。　一百一十一
□帖馬壹疋，食青[麥]□獻玉。
[壹]疋[食]青麥壹㪷。付槽頭王獻玉。
□壹疋，食青麥壹㪷。付槽頭王獻玉。
[郡]坊帖馬玖疋，共〔一〕青麥玖㪷。付帖馬健兒范老子。
[帖]馬玖疋，共食青麥玖㪷。付健兒范老子。
□麥玖㪷。付健兒范老□。
□月一日同前[馬][玖][疋][共]□□麥玖㪷。付健兒范□□。

注釋

〔一〕共：下脫一「食」字。

（一五） 唐天寶十四載（公元七五五年）某館申十三載三至十二月侵食當館馬料帳歷狀

73TAM506:4/32—15之二一

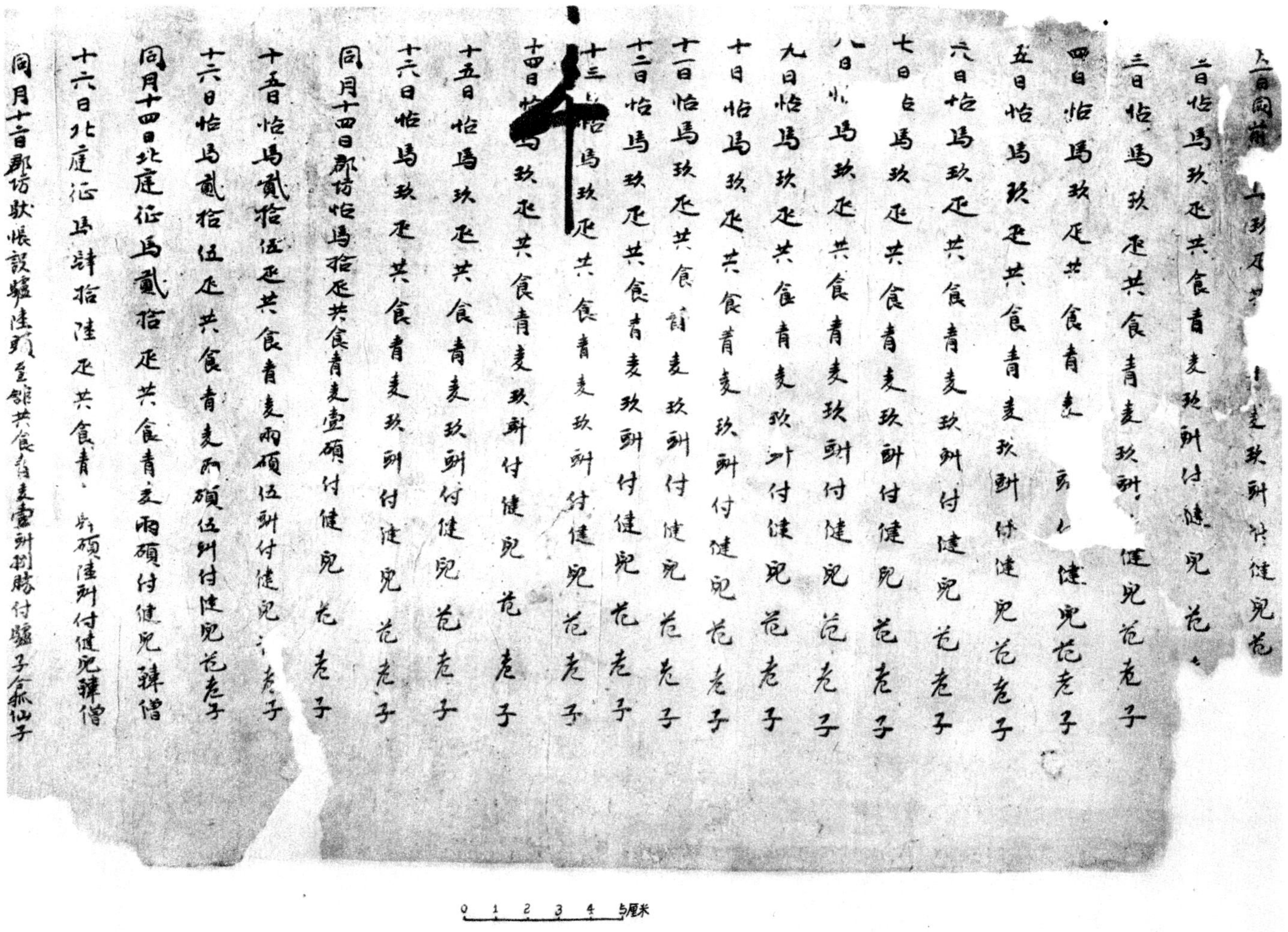

二日，帖馬玖疋，共食青麥玖㪷。付健兒范老□。
三日，帖馬玖疋，共食青麥玖㪷。付健兒范老子。
四日，帖馬玖疋，共食青麥□㪷。付健兒范老子。
五日，帖馬玖疋，共食青麥玖㪷。付健兒范老子。
六日，帖馬玖疋，共食青麥玖㪷。付健兒范老子。
七日，帖馬玖疋，共食青麥玖㪷。付健兒范老子。
八日，帖馬玖疋，共食青麥玖㪷。付健兒范老子。
九日，帖馬玖疋，共食青麥玖㪷。付健兒范老子。
十日，帖馬玖疋，共食青麥玖㪷。付健兒范老子。
十一日，帖馬玖疋，共食青麥玖㪷。付健兒范老子。
十二日，帖馬玖疋，共食青麥玖㪷。付健兒范老子。
十三日，帖馬玖疋，共食青麥玖㪷。付健兒范老子。
十四日，帖馬玖疋，共食青麥玖㪷。付健兒范老子。
十五日，帖馬玖疋，共食青麥玖㪷。付健兒范老子。
十六日，帖馬玖疋，共食青麥玖㪷。付健兒范老子。
同月十四日，郡坊帖馬拾疋，共食青麥壹碩。付健兒范老子。
十五日，帖馬貳拾伍疋，共食青麥兩碩伍㪷。付健兒范老子。
十六日，帖馬貳拾伍疋，共食青麥兩碩伍㪷。付健兒范老子。
同月十四日，北庭征馬貳拾疋，共食青麥兩碩。付健兒韓僧。
十六日，北庭征馬肆拾陸疋，共食青□肆碩陸㪷。付健兒韓僧。

一百一十二

（一五）唐天寶十四載（公元七五五年）某館申十三載三至十二月侵食當館馬料帳歷狀

73TAM506:4/32—15之一二

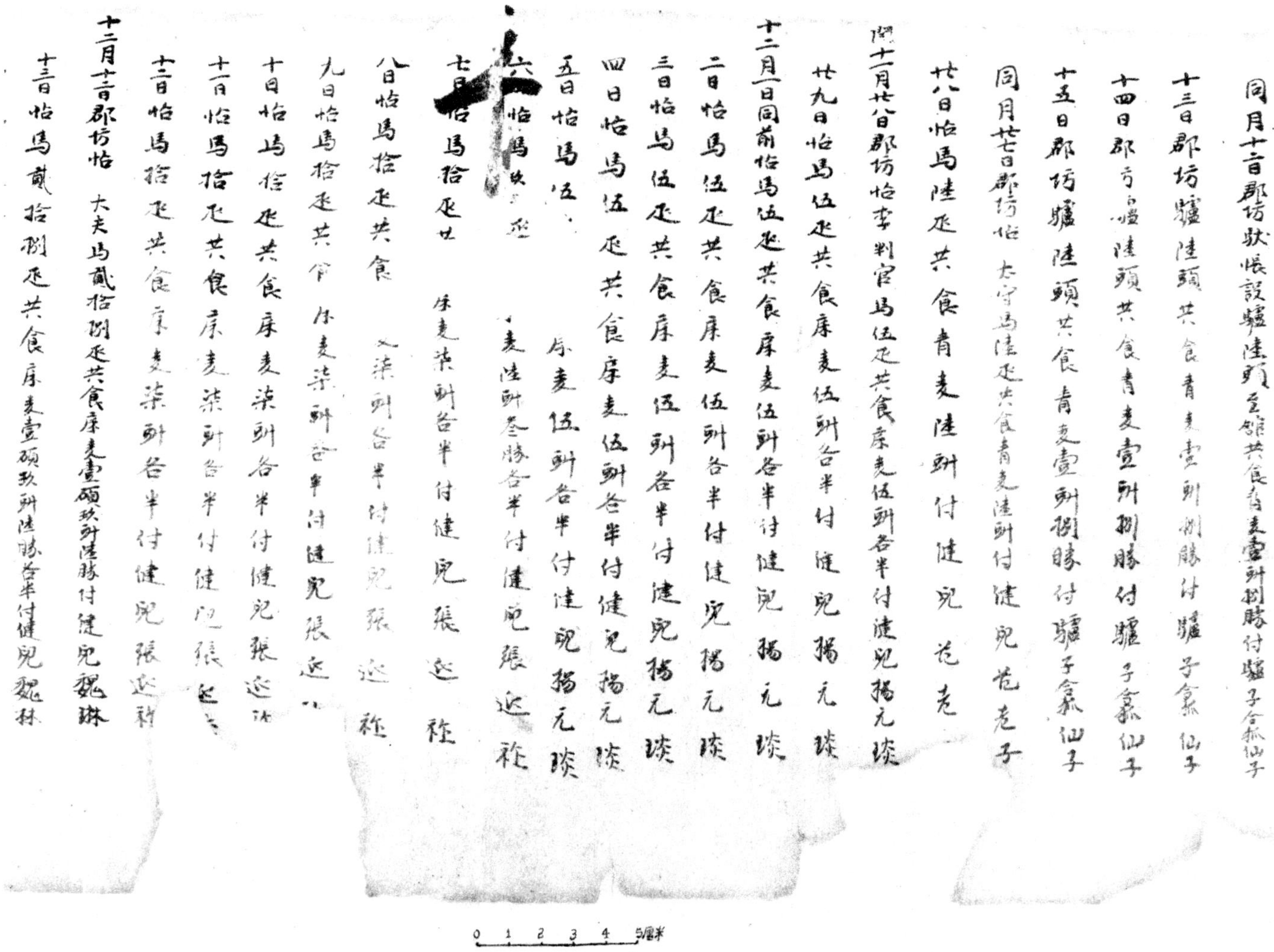

同月十二日郡坊馱帳設驢陸頭至館共食青麥壹㪷捌勝。付驢子
令狐仙子。
十三日，郡坊驢陸頭，共食青麥壹㪷捌勝。付驢子令狐仙子。
十四日，郡[坊][驢]陸頭，共食青麥壹㪷捌勝。付驢子令狐仙子。
十五日，郡坊驢陸頭，共食青麥壹㪷捌勝。付驢子令狐仙子。
同月廿七日，郡坊帖　太守馬陸疋，共食青麥陸㪷。付健兒范老子。
廿八日，帖馬陸疋，共食青麥陸㪷。付健兒范老□。
閏十一月廿八日，郡坊帖李判官馬伍疋，共食床麥伍㪷，各半。付健兒楊元琰。
廿九日，帖馬伍疋，共食床麥伍㪷，各半。付健兒楊元琰。
十二月一日，同前，帖馬伍疋，共食床麥伍㪷，各半。付健兒楊元琰。
二日，帖馬伍疋，共食床麥伍㪷，各半。付健兒楊元琰。
三日，帖馬伍疋，共食床麥伍㪷，各半。付健兒楊元琰。
四日，帖馬伍疋，共食床麥伍㪷，各半。付健兒楊元琰。
五日，帖馬伍□，□□床麥伍㪷，各半。付健兒楊元琰。
六日，帖馬玖疋，□□□麥陸㪷叁勝，各半。付健兒張延祚。
七日，帖馬拾疋，[共]□床麥柒㪷，各半。付健兒張延祚。
八日，帖馬拾疋，共食□[麦]柒㪷，各半。付健兒張延祚。
九日，帖馬拾疋，共食[床]麥柒㪷，各半。付健兒張延[祚]。
十日，帖馬拾疋，共食床麥柒㪷，各半。付健兒張延[祚]。
十一日，帖馬拾疋，共食床麥柒㪷，各半。付健兒張延[祚]。
十二日，帖馬拾疋，共食床麥柒㪷，各半。付健兒張延[祚]。
十二月十二日，郡坊帖　大夫馬貳拾捌疋，共食床麥壹碩玖㪷陸勝。付
健兒魏琳。
十三日，帖馬貳拾捌疋，共食床麥壹碩玖㪷陸勝，各半。付健兒魏林。

（騎縫背面：一百一十三）

（一五）　唐天寶十四載（公元七五五年）某館申十三載三至十二月侵食當館馬料帳歷狀

73TAM506:4/32—15之一三

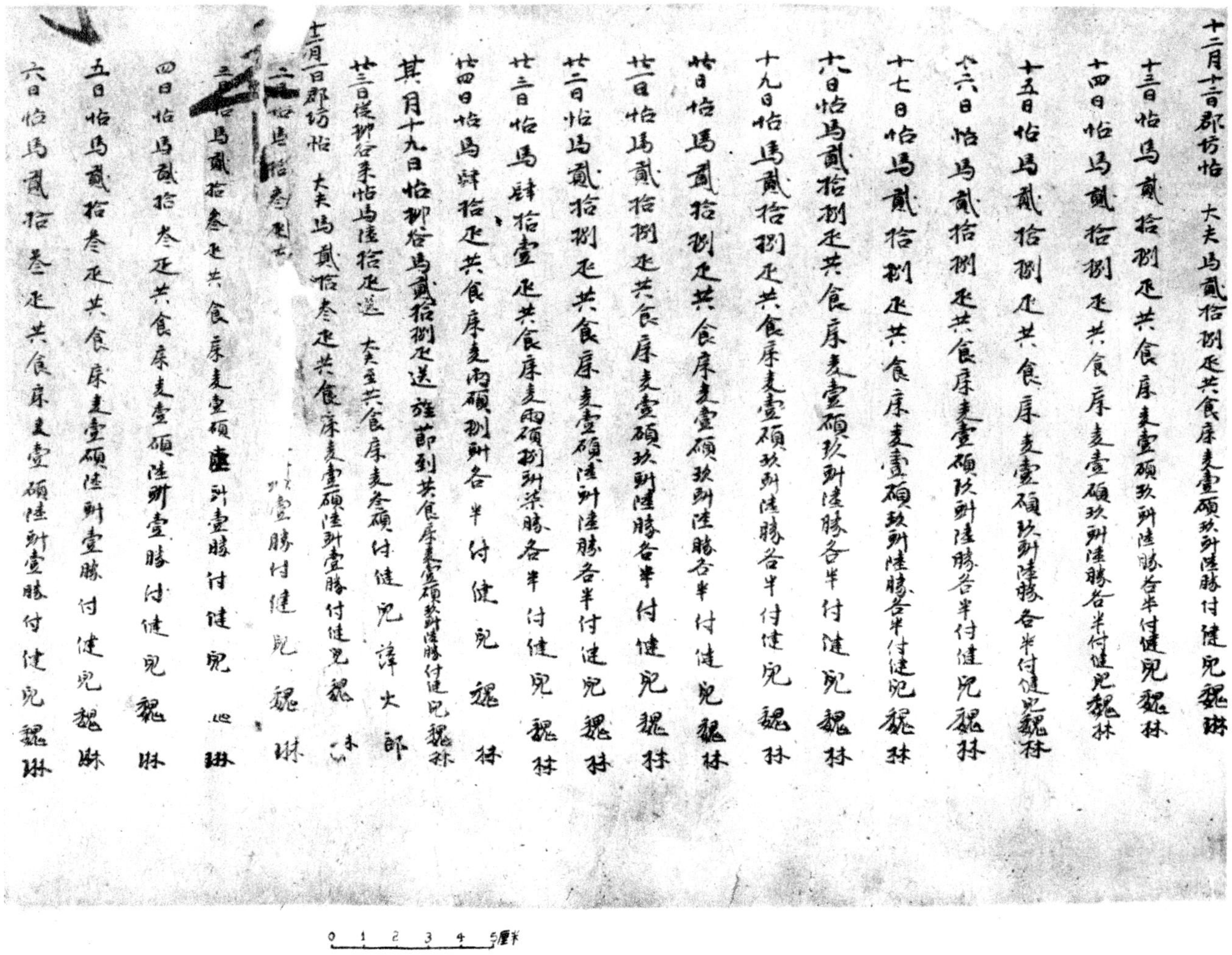

十四日，帖馬貳拾捌疋，共食床麥壹碩玖𣇵陸勝，各半。付健兒魏林。
十五日，帖馬貳拾捌疋，共食床麥壹碩玖𣇵陸勝，各半。付健兒魏林。
十六日，帖馬貳拾捌疋，共食床麥壹碩玖𣇵陸勝，各半。付健兒魏林。
十七日，帖馬貳拾捌疋，共食床麥壹碩玖𣇵陸勝，各半。付健兒魏林。
十八日，帖馬貳拾捌疋，共食床麥壹碩玖𣇵陸勝，各半。付健兒魏林。
十九日，帖馬貳拾捌疋，共食床麥壹碩玖𣇵陸勝，各半。付健兒魏林。
廿日，帖馬貳拾捌疋，共食床麥壹碩玖𣇵陸勝，各半。付健兒魏林。
廿一日，帖馬貳拾捌疋，共食床麥壹碩玖𣇵陸勝，各半。付健兒魏林。
廿二日，帖馬貳拾捌疋，共食床麥壹碩玖𣇵陸勝，各半。付健兒魏林。
廿三日，帖馬肆拾壹疋，共食床麥兩碩捌𣇵柒勝，各半。付健兒魏林。
廿四日，帖馬肆拾疋，共食床麥兩碩捌𣇵，各半。付健兒魏林。
其月十九日，帖柳谷馬貳拾捌疋，送旌節到，共食床麥壹碩玖𣇵陸勝，付
健兒魏林。
廿三日，從柳谷來帖馬陸拾疋，送　大夫至，共食床麥叁碩。付健兒薛大郎。
十二月一日郡坊帖　大夫馬貳拾叁疋，共食床麥壹碩陸𣇵壹勝。付健兒魏
琳。
二日，帖馬拾叁疋，共［　　　　］𣇵壹勝。付健兒魏琳。
三日，帖馬貳拾叁疋，共食床麥壹碩陸𣇵壹勝。付健兒魏琳。
一百一十四
四日，帖馬貳拾叁疋，共食床麥壹碩陸𣇵壹勝。付健兒魏琳。
五日，帖馬貳拾叁疋，共食床麥壹碩陸𣇵壹勝。付健兒魏琳。
六日，帖馬貳拾叁疋，共食床麥壹碩陸𣇵壹勝。付健兒魏琳。

（一五）唐天寶十四載（公元七五五年）某館申十三載三至十二月侵食當館馬料帳歷狀

73TAM506:4/32—15之一四

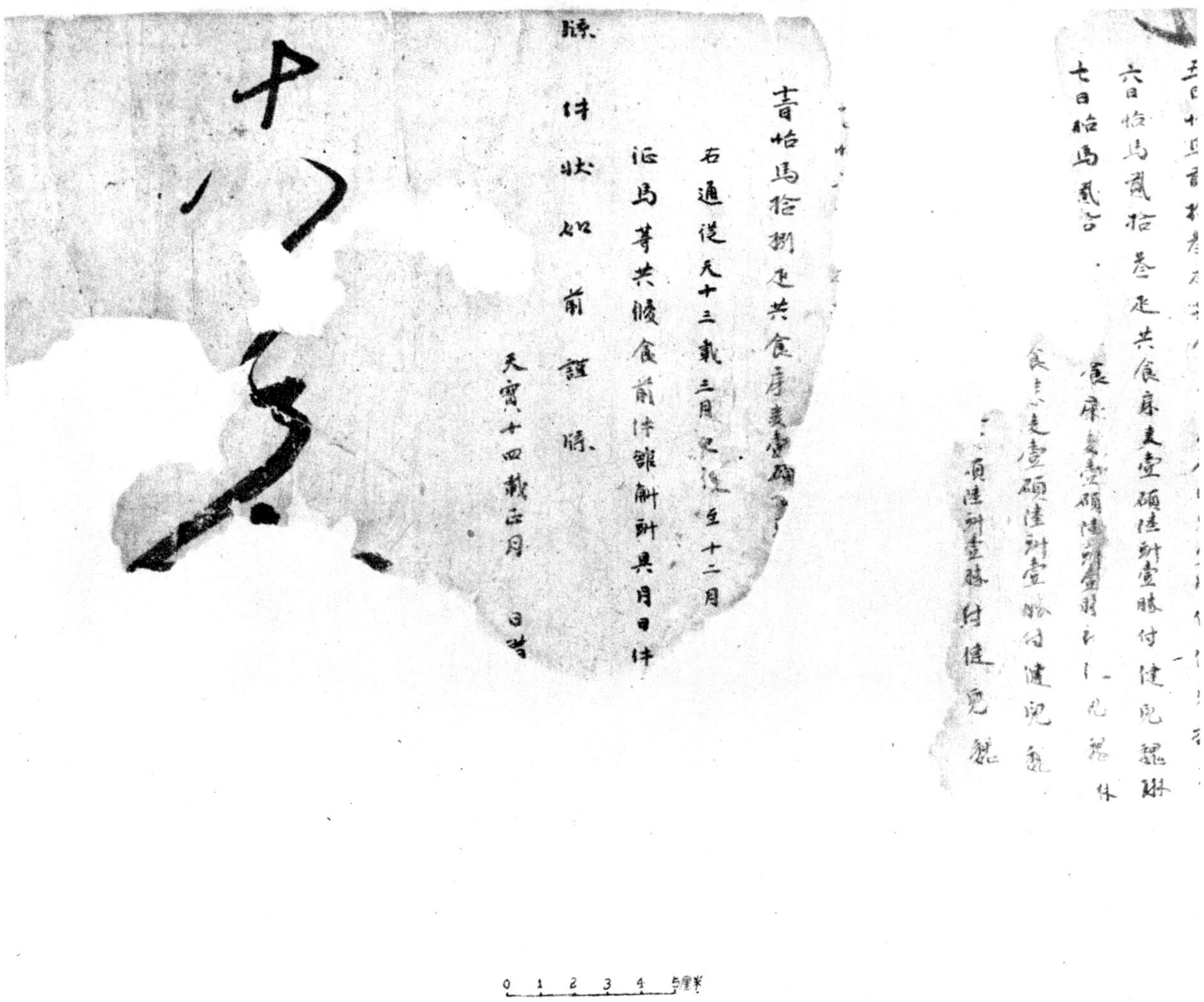

七日，帖馬貳拾□□□，食床麦壹碩陸㪷壹勝。付健兒魏琳。

□食床麦壹碩陸㪷壹勝付健兒魏□。

□碩陸㪷壹勝。付健兒魏□。

□一日帖□

十二日帖馬拾捌疋，共食床麦壹碩貳㪷□

右通從天十三載三月已後至十二月□

征馬等共侵食前件館斛㪷，具月日件□

牒件狀如前，謹牒。

天寶十四載正月　日踏□

十八日，年□

（一六）　唐天寶十四載（公元七五五年）某館申十三載七至十二月郡坊帖馬食踖歷牒　73TAM506:4/32—16之一

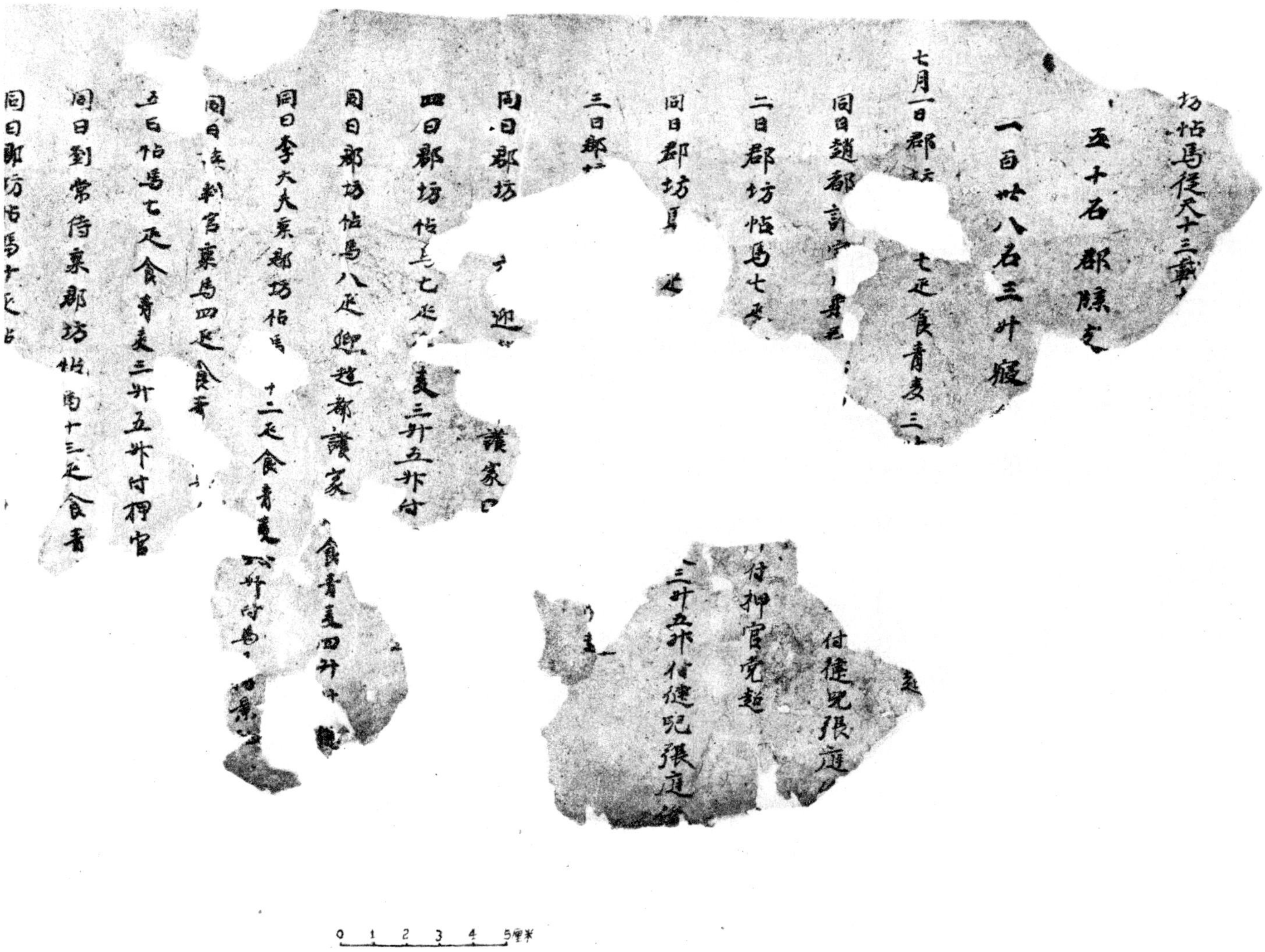

（一六）唐天寶十四載（公元七五五年）某館申十三載七至十二月郡坊帖馬食踖歷牒

本件背面騎縫編號起一百一十六，止一百廿六，末蓋交河郡都督府朱印一方。自閏十一月一日以後，每行有朱筆點記。正面騎縫上押「覃」字。

1 □□[坊]帖馬從天十三載[七]［　　］
2 　五十石郡牒支［　　］
3 　一百卅八石三斗寖（侵）[食]［　　］
4 七月一日郡[坊]□□七疋食青麥三[斗]□□□□□□[超]。
5 同日趙都[護][家][口]乘[郡][坊][馬]［　　］付健兒張庭[俊]。
6 二日郡坊帖馬七疋［　　］付押官党超。
7 同日郡坊馬□疋［　　］[麦]三斗五升，付健兒張庭俊。
8 三日郡[坊]［　　］[党][超]。
9 同日郡坊□□六□，迎[趙]□護家口［　　］
10 四日郡坊帖馬七疋□麦三斗五升付[押]□□[超]。
11 同日郡坊帖馬八疋，迎趙都護家□食青麥四斗[付]健［　　］
12 同日李大夫乘郡坊帖馬□十二疋食青麥[六]斗。付馬[子][楊]景[秘]。
13 同日[談]判官乘馬四疋食青［　　］
14 五日帖馬七疋，食青麥三斗五升。付押官［　　］
15 同日劉常侍乘郡坊帖馬十三疋，食青［　　］

（一六）唐天寶十四載（公元七五五年）某館申十三載七至十二月郡坊帖馬食踖歷牒

73TAM506:4/32—16之二

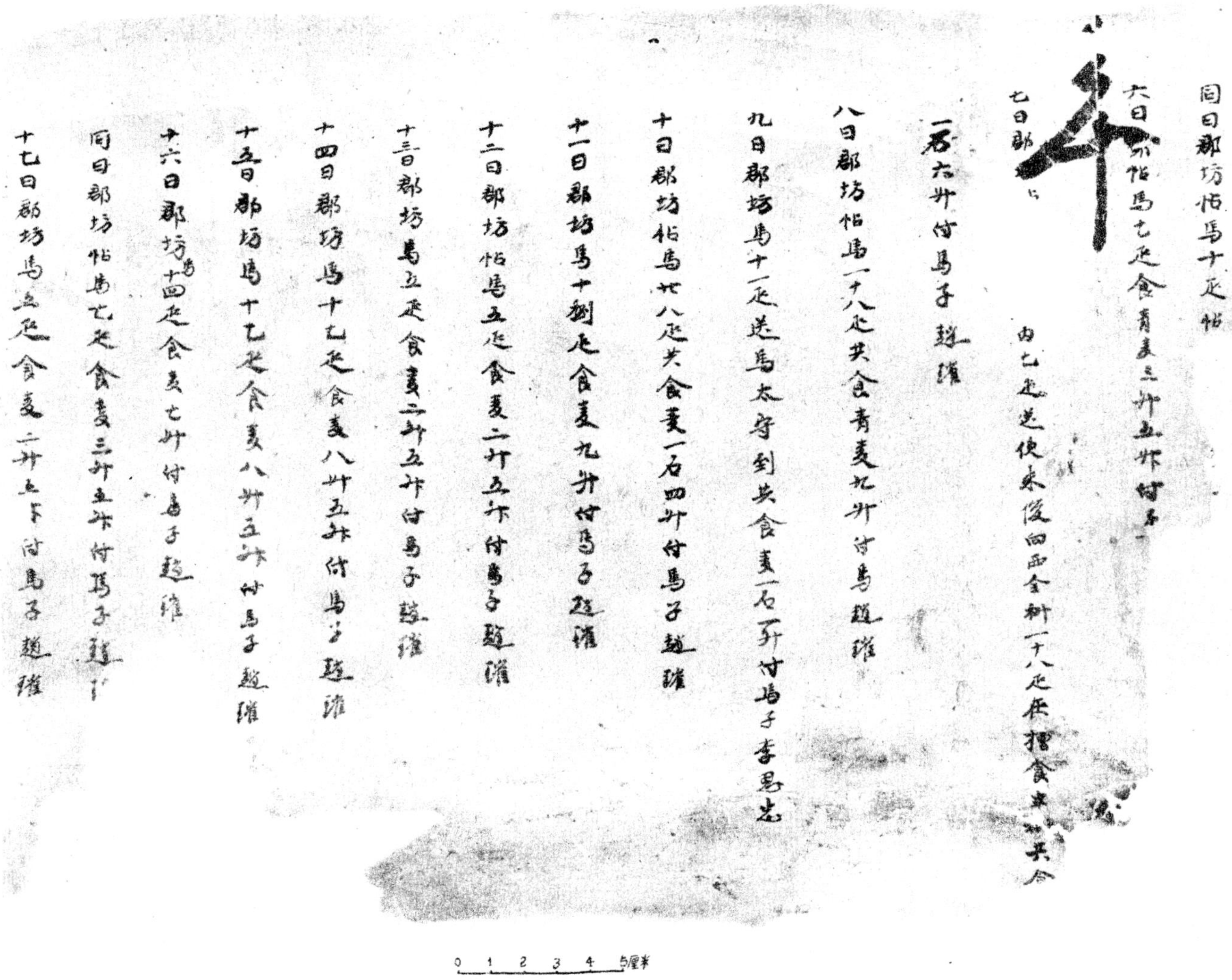

同日，郡坊帖馬十疋，帖□□□□□□□□□［天］［夫］□□□□

六日，郡坊帖馬七疋，食青麥三斗五升。付［子］〔一〕□□□□

弃

七日，郡坊［帖］□□□□□□內七疋送使來後向西，全料；一十八疋在槽，食半　一百一十六

［料］共食□

一石六斗。付馬子趙璀。

八日，郡坊帖馬一十八疋，共食青麥九斗。付馬趙璀。〔一〕

九日，郡坊馬十一疋，送馬太守到，共食麥一石一斗。付馬子李思忠。

十日，郡坊帖馬廿八疋，共食麥一石四斗。付馬子趙璀。

十一日，郡坊馬十捌〔二〕疋，食麥九斗。付馬子趙璀。

十二日，郡坊帖馬五疋，食麥二斗五升。付馬子趙璀。

十三日，郡坊馬五疋，食麥二斗五升。付馬子趙璀。

十四日，郡坊馬十七疋，食麥八斗五升。付馬子趙璀。

十五日，郡坊馬十七疋，食麥八斗五升。付馬子趙璀。

十六日，郡坊馬十四疋，食麥七斗。付馬子趙璀。

同日，郡坊帖馬七疋，食麥三斗五升。付馬子趙璀。

注釋

〔一〕馬：下脱一「子」字。

〔二〕捌：字宜作「八」。

（一六） 唐天寶十四載（公元七五五年）某館申十三載七至十二月郡坊帖馬食醋歷牒

73TAM506:4/32—16之三

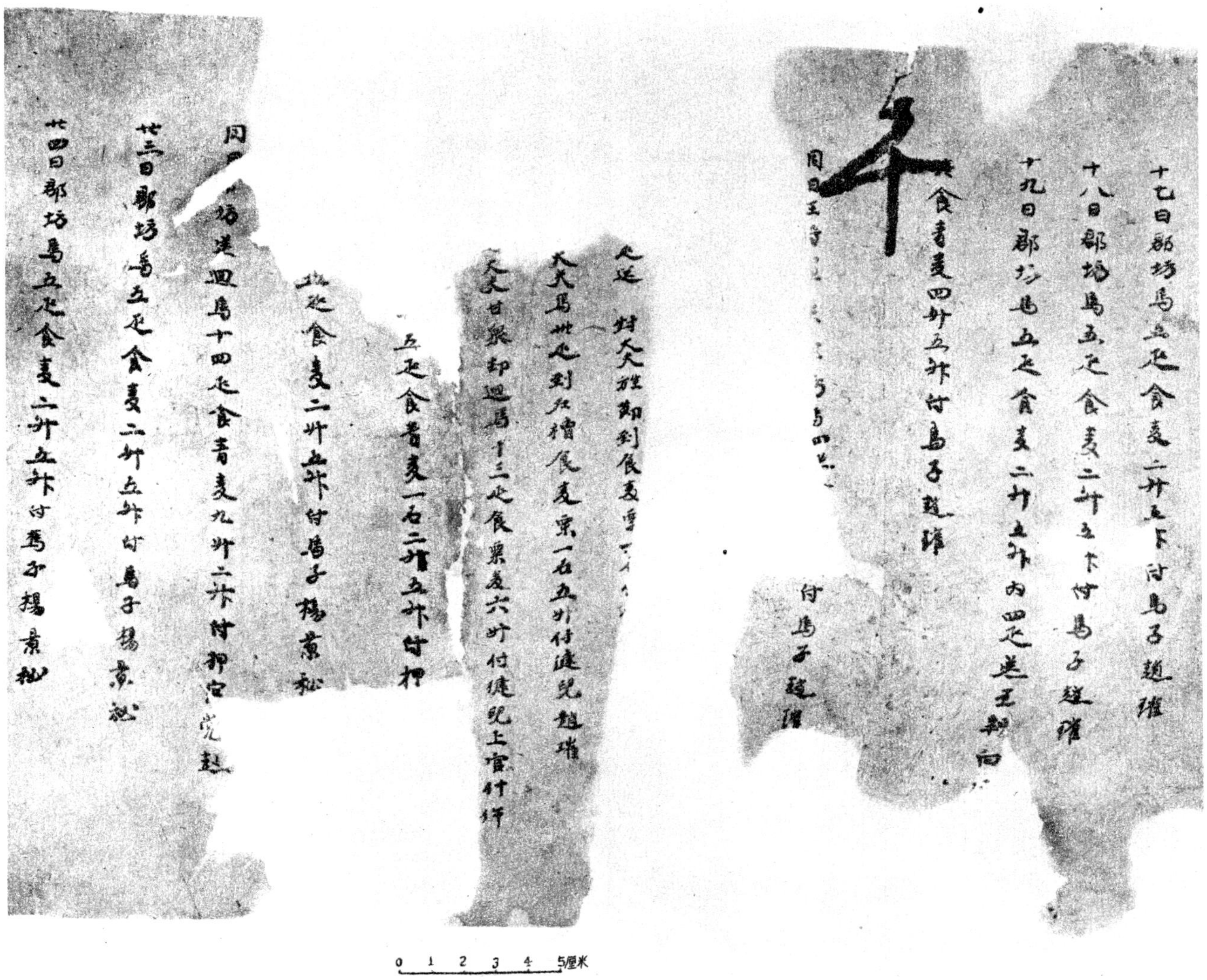

十七日，郡坊馬五疋，食麥二斗五[升]。付馬子趙璀。

十八日，郡坊馬五疋，食麥二斗五[升]。付馬子趙璀。

十九日，郡坊馬五疋，食麥二斗五升；內四疋送王判向[一][ ]

共食青麥四斗五升。付馬子趙璀。

同日，王將軍乘郡[坊][馬]四疋，[ ]付馬子趙璀。

一百一十七

[ ]疋，送　封大夫旌節到，食麥[粟][六][石][ ]

[ ]大夫馬卌疋到，在槽，食麥粟一石五斗。付健兒趙璀。

[ ]大夫甘泉却迴馬十三疋，食粟麥六斗。付健兒上官什仵。

[ ][馬]廿五疋，食青麥一石二斗五升。付押[ ]

[ ][五]疋，食麥二斗五升。付馬子楊景秘。

同[日][郡]坊送迴馬十四疋，食青麥九斗二升。付押[官]党起。[二]

廿三日，郡坊馬五疋，食麥二斗五升。付馬子楊景秘。

注釋

〔一〕王判：下脱一「官」字。

〔二〕党起：以上四六、八一〇行作「党超」，下件二九、三〇、五五作「党奉起」或「党起」，疑是同一人，「起」、「超」恐有一誤。

（一六）　唐天寶十四載（公元七五五年）某館申十三載七至十二月郡坊帖馬食䜺歷牒

73TAM506:4/32—16之四

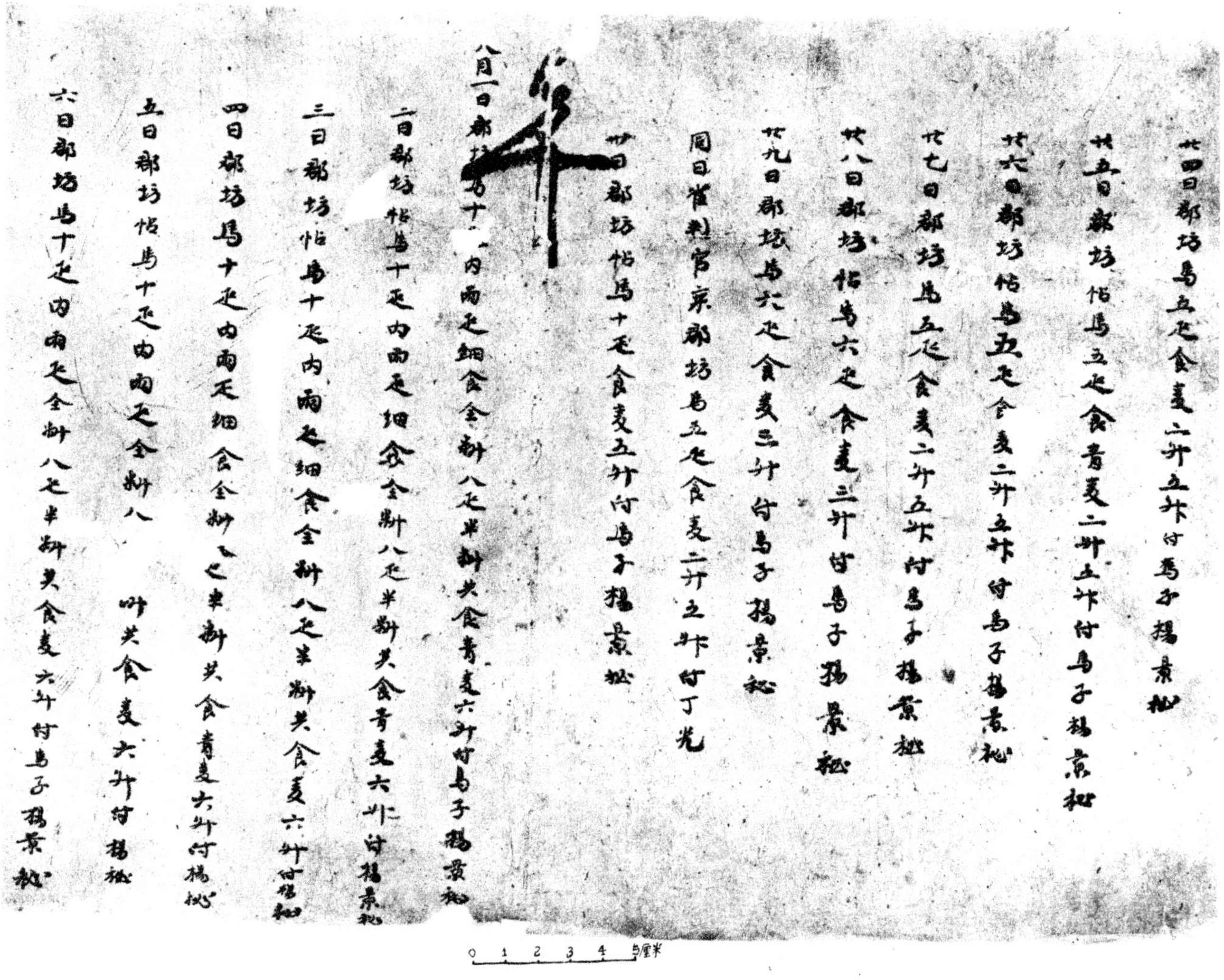

廿四日，郡坊馬五疋，食麦二斗五升。付馬子楊景秘。

廿五日，郡坊帖馬五疋，食青麦二斗五升。付馬子楊景秘。

廿六日，郡坊帖馬五疋，[食]麦二斗五升。付馬子楊景秘。

廿七日，郡坊馬五疋，食麦二斗五升。付馬子楊景秘。

廿八日，郡坊帖馬六疋，食麦三斗。付馬子楊景秘。

廿九日，郡坊馬六疋，食麦三斗。付馬子楊景秘。

同日，崔判官乘郡坊馬五疋，食麦二斗五升。付丁光。

卅日，郡坊帖馬十疋，食麦五斗。付馬子楊景秘。

八月一日，郡坊馬十疋，内兩疋細食全料；八疋半料；共食青麦六斗。付馬子楊景秘。

一百一十八

二日，郡坊帖馬十疋，内兩疋細食全料；八疋半料，共食青麦六斗。付楊景秘。

三日，郡坊帖馬十疋，内兩疋細食全料；八疋半料，共食麦六斗。付楊秘。

四日，郡坊馬十疋，内兩疋細食全料；[八]疋半料，共食青麦六斗。付楊秘。

五日，郡坊帖馬十疋，内兩疋全料；八[　][　]料，共食麦六斗。付楊秘。

六日，郡坊馬十疋，内兩疋全料；八疋半料，共食麦六斗。付馬子楊景秘。

（一六）唐天寶十四載（公元七五五年）某館申十三載七至十二月郡坊帖馬食䔍歷牒

73TAM506:4/32—16之五

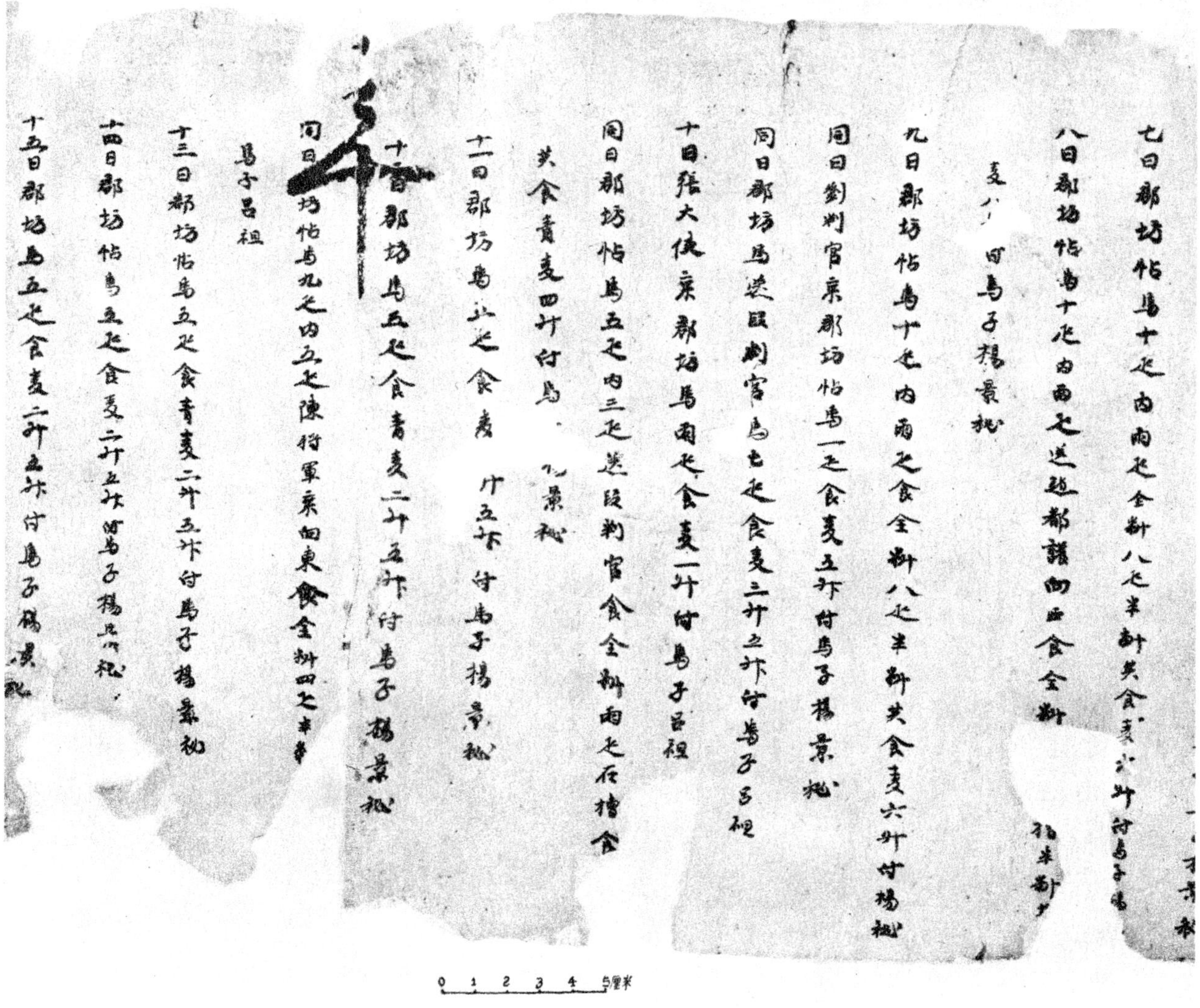

七日，郡坊帖馬十疋，内兩疋全料，八疋半料，共食麥[六]斗，付馬子楊□。
八日，郡坊帖馬十疋，内兩疋送趙都護向西，食全料；□□□[禮]半料，[共]□
麥八〔一〕[斗]，[付]馬子楊景秘。
九日，郡坊帖馬十疋，内兩疋食全料，八疋半料，共食麥六斗，付楊秘。
同日，劉判官乘郡坊帖馬一疋，食麥五升，付馬子楊景秘。
同日，郡坊馬送段判官馬七疋，食麥三斗五升，付馬子呂祖。
十日，張大使乘郡坊馬兩疋，食麥一斗，付馬子呂祖。
同日，郡坊帖馬五疋，内三疋送段判官，食全料；兩疋在槽，食□□，
共食青麥四斗，付馬□[楊]景秘。
十一日，郡坊馬五疋，食麥□斗五升，付馬子楊景秘。
十二日，郡坊馬五疋，食青麥二斗五升，付馬子楊景秘。
同日，郡坊帖馬九疋，内五疋陳將軍乘向東，食全料；四疋半[料]□　（一百一十九）
馬子呂祖
十三日，郡坊帖馬五疋，食青麥二斗五升，付馬子楊景秘。
十四日，郡坊帖馬五疋，食麥二斗五升，付馬子楊景秘。

注釋

〔一〕八：據前後食料，當是「六」字之誤。

（一六）唐天寶十四載（公元七五五年）某館申十三載七至十二月郡坊帖馬食䔲歷牒

73TAM506:4/32—16之六

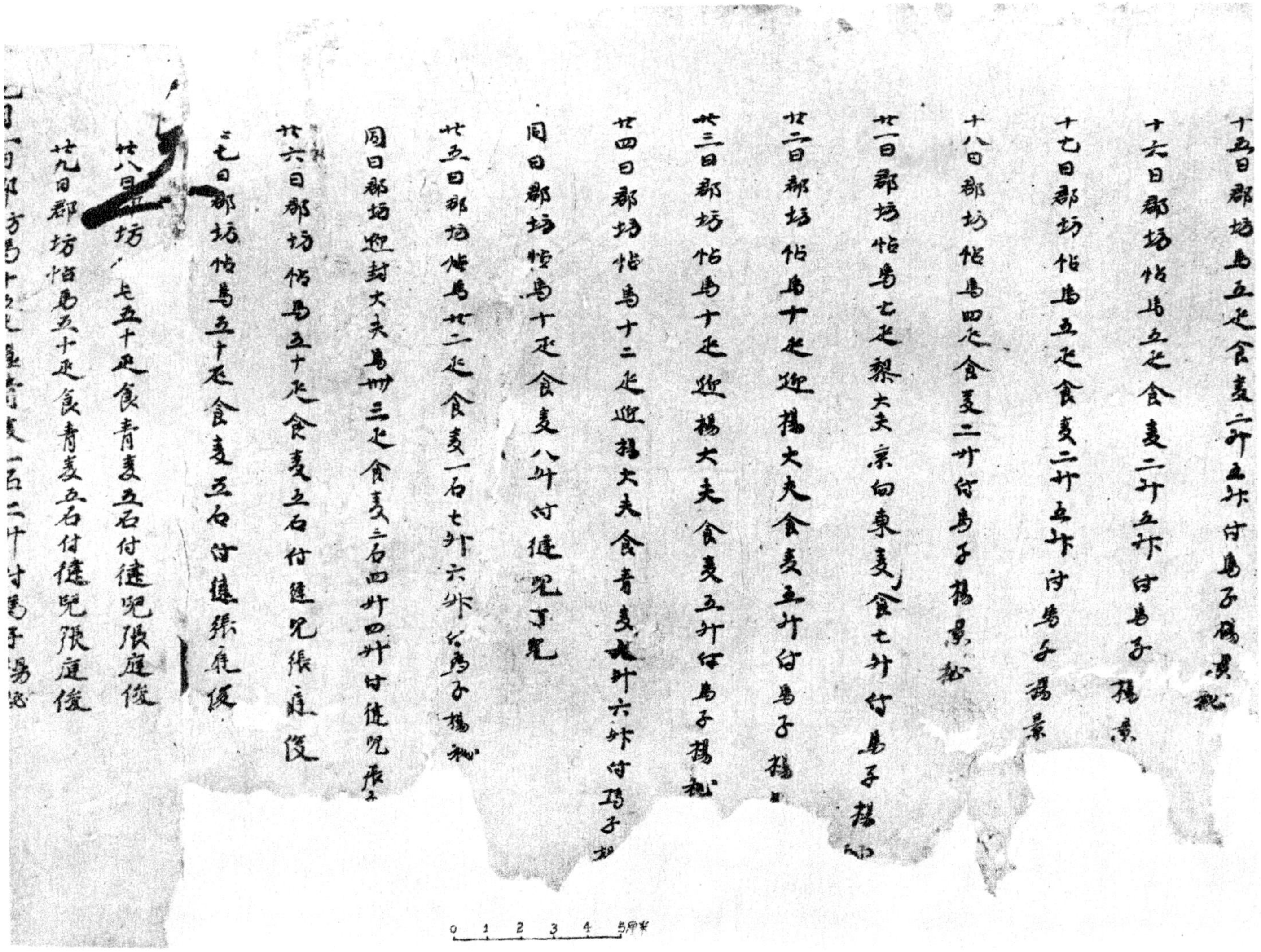

71 十五日，郡坊馬五疋，食麦二斗五升。付馬子楊景秘。
72 十六日，郡坊帖馬五疋，食麦二斗五升。付馬子楊景□。
73 十七日，郡坊帖馬五疋，食麦二斗五升。付馬子楊景□。
74 十八日，郡坊帖馬四疋，食麦二斗。付馬子楊景秘。
75 廿一日，郡坊帖馬七疋，黎大夫乘向東，麦食七斗。付馬子楊秘。
76 廿二日，郡坊帖馬十疋，迎楊大夫，食麦五斗。付馬子楊[景]□。
77 廿三日，郡坊帖馬十疋，迎楊大夫，食麦五斗。付馬子楊秘。
78 廿四日，郡坊帖馬十二疋，迎楊大夫，食青麦九斗六升。付馬子[楊]□。
79 同日，郡坊帖馬十疋，食麦八斗。付健兒丁光。
80 廿五日，郡坊帖馬廿二疋，食麦一石七斗六升。付馬子楊秘。
81 同日，郡坊迎封大夫馬卌三疋，食麦三石四斗四升。付健兒張[庭]□。
82 廿六日，郡坊帖馬五十疋，食麦五石。付健兒張庭俊。
83 [廿]七日，郡坊帖馬五十疋，食麦五石。付健兒張庭俊。
一百卅
84 廿八日，郡坊[帖][馬]五十疋，食青麦五石。付健兒張庭俊。
85 廿九日，郡坊帖馬五十疋，食青麦五石。付健兒張庭俊。

（一六）唐天寶十四載（公元七五五年）某館申十三載七至十二月郡坊帖馬食䜺歷牒

73TAM506:4/32—16之七

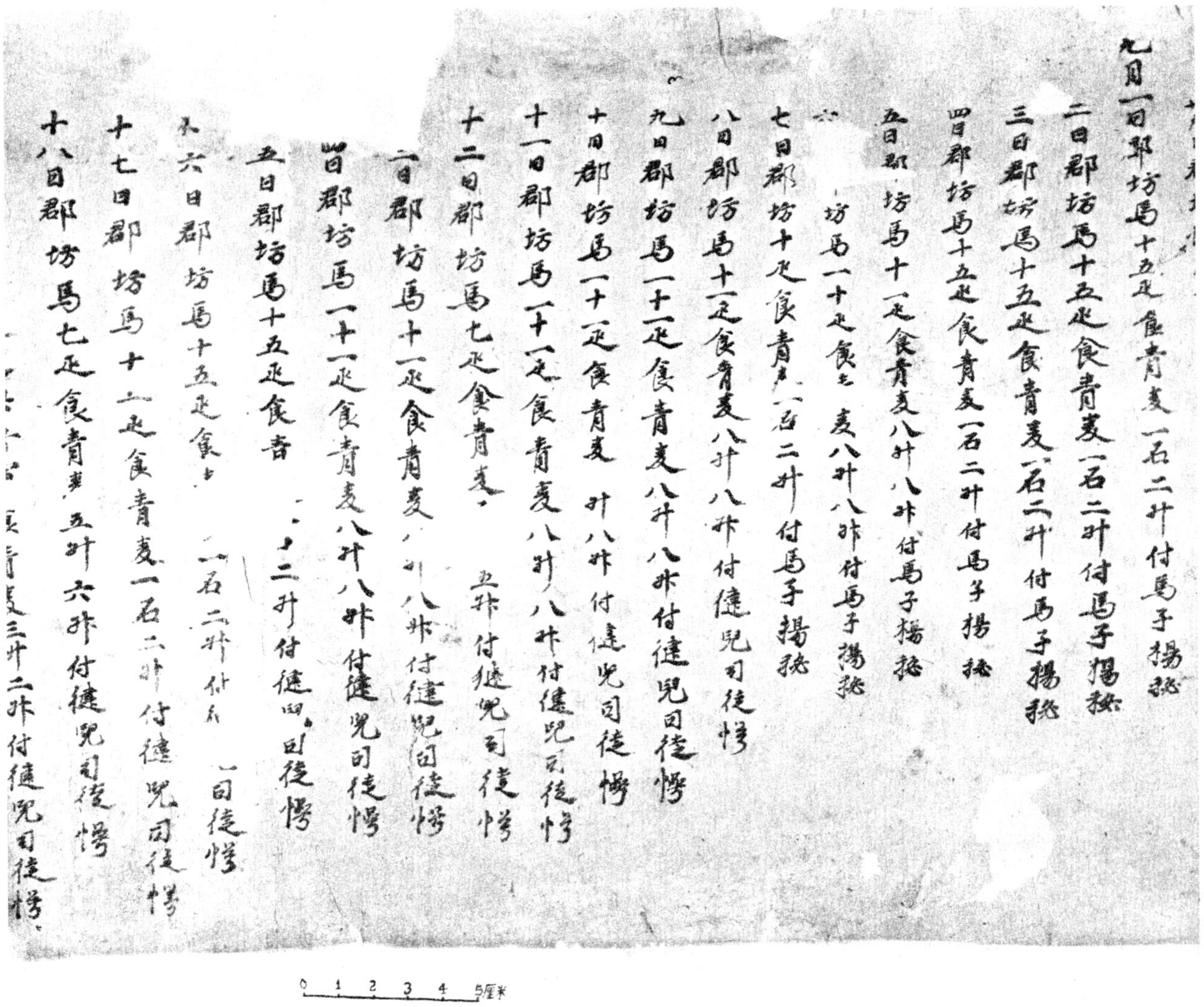

86 九月一日，郡坊馬十五疋，食青麥一石二斗。付馬子楊秘。

87 [二]日，郡坊馬十五疋，食青麥一石二斗。付馬子楊秘。

88 三日，郡[坊]馬十五疋，食青麥一石二斗。付馬子楊秘。

89 四日，郡坊馬十五疋，食青麥一石二斗。付馬子楊秘。

90 五日，郡坊馬十一疋，食青麥八斗八升。付馬子楊秘。

91 [六]□□，坊馬一十〔一〕疋食[青]麥八斗八升付馬子楊秘

92 七日郡坊十疋，〔二〕食青[麦]一石二斗。付楊子楊秘。

93 八日，郡坊馬十一疋，食青麥八斗八升。付健兒司徒㤮。

94 九日，郡坊馬一十一疋，食青麥八斗八升。付健兒司徒㤮。

95 十日，郡坊馬一十一疋，食青麥□斗八升。付健兒司徒㤮。

96 十一日，郡坊馬一十一疋，食青麥八斗八升。付健兒司徒㤮。

97 十二日，郡坊馬七疋，食青麥□□五升。付健兒司徒㤮。

98 □[三]日，郡坊馬十一疋，食青麥[八][斗]八升。付健兒司徒㤮。

99 □四日，郡坊馬一十一疋，食青麥八斗八升。付健兒司徒㤮。

100 □五日，郡坊馬十五疋，食[青]□[一][石]二斗。付健[兒][司]徒㤮。

101 十六日，郡坊馬十五疋，食[青]□一石二斗。付[健][兒]司徒㤮。

102 十七日，郡坊馬十[五]疋，食青麥一石二斗。付健兒司徒㤮。

103 十八日，郡坊馬七疋，食青[麦]五斗六升。付健兒司徒㤮。

注釋

〔一〕一十：下脱一「一」字。

〔二〕十疋：「十」下疑脱一「五」字。

（一六）　唐天寶十四載（公元七五五年）某館申十三載七至十二月郡坊帖馬食䵂歷牒

73TAM506:4/32—16之八

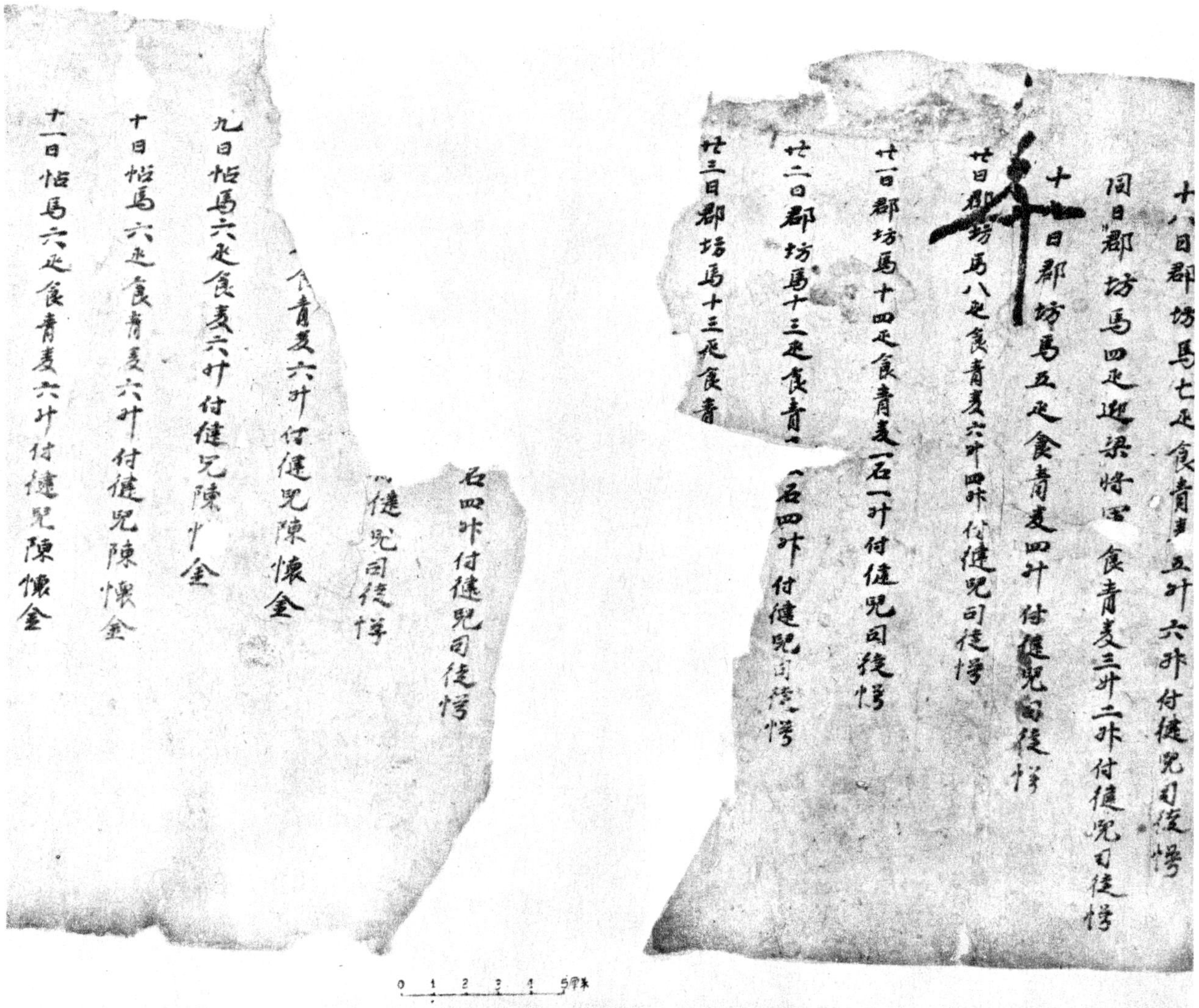

同日，郡坊馬四疋，迎梁將[軍]食青麥三斗二升。付健兒司徒𢢔。

十九日，郡坊馬五疋，食青麥四斗。付健兒司徒𢢔。

廿日，郡坊馬八疋，食青麥六斗四升。付健兒司徒𢢔。

一百廿一

廿一日，郡坊馬十四疋，食青麥一石一斗。付健兒司徒𢢔。

廿二日，郡坊馬十三疋，食青[麥]一石四升。付健兒司徒𢢔。

廿三日，郡坊馬十三疋，食青　　

　　石四升。付健兒司徒𢢔。

　　[付]健兒司徒𢢔。

　　[疋][食]青麥六斗。付健兒陳懷金。

九日，帖馬六疋，食麥六斗。付健兒陳[懷]金。

十日，帖馬六疋，食青麥六斗。付健兒陳懷金。

十一日，帖馬六疋，食青麥六斗。付健兒陳懷金。

（一六）　唐天寶十四載（公元七五五年）某館申十三載七至十二月郡坊帖馬食踖歷牒

73TAM506:4/32—16之九

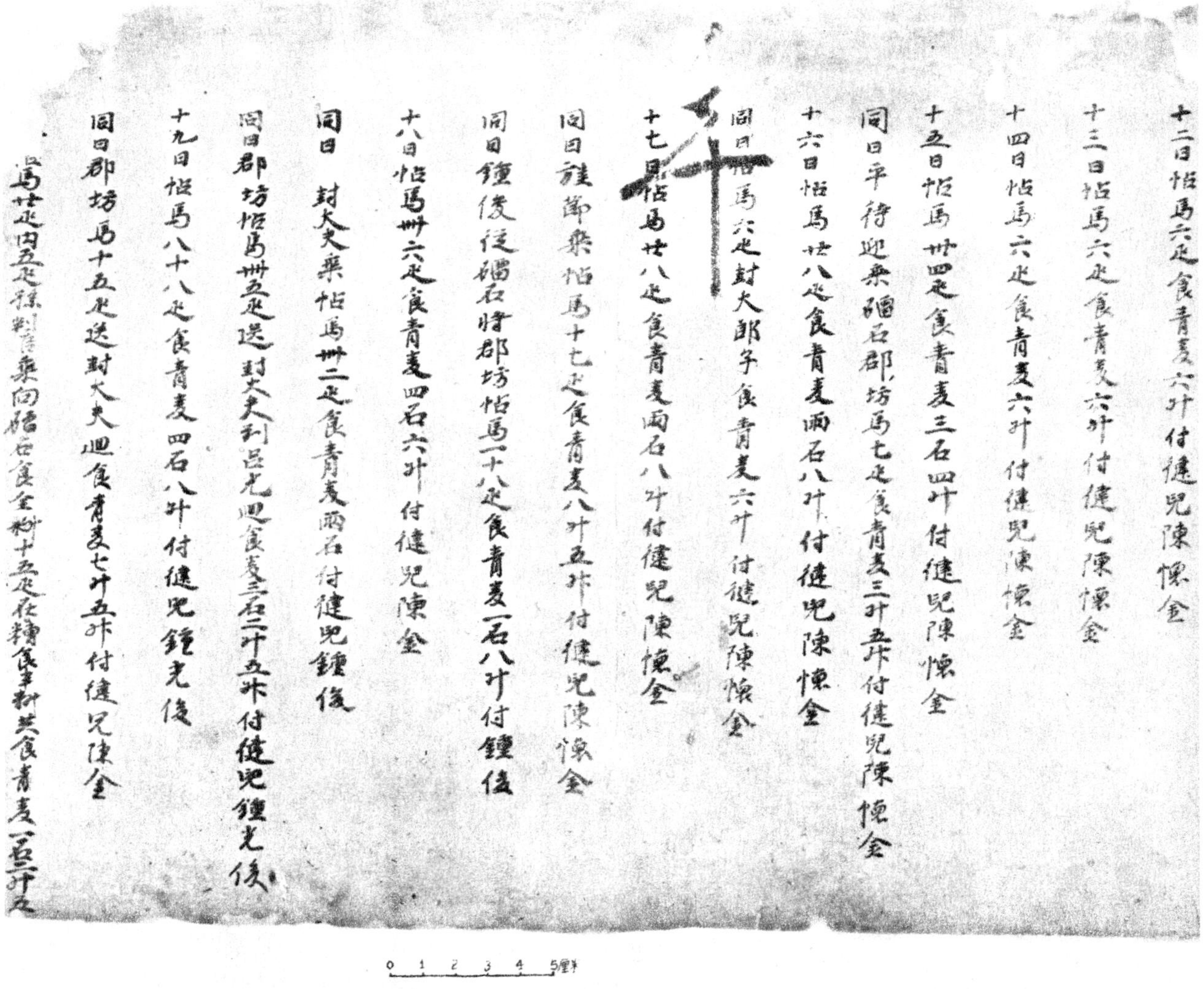

十二日，帖馬六疋，食青麥六斗，付健兒陳懷金。
十三日，帖馬六疋，食青麥六斗，付健兒陳懷金。
十四日，帖馬六疋，食青麥六斗，付健兒陳懷金。
十五日，帖馬卅四疋，食青麥三石四斗，付健兒陳懷金。
同日，平待迎乘礌石郡坊馬七疋，食青麥三斗五升，付健兒陳懷金。
十六日，帖馬廿八疋，食青麥兩石八斗，付健兒陳懷金。
同日，帖馬六疋，封大郎子〔一〕食青麥六斗，付健兒陳懷金。
一百廿二
十七日，帖馬廿八疋，食青麥兩石八斗，付健兒陳懷金。
同日，旌節乘帖馬十七疋，食青麥八斗五升，付健兒陳懷金。
同日，鍾俊從礌石將郡坊帖馬一十八疋，食青麥一石八斗，付鍾俊。
十八日，帖馬卅六疋，食青麥四石六斗，付健兒陳金。
同日，封大夫乘帖馬卅二疋，食青麥兩石，付健兒鍾俊。
同日，郡坊帖馬卅五疋，送封大夫到呂光迴，食麥三石二斗五升，付健兒鍾光俊。
十九日，帖馬八十八疋，食青麥四石八斗，付健兒鍾光俊。
同日，郡坊馬十五疋，送封大夫迴，食青麥七斗五升，付健兒陳金。

注釋

〔一〕封大郎子：「封」上疑脫一「迎」或「送」字。

（一六）　唐天寶十四載（公元七五五年）某館申十三載七至十二月郡坊帖馬食醋歷牒

73TAM506:4/32—16之一〇

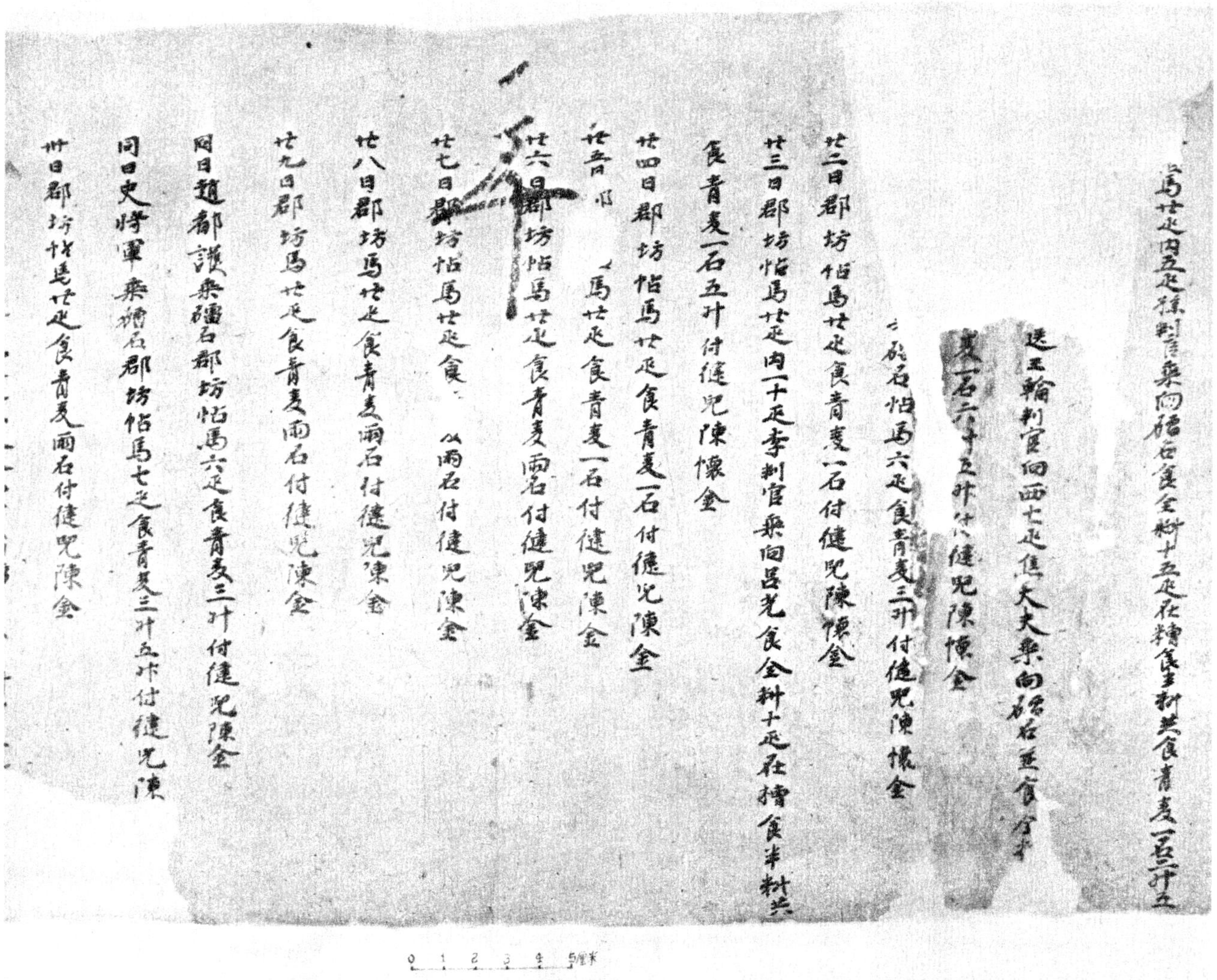

131 □□，帖馬卅疋，內五疋孫判官乘向礌石，食全料；十五疋在槽，食半料；共
食青麥一石二斗五
132 （前缺）
133 □送王輪判官向西，七疋焦大夫乘向礌石，並食
全料□□
134 □麥一石六斗五升，付健兒陳懷金。
135 □礌石，帖馬六疋，食青麥三斗。付健兒陳懷金。
136 廿二日，郡坊帖馬廿疋，食青麥一石。付健兒陳懷金。
137 廿三日，郡坊帖馬廿疋，內一十疋李判官乘向呂光，食全料；十疋在槽食
半料；共
138 食青麥一石五斗。付健兒陳懷金。
139 廿四日，郡坊帖馬廿疋，食青麥一石。付健兒陳金。
140 廿五日，郡□帖馬廿疋，食青麥一石。付健兒陳金。
141 廿六日，郡坊帖馬廿疋，食青麥兩石。付健兒陳金。
142 廿七日，郡坊帖馬廿疋，食青麥兩石。付健兒陳金。　一百廿三
143 廿八日，郡坊馬廿疋，食青麥兩石。付健兒陳金。
144 廿九日，郡坊馬廿疋，食青麥兩石。付健兒陳金。
145 同日，趙都護乘礌石郡坊帖馬六疋，食青麥三斗。付健兒陳金。
146 同日，史將軍乘礌石郡坊帖馬七疋，食青麥三斗五升。付建兒陳□。
147 卅日，郡坊帖馬廿疋，食青麥兩石。付健兒陳金。

（一六） 唐天寶十四載（公元七五五年）某館申十三載七至十二月郡坊帖馬食踖歷牒

73TAM506:4/32—16之二

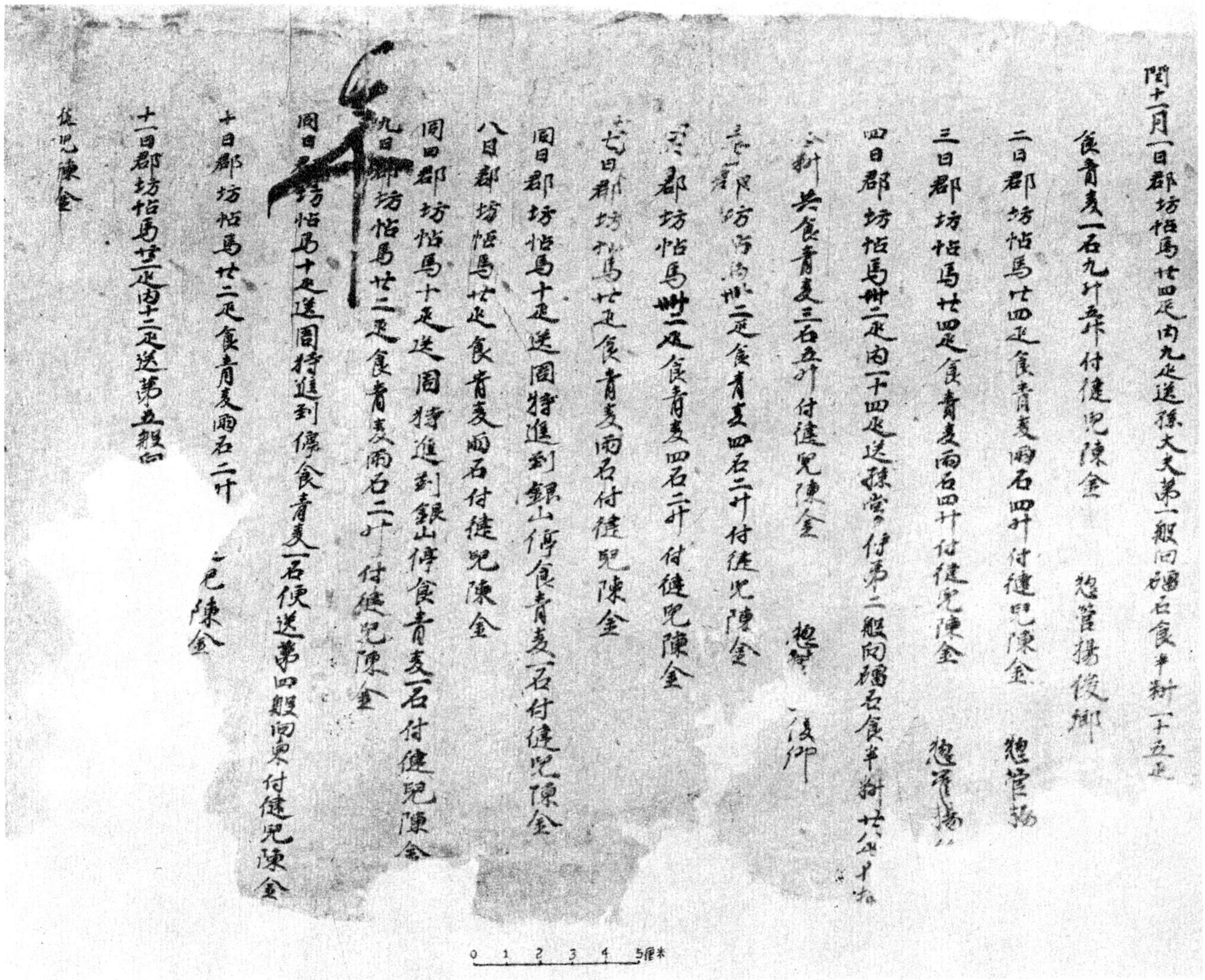

148 閏十一月一日，郡坊帖馬廿四疋，內九疋送孫大夫第一般向礌石，食半料一
十五疋□
149 食青麥一石九斗五升。付健兒陳金。　　總管楊俊卿。
150 二日，郡坊帖馬廿四疋，食青麥兩石四斗。付健兒陳金。　　總管楊□□。
151 三日，郡坊帖馬廿四疋，食青麥兩石四斗。付健兒陳金。　　總管楊俊□。
152 四日，郡坊帖馬卌二疋，內一十四疋送孫常侍第二般向礌石，食半料；廿
八疋在槽□
153 全料，共食青麥三石五斗。付健兒陳金。　　總管□俊卿。
154 五日，郡坊帖馬卌二疋，食青麥四石二斗。付健兒陳金。
155 六日，郡坊帖馬卌二疋，食青麥四石二斗。付健兒陳金。
156 七日，郡坊帖馬廿疋，食青麥兩石。付健兒陳金。
157 同日，郡坊帖馬十疋，送周特進到銀山停，食青麥一石。付健兒陳金。
158 八日，郡坊帖馬廿疋，食青麥兩石。付健兒陳金。
159 同日，郡坊帖馬十疋，送周特進到銀山停，食青麥一石。付健兒陳金。
160 九日，郡坊帖馬廿二疋，食青麥兩石二斗。付健兒陳金。
161 同日，郡坊帖馬十疋，送周特進到停，食青麥一石，便送第四般向東。付健
兒陳金。
162 十日，郡坊帖馬廿二疋，食青麥兩石二斗。□□兒陳金。
163 十一日，郡坊帖馬廿二疋，內十二疋送第五般向□
164 健兒陳金。

一百廿四

（一六）唐天寶十四載（公元七五五年）某館申十三載七至十二月郡坊帖馬食䟮歷牒

73TAM506:4/32—16之一二

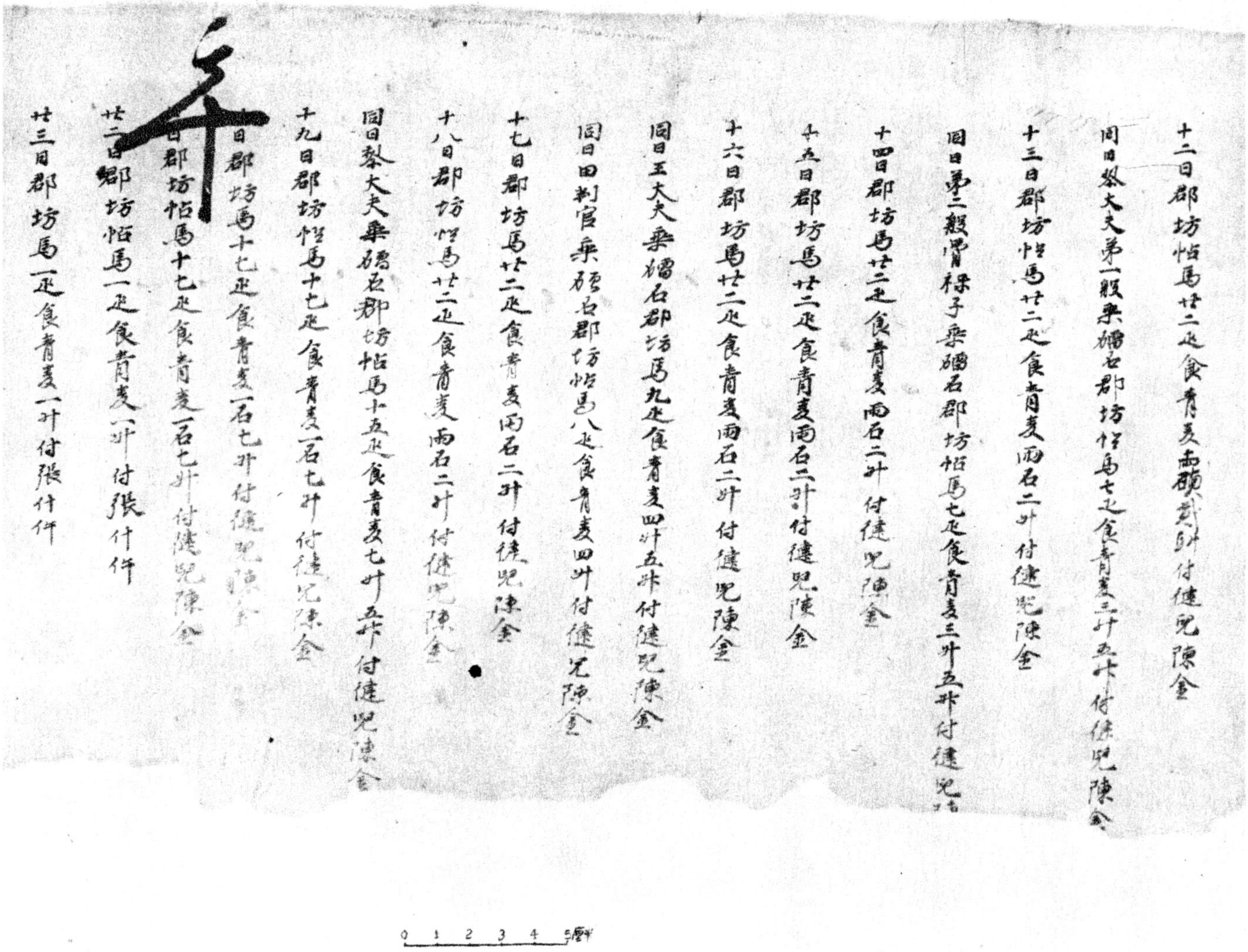

十二日，郡坊帖馬廿二疋，食青麥兩碩貳㪷。付健兒陳金。
同日，黎大夫第一般乘䮻石郡坊帖馬七疋，食青麥三斗五升。付健兒陳金。
十三日，郡坊帖馬廿二疋，食青麥兩石二斗。付健兒陳金。
同日，第二般骨祿子乘䮻石郡坊帖馬七疋，食青麥三斗五升。付健兒陳□。
十四日，郡坊馬廿二疋，食青麥兩石二斗。付健兒陳金。
十五日，郡坊馬廿二疋，食青麥兩石二斗。付健兒陳金。
十六日，郡坊馬廿二疋，食青麥兩石二斗。付健兒陳金。
同日，王大夫乘䮻石郡坊馬九疋，食青麥四斗五升。付健兒陳金。
同日，田判官乘䮻石郡坊馬八疋，食青麥四斗。付健兒陳金。
十七日，郡坊馬廿二疋，食青麥兩石二斗。付健兒陳金。
十八日，郡坊帖馬廿二疋，食青麥兩石二斗。付健兒陳金。
同日，黎大夫乘䮻石郡坊帖馬十五疋，食青麥七斗五升。付建兒陳金。
十九日，郡坊帖馬十七疋，食青麥一石七斗。付健兒陳金。
廿日，郡坊馬十七疋，食青麥一石七斗付健兒陳金
廿一日，郡坊帖馬十七疋，食青麥一石七斗。付健兒陳金。
廿二日，郡坊帖馬一疋，食青麥一斗。付張什仵。
廿三日，郡坊馬一疋，食青麥一斗。付張什仵。

一百廿五

（一六）唐天寶十四載（公元七五五年）某館申十三載七至十二月郡坊帖馬食踖歷牒

73TAM506:4/32—16之一三

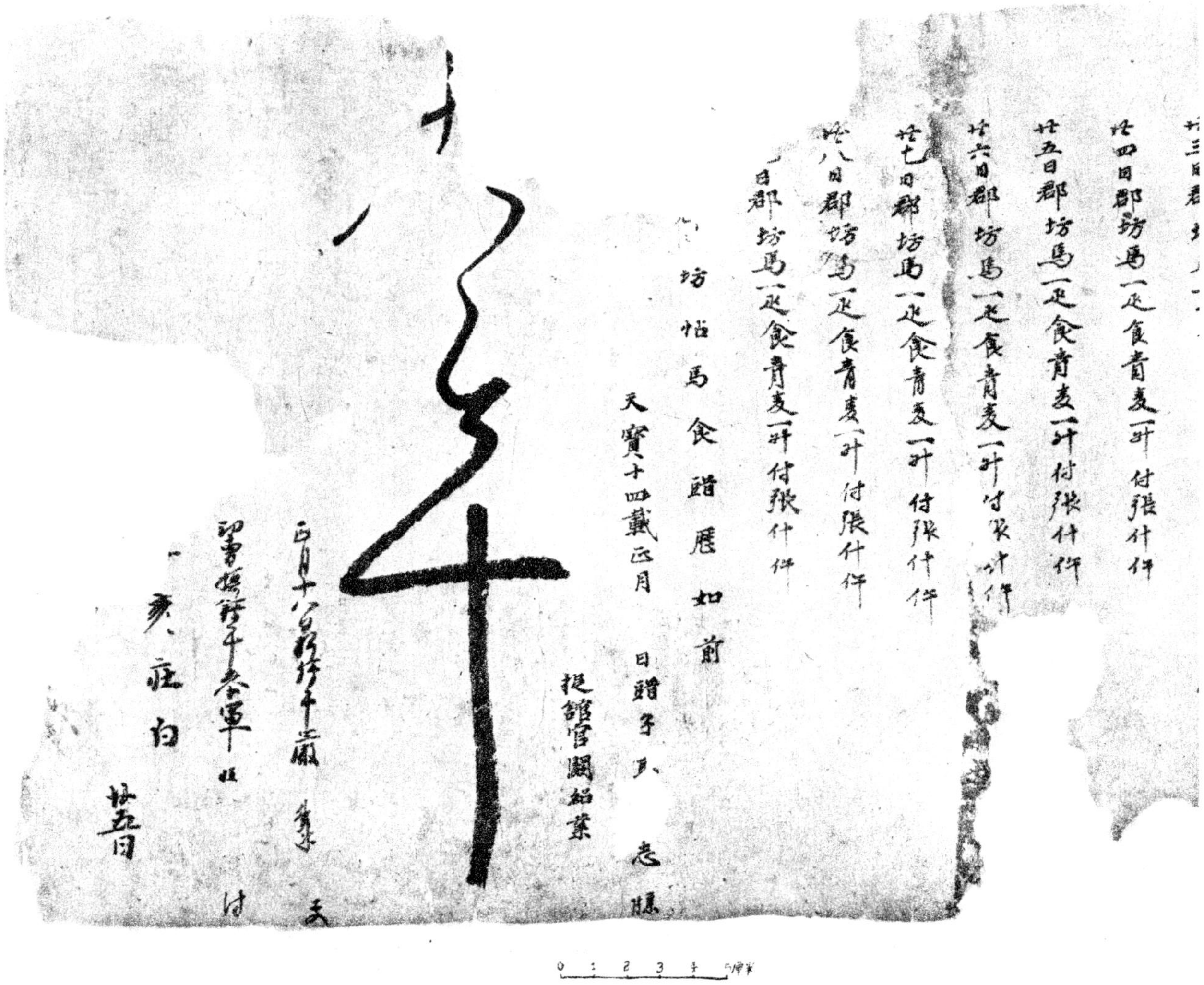

廿四日，郡坊馬一疋，食青麥一斗。付張什仵。

廿五日，郡坊馬一疋，食青麥一斗。付張什仵。

廿六日，郡坊馬一疋，食青麥一斗。[付][張][什]仵。

廿七日，郡坊馬一疋，食青麥一斗。付張什仵。

廿八日，郡坊馬一疋，食青麥一斗。付張什仵。

□[九]日，郡坊馬一疋，食青麥一斗。付張什仵。

[郡]坊帖馬食踖歷如前。

天寶十四載正月　日踖子□□志牒

捉館官關紹業

十八日紀

正月十八日攝錄事嚴　仙泰　受

功曹攝錄事參軍　旺　付

連　彥莊白

廿五日

一百廿六彥

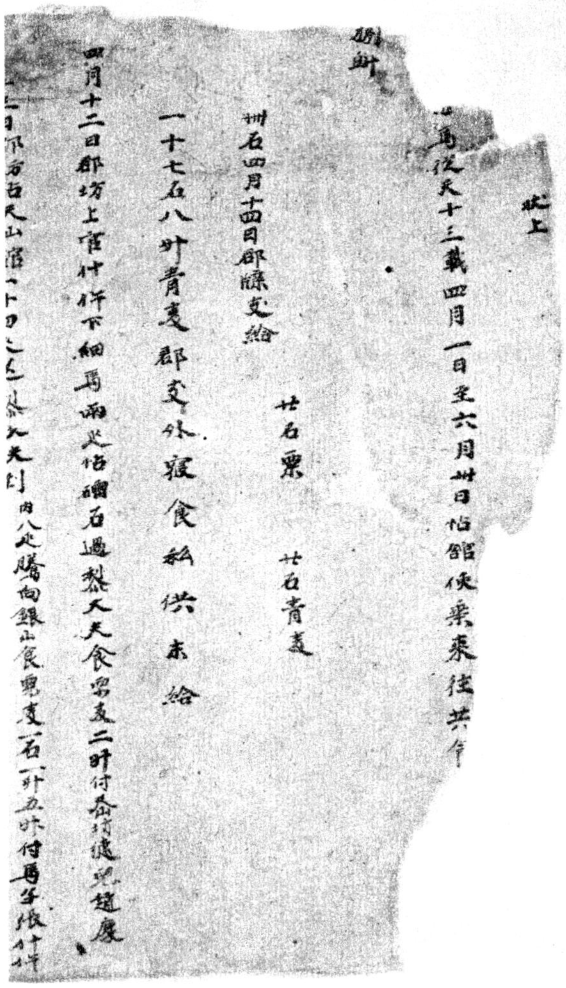

（一七）唐天寶十四載（公元七五五年）某館申十三載四至六月郡坊帖馬食䭅歷牒

73TAM506:4/32—17之一

（一七）唐天寶十四載（公元七五五年）某館申十三載四至六月郡坊帖馬食䭅歷狀

本件背面騎縫編號起一百廿六，止一百卅一。末蓋交河郡都督府朱印。正面騎縫上押「卓」字。

一百廿六

1 □　狀上

2 □［帖］馬從天十三載四月一日至六月卅日帖館使乘來往共［食］□

3 捌蚪。

4 卌石四月十四日郡牒支給　　廿石粟　　廿石青麦

5 一十七石八斗青麦。郡支外寝（侵）食私供未給。

6 四月十二日郡坊上官什仵下細馬兩疋，帖磂石過䓊大夫食粟麦二斗。付

天山坊健兒趙慶。

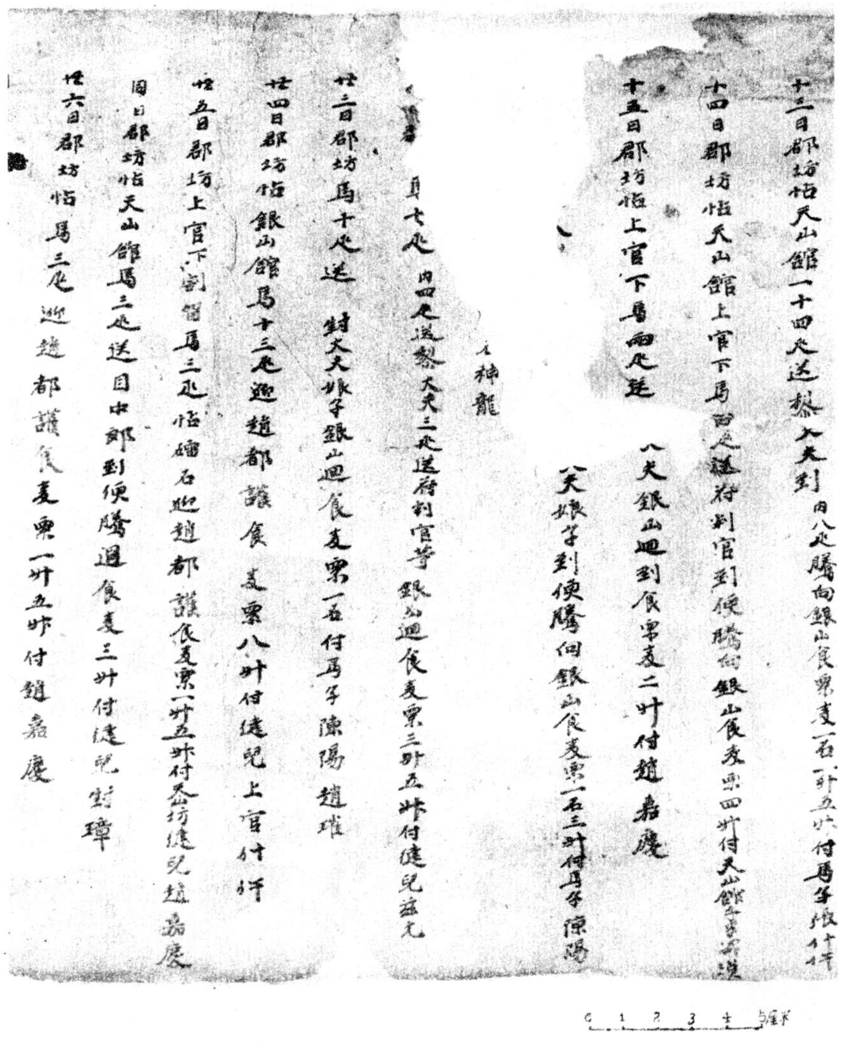

7 十三日，郡坊帖天山館一十四疋，送黎大夫到。內八疋，騰向銀山，食粟麦一石一斗五升。付馬子張什仵。

8 十四日，郡坊帖天山館上官下馬四疋，送苻判官到，便騰向銀山，食麦粟四斗。付天山館子〔一〕李羅漢。

9 十五日，郡坊帖上官下馬兩疋，送□大夫銀山迴到。食粟麦二斗。付趙嘉慶。

10 ［大］夫娘子到，便騰向銀山，食麦粟一石三斗。付馬子陳陽。

11 ［石］神龍〔二〕

12 □□［郡］□［馬］七疋。內四疋送黎大夫，三疋送苻判官等銀山迴，食麦粟三斗五升。付健兒蘇元。

13 廿三日，郡坊馬十疋，送封大夫娘子銀山迴，食麦粟一石。付馬子陳陽、趙璀。

14 廿四日，郡坊帖銀山館馬十三疋，迎趙都護，食麦粟八斗。付健兒上官什仵。

15 廿五日，郡坊上官下割留馬三疋，帖礌石迎趙都護，食麦粟一斗五升。付天山坊健兒趙嘉慶。

注釋

〔一〕子：上脱一「馬」字。

（一七）唐天寶十四載（公元七五五年）某館申十三載四至六月郡坊帖馬食䊵歷牒

73TAM506:4/32—17之二

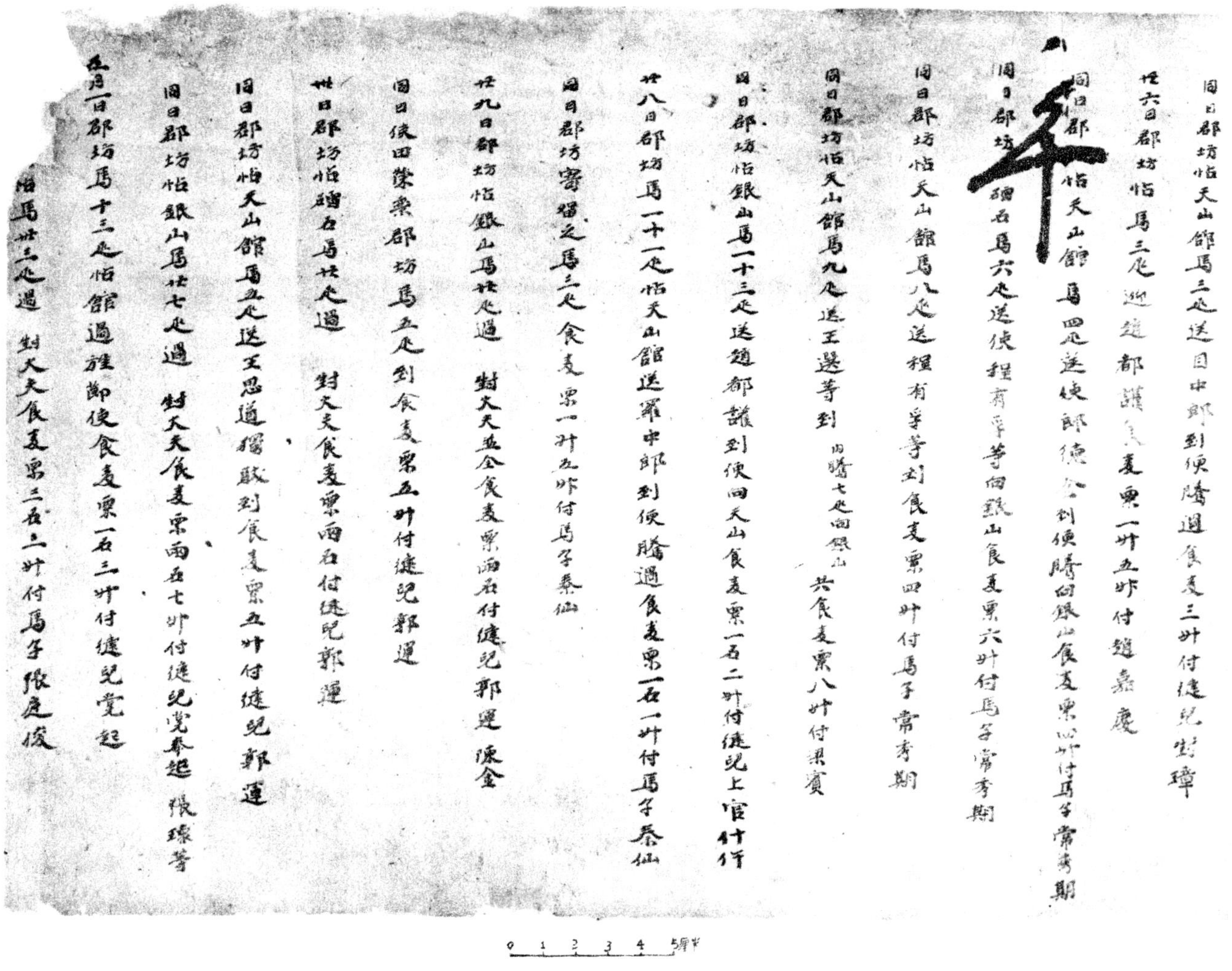

16 同日，郡坊帖天山舘馬三疋，送日中郎到便騰過，食麥三斗。付健兒封璋。
17 廿六日，郡坊帖馬三疋，迎趙都護，食麥粟一斗五升。付趙嘉慶。
18 同日，郡坊帖天山舘馬四疋，送使郎德金到便騰向銀山，食麥粟四斗。付馬子常秀期。 一百廿七
19 同日，郡坊帖礌石馬六疋，送使程有乎等向銀山，食麥粟六斗。付馬子常秀期。
20 同日，郡坊帖天山舘馬八疋，送程有乎等到，食麥粟四斗。付馬子常秀期。
21 同日，郡坊帖天山舘馬九疋，送王選等到 内騰七疋向銀山。 共食麥粟八斗。付梁賓。
22 同日，郡坊帖銀山馬一十三疋，送趙都護到，便向天山，食麥粟一石二斗。付健兒上官什仵。
23 廿八日，郡坊馬一十一疋，帖天山舘，送羅中郎到便騰過，食麥粟一石一斗。付馬子秦仙。
24 同日，郡坊寄留之〔一〕馬三疋，食麥粟一斗五升。付馬子秦仙。
25 廿九日，郡坊帖銀山馬廿疋過 封大夫，並全食麥粟兩石。付健兒郭運、陳金。
26 同日，使田榮秦郡坊馬五疋到，食麥粟五斗。付健兒郭運。
27 卅日，郡坊帖礌石馬廿疋過 封大夫，食麥粟兩石。付健兒郭運。
28 同日，郡坊帖天山舘馬五疋，送王思道獨貶到，食麥粟五斗。付健兒郭運。
29 同日，郡坊帖銀山馬廿七疋過 封大夫，食麥粟兩石七斗。付健兒覺泰起、張瓌等。
30 五月一日，郡坊馬十三疋，帖舘過旌節使，食麥粟一石三斗。付健兒覺起。

注釋

〔一〕之：此字據前後文意，似當釋爲「乏」字。

（一七）唐天寶十四載（公元七五五年）某館申十三載四至六月郡坊帖馬食踖歷牒

73TAM506:4/32—17之三

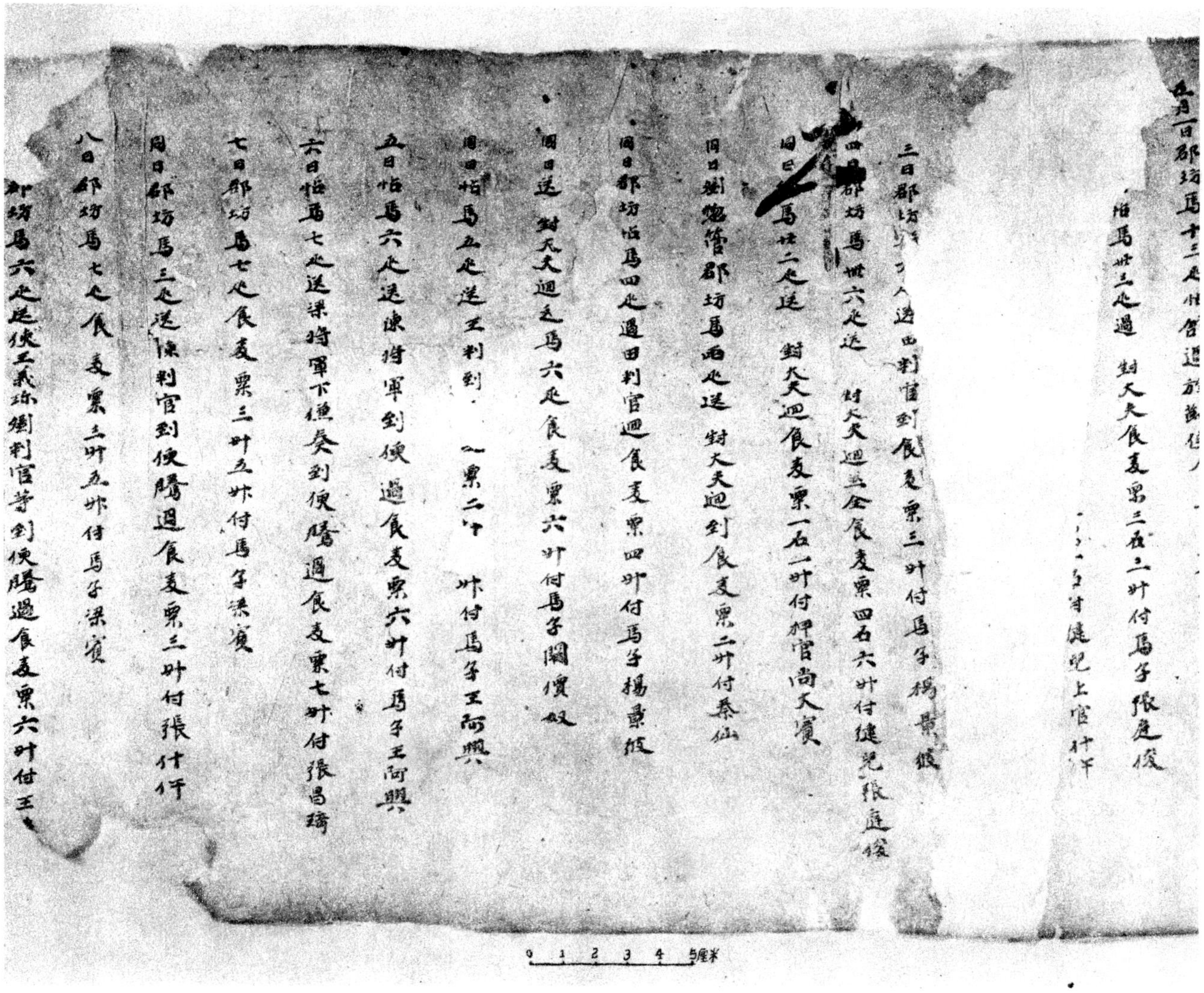

帖馬卌三疋過　封大夫，食麥粟三石三斗。付馬子張庭俊。
一石。付健兒上官什
仵。
三日，郡坊馬六疋，送田判官到，食麥粟三斗。付馬子楊景彼。
四日，郡坊馬卌六疋，送　封大夫迴，並全食麥粟四石六斗。付健兒張庭
俊。　仟　一百廿八
同日，征馬廿二疋，送　封大夫迴，食麥粟一石一斗。付押官尚大賓。
同日，劉總管郡坊馬兩疋，送　封大夫迴到，食麥粟二斗。付秦仙。
同日，郡坊帖馬四疋，過田判官迴，食麥粟四斗。付馬子楊景彼。
同日，送　封大夫迴之[一]馬六疋，食麥粟六斗。付馬子閻價奴。
同日，帖馬五疋，送王判到[二]，□麥粟二斗□升。付馬子王阿興。
五日，帖馬六疋，送陳將軍到便過，食麥粟六斗。付馬子王阿興。
六日，帖馬七疋，送梁將軍下傔奏到，便騰過，食麥粟七斗。付張昌琦。
七日，郡坊馬七疋，食麥粟三斗五升。付馬子梁賓。
同日，郡坊馬三疋，送陳判官到，便騰過，食麥粟三斗。付張什仵。
八日，郡坊馬七疋，食麥粟三斗五升。付馬子梁賓。

注　釋

〔一〕之：此字據前後文義，似當釋爲「乏」字。
〔二〕王判：下脱（或省）一「官」字。

（一七）唐天寶十四載（公元七五五年）某館申十三載四至六月郡坊帖馬食踖歷牒

73TAM506:4/32—17之四

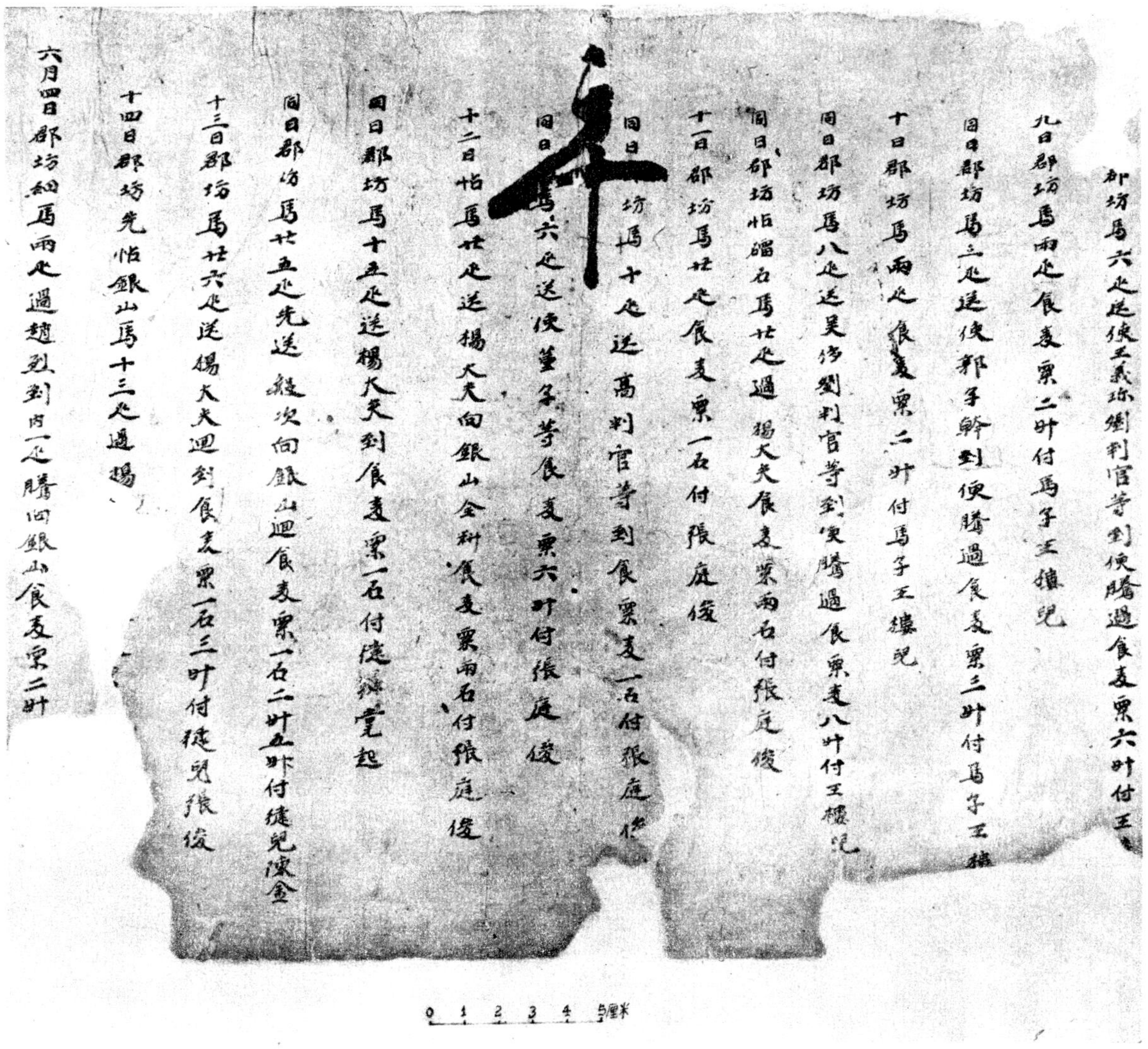

□□郡坊馬六疋，送使王義琮、劉判官等到，便騰過，食麦粟六斗。付王樓

□。

九日，郡坊馬兩疋，食麦粟二斗。付馬子王樓兒。

同日，郡坊馬三疋，送郭子幹到，便騰過，食麦粟三斗。付馬子王樓□。

十日，郡坊馬兩疋，食麦粟二斗。付馬子王樓兒。

同日，郡坊馬八疋，送吴伜、劉判官等到，便騰過，食粟麦八斗。付王樓兒。

同日，郡坊帖礌石馬廿疋，過　楊大夫，食麦粟兩石。付張庭俊。

十一日，郡坊馬廿疋食麦粟一石。付張庭俊。

同日，郡坊馬十疋，送高判官等到，食粟麦一石。付張庭俊。

一百廿九

同日，帖馬六疋，送使董子等，食麦粟六斗。付張庭俊。

十二日，帖馬廿疋，送楊大夫向銀山，全料，食麦粟兩石。付張庭俊。

同日，郡坊馬十五疋送楊大夫到，食麦粟一石。付健兒党起。

同日，郡坊馬廿五疋，先送般，次向銀山迴，食麦粟一石二斗五升。付健兒

陳金。

十三日，郡坊馬廿六疋，送楊大夫迴到，食麦粟一石三斗。付健兒張俊。

十四日，郡坊先帖銀山馬十三疋，過楊□

六月四日，郡坊細馬兩疋，過趙烈到，内一疋騰向銀山，食麦粟二斗。□

（一七）　唐天寶十四載（公元七五五年）某館申十三載四至六月郡坊帖馬食䜺歷牒

73TAM506:4/32—17之五

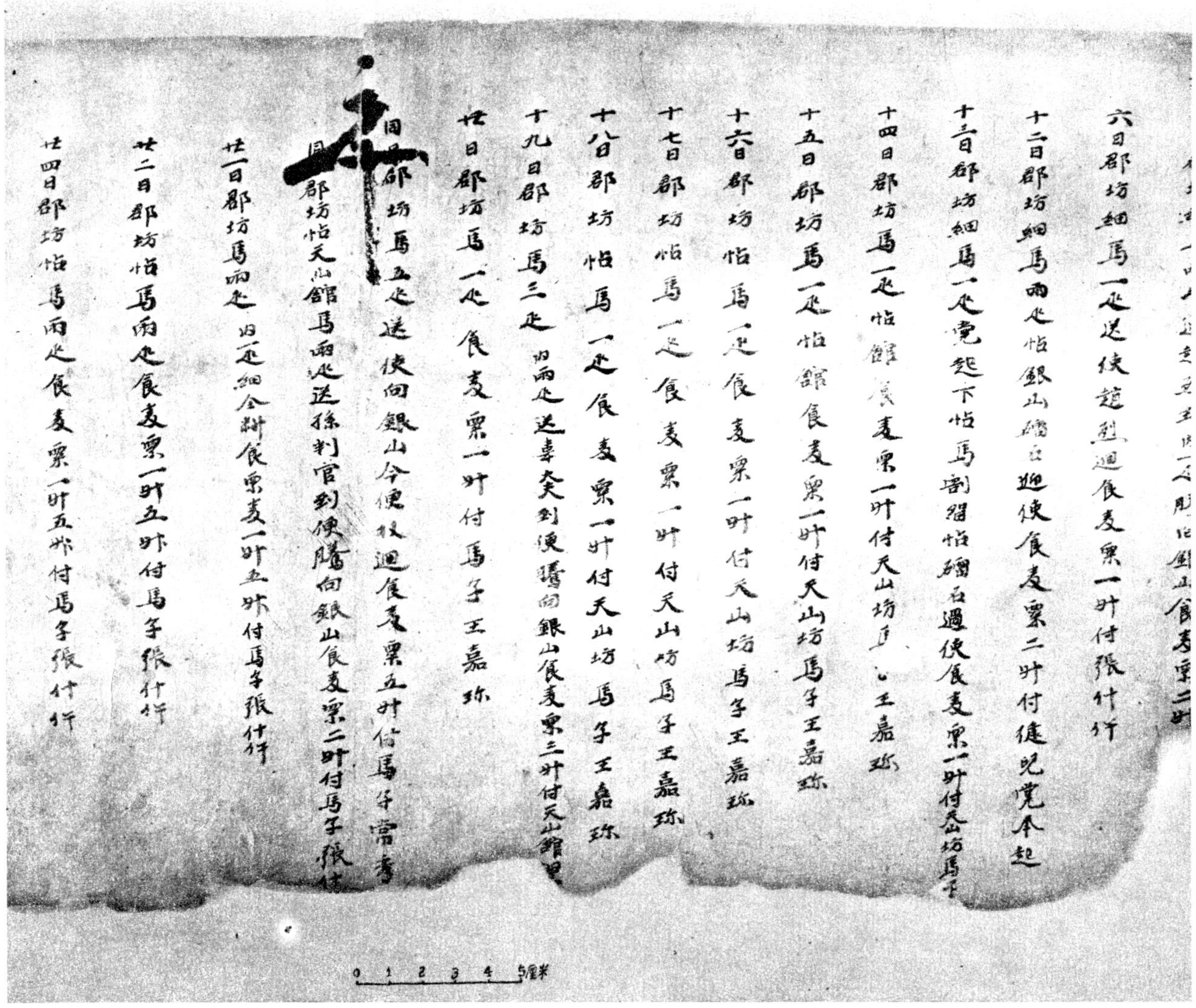

60 六日，郡坊細馬一疋，送使趙烈迴，食麥粟一斗。付張什仵。

61 十二日郡坊細馬兩疋，帖銀山、礌石迎使，食麥粟二斗。付健兒党奉起。

62 十三日，郡坊細馬一疋，党起下帖馬割留，帖礌石過使，食麥粟一斗。付天

山坊馬子□

63 十四日，郡坊馬一疋，帖館食麥粟一斗。付天山坊[馬][子]王嘉琮。

64 十五日，郡坊馬一疋，帖館食麥粟一斗。付天山坊馬子王嘉琮。

65 十六日，郡坊帖馬一疋，食麥粟一斗。付天山坊馬子王嘉琮。

66 十七日，郡坊帖馬一疋，食麥粟一斗。付天山坊馬子王嘉琮。

67 十八日，郡坊帖馬一疋，食麥粟一斗。付天山坊馬子王嘉琮。

68 十九日，郡坊馬三疋，內兩疋送韋大夫到，便騰向銀山，食麥粟三斗。付天

山館押□

69 廿日，郡坊馬一疋，食麥粟一斗。付馬子王嘉琮。

70 同日，郡坊馬五疋，送使向銀山，今便收迴，食麥粟五斗。付馬子常秀□。一百卌

71 同日郡坊帖天山舘馬兩疋，送孫判官到，便騰向銀山，食麥粟二斗。付馬

子張什□。

72 廿一日，郡坊馬兩疋，內一疋細，全料，食粟麦一斗五升。付馬子張什仵。

73 廿二日，郡坊帖馬兩疋，食麥粟一斗五升。付馬子張什仵。

74 廿四日，郡坊帖馬兩疋，食麥粟一斗五升。付馬子張什仵。

（一七）　唐天寶十四載（公元七五五年）某館申十三載四至六月郡坊帖馬食醋歷牒

73TAM506:4/32—17之六

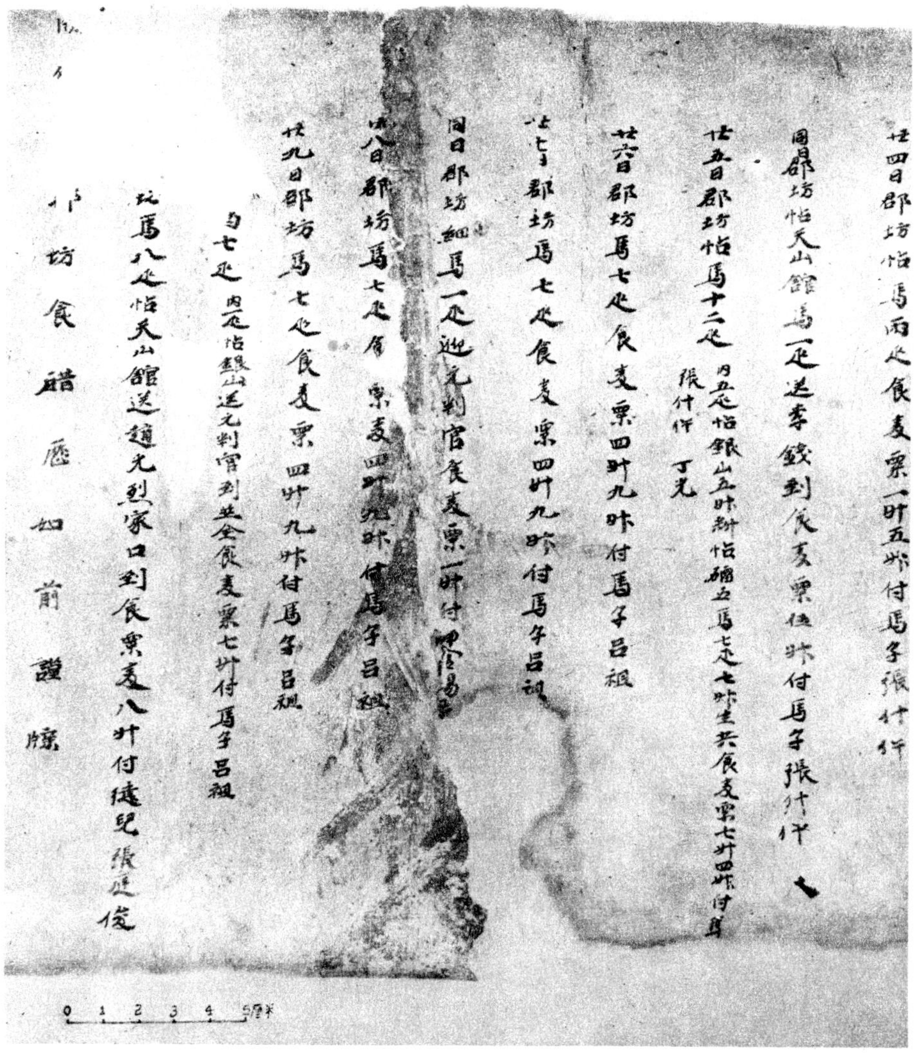

75 同日，郡坊帖天山舘馬一疋，送李錢到，食麦粟伍升。付馬子張什仵。

76 廿五日，郡坊帖馬十二疋，內五疋帖銀山五升料，帖礌石馬七疋七斗生，共食麦粟七斗四升。付馬□ 張什仵、丁光。

77 廿六日，郡坊馬七疋，食麦粟四斗九升。付馬子呂祖。

78 廿七日，郡坊馬七疋，食麦粟四斗九升。付馬子呂祖。

79 同日，郡坊細馬一疋，迎元判官，食麦粟一斗。付押官楊□□。

80 廿八日，郡坊馬七疋，食粟麦四斗九升。付馬子呂祖。

81 廿九日，郡坊馬七疋，食麦粟四斗九升。付馬子呂祖。

82 □□馬七疋，內一疋帖銀山送元判官到，並全食麦粟七斗。付馬子呂祖。

83 □□坊馬八疋，帖天山舘送趙光烈家口到，食粟麦八斗。付建兒張庭俊。

（一七）　唐天寶十四載（公元七五五年）某館申十三載四至六月郡坊帖馬食踖歷牒

73TAM506:4/32—17之七

牒件□郡坊食踖歷如前謹牒

天寶十四載正月　日踖子申屠冲子　牒

捉館官闞紹業

十八日年　一百卌一

正月十八日攝錄事嚴　仙泰　受

一　參軍　旺　付

□□二庄　白

廿五日

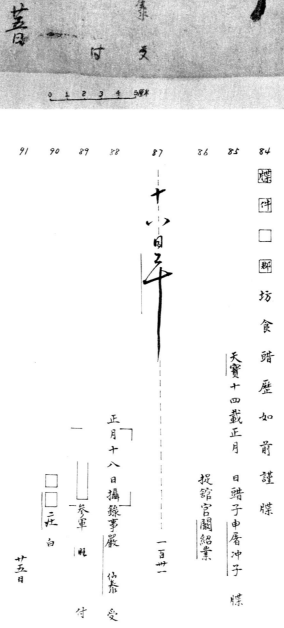

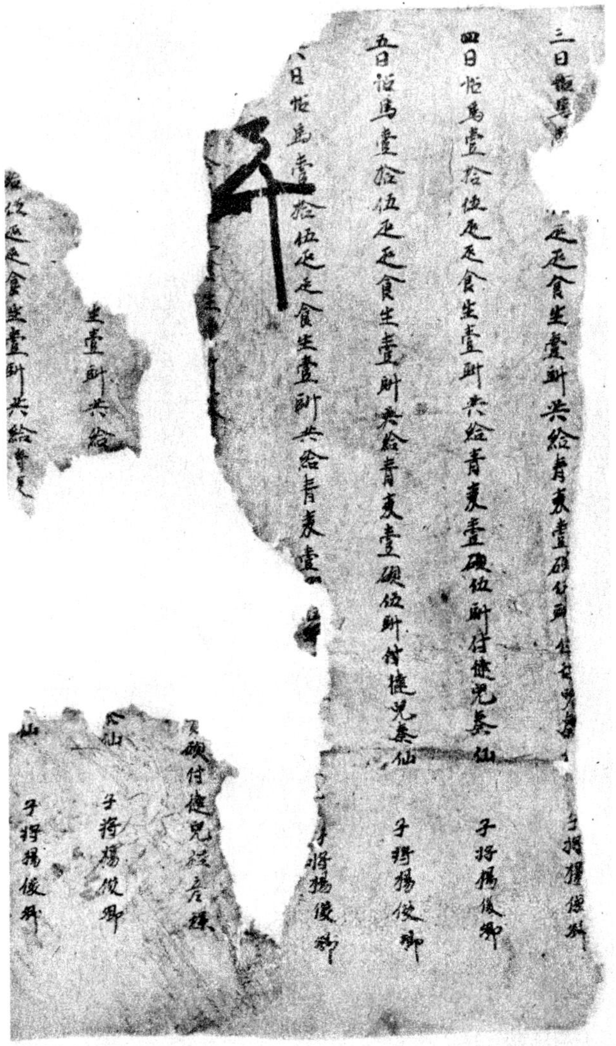

（一八）　唐某館申郡坊帖馬食𨁃歷　73TAM506:5/1之一

（一八）唐某館申郡坊帖馬食𨁃歷

本件原貼龕於紙棺底部，殘損過甚，紀年已缺。據與其他食𨁃歷對比，本件所記亦屬天寶十三載。又，背面編號也已殘，今姑置於此。正面騎縫上押「覃」字。

1 三日，帖馬壹□□疋，疋食生壹㪷，共給青麥壹碩伍㪷。付健兒秦仙　子將楊俊卿。

2 四日，帖馬壹拾伍疋，疋食生壹㪷，共給青麥壹碩伍㪷。付健兒秦仙　子將楊俊卿。

3 五日，帖馬壹拾伍疋，疋食生壹㪷，共給青麥壹碩伍㪷。付健兒秦仙　子將楊俊卿。

4 六日，帖馬壹拾伍疋，疋食生壹㪷，共給青麥壹碩伍[　　]　子將楊俊卿。

5 [　　]壹拾伍疋，疋食生壹㪷，共給[　　][　　]貳碩。付健兒[　　]程彥璟。

6 [　　]生壹㪷，共給[　　][　　]秦仙　子將楊俊卿。

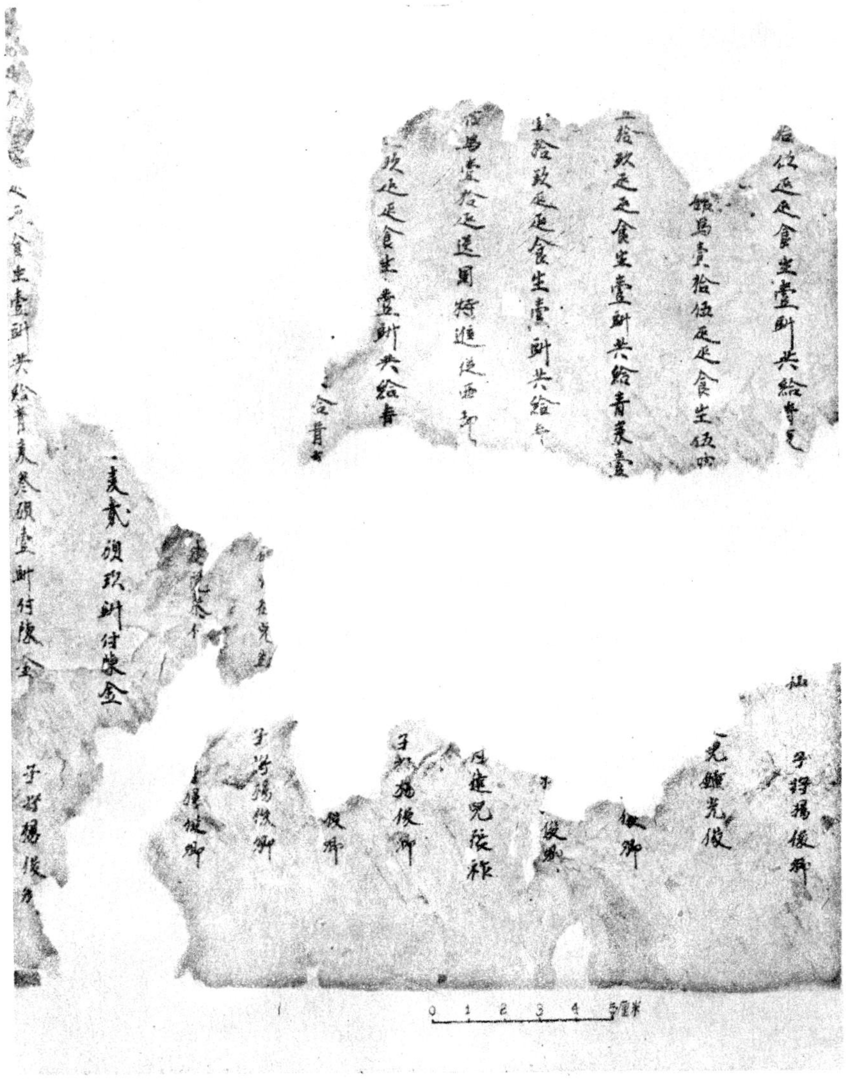

7 □拾伍疋，疋食生壹㪷，共給青麥□□□仙 子將楊俊卿。

8 □館馬壹拾伍疋，疋食生伍[勝]□□[健]兒鍾光俊。

9 □[壹]拾玖疋，疋食生壹㪷，共給青麥壹□□□俊卿。

10 □[壹]拾玖疋，疋食生壹㪷，共給[青]□□□[將]□俊卿。

11 □帖馬壹拾疋，送周特進從西部迴，□付健兒張祚。

12 □[拾]玖疋，疋食生壹㪷，共給青□子將楊俊卿。

13 □[共]給青[麥]□□俊卿。

14 □[碩]。[付][健]兒鍾□、子將楊俊卿。

15 □健兒秦[仙]□[將]楊俊

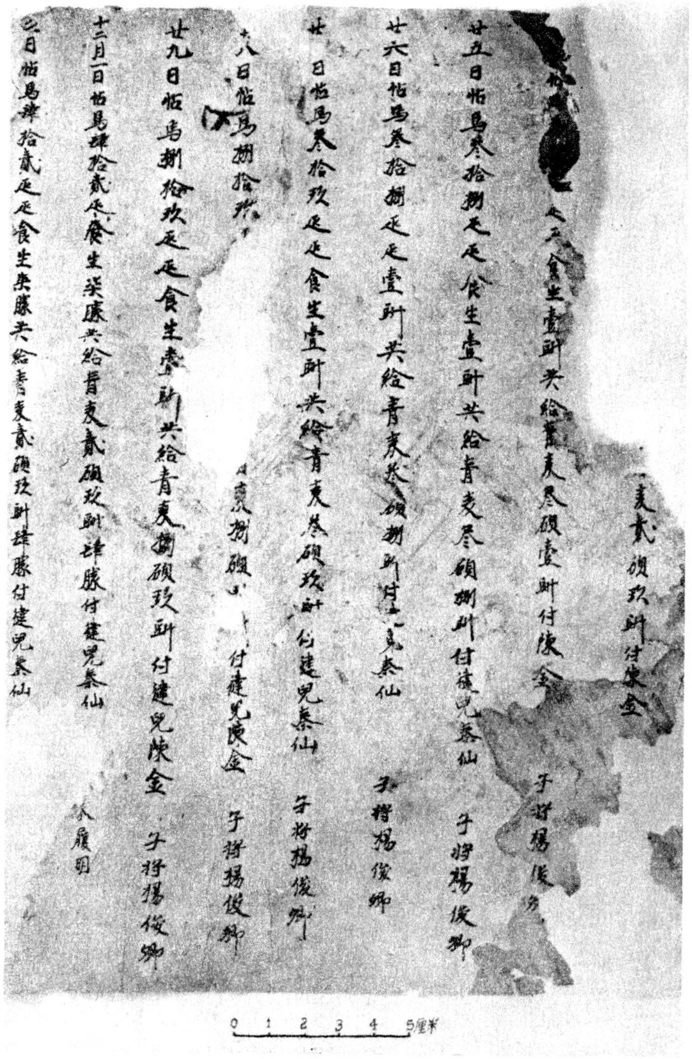

(一八) 唐某館申郡坊帖馬食踖歷

73TAM506:5/1之二

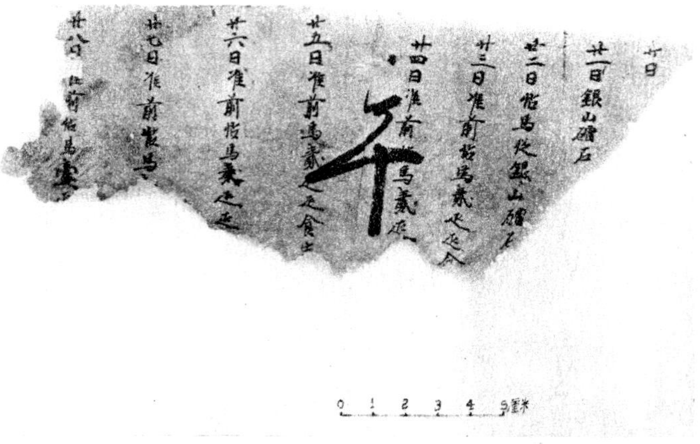

(一八) 唐某館申郡坊帖馬食踖歷

73TAM506:5/1之三

16 □麦貳碩玖㪷。付陳金□

17 □帖馬叁拾壹疋，疋食生壹㪷，共給青麦叁碩壹㪷。付陳金　子將楊

俊卿。

18 廿五日，帖馬叁拾捌疋，疋食生壹㪷，共給青麦叁碩捌㪷。付健兒秦仙　子將

楊俊卿。

19 廿六日，帖馬叁拾捌疋，疋壹㪷，共給青麦叁碩捌㪷。付健兒秦仙　子將楊

俊卿。

20 廿□日，帖馬叁拾玖疋，疋食生壹㪷，共給青麦叁碩玖㪷。付健兒秦仙　子將

楊俊卿。

21 廿八日，帖馬捌拾玖疋□麦捌碩玖㪷。付健兒陳金　子將

楊俊卿。

22 廿九日，帖馬捌拾玖疋，疋食生壹㪷，共給青麦捌碩玖㪷。付健兒陳金　子

將楊俊卿。

23 十二月一日，帖馬肆拾貳疋，疋食生柒勝，共給青麦貳碩玖㪷肆勝。付健兒秦

仙□□履明。

24 二日，帖馬肆拾貳疋，疋食生柒勝，共給青麦貳碩玖㪷肆勝。付健兒秦仙　□

25 廿日□

26 廿一日，銀山礌石□

27 廿二日，帖馬從銀山礌石□

28 廿三日，准前帖馬貳疋，疋食□

29 廿四日，准前帖馬貳疋□

30 廿五日，准前馬貳疋，疋食生□

31 廿六日，准前帖馬貳疋，疋□

32 廿七日，准前帖馬□

33 廿八日，准前帖馬壹疋□

（一九）　唐天寶十四載（公元七五五年）交河郡長行坊申十三載郡坊帖馬侵食交河等館九至十二月馬料帳　73TAM506:4/32—18之一

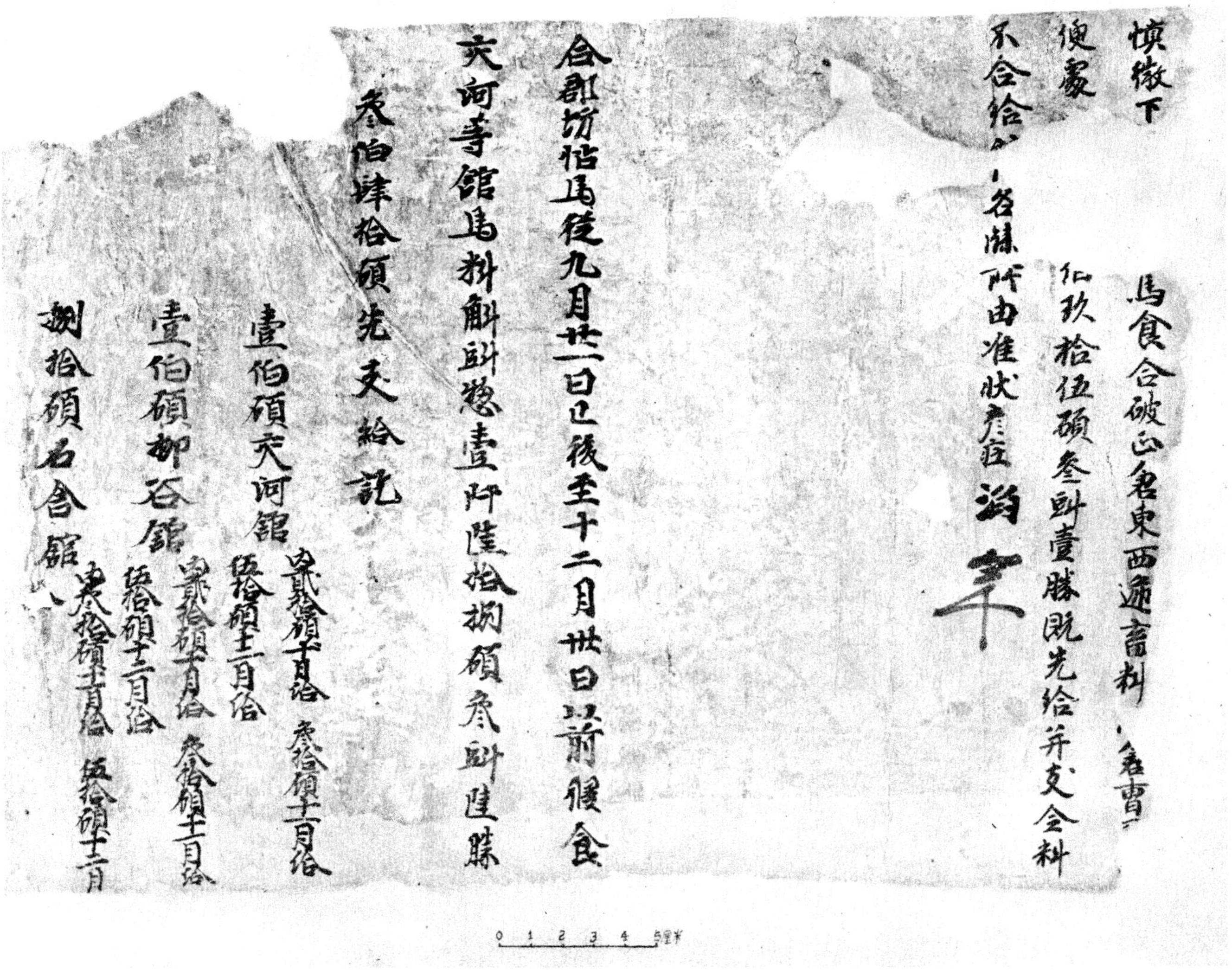

（一九）唐天寶十四載（公元七五五年）交河郡長行坊申十三載郡坊帖馬侵食交河等館九至十二月馬料帳

本件背面騎縫編號起一百卌七止一百卌九，前後皆殘，紀年已缺，據其中有閏十一月帳，知所記帳歷爲天寶十三載，牒尾三月，應是天寶十四載。

1 愼徵（微）下□馬食，合破正倉東西遞畜料□倉曹司□

2 便處□伯玖拾伍碩叁㪷壹勝，既先給并支全料，

3 不合給□，各牒所由准狀。袁莊、滔、牟

4 合郡坊帖馬從九月廿一日已後至十二月卅日以前侵食

一百卌七彥

5 交河等館馬料斛㪷總壹阡陸拾捌碩叁㪷陸勝

6 叁伯肆拾碩先支給訖

7 壹伯碩交河館　內貳拾碩十月給　叁拾碩十一月給　伍拾碩十二月給

8 壹伯碩柳谷館　內貳拾碩十月給　叁拾碩十一月給　伍拾碩十二月給

（一九）　唐天寶十四載（公元七五五年）交河郡長行坊申十三載郡坊帖馬侵食交河等館九至十二月馬料帳

73TAM506:4/32—18之二

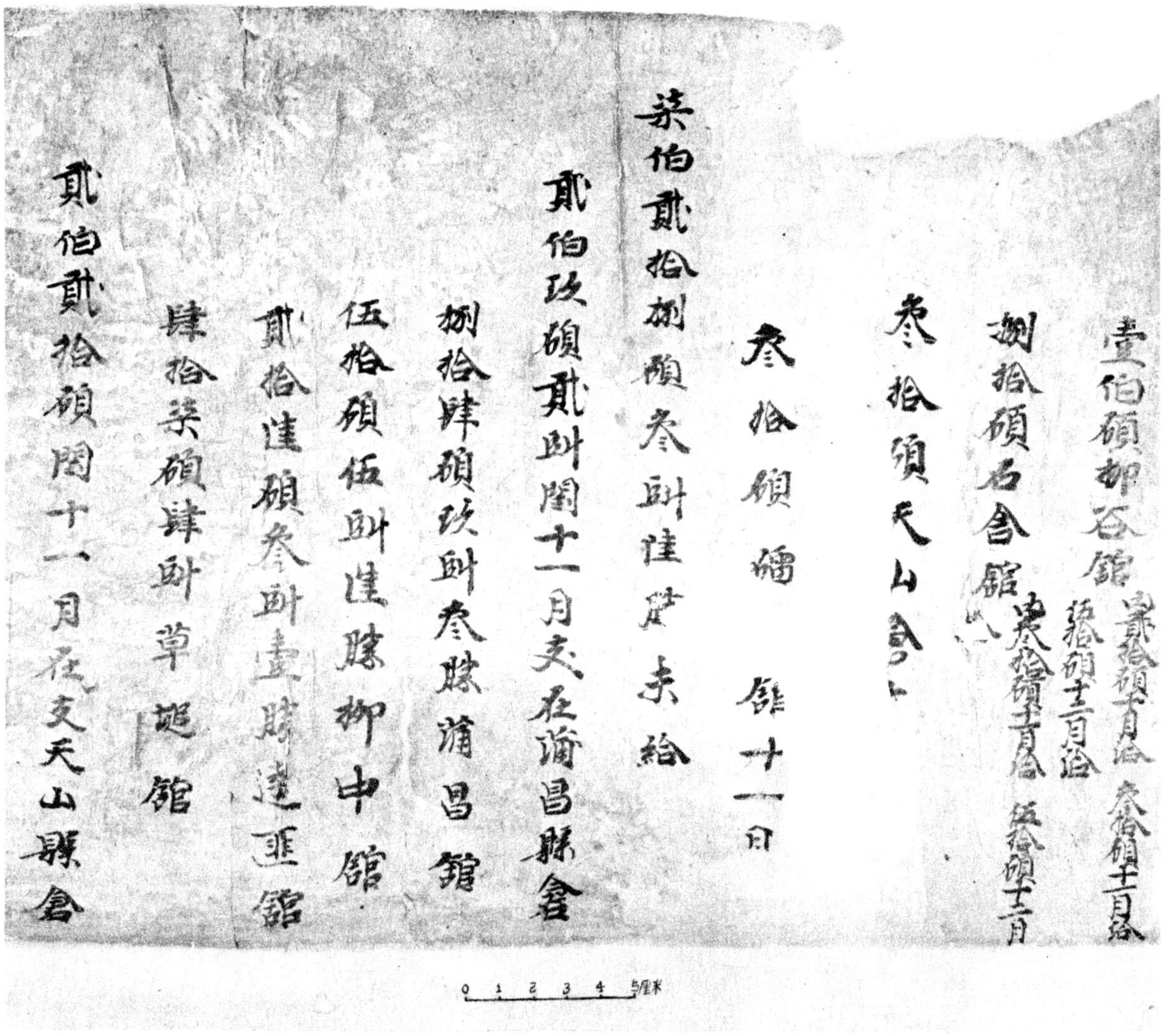

9 捌拾碩石舍館[給]內叁拾碩十一月給　伍拾碩十二月
10 叁拾碩天山[倉][十]□
11 叁拾碩礌□[館]十一月
12 柒伯貳拾捌碩叁斗陸勝未給
13 貳伯玖碩貳斗閏十一月支在蒲昌縣倉
14 捌拾肆碩玖斗叁勝　蒲昌館
15 伍拾碩伍斗陸勝　柳中館
16 貳拾陸碩叁斗壹勝達匪館
17 肆拾柒碩肆斗草塠館
18 貳伯貳拾碩閏十一月在支天山縣　倉

一百卅八　彥

（一九）　唐天寶十四載（公元七五五年）交河郡長行坊申十三載郡坊帖馬侵食交河等館九至十二月馬料帳

73TAM506:4/32—18之三

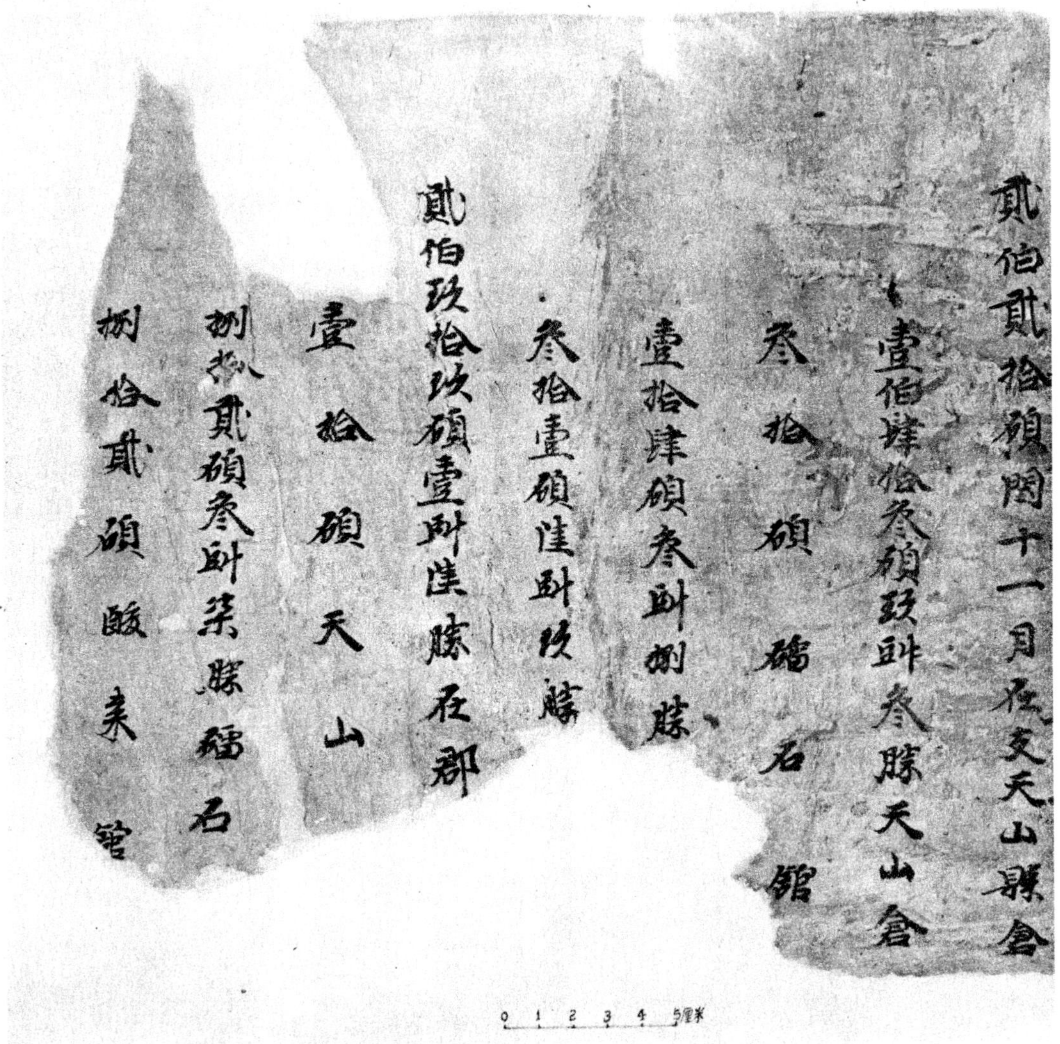

壹伯肆拾叁碩玖㪷叁勝天山倉

叁　拾　碩　礌　石　館

壹拾肆碩叁㪷捌勝

叁拾壹碩陸㪷玖勝

貳伯玖拾玖碩壹㪷陸　勝　在　郡　〔下殘〕

壹　拾　碩　天　山　〔下殘〕

捌拾貳碩叁㪷柒勝礌石　〔下殘〕

捌　拾　貳　碩　酸　棗　館

（一九）　唐天寶十四載（公元七五五年）交河郡長行坊申十三載郡坊帖馬侵食交河等館九至十二月馬料帳　　73TAM506:4/32—18之四

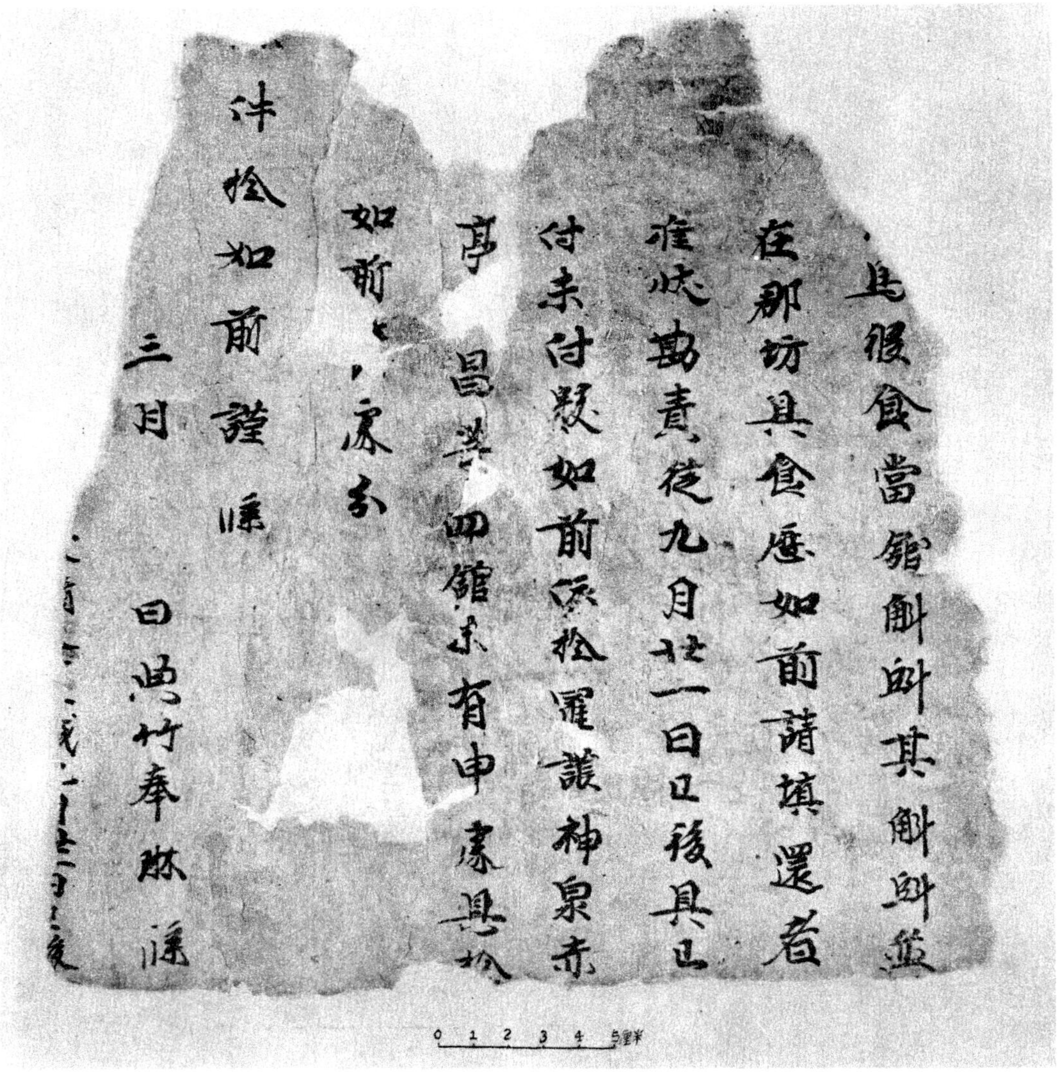

□馬侵食當館斛㪷，其斛㪷並
在郡坊，具食歷如前，請填還者。
准狀勘責，從九月廿一日已後，具已
付、未付數如前，依檢羅護、神泉、赤
亭、□昌等四館未有申處，具檢
如前，請處分。
牒件檢如前謹牒。
三月　日典竹奉琳牒
天□□□載九月廿一日已後

（二〇） 唐天寶十四載（公元七五五年）交河郡長行坊具諸館預給及不給馬料數請勘會牒

73TAM506:4/32—19之一

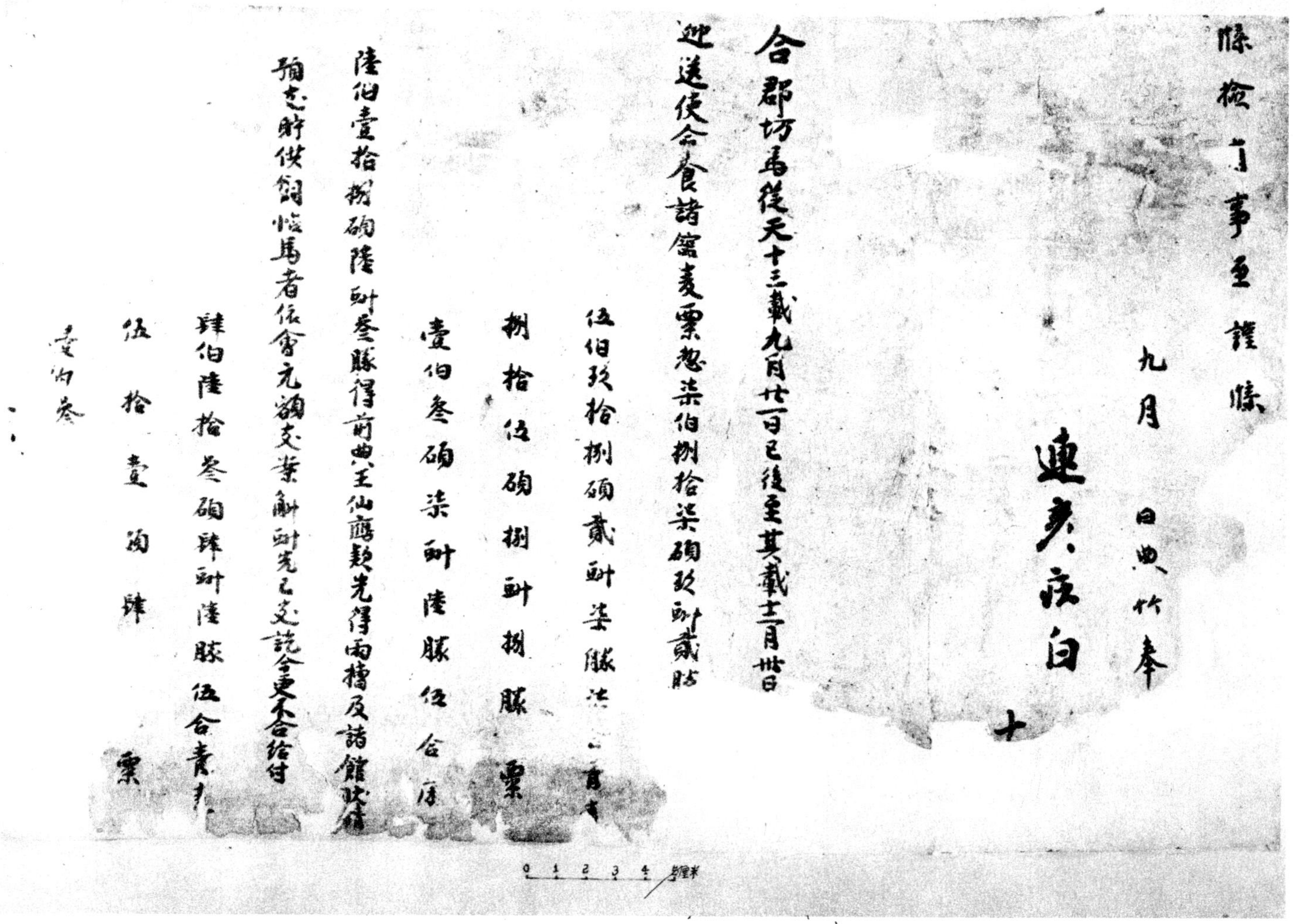

（二〇） 唐天寶十四載（公元七五五年）交河郡長行坊具諸館預給及不給馬料數請勘會牒

本件前四行爲另一牒尾，背面騎縫編號起二百止二百二，末蓋交河郡都督府朱印一處。

1 牒，檢[有]事至，謹牒。

2 九月 日典竹奉□□

3 連 彥莊白

4 十□

5 合郡坊馬從天十三載九月廿一日已後至其載十二月卅日 □ 二百

6 迎送使命，食諸館麥粟總柒伯捌拾柒碩玖斗貳勝□□

7 伍伯玖拾捌碩貳斗柒勝[柒]合青[麥]

8 捌 拾 伍碩 捌斗 捌勝 粟

9 壹伯叁碩柒斗陸勝伍合床

10 陸伯壹拾捌碩陸斗叁勝，得前典王仙鷹款，先得兩槽及諸館狀，[請]

11 預支貯供飼帖馬者，依會元額支案，斛斗先已支訖，今更不合給付。

12 肆伯陸拾叁碩肆斗陸勝伍合青麥

13 伍 拾 壹 碩 肆 □ 粟

14 [壹][伯]叁□

（二〇）唐天寶十四載（公元七五五年）交河郡長行坊具諸館預給及不給馬料數請勘會牒

73TAM506:4/32—19之二

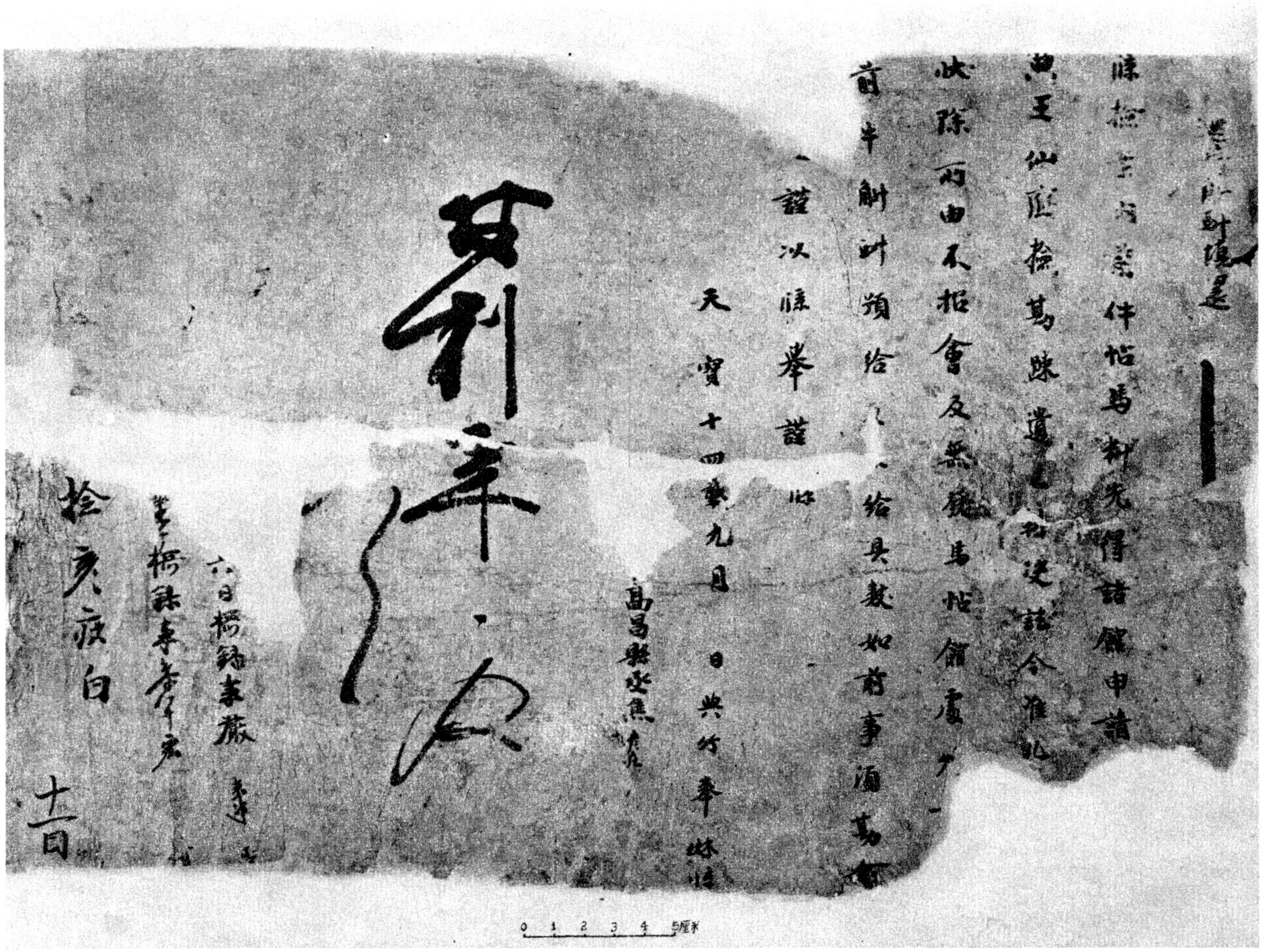

迴殘斛㪷填還　｜

牒，檢案内前件帖馬料，先得諸館申請□

典王仙鷹檢勘，踈遺，已判決訖。今准孔□

狀，除所由不招會及無發馬帖館處〔外〕〔二〕□

前〔件〕斛㪷預給〔及〕〔不〕給具數如前，事須勘會。

□□謹以牒舉，謹牒。

天寶十四載九月　日典竹奉琳牒

高昌縣丞焦彥莊

付判，覃示

〔六〕日

六日攝錄事嚴泰受

〔參〕〔軍〕攝錄事參軍宏付

檢，彥莊白

十一日

（二百二彥）

（二一）唐天寶十四載（公元七五五年）郡坊申十三載九至十二月諸館支貯馬料帳

73TAM506:4/32—20之一

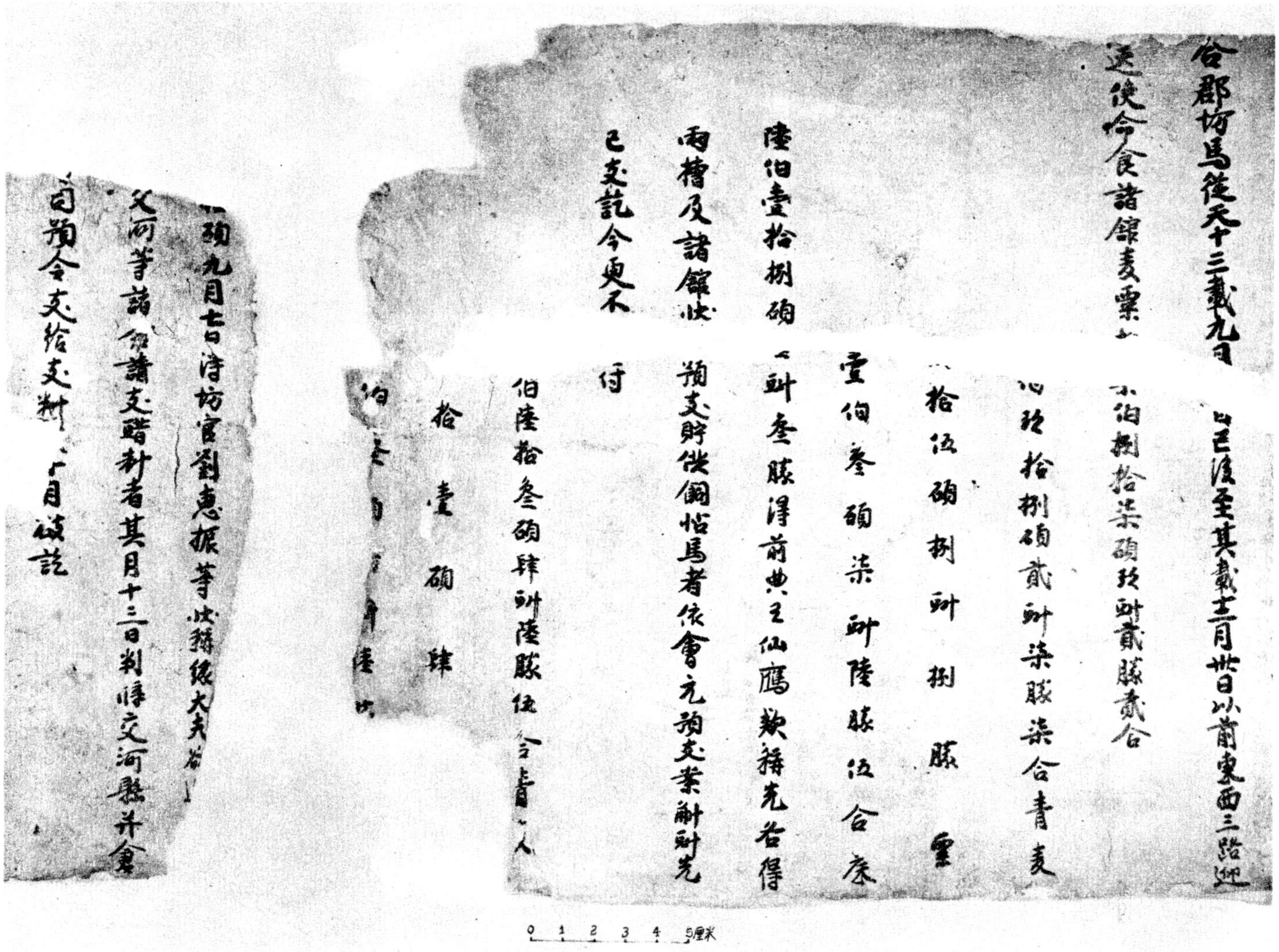

（二一）唐天寶十四載（公元七五五年）郡坊申十三載九至十二月諸館支貯馬料帳

本件與上件粘連，背面騎縫編號起二百二止二百四，後有殘缺，所記爲天寶十三載九月以後帳。

二百二彥

合郡坊馬從天十三載九[月]□[日]已後，至其載十二月卅日以前東西三路迎
送使命，食諸館麥粟[總][柒]伯捌拾柒碩玖𣂁貳勝貳合。
□[伯]玖拾捌碩貳𣂁柒勝柒合青麥
□　拾伍碩捌𣂁捌勝粟
壹伯叁碩柒𣂁陸勝伍合床
陸伯壹拾捌碩[陸]𣂁叁勝得前典王仙鷹款稱：先各得
兩槽及諸館狀，□預支貯供飼帖馬者，依會元預支案斛𣂁，先
已支訖，今更不□□付。
□伯陸拾叁碩肆𣂁陸勝伍[合][青][麥]
□　拾壹碩肆　□□
□伯[叁][碩]□[𣂁][陸][勝]
□拾碩九月七日得坊官劉惠振等狀稱：緣大夫[欲][過]□□
□[交]河等諸[館]請支踖料者。其月十三日判：牒交河縣并倉
[曹]司，預令支給。支料[於][十]月[破]訖。

（二一）唐天寶十四載（公元七五五年）郡坊申十三載九至十二月諸館支貯馬料帳

73TAM506:4/32—20之二

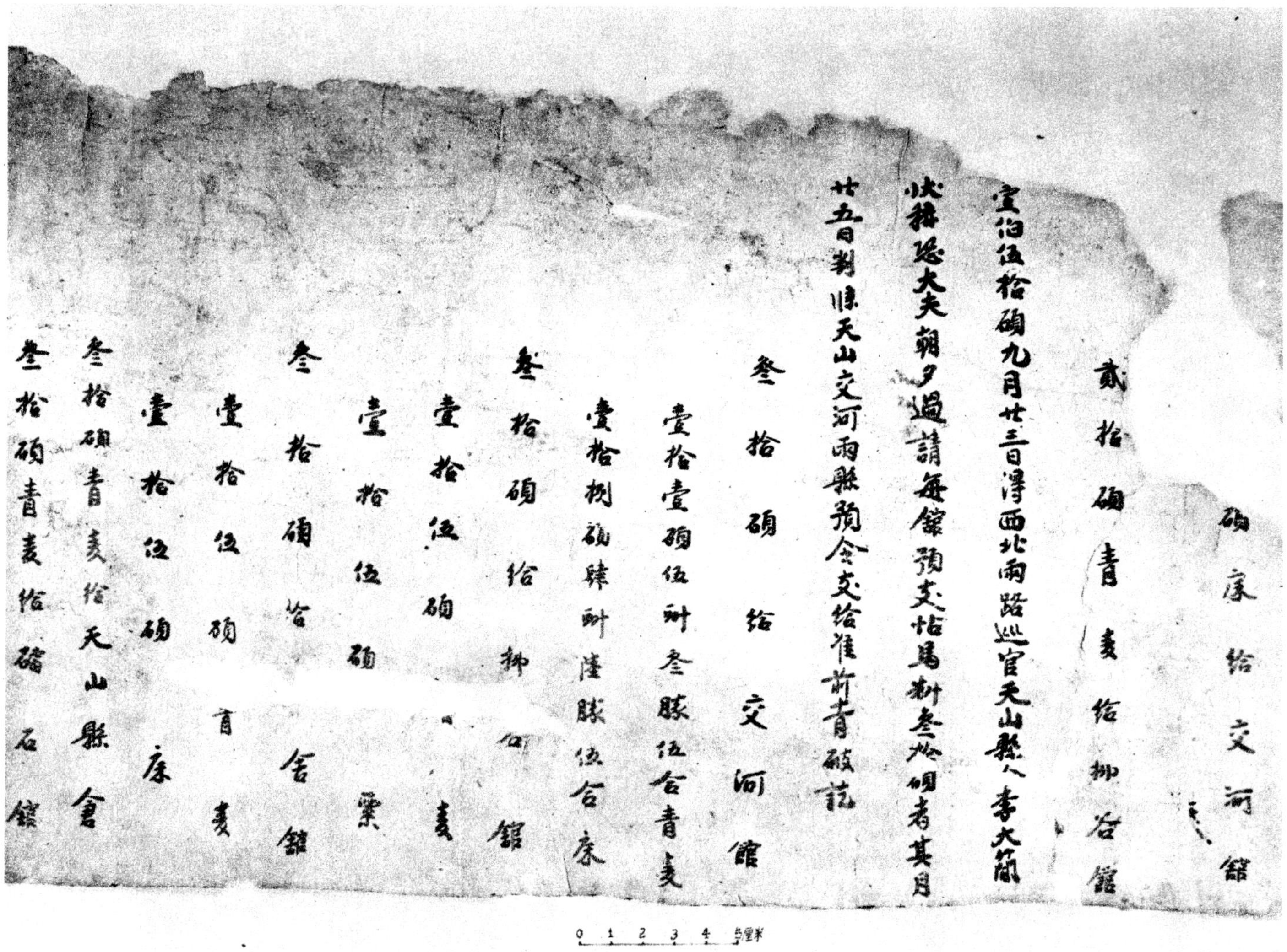

□□碩床給交河館
貳拾碩青麥給柳谷館
二百三彥
壹伯伍拾碩九月廿三日得西北兩路巡官、天山縣人李大簡
狀稱恐大夫朝夕過，請每館預支帖馬料叄拾碩者。其月
廿五日判：牒天山、交河兩縣預令支給。准前十一月破訖。
叄拾碩給交河館
壹拾壹碩伍㪷叄勝伍合青麥，
壹拾捌碩肆㪷陸勝伍合床。
叄拾碩給柳谷館
壹拾伍碩青麥
壹拾伍碩粟
叄拾碩給□舍館
壹拾伍碩青麥
壹拾伍碩床
叄拾碩青麥給天山縣倉

（二一）唐天寶十四載（公元七五五年）郡坊申十三載九至十二月諸館支貯馬料帳

73TAM506:4/32—20之三

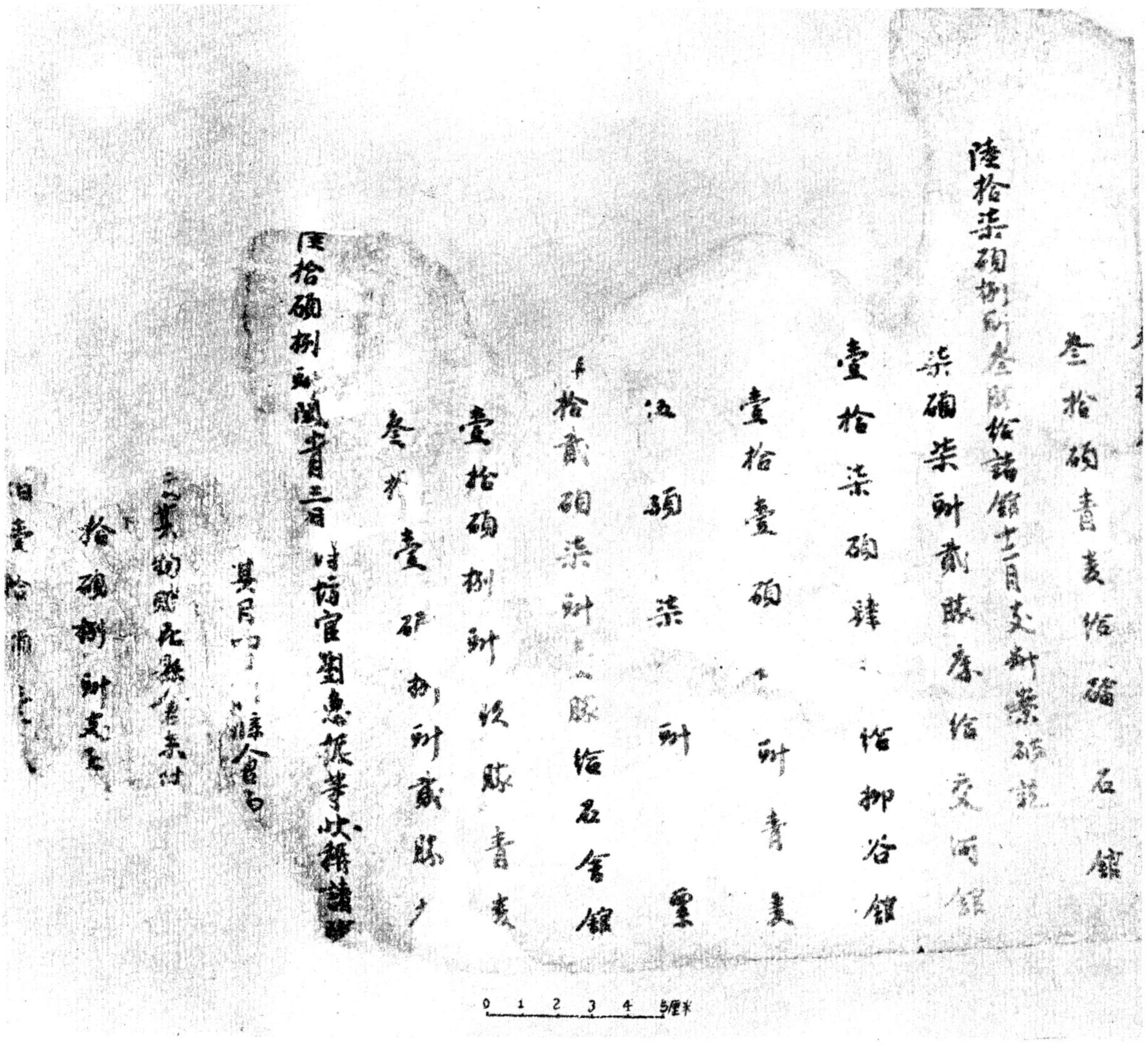

叁拾碩青麦給礌石　　館

陸拾柒碩捌㪷叁勝給諸館十二月支料案破訖。

柒碩柒㪷貳勝床給交河館。

二百四彦

壹拾柒碩肆□　給柳谷館。

壹拾壹碩□㪷青麦

伍碩柒㪷粟

[肆]拾貳碩柒㪷[壹]勝給石舍館。

壹拾碩捌㪷玖勝青麦

叁[拾]壹[碩][捌]㪷貳勝　[床]

[陸]拾碩捌㪷閏十一月三日得坊官劉惠振等狀稱請[透]

其月四[日][到]牒倉[曹]

其物貯在縣倉未付

拾碩捌㪷支

□[伯]壹[拾][碩][壹]

（二一）唐天寶十四載（公元七五五年）郡坊申十三載九至十二月諸館支貯馬料帳

73TAM506:4/32－20之四

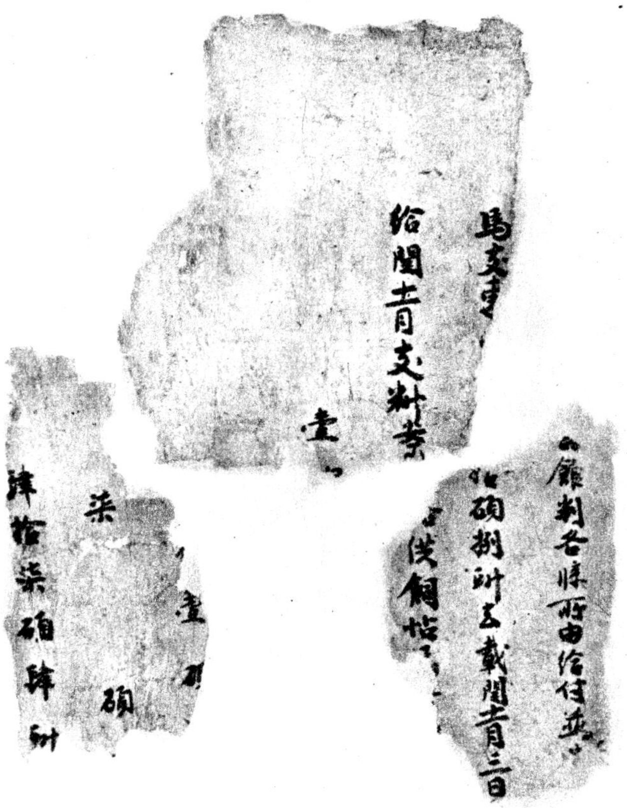

44 ［　　　　］〔諸〕館判各牒所由給付並［　　　］

45 馬支〔東〕［　　　　］拾碩捌斗去載十一月三日［　　　］

46 給閏十一月支料案□□供飼帖〔馬〕［　　　］

47 ［　　］壹〔佰〕［　　］

48 ［　　　　］

49 ［　　］壹〔碩〕［　　］

50 柒　碩［　　］

51 肆拾柒　碩　肆　斗［　　］

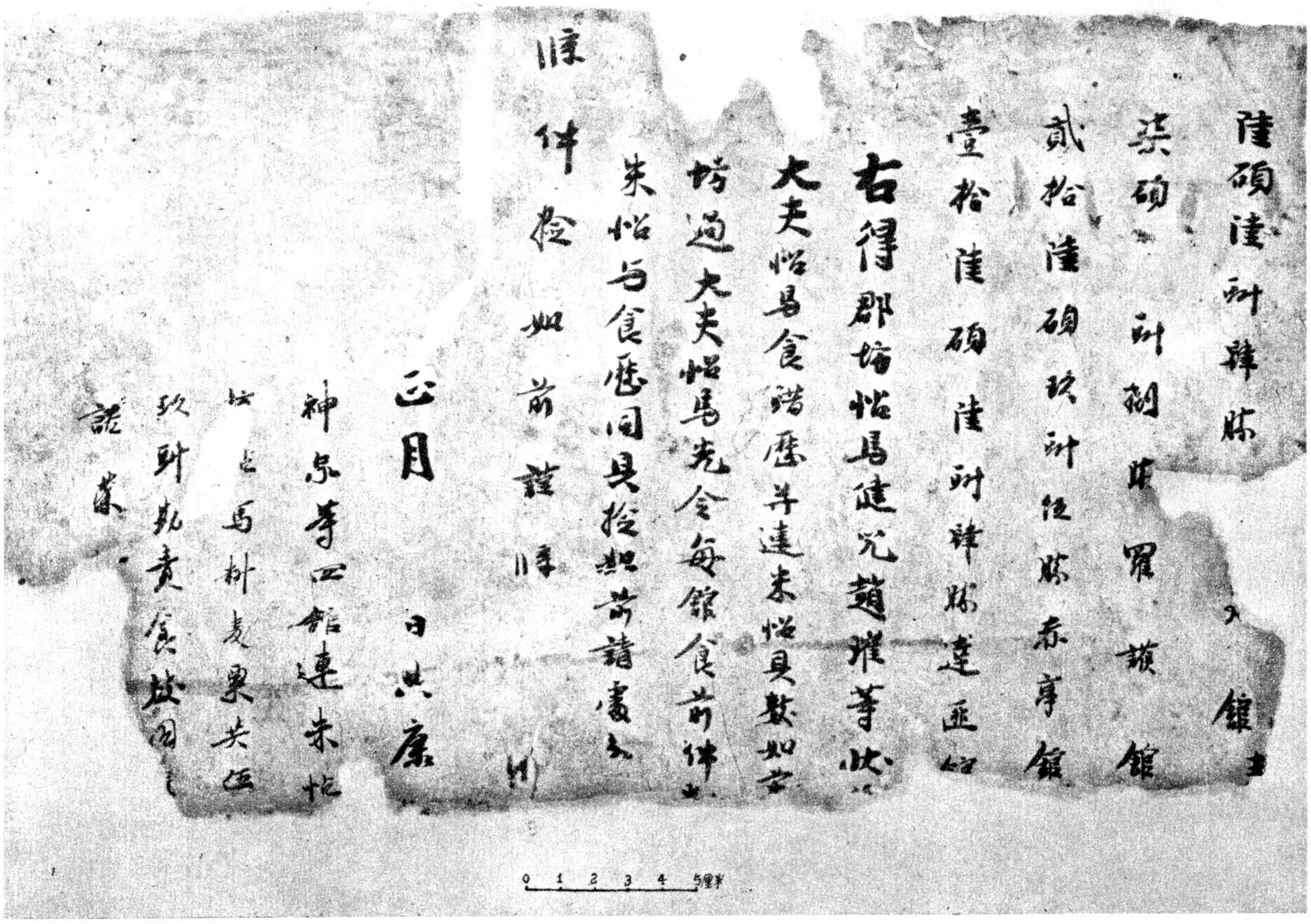

(二二)　唐天寶十四載(公元七五五年)申神泉等館支供(封)大夫帖馬食䟦歷請處分牒　　73TAM506:4/32—21之一

(二二)　唐天寶十四載（公元七五五年）申神泉等館支供（封）大夫帖馬食䟦歷請處分牒

本件前缺，背面騎縫編號起二百五十二，止二百五十三。前四行第二字右旁均有朱筆點記。第一行第三字、第二、三行第二、三字間、第四行第二字下的右旁並有淺墨點記。

1 陸碩陸、㪷肆勝□[泉]館［　　］

2 柒碩、□㪷捌勝羅護館［　　］

3 貳拾、陸碩玖㪷伍勝赤亭館［　　］

4 壹拾、陸碩陸㪷肆勝達匪[館]［　　］

5 右得郡坊帖馬健兒趙璀等狀［　　］

6 大夫帖馬食䟦歷并連朱帖具數如[前]，［　　］

7 坊過大夫帖馬，先令每館食前件[料]［　　］

8 朱帖与食歷同，具檢如前，請處分。

9 牒件檢如前，謹牒。

二百五十二　朓

10 正月　日典康［　　］

11 神泉等四館連朱帖［　　］

12 [坊][帖]馬料麥粟共伍［　　］

13 玖㪷。勘責食數同［　　］

14 諮。榮［　　］

〔下殘〕

15 依判〔下殘〕

（二二）唐天寶十四載（公元七五五年）申神泉等館支供（封）大夫帖馬食踖歷請處分牒　73TAM506:4/32—21之二

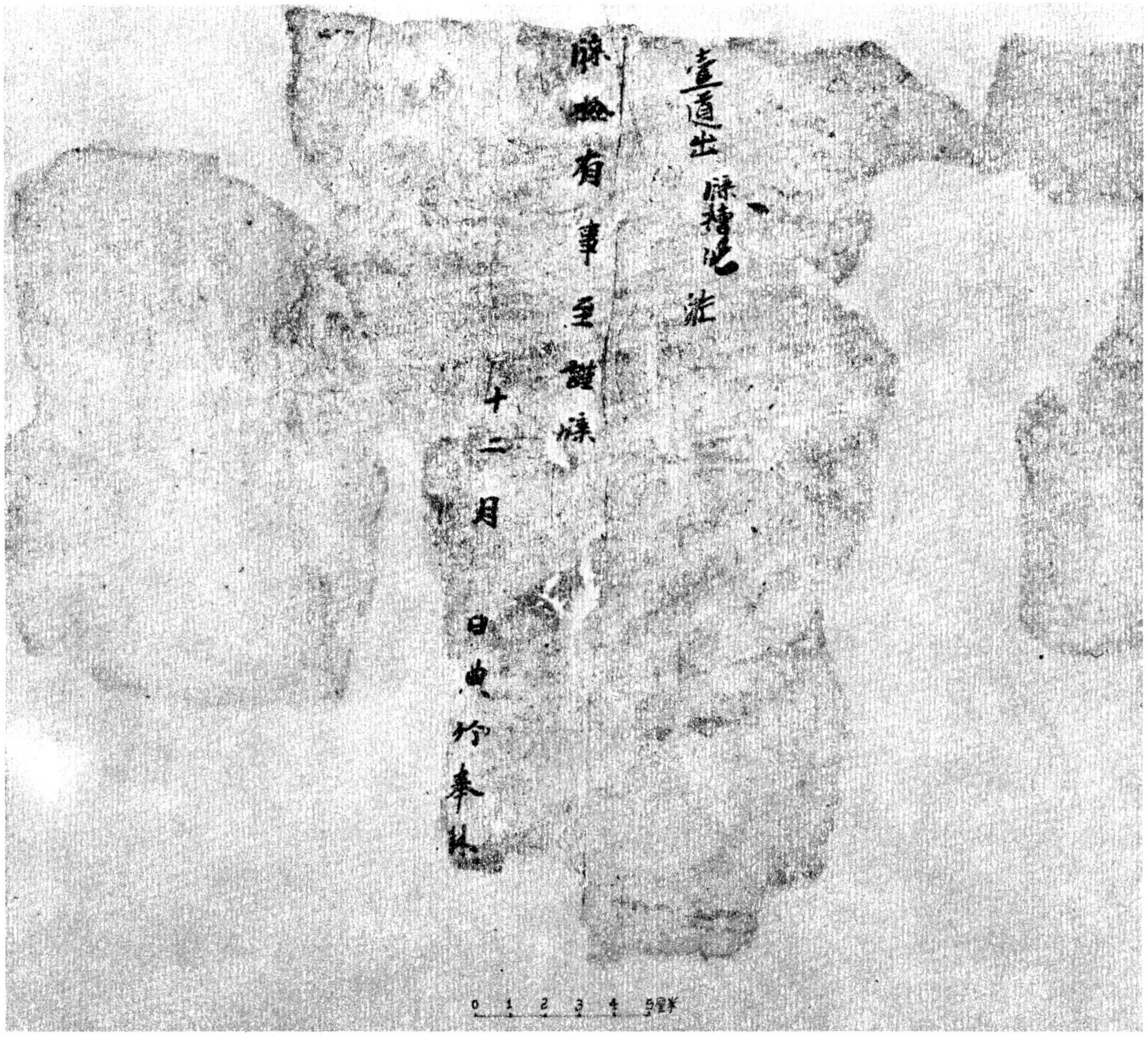

16 壹道出　牒槽𣲖　泚

17 牒檢有事至，謹牒。

十二月　日典竹奉琳□

二百五十三

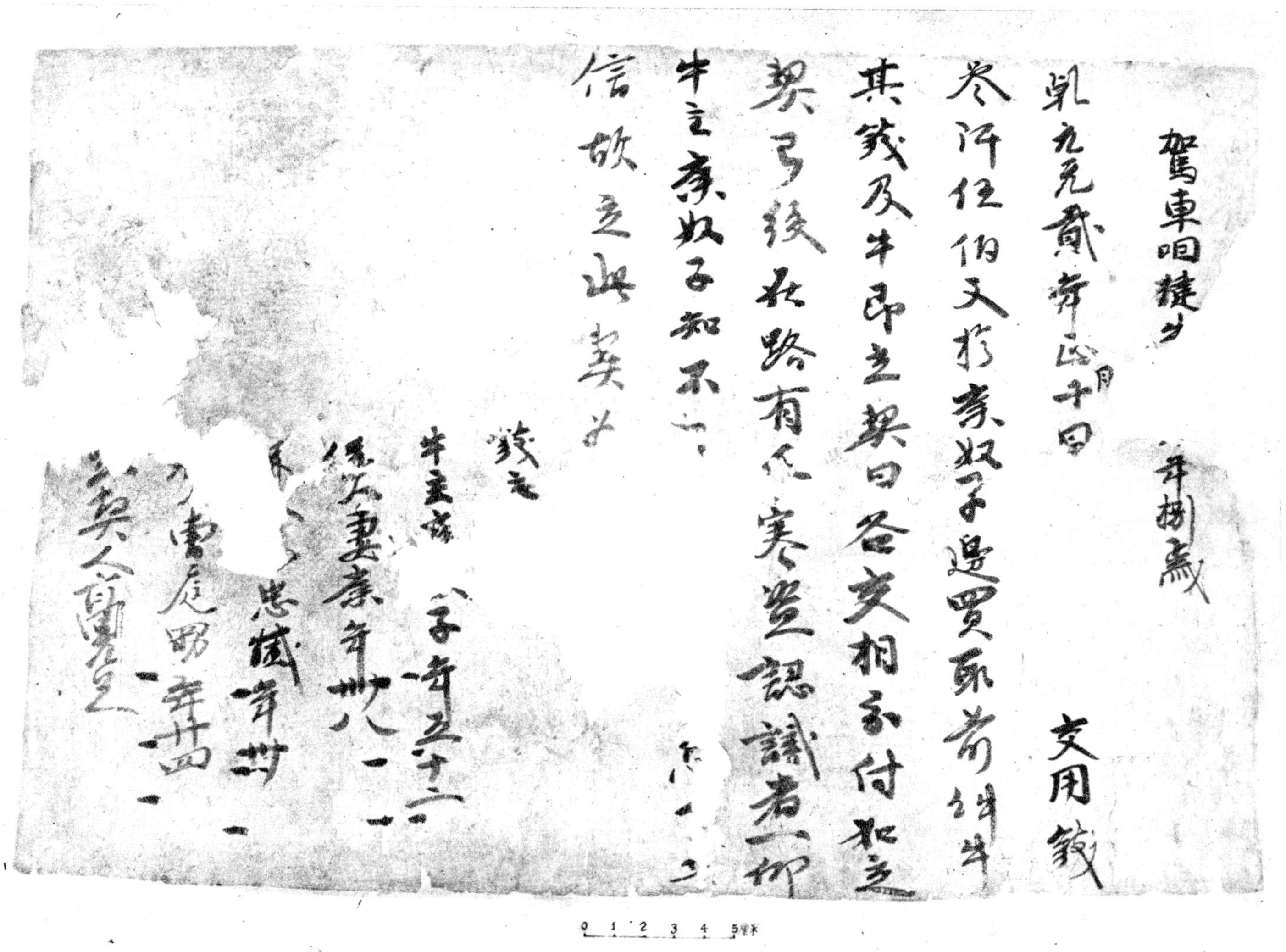

三六　唐乾元二年(公元七五九年)康奴子賣牛契　　73TAM506:4/33

三六　唐乾元二年（公元七五九年）康奴子賣牛契

駕車咽（烟）犍[牛]□年捌歲

乾元元貳年〔一〕正月十日，　　交用錢〔二〕

叁阡伍伯文，於康奴子邊買取前件牛。

其錢及牛，即立契日各交相分付。如

立契已後，在路有人寒盜認識者，一仰

牛主康奴子知，不□□□□。[恐][人][無]

信，故立此契[爲]□。

錢主　□

牛主[康]□子年五十二

保人妻康年卌八

[保][人]□忠感年卌

□□曹庭昴年卅四

□契人　高元定

注釋

〔一〕乾元元貳年：「貳」上衍一「元」字。

〔二〕本行「日」字以下原空四箇字距離，然後接寫。

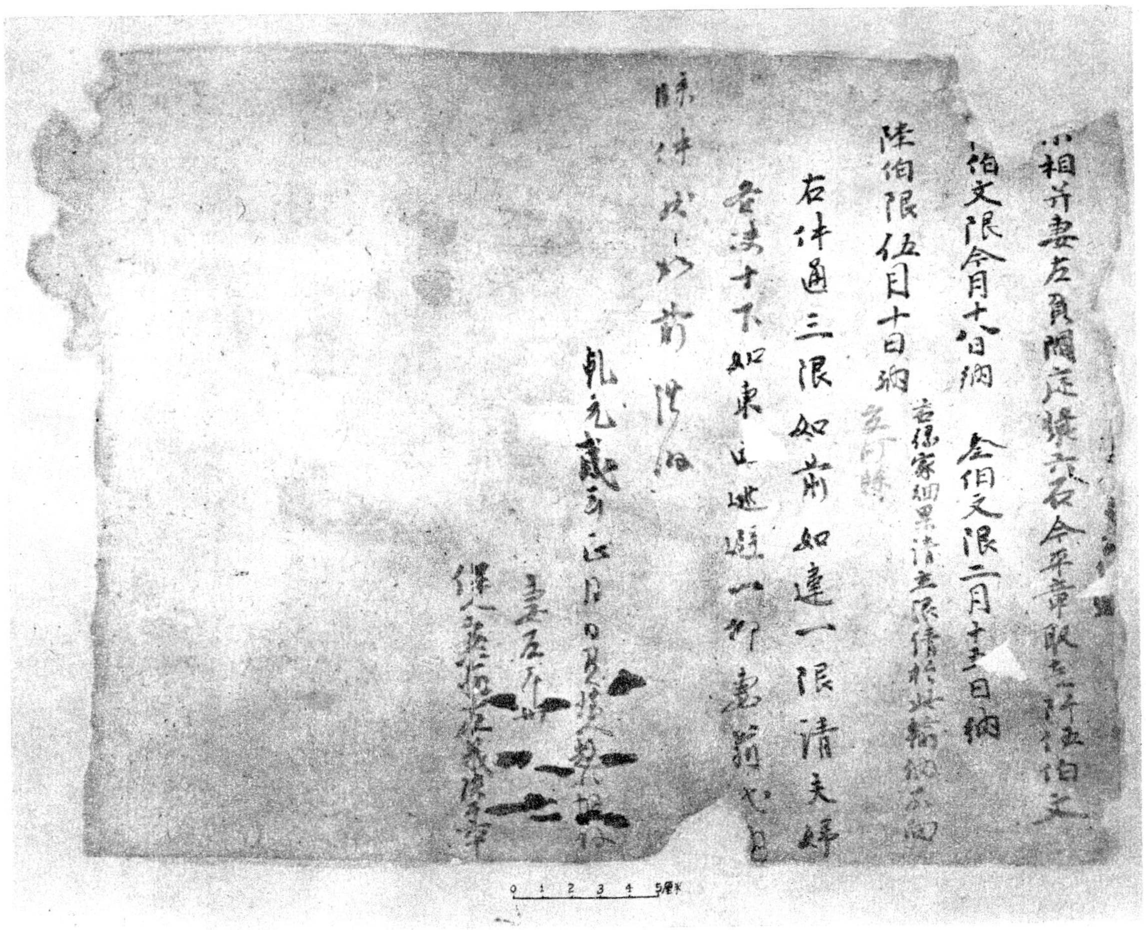

三七　唐乾元二年(公元七五九年)趙小相立限納負漿錢牒　　73TAM506:4/34

三七　唐乾元二年（公元七五九年）趙小相立限
納負漿錢牒

□小相并妻左負閻庭漿六石，今平章取壹阡伍伯文：
[陸]伯文限今月十八日納，叁伯文限二月十五日納，
陸伯限伍月十日納。右緣家細累，請立限，請於此輸納，不向交河縣。
右件通三限如前，如違一限，請夫婦
各決十下。如東[西]逃避，一仰妻翁[代][納]。
牒件狀如前。謹牒。
乾元貳年　正月　日負漿人趙小相牒
妻左年卌
保人妻翁左義琛年六十

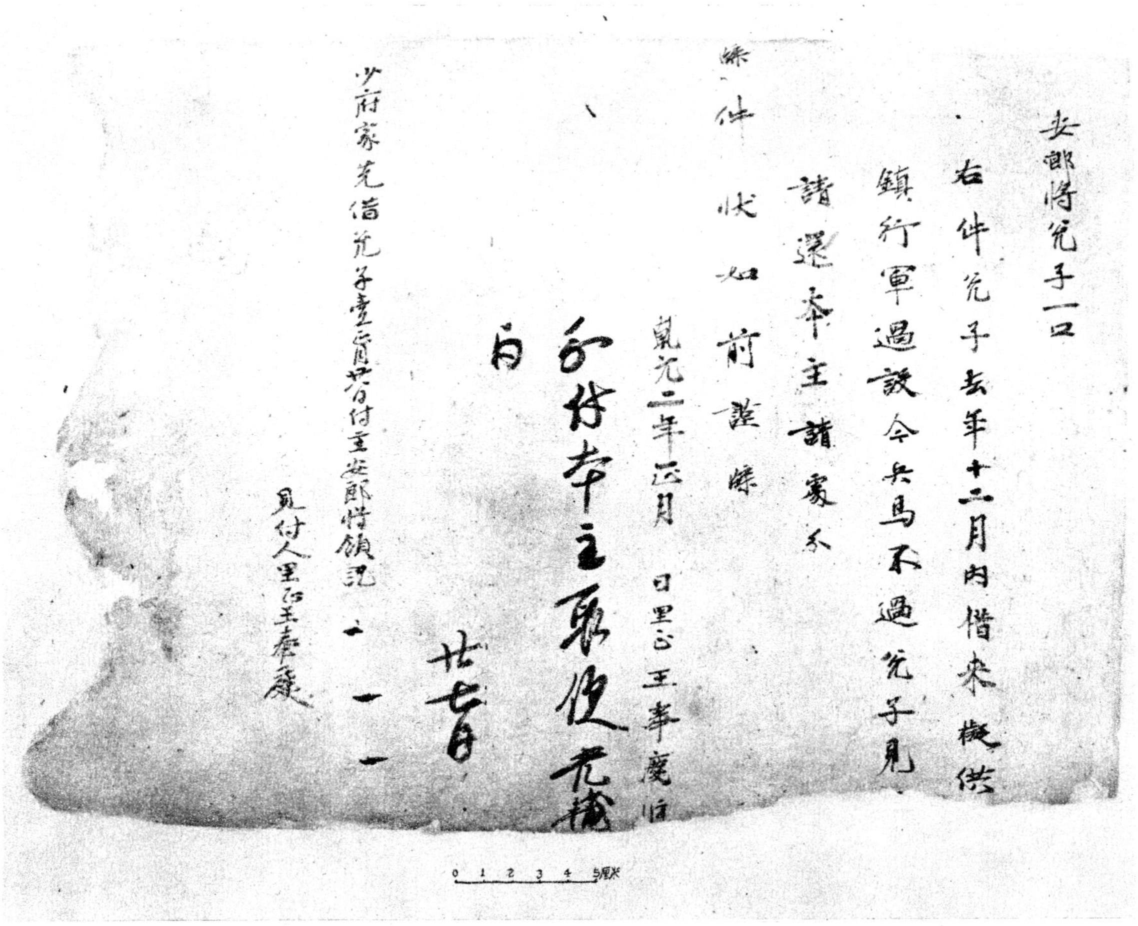

三八　唐乾元二年(公元七五九年)里正王奉慶牒爲還安郎將瓮子請處分事　73TAM506:4/35

三八　唐乾元二年（公元七五九年）里正王奉慶牒爲還安郎將瓮子請處分事

安郎將瓮子一口
右件瓮子去年十二月内借來，擬供□
鎮行軍過設。今兵馬不過，瓮子見□，
請還本主。請處分。
牒件狀如前。謹牒。
乾元二年正月　日里正王奉慶牒
分付本主取領，　光輔
白
廿七日
少府家先借瓮子壹，正月廿八日付王安郎將領，訖一一一
見付人里正王奉慶

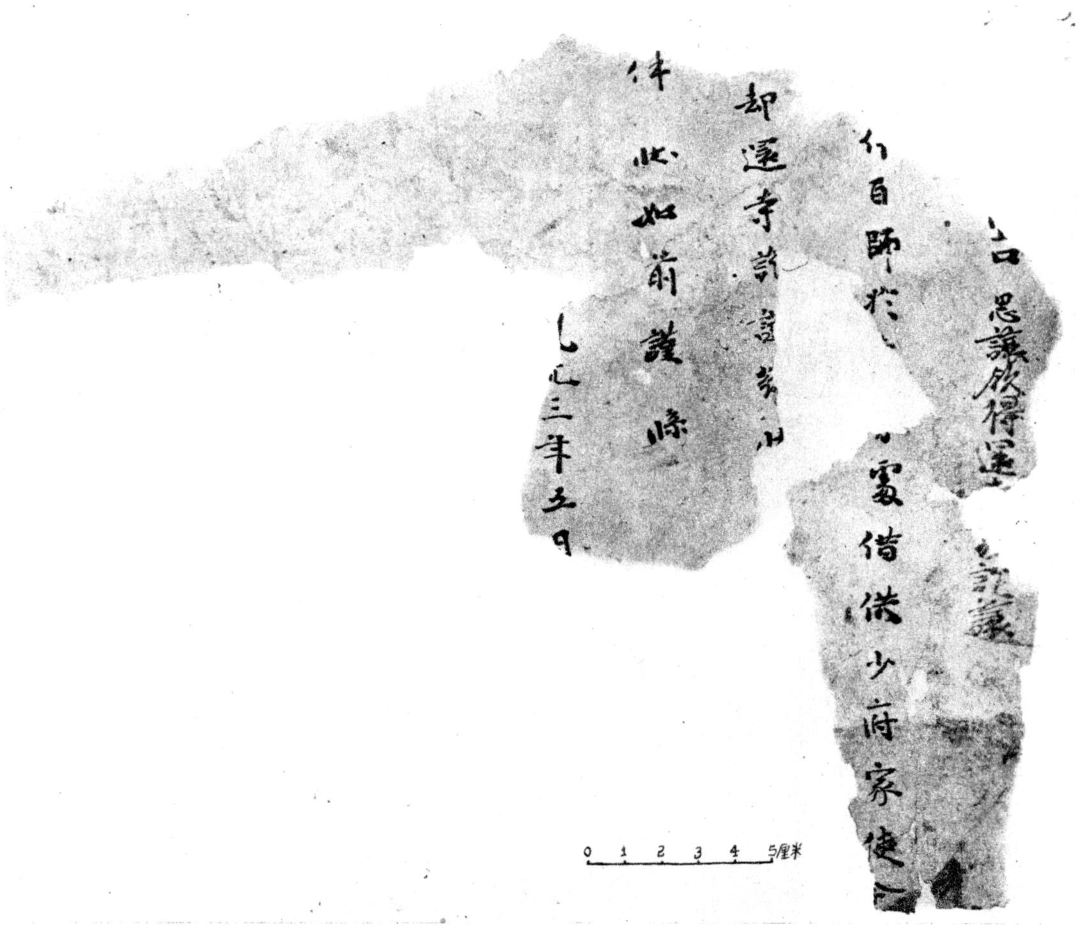

三九　唐乾元三年(公元七六〇年)領還寺家借物牒　　73TAM506:4/36

三九　唐乾元三年（公元七六〇年）領還寺家借物牒

［　　　］壹口　思讓領得還寺家訖。讓
□件百師於□□處借供少府家使。今
却還寺訖。謹錄狀［　　　］
□件狀如前。謹牒。
乾元三年五月〔一〕［　　　］

注釋

〔一〕乾元三年五月：按乾元三年閏四月十九日改元「上元」。此即上元元年五月。

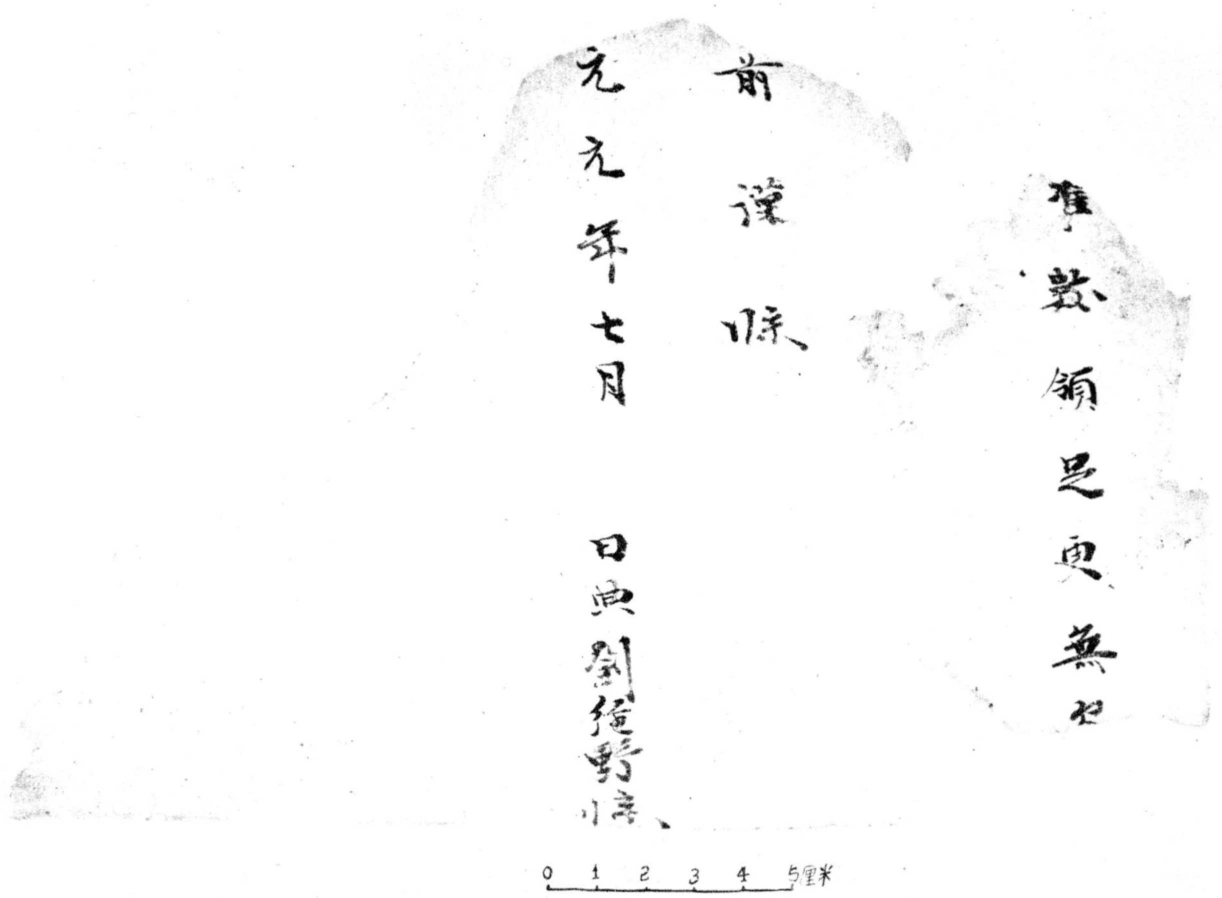

四〇　唐□元元年典劉經野牒爲准數領足無欠事　　73TAM506:4/37

四〇　唐□元元年典劉經野牒爲准數領足無欠事

本件年號「元」上殘缺一字，非「上」即「乾」，今從後排於上元三年前。

1 □准數領足，更無欠□

2 □

3 □前謹牒。

4 □元元年七月　　日典劉經野牒

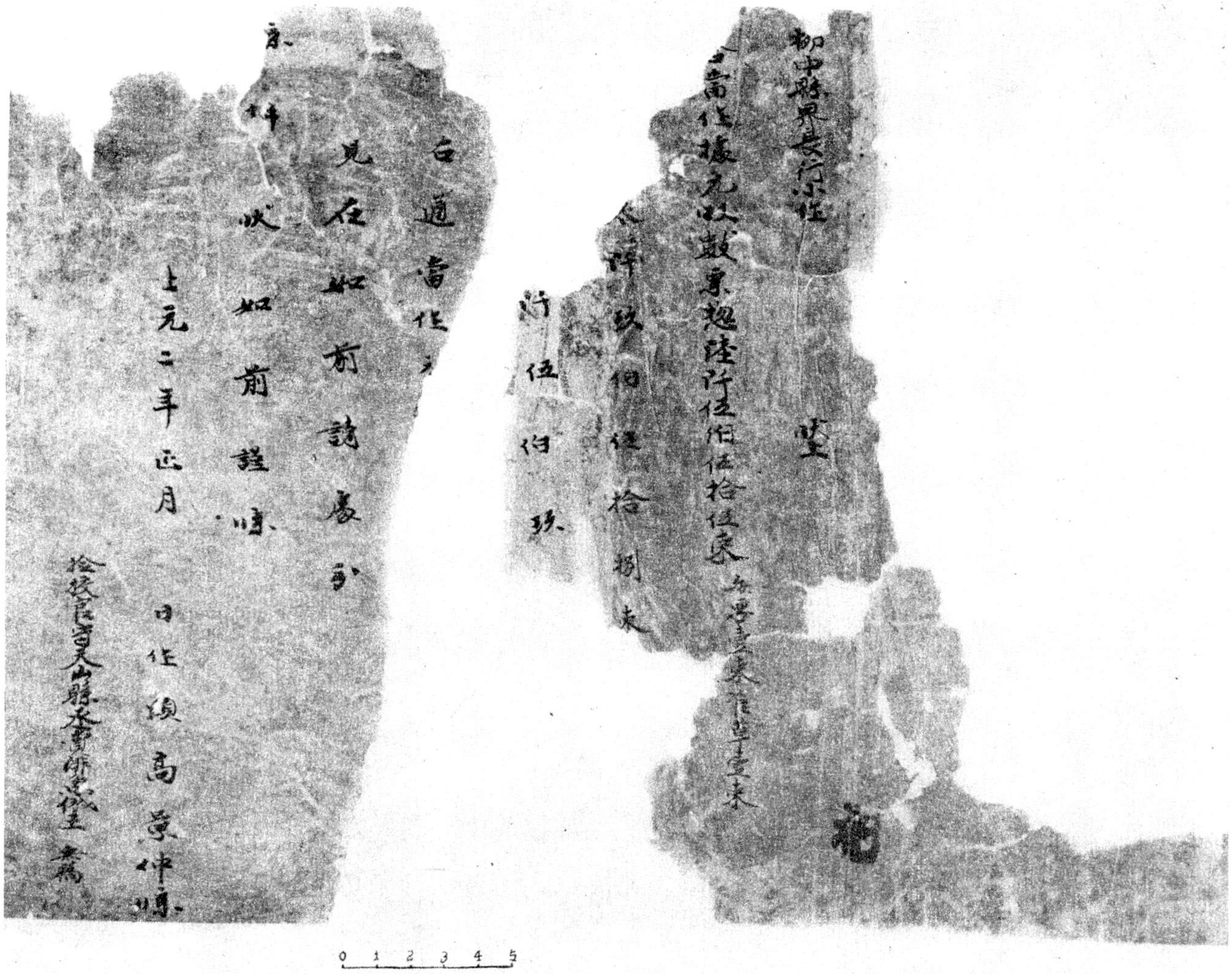

四一　唐上元二年(公元七六一年)柳中縣界長行小作具元收破用粟草束數請處分狀　73TAM506:4/38

四一　唐上元二年（公元七六一年）柳中縣界長行小作具元收破用粟草束數請處分狀

本件原與下件接連。正面騎縫下有押字。

柳中縣界長行小作　　狀上　　祀

合當作㨿元收數粟總陸阡伍伯伍拾伍束　每粟壹束准草壹束

叄阡玖伯伍拾捌束

□阡伍伯玖

右通當作元

見在如前請處分。

牒件狀如前。謹牒。

上元二年正月　　日作頭高景仲牒

檢校官守天山縣丞賞緋魚袋王無驕

四二　唐上元二年(公元七六一年)柳中縣城具禾草領數請處分狀　　73TAM506:4/39

四二　唐上元二年（公元七六一年）柳中縣城具禾草領數請處分狀

本件紙邊與前後紙連接縫下均有相同押字。

□[中]縣城　　狀上

長行小作禾草叁阡玖伯伍拾捌束

　叁阡伍伯叁拾叁束縣城作

　肆伯貳拾伍束酒泉作，般(搬)到。

右件草於作官王無驕邊領得，並供

蕭大夫下進馬食訖。食歷見在，具

領數如前，請處分。

[牒]件狀如前。謹牒。

上元二年正月　　日前官宋　才忠牒

前官楊景暉

（紙縫押字）布

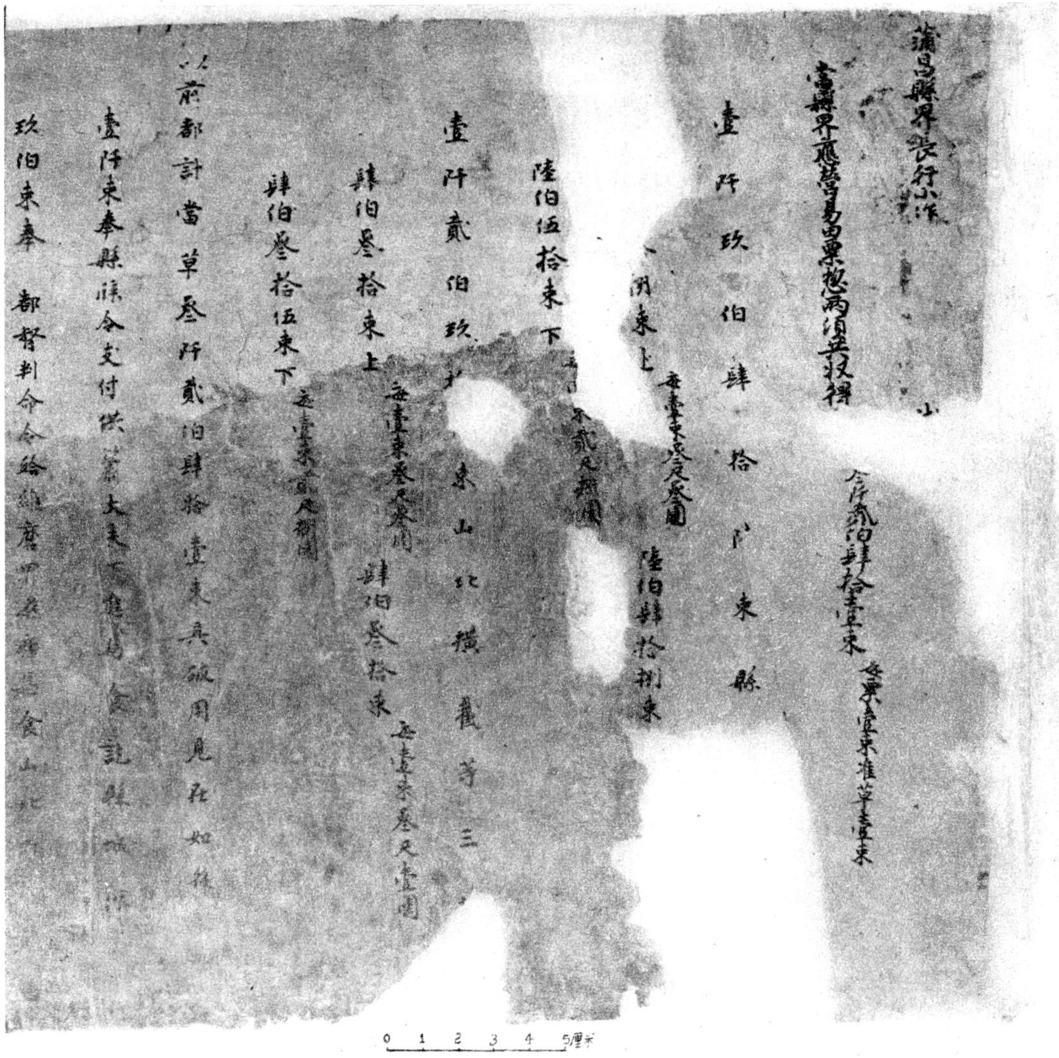

（四二） 唐上元二年（公元七六一年）蒲昌縣界長行小作具收支飼草數請處分狀
73TAM506:4/40(a)之一

四三 唐上元二年（公元七六一年）蒲昌縣界長行小作具收支飼草數請處分狀

本件騎縫下正面押「祀」字，背面押「小㑊」。

1 蒲昌縣界長行小作　　狀□

2 　當縣界應營易田粟總兩頃共收得□□叁阡貳伯肆拾壹束每粟壹束准草壹束

3 　　壹阡玖伯肆拾陸束縣□

4 　　□拾捌束上每壹束叁尺叁圍　　陸伯肆拾捌束□

5 　　陸伯伍拾束下每壹束貳尺捌圍

6 　　壹阡貳伯玖拾伍束山北横截等三城

□

7 　　肆伯叁拾束上每壹束叁尺叁圍　　肆伯叁拾束每壹束叁尺壹圍

8 　　肆伯叁拾伍束下每壹束貳尺捌圍

9 以前都計當草叁阡貳伯肆拾壹束具破用、見在如後。

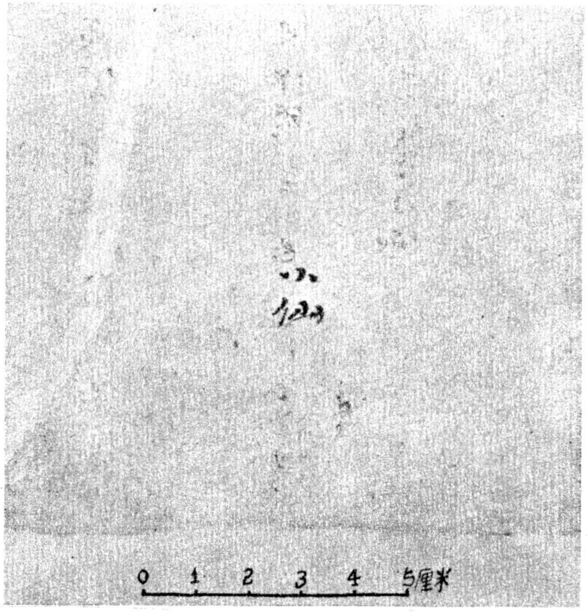

四三　唐上元二年(公元七六一年)蒲昌縣界長行小作具收支飼草數請處分狀　73TAM506:4/40(b)

四三　唐上元二年(公元七六一年)蒲昌縣界長行小作具收支飼草數請處分狀　73TAM506:4/40(a)之二

壹阡束奉縣牒，令支付供蕭(蕭)大夫下進馬食訖。縣城作
玖伯束奉　都督判命令給維磨界遊弈馬食。山北作
壹阡叁伯肆拾壹束見在。
　玖伯肆拾陸束縣下三城作　叁伯□□□東山北作。
右被長行坊差行官王敬賓至塲點檢前件作草，使未至已前奉
都督判命及縣牒支給，破用、見在如前，請處分。謹狀。
牒件狀如前，謹牒。
　上元二年正月　日作頭左思訓等牒
知作官別將李小仙
祀

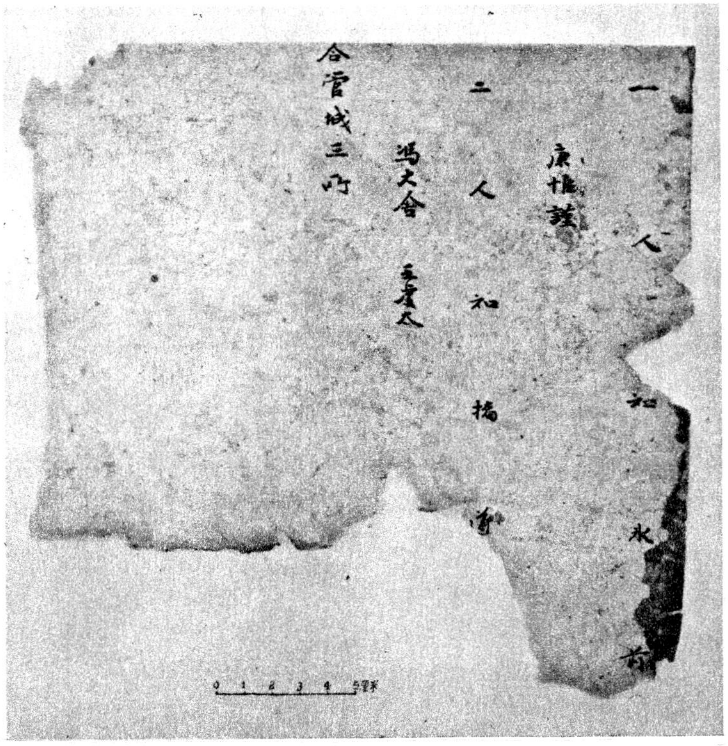

四四　唐知冰、知橋道人名籍　　73TAM506:4/41

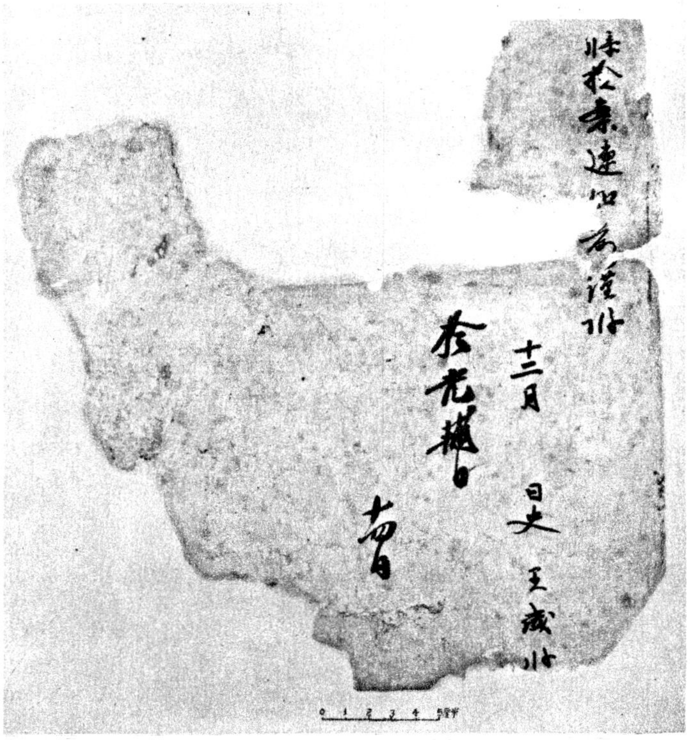

四五　唐史王威殘牒　　73TAM506:4/42

四四　唐知冰、知橋道人名籍

本件與以下兩件紀年均缺，與以上文書同拆自紙棺罩面與紙棺底所出大曆年間文書明顯不同，故置於其前。下件並同。

1 一　人　知　冰

前　□

2 康惟謹

3 二　人　知　橋　道〔下殘〕

4 馮大舍　王慶太

5 合營城三所

四五　唐史王威殘牒

本件僅存牒尾，與原牒粘接的邊縫背面押「光」字。

1 牒檢案連如前謹牒。

2 十二月　日史　王威牒

3 檢光輔白

4 十四日

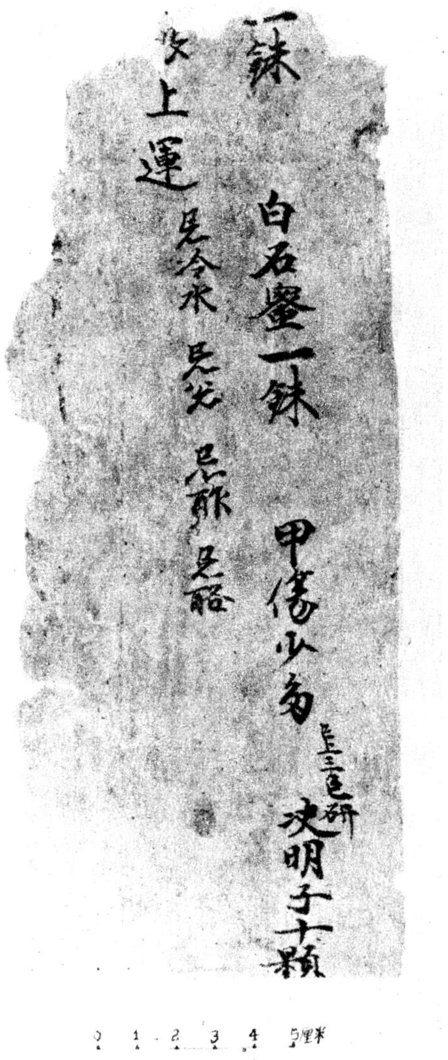

四六　唐人寫療眼方　73TAM506:4/43

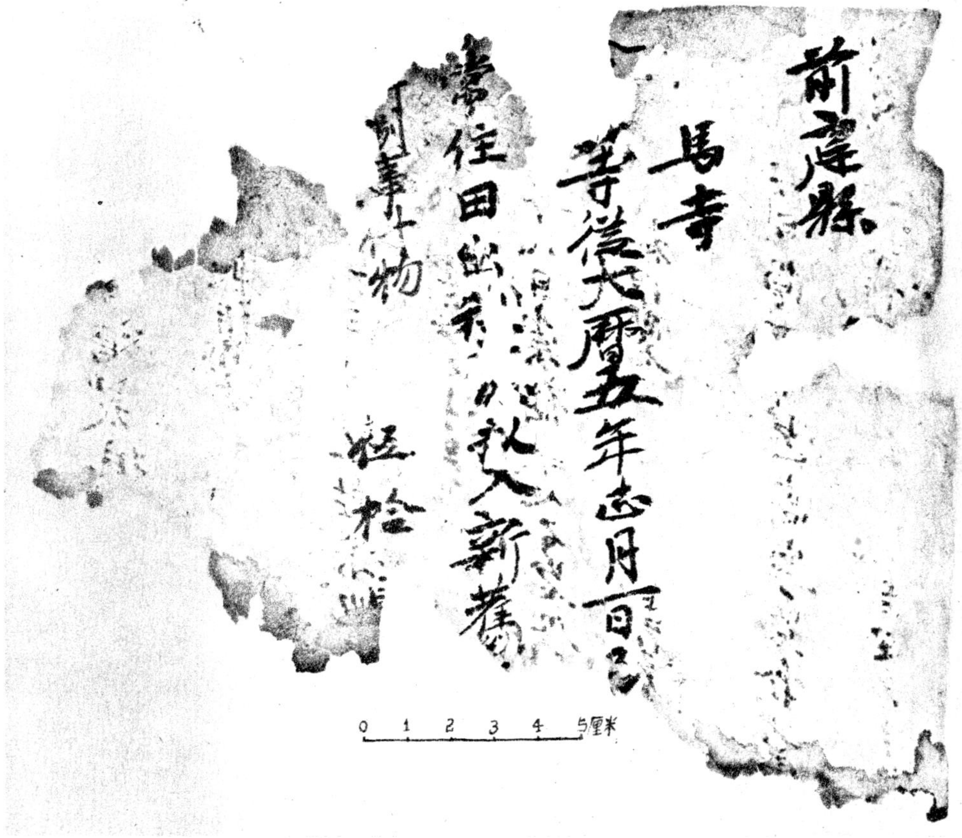

四七　唐大曆五年(公元七七〇年)後前庭縣馬寺常住田收租帳
73TAM506:5/2(a)

四六　唐人寫療眼方

1 □一銖　白石蜜一銖　甲傷少多 已上三色研
決明子十顆
2 □[眼]上運 忌冷水　忌光　忌酢　忌酪

四七　唐大曆五年（公元七七〇年）後前庭縣馬寺常住田收租帳

本件及以下諸件拆自紙棺底部。棺底所拆文書除馬料帳歷（見前）外，疑均屬馬寺帳目。這與該寺上座尼法慈是墓主張无價之女有關。

1 前庭縣
2 馬寺
3 [合][當]寺從大曆五年正月一日已□
4 常住田出[租][應]收入新舊□
5 □[捌]事什物　伍　[拾]

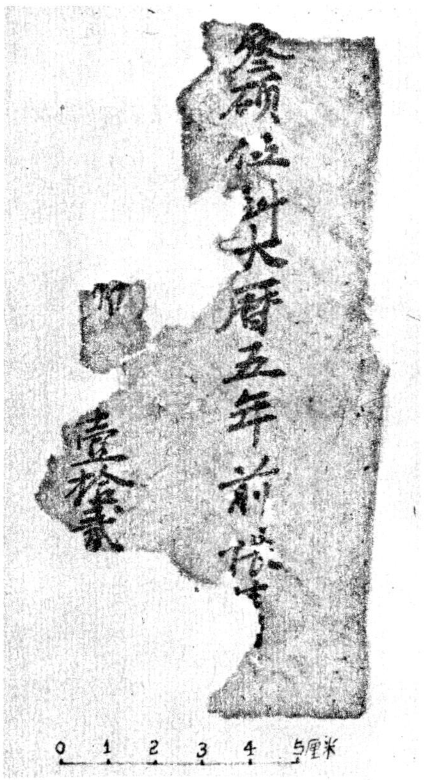

四八　唐大曆五年(公元七七〇年)後糧食帳　73TAM506:5/3

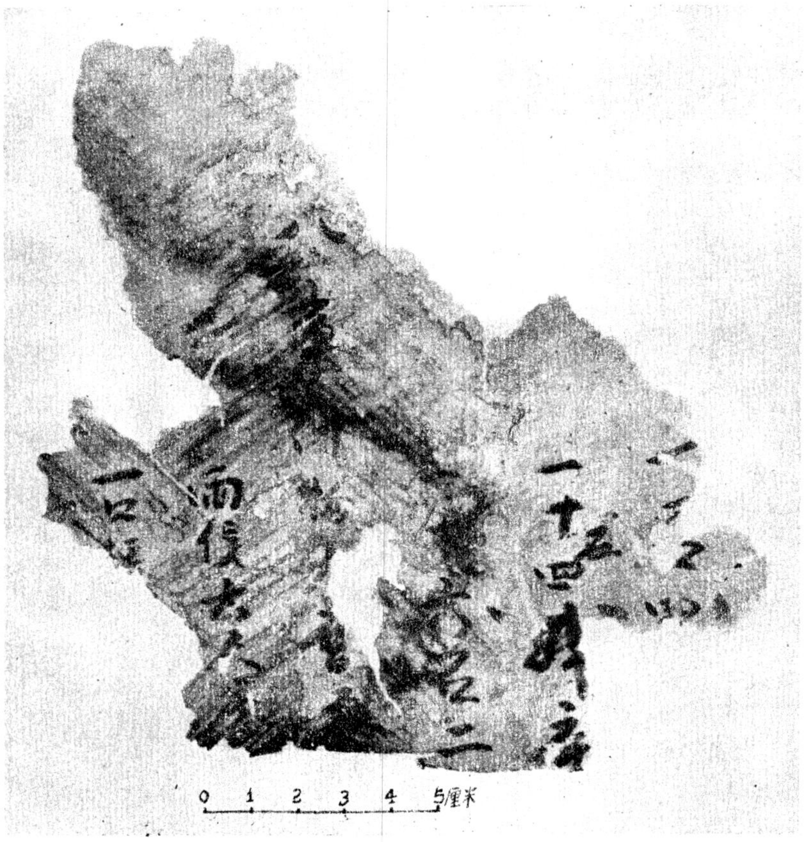

四九　唐大曆五年(公元七七〇年)後糧食什物殘帳
73TAM506:5/4

四八　唐大曆五年（公元七七〇年）後糧食帳

1 ［　　］叁碩伍斛大曆五年前帳［　］
2 ［　　］壹拾貳［　　］

四九　唐大曆五年（公元七七〇年）後糧食什物殘帳

1 一［石］四［　　］
2 一十石四斗［床］（？）（下殘）
3 一十六石二（下殘）
4 八事什物　［大］曆五［　　］
5 兩隻六尺床［　　］
6 一口［　　］

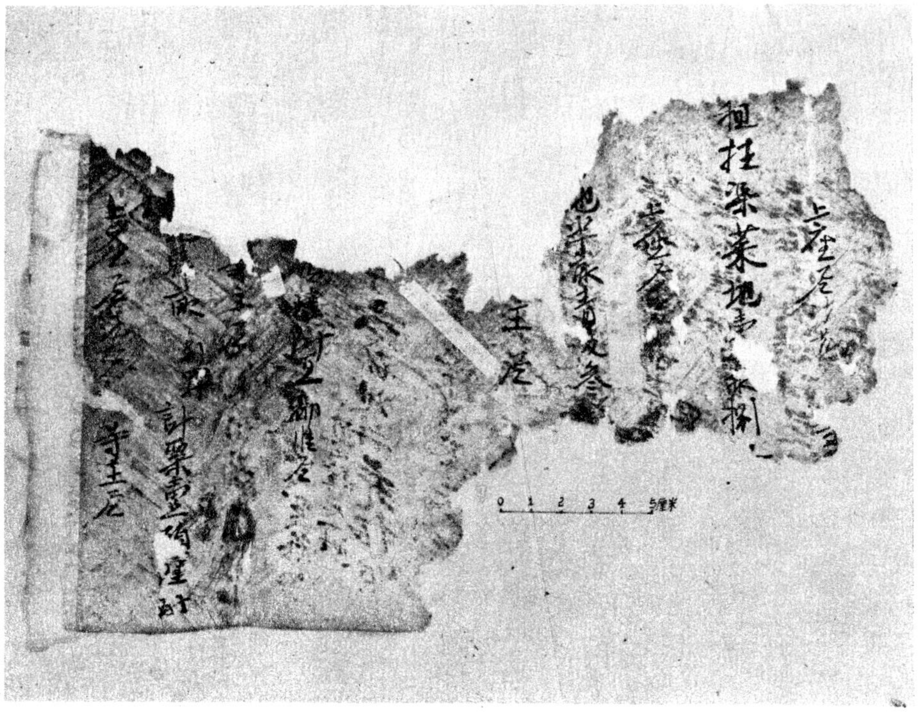

五一　唐馬寺租地帳　　73TAM506:5/6(a)

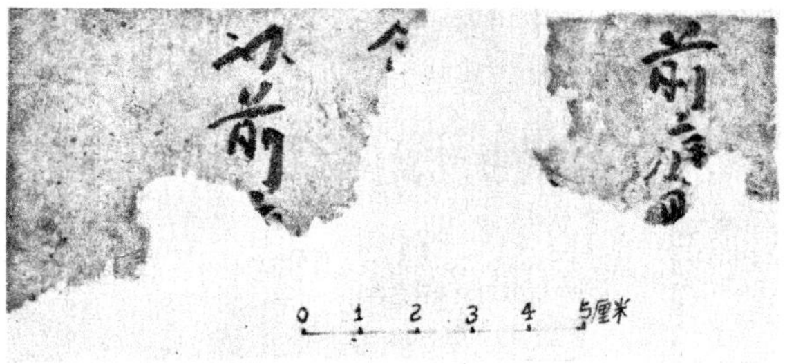

五〇　唐前庭縣殘文書　　73TAM506:5/5

五〇　唐前庭縣殘文書

1 前庭[縣][　　　]
2 [　　　]
3 以前[　　　]

五一　唐馬寺租地帳

前收同墓所出文書有大曆七年馬寺尼法慈牒，因知本件屬馬寺，下同。

1 [　　　][地][　　　]
2 上座尼　法慈　　[寺][　　　]
3 租杜渠菜地[壹][　]畝捌[拾][　　　]
4 上座尼　法慈　　[　　　]
5 [　　　][地]半畝，青麥叁[　][　　　]
6 [　　　]主尼[　　　]
7 [　　　][碩]陸㪷直。(?)都維尼
8 [　　　][寺]主尼
9 [　　　][地]肆畝：：别四斗　計粟壹碩陸㪷
10 上座尼法慈　　寺主尼

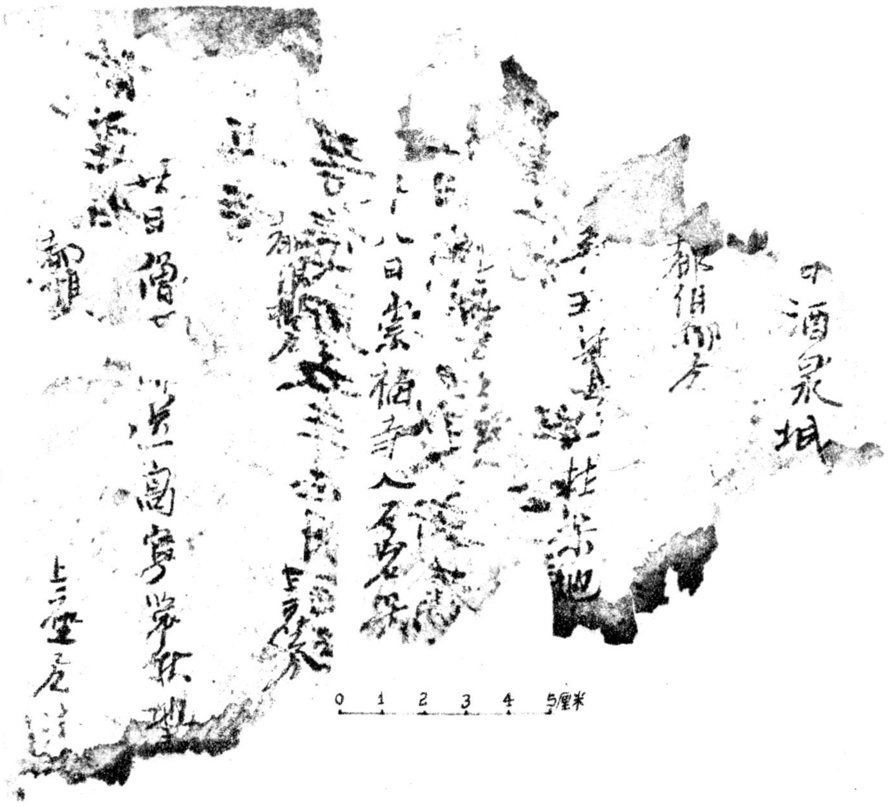

五二　唐馬寺田畝帳　73TAM506:5/2(b)

五三　唐園田帳　73TAM506:5/7

五二　唐馬寺田畝帳

1 □[日]酒泉城〔下殘〕
2 都維那尼　〔下殘〕
3 □五[日]王寶□杜渠地[半]□
4 上座尼法慈
5 [十]八日崇福寺入石宕渠□
6 都維那尼　上座尼□□
7 廿日僧□□送高寧單秋地壹□
8 都維□□　上座尼法[慈]〔下殘〕

五三　唐園田帳

1 一[段]□畝□□杜渠菜[園]□
2 □[石][宕]□

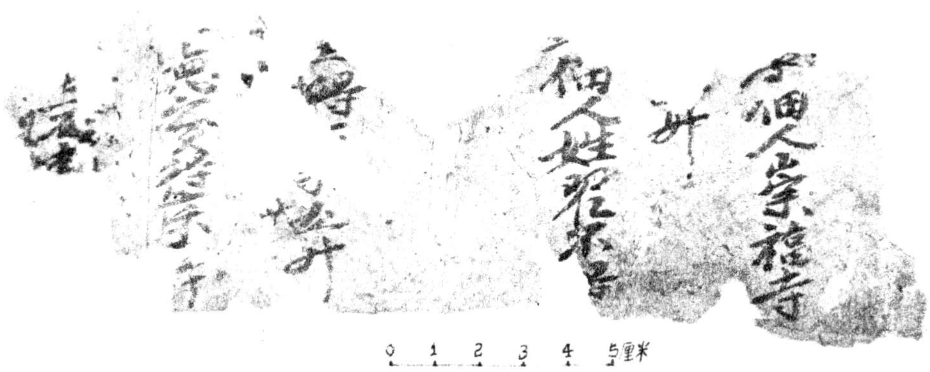

五五　唐佃人入租帳(一)　　73TAM506:5/9(a)

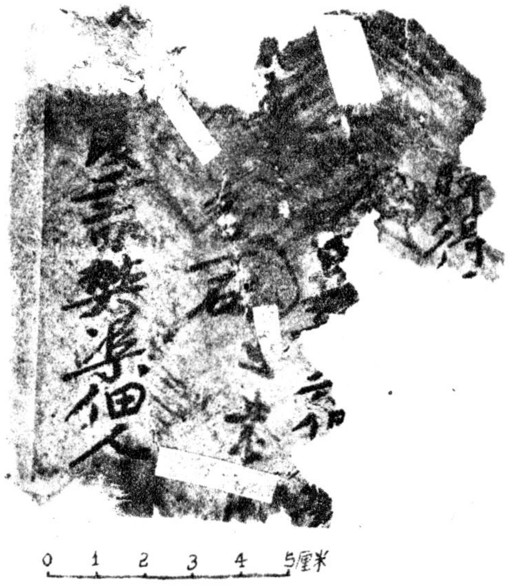

五四　唐田畝、佃人名簿
73TAM506:5/8(a)

五四　唐田畝、佃人名簿

1 □畔得□
2 一段□畝[樊][渠][佃]□[劉]（下殘）
3 各一石
4 一段二畝樊渠佃人□

五五　唐佃人入租帳（一）

本件另面亦有文字，因殘損過甚，僅中段殘存「卅一畝部田」。

1 □[渠]佃人崇福寺
2 □斗
3 □佃人姓翟，不[侣]
4 □得□□五斗
5 □德寶得康□□
6 □一石[九]□

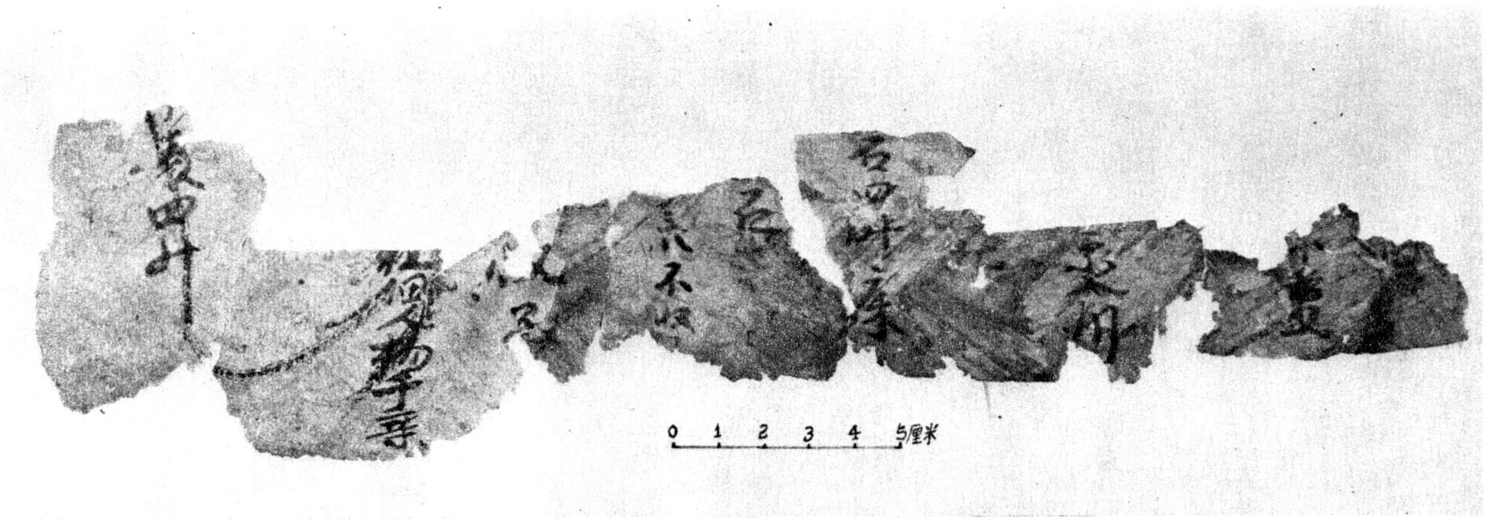

五六　唐佃人入租帳(二)　　73TAM506:5/10

五六　唐佃人入租帳（二）

本件九、八行上有黑筆勾劃。

1 ［　］小盤
2 ［　］粟入州
3 ［　］在
4 ［　］石四斗床
5 ［　］石
6 ［　］荒不收[子]
7 ［　］[收]　[子]
8 ［　］租佃人揚千乘
9 ［　］[小]麥四斗

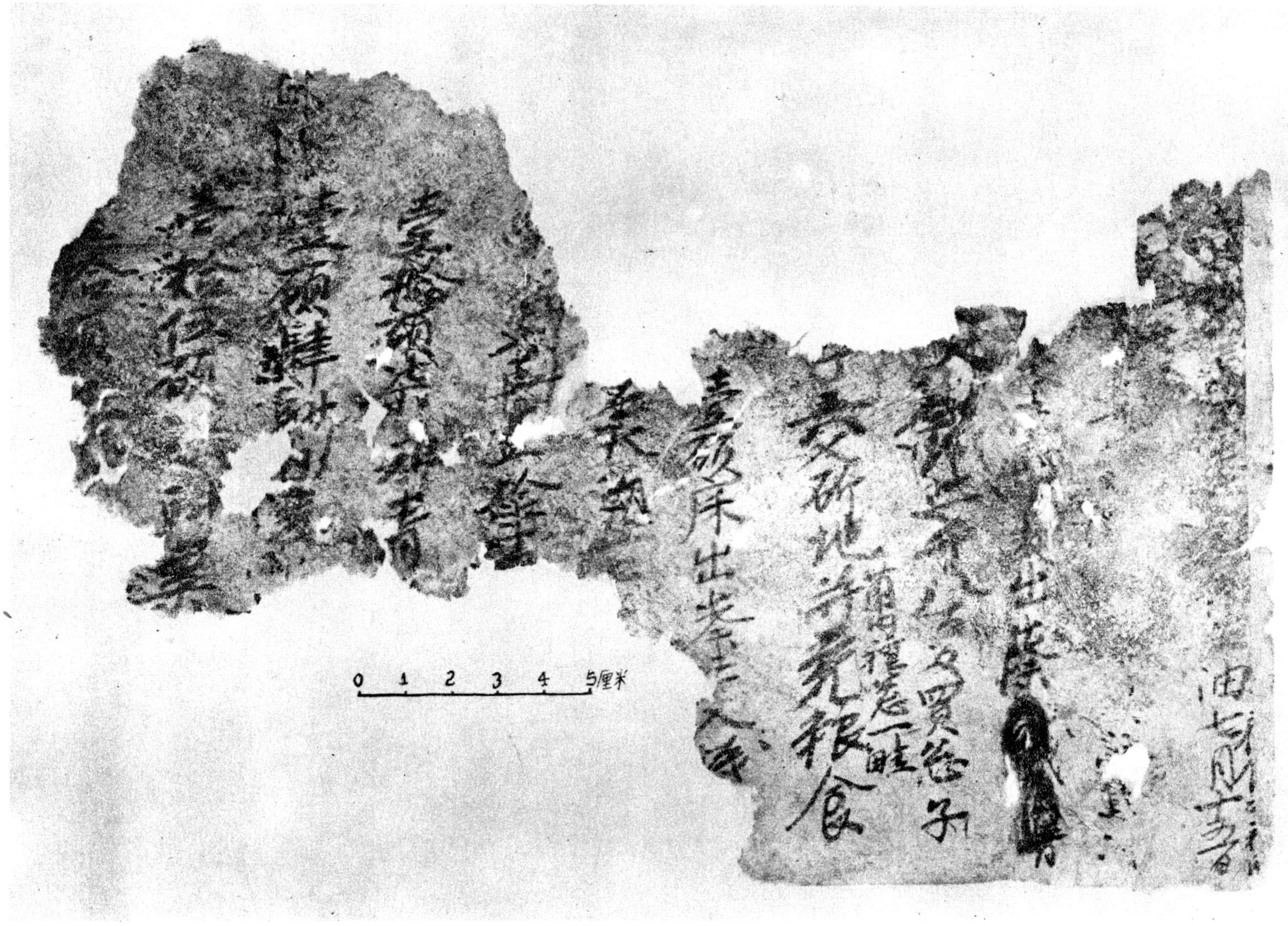

五七　唐出納糧物帳　　73TAM506:5/6(b)

五七　唐出納糧物帳

（前缺）

〔　　〕貳碩小麦出粜(糶)錢用沽油[夜][食]□□[用]　七月十五日
〔　　〕麥(?)
〔　　〕[碩]伍斗小麦出粜⊗⊗⊗
〔　　〕入錢二千八百文買忩(蔥)子
〔　　〕交所地薗內種忩一畦并充粮食
〔　　〕壹碩床出粜□入[錢]
〔　　〕石大瓫一口〔下殘〕
□碩□斗壹拾〔一〕〔　　〕
壹拾碩柒斗青〔　　〕
壹碩肆斗小麦〔下殘〕
壹拾伍碩柒斗粟〔下殘〕
[壹]拾碩〔　　〕

注　釋

〔一〕拾：此字當是「合」字。左邊「扌」是誤書，中間「：」表示删去誤書之「扌」字。

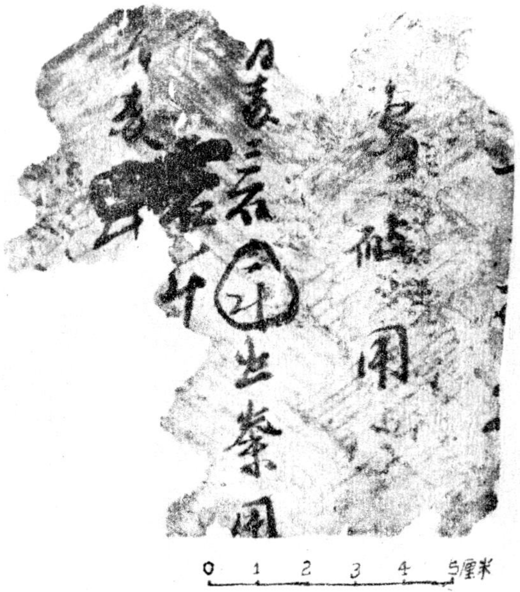

五八　唐青麥出納帳　　73TAM506:5/8(b)

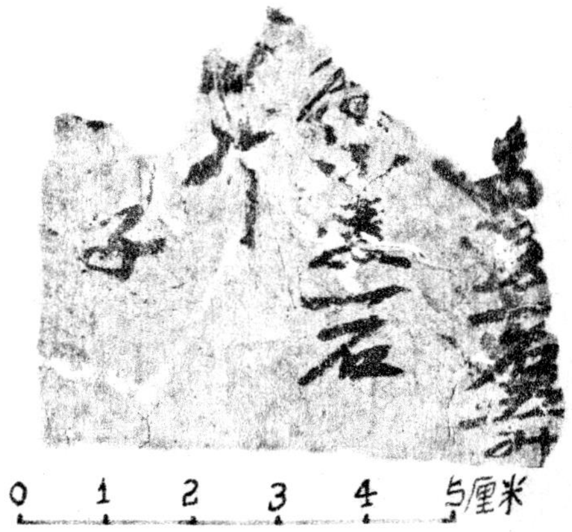

五九　唐糧食帳　　73TAM506:5/11(a)

六〇　唐天寶三載(公元七四四年)典張祖收得淳于孝詮納粟抄　　73TAM506:04/3

五八　唐青麥出納帳

1 □家破用

2 □青麦三石三斗出糸用〔下殘〕

3 青麦⊗⊗一石八斗□

五九　唐糧食帳

1 □粟一石五斗

2 □小麦一石

3 □斗

4 □子

六〇　唐天寶三載（公元七四四年）典張祖收得淳于孝詮納粟抄

本件及以下文書，拆自張无價所穿紙靴上。

1 淳于孝詮納天寶叁載供客和粟叁

2 碩。其載十一月廿一日典張祖抄

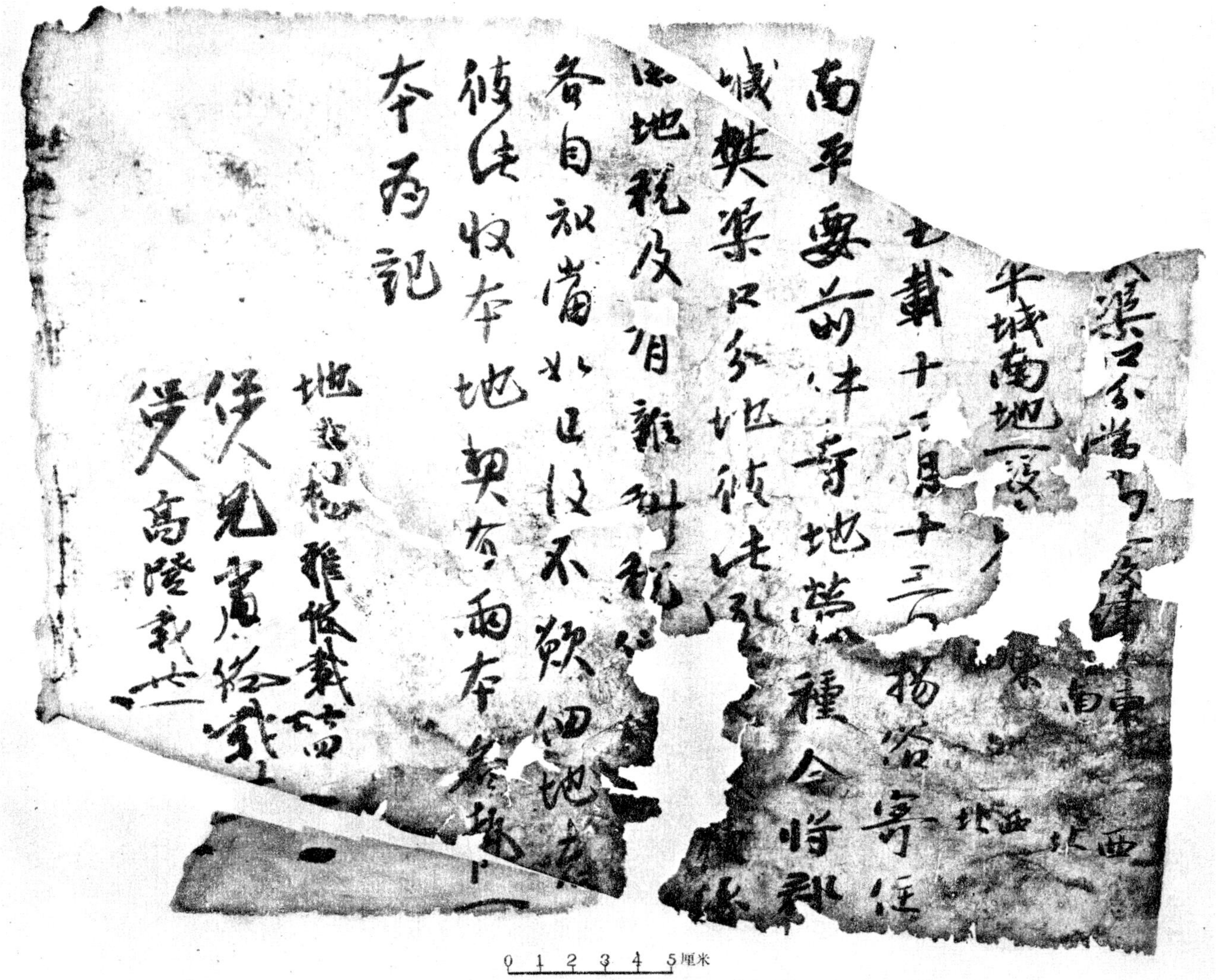

六一　唐天寶七載(公元七四八年)楊雅俗與某寺互佃田地契　　73TAM506:04/2

六一　唐天寶七載（公元七四八年）楊雅俗與某寺互佃田地契

本件紀年殘存「七載」，上缺年號。按唐自玄宗天寶三載（公元七四四年）改年爲載，至肅宗至德三載（公元七五八年）又改載爲年，此處必是天寶七載。

□渠口分常田一段肆畝　東南　西北
□平城南地一段叁□　東南　西北
□□七載十二月十三日楊俗寄住
南平，要前件寺地營種，今將郡
城樊渠口分地彼此逐□□種。緣
田地稅及有雜科稅，仰□□□
各自知當。如已後不願佃地者，
彼此收本地。契有兩本，各執一
本爲記。
　　地主楊雅俗載卌四
　　保人兄處俗載卌□
　　保人高澄載卌一

六二　唐天寶十三載(公元七五四年)楊晏佃田契　　73TAM506:04/22

六二　唐天寶十三載（公元七五四年）楊晏佃田契

本件被裂爲紙靴，隨葬時塗墨，許多字難以辨認。

1 天寶十三載十一月十五日楊晏交用
2 小麥□
3 壇□
4 □百文□
5 四□田□經天□
6 用□
7 礼□□兩主合
8 □
9 麥主
10 □何思忠五十(?)一
11 保人　第(弟)思英卅一
12 □麴□

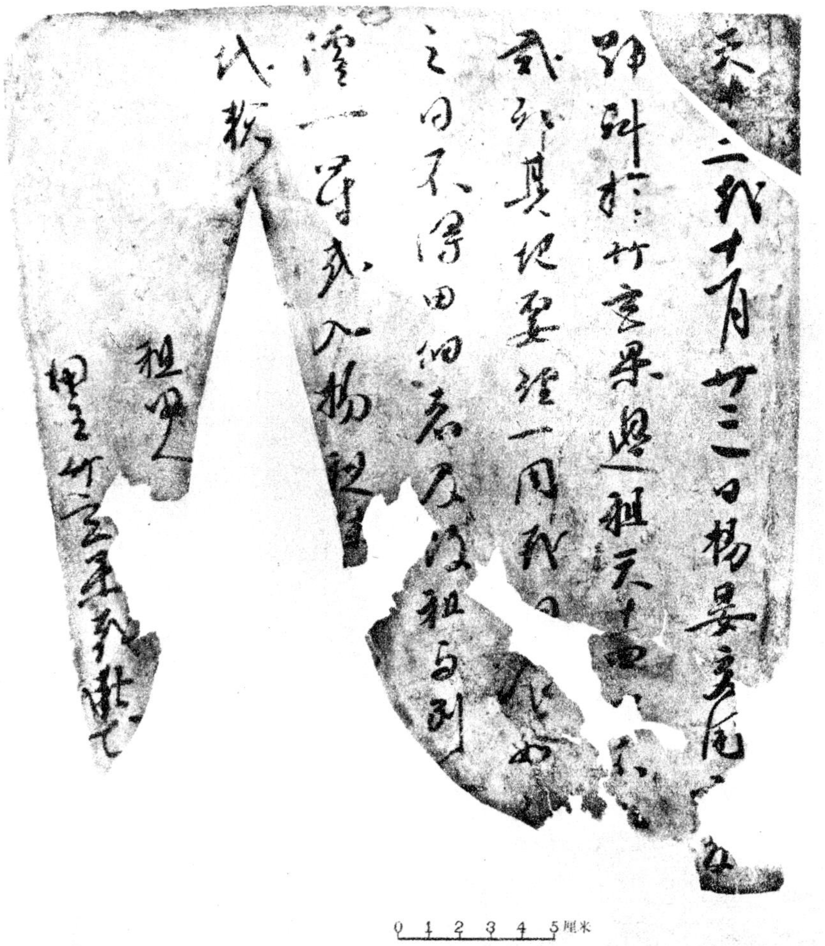

六三　唐天寶十三載(公元七五四年)楊晏租田契　73TAM506:04/7

六四　唐天寶十三載(公元七五四年)楊某佃田契　73TAM506:04/26

六三　唐天寶十三載（公元七五四年）楊晏租田契

1 天十三載十一月廿三日，楊晏交用[小麥]
2 肆斛，於竹玄果邊租天十四[口]分□□
3 貳畝。其地要經一周載□食。如□
4 之日不得田佃者，及改租与別[人]□□
5 價一罰弍入楊。租[殊]□
6 代輸。□
7 租田人□
8 田主竹玄果載卅七

六四　唐天寶十三載（公元七五四年）楊某佃田契

1 □丞□
2 段□畝，□其□
3 要天十□□佃種，□不[得]
4 田佃，及改□其麦一[罰]□□[楊]。天十
5 三載十一月□[德](?)□□載[五](?)□

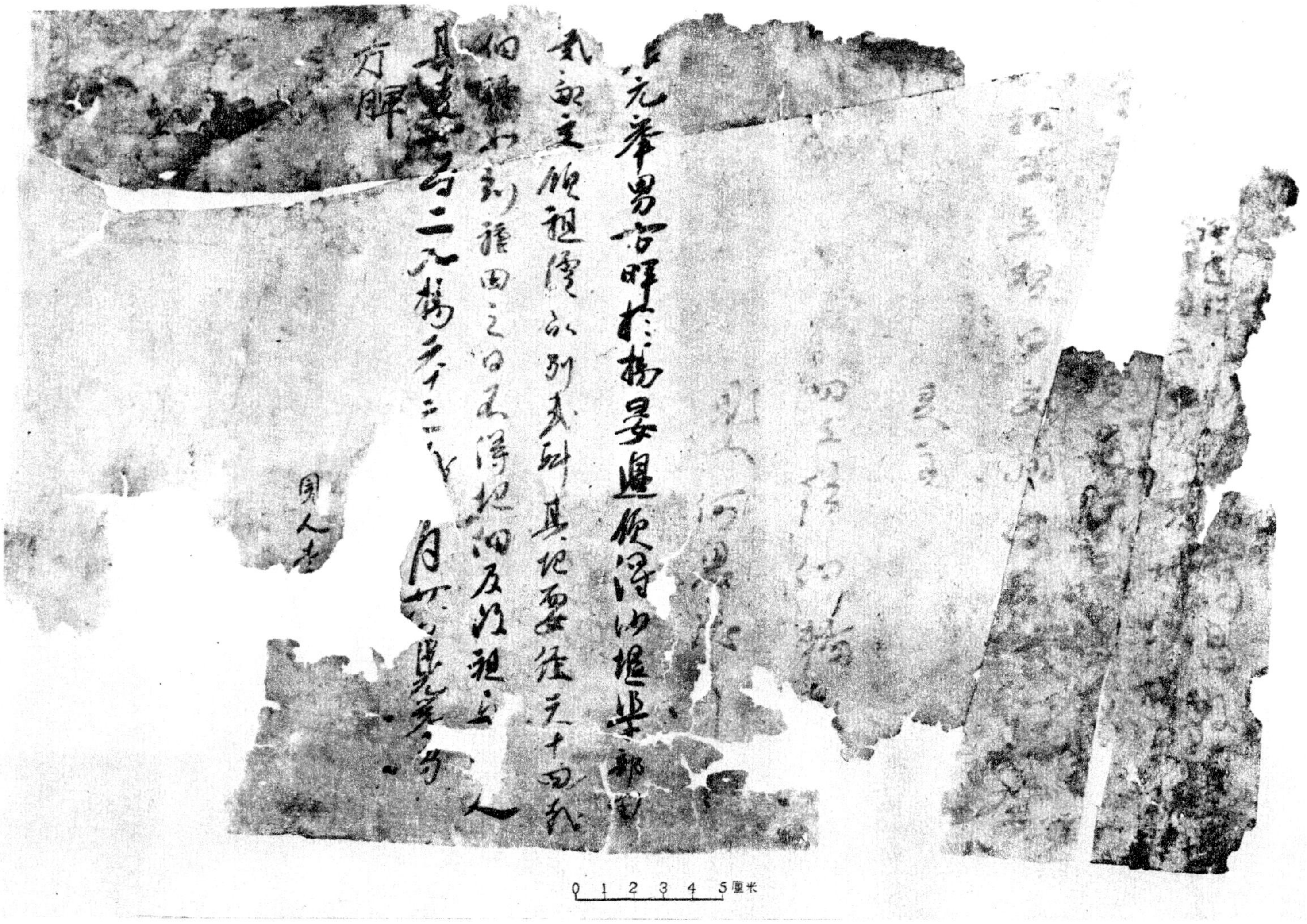

六五(右)　唐天寶十三載(公元七五四年)楊堰租田契　73TAM506:04/10—1

六六(左)　唐天寶十三載(公元七五四年)張元舉男方暉租田契　73TAM506:04/10—2

六五　唐天寶十三載(公元七五四年)楊堰租田契

本件立契年殘缺，據契文内有「其地用天十四載□種」語，知立契之年當在天寶十三載。又此契和下張元舉男方暉佃田契寫在一紙上，契文也説「其地要經天十四載佃種」，立契年當同此契。

1 □□□□日，高昌縣人楊堰
2 □□□□□論邊租部田貳畝，其地沙堰渠□□
3 □□□□其地用天十四載□種。
4 □□□□租子，立契日交相付了。故立契爲
5 □　麥主
6 　田主韓伯輪□
7 　見人　何思忠 ｜

六六　唐天寶十三載(公元七五四年)張元舉男方暉租田契

1 張元舉男方暉，於楊晏邊領得沙堰渠部田
2 貳畝，交領租價畝别弍㪷，其地要經天十四載
3 佃種。如到種田之日不得地佃及改租与□人，
4 其麥一罰二入楊。〔一〕天十三載□月廿八日張元舉男
5 方暉
6 　見人　李□□ 二

注釋

〔一〕入楊：佃人是張方暉。據上文此「楊」字當是「張」字之誤。

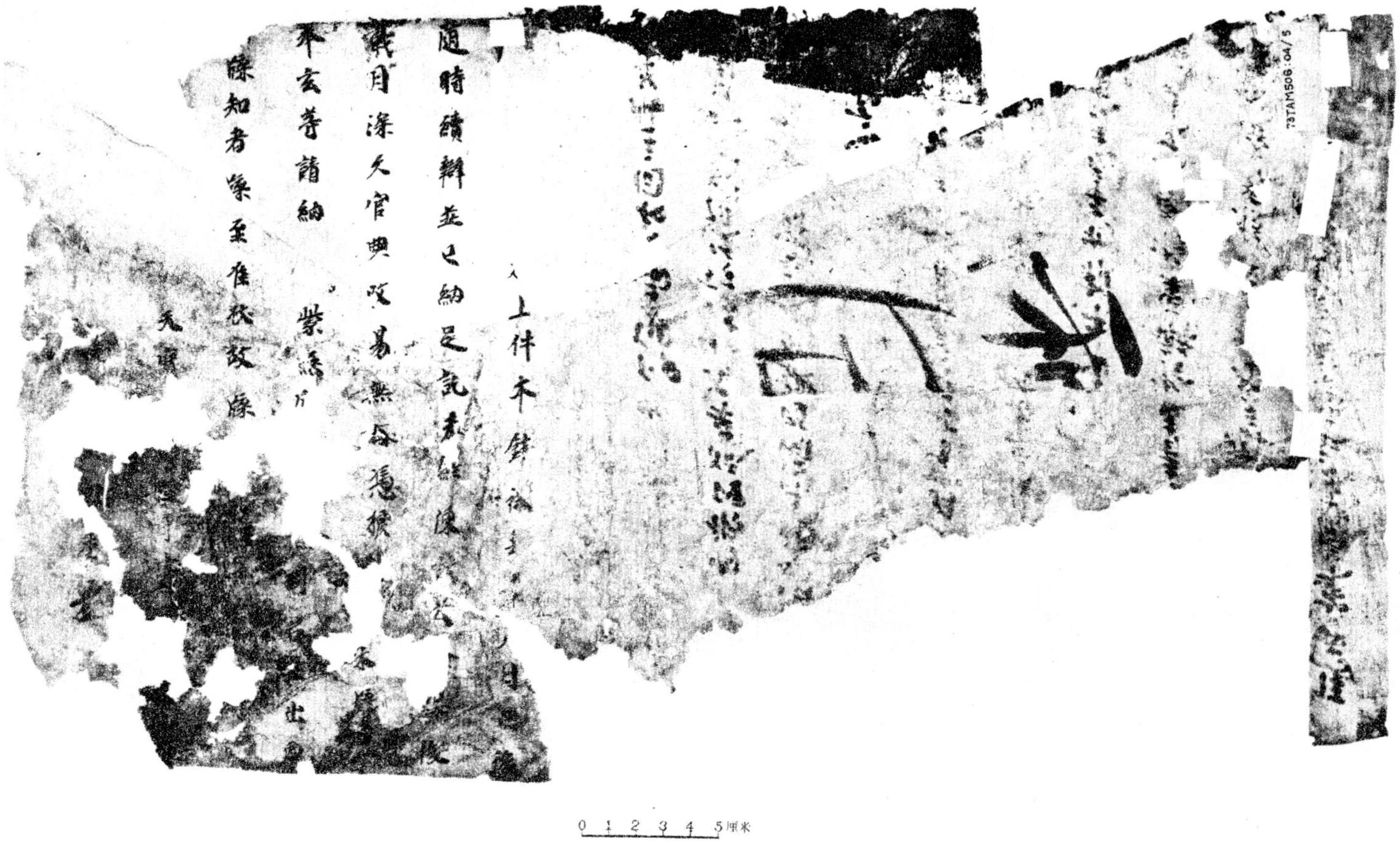

六七　唐天寶某載□仙牒爲本錢出舉事　　73TAM506:04/5(b)

六七　唐天寶某載□仙牒爲本錢出舉事

□上件本錢徵去載八月已後，
隨時續辯，並已納足訖。未經陳請公驗，恐後
載月深久，官典改易，無有憑據，□□朱牒者。幸
奉玄等請納　　紫極宮□□□到，召主出舉，
□牒知者。牒至准狀，故牒。
天寶□正月廿六日□仙牒
典李　於

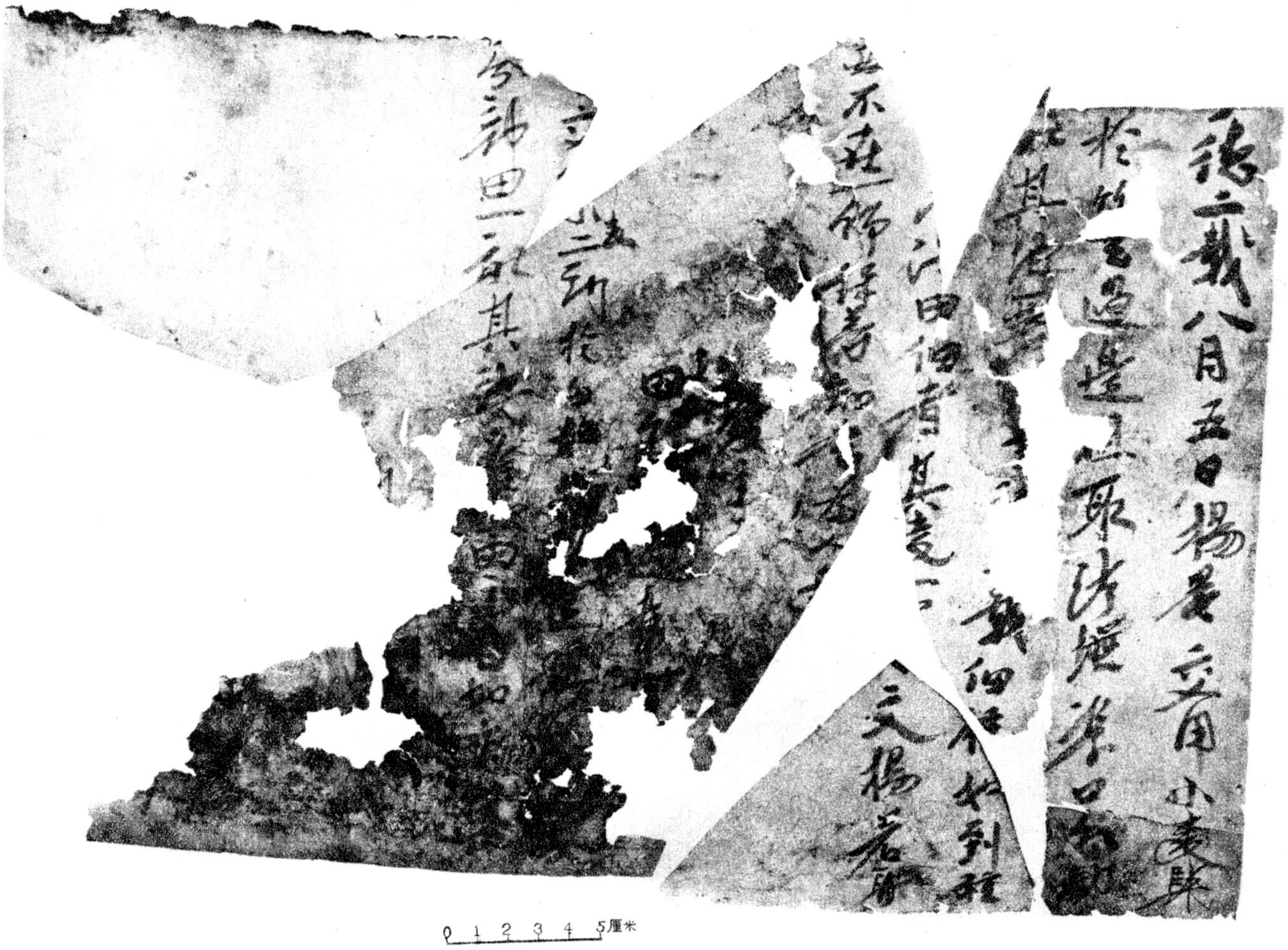

六八　唐至德二載(公元七五七年)楊晏租田契　　73TAM506:04/6

六八　唐至德二載（公元七五七年）楊晏租田契

[至]德二載八月五日，楊晏交用小麥肆
□於竹玄過邊[租]取沙堰渠口分部
□□畝，其地要□[至][德]□載佃種。如到種
[得]田佃者，其麥一[罰]二入楊，若身
□西不在，一仰保等知[當]。爲人[無][一]
麥主
田□竹玄過載卅□
□交□[小]麦二斛於白如奕邊租取□□渠
□分部田一畝，其契准[上]。　田主　白如奕載卅

注釋

〔一〕爲人[無]：[無]下應有缺文，也可能是契稿，原來就沒有寫下去。

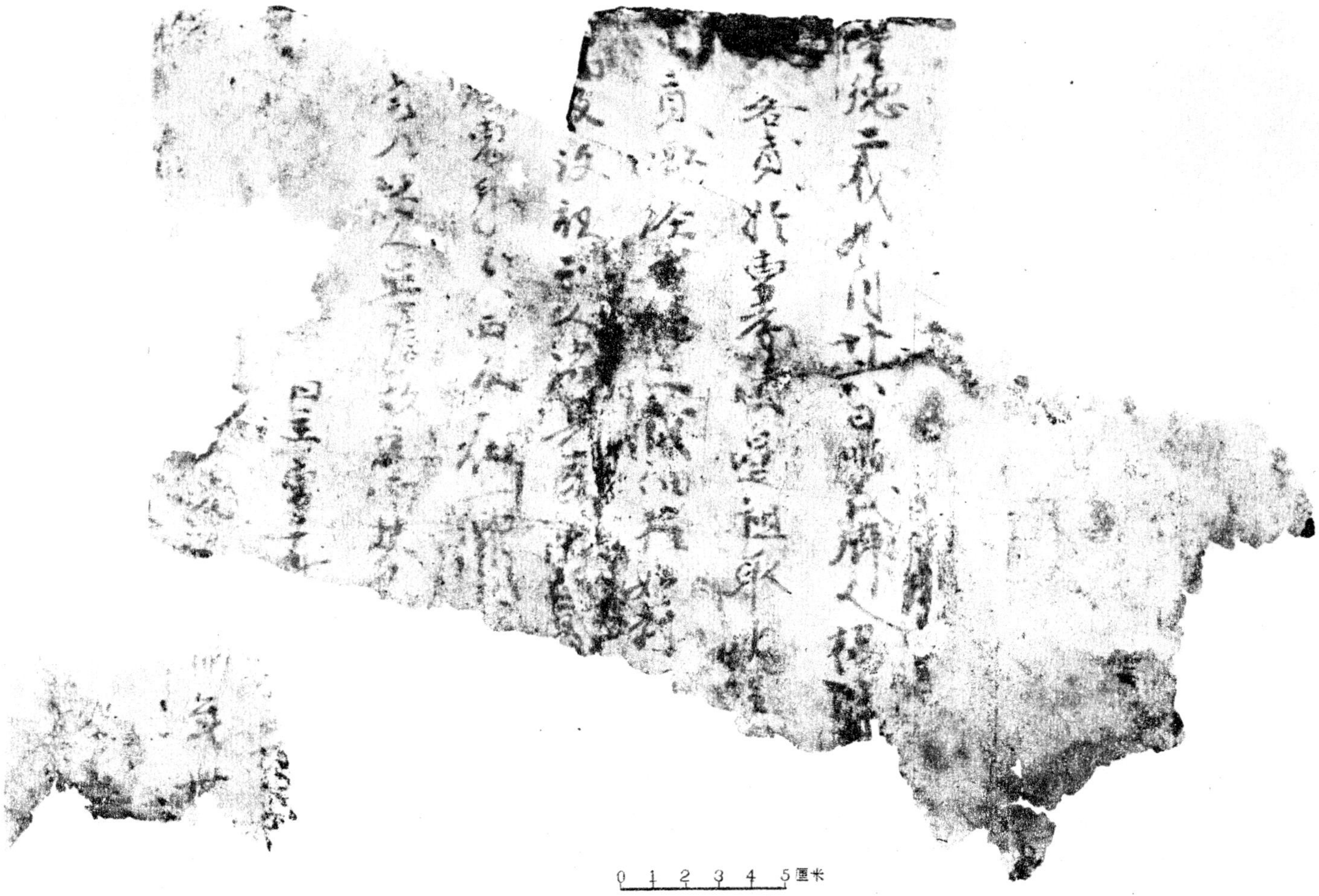

六九　唐至德二載(公元七五七年)楊堰租田契　　73TAM506:04/9

六九　唐至德二載（公元七五七年）楊堰租田契

至德二載九月廿六日，順義鄉人楊堰[ ]

麥各，貳，於曹孝績邊租取沙堰[ ]

□貳，要經至德三載佃種。如到[ ]

□□及改租別人者，其麥一罰貳[ ]

□□曹身東西不在，一仰妻[ ]

楊當了。恐人無信，故立此契爲□。

田主曹孝[ ]

□人男□□年廿（下殘）

七一　唐某人佃田契
73TAM506:04/27

七〇　唐至德二載(公元七五七年)韓伯掄出佃田畝契　73TAM506:04/19

七〇　唐至德二載（公元七五七年）韓伯掄出佃田畝契

本件製爲紙靴，覆鞋時塗墨，文字難以辨識。所錄一至五行乃從背面辨認。

1 □德二載［　　］
2 麦肆□於同□人［　　］
3 處陽［　　］
4 地要至德□□營種［　　］
5 交相分付［　　］東西［　　］
6 ［　　］
7 麦主（下殘）
8 地主韓伯掄載廿五
9 地主母阿麴載卅三
10 ［　　］麦分付韓掄訖

七一　唐某人佃田契

本件稱「載」不稱「年」，當不晚於至德三載（公元七五八年），今姑置於至德二載後。

1 田□［宋］□□載［　　］
2 保人妻王載五十

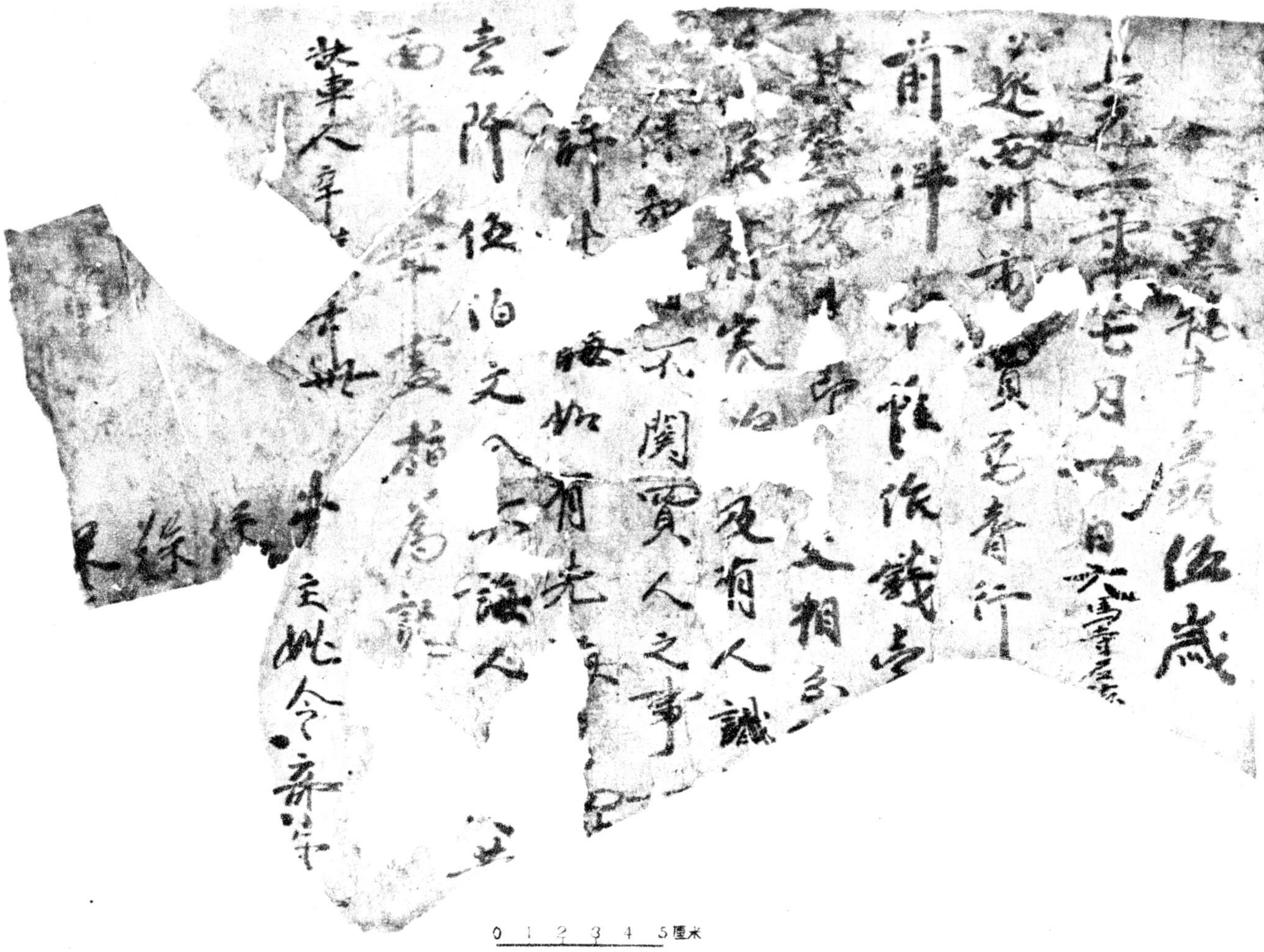

七二　唐上元二年(公元七六一年)馬寺尼法□買牛契　　73TAM506:04/17

七二　唐上元二年（公元七六一年）馬寺尼法□買牛契

黑犍牛壹頭伍歲

上元二年七月廿日六[一]馬寺尼法□[　]

遂於西州市買馬耆行[　]

前件[牛]，准作錢[壹][　]

其錢及牛，即□交相分[付][　]

[若]後有寒[盜]及有人識[　]

主、保知□，不關買人之事。[　]

[不]許□（悔）誨，如有先[誨][者][罰]□

壹仟伍佰文，[入][不]誨人。□□[共]□

兩平章，畫指為記。

扶車人　辛□年卅　　牛主　姚令奇年□□

保[　]

保[　]

[保][　]

注釋

〔一〕「廿日六」：當作「廿六日」。「日」字右上角「✓」號應在「六」字右上角。原件「六」字以下字小墨淡，顯係後補。

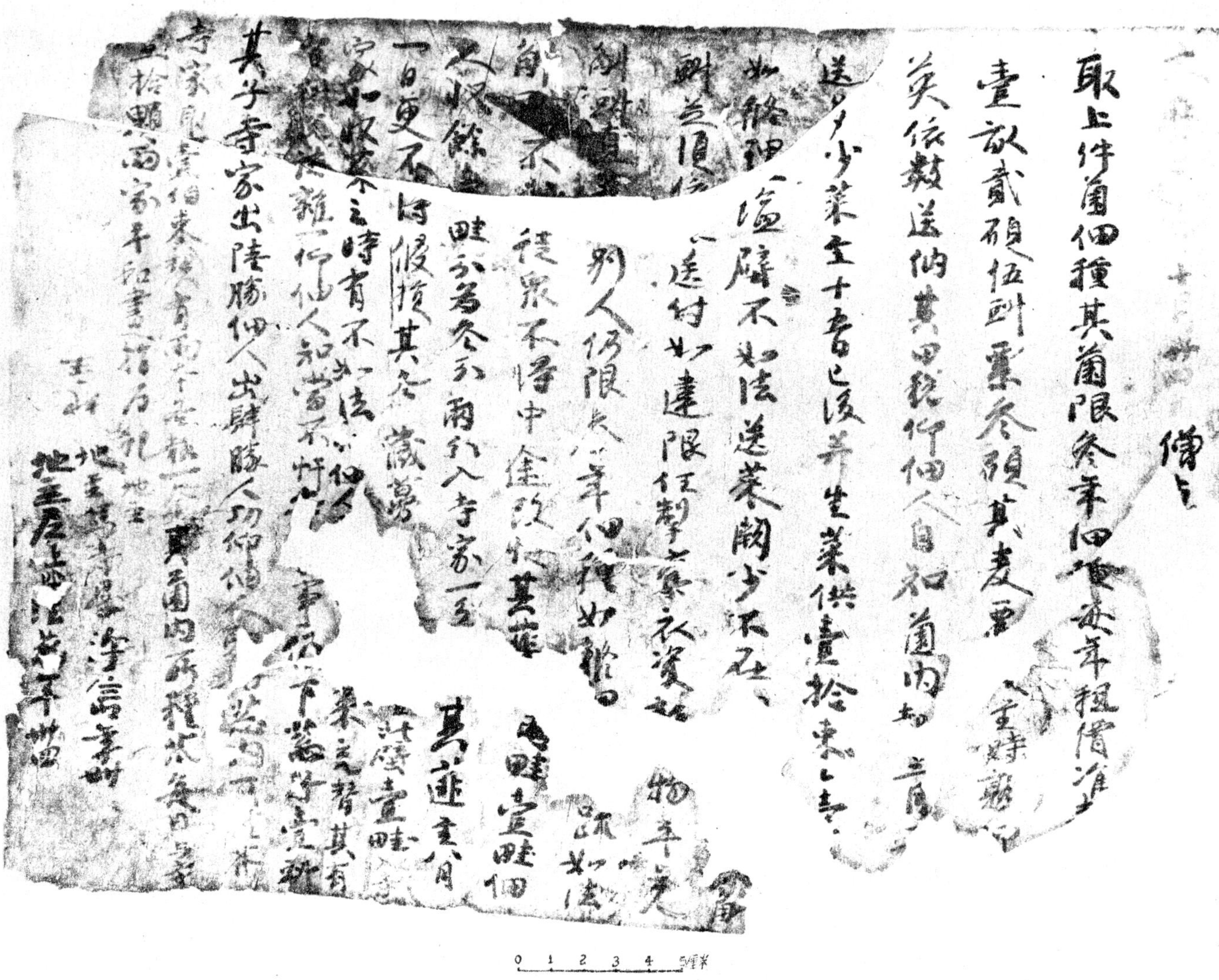

七三　唐大曆三年(公元七六八年)僧法英佃菜園契　　73TAM506:04/1

七三　唐大曆三年（公元七六八年）僧法英佃菜園契

本件背騎縫有「□安」二字。

馬寺園一區（下殘）
大曆三年十月廿四日，僧法□
取上件園佃種。其園限叁年佃種。每年租價准麥
壹畝貳碩伍㪷，粟叁碩。其麥粟□至時熟，仰□
英依數送納。其田稅仰佃人自知。園內起三月□□
送多少菜，至十五日已後，并生菜供壹拾束，〻壹□。
如修理墻壁不如法，送菜闕少，不在□斛
㪷，並須依□送付。如違限，任掣奪衣資雜物，平充
斛㪷直，并□別人。仍限叁年佃種。如修理□疏（蔬）如法，
斛㪷不闕，徒衆不得中途改悔。其韮兩畦，壹畦佃
人收，餘壹畦分為叁分，兩分入寺家，一分□□。其韮至八月
一日更不得侵損，其冬藏蔓□北壁壹畦入寺
家。如收菜之時，有不如法，仰佃人□菜充替。其有
官科稅諸雜，一仰佃人知當，不忓（干）寺□事。仍下葱子壹㪷
其子寺家出陸勝，佃人出肆勝，人功仰佃人。□□葱內所種
芥，
寺家取壹伯束。契有兩本，各執一本。其園內所種瓜，每日与
寺
壹拾顆。兩家平和，畫指為記。地主
地主馬寺尼淨信年卌
地主尼上坐法慈年卌四

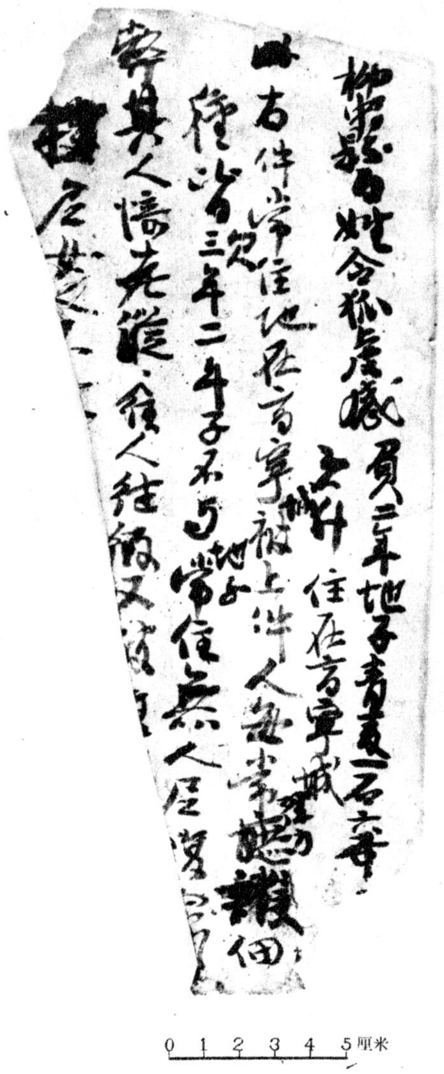

七四　唐馬寺尼訴令狐虔感積欠地子辭稿　73TAM506:04/8

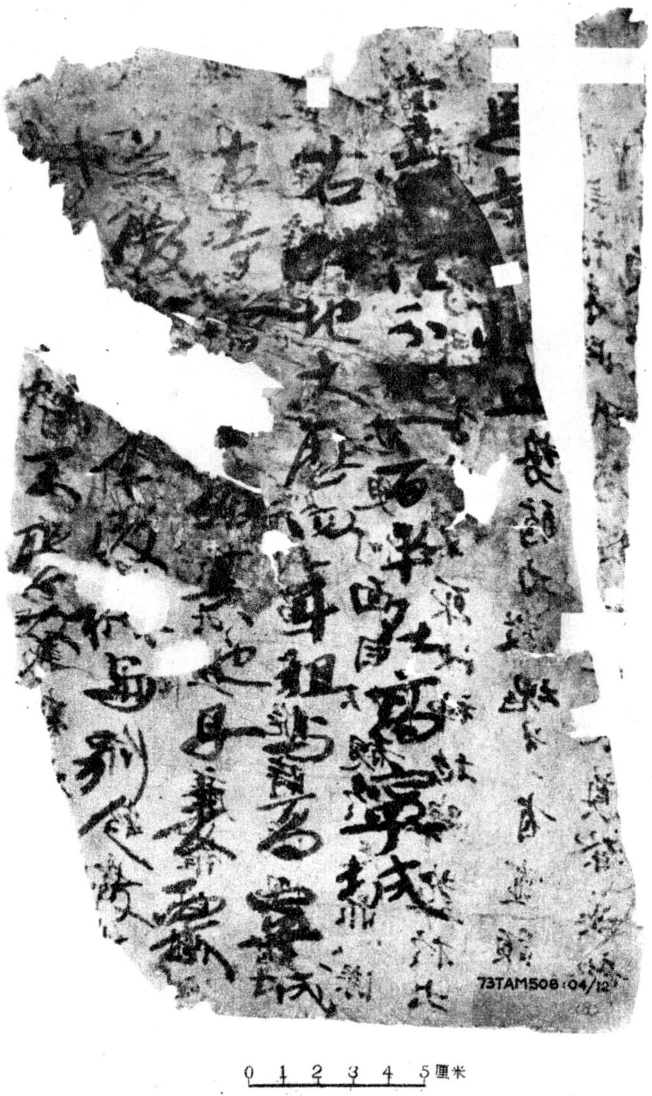

七五　唐大曆四年(公元七六九年)後馬寺請常住田改租別人狀　73TAM506:04/12(a)

七四　唐馬寺尼訴令狐虔感積欠地子辭稿

本件紀年殘缺，亦不見寺名。據本墓所出文書三馬寺尼法慈即墓主張无價之女；本墓亦屢見馬寺文書，且下件亦云常住田地在高寧城，因知此件亦是馬寺尼訴辭辭中「皆欠三年，二年子」，疑指大曆二、三年，今姑置於下件大曆四年前。

1 柳中縣百姓令狐虔感貸二年地子青麥一石六㪷（六斗。住在高寧城）□
2 ○右件常住地在高寧城，被上件人每常强(?)力遮護佃
3 種，皆欠三年、二年子，不与地子。常住無人，尼復□□
4 弊。其人倚老縱、，任人徃徵，又[被]□
5 打。尼女人不□

七五　唐大曆四年(公元七六九年)後馬寺請常住田改租別人狀

1 馬寺　　狀上
2 當寺常住分地一畝半，在高寧城。
3 右件地大曆四年租与高寧城
4 左寺僧□□佃，其地子麥粟
5 並徵[不]□，今改[租]与別人□□
6 □灬□不聽改□

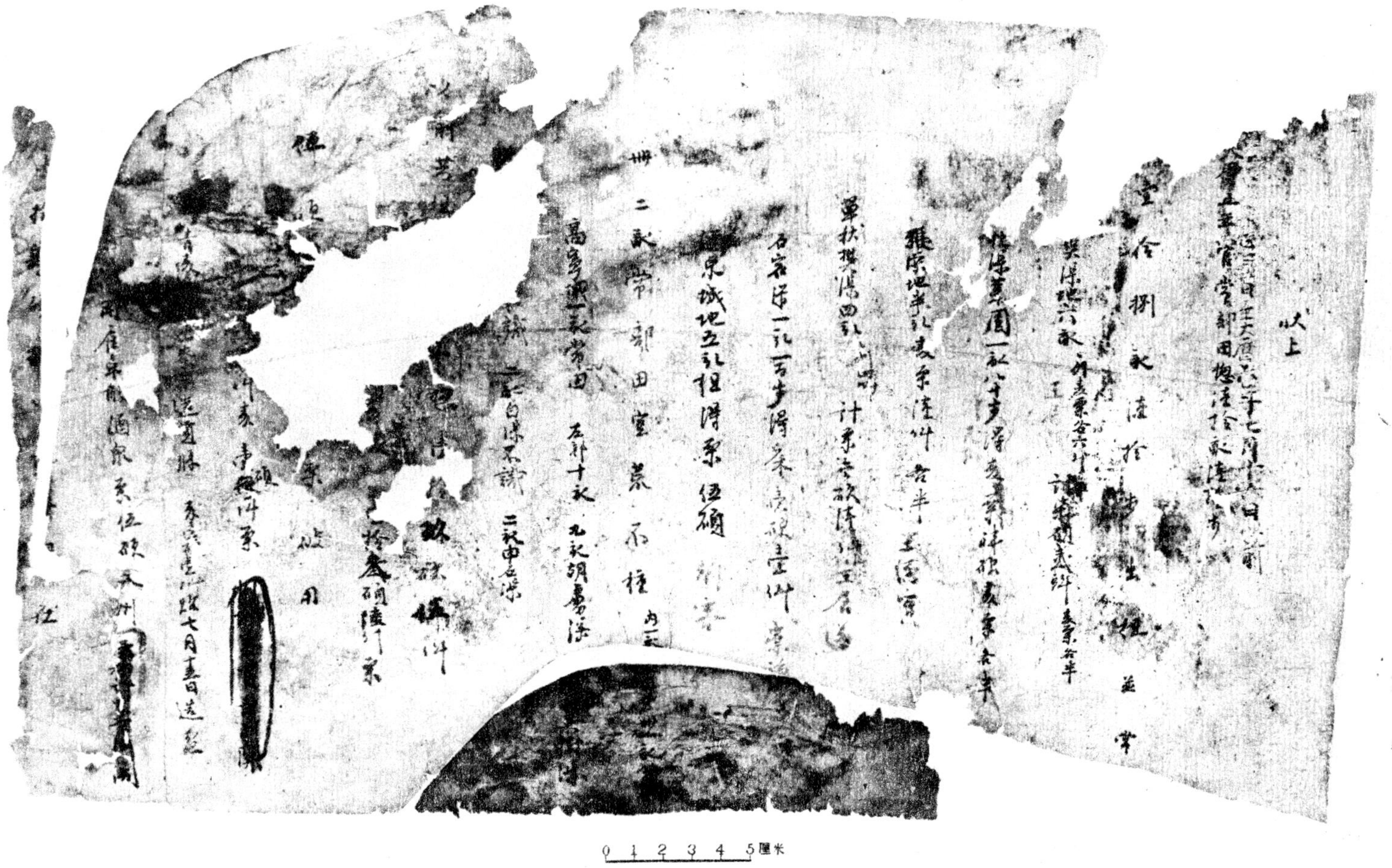

七六　唐大曆六年(公元七七一年)某寺田園出租及租糧破用帳　　73TAM506:04/13

七六　唐大曆六年（公元七七一年）某寺田園出租及租糧破用帳

1 □□□　狀上
2 □□□從大曆五年正月一日至大曆六年七月十六日以前，管常部田總陸拾畝陸拾步。
3 壹拾捌畝陸拾步出租並常□
4 樊渠地六畝，々別麥粟各六斗。王居隨□　計柒碩貳㪷。麥粟各半
5 杜渠菜園一畝八十步，得麥粟肆碩。麥粟各半
6 張渠地半畝，麥粟陸㪷。各半　傅元相　王德實
7 單秋樊渠四畝，々別四㪷　計粟壹碩陸㪷。王居遂
8 石宕渠一畝一百步，得床壹碩壹㪷。崇福寺
9 酒泉城地五畝，租得粟伍碩。劉客
10 卌二畝常部田　空荒不種。內一畝常田，卌一畝部田。
11 高寧城一畝常田　左部十畝　九畝胡麻渠　九畝棗樹渠
12 □□不識　二畝白渠不識　二畝申石渠

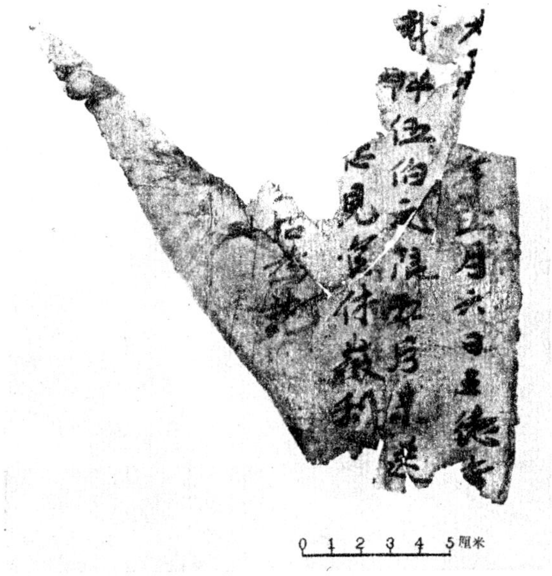

七七　唐大曆某年(公元七六六～七七九年)
王德廣立限送錢帖　　73TAM506:04/25

七八　唐大曆年間(公元七六六～七七九年)
馬寺殘文書　　73TAM506:04/31—8

13 以前共粗□□[粟]總壹拾
玖碩伍㪷
14 □㪷青麥　壹拾叁碩陸㪷粟
15 伍碩□□□粟破用
16 肆碩□㪷麥　壹碩一㪷粟　~~揔斛~~
~~粟賣寺門䦨~~
17 青麥叁碩出粜（粟）用造資（?）緤　粟壹碩壹㪷
貼七月十五日造盆
18 粟伍㪷用雇車般（搬）酒泉粟伍碩入州　~~粟~~
~~揔斛賣寺門䦨~~
19 壹拾肆碩肆㪷[粟][麥]見在

注釋

〔一〕王居隨：與七行之「王居遂」似是同一人。

七七　唐大曆某年（公元七六六——七七九年）王德廣立限送錢帖

1 [大][曆]□年五月六日王德[廣]
2 [貳]阡伍百文限五月末送
3 □見官付徵利
4 □[帖]爲記

七八　唐大曆年間（公元七六六——七七九年）馬寺殘文書

1 馬寺
2 合當寺[大]

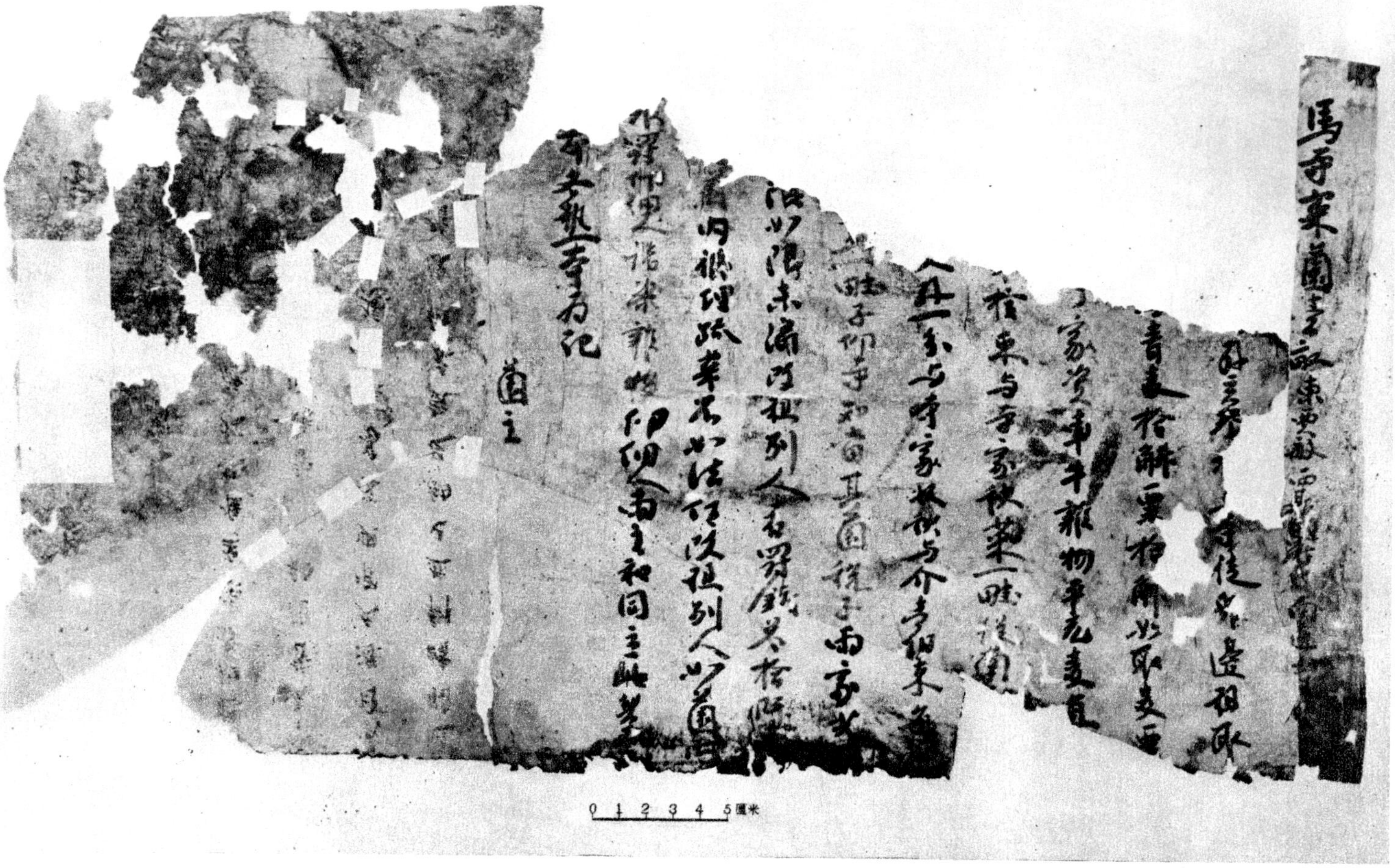

七九　唐孫玄參租菜園契　　73TAM506:04/5(a)

七九　唐孫玄參租菜園契

本件背面中間有「和同」二字之左半，其右半當在另一本契上。

馬寺菜園壹畝，東賈敏，西斯越麻□，南道，北王望。
□孫玄參於□寺徒衆邊租取
□青麥拾斛，粟拾斛。如取麥粟
□家資車牛雜物，平充麥直□。
□拾東与寺家。秋菜一畦從南□（齊）
□入孫，一分与寺家。收秋与介壹伯束，每日
□一畦子，仰寺知當。其園稅子，兩家共知。
□限，如限未滿，改租別人者，罰錢參拾阡入孫。
□園內修理疏（蔬）菜不如法，任改租別人。如園內
□水罰，仰佃人。諸渠雜役，仰佃人。兩主和同立此契□
□本，各執一本為記。

園主

八〇　唐張小承與某人互佃田地契　　73TAM506:04/16(a)

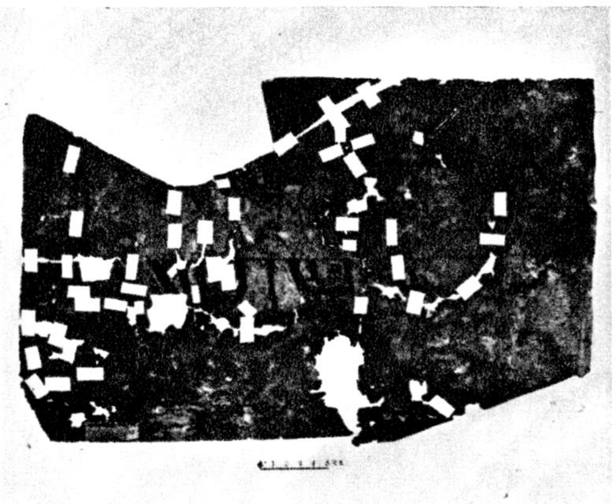

八〇　唐張小承與某人互佃田地契
73TAM506:04/16(b)

八〇　唐張小承與某人互佃田地契

本件背面下部中間有「合同」二字左半。

□□承匡渠西奇口分常田五畝　東王令璋　西官田　南□　北蘇祀奴
□年十一月廿四日□逐隱便將上件地
□酒泉城口分桁渠常田一段五
□家各十年佃□如以後兩家
□種，各自收本地。如營田以後，
□役，各自承秖，不得遮護。兩
共平章，恐人無信，故立此契為記。
數內一畝地子，張慶直　地主張小承年卌二
邊收麥兩斛一斗　保人弟□
契有兩本，各執一本。　保人張慶直□
保人

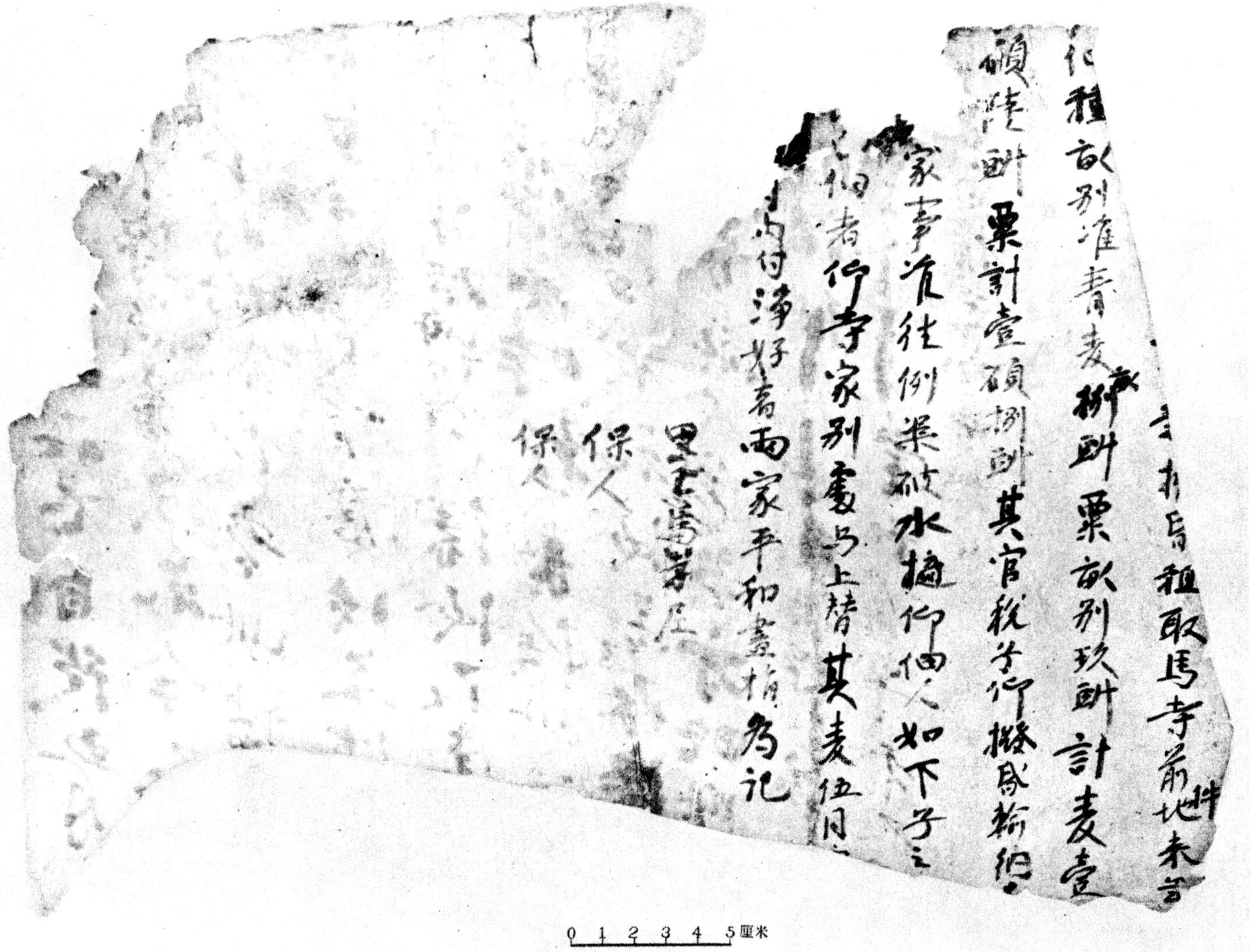

0 1 2 3 4 5厘米

八一　唐趙拂昏租田契　　73TAM506:04/15(a)

八一　唐趙拂昏租田契

〔　　　　〕［趙］［拂］［昏］[一]租取馬寺前件地來年
佃種，畝別准青麥畝捌㪷，粟畝別玖㪷，計麥壹
碩陸㪷，粟計壹碩捌㪷。其官税子仰撥昏輸納□
〔　　　〕家事准往例，渠破水擿(謫)仰佃人。如下子之□
□□［田］佃者，仰寺家別處与上替。其麥伍月□
〔　　　　〕［月］内付淨好者。兩家平和，畫指為記。
田主　馬寺尼
保人
保人

注釋

[一] 趙拂昏：「趙」存左旁「走」，「拂」存「扌」，「昏」存「百」。但據第三行作「撥昏」。

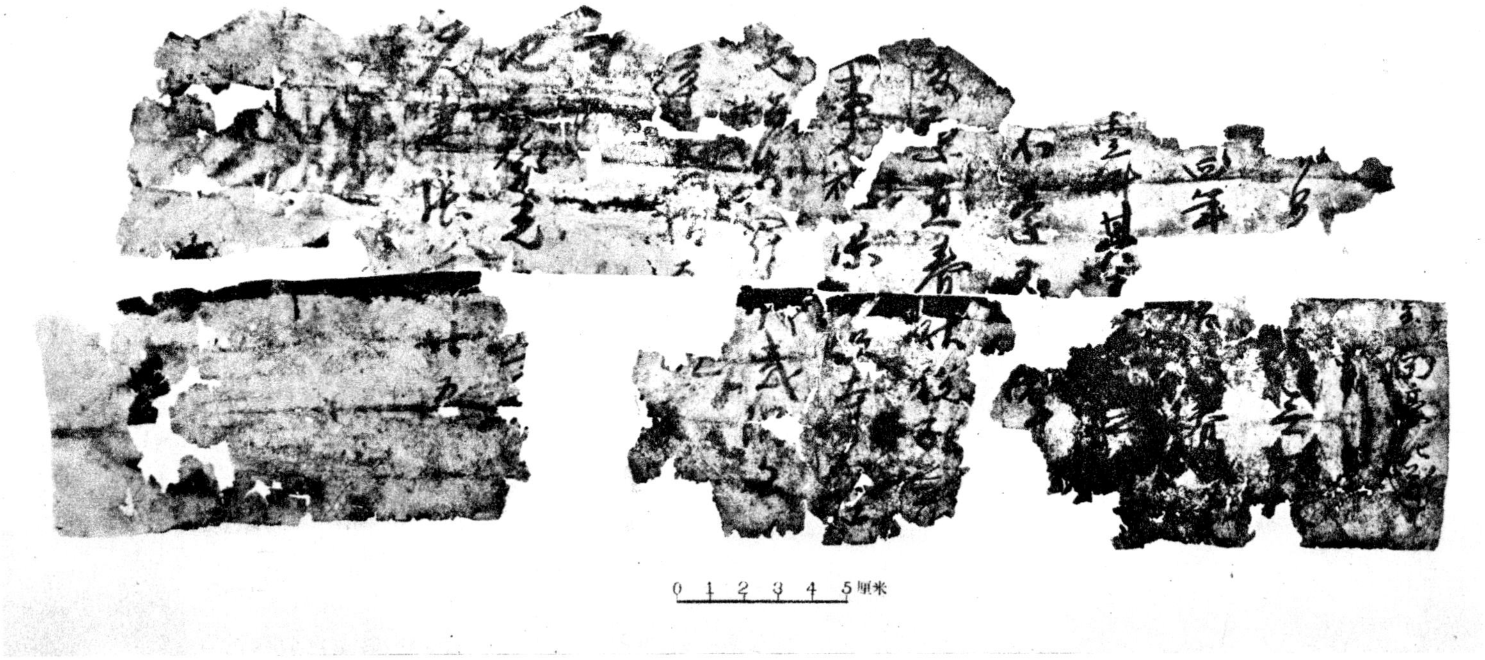

八二　唐鄧光□佃田契　73TAM506:04/11

八二　唐鄧光□佃田契

□塋　南壕　北道
□□爲無□□
□四年營種，春□還
□壹斛，其麥粟立契□付
□不還，即□聽□
□麥粟直，春秋稅子並仰
□事，租渠□役，寺家不知。
□先悔者，罰錢貳佰文
□，章畫指爲□
□寺
□地人鄧光□年□
一二
保人妻張年廿五

八三　唐鄧光實轉租田畝契　　73TAM506:04/4

八三　唐鄧光實轉租田畝契

1 □畝　東道　西佛堂　南壕　北道

2 □日，客鄧光實先於馬

3 □種不辦，今轉[租]与

4 □依元契□[壹]

5 □田税並佃人知。

6 □渠百[役]寺家知。

7 □仰時依

8 □身家具將

9 □或汙文□依

10 □經如佃種

11 □与營種。恐人

12 □指為驗。

八四　唐賈崇養佃田契

73TAM506:04/24

八五　唐某人佃田契

73TAM506:04/30

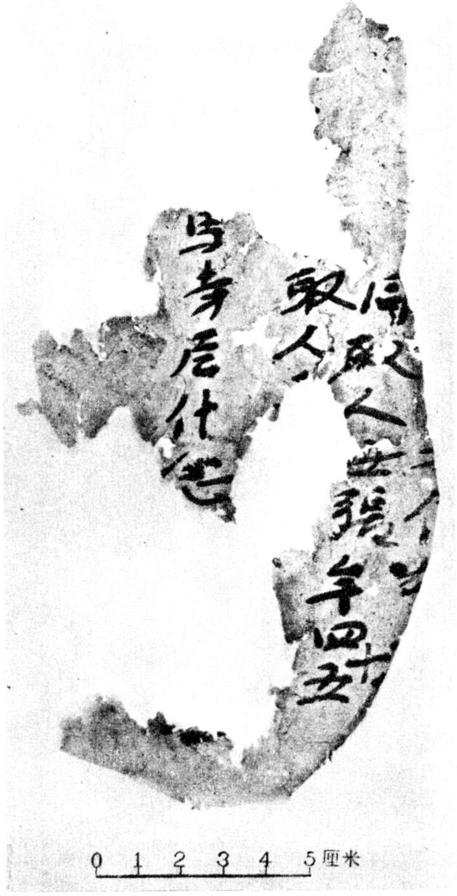

八六　唐某人舉貸契

73TAM506:04/28

八四　唐賈崇養佃田契

1 □崇養於楊晏□

2 □沙堰渠部田貳畝，地子□

3 □月七日賈崇□□

八五　唐某人佃田契

1 □部田貳畝營種，□

2 □地後□到

八六　唐某人舉貸契

1 同取人母張年四十五

2 取人□

3 馬寺尼什忿（下殘）

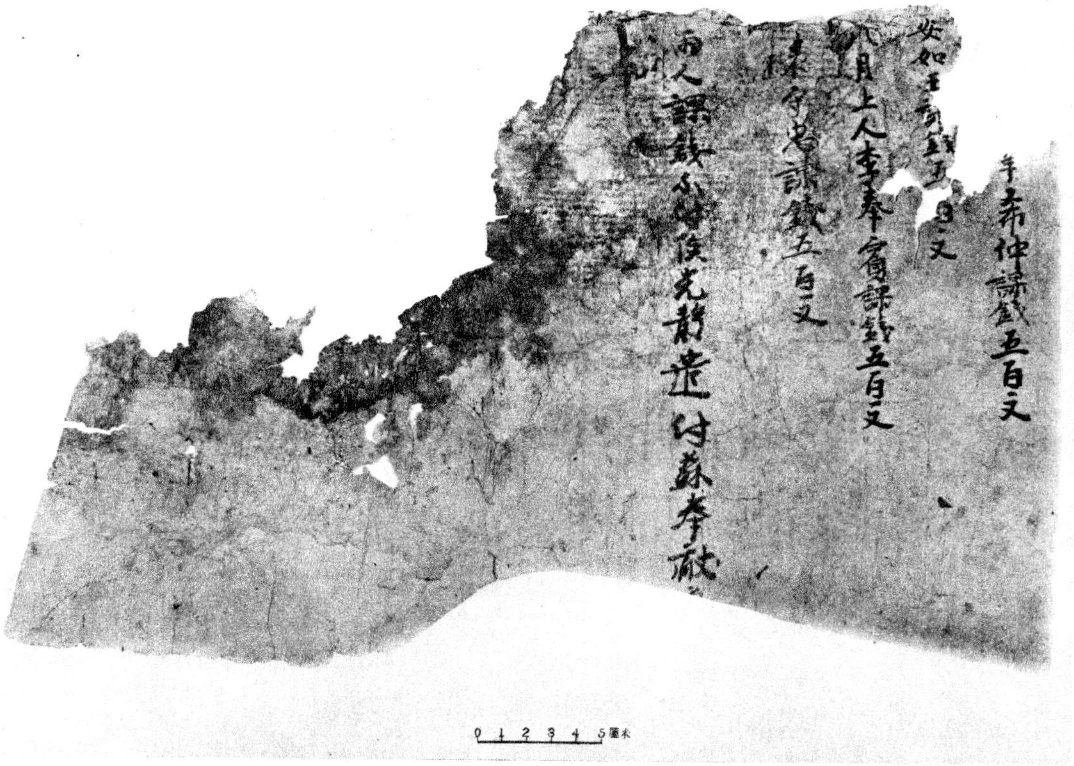

八七　唐課錢帳　　73TAM506:04/14

八八　唐左庭玉阿師子青麥帳
73TAM506:04/18

八七　唐課錢帳

□羊希仲課錢五百文
安如玉[課]錢五[百]文
八月上人李奉賓課錢五百文
袁守忠課錢五百文
兩人課錢分付侯光靜遣付蘇奉獻[訖]（？）

八八　唐左庭玉付阿師子青麥帳

左庭玉前後分付阿[師]子青麥，庭玉
阿孃付壹㪷；韓（？）廷付叁㪷；又付壹碩
壹㪷小麥，用充壹碩叁㪷青麥；又庭玉
付麥五㪷；□付叁㪷；計付兩碩伍㪷。
欠玖㪷。

（八九）　唐出納錢物帳歷（一）　73TAM506:04/20(a)

八九　唐出納錢物帳歷

本件因紙面塗黑，有些地方文字不顯，無法辨識。

（一）

五月九日緣□百文　□大(?)同一千文
五月十一[日]□共出納緤一疋□[共]二千文出五(?)千文付典張守。
十三日□一百文大董觀買(?)□
六月廿四日□緤二疋用錢一千[八]□文買供[付]守陽
□廿四日□袴(?)衫用錢二百四十文
□□十日□盞(?)用小麦兩石二斗　粢麻八斗：別一百卅文計大錢一千卌[文]
□用共大錢一千文
□守陽縫袴一曡，用大錢六千文
□[葱]子以付□[用]錢共八百文
□細緤一疋得一千文。欠(?)錢八百廿文，買供。
□緤一疋□緤一斤□便[帖]錢一千二百文[買]供。
□回大錢三百文
□劉(?)壓(?)平(?)場並索共二百計一千
□細緤一疋，出得一千三百文，帖七百文取供。
□粟各出錢一百[五]十文。
□縫裙子一疊，大錢[八]十五文。

八九(右)　唐出納錢物帳歷(二)
73TAM506:04/21—1

八九(左)　唐出納錢物帳歷(三)
73TAM506:04/21—2

（二）

□練袴□□用錢□
廿八日□練□　　□付□　□用粮(?)□□
十三日□　　□充粮(?)(?)
十四日□　　□計四百五□
十五日□　　□壓油
□索用□
□緣寺□　　□尼錢
□

（三）

八日□
九日□
十日□
十□
十一日□
□
十七日□
一千□

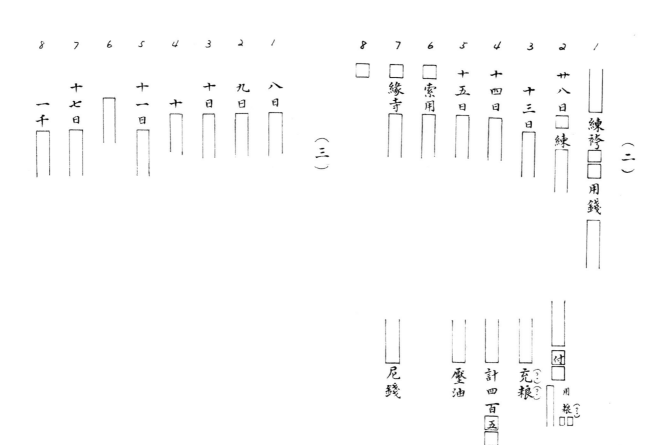

九〇　唐大麥等殘帳　73TAM506:04/23

九一　唐佃田殘契
73TAM506:04/31—2

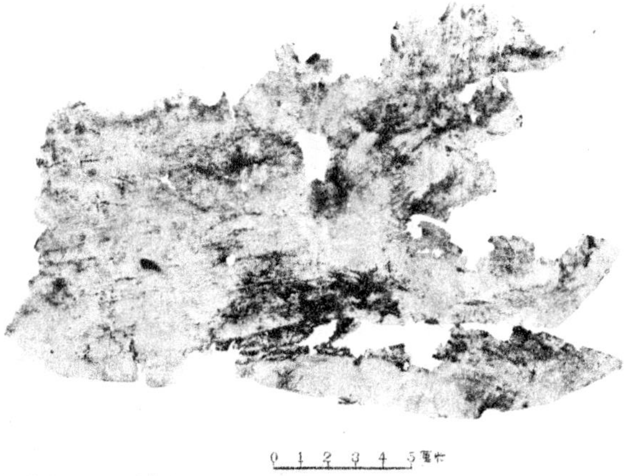

九二　唐殘文書　73TAM506:04/31—1

九〇　唐大麥等殘帳

1 □大麥拾□

2 德□□闞

3 □孝□

九一　唐佃田殘契

1 □地子一□

2 恐人無信，故立私契為記

九二　唐殘文書

1 □廿七

2 □

3 □見張晁□(?)

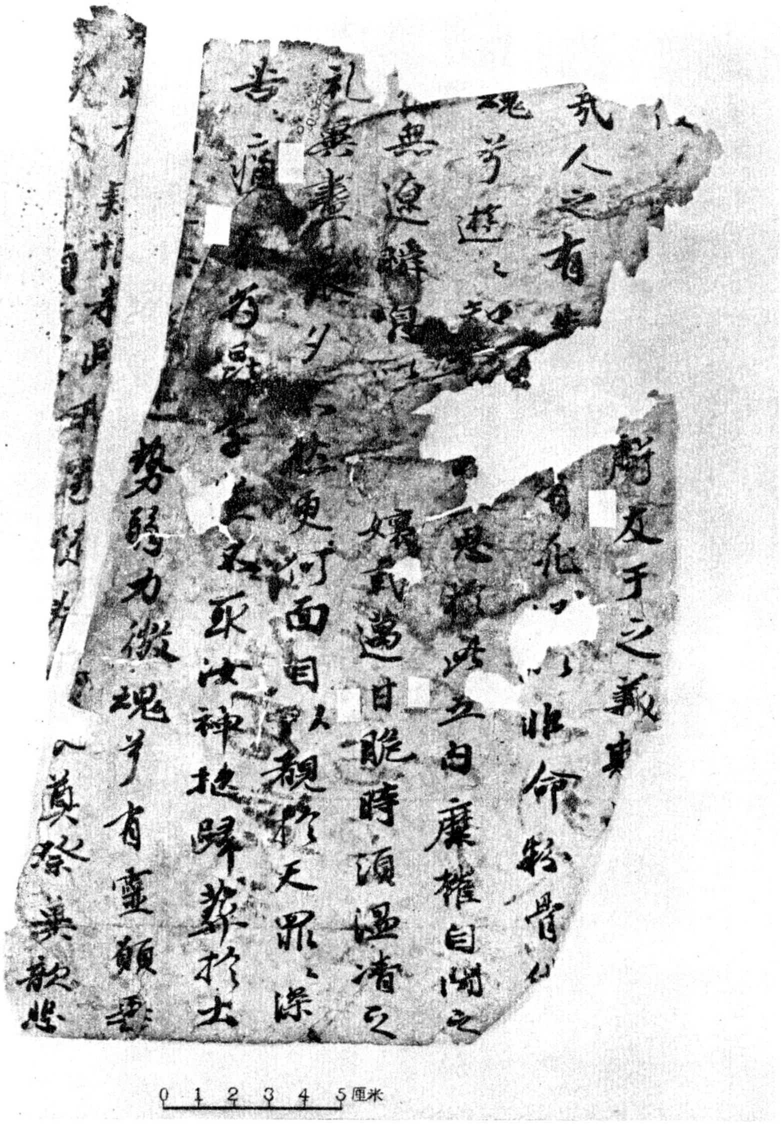

九三　唐某人祭弟文　73TAM506:04/12(b)

九三　唐某人祭弟文

本件後缺，文中但言「昆季」，觀語氣應是兄祭弟。

1 [　　]虧友于之義，斯[　　]
2 哉。人之有生，□□有死。□以非命，粉骨□□，
3 魂兮遊遊。知□□□□思於此，五内糜摧。自聞之
4 □，無遼瞬息。以　　孃（載）邁廿，脆時須，溫清之
5 礼，冀盡晨夕。不然，更何面目以覩於天。罪罪深深，
6 苦苦痛痛！忝為昆季，豈不取汝神柩歸葬於土，
7 [　　]勢弱力微。魂兮有靈，願垂
8 [　　]冀祭冀歆悲
9 [　　]〔有〕吴〔根〕来〔歸〕我豈隨[　　]

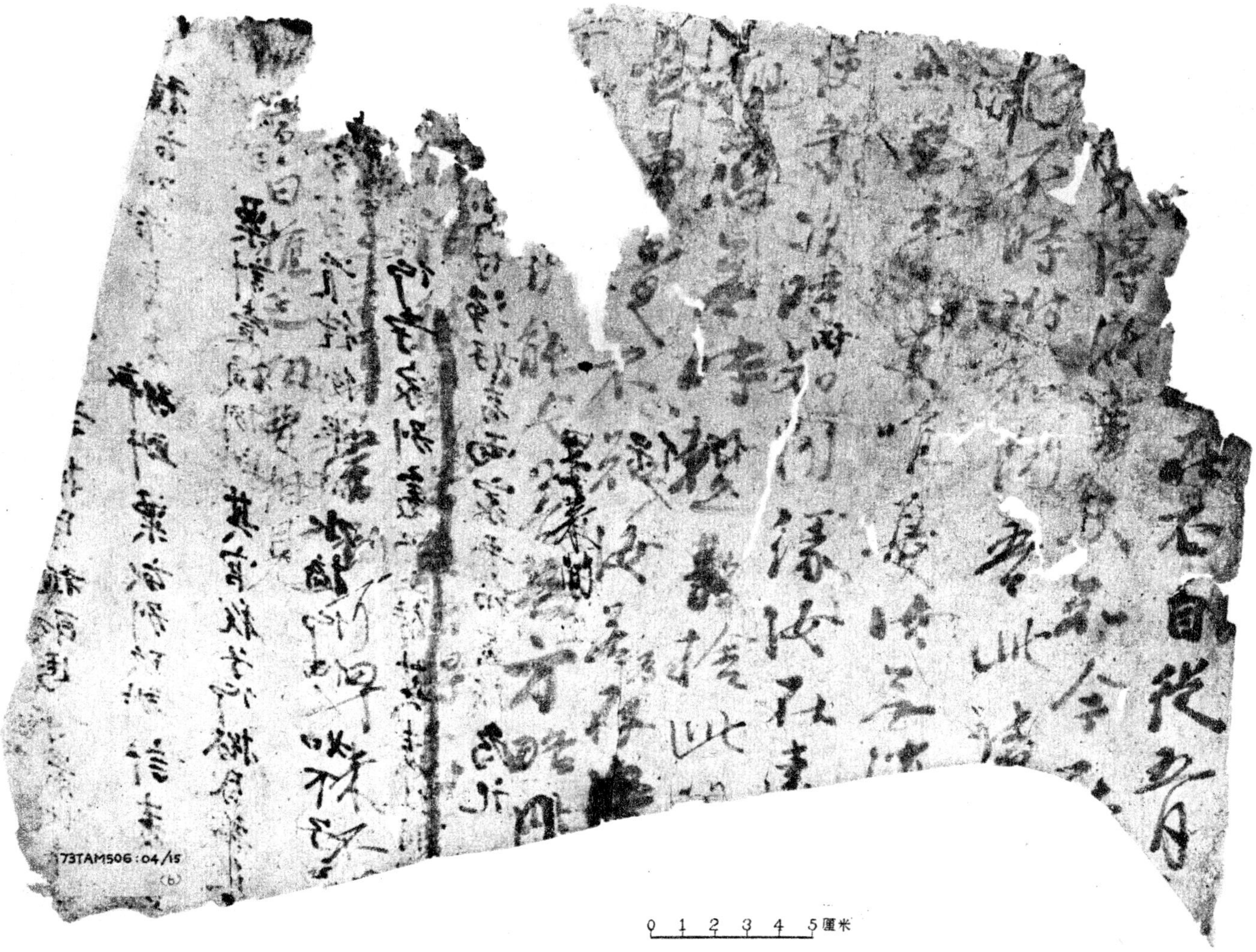

九四　唐某人書札殘稿　　73TAM506:04/15(b)

九四　唐某人書札殘稿

1　［　　］在否自從五月［　　］
2　□不得汝書不知今[在]［　　］
3　□不時附□聞吾此□［　　］
4　□□（□□□）弟(?)□安唯憂汝居［　　］
5　使□次時附知聞緣汝在[速]［　　］
6　翹戀無時暫○捨此［　　］
7　食曾貴不知汝若為存
8　［　　］力能人（未來間）善為方略(此)
9　□□活彼○○若能活得○○(書)
10　□□當(出)(去)(千)(万)書到丂早未不□
11　似常日推延切要相見

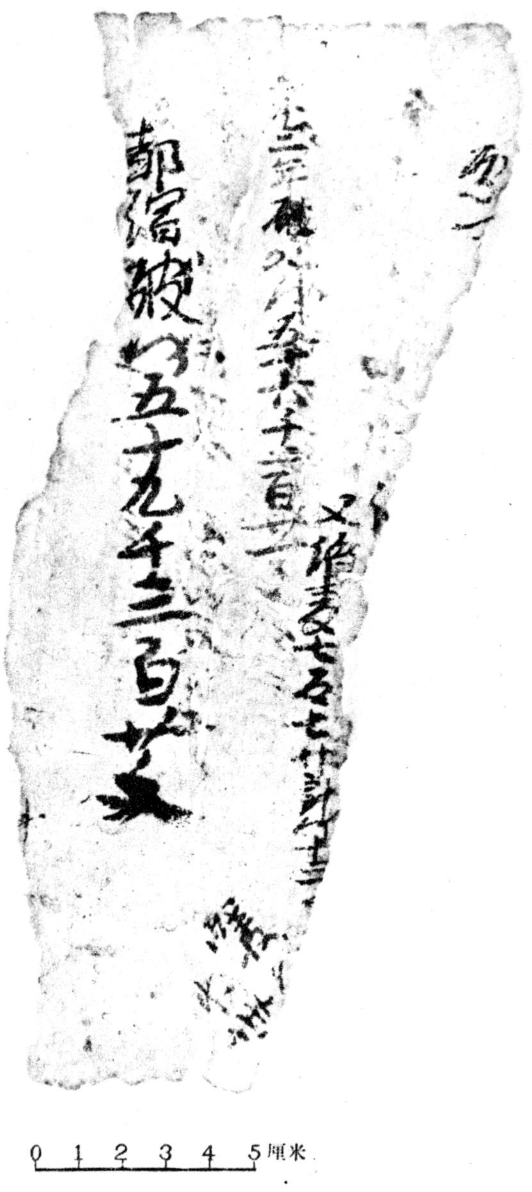

（九五）　唐上元二年（公元七六一年）出納錢糧殘帳　73TAM506:1/4—1(a)

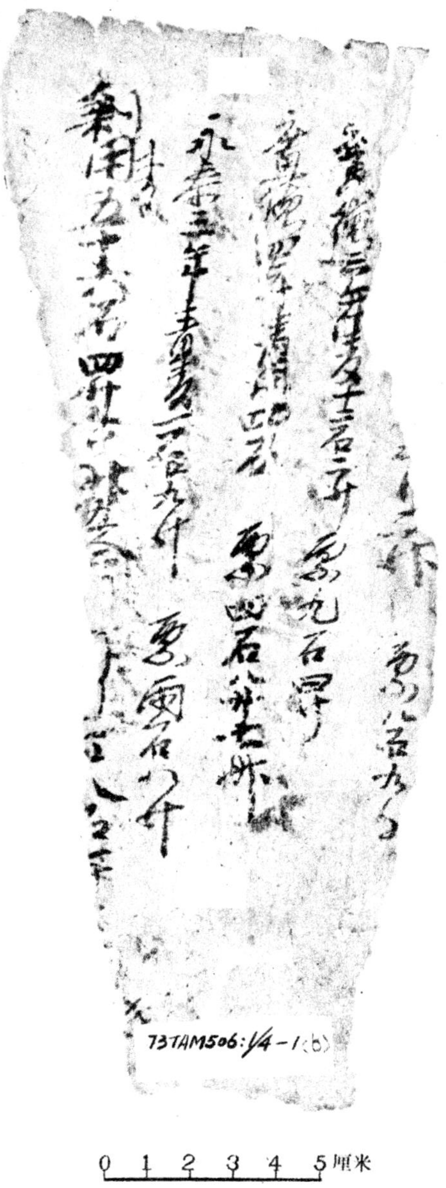

（九六）　唐永泰三年（公元七六七年）後麥粟帳　73TAM506:1/4—1(b)

九五　唐上元二年（公元七六一年）出納錢粮殘帳

1 粟[一][　　]

2 [　　]

3 又縮麦七石七斗，計錢

十三[　　]

4 上元二年⊙破入錢五十六千二百卌一文

5 都縮破錢五十九千三百廿文

九六　唐永泰三年（公元七六七年）後麥粟帳

1 [　　]二升　粟八石九[斗]

2 廣德三年麦十二石二斗　粟九石四斗

3 廣德四年〔一〕青麦四石　粟四石八斗七升

4 永泰三年〔二〕青麦一石九斗　粟兩石八斗

5 剩用麦五十六石四斗六升五合　[剩][用][粟][十][八][石][一][斗](一)(?)

〔下殘〕

注　釋

〔一〕廣德止二年，次年改元永泰。永泰二年又改大曆。廣德三年實即永泰元年（公元七六五年），廣德四年即永泰二年或大曆元年（公元七六六年）。

〔二〕唐永泰二年十一月改元大曆。永泰三年實即大曆二年。

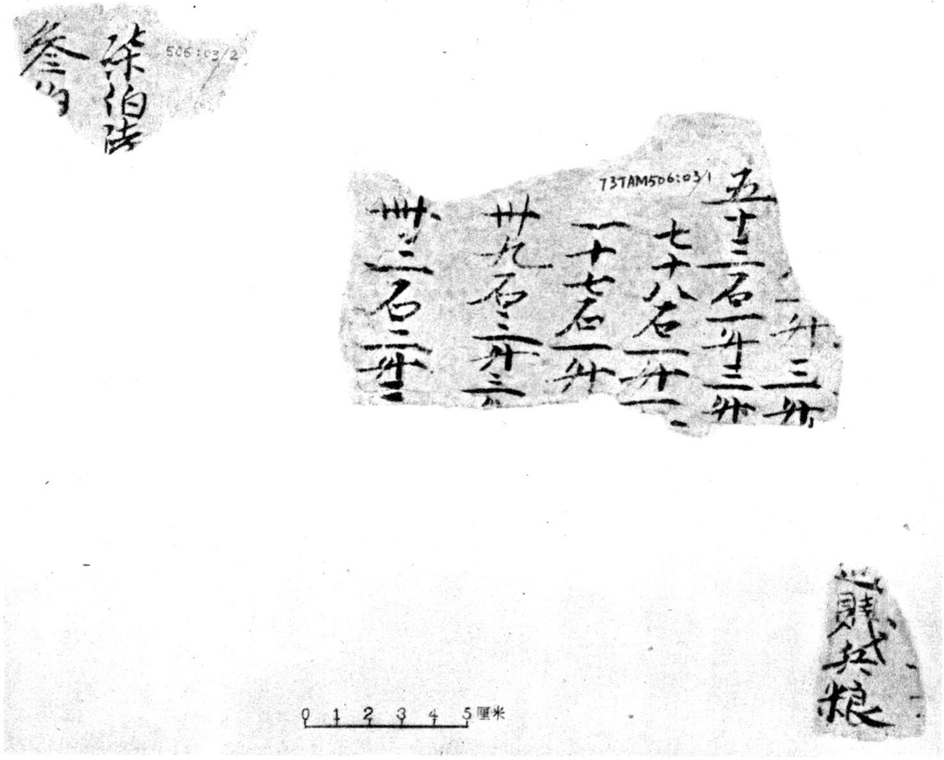

九七　唐糧食殘帳　　73TAM506:03/3(b),03/1(b),03/2(b)

九七　唐糧食殘帳

本件原為三殘片，今據(a)面《法句經》經文前後順序拼為一件。

1 ……[近]賊兵粮

2 ……[石]一斗三升……

3 五十三石一斗三升……

4 七十八石一斗一……

5 一十七石一斗……

6 卅九石三斗三[升]……

7 卅三石二斗[三]……

8 柒伯[陸]……

9 叁[伯]……

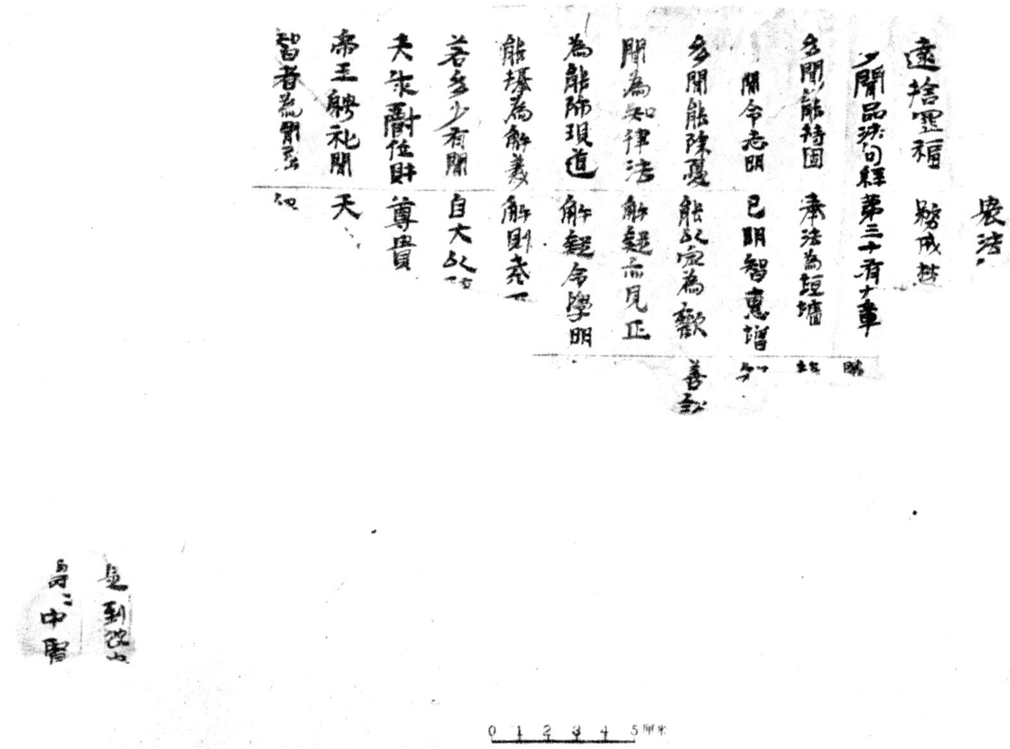

九八　古寫本《法句經》殘卷　73TAM506:01(a),03/4(a)

九八　古寫本《法句經》殘卷

本件與今書〔貳〕所收阿斯塔那一五一號墓出土古寫本《晉陽秋》殘卷紙質相似，寬約二十五釐米，與敦煌、吐魯番兩地所出隋、唐寫本紙型相距甚遠。本卷書法風格，尚有蠶頭鳳尾之勢，或係唐以前寫本。抄寫時，加烏絲欄。

1 □畏法□
2 遠捨罪福　務成[梵]□
3 [多]聞品法句經第三十有九章□□
4 多聞能持固　奉法為垣墻　□□
5 □聞令志明　已明智惠增　[智]□
6 多聞能除憂　能以定為歡　[善][説]□
7 聞為知律法　解疑亦見正　□
8 為能師現道　解疑令學明
9 能攝為解義　解則戒（戒）[不]□
10 若多少有聞　自大以驕□
11 夫求爵位財　尊貴□
12 帝王聘礼聞　天□
13 智者為聞[屈][好]□
14 □□□[從]是到彼[安]
15 □□□[智]壽々中[賢]

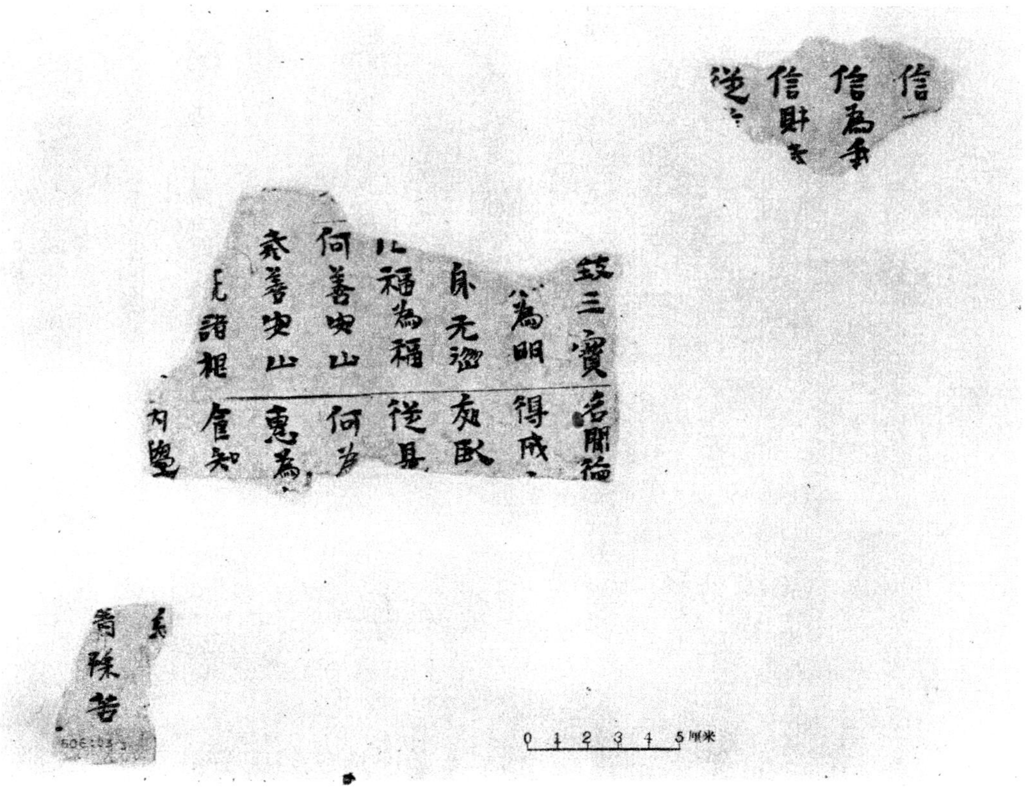

九八　古寫本《法句經》殘卷　73TAM506:03/2(a),03/1(a),03/3(a)

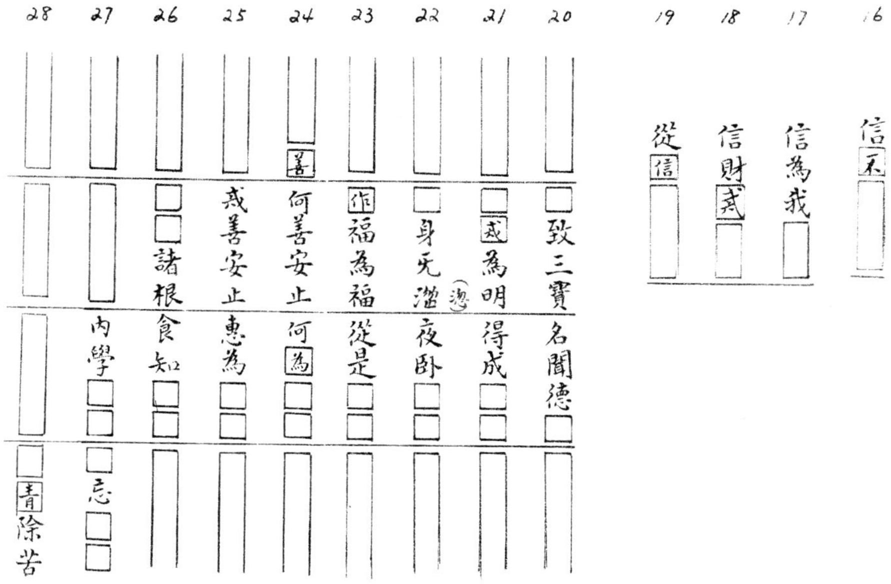

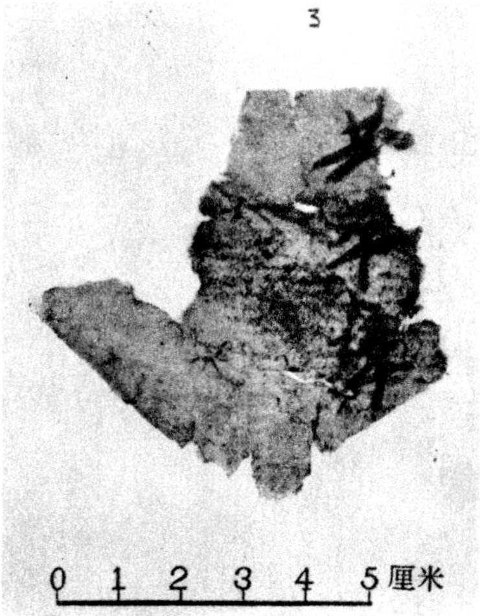

一〇一 文書殘片
73TAM506:04/31—3

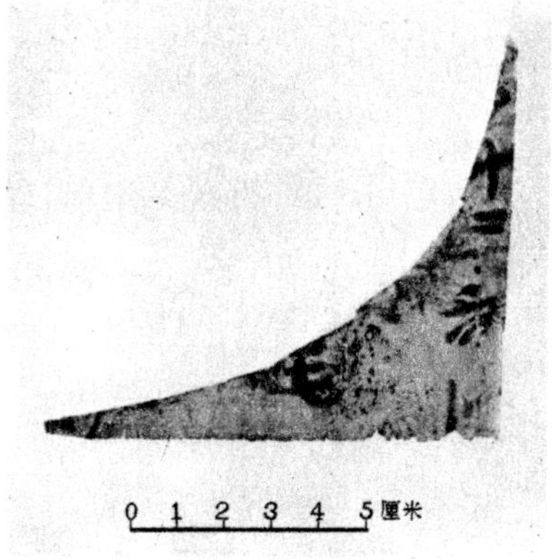

一〇〇 文書殘片
73TAM506:04/29

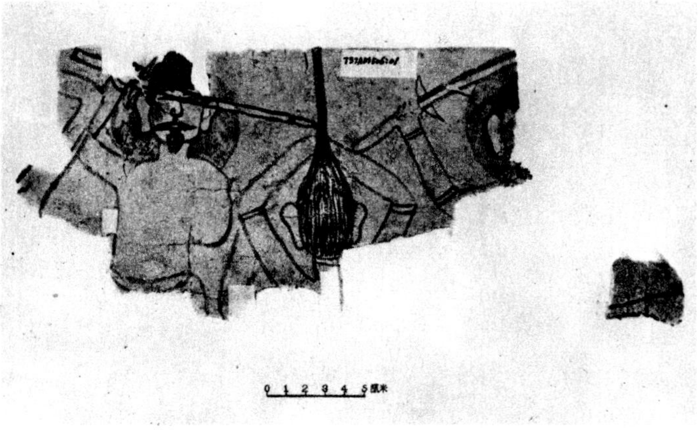

九九 文書殘片 73TAM506:01(b),03/4(b)

一〇五 文書殘片
73TAM506:04/31—7

一〇四 文書殘片
73TAM506:04/31—6

一〇三 文書殘片
73TAM506:04/31—5

一〇二 文書殘片
73TAM506:04/31—4

一〇六 文書殘片
73TAM506:04/31—8

一〇九 文書殘片
73TAM506:04/32—2

一〇八 文書殘片 73TAM506:04/32—1

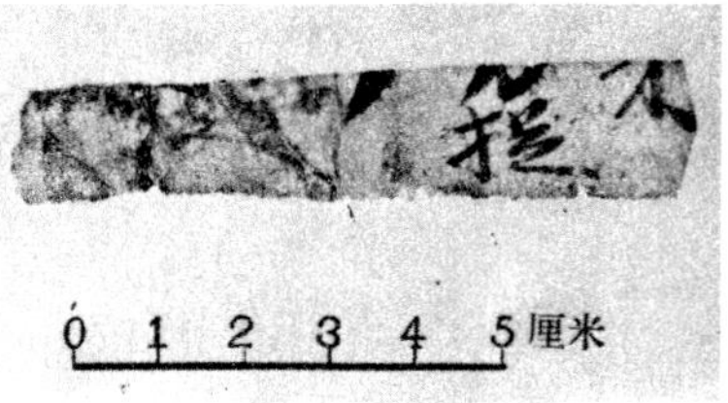

一〇七 文書殘片
73TAM506:04/31—10

交河故城一號地點文書

後列文書自交河故城一號地點出土。據文書格式及書法推斷，當屬唐代。

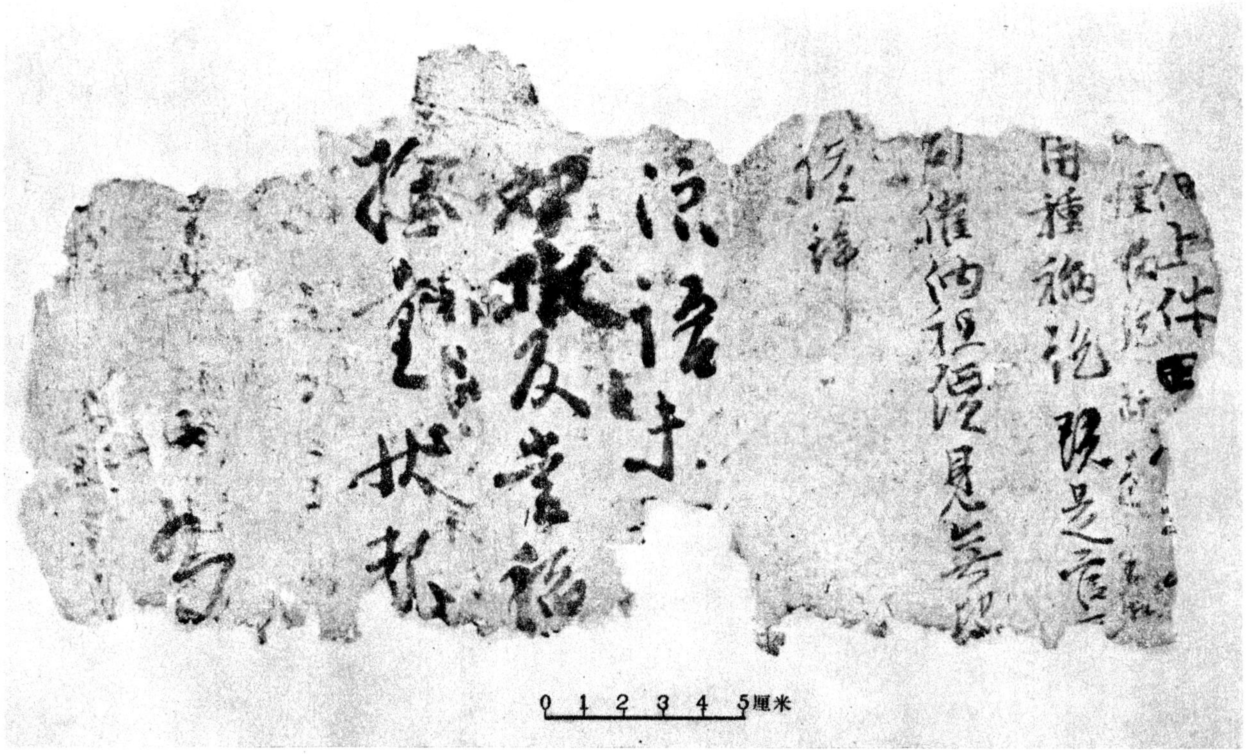

一　唐某人辭爲催納租價事　68TJ1:3(a)

一　唐某人辭爲催納租價事

1 [　　]佃上件田[　　]
　種禰訖既是官□〔一〕
2 [　　]用種禰訖。既是官[　　]
3 [　　]司催納租價，見無地[　　]
4 [　　]謹辭。
5 浪語未□
6 如狀及堂福
7 檢量狀報
8 廿五日

注釋

〔一〕本行係夾行字。

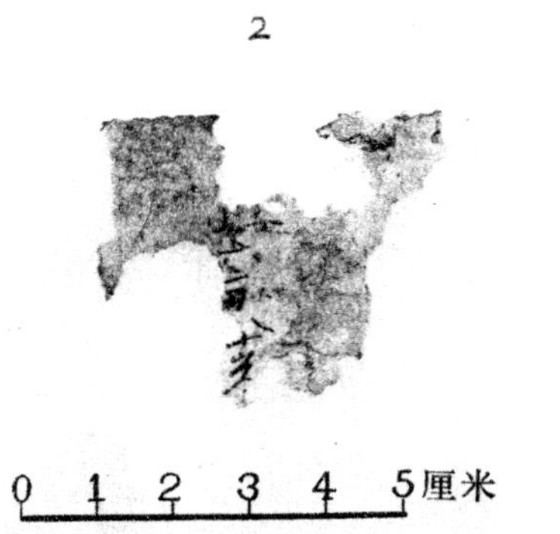

四　唐西州交河縣殘田畝簿(二)　68TJ1:7/2

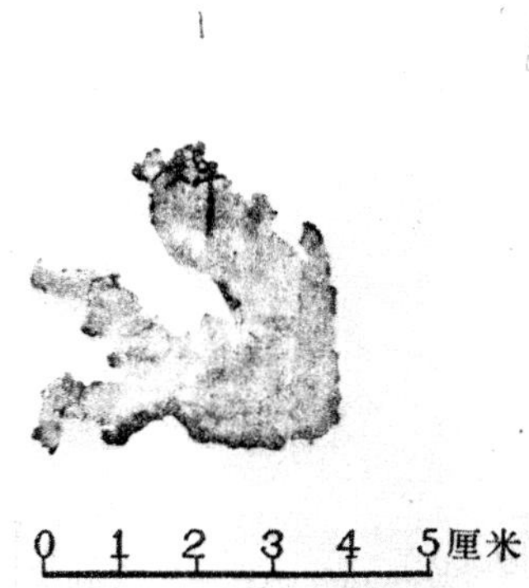

四　唐西州交河縣殘田畝簿(一)　68TJ1:7/1

三　唐替人殘文書　68TJ1:6

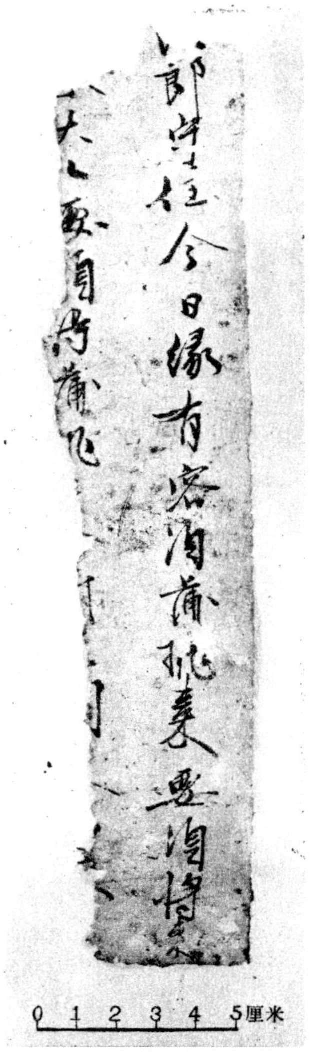

二　唐有客須葡萄棗文書　68TJ1:2

四　唐西州交河縣殘田畝簿(三)　68TJ1:7/3

二　唐有客須葡萄棗文書

1 [　]郎守住，今日緣有客，須蒲(葡)桃(萄)、棗，要須將來

2 [　]大〻。要[須]得蒲[桃][　]

三　唐替人殘文書

1 替人張迦既

四　唐西州交河縣殘田畝簿

本段朱印殘存[河]即河字之半。

（一）

1 [　]婢

（二）

本段有殘印痕。

1 [卌]六畝[八]十步[　]

（三）

本段朱印殘存「縣之印」。

1 [　]東三[里][　]

2 [　]永業部田三易[　]城[東][　][東][　]

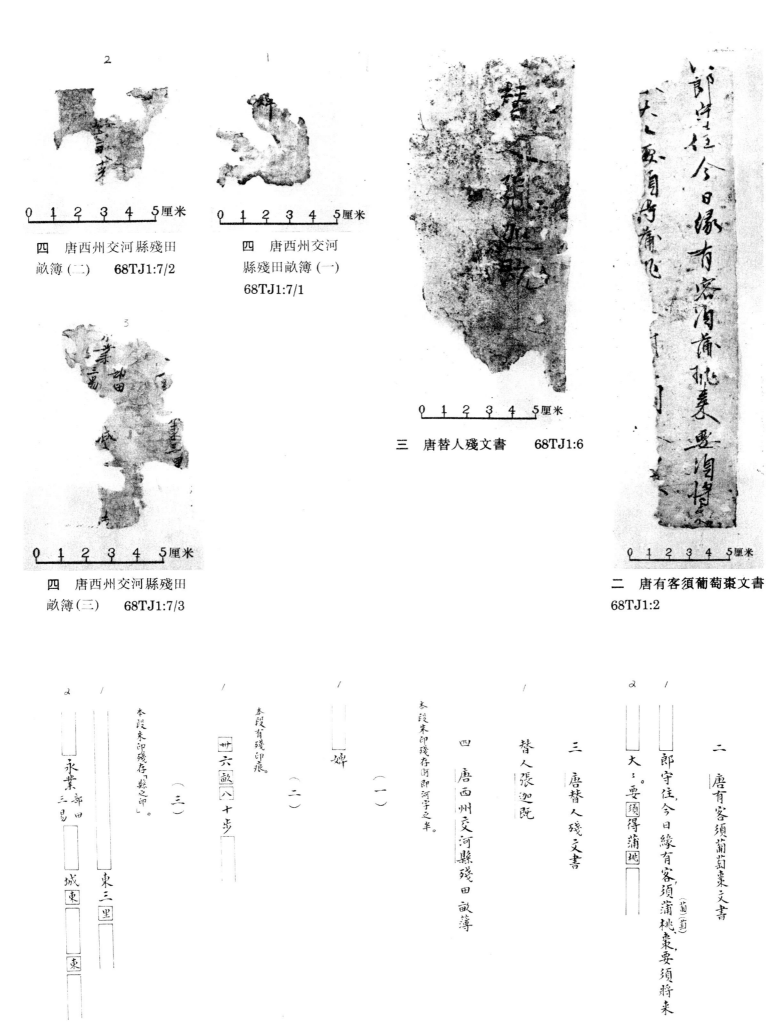

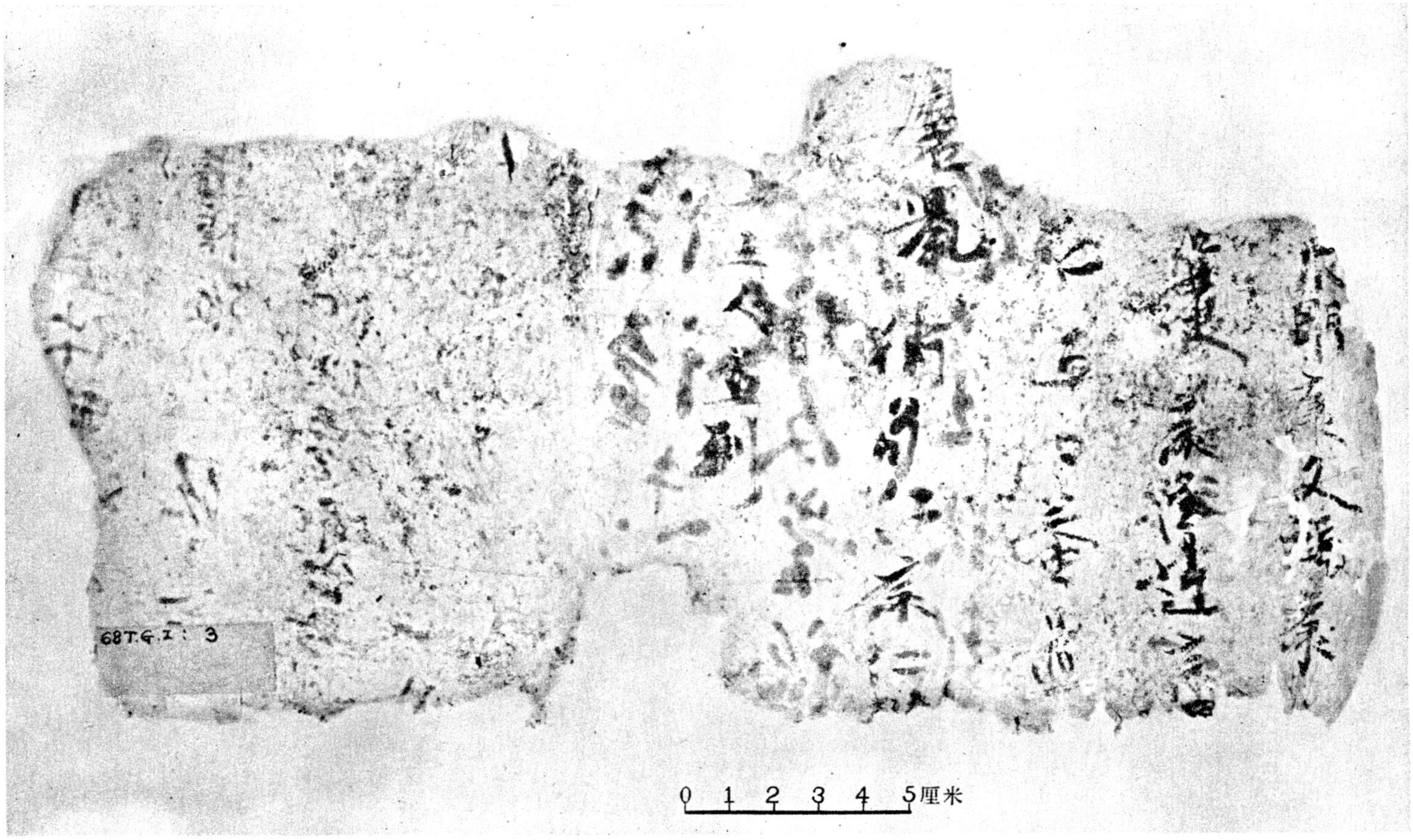

五　唐永明等殘名籍　　68TJ1:3(b)

五　唐永明等殘名籍

1 ［　　］永明　康文□　康［　　］

2 ［　　］護　康隆達　高［　　］

3 右五日巻(?)並［　　］

4 ［　　］麿鼠　衛苟仁　康仁［　　］

上五人並到。

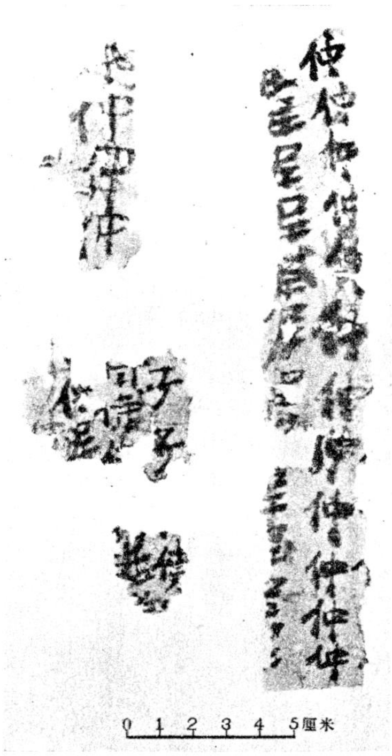

六　文書殘片　68TJ1:4/1～4/4

七　文書殘片　68TJ1:5

八　文書殘片　68TJ1:8(a)

九　文書殘片　68TJ1:8(b)

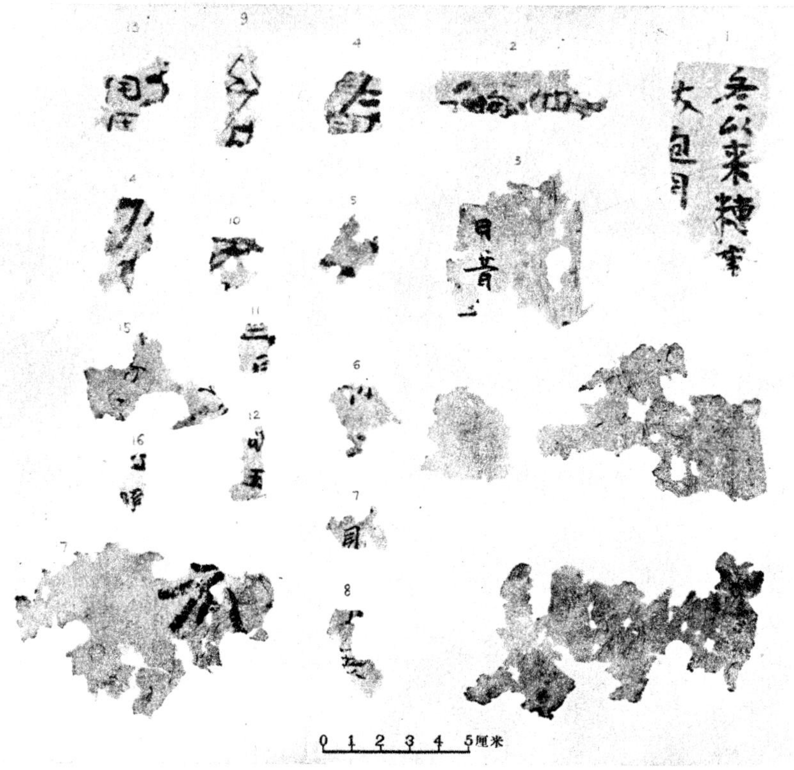

一〇　文書殘片　68TJ1:9/1～9/17

烏爾塘一號墓文書

本墓無墓誌及隨葬衣物疏。所出文書有紀年者，爲唐至德二載（公元七五七年）。烏爾塘在高昌故城北偏東約十二公里處。

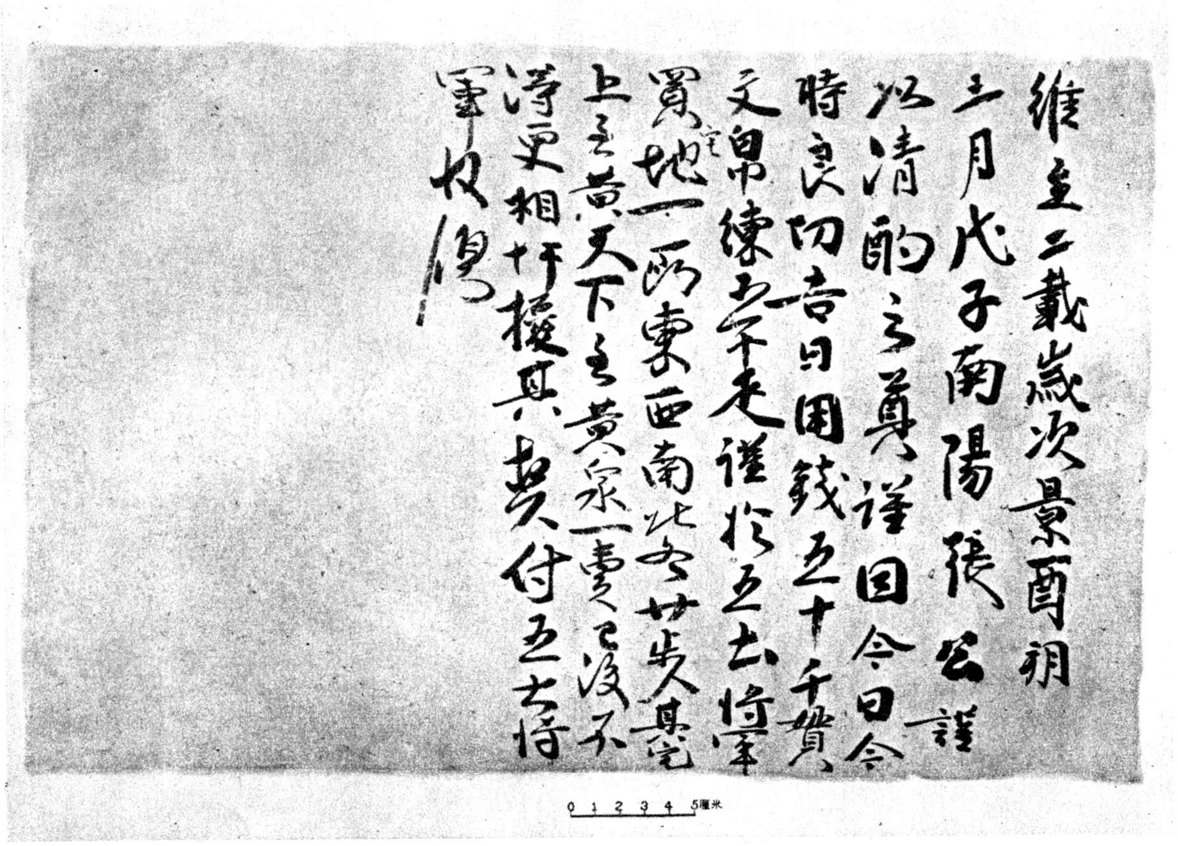

一　唐至德二載(公元七五七年)張公買陰宅地契　71TWM1:2

一　唐至德二載（公元七五七年）張公買陰宅地契

1 維至二載歲次景酉朔
2 三月戊子(一)南陽張公謹
3 以清酌之奠，謹因今日今
4 時良功吉日，用錢五十千貫
5 文帛練五十疋。謹於五土將軍
6 買宅(皇)地一段，東西南北各廿步。其宅
7 上至黃天，下至黃泉。一賣已後，不
8 得更相忏擾。其契付五土將
9 軍收領。

注釋

（一）至德二載爲丁酉歲。唐諱「丙」寫作「景」，此處將「丁」作「景」，顯誤。按陳氏《朔閏表》，本年三月乙酉朔無戊子，此必有脫誤。

《吐魯番出土文書》墓葬文書索引

凡例

本索引爲本書釋文本和圖文對照本綜合墓葬文書索引。分阿斯塔那墓葬文書、哈拉和卓墓葬文書、其它墓葬文書三類，前二類按墓葬序號編排，後一類按首字筆劃順序編排。前〔一〕至〔十〕爲釋文本册數，後〔壹〕至〔肆〕爲圖文對照本册數，册數下爲起始頁碼。釋文本第四册「補遺」部份簡稱「〔四〕補」。僅圖文對照本收録的墓葬文書，祇有該本册數、頁碼。同墓漏收文書，同册末補收者，在起始頁碼下括注漏收文書頁碼。

一、阿斯塔那墓葬文書

二、哈拉和卓墓葬文書

三、其它墓葬文書

（王素編）

編後記

經過十多年的辛勤勞作，《吐魯番出土文書》圖文對照本全四册，終於編輯完畢，并且按計劃出版了。回想這十多年，已故主編、我的授業恩師唐長孺先生，整理組和出版社的同志，從事這項工作所經歷的種種坎坷，真可謂感慨良多。而面對書中存在的不足和問題，作爲承擔具體編輯工作的我，又感到深深的慚愧和不安。

根據唐長孺先生一貫的構想，《吐魯番出土文書》的整理和編輯，分釋文和圖文對照兩種本子：釋文本衹是應學術界急需而推出的一種徵求意見的簡本。圖文對照本纔是經過修訂并作爲考古發掘報告一部份的最後定本。釋文本全十册的整理，開始於一九七五年，經過十多年，到一九八六年基本完成，一九九一年全部出齊。圖文對照本全四册的編輯，開始於一九八五年，也經過十多年，到一九九五年最後完成，一九九六年大約可以全部出齊。這兩種本子從整理、編輯到最終出版，前後歷時二十多年，足見這項工作的不容易。

《吐魯番出土文書》圖文對照本的編輯，是唐長孺先生晚年最爲重視的工作。一九八一年後，整理組衹剩唐先生、陳國燦先生、朱雷先生、程喜霖先生、吴震先生、李徵先生和我七人。本書編輯之初，唐先生親自給我們安排工作，主要是：我負責全書的編輯。李徵先生負責全書圖版的攝製。全書釋文的修訂，由我們六人分别提出意見，唐先生最終審定，我具體執行。但實際上，并未完全照此辦理。這是因爲，不久以後，整理組解散，成員分别回到各自的崗位，分别忙於各自的事業，没有時間兼顧本書的工作。其中，李徵先生更不幸於一九八九年因病去世。剩下數百張圖版，是一九九一年九月，我去烏魯木齊和吐魯番補攝的。至於修訂意見，後來主要由陳國燦先生提出。我作爲全書編輯，當然也提出了一些修訂意見。唐先生則自始至終，堅持最終審定工作。一九九四年春，唐先生卧病在床，還請陳國燦先生將本書〔肆〕的修訂意見讀給他聽，并逐條進行審定。唐先生對工作認真、負責的精神，永遠值得我們學習。

當然，本書經過修訂，順利出版，并不能説明其中没有不足和問題。祇是這些不足和問題，主要應由承擔具體編輯工作的我來負責。這些不足和問題，大致可分以下三類：

（一）有些圖版不清晰。

一九九一年九月，我去新疆博物館補攝圖版，有幾件文書没有攝到。譬如：一九五九年阿斯塔那三〇一號墓出土的《唐西州高昌縣趙懷滿買舍券》和《唐貞觀十七年西州高昌縣趙懷滿夏田契》，借出去辦展覽，十多年還未收回，没有攝到。又譬如：一九六四年阿斯塔那四號墓出土的《唐總章元年左幢熹買草契》，新疆博物館根本没有，據説早已遺失。同年阿斯塔那二七號墓出土的《唐經義〈論語〉對策殘卷》，不少斷片也都失踪。一九七三年阿斯塔那二一四號墓出土的《唐口歲殘文書》、《唐准判殘文書》、《唐逗留殘文書》、《唐殘文書》，情況也都相同。總之，也没有攝到。後來，我衹好有的根據《文物》發表的圖版翻拍，有的根據整理組用過的舊照片翻拍。但效果都不太理想。對本書的質量頗有影響。

（二）有些簽署無圖版。

本書編輯之初，我曾設想，既然圖文對照，釋文的題解和注釋提到文書背面有簽署，就不應衹刊正文圖版，還應附録簽署圖版。但在實際編輯過程中，有的辦到了，有的却没有辦到。原因有很多。有的是因爲李徵先生没有攝製，而我又急於編輯付印，時間倉促，衹好從略。有的則是因爲文書背面被裝裱，無法攝製圖版。譬如：我去新疆補攝圖版，曾將需要補攝的簽署圖版都作了記録，原本是想一并攝回的。但到了新疆博物館和吐魯番博物館，纔發現很多較完整的文書，特別是一九七三年阿斯塔那五〇六號墓出土的馬料帳，大多都被裝裱，背面簽署看不到，無法補攝。這樣，所謂圖文對照，就難免出現缺陷，對本書的質量也頗有影響。

（三）有些文書未收入

我們知道，建國後，吐魯番地區的考古發掘，實際始於一九五六年。但這一年的考古發掘，僅限於交河故城及其附近地區，又僅出土十方墓磚，并未出土紙質文書（見新疆首届考古專業人員訓練班《交河故城、寺院及雅爾湖古墓發掘簡報》，《新疆文物》一九八九年第四期）。出土紙質文書的考古發掘，始於一九五九年。整理組成立於一九七五年冬。故本書《前言》特別注明：本書所收爲一九五九至一九七五年吐魯番考古發掘所獲文書。但事實上，一九五九至一九七五年吐魯番考古發掘所獲文書，本書并未全部收入。以前出版的釋文本，曾漏收幾個阿斯塔那古代墓葬出土的文書，本書〔貳〕最後作了增補。説明本書還是非常注意搜缺補漏的。然而，盡管如此，據目前掌握的材料，至少還漏收了兩個墓葬的文書：一個是一九五九年發掘的阿斯塔那三〇六號墓文書。《文物》一九六〇年第六期刊登新疆維吾爾自治區博物館《新疆吐魯番阿斯塔那北區墓葬發掘簡報》，收有該墓出土的一件高昌章和十一年（公元五四一年）正月十一日收麥殘文書的圖版和釋文。據介紹，該墓還出有十塊寫有文字的紙片，没有整理發表。一個是一九六六年發掘的阿斯塔那三六〇號墓文書。《考古》一九九一年第一期刊登柳洪亮先生《吐魯番阿斯塔那古墓群三六〇號墓出土文書》，收有該墓出土的十件唐代文書，其有紀年者，最早爲貞觀十七年（公元六四三年），最晚爲長安四年（公元七〇四年），還有一件長達二十七行的唐寫本《論語鄭氏注》殘卷。這些有價值的文書，本書没有收入，對本書的質量同樣也頗有影響。

此外，還有一些其它問題。譬如：一九五九至一九七五年間，吐魯番阿斯塔那和哈拉和卓古代墓葬還出土了一些完整的粟特文、回鶻文、古藏文文書。由於本書祇收漢文文書，都没有收入。但一九七二年阿斯塔那一八九號墓出土的一件古藏文文書，由於殘破，編輯時没有細看，作爲文書殘片收進本書了。這與本書體例不合，令人非常遺憾。又譬如：唐長孺先生給我安排工作，除專門的編輯外，還有專門的修訂。後者主要包括三項：一項是統一行文體例。原釋文本中，墓葬有説明，文書有題解、注釋，由於出自衆手，行文風格頗不一致，編輯本書，確實需要專人進行統一。一項是給專有名詞補加標綫。原釋文本中，名籍及簽署欄出現的人名、地名、年號，均未加專有名詞標綫，編輯本書，也確實需要專人做補加標綫的工作。一項是根據圖版對釋文進行最後校訂。唐先生曾特别對我説：「你在編輯本書時，務必要將圖版與釋文對校。這可以説是最後一校。我們不能放棄這個改正錯誤的機會。」可見唐先生對這項工作的重視。但由於我文字功力尚欠成熟，對文書的理解也很有限，而所用又均爲未放大的圖版，雖然做完以上三項修訂工作，却毫無自信能够保證質量。其中，可能不僅存在不足和問題，甚至存在錯誤。這一切，理所當然都應由我負責。

現在，面對本書，還有一點使我深感内疚的，是盡管我非常努力，還是没能讓主編、恩師唐長孺先生見到本書的全部出版。一九九一年九月，我去新疆補攝圖版，在吐魯番翻了車，腿受了重傷。回到北京，全休了三個月。其間，聽説唐先生胃疾復發，十分着急。腿傷稍愈，我就堅持天天上班，抓緊時間編輯本書後三册。當時心想，無論如何也得讓唐先生見到本書的全部出版。一九九三年初，聽説唐先生病情稍有好轉，我鬆了一口氣，以爲時間完全來得及。不料，没過多久，唐先生的胃疾又發。一九九四年十月十四日，唐先生終於没能逃過病魔的糾纏，在武漢梨園醫院不幸逝世。消息傳來，有如晴天霹靂。我痛哭流涕，悲痛萬分。想到唐先生在臨終前，僅見本書〔壹〕的出版，更不禁深深自責。死者已矣，生者何堪？這很可能是我終生的遺憾。我祇有更加精心地做好本書剩餘的工作，減輕自己的内疚，以慰唐師在天之靈。

最後，謹向資助本書出版的池田温先生和日本東亞史會，爲本書設計和繪製版式的廖英女士，爲本書修訂提供幫助的邵懷民先生，爲本書補攝圖版提供幫助的新疆博物館的吴震先生、涂鈞勇先生、王明芳女士、王欣先生，以及所有關心、支持本書編輯、出版的學界同志，表示衷心的感謝！

王素

一九九五年十二月於北京工人體育館公寓

封面設計　周小瑋
責任編輯　蔡　敏

（京）新登字056號

吐魯番出土文書〔肆〕

編　者　中國文物研究所
　　　　新疆維吾爾自治區博物館
　　　　武漢大學歷史系
出版發行　文物出版社
印　刷　美通印刷廠
經　銷　新華書店
一九九六年十二月第一版
一九九六年十二月第一次印刷
定　價　五百八十圓

787×1092　1/8　印張 81　插頁1
ISBN 7-5010-0904-X/K・392